BIBLIOGRAPHY
OF
IRISH LINGUISTICS
AND
LITERATURE
1942-71

BIBLIOGRAPHY
OF
IRISH LINGUISTICS
AND
LITERATURE

1942-71

ROLF BAUMGARTEN

DUBLIN INSTITUTE FOR ADVANCED STUDIES

1986

© DUBLIN INSTITUTE FOR ADVANCED STUDIES

ISBN 0 901282 81 2

PREFACE

The function of this bibliography is twofold. In the first place, the detailed classification system used provides a survey of material published in each specific subject area, entries being duplicated where necessary. Secondly, indexes of words and proper names, first lines of verse, sources, and authors, facilitate the identification of particular items.

This bibliography could not have been completed without assistance from many quarters. I must thank, particularly, those scholars who supplied me with lists of their publications. I am also indebted to the staffs of various learned institutions and libraries in Ireland, Britain, and on the Continent. I had helpful discussions with Pádraig de Brún, the late David Greene, and Brian Ó Cuív, at various stages of the work. Miss Cathleen Sheppard helped materially in its preparation.

A volume covering the period 1972-86 is in preparation.

R.Ba.

CONTENTS

	PAGE
PREFACE	v
ABBREVIATIONS	xv

BIBLIOGRAPHY

A GENERAL

1	Bibliography	1
1.1	General	1
1.2	Special	2
2	Modern history of Irish studies (nos. 69-402) . .	7
2.1	General	7
2.2	Special	8
2.3	Learned institutions	11
	RIA p. 13, DIAS p. 14	
2.4	Scholars	14
3	Serials (403-30)	28
3.1	Periodicals	28
3.2	Monograph and lecture series . . .	30
4	Miscellanies (431-545)	32
4.1	Festschriften, etc.	32
4.2	Congress proceedings	34
4.3	Other miscellanies	36
4.4	Encyclopedias	40

B SOURCES

1	Inscriptions (546-616)	42
1.1	General & various	42
1.2	Ogham	43
2	Manuscripts (617-858)	46
2.1	General	46
2.2	Palaeography	49
2.3	Ireland (672-796)	51
2.3.1	Trinity College	51
	Book of Durrow p. 51, Book of Armagh p. 52, Book of Kells p. 52, Book of Leinster p. 53	
2.3.2	Royal Irish Academy	53
	Stowe missal p. 55, Lebor na hUidre p. 55, Book of Uí Maine p. 55	
2.3.3	National Library	55
2.3.4	Maynooth	56
2.3.5	Belfast	57
2.3.6	Killiney	58
	Duanaire Finn p. 58	

		PAGE
2.3.7	Cork .	59
2.3.8	Others	59
	Book of O'Hara p. 61	
2.4	Great Britain (797-830)	61
2.4.1	Oxford	62
	Laud 610 p. 62	
2.4.2	British Library (British Museum)	62
	Lindisfarne gospels p. 63	
2.4.3	Scotland	63
2.4.4	Wales	64
2.5	Other locations (831-45)	64
2.5.1	Brussels	65
2.6	Lost or missing manuscripts	65
3	Glossography (859-88)	67
3.1	Individual Irish glosses	68
4	Printing (889-916)	69

C LINGUISTICS

1	Pre-Zeussian, Native (917-40)	72
	Auraicept na n-éces p. 73	
2	Historical and comparative, Descriptive (941-1035)	74
2.1	Indo-European	74
2.2	Celtic .	76
2.2.1	Hispano-Celtic	77
2.2.2	Pictish	78
2.3	Gaelic .	79
3	Languages in contact (1036-1213)	81
3.1	General & various	81
3.2	Non-Indo-European	83
3.3	British .	84
3.4	Latin .	85
	Hisperica famina p. 87	
3.5	Norse .	87
3.6	English .	89
4	Language and society (1214-1421)	93
4.1	Language position and maintenance	93
	Eastern Gaelic p. 102	
4.2	Language planning and teaching	103
4.2.1	Learner's aids	105
4.3	Psycholinguistics	107

D LEXICOLOGY, ONOMASTICS

1	Native (1422-46) .	109
	LEXICOLOGY	
2	Dictionaries, Vocabularies (1447-1549)	111
2.1	General	111
	Eastern Gaelic p. 113	

		PAGE
2.2	Special	113
2.2.1	Earlier Irish	113
2.2.2	Late Modern Irish	114
	Eastern Gaelic p. 118	
2.3	Lexical planning	118
3	Collections (1550-1674)	120
4	Individual (1675-2134)	129
4.1	Idioms	155
5	Transfer (2135-2291)	158
	ONOMASTICS	
6	General & various (2292-2325)	170
7	Personal names (2326-2420)	172
7.1	General	172
7.2	Special	173
8	Toponymy, Ethnica (2421-2709)	178
8.1	General	178
8.1.1	Standardization	179
8.2	Special	180
8.3	Cartography	195
	Ptolemy p. 196	

E GRAMMAR

1	Native (2710-30)	197
2	General, Comparative (2731-2834)	199
2.1	Grammars of texts and dialects, Linguistic dating	201
2.1.1	Early Irish	201
2.1.2	Modern Irish	203
	Eastern Gaelic p. 207	
3	Orthography, Phonology (2835-2976)	208
	Eastern Gaelic p. 216	
4	Morphology (2977-3421)	217
4.1	General	217
4.2	Initial mutation	218
4.3	Noun, Adjective	220
4.4	Numerals	224
4.5	Article, Pronouns	226
4.6	Prepositions, Prefixes, Conjunctions	228
4.7	Adverbs, etc.	232
4.8	Verb, Verbal noun (3215-3421)	234
4.8.1	General & various	234
4.8.2	Verbal systems	242
4.8.3	Individual forms	242
4.8.4	Substantive verb, Copula	246
5	Syntax, Stylistics (3422-3532)	247
6	Dialects (3533-4032)	255
6.1	General	255

		PAGE
6.1.1	Atlas .	256
6.2	Munster (3561-3691)	257
	Contemporary p. 259	
6.3	Connacht (3692-3799)	266
	Contemporary p. 267	
6.3.1	Cois Fhairrge	272
6.4	Ulster (3800-94)	274
	Contemporary p. 277	
6.4.1	Torr .	281
6.5	Leinster (3895-3920)	282
6.6	Various .	284
6.7	Eastern Gaelic .	290
7	Standardization (4033-48)	292

F LITERATURE & LEARNING

1	History & criticism (4049-4151)	294
1.1	Literary palaeology	298
2	Sociology (4152-4401)	300
2.1	Origins, Development, Transmission	300
2.2	Scholars, Learned families, Schools	306
	Franciscans p. 315, E. Lhuyd p. 317	
3	Typology (4402-4568)	318
3.1	Forms, Style	318
3.2	Themes, Motifs	320
4	Comparative literature (4569-4774)	329
4.1	General & various	329
4.2	Brendan	335
4.3	Suibne .	336
4.4	Mabinogi	337
4.5	Beowulf	338
4.6	Matière de Bretagne (4716-62) .	338
4.7	Ossian .	341
5	Anthologies (4775-91)	342

G NARRATIVE LITERATURE

1	Mythology (4792-4920)	344
1.1	General & various	344
1.2	Mythological cycle (4877-4903)	350
	Tochmarc Étaíne p. 350, *catha Maige Tuired* p. 351	
1.3	Echtra, Imram .	352
	Imram Brain p. 352, *Imram Maíle Dúin* p. 353	
2	Ulster cycle (4921-5060)	353
	Scéla mucce Meic Da Thó p. 356, Conchobar, p. 356, *Longas mac nUislenn* p. 357, *Táin bó Fraích* p. 358, Cú Chulainn p. 359, *Compert Con Culainn* p. 360, *Serglige Con Culainn* p. 360, *Aided oenfir Aife* p. 361, *Táin bó Cuailnge* p. 362	
3	Cycles of the kings (5061-5175)	364

		PAGE
3.1	Labraid Loingsech	364
	Orgain Denna Ríg p. 365	
3.2	Conaire Mór	365
	Togail bruidne Da Derga p. 365	
3.3	Conn Cétchathach & Eogan Mór	365
3.4	Lugaid Mac Con & Cormac mac Airt	366
	Cath Maige Mucrama p. 366, Expulsion of the Déisi p. 367	
3.5	Crimthann mac Fidaig & Conall Corc	367
	Senchas fagbála Caisil p. 367	
3.6	Niall Noígiallach	368
3.7	Rónán	368
	Fingal Rónáin p. 368	
3.8	Muirchertach mac Erca	368
3.9	Diarmait mac Cerbaill	368
3.10	Mongán mac Fiachna & Brandub mac Echach	369
	Cath Belaig Dúin Bolc p. 369	
3.11	Domnall mac Aeda meic Ainmire	369
	Cath Maige Rath p. 369, *Fled Dúin na nGéd* p. 370, *Buile Suibne* p. 370	
3.12	Diarmait mac Aeda Sláine & Guaire Aidne	371
	Scéla Cano p. 371, *Caithréim Cellaig* p. 372	
3.13	Fergal mac Maíle Dúin	372
	Cath Almaine p. 372	
3.14	Feidlimid mac Crimthainn	372
3.15	Bórama	372
4	Ossianic literature (5176-5230)	373
	Reicne Fothaid Canainne p. 375, *Acallam na senórach* p. 376, *Tóruigheacht Dhiarmada agus Ghráinne* p. 377	
5	Translations, Adaptations (5231-66)	377
	Alexander p. 378, *Togail Troí* p. 378, *In cath catharda* p. 378, *Togail na Tebe* p. 378, *Imtheachta Aeniasa* p. 379, *Merugud Uilix* p. 379, Mandeville's travels p. 379, *Eachtra Uilliam* p. 379	
5.1	Arthurian	379
6	Romantic & fantastic tales (5267-85)	380
7	Modern folk literature (5286-5337)	382
7.1	General	382
7.2	Special	383

H VERSE

1	History & criticism (5338-5443)	387
2	Metrics (5444-79)	394
3	Collections (5480-5587)	397
	Popular p. 405	
4	Particular poets and poems (5588-7181)	406
4.1	Early Irish	406
4.1.1	Poets (5588-5641)	406
4.1.2	Anonymous, Authorship uncertain (5642-5800)	411
4.2	Modern Irish	423

		PAGE
4.2.1	Poets (5801-7021)	423
4.2.2	Anonymous, Authorship uncertain (7022-7181)	519
5	Isolated or alienated poetry (7182-7210)	532
	Liadan & Cuirithir p. 533, Caillech Bérri p. 533, Suibne p. 534, Diarmait & Gráinne p. 534	
6	Latin verse	535

I SOCIETY

1	Law, Institutions (7227-7366)	537
1.1	General & various	537
1.2	Early Irish law (7308-46)	542
1.3	Folad	545
1.4	Charters	546
2	Kingship (7367-7406)	547
3	Rites, Magic (7407-89)	550
3.1	Satire	550
3.1.1	Literary satire	550
3.1.2	Parody, Travesty	552
	Aislinge Meic Con Glinne p. 552	
3.2	Charms, Incantations, Invocations	552
3.3	Divination	554
3.3.1	Aisling	555
4	Didactic & gnomic literature (7490-7548)	556
4.1	General & various	556
4.1.1	Earlier Irish	556
	Timna Chathaír Máir p. 557, Triads p. 557, *Párliament na mban* p. 558	
4.1.2	Late Modern Irish	558
4.2	Proverbs	559
5	Onomastic lore (7549-64)	560
6	Diaries, Letters (7565-83)	562

K CHRISTIANITY

1	History, Institutions (7584-7792)	564
1.1	General	564
1.2	Monasticism	569
1.3	External relations	570
1.4	Reforms, Religious orders	574
	Culdees p. 574, Cistercians p. 575, Franciscans p. 575	
1.5	Ecclesiastical law	576
2	Hagiology (7793-8118)	578
2.1	General	578
2.1.1	Calendars, Martyrologies	581
2.2	Patrick (7846-8010)	582
2.2.1	Biography, Criticism	582
	General p. 582, Special p. 584	

		PAGE
2.2.2	Writings	590
2.3	Others	592

Brigit p. 596, Colum Cille p. 596, Finnian of Clonard p. 597, Ciarán of Clonmacnoise p. 598, Finnbarr p. 598

2.4	Mariology	598
3	Other religious literature (8119-8358)	600
3.1	Liturgical, Devotional (8119-90)	600

Scáthán shacramuinte na haithridhe p. 602, Eochairsgiath an aifrinn p. 602, John Carswell p. 603

3.1.1	Hymns, Prayers	603
3.2	Biblical, Intellectual (8191-8221)	605

Saltair na rann p. 607, Stair an Bhíobla p. 607, Bedell p. 608

| 3.3 | Instructional, Apocryphal, Imaginative (8222-8358) | 608 |

Abgitir chrábaid p. 612, An Tenga bithnua p. 612, Smaointe beatha Chríost p. 612, Letter of Prester John p. 613, Trí biorghaoithe an bháis p. 613, Parrthas an anma p. 614, An tAithrigheach ríoghdha p. 614, An Bheatha dhiadha p. 614, Patrick Denn p. 615

3.3.1	Catechisms	615
3.3.2	Sermons	618
3.3.3	Exempla	619

L HISTORY, GENEALOGY

1	Modern historiography (8359-8577)	621
1.1	General	621
1.1.1	Vikings	623
1.1.2	Normans	624
1.2	Regional	624
1.2.1	Early Scotland	626
1.2.2	Western Britain	627
1.3	Local history (8464-99)	628
1.4	Special	630
1.4.1	Economic & social history	631
2	Annals (8578-8648)	636
2.1	General & various	636
2.2	Particular collections	637

Annals of Ulster p. 637, A. Tigernach p. 637, A. Roscrea p. 637, A. Inisfallen p. 638, A. Connacht & A. Loch Cé p. 638, Mac Carthaigh's book p. 639, AFM p. 639, Fragmentary annals p. 640, Others p. 640

3	Other sources (8649-8752)	641
3.1	General & various	641

Keating p. 643

| 3.2 | Aetiology, Synthetic history | 643 |

In Lebor gabála p. 645

| 3.3 | Historical romance | 646 |

Caithréim Thoirdhealbhaigh p. 647

| 3.4 | Non-Irish | 647 |

Giraldus Cambrensis p. 648

		PAGE
3.4.1	Foreign views of the Irish	648
4	Genealogy (8753-8825)	649
4.1	General, Regional	649
4.2	Families, Individuals	651

M PREHISTORY, CULTURAL HISTORY

1	General (8826-44)	656
	PREHISTORY, ARCHAEOLOGY	
2	Europe, British Isles (8845-67)	657
3	Ireland (8868-8907)	659
3.1	Anthropology	661
	CULTURAL HISTORY	
4	General, Cultural relations (8908-64) . . .	662
5	Cult & religion (8965-9058)	666
5.1	Druidism	671
6	Customs & beliefs (9059-9121)	672
7	Art (9122-99)	676
7.1	Fine arts	676
7.1.1	Illumination	677
7.2	Music (9162-99)	679
8	Sciences (9200-67)	682
8.1	Medicine	684
9	Material culture (9268-9312)	687

INDEXES

1	WORDS AND PROPER NAMES . . .	693
2	FIRST LINES OF VERSE	707
3	SOURCES	730
4	AUTHORS	751

ABBREVIATIONS

a.	ante, before
AA	American anthropologist
AB	Analecta Bollandiana
abbr.	abbreviated, abbreviation
Abh.	Abhandlung(en)
ABr	Annales de Bretagne
AC	Archaeologia Cambrensis
ACL	Archiv für celtische Lexicographie
add.	added, addition(al)
AdvSc	The Advancement of science
AGI	Archivio glottologico italiano
AI	The Annals of Inisfallen
AION	Annali, Istituto Orientale di Napoli
AJA	American journal of archaeology
AJP	American journal of philology
al.	alias, aliter
ALCé	The Annals of Loch Cé
ALMA	Archivum latinitatis medii aevi (= Bulletin du Cange)
ANF	Arkiv för nordisk filologi
AnH	Analecta Hibernica
AntCl	L'Antiquité classique
AntJ	The Antiquaries journal
ANVA	Avhandlinger utgitt av Det Norske Videnskaps-Akademi i Oslo, Hist.-fil. kl.
ÅNVA	Det Norske Videnskaps-Akademi i Oslo, Årbok
AÖAW	Anzeiger der Österreichischen Akademie der Wissenschaften, Philos.-hist. Klasse
app.	appendix
ArH	Archivium Hibernicum (Maynooth)
ArL	Archivum linguisticum
A.S.	Anglo-Saxon
ascr.	ascribed, ascription
ASNP	Annali della Scuola Normale Superiore di Pisa: Lettere, storia e filosofia, serie 2
ass.	assisted, assistance
attrib.	attributed, attribution
autogr.	autograph
B.A.A.S.	British Association for the Advancement of Science
B.Á.C.	Baile Átha Cliath (= Dublin)
BArm	The Book of Armagh (diplom. ed.)
BB	The Book of Ballymote (MS facs.)
BBCS	The Bulletin of the Board of Celtic Studies (University of Wales)
Bd(d).	Band (Bände)
BDL	The Book of the Dean of Lismore (MS)
beg.	beginning, begins
Best[1]	Bibliography ... (-1912), 1913 [Best[2] 7]
Best[2]	Bibliography ... (-1941), 1942 [1]
bibliogr.	bibliography, bibliographical
BICHS	Bulletin of the Irish Committee of Historical Sciences (abstracts of papers)
B.L.	British Library (= B.M.)
BLism	The Book of Lismore (MS facs., 798)

B.M.	British Museum (B.L.)
B.N.	Bibliotèque Nationale (Paris)
BNF	Beiträge zur Namenforschung
BOCD	The Book of O'Conor Don (MS)
BODD	The Book of O'Donnell's daughter (MS Brussels 6131-3)
BOH	The Book of O'Hara (MS; cf. 'O'Hara')
Br.	Breton
Bradshaw	Cambridge University Library, A catalogue of the Bradshaw collection of Irish books in the University Library Cambridge, 1916
BSL	Bulletin de la Société de Linguistique de Paris
BSPL	Bulletin de la Société Polonaise de Linguistique
BSVasc	Boletín de la Real Sociedad Vascongada de los Amigos del País (San Sebastian)
BUíM	The Book of Uí Maine (Ms facs., *721*)
BUPNS	Bulletin of the Ulster Place-names Society
c.	century
C.A.A.	Cambrian Archaeological Association
Cambr.	Cambridge (with MSS, located in the University Library except for R 14.48 which is in Trinity College)
CapA	Capuchin annual
cat.	catalogue
Cat. Mayn.	Catalogue of Irish manuscripts in Maynooth College library, 1943ff [*741*]
Cat. RIA	Catalogue of Irish manuscripts in the Royal Irish Academy, 1926ff [Best^2 868; *704*]
CDS	Cín Dromma Snechta (lost MS)
chap(s).	chapter(s)
CHR	The Catholic historical review
CIDG	Congrès international de dialectologie générale (Communications, *477*)
C.I.D.G.	Centre International de Dialectologie Générale (Louvain)
CIIC	Macalister, Corpus inscriptionum insularum Celticarum, 1945-49 [*548*]
C.I.P.L.	Comité International Permanent des Linguistes
ClRec	Clogher record
CM	Classica et mediaevalia
C.N.R.S.	Centre National de Recherche Scientifique
C.O.É.	Comhlacht Oideachais na hÉireann (= E.C.I.)
CoH	Collectanea Hibernica (Dublin)
col(l).	column(s)
comp.	compiled
contin.	continued, continuation
corr(s).	correction(s)
corresp.	corresponding
cpd.	compound
CRAI	Académie des Inscriptions & Belles-Lettres, Comptes rendus
C.R.C.I.	Cultural Relations Committee of Ireland
Cross	Motif-index of early Irish literature, 1952 [*4431*]
CS	Catholic survey
Cubbon	A bibliographical account of works relating to the Isle of Man, 1933-39
dat.	dative case
Death-tales	The death tales of the Ulster heroes [Best^1 77]
dec.	decade

de Hae	R. de Hae & B. Ní Dhonnchadha, Clár litridheacht na Nua-Ghaedhilge 1850-1936, 1938-40 [Best² 10-12]
dep.	dependent, deponent
DF	Duanaire Finn [Best¹ 188, Best² 1664; *5180*]
D.I.A.S.	Dublin Institute for Advanced Studies (= I.A.B.)
diplom.	diplomatic
DRIA	Royal Irish Academy, Dictionary of the Irish language, 1913-76 [*1447-8*]
DSAL	Sommerfelt, Diachronic and synchronic aspects of language, 1962 [*451*]
DUP	Dublin University Press
DVjS	Deutsche Vierteljahresschrift für Literaturwissenschaft und Geistesgeschichte
E.C.I.	The Educational Company of Ireland (= C.O.É.)
ECMW	Nash-Williams, The early Christian monuments of Wales, 1950 [*552*]
ed.	edited, edition, editor
Edinb.	Edinburgh (with MSS, located in the National Library of Scotland except for Db 7 1 which is in Edinb. University)
eds.	editors
EECL	Henry, The early English and Celtic lyric, 1966 [*518*]
EGS	English and Germanic studies
EHR	The English historical review
EIHM	O'Rahilly, Early Irish history and mythology, 1946 [*482*]
E.I(r).	Early Irish (: Modern Irish)
EILyr	Murphy, Early Irish lyrics, 1956 [*5520*]
ELH	A Journal of English literary history
Engl.	English
enl.	enlarged
esp.	especially
ÉtC	Études celtiques [*406*]
ex(x).	example(s)
facs.	facsimile
F.Á.S.	Foilseacháin Ábhair Spioradálta
fasc.	fascicle, fascúl
FCA	The Franciscan College annual
FF	Foras feasa ar Éirinn (Keating)
FFC	Folklore Fellows Communications (Academia Scientiarum Fennica)
fig(s).	figure(s)
fl.	floruit
FL	Folia linguistica (Acta Societatis linguisticae Europaeae)
fld.	folded
FLg	Foundations of language (Dordrecht)
F.N.T.	Foilseacháin Náisiúnta Teoranta (Dublin)
fol(s).	folio(s)
foll.	followed
forew.	foreword
Fr.	French
Franc.	Franciscan (with MSS in Killiney, *760*)
Fs.	Festschrift, Féilscríbhinn
geneal.	genealogical
GJ	The Gaelic journal (= Irisleabhar na Gaedhilge)
GL	General linguistics
GR	The Germanic review

GRM	Germanisch-romanische Monatsschrift (N.F. 1- , 1950-)
h.	half
H.	Heft
h(rs)g. v.	herausgegeben von
H.M.S.O.	Her Majesty's Stationery Office
HSt	Historical studies (Papers read before the Irish Conference of historians)
I.A.B.	Institiúid Ardléinn Bhaile Átha Cliath (= D.I.A.S.)
ibid.	ibidem, in the same place
IBK	Innsbrucker Beiträge zur Kulturwissenschaft
IBL	The Irish book lover
IBS	Innsbrucker Beiträge zur Sprachwissenschaft
ICCS	International congress of Celtic studies (Proceedings, *464*, *467*, *470*)
I.C.H.C.	Irish Catholic Historical Committee
I.C.H.S.	Irish Committee of Historical Sciences
id.	idem, the same
ident.	identical
I.E.	Indo-European
IER	The Irish ecclesiastical record, 5th series
IF	Indogermanische Forschungen
IGeo	Irish geography
I.G.P.G.	Innsbrucker Gesellschaft zur Pflege der Geisteswissenschaften
IHS	Irish historical studies
IJ	Indogermanisches Jahrbuch
IJMSc	The Irish journal of medical science
IJur	The Irish jurist
illus.	illustrated, illustration(s)
I.M.C.	The Irish Manuscripts Commission
iml(l).	imleabha(i)r
IMN	Irisleabhar Mhá Nuad
incl.	includes, including
indep.	independent
Ins.C.	Insular Celtic
inscr.	inscription
intr(od).	introduction
ipf.	imperfect
ipv.	imperative
IrC	Irisleabhar Ceilteach (Toronto)
ISP	Knott, An introduction to Irish syllabic poetry of the period 1200-1600, 1957 [*5459*]
ITS	Irish Texts Society [*418*]
I.U.P.	Irish University Press
JACAS	Journal of the Ardagh and Clonmacnoise Antiquarian Society
JAF	The Journal of American folklore
JBAA	The Journal of the British Archaeological Association
JBS	Journal of the Butler Society
JCHAS	Journal of the Cork Historical and Archaeological Society
JCKAS	Journal of the County Kildare Archaeological Society
JCLAS	Journal of the County Louth Archaeological Society
JCS	The Journal of Celtic studies [*410*]
JEFDS	Journal of the English Folk Dance and Song Society
JEGP	The Journal of English and Germanic philology
JEH	Journal of ecclesiastical history
JEL	Journal of English linguistics

JGAHS	Journal of the Galway Archaeological and Historical Society
JIPA	Journal of the International Phonetic Association
JIS	Journal of the Ivernian Society
JKAHS	Journal of the Kerry Archaeological and Historical Society
JL	Journal of linguistics
JMM	The Journal of the Manx Museum
JOAS	Journal of the Old Athlone Society
JOWS	Journal of the Old Wexford Society
JRAI	Journal of the Royal Anthropological Institute of Great Britain and Ireland
JRS	The Journal of Roman studies
JRSAI	The Journal of the Royal Society of Antiquaries of Ireland
JTS	Journal of theological studies
JWCI	Journal of the Wartburg and Courtauld Institutes
KZ	Zeitschrift für vergleichende Sprachforschung ('Kuhns Zeitschrift')
l(l).	line(s)
LASI	Wagner, Linguistic atlas and survey of Irish dialects, 1958-69 [*3547*]
Laud	(with MSS located in the Bodleian Library, Oxford)
LB	Leabhar breac (MS facs.)
Lc	The Book of Lecan (MS facs.)
leg.	legendum, to be read
LF	Liber flavus Fergusiorum (MS)
Lg	Language
LGÉ	Macalister, Lebor gabála Érenn, 1938-56 [*8697*]
LHEB	Jackson, Language and history in early Britain, 1953 [*490*]
LL	The Book of Leinster (MS)
LL	The Book of Leinster (diplom. ed., 697)
LlC	Llên Cymru (Cardiff)
LóL	Leabhair ó láimhsgríbhnibh [*421*]
LPosn	Lingua Posnaniensis
LU	Lebor na hUidre (MS)
LU	Lebor na hUidre (diplom. ed., Best² 877)
LwJb	Literaturwissenschaftliches Jahrbuch (Berlin)
m.	middle
MA	Le Moyen âge
MAe	Medium aevum
Magauran	McKenna, The Book of Magauran, 1947 [*5499*]
MAr	Medieval archaeology
Mayn.	Maynooth (with MSS, *741*)
med.	medieval, medical
MH	Medievalia et humanistica
M.I(r)	Middle Irish
misc.	miscellany, miscellaneous
Mitw.	Mitwirkung
MKNA	Mededelingen van de Koninklijke Nederlandse Akademie van Wetenschappen, afdeling Letterkunde
M.L.A.	The Modern Language Association of America
MLN	Modern language notes
MLQ	Modern language quarterly
MLR	The Modern language review
MM	Maal og minne
MMIS	Mediaeval and Modern Irish series
Mod.I(r).	Modern Irish

MPh	Modern philology
MS(S)	manuscript(s)
MSc	Medieval Scandinavia
MSS	Münchener Studien zur Sprachwissenschaft
MSt	Mediaeval studies
MV	Thurneysen, Mittelirische Verslehren, 1891 [Best¹ 53]
M.W.	Middle Welsh
n.d.	no date
N.F.	Neue Folge
N.L.(I.)	The National Library of Ireland
N.L..S.	The National Library of Scotland
NLWJ	The National Library of Wales journal
NMAJ	Journal of the North Munster Antiquarian Society
NMS	Nottingham mediaeval studies
n.p.	no place
NphM	Neuphilologische Mitteilungen (= Bulletin de la Société Néophilologique de Helsinki)
NQ	Notes and queries
Nr.	Nummer
n.s.	new series, nouvelle série
NTS	Norsk tidsskrift for sprogvidenskap
N.U.I.	The National University of Ireland
O'Hara	McKenna, The Book of O'Hara, 1951 [*5507*]
O.H.G.	Old High German
O.I(r).	Old Irish
OIR	Thurneysen, Old Irish reader, 1949 [*2737*]
OKRev	Old Kilkenny review (The Journal of the Kilkenny Archaeological Society)
Onom.Goed.	Hogan, Onomasticon Goedelicum, 1910 [Best¹ 19]
orig.	original(ly)
O.S.	Oifig an tSoláthair (= S.O.)
O.U.P.	Oxford University Press
O.W.	Old Welsh
OWSJ	Old Waterford Society journal
pagin.	pagination, paginated
PAPS	Proceedings of the American Philosophical Society
PBA	Proceedings of the British Academy
PBB	Beiträge zur Geschichte der deutschen Sprache und Literatur (Tübingen)
PICHC	Proceedings of the Irish Catholic Historical Committee
pl.	plural(is)
pl(s).	plate(s)
pl.n(s).	place name(s)
PMAS	Papers of the Michigan Academy of Science, Arts, and Letters
PMLA	Publications of the Modern Language Association of America
p.n(s).	personal name(s)
portr(s).	portrait(s)
poss.	possessive, possession; possible, possibly
posth.	posthumous(ly)
PP	Past & present (Oxford)
pr.	printed
pref.	preface
prep.	preposition(al)
pret.	preterite
PRIA	Proceedings of the Royal Irish Academy

priv.	private(ly)
P.R.O.	Public Record Office
pron.	pronoun, pronominal
prob.	probably
PSAS	Proceedings of the Society of Antiquaries of Scotland
pseud.	pseudonym
pt(s).	part(s)
publ.	published
q(q).	quatrain(s)
Q.U.B.	Queen's University of Belfast
Rawl.	Rawlinson (with MSS located in the Bodleian Library, Oxford)
RBCR	The Red book of Clanranald (MS)
RBPh	Revue belge de philologie et d'histoire
RC	Revue celtique
RCTNL	Report of the Council of Trustees of the National Library of Ireland
relev.	relevant
RELit	Review of English literature
RepN	Reportorium novum (Dublin diocesan historical record)
repr.	reprint(ed)
rev.	revised, review(ed)
RHÉ	Revue d'histoire écclésiastique
RHR	Revue de l'histoire des religions
RhVB	Rheinische Vierteljahresblätter
Rhŷs lecture	The Sir John Rhŷs memorial lectures (British Academy) [419]
R.I.A.	The Royal Irish Academy
RIL	Rendiconti dell' Instituto Lombardo di Scienze e Lettere, Classe de lettere e scienze morali e storichi
RíM	Ríocht na Midhe
RL	Ricerche linguistiche
RLR	Revue des langues romanes
RMAL	Revue du moyen âge latin
Russ.	Russian
SAM	Seanchas Ardmhacha, Seanchas Ard Mhacha (Journal of the Armagh Diocesan Historical Society)
SbÖAW	Sitzungsberichte der Österreichischen Akademie der Wissenschaften, Philosophisch-historische Klasse
SCC	Serglige Con Culainn
ScSt	Scottish studies
SEBC	N.K. Chadwick etc., Studies in the early British Church, 1958 [505]
SEBH	H.M. Chadwick etc., Studies in early British history, 1954 [493]
sep.	separate(ly)
Settimana	Settimane di studio del Centro Italiano di Studi sull' Alto Medioevo (Spoleto; with publication date)
sg.	singular(is)
SGBM	Scríbhinní Gaeilge na mBráthar Mionúr (D.I.A.S.)
SGS	Scottish Gaelic studies [405]
SILH	Carney, Studies in Irish literature and history, 1955 [495]
Slav.	Slavonic
SLH	Scriptores latini Hiberniae (D.I.A.S.)
SMN	Seanmóirí Muighe Nuadhad [Best[1] 249]
S.O.	Stationery Office (= O.S.)
spec.	special
SPh	Studies in philology

SS	Saga och sed
SSL	Studi e saggi linguistici
st(s).	stanza(s)
StC	Studia Celtica [*414*]
StH	Studia Hibernica [*412*]
StNph	Studia neophilologica (Uppsala)
StPat	Studia patristica (Papers presented to the International conference on patristic studies, Oxford; publ. in 'Texte u. Unters.')
suppl.	supplement
t.	tom, tome
tab(s).	table(s)
T.C.D.	Trinity College Dublin
TCLC	Travaux du Cercle Linguistique de Copenhague
Texte u. Unters.	Texte und Untersuchungen zur Geschichte der altchristlichen Literatur (Berlin)
TGSG	The Transactions of the Gaelic Society of Glasgow
TGSI	Transactions of the Gaelic Society of Inverness
THSC	The Transactions of the Honourable Society of Cymmrodorion
TLP	Travaux linguistiques de Prague
tm.	tuairim, ca.
t.-p.	title-page
TPS	Transactions of the Philological Society
tr(ansl).	translated, translator
translit.	transliterated
Treoirliosta	P. de Brún, Cnuasaigh de lámhscríbhinní Gaeilge: treoirliosta, 1967 [*621*]
u.	und
U.Ca.P.	University of California Press
U.C.C.	University College Cork
U.C.C. record	previously 'Cork University record'
U.C.D.	University College Dublin
U.C.L.A.	University of California, Los Angeles
UCPL	University of California publications in linguistics
UF	Ulster folklife
uimh(r).	uimhir (uimhreacha)
UJA	Ulster journal of archaeology
U.P.	University Press
UTQ	University of Toronto quarterly
U.W.P.	University of Wales Press
v(v).	verse(s)
var.	various(ly)
VChr	Vigiliae Christianae
vol(l).	volume(s)
vs.	versus, against
W.	Welsh
wr.	written
YBL	The Yellow book of Lecan (MS/facs.)
YCS	Yorkshire Celtic studies
ZAA	Zeitschrift für Anglistik und Amerikanistik
ZCP	Zeitschrift für celtische Philologie [*403*]
ZDL	Zeitschrift für Dialektologie und Linguistik
ZMA	Zeitschrift für Mundartforschung
ZRP	Zeitschrift für romanische Philologie

Other abbreviations as in: Royal Irish Academy, Dictionary of the Irish language, 1913-76 (abbreviations issued with title-page in 1976).

Italic numbers in the above list of abbreviations refer to entries in this bibliography.

A GENERAL

1 BIBLIOGRAPHY

A 1.1 General

1 BEST (R. I.) *comp.*: Bibliography of Irish philology and manuscript literature. Publications 1913-1941.
Dublin: D.I.A.S., 1942 (repr. 1969). x + 254 pp.
With a general index, and indexes of words and initial lines of poems. Abbr.: Best². Index of words, and corrigenda, to Best ¹.
Review by

2 BRADY (John), *in* IBL 29, 1943/45, (no. 2, 1944), pp. 42-3 [cf. also no. 3, p. 22].

3 INDOGERMANISCHES JAHRBUCH. X. Keltisch.
Bdd. 25-30, 1941 (1942)-1955.
Bibliogr. for 1939-48. For 1939-40, 1944-48, comp. by Julius POKORNY; for 1941-43 (= Bdd. 27-28, 1948-49), by J. WEISWEILER.

4 COMITÉ INTERNATIONAL PERMANENT DES LINGUISTES: Bibliographie linguistique de l'année [ ].
Utrecht [etc.]: Spectrum, 1949- .
Add. t.-p.: The Permanent International Committee of Linguists: Linguistic bibliography for the year [ ] . . .
For 1939-47 in 2 voll., publ. 1949, 1950.

5 LLYFRGELL GENEDLAETHOL CYMRU. THE NATIONAL LIBRARY OF WALES: Bibliotheca Celtica. A register of publications relating to Wales and the Celtic peoples and languages. Aberystwyth.
New series voll. 3-5, 1961-63. For 1939-52.
3rd series voll. 1-5, 1954-58. For 1953-57.
1960- [no series no.]. For 1958- [yearly].
From 3rd series, inclusion of articles from periodicals.
For 1958-, reversion to classification as in New series.

6 SAUL (George Brandon) *comp.*: Ancient and medieval Irish literature. An introductory bibliography.
In Bulletin of the N.Y. Public Library 58, 1954, pp. 392-6.

7 BONSER (Wilfrid) *comp.*: An Anglo-Saxon and Celtic bibliography (450-1087).
Oxford: Blackwell; Berkeley, Los Angeles: U.Ca.P., 1957. 2 voll.

8 [year] M.L.A. INTERNATIONAL BIBLIOGRAPHY of books and articles on the modern languages and literatures.
In PMLA 72, 1957 - 84, 1969 [for 1956-68].
Extension of '[year] American bibliography' (to vol. 71, 1956 [for 1955]).
Entitled '[year] annual bibliography', voll. 72, 1957-78, 1963 [for 1956-62].

Separ. publ., starting with
1969 M.L.A. INTERNATIONAL BIBLIOGRAPHY of books . . .
Comp. by Harrison T. Meserole [etc.].
N.Y.: M.L.A., 1970. 4 voll. (or, 4 voll., separ. pagin. and indexed, in one)
> Vol. 3 (Linguistics) is also publ. as a special issue of the quarterly journal General linguistics, vol. 10- .

9 A LIST OF BOOKS, ARTICLES, etc., concerning various aspects of the Celtic languages, RECEIVED AT THE NATIONAL LIBRARY OF WALES, Aberystwyth, during [1965-].
In StC 1- , 1966- .

10 INDOGERMANISCHE CHRONIK. IX. Keltisch.
In Sprache 13- , 1967- .
> Bibliography for 1967- . Comp. by W. MEID.

11 HARVARD UNIVERSITY LIBRARY: Celtic literatures.
Cambridge (Mass.): H.U.L., 1970. 192 pp. (=Widener Library shelflists, vol. 25)
> Classification schedule, Classified listing by call number, Chronological listing, Author and title listing.
> Ca. 8,000 titles represented from and about the six Celtic literatures.

12 HAYES (Richard J.) *ed.*: Sources for the history of Irish civilisation: articles in Irish periodicals.
Boston (Mass.): G. K. Hall, 1970. 9 voll.
> Voll. 1-5: Persons; 6-8: Subjects; 9: Places [in Ireland], Dates [of events dealt with].

A 1.2   Bibliography: Special

13 MÜHLHAUSEN (L.) *comp.*: Literaturverzeichnis zur Phonetik der keltischen Sprachen.
In Archiv für vergleichende Phonetik 6, 1942, pp. 130-4.

14 WRITINGS ON IRISH HISTORY, [1940/41-].
In IHS 3- , 1942/43 (1943)- .

15 WING (Donald) *comp.*: Short-title catalogue of books printed in England, Scotland, Ireland, Wales, and British America, and of English books printed in other countries, 1641-1700.
N.Y.: Index Society, 1945-51. 3 voll.

16 BIELER (Ludwig) *comp.*: Latin manuscripts. Facsimiles, editions, studies, published in Great Britain, Ireland, Canada, and the United States since July 1939.
In Scriptorium 1, 1946/47, pp. 181-9, 329-54.

17 Ó FLAITHBHEARTAIGH (Proinnsias) *comp.*: Clár na gcaiticiosmaí Gaedhilge sa Leabharlann.
In IMN 1947, pp. 37-40.
> Printed and MS catechisms in St. Patrick's College, Maynooth.

18 BIELER (Ludwig) *comp.*: Manuscript studies in Ireland, 1946-55.
In Scriptorium 3, 1949, pp. 325-7; 5, 1951, pp. 330-1; 7, 1953, pp. 323-5; 10, 1956, pp. 319-21.
> Continued in Bulletin codicologique, *in* Scriptorium 13- , 1959- .

19 BULLETIN BIBLIOGRAPHIQUE DE LA SOCIÉTÉ INTERNATIONALE

ARTHURIENNE/BIBLIOGRAPHICAL BULLETIN OF THE INTERNATIONAL ARTHURIAN SOCIETY.
No. 1- , 1949- .
Vol. 19- , 1967- : titles reversed.

20 WILLIAMS (Moelwyn I.) *comp.*: Wales and the Celts. [Parts] 1-4 [all publ.].
In NLWJ 6, 1949/50, pp. 51-77, 273-94; 7, 1951/52, pp. 46-61, 354-75.
A bibliography from periodicals, May 1947 - Dec. 1951 (for May 1947 -Dec. 1950, from 'non-Celtic' periodicals only). Continued in Bibliotheca Celtica, 3rd series.

21 NATIONAL LIBRARY OF IRELAND: List of manuscripts relating to Ireland copied on microfilm and 'photostat'.
In RCTNL 1950/51 (1952), pp. 10-124.
Preface by R. J. HAYES.

22 ——— : List no. 2 of manuscripts relating to Ireland copied on microfilm.
In RCTNL 1951/52 (1952), pp. 10-103.
-id.-

23 BIBLIOGRAPHIA ONOMASTICA: Ireland (Eire).
In Onoma 3- , 1952- .
Vol. 3, 1952. By Liam PRICE.
Vol. 4- , 1953- . By L. P. & P. Ó NIATHÁIN.
Vol. 8- , 1958/59 (1960/61)- . By P. Ó N.
From vol. 15, 1970, included under 'D. Celtic' as '3b. Irish'.

24 SMITH (Elsdon C.) *comp.*: Personal names. A bibliography.
N.Y.: Public Library, 1952. 226 pp.

25 MCROBERTS (David) *comp.*: Catalogue of Scottish medieval liturgical books and fragments.
Glasgow: J. S. Burns, 1953. 28 pp.

26 WOOLLEY (John S.) *comp.*: Bibliography for Scottish linguistic studies.
Edinburgh: (for University of Edinburgh: Linguistic Survey of Scotland) J. Thin, 1954. 37 pp.

27 ALDEN (John) *comp.*: Bibliographia Hibernica. Additions and corrections to WING.
Charlottesville: Bibliographical Society of the University of Virginia, 1955. 39 pp.

28 ALLISON (A. F.) & ROGERS (D. M.) *comps.*: A catalogue of Catholic books in English printed abroad or secretly in England, 1558-1640.
Bognor Regis: Arundel, 1956. 2 voll. (xiii + 187 pp.) (= Biographical studies 3, nos. 3, 4)
Incl. books in Irish.

29 SELMER (Carl): The vernacular translations of the *Navigatio sancti Brendani*: a bibliographical study.
In MSt 18, 1956, pp. 145-57.

30 IRISH CATHOLIC HISTORICAL COMMITTEE: A handlist of Irish diocesan histories.
In PICHC 1957, pp. 31-7.

31 CAHIERS DE CIVILISATION MÉDIÉVALE, Xe-XIIe SIÈCLES.
   Vol. 1- , 1958- . Poitiers: Centre d'Études Supérieures de Civilisation Médiévale.
32 McNALLY (Robert E.): The Bible in the early Middle Ages. Westminster (Md.): Newman Press, 1959. v + 121 pp. (= Woodstock papers: occasional essays for theology, no. 4).
   With a complete bibliogr. of The Bible commentaries of the early Middle Ages.
33 O'HIGGINS (Paul) *comp.*: A select bibliography of Irish legal history. Parts [1]-3.
   In American journal of legal history 4, 1960, pp. 173-84; 8, 1964, pp. 261-3; 13, 1969, pp. 233-40.
34 ANDREWS (J. H.): 'Ireland in maps': a bibliographical postscript.
   In IGeo 4, 1959/63, (no. 4, 1962), pp. 234-43.
   A review of Irish cartobibliographical literature dealing with the period before 1824.
35 DE NAIS (Roisin) *comp.*: A bibliography of Limerick history and antiquities.
   Limerick: L. County Library, [1962]. 61 pp.
36 SCOTTISH FOLKLORE BIBLIOGRAPHY FOR [1961-].
   In ScSt 6- , 1962- .
   Continued as
   SCOTTISH STUDIES IN [1963-]. An annual bibliography.
   In ScSt 8- , 1964- .
   Comp. by Elizabeth SINCLAIR. For 1964- , by W. F. H. NICOLAISEN. For 1969- , by Alan BRUFORD.
37 WALSH (M. ON.) *comp.*: Irish books printed abroad, 1475-1700. An interim check-list.
   In The Irish book 2, (no. 1, 1962/63), pp. 1-36 [special issue].
38 GAMBER (Klaus) *comp.*: Codices liturgici latini antiquiores.
   Freiburg (Schweiz): Universitätsverlag, 1963. xvi + 334 pp. (= Spicilegii Friburgensis subsidia, vol. 1)
   pp. 12-24: Libri liturgici celtici.
39 MARTIN (F. X.) *comp.*: Bibliography of Patrician literature.
   In 7871 [Mac Neill: St. Patrick], pp. 221-4.
40 EAGER (Alan R.) *comp.*: A guide to Irish bibliographical material, being a bibliography of Irish bibliographies and some sources of information.
   London: Library Association, 1964. xiii + 392 pp.
   Review by
41 MILLETT (Benignus), *in* An Leabharlann 22, 1964, pp. 135-43.
42 ADAMS (G. B.) *comp.*: A register of phonological research on Ulster dialects.
   In 475 [Ulster dialects], pp. 193-201.
43 BIELER (Ludwig): Patrician studies in the 'Irish ecclesiastical record'.
   In IER 102, 1964, pp. 359-66.
44 FOILSEACHÁIN [1964-].
   In Dinnseanchas 1- , 1964/65- .

45 HAYES (Richard J.) *ed.*: Manuscript sources for the history of Irish civilisation.
Boston (Mass.): G. K. Hall, 1965. 11 voll.
<small>Voll. 1-4: Persons; 5-6: Subjects; 7-8: Places [in Ireland]; 9-10: Dates [covered by item]; 11: Lists of manuscripts.</small>

46 KAVANAGH (Mary) *comp.*: A bibliography of the county Galway.
Galway: Galway County Libraries, 1965. 187 pp.

47 IRISH PUBLICATIONS [1964-67] RECEIVED BY THE NATIONAL LIBRARY OF IRELAND.
In An Leabharlann 23-26, 1965-68.
Continued, classified, as
IRISH PUBLICATIONS, 1968. *In* id. 27, 1969.
Continued as
(TOWARDS NATIONAL BIBLIOGRAPHY:) IRISH BOOKS REVIEWED, [1969-70]. By Alf MACLOCHLAINN.
In id. 28-29, 1970-71.

48 Ó SÚILLEABHÁIN (Pádraig): Leabhair urnaithe an ochtú haois déag.
In IER 103, 1965, pp. 299-302.
<small>Prayer-books (mainly English) used in the 18th c.</small>

49 O'HIGGINS (Paul) *comp.*: A bibliography of periodical literature relating to Irish law.
Belfast: N.I. Legal Quarterly Inc., 1966. xvi + 401 pp.

50 MARTIN (F. X.) *comp.*: The Thomas Davis lectures, 1953-67.
In IHS 15, 1966/67 (1967), pp. 276-302.

51 MAC LOCHLAINN (Alf) *comp.*: Broadside ballads in Irish.
In Éigse 12, 1967/68, pp. 115-22.
<small>N.L.I. (as coll. by Thomas Davis), T.C.D. (coll. by John Davis White).</small>

52 SCHOOL OF LIBRARIANSHIP, UNIVERSITY COLLEGE DUBLIN: Irish publishing record [1967-].
Dublin: U.C.D., 1968- .

52a KENNEY (James F.): The sources for the early history of Ireland: ecclesiastical. An introduction and guide.
N.Y.: Octagon, 1966; Shannon: I.U.P., 1968. xviii + 815 pp. charts (fold.) (=Records of civilization, Sources and studies, no. 11)
<small>Repr. of 1929 ed.; corrs. & adds., and preface, by Ludwig BIELER.</small>

53 HODGES FIGGIS: Celtic studies.
Comp. by Pádraig Ó TÁILLIÚIR.
Dublin: H.F., 1968. 146 pp. (= Catalogue, 23)

54 INTERNATIONAL MEDIEVAL BIBLIOGRAPHY.
1967- (publ. 1968-).
Leeds, Mineapolis (Minnesota). 1970- : University of Leeds.

55 JOHNSTON (Edith M.) *comp.*: Irish History. A select bibliography.
London: Historical Association, 1968. 76 pp.

56 DE BLACA (Seamas) *comp.*: Aids in the study of Modern Irish. Materials available for self-instruction in Irish. An annotated list.
In An Féinisc 1, 1968/69, pp. 39-45.

57 ROUSE (Richard H.) *comp.*: Serial bibliographies for medieval studies.
Berkeley, Los Angeles: U.Ca.P., 1969. xiii + 150 pp.
(= Publications of the Center for Medieval and Renaissance Studies, 3)

58 HOWARD-HILL (T. H.) *comp.*: Bibliography of British literary bibliographies.
Oxford: Clarendon, 1969. xxv + 570 pp. (= Index to British literary bibliography, vol. 1)

59 COUNCIL FOR BRITISH ARCHAEOLOGY: Archaeological bibliography for Great Britain & Ireland, [1967-].
London: C.B.A., 1969- .

60 ALDUS (Judith Butler) *comp.*: Anglo-Irish dialects: a bibliography.
In Regional language studies 2, 1969, 17 pp.

61 MAC WHITE (Eóin) *comp.*: A guide to Russian writing on Irish history, 1917-1963.
In Melbourne Slavonic studies 3, 1969, pp. 40-96.
Incl. some literary and linguistic writings.

62 PRICE (Glanville) *comp.*: The present position of minority languages in Western Europe. A selective bibliography.
Cardiff: U.W.P., 1969. 81 pp.

63 COMMITTEE FOR THE STUDY OF ANGLO-IRISH LANGUAGE AND LITERATURE, ROYAL IRISH ACADEMY: Irish and Anglo-Irish periodicals.
Dublin: R.I.A., 1970. 52 pp.
Comprehensive check-list, comp. by Eileen SMITH.

64 Ó DUFAIGH (Seosamh) *comp.*: Irish local historical and archaeological journals.
In Éire-Ireland 5, 1970, uimh. 3, pp. 90-9.

65 NORSE-CELTIC BIBLIOGRAPHICAL SURVEY.
In MSc 3- , 1970- .
First report. By Michael CHESNUTT.
Second report, *in* vol. 4, 1971. By M.CH. & David ERLINGSSON.

66 ASPLIN (P. W. A.) *comp.*: Medieval Ireland, c. 1170-1495. A bibliography of secondary works.
Dublin: R.I.A., 1971. xv + 139 pp. (= A new history of Ireland: ancillary publications, vol. 1).

67 [THE FRANCISCAN HOUSE OF STUDIES, DÚN MHUIRE]: Scríbhinní foireann taighde Dhún Mhuire, 1945-1970.
Cill Iníon Léinín: Dún Mhuire, 1971. 27 pp.
Publ. on the occasion of the 25th anniversary of Dún Mhuire.
Bibliography of the writings on Irish language and history of 8 scholars at Dún Mhuire, Killiney (Co. Dublin). Abbr.: Dún Mhuire, 1945-70

68 DUNN (John J.) *comp.*: MACPHERSON's *Ossian* and the Ossianic controversy: a supplementary bibliography.
In Bulletin of the New York Public Library 75, 1971, pp. 465-73.

A 2 MODERN HISTORY OF IRISH STUDIES
cf. C 1 Linguistics: Pre-Zeussian, Native
F 2 Literature & learning: Sociology

A 2.1 General

69 DRAAK (Maartje): Ierse letterkunde als toetsteen.
Openbare les . . . aan de Universiteit van Amsterdam, 10 dec. 1946.
Amsterdam: Meulenhoff, 1946. 16 pp.
   The study of Irish literature and its significance to world literature; and some reflections on recent Celtic scholarship.

70 DILLON (Myles): Future of Celtic studies.
In New alliance & Scots review (Edinburgh) 9, no. 1, April 1948, pp. 6, 15.

71 PIATT (Donn S.): Dá dtugaimís treó úr don léann Cheilteach?
In An tUltach 25, uimh. 9, Meán Fómhair 1948, pp. 5-6.

72 POKORNY (Julius): Recent developments in Celtic study.
In Welsh anvil 3, 1951, pp. 80-7.

73 ———— : Keltologie.
(*With* V. Pisani: Allgemeine und vergleichende Sprachwissenschaft, Indogermanistik)
Bern: A. Francke, 1953. (= Wissenschaftliche Forschungsberichte, Geisteswissenschaftliche Reihe, Bd. 2) pp. 95-199.
Reviews by

74 JACKSON (Kenneth), *in* ZCP 24, 1954, pp. 320-2.

75 HEIERMEIER (A.), *in* Bibliotheca Orientalis 12, 1955, pp. 157-60.

76 HAMP (Eric P.), *in* Lg 33, 1957, pp. 435-7.

77 SOMMERFELT (Alf): L'enseignement du celtique en Scandinavie.
In ÉtC 6, 1953/54, pp. 214-5.

78 DILLON (Myles): The Irish language.
In 494 [Early Ir. soc.], (no. 1), pp. 7-21.

79 BLENNER-HASSETT (Roland): A brief history of Celtic studies in North America.
In PMLA 69, 1954, no. 4, pt. 2 [= Suppl.], 21 pp.

80 HAMP (Eric P.): Recent Keltic linguistic publications.
In Kratylos 1, 1956, pp. 104-18.

81 SOMMERFELT (Alf): Recent trends in the study of Celtic languages.
In Trends in modern linguistics. Ed. by Ch. Mohrmann, F. Norman & A. Sommerfelt. Utrecht, Antwerp: Spectrum Publishers, 1963. pp. 109-18.

82 THE BOARD OF CELTIC STUDIES OF THE UNIVERSITY OF WALES: Celtic studies in Wales. A survey.
Prepared for . . . the 2nd I.C.C.S. . . . Cardiff, 1963.
Ed. by Elwyn Davies. With a preface by Henry LEWIS.
Cardiff: U.W.P., 1963. xxiii + 182 pp. illus.

83 DONAHUE (Charles): Medieval Celtic literature.
In The medieval literature of western Europe. A review of research, mainly 1930-1960. Ed. by J. H. Fisher. (for M.L.A.A.)

New York University Press, University of London Press, 1966. (chap. 11), pp. 381-409.
84 DUNN (Charles W.): The present state of Celtic studies in North America.
In StC 4, 1969, pp. 112-8.
85 O[FTEDAL] (M.): Celtic studies in Germany.
In Lochlann 4, 1969, p. 290.
86 OFTEDAL (Magne): Celtic studies in Scandinavia.
In id., pp. 290-2.
87 CLEEVE (Brian) comp.: Dictionary of Irish writers. Vol. 3: Writers in the Irish language.
Cork: Mercier, 1971. 144 pp.
  Writers and scholars of Irish and Latin of all periods; some anonymous works.

A 2.2   **Modern history of Irish studies: Special**
88 FOSTER (Idris L.): A survey of some works on the syntax of Irish and Welsh.
In TPS 1941 (1942), pp. 16-42.
89 Ó BRIAIN (Felim): The expansion of Irish christianity to 1200: an historiographical survey.
In IHS 3, 1942/43 (1943), pp. 241-66; 4, 1944/45 (1945), pp. 131-63.
90 Ó COINDEALBHÁIN (Íde Ní Choindealbháin): Corcaighigh na haithbhreithe.
In JCHAS 48, 1943, pp. 58-60.
91 Ó BRIAIN (Felim): Irish hagiography: historiography and method.
In 431 [Measgra Uí Chléirigh], pp. 119-31.
92 BIELER (Ludwig): Recent research on Irish hagiography.
In Studies 35, 1946, pp. 230-8, 536-44.
93 SCEILG [pseud., Seán UA CEALLAIGH]: Spelling made easy. 'Litriú na Gaeilge' critically examined.
Dublin: D. Mac Giolla Phádraig. [foreword 1946]. 93 pp.
  Incl. accounts of the history of Irish grammar and lexicography.
94 CONCANNON (Helena): John O'DONOVAN and the Annals of the Four Masters.
In Studies 37, 1948, pp. 300-7.
95 Ó CUÍV (Brian): [Discussion de la Question B ('Enquête linguistique')].
In Actes du Sixième Congrès international des linguistes. Ed. par M. Lejeune. Paris: Klincksieck, 1949. p. 557.
  The study of general linguistics and Irish dialects in Ireland.
96 MACALISTER (R. A. S.): Inscribed and sculptured stones.
In A hundred years of Welsh archaeology. Centenary volume, 1846-1946. Ed. by V. E. Nash-Williams. Gloucester: Cambrian Archaeological Association, [1949]. pp. 123-8.
97 POP (Sever): La dialectologie. Aperçu historique et méthodes

d'enquêtes linguistiques.
Louvain: chez l'auteur, [1950]. 2 voll. (lv + 1334 pp.)
(= Université de Louvain: Recueil de travaux d'histoire et de philologie, 3e série, fascc. 38, 39).
    pp. 925-55: Langues celtiques.

98   MOONEY (Canice): Devotional writings of the Irish Franciscans, 1224-1950.
Killiney: Four Masters' Press, 1952. 69 pp.

99   HEIERMEIER (A.): Zu den keltisch-germanischen Wortgleichungen. Gedanken zum Kelten-Germanen-Problem und zur Indoeuropäisierung Nordwesteuropas (1).
In RIL 85, 1952, pp. 313-40.

100 MANIET (Albert) *comp.*: Enregistrements et études dialectologiques en pays celtiques.
In Sever Pop: Instituts de phonétique et archives phonographique à Aarhus, [etc.]. Louvain, 1956. (= C.I.P.L.: Publications de la Commission d'Enquête Linguistique, 7) pp. 89-95.

101 SHAW (Francis): The background to Grammatica Celtica.
In Celtica 3, 1956, pp. 1-16.
    J. K. ZEUSS.

102 O'NEILL (Thomas P.): Sources of Irish local history. — 1st series.
Dublin: Library Association of Ireland, 1958. 38 pp.
    8 chaps., first publ. serially in An Leabharlann 13-15, 1955-57.

103 SOMMERFELT (Alf): The study of Celtic phonetics and phonemics.
In Phonetica 3, 1959, pp. 51-63.

104 MANIET (A.): Linguistique italique et linguistique celtique.
In Orbis 10, 1961, pp. 439-46.

105 HENNIG (John): Studien zur Geschichte der deutschsprachigen Irlandkunde bis zum Ende des achtzehnten Jahrhunderts.
In DVjS 35, 1961, pp. 617-29.

106 BIELER (Ludwig): Patriciology. Reflections on the present state of Patrician studies.
In SAM [spec. issue] 'The Patrician year, 1961-62', pp. 9-36.

107 DE HÓIR (Éamonn): Seán Ó DONNABHÁIN agus Eoghan Ó COMHRAÍ.
B.Á.C.: Clóchomhar, 1962. vii + 124 pp. portrs. (= Leabhair thaighde, iml. 8)
    John O'DONOVAN and Eugene O'CURRY.
Review [in Irish] *by*

108 Ó MÓRDHA (Séamus P.), *in* StH 3, 1963, pp. 236-7.
Review by

109 BREATNACH (R. B.), *in* Celtica 7, 1966, pp. 238-9.

110 TIERNEY (Michael): Eugene O'CURRY and the Irish tradition.
In Studies 51, 1962, pp. 449-62.

111 MOULD (Daphne D. C. Pochin): The Irish saints. Short biographies of the principal Irish saints from the time of St. Patrick to that of St. Laurence O'Toole.
Dublin: Clonmore & Reynolds; London: Burns & Oates, 1964. xii + 316 pp.

112 DE BHALDRAITHE (Tomás): Report on dialect study in Ireland.
In 477 [1er CIDG], vol. 4, pp. 90-5.

113 BROMWICH (Rachel): Matthew ARNOLD and Celtic literature. A retrospect, 1865-1965.
With a foreword by I. Ll. FOSTER.
Oxford: Clarendon, 1965. 43 pp. (= O'Donnell lecture, Oxford, 1964)

114 BIELER (Ludwig): Die lateinische Kultur Irlands im Mittelalter in der Forschung des zwanzigsten Jahrhunderts.
In Literaturberichte über Neuerscheinungen zur ausserdeutschen Geschichte. Hg. v. W. Kienast. München, 1965. (= Historische Zeitschrift, Sonderheft 2) pp. 260-76.

115 LE ROUX (Françoise): Keltische Religion und Religionswissenschaft.
In Kairos 7, 1965, pp. 267-80.

116 BUCHANAN (Ronald H.): A decade of folklife study.
In UF 11, 1965, pp. 63-75.

117 Ó FIAICH (Tomás): Irish peregrini on the Continent. Recent research in Germany.
In IER 103, 1965, pp. 233-40.
Paper read to the Conference of the I.C.H.C., 1963.

118 Ó NÉILL (Séamus): The hidden Ulster. Gaelic pioneers of the North.
In Studies 55, 1966, pp. 60-6.

119 OTWAY-RUTHVEN (J.): Medieval Ireland (1169-1485).
In IHS 15, 1966/67 (1967), pp. 359-65. (*sub* Thirty years' work in Irish history, 1)
Republ. in 131.

120 BYRNE (Francis John): Seventh-century documents.
In IER 108, 1967, pp. 164-82.
Critical survey of Irish and Latin, datable and contemporary, texts.
Paper read at the I.C.H.C.'s Easter Conference on Irish Church history, 1964.

121 BARRY (John G.): The study of family history in Ireland.
[Dublin]: N.U.I., [n.d.]. 36 pp. (= O'Donnell lecture, U.C.C., 1967)

122 MCINTOSH (Angus) & SAMUELS (M. L.): Prolegomena to a study of mediaeval Anglo-Irish.
In MAe 37, 1968, pp. 1-11.

123 BYRNE (Francis John): Ireland before the Norman invasion.
In IHS 16, 1968/69 (1969), pp. 1-14. (*sub* Thirty years' work in Irish history, 2)
Republ. in 131.

124 KEANAY (Marian) *comp.*: Westmeath authors. A bibliographical and biographical study.
Mullingar: Longford-Westmeath Joint Library Committee, 1969. xv + 239 pp.

125 OFTEDAL (Magne): The Scottish Gaelic dialect survey.
    In Lochlann 4, 1969, pp. 285-7.
126 DURRELL (Martin): Keltische Sprachatlanten.
    In ZDL, Beiheft 8, 1969, pp. 117-39. 2 charts
127 CORKERY (John): Ecclesiastical learning.
    Dublin: Gill & Macmillan, 1970. 33 pp. (= A history of Irish catholicism, vol. 5, no. 9)
128 GRANNELL (Fergal): Early Irish ecclesiastical studies.
    In Irish Anglicanism 1869-1969. Essays on the role of Anglicanism in Irish life . . . Ed. by M. Hurley. Dublin: Allen Figgis, 1970. pp. 39-50.
129 Ó RIAIN (Pádraig): An 'Grammatica Celtica', a cúlra agus a húdar.
    In CapA 1970, pp. 200-5.
130 THOMSON (R. L.): The study of Manx Gaelic.
    In PBA 55, 1969 [1971], pp. 177-210. (= Rhŷs lecture, 1969)
    Sep. issued London: O.U.P., [n.d.]. [same pagin.]
131 IRISH HISTORIOGRAPHY, 1936-70.
    Ed. by T. W. MOODY.
    Dublin: I.C.H.S., 1971. viii + 155 pp.
    First publ. in IHS, 1967-70, as a series 'Thirty years' work in Irish history', revised; with an add. chap., 'Thirty-five years of Irish historiography', by T.W.M.

A 2.3 Learned institutions

132 T[EVENAR (G. von)]: Zur Gründung der 'Deutschen Gesellschaft für keltische Studien'.
    In ZCP 22, 1942, pp. 440-1.
133 Ó DUILEARGA (Séamus): Volkskundliche Arbeit in Irland von 1850 bis zur Gegenwart mit besonderer Berücksichtigung der 'Irischen Volkskunde-Kommission'.
    In ZCP 23, 1943, (H. 1/2, 1942), pp. 1-38.
134 MOONEY (Canice): The Franciscan library, Merchants' Quay, Dublin.
    In An Leabharlann 8, (no. 2, 1942), pp. 29-37.
135 SHAW (Francis): The Irish Folklore Commission.
    In Studies 33, 1944, pp. 30-6.
136 Ó FLOINN (Donnchadh): Magh Nuadhat agus an athbheochaint.
    In IER 66, 1945, pp. 201-7.
137 ROBINSON (Fred N.): Celtic books at Harvard: the history of a departmental collection.
    In Harvard Library bulletin 1, (no. 1, 1947), pp. 52-65.
    Republ. as Celtic books at Harvard.
    In An Leabharlann 14, 1956, pp. 21-32.
138 NATIONAL LIBRARY OF IRELAND: List of manuscripts relating to Ireland copied on microfilm and 'photostat'.
    In RCTNL 1950/51 (1952), pp. 10-124.
    Preface by R. J. HAYES.

139 ——— : List no. 2 of manuscripts relating to Ireland copied on microfilm.
In RCTNL 1951/52 (1952), pp. 10-103.
-id.-

140 ARTHURS (J. B.): The Ulster Place-name Society.
In UJA 16, 1953 (1954), pp. 104-6.

141 HOGAN (James): The Irish Manuscripts Commission. Work in progress.
Cork: U.P., 1954. 42 pp. (= Irish historical series, no. 1)

142 Ó F[IAICH] (T.) *comp.*: MS. material for diocesan and parochial history. Report on collections of sources.
In SAM 1, no. 1, 1954, pp. 202-5; no. 2, 1955, pp. 223-6; 2, (no. 1, 1956), pp. 227-8.
   1. The library of the Representative Church Body, Dublin;
   2. The collection of the Irish Folklore Commission;
   3. The National Library of Ireland, Dublin.

143 MOONEY (Canice): Franciscan Library, Killiney. A short guide for the student of Irish church history.
In ArH 18, 1955, pp. 150-6.
Also separ. publ. as
Short guide to the material of interest for the student of Irish church history in the Franciscan Library, Killiney, Co. Dublin.
Killiney: Four Masters Press, 1954. 12 pp.

144 O'NEILL (Thomas P.) & CLARKE (Desmond J.): Libraries in Ireland.
In An Leabharlann 13, 1955, pp. 67-80.
Also publ. as Libraries in Ireland: an historical outline.
In Library Association record 58, 1956, pp. 47-57.

145 ARTHURS (John B.): The Ulster Place-name Society.
In Onoma 6, 1955/56, pp. 80-2.

146 MAC AIRT (Seán): An Cumann Gaelach, 1906-1956.
In 440 [Fearsaid], pp. 8-19. portrs.

147 SANDERSON (Stewart F.): The work of the School of Scottish Studies.
In ScSt 1, 1957, pp. 3-13.

148 MAC GIOLLA PHÁDRAIG (Brian): Coláiste na Tríonóide (1592-1922) agus Coláistí na Banríona (1845-1908).
In Feasta 10, uimh. 11, Feabhra 1958, pp. 11-2. (= Saothrú na Gaeilge sna hiolscoileanna, 1)

149 Ó HUAITHNE (Dáithí): Coláiste na Tríonóide ó 1922 i leith.
In id., uimh. 12, Márta 1958, pp. 9-10. (= id., 2)

150 BEVAN (Aodh): Iolscoil na Banríona.
In Feasta 11, uimh. 1, Aibreán 1958, pp. 9-10. (= id., 3)

151 TEIDHIRS (Pádraig): Coláiste na hIolscoile, Corcaigh, ó 1922 i leith.
In id., uimh. 3, Meitheamh 1958, pp. 8-10. (= id., 4)

152 Ó FIAICH (Tomás): Coláiste Phádraig, Mánuat.
In id., uimh. 6, Meán Fómhair 1958, pp. 8-10, 15-8. (= id., 5)

153 Ó Buachalla (Breandán): An léann Ceilteach i nOllscoil na Bainríona.
   In U.C.C. record 34, 1959, pp. 59-64.
154 Ó Fiaich (Tomás): Irisí don stair áitiúil.
   In IMN 1959, pp. 25-34.
155 Raftery (Joseph): A brief guide to the collection of Irish antiquities.
   Dublin: (for the National Museum of Ireland) Stationery Office, 1960. 96 pp. illus.
156 Nicolaisen (W. F. H.): Council for Name Studies:— Great Britain and Ireland.
   In ScSt 6, 1962, pp. 93-4.
157 National Library of Scotland: Celtica.
   Edinburgh: N.L.S., 1967. vi + 56 pp. (= Catalogues of exhibitions, no. 6)
      Description of 246 printed books and MSS of Celtic interest. Preface by Kenneth Jackson.
158 Ó Ceallaigh (Seán): Eoghan Ó Gramhnaigh, Beathaisnéis.
   B.Á.C.: Oifig an tSoláthair, 1968. 129 pp. portrs.
      Aguisíní [Apps.]: (1) Ollúnacht na Gaeilge i Má Nuad (1795-1891); (2) Seán Pléimeann (1814-95).
159 Ó Dufaigh (Seosamh) *comp.*: Irish local historical and archaeological journals.
   In Éire-Ireland 5, 1970, uimh. 3, pp. 90-9.
160 Barry (John): Guide to records of the Genealogical Office, Dublin, with a commentary on heraldry in Ireland and on the history of the Office.
   In AnH 26, 1970, pp. 1-43.
161 [The Franciscan House of Studies, Dún Mhuire]: Scríbhinní foireann taighde Dhún Mhuire, 1945-1970.
   Cill Iníon Léinín: Dún Mhuire, 1971. 27 pp.
      Publ. on the occasion of the 25th anniversary of Dún Mhuire. Bibliography of the writings on Irish language and history of 8 scholars at Dún Mhuire, Killiney (Co. Dublin). Abbr.: Dún Mhuire, 1945-70

Royal Irish Academy
162 Bonfield (C.) & Farrington (A.): The library of the Royal Irish Academy.
   In An Leabharlann 8, (no. 1, 1941), pp. 10-6.
163 Best (R. I.): On recent Irish studies in the [Royal Irish] Academy.
   In PRIA 51 C, 1945/48, (no. 2, 1946), pp. 15-34.
164 O'Conor (Charles): Origins of the Royal Irish Academy.
   In Studies 38, 1949, pp. 326-37.
165 Bonfield (C.) & Farrington (A.): The Royal Irish Academy and its library. A brief description.
   Dublin: [pr. at] D.U.P., 1964. 16 pp. illus.

Dublin Institute for Advanced Studies

166 T[EVENAR] (G. v.): Die keltischen Studien in Irland. Zur Gründung des 'Dublin Institute for Advanced Studies'.
In ZCP 22, 1941, pp. 441-2.

167 MOONEY (Canice): The Dublin Institute for Advanced Studies.
In IER 64, 1944, pp. 187-90.

168 DILLON (Myles): The Dublin School of Celtic Studies.
In Lochlann 1, 1958, pp. 264-7.

169 DUBLIN INSTITUTE FOR ADVANCED STUDIES. School of Celtic Studies: Twenty year report, October 1940 to March 1960. Dublin: D.I.A.S., 1962. vii + 31 pp.
Introd. by D. A. BINCHY.

A 2.4   Scholars
cf. A 4.1   Festschriften, etc.

ARTHURS (John B.) *v.* MAC AIRT (Seán)
ATKINSON (Robert). 1839-1908

170 GREENE (David): Robert ATKINSON and Irish studies.
In Hermathena 102, 1966, pp. 6-15.
A Thomas Davis lecture of the series 'Pioneer Irish scholars', 1962.

BAUDIŠ (Josef). 1883-1933

171 MACHEK (V.): Josef BAUDIŠ.
Praha: Česká Akad. Věd a Umění, 1948. 30 pp. portr., bibliogr.

BERGIN (Osborn (Joseph)). 1873-1950

172 Obituary by G. M[URPHY].
In Éigse 6, 1948/52, (pt. 2, 1950), p. 192.

173 Obituary by Gerard MURPHY.
In Studies 39, 1950, pp. 385-94.

174 Obituary by J. VENDRYES.
In ÉtC 5, 1949/51, (fasc. 2), pp. 419-20.

175 Obituary by E. K[NOTT].
In Ériu 16, 1952, pp. 1-3. portr.

176 GWYNN (Denis): Osborn BERGIN, a great Cork scholar.
In U.C.C. record 44, 1969, pp. 57-9.
Repr. from Cork Examiner, 22 March 1968.

177 BINCHY (D. A.): Osborn BERGIN.
Dublin: U.C.D., 1970. 21 pp. (= Bergin lecture, no. 1)

BEST (Richard Irvine). 1872-1959

178 Obituary by D. A. B[INCHY].
In The Irish Times, 28 Sept. 1959.
Republ. in Lochlann 2, 1962, pp. 180-2.

179 Obituary by [D. A. BINCHY].
In PRIA 61, Minutes 1959-60, pp. 5-6.

180 Obituary by Brian Ó CUÍV.
In Éigse 9, 1958/61, (pt. 3, 1959/60), pp. 203-4.

181 Bibliography, comp. by students of the SCHOOL OF LIBRARY TRAINING, UNIVERSITY COLLEGE DUBLIN.
In Celtica 5, 1960, pp. v-x. portr.

182 Obituary by J. P[OKORNY].
    In ZCP 28, 1960/61, pp. 335-7.
183 Obituary by Joseph VENDRYES.
    In ÉtC 9, 1960/61, pp. 242-4.
184 Obituary by Myles DILLON.
    In Lochlann 2, 1962, pp. 187-9.
185 Obituary by E. K[NOTT].
    In Ériu 19, 1962, pp. 123-5.
186 Obituary by J. H[OGAN].
    In AnH 23, 1966, pp. xiii-xvi.

BOURKE (Ulick Joseph). 1829-87
187 CONCANNON (Helena): Canon Ulick J. BOURKE (1829-87) ('Father' of the Gaelic revival).
    In IER 73, 1950, pp. 405-17.

CHADWICK (Nora Kershaw). 1891-1972
188 H[ENDERSON] (I.) *comp.*: A list of the published writings of Hector Munro Chadwick and of his wife Nora Kershaw CHADWICK, presented to N.K.CH. on her eightieth birthday.
    Cambridge: (pr. by) Will & S. Carter, 1971. 28 pp.

COMYN (David). 1854-1907
189 Ó DUBHGHAILL (Máire *Ní Dhubhghaill*): David COMYN — a pioneer of the language movement.
    In IBL 31, 1949/51, (no. 3, 1949), pp. 64-5.
        Republ. from The Irish Press, 4 Nov. 1940.

CONDON (Teresa). †1941
190 Obituary by G. M[URPHY].
    In Éigse 3, 1941/42 (1943), (pt. 4), pp. 305-6.

CONNELLAN (Owen). 1800-1869
191 O'LEARY (Denis): The first professor of Irish in Q.C.C., Owen CONNELLAN.
    In Cork University record 9, 1947, pp. 37-44.

CORKERY (Daniel). 1878-1964
192 BREATNACH (Riobárd): Daniel CORKERY — creative writer and critic.
    In U.C.C. record 40, 1965, pp. 31-7. portr., bibliogr.

CROSS (Tom Peete). 1879-1952
193 Obituary by J. VENDRYES.
    In ÉtC 7, 1955/56, p. 242.
194 CORMIER (Raymond J.): Tom Peete CROSS: an American celticist (1879-1951).
    In Éire-Ireland 5, 1970, uimh. 4, pp. 112-5.

DILLON (Myles). 1900-1972
195 MANIET (Albert): Myles DILLON. Notice biographique et bibliographique, et résumé de sa conférence 'Notes sur les sources de l'histoire ancienne de l'Irlande'.
    Louvain: C.I.D.G., 1958. 9 pp. portr. (= Biographies et conférences, 11)

DINNEEN (Patrick S.) *al.* **Ó DUINNÍN** (Pádraig). 1860-1934
196 Ó CONLUAIN (Proinsias) & Ó CÉILEACHAIR (Donncha): An DUINNÍNEACH. An tAthair Pádraig Ó DUINNÍN: a shaol, a shaothar agus an ré inar mhair sé.
B.Á.C.: Sáirséal & Dill, 1958. 389 pp. pls.

DOBBS (Margaret Emmeline). †1962
197 Obituary by D. F[LANAGAN].
In JRSAI 92, 1962, p. 211.

DUNN (Joseph). †1951
198 Obituary by Robert T. MEYER.
In Lg 27, 1951, pp. 459-60.

FLOWER (Robin (Ernest William)). 1881-1946
199 Obituary.
In Éigse 5, 1945/47 (1948), (pt. 2, 1946), p. 142.
200 Obituary & bibliogr. by H. I. BELL.
In PBA 32, 1946, pp. 353-79. portr.
201 Obituary.
In IBL 30, 1946/48, pp. 13-4.
Repr. from The Times, 17 Jan. 1946.
202 Obituary by J. VENDRYES.
In ÉtC 5, 1949/51, (fasc. 1), pp. 196-8.
203 Obituary by S. Ó D[UILEARGA].
In Tomás Ó Criomhthain & Robin Flower, Seanchas ón Oileán Tiar. B.Á.C.: C.O.É., 1956. pp. xxi-xxiii [cf. vii-xix].
Radio Éireann broadcast, 18 Jan. 1946.

FRASER (John). 1882-1945
204 Obituary.
In Éigse 5, 1945/47 (1948), (pt. 2, 1946), pp. 140-1.
205 Obituary by John MACDONALD.
In SGS 6, 1949, (pt. 1, 1947), pp. 110-1.
206 Obituary by J. VENDRYES.
In ÉtC 5, 1949/51, (fasc. 2), p. 404.

FREEMAN (A. Martin). 1878-1959
207 Obituary by Brian Ó CUÍV.
In Éigse 9, 1958/61, (pt. 3, 1959/60), p. 204.

GOODMAN (James). 1828-1896
208 AN SEABHAC [*pseud.*, Pádraig Ó SIOCHFHRADHA]: An tOllamh Séamas GOODMAN agus a mhuinntir.
In Béaloideas 13, 1943 (1944), pp. 286-91.
209 Ó GLAISNE (Risteard): Ollamh is ceoltóir.
In Galvia 10, 1964/65, pp. 33-40.
James GOODMAN.

GOUGAUD (*Dom* Louis). 1877-1941
210 Obituary by G. v. T[EVENAR].
In ZCP 22, 1941, pp. 447-8.
211 Obituary by G. M[URPHY].
In Éigse 3, 1941/42 (1943), (pt. 4), p. 305.

212 HENNIG (John): The historical work of Louis GOUGAUD.
  In IHS 3, 1942/43 (1943), pp. 180-6.
213 Obituary by J. VENDRYES.
  In ÉtC 5, 1949/51, (fasc. 2), pp. 403-4.

GROSJEAN (Paul). 1900-1964
214 Obituary & bibliography by Maurice COENS.
  In AB 82, 1964, pp. 289-318. portr.
215 Obituary.
  In SAM 5, (no. 1, 1969), p. 191. portr.

GWYNN (Aubrey). 1892-1983
216 MARTIN (F. X.) *comp.*: The historical writings of Reverend Professor Aubrey GWYNN, S.J.
  In 450 [Fs. Gwynn], pp. 502-9.

GWYNN (Edward John). 1868-1941
217 Obituary & bibliography.
  In PRIA 47, Minutes 1940-41, pp. 5-10.
218 Obituary by G. M[URPHY].
  In Éigse 3, 1941/42 (1943), (pt. 4), p. 305.
219 Obituary by R. A. S. M[ACALISTER].
  In AnH 12, 1943, pp. 183-4.

HAMEL (Anton Gerard van). 1886-1945
220 Obituary & bibliogr. by Maartje DRAAK.
  In Jaarboek van de Maatschappij der Nederlandse Letterkunde te Leiden 1945/46, pp. 70-80.
221 Obituary.
  In Éigse 5, 1945/47 (1948), (pt. 2, 1946), p. 141.
222 Obituary by P. GROSJEAN.
  In RBPh 25, 1946/47, pp. 1110-11.
223 Obituary.
  In IBL 30, 1946/48, (no. 2, 1947), p. 34.
224 Obituary by P. M. BOER-DEN HOED.
  In Lingua 1, 1948, pp. 377-82. portr.
225 Obituary by J. VENDRYES.
  In ÉtC 5, 1949/51, (fasc. 1), pp. 192-3.
226 DRAAK (Maartje): A. G. van HAMEL als keltoloog.
  Openbare les . . . aan de Rijksuniversiteit te Utrecht op 14 maart 1951.
  Utrecht: Oosthoek's Uitgevers, [1951]. 22 pp.

HARDIMAN (James). 1782-1855
227 TÚINLÉIGH (Críostóir): Séamas Ó HARGADÁIN (1782-1855).
  In Galvia 3, 1956, pp. 47-61. portr.
  Foll. by (pp. 61-2) Saothar cló Í Argadáin [Bibliogr. of James HARDIMAN].

HENNIG (John)
228 Bibliography [1932-70] by Emmanuel v. SEVERUS.
  In Archiv für Liturgiewissenschaft 13, 1971, pp. 141-71.

HERTZ (Rudolf). 1897-1965
229 Obituary by Karl Horst SCHMIDT.
  In StC 1, 1966, pp. 138-9.

230 Obituary by J. P[OKORNY].
    In ZCP 30, 1967, pp. 362-3.
231 Obituary by Gearóid S. MAC EOIN.
    In Lochlann 4, 1969, pp. 304-5.
HOGAN (Edmund). 1831-1917
232 HOGAN (William): Rev. Edmund HOGAN S.J.: an eminent Great Island scholar.
    In JCHAS 70, 1965, pp. 63-5.
HYDE (Douglas) *al.* DE HÍDE (Dubhglas) *pseud.* AN CRAOIBHÍN AOIBHINN. 1860-1949
233 Obituary by Gerard MURPHY.
    In Studies 38, 1949, pp. 275-81.
234 Obituary by J. VENDRYES.
    In ÉtC 5, 1949/51, (fasc. 2), pp. 414-7.
235 DE BHALDRAITHE (Tomás) *comp.*: Aguisín le clár saothair AN CHRAOIBHÍN.
    In Galvia 4, 1957, pp. 18-24.
        First line indexes of verse, written, or edited, by Douglas HYDE, in The Irishman, The Nation, and The Shamrock.
236 Ó CUILL (Domhnall): Douglas HYDE, 'An Craoibhín Aoibhinn', 1860-1949.
    In CapA 1961, pp. 365-70. portr.
237 Ó DÁLAIGH (Doiminic): The young Douglas HYDE.
    In StH 10, 1970, pp. 108-35.
238 ——— *ed.*: Printíseacht AN CHRAOIBHÍN i litríocht na Gaeilge.
    In Éigse 14, 1971/72, pp. 39-51.
        Autobiogr. passage from the 1878 diary of Douglas HYDE; lists of books and MSS collected 1876-80.
JOYCE (Patrick Weston). 1827-1914
239 JOYCE (Mannix): The JOYCE brothers of Glenosheen.
    In CapA 1969, pp. 257-87.
        Incl. Patrick Weston J.
LAOIDE (Seosamh) *al.* **LLOYD** (Joseph Henry). 1865-1939
240 Obituary by Ciarán BAIRÉAD.
    In Béaloideas 15, 1945 (1946), pp. 127-40.
LEWY (Ernst). 1881-1966
241 Bibliography [-1952] by Rolf Alexander MAYER.
    In Lexis 3, 1953, pp. 147-57.
242 Obituary by H. W[AGNER].
    In PRIA 66, Annual report 1966-67, pp. 3-5.
    Republ. in ZCP 31, 1970, pp. 288-91.
MAC AIRT (Seán) *al.* **ARTHURS** (John B.). 1918-1959
243 Obituary by R. H. BUCHANAN.
    In UF 5, 1959, p. 5.
244 Obituary by Brian Ó CUÍV.
    In Éigse 9, 1958/61, (pt. 3, 1959/60), pp. 202-3.
245 Obituary & bibliogr. by Proinsias MAC CANA.
    In Onoma 8, 1958/59 (1960/61), pp. 488-91. portr.

246 Obituary by -id.-
In ÉtC 9, 1960/61, pp. 244-5.

MACALISTER (Robert Alexander Stewart). 1870-1950

247 Obituary.
In PRIA 54, Minutes 1950-51, pp. 10-2.

248 Obituary by J. VENDRYES.
In ÉtC 5, 1949/51, (fasc. 2), pp. 418-9.

249 Obituary by R. I. B[EST].
In AnH 20, 1958, pp. xiv-xv.

MAC AO(DHA)GÁIN (Parthalán) al. **EGAN** (Bartholomew)

250 Bibliography.
In 67 [Dún Mhuire, 1945-70], pp. 4-5.

MHÁG CRAITH (Cuthbert)

251 Bibliography.
In 67 [Dún Mhuire, 1945-70], pp. 9-10.

McKENNA (Lambert). 1870-1956

252 Obituary.
In Irish Province news (S.J.) 9, (no. 6, April 1957), pp. 122-3.

McKERNAN (Owen). 1913-1945

253 Obituary.
In Éigse 5, 1945/47 (1948), (pt. 2, 1946), p. 141.

MAC NEILL (John al. Eoin). 1867-1945

254 Obituary by John RYAN.
In Studies 34, 1945, pp. 433-48.

255 Obituary by TORNA [pseud., Tadhg Ó DONNCHADHA].
In JCHAS 50, 1945, pp. 148-50.

256 Obituary.
In PRIA 51, Minutes 1945-46, pp. 7-10.

257 Obituary.
In Éigse 5, 1945/47 (1948), (pt. 2, 1946), p. 141.

258 MARTIN (F. X.) comp.: The writings of Eoin MAC NEILL.
In IHS 6, 1948/49 (1949), pp. 44-62.

258a Obituary by J. R[YAN].
In AnH 17, 1949, pp. 351-3.

259 Obituary by J. VENDRYES.
In ÉtC 5, 1949/51, (fasc. 1), pp. 194-6.

260 UNIVERSITY COLLEGE DUBLIN: Mac Neill papers. Catalogue of an exhibition, mainly of manuscript letters, from the collection of the late Eoin MAC NEILL.
Dublin: U.C.D., 1959. 23 pp.

261 TIERNEY (Michael): Eoin MAC NEILL. A biographical study.
In 7871 [Mac Neill: St. Patrick], pp. 9-34.

MAC RAGHNAILL (Fearghal) al. **GRANNELL** (Fergal)

262 Bibliography.
In 67 [Dún Mhuire, 1945-70], pp. 6-8.

MARSTRANDER (Carl J. S.). 1883-1965
263 Obituary by D. A. B[INCHY].
    In Ériu 20, 1966, pp. 237-8.
264 Obituary by Michel LEJEUNE.
    In CRAI 1966, pp. 526-8.
265 Obituary by Magne OFTEDAL.
    In ÅNVA 1966 (1967), pp. 59-64. portr.
266 Obituary by -id.-
    In StC 2, 1967, pp. 202-4.
267 Obituary by David GREENE.
    In id., pp. 204-5.
268 Obituary by Carl Hj. BORGSTRÖM.
    In NTS 21, 1967, pp. 7-10. portr.
269 Obituary by E. BACHELLERY.
    In ÉtC 12, 1968/71, (fasc. 1, 1968/69), pp. 270-5.
270 Obituary by Magne OFTEDAL.
    In Lochlann 4, 1969, pp. 299-303. portr.
MATHESON (Angus). 1912-1962
271 Obituary by Derick S. THOMSON.
    In Lochlann 3, 1965, p. 445.
272 Obituary & bibliography.
    In 461 [Celtic studies], pp. ii, ix-x. portr.
MOONEY (Canice) *v.* **Ó MAONAIGH** (Cainneach)
MURPHY (Gerard) *al.* **Ó MURCHADHA** (Gearóid). 1901-1959
273 Obituary by Colm O LOCHLAINN.
    In Studies 48, 1959, pp. 332-5.
274 Obituary by Brian Ó CUÍV.
    In Éigse 9, 1958/61, (pt. 3, 1959/60), pp. 201-2.
275 Obituary by [B. Ó CUÍV].
    In PRIA 61, Minutes 1959-60, pp. 6-7.
276 Obituary by Joseph VENDRYES.
    In ÉtC 9, 1960/61, pp. 241-2.
277 Ó C[UÍV] (B.) *comp.*: Bibliography of the publications of Gerard MURPHY connected with Irish studies.
    In Éigse 10, 1961/63, pp. 2-10.
278 Obituary by D. A. BINCHY.
    In Lochlann 2, 1962, pp. 193-5.
MURRAY (Laurence P.) *al.* **Ó MUIREADHAIGH** (Lorcán). 1883-1941
279 Obituary.
    In IHS 2, 1940/41 (1941), p. 433.
280 Obituary by Séamus Ó CEALLAIGH.
    In An Iodh Morainn 2, 1941, pp. 27-30, 36.
281 Obituary by G. M[URPHY].
    In Éigse 3, 1941/42 (1943), (pt. 4), p. 306.
282 Ó FIAICH (Tomás): Lorcán Ó MUIREADHAIGH, staraí.
    In SAM 1, no. 1, 1954, pp. 45-55. portr.

O'Brien (Michael A.). 1896-1962

283   Obituary by Brian Ó Cuív.
        In Éigse 10, 1961/63, (pt. 3, 1962/63), p. 264.
284   Obituary by B. Ó Cuív.
        In PRIA 63, Minutes 1962-63, pp. 8-9.
285   Obituary by E. Bachellery.
        In ÉtC 10, 1962/63, pp. 558-9.
286   Obituary by M. D[illon].
        In Celtica 6, 1963, pp. v-vi. portr.
287   Obituary by David Greene.
        In Lochlann 3, 1965, pp. 443-4.

Ó Broin (Pádraig). †1968

288   Obituary.
        In An Féinisc 1, 1968/69, p. 38.

Ó Cadhlaigh (Cormac). 1884-1960

289   Obituary by Tadhg Ó Murchú.
        In Feasta 13, uimh. 11, Feabhra 1961, pp. 9-10.
        Republ. in U.C.C. record 36, 1961, pp. 51-6.

Ó Casaide (Séamus). 1878-1943

290   Obituaries by John S. Crone, M. A. MacManus, and Maitiú de Buitléir.
        In IBL 29, 1943/45, (no. 2, 1944), pp. 25-7.

Ó Ceallaigh (Séamus). 1879-1954

291   Obituary by Tomás Ó Fiaich.
        In Onoma 5, 1954, pp. 126-7. portr.
292   Obituary by Eoghanach [*pseud.*].
        In SAM 1, no. 2, 1955, pp. 211-4. portr.

O'Curry (Eugene). 1794-1862

293   O Connor (Patrick): Eugene O Curry's signature.
        In IBL 30, 1946/48, pp. 18-9.
            cf. Colm [O Lochlainn], *in* id., p. 44; and F. Carroll, *in* IBL 32, 1952/57, pp. 41-2.
294   Bráthair Críostamhail *pseud.*: Síoladóirí .i. Eoghan Ó Comhraidhe agus Seán Ó Donnabháin.
        B.Á.C.: O.S., 1947. xix + 267 pp. illus.
            With lists of their works.
295   Ó hAodha (Donnchadh): Triúr scoláirí.
        In IMN 1961, pp. 109-12.
            On J. K. Zeuss, Eugene O'Curry, and Sir John Rhŷs.
296   de hÓir (Éamonn): Seán Ó Donnabháin agus Eoghan Ó Comhraí.
        B.Á.C.: Clóchomhar, 1962. vii + 124 pp. portrs. (= Leabhair thaighde, iml. 8)
            John O'Donovan and Eugene O'Curry.
297   Tierney (Michael): Eugene O'Curry and the Irish tradition.
        In Studies 51, 1962, pp. 449-62.
298   Herity (Michael): Eugene O'Curry's early life: details from an unpublished letter.
        In NMAJ 10, 1966/67, pp. 143-7.

Ó Donnchadha (Éamon). 1876-1953

299   Ó C[uilleanáin] (C.): Éamon Ó Donnchadha, M.A.
      In Cork University record 6, 1946, pp. 21-2.

300   Ó Ceallacháin (Nóirín *Ní Cheallacháin*): Éamann Ó Donnchú (1876-1953).
      In 453 [Faiche na bhfilí], pp. 77-82. portr.

Ó Donnchadha *al.* **O'Donoghue** (Tadhg) *pseud*. **Torna**. 1874-1949

301   Ó hÉaluighthe (Diarmuid) *comp.*: Clár scríbhinní Thorna ó 1896 anuas go 1945 A.D.
      In 437 [Fs. Torna], pp. 225-58.
      Bibliography (1896-1945) of Tadhg Ó Donnchadha.

302   Ó Tuama (Seán): Torna (1874-1949).
      In 453 [Faiche na bhfilí], pp. 71-6. portr.

O'Donovan (John). 1806-1861

303   Power (P.) *ed.*: Some letters of John O'Donovan.
      In JCHAS 48, 1943, pp. 143-53; 49, 1944, pp. 49-55 [no more publ.].

304   [O Lochlainn] (Colm) *ed.*: John O Donovan and Colonel Larcom.
      In IBL 29, 1943/45, (no. 6, 1945), pp. 122-4.
      1855 letter recommending a pension for J. O'D.

305   Bráthair Críostamhail [*pseud.*]: Síoladóirí .i. Eoghan Ó Comhraidhe agus Seán Ó Donnabháin.
      B.Á.C.: O.S., 1947. xix + 267 pp. illus.
      With lists of their works.

306   Walsh (Paul): John O Donovan, Irish historical scholar, 1806-1861.
      In 432 [Men of learning], (no. 22), pp. 263-72.
      Radio Éireann broadcast, 1940.

307   Concannon (Helena): John O'Donovan and the Annals of the Four Masters.
      In Studies 37, 1948, pp. 300-7.

308   de Valéra (Ruaidhrí): Seán Ó Donnabháin agus a lucht cúnta.
      In JRSAI 79, 1949, pp. 146-59.

309   de hÓir (Éamonn): Seán Ó Donnabháin agus Eoghan Ó Comhraí.
      B.Á.C.: Clóchomhar, 1962. vii + 124 pp. portrs. (= Leabhair thaighde, iml. 8)
      John O'Donovan and Eugene O'Curry.

Ó Fachtna *al.* **Faulkner** (Anselm)

310   Bibliography.
      In 67 [Dún Mhuire, 1945-70], p. 11.

Ó Faircheallaigh (Úna *Ní Fhaircheallaigh*). †1951

311   Mac Giolla Phádraig (Brian): Úna Ní Fhaircheallaigh.
      In 443 [Coláiste Uladh, 1906-56], pp. 25-9. portr.

Ó FLOINN (Donnchadh). †1968
312 Obituary.
    In SAM 5, (no. 1, 1969), pp. 192-3. portr.

Ó FOGHLUDHA (Risteárd) *pseud*. FIACHRA ÉILGEACH. 1871-1957
313 Obituary by Piaras BÉASLAÍ.
    In Onoma 7, 1956/57, pp. 357-8. portr.

Ó GIBEALLÁIN (Cathal) *al*. GIBLIN (Cathaldus)
314 Bibliography.
    In 67 [Dún Mhuire, 1945-70], pp. 12-15.

O'GRADY (Standish Hayes). 1832-1915
315 TORNA [*pseud*., Ó DONNCHADHA (Tadhg)] *ed*.: Standish H. O GRADY.
    In Éigse 4, 1943/44 (1945), (pt. 2, 1943), pp. 118-24.
        Poems by the young O'G.; from MS U.C.C. 63 (c. 1850-60, D. Mac Consaidín).

316 Ó SÚILLEABHÁIN (Pádraig): Stoinndis Ó GRÁDA agus *Lucerna fidelium*.
    In Éigse 12, 1967/68, p. 265. (Varia, no. 5)
        An 1856 dedicatory stanza by S. H. O'GRADY on a copy of *L.f.*, now in St. Anthony's College, Galway.

O'GROWNEY (Eugene) *al*. Ó GRAMHNA (Eoghan). 1863-99
317 Ó B[ROIN] (P.) *ed*.: An tAthair Ó GRAMHNAIGH agus *Barainn Phádruig*.
    In IrC 1, 1953, pp. 82-4, 103-5.
        3 letters by E. O'G. to M. Cronin, 1898.

318 [Ó BROIN (P.)] *ed*.: An tAthair Eoghan arís.
    In IrC 2, (uimh. 4, 1954), p. 84.
        1 letter and 2 postcards by E. Ó GRAMHNA, 1897-98.

319 Ó CONMHIDHE (Mairéad *Ní Chonmhidhe*): An tAthair Eoghan Ó GRAMHNAIGH.
    In IMN 1963, pp. 84-91.

320 Ó CEALLAIGH (Seán): Eoghan Ó GRAMHNAIGH. Beathaisnéis.
    B.Á.C.: O.S., 1968. 129 pp. portrs.
        Aguisíní [Apps.]: (1) Ollúnacht na Gaeilge i Má Nuad (1795-1891); (2) Seán PLÉIMEANN (1814-95).

O'KELLEHER (Andrew). 1883-1954
321 PEADAR (*An Bráthair*): Aindrias Ó CÉILLEACHAIR — sagart is scoláire Gaeilge.
    In Dóchas 1, uimh. 2, 1964, pp. 22-4.

Ó LAOGHAIRE (Peadar) *al*. O'LEARY (Peter). 1839-1920
322 Ó CUÍV (Shán) *comp*.: Materials for a bibliography of the Very Reverend Peter Canon O'LEARY, 1839-1920.
    In Celtica 2, 1954, Suppl., 39 pp.
    Review by
323   LANKFORD (Seamus), *in* An Leabharlann 12, 1954, pp. 50-1, 54.

324 Ó CUÍV (Brian) *ed*.: Cinsireacht.
    In Éigse 11, 1964/66, (pt. 4), p. 252.
        Letter, 1895, by Peadar UA LAOGHAIRE to Seosamh Laoide; from MS R.I.A. 4 B 43.

325 ——— *ed*.: Cúigeachas.
 In id., p. 286.
 -id.-

Ó MÁILLE (Tomás). 1884-1938
326 Obituary & bibliogr. by L. M[ÜHLHAUSEN].
 In ZCP 22, 1941, pp. 444-5.

Ó MAONAIGH (Cainneach) *al*. MOONEY (Canice). †1963
327 Obituary.
 In SAM 5, (no. 1, 1969), p. 191. portr.
328 Bibliography.
 In 67 [Dún Mhuire, 1945-70], pp. 16-21.

Ó MIOLÓID *al*. MILLETT (Benignus)
329 Bibliography.
 In 67 [Dún Mhuire, 1945-70], pp. 22-23.

O'NOLAN (Gerald James) *al*. Ó NUALLÁIN (Gearóid). 1874-1942
330 Obituary by G. M[URPHY].
 In Éigse 3, 1941/42 (1943), (pt. 4), pp. 306-7.

O'RAHILLY (Thomas Francis) *al*. Ó RATHILE (Tomás). 1883-1953
331 Obituary by Brian Ó CUÍV.
 In Onoma 4, 1953, pp. 115-6. portr.
332 Obituary by G. M[URPHY].
 In Éigse 7, 1953/55, (pt. 4), p. 278.
333 Obituary by E. K[NOTT].
 In Ériu 17, 1955, p. 147.
334 Obituary by J. VENDRYES.
 In ÉtC 7, 1955/56, pp. 245-6.

Ó SEARCAIGH (Séamus). 1887-1965
335 Ó CEALLAIGH (Proinnsias): Séamus Ó SEARCAIGH, M.A., Ph.D.
 In IMN 1959, p. 92.

Ó SIOCHFHRADHA (Pádraig) *pseud*. AN SEABHAC. 1883-1964
336 Obituary by S. Ó D[UILEARGA].
 In Béaloideas 31, 1963 (1965), pp. 170-1.
337. Obituary by Éamonn DE HÓIR.
 In Onoma 11, 1964/65 (1965/66), p. 348. portr.

Ó SÚILLEABHÁIN (Pádraig). 1912-1975
338 Bibliography.
 In 67 [Dún Mhuire, 1945-70], pp. 24-27.

Ó TUATHAIL (Éamonn). 1883-1956
339 Obituary & selective bibliogr. [1942-] by Eleanor KNOTT.
 In Éigse 8, 1956/57, pp. 263-7.
340 Ó SEARCAIGH (Séamus): Professor Éamonn Ó TOOLE.
 In Lochlann 1, 1958, pp. 275-7.

PEDERSEN (Holger). 1867-1953
341 Obituary by Alf SOMMERFELT.
 In Orbis 3, 1954, pp. 343-6. portr.

342   Obituary by J. VENDRYES.
In ÉtC 7, 1955/56, pp. 244-5.

PETRIE (George). 1789-1866

343   DILLON (Myles): George PETRIE (1789-1866).
In Studies 56, 1967, pp. 266-76.
<small>Address to the R.I.A., 24 Jan. 1966.</small>

344   CALDER (Grace J.): George PETRIE & The ancient music of Ireland.
Dublin: Dolmen, 1968. 59 pp. portr. (= New Dolmen chapbooks, vol. 10)

POKORNY (Julius). 1900-1970

345   SCHMEJA (H.) *comp.*: Bibliography der wissenschaftlichen Veröffentlichungen [-1965/66] von Julius POKORNY.
In 455 [Fs. Pokorny], pp. 323-32.

346   Obituary by Johannes HUBSCHMID.
In Onoma 15, 1970, pp. 175-8. portr.

347   Obituary by C. R. [Ó] C[LÉIRIGH].
In Celtica 9, 1971, pp. 343-5.

348   Obituary by T. Arwyn WATKINS.
In StC 6, 1971, pp. 195-6.

349   Obituary by Wolfgang MEID.
In id., pp. 196-7.

POWER (Patrick *Canon*). 1862-1951

350   Obituary by Séamus PENDER.
In JCHAS 56, 1951, pp. 126-7.

351   Obituary by Alfred O'RAHILLY.
In 2517 [Pl.ns. of Decies], Foreword.

PRICE (Liam *al.* William George). 1891-1967

352   L[UCAS] (A. T.): Dr. Liam PRICE, past-president.
In JRSAI 95, 1965, pp. 3-4. portr.
<small>Volume contains papers in honour of Liam PRICE.</small>

353   Obituary by J. R[AFTERY].
In PRIA 66, Annual report 1966-67, pp. 2-3.

354   Obituary by Éamonn DE HÓIR.
In Onoma 12, 1966/67 (1967/68), p. 265. portr.

QUIGGIN (Edmund Crosby). 1875-1920

355   QUIGGIN (A. H.): Edmund Crosby QUIGGIN. Great Celtic scholar, 1875-1920.
In JMM 6, no. 74, 1957, pp. 19-21.

RHŶS (*Sir* John). 1840-1915

356   Ó HAODHA (Donnchadh): Triúr scoláirí.
In IMN 1961, pp. 109-12.
<small>On J. K. ZEUSS, Eugene O'CURRY, and Sir John RHŶS.</small>

ROBINSON (Fred Norris). 1871-1966

357   Obituary by Eric P. HAMP.
In Lochlann 4, 1969, pp. 309-12.

SHAW (Francis). 1907-1970
358 Obituary.
In Irish Province news (S.J.) 14, (no. 2, April 1971), pp. 76-9.
359 Ó CATHÁIN (M. Proinséas *Ní Chatháin*) *comp.*: The academic and other writings of Rev. Professor Francis SHAW, S.J.
In Studies 60, 1971, pp. 203-7.

SHEEHAN (Michael) *al.* **Ó SÍOTHCHÁIN** (Mícheál). 1870-1945
360 Ó CADHLA (Pádraig): An Dochtúir Sár-Oirbhidneach Ó SÍOTHCHÁIN, árd-easbog, agus an Ghaedhealg.
In IER 65, 1945, pp. 309-16.
361 Obituary.
In Éigse 5, 1945/47 (1948), (pt. 2, 1946), p. 140.

SJOESTEDT(-JONVAL) (Marie-Louise). 1900-1940
362 MARIE-LOUISE SJOESTEDT (1900-1940) IN MEMORIAM, suivi de Essai sur une littérature nationale: la littérature irlandaise contemporaine.
Paris: E. Droz, 1941. 79 pp. portrs.
   Incl. Notice biographique, by Louis Renou; Bibliographie; Hommages, by Joseph VENDRYES [etc.].
363 Obituary by G. M[URPHY].
In Éigse 3, 1941/42 (1943), (pt. 4), p. 306.
364 Obituary by J. VENDRYES.
In ÉtC 4, 1941/48, (fasc. 2), pp. 428-33.

SOMMERFELT (Alf (Axelssøn)). 1892-1965
365 POP (Sever): Alf Axelssøn SOMMERFELT. Notice biographique et bibliographique.
(*With* A. Sommerfelt: Le problème de la langue en Norvège) Louvain: C.I.D.G., 1957. (= Biographies et conférences, 3) pp. 3-10. portr.
366 Obituary by Georg MORGENSTIERNE.
In Kratylos 10, 1965, pp. 108-10.
367 Obituary by Christine MOHRMANN.
In Onoma 11, 1964/65 (1965/66), pp. 311-4. portr.
368 Obituary by D. G[REENE].
In PRIA 65, Minutes & Annual report 1965-66, pp. 14-5.
369 Obituary by Einar HAUGEN.
In Lg 42, 1966, pp. 612-4.
370 Obituary by Iorwerth C. PEATE.
In StC 1, 1966, pp. 139-41.
371 Obituary by Jean GAGNEPAIN.
In ÉtC 11, 1964/67, (fasc. 2, 1966/67), pp. 475-7.
372 Obituary by Hans VOGT.
In ÅNVA 1966 (1967), pp. 35-41. portr.
373 Obituary by Hans VOGT.
In NTS 21, 1967, pp. 11-4. portr.
374 Obituary by Magne OFTEDAL.
In Lochlann 4, 1969, pp. 294-9.
   Portr. at beginning of volume which is dedicated to Alf SOMMERFELT.

STOKES (Whitley). 1830-1909

375   BEST (R. I.): Whitley STOKES (1830-1909). A memorial discourse, delivered in . . . [Trinity College, Dublin], 21st of May, 1951. Dublin: (pr. at) D.U.P., 1951. 15 pp. portr.

THURNEYSEN ((Ed.) Rudolf). 1857-1940

376   WEISGERBER (Leo): Rudolf THURNEYSEN (1857-1940). Eine Epoche deutscher Keltologie.
      In ZCP 22, 1941, pp. 273-92. portr.

377   Obituary by A. C. L. BROWN, E. K. RAND & Fred N. ROBINSON.
      In Speculum 16, 1941, pp. 382-3.

378   KNOCH (August): Rudolf THURNEYSEN zum Gedächtnis.
      In IJ 25, 1941 (1942), pp. 372-85.

379   HEIERMEIER (A.) *comp.*: Bibliographie der wissenschaftlichen Veröffentlichungen Rudolf THURNEYSENS.
      Halle: Niemeyer, 1942. 43 pp. portr. (= Schriftenreihe der Deutschen Gesellschaft für keltische Studien, Heft 10)

380   Obituary by J. VENDRYES.
      In ÉtC 5, 1949/51, (fasc. 2, 1950/51), pp. 401-3.

381   WEISGERBER (Leo): Ed. Rudolf THURNEYSEN, 1857-1940.
      In 150 Jahre Rheinische Friedrich-Wilhelms-Universität zu Bonn, 1818-1968. Bonner Gelehrte: Beiträge zur Geschichte der Wissenschaften in Bonn. Bonn: Bouvier, Röhrscheid, 1970. pp. 30-44. portr.

TODD (James Henthorn). 1805-1869

382   SIMMS (G. O.): James Henthorn TODD.
      In Hermathena 109, 1969, pp. 5-23. portr.

VENDRYES (Joseph). 1875-1960

383   Bibliography [-1951].
      In 438 [Choix d'études], pp. 333-50.

384   Obituary by Brian Ó CUÍV.
      In Éigse 9, 1958/61, (pt. 3, 1959/60), pp. 204-5.

385   Obituary by É. BENVENISTE.
      In BSL 55, 1960, pp. 1-9. portr.

386   Obituary & Bibliographie chronologique des études d'onomastique, by P. GARDETTE.
      In Onoma 8, 1958/59 (1960/61), pp. 442-5.

387   Index des travaux d'onomastique, by P. DURDILLY.
      In id., pp. 446-50.

388   Obituary by J. P[OKORNY].
      In ZCP 28, 1960/61, pp. 338-9.

389   Obituary by Marcel BATAILLON.
      In CRAI 1960 (1961), pp. 46-53.

390   Obituary by Alfred MERLIN.
      In id., pp. 375-81. portr.

391   Obituary by Édouard BACHELLERY.
      In Annuaire de l'École Pratique des Hautes Études, IVe section, 1961/62, pp. 19-29.

392 Obituary by Alf SOMMERFELT.
In Lochlann 2, 1962, pp. 185-7.
393 Bibliography [1952-60] by J. LOICQ.
In EtC 10, 1962/63, pp. 349-53.

WALSH (Paul) *al.* **BREATHNACH** (Pól). 1885-1941
394 BRADY (John) *comp.*: The writings of Paul WALSH.
In IHS 3, 1942/43 (1943), pp. 193-208.
395 Obituary by Colm O LOCHLAINN.
In AnH 12, 1943, pp. 185-7.
Republ. with changes
In 432 [Men of learn.], (23. Father Paul WALSH, historian, no. 3), pp. 286-8.
396 UA BRÁDAIGH (Tomás): An t-Athair Pól BREATHNACH.
In RíM 3, (no. 4, 1966), pp. 285-9. portr.

WATSON (James Carmichael). 1910-1942
397 Obituary by John MACLEAN.
In SGS 5, 1942, pp. 185-7.
398 Obituary by G. M[URPHY].
In Éigse 3, 1941/42 (1943), (pt. 4), p. 307.

ZEUSS (Johann Kaspar). 1806-1856
399 SHAW (Francis): Johann Kaspar ZEUSS.
In Studies 43, 1954, pp. 194-206.
400 ———— : The background to Grammatica Celtica.
In Celtica 3, 1956, pp. 1-16.
401 Ó HAODHA (Donnchadh); Triúr scoláirí.
In IMN 1961, pp. 109-12.
On J. K. ZEUSS, Eugene O'CURRY, and Sir John RHŷS.
402 Ó RIAIN (Pádraig): An 'Grammatica Celtica', a cúlra agus a húdar.
In CapA 1970, pp. 200-5.

A 3 SERIALS

A 3.1 Periodicals

403 ZEITSCHRIFT FÜR CELTISCHE PHILOLOGIE.
Bd. 22- , 1941- . Halle (Saale): Niemeyer.
Bd. 24- , 19[53/]54- . Tübingen: Niemeyer.
Bdd. 22-23, 1941-43. Hrsg. von Ludwig MÜHLHAUSEN.
Bdd. 24-30, 1954-67. Hrsg. von Julius POKORNY.
Bdd. 24-28, 1954-60/61. Unter Mitw. von Rudolf HERTZ.
Bd. 29, 1962/64. Unter Mitw. von R.H. u. Heinrich WAGNER.
Bd. 30, 1967. Unter Mitw. von Wolfgang MEID u. H.W.
Bd. 31, 1970. Hrsg. von H.W. u. Karl Horst SCHMIDT, unter Mitw. von Hans HARTMANN u. Herbert PILCH.
Bdd. 22-23: Zeitschrift für keltische Philologie und Volksforschung.

404 ÉRIU.
Founded as the journal of the School of Irish Learning.

Devoted to Irish philology and literature.
Vol. 13- , 19[40/]42- . Dublin: R.I.A., (Hodges Figgis). Ed. by Osborn BERGIN, T. F. O'RAHILLY & Eleanor KNOTT.
Voll. 16-17, 1952-55. [no editor statement]
Vol. 18- , 1958- . Ed. by E. K. & D. A. BINCHY.
Vol. 21- , 1969- . Ed. by David GREENE.
<small>Suppl. to vol. 14, 1946: IGT iii, iv; to vol. 17: IGT v.
Suppl. (publ. 1950, 110 pp.) to vol. 15, 1948: Glossarial index to RSClára.
Vol. 16: Contributions in memory of O. BERGIN (portr.).</small>

405 SCOTTISH GAELIC STUDIES.
Issued from the Celtic Department of the University of Aberdeen.
Vol. 5- , 19[38/]42- . Oxford: Blackwell. Ed. by John MACDONALD.
Vol. 9- , 19[61/]62- . [Aberdeen]: University of Aberdeen. Ed. by Derick S. THOMSON.
<small>Vol. 11- , 19[66/]68- : without 'Issued . . .' on t.-p.</small>

406 ÉTUDES CELTIQUES.
Vol. 1- , 1936- . Paris: E. Droz.
Vol. 4.2 (= no. 8)- , 1948- . Paris: Belles Lettres.
Publ. par J. VENDRYES.
Voll. 6-9.1, 1953/54-60. Avec le concours de Édouard BACHELLERY.
Vol. 9.2 (= no. 18)- , 1961- . Publ. par É.B., Paul-Marie DUVAL, Jean GAGNEPAIN, Michel LEJEUNE, Jean MARX.
<small>Vol. 12.1 (= no. 23), 1968/69: dédié à la mémoire d'Alf SOMMERFELT (portr.).</small>
Table des volumes 1 à 10, 1936-63. (= Vol. 10.3, 1964/65, 73 pp.)

407 ÉIGSE: a journal of Irish studies.
Vol. 1- , 1939/40- . Dublin: (for N.U.I.) Colm O Lochlainn (Three Candles).
Vol. 11- , 1964/66- . [Dublin]: N.U.I.
Voll. 1-8, 1939/40-1956/57. Ed. by Gerard MURPHY.
Vol. 9, 1958/61. Ed. by G. M. & Brian Ó CUÍV.
Vol. 10- , 1961/63- . Ed. by B. Ó C.
<small>Vol. 10 contains contributions in memory of G. MURPHY.</small>

408 CELTICA.
Vol. 1- , 19[46/]50- . Dublin: D.I.A.S.
Vol. 1. Ed. by T. F. O'RAHILLY.
Voll. 2, 19[52/]54; 4, 1958. Ed. by M. A. O'BRIEN.
Voll. 3, 1956; 5- , 1960- . Ed. by Myles DILLON.
<small>Suppl. to vol. 2: bibliography of Peter Canon O'LEARY.
Vol. 3: ZEUSS memorial volume (portr.).
Vol. 5: Richard Irvine BEST memorial volume (portr.).</small>

409 OGAM. Tradition celtique.
Rennes. Directeur: Pierre LEROUX.
No. 1- , 1948- .
N.s.: no. 1- , Avril 1949- .

T. 2[= no. 6-]- , 1950- .
Vol. 20, 1968: dedicated to Julius POKORNY, at his 80th birthday (portr.).

410 THE JOURNAL OF CELTIC STUDIES.
Voll. 1-2, 19[49/]50-58.
Baltimore (Md.): Temple University (at the Waverly Press).
Ed. by Howard MERONEY.
Vol. 1. In collab. with Vernam HULL, Kenneth JACKSON, Roland M. SMITH.
Vol. 2. In collab. with V.H., R.M.S.
Vol. 1: Papers in honor of Fred Norris ROBINSON (portr.).

411 LOCHLANN. A review of Celtic studies.
Vol. 1- , 1958- . Oslo: U.P.
Ed. by Alf SOMMERFELT. In collab. with Carl H. BORGSTRØM. Reidar T. CHRISTIANSEN, Anne HOLTSMARK, Carl J. S. MARSTRANDER, Magne OFTEDAL.
Vol. 4, 1969. Ed. by M.O.
Voll. 1-4 being NTS, suppl. voll. 5, 6, 8, 9.
Vol. 1: dédié à J. VENDRYES (portr.).
Vol. 4: dedicated to the memory of A. SOMMERFELT (portr.).

412 STUDIA HIBERNICA.
No. 1- , 1961- . B.Á.C.: Coláiste Phádraig.
Secretary of the editorial committee: G. S. MAC EOIN.
No. 6- , 1966- : S. B. Ó hANNRACHÁIN.
Index to nos. 1-10: no. 10, 1970, pp. 183-99.

413 DINNSEANCHAS.
Iml. 1- , 1964/65- . B.Á.C.: An Cumann Logainmneacha.
Eagarthóir [editor]: Éamonn DE HÓIR.

414 STUDIA CELTICA.
Published on behalf of the Board of Celtic Studies of the University of Wales.
Vol. 1- , 1966- . Cardiff: U.W.P. Ed. by J. E. Caerwyn WILLIAMS.

415 COMMITTEE FOR THE STUDY OF ANGLO-IRISH LANGUAGE AND LITERATURE, ROYAL IRISH ACADEMY: Irish and Anglo-Irish periodicals.
Dublin: R.I.A., 1970. 52 pp.
Comprehensive check-list, comp. by Eileen SMITH.

416 Ó DUFAIGH (Seosamh) *comp.*: Irish local historical and archaeological journals.
In Éire-Ireland 5, 1970, uimh. 3, pp. 90-9.

A 3.2   **Monograph and lecture series**
cf. A 4.3   Other miscellanies

417 TODD LECTURE SERIES.
Royal Irish Academy.
Vol. 18- , 1942- . Dublin: R.I.A.

418 IRISH TEXTS SOCIETY. Cumann na Scríbheann nGaedhilge.
Vol. 42- , 1948- . Dublin: E.C.I.
> Vol. 49, 1967, is a D.I.A.S. publication (v. 5054) distributed to members of I.T.S.

419 THE SIR JOHN RHŶS MEMORIAL LECTURES.
British Academy. (Inaugural lecture read 28 Jan. 1925).
In PBA 11- , 1925- .
Sep. issued London: O.U.P. (1949- pagin. as in PBA).

420 MEDIAEVAL AND MODERN IRISH SERIES.
[1948-] Dublin Institute for Advanced Studies.
Vol. 14- , 1953- (+ reprints). Dublin: D.I.A.S.

421 LEABHAIR Ó LÁIMHSGRÍBHNIBH.
Arna gcur i n-eagar fá stiúradh Ghearóid Í MHURCHADHA.
B.Á.C.: Oifig an tSoláthair, 1941-55. 20 voll.
> Mod. I. texts, ed. under the direction of Gerard MURPHY.
> 20 voll., numbered 1-19 (no. 16 given twice). Abbr.: LóL

Review by
422 SHAW (Francis), *in* Studies 32, 1943, pp. 574-7.

423 DUBLIN INSTITUTE FOR ADVANCED STUDIES, School of Celtic Studies: Statutory public lectures.
1941/42- . [Some publ., variously].

424 IRISH LIFE AND CULTURE. Saol agus cultúr in Éirinn.
Cultural Relations Committee of Ireland.
Vol. 1- , 1950- . Dublin: C. O Lochlainn (Three Candles).
Vol. 16- , 1969- (+ reprints). Cork: Mercier.

425 THE THOMAS DAVIS LECTURES.
Radio Éireann. (Inaugural series broadcast 27 Sept. to 1 Nov. 1953).
[Series, and some indiv. lectures, publ. variously] 1954- .

426 MARTIN (F. X.) *comp.*: The Thomas Davis lectures, 1953-67.
In IHS 15, 1966/67 (1967), pp. 276-302.

427 THE O'DONNELL LECTURES.
National University of Ireland. (Inaugural lecture read April 1957).
[Dublin]: N.U.I., [n.d.].
> Different in purpose from the O'Donnell lectures established at the Universities of Oxford, Edinburgh and Wales.

428 LEABHAIR THAIGHDE.
Eagarthóir [ed. by]: Seosamh Ó DUIBHGINN.
B.Á.C.: Clóchomhar. Iml. 1- , 1958- .

429 THE OSBORN BERGIN MEMORIAL LECTURES.
University College, Dublin. (Inaugural lecture read March 1968).
[Publ. variously] 1970- .

430 LÉACHTAÍ CHOLM CILLE.
Cuallacht Cholm Cille, Coláiste Phádraig, Má Nuad.
Vol. 1- , 1970- . Ed. by Pádraig Ó FIANNACHTA. Má Nuad: An Sagart.
> Yearly [1970-] series of six thematically related lectures by various scholars.

A GENERAL

A 4 MISCELLANIES

A 4.1 Festschriften, etc.

cf. A 3.1 Periodicals

431 MEASGRA I GCUIMHNE MHICHÍL UÍ CHLÉIRIGH .i. Miscellany of historical and linguistic studies in honour of Brother Michael Ó CLÉIRIGH, O.F.M., chief of the Four Masters, 1643-1943.
Ed., and preface, by Sylvester O'Brien.
Dublin: Assisi, 1944. xviii + 243 pp. illus., portr.
<small>Abbr.: Measgra Uí Chléirigh</small>

432 [WALSH (Paul)]: Irish men of learning. Studies by Father P.W.
Ed. by Colm O LOCHLAINN.
Dublin: Three Candles, 1947. 311 pp. geneal.tabs.
<small>Republ. of 19 papers and review articles, revised by the author or/and the editor; also 3 unpubl. papers and 3 tributes to the author; indexes. Abbr.: Men of learn.</small>

Reviews by

433 M[URPHY] (G.), *in* Studies 36, 1947, pp. 489-90.
434 Ó F[LOINN] (D.), *in* IER 69, 1947, pp. 1128-30.
435 MACENERY (Marcus), *in* IHS 6, 1948/49 (1949), pp. 296-301.
436 BIELER (Ludwig), *in* Scriptorium 3, 1949, p. 170.
Republ. in IBL 31, 1949/51, (no. 5, 1951), pp. 111-2.

437 FÉILSCRÍBHINN TORNA .i. Tráchtaisí léanta in onóir don Ollamh Tadhg UA DONNCHADHA, D.Litt., in am a dheichiú bliana agus trí fichid, an ceathrú lá de mhí Mheán Fhómhair, 1944.
Séamus PENDER do chuir in eagar [ed.].
Corcaigh: Cló Ollscoile Chorcaí, 1947. 258 pp. portr.
<small>Add. t.-p.: Essays and studies presented to Professor Tadhg Ua Donnchadha (Torna), on the occasion of his seventieth birthday, September 4th, 1944. . . . Cork University Press.</small>

438 [VENDRYES (Joseph)]: Choix d'études linguistiques et celtiques.
Paris: Klincksieck, 1952. 352 pp. bibliogr. (= Collections linguistiques publ. par la Société de Linguistique de Paris, 55)

439 FRANCISCAN DONEGAL. A souvenir of the dedication of the Franciscan Church, Ros Nuala . . . 1952.
Ed. by T. O'Donnell.
Ros Nuala: Franciscan Friary, [forew. 1952]. viii + 121 pp. illus.

440 FEARSAID. Iris iubhaile an Chumainn Ghaelaigh, Iolscoil na Bainríona, 1906-1956.
Béal Feirste: Cumann Gaelach, 1956. 81 pp. illus.

441 ARCTICA. Essays presented to Åke Campbell.
Ed. by A. Furumark [etc.].
Uppsala: Almqvist & Wiksells Boktr., 1956. vi + 296 pp. (= Studia ethnographica Upsaliensia, 11)
Review by

442 S[OMMERFELT] (A.), *in* Lochlann 2, 1962, pp. 237-40.
443 COLÁISTE ULADH. Leabhar cuimhne iubhaile leith-chéad blian, 1906-1956.

[Ed. by] Séamus Ó Néill & Bernárd Ó Dubhthaigh a chuir in eagar.
[Cloghaneely, Co. Donegal]: Coiste na Coláiste, [1956]. 96 pp. pls.

444 STUDIES PRESENTED TO JOSHUA WHATMOUGH ON HIS SIXTIETH BIRTHDAY.
Ed. by Ernst Pulgram.
's-Gravenhage: Mouton, 1957. xviii + 281 pp. portr.
_{Abbr.: Fs. Whatmough}

445 FATHER LUKE WADDING. Commemorative volume.
Ed., and preface, by THE FRANCISCAN FATHERS (Dún Mhuire, Killiney).
Dublin: Clonmore & Reynolds, 1957. 652 pp. illus., portr.
_{Abbr.: Wadding essays}

446 FATHER JOHN COLGAN, O.F.M., 1592-1658. Essays in commemoration of the third centenary of his death.
Ed., and preface, by Terence O Donnell.
Dublin: Assisi, 1959. 155 pp. illus., portr.
_{Abbr.: Colgan essays}

447 LEHMANN (Paul): Erforschung des Mittelalters. Ausgewählte Abhandlungen und Aufsätze.
Stuttgart: Hiersemann, 1959-62. 5 voll.
_{With bibliogr. of P.L.: [1905-41] in Bd. 1, [1941-62] in Bd. 5.}

448 [WALSH (Paul)]: Irish chiefs and leaders.
Ed. by Colm O LOCHLAINN.
Dublin: Three Candles, 1960. 334 pp. geneal.tabs.
_{Republ. of 18 papers by P.W., revised by the editor; indexes. Abbr.: Irish chiefs}

449 [LEWY (Ernst)]: Kleine Schriften.
Berlin: Akademie-Verlag, 1961. xv + 760 pp. portr. (= Deutsche Akademie der Wissenschaften: Veröffentlichungen der Sprachwissenschaftlichen Kommission, 1)
_{Re-publication of articles and reviews by E.L., arranged by W. Steinitz & W. Wissmann; with indexes. Abbr.: Kl. Schr.}

450 MEDIEVAL STUDIES PRESENTED TO AUBREY GWYNN, S.J.
Ed. by J. A. Watt, J. B. Morrall & F. X. Martin.
Dublin: Three Candles, 1961. xi + 509 pp. portr., bibliogr.
_{Abbr.: Fs. Gwynn}

451 SOMMERFELT (Alf): Diachronic and synchronic aspects of language. Selected articles.
's-Gravenhage: Mouton, 1962. 421 pp. (= Janua linguarum, series maior, 7)
_{Abbr.: DSAL}
Review by

452 HOUSEHOLDER (F. W.), *in* Lg 40, 1964, pp. 413-20.

453 FAICHE NA BHFILÍ, CARRAIG NA BHFEAR. Cuimhneachán. Souvenir.
[Carraig na bhFear]: (pr. by) An Ciarruíoch [The Kerryman], [1962]. 96 pp. illus.

Contribb. on poets and scholars from Carrignavar (Co. Cork) from the late 17th c. onward, by various scholars.
A dual language publication on the occasion of the unveiling of a memorial to the poets of the parish.

454 BISCHOFF (Bernhard): Mittelalterliche Studien. Ausgewählte Aufsätze zur Schriftkunde und Literaturgeschichte.
Stuttgart: Hiersemann, 1966, 67. 2 voll.
Indexes; bibliogr. of B.B. Abbr.: M.a. Studien

455 BEITRÄGE ZUR INDOGERMANISTIK UND KELTOLOGIE. Julius POKORNY zum 80. Geburtstag gewidmet.
Hrsg., und Widmung, von Wolfgang MEID.
Innsbruck: I.G.P.G., 1967. 332 pp. portr. (= IBK, Bd. 13)
Abbr.: Fs. Pokorny

Reviews by

456 O[FTEDAL] (M.), *in* Lochlann 4, 1969, pp. 361-9.
457 BACHELLERY (E.), *in* ÉtC 12, 1968/71, (fasc. 2, 1970/71), pp. 681-91.
458 DILLON (Myles), *in* Celtica 9, 1971, pp. 333-6.
459 NORTH MUNSTER STUDIES. Essays in commemoration of Monsignor Michael Moloney.
Ed. by Etienne Rynne.
Limerick: Thomond Arch. Soc., 1967. xvi + 535 pp. illus., portr.

Review by

460 MAC CANA (Proinsias), *in* StC 5, 1970, pp. 174-5.
461 CELTIC STUDIES. Essays in memory of Angus MATHESON, 1912-1962.
Ed. by James CARNEY & David GREENE.
London: Routledge & K. Paul, 1968. x + 182 pp. portr.
With bibliogr. of A. M.

462 [WEISGERBER (Leo)]: Rhenania Germano-Celtica. Gesammelte Abhandlungen. Dem Autor zum siebzigsten Geburtstag am 25. Februar 1969.
Hg. v. J. Knobloch & R. Schützeichel.
Bonn: Röhrscheid, 1969. 478 pp.

463 STUDIES IN FOLK LIFE. Essays in honour of Iorwerth C. PEATE.
Ed. by G. Jenkins.
London: Routledge & K. Paul, 1969. xvii + 344 pp.
Abbr.: Fs. Peate

A 4.2 Congress proceedings

464 PROCEEDINGS OF THE [FIRST] INTERNATIONAL CONGRESS OF CELTIC STUDIES, held in Dublin, 6-10 July, 1959.
Ed., and preface, by Brian Ó CUÍV.
Dublin: D.I.A.S., 1962. xxvii + 132 pp. illus.
Abbr.: 1st ICCS

Review [in Irish] *by*

465 MAC EOIN (Gearóid S.), *in* StH 3, 1963, pp. 234-5.

A GENERAL

Review by

466 S[OMMERFELT] (A.), *in* Lochlann 3, 1965, pp. 452-9.

467 PROCEEDINGS OF THE SECOND INTERNATIONAL CONGRESS OF CELTIC STUDIES, held in Cardiff, 6-13 July 1963.
Cardiff: (for University of Wales Board of Celtic Studies) U.W.P., 1966. xxi + 136 pp. illus.
Preface by Henry LEWIS. Abbr.: 2nd ICCS

Reviews by

468 LEWIS (Ceri W.), *in* StC 3, 1968, pp. 161-73.

469 O[FTEDAL] (M.), *in* Lochlann 4, 1969, pp. 369-75.

470 PROCEEDINGS OF THE THIRD INTERNATIONAL CONGRESS OF CELTIC STUDIES, Edinburgh, July 23-29, 1967.
Ed., and foreword, by W. F. H. NICOLAISEN.
In: ScSt 12, 1968, pt. 1, 80 pp.
Abbr.: 3rd ICCS

470a MÉLANGES COLOMBANIENS. Actes du Congrès international de Luxeuil, 20-23 juillet 1950.
Paris: (for Association des Amis de St. Colomban) Éditions Alsatia, [1951]. 419 pp.

471 WHAT'S PAST IS PROLOGUE. A retrospect of Irish medicine.
Presented by the Monument Press on the occasion of the Joint meeting of the British and Irish Medical Associations in Dublin, July 1952.
Ed. by W. Doolin & O. FitzGerald.
[Dublin]: Monument Press, 1952. 97 pp.

472 6. INTERNATIONALER KONGRESS FÜR NAMENFORSCHUNG / . . ., München . . . 1958. Kongressberichte /. . .
München: Bayrische Akademie der Wissenschaften, 1960-61. 3 voll. (= Studia onomastica Monacensia, Bdd. 2-4)
Abbr.: 6. IKNF

473 PROCEEDINGS OF THE FOURTH INTERNATIONAL CONGRESS OF PHONETIC SCIENCES, held at the University of Helsinki, 4-9 September 1961.
Ed. by A. Sovijärvi & P. Aalto.
The Hague: Mouton, 1962. xxix + 825 pp. (= Janua linguarum, series maior, 10)
Abbr.: 4th ICPS

474 2. FACHTAGUNG FÜR INDOGERMANISCHE UND ALLGEMEINE SPRACHWISSENSCHAFT, Innsbruck, 10.-15. Oktober 1961.
Innsbruck: I.G.P.G., 1962. 277 pp. (= IBK, Sonderheft 15)
Abbr.: 2. Fachtagung

475 ULSTER FOLK MUSEUM: Ulster dialects. An introductory symposium.
Editorial by G. B. A[DAMS].
Holywood (Co. Down): U.F.M., 1964. xiv + 201 pp. charts
Abbr.: Ulster dialects

Review by

476 MATHER (J. Y.), *in* ScSt 9, 1965, pp. 212-8.

477 COMMUNICATIONS ET RAPPORTS DU PREMIER CONGRÈS INTERNATIONAL DE DIALECTOLOGIE GÉNÉRALE (LOUVAIN . . ., BRUXELLES . . . 1960).
Publ. par A.J. van Windekens.
Louvain, 1964-65. 4 voll. (= Travaux publ. par le C.I.D.G., fascc. 7-10)
Abbr.: 1er CIDG

478 CHRISTIANITY IN BRITAIN, 300-700. Papers presented to the Conference on Christianity in Roman and sub-Roman Britain, held at the University of Nottingham, 17-20 April 1967.
Ed. by M. W. Barley & R. P. C. Hanson.
Leicester: U.P., 1968. 221 pp.

479 10. INTERNATIONALER KONGRESS FÜR NAMENFORSCHUNG / . . ., Wien . . . 1969.
Abhandlungen / . . .: Disputationes ad montium vocabula aliorumque nominum significationes pertinentes. Hg. v. H. H. Hornung.
Wien: Wiener Medizinische Akademie, 1969. 2 voll.
Abbr.: 10. IKNF

480 INDO-EUROPEAN AND INDO-EUROPEANS. Papers presented at the Third Indo-European conference, at the University of Pennsylvania [1966].
Ed., and foreword, by G. Cardona [etc.].
Philadelphia: University of Pennsylvania Press, 1970. viii + 440 pp.

481 THE IRISH SEA PROVINCE IN ARCHAEOLOGY AND HISTORY.
Ed. by Donald Moore.
Cardiff: C.A.A., 1970. 125 pp. illus.
Proceedings of a conference held by the C.A.A. at Aberystwyth, April 1968.
Abbr.: Irish Sea province

A 4.3   **Other miscellanies**

482 O'RAHILLY (Thomas F.): Early Irish history and mythology.
Dublin: D.I.A.S., 1946 (repr. 1957, 64). x + 566 (568 in repr.) pp.
Adds. & corrs. in Celtica 1, 1950, pp. 391-402, 409.
Abbr.: EIHM
Reviews by

483 M[URPHY] (G.), *in* Studies 35, 1946, pp. 420-2.
484 DILLON (Myles), *in* Speculum 22, 1947, pp. 652-5.
485 LUGH [*pseud.*], *in* IER 70, 1948, pp. 1039-42.
486 POKORNY (J.), *in* Anthropos 50, 1955, pp. 468-9.
487 BERGIN (Osborn), *in* IHS 10, 1956/57 (1957), pp. 416-25.
A draft, ed. posthum. by D. A. B[INCHY].
Review [in Welsh] *by*

488 WILLIAMS (J. E. Caerwyn), *in* Y Traethodydd 16, 1948, pp. 44-7.

489 BOLELLI (Tristano): Due studi irlandesi. Preistoria della poesia

irlandese. La leggenda del re dalle orecchie di cavallo in Irlanda.
Pisa: Libreria Goliardica, 1950. 101 pp.

490 JACKSON (Kenneth): Language and history in early Britain. A chronological survey of the Brittonic languages, first to twelfth century A.D.
Edinburgh: U.P., 1953. xxvi + 752 pp. (= Edinburgh University publications, Language & literature, no. 4)
Abbr.: LHEB

Reviews by

491 WATKINS (Calvert), *in* Lg 30, 1954, pp. 513-8.
492 P[OKORNY] (J.), *in* ZCP 27, 1958/59, pp. 315-7.
493 STUDIES IN EARLY BRITISH HISTORY.
By H. M. Chadwick [etc.]. Ed. by Nora K. CHADWICK.
Cambridge: U.P., 1954. vii + 282 pp.
Abbr.: SEBH

494 EARLY IRISH SOCIETY.
Ed. by Myles DILLON.
Dublin: (for C.R.C.I.) C. O Lochlainn (Three Candles), 1954 (repr. 1959, 63). 92 pp. (= Irish life and culture, vol. 8)
Repr. Cork: Mercier, 1969.
Add. t.-p.: An sean-shaol in Éirinn. Maolmhuire Díolún a chuir in eagar.
. . . — 6 Thomas Davis lectures, 1953, by various scholars.

495 CARNEY (James): Studies in Irish literature and history.
Dublin: D.I.A.S., 1955. xi + 412 pp.
Abbr.: SILH

Reviews by

496 MARX (Jean), *in* ÉtC 7, 1955/56, pp. 443-7.
497 MURPHY (Gerard), *in* Éigse 8, 1956/57, pp. 152-64.
498 MERONEY (Howard), *in* JCS 2, 1958, pp. 238-42.
499 Ó CLÉIRIGH (C. R.), *in* IHS 11, 1958/59 (1959), pp. 160-70.
500 THE PROBLEM OF THE PICTS.
Ed. by F. T. WAINWRIGHT.
Edinburgh [etc.]: Nelson, 1955. xi + 187 pp. illus. (Studies in history and archaeology)

Reviews by

501 BYRNE (Francis John), *in* Éigse 9, 1958/61, (pt. 1), pp. 68-73.
502 LE ROUX (Françoise), *in* Ogam 11, 1959, pp. 98-106.
503 LE MIRACLE IRLANDAIS.
Éd. par Daniel-Rops.
Paris: Lafont, 1956. 253 pp. pls.
Engl. transl. THE MIRACLE OF IRELAND. . . .
Transl. by the Earl of Wicklow.
Dublin: Clonmore & Reynolds; London: Burns, Oates & Washbourne, 1959. 166 pp.

504 A VIEW OF IRELAND. Twelve essays on different aspects of Irish life and the Irish countryside.
Ed. by J. Meenan & D. A. Webb.

Dublin: (for B.A.A.S.) the Local Executive Committee, 1957. xv + 254 pp.

505 STUDIES IN THE EARLY BRITISH CHURCH.
By Nora K. CHADWICK [etc.]. Ed., and introd., by N.K.CH.
Cambridge: U.P., 1958. vii + 375 pp.
> Abbr.: SEBC

506 SAINT PATRICK.
Ed., and introd., by John RYAN.
[Dublin]: (for Radio Éireann) Stationery Office, 1958. 94 pp. (Thomas Davis lectures, [1957])
> Add. t.-p.: Naomh Pádraig. An chomhairleoir eagraíochta: Seán Ó Riain. ... — 6 lectures by various scholars.

507 IRISH SAGAS.
Ed. by Myles DILLON.
[Dublin]: (for Radio Éireann) Stationery Office, 1959. 181 pp. (Thomas Davis lectures, 1955)
Republ. Cork: Mercier, 1968 (repr. 1970). 175 pp.
> Add. t.-p.: Sean-startha Gaeilge. An t-eagarthóir: Maolmhuire Díolún. ... 12 lectures, by various scholars, on stories from the Four cycles.

508 SEVEN CENTURIES OF IRISH LEARNING, 1000-1700.
Ed., and introd., by Brian Ó CUÍV.
[Dublin]: (for Radio Éireann) Stationery Office, 1961. 151 pp. (Thomas Davis lectures, 1958)
> Add. t.-p.: Léann na Gaeilge in Éirinn, 1000-1700. ...
> Nine lectures, by various scholars, broadcast under the title 'Irish literature from Clontarf to the Boyne'.

Review by

509 BREATNACH (R. A.), *in* StH 3, 1963, pp. 207-9.

510 DEVOTO (Giacomo): Origini indeuropee.
Firenze: Sansoni, [1962]. xii + 521 pp. illus. (Origines)
> 'Tabelle' (pp. 437ff, separately bound), contain the nucleus of the I.E. vocabulary in 10 semantic divisions, with O.I. equivalents.

511 THE PREHISTORIC PEOPLES OF SCOTLAND.
Ed. by Stuart Piggott.
London: Routledge & K. Paul, 1962. ix + 165 pp. illus. (= Studies in ancient history and archaeology)
> Abbr.: Prehist. Scotland

512 IRISH MONKS IN THE GOLDEN AGE.
Ed. by John RYAN.
Dublin: Clonmore & Reynolds; London: Burns & Oates, 1963. 114 pp. (Thomas Davis lectures, [1960])
> 8 lectures by various scholars, broadcast under the title 'Irish monks in a falling world'.

513 THE CELTS.
Ed. by Joseph RAFTERY.
Cork: (for Radio Éireann) Mercier, 1964. 83 pp. (Thomas Davis lectures, 1960)
> 6 lectures by various scholars.

514 OLD IRELAND.

Ed., and introduction, by Robert MCNALLY.
Dublin: Gill, 1965. xi + 252 pp.

515 EARLY IRISH POETRY.
Ed. by James CARNEY.
Cork: (for Radio Éireann) Mercier, 1965. 99 pp. (Thomas Davis lectures, 1959/60)
> 6 lectures by various scholars.

Review [in Irish] *by*

516 Ó BUACHALLA (Breandán), *in* Comhar 25, uimh. 6, Meitheamh 1966, pp. 22-4.

Review by

517 BREATNACH (R. A.), *in* StH 7, 1967, pp. 233-6.

518 HENRY (P. L.): The early English and Celtic lyric.
London: G. Allen & Unwin, 1966. 244 pp.
> Abbr.: EECL

519 THE COURSE OF IRISH HISTORY.
Ed. by T. W. MOODY & F. X. MARTIN.
Cork: Mercier, 1967. 404 pp. illus.
> 21 Radio Éireann lectures, with bibliogr., A chronology of Irish history, and index.

520 GREAT BOOKS OF IRELAND.
Dublin: Clonmore & Reynolds, 1967. 106 pp. pls. (Thomas Davis lectures, 1964)
> Eight lectures, by various scholars, under the general title 'Great Irish books'.

521 DILLON (Myles) & CHADWICK (Nora K.): The Celtic realms.
London: Weidenfeld & Nicholson; N.Y.: New American Library, 1967. xii + 355 pp. illus. (History of civilization)
German transl.
Die Kelten: von der Vorgeschichte bis zum Normanneneinfall. Zürich: Kindler, 1966. 624 pp. (Kindlers Kulturgeschichte)
Italian transl.
I regni dei Celti. Milano: Il Saggiatore, 1968. 568 pp. (Il portolano, 22)

522 A VIEW OF THE IRISH LANGUAGE.
Ed., and preface, by Brian Ó CUÍV.
Dublin: Stationery Office, 1969. x + 156 pp. illus. (Thomas Davis lectures, 1966)
> 12 lectures by various scholars. Abbr.: View Ir. lg.

Review by

523 SKERRETT (R. A. Q.), *in* StC 5, 1970, pp. 165-8.

524 MYTH AND LAW AMONG THE INDO-EUROPEANS. Studies in Indo-European comparative mythology.
Ed. by Jaan Puhvel.
Berkeley [etc.]: U.Ca.P., 1970. x + 276 pp. (= Publications of the U.C.L.A. Center for the Study of Comparative Folklore and Mythology, 1)

525 WAGNER (Heinrich): Studies in the origins of the Celts and of early

Celtic civilisation.
Belfast, Tübingen: (for the Belfast Institute of Irish Studies) Niemeyer, 1971. [same pagination as originals]
Reprints of 966, and 1662 [exc. p. 146], 2074.

526 THE DARK AGES IN THE HIGHLANDS. Ancient peoples, local history, archaeology.
Inverness: Inverness Field Club, [introd. 1971]. 90 pp. illus.

A 4.4 Encyclopedias

527 DICTIONNAIRE D'HISTOIRE ET DE GÉOGRAPHIE ECCLÉSIASTIQUES.
Paris: Letouzey et Ané.
T. 1- , 1912- [t. 17- , 1971-].
Contributions by F. Ó BRIAIN, C. MOONEY, F. GRANNELL.

528 THE FUNK & WAGNALLS STANDARD DICTIONARY OF FOLKLORE, MYTHOLOGY AND LEGEND.
Ed. by Maria Leach.
N.Y.: F. & W., 1949, 50. 2 voll.

529 ENCICLOPEDIA ITALIANA DI SCIENZE, LETTERE ED ARTI.
Roma, 1949-52.
'Celti' ('Lingue', 'Letterature' by Giacomo DEVOTO; 'Religione' by Raymond LANTIER; 'Diritti' by Enrico BESTA).

530 DE KATHOLIEKE ENCYCLOPAEDIE.
Amsterdam, Antwerpen, 1949-55.
'Kelten: Keltische mythologie, Keltische talen', 'Ierland, 3. Ierse taal, schrift en letterkunde' (A. M. E. DRAAK).

531 CASSELL'S ENCYCLOPAEDIA OF LITERATURE.
Ed. by S. H. Steinberg.
London: Cassell, 1953. 2 voll.
'Irish literature', etc. (Myles DILLON).

532 ENCYCLOPÉDIE DE LA PLÉIADE.
Histoire des littératures. T. 2. Littératures occidentales.
Paris, 1956.
pp. 325-36: 'Littérature gaélique' (Gerard MURPHY).

533 THE ENCYCLOPEDIA AMERICANA.
N.Y. [etc.], 1958 and 1963.
'Celtic languages', 'Celtic literatures', 'Celtic peoples' (Julius POKORNY), 'Gaelic literature' (Peter KAVANAGH), 'Patrick, Saint' (James CARNEY), 'Irish schools and schoolmen of the Middle Ages' (Myles V. RONAN), etc.

534 CHAMBERS'S ENCYCLOPAEDIA.
Oxford [etc.], 1959 and 1967.
'Celtic languages', 'Irish language' (Myles DILLON), 'Gaelic literature' (Gerard MURPHY), 'Patrick, Saint' (Ludwig BIELER), etc.

535 LAROUSSE ENCYCLOPEDIA OF MYTHOLOGY.
Introd. by Robert Graves.
London: Batchworth, 1959. xii + 500 pp. illus.
pp. 234-50: 'Celtic mythology' (John X. W. P. CORCORAN).
New ed. NEW LAROUSSE ENCYCLOPEDIA OF MYTHOLOGY. . . .
London [etc.]: Hamlyn, 1968. xi + 500 pp.
pp. 222-44: -id.-

536   COLLIER'S ENCYCLOPEDIA.
      N.Y., Toronto, 1960.
       'Celtic', 'Irish' (M. DILLON), 'Irish literature' (George Brandon SAUL).
537   ENCYCLOPEDIA OF POETRY AND POETICS.
      Ed. by Alex Preminger.
      Princeton (N.J.): P.U.P., 1965. xxiv + 906 pp.
       'Celtic prosody' (Charles W. DUNN), 'Irish poetry' (Padraic COLUM, George Brandon SAUL), 'Scottish Gaelic poetry' (John MACINNES).
538   LAROUSSE WORLD MYTHOLOGY.
      Ed. by Pierre Grimal.
      London: Hamlyn, 1965. 560 pp. illus.
       pp. 334-56: 'Celtic lands: myth in history' (G. ROTH & P.M. DUVAL).
539   KINDLERS LITERATUR LEXIKON.
      Zürich, 1965- .
       Articles on works of medieval Irish literature, by Rolf BAUMGARTEN.
540   BROCKHAUS ENZYKLOPÄDIE. — 17. Aufl.
      Wiesbaden, 1966- .
       'Irische Sprache und Literatur', 'Keltische Kunst', 'Keltische Mythologie', 'Keltische Sprachen', etc. (Rolf BAUMGARTEN).
541   NEW CATHOLIC ENCYCLOPEDIA.
      N.Y. [etc.], 1967.
       'Irish literature, 1. Gaelic' (G. S. MAC EOIN), 'Patrick, St.' (L. BIELER), etc.
542   ENCYCLOPAEDIA OF IRELAND.
      Principal editor: V. Meally.
      Dublin: Allen Figgis, 1968. 463 pp. illus.
       See espec. sections 'Language' (L. BIELER, T. DE BHALDRAITHE, etc.), 'Literature in Irish' (D. GREENE), 'Irish thought' (B. T. KENNELLY, etc.).
543   ENCYCLOPAEDIA UNIVERSALIS.
      Paris, 1968.
       'Irlande, 2. Langue et littérature' (D. GREENE).
544   ENCYCLOPAEDIA BRITANNICA.
      Chicago [etc.], 1970.
       'Celtic languages', 'Irish literature: 1. Gaelic literature', 'Druidism' (D. GREENE), 'Patrick, Saint' (D. A. BINCHY), etc.
545   THE PENGUIN COMPANION TO LITERATURE. [Vol. 1:] Britain and the Commonwealth.
      Ed. by David Daiches.
      London: Allen Lanes (Penguin Press), 1971. 576 pp.
       Articles on writers in Irish, by Seán DE BÚRCA.

B SOURCES

1 INSCRIPTIONS
cf. D 6-8 Onomastics

B 1.1   **General & various**

546 MACALISTER (R. A. S.): A lost Glendaloch inscription rediscovered.
   In JRSAI 73, 1943, pp. 67-9. illus.
   [CIIC 884].

547 FOX (Cyril), WILLIAMS (Ifor), MACALISTER (R. A. S.) & NASH-WILLIAMS (V. E.): The DOMNIC inscribed slab, Llangwyryfon, Cardiganshire.
   In AC 97, 1943, pp. 205-12. illus.

548 MACALISTER (R. A. S.): Corpus inscriptionum insularum Celticarum.
   Dublin: (for I.M.C.) Stationery Office, 1945, 49. 2 voll. illus.
   vol. 1: Ogam and analogous inscriptions; vol. 2: Half-uncial.
   Reviews of vol. 2 *by*

549 JACKSON (Kenneth), *in* Speculum 24, 1949, pp. 598-601.
550 Ó S[EARCAIGH] (S.), *in* IER 72, 1949, pp. 472-4.
551 MACALISTER (R. A. S.): Inscribed and sculptured stones.
   In A hundred years of Welsh archaeology. Centenary volume, 1846-1946. Ed. by V. E. Nash-Williams. Gloucester: Cambrian Archaeological Association, [1949]. pp. 123-8.

552 NASH-WILLIAMS (V. E.): The early Christian monuments of Wales.
   Cardiff: U.W.P., 1950. xxiii + 258 pp. illus.

553 JACKSON (Kenneth): The early Christian inscriptions.
   In 490 [LHEB], (chap. 5), pp. 149-93.

554 LIONARD (Pádraig): A reconsideration of the dating of the slab of St. Berichter at Tullylease, Co. Cork.
   In JCHAS 58, 1953, pp. 12-3.
   cf. CIIC 908.

555 BU'LOCK (J. D.): Early Christian memorial formulae.
   In AC 105, 1956 (1957), pp. 133-41.

556 LIONARD (Pádraig): Early Irish grave-slabs.
   Ed. by Françoise HENRY.
   In PRIA 61 C, 1960/61, (no. 5), pp. 95-169. pls.
   With a List of dated inscriptions with the corresponding entries in the annals.

557 Ó BUACHALLA (Liam): Some unique gravestone inscriptions.
   In JCHAS 67, 1962, pp. 33-5.
   Incl. 18th c. Ir. inscr. in Roman capitals and semi-phonetic spelling (Carrigtohill, Co. Cork).

558 MOLONEY (M.): Beccan's hermitage in Aherlow: the riddle of the slabs.
   In NMAJ 9, 1962/65, (no. 3, 1964), pp. 99-107. illus.

559 WRIGHT (R. P.) & JACKSON (K. H.): A late inscription from Wroxeter.

In AntJ 48, 1968, pp. 296-300. pl.

560 THOMAS (Charles): The early Christian archaeology of north Britain.
London [etc.]: (for University of Glasgow) O.U.P., 1971. xvi + 253 pp. illus. (= Hunter Marshall lectures, 1968)
: Chap. 4: The commemoration of the dead; 7: The relevance of literary sources.

B 1.2   **Ogham**

561 VENDRYES (J.): L'écriture ogamique et ses origines.
In ÉtC 4, 1941/48, (fasc. 1, 1941), pp. 83-116.
Republ. in 438 [Choix d'études], pp. 247-76.

562 MACALISTER (R. A. S.): A new Ogham inscription.
In JRSAI 72, 1942, p. 76. illus.
: Annascaul, Co. Kerry [cf. CIIC 194A].

563 RICHARDSON (L. J. D.): The word *ogham*.
In Hermathena 62, 1943, pp. 96-105.

564 [DIACK (Francis C.)]: The inscriptions of Pictland. An essay on the sculptured and inscribed stones of the north-east and north of Scotland: with other writings and collections.
Ed. by William M. Alexander & John Macdonald.
Aberdeen: Third Spalding Club, 1944. xix + 207 pp. pls.
: Editorial introd. (1. The author; 2. The Pictish question) by W. M. A[LEXANDER].

565 MACALISTER (R. A. S.): Corpus inscriptionum insularum Celticarum.
Dublin: (for I.M.C.) Stationery Office, 1945, 49. 2 voll. illus.
: Vol. 1: Ogam and analogous inscriptions; vol. 2: Half-uncial.
Reviews of vol. 1 *by*

566 O'KELLY (M. J.), *in* JCHAS 50, 1945, pp. 152-3.
567 CRAWFORD (O. G. S.), *in* Antiquity 19, 1945, pp. 207-9. pl.
568 WILLIAMS (Ifor), *in* THSC 1943/44 (1946), pp. 152-6.
569 N[ASH]-W[ILLIAMS] (V. E.), *in* AntJ 26, 1946, pp. 200-1.
570 B[INCHY] (D. A.), *in* JRSAI 76, 1946, pp. 56-7.
Rejoinder by
571 MACALISTER (R. A. S.): The Tre Hywel inscription.
In id., pp. 104-5.
Rejoinder by
572 BINCHY (D. A.): The Tre Hywel inscription.
In id., pp. 143-5.
573 JACKSON (Kenneth), *in* Speculum 21, 1946, pp. 521-3.
574 QUIN (E. G.), *in* IHS 5, 1946/47 (1947), pp. 91-3.
Reviews of vols. 1 and 2 *by*
575 D[UIGNAN] (M.), *in* JGAHS 24, 1950/51, p. 156.
576 VENDRYES (J.), *in* ÉtC 5, 1949/51, (fasc. 2, 1950/51), pp. 434-6.

577 O'KELLY (Michael J.): Some prehistoric monuments of Imokilly.
In JCHAS 50, 1945, pp. 10-23, 158. illus.
: Incl. (pp. 22-3) corr. of reading of CIIC 79.

578 MARSTRANDER (Carl J. S.): The *DRUUIDES* inscription at Killeen Cormac.
   In NTS 13, 1945, pp. 353-6.
   [cf. CIIC 19]

579 HAMEL (A. G. van): Primitieve Ierse taalstudie.
   In MKNA 9, 1946, (no. 9), pp. 295-339.
   Sep. issued Amsterdam: Noord-Holl. Uitgevers, 1946. 45 pp.
   Early Irish study of language as reflected in *Auraicept na n-éces*.

580 MERONEY (Howard): A druidic liturgy in *Ogam Bricrend*?
   In MLN 62, 1947, pp. 187-9.
   A quatrain from *Auraic.* (p. 300 marg. infra), elsewhere ascr. to FLANN [MAC LONÁIN]; translit. first line: *Uisge slébi ním sása*.

581 DIRINGER (David): The alphabet. A key to the history of mankind. London [etc.]: Hutchinson's Scientific and Technical Publications, 1948 (rev. 1949). 607 pp.
   pp. 525ff: Oghams.

582 MERONEY (Howard): Early Irish letter-names.
   In Speculum 24, 1949, pp. 19-43.

583 NASH-WILLIAMS (V. E.): Early Christian stones. [abstract]
   In AC 100, 1949, pp. 127-8.
   [cf. ECMW 138-40, 169, 171-3]

584 JACKSON (Kenneth): Notes on the Ogam inscriptions of southern Britain.
   In The early cultures of north-west Europe. (H. M. Chadwick memorial studies). Ed. by C. Fox & B. Dickins. Cambridge: U.P., 1950. pp. 197-213.

585 NASH-WILLIAMS (V. E.): The early Christian monuments of Wales.
   Cardiff: U.W.P., 1950. xxiii + 258 pp. illus.

586 DEROLEZ (R.): Ogam, 'Egyptian', 'African' and 'Gothic' alphabets. Some remarks in connection with Codex Bernensis 207 (1).
   In Scriptorium 5, 1951, pp. 3-19.

587 ———— : Richtingen in de runenkunde, met enkele beschouwingen over het probleem: ogam-runen.
   In RBPh 30, 1952, pp. 5-49.

588 O'KELLY (Michael J.): St. Gobnet's House, Ballyvourney, Co. Cork.
   In JCHAS 57, 1952, pp. 18-40.
   Incl. (p. 38) a note on CIIC 131-3.

589 CLARKE (R. Rainbird): An Ogham inscribed knife-handle from south-west Norfolk.
   In AntJ 32, 1952, pp. 71-3. pl.

590 JACKSON (Kenneth): The early Christian inscriptions.
   In 490 [LHEB], (chap. 5), pp. 149-93.

591 HAMP (Eric P.): [*rev.* I. J. Gelb: A study of writing. The foundation of grammatology, 1952].
   In ZCP 24, 1954, pp. 308-12.
   On Ogham.

592 DEROLEZ (R.): Runica manuscripta. The English tradition.
Brugge: De Tempel, 1954. lxiv + 455 pp. illus. (= Rijksuniversiteit te Gent, Werken uitg. door de Faculteit van de Wijsbegeerte en Letteren, 118)
    pp. 146ff: The Ogham.

593 O'KELLY (Michael J.) & KAVANAGH (Séamus): A new ogham stone from County Kerry.
In JCHAS 59, 1954, pp. 50-3. pl.
    From Gearha South (near Sneem); now in the Cork Public Museum.

594 ———— : An ogam-inscribed cross-slab from County Kerry.
In id., pp. 101-9. pls.
    From Church Island (Valencia harbour); now in the Cork Public Museum.

595 BREATNACH (R. A.): The Church Island ogam.
In JCHAS 60, 1955, pp. 131-2.

596 VENDRYES (J.): Sur un emploi du mot *ainm* 'nom' en irlandais.
In ÉtC 7, 1955/56, pp. 139-46.
    On Ogam ANM preceding a p.n. in the gen.

597 GERSCHEL (Lucien): Origines et premier usage des caractères ogamiques.
In Ogam 9, 1957, pp. 151-73.

598 WEBLEY (D.): The Ystrad (Breckn.) Ogam stone, a rediscovery. With a Note on the inscription, by Ifor WILLIAMS.
In AC 106, 1957, pp. 118-21. illus.
    cf. CIIC 336 and ECMW 67a.

599 O'KELLY (Michael J.): Church Island near Valentia, Co. Kerry.
In PRIA 59 C, 1957/59, (no. 2, 1958), pp. 57-136. pls.
    pp. 77-87: The Ogam-inscribed cross-slab (with contributions by S. KAVANAGH & R. A. BREATNACH).

600 WAINWRIGHT (Frederick T.): The Inchyra ogam.
In Ogam 11, 1959, pp. 269-78. illus.
    Planche 1: Distribution of 'Pictish' ogams in Scotland.

601 RICHARDS (Melville): The Irish settlements in south-west Wales. A topographical approach.
In JRSAI 90, 1960, pp. 133-62.
    Charts showing distribution of Ogam stones (etc.) and of name-forms in *cnwc, cnwch* and *loch*.

602 GROSJEAN (Paul): *Espoic Branduibh aui Trenloco anchoritae*.
In Celtica 5, 1960, pp. 45-51.
    sic legg. in Mart. Tall., June 3 (cf. Fél. Gorm.); cf. CIIC 26, etc.

603 GUYONVARC'H (Christian-J.): Gaulois *Ogmios*, irlandais *Ogma, ogam*.
In Ogam 12, 1960, pp. 47-9. (Notes d'étymologie et de lexicographie gauloises et celtiques (5), no. 14)

604 MAC WHITE (Eóin): Contributions to a study of Ogam memorial stones.
In ZCP 28, 1960/61, pp. 294-308. charts

605 KURYLOWICZ (J.): Note sur l'ogam.
In BSL 56, 1961, pp. 1-5.

606 Ó Ceallaigh (E.) [O'Kelly (Owen)]: Oghamchraob ar liagán.
In OKRev 13, 1961, p. 29.
[cf. CIIC 34]

607 Gerschel (Lucien): L'ogam et le nombre. Préhistoire des caractères ogamiques.
In ÉtC 10, 1962/63, pp. 127-66.

608 ———— : L'ogam et le nom.
In id., pp. 516-57.

609 Killeen (J. J.): The word *ogam*.
In Lochlann 3, 1965, pp. 415-9.

610 Jackson (Kenneth): The Ogam inscription at Dunadd.
In Antiquity 39, 1965, pp. 300-2.

611 Ó Cuív (Brian) *ed.*: A fragment of bardic linguistic tradition.
In Éigse 11, 1964/66, (pt. 4), pp. 287-8. (Miscellanea, no. 1)
A list of verbal nouns from MS N.L. G 3; discussion of their ogamic sequence.

612 Raftery (Joseph): The Cuillard and other unpublished hanging bowls.
In JRSAI 96, 1966, pp. 29-38. illus.
Two Ogham inscriptions on a bowl from Kilgulbin East (Co. Kerry).

613 Guyonvarc'h (Christian J.): Die irische Ogam-Schrift.
In Studium generale 20, 1967, pp. 448-56.

614 O'Kelly (Michael J.) & Shee (Elizabeth): Three souterrains in Co. Cork.
In JCHAS 73, 1968, pp. 40-7. illus.
(1) Souterrain with ogham stones at Underhill near Dunmanway.

615 Waters (Ormonde D. P.): Some notes on the Ogham stone at Piltown in the barony of Lower Duleek, Co. Meath.
In RíM 4, no. 3, 1969, pp. 56-7.
[CIIC 40].

616 Raftery (Barry): A late Ogham inscription from Co. Tipperary.
In JRSAI 99, 1969, pp. 161-4.
On a tombstone of 1802.

B 2 MANUSCRIPTS
cf. F 2.1   Literature & learning: Transmission

B 2.1   **General**

617 Bieler (Ludwig) *comp.*: Manuscript studies in Ireland, 1946-55.
In Scriptorium 3, 1949, pp. 325-7; 5, 1951, pp. 330-1; 7, 1953, pp. 323-5; 10, 1956, pp. 319-21.
Continued in Bulletin codicologique, *in* Scriptorium 13- , 1959- .

618 National Library of Ireland: List of manuscripts relating to Ireland copied on microfilm and 'photostat'.
In RCTNL 1950/51 (1952), pp. 10-124.
Preface by R. J. Hayes.

619 ———— : List no. 2 of manuscripts relating to Ireland copied on microfilm.

In RCTNL 1951/52 (1952), pp. 10-103.
-id.-

620   Hayes (Richard J.) *ed.*: Manuscript sources for the history of Irish civilisation.
Boston (Mass.): G. K. Hall, 1965. 11 voll.
Voll. 1-4: Persons; 5-6: Subjects; 7-8: Places [in Ireland]; 9-10: Dates [covered by item]; 11: Lists of manuscripts.

621   de Brún (Pádraig) *comp.*: Cnuasaigh de lámhscríbhinní Gaeilge. Treoirliosta.
In StH 7, 1967, pp. 146-81.
Guide to holdings of traditional Irish MSS, with references to published accounts, and an appendix listing apparently lost MSS.

622   Lowe (E. A.) *ed.*: Codices latini antiquiores. A palaeographical guide to Latin manuscripts prior to the ninth century.
Oxford: Clarendon, 1934-71. 12 voll. pls.

623   Bieler (Ludwig) *comp.*: Codices Patriciani Latini. A descriptive catalogue of Latin manuscripts relating to St. Patrick.
Dublin: D.I.A.S., 1942. xvii + 72 pp.
Adds. & corrs. in AB 63, 1945, pp. 242-56.

624   Mooney (Canice): Irish Franciscan libraries of the past.
In IER 60, 1942, pp. 215-28.

625   Bieler (Ludwig) *comp.*: Latin manuscripts. Facsimiles, editions, studies, published in Great Britain, Ireland, Canada, and the United States since July 1939.
In Scriptorium 1, 1946/47, pp. 181-9, 329-54.

626   [Walsh (Paul)]: An Irish medical family — Mac an Leagha.
In 432 [Men of learn.], (no. 14), pp. 206-18.
cf. An Irish medical family (Best² 2287).

627   [O Lochlainn] (Colm): Medical manuscripts.
In IBL 30, 1946/48, (no. 2, 1947), p. 42.
cf. John Ardagh, *in* id., p. 67; Desmond Murray, *in* IBL 31, 1949/51, p. 14.

628   Mac Enery (Marcus): Cows and calves, books and copies.
In Éigse 6, 1948/52, (pt. 2, 1950), pp. 135-45.
Co. Roscommon scholarly and scribal connections between Ó Fearghail and Ó hEarchadha families after the latter's 17th c. migration from Co. Sligo.

629   Cordoliani (A.): Le texte de la Bible en Irlande du Ve au IXe siècle. Étude sur les manuscrits.
In La Revue biblique 57, 1950, pp. 5-39.

630   Arthurs (J. B.): An appeal for the preservation of Ulster Gaelic MSS.
In UJA 13, 1950, pp. 106-7.

631   Bischoff (Bernhard) & Hofmann (Josef): Libri sancti Kyliani. Die Würzburger Schreibschule und die Dombibliothek im 8. und 9. Jahrhundert.
Würzburg: F. Schöningh, 1952. xi + 200 pp. pls. (= Quellen und Forschungen zur Geschichte des Bistums und Hochstifts Würzburg, Bd. 6)

632 TORNA [*pseud.*, Ó DONNCHADHA (Tadhg)] *ed.*: SEÁN NA RÁITHÍN-EACH.
B.Á.C.: Oifig an tSoláthair, 1954. xxxix + 486 pp.
<small>Incl. a list of MSS in his hand.</small>

633 O'SULLIVAN (William): USSHER as a collector of manuscripts.
In Hermathena 88, 1956, pp. 34-58.

634 BIELER (Ludwig): Irish manuscripts in medieval Germania.
In IER 87, 1957, pp. 161-9.

635 HENRY (Françoise): An Irish manuscript in the British Museum (Add. 40618).
In JRSAI 87, 1957, pp. 147-66. illus.

636 HUGHES (Kathleen): The distribution of Irish scriptoria and centres of learning from 730 to 1111.
In 505 [SEBC], (chap. 5), pp. 243-72.

637 Ó MÓRDHA (Séamus P.): The Irish manuscripts of Edward O'REILLY.
In Éigse 9, 1958/61, (pt. 2, 1958), p. 132.
<small>cf. the 1825 cat. of his Ir. MSS, autogr. MS R.I.A. 23 H 1.</small>

638 DUNLEAVY (Gareth W.): Colum's other island. The Irish at Lindisfarne.
Madison: University of Wisconsin Press, 1960. x + 149 pp. illus.
<small>The effect of Irish monastic culture upon Northumbria (learning, manuscripts, crosses, elegy).</small>

639 BIELER (Ludwig): Irland, Wegbereiter des Mittelalters.
Olten [etc.]: Urs Graf, 1961. 155 pp. illus. (Stätten des Geistes)
Engl. transl. Ireland, harbinger of the Middle Ages.
London [etc.]: O.U.P., 1963. viii + 148 pp.

640 O'SULLIVAN (Anne) & O'SULLIVAN (William): Edward LHUYD's collection of Irish manuscripts.
In THSC 1962, pp. 57-76.

641 HENRY (Françoise) & MARSH-MICHELI (G. L.): A century of Irish illumination (1070-1170).
In PRIA 62 C, 1961/63, (no. 5, 1962), pp. 101-65. pls.

642 HILLGARTH (J. N.): Visigothic Spain and early Christian Ireland.
In PRIA 62 C, 1961/63, (no. 6, 1962), pp. 167-94.
<small>Mainly on the transmission of ISIDORE of Seville.</small>

643 GAMBER (Klaus) *comp.*: Codices liturgici latini antiquiores.
Freiburg (Schweiz): Universitätsverlag, 1963. xvi + 334 pp. (= Spicilegii Friburgensis subsidia, vol. 1)
<small>pp. 12-24: Libri liturgici celtici.</small>

644 CAMPBELL (J. L.) & THOMSON (Derick) *eds.*: Edward LHUYD in the Scottish Highlands, 1699-1700.
Oxford: Clarendon, 1963. xxxii + 319 pp. pls.
<small>From MSS in T.C.D.; with notes and indexes.
1. The folklore and Gaelic manuscript survey.</small>

645 MAC GIOLLA PHÁDRAIG (Brian): Sean-lámhscríbhinní na hÉireann.
In CapA 1963, pp. 319-32. illus.

646 GREAT BOOKS OF IRELAND.
Dublin: Clonmore & Reynolds, 1967. 106 pp. pls. (Thomas Davis lectures, 1964)
> Eight lectures, by various scholars, under the general title 'Great Irish books'.

647 Ó BUACHALLA (Breandán): I mBéal Feirste cois cuain.
B.Á.C.: Clóchomhar, 1968. xii + 319 pp. (= Leabhair thaighde, iml. 16)
> Aguisín [App.] A: Lámhscríbhinní Í BHRIOSÁIN [Samuel BRYSON]; B: Lámhscríbhinní Í GHEALACÁIN [Peadar Ó G.]; C: Saothar Aodha MHIC DHOMHNAILL; D: Lámhscríbhinní MHIC ÁDHAIMH [Roibeard Mac Á.]; E: Saothar AN BHIONAIDIGH [Art BENNETT].

648 DE BRÚN (Pádraig): Some Irish MSS with Bréifne associations.
In Breifne 3, (no. 12, 1969), pp. 552-61.

649 DE BHALDRAITHE (Tomás) *ed.*: Cín lae Amhlaoibh.
B.Á.C.: Clóchomhar, 1970. xlii + 178 pp. (= Leabhair thaighde, iml. 18)
> Selection from Ó SUILLEABHÁIN's work.
> Aguisín [App.]: Lámhscríbhinní A. UÍ SH.

650 Ó DÁLAIGH (Dominic) *ed.*: Printíseacht AN CHRAOIBHÍN i litríocht na Gaeilge.
In Éigse 14, 1971/72, pp. 39-51.
> Autobiogr. passage from the 1878 diary of Douglas HYDE; lists of books and MSS collected 1876-80.

B 2.2 **Palaeography**
cf. M 7.1.1 Illumination; B 3 Glossography

651 LOWE (E. A.) *ed.*: Codices latini antiquiores. A palaeographical guide to Latin manuscripts prior to the ninth century.
Oxford: Clarendon, 1934-71. 12 voll. pls.

652 GROSJEAN (Paul): Le sigle Z dans les manuscrits insulaires.
In AB 63, 1945, pp. 129-30. (Notes d'hagiographie celtique, no. 14)

653 MASAI (François): Essai sur les origines de la miniature dite irlandaise.
Bruxelles: Editions 'Erasme', 1947. 146 pp. pls. (= Publications de Scriptorium, vol. 1)
Review by

654 BIELER (Ludwig), *in* Speculum 23, 1948, pp. 495-502.
> Incl. some discussion of the history of the Irish script.

655 MAC EÓGHAIN (Éamonn) *ed.*: Don Tighearna Easboig.
In IMN 1947, pp. 24-7. MS facs.
> 1818. *A uainghil fheartaigh tug fairsinge 'shíol Ádaim*, by Mícheál Óg Ó LONGÁIN; from MS Mayn. M 11 (autogr.). Some biogr. details of M. Ó L. (relationship with Seán Ó Murchadha); also illus. of his assistants' MS hands.

656 BIELER (Ludwig): The Irish Book of hymns: a palaeographical study.
In Scriptorium 2, 1948, pp. 177-94. pls.
> MSS T.C.D. E 4 2 and Franc. A 2.

657 ———— : Insular palaeography, present state and problems.
In Scriptorium 3, 1949, pp. 267-94.

658 STEWART (Zeph): Insular script without insular abbreviations: a problem in eighth-century palaeography.
In Speculum 25, 1950, pp. 483-90.

659 THE BRITISH MUSEUM: Catalogue of Irish manuscripts in the British Museum.
London: the Trustees of the B.M., 1926-52. 3 voll.
> Vol. 3: Introduction, index of initia, general index. 25 pls. of MS pages from 12th to 19th c. Preface by A. J. Collins (Keeper of MSS).

660 GREENE (David): The mark of length on pretonic vowels.
In Celtica 2, 1954, pp. 339-40. (Miscellanea, [no. 4])
> From a familiar Latin grapheme.

661 MADDEN (P. J.) & CLARKE (Desmond): The manuscripts of Ireland: an introduction to Irish palaeography. Part 1 [no more publ.].
In An Leabharlann 13, 1955, pp. 119-39.

662 O'BRIEN (M. A.): *Ailill*.
In Celtica 3, 1956, p. 182. (Etymologies and notes, no. 23)
> MS contractions suggest an older form *Aillill*.

663 DRAAK (Maartje): Construe marks in Hiberno-Latin manuscripts.
In MKNA 20, 1957, (no. 10), pp. 261-82. pls.
Sep. issued Amsterdam: Noord-Holl. Uitgevers, 1957. 22 pp.

664 BEST (R. I.): The Book of Armagh.
In Ériu 18, 1958, pp. 102-7. pls. (Palaeographical notes, no. 3)

665 KER (N. R.): From 'above top line' to 'below top line': a change in scribal practice.
In Celtica 5, 1960, pp. 13-6.

666 BINCHY (D. A.): A misunderstood marginal.
In Ériu 19, 1962, pp. 121-2.
> ad Laws i 230.8 (MS B.M. Harl. 487).

667 WRIGHT (David H.): The tablets from Springmount bog: a key to early Irish palaeography.
In AJA 67, 1963, p. 219.

668 O'SULLIVAN (W.): Notes on the scripts and make-up of the Book of Leinster.
In Celtica 7, 1966, pp. 1-31. pls., tabs.(fld.)

669 MAC CANA (Proinsias): On the use of the term *retoiric*.
In id., pp. 65-90.
> MS symbol .r. *(rosc(ad)* : *retoiric* : *rann)*. Poems of prophecy; introductory formula *co cloth (ní)*.

670 DRAAK (Maartje): The higher teaching of Latin grammar in Ireland during the ninth century.
In MKNA 30, 1967, (no. 4), pp. 107-44. pl.(fld.)
Sep. issued Amsterdam: Noord-Holl. Uitg., 1967. 38 pp.
> Ed. of Codex Sangallensis 904, p. 138, col. a, incl. construe marks and glosses; with commentary.

671 Ó SÉAGHDHA (Nessa *Ní Shéaghdha*): Notes on some scribal terms.

B SOURCES

In 461 [Celtic studies], pp. 88-91.
(1) *sellad* 'examining, testing'; (2) *gaibid* 'takes down from dictation; chooses, excerpts, edits'.

B 2.3   Manuscripts: Ireland

B 2.3.1   Trinity College Dublin

672   DOUGAN (R. O.) *comp.*: A descriptive guide to twenty Irish manuscripts in the library of Trinity College, Dublin, with an appendix of five early Irish manuscripts in the Royal Irish Academy. — 2nd rev. ed.
Dublin: (pr. by D.U.P.), 1955. [no pagin.]
1st ed.: Guide to the Irish manuscripts exhibited in the library of Trinity College, Dublin, 1953.

673   BIELER (Ludwig): The Irish Book of hymns: a palaeographical study.
In Scriptorium 2, 1948, pp. 177-94. pls.
MSS T.C.D. E 4 2 and Franc. A 2.

674   BEST (R. I.): The Yellow book of Lecan.
In JCS 1, 1950, pp. 190-2. pl.(fld.)
Only 8 leaves (coll. 370-400) are 'YBL' proper (14th c.); disiecta membra are MSS R.I.A. D v 1, D iv 1, D i 3 (23 leaves), and Rawl. B 488, fols. 1-26.

675   ———— : Bodleian MS Laud 610.
In Celtica 3, 1956, pp. 338-9. pl.(fld.)
A bifolium of MS T.C.D. E 4 1 (no. 1436) belongs to the older part (38 foll.) of Laud 610.

676   LOVE (Walter D.): Edward BURKE, Charles VALLANCEY and the Sebright manuscripts.
In Hermathena 95, 1961, pp. 21-35.

677   O'SULLIVAN (Anne) & O'SULLIVAN (William): Edward LHUYD's collection of Irish manuscripts.
In THSC 1962, pp. 57-76.

678   CAMPBELL (J. L.) & THOMSON (Derick) *eds.*: Edward LHUYD in the Scottish Highlands, 1699-1700.
Oxford: Clarendon, 1963. xxxii + 319 pp. pls.
From MSS in T.C.D.; with notes and indexes.

679   Ó FIANNACHTA (Pádraig): An O'Donovan source.
In IER 105, 1966, pp. 127-8.
Leaves belonging to MS T.C.D. H 5 27, no. 7, are now part of MS Mayn. C [110].

Book of Durrow

680   POWELL (R.): The Book of Kells, the Book of Durrow. Comments on the vellum, the make-up and other aspects.
In Scriptorium 10, 1956, pp. 3-21.

681   EVANGELIORUM QUATTUOR CODEX DURMACHENSIS, auctoritate Collegii sacrosanctae et individuae Trinitatis juxta Dublin, totius

codicis similitudinem accuratissime depicti exprimendam curavit typographeum Urs Graf. . . .
Add. t.-p. THE BOOK OF DURROW, in two volumes.
Olten [etc.]: Urs Graf, 1960.
>Vol. 1: facsim. Vol. 2: Editor's introduction, by A. A. LUCE; The palaeography of the B. of D., by L. BIELER; The art of the B. of D., by P. MEYER; The text of Codex Durm. collated with the text of Codex Amiatinus ..., by G. O. SIMMS.

682 SHAW (Francis): Comments on the 'editio princeps' of the Book of Durrow.
In Éigse 10, 1961/63, (pt. 4), pp. 300-4.
>Criticism of A. A. LUCE's treatment of (1) The colophon in the B. of D. ['sanctus presbyter Patricius']; (2) The note in Brussels MS Bibliothèque Royale 5095-6 [which *is* by Míchél Ó CLÉIRIGH].

683 DE PAOR (Liam): The Book of Durrow.
In 520 [Great books], (no. 1), pp. 1-13.

Book of Armagh

684 GROSJEAN (Paul): Analyse du Livre d'Armagh.
In AB 62, 1944, pp. 33-41.
>fols. 2-24 ('le dossier de S. Patrice').

684a MULCHRONE (Kathleen): What are the Armagh *Notulae*?
In Ériu 16, 1952, pp. 140-4.
>They represent FERDOMNACH's table of contents.

685 BIELER (Ludwig): The *Notulae* in the Book of Armagh.
In Scriptorium 8, 1954, pp. 89-97.

686 ESPOSITO (Mario): St. PATRICK's *Confessio* and the Book of Armagh.
In IHS 9, 1954/55 (1955), pp. 1-12.

687 BEST (R. I.): The Book of Armagh.
In Ériu 18, 1958, pp. 102-7. pls. (Palaeographical notes, no. 3)

688 MULCHRONE (Kathleen): FERDOMNACH and the Armagh *Notulae*.
In Ériu 18, 1958, pp. 160-3.
>Reply to L. BIELER, The *Notulae* in the Book of Armagh, 1954.

689 GROSJEAN (Paul): Déchiffrement d'un groupe de *Notulae* du Livre d'Armagh sur S. Patrice (numéros 28-41).
In AB 76, 1958, pp. 387-411. (Notes d'hagiographie celtique, no. 42)

690 BIELER (Ludwig): The Book of Armagh.
In 520 [Great books], (no. 5), pp. 51-63.

Book of Kells

691 EVANGELIORUM QUATTUOR CODEX CENANNENSIS, auctoritate Collegii sacrosanctae et individuae Trinitatis juxta Dublin ..., totius codicis similitudinem accuratissime depicti exprimendam curavit typographeum Urs Graf. ... Bernae Helvetiorum, 1950-51.
Add. t.-p. THE BOOK OF KELLS, in three volumes. Bern: Urs Graf.
>Voll. 1-2: facsim. Vol. 3: Introduction, by E. H. ALTON; Notes on the art

and ornament, by P. MEYER; Collation of the text with the Vulgate ..., by G. O. SIMMS.

692 DUIGNAN (Michael): Three pages from Irish gospel-books. Codex Sangallensis LI, p. 267, Codex Cenannensis, 187v and 202v.
In JCHAS 57, 1952, pp. 11-7. pls.

693 LUCE (A. A.): The Book of Kells and the Gospels of Lindisfarne — a comparison.
In Hermathena 79, 1952, pp. 61-74; 80, 1952, pp. 12-25.

694 GWYNN (Aubrey): Some notes on the history of the Book of Kells.
In IHS 9, 1954/55 (1955), pp. 131-61.

695 POWELL (R.): The Book of Kells, the Book of Durrow. Comments on the vellum, the make-up and other aspects.
In Scriptorium 10, 1956, pp. 3-21.

696 O'SULLIVAN (William): The Book of Kells.
In 520 [Great books], (no. 2), pp. 14-25, 104-6.

Book of Leinster

697 THE BOOK OF LEINSTER, FORMERLY LEBAR NA NÚACHONGBÁLA.
Dublin: D.I.A.S., 1954-67-[in progr.]. 5 voll.
Vol. 1. Ed. by R. I. BEST, Osborn BERGIN & M. A. O'BRIEN.
Voll. 2-5 (1956, 57, 65, 67). Ed. by R.I.B. & M.A.O'B.
Diplom. edition. Introd. (to vol. 1) by R.I.B.
Review of vol. 1 *by*

698 SHAW (Francis), *in* Studies 45, 1956, pp. 111-3.
Review of vol. 4 *by*

699 Ó CUÍV (Brian), *in* Éigse 11, 1964/66, (pt. 4), pp. 297-8.
Review of vol. 5 *by*

700 Ó CONCHEANAINN (Tomás), *in* Éigse 12, 1967/68, pp. 240-4.

701 GWYNN (Aubrey): Some notes on the history of the Book of Leinster.
In Celtica 5, 1960, pp. 8-12.
Review by

702 Ó CUÍV (Brian), *in* Éigse 10, 1961/63, (pt. 3, 1962/63), p. 263.

703 O'SULLIVAN (W.): Notes on the scripts and make-up of the Book of Leinster.
In Celtica 7, 1966, pp. 1-31. pls., tabs.(fld.)

B 2.3.2   **Royal Irish Academy**

704 ROYAL IRISH ACADEMY: Catalogue of Irish manuscripts in the Royal Irish Academy.
Dublin: R.I.A., Hodges Figgis, 1926- .
Fasc. 26 (pp. 3221-3356). Comp. by Kathleen MULCHRONE. 1942.
Fasc. 27 (pp. 3357-3500). By K.M. & Elizabeth FITZPATRICK. 1943.
Index 1 (First lines of verse, pp. 1-586). By K.M. & E.F. Ass. by A. I. PEARSON. 1948.

Index 2 (General index, pp. 587-1331). By K.M. Ass. by E.F. & A.I.P. 1958.
Fasc. 28 (pp. 3501-3792). By Tomás Ó CONCHEANAINN. Dublin: R.I.A., 1970.
<blockquote>With index of first lines of verse, and general index.</blockquote>

705 Ó MURCHADHA (Tadhg): Lss. an Róistigh insan R.I.A.
In Cork University record 15, 1949, pp. 38-42.
<blockquote>James ROCHE al. Séamus DE RÓISTE (†1853).</blockquote>

706 SHEEHAN (Catherine A.): The O'Conor manuscripts in the Stowe Ashburnham collection.
In Studies 41, 1952, pp. 362-9.
<blockquote>Esp. on the role of the Rev. Charles O'CONOR.</blockquote>

707 BONFIELD (C.): Collection and care of manuscript material in the library of the Royal Irish Academy.
In An Leabharlann 10, (no. 6, 1952), pp. 175-80.

708 DOUGAN (R. O.) comp.: A descriptive guide to twenty Irish manuscripts in the library of Trinity College, Dublin, with an appendix of five early Irish manuscripts in the Royal Irish Academy. — 2nd rev. ed.
Dublin: (pr. by D.U.P.), 1955. [no pagin.]
<blockquote>1st ed.: Guide to the Irish manuscripts exhibited in the library of Trinity College, Dublin, 1953.</blockquote>

709 BONFIELD (C.) & FARRINGTON (A.): The Royal Irish Academy and its library. A brief description.
Dublin: [pr. at] D.U.P., 1964. 16 pp. illus.

710 EDWARDS (R. Dudley): Ordnance Survey manuscripts. Preliminary report.
In AnH 23, 1966, pp. 277-96.
<blockquote>App.: O'HANLON catalogue of O.S. antiquarian material.</blockquote>

---

711 MULCHRONE (Kathleen) ed.: The Tripartite life of Patrick: fragments of Stowe copy found.
In JGAHS 20, 1942/43, pp. 129-44.
<blockquote>Six vellum folios of a third copy of Trip., MS R.I.A. B iv 1b, no. 2 (cf. Cat. RIA, p. 3487). With Engl. transl.</blockquote>

712 BEST (R. I.): The Yellow book of Lecan.
In JCS 1, 1950, pp. 190-2. pl.(fld.)
<blockquote>Only 8 leaves (coll. 370-400) are 'YBL' proper (14th c.); disiecta membra are MSS R.I.A. D v 1, D iv 1, D i 3 (23 leaves), and Rawl. B 488, fols. 1-26.</blockquote>

713 MS. 23 N 10 (FORMERLY BETHAM 145) IN THE LIBRARY OF THE ROYAL IRISH ACADEMY.
Descriptive introd. by R. I. BEST.
Dublin: S.O., 1954. xxiii + 160 pp. (= I.M.C.: Facsimiles in collotype of Irish manuscripts, 6)

714 DUNN (Charles W.): An Edinburgh-Dublin manuscript.
In Teangadóir 2, (uimh. 6, 1955), pp. 104-5.
<blockquote>2 folios in MS R.I.A. D i 1 (i) belong to MS Edinb. 46 (In Cath catharda).</blockquote>

715 Ó Cochláin (Rupert S.): The Cathach, battle book of the O'Donnells.
  In Irish sword 8, 1967/68, pp. 157-77. pls.

Stowe missal
716 Ó Raghallaigh (Pádraig): Aifreannóir Stowe.
  In IMN 1957, pp. 59-62.
  On the 'Stowe missal' (R.I.A. D ii 3).
717 Byrne (Francis John): The Stowe missal.
  In 520 [Great books], (no. 4), pp. 38-50.

Lebor na hUidre
718 Oskamp (H. P. A.): Notes on the history of Lebor na hUidre.
  In PRIA 65 C, 1966/67, (no. 6), pp. 117-37. tab.(fld.), pls.
719 Greene (David): Leabhar na hUidhre.
  In 520 [Great books], (no. 6), pp. 64-76.
720 Powell (Roger): Further notes on *Lebor na hUidre*.
  In Ériu 21, 1969, pp. 99-102. tab.(fold.)
  Physical observations made in the course of repair and rebinding.

Book of Uí Maine
721 The Book of Uí Maine, otherwise called the Book of the O'Kelly's [sic].
  Descriptive introd. and indexes by R. A. S. Macalister.
  Dublin: Stationery Office, 1942. 65 pp. + 157 leaves (= I.M.C.: Facsimiles in collotype of Irish manuscripts, 4)
  Introd. and indexes repr. separ. (1942).
  Reviews by
722 [Flower (R.)]: The Book of Hy Many: early Irish MS.
  In The Times lit. suppl., 15 May 1943, p. 236.
723 M[ulchrone] (K.), *in* JGAHS 20, 1942/43, pp. 191-4.
724 Power (P.), *in* JCHAS 48, 1943, p. 111.
725 Breatnach (R. A.): The Book of Uí Mhaine.
  In 520 [Great books], (no. 7), pp. 77-89.

B 2.3.3   **National Library of Ireland**
726 Mac Giolla Iasachta (Éamonn): Roinn na láimhscríbhinn sa Leabharlainn Náisiúnta.
  In Galvia 1, 1954, pp. 11-4.
727 Munby (A. N. L.): The dispersal of the Phillipps library.
  Cambridge: U.P., 1960. xi + 204 pp. (Phillipps studies, no. 5)
  With a General index to the whole work [Phillipps studies, 1-5].
728 Catalogue of Irish manuscripts in the National Library of Ireland.
  Dublin: D.I.A.S., 1961- [in progress].
  Fascc. 1-2 (MSS G 1-G 69). Comp. by Nessa Ní Shéaghdha. 1967, 1961.

Review of fasc. 2 *by*
729   Ó Cuív (Brian), *in* Éigse 10, 1961/63, (pt. 2, 1962), pp. 157-9.
      Review [in Irish] *of* fasc. 2 *by*
730   Ó Mórdha (Séamus P.), *in* StH 3, 1963, pp. 211-6.
      Reviews of fasc. 1 *by*
731   Ó Concheanainn (Tomás), *in* Éigse 12, 1967/68, pp. 336-8.
732   Ó Catháin (M. P. *Ní Chatháin*), *in* Studies 57, 1968, pp. 218-9.
733   O[ftedal] (M.), *in* Lochlann 4, 1969, p. 359.

---

734   Mulchrone (Kathleen) *ed.*: The Tripartite life of Patrick: lost fragment discovered.
      In JGAHS 20, 1942/43, pp. 39-43, pp. 39-53. pl. (MS p.)
      2 vellum leaves, now N.L. [G 531], of MS Rawl. B 512; with Engl. transl. (cf. Bodleian Library record 2, (no. 16, Oct. 1941), pp. 2-3).

735   MacLysaght (Edward): Survey of documents in private keeping: Inchiquin manuscripts.
      In AnH 15, 1944, pp. 363-5.
      Incl. Ir. MSS [now N.L. G 983-990].

736   Ó Cuív (Brian): The Cooper manuscript.
      In 7510 [Párliament na mban], (App. 2), pp. 264-70.
      MS N.L. G 429.

737   ——— : A missing manuscript.
      In Béaloideas 22, 1953 (1954), p. 119.
      The MSS referred to in Béaloideas 13.277, as containing Irish words and phrases collected by Charles Percy Bushe, are MSS N.L. G 236 and G 237.

738   Torna [*pseud.*, Ó Donnchadha (Tadhg)] *ed.*: Seán na Ráithíneach.
      B.Á.C.: Oifig an tSoláthair, 1954. xxxix + 486 pp.
      (1) poems (nos. 1-145) from autogr. MS N.L. G 321. — Incl. a list of MSS in his hand.

739   Carney (James): The Ó Cianáin miscellany.
      In Ériu 21, 1969, pp. 122-47. pls.
      Parts of MSS N.L. G 2 + G 3 (otherwise by Ádhamh Ó Cianáin, †1373). Incl. ed. of 4 prose texts and 3 poems from G 3, with Engl. transls.

740   Ó Cuív (Brian): [*rev.* Cat. Mayn., fasc. 6, 1969].
      In Éigse 13, 1969/70, p. 161.
      MS C 81 is a copy of a 'Nugent MS', now N.L. G 992 [cf. Treoirliosta, no. 13].

B 2.3.4   **Maynooth**

741   Catalogue of Irish manuscripts in Maynooth College library.
      Magh Nuadhat [Maynooth]: Cuallacht Chuilm Chille, 1943.
      Part 1. Comp. by Paul Walsh.
      Continued in Irish as
      Lámhscríbhinní Gaeilge Choláiste Phádraig Má Nuadh.
      Má Nuad: Cuallacht Choilm Cille, 1965- [in progress].
      Fascc. 2-4, 6. Comp. by P. Ó Fiannachta. 1965-69.
      Fasc. 5. by P. Ó F. & P. Ó Maoileachlainn. 1968.
      Fascc. 3- , 1966- . Má Nuad: An Sagart.

Review of pt. 1 *by*

742   SHAW (Francis), *in* Studies 33, 1944, pp. 121-2.

Review [in Irish] *of* pt. 1 *by*

743   Ó RAIFEARTAIGH (T.), *in* IBL 29, 1943/45, (no. 4, 1945), p. 93.

Reviews [in Irish] *of* fasc. 2 *by*

744   Ó CUÍV (Brian), *in* Éigse 11, 1964/66, (pt. 3, 1965/66), pp. 221-2.

745   Ó DUFAIGH (Seosamh), *in* StH 6, 1966, pp. 180-1.

Reviews [in Irish] *of* fascc. 3, 4 *by*

746   DE BRÚN (Pádraig), *in* StH 7, 1967, pp. 242-6.

747   Ó CUÍV (Brian), *in* Éigse 12, 1967/68, pp. 73-4.

748   [Ó FIAICH (T.)]: [*rev.* Cat. Mayn., fascc. 5, 6].
       In SAM 5, (no. 2, 1970), pp. 440-2.
       Lists MSS with 'Ulster' connection.

Review [in Irish] *of* fasc. 6 *by*

749   Ó CUÍV (Brian), *in* Éigse 13, 1969/70, p. 161.
       MS C 81 is a copy of a 'Nugent MS', now N.L. G 992 [cf. Treoirliosta, no. 13].

750   Ó CUÍV (Brian): Sgiathlúithreach an Choxaigh.
       In Éigse 5, 1945/47 (1948), (pt. 2, 1946), pp. 136-8.
       Variants to satire *A Risteárd Mhuirnigh na ccreach,* from earlier MS Mayn. M 86b (no indication of authorship); description of other items in the hand of Aodh Buidhe Mac Cruitín, and printing of 4 single quatrains.

751   ———— : A manuscript by Peadar Ó Doirnín.
       In IBL 31, 1949/51, (no. 1), pp. 6-8.
       MS Mayn. B 1, containing *Eachtra na gcuradh* and *Coimheasgar na gcuradh.*

752   Ó FIANNACHTA (Pádraig): An O'Donovan source.
       In IER 105, 1966, pp. 127-8.
       Leaves belonging to MS T.C.D. H 5 27, no. 7, are now part of MS Mayn. C[110].

753   PRENDERGAST (Richard) *comp.*: Summary of the Butler poems and manuscripts in Maynooth Library.
       In JBS 1, 1968, pp. 49-51.
       'The O'Curry miscellany' [C 63] and various Murphy MSS.

B 2.3.5   **Belfast**

754   Ó BUACHALLA (Breandán) *comp.*: Clár lámhscríbhinní Gaeilge i Leabharlainn Phoiblí Bhéal Feirste.
       B.Á.C.: Clóchomhar, 1962. xi + 70 pp. (= Leabhair thaighde, iml. 7)
       Catalogue of 43 Ir. MSS (and 1 printed book) in the Central Public Library, Belfast. With indexes of names and subjects, and of first lines of verse.

Reviews [in Irish] *by*

755   Ó CUÍV (Brian), *in* Éigse 10, 1961/63, (pt. 3, 1962/63), pp. 243-5.

756   MAG UIDHIR (Seosamh), *in* StH 3, 1963, pp. 226-30.

757 Ó Muirgheasa (Máire Ní Mhuirgheasa) & Ó Ceithearnaigh (Séamus) *eds.*: Sgéalta Rómánsuíochta.
B.Á.C.: Oifig an tSoláthair, 1952. xv + 306 pp. (= LóL, iml. 16 [!])
<small>From MS [Belfast, St. Malachy's College, Ó Tuathail 1].</small>

758 Ó Buachalla (Breandán): Lámhscríbhinn Ghaeilge in Ollscoil na Banríona i mBéal Feirste.
In Éigse 11, 1964/66, (pt. 3, 1965/66), pp. 197-200.
<small>An Irish MS in the Celtic Dept. of Queen's University, Belfast (scribe: Peadar Ó Gealacáin, after 1851).</small>

759 [Troddyn (P. M.)]: Robert McAdam's Irish dictionary.
In Studies 57, 1968, p. 153.
<small>It is extant as a MS in Queen's University, Belfast, as communicated in a letter to the editor by Seán Phillips (Ass. Librarian) here printed.</small>

B 2.3.6   Killiney

760 Dillon (Myles), Mooney (Canice) & de Brún (Pádraig) *comps.*: Catalogue of Irish manuscripts in the Franciscan library, Killiney.
Dublin: D.I.A.S., 1969. xxvi + 185 pp.
<small>58 MSS (A 1-A 58) and scattered Irish items. With an index to first lines of verse and a general index.</small>
Review by

761 Ó Concheanainn (Tomás), *in* Éigse 13, 1969/70, pp. 325-6.

---

762 Bieler (Ludwig): The Irish Book of hymns: a palaeographical study.
In Scriptorium 2, 1948, pp. 177-94. pls.
<small>MSS T.C.D. E 4 2 and Franc. A 2.</small>

763 Mooney (Canice): An Irish MS from Mountnugent.
In Breifne 1, 1958/61, (no. 2, 1959), pp. 113-7.
<small>Wr. 1812-23 in semi-phonetic spelling; now in the Franciscan Library, Dún Mhuire, Killiney (Co. Dublin) [Franc. A 40].</small>

764 O'Sullivan (W.): Notes on the scripts and make-up of the Book of Leinster.
In Celtica 7, 1966, pp. 1-31. pls., tabs.(fld.)

Duanaire Finn

765 Murphy (Gerard): Duanaire Finn. The Book of the lays of Fionn. — Part 3.
Dublin: E.C.I., 1953 [spine 1954]. cxxii + 451 pp. (= ITS, vol. 43 [for 1941])
<small>Introduction, notes, appendices, and glossary (cf. Best[1] 188, Best[2] 1664).</small>
Adds. & corrs. in Éigse 8, 1956/57, pp. 168-71.

766 [Walsh (Paul)]: Captain Somhairle Mac Domhnaill and his books.
In 448 [Irish chiefs], (no. 6), pp. 110-40.
<small>2. The manuscript known as *Duanaire Finn*; 3. The Book of O Conor Donn. — cf. Best[2] 900, 901.</small>

B 2.3.7 Cork

767 MacLysaght (Edward): Survey of documents in private keeping: smaller collections.
    In AnH 15, 1944, pp. 372-9.
    pp. 376-7: MSS in the poss. of Torna (Prof. T. O'Donoghue), Cork.

768 de Brún (Pádraig) *comp.*: Clár lámhscríbhinní Gaeilge Choláiste Ollscoile Chorcaí: Cnuasach Thorna.
    B.Á.C.: (for U.C.C.) Cló Bhreánainn, 1967. 2 voll.
    Catalogue of Ir. MSS in U.C.C.: the collection of Torna [Tadhg Ó Donnchadha]. 111 items: MSS (T i-T lxxvi); note-books, etc., many wr. by Torna (T 1-T 35).
    Vol. 2: index of 1st lines of verse and general index.

769 ——— : Lámhscríbhinní Thorna — addenda.
    In Éigse 13, 1969/70, pp. 50-1.
    Full description of MS T 1, and addenda to others.

Reviews [in Irish] *by*

770 Ó Cuív (Brian), *in* Éigse 12, 1967/68, pp. 251-3.
771 Ó Seaghdha (Nessa *Ní Shéaghdha*), *in* StH 8, 1968, pp. 172-3.

B 2.3.8 Manuscripts: Ireland: Others

772 Gwynn (Aubrey): Some old books and manuscripts in the museum and library.
    In The Clongownian 1939, pp. 17-21.
    Cf. his Some more notes about MSS in the Clongowes Library, *in* id. 1944, pp. 11-5.

773 Ó Murthuile (S.) *ed.*: Measgra mionntsleachta. A miscellany of short extracts from the Clongowes collection of Irish MSS.
    In id. 1940, pp. 19-20; 1941, pp. 16-7; 1942, pp. 16-7.

774 Ó Góilidhe (Caoimhghín): Láimhsgríbhinn.
    In Éigse 3, 1941/42 (1943), (pt. 3, 1942), pp. 200-2.
    ca. 1787 MS from Clondrohid (Co. Cork), in the poss. of Dr. Ó Céilleachair (Macroom, Co. Cork); reference to another one lost.

775 MacLysaght (Edward): Survey of documents in private keeping: McLysaght papers.
    In AnH 15, 1944, pp. 368-9.
    Incl. one Ir. MS, in the poss. of P. McLysaght, Raheen, Tuamgraney (Co. Clare); description by David Greene.

776 ——— : Survey of documents in private keeping: smaller collections.
    In id., pp. 372-9.
    p. 374: MS of annals in Irish, by Charles O'Conor for Chevalier O'Gorman in 1781, in the City Library, Limerick.

777 [Murphy (Gerard)]: A county Clare manuscript.
    In JCHAS 49, 1944, pp. 59-60.
    Wr. 1833 by Seaghán Ua Donochughadh; in the poss. of A. M. Watson, Rattoo Abbey, Ballyduff (Co. Kerry).

778 McKenna (Lambert) *ed.*: The Book of Magauran. Leabhar Méig Shamhradháin.
    Dublin: D.I.A.S., 1947. xxvi + 470 pp. pls.(MS pp.), geneal. tabs.

The Magauran *duanaire*, the property of O'Conor Don, preserved at Clonalis (Co. Roscommon) [now N.L.I. G 1200]. Also ed. of prose matter and marginalia in the MS.

779 Ó HÉALUIGHTHE (D.): A manuscript of Gaelic Cork.
In JCHAS 52, 1947, pp. 121-5.
Wr. by Conor O Callaghan (finish. date 1868); in the poss. of Mr. O Hegarty, Cork.

780 Ó F[IAICH] (T.): Gaelic MSS.
In SAM 1, no. 1, 1954, pp. 180-1.
On the wholesale destruction of Gaelic MSS in south Armagh. Also note on a 1795 MS, now the property of Pádraig Ó Maolagáin, Clones (Co. Monaghan), containing an Ir. Life of St. Patrick.

781 MOORE (Séamus P.): A County Down transcript of Egerton 127.
In Éigse 7, 1953/55, (pt. 3, 1954), pp. 205-9.
MS Donnellan 14, now in the poss. of É. Ó Doibhlinn, Donaghmore (Co. Tyrone) [v. Treoirliosta, nos. 2, 100].

782 ———— : Two manuscripts from south Cavan.
In id., (pt. 4), pp. 275-7.
Wr. in 1868 and 1869 respectively by James Coyle (1830-1916); in the possession of Brian Ó Mórdha, An Mhuinchille (Co. Cavan).

783 Ó MÓRDHA (Séamus P.): Irish manuscripts in St. Macarten's Seminary, Monaghan.
In Celtica 4, 1958, pp. 279-87.
2 MSS, wr. in 1732 (prob. Co. Cavan) and 1829 (prob. Co. Kilkenny) respectively.

784 [WALSH (Paul)]: Captain Somhairle Mac Domhnaill and his books.
In 448 [Irish chiefs], (no. 6), pp. 110-40.
2. The manuscript known as *Duanaire Finn*; 3. The Book of O Conor Donn. — cf. Best² 900, 901.

785 Ó MÓRDHA (Séamus P.): Lámhscríbhinní Gaeilge i gColáiste Phádraig.
In StH 1, 1961, pp. 172-94.
4 paper MSS in St. Patrick's College, Drumcondra, Dublin.

786 MAC GIOLLA PHÁDRAIG (Brian): An Irish manuscript of 1801.
In Breifne 2, 1962/65, (no. 5, 1962), pp. 47-9.
Prob. of Breifne origin; in the possession of the author at Dublin.

787 DE BRÚN (Pádraig): Lámhscríbhinn Ghaeilge ó thuaisceart Chiarraí.
In StH 4, 1964, pp. 197-208.
19th c. MS, in the possession of Brian Mac Mathúna, Listowel (Co. Kerry), wr. by Séamus Neamhurchóideach Ó CATHÁIN. Also diplom. ed. from it of poem by the scribe, *Ar madain de luain a uain is eaidhain Mhic*.

788 Ó BUACHALLA (Breandán): Lámhscríbhinn a d'fhill.
In Feasta 17, uimh. 9, Nollaig 1964, pp. 6-8.
On the MSS collected by Pádraig FERRITÉAR, now in U.C.D.; espec. on 2 MSS by Peadar Ó Gealacáin [Ferriter 20].

789 DE BRÚN (Pádraig) *comp*.: Lámhscríbhinní Gaeilge i Luimneach.
In Éigse 12, 1967/68, pp. 91-108.
7 MSS in the Bishop's House, Limerick (marked with the letters I to O); note on others now missing.

790 Ó MUIRÍ (Réamonn): Lámhscríbhinn ó Cho. Lú.

In SAM 5, (no. 1, 1969), pp. 128-32.
: Description of 19th c. (dual language) MS in Monasterboice (Co. Louth).

791 Ó Riain (Pádraig) *comp.*: Lámhscríbhinní Gaeilge i gCill Chaoi.
In Éigse 13, 1969/70, pp. 33-49.
: Description of 8 Ir. MSS in the Sweeney Memorial Library, Kilkee (Co. Clare). With a general index and an index of first lines of verse.

792 Ó Fiannachta (Pádraig): Lámhscríbhinní Gaeilge i leabharlann dheoise Chiarraí.
In id., pp. 188-94.
: Description of two 19th c. Irish MSS in St. Brendan's College, Killarney (Co. Kerry).

793 Ó Muireadhaigh (Réamonn): Lámhscríbhinn agus blúirí eile ó Mhainistir Bhuithe.
In SAM 5, (no. 2, 1970), pp. 397-400.
: Description of 18th c. (?) FF MS in Monasterboice (Co. Louth).

794 Ó Sé (Seán): Pádraig Feiritéar (1856-1924): a shaol agus a shaothar.
In JKAHS 3, 1970, pp. 116-30.

Book of O'Hara
795 Greene (David): The O'Hara MS.
In Hermathena 60, 1942, pp. 81-6.
: In the poss. of Major C. K. O'Hara, Annaghmore (Co. Sligo).

796 McKenna (Lambert) *ed.*: The Book of O'Hara. Leabhar Í Eadhra. Dublin: D.I.A.S., 1951. xxxii + 458 pp. pls.
: The O'Hara *duanaire*, preserved at Annaghmore (Co. Sligo). 38 poems: ed., in parts with the help of the 1826 copy R.I.A. 3 B 14, Engl. transl., notes, vocabulary; some prose matter. Portr. of Cormac O'Hara (†1612); facs. of p. 20 of the MS.

B 2.4   Manuscripts: Great Britain

797 Collins (J. T.): The Book of Lismore.
In JCHAS 52, 1947, pp. 88-90.

798 The Book of Mac Carthaigh Riabhach, otherwise the Book of Lismore.
Descriptive introd. and indexes by R. A. S. Macalister.
Dublin: Stationery Office, 1950. xxxvii pp. + 198 leaves (= I.M.C.: Facsimiles in collotype of Irish manuscripts, 5)
Reviews by
799 M[urphy] (G.), *in* Éigse 6, 1948/52, (pt. 3, 1951), pp. 271-2.
800 Ó F[loinn] (D.), *in* IER 77, 1952, pp. 392-3.

801 Mac Lochlainn (Ailfrid): Irish manuscripts at Liverpool.
In Celtica 4, 1958, pp. 217-38.
: 8 MSS of the Mayer collection in the Liverpool City Museum.

802 Ó Cuív (Brian): A seventeenth-century Irish manuscript.
In Éigse 13, 1969/70, pp. 143-52.
: Paper MS wr. c. 1681 by Conchubhar Mhágaodh. Formerly of W. Reeves' library, now in the possession of Sir Con O'Neill, London.

B 2.4.1 Oxford

803 MULCHRONE (Kathleen) *ed.*: The Tripartite life of Patrick: lost fragment discovered.
In JGAHS 20, 1942/43, pp. 39-53. pl.(MS p.)
2 vellum leaves, now N.L. [G 531], of MS Rawl. B 512; with Engl. transl. (cf. Bodleian Library record 2, (no. 16, Oct. 1941), pp. 2-3).

804 BEST (R. I.): The Yellow book of Lecan.
In JCS 1, 1950, pp. 190-2. pl.(fld.)
Only 8 leaves (coll. 370-400) are 'YBL' proper (14th c.); disiecta membra are MSS R.I.A. D v 1, D iv 1, D i 3 (23 leaves), and Rawl. B 488, fols. 1-26.

805 MAC AIRT (Seán) *ed.*: The Annals of Inisfallen (MS Rawlinson B 503).
Dublin: D.I.A.S., 1951. lii + 596 pp.
With Engl. transl., indexes (incl. A selective index of Irish technical and other terms).

806 SHELDON-WILLIAMS (I. P.): An epitome of Irish provenance of ERIUGENA's *De divisione naturae* (MS Bodl. Auct. F.3.15).
With an appendix on the Irish glosses, by F. SHAW.
In PRIA 58 C, 1956/57, (no. 1), pp. 1-20.

807 FALCONER (Sheila): Rawlinson B 477.
In Celtica 4, 1958, pp. 48-51.
Late 17th c. S. Ulster MS.

Laud 610

808 BEST (R. I.): Bodleian MS Laud 610.
In Celtica 3, 1956, pp. 338-9. pl.(fld.)
A bifolium of MS T.C.D. E 4 1 (no. 1436) belongs to the older part (38 foll.) of Laud 610.

809 DILLON (Myles): Laud Misc. 610.
In Celtica 5, 1960, pp. 64-76; 6, 1963, pp. 135-55.

810 O'SULLIVAN (Anne) & O'SULLIVAN (William): Three notes on Laud Misc. 610 (or the Book of Pottlerath).
In Celtica 9, 1971, pp. 135-51. pl.
The 'White Earl's (James Butler's) book' (incl. a bifolium of T.C.D. E 4 1) is about a generation earlier than the rest of the MS (wr. 1453-54 for Edmund Butler).
Further description and history of 'Edmund Butler's book'.
'Cormac's glossary' in Laud (and in BUíM) derives from the missing part of the LL text.

B 2.4.2 British Library (British Museum)

811 THE BRITISH MUSEUM: Catalogue of Irish manuscripts in the British Museum.
London: the Trustees of the B.M., 1926-52. 3 voll.
Vol. 1. Comp. by Standish Hayes O'GRADY. 1926.
Vol. 2. By Robin FLOWER. 1926.
Vol. 3. By R.F. Rev. & passed through the press by Myles DILLON.
Vol. 3: Introduction, index of initia, general index. 25 pls. of MS pages from 12th to 19th c. Preface by A. J. Collins (Keeper of MSS).

812   *Review of* vol. 3 *by*
[O LOCHLAINN] (Colm), *in* IBL 32, 1952/57, (no. 5, 1956), pp. 109-10.

813   THE BRITISH MUSEUM CATALOGUE OF ADDITIONS TO THE MANUSCRIPTS, 1931-35.
London: the Trustees, 1967. xx + 878 pp.
> pp. 121-2: MS Add. 43376, 'Catalogue of the Irish manuscripts in the British Museum', by Eugene O'Curry, autograph 1849.
> pp. 228-9: MS Add. 43788, wr. 1819, 'Irish historical tales and annals', from Munster
> pp. 229-31: MS Add. 43789, wr. 1816-22, 'Miscellaneous Irish collections in prose and verse'.

814   ——— , 1936-45.
London: the Trustees, 1970. 2 voll. (xxiii + 918 pp.)
> p. 193: MS Add. 45525, 18th c., 'Sermons' in Latin; contains inter alia two prayers in Irish.

815   HUGHES (Kathleen): A manuscript of Sir James Ware: British Museum Additional 4788.
In PRIA 55 C, 1952/53, (no. 5), pp. 111-6.

816   BIELER (Ludwig) & BISCHOFF (Bernhard): Fragmente zweier frühmittelalterlicher Schulbücher aus Glendalough.
In Celtica 3, 1956, pp. 211-20. pl.
> 2 leaves (11/12th c.) from MS B.M. Eg. 3323.

817   Ó MÓRDHA (Séamus P.): The Irish manuscripts of Edward O'Reilly.
In Éigse 9, 1958/61, (pt. 2, 1958), p. 132.
> cf. the 1825 cat. of his Ir. MSS, autogr. MS R.I.A. 23 H 1.

818   ——— : Leabhar Bhantiarna Inis Ceithleann.
In StH 2, 1962, pp. 218-20.
> MS B.M. Add. 40766.

819   DOYLE (Gerard): County Kilkenny MSS in British Museum.
In OKRev 17, 1965, pp. 70-8.

Lindisfarne gospels

820   LUCE (A. A.): The Book of Kells and the Gospels of Lindisfarne — a comparison.
In Hermathena 79, 1952, pp. 61-74; 80, 1952, pp. 12-25.

821   EVANGELIORUM QUATTUOR CODEX LINDISFARNENSIS, Musei Britannici codex Cottonianus Nero D.IV, permissione M.B. totius codicis similitudo expressa.
Prolegomenis auxerunt T.D. Kendrick [etc.].
Olten [etc.]: Urs Graf, 1956, 60. 2 voll.

822   BRUCE-MITFORD (R. L. S.): The Lindisfarne gospels.
In 520 [Great books], (no. 3), pp. 26-37.

B 2.4.3   **Scotland**

823   MACKINTOSH (Donald T.): James MACPHERSON and the Book of

the Dean of Lismore.
In SGS 6, 1949, (pt. 1, 1947), pp. 11-20.

824 DUNN (Charles W.): An Edinburgh-Dublin manuscript.
In Teangadóir 2, (uimh. 6, 1955), pp. 104-5.
<small>2 folios in MS R.I.A. D i 1 (i) belong to MS Edinb. 46 (*In Cath catharda*).</small>

825 THOMSON (Derick S.) *comp.*: A catalogue and indexes of the Ossianic ballads in the McLagan MSS.
In SGS 8, 1958, pp. 177-224.
<small>James MCLAGAN's (1728-1805) MSS, University of Glasgow (v. Mackinnon, pp. 302ff).</small>

826 MACKECHNIE (John): The Gaelic manuscripts in Scotland.
In Studies in Scottish literature 1, 1963/64, pp. 223-35 [no more publ.].

B 2.4.4 Wales

827 HANDLIST OF MANUSCRIPTS IN THE NATIONAL LIBRARY OF WALES. Aberystwyth: Council of the N.L.W., 19(40/)43- .
<small>For MSS of Irish interest see Vol. 1, 1943, pp. 44, 72, 184; 2, 1951, pp. 86, 89-92; 3, 1961, p. 105.</small>

828 Ó RIAIN (Pádraig) *comp.*: Clár na lámhscríbhinní Gaeilge sa Bhreatain Bhig.
B.Á.C.: Cló Bhréanainn, 1968. xiv + 130 pp.
<small>Catalogue of the Ir. MSS in Wales: 35 MSS (A 1-A 35) in the National Library of Wales, Aberystwyth; 2 MSS (C 1-C 2) in the Central Library, Cardiff. With a general index and an index of first lines of verse.</small>
Review [in Irish] *by*

829 Ó CUÍV (Brian), *in* Éigse 13, 1969/70, pp. 160-1.
Review by

830 W[ILLIAMS] (J. E. C.), *in* StC 5, 1970, p. 178.

B 2.5 Other locations

831 MAC AIRT (Seán) *ed.*: Leabhar Branach. The Book of the O'Byrnes.
Dublin: D.I.A.S., 1944. xviii + 454 pp.
<small>73 poems, addressed to chieftains of the O'Byrne family of Co. Wicklow, 1550-1630. Based on the Harvard MS (c.1726), variants noted mainly from MS T.C.D. H 1 14 (70 poems); notes.
App. A: contents of the Harvard MS.</small>

832 ROBINSON (F. N.) *ed.*: The Irish marginalia in the 'Drummond missal'.
In Mediaeval studies in honor of J. D. M. Ford. Ed. by U. T. Holmes Jr. & A. J. Denomy. Cambridge (Mass.): Harvard U.P., 1948. pp. 193-208. pls. (MS pp.)
<small>Early Irish verse from MS 627, Pierpont Morgan Library. With Engl. transl. and notes.</small>

833 DRAAK (Maartje) *ed.*: A Leyden BOETHIUS-fragment with Old-Irish glosses.
In MKNA 11, 1948, (no. 3), pp. 115-27. 2 pls.(fld.)
Sep. issued Amsterdam: Noord-Holl. Uitgevers, 1948. 13 pp.
<small>MS Leyden University Library B.P.L. 2391a.</small>

834 DUFT (Johannes) & MEYER (Peter): The Irish miniatures in the Abbey Library of St. Gall.
Olten [etc.]: Urs Graf, 1954. 150 pp. 43 pls.
    1. J.D.: Historical introduction (The relations between Ireland and St. Gall with regard to the history of the Abbey. — The Irish manuscripts of the Abbey Library). 2. P.M.: The Irish miniatures in the A.L. —Reproductions.

835 MAC AODHAGÁIN (Parthalán): Irish manuscripts in the Vatican.
In IBL 32, 1952/57, (no. 3, 1954), pp. 61-2.
    MSS Borg. Irland. 1 and 2.

836 GIBLIN (Cathaldus) comp.: Vatican Library: MSS Barberini Latini. A guide to the material of Irish interest on microfilm in the National Library, Dublin.
In ArH 18, 1955, pp. 67-144.

837 DILLON (Myles): The Vienna glosses on BEDE.
In Celtica 3, 1956, pp. 340-4. pl.
    MS Vienna 15298; cf. Thes. ii 31f.

838 Ó FIAICH (Tomás): Láimhscríbhinn ó chúige Uladh i Chicago.
In SAM 2, (no. 2, 1957), pp. 262-8.
    18th c. Ulster MS in the University Library of Chicago.

839 HULL (Vernam): Celtic manuscripts in Spain and Portugal.
In ZCP 27, 1958/59, pp. 227-9.
    No Ir. manuscripts.

840 BIELER (Ludwig): Manuscripts of Irish interest in the libraries of Scandinavia. A general survey.
In Studies 54, 1965, pp. 252-8.

841 Ó FIANNACHTA (Pádraig) comp.: Lámhscríbhinní Gaeilge Choláiste na nGael sa Róimh.
In StC 3, 1968, pp. 53-65.
    Description of 4 Irish MSS in the Irish College in Rome.

B 2.5.1   Brussels

842 [WALSH (Paul)]: The Book of O Donnell's daughter.
In 432 [Men of learn.], (no. 13), pp. 179-205.
    cf. Best² 882 (except IER 35.58ff).

843 WAINWRIGHT (F. T.): DUALD's 'Three fragments'.
In Scriptorium 2, 1948, pp. 56-8. pl.
    Dubháltach MAC FIR-BHISIGH's title and the headings in MS Brussels 5301-20.

844 Ó CUÍV (Brian): A seventeenth-century manuscript in Brussels.
In Éigse 9, 1958/61, (pt. 3, 1959/60), pp. 173-80.
    Bibliothèque Royale de Belgique 20978-9; religious matter in prose and verse.

845 HEIST (W. W.): Dermot O'DONOHUE and the Codex Salmanticensis.
In Celtica 5, 1960, pp. 52-63.
    [MS Brussels 7672-4].

B 2.6   Lost or missing manuscripts

846 Ó CASAIDE (Séamus): Beatha Chríosd.
In IBL 28, 1941/42, p. 44.

Ir. MS, wr. in 1720 by John Mac Solly; offered for sale by John O'Daly in 1842.

847 Ó GÓILIDHE (Caoimhghín): Láimhsgríbhinn.
In Éigse 3, 1941/42 (1943), (pt. 3, 1942), pp. 200-2.
ca. 1787 MS from Clondrohid (Co. Cork), in the poss. of Dr. Ó Céilleachair (Macroom, Co. Cork); reference to another one lost.

848 MAC NÉILL (Eóin): A missing manuscript.
In Béaloideas 13, 1943 (1944), p. 277.
Two manuscript volumes of words and phrases, collected (c.1900) by Charles Percy BUSHE, from Séamus Morris (Spiddal, Co. Galway), etc. [cf. Béaloideas 22.119].

849 O'LEARY (D.): Missing Cork manuscripts.
In JCHAS 51, 1946, p. 193.

850 [O LOCHLAINN] (Colm): Medical manuscripts.
In IBL 30, 1946/48, (no. 2, 1947), p. 42.
cf. John ARDAGH, *in* id., p. 67; Desmond MURRAY, *in* IBL 31, 1949/51, p. 14.

851 MURPHY (Gerard): *Baile Chuind* and the date of Cín Dromma Snechta.
In Ériu 16, 1952, pp. 145-51. (On the dates of two sources used in Thurneysen's Heldensage, no. 1)
Incl. ed. of *Baile Chuind*, based on MS R.I.A. 23 N 10, with Engl. transl.; dated to 7th c. Th.'s orig. dating of CDS to 8th c. vindicated.

852 [Ó FIAICH] (Tomás): [Missing MS].
In SAM 1, no. 1, 1954, p. 11.
'A MS written by Art Bennett ... was in the possession of the late Father L. Murray ...'

853 [KELLY (Hugh)]: Destruction of Gaelic manuscripts in south Armagh.
In SAM 1, no. 1, 1954, pp. 115-6. (= Voices from the grave, no. 1)
Wr. between 1913 and 18; publ. posthum.

854 Ó F[IAICH] (T.): Gaelic MSS.
In SAM 1, no. 1, 1954, pp. 180-1.
On the wholesale destruction of Gaelic MSS in south Armagh. Also note on a 1795 MS, now the property of Pádraig Ó Maolagáin, Clones (Co. Monaghan), containing an Ir. Life of St. Patrick.

855 BRUFORD (Alan): A lost MacMhuirich manuscript.
In SGS 10, 1965, pp. 158-61.
'Fear o'n Gharbh-thìr', a collection of E.Mod.I. heroic and romantic tales.

856 Ó DUBHTHAIGH (Bearnárd): A contribution to the history of Drumsnat.
In ClRec 6, (no. 1, 1966 (1967)), pp. 71-103.
3. Location and history of the monastery; 4. Book of Drumsnat; 5. St. Mo Lua.

857 DE BRÚN (Pádraig) *comp.*: Cnuasaigh de lámhscríbhinní Gaeilge. Treoirliosta.
In StH 7, 1967, pp. 146-81.
Guide to holdings of traditional Irish MSS, with references to published accounts, and an appendix listing apparently lost MSS.

858 ——— *comp.*: Lámhscríbhinní Gaeilge i Luimneach.
In Éigse 12, 1967/68, pp. 91-108.
7 MSS in the Bishop's House, Limerick (marked with the letters I to O); note on others now missing.

B 3   GLOSSOGRAPHY
cf. C 3.4   Languages in contact: Latin

859 THURNEYSEN (Rudolf): Zu ZCP 21.280ff.
In ZCP 22, 1941, pp. 37-8 (Irisches, no. 7)
Further to the O.I. glosses in MS Naples, Bibl. Naz. IV A 34 (v. Best[2] 855) which are part of the *Ars MALSACHANI*.

860 DRAAK (Maartje) *ed.*: A Leyden BOETHIUS-fragment with Old-Irish glosses.
In MKNA 11, 1948, (no. 3), pp. 115-27. 2 pls.(fld.)
Sep. issued Amsterdam: Noord-Holl. Uitgevers, 1948. 13 pp.
MS Leyden University Library B.P.L. 2391a.

861 THURNEYSEN (Rudolf): Old Irish reader.
With a supplement to A grammar of Old Irish.
Transl. from the German by D. A. BINCHY & Osborn BERGIN.
Dublin: D.I.A.S., 1949 (repr. 1968). x + 139 pp.
Transl. of the author's revision of Handbuch des Altirischen, 2. Teil, 1909. With translators' preface, and translators' notes.

862 STRACHAN (John): Old-Irish paradigms, and selections from the Old-Irish glosses.
Fourth edition, revised by Osborn BERGIN.
Dublin: (for the R.I.A.) Hodges Figgis, 1949. xii + 217 pp.
With notes and vocabulary.

863 BIELER (Ludwig): The *Notulae* in the Book of Armagh.
In Scriptorium 8, 1954, pp. 89-97.

864 BISCHOFF (Bernhard): Wendepunkte in der Geschichte der lateinischen Exegese im Frühmittelalter.
In Sacris erudiri 6, 1954, pp. 189-281.
Republ. in 454 [M.a. Studien], vol. 1, pp. 205-73.

865 HAVERS (W.): Sprachliche Beobachtungen an den altirischen Glossen.
In Celtica 3, 1956, pp. 256-61.

866 DILLON (Myles): The Vienna glosses on BEDE.
In id., pp. 340-4. pl.
MS Vienna 15298; cf. Thes. ii 31f.

867 SHELDON-WILLIAMS (I. P.): An epitome of Irish provenance of ERIUGENA's *De divisione naturae* (MS Bodl. Auct. F.3.15).
With an appendix on the Irish glosses, by F. SHAW.
In PRIA 58 C, 1956/57, (no. 1), pp. 1-20.

868 DRAAK (Maartje): Construe marks in Hiberno-Latin manuscripts.
In MKNA 20, 1957, (no. 10), pp. 261-82. pls.
Sep. issued Amsterdam: Noord-Holl. Uitgevers, 1957. 22 pp.

869 MULCHRONE (Kathleen): FERDOMNACH and the Armagh *Notulae*.

In Ériu 18, 1958, pp. 160-3.
> Reply to L. BIELER, The *Notulae* in the Book of Armagh, 1954.

870 McNAMARA (Leo F.): MS readings of the Milan and Turin glosses.
In Celtica 6, 1963, pp. 64-5.

871 BACHELLERY (Édouard) *ed.*: Les gloses irlandaises du manuscrit Paris [B.Nat.] Latin 10290.
In ÉtC 11, 1964/67, (fasc. 1, 1964/65), pp. 100-30.
> Cf. Léon Fleuriot, Dictionnaire des gloses en vieux breton, 1964, pp. 8, 31f. With commentary and comparison of the closely related Sg. glosses.

872 DILWORTH (Mark): MARIANUS SCOTUS: scribe and monastic founder.
In SGS 10, 1965, pp. 125-48.
> Incl. ed. & tr. of Latin and Irish glosses of 1080 by M.S. (i.e. Muiredach MAC ROBARTAIG) in the autogr. MS at Fort Augustus, Scotland.

873 DRAAK (Maartje): The higher teaching of Latin grammar in Ireland during the ninth century.
In MKNA 30, 1967, (no. 4), pp. 107-44. pl.(fld.)
Sep. issued Amsterdam: Noord-Holl. Uitg., 1967. 38 pp.
> Ed. of Codex Sangallensis 904, p. 138, col. a, incl. construe marks and glosses; with commentary.

B 3.1 Individual Irish glosses

874 BERGIN (Osborn): O.Ir. *alailiu*.
In Ériu 14, 1946, (pt. 1, 1943), p. 29. (= Varia 1, [no. 1]).
> Adverbial dative, 'otherwise'; new interpretation of Wb. 9a23.

875 ——— : O.Ir. *cummato*.
In id., p. 30. (= id., [no. 2])
> *cummatu, abstr. noun from *cummae* 'equal', in Sg. 161b5; also on the etym. of *cummat*.

876 ——— : *attú*, Ml. 110d15.
In id., p. 30. (= id., [no. 3])
> Misreading cf MS *atái*.

877 VENDRYES (J.): Un mot irlandais dans l'Évangéliaire de Lindisfarne.
In BSL 43, 1946, fasc. 1, 1947, pp. 27-31.
> *slæhtas*, from Ir. *slechtaid* with A.S. inflexion.

878 PEDERSEN (Holger): O.Ir. *di chosscc alailiu*.
In Ériu 15, 1948, pp. 188-92.
> vs BERGIN's interpretation (*in* Ériu 14, 1943) of Wb. 9a23; position and meaning of *alaile*.

879 [BERGIN (Osborn)]: Further remarks on Wb. 9a23.
In Ériu 17, 1955, pp. 1-3.
> Unfinished draft of a reply to PEDERSEN's note, *in* Ériu 15.188f.

880 O'BRIEN (M. A.): O.Ir. *contracht, robartae*.
In Celtica 3, 1956, pp. 180-1. (Etymologies and notes, no. 19)
> Meaning 'neap-tide' and 'spring-tide' respectively, in *Carlsruhe Beda* (Thes. ii 13).

881 HAVERS (W.): Zu Wb. 9c11.
In id., p. 261. (Sprachliche Beobachtungen an den altirischen

Glossen, no. 7)
A special use of *athláech*.

882 Ó Cuív (Brian): *molid*.
In Éigse 9, 1958/61, p. 6. (Varia, [no. 4])
An active form from Wb 4a2.

883 Binchy (D. A.): A misunderstood marginal.
In Ériu 19, 1962, pp. 121-2.
ad Laws i 230.8 (MS B.M. Harl. 487).

884 O'Sullivan (Anne) *ed*.: The colophon of the Cotton psalter (Vitellius F XI).
In JRSAI 96, 1966, pp. 179-80.
Prob. a.924/5. *Bendacht dé for Muiretach comall glé!*, and 1 q., beg. *rop sen sutin sunn in suí*. From MS Bodl. Add. A 91 (J. Ussher notebook).

885 Quin (E. G.): Old-Irish *alailiu, arailiu*.
In StC 2, 1967, pp. 91-5. (= Varia, [no. 1])
Further to Wb. 9a23.

886 Kavanagh (Séamus): *Sithichtho* Wb. 6a5.
In Celtica 8, 1968, p. 43.

887 Fleuriot (Léon): Une phrase en vieil-irlandais dans un manuscrit de la Bibliotèque Nationale.
In ÉtC 12, 1968/71, (fasc. 2, 1970/71), pp. 567-9. (Notes de philologie celtique, no. 5)
From MS Paris B.N. Lat. 11884.

888 Charles-Edwards (T. M.): Wb. 28c14 and the 'exclusive' use of the equative in Old Irish.
In Ériu 22, 1971, pp. 188-9. (= Varia 4)
vs W. Meid (*in* Fs. Pokorny, pp. 223ff).

B 4 PRINTING

889 Quinn (David B.): Information about Dublin printers, 1556-1573, in English financial records.
In IBL 28, 1941/42, pp. 112-5.

890 Ó Casaide (Séamus): An unrecorded Irish book of 1716.
In id., pp. 131-3, [cf. 29, 1943/45, p. 36].
A dual-language book: Fiorthairbhe na nGaoidheal: ar na foillsiughadh ann a seanmoir do rinneadh a dtéampoll Bhealtairbert . . . Le Séon Mac Ristard . . ./ The true interest of the Irish nation . . . By John Richardson . . . Dublin . . .

891 Herbert (Robert) *comp*.: Limerick printers and printing. Part one of the Catalogue of the local collection in the City of Limerick Public Library.
Limerick: C.L.P.L., 1942. 62 pp.

892 An Seabhac [*pseud*., Ó Siochfhradha (Pádraig)]: Geint an leabhair i nGaedhilg.
In Éire 1943, pp. 39-44.

893 Wing (Donald) *comp*.: Short-title catalogue of books printed in England, Scotland, Ireland, Wales, and British America, and of

English books printed in other countries, 1641-1700.
N.Y.: Index Society: 1945-51. 3 voll.

894 [O LOCHLAINN] (Colm): George PETRIE's Irish type.
In IBL 29, 1943/45, (no. 4, 1945), pp. 89-90.

895 LLOYD (David Myrddin): The Irish Gaelic and the Welsh printed book.
In Journal of the Welsh Bibliographical Society 6, 1943/49, (no. 5, 1948), pp. 254-73.

896 MCGRATH (Kevin): Catholic printing in the penal days.
In IBL 31, 1949/51, (no. 3, 1949), pp. 63-4.

897 DICKINS (Bruce): The Irish broadside of 1571 and Queen Elizabeth's types.
In Transactions of the Cambridge Bibliographical Society 1, 1949, pp. 48-60. pls.
   The only known copy of the first Irish text printed in Ireland, extracted from MS Cambridge, Corpus Christi College, 12. It contains a poem on the Day of Judgement by Philip Bocht Ó HUIGINN: *Tuar ferge foighide Dhé* (cf. GJ 9.306ff).

898 HAMMOND (Joseph W.): The King's Printers in Ireland, 1551-1919.
In Dublin historical record 11, 1949/50, pp. 29-31, 58-64, 88-96.

899 REED (Talbot Baines): A history of the old English letter foundries. With notes, historical and bibliographical, on the rise and progress of English typography.
New ed., rev. & enl., by A. F. JOHNSON.
London: Faber & Faber, 1952. xiv + 400 pp. illus.
   With sections on Irish type and Moxon.

900 Ó MAONAIGH (Cainneach) *ed.*:
Scáthán shacramuinte na haithridhe. [By] Aodh MAC AINGIL a chum.
B.Á.C.: I.Á.B., 1952. xlvii + 257 pp. pls. (= SGBM, iml. 1)
   From the printed text (Louvain 1618); typographical analysis.

901 JONES (Frederick M.): The Congregation of Propaganda and the publication of Dr. O'BRIEN's Irish dictionary, 1768.
In IER 77, 1952, pp. 29-37.

902 MACGRATH (Kevin): New light on the Irish printing press at Louvain.
In IBL 32, 1952/57, (no. 2, 1953), pp. 36-7.

903 MADDEN (P. J.): Printing in Irish.
In An Leabharlann 12, 1954, pp. 74-85 [cf. p. 155].

904 CLARKE (Desmond) & MADDEN (P. J.): Printing in Ireland.
In id., pp. 113-30.

905 ALDEN (John) *comp.*: Bibliographia Hibernica. Additions and corrections to WING.
Charlottesville: Bibliographical Society of the University of Virginia, 1955. 39 pp.

906 ALLISON (A. F.) & ROGERS (D. M.) *comps.*: A catalogue of Catholic books in English printed abroad or secretly in England, 1558-1640.
Bognor Regis: Arundel, 1956. 2 voll. (xiii + 187 pp.) (= Biographical studies 3, nos. 3, 4)
_{Incl. books in Irish.}

907 MACLOCHLAINN (A.): Earliest Gaelic type in Cork.
In IBL 32, 1952/57, (no. 6, 1957), p. 144.

908 WALL (Thomas): The sign of Doctor Hay's head. Being some account of the hazards and fortunes of Catholic printers and publishers in Dublin from the later penal times to the present day.
Dublin: Gill, 1958 (repr. 1969). 156 pp. pls.

909 MADDISON (R. E. W.): Robert BOYLE and the Irish Bible.
In Bulletin of the John Rylands Library 41, 1958, pp. 81-101. pls.

910 EGAN (Bartholomew) *ed.*: Notes on Propaganda Fide printing-press and correspondence concerning Francis MOLLOY, O.F.M.
In CoH 2, 1959, pp. 115-24.

911 WALSH (M. ON.) *comp.*: Irish books printed abroad, 1475-1700. An interim check-list.
In The Irish book 2, (no. 1, 1962/63), pp. 1-36 [special issue].
Review by

912 Ó SÚILLEABHÁIN (Pádraig), *in* IER 100, 1963, pp. 128-30.

913 Ó SÚILLEABHÁIN (Pádraig): Clódóireacht Chaitliceach in Éirinn san ochtú haois déag.
In IMN 1964, pp. 95-101.

914 MAC LOCHLAINN (Alf) *comp.*: Broadside ballads in Irish.
In Éigse 12, 1967/68, pp. 115-22.
_{N.L.I. (as coll. by Thomas Davis), T.C.D. (coll. by John Davis White).}

915 LYNAM (E. W.): The Irish character in print, 1571-1923.
Introd. by Alf MAC LOCHLAINN.
Shannon: I.U.P., 1969. x pp. + facs. + add. pls.
_{Orig. publ. 1924 (Best[2] 20).}

916 Ó SAOTHRAÍ (Séamas): Early Gaelic printing.
In Irish booklore 1, 1971, pp. 99-101.

C   LINGUISTICS

C 1   PRE-ZEUSSIAN, NATIVE

cf. D 1   Lexicology, Onomastics: Native;   E 1   Grammar: Native
F 2   Literature & learning: Sociology

917   TOLLENAERE (F. de): Indogermaans en Keltisch bij Rasmus RASK.
In Neophilologus 35, 1951, pp. 37-46.

918   SOMMERFELT (Alf): Edward LHUYD and the comparative method in linguistics.
In NTS 16, 1952, pp. 370-4.

919   BONFANTE (Giuliano): Ideas on the kinship of the European languages from 1200 to 1800.
In Cahiers d'histoire mondiale 1, 1953/54, pp. 679-99.

920   ——— : Some Renaissance texts on the Celtic languages and their kinship.
In ÉtC 7, 1955/56, pp. 414-27.

921   ——— : A contribution to the history of celtology.
In Celtica 3, 1956, pp. 17-34.

922   LHUYD (Edward): Archaeologia Britannica. An account of the languages, histories and customs of the original inhabitants of Great Britain. Vol. 1: Glossography.
Introd. by Anne & William O'SULLIVAN.
Shannon: I.U.P., 1971. xiii pp. + photolitogr. facs. of 1st ed. 1707.

---

923   BERGIN (Osborn) *ed.*: Irish grammatical tracts.
In Ériu 8, 1916; 9, 1921/23; 10, 1926/28; 14, 1946; 17, 1955; Suppls., 293 pp.
> 1. Introductory; 2. Declension (pp. 37ff); 3. Irregular verbs (pp. 167ff; Ériu 14) [based on MS T.C.D. H 2 17]; 4. Abstract nouns (pp. 251ff) [id.]; 5. Metrical faults (pp. 259ff; Ériu 17) [from MS N.L. G 3].

924   WALSH (Paul): A mere trifle!
In IBL 28, 1941/42, p. 92.
> The longest Irish word known to the native grammarians.

925   MCKENNA (Lambert) *ed.*: Bardic syntactical tracts.
Dublin: D.I.A.S., 1944. xix + 304 pp.
> 5 texts, on bardic grammar and metrics, from MSS (1) R.I.A. 24 P 8, (2) E iv 1, (3) C ii 3, (4) C i 3, (5) D i 1. With commentary, and glossaries of technical terms and words.
> Apps.: 1. *Sealbhadh*; 2. *Sunnradh*; 3. *Innsgne, neimhinnsgne*; 4. *Slégar*; 5. Relative sentences; 6. The terms *pearsa* and *oibriughadh*; 7. *Pearsa lóir* and abstract nouns; 8. *Réim*.

926   DEROLEZ (R.): Ogam, 'Egyptian', 'African' and 'Gothic' alphabets. Some remarks in connection with Codex Bernensis 207 (1).
In Scriptorium 5, 1951, pp. 3-19.

927   Ó CUÍV (Brian): Grammatical analysis and the declension of the noun in Irish.
In Celtica 3, 1956, pp. 86-127.

C LINGUISTICS

Discussion of methods of analysis from IGT ii to J. O'DONOVAN.
App.: ed. of chaps. 8-15 of Gilla Bríde Ó HEÓSA's *Rudimenta grammaticae Hibernicae*, based on MS Marsh's Library Z 3.5.3, with notes.

928 Ó DUBHTHAIGH (Bearnárd) *ed.*: Moladh na Gaoidheilge.
In 443 [Coláiste Uladh, 1906-56], p. 44.
From MSS B.M. Eg. 145 (where it is ascribed to Seán Ó COILEÁIN) and Eg. 127.

929 BORST (Arno): Der Turmbau von Babel. Geschichte der Meinungen über Ursprung und Vielfalt der Sprachen und Völker. Stuttgart: Hiersemann, 1957-63. 4 in 6 voll. (viii + 2320 pp.).

930 MCNALLY (Robert E.): The *tres linguae sacrae* in early Irish Bible exegesis.
In Theological studies 19, 1958, pp. 395-403.

931 Ó CUÍV (Brian): Linguistic terminology in the mediaeval Irish bardic tracts.
In TPS 1965 (1966), pp. 141-64.

932 ADAMS (G. B.): Grammatical analysis and terminology in the Irish bardic schools.
In FL 4, 1970, pp. 157-66.
With a list of terms.

933 MAC AOGÁIN (Parthaláin) *ed.*: Graiméir Ghaeilge na mBráthar Mionúr.
B.Á.C.: I.Á.B., 1968. xxv + 158 pp. (= SGBM, iml. 7)
Franciscan Irish grammars (and prosodies): (1) Bonaventúra Ó HEODHASA, *Rudimenta grammaticae Hibernicae*; parts 1-3 based on MS Marsh's Library Z 3.5.3, pt. 4 ('De arte poetica', in Irish) on MS Z 3.4.19. (2) [Graiméar Uí Maolchonaire], from MS T.C.D. D 4 35 (wr. by Tuileagna Ó Maolchonaire, 1659).
Lists of Irish and of Latin technical terms treated in the texts.

Auraicept na n-éces

934 MERONEY (Howard): Fénius and Gáedel in the *Lebar Cindfáelad*.
In MPh 43, 1945, pp. 18-24.
Auraic. 68-734 (-2356-3492).

935 HAMEL (A. G. van): Primitieve Ierse taalstudie.
In MKNA 9, 1946, (no. 9), pp. 295-339.
Sept. issued Amsterdam: Noord-Holl. Uitgevers, 1946. 45 pp.
Early Irish study of language as reflected in *Auraicept na n-éces*.
Review by

936 GROSJEAN (Paul), *in* RBPh 26, 1948, pp. 143-5.

937 MERONEY (Howard) *ed.*: A druidic liturgy in *Ogam Bricrend*?
In MLN 62, 1947, pp. 187-9.
Quatrain from BB, p. 311 (v. Auraic., p. 300), elsewhere ascr. to FLANN MAC LONÁIN. Translit. 1st line: *Uisge slébi ním-sása*.

938 ——— : Early Irish letter-names.
In Speculum 24, 1949, pp. 19-43.

939 HENRY (P. L.): A Celtic-English prosodic feature.
In ZCP 29, 1962/64, (H. 1/2, 1962), pp. 91-9.
On *dúnad* or *iarcomarc*; incl. poem from Auraic. 2183ff, *Dunta for nduan decid lib*, with Engl. transl.

C LINGUISTICS

940 WATKINS (Calvert): Language of gods and language of men: remarks on some Indo-European metalinguistic traditions.
In 524 [Myth and law], pp. 1-17.
Evidence from *Auraicept na n-éces*.

C 2 HISTORICAL AND COMPARATIVE, DESCRIPTIVE

C 2.1 Indo-European

941 DILLON (Myles): Italic and Celtic.
In AJP 65, 1944, pp. 124-34.

942 SPECHT (Franz): Der Ursprung der indogermanischen Deklination.
Göttingen: Vandenhoeck & Ruprecht, 1944 (Neudr. 1947). vii + 432 pp.

943 DILLON (Myles): Celtic and the other Indo-European languages.
In TPS 1947 (1948), pp. 15-24; 1955 (1956), pp. 114-6 [corrs.].

944 ——— : The archaism of Irish tradition.
In PBA 33, 1947 [1951], pp. 245-64. (= Rhŷs lecture, 1947 [read Feb. 1948])
Sep. issued London: O.U.P., 1948 (repr. 1949). 20 pp.
Repr. University of Chicago, 1969.

945 MEILLET (A.): Les dialectes indo-européens.
Nouveau tirage, avec une introd. nouv. et des additions.
Paris: É. Champion, 1950. 139 pp. (= Collection linguistique par la Société de Linguistique de Paris, 1)

946 SOCIÉTÉ DE LINGUISTIQUE DE PARIS: Les langues du monde. — Nouvelle édition
Par un groupe de linguistes, sous la direction de A. MEILLET et Marcel COHEN.
Paris: C.N.R.S., 1952. xlii + 1296 + [2] pp.

947 SCHWARZ (Ernst): Germanen, Italiker, Kelten.
In Zeitschrift für Mundartforschung 20, 1952, pp. 193-206. charts

948 HEIERMEIER (A.): Zu den keltisch-germanischen Wortgleichungen. Gedanken zum Kelten-Germanen-Problem und zur Indoeuropäisierung Nordwesteuropas (1).
In RIL 85, 1952, pp. 313-40.
Review by

949 STEINHAUSER (Walter), *in* ZCP 25, 1956, pp. 312-4.

950 KRAHE (Hans): Sprache und Vorzeit. Europäische Vorgeschichte nach dem Zeugnis der Sprache.
Heidelberg: Quelle & Meyer, 1954. 180 pp.

951 PORZIG (Walter): Die Gliederung des indogermanischen Sprachgebiets.
Heidelberg: Winter, 1954. 251 pp. (= Idg. Bibliothek, 3. Reihe: Untersuchungen)

952 POLOMÉ (Edgar): Notes critiques sur les concordances germano-celtiques. A propos des recents travaux de Mme HEIERMEIER et de M. W. PORZIG.
In Ogam 6, 1954, pp. 145-64.

953 KURYLOWICZ (Jerzy): L'apophonie en indo-européen.
Wroclaw: Wydawnictwo Polskiej Akad. Nauk, 1956. 430 pp. (= Polska Akad. Nauk: Prace jezykozn., nr. 9)
Review by

954 WATKINS (Calvert), *in* Lg 34, 1958, pp. 381-98.

955 MACQUEEN (John): Celto Germanic drift.
In Orbis 6, 1957, pp. 394-7.

956 TREIMER (Karl): Le probleme illyrien: Celtes et Indo-Européens.
In Ogam 9, 1957, pp. 286-99, 347-56; 10, 1958, pp. 355-64; 12, 1960, pp. 36-44.

957 KURYLOWICZ (Jerzy): The inflectional categories of Indo-European.
Heidelberg: Winter, 1964. 246 pp. (Idg. Bibliothek, 3. Reihe: Untersuchungen)

958 WATKINS (Calvert): Italo-Celtic revisited.
In Ancient Indo-European dialects. Proceedings of the Conference on Indo-European linguistics . . ., Los Angeles, April 25-27, 1963. Ed. by H. Birnbaum & J. Puhvel. Berkeley, Los Angeles: U.Ca.P., 1966. pp. 29-50.
Review by

959 MEID (Wolfgang), *in* Sprache 13, 1967, pp. 70-3.

960 MEID (Wolfgang): Indogermanisch und Keltisch.
Innsbruck: I.G.P.G., 1968. 18 pp. (=IBK, Sonderheft 25)
Antrittsvorlesung Universität Innsbruck, 17. Febr. 1967.
English version, with changes
Indo-European and Celtic. *In* 470 [3rd ICCS], pp. 45-56.
Reviews by

961 D[ILLON] (M.), *in* Celtica 9, 1971, pp. 340-1.

962 NEU (Erich), *in* IF 76, 1971 (1972), pp. 241-4.

963 CAMPANILE (Enrico): Studi sulla posizione dialettale del latino.
In SSL 8, 1968, pp. 16-130.
Sep. issued
Pisa: P. Mariotti, 1968. 115 pp. (= Bibliotheca dell'Italia dialettale e di Studi e saggi linguistici, 2)

964 INDOGERMANISCHE GRAMMATIK.
Hg. v. Jerzy Kurylowicz. Heidelberg: Winter, 1968- .
Bd. 2: Akzent. Ablaut. Von J. KURYLOWICZ. 1968. 371 pp.
Bd. 3: Formenlehre. Von Calvert WATKINS.
1. Teil: Geschichte der indogermanischen Verbalflexion. 1969. 248 pp.

965 SCHMIDT (Karl Horst): Die Stellung des Keltischen innerhalb der indogermanischen Sprachfamilie, historisch-vergleichend und typologisch gesehen.
In KZ 83, 1969, pp. 108-23.

966 WAGNER (Heinrich): The origins of the Celts in the light of linguistic geography.
　　In TPS 1969 (1970), pp. 203-50.
　　Reprinted in 525.

967 POLOMÉ (Edgar): Germanic and regional Indo-European (Lexicography and culture).
　　In 480 [I.E. & I.E.s], (no. 5), pp. 55-72.

968 COWGILL (Warren): Italic and Celtic superlatives and the dialects of Indo-European.
　　In id., (no. 8), pp. 113-53.

969 BIRKHAN (Helmut): Germanen und Kelten bis zum Ausgang der Römerzeit. Der Aussagewert von Wörtern und Sachen für die frühesten keltisch-germanischen Kulturbeziehungen.
　　Wien [etc.]: Böhlau, 1970. 637 pp. charts (= SbÖAW, Bd. 272)

C 2.2　　　　　　　　　　　Celtic

970 FÖRSTER (Max): Der Flussname Themse und seine Sippe. Studien zur Anglisierung keltischer Eigennamen und zur Lautchronologie des Altbritischen.
　　München: Bayrische Akademie der Wissenschaften, 1941 [1942]. xii + 951 pp. (= Sitz.ber. d. B.A.W., Philos.-hist. Abt., Jg. 1941, Bd. 1)
　　Review by

971 WEISWEILER (J.), *in* ZCP 23, 1943, pp. 412-22.

972 POKORNY (J.): Hisp. *Complūtum* und idg. *p* und k^u, k_u auf keltischem Boden.
　　In Vox Romanica 10, 1948/49, pp. 227-39. (Zur keltischen Namenkunde und Etymologie, Nr. 7)

973 [CHADWICK (H. M.)]: Early Scotland. The Picts, the Scots & the Welsh of southern Scotland.
　　Ed., and introd., by Nora Kershaw CHADWICK.
　　Cambridge: U.P., 1949. xxxi + 171 pp. pls., map.

974 JACKSON (Kenneth): Language and history in early Britain. A chronological survey of the Brittonic languages, first to twelfth century A.D.
　　Edinburgh: U.P., 1953. xxvi + 752 pp. (= Edinburgh University publications, Language & literature, no. 4).

975 HENCKEN (Hugh): Indo-European languages and archeology.
　　In American anthropologist 57, 1955, no. 6, pt. 3, vi + 68 pp. (= American Anthropological Association: Memoir 84).

976 MAC WHITE (Eóin): Problems of Irish archaeology and Celtic philology.
　　In ZCP 25, 1956, (H. 1/2, 1955), pp. 1-29 [no more publ.].
　　　　I. Archaeology and philology. II.1. Pre-Indo-European dialects and Celtic; 2. The problem of Goidelic and other *q*-Celtic dialects; 3. The Brittonic dialect in Ireland; 4. Celtic invaders and Irish tradition; 5. References to Ireland in Greek and Roman texts and their chronological significance.

C LINGUISTICS

977 EVEN (Arzel): Istor ar yezhoù keltiek.
Hor Yezh, 1956, 70. 2 voll. (ix + 553 + v pp.)
_{Serially publ. (to p. 332) in Hor Yezh 7-24 [n.s. 9], 1955-59.}

978 LE ROUX (Françoise): Que signifie *equoranda?
In Ogam 8, 1956, pp. 15-49; 9, 1957, p. 146 [add.].

979 MANIET (Albert): Les langues celtiques.
In Orbis 6, 1957, pp. 398-409; 7, 1958, pp. 141-58; 8, 1959, pp. 149-57.

980 DUVAL (Paul-Marie): Le préparation du 'Recueil des inscriptions gauloises'.
In ÉtC 9, 1960/61, pp. 20-8.

981 CAMPANILE (Enrico): Osservazioni sull'unità celtica.
In SSL 1, 1961, pp. 22-32.

982 JACKSON (Kenneth H.): The Celtic languages during the Viking period.
In 464 [1st ICCS], pp. 3-11.

983 GREENE (David): The Celtic languages.
In 513 [The Celts], pp. 9-21.

984 JACKSON (Kenneth): The Celtic aftermath in the islands.
In id., pp. 73-83.

985 WHATMOUGH (Joshua): Continental Celtic.
In 467 [2nd ICCS], (no. 4), pp. 101-20.

986 GREENE (David): The making of Insular Celtic.
In id., (no. 5), pp. 121-36.

987 HAMP (Eric P.): Some remarks on Gaulish phonology.
In IF 74, 1969 (1970), pp. 147-54.
_{ad J. WHATMOUGH, Continental Celtic, 1966.}

988 WHATMOUGH (Joshua): The dialects of ancient Gaul. Prolegomena and records of the dialects.
Cambridge (Mass.): Harvard U.P., 1970. xix + 85 + 1376 pp. charts
_{Republication of previously (1944-63) published material (the body of which was on microfilm, pref. dated 1949).}
Review by

989 HAMP (Eric P.), in GL 11, 1971, pp. 56-9.

990 LEJEUNE (Michel): Documents gaulois et para-gaulois de Cisalpine. [Lepontica.]
In ÉtC 12, 1968/71, (fasc. 2, 1970/71), pp. 357-500. pls.
Sep. publ. Lepontica.
Paris: Belles Lettres, 1971. 151 pp. (= Monographies linguistiques, 1)

C 2.2.1   **Hispano-Celtic**

991 TOVAR (Antonio): Las inscripciones ibéricas y la lengua de los celtíberos.
In Boletín de la Real Academia Española 25, 1946, pp. 7-42.
Republ. in 994 [Estudios], (no. 2), pp. 21-60.

Review by
992   SLEETH (Charles R.), *in* Word 3, 1947, pp. 140-2.
993   TOVAR (Antonio): Pre-Indoeuropeans, pre-Celts, and Celts in the Hispanic Peninsula.
      In JCS 1, 1950, (no. 1, 1949), pp. 11-23.
      Republ. in 994 [Estudios], (no. 14), pp. 194-210.
994   ———— : Estudios sobre las primitivas lenguas hispánicas.
      Buenos Aires: Coni, 1949. 245 pp. (= Universidad de Buenos Aires, Instituto de Filología: sección clásica, serie B, vol. 4)
995   LEJEUNE (Michel): Celtiberica.
      Salamanca: Universidad, 1955. 144 pp. (= Acta Salmanticensia, Filosofía y letras, t. 7, núm. 4)
996   COROMINAS (John): New information on Hispano-Celtic from the Spanish etymological dictionary.
      In ZCP 25, 1956, (H. 1/2, 1955), pp. 30-58.
997   TOVAR (Antonio): Das Keltiberische, ein neuer Zweig des Festlandkeltischen.
      In Kratylos 3, 1958, pp. 1-14.
998   SCHMOLL (Ulrich): Die Sprachen der vorkeltischen Indogermanen Hispaniens und das Keltiberische.
      Wiesbaden: Harrassowitz, 1959. viii + 130 pp.
999   TOVAR (Antonio): The ancient languages of Spain and Portugal.
      N.Y.: Vanni, 1961. xi + 138 pp.
1000 UNTERMANN (Jürgen): Sprachräume und Sprachbewegungen im vorrömischen Hispanien.
      Wiesbaden: Harrassowitz, 1961. 35 pp. charts
      Review by
1001 SCHMIDT (Karl Horst), *in* IF 67, 1962, pp. 309-12.
1002 SCHMIDT (Karl Horst): Zu den keltiberischen Sprachresten.
      In IF 66, 1961, pp. 267-72.
1003 UNTERMANN (Jürgen): Personennamen als Sprachquelle im vorrömischen Hispanien.
      In 474 [2. Fachtagung], pp. 63-93.
1004 TOVAR (Antonio): Les traces linguistiques celtiques dans la Péninsule Hispanique.
      In Celticum 6, 1963, pp. 381-403.
1005 UNTERMANN (Jürgen): Die Endung des Genitiv singularis der *o*-Stämme im Keltiberischen.
      In 455 [Fs. Pokorny], pp. 281-8.

C 2.2.2   Pictish
cf. L 1.2.1   Early Scotland
1006 [DIACK (Francis C.)]: The inscriptions of Pictland. An essay on the sculptured and inscribed stones of the north-east and north of Scotland: with other writings and collections.
      Ed. by William M. Alexander & John Macdonald.
      Aberdeen: Third Spalding Club, 1944. xix + 207 pp. pls.

C LINGUISTICS

Editorial introd. (1. The author; 2. The Pictish question) by W. M. A[LEXANDER].

1007 O'RAHILLY (Thomas F.): On the language of the Picts.
In 482 [EIHM], (App. 2), pp. 353-84, 529-38 [adds.].

1008 JACKSON (Kenneth): 'Common Gaelic': the evolution of the Goidelic languages.
In PBA 37, 1951 (1952), pp. 71-97. (= Rhŷs lecture, 1951)
Sep. issued London: O.U.P., [n.d.] [same pagin.].
Note (pp. 93-7): DIACK's Pictish hypothesis.

1009 ——— : The Pictish language.
In 500 [Problem of the Picts], (chap. 6), pp. 129-66.
App.: analysis of the chief characteristics of the Celtic language of Pictland.
Review by

1010 P[OKORNY] (J.), *in* ZCP 27, 1958/59, p. 328.

1010a WAINWRIGHT (Frederick T.): The Inchyra ogam.
In Ogam 11, 1959, pp. 269-78. illus.
Planche 1: Distribution of 'Pictish' ogams in Scotland.

1011 NICOLAISEN (W. F. H.): Place-names of the Dundee region.
In Dundee and district. Ed. by S. J. Jones. Dundee: the Local Executive Committee of the B.A.A.S., 1968. pp. 144-52.
Pictish-Gaelic hybrids, etc.

C 2.3 Gaelic

1012 LEWY (Ernst): Der Bau der europäischen Sprachen.
In PRIA 48 C, 1942/43, (no. 2), pp. 15-117.
Reprinted Tübingen: Niemeyer, 1964. 108 pp.
2. Versuch einer geografisch-typologischen Gruppierung (Irisch, §§ 87-128).
3. Versuch einer historisch-typologischen Gruppierung (§§ 310-3).

1013 KNOCH (August): Eigenzüge altirischer Sprache und Kultur.
Bonn: Scheur, 1944. 24 pp. (= Antrittsvorlesungen der Rheinischen Friedrich-Wilhelms-Universität Bonn, H. 28)

1014 WATSON (William J.): The history of Gaelic in Scotland.
In TGSI 37, 1934/36 (1946), pp. 115-35.

1015 RAFTERY (Joseph): Some archaeological aspects of the Goidelic problem.
In 437 [Fs. Torna], pp. 101-7.

1016 JACKSON (Kenneth): Notes on the Ogam inscriptions of southern Britain.
In The early cultures of north-west Europe. (H. M. Chadwick memorial studies). Ed. by C. Fox & B. Dickins. Cambridge: U.P., 1950. pp. 197-213.

1017 ——— : 'Common Gaelic': the evolution of the Goidelic languages.
In PBA 37, 1951 (1952), pp. 71-97. (= Rhŷs lecture, 1951)
Sep. issued London: O.U.P., [n.d.] [same pagin.].
Note (pp. 93-7): DIACK's Pictish hypothesis.
Review by

1018 BREATNACH (R. B.), *in* Éigse 7, 1953/55, (pt. 3, 1954), pp. 210-2.

C LINGUISTICS

1019   POKORNY (Julius): Antiguo irlandés. (Lecturas históricas, con paradigmas, notas y glosario completo.)
Traducido al español por A. TOVAR y V. BEJARANO.
Madrid: Consejo Superior de Investigaciones Cientificas, 1952. 105 pp. (= Manual de lingüística indoeuropea, cuad. 3)
Corrigenda in ZCP 27, 1958/59, p. 322.
<small>Transl. of J.P., A historical reader of Old Irish, 1923 [Best² 504-5].</small>

1020   DILLON (Myles): The Irish language.
In 494 [Early Ir. soc.], (no. 1), pp. 7-21.

1021   CORKERY (Daniel): The fortunes of the Irish language.
Cork: Mercier, 1954 (repr. 1956). 131 pp. (= Irish life and culture, vol. 9).

1022   DILLON (Myles): The Irish language.
In 504 [A view of Ireland], (chap. 11), pp. 207-20.

1023   ADAMS (G. B.): The emergence of Ulster as a distinct dialect area.
In UF 4, 1958, pp. 61-73.

1024   MAC EOIN (Gearóid S.): Smaointe ar stair litríocht na Meán-Ghaeilge.
In IMN 1961, pp. 39-44.
<small>Problems of linguistic dating in Middle Irish.</small>

1025   MCNAMARA (Leo F.): Morpheme retention in Irish.
In Anthropological linguistics 3, 1961, no. 9, pp. 23-30.
<small>Lexicostatistical confirmation from Irish for Swadesh's general rate of change.</small>

1026   GREENE (David): The Irish language.
Dublin: (for C.R.C.I.) Three Candles, 1966. 61 pp. (= Irish life and culture, vol. 14)
<small>Add. t.-p.: An Ghaeilge, le Dáithí Ó hUaithne. ...</small>
Review by

1027   Ó MURCHÚ (Máirtín), *in* JCHAS 72, 1967, p. 165.

1028   DE BÚRCA (Seán): On the origin and language of the Goidels.
In StC 1, 1966, pp. 128-37.

1029   LEWY (Ernst): Versuch einer kurzen Beschreibung des Altirischen. Posthum hrsg. von Heinrich WAGNER.
In 455 [Fs. Pokorny], pp. 217-22.

1030   MAC NIOCAILL (Gearóid): The proportional method in dating Irish texts.
In StC 3, 1968, pp. 47-52.

1031   JACKSON (Kenneth H.): The Irish language and the languages of the world.
In 522 [View Ir. lg.], (no. 1), pp. 1-10.

1032   GREENE (David): Irish as a vernacular before the Norman invasion.
In id., (no. 2), pp. 11-21.

1033   Ó CUÍV (Brian): The changing form of the Irish language.
In id., (no. 3), pp. 22-34.

1034   ADAMS (G. B.): Language and man in Ireland.
In UF 15/16, 1970, pp. 140-71.

1035 MAC ÉINRÍ (Úna Nic Éinrí): Stair na teanga Gaeilge.
B.Á.C.: Folens, 1971. 47 pp.

C 3 LANGUAGES IN CONTACT
cf. D 5   Lexicology: Transfer

C 3.1 **General & various**

1036 LEWY (Ernst): Der Bau der europäischen Sprachen.
In PRIA 48 C, 1942/43, (no. 2), pp. 15-117.
Reprinted Tübingen: Niemeyer, 1964. 108 pp.
  2. Versuch einer geografisch-typologischen Gruppierung (Irisch, §§ 87-128).
  3. Versuch einer historisch-typologischen Gruppierung (§§ 310-3).
Reviews by

1037 M[URPHY] (G.), *in* Studies 32, 1943, pp. 293-4.
1038 ELLIS (J. O.), *in* JL 1, 1965, pp. 203-4.
1039 DILLON (Myles): Linguistic borrowing and historical evidence.
In Lg 21, 1945, pp. 12-17.
  (1) the intensive-durative prefix *ande-; (2) on T. F. O'RAHILLY's pre-Goidelic substratum of Brittonic speech in Ireland; (3) on 'cultural' and 'intimate' borrowing.

1040 LEWY (Ernst): Zu den Lehnworten und zur Sprachgeographie.
In Anthropos 45, 1950, pp. 49-56.
Republ. in 449 [Kl. Schr.], pp. 68-76.

1041 WEISGERBER (Leo): Die Spuren der irischen Mission in der Entwicklung der deutschen Sprache.
In RhVB 17, 1952, pp. 8-41.
Republ. in 462 [Rhenania], pp. 184-212.

1042 WAGNER (H.): Zum Ausdruck für 'sterben' im Irischen.
In ZCP 24, 1954, (H. 1/2, 1953), p. 91. (Varia, no. 1)
  An Allemanic parallel to impersonal *cailleadh é.*

1043 MAC WHITE (Eóin): Problems of Irish archaeology and Celtic philology.
In ZCP 25, 1956, (H. 1/2, 1955), pp. 1-29 [no more publ.].
  I. Archaeology and philology. II.1. Pre-Indo-European dialects and Celtic; 2. The problem of Goidelic and other *q*-Celtic dialects; 3. The Brittonic dialect in Ireland; 4. Celtic invaders and Irish tradition; 5. References to Ireland in Greek and Roman texts and their chronological significance.

1044 WAGNER (Heinrich): Indogermanisch-Vorderasiatisch-Mediterranes.
In KZ 75, 1958, (H. 1/2, 1957), pp. 58-75.

1045 REIFFENSTEIN (Ingo): Das Althochdeutsche und die irische Mission im oberdeutschen Raum.
Innsbruck: I.G.P.G., 1958. 91 pp. (= IBK, Sonderheft 6)

1046 WAGNER (Heinrich): Zur Betonung des Imperativs im Altirischen.
In ZRP 74, 1958, pp., 278-9.
  An O.H.G. correspondence.

1047 ———: Das Verbum in den Sprachen der britischen Inseln. Ein Beitrag zur geographischen Typologie des Verbums.

Tübingen: Niemeyer, 1959. xx + 258 pp. (= Buchreihe der ZCP, Bd. 1)
>Appendix: Bemerkungen zur typologischen Stellung des indogermanischen Verbums.

Reviews by

1048 SCHMID (Wolfgang P.), *in* IF 65, 1960, pp. 312-6.
1049 P[OKORNY] (J.) & RÖSSLER (Otto), *in* ZCP 28, 1960/61, pp. 137-47.
1050 Ó CLÉIRIGH (C. R.), *in* Béaloideas 27, 1959 (1961), pp. 124-5.
1051 JACKSON (Kenneth), *in* StH 2, 1962, pp. 229-34.
1052 S[OMMERFELT] (A.), *in* Lochlann 2, 1962, pp. 229-31.

Review [in Polish] by

1053 GOLAB (Zbigniew), *in* BSPL 19, 1960, pp. 173-89.
1054 LEWY (Ernst): In atlantischer Landschaft. Spuren unerklärter Sprachbeziehungen im westeuropäischen Raum.
In Sprachforum 3, 1959/60, pp. 219-21.
1055 VRIES (Jan de): Kelten und Germanen.
Bern, München: Francke, 1960. 139 pp. (= Bibliotheca Germanica, [9])
1055a SOMMERFELT (Alf): External versus internal factors in the development of language.
In NTS 19, 1960, pp. 296-315.
1056 ELLIS (Jeffrey): Possible comparisons of Balkan and north-west European linguistic community, with reference to system-reduction method of quantification.
In Slavjanska filologija (Sofija) 3, 1963, pp. 291-9.
1057 WAGNER (Heinrich): Nordeuropäische Lautgeographie.
In ZCP 29, 1962/64, (H. 3/4, 1964), pp. 225-98.
1058 ——— : Zur Bezeichnung des Kranichs im Keltischen.
In id., pp. 301-4.
>Ir. *corr* (deriv. p.n. *Corc*), nordeurop. Wanderwort; also on the relevant aspects of metempsychosis. Other north Eurasian words in Irish.

1059 OFTEDAL (Magne): North European geography of sounds.
In SGS 11, 1968, pp. 248-58.
>Review article on H. WAGNER, Nordeuropäische Lautgeographie, 1964.

1060 ADAMS (G. B.): Language and man in Ireland.
In UF 15/16, 1970, pp. 140-71.
1061 RISK (Henry): French loan-words in Irish.
In ÉtC 12, 1968/71, (fasc. 2, 1970/71), pp. 585-655 [to be cont.].
1062 TOVAR (Antonio): Konvergenz, Kontakt, Zufall. Irische Beispiele.
In Interlinguistica: Sprachvergleich und Übersetzung. Festschrift zum 60. Geburtstag von Mario Wandruszka. Hg. v. K.-R. Bausch & H.-M. Gauger. Tübingen: Niemeyer, 1971. pp. 96-100.
1063 HARPER (Jared) & HUDSON (Charles): Irish Traveler cant.
In JEL 5, 1971, pp. 78-86.
>A Shelta derivative in the southern U.S.

C 3.2 Non-Indo-European

1064 LEWY (Ernst): Atlantic civilization.
   In Béaloideas 12, 1942, pp. 188-90.

1065 POLÁK (Václav): Bemerkungen zum phonologischen System des Irischen. 1. Der Dialekt von Kerry.
   In Archiv für vergleichende Phonetik 6, 1942, pp. 103-23.
   Based on M. L. SJOESTEDT, Phonétique d'un parler irlandais, 1931 [Best² 790].

1066 TOVAR (Antonio): Notas sobre el vasco y el celta.
   In BSVasc 1, 1945, pp. 31-9; 2, 1946, pp. 55-6; 3, 1947, pp. 112-3.
   Revised version in 994 [Estudios], (no. 4), pp. 67-81, 212-3.

1067 POKORNY (Julius): Zum nichtindogermanischen Substrat im Inselkeltischen.
   In Sprache 1, 1949, pp. 235-45.
   1. Infigierte Pronomina; 2. Gruppenflexion und Passivismus; 3. Relativpartikeln.

1068 BOUDA (Charles): Un substrat basque en celtique? Remarques à l'article de M. J. POKORNY, Zum nichtindogermanischen Substrat im Inselkeltischen.
   In Eusko-Jakintza 4, 1950, pp. 336-8.

1069 HOLMER (Nils M.): Las relaciones vasco-celtas desde el punto de vista lingüístico. (Un estudio sobre el vocabulario y los elementos formativos del idioma vasco.)
   San Sebastian, 1950. 19 pp. (Publicaciones de la Real Sociedad Vascongada de Amigos del País)

1070 ZABROCKI (Ludwik): Usilnienie i lenicja w językach indoeuropejskich i w ugrofińskim.
   Poznań, 1951. 301 pp. (= Poznańskie Towarzystwo Przyjaciól Nauk, Wydzial filol.-filoz., Prace Kom. filol., t. xiii z. 3)
   Add. t.-p.: L.Z., Le renforcement et la lénition dans les langues indoeuropéennes et dans le finno-ougrien. — French résumé.
   Rozd. 7 (pp. 171-92): Przesuwka w celtyckim.

1071 POKORNY (Julius): Sprachliche Beziehungen zwischen dem alten Orient und den Britischen Inseln.
   In Archiv orientální 19, 1951, pp. 268-70.

1072 MOURANT (A. E.) & WATKIN (I. Morgan): Blood groups, anthropology and language in Wales and the western countries.
   In Heredity 6, 1952, pp. 13-36.

1073 TOVAR (Antonio): Mir. *leth-lám* 'eine der beiden Hände', Übersetzung aus dem Substrat.
   In ZCP 24, 1954, (H. 3, 1953), pp. 198-200.

1074 POKORNY (Julius): Zur irischen Namenbildung und Urgeschichte.
   In MSS 7, 1955, pp. 56-67.

1075 ADAMS (G. B.): Irish toponymy and the theories of pre-Gaelic substrata.
   In BUPNS 4, 1956, pp. 1-22. chart

C LINGUISTICS

1076 HOLMER (Nils M.): Sobre el sufijo relativo -(e)n, -an.
In BSVasc 15, 1959, pp. 411-3. (Sobre algunos problemas de lingüística histórica vasca, no. 4)
<small>Special relative forms of the verb in Basque and in Celtic.</small>

1077 ——— : Una nota sobre el vasco *etorri* 'venir'.
In id., pp. 413-6. (id., no. 5)
<small>Corresp. to Ins.C. *do-tét* (: *téit*), etc.</small>

1078 POKORNY (Julius): Keltische Urgeschichte und Sprachwissenschaft.
In Sprache 5, 1959, pp. 152-64.

1079 ——— : The pre-Celtic inhabitants of Ireland.
In Celtica 5, 1960, pp. 229-40.
<small>1. Archaeology and anthropology; 2. Linguistics.</small>

1080 LOCKER (Ernst): Die ältesten Sprachschichten Westeuropas. Graz [etc.]: H. Böhlaus Nf., 1962. 35 pp. (= SbÖAW, Bd. 240, Abh. 5)

1081 POKORNY (Julius): Die Sprachen der vorkeltischen Bewohner Nordwesteuropas.
In 474 [2. Fachtagung], pp. 129-38.

1082 ——— : Zur Anfangsstellung des inselkeltischen Verbums.
In MSS 16, 1964, pp. 75-80.

1083 WAGNER (Heinrich): Zur Bezeichnung des Kranichs im Keltischen.
In ZCP 29, 1962/64, (H. 3/4, 1964), pp. 301-4.
<small>Ir. *corr* (deriv. p.n. *Corc*), nordeurop. Wanderwort; also on the relevant aspects of metempsychosis. Other north Eurasian words in Irish.</small>

1084 GREENE (David): The making of Insular Celtic.
In 467 [2nd ICCS], (no. 5), pp. 121-36.
Review by

1085 O[FTEDAL] (M.), *in* Lochlann 4, 1969, pp. 373-5.

1086 KYLSTRA (A. D.): Zur Substratforschung.
In Orbis 16, 1967, pp. 101-21.

1087 ADAMS (G. B.): Language and man in Ireland.
In UF 15/16, 1970, pp. 140-71.

1088 TOVAR (Antonio): The Basque language and the Indo-European spread to the West.
In 480 [I.E. & I.E.s], (no. 13), pp. 267-78.

C 3.3 British
cf. C 3.4 Latin

1089 O'RAHILLY (T. F.): *-genn* for *-chenn*.
In Ériu 13, 1942, pp. 140-3.

1090 DILLON (Myles): Linguistic borrowing and historical evidence.
In Lg 21, 1945, pp. 12-17.
<small>(1) the intensive-durative prefix *ande-* ; (2) on T. F. O'RAHILLY's pre-Goidelic substratum of Brittonic speech in Ireland; (3) on 'cultural' and 'intimate' borrowing.</small>

1091 O'RAHILLY (Thomas F.): Early Irish history and mythology.

Dublin: D.I.A.S., 1946 (repr. 1957, 64). x + 566 (568 in repr.) pp.
Adds. & corrs. in Celtica 1, 1950, pp. 391-402, 409.

1092 RAFTERY (Joseph): Some archaeological aspects of the Goidelic problem.
In 437 [Fs. Torna], pp. 101-7.

1093 HEIERMEIER (A. M.): The British and Goidelic element in Ireland. Notes and suggestions on T. F. O'RAHILLY's Early Irish history and mythology.
In JRSAI 82, 1952, pp. 37-44.

1094 MAC WHITE (Eóin): Problems of Irish archaeology and Celtic philology.
In ZCP 25, 1956, (H. 1/2, 1955), pp. 1-29 [no more publ.].
> I. Archaeology and philology. II.1. Pre-Indo-European dialects and Celtic; 2. The problem of Goidelic and other q-Celtic dialects; 3. The Brittonic dialect in Ireland; 4. Celtic invaders and Irish tradition; 5. References to Ireland in Greek and Roman texts and their chronological significance.

1095 WATKINS (T. Arwyn): Points of similarity between Old Welsh and Old Irish orthography.
In BBCS 21, 1966, (pt. 2, 1965), pp. 135-41.

1096 DE BÚRCA (Seán): On the origin and language of the Goidels.
In StC 1, 1966, pp. 128-37.

1097 GREENE (David): Some linguistic evidence relating to the British Church.
In 478 [Christianity in Britain], pp. 75-86.

1098 ADAMS (G. B.): Language and man in Ireland.
In UF 15/16, 1970, pp. 140-71.

C 3.4 Latin
cf. B 3 Glossography

1099 O'RAHILLY (Thomas F.): The two Patricks. A lecture on the history of Christianity in fifth-century Ireland.
Dublin: D.I.A.S., 1942 (repr. 1957, 71). 83 pp.

1100 MURPHY (Gerard): The two Patricks.
In Studies 32, 1943, pp. 297-307.

1101 SHAW (Francis): The linguistic argument for two Patricks.
In id., pp. 315-22.

1102 GROSJEAN (Paul): Une invocation des saintes Brigides.
In AB 61, 1943, pp. 103-5. (Notes d'hagiographie celtique, no. 4)
> Mixed Latin and Irish, from MS B.M. Harley 585.

1103 MOST (William G.): The syntax of the *Vitae sanctorum Hiberniae*. A dissertation submitted to . . . the Catholic University of America . . .
Washington (D.C.): C.U.A.P., 1946. xxvi + 356 pp. (= C.U.A.: Studies in Medieval and Renaissance Latin language and literature, vol. 20)
> Chap. 9. The influence of old Irish syntax in the *Vitae*.

C LINGUISTICS

1104 MULCHRONE (Kathleen): The Old-Irish form of *Palladius*.
In JGAHS 22, 1946/47, pp. 34-42.

1105 JACKSON (Kenneth): On the Vulgar Latin of Roman Britain.
In Mediaeval studies in honor of J. D. M. Ford. Ed. by U. T. Holmes Jr. & A. J. Denomy. Cambridge (Mass.). Harvard U.P., 1948. pp. 83-103.

1106 ——— : Britons and Romans under the Empire.
In 490 [LHEB], (chap. 3), pp. 76-121.

1107 ——— : The British Latin loanwords in Irish.
In id., (chap. 4), pp. 122-48.
Reviews by

1108 MURPHY (Gerard), in Éigse 7, 1953/55, (pt. 4), pp. 286-9.

1109 BINCHY (D. A.), in Celtica 4, 1958, pp. 288-92.

1110 BIELER (Ludwig): Hibernian Latin.
In Studies 43, 1954, pp. 92-5.

1111 GWYNN (Aubrey) *ed.*: The writings of Bishop PATRICK, 1074-1084.
Dublin: D.I.A.S., 1955. 147 pp. (= SLH, vol. 1)
Introd. (chap. 4) 'Bishop Patrick's latinity and style', by Ludwig BIELER.

1112 BIELER (L.): Hibernian Latin and patristics.
In StPat 1, 1957, pp. 182-7. (*in* Texte u. Unters., Bd. 63)

1113 BATTISTI (Carlo): Influssi del monachesimo dell'alto medio evo sul lessico delle lingue celtico-insulari.
In Settimana 4, 1957, pp. 551-83.

1114 SOMMERFELT (Alf): Some notes on the influence of Latin on the Insular Celtic languages.
In Acta Congressus Madvigiani. Proceedings of the Second International congress of Classical studies. Vol. 5: The classical pattern of modern western civilization: language. Copenhagen: Nordisk Sprog- og Kulturforlag, 1957. (= TCLC, vol. 11) pp. 157-62.
Republ. in 451 [DSAL], pp. 360-4.

1115 MEEHAN (Denis) *ed.*: ADAMNAN's *De locis sanctis*.
Dublin: D.I.A.S., 1958. 154 pp. pls. (= SLH, vol. 3)
Introductory The text tradition, critical text, and indexes, by Ludwig BIELER; with Engl. transl.

1116 JACKSON (Kenneth): Final syllables in 'Pádraig' loanwords.
In ÉtC 9, 1960/61, pp. 79-91.

1117 ANDERSON (Alan Orr) & ANDERSON (Marjorie Ogilvie) *eds.*: ADOMNAN's Life of Columba.
London [etc.]: Nelson, 1961. xxiv + 590 pp.

1118 MOHRMANN (Christine): The earliest continental Irish Latin.
In VChr 16, 1962, pp. 216-33.

1119 BIELER (Ludwig) *ed.*: The Irish penitentials.
With an appendix by D. A. BINCHY.
Dublin: D.I.A.S., 1963. x + 367 pp. (= SLH, vol. 5)
Texts and transls., notes, remarks on the Latinity, elaborate indexes.

1120 LÖFSTEDT (Bengt): Der hibernolateinische Grammatiker MALSACHANUS.
Uppsala, 1965. 270 pp. (= Acta Universitatis Upsaliensis, Studia Latina Upsaliensia, 3)
Review by
1121 BIELER (Ludwig), *in* Éigse 11, 1964/66, (pt. 4), pp. 300-2.
1122 DE BÚRCA (Seán): The Patricks: a linguistic interpretation.
In Lochlann 3, 1965, pp. 278-85.
1123 LATHAM (R. E.) *ed.*: A revised medieval Latin word-list from British and Irish sources.
London: (for the British Academy) O.U.P., 1965. xxiii + 524 pp.
1124 GREENE (David): Some linguistic evidence relating to the British Church.
In 478 [Christianity in Britain], pp. 75-86.
1125 CAMPANILE (Enrico): Calchi irlandesi di voci latine.
In SSL 10, 1970, pp. 5-13.
1126 HENNIG (J.): Studies in the Latin texts of the Martyrology of Tallaght, of *Félire Oengusso* and of *Félire húi Gormáin*.
In PRIA 69 C, 1970, (no. 4), pp. 45-112.
1127 STANFORD (W. B.): Towards a history of classical influences in Ireland.
In PRIA 70 C, 1970, (no. 3), pp. 13-91.

Hisperica famina

1128 DAMON (Phillip W.): The meaning of the *Hisperica famina*.
In AJP 74, 1953, pp. 398-406.
1129 GROSJEAN (Paul): *Confusa caligo*. Remarques sur les *Hisperica famina*.
In Celtica 3, 1956, pp. 35-85.
1130 WINTERBOTTOM (Michael): On the *Hisperica famina*.
In Celtica 8, 1967, pp. 127-39.

C 3.5 **Norse**
cf. L 1.1.1 Vikings

1131 NORSE-CELTIC BIBLIOGRAPHICAL SURVEY.
In MSc 3- , 1970- .
First report. By Michael CHESNUTT.
Second report, *in* vol. 4, 1971. By M.CH. & David ERLINGSSON.

1132 SOMMERFELT (Alf): The Norsemen in present day Donegal tradition.
In JCS 1, 1950, pp. 232-8.
Incl. two texts (recorded 1916 in Torr, Co. Donegal) in phonetic transcr., translit. and Engl. transl.
1133 MÜLLER-LISOWSKI (Käte): Nicknames and namesakes reflecting

old relationships between ancient Ireland and Iceland.
In JCKAS 13, (no. 3, 1950/52), pp. 150-5.

1134 SOMMERFELT (Alf): Norwegian place-names in Waterford.
In NTS 16, 1952, pp. 226-9. (Norse-Gaelic contacts, [no. 1])

1135 TAYLOR (A. B.): British and Irish place-names in Old Norse literature.
In Annen Viking kongress, Bergen 1953. Ved Kjell Falck. Bergen: J. Griegs Boktr. (= Universitet i Bergen: Årbok 1955 (1956), hist.-antikv. rekke, nr. 1) pp. 113-22.

1136 MATRAS (Chr.): *Drunnur*.
In Fróđskaparrit 6, 1957, pp. 20-33.
Gaelic origin in Faroese of the word (Gaelic *dronn* 'tail-piece of an animal'), and the custom of reciting impromptu verses over it.

1137 HENRY (P. L.): An Irish-Icelandic parallel *Ferdomun/Karlsefni*.
In Ériu 18, 1958, pp. 158-9.

1138 MATRAS (Chr.): Atlantssiđir—atlantsorđ.
In Fróđskaparrit 7, 1958, pp. 73-101.
Atlantic customs—atlantic words (mainly on some Faroese l.ws. from Gaelic).

1139 SOMMERFELT (Alf): The English forms of the names of the main provinces of Ireland.
In Lochlann 1, 1958, pp. 223-7.
Ulster, *Leinster*, *Munster*, from Ir. *Uladh*, etc., and *tír* 'land', with Norwegian composition rules and *-s-*.

1140 SVEINSSON (Einar Ól.): Celtic elements in Icelandic tradition.
In Béaloideas 25, 1957 (1959), pp. 3-24.
Paper read to the 1st I.C.C.S., 1959.

1141 HENRY (P. L.): The Icelandic prepositional system.
In KZ 76, 1960, (H. 1/2, 1959), pp. 89-135.

1142 SOMMERFELT (Alf): Norwegian place-names in the Celtic parts of the British Isles.
In 472 [6. IKNF], Bd. 3, pp. 718-21.

1143 ——— : The Norse influence on Irish and Scottish Gaelic.
In 464 [1st ICCS], pp. 73-7.

1144 OFTEDAL (Magne): On the frequency of Norse loanwords in Scottish Gaelic.
In SGS 9, 1962, pp. 116-27.

1145 THOMSON (R. L.): Norse loanwords in Manx.
In SGS 10, 1965, (pt. 1, 1963), pp. 65-8.

1146 WERNER (Otmar): Die Erforschung des Inselnordischen.
In Germanische Dialektologie. Festschrift für Walther Mitzka zum 80. Geburtstag. Hg. v. L. E. Schmitt. Wiesbaden: Steiner, 1968. 2 voll. (= ZMA, Beihefte, N.F., 5, 6) (vol. 2), pp. 459-519.
5. Nordisches in den keltischen Sprachen.

1147 GEIPEL (John): The Viking legacy. The Skandinavian influence on the English and Gaelic languages.
Newton Abbot (Devon): David & Charles, 1971. 225 pp.

C 3.6 English
cf. E 6 Dialects

1148 ALDUS (Judith Butler) *comp.*: Anglo-Irish dialects: a bibliography.
In Regional language studies 2, 1969, 17 pp.

1149 COMMITTEE FOR THE STUDY OF ANGLO-IRISH LANGUAGE AND LITERATURE, ROYAL IRISH ACADEMY: Irish and Anglo-Irish periodicals.
Dublin: R.I.A., 1970. 52 pp.
Comprehensive check-list, comp. by Eileen SMITH.

1150 [MURPHY (Gerard)]: English 'brogue' meaning 'Irish accent'.
In Éigse 3, 1941/42 (1943), (pt. 4), pp. 231-6.
Incl. answers to a questionnaire concerning the words *bróg* 'shoe' and *barróg* 'grip' (also instances of *bachlóg*). Irish has no phrase resembling English 'he speaks with a brogue'.

1151 SMITH (Roland M.): The Irish background of SPENSER's *View*.
In JEGP 42, 1943, pp. 499-515.
2. Irish terms in the *View*.

1152 ———: More Irish words in SPENSER.
In MLN 59, 1944, pp. 472-7.

1153 UA BROIN (Liam) *comp.*: A south-west Dublin glossary. A selection of south-west county Dublin words, idioms and phrases.
In Béaloideas 14, 1944 (1945), pp. 162-86.
With some notes indicating relations with other dialects, by J. J. HOGAN.

1154 HOGAN (J. J.): Notes on the study of Anglo-Irish dialect.
In id., pp. 187-91.

1155 MERONEY (Howard): Irish in the Old English charms.
In Speculum 20, 1945, pp. 172-82.

1156 MAC CIONNAITH (Seosamh) [MCKENNA (Joseph)] *comp.*: List of some Irish words used in English conversation by the people of Gortlettra parish, Co. Leitrim.
In JACAS (vol. 2), no. 10, 1945, pp. 64-7.

1157 QUIN (E. G.) & FREEMAN (T. W.): Some Irish topographical terms.
In IGeo 1, 1944/48, (no. 4, 1947), pp. 85-9, (no. 5, 1948), pp. 151-5.
Linguistic investigation of terms such as *drumlin, esker, sluggy, burren, alt, pladdy, cloon, scalp, corcass, turloch.*

1158 HUTSON (Arthur E.): Gaelic loan-words in American.
In American speech 22, 1947, pp. 18-23.

1159 MHAC AN FHAILIGH (Éamonn) *comp.*: A Westmeath word-list.
In Éigse 5, 1945/47 (1948), (pt. 4), pp. 256-66; 11, 1964/66, p. 245 [corrigenda].
Irish words current in the English of Empor, Co. Westmeath; with phonetic transcr.

1160 ADAMS (G. B.): An introduction to the study of Ulster dialects.
In PRIA 52 C, 1948/50, (no. 1), pp. 1-26.

1161 O'NEILL (Patrick C.) *comp.*: A north-county Dublin glossary.

In Béaloideas 17, 1947 (1949), pp. 262-83.
Introductory notes by J.J. HOGAN.

1162 BARTLEY (J. O.) & SIMS (D. L.): Pre-nineteenth century stage Irish and Welsh pronunciation.
In PAPS 93, 1949, pp. 439-47.

1163 BARTLEY (J. O.): The Gaelic language in English plays.
In JRSAI 80, 1950, pp. 29-35.

1164 ADAMS (G. B.): Phonological notes on the English of south Donegal.
In PRIA 53 C, 1950/51, (no. 4, 1950), pp. 299-310.

1165 POKORNY (Julius): Zur Anglisierung irischer Orts- und Flussnamen.
In BNF 3, 1951/52, pp. 89-91. (Zu keltischen Namen, Nr. 8).

1166 Ó CONCHUBHAIR (Pádraig) *comp.*: An Offaly glossary.
In Béaloideas 20, 1950 (1952), pp. 188-91.
Introductory note by J. J. HOGAN.

1167 HENLEY (Pauline): Notes on Irish words in SPENSER's *Viewe of Ireland*.
In JCHAS 57, 1952, pp. 121-4.

1168 GRATTAN (J. H. G.) & SINGER (Charles): Anglo-Saxon magic and medicine. Illustrated specially from the semi-pagan text *Lacnunga*.
London [etc.]: O.U.P., 1952. xii + 234 pp. pls. (= Publications of the Wellcome Historical Medical Museum, no. 3)
Text of *L.* from MS B.M. Harley 585.

1169 ADAMS (G. B.): Ulster dialects.
In Belfast in its regional setting. A scientific survey. Belfast: (for B.A.A.S.) the Local Executive Committee, 1952. pp. 195-200.
Republ. in 475 [Ulster dialects], pp. 1-4.

1170 TRAYNOR (Michael): The English dialect of Donegal. A glossary. Incorporating the collections of H. C. Hart (1847-1908).
Dublin: R.I.A., 1953. xxiv + 336 pp.
Review by

1171 S[OMMERFELT] (A.), *in* NTS 18, 1958, pp. 415-6.

1172 Ó CEALLAIGH (Eoghan) [O'KELLY (Owen)] *comp.*: Liosta focal Gaeilge atá meascaithe tríd an Béarla ag muintir Chill Chainnigh. (A list of Irish words interwoven in the English language in County Kilkenny.)
In OKRev 7, 1954, pp. 50-3.

1173 ADAMS (G. B.): Dialect studies and Ulster place-names.
In BUPNS 3, 1955, pp. 5-9.
The phonetic development of Irish loanwards in Ulster English.

1174 ——— : The phonology of the Antrim dialect. — Part 1.
In PRIA 57 C, 1955/56, (no. 3), pp. 69-152.

1175 ——— : Patterns of word distribution.
In UF 2, 1956, pp. 6-13. charts

1176 TANIGUCHI (Jiro): A grammatical analysis of artistic representa-

tion of Irish English, with a brief discussion of sounds and spellings.
Tokyo: Shinozaki Shorin, [1956]. xii + 292 pp.

1177 MacQueen (J.): *Kirk-* and *Kil-* in Galloway place-names.
in ArL 8, 1956, pp. 135-49.

1178 Henry (P. L.): An Anglo-Irish dialect of north Roscommon. Phonology, accidence, syntax.
Dublin: Dept. of English, U.C.D., [1957]. 237 + 1 pp.
Extended doctoral thesis (University of Zürich).

Reviews by

1179 Bachellery (E.), *in* BSL 53, 1958, fasc. 2, pp. 158-62.
1180 Strevens (P.), *in* ArL 10, 1958, pp. 63-5.
1181 Gregg (Robert J.), *in* Orbis 7, 1958, pp. 582-4.
1182 S[ommerfelt] (A.), *in* NTS 19, 1960, pp. 739-43.

1183 Henry (P. L.): A linguistic survey of Ireland. Preliminary report.
In Lochlann 1, 1958, pp. 49-208. charts

Review by

1184 Meid (Wolfgang), *in* IF 65, 1960, pp. 308-10.

1185 Adams (G. B.): The emergence of Ulster as a distinct dialect area.
In UF 4, 1958, pp. 61-73.

1186 Wagner (Heinrich): Zur Erklärung von englisch *she* 'sie'.
In Etymologica. Walther von Wartburg zum siebzigsten Geburtstag, 18. Mai 1958. Hg. v. H.-E. Keller. Tübingen: Niemeyer, 1958. pp. 838-41. (Keltisch-Germanisches, no. 2)
Influence of Ir. *sí*.

1187 Henry (P. L.): The 'goblin' group.
In ÉtC 8, 1958/59, pp. 404-16.

1188 Quin (E. G.): Irish and English.
In Hermathena 93, 1959, pp. 26-37.
Review article on P. L. Henry, An Anglo-Irish dialect of north Roscommon, [1957].

1189 Ó Maoleachlainn (Iognáid): Deascáin Ghaeilge ó Iarmhidhe.
In IMN 1959, pp. 89-91.
Irish words in the English of Corry, Co. Westmeath.

1190 Sommerfelt (Alf): Mixed languages versus remodelled languages.
In NTS 19, 1960, pp. 316-26.

1191 Henry (Patrick): The Irish substantival system and its reflexes in Anglo-Irish and English.
In ZCP 28, 1960/61, pp. 19-50.
Nouns used pronominally, adjectivally, verbally, and as preposition and conjunction.

1192 Conway (Margaret): The study of our local vernacular.
In JCLAS 14, 1957/60, (no. 3, 1959 (1961)), pp. 170-8.

1193 Adams (G. B.): Cartlann chanúna Chúige Uladh.
In An tUltach 39, uimh. 9, Meán Fómhair 1962, pp. 6-7.
On the Ulster dialect archive.

1194 Hill (Archibald A.): A conjectural restructuring of a dialect of

Ireland. Based on An Anglo-Irish dialect of north Roscommon, by Patrick Leo HENRY.
In Lochlann 2, 1962, pp. 23-37.

1195 HENRY (P. L.): Anglo-Irish word-charts.
In 475 [Ulster dialects], pp. 147-61.

1196 ADAMS (G. B.) *comp.*: A register of phonological research on Ulster dialects.
In id., pp. 193-201.

1197 Ó HANNRACHÁIN (Stiofán): Caint an Bhaile Dhuibh.
B.Á.C.: Clóchomhar, 1964. viii + 101 pp. (= Leabhair thaighde, iml. 10)
   Phonetics and vocabulary of the remains of the Irish of Ballyduff, Co. Kerry.

1198 BREATNACH (R. B.): Characteristics of Irish dialects in process of extinction.
In 477 [Ier CIDG], vol. 1, pp. 141-5.

1199 DE BHALDRAITHE (Tomás): Report on dialect study in Ireland.
In id., vol. 4, pp. 90-5.

1200 HEWSON (Michael) *comp.*: A word-list from south-west Clare.
In NMAJ 9, 1962/65, (no. 4, 1965), pp. 182-6.

1201 BRAIDWOOD (J.) *comp.*: Local bird names in Ulster — a glossary.
In UF 11, 1965, pp. 98-135; 12, 1966, pp. 104-7; 17, 1971, pp. 81-4.

1202 BLISS (A. J.): The inscribed slates at Smarmore. Communicated by T. P. Dunning.
In PRIA 64, 1965/66, (no. 2), pp. 33-60. pls.
   15th c. Hiberno-English.

1203 ADAMS (G. B.): The work and words of haymaking.
In UF 12, 1966, pp. 66-91; 13, 1967, pp. 29-53.

1204 O HEHIR (Brendan) *comp.*: A Gaelic lexicon for *Finnegans wake*, and glossary for JOYCE's other works.
Berkeley, Los Angeles: U.Ca.P., 1967. xvi + 427 pp.

1205 ADAMS (G. Brendan): Phonemic systems in collision in Ulster English.
In Verhandlungen des Zweiten Internationalen Dialektologenkongresses, Marburg/Lahn, 5.-10. Sept. 1965. Hg. v. L. E. Schmitt. Wiesbaden: F. Steiner, 1967, 68. (= Zeitschrift für Mundartforschung, Beihefte, N.F., 3, 4) (vol. 1), pp. 1-6.

1206 HAMILTON (Michael) *comp.*: Word-list from Clonlara, Co. Clare.
In NMAJ 11, 1968, pp. 81-3.
   Alphab. list of Ir. words and phrases in the Engl. of C. at the beginning of this century.

1207 MCINTOSH (Angus) & SAMUELS (M. L.): Prolegomena to a study of mediaeval Anglo-Irish.
In MAe 37, 1968, pp. 1-11.

1208 BRAIDWOOD (J.): The Ulster dialect lexicon.
An inaugural lecture, delivered before the Queen's University of Belfast on 23 April 1969.

C LINGUISTICS

Belfast: Queen's University, 1969. 35 pp. (= New lecture series, no. 51)

1209 HARTMANN (Hans): Kontrastive Studie über irisch *ceapaim* 'ich denke'. Ein Vergleich zwischen Irisch, Englisch und Deutsch.
In Sprachwissenschaftliche Mitteilungen (Seminar für Allgemeine und Vergleichende Sprachwissenschaft an der Universität Hamburg) 2, H. 1, 1969, pp. 9-45.

1210 HUGHES (T. Jones): *Town* and *baile* in Irish place-names.
In Irish geographical studies in honour of E. Estyn Evans. Ed. by N. Stephens & R. E. Glasscock. Belfast: Q.U.B., 1970 (chap. 15), pp. 244-58.

1211 RISK (Henry): French loan-words in Irish.
In ÉtC 12, 1968/71, (fasc. 2, 1970/71), pp. 585-655 [to be cont.].

1212 NALLY (E. V.) [MHAC AN FHAILIGH (Éamonn)]: Notes on a Westmeath dialect.
In JIPA 1, 1971, pp. 33-8.

1213 HUGHES (John P.): The Irish language and the 'brogue': a study in substratum.
In Word 22, 1966 [1973], pp. 259-75.

C 4 LANGUAGE AND SOCIETY

C 4.1 Language position and maintenance
cf. L 1.3 Local history

1214 TEVENAR (Gerhard von): Zur Sprachstatistik der irischen Volkszählungen von 1926 und 1936.
In ZCP 22, 1941, pp. 307-24.

1215 DE BHALDRAITHE (Tomás): Ath-mharbhú nó cead fáis.
In An Iodh Morainn 3, 1942, pp. 52-6.

1216 CORKERY (Daniel): What's this about the Gaelic League?
Áth Cliath, 1942 (repr. 1956, 67). 27 pp. (= Sreath paimfléidí le Connradh na Gaedhilge, uimh. 2)
Reprints have the author's name as Dónall Ó CORCORA.

1217 CONNRADH NA GAEDHILGE: Leabhar cuimhne 1893-1943.
[B.Á.C., 1943]. 84 pp.
Contains inter alia (pp. 24-30) Daniel CORKERY: The philosophy of the Gaelic League (*Republ.* Áth Cliath: Connradh na Gaedhilge, 1948. 14 pp.).

1218 MAC GIOLLA PHÁDRAIG (Brian): Gléasadh oideachas nua: na coláistí Gaedhilge.
In Éire 1943, pp. 61-70.

1219 Ó COINDEALBHÁIN (Seán): Schools and schooling in Cork city.
In JCHAS 48, 1943, pp. 44-57.

1220 Ó HANNRACHÁIN (Peadar): Fé bhrat an Chonnartha.
B.Á.C.: Oifig an tSoláthair, 1944. xxiv + 731 pp.
A regional history of the Gaelic League (reminiscences of an organizer, 1901-16).

1221   Ó Murchadha (Tadhg): An Eaglais agus an Ghaedhilg.
       In IER 63, 1944, pp. 377-84.
1222   Mooney (Canice): The beginnings of the Irish language revival.
       In IER 64, 1944, pp. 10-8.
1223   Ó Héaluighthe (Diarmuid) *comp.*: Irish words in Cork speech.
       In JCHAS 49, 1944, pp. 33-48.
           Vocabulary (Anglo-Irish spelling), phonetic renderings, Engl. paraphrases.
1224   O'Hegarty (P. S.): Notes on the Irish language columns of The Shamrock.
       In IBL 29, 1943/45, (no. 5, 1945), pp. 104-8.
           1866-82.
1225   Ó Coindealbháin (Seán): Uí Mac Caille: its Anglo-Irish and English schools.
       In JCHAS 50, 1945, pp. 125-35.
1226   Ó Floinn (Donnchadh): Magh Nuadhat agus an athbheochaint.
       In IER 66, 1945, pp. 201-7.
1227   Ó Conchubhair (Seósamh): An rud a bhí romham.
       In Béaloideas 15, 1945 (1946), pp. 102-26.
           Irish language, traditions and learning around Killarney, Co. Kerry.
1228   Thomson (George): The Irish language revival.
       In YCS 3, 1940/46, pp. 3-12.
           Dated Feb. 1944.
1229   Mac Uilis (Oscar): An iwerzhoneg.
       In Al Liamm 4, 1947, pp. 33-5; 5, 1947, pp. 19-30.
1230   Murphy (Gerard): Irish in our schools, 1922-1945.
       In Studies 37, 1948, pp. 421-8.
1231   ——— : The Gaelic background.
       In Daniel O'Connell. Nine centenary essays. Ed. by M. Tierney. Dublin: Browne & Nolan, 1949. pp. 1-24.
1232   Fitzsimons (J.): The official Presbyterian Irish language policy in the eighteenth and nineteenth centuries.
       In IER 72, 1949, pp. 255-64.
1233   Ó Raifeartaigh (T.): An Bórd Náisiúnta agus an Ghaeilge, 1831-70.
       In id., pp. 481-93.
1234   Brady (John): The Irish language in London in 1773.
       In IBL 31, 1949/51, (no. 2, 1949), pp. 32-3.
1235   Blythe (Ernest): The state and the language.
       An English version of the presidential address of E. B. to Comhdháil Náisiúnta na Gaeilge, 3 December, 1949.
       [B.Á.C.]: F.N.T., [1949]. 30 pp.
           Incl. an Engl. transl. of the Memorandum dated 6th May, 1947, from Comhdháil Náisiúnta na Gaeilge to the Government.
1236   Ó Raifeartaigh (T.): What was an 'English school'?
       In JRSAI 80, 1950, pp. 129-45.
1237   Concannon (Helena): Canon Ulick J. Bourke (1829-87) ('Father'

of the Gaelic revival).
In IER 73, 1950, pp. 405-17.

1238 ROLLAND-GWALC'H (P.): Iwerzhon o stourm evit he yezh.
In Al Liamm 20, 1950, pp. 50-6; 21, 1950, pp. 26-35.

1239 CENTRAL STATISTICS OFFICE: Census of population, 1946. Fourth interim report.
In Irish trade journal and statistical bulletin, December 1950, Suppl., 16 pp.
> Cf. État actuel des langues celtiques dans les Îles Brittaniques, 1. En Irlande, *in* ÉtC 6, 1953/54, pp. 203-6.

1240 Ó CUÍV (Brian): Irish dialects and Irish-speaking districts. Three lectures.
Dublin: D.I.A.S., 1951 (repr. 1971). 95 pp. 2 charts
> 1. The Gaeltacht — past and present; 2. Irish a living language; 3. Some aspects of Cork dialects.
> App.: on the state of Irish as a vernacular during the 19th c.; charts showing the relative density of Irish speakers in 1851 and 1891.

Review by
1241 HAMP (Eric P.), *in* Lg 29, 1953, pp. 512-7.

Review [in Welsh] *by*
1242 JARMAN (A. O. H.), *in* LlC 2, 1952/53, pp. 68-9.

1243 Ó MURCHADHA (Micheál S.): Gaedhilg dhúthchais Thír Eoghain.
In An tUltach 27, uimh. 5. Meitheamh 1951, pp. 1-3.

1244 KENNEDY (Sheila): COQUEBERT DE MONTBRET in search of the hidden Ireland.
In JRSAI 82, 1952, pp. 62-7.

1245 Ó CEALLAIGH (Eoghan): Canúint Osraí.
In Feasta 5, uimh. 4, Iúil 1952, pp. 7, 6.

1246 CENTRAL STATISTICS OFFICE: Daonáireamh na hÉireann, 1946. Census of population of Ireland, 1946.
Iml. 8. An Ghaeilge, maille le táiblí speisialta i leith na Gaeltachta. Vol. 8. Irish language, with special tables for the Gaeltacht areas.
Dublin: S.O., 1953. xi + 41 pp.
> A dual language publication.

1247 Ó MÍODHACHÁIN (Liam): Coláiste na Rinne.
In Cork University record 28, 1953, pp. 35-8.

1248 DAVIES (Richard Edwyn): Bilingualism in Wales, with special reference to second language teaching — and some account of the language position in Éire and Belgium.
Cape Town [etc.]: Juta, 1954. 104 pp.

1249 KEARNS (Conleth): The revival of Irish. A case re-stated.
In IER 81, 1954, pp. 184-95.

1250 Ó CUILLEANÁIN (Cormac): Gaelachas i dtosach ré an Choláiste.
In Cork University record 30, 1955, pp. 35-41.

1251 Ó SEARCAIGH (Séamus): Coláiste Uladh i dtús a ré.
In IMN 1956, pp. 31-3.

C LINGUISTICS

1252 BREATNACH (R. A.): Revival or survival? An examination of the Irish language policy of the state.
In Studies 45, 1956, pp. 129-45.

1253 SANCHO PANZA [*pseud.*]: Survival without revival? Is Irish necessary?
In Studies 46, 1957, pp. 34-43.
A reply to R. A. BREATNACH. Revival or survival?, 1956.

1254 Ó MURCHADHA (Tadhg): Conspóid fén athbheochaint.
In IMN 1957, pp. 19-24.

1255 Ó SÚILLEABHÁIN (Pádraig): Aistriúchán ar an Leabhar Aifrinn.
In IMN 1957, pp. 75-8.
Ed. of the preface (on the situation of the Irish lg.) by Tomás Ó HICEADHA (Co. Tipperary) to his 1824 transl. of the Roman missal, [from autogr. MS Franc. A 38].

1256 DE BLAGHD (Earnan): The Abbey Theatre and the Irish language.
In Threshold 2, 1958, no. 2, pp. 26-33.

1257 Ó MORÁIN (Dónall): Gael-Linn: principle and practice.
In id., no. 3, pp. 37-48.

1258 BLYTHE (Ernest): The significance of the Irish language for the future of the nation.
In University review 2, no. 2, [1958], pp. 3-21.
Comment by Myles DILLON, *in* id., pp. 22-7; by Cearbhall Ó DÁLAIGH, pp. 28-30.

1259 Ó MÓRDHA (Séamus P.): The Irish language in Aghabog parish, 1835.
In ClRec 2, (no. 2, 1958), pp. 266-8. (Miscellanea, no. 4)
Co. Monaghan.

1260 ——— : Irish in County Fermanagh in the 19th century.
In id., pp. 268-71. (id., no. 5)

1261 WAGNER (Heinrich): A linguistic atlas and survey of Irish dialects.
In Lochlann 1, 1958, pp. 9-48. charts.

1262 ——— : The position of the Irish language according to our investigations between 1949 and 1956 in points 1-88, including the list of our informants.
In 3547 [LASI], vol. 1, pp. x-xvii.

1263 BRADY (John): Irish interpreters at Meath assizes.
In RíM 2, no. 1, 1959, pp. 62-3.
1790-1826.

1264 DE FRÉINE (Seán): Saoirse gan só.
B.Á.C.: F.N.T., 1960. 222 pp.
cf. 1287.

1265 Ó CUÍV (Brian): The Irish language and its literature.
[Dublin: (for Department of Foreign Affairs) S.O.], 1960 (revised 1972). 16 pp. (= Documents on Ireland, no. 15)

1266 Ó FLOINN (Donnchadh): An dá Ghaeltacht.
In IMN 1960, pp. 9-19.
Manuscript tradition of the 18/19th cc. and the Gaeltacht today.

1267 EVANS (D. Simon): Y Gwyddel a'i iaith: yr argyfwng.
In Y Traethodydd 28, 1960, pp. 97-111.

1268 KEARNS (Conleth): Medieval Dominicans and the Irish language.
In IER 94, 1960, pp. 17-38.

1269 Ó CUÍV (Brian) *ed.*: Litir ón Athair Peadar UA LAOGHAIRE.
In Éigse 9, 1958/61, (pt. 4), pp. 247-51.
From The Irishman, 4 May 1878.

1270 Ó FIANNACHTA (Pádraig): An Ghaeilge san Eaglais anois.
In IMN 1961, pp. 33-8.

1271 HESLINGA (M. W.): The Irish border as a cultural divide. A contribution to the study of regionalism in the British Isles.
With a foreword by E. Estyn EVANS.
Assen: Van Gorcum, 1962 (repr. 1971). 225 pp. (= Sociaal geografische studies, no. 6)

1272 Ó MÓRDHA (Séamus P.): An Ghaeilge i gContae Chabháin, i gContae Longphuirt agus i gContae na hIarmhí san bhliain 1823.
In Breifne 2, 1962/65, (no. 5, 1962), pp. 80-3.
Three letters from the Correspondence of the Irish Society, 1823, concerning Irish spoken in the counties of Cavan, Longford and Westmeath.

1273 Ó DOIBHLINN (Diarmaid): Stracfhéachaint ar Chumann Ghaelach na Ríona.
In IMN 1962, pp. 42-6.

1274 Ó HUALLACHÁIN (Colmán): Bilingualism in education in Ireland.
In Report of the Thirteenth Annual round table meeting on linguistics and language studies. Ed. by E. D. Woodworth. Washington (D.C.): Georgetown U.P., 1963. (= MSLL, no. 15) pp. 75-84.

1275 AN COIMISIÚN UM ATHBHREOCHAN NA GAEILGE: An tuarascáil dheiridh.
B.Á.C.: O.S., [1963]. xvi + 486 pp.

1276 AN COIMISIÚN UM ATHBHEOCHAN NA GAEILGE (COMMISSION ON RESTORATION OF THE IRISH LANGUAGE): Summary, in English, of Final report, 13th July, 1963.
Dublin: S.O., 1963. 143 pp.

1277 TIERNEY (Michael): What did the Gaelic League accomplish? 1893-1963.
In Studies 52, 1963, pp. 337-47.

1278 Ó BROIN (Leon): The Gaelic League and the chair of Irish in Maynooth.
In id., pp. 348-62.

1279 Ó BUACHALLA (Breandán): An Bíobla i nGlinntí Aontrama.
In Feasta 16, 1963, uimh. 7, Deireadh Fómhair, pp. 10-2; uimh. 8, Samhain, pp. 18-20; uimh. 9, Nollaig, pp. 5-7.

1280 ADAMS (G. B.): The last language census in Northern Ireland.
In 475 [Ulster dialects], pp. 111-45.
1911.

C LINGUISTICS

1281 Ó Tuama (Seán): The facts about Irish.
Corcaigh: An Comhar Poiblí, 1964. 48 pp.

1282 Ó C[uív] (B.) *ed.*: Fógra.
In Éigse 11, 1964/66, (pt. 1), p. 26.
1852 advertisement, from MS R.I.A. 23 H 34.

1283 Cunnane (Joseph): Irish Language Commission's report: reactions and reflections.
In IER 101, 1964, pp. 145-53.

1284 Breatnach (R. A.): Irish revival reconsidered.
In Studies 53, 1964, pp. 18-30.

1285 Macnamara (John): The Commission on Irish: psychological aspects.
In id., pp. 164-73.

1286 Brennan (Martin): The restoration of Irish.
In id., pp. 263-77.

1287 de Fréine (Seán): The great silence.
Dublin: F.N.T., 1965 (repr. 1966). vii +283 pp.
Expansion and adaptation of the earlier work 'Saoirse gan só' (1960).
Sociological analysis of the decline of the Irish language in the 19th c.

Review by

1288 Brennan (Martin), *in* Studies 55, 1966, pp. 106-8.

1289 Hughes (T. Jones): Society and settlement in nineteenth-century Ireland.
In IGeo 5, no. 2, 1965, pp. 79-96.

1290 [Government of Ireland]: Athbheochan na Gaeilge. The restoration of the Irish language. Arna leagan ag an Rialtas faoi bhráid gach Tí den Oireachtas, Eanáir, 1965.
B.Á.C.: O.S., 1965. 181 pp. map (fld.)
A dual language publication.

1291 ———: An páipéar bán um athbheochan na Gaeilge: tuarascáil don tréimhse dar chríoch 31 Márta, 1966. White paper on the restoration of the Irish language: progress report for the period ended 31 March, 1966.
Arna leagan ag an Rialtas faoi bhráid gach Tí den Oireachtas, Nollaig, 1966.
B.Á.C.: O.S., 1966. 39 pp.
A dual language publication.

1292 Central Statistics Office: Daonáireamh na hÉireann, 1961. Census of population of Ireland, 1961.
Iml. 9. An Ghaeilge, maille le táiblí speisialta i leith na Gaeltachta. Vol. 9. Irish language, with special tables for the Gaeltacht areas.
Dublin: S.O., 1966. vii + 35 pp.
A dual language publication.

1293 Ó Cuív (Brian): Education and language.
In The Irish struggle, 1916-1926. Ed. by D. Williams. London: Routledge & K. Paul, 1966. (Thomas Davis lectures, 1963) (no. 13) pp. 153-66.

C LINGUISTICS

1294 COOGAN (Timothy Patrick): Ireland since the rising.
London: Pall Mall Press, 1966. xii + 355 pp.
Chap. 9 (pp. 183-205): Gaelic movement.

1295 MACNAMARA (John): Bilingualism and primary education: a study of Irish experience.
Foreword by W. E. Lambert.
Edinburgh: U.P., 1966. x + 173 pp.
Review by

1296 MACKEY (William F.), *in* Lg 45, 1969, pp. 225-8.

1297 Ó NÉILL (Séamus): The hidden Ulster. Gaelic pioneers of the North.
In Studies 55, 1966, pp. 60-6.

1298 DEVLIN (Brendan): Tradition and culture — the Irish dilemma.
In IER 105, 1966, pp. 27-34.

1299 Ó SÚILLEABHÁIN (Pádraig): An Dr de Siún, Easpag Luimnigh (1796-1813), agus an Ghaeilge.
In StH 6, 1966, pp. 155-7.

1300 THOMSON (Derick S.): The role of the writer in a minority culture.
In TGSI 44, 1964/66 (1967), pp. 256-71.
Read 3 March 1966.

1301 Ó GADHRA (Nollaig): Language report.
In Éire-Ireland 2, 1967, uimh. 1- [quarterly].
Title of first report (pp. 75-8): The Irish language revival in 1966.

1302 HUGHES (T. Jones): Yr iaith Wyddeleg.
In Y Traethodydd 35, 1967, pp. 173-85.

1303 Ó hURMOLTAIGH (Nollaig): Glinntí Aontrama.
In An tUltach 44, uimh. 6, Meitheamh 1967, pp. 10-1. (= Canúintí an Tuaiscirt, 5)
On Irish in the Glens of Antrim.

1304 MAC CON MIDHE (Pádraig): Gaeilge Ard Mhacha.
In id., uimh. 7, Iúil 1967, pp. 9-10. (= id., 6)

1305 PIATT (Donn S.): Gaeilge Óméith.
In id., uimh. 8, Lúnasa 1967, pp. 10-1. (= id., 7)
On the Irish of Omeath (1924-26).

1306 ——— : Gaeilge na Mí.
In id., uimh. 9, Meán Fómhair 1967, pp. 9-10. (= id., 8)
Irish in Meath.

1307 STOCKMAN (Gearóid): Gaeilge Thír Eoghain.
In id., uimh. 11, Samhain 1967, pp. 7, 22. (= id., 9)
Irish in Tyrone.

1308 Ó MUIRGHEASÁIN (Seán): Gaeilge Inis Eoghain.
In An tUltach 43 [sic], uimh. 12, Nollaig 1967, pp. 6-7; 44 [sic], uimh. 1, Eanáir 1968, pp. 8-9. (= id., 10, 11)
The Irish of Inishowen (Co. Donegal).

1309 JONES (Emrys): The changing distribution of the Celtic languages in the British Isles.
In THSC 1967, (pt. 1), pp. 22-38.

1310 Ó GLAISNE (Risteárd): The Irish language. A Protestant speaks to

his co-religionists.
Baile an Longfoirt: Nua-Éire, [? 1967]. [12] pp.

1311 Ó Muiríosa (Máirín *Ní Mhuiríosa*): Réamhchonraitheoirí. Nótaí ar chuid de na daoine a bhí gníomhach i ngluaiseacht na Gaeilge idir 1876 agus 1893.
B.Á.C.: Clódhanna Teoranta, 1968. xii + 73 pp. pls.
<small>Protagonists of the Irish language cause before the founding of the Gaelic League (1893).</small>

1312 Ó Buachalla (Breandán): I mBéal Feirste cois cuain.
B.Á.C.: Clóchomhar, 1968. xii + 319 pp. (= Leabhair thaighde, iml. 16)

1313 Cumann Comharsheilbhe na hÉireann: Tuaisceart na hÉireann agus an Ghaedhilg.
[no imprint], [1968?]. 30 pp.

1314 Ó Ceallaigh (Eoghan): An dá thaobh.
B.Á.C.: Clóchomhar, 1968. 126 pp. pls.
<small>pp. 80ff.: An Ghaeilge [in the parish of Kilskeery, Co. Tyrone].</small>

1315 Ó Néill (Eoghan): The language revival in Ireland.
In Celtic League annual 1968 ('Maintaining a national identity'), pp. 54-63.

1316 Ó hAilín (Tomás): The Irish Society agus Tadhg Ó Coinnialláin.
In StH 8, 1968, pp. 60-78.
<small>On Thaddaeus Connellan, the London Hibernian Society, and the Irish Society.</small>

1317 Mac an tSagairt (Liam): An Ghaeilge agus cúrsaí oideachais sa Tuaisceart.
In An Sagart 11, uimh. 4, Geimhreadh 1968, pp. 8-10, 17-9, 21.

1318 Mac Giolla Chomhaill (Anraí): Gaeilge Dhoire.
In An tUltach 44 [sic], uimh. 2, Feabhra 1968, pp. 5-7; uimh. 3, Márta 1968, pp. 4, 6, 15; uimh. 4, Aibreán 1968, pp. 6-7, 18. (= Canúintí an Tuaiscirt, 12, 13, 14)
<small>The Irish of Co. Derry, with a vocabulary.</small>

1319 Ó Catháin (Séamas): Gaeilge Ghleann Ghaibhle.
In id., uimh. 5, Bealtaine 1968, pp. 6-7. (= id., 15)
<small>Irish in Glangevlin (Co. Cavan).</small>

1320 Mac Con Midhe (Pádraig): An Ghaeilge i gCo. an Dúin.
In An tUltach 45, uimh. 11, Samhain 1968, p. 15; uimh. 12, Nollaig 1968, pp. 3, 7. (Canúintí an Tuaiscirt)
<small>Irish in Co. Down. Title of part 2: Gaeilge an Dúin, 2.</small>

1321 Heussaff (Alan): The Celtic League.
In An Féinisc 1, 1968/69, pp. 31-7.

1322 Fennell (Desmond): Language revival: is it already a lost cause?
In Ir. Times, 21 Jan. 1969, Suppl.

1323 Greene (David): Irish as a vernacular before the Norman invasion.
In 522 [View Ir. lg.], (no. 2), pp. 11-21.

1324 Wall (Maureen): The decline of the Irish language.
In id., (no. 8), pp. 81-90.

C LINGUISTICS

1325 Ó HAILÍN (Tomás): Irish revival movements.
In id., (no. 9), pp. 91-100.

1326 Ó FIAICH (Tomás): The language and political history.
In id., (no. 10), pp. 101-11.

1327 Ó DANACHAIR (Caoimhín): The Gaeltacht.
In id., (no. 11), pp. 112-21.

1328 Ó CUÍV (Brian): Irish in the modern world.
In id., (no. 12), pp. 122-32.

1329 O'NEILL (Eoghan): The lingual minority in Eire.
In Lingual minorities in Europe. A selection of papers from the European conference of lingual minorities in Oslo [1967]. Ed. by E. Holmestad & A. J. Lade. Oslo: Det Norske Samlaget, 1969. pp. 146-9.

1330 Ó SAOTHRAÍ (Séamas): Gaeilge na hIarmhí.
In Comhar 28, uimh. 2, Feabhra 1969, pp. 18-9.
Irish in Co. Westmeath.

1331 PRICE (Glanville) *comp.:* The present position of minority languages in Western Europe. A selective bibliography.
Cardiff: U.W.P., 1969. 81 pp.

1332 Ó CUÍV (Brian): The Gaelic cultural movements and the new nationalism.
In The making of 1916. Studies in the history of the rising. Ed. by K. B. Nowlan. Dublin: Stationery Office, 1969. pp. 1-27.

1333 O'BRIEN (Máire Cruise): The two languages.
In Conor Cruise O'Brien introduces Ireland. Ed. by Owen Dudley Edwards. London: A. Deutsch, 1969. pp. 43-60.
Republ. B.Á.C.: Clódhanna Teo., [1971]. [9] + [1] pp.

1334 [GOVERNMENT OF IRELAND]: An páipéar bán um athbheochan na Gaeilge: tuarascáil don tréimhse dar chríoch 31 Márta, 1968. White paper on the restoration of the Irish language: progress report for the period ended 31 March, 1968. Arna leagan ag an Rialtas faoi bhráid gach Tí den Oireachtas, Feabhra, 1969.
B.Á.C.: O.S., 1969. 45 pp.
A dual language publication.

1335 COOMBES (J.): The Irish language in south-east Cork in 1832.
In JCHAS 74, 1969, p. 91.

1336 CULHANE (Thomas F.): Traditions of Glin and its neighbourhood.
In JKAHS 2, 1969, pp. 74-101.
Irish lg. and tradition in west Limerick and north Kerry in the 18th and 19th cc.

1337 Ó MURCHÚ (Eibhlín *Ní Mhurchú*): An Gúm.
In Dóchas 5, 1969, pp. 17-22.

1338 GREENE (David): The Irish language movement.
In Irish Anglicanism 1869-1969. Essays on the role of Anglicanism in Irish life . . . Ed. by M. Hurley. Dublin: Allen Figgis, 1970. pp. 110-9.

1339 Ó HUALLACHÁIN (Colmán L.): Bilingual education program in

Ireland: recent experiences in home and adult support, teacher training, provision of instructional materials.
In Report of the Twenty-first Annual round table meeting on linguistics and language studies (Georgetown University, 1970). Ed. by J. E. Alatis. Washington (D.C.): Georgetown U.P., 1970. (= MSLL, no. 23) pp. 179-93.

1340 Ó DANACHAIR (Caoimhín): The Irish language in county Clare in the 19th century.
In NMAJ 13, 1970, pp. 40-52.

1341 Ó MURCHÚ (Máirtín): Language and community.
Dublin: Stationery Office, [foreword 1970]. vii + 48 + [reversed] 48 + vii pp. (= Comhairle na Gaeilge: occasional paper, no. 1)
A dual language publication, Irish title: Urlabhra agus pobal.

1342 Ó CADHAIN (Máirtín): Gluaiseacht na Gaeilge: gluaiseacht ar strae.
B.Á.C.: Misneach, [1971]. 14 pp.
Lecture at Comhdháil an Chomhchaidrimh i dTír Chonaill, Lúnasa 1969.

1343 COMHAIRLE NA GAEILGE: Towards a language policy.
Dublin: S.O., [introd. 1971]. 8 + [reversed] 8 pp.
A dual language publication, Irish title: I dtreo polasaí teanga.

1344 MACNAMARA (John): Successes and failures in the movement for the restoration of Irish.
In Can language be planned? Sociolinguistic theory and practice for developing nations. Ed. by J. Rubin & Bj. H. Jernudd. Honolulu: U.P. of Hawaii, 1971. pp. 65-94.

1345 CLARK (Dennis): Muted heritage: Gaelic in an American city.
In Éire-Ireland 6, 1971, uimh. 1, pp. 3-7.

1346 Ó HAILÍN (Tomás): Seanchas ar léamh agus scríobh na Gaeilge i gCorca Dhuibhne.
In JKAHS 4, 1971, pp. 127-38.
Traditions about reading and writing of Irish in Corkaguiny in the 19th c.

1347 Ó SÚILLEABHÁIN (Pádraig): An bata scóir.
In Éigse 14, 1971/72, p. 124. (Varia, no. 5)
Reference to use in the earlier 18th c.

Eastern Gaelic

1348 CAMPBELL (John Lorne): Gaelic in Scottish education and life. Past, present and future.
Edinburgh: (for the Saltire Society) Johnston, 1945. 106 pp.

1349 HANDLEY (James E.): Gaelic culture in the west of Scotland.
In 437 [Fs. Torna], pp. 24-32.

1350 O LOCHLAINN (Colm): The Gaelic Society of London, 1840, and its library.
In IBL 30, 1946/48, (no. 4, 1948), pp. 80-4.

1351 LORIMER (W. L.): The persistence of Gaelic in Galloway and Carrick.
In SGS 6, 1949, pp. 113-36; 7, 1953, (pt. 1, 1951), pp. 26-46.
16th c. ff.

C LINGUISTICS

1352 CATFORD (J. C.): The Linguistic survey of Scotland.
In Orbis 6, 1957, pp. 105-21. charts

1353 JACKSON (Kenneth): The situation of the Scottish Gaelic language, and the work of the Linguistic survey of Scotland.
In Lochlann 1, 1958, pp. 228-34.

1354 DUNN (Charles W.): The cultural status of Scottish Gaelic: a humanistic interpretation.
In MLQ 22, 1961, pp. 3-11.

1355 ROSS (James): Bilingualism and folk life. Some aspects of the vernacular speech of a crofting community.
In ScSt 6, 1962, pp. 60-70.
Gaelic vs English in the village of Glendale, Skye.

1356 MACLEOD (Murdo): Gaelic in Highland education.
In TGSI 43, 1960/63 (1966), pp. 305-34.
Historical survey (read 1 Feb. 1963).

1357 MACKENZIE DONN (Thomas): The Scots Gaelic Bible and its historical background.
In TGSI 43, 1960/63 (1966), pp. 335-56.
Read 1 Nov. 1963.

1358 GENERAL REGISTER OFFICE, EDINBURGH: Census 1961, Scotland. Vol. 7. Gaelic.
H.M.S.O., 1966. xxiii + 28 pp.
With summary in Sc.G. (Iomradh an Gàidhlig). — Cf. G.R.O.E.: Census 1961, Scotland, Gaelic, Supplementary leaflet. H.M.S.O., 1966. 8 pp. (= Leaflet no. 27)

1359 PRICE (Glanville): The decline of Scottish Gaelic in the twentieth century.
In Orbis 15, 1966, pp. 365-87.

1360 MACDONALD (Kenneth D.): The Gaelic language, its study and development.
In The future of the Highlands. Ed. by D. S. Thomson & I. Grimble. London: Routledge & K. Paul, 1968. pp. 175-201.

1361 DAVIES (A. S. B.): Cyflwr presennol iaith Geltaidd Ynys Manaw.
In BBCS 12, 1948, pp. 89-91.
The present state of the Celtic language of the Isle of Man.

1362 THOMSON (R. L.): The study of Manx Gaelic.
In PBA 55, 1969 [1971], pp. 177-210. (= Rhŷs lecture, 1969)
Sep. issued London: O.U.P., [n.d.]. [same pagin.]

C 4.2 **Language planning and teaching**
cf. D 2.3 Lexical planning; E 7 Grammar: Standardization
D 8.1.1 Toponymy, Ethnica: Standardization

1363 RANNÓG AN AISTRIÚCHÁIN, OIFIG THITHE AN OIREACHTAIS: Litriú na Gaeilge. An caighdeán oifigiúil.
B.Á.C.: O.S., [pref. 1945]. 62 pp.

C LINGUISTICS

Revised and enlarged
Litriú na Gaeilge. Lámhleabhar an chaighdeáin oifigiúil. [pref. 1947]. 121 pp.
> Standardization of Irish spelling, by the Translation Section, the Houses of the Oireachtas.

1364 SCEILG [*pseud.*, Seán UA CEALLAIGH]: Spelling made easy. 'Litriú na Gaeilge' critically examined.
Dublin: D. Mac Giolla Phádraig, [foreword 1946]. 93 pp.
> Incl. accounts of the history of Irish grammar and lexicography.

1365 PAGHAN (G. T.): Téarmaíocht na heolaíochta.
In 437 [Fs. Torna], pp. 18-22.
> For the adoption of international scientific terminology.

1366 Ó CEALLAIGH (Brian): An Ghaodhluinn i gcúrsaíbh creidimh.
In IER 69, 1947, pp. 792-7.

1367 O'CONNOR (Joe): The teaching of Irish. Testament of a pioneer. With Comments on the article, by [various persons].
In CapA 1949, pp. 205-62.

1368 Ó DOMHNAILL (Niall): Forbairt na Gaeilge.
B.Á.C.: Sáirséal & Dill, 1951. 66 pp.

1369 AN ROINN OIDEACHAIS: Nótaí d'oidí: Gaeilge.
B.Á.C.: O.S., [n.d.]. 55 pp. (Oideachas náisiúnta)
> Notes (in English) for teachers of Irish.

1370 RANNÓG AN AISTRIÚCHÁIN, OIFIG THITHE AN OIREACHTAIS: Gramadach na Gaeilge. An caighdeán oifigiúil.
B.Á.C.: O.S., 1953. vii + 59 pp.

1371 HEMON (Roparz): Yezhadur nevez an iwerzhoneg.
In Al Liamm (9, 1953), niv. 40, pp. 42-9.
> On RANNÓG AN AISTRIÚCHÁIN, Litriú na Gaeilge, 1947; Gramadach na Gaeilge, 1953.

1372 BREATNACH (R. A.): Canúint agus caighdeán.
In Feasta 10, uimh. 5, Lúnasa 1957, pp. 2-3.

1373 DALTÚN (Séamus): Caighdeán don Ghaeilge. Litriú, gramadach, cló, scríbhinn.
In id., pp. 7-10, 19-21.

1374 RANNÓG AN AISTRIÚCHÁIN, OIFIG THITHE AN OIREACHTAIS: Gramadach na Gaeilge, agus Litriú na Gaeilge. An caighdeán oifigiúil.
B.Á.C.: O.S., 1958. xiii + 239 pp.
Revised edition 1960 (repr. 1962, 68). xiii + 242 pp.
> Standardization of Irish morphology and spelling, by the Translation Section, the Houses of the Oireachtas.

Review [in Irish] *by*

1375 DE BHALDRAITHE (Tomás), *in* Feasta 11, uimh. 9, Nollaig 1958, pp. 18-20, 22; uimh. 10, Eanáir 1959, pp. 14-6, 18-9.

1376 DE BHALDRAITHE (Tomás) *ed.*: English-Irish dictionary.
B.Á.C.: O.S., 1959. xii + 864 pp.

1377 Ó HUALLACHÁIN (Colmán): How modern language teaching methods could help Irish teachers quickly.
In The Teacher's work 21, 1962, pp. 81-4.

1378 Ó Cadhain (Máirtín): Gan rath orthu mar choinbhinsiúin.
In An tUltach 39, uimh. 8, Lúnasa 1962, pp. 6-7.
vs Muiris Ó Droighneáin.

1379 Ó Donnchadha (Diarmuid): Múineadh na Gaeilge.
B.Á.C.: An Clóchomhar, 1964. vii + 189 pp. (= Leabhair thaighde, iml. 11)

1380 Ó Ruairc (Maolmhaodhóg): Feabhsú ar stíl na Gaeilge?
In IMN 1965, pp. 49-55.

1381 Ó Glaisne (Risteárd): Leasuithe ar Chaighdeán na Gaeilge.
In StH 5, 1965, pp. 78-87.
Some improvements (simplification) of the standardization of Irish.

1382 Ó Droighneáin (Muiris): An sloinnteoir Gaeilge agus an t-ainmneoir.
B.Á.C.: Ó Fallúin, [1966]. 80 pp.

1383 An Roinn Oideachais: Buntús Gaeilge. Reámhthuarascáil ar thaighde teangeolaíochta a rinneadh sa Teanglann, Rinn Mhic Gormáin.
B.Á.C., 1966. 206 pp.
A frequency analysis of Irish words and phrase structures, carried out under the direction of Colmán Ó hUallacháin.
Review [in Irish] *by*

1384 Ó Murchú (Máirtín), *in* The Irish journal of education 1, 1967, (no. 1), pp. 74-9.

1385 Ó Cuív (Brian): The changing form of the Irish language.
In 522 [View Ir. lg.], (no. 3), pp. 22-34.

1386 Ó Murchú (Máirtín): Common core and underlying forms. A suggested criterion for the construction of a phonological norm for Modern Irish.
In Ériu 21, 1969, pp. 42-75.

1387 An tSuirbhéireacht Ordanáis: Ainmneacha Gaeilge na mbailte poist.
B.Á.C.: O.S., [forew. 1969]. viii + 187 pp.

C 4.2.1 Learner's aids

1388 de Blaca (Seamas) *comp.*: Aids in the study of Modern Irish. Materials available for self-instruction in Irish. An annotated list.
In An Féinisc 1, 1968/69, pp. 39-45.

1389 Mac Giolla Phádraig (Brian): Bun-chúrsa ar cheapadóireacht Gaeilge. First course in Irish composition. — 3rd ed.
[Dublin]: Brún & Ó Nualláin, [pref. 1953, 58]. 2 voll.

1390 An Seabhac [*pseud.*, Ó Siochfhradha (Pádraig)] *comp.*: Learner's Irish-English pronouncing dictionary in new standard spelling.
Dublin: Talbot, 1959. viii + 173 pp.
Review by

1391 Ó Cuív (Brian), *in* Éigse 9, 1958/61, (pt. 3, 1959/60), pp. 211-2.

1392 DE BHALDRAITHE (Tomás) *ed.*: English-Irish dictionary.
B.Á.C.: O.S., 1959. xii + 864 pp.

1393 EVEN (Arzel): Skol vihan an iverzoneg.
Hor yezh, 1959. 68 pp. (= Levraoueg ar yezhoù keltiek, niv. 1)
Serially publ. in Hor yezh 23-25, 28 [n.s. 8-10, 13], 1959-60.

1394 Ó CADHAIN (Máirtín): Consain na Gaeilge. The consonants of Irish.
B.Á.C.: Spól, 1960. 20 pp.
Text with transl. and notes.
Phonodisc: Spól, CG. 01, 45 csn. (= Ceirníní na Gaeltacht, 1 [no more issued]) Cainteóirí: M. Ó Cadhain & Máirín Ní Churraoin (Cois Fhairrge).

1395 GRAIMÉAR GAEILGE NA MBRÁITHRE CRÍOSTAÍ.
B.Á.C.: (for Na Bráithre Críostaí) Mac an Ghoill, 1960. viii + 432 pp.
Review [in Irish] *by*

1396 MAC EOIN (Gearóid S.), *in* StH 1, 1961, pp. 218-23.

1397 DILLON (Myles) & Ó CRÓINÍN (Donncha): Teach yourself Irish.
London: English Universities Press, 1961 (rev. impr. 1966, 71). xii + 243 pp. (Teach yourself books)
2 phonodiscs: Ceirníní Gael-Linn, Áth Cliath, C.T. 1, 2, 33⅓ c.p.n. Prod. by Seán Mac Réamoinn. Spoken by D. Ó C. & Gobnait Ní Shúilleabháin.
Reviews by

1398 MAC EOIN (Gearóid S.), *in* StH 2, 1962, pp. 260-2.

1399 BYRNE (Francis John), *in* ZCP 29, 1962/64, (H. 1/2, 1962), pp. 198-9.

1400 O[FTEDAL] (M.), *in* Lochlann 4, 1969, pp. 353-5.

1401 Ó GLAISNE (Risteárd): Bun-Ghaeilge. A concise guide to Irish. With a new method of learning through sound.
Dubhlinn: Cara, 1962 [cover: 1961]. xxiv + 340 pp.
Tapes (Cara-Philips system), spoken by Pádraig Ó Maoileoin (Dunquin, Co. Kerry).

1402 NUACHÚRSA GAEILGE NA MBRÁITHRE CRÍOSTAÍ.
B.Á.C.: (for Na Bráithre Críostaí) Mac an Ghoill, 1962. x + 325 pp.
5th ed. 1968 (repr. 1970). x + 334 pp.

1403 NA BRÁITHRE CRÍOSTAÍ: Éist agus labhair.
B.Á.C.: Mac an Ghoill, 1964. ix + 179 pp.
Tape: Modern Teaching Ltd., Dublin; 2-track, 7½ ips.

1404 ANNUNTIATA LE MUIRE (*An tSiúr*) & Ó HUALLACHÁIN (Colmán): Bunchúrsa foghraíochta.
B.Á.C.: O.S., 1966. 107 pp.
Phonodisc: Caoga fuaim shamplach i nGaeilge.
An Teanglann, Rinn Mhic Gormáin, RMG 1, 45 c.p.n. Cainteoir: Caitlín Ní Dhochartaigh (N. Mayo).

1405 Ó Domhnalláin (Tomás): Buntús cainte. A first step in spoken Irish.
Illustrated by William Bolger.
B.Á.C.: O.S., 1967-68. 3 voll.
6 phonodiscs (in pairs): Ceirníní Gael-Linn, Áth Cliath, C.T. 5-10, 33⅓ c.s.n. Producer: Seán Ó Mórdha. (Also tapes)
   Based on the results of linguistic research as published in 'Buntús Gaeilge'.

1406 Ó Siochfhradha (M.) ed.: Learner's Irish-English dictionary (sa chaighdeán oifigiúil). — new ed.
B.Á.C.: C.O.É., [1969]. 131 pp.

1407 [Government of Ireland]: Gaeilge don tSeirbhís Phoiblí. Cúrsa Gaeilge do lucht riaracháin.
B.Á.C.: O.S., [1970]. 626 pp.

1408 Ó Siochfhradha (Mícheál) ed.: Learner's English-Irish dictionary (sa chaighdeán oifigiúil).
B.Á.C.: C.O.É., [1970]. x + 188 pp.

C 4.3 Psycholinguistics

1409 Lewy (Ernst): The old linguist's beliefs.
In Homenaje a Don Julio de Urquijo e Ybarra. San Sebastián, 1949. (= Boletín de la Real Sociedad Vascongada de Amijos del País, numero extraordinario) pp. 249-61.
Republ. in 449 [Kl. Schr.], pp. 129-38.
   Impersonal expression of motions of the mind and physical sensations in Irish and German (subjective verbs in English).

1410 Mühlhausen (Ludwig): Über die Rolle von Personennamen. (Keltisches und Nordisches).
In BNF 1, 1949/50, pp. 187-94.

1411 Hartmann (Hans): Das Passiv. Eine Studie zur Geistesgeschichte der Kelten, Italiker und Arier.
Heidelberg: Winter, 1954. 206 pp. (Idg. Bibliothek, 3. Reihe: Untersuchungen)

1412 ———: Zur Funktion des Perfekts. Eine strukturelle Betrachtung.
In Festschrift Bruno Snell zum 60. Geburtstag am 18. Juni 1956 . . . München: Beck'sche Verlagsbuchhandlung, 1956. pp. 243-50.
   Passive constructions in Irish corresponding to Greek 'Resultativ-Perfekta'.

1413 ———: Betrachtungen zur objektiven Struktur sprachlicher und soziologischer Formen in Irland: 'Stolpern' und 'Fallen'.
In ZCP 26, 1957, pp. 8-32.

1414 Pollak (Johanna): Beiträge zur Verwendung der Farben in der älteren irischen Literatur.
In ZCP 27, 1958/59, pp. 161-205.

1415 Hartmann (Hans): Die Struktur der indogermanischen Sprachen und die Entstehung der Wissenschaft.
In Sprache und Wissenschaft. Vorträge gehalten auf der

C LINGUISTICS

Tagung der Joachim Jungius-Gesellschaft der Wissenschaften, Hamburg . . . 1959. Göttingen: Vandenhoeck & Ruprecht, 1960. pp. 51-71.
Review by

1416 SCHMIDT (Karl Horst), *in* IF 66, 1961, pp. 57-9.

1417 HARTMANN (Hans): Der Typus *ocus é* im Irischen.
In Indogermanica. Festschrift für Wolfgang Krause zum 65. Geburtstag am 18. September 1960 . . . Heidelberg: Winter, 1960. pp. 8-23.

1418 LEWY (Ernst): Zum Charakter der Sprachen.
In MSS 16, 1964, pp. 37-46.

1419 GUYONVARC'H (Christian-J.): Le nom et la notion d'"être" en celtique.
In Ogam 20, 1968, pp. 374-7. (Notes d'étymologie et de lexicographie gauloises et celtiques (31), no. 150)

1420 DONN (Thomas M.): Semantics of the Gaelic language (with special reference to the character of the Gael).
In TGSI 45, 1967/68 (1969), pp. 319-53.

1421 BRENNAN (Martin): Language, personality and the nation.
In 522 [View Ir. lg.], (no. 7), pp. 70-80.

D   LEXICOLOGY, ONOMASTICS

D 1   NATIVE

cf. C 1   Linguistics: Native;   E 1   Grammar: Native
   I 5   Onomastic lore

1422   GWYNN (E. J.) *ed.*: An Old-Irish tract on the privileges and responsibilities of poets.
In Ériu 13, 1942, pp. 1-60 [Best² 2282], 220-36.
From MS T.C.D. H 2 15B, with notes. Also a glossary with excerpts from this tract ('A *bretha neime* deidhinach so'), from MS T.C.D. H 3 18. Also An index to the citations from this tract in 'O'Davoren's glossary', and Index to citations in O'Davoren from *Corus bretha neme*.

1423   KNOTT (Eleanor): 'O'Clery's glossary' and its forerunners. A note on glossary-making in medieval Ireland.
In 431 [Measgra Uí Chléirigh], pp. 65-9.

1424   GLEESON (Dermot F.): Peter O'CONNELL, scholar and scribe, 1755-1826.
In Studies 33, 1944, pp. 342-8.
Compiler of Ir.-Engl. dictionary, now MS B.M. Eg. 83.

1425   O'RAHILLY (T. F.) *ed.*: Francis KEANE's list of Irish technical terms.
In Celtica 1, 1950, pp. 303-7, 406.
From two essays, 1874 and 1876, in MS R.I.A. 12 Q 13, by F.K. (Próinsias Ó Catháin) who was a native prob. of S. W. Clare.

1426   JONES (Frederick M.): The Congregation of Propaganda and the publication of Dr. O'BRIEN's Irish dictionary, 1768.
In IER 77, 1952, pp. 29-37.

1427   HULL (Vernam) *ed.*: Tulchuba briathar.
In ZCP 24, 1954, (H. 1/2, 1953), pp. 134-5.
Text from MS N.L. G 7.

1428   GUYONVARC'H (Christian-J.): Irlandais *Fand*, nom propre, *fand* 'plume, oiseau', à propos d'un jeu étymologique.
In Ogam 11, 1959, p. 440. (Notes d'étymologie et de lexicographie celtiques et gauloises (4), no. 13)

1429   GROSJEAN (Paul): Quelques remarques sur VIRGILE LE GRAMMAIRIEN.
In 450 [Fs. Gwynn], pp. 393-408.
as mentioned in the pref. to O'Mulc.

1430   TÓIBÍN (Seán): Cúig cúigí Éireann.
In Galvia 8, 1961, pp. 50-7. map
Publ. sep. Loch Garman: (pr. by) Seán Inglis, 1963. 12 pp.
Subtitle .i. Tíreolas dúchais na Gaeilge.

1431   HULL (Vernam): Article 1208 in 'O'Davoren's glossary'.
In ZCP 29, 1962/64, (H. 1/2, 1962), pp. 186-7. (Notes on Irish texts, no. 2)

1432   GUYONVARC'H (Christian-J.): Keltische Wortsymbolik.
In Kairos 5, 1963, pp. 189-97.

1433   Ó SÚILLEABHÁIN (Pádraig) *ed.*: SCURRY's collection of Irish words.

In Celtica 6, 1963, pp. 67-81.
<blockquote>A vocabulary, comp. in 1820 by James SCURRY of Co. Kilkenny; from MS B.M. Eg. 119.</blockquote>

1434 Ó SEAGHDHA (Nessa *Ní Shéaghdha*) *ed.*: An English-Irish vocabulary.
In id., pp. 127-34.
<blockquote>Comp. by Muiris Ó FEARGHAOILE (poss. on the basis of a catechism in the same MS); from autograph MS N.L. G 30 (wr. 1735).</blockquote>

1435 Ó MURCHADHA (Diarmuid): Léarscáil Mhúscraí, Co. Chorcaí, A.D. 1821.
In Dinnseanchas 1, 1964/65, pp. 44-5.
<blockquote>A Gaelic map of Muskerry, 1821.</blockquote>

1436 WATKINS (Calvert): *orn .i. orgon.*
In StC 2, 1967, pp. 99-100. (= Varia, [no. 3])
<blockquote>A glossatorial invention.</blockquote>

1437 MCCAUGHEY (Terence P.): Muiris Ó GORMÁIN's English-Irish phrasebook.
In Éigse 12, 1967/68, pp. 203-27.
<blockquote>Comp. a.1770; extant in MSS autogr. N.L. G 141 and B.M. Eg. 663, and R.I.A. 23 D 11. Linguistic analysis (S.E. Ulster Irish).
Comparison with a similar shorter phrase-list in Bolg a tsoláir (Belfast) 1795, pp. 15-6.</blockquote>

1438 [TRODDYN (P. M.)]: Robert MCADAM's Irish dictionary.
In Studies 57, 1968, p. 153.
<blockquote>It is extant as a MS in Queen's University, Belfast, as communicated in a letter to the editor by Seán Phillips (Ass. Librarian) here printed.</blockquote>

1439 Ó DUFAIGH (Seosamh) *ed.*: Gluaiseanna ó Mhuineachán le foclóir Uí Raghallaigh.
In Clogher record 7, (no. 1, 1969), pp. 108-14.
<blockquote>Additions, in 1822 or later, to a copy of Edward O'REILLY's Irish-English dictionary, 1817 (now in St. Macarten's Seminary, Monaghan), by Séamus Ó DUICHE, Muckno (Co. Monaghan).</blockquote>

1440 LHUYD (Edward): Archaeologia Britannica. An account of the languages, histories and customs of the original inhabitants of Great Britain. Vol. 1: Glossography.
Introd. by Anne & William O'SULLIVAN.
Shannon: I.U.P., 1971. xiii pp. + photolitogr. facs. of 1st ed. 1707.

1441 O'SULLIVAN (Anne) & O'SULLIVAN (William): Three notes on Laud Misc. 610 (or the Book of Pottlerath).
In Celtica 9, 1971, pp. 135-51. pl.
<blockquote>'Cormac's glossary' in Laud (and in BUíM) derives from the missing part of the LL text.</blockquote>

1442 CAMPBELL (J. Lorne): Some words from the vocabulary of Alexander MACDONALD.
In SGS 6, 1949, (pt. 1, 1947), pp. 27-42.

1443 ———: Some errors in the names of animals in Gaelic dictionaries.

In JCS 2, 1958, pp. 134-40.

1444 ——— : Scottish Gaelic translations of John RAY's Dictionariolum trilingue.
In SGS 9, 1962, (pt. 1, 1961), pp. 89-90.
Robert KIRK's (1702) Vocabulary (v. Best^2 53); Edward LHUYD.

1445 CAMPBELL (J. L.) & THOMSON (Derick) *eds.*: Edward LHUYD in the Scottish Highlands, 1699-1700.
Oxford: Clarendon, 1963. xxxii + 319 pp. pls.
From MSS in T.C.D.; with notes and indexes.
1. The folklore and Gaelic manuscript survey; 2. The Scottish Gaelic translation of John Ray's Dictionariolum trilingue; 3. Alphabetical index of all Sc.G. words recorded by Lhuyd; etc.

1446 THOMSON (R. L.): Edward LHUYD in the Isle of Man?
In 461 [Celtic studies], pp. 170-82.
Manx transl. of John RAY's Dictionariolum trilingue; some critical remarks on the Sc. G. material.

LEXICOLOGY

D 2 DICTIONARIES, VOCABULARIES

D 2.1 General

1447 ROYAL IRISH ACADEMY: Dictionary of the Irish language. Based mainly on Old and Middle Irish material.
Dublin: R.I.A., 1913-57. 4 fascc.
Complemented by the Contributions to a dictionary of the Irish language.
Fasc. 1. *D – degóir*. Ed. by Carl J. S. MARSTRANDER. 1913. 224 + [4] coll.
Fasc. 2. *E*. General editor: Osborn BERGIN. Ed. by Maud JOYNT & Eleanor KNOTT. 1932. 256 + [4] coll.
Fascc. 3, 4. *F*. Ed. by M.J. & E.K. 1950-57. 492 + [2] + [6] (= pp. i-iii, end of fasc. 3) coll.

1448 ——— : Contributions to a dictionary of the Irish language.
Dublin: R.I.A., 1939- [in progress].
Complementing the Dictionary of the Irish language.
A. Arr. by Anne O'SULLIVAN & E. G. QUIN. 1964-67. 2 fascc. 484 + [10] coll.
C. [in progress]. General editor: E.G.Q.
Fasc. 1 [*C-1 clúain*]. Arr. by Próinséas Ní CHATHÁIN, Máirín O DALY, P. Ó FIANNACHTA & Anne O'SULLIVAN. 1968.
Fasc. 2 [1 *clúain – con-ling*]. Arr. by Seán CONNOLLY, P. NÍ CH., M. O D. & P. Ó F. 1970.
D [*degra–*]. Arr. by Mary E. BYRNE & Maud JOYNT. 1959-60. 2 fascc. 460 + [6] coll. Prep. for the press, with adds., by A.O'S. & E.G.Q.
G. Arr. by M.E.B. 1955. 178 + [4] coll. Rev. and seen through the press by Myles DILLON.

I. Arr. by M.O D. & A.O'S. 1952. 2 fascc. 334 + [6](= pp. i-iii) coll.

L. General editor: E. G. QUIN. Arr. by M.O D. & P.Ó F. 1966. 252 + [6] coll.

M. Arr. by Maud JOYNT. [1939]. 208 + [4] coll.

N, O, P. Arr. by M.J. [1940]. 212 + [4] coll.

R. Arr. by M.J. 1944. 124 + [4] coll.

S. General editor: E. G. QUIN. 1953. 434 + [6] coll. Arr. by M.J., Teresa CONDON, M.O D., A.O'S. & E.G.Q.

T. Arr. by David GREENE & E.G.Q. 1943-48. 2 fascc. 394 + [6] coll.

U. Arr. by Teresa CONDON. 1942. 98 + [4] coll. Seen through the press by Eleanor KNOTT.

Review of fasc. 'M' *by*

1449 FRASER (J.), *in* SGS 5, 1942, pp. 190-2.

Review of fasc. 'N,O,P' *by*

1450 CARNEY (James), *in* Éigse 3, 1941/43, (pt. 3, 1942), pp. 223-6.

1451 MÜHLHAUSEN (Ludwig): Nachträge und Berichtigungen zu 'Hessens irisches Lexikon' I 1, 2 und II 1, 2.

In ZCP 22, 1941, pp. 68-76. (Kleine Beiträge, no. 4)

1452 POKORNY (Julius) *comp.*: Indogermanisches etymologisches Wörterbuch.

Bern, München: Francke, 1959, 69. 2 voll.
   Vol. 1 (1183 pp.) appeared as 13 fascc., 1949-59.
   Vol. 2: Register, comp. by H. Breckenridge Partridge; Vorrede, by J.P.

Review of Fasz. 3 *by*

1453 WHATMOUGH (Joshua), *in* Lg 26, 1950, pp. 299-302.
   Espec. on Ir. *donn* 'chieftain'.

Review of Faszz. 1-10 *by*

1454 VENDRYES (J.), *in* ÉtC 5, 1949/51, pp. 465-7; 6, 1953/54, pp. 380-3; 7, 1955/56, pp. 437-9.

1455 HAMP (Eric P.): Marginalia to POKORNY's 'Indogermanisches etymologisches Wörterbuch'.

In IF 66, 1961, pp. 21-8.

1456 DE HAE (Risteárd) *comp.*: Foclóir Gaedhilge agus Frainncise.

B.Á.C.: Oifig an tSoláthair, 1952. 440 pp.
   Ir.-Fr. dictionary.

Review by

1457 VENDRYES (J.), *in* ÉtC 6, 1953/54, pp. 392-4.

1458 VOCABULAIRE VIEUX-CELTIQUE.

In Ogam 4-15, 1952-63.
   Total of 152 pages; no more published after the (incomplete) lemma **legios, *lagios*.

1459 DE BHALDRAITHE (Tomás) *ed.*: English-Irish dictionary.

B.Á.C.: O.S., 1959. xii + 864 pp.

Reviews by

1460 [Ó BROIN (Pádraig)], *in* Teangadóir 4, (uimh. 11/12, 1960), pp. 217-23.

1461 Ó B[ROIN] (B.), *in* IMN 1960, pp. 110-1.
1462 GUYONVARC'H (Christian J.), *in* Ogam 13, 1961, pp. 366-7.
1463 GREENE (David), *in* SGS 9, 1962, (pt. 1, 1961), pp. 96-8.
1464 OFTEDAL (Magne), *in* Lochlann 2, 1962, pp. 226-8.
1465 Ó GLAISNE (Risteárd), *in* Studies 52, 1963, pp. 217-9.
   Review [in Irish] *by*
1466 MAC EOIN (Gearóid S.), *in* StH 1, 1961, pp. 218-21.
1467 LEXIQUE ÉTYMOLOGIQUE DE L'IRLANDAIS ANCIEN.
   Dublin: D.I.A.S.; Paris: C.N.R.S., 1959- .
   Fascc. 'A', 'M,N,O,P'. Par J. VENDRYES. 1959, 1960.
   Reviews of fasc. 'A' *by*
1468 MEID (Wolfgang), *in* IF 66, 1961, pp. 86-93.
1469 Ó CLÉIRIGH (C. R.), *in* StH 1, 1961, pp. 236-7.
1470 CAMPANILE (Enrico), *in* SSL 1, 1961, pp. 79-81.
1471 MARSTRANDER (C.), *in* Lochlann 2, 1962, pp. 196-226.
   Reviews of fascc. 'A', 'M,N,O,P' *by*
1472 Ó CUÍV (Brian), *in* Éigse 10, 1961/63, (pt. 1), pp. 65-71.
1473 PISANI (Vittore), *in* Paideia 18, 1963, pp. 124-6.
   Review of fasc. 'M,N,O,P' *by*
1474 MEID (Wolfgang), *in* IF 67, 1962, pp. 116-20.

Eastern Gaelic
1475 THOMSON (Robert Leith) *comp.*: A glossary of early Manx.
   In ZCP 24, 1954, pp. 272-307; 25, 1956, pp. 100-40, 264-308; 27, 1958/59, pp. 79-160.
   From John Phillips' 1610 Manx transl. of the Book of common prayer (ed. A. W. Moore & J. Rhŷs, v. Cubbon 775f); arranged under the modern Manx spellings.
1476 MACDONALD (Kenneth D.): Gaelic dictionary: an appeal for help.
   In Scottish educational journal 49, 1966, (no. 47, Nov. 25), pp. 1126-7.
1477 THOMSON (Derick S.): The Historical dictionary of Scottish Gaelic.
   In Lochlann 4, 1969, pp. 280-1.
1478 CARMICHAEL (Alexander) *ed. & tr.*: Carmina Gadelica. Hymns and incantations, with illustrative notes on words, rites, and customs, dying and obsolete: orally collected in the Highlands and islands of Scotland.
   Edinburgh, London: Oliver & Boyd, 1900-71. 6 voll.
   Voll. 5 (1954) and 6 (Indexes [incl. 'Gaelic words and expressions']), ed. by Angus MATHESON.

D 2.2   Dictionaries, Vocabularies: Special

D 2.2.1   Earlier Irish
1479 BINCHY (D. A.) *ed.*: Críth gablach.
   Dublin: S.O., 1941. xx + 109 pp. (= MMIS, vol. 11)

D LEXICOLOGY, ONOMASTICS

Repr. with addenda Dublin: D.I.A.S., 1970.
> From MS T.C.D. H 3 18. With notes, vocabulary, and legal glossary.

1480 McKenna (Lambert) *ed.*: Bardic syntactical tracts.
Dublin: D.I.A.S., 1944. xix + 304 pp.
> With commentary, and glossaries of technical terms and words.

1481 Mac Airt (Seán) *ed.*: The Annals of Inisfallen (MS Rawlinson B 503).
Dublin: D.I.A.S., 1951. lii + 596 pp.
> With Engl. transl., indexes (incl. A selective index of Irish technical and other terms).

1482 Ó Cuív (Brian) *ed.*: Fragments of two mediaeval treatises on horses.
In Celtica 2, 1954, (pt. 1, 1952), pp. 30-63.
> From MSS T.C.D. H 3 18 and R.I.A. 24 P 25 respectively; with Engl. transl. and special vocabularies.

1483 Greene (David) *ed.*: Lapidaries in Irish.
In id., pp. 67-95.
> With notes and glossary.

1484 ────── *ed.*: *Un joc grossier* in Irish and Provençal.
In Ériu 17, 1955, pp. 7-15.
> 3 texts on *táiplis* . . . List of some technical terms.

1485 O'Donnell (Thomas J.) *ed.*: Selections from the *Zoilomastix* of Philip O'Sullivan Beare.
Dublin: (for I.M.C.) S.O., 1960. lxviii + 111 pp.
> Wr. 1625/26; from autogr. MS Uppsala H 248.
> App. (to introd.) A: Irish names of birds, plants, animals, fishes and minerals. Comp., as an Irish-Latin-Engl. vocabulary, by Tomás de Bhaldraithe.

1486 Mac Niocaill (Gearóid): Na buirgéisí, xii-xv aois.
An Charraig Dhubh [Blackrock, Co. Dublin]: Cló Morainn, 1964. 2 voll.
> p. 652: Miosúir agus tomhaiseanna.

1487 Mac Aogáin (Parthalán) *ed.*: Graiméir Ghaeilge na mBráthar Mionúr.
B.Á.C.: I.Á.B., 1968. xxv + 158 pp. (= SGBM, iml. 7)
> Franciscan Irish grammars (and prosodies). Lists of Irish and of Latin technical terms treated in the texts.

D 2.2.2   **Late Modern Irish**

1488 de Bhaldraithe (Tomás) *comp.*: Cainteanna(í) as Cois Fhairrge.
In Éigse 3, 1941/42 (1943), pp. 245-50; 4, 1943/44 (1945), pp. 210-9, 292-303; 5, 1945/47 (1948), pp. 45-58, 108-21, 196-203, 283-9.
> Vocabulary of words and phrases (not noted in Dinneen), with phonetic transcriptions.

1489 Ó Súilleabháin (Seán) & Breathnach (R. B.): Focail ó pharóiste Thuaith Ó Siosta.
In Éigse 4, 1943/44 (1945), (pt. 1), pp. 17-23.
> Vocabulary of words and phrases from Tuosist (Co. Kerry) by S.Ó S.; phonetic transcr. by R.B.B.

1490 [anon.]: Foclóireacht.
In An Músgraigheach 1, Meitheamh 1943, pp. 10-4; 2, Fómhar 1943, p. 22 [corrig.].
> Alphabetical list of words and idioms from West Muskerry.

1491 SHEEHAN (M.): Sean-chaint na nDéise. The idiom of living Irish. — 2nd [rev.] ed.
Dublin: D.I.A.S., 1944. ix + 231 pp.

1492 Ó HÉALUIGHTHE (Diarmuid) *comp.*: Irish words in Cork speech.
In JCHAS 49, 1944, pp. 33-48.
> Vocabulary (Anglo-Irish spelling), phonetic renderings, Engl. paraphrases.

1493 UA BROIN (Liam) *comp.*: A south-west Dublin glossary. A selection of south-west county Dublin words, idioms and phrases. phrases.
In Béaloideas 14, 1944 (1945), pp. 162-86.
> With some notes indicating relations with other dialects, by J. J. HOGAN.

1494 MAC CIONNAITH (Seosamh) [MCKENNA (Joseph)] *comp.*: List of some Irish words used in English conversation by the people of Gortlettra parish, Co. Leitrim.
In JACAS (vol. 2), no. 10, 1945, pp. 64-7.

1495 Ó SCANNLÁIN (Riobárd A.) *comp.*: Cnuasach focal ó Loch Garman.
In Éigse 5, 1945/47 (1948), (pt. 2, 1946), pp. 102-7.
> Alphabetical list of words from Bannow (south Co. Wexford); phonetic spelling by Tomás DE BHALDRAITHE.

1496 Ó CUÍV (Brian) *ed.*: Cnósach focal ó Bhaile Bhúirne i gCunndae Chorcaí. Mícheál Ó BRIAIN (1866-1942) a bhailig.
B.Á.C.: I.Á.B., 1947. xii + 287 pp.
> Words and idioms from Ballyvourney (Co. Cork), collected by M. Ó B. Arranged, normalised in spelling (with adaptation to the dialect), phonetic transcriptions, notes, etc., by B. Ó C.

1497 Ó CEALLAIGH (Brian) *comp.*: Díoghlaim diadhachta. Taighde ar théarmaí diadhachta agus cráibhtheachta na Gaedhilge.
Á.C., Corcaigh: (for Cumann na Sagart nGaedhealach) C.O.É., 1947. 56 pp.
> Engl.-Irish vocabulary of religious terms from printed Mod.I. sources.

1498 BREATHNACH (Nioclás) *comp.*: Focail Ghaedhilge atá le clos sa Bhéarla a labhartar sa Chaisleán Nua, Co. Luimnigh.
In Éigse 5, 1945/47 (1948), pp. 203-8; 6, 1948/52, pp. 169-79; 7, 1953/55, pp. 47-51.
> Three alphabetical lists of Irish words in the English of Newcastle West (Co. Limerick), with phonetic transcr. Title in Éigse 6 and 7: '... a labhartar i gceantar an Chaisleáin ...'

1499 MHAC AN FHAILIGH (Éamonn) *comp.*: A Westmeath word-list.
In Éigse 5, 1945/47 (1948), (pt. 4), pp. 256-66; 11, 1964/66, p. 245 [corrigenda].
> Irish words current in the English of Empor, Co. Westmeath; with phonetic transcr.

1500 Ó CONCHUBHAIR (Donnchadh) *comp.*: Focail Ghaedhilge ó Dhar-

D LEXICOLOGY, ONOMASTICS

mhagh Ua nDuach.
In Éigse 5, 1945/47 (1948), (pt. 4), pp. 267-82.
> Irish words in the English of Durrow (south county Laois); with phonetic transcr.

1501 MHAC AN FHAILIGH (Éamonn): Erris words and phrases.
In Éigse 6, 1948/52, (pt. 1), pp. 34-46.

1502 O'NEILL (Patrick C.) *comp.*: A north-county Dublin glossary.
In Béaloideas 17, 1947 (1949), pp. 262-83.
> Introductory notes by J. J. HOGAN.

1503 DE BHALDRAITHE (Tomás) *comp.*: Foclóirín na gcearrúch.
In Béaloideas 19, 1949 (1950), pp. 125-33.
> Words and phrases concerning card games, from Cois Fhairrge (Co. Galway).

1504 Ó HEOCHAIDH(Seán) *comp.*: 'Is iomdha sin duine ag Dia.'
In Béaloideas 20, 1950 (1952), pp. 73-95.
> Alphabetical list of terms descriptive of people, from Co. Donegal; Ir. paraphrases.
> Cf. Mícheál MAC ÉNRI, *in* Béaloideas 17.295ff (Erris, Co. Mayo); Tomás A BÚRCA, *in* Béaloideas 19.192f (Erris).

1505 Ó CONCHUBHAIR (Pádraig) *comp.*: An Offaly glossary.
In id., pp. 188-91.
> Introductory note by J. J. HOGAN.

1506 TRAYNOR (Michael): The English dialect of Donegal. A glossary. Incorporating the collections of H. C. Hart (1847-1908). Dublin: R.I.A., 1953. xxiv + 336 pp.

1507 DE BHALDRAITHE (Tomás): Nua-iasachtaí i nGaeilge Chois Fhairrge.
In Éigse 7, 1953/55, pp. 1-34.
> On modern loanwords in the Irish of Cois Fhairrge (Co. Galway).

1508 Ó SÚILLEABHÁIN (P.) *comp.*: Cainteanna aniar.
In id., pp. 35-46.
> A glossary of expressions from Carna (Co. Galway).

1509 Ó HEOCHAIDH (Seán): Cárdaí agus cearrbhachas.
In Béaloideas 22, 1953 (1954), pp. 83-101.
> The vocabulary of the card-player, from Teelin and Cloghaneely (Co. Donegal); Irish paraphrases.

1510 DE BHALDRAITHE (Tomás) *comp.*: Ainmneacha ar chineálacha daoine.
In id., pp. 120-53.
> Vocabulary of ca. 1,000 terms descriptive of people, from Cois Fhairrge (Co. Galway); phonetic transcrs. of some unusual forms.

1511 Ó CEALLAIGH (Eoghan) [O'KELLY (Owen)] *comp.*: Liosta focal Gaeilge atá meascaithe tríd an Béarla ag muintir Chill Chainnigh. (A list of Irish words interwoven in the English language in County Kilkenny.)
In OKRev 7, 1954, pp. 50-3.

1512 LUCAS (A. T.): Bog wood. A study in rural economy.
In Béaloideas 23, 1954 (1956), pp. 71-134.
> With a vocabulary (pp. 131-4) of terms associated with bog wood.

D LEXICOLOGY, ONOMASTICS

1513 Ó MÁILLE (T. S.) *comp.*: Liosta focal as oirthear na Gaillimhe.
In id., pp. 230-6.
A list of words from east Co. Galway. Exx. of usage or Ir. paraphrases; some phonetic transcrs.

1514 MAC GABHANN (Micí): Rotha mór an tsaoil.
[Recorded by] Seán Ó HEOCHAIDH a scríobh. [Ed. by] Proinsias Ó CONLUAIN a chuir in eagar.
B.Á.C.: F.N.T., 1959. 236 pp. pls., maps
Nóta eagair [i.e. on the standardization of the text] and Gluais [i.e. some unusual words and phrases from Cloch Cheannfhaola, Co. Donegal] by P. Ó C.

1515 Ó MAOLEACHLAINN (Iognáid): Deascáin Ghaeilge ó Iarmhidhe.
In IMN 1959, pp. 89-91.
Irish words in the English of Corry, Co. Westmeath.

1516 Ó CUÍV (Brian) *ed.*: A specimen of Irish lexicography.
In Éigse 9, 1958/61, (pt. 3, 1959/60), p. 198.
Specimen for an Engl.-Ir. dict., lemma 'time', from a letter by Peadar Ó LAOGHAIRE to Eóin Mac Néill, 1895.

1517 LUCAS (A. T.): Furze. A survey and history of its uses in Ireland.
In Béaloideas 26, 1958 (1960), 204 pp.
Incl. (pp. 190-2) a list of words associated with furze.

1518 CONWAY (Margaret) *comp.*: A south Meath glossary.
In RíM 2, no. 2, 1960, pp. 69-72; 2, no. 3, 1961, pp. 57-9.

1519 BREATNACH (Risteard B.) *ed.*: Seana-chaint na nDéise, 2. Studies in the vocabulary and idiom of Déise Irish, based mainly on material collected by Archbishop Michael SHEEHAN (1870-1945).
Dublin: D.I.A.S., 1961. xxvi + 449 pp.
Material collected in Ring (Co. Waterford), 1908-22. Ed., mainly in the form of a vocabulary, with phonetic transcriptions, notes, etc., by R.B.B. Cf. M. SHEEHAN, Sean-chaint na nDéise, 1944.

1520 DE BHALDRAITHE (Tomás): Díolaim focal.
In Celtica 6, 1963, pp. 262-7.
A vocabulary of Mod.I. words beginning with *s-* (as supplementing DRIA) from Cois Fhairrge, with phonetic transcr. and instances from 17th and 18th c. dictionaries.

1521 HEWSON (Michael) *comp.*: A word-list from south-west Clare.
In NMAJ 9, 1962/65, (no. 4, 1965), pp. 182-6.

1522 BRAIDWOOD (J.) *comp.*: Local bird names in Ulster — a glossary.
In UF 11, 1965, pp. 98-135; 12, 1966, pp. 104-7; 17, 1971, pp. 81-4.

1523 [MAC CARVILL (Michael)] *comp.*: An Aghabog glossary.
In Clogher record 5, (no. 3, 1965), pp. 361-70.
Irish words in the English of Aghabog (Co. Monaghan). Publ. posthum.

1524 STOCKMAN (Gerard) & WAGNER (Heinrich): Contributions to a study of Tyrone Irish (LASI point 66). Some aspects of the vocabulary, grammar and phonology of Tyrone Irish, with texts.

D LEXICOLOGY, ONOMASTICS

In Lochlann 3, 1965, pp. 43-236. (= LASI, vol. 4, App.)
>Based on material collected by H.W. in 1950.

1525 MHAC AN FHAILIGH (Éamonn): Some living words.
In Éigse 11, 1964/66, (pt. 4), pp. 242-5. (Varia, no. 1)
>Mainly from Faulmore, Erris (Co. Mayo).

1526 HAMILTON (Michael) *comp.*: Word-list from Clonlara, Co. Clare.
In NMAJ 11, 1968, pp. 81-3.
>Alphab. list of Ir. words and phrases in the Engl. of C. at the beginning of this century.

1527 MAC GIOLLA CHOMHAILL (Anraí): Gaeilge Dhoire.
In An tUltach 44 [sic], uimh. 2, Feabhra 1968, pp. 5-7; uimh. 3, Márta 1968, pp. 4, 6, 15; uimh. 4, Aibreán 1968, pp. 6-7, 18. (= Canúintí an Tuaiscirt, 12, 13, 14)
>The Irish of Co. Derry, with a vocabulary.

1528 O'KANE (James) [Ó CATHÁIN (Séamas)]: Placenames of Inniskeel and Kilteevoge. A placename study of two parishes in central Donegal.
In ZCP 31, 1970, pp. 59-145.
>Phonetic transcr., glossary.

1529 Ó HEOCHAIDH (Seán) & Ó CATHÁIN (Séamas) *comps.*: Foclóir agus seanchas na farraige. (Vocabulary and lore of the sea in Donegal Irish. A supplement to Linguistic atlas and survey of Irish dialects, vol. 4, Dublin 1969.)
In id., pp. 230-74.
>With phonetic transcrs.

1530 Ó CRÓINÍN (Donncha A.) *ed.*: Scéalaíocht Amhlaoibh Í Luínse.
In Béaloideas 35/36, 1967/68 (1971), xxvi + 385 pp.
>Recorded in 1943/44 by Seán Ó CRÓINÍN. Spelling somewhat adapted to the dialect (West Muskerry). Notes on the language; glossary of dialectal spellings and usages.

Eastern Gaelic

1531 MCDONALD (Allan) *comp.*: Gaelic words and expressions from South Uist and Eriskay.
Ed. by J. L. CAMPBELL.
Dublin: D.I.A.S., 1958. 301 pp.
>Collected 1893-97.

Reviews by

1532 MATHESON (W.), *in* ScSt 4, 1960, pp. 206-12.
1533 Ó CUÍV (Brian), *in* Éigse 9, 1958/61, (pt. 4, 1960/61), pp. 286-7.
1534 OFTEDAL (Magne), *in* Lochlann 2, 1962, pp. 241-4.

D 2.3 **Lexical planning**
>cf. C 4.2 Language planning and teaching
>E 7 Grammar: Standardization
>D 8.1.1 Toponymy, Ethnica: Standardization

1535 [GOVERNMENT OF IRELAND]: Téarmaí dochtúireachta.
Dublin: S.O., [1942]. 64 pp.
>English-Irish dictionary of medical terms.

D LEXICOLOGY, ONOMASTICS

1536 Ó Buachalla (Liam): Bunadhas na tráchtála. Riaradh agus eagras gnótha.
B.Á.C.: O.S., 1944. xv + 414 pp.
With (pp. 396-414) an Engl.-Ir. glossary of commercial terminology.

1537 Paghan (G. T.): Téarmaíocht na heolaíochta.
In 437 [Fs. Torna], pp. 18-22.
For the adoption of international scientific terminology.

1537a Comhdháil Náisiúnta na Gaeilge: Láimhleabhar siopadóireachta. The shopkeeper's reference book.
B.Á.C.: C.N.G., [c.1947]. 91 pp.

1538 [An Roinn Cosanta]: Foclóir Béarla-Gaeilge de théarmaí míleata agus de théarmaí gaolmhara. English-Irish dictionary of military and related terms.
B.Á.C.: O.S., 1953. 151 pp.

1539 Ó Briain (Ceallach): Eitic.
B.Á.C.: Sáirséal & Dill, 1953. 165 pp.
With Ir.-Engl. terminol. glossary.

1540 [Government of Ireland]: Téarmaí staire. — Eagrán sa litriú nua.
[B.Á.C.: O.S.], 1955. 47 pp.
English-Irish dictionary of historical terms.

1541 Gabriel le Muire *(An tSr.)*: Corpeolaíocht agus sláinteachas.
B.Á.C.: Sáirséal & Dill, 1957. 235 pp.
With (pp. 208-30) Ir.-Engl., and Engl.-Ir., medical vocabularies.

1542 Ó hUallacháin (Colmán) *comp.*: Foclóir fealsaimh.
B.Á.C.: Clóchomhar, 1958. xviii + 169 pp. (= Leabhair thaighde, iml. 1)
An Ir.-German-Engl.-Fr.-Latin dictionary of philosophy.

1543 Government of Ireland: Téarmaí dlí. Béarla-Gaeilge, Gaeilge-Béarla.
B.Á.C.: O.S., [?1959]. iv + 127 pp.
Previously publ. as 'Liosta de théarmaí dlíthiúla a bhaineas le . . ., maraon lena n-iontamhail sa Ghaeilge, dar teideal An tOrdú téarmaí dlíthiúla Gaeilge', uimhr. 1-6. B.Á.C.: Oifig an tSoláthair, 1947-50.
Engl.-Ir., and Ir.-Engl. dictionary of legal terms.

1544 de Bhaldraithe (Tomás) *ed.*: English-Irish dictionary.
B.Á.C.: O.S., 1959. xii + 864 pp.

1545 Ó Dúlacháin (Liam) *comp.*: Téarmaí cuntasaíochta. Béarla-Gaeilge, Gaeilge-Béarla.
B.Á.C.: Cumann Éireannach na gCuntasóirí Poiblí Deimhnithe, 1964. xi + 123 pp.
A dictionary of accountancy terms.

1546 Mac Suibhne (Seán): Tótamas in Éirinn.
B.Á.C.: Clóchomhar, 1961. x + 92 pp. (= Leabhair thaighde, iml. 5)
With a terminological glossary.

1547 An Roinn Oideachais: Foclóir eolaíochta.
B.Á.C.: O.S., 1966. 46 pp.
English-Irish dictionary of scientific terms.

1548 CUALLACHT CHOLMCILLE, Grúpa taighde, *comp.*: Téarmaíocht chriticiúil.
In IMN 1967, pp. 89-97.
<small>Terminology of literary criticism.</small>

1549 AN ROINN OIDEACHAIS: Foclóir bitheolaíochta.
B.Á.C.: O.S., 1968. 38 pp.
<small>English-Irish dictionary of biological terms.</small>

D 3   COLLECTIONS

1550 THURNEYSEN (Rudolf): Irisches.
In ZCP 22, 1941, pp. 24-38.
<small>1. *remec*; 2. *cobair* 'Hilfe'; 8. *on*, neutraler *o*-Stamm.</small>

1551 MÜLHAUSEN (Ludwig): Haus und Hausbau in Teilinn. Mit Parallelen aus Cornamona (Co. Galway) und Dunquin (Co. Kerry).
In id., pp. 239-72, 330-60. illus.
<small>With Ir. terminology.</small>

1552 DILLON (Myles): Notes on Irish words.
In Lg 17, 1941, pp. 249-53; 19, 1943, p. 255 [add.].
<small>1. *conchend*; 2. *airrechtach, tairrechtach*; 3. *airne*.</small>

1553 Ó SÚILLEABHÁIN (Seán): A handbook of Irish folklore.
Introd. by Séamus Ó DUILEARGA.
Dublin: (for Folklore of Ireland Society) E.C.I., 1942. xxxi + 699 pp.
Reprinted
Harboro (Pa.): Folklore Associates; London: H. Jenkins, 1963 (Detroit: Singing Tree Press, 1970). xxxii + 699 pp.
<small>Forew. to repr. ed. by S. Ó S.</small>

1554 QUIN (E. G.): Some Irish words.
In Éigse 3, 1941/42 (1943), (pt. 3, 1942), pp. 205-7.
<small>1. *arsaidecht*; 2. *glond*; 3. *mailís* [as in *Feis tighe Chonáin*]; 4. *teinechlár*; [1, 2, 4, as in *Stair Ercuil*].</small>

1555 O'RAHILLY (T. F.): *Iarann, lárag*, etc.
In Ériu 13, 1942, pp. 119-27.

1556 Ó CÉILEACHAIR (Donnchadh): Focail ná fuil sa bhfoclóir, nú go bhfuil brí neamh-choitchianta ag gabháil leo.
In Éigse 4, 1943/44 (1945), (pt. 2, 1943), p. 129. (Nótaí ó Chúil Aodha, no. 1)
<small>(Non-alphab.) list of unusual words in the Irish of Coolea (West Muskerry).</small>

1557 Ó DUBHDA (Seán): Foclóir agus téarmaí feirmeoireachta, 7c.
In Béaloideas 13, 1943 (1944), pp. 3-39.
<small>Rural terms and phrases, arr. acc. to subject, from Ballydavid (Corkaguiny). Preface by An Seabhac.</small>

1558 Ó SÚILLEABHÁIN (Seán): Ainmneacha méaranna na láimhe.
In 431 [Measgra Uí Chléirigh], pp. 165-80.
<small>Denominations and names for the different fingers in Irish and English, arr. acc. to counties.</small>

1559 MCKENNA (Lambert) *ed.*: Bardic syntactical tracts.
Dublin: D.I.A.S., 1944. xix + 304 pp.

D LEXICOLOGY, ONOMASTICS

Apps.: 1. *Sealbhadh*; 2. *Sunnradh*; 3. *Innsgne, neimhinnsgne*; 4. *Slégar*; 5. Relative sentences; 6. The terms *pearsa* and *oibriughadh*; 7. *Pearsa lóir* and abstract nouns; 8. *Réim*.

1560 SPECHT (Franz): Der Ursprung der indogermanischen Deklination.
Göttingen: Vandenhoeck & Ruprecht, 1944 (Neudr. 1947). vii + 432 pp.

1561 DILLON (Myles): Notes from Inishmaan, Co. Galway.
In Éigse 4, 1943/44 (1945), (pt. 3, 1944), pp. 206-9.
On the house and its furniture.

1562 CURWEN (E. Cecil): The problem of early water-mills.
In Antiquity 18, 1944, pp. 130-46. pls.
With Ir. terminology.

1563 Ó MUIMHNEACHÁIN (Conchubhar): Téarmaí agus seanchas feirmeoireachta.
In Béaloideas 14, 1944 (1945), pp. 3-44.
Rural terms and lore, acc. to subjects, from Ballingeary (Co. Cork). Posthum. ed. by Aindrias Ó MUIMHNEACHÁIN.

1564 MARSTRANDER (Carl J. S.): *Sygnatrausti*.
In NTS 13, 1945, pp. 319-43.
Incl. discussion of Ir. *derb(-), dru-* ; also collection of Ir. adjectival bahuvrihi stem-formation (cf. Best² 343 and GOI §345).

1565 MACWHITE (Eóin): Early Irish board games.
In Éigse 5, 1945/47 (1948), (pt. 1), pp. 25-35.
On *fidchell, brandub, buanfach*.

1566 Ó DANACHAIR (Caoimhín): The questionnaire system.
In Béaloideas 15, 1945 (1946), pp. 203-17.
pp. 214-7: Thatching terms.

1567 FARRAN (G. P.): Local Irish names of fishes.
In The Irish naturalists' journal 8, 1942/46, (nos. 9-12, 1946), pp. 344-7, 370-6, 402-8, 420-33.

1568 QUIN (E. G.) & FREEMAN (T. W.): Some Irish topographical terms.
In IGeo 1, 1944/48, (no. 4, 1947), pp. 85-9, (no. 5, 1948), pp. 151-5.
Linguistic investigation of terms such as *drumlin, esker, sluggy, burren, alt, pladdy, cloon, scalp, corcass, turloch*.

1569 FOWKES (Robert A.): Celtic etymological notes.
In Lg 23, 1947, pp. 420-1.
1. Old Irish *snád-* , Welsh *nawdd*; 2. Old Irish *gné*, Welsh *gne*.

1570 HULL (Vernam); Notes on some Early Irish verbal forms.
In id., pp. 422-6.
1. *aisid, ad-ais* [to be distinguished from *(ad)-ágathar*]; 3. *do-toing* [cpd. with *to-*]; 4. *for-lúathar* [vn. *forlúamain*].

1571 Ó DUBHDA (Seán) *comp.*: Focail agus téarmaí i dtaobh olna.
In Béaloideas 16, 1946 (1948), pp. 172-88.
Terms concerning wool, acc. to subjects, from Corkaguiny (Co. Kerry).

1572 Ó SÉ (Micheál): Old Irish cheese and other milk products.
In JCHAS 53, 1948, pp. 82-7.

D LEXICOLOGY, ONOMASTICS

1573 MacArthur (William P.): The identification of some pestilences recorded in the Irish annals.
In IHS 6, 1948/49 (1949), pp. 169-88.
Review by

1574 M[urphy] (G.), *in* Éigse 6, 1948/52, (pt. 2, 1950), pp. 190-1.

1575 Buck (Carl Darling): A dictionary of selected synonyms in the principal Indo-European languages. A contribution to the history of ideas.
Chicago (Ill.): University of Chicago Press, 1949. xix + 1515 pp.
Review by

1576 Q[uin] (E. G.), *in* Hermathena 77, 1951, pp. 80-1.

1577 Ó Sé (Mícheál): Old Irish buttermaking.
In JCHAS 54, 1949, pp. 61-7.

1578 Hull (Vernam): Miscellanea linguistica Hibernica.
In Lg 25, 1949, pp. 130-8.
1. *ar-clich* [infixes a 'meaningless neuter pronoun']; 4. *for-len*.

1579 Meroney (Howard): Early Irish letter-names.
In Speculum 24, 1949, pp. 19-43.

1580 Heiermeier (A.): IE ★*srey-/sru-*, 'to flow, to stream', in Celtic, especially Irish, river-names.
In JCS 1, 1950, (no. 1, 1949), pp. 53-68.

1581 McClintock (H. F.): Old Irish & Highland dress, and that of the Isle of Man. — 2nd & enl. ed.
With chapters on Pre-Norman dress as described in early Irish literature, by F. Shaw, and . . .
Dundalk: Dundalgan Press (W. Tempest), 1950. 141 + 87 pp. pls.
cf. JRSAI 83, 1953, pp. 150-5.

1582 Ó Cuinn (Cosslett): Iarsmaí ó oileán Reachrann.
In Éigse 6, 1948/52, (pt. 3, 1951), pp. 248-56.
Stories and verse, and words and phrases from Rathlin Island (Co. Antrim).

1583 [Shaw (F.): Literary evidence for the early Irish house.]
In Archaeological news letter 4, (no. 5, Jan. 1952), p. 73.
Abstract within Glyn E. Daniel, The Prehistoric Society: a report of the meeting held in Dublin, 1951.

1584 Lloyd-Jones (J.): Welsh *palach*, etc.
In Ériu 16, 1952, pp. 123-31.
Also on suffix *-(s)tro-*, etc., in Welsh and Irish.

1585 Breatnach (R. A.): Có-fhocail ó *réim*.
In Éigse 6, 1948/52, (pt. 4), pp. 339-41. (Varia, [no. 5])
Cpds. of *réim* (in add. to Ped. §798): *táirim, téirim, tuaraim, uirrim*.

1586 Ó Súilleabháin (Pádraig): Nótaí ar roinnt focal.
In CS 1, 1951, (no. 2, 1952), pp. 213-8.
1. *adam, adamach*; 2. *aincheann*; 3. *ceal*; 4. *fáth, fáthach*; 5. *fochnaid, fochmaigid*; 6. *foirneadh*; 7. *gaineamh*.

1587 ———— : Nótaí ar roinnt focal.
In id., (no. 3, 1953), pp. 403-4.
(1) *féasta* [for *féil(e)*]; (2) *gleó* ['grief']; (3) *ar lear* ['as láthair, absent'].

D LEXICOLOGY, ONOMASTICS

1588 DILLON (Myles): Semantic distribution in Gaelic dialects.
In Lg 29, 1953, pp. 322-5.
Exx. from Sc.G. and Ir. dialects of coexistence of etymologically identical words in different forms and meanings.

1589 Ó MÁILLE (T. S.): Prosthetic *g*.
In JCS 2, 1958, (no. 1, 1953), pp. 142-3. (Some Modern Irish words, [no. 3])
Exx. from Mod.I. and Sc.G.

1590 WAGNER (H.): Varia.
In ZCP 24, 1954, (H. 1/2, 1953), pp. 91-3.
4. Ir. *broc*, kymr. *broch* 'Dachs'; 5. Irisch *aol* 'lime'.

1591 HAVERS (Wilhelm): Zum Bedeutungsgehalt eines indogermanischen Suffixes.
In Anthropos 49, 1954, pp. 182-232.
-*tu*- (pp. 210-3: Das Keltische).

1592 QUENTEL (Paul): A propos de l'existence de classificateurs des parties du corps.
In ZCP 24, 1954, pp. 264-5.
W. -*gwrn* (cf. Ir. *corn*), Ir. -*lach* (e.g. *brollach*), -*genn*.

1593 MAC LOCHLAINN (A.) *ed.*: A Gaelic armoury.
In JRSAI 84, 1954, pp. 68-71. pls. (MS facs.)
Entitled *Suathantais*, by Dermod O'CONNOR. From autogr. MS Cashel 4729 (c.1714). Of interest for the Irish terminology of blazonry.

1594 BREATNACH (R.A.): Varia etymologica.
In Éigse 7, 1953/55, (pt. 3, 1954), pp. 156-61.
2. Mod. Ir. *suaimhneas*; 5. O.Ir. *cét(o)mus*; 6. Mid.Ir. *seachna(dh)* [*sechnad* < *sech* + *anad* is the older form]; 7. Mid.Ir. *seachrán*; 8. *sechbaid* 'folly'?

1595 VENDRYES (J.): Restes d'anciens participes présents en irlandais.
In Corolla linguistica. Festschrift Ferdinand Sommer zum 80. Geburtstag am 4. Mai 1955, . . . Wiesbaden: Harrassowitz, 1955. pp. 229-34.

1596 HERTZ (Rudolf): Laut, Wort und Inhalt.
In Lexis 4, 1955, pp. 62-9.
Etymologies of *éicne* 'salmon' and of *deäc*.

1597 HENNIG (John): The place of the Fathers in early Irish devotional literature.
In IER 84, 1955, pp. 226-34.
Vernacular ecclesiastical terminology.

1598 Ó DANACHAIR (Caoimhín): The flail and other threshing methods.
In JCHAS 60, 1955, pp. 6-14.
With Irish terminology.

1599 HEIERMEIER (Anne): Indogermanische Etymologien des Keltischen.
Würzburg: (Vorabdruck) Institut für Keltologie und Irlandkunde an der Universität, 1955, 56. 2 voll. (= Arbeiten aus dem I.K.I., Hefte 1, 2)
1. Air. *ab, aub, oub, ob* 'Fluss'. (H. 1, pp. 17-20).
2. Ir. *áinne* : *fáinne* m. 'Ring, Bogen, Kreis'. (pp. 21-31).
3. Ir. *álad* 'Wunde'. (pp. 32-5).

D LEXICOLOGY, ONOMASTICS

4. Idg. *ang- 'Biegung, Krümmung, Einbuchtung' in ir. *aingen? (pp. 35-8).

7. Ir. *bech* und die keltische Wortsippe für 'Biene'. (pp. 82-95).

11. Cymr. *blif* m. 'catapulta, ballista' und die Frage der doppelten Wurzel-Anschlüsse. (H. 2, pp. 107-21).

1600 ——— : Ir. *binid* f. 'Lab' und die fem. Bildungen auf *-ntī* im Irischen. Ein Beitrag zu Charakter und Funktionen Keltischer *nt*-Suffixe.
In id., H. 2, (no. 9), pp. 23-69.
Review by

1601 POKORNY (J.), *in* ZCP 26, 1957, pp. 308-18.

1602 LLOYD-JONES (J.): The compounds of *gar.
In Celtica 3, 1956, pp. 198-210.

1603 MAC AIRT (Seán): Board-games.
In id., pp. 270-1. (Lexicographical notes, no. 8)
References to [*táiplis, sifín súileach* (?), *caisleán cam* (?)] in a 1833 Engl. letter from Enniskillen.

1604 LEWY (Ernst): Bedeutungen einiger irischer Worte.
In ZCP 25, 1956, pp. 176-82.
Republ. in 449 [Kl. Schr.], pp. 44-50.
Semantic range and development of some words, semantic connexion of some homonyms.

1605 SCHOLZ (Friedrich): Gruss und Anruf.
In KZ 74, 1956, pp. 129-45.
Exx. from Ros Dumhach (Rossport, Co. Mayo); phonetic transcr.

1606 HENNIG (John): Appellation of saints in early Irish martyrologies.
In MSt 19, 1957, pp. 227-33.

1607 NICOLAISEN (W. F. H.): The semantic structure of Scottish hydronymy.
In ScSt 1, 1957, pp. 211-40.

1608 FOWKES (Robert A.): Problems of Cymric etymology.
In LPosn 6, 1957, pp. 90-111.
3. *baw* m. 'dirt, mire, dung, filth' [connected with Ir. *buadraim* 'muddle', and ultimately with *bó* 'cow']; 8. *brochi* 'to chafe, fume; bluster' [related to M.I. *brosc(ar)* 'noise']; 34. *gwario* 'spend, expend, invest' [connected with Ir. *feraid* 'grant, give']; 47. Middle Welsh *llyth* adj. m. (f. *lleth*) 'soft, tender, weak' [cf. O.I. *líach* 'wretched, unhappy'].

1609 SCHMIDT (Karl Horst): Die Komposition in gallischen Personennamen.
In ZCP 26, 1957, pp. 33-301.

1610 LUCAS (A. T.): Footwear in Ireland.
In JCLAS 13, 1953/56, (no. 4, 1956 (1958)), pp. 309-94.
With discussion of terminology.

1611 FLATRÈS (P.): L'expression des faits géomorphologiques dans les langues celtiques.
In ABr 65, 1958, pp. 439-62 [no more publ.].

1612 DE BHALDRAITHE (Tomás): Focail atá i nGaeilge na leabhar ar 'diary'.

D LEXICOLOGY, ONOMASTICS

In Éigse 9, 1958/61, (pt. 2, 1958), pp. 81-2.
> 1. *dialann* [from Tadhg Ó Neachtain's MS dict. (1739), ultim. from Plunket's MS dict. (1662)]; 2. *cinnlae* [thus since Amhlaoibh Ó Súilleabháin, < *cín*].

1613 Greene (David): Miscellanea.
In Celtica 4, 1958, pp. 44-7.
> (1) Ir. *túaimm, stuaim* : W. *ystum, ystwyth*; (2) W. *kenn* : Ir. *cenn [> *cenne*]; (4) Ir. *forlann* : W. *gorllin*.

1614 Meroney (Howard): The titles of some early Irish law-tracts.
In JCS 2, 1958, pp. 189-206.
> 1. *Berrad airechta*; 2. *Crích gablach* [rectius for *Críth gablach*]; 3. *Bráth Chaí*; 4. *Tulbretha Fachtna*; 5. *Midba breth*.

1615 Pollak (Johanna): Beiträge zur Verwendung der Farben in der älteren irischen Literatur.
In ZCP 27, 1958/59, pp. 161-205.

1616 Vendryes (Joseph): Quelques cas d'étymologie croisée en celtique.
In ÉtC 8, 1958/59, pp. 298-314.
> *léicid* 'let, throw'; *abamin, afamein; montar, muinter; adraim* 'adore, follow'.

1617 Henry (P. L.): The 'goblin' group.
In id., pp. 404-16.

1618 Lewy (Ernst): Schwierigkeiten des Etymologen.
In MSS 14, 1959, pp. 7-11.

1619 Lucas (A. T.): Nettles and charlock as famine food.
In Breifne 1, (no. 2, 1959), pp. 137-46.
> Some Ir. terminology.

1620 Ó Danachair (Caoimhín): The quarter days in Irish tradition.
In Arv 15, 1959, pp. 47-55.
> Some Ir. terminology.

1621 Breatnach (R. A.): Sliocht Nua-Ghaeilge *cubus*.
In Éigse 9, 1958/61, (pt. 3, 1959/60), pp. 166-7.
> Cpds. *-chúis* < *-chubhais*.

1622 Lucas (A. T.): Irish food before the potato.
In Gwerin 3, 1960/62, (no. 2, 1960), pp. 8-43.
> Also of interest for terminology.

1623 Lewy (E.): Zum irischen Wortschatz.
In Celtica 5, 1960, p. 141.
> Cognates exclusively Greek : Irish, and Latin (Germanic) : Irish.

1624 Pokorny (Julius): Keltische Etymologien.
In IF 65, 1960, pp. 161-71.
> 2. Altirisch *ail* 'Felsen' : *all* 'dass.' [also on M.I. *a(i)lt*]; 5. Altirisch und gallisch *lā-* 'werfen, stellen, legen'.

1625 Machek (Vaclav): Keltische Wortgleichungen.
In ZCP 28, 1960/61, pp. 68-72.
> Slav. correspondences to 1. Air. *borb*, 2. *cess-* , 3. *fed-* , 4. *fiar*, 5. *luch*, 6. *mā, ma*, 7. *meirbligid*, 8. *mlas*, 9. *tell-* , 10. *tib-* .

1626 Wagner (Heinrich): Gallisch βρατουδε.
In id., pp. 235-41.
> Also on Ir. *bráth, breth*, etc.

D LEXICOLOGY, ONOMASTICS

1627 HAMP (Eric P.): Notulae.
In ÉtC 9, 1960/61, pp. 139-40.
(1) Welsh *cryf* 'strong' [connected to Ir. *crí*]; (2) Old Irish *clú* 'fame'.

1628 MCNAMARA (Leo F.): Morpheme retention in Irish.
In Anthropological linguistics 3, 1961, no. 9, pp. 23-30.
Lexicostatistical confirmation from Irish for Swadesh's general rate of change.

1629 DEVOTO (Giacomo): Origini indeuropee.
Firenze: Sansoni, [1962]. xii + 521 pp. illus. (Origines)
'Tabelle' (pp. 437ff, separately bound), contain the nucleus of the I.E. vocabulary in 10 semantic divisions, with O.I. equivalents.

1630 SOMMERFELT (Alf): The works of the year in Torr, Co. Donegal.
In Lochlann 2, 1962, pp. 7-17.
Terms taken down in 1915-16, 1921.

1631 WATKINS (Calvert): Indo-European metrics and archaic Irish verse.
In Celtica 6, 1963, pp. 194-249.
Incl. discussion of the vocabulary of E.I. poetic activity.

1632 SCHMIDT (Karl Horst): 'Gut' und 'schlecht' im Irischen.
In StH 3, 1963, pp. 173-8.

1633 PINAULT (Jord): Notes sur le vocabulaire gaulois.
In Ogam 15, 1963, pp. 385-92.
1. Gaulois *AMMAN*, vieil-irlandais *amm*, la racine Indo-hittite *xeme; 2. Gaulois *MID(S)*, v.-irl. *mí*, gén. *mís* 'mois'.

1634 Ó CUÍV (Brian) ed.: *Scél : arramainte : stair.*
In Éigse 11, 1964/66, (pt. 1), p. 18.
Comment on their distinction, from MS Rawl. B 512; Engl. transl.

1635 LAZZERONI (Romano): Considerazioni sulla formazione del lessico indoeuropeo occidentale.
In SSL 4, 1964, pp. 1-86.

1636 Ó DANACHAIR (Caoimhín): The spade in Ireland.
In Béaloideas 31, 1963 (1965), pp. 98-114.
With Ir. terminology.

1637 MEID (Wolfgang): Zu einigen keltischen und germanischen Bildungen mit *st*-Suffix.
In Sprache 11, 1965, pp. 122-30.

1638 LUCAS (A. T.): Washing and bathing in ancient Ireland.
In JRSAI 95, 1965, pp. 65-114.
With Ir. terminology.

1639 FLEISCHMANN (Aloys) & GLEESON (Ryta): Music in ancient Munster and monastic Cork.
In JCHAS 70, 1965, pp. 79-98.
Also of interest for terminology.

1640 Ó CUÍV (Brian): Linguistic terminology in the mediaeval Irish bardic tracts.
In TPS 1965 (1966), pp. 141-64.

1641 LUCAS (A. T.): Irish-Norse relations: time for a reappraisal?
In JCHAS 71, 1966, pp. 62-75.

Incl. 'Norse influence on Irish boats and navigation' (with terminology), etc.

1642 CAMPANILE (Enrico): Tre etimologie irlandesi.
In SSL 6, 1966, pp. 149-56.
1. *sétig* 'moglie'; 2. *fracc* 'donna, moglie'; 3. *airech* 'concubina'.

1643 LOCKWOOD (W. B.): Linguistic taboo in Manx and Anglo-Manx.
In JMM 7, (no. 82, 1966), pp. 29-32.

1644 Ó CONCHEANAINN (Tomás): Ainmneacha éideimhne.
In Dinnseanchas 2, 1966/67, pp. 15-9.
1. *aonach* ['hill (-slope)']; 2. **trosc, trosca* [< *tur* + *easc(a)*]; 3. *riasc* [< *rē* + *easc*; *corriasc* 'heron' incorporates *riasc* rather than *iasc*].

1645 THOMSON (R. L.): Notes on some Manx words.
In JMM 7, (no. 83, 1967), pp. 62-4.

1646 DOLLEY (Michael) & MAC NIOCAILL (Gearóid): Some coin-names in *Ceart Uí Néill*.
In StC 2, 1967, pp. 119-24.

1647 Ó SÉAGHDHA (Nessa *Ní Shéaghdha*): Notes on some scribal terms.
In 461 [Celtic studies], pp. 88-91.
(1) *sellad* 'examining, testing'; (2) *gaibid* 'takes down from dictation; chooses, excerpts, edits'.

1648 LUCAS (A. T.): Cloth finishing.
In Folk life 6, 1968, pp. 18-67.
With Ir. terminology.

1649 MAC NIOCAILL (Gearóid) *ed.*: BARTHOLOMAEI ANGLICI *De proprietatibus rerum* liber octavus. Leagan Gaeilge ó thús na 15ú aoise.
In Celtica 8, 1968, pp. 201-42; 9, 1971, pp. 266-315 [to be cont.].
Early 15th c. Ir. transl. of the book on astronomy, based on MS T.C.D. H 2 8; with a Latin text. Of interest for terminology.

1650 LUCAS (A. T.): Paring and burning in Ireland: a preliminary survey.
In The spade in northern and atlantic Europe. Ed. by A. Gailey & A. Fenton. Belfast: Ulster Folk Museum, Institute of Irish Studies, 1969. pp. 99-147.
With Ir. terminology.

1651 LEHMANN (R. P. M.): Color usage in Irish.
In Studies in language, literature, and culture of the Middle Ages and later. Essays honoring Rudolph Willard. Ed. by E. B. Atwood & A. A. Hill. Austin: University of Texas, 1969. pp. 73-9.

1652 BENVENISTE (Émile): Le vocabulaire des institutions indo-européennes.
Paris: Les Éditions de Minuit, 1969. 2 voll.

1653 ÇABEJ (Eqrem): Keltisch-albanische Isoglossen.
In Studi linguistici in onore di Vittore Pisani. Brescia: Paideia, 1969. (vol. 1), pp. 167-86.

1654 GREENE (David): *In momento, in ictu oculi . . .*

D LEXICOLOGY, ONOMASTICS

In Ériu 21, 1969, pp. 25-31.
> Reconstruction (with tree) of the phonological and semantic interrelationship of 1. *aibritiud* 'moment', 2. *brothad* 'moment; unit of time', 3. *brathad, brafad* 'moment; moving (of the eye)', 4. *prapp* 'quick', 5. *prappad* 'rapid movement', 6. *prap (na súl)* 'moment', 7. **breab* 'piece', 8. *breab* 'bribe', 9. *preabadh na súl* 'moment', 10. *priobadh nan sùl* 'moment; closing of the eye', 11. *preabadh, breabadh* 'jumping; kicking', 12. *preab, breab* 'jump (n.); kick (n.)', 13. *breabadair* 'weaver'.

1655 ——— : *faitse, fochlae.*
In id., pp. 94-8. (= Varia 2, no. 5)
> *faitse* (orig. 'what is on the right-hand side') and *fochlae* ('what is on the left-hand side') used for 'south' and 'north' respectively.

1656 FOWKES (Robert A.): Some Cymric etymologies.
In StC 4, 1969, pp. 74-9.
> 1. *bodd* 'will, goodwill . . .' [: Ir. *buide*]; 2. *erch* 'speckled . . .' : *erch* 'dark' [: Ir. *erc*].

1657 LOCKWOOD (W. B.): Some Manx bird names.
In JMM 7, (no. 85, 1969), pp. 117-20.

1658 HAMP (Eric P.): *ues-* in Indo-European.
In Acta linguistica Hafniensia 12, 1969, pp. 151-69.
> Review of the homophones. New interpretations of O.I. *fér* 'grass', *fennaid* 'flays, skins', *feis* 'feast'.

1659 Ó SÚILLEABHÁIN (Pádraig): Nótaí ar roinnt focal i *dTrí biorghaoithe an bháis.*
In Éigse 13, 1969/70, pp. 26-9.
> 1. *breis-díol*; 2. *deithbhireach*; 3. *fraochmhadra*; 4. *innliughadh*; 5. *míchinéal*; 6. *sólás*; 7. Focail eile.

1660 O'RAHILLY (Cecile): Words descriptive of hair in Irish.
In id., pp. 177-80.

1661 FRIEDRICH (Paul): Proto-Indo-European trees.
In 480 [I.-E. & I.-E.s], (no. 2), pp. 11-34.

1662 WAGNER (Heinrich): Old Irish *fír* 'truth, oath'.
In ZCP 31, 1970, pp. 1-45, 57-8 [additions], 146 [Nachträge].
(Studies in the origins of early Celtic civilisation, no. 1)
Reprinted [exc. p. 146] *in* 525.

1663 GAILEY (Alan): Irish corn-drying kilns.
In UF 15/16, 1970, pp. 52-71. illus.
> Some Ir. terminology.

1664 PEATE (Iorwerth C.): '*Crwth* a *thelyn*'.
In UF 15/16, 1970, pp. 137-9. pls.
> On Ir. *cruit* and *cláirseach.*

1665 ADAMS (G. B.): Grammatical analysis and terminology in the Irish bardic schools.
In FL 4, 1970, pp. 157-66.
> With a list of terms.

1666 LUCAS (A. T.): Notes on the history of turf as fuel in Ireland to 1700 A.D.
In UF 15/16, 1970, pp. 172-202.
> With Ir. terminology.

1667 ——— : Contributions to the history of the Irish house: a possible

ancestry of the bed-outshot (*cúilteach*).
In Folk life 8, 1970, pp. 81-98.
With extensive discussion of Ir. terminology (*cúil* : *cuile*, etc.).

1668 CAMPANILE (Enrico): Calchi irlandesi di voci latine.
In SSL 10, 1970, pp. 5-13.
1. *mael*, 2. *soscélae*, 3. *tama(i)n*, 4. *ball*, 5. *maigen*, 6. *ám*, 7. *folud*, 7.[sic] *meirg*, 8. *feóldénmaid*, 9. *merugud*, 10. *amra*, 11. *óg*, 12. *oíbel*, 13. *áinsid*.

1669 WILLIAMS (J. E. Caerwyn): *anant*.
In BBCS 24, 1972, (pt. 1, 1970), pp. 44-50. (= Nodiadau cymysg, [no. 1])
Discussion of the vocabulary of poetic activity (incl. Ir. *anair*, etc.).

1670 DE HÓIR (Éamonn): Roinnt nótaí ar *sliabh, binn, cruach* in ainmneacha cnoc.
In Dinnseanchas 4, 1970/71, pp. 1-6.

1671 MAC NIOCAILL (Gearóid): A propos du vocabulaire social irlandais du bas moyen âge.
In ÉtC 12, 1968/71, (fasc. 2, 1970/71), pp. 512-46.
App.: ed. of a series of maxims concerning economy, of not before end 14th c., from MS T.C.D. F 5 3, with French transl., *Fearus tighi andso* . . .

1672 O'BRIEN (M. A.): Notes on Irish proper names.
Ed. posthum. by Conn Ó CLÉIRIGH.
In Celtica 9, 1971, p. 212.
As preserving common words not found elsewhere.

1673 GREENE (David): Periods of time.
In Ériu 22, 1971, pp. 176-8. (= Varia 2, no. 1)
Numeral derivatives indicating periods of time, as *deisse, treisse, coícthiges*, etc.

1674 CHARLES-EDWARDS (T. M.): Some Celtic kinship terms.
In BBCS 24, 1972, (pt. 2, 1971), pp. 105-22.

D 4   **INDIVIDUAL**

1675 VENDRYES (J.): Irlandais *scoth*.
In ÉtC 4, 1941/48, (fasc. 1, 1941), pp. 61-3. (Questions étymologiques, no. 3)
Homonym, 'flower' : 'word'.

1676 ———— : Irlandais *ness*, gallois *nych*.
In id., pp. 63-6. (id., no. 4).

1677 THURNEYSEN (Rudolf): *rodb-* .
In ZCP 22, 1941, pp. 32-7. (Irisches, no. 6)
Established as a verbal stem.

1678 BORGSTRÖM (Carl Hj.): Irish *doíni* and Latin *humanus*.
In NTS 12, 1942, pp. 83-7.

1679 HULL (Vernam): Old and Middle Irish *fo-uisim, -fuisim*.
In Lg 18, 1942, pp. 271-4.

1680 O'RAHILLY (T. F.): *eas. allas*.
In Ériu 13, 1942, pp. 144-5. (Notes, mainly etymological, no. 1)

1681 ———— : *onfaise*. O.Ir. *úrphaisiu*.
In id., pp. 145-6, 218 [add.]. (id., no. 2)

D LEXICOLOGY, ONOMASTICS

1682 ——— : *cuntabhairt*.
In id., pp. 146-8. (id., no. 3)

1683 ——— : Mid. Ir. *eirín*, Mod.Ir. *eireóg*.
In id., pp. 148-9. (id., no. 4)

1684 ——— : *óinmhid. ónna. amaid*.
In id., pp. 149-52, 218 [add.]. (id., no. 5)

1685 ——— : Mid.Ir. *lága, láige. lágan, láigen*.
In id., pp. 152-3. (id., no. 6)

1686 ——— : Ir. *laogh*. W. *llo*.
In id., pp. 154-5. (id., no. 7)

1687 ——— : O.Ir. *doíni. demnai*.
In id., pp. 156-8. (id., no. 8)
Plural inflection of *demon* was modelled on that of *doíni*.

1688 ——— : *coitcheann*.
In id., p. 158. (id., no. 9)

1689 ——— : *mifir*.
In id., pp. 158-9. (id., no. 10)
Evidence of original *mis-*, pejorative prefix.

1690 ——— : *suirghe*.
In id., p. 159. (id., no. 11)
Cpd. of *su-* and *righe (re)* 'aspire to'.

1691 ——— : Ir. *cerd*. W. *cerdd*.
In id., pp. 159-60. (id., no. 12)
Welsh loan-word from Irish.

1692 ——— : Mid.Ir. *cotat*.
In id., pp. 160-1, 218 [add.]. (id., no. 13)

1693 ——— : *lacht*.
In id., pp. 161-2. (id., no. 14)
Not a l.-w. from Latin; other native Irish words mentioned (fn. 4) which have wrongly been regarded as l.-ws.

1694 ——— : *feam*.
In id., pp. 162-3. (id., no. 15)

1695 ——— : *bolg*, 'a gap'.
In id., pp. 163-6. (id., no. 16)

1696 ——— : O.Ir. *coth. Cett*.
In id., pp. 166-7. (id., no. 17)

1697 ——— : *creach. gad. brad. slad*.
In id., pp. 168-70, 218 [add.]. (id., no. 18)

1698 ——— : *fáth*.
In id., pp. 170-2. (id., no. 19)

1699 ——— : *eilestar, soilestar*.
In id., pp. 172-3. (id., no. 20)
Celtic etymology (as also for the W. and Br. counterpart *elestr*).

1700 ——— : *comhlann. forlann*. Mid.Ir. *éclann*.
In id., pp. 173-6. (id., no. 21)

1701 ——— : *uiread*.
In id., pp. 177-82. (id., no. 23)

D LEXICOLOGY, ONOMASTICS

1702 ——— : *urdail*.
    In id., pp. 182-3. (id., no. 24)

1703 ——— : *coibhéis*.
    In id., pp. 183-4. (id., no. 25)

1704 ——— : *éagmhais, éagmais*.
    In id., pp. 188-90. (id., no. 27)
    M.I. *écmais* 'absence', lit. 'non-company, non-presence', < neg. pref. + O.I. *comgnas*.

1705 ——— : Sc. *fàl; fàladair*. W. *pal; p(a)ladur*.
    In id., pp. 190-1. (id., no. 28)
    While the only Irish word for 'scythe' is *speal* (not cognate with W. *paladur*).

1706 ——— : *folamh*.
    In id., pp. 191-2. (id., no. 29)

1707 ——— : *donál*.
    In id., pp. 192-3. (id., no. 30)

1708 ——— : *milleán*.
    In id., pp. 193-5. (id., no. 31)

1709 ——— : *dainid, dainíd*.
    In id., pp. 201-3. (id., no. 37)
    In southern Irish from *dainimh* and *dainmhidh (dainmhe)* respectively, with -d from prepos. *do* in phrase *is d. do*.

1710 ——— : *dealamh*.
    In id., pp. 203-4. (id., no. 38)
    'indigent' (derivative *dealmhas*), Munster word, often misspelled *dealbh*.

1711 ——— : *díobtha, díobaithe*.
    In id., pp. 205-6. (id., no. 40)
    'very great; unyielding' (gen. sg. of *dí-obadh), in some 17th and 18th c. texts.

1712 ——— : *íomhóg*.
    In id., p. 207. (id., no. 42)
    Replacing earlier *cnámh íomháighe* 'ivory' (M.I. *cnáim elifinte*).

1713 ——— : *comhnámhaí*.
    In id., pp. 213-4. (id., no. 45)
    Munster word (17th-19th c. exx.), 'partner, fellow'.

1714 ——— : *aimir(t)ne*.
    In id., p. 214. (id., no. 46)
    Survives in *aimirneach* 'voracious' in Donegal.

1715 ——— : *treó*.
    In id., pp. 214-5. (id., no. 47)
    In the Irish of Cork and Kerry, by haplology from *treóir*.

1716 ——— : *trúig*.
    In id., pp. 215-6. (id., no. 48)
    Munster representative of E.Mod.I. *turbhaidh* (cpd. of *buith*).

1717 ——— : *forú, fora*, 'eyelash'.
    In id., pp. 216-7. (id., no. 49)
    O.I. *forbrú* 'eyebrow'; *fora* in Co. Galway.

1718 ——— : *áirdeall*.
    In id., p. 217. (id., no. 50)
    'watchfulness' (Connacht), a doublet of O.I. *airndel*, M.I. *airnel*, 'trap'.

D LEXICOLOGY, ONOMASTICS

1719 Ó Moghráin (Pádraig): *Balla*, Co. Mayo.
       In Éigse 3, 1941/42 (1943), (pt. 3, 1942), pp. 219-20. (= Ceist, freagra . . ., no. 44)
       > A native Irish word (< Lat. *balneum*).

1720 [Murphy (Gerard)]: English 'brogue' meaning 'Irish accent'.
       In id., (pt. 4), pp. 231-6.
       > Incl. answers to a questionnaire concerning the words *bróg* 'shoe' and *barróg* 'grip' (also instances of *bachlóg*). Irish has no phrase resembling English 'he speaks with a brogue'.

1721 Piatt (Donn): *creafadach*.
       In id., pp. 308-9. (= Ceist, freagra . . ., no. 47)
       > *creaifideach, creafaideach*, in the Irish of Erris (Co. Mayo).

1722 [Murphy (Gerard)]: *sutrall*.
       In id., p. 309. (= id., no. 48)

1723 Hull (Vernam): Of the race of Conaire Mor.
       In MLN 58, 1943, pp. 32-3.
       > Read *conach-m[b]oceth* in *De síl Chonairi Móir*, line 21 (v. Ériu 6.134), from *bocaid* 'to soften; to render pliant; to manipulate'.

1724 O'Rahilly (T. F.): Ir. *aobh, aoibheall*, etc. W. *ufel, uwel*. Gaul. *Ēsus*.
       In Ériu 14, 1946, (pt. 1, 1943), pp. 1-6.
       > The interchange of *oí-* and *é-* in several words and names; the development of Celtic *-sv-*.

1725 Bergin (Osborn): O.Ir. *cummato*.
       In id., p. 30. (= Varia 1, [no. 2])
       > **cummatu*, abstr. noun from *cummae* 'equal', in Sg. 161b5; also on the etym. of *cummat*.

1726 Richardson (L. J. D.): The word *ogham*.
       In Hermathena 62, 1943, pp. 96-105.

1727 Ó Floinn (Donnchadh): *duír*.
       In Éigse 4, 1943/44 (1945), (pt. 1), p. 70. (= Ceist, freagra . . ., no. 51)

1728 Ó M[urchadha] (G.): *gaoth, gaothradh*.
       In id., pp. 70-1. (= id., no. 53)

1729 Ó Moghráin (Pádraig): Some Mayo traditions of the *buaile*.
       In Béaloideas 13, 1943 (1944), pp. 161-71.
       > With an Editorial [bibliographical] note (pp. 171-2), by Séamus Ó Duilearga.

1730 M[urphy] (G.): *graifne*.
       In Éigse 4, 1943/44 (1945), (pt. 3, 1944), p. 230. (= Ceist, freagra . . ., no. 61)

1731 Jones (Thomas): *ar gythlwng : ar céadlongadh*.
       In BBCS 11, 1944, pp. 136-7.

1732 Ó Moghráin (Pádraig): More notes on the *buaile*.
       In Béaloideas 14, 1944 (1945), pp. 45-52.

1733 Dillon (Myles): The negative and intensive prefixes in Irish and the origin of Modern Irish *an* 'very; great'.
       In TPS 1944 (1945), pp. 94-107.
       > Also on *com-* in terms of equality.

D LEXICOLOGY, ONOMASTICS

1734   M[URPHY] (G.): 'Spend me and defend me.'
In Éigse 5, 1945/47 (1948), (pt. 1), p. 68. (= Ceist, freagra . . ., no. 63)

      feithim 'I defend' (though *cosnaim* is more usual in this phrase).

1735   ———— : *Fleasg* 'tress'.
In id., p. 68. (= id., no. 64)

1736   MATHESON (Angus): A proposed emendation in *Táin bó Fraích*.
In Éigse 5, 1945/47 (1948), (pt. 3, 1946), p. 157.

      On TBFr 403f. Further on *(ó) néimh* [sic leg.] *an tsneachta*, TSh (Bergin) 9841.

1737   O'R[AHILLY] (T. F.): Ir. Sc. *magadh*.
In Celtica 1, 1950, (no. 1, 1946), pp., 158, 404-5 [add.]. (Varia, [no. 3])

      A later form of M.I. *mangad*.

1738   ———— : Mod.Ir. *eathar*.
In id., p. 160. (Varia, [no. 6])

1739   ———— : *bóthar*.
In id., p. 160. (Varia, [no. 7])

1740   Ó SÉAGHDHA (M.): Stair an *Síle-na-gig*.
In 437 [Fs. Torna], pp. 50-5.

      Related to the *crossán*.

1741   SHAW (Francis): *Fé ille fé innund*.
In id., pp. 77-82.

      Contains *fé* 'measuring rod for the dead *(slat tomhais)*'.

1742   M[URPHY] (G): *faoisg* 'ripe'.
In Éigse 5, 1945/47 (1948), (pt. 4), p. 294. (= Ceist, freagra . . ., no. 67)

      ? by-form *foesc*.

1743   JONES (D. M.): A parallelism between Celtic and Indic.
In BBCS 12, 1948, pp. 88-9.

      O.I. *cétbuid*, etc.

1744   HOLMER (Nils M.): Old Irish *-icc*, *-ucci*.
In Lg 24, 1948, pp. 262-6.

1745   MATHESON (Angus): *mormaer*.
In Éigse 6, 1948/52, (pt. 1), p. 67. (Varia, no. 20)

1746   Ó CUÍV (Brian): *seann*, *sean*.
In id., pp. 72-3. (= Ceist, freagra . . ., no. 69)

1747   WILLIAMS (J. E. C.) & JONES (D. M.): W. *medel*, I. *meithel*, OCo. *midil*.
In BBCS 13, 1950, (pt. 1, 1948), pp. 23-5.

1748   VENDRYES (J.): Sur la valeur religieuse du latin *venia*.
In Word 5, 1949, pp. 103-5; 6, 1950, p. 98 [corrig.].
Republ. in 438 [Choix d'études], pp. 165-8.

      Ir. *fuin* (or *fon) 'forgiveness' with correspondences in Latin (*arcu fuin* = Lat. *posco veniam*) and Sanskrit; to be distinguished from *fuin* 'crépuscule du soir'.

1749   HULL (Vernam): *rondid*.

D LEXICOLOGY, ONOMASTICS

In Lg 25, 1949, pp. 134-5. (Miscellanea linguistica Hibernica, no. 6)

Two further occurrences; incl. interpretation of *A ben, náchamaicille*, st. 33 (*Reicne Fothaid Canainne*, v. Fianaig., p. 14).

1750 PEDERSEN (Holger): Old Irish *ainder* 'a young woman'.
In JCS 1, 1950, (no. 1, 1949), pp. 4-6.

1751 POWER (P. Canon): The *cill* or *cillín*: a study in early Irish ecclesiology.
In IER 73, 1950, pp. 218-25.

1752 CARNEY (James): *rinde*.
In Celtica 1, 1950, pp. 299-300. (Miscellanea, no. 1)

1753 O'RAHILLY (T. F.): *Do-ním, déanaim,* 'I proceed, go'.
In id., pp. 318-21, 407.

Also on *do-ním* in periphrasis, and on 2 sg. *téanam, teanam*.

1754 ——— : *Gnó, gnóaigh, gnóughadh*.
In id., pp. 322-7, 407.

1755 ——— : A line in Aogán Ó RATHILE.
In id., pp. 328-30, 407. (Varia 2, no. 1)

cruindiuc 'dew-drop', *rindiuc* 'tall (ungrazed) grass'.

1756 ——— : O.Ir. *dia daim*.
In id., pp. 332-5. (id., no. 4)

'(to) home'; *dam* 'house, dwelling-place' already obsolescent in O.I.

1757 ——— : *ar mhaithe le. ar olca le*.
In id., pp. 335-7. (id., no. 5)

maithe f. 'goodness' and *olca, ulca* f. 'badness' are voces nihili.

1758 ——— : *fochair*.
In id., pp. 341-3. (id., no. 7)

i fochroíb; (i) fochraib, comfhochraib; i fochair.

1759 ——— : *éiligh*.
In id., p. 343. (id., no. 8)

élig is a denominative from *éle* 'a charm'.

1760 ——— : *faoidheach*.
In id., pp. 344-5. (id., no. 9)

1761 ——— : *éagm(h)ais, éagm(h)aiseach*.
In id., pp. 345-7. (id., no. 10)

From ca. 17th c., *grádh éagm(h)aise* understood as 'very great love'; > adj. *éagm(h)aiseach* 'very great (esp. of love)'.

1762 ——— : *cruimther*.
In id., pp. 347-8, 407. (id., no. 11)

Also on the change *mth* (= *m* + *h*) > *mp*.

1763 ——— : *comhra. cófra*.
In id., pp. 351-3, 407-8. (id., no. 14)

O.I. *comrar* f., M.I. by-form *comra*, Connacht *cónra*, Donegal *cónair*; borrowed *cófra*.

1764 ——— : *tríocha, triúcha*.
In id., pp. 354-9, 408. (id., no. 15)

1765 ——— : *earball*.
In id., pp. 359-61, 408. (id., no. 16)

Also on the prepos. *iar*.

D LEXICOLOGY, ONOMASTICS

1766 ———— : *rámha. ruamh. rómhar.*
　　　　In id., pp. 363-5. (id., no. 18)

1767 ———— : Ir. *fial, gaol.* Welsh *gŵyl, annŵyl.*
　　　　In id., pp. 365-9, 408. (id., no. 19)
　　　　　Also on *nár* 'noble, etc.'.

1768 ———— : *coinneamh. coinne.*
　　　　In id., pp. 370-5, 408. (id., no. 20)

1769 ———— : *dámh.*
　　　　In id., pp. 375-7, 408. (id., no. 21)

1770 ———— : *cuilche.*
　　　　In id., pp. 377-8, 408. (id., no. 22)
　　　　　Survives in west Munster as *cuilithe* 'the interior or middle part of a thing'.

1771 ———— : *guardal, guairneán,* etc.
　　　　In id., pp. 378-81, 408. (id., no. 23)
　　　　　These, mainly southern Irish, forms go back to O.I. *cuairtfell, cuairtbell.*

1772 POKORNY (J.): OIr. *án* 'fiery, glowing'.
　　　　In JCS 1, 1950, pp. 129-30. (Some Celtic etymologies, no. 1)

1773 ———— : OIr. *derc* 'berry'.
　　　　In id., p. 133. (id., no. 5)
　　　　　Identical with *derg* 'red'.

1774 ———— : MIr. *oíbell,* Welsh *ufel.*
　　　　In id., pp. 133-4. (id., no. 7)
　　　　　vs T. F. O'RAHILLY, Ir. *aobh, aoibheall,* etc., *in* Ériu 14 (pt. 1, 1943).

1775 ———— : Modern Irish *seamróg* f. 'shamrock'.
　　　　In id., p. 135. (id., no. 10)

1776 LEHMACHER (Gustav): The ancient Celtic year.
　　　　In id., pp. 144-7.
　　　　　Mainly on *(an) Luan* 'Monday', orig. (before the introd. of the week) the first day of the month.

1777 BINCHY (D. A.): Ir. *forggu* (W. *goreu* ?), *dígu.*
　　　　In id., pp. 148-51.

1778 BERGIN (Osborn): Old Irish *dligid.*
　　　　In id., pp. 183-9.

1779 DE BHALDRAITHE (Tomás): *féadachtáil.*
　　　　In Éigse 6, 1948/52, (pt. 2, 1950), p. 168. (Varia, [no. 4])
　　　　　Vn. of *féadaim* in Cois Fhairrge.

1780 POKORNY (Julius): Keltisch *enos : onā* 'Wasser, Fluss'.
　　　　In BNF 2, 1950/51, pp. 37-8. (Zu keltischen Namen, Nr. 3)

1781 ———— : Gallisch *Gergovia.*
　　　　In id., pp. 247-8. (id., Nr. 5)
　　　　　ad Ir. *gerg* in pl.ns.

1782 BREATNACH (R. A.): *deáthach.*
　　　　In Éigse 6, 1948/52, (pt. 3, 1951), p. 243.
　　　　　deaghfháthach.

1783 ———— : *Tabhasc (éacht tamhaisc).*
　　　　In id., pp. 245-7.
　　　　　(≠ *tásc*); < *tadhbhás.*

1784 MACARTHUR (William): The pestilence called *scamach.*
　　　　In IHS 7, 1950/51 (1951), pp. 199-200.

1785 FOWKES (Robert A.): Welsh *esgor* 'be delivered; bring forth', M.W. *escor* 'deliverance'.
   In Lg 27, 1951, pp. 149-50. (Some problems in Celtic vocabulary, no. 4)
   >Both groups of Celtic words, represented by (a) Ir. *scor, scaraim* 'separate', and (b) *cor, -cuiriur* 'throw, cast', and related W. forms, may be derived from I.E. **sqer-/sqor-* .

1786 L[E] R[OUX] (F.): Le soleil dans les langues celtiques.
   In Ogam 4, 1952, pp. 209-15, 222.

1787 VENDRYES (J.): Sur le nom du 'cousin' en celtique.
   In ÉtC 6, 1953/54, (fasc. 1, 1952), pp. 198-9. (= Variétés, [no. 3])
   >Ir. *nia, necht* (f.), etc.

1788 BREATNACH (R. A.): Mod.Ir. *deireanach*.
   In Éigse 6, 1948/52, (pt. 4), pp. 333-4. (Varia, [no. 1])

1789 ———— : *adh-mhaidean*.
   In id., p. 339. (Varia, [no. 4])
   >'daybreak', *á(dh)-mhaidean* in Corkaguiny (Co. Kerry).

1790 Ó C[UÍV] (B.): Modern Irish *tábhachtach*.
   In Celtica 2, 1954, (pt. 1, 1952), p. 66.
   >In the meaning 'effective, effectual' (and Donegal 'careful, thrifty').

1791 GREENE (David): *cythlwng* : *céadlongadh*.
   In id., pp. 146-8. (Miscellanea, [no. 1])
   >Both mean 'fasting' only; prefix **kint(u)-* with the force of 'before'.

1792 PEDERSEN (Holger): Altirisch *frén* 'Wurzel'.
   In Ériu 16, 1952, pp. 5-6. (Two notes, no. 2)

1793 GOULDEN (J. R. W.): *Aharla*.
   In Éigse 7, 1953/55, (pt. 1), pp. 52-4.
   >Has survived in the Aran Islands, from *otharlige* 'grave, burial place'.

1794 WAGNER (Heinrich): Zum Manx-Wort für Feuer.
   In Lexis 3, 1953, pp. 133-4.
   >Manx *aile,* Ir. *aingeal* 'fire'.

1795 POKORNY (J.): Further note on Old Irish *derc* 'berry'.
   In JCS 2, 1958, (no. 1, 1953), p. 25.
   >Revocation of his 1949 etymology.

1796 HAMP (Eric P.): OWelsh *guar,* Welsh *gor-* , Bret. *gour-* , OIr. *for,* Gaulish *ver-* .
   In BBCS 15, 1954, (pt. 2, 1953), p. 124.

1797 ———— : Welsh *wrth,* OIr. *frith,* etc.
   In id., pp. 124-5.

1798 HULL (Vernam): *sceóla(e)*.
   In ZCP 24, 1954, (H. 1/2, 1953), pp. 125-6. (Noticulae de lingua Hibernica, no. 8)
   >Further evidence for the meaning 'Zeuge, Berichterstatter'.

1799 MERONEY (Howard): *Tréfhocal fócrai*.
   In JCS 2, 1958, (no. 1, 1953), pp. 59-130. (Studies in early Irish satire, no. 3)

1800 Ó MÁILLE (T. S.): *doirt* 'sod'.
   In JCS 2, 1958, (no. 1, 1953), pp. 141-2. (Some Modern Irish words, [no. 2])

D LEXICOLOGY, ONOMASTICS

1801 DE BHALDRAITHE (Tomás): *Meanma* 'presentiment, premonition'.
In Éigse 7, 1953/55, (pt. 3, 1954), p. 155. (Nótaí, no. 4)
In Mod.I. often *meanmna*, in Cois Fhairrge *meanmnaí* (pl.).
Add. by MAC MHATHAIN (Aonghus), *in* id., p. 216.

1802 HAMP (Eric P.): OIr. *gaib-* , Welsh *gafael, caffael, cael, cahel*.
In ZCP 24, 1954, pp. 229-33.

1803 Ó CUÍV (Brian): Modern Irish *slinnéanacht*.
In Celtica 2, 1954, p. 277.
A method of augury.

1804 GREENE (David): *céidéaga*.
In id., pp. 335-7. (Miscellanea, [no. 2])
'premonitory symptoms of death', with **kintu-* = 'before' in Irish.

1805 ———— : *lepaid*; *lled-* ; *apaid*.
In id., pp. 337-9. (id., [no. 3])
lepaid 'protection; bed' < *leth* ('with') + *buith* (cf. W. *llety*); *apaid* 'harbouring' < **ad-buith*, *epaid* 'spell' < **ess-buith*.

1806 BREATNACH (R. A.): *tuis(e), neafaiseach*.
In id., pp. 344-5. (Nótaí gearra 1, no. 3)
From *toimhse* (orig. nom. pl. of *tomhas*) and *neamhthoimhseach* respectively (Munster).

1807 O'BRIEN (M. A.): *uchtlach* 'lapful', *littiu* 'porridge'.
In id., p. 353. (Short notes, [no. 3])
O.I. and M.I. *utlach, urtlach* possibly by dialectally early *cht* > *t* or *rt*; thus *littiu* may be connected with *ligid* 'licks'.

1808 MACLOCHLAINN (A.): The *shillelagh*.
In Ríocht na Midhe 1, no. 1, 1955, pp. 63-4.

1809 Ó MÁILLE (T. S.): *Ubhall* in áitainmneacha.
In Galvia 2, 1955, pp. 59-65; 4, 1957, pp. 66-7 [add.].

1810 Ó SÚILLEABHÁIN (Pádraig): *éitheamhanta*.
In CS 2, 1955, p. 78.
'perjured, lying': *ainéightheamhanta* (Eoghan Rua Ó SÚILLEABHÁIN), *éighthúnta* (An MANGAIRE SÚGACH), *ēaghthúnta* (MS King's Inns 19, p. 659).

1811 ———— : *sibhsóg*.
In id., pp. 78-9.
'whispering, talebearing', in Celtica 1.221 (cf. *siusóg* LHUYD, *siosóg* DINNEEN).

1812 BREATNACH (R. A.): The semantics of *lepaid* < *leth* + *buith*.
In Éigse 7, 1953/55, (pt. 4), pp. 260-1.
vs D. GREENE, in Celtica 2, 1954.

1813 VENDRYES (J.): *Neddamon delgu linda*.
In ÉtC 7, 1955/56, pp. 9-17.
Incl. discussion of Ir. *lind*.

1814 ———— : Sur un emploi du mot *ainm* 'nom' en irlandais.
In id., pp. 139-46.
On Ogam *ANM* preceding a p.n. in the gen.

1815 GONDA (J.): Semantisches zu idg. *rēĝ-* 'König' und zur Wurzel *reĝ-* '(sich aus)strecken'.
In KZ 73, 1956, pp. 151-67.

1816 HAMP (Eric P.): IE enclitic *-k.
In KZ 74, 1956, pp. 236-8.

1817 O'BRIEN (M. A.): *leithéit* 'the like'.
In Celtica 3, 1956, p. 168. (Etymologies and notes, no. 1)
< *leth* + *sét* 'one of two similar things'.

1818 ——— : *cúlad*.
In id., pp. 168-9. (id., no. 2)
< *cúl* + *féth* (older form of *féith* 'sinew, muscle').

1819 ——— : *fínné* 'testimony, witness'.
In id., pp. 169-70. (id., no. 3)
Univerbation of *fír nDé* 'judicium Dei, ordeal'.

1820 ——— : O.Ir. *eirr*, *arae*.
In id., p. 170. (id., no. 4)
'fighter in a chariot', < *iar-seds*; 'charioteer', < *are-seds*.

1821 ——— : Mod.Ir. *gead*; Slav. *zvězda*.
In id., pp. 170-1. (id., no. 5)
An old word for 'star'.

1822 ——— : O.Ir. *escaid*.
In id., pp. 171-2. (id., no. 6)
'searches for lice' (differentiated from *aisc(h)id*).

1823 ——— : O.Ir. *cáin*; Slav. *kazni*.
In id., p. 172. (id., no. 7)

1824 ——— : O.Ir. *aitenn*; Welsh *eithin*.
In id., p. 177. (id., no. 13)
Poss. < *aktin-*, with *-kt-* > *-cht-* > *-t-* (cf. Celtica 2.353).

1825 ——— : Ir. *dlŭth*.
In id., pp. 177-8. (id., no. 14)
Beside *dlúth* 'firm'.

1826 ——— : Ir. *gábud*; Welsh *gofid*; Russian *zabóta*.
In id., p. 179. (id., no. 16).

1827 ——— : O.Ir. *contracht*, *robartae*.
In id., pp. 180-1. (id., no. 19)
Meaning 'neap-tide' and 'spring-tide' respectively, in *Carlsruhe Beda* (Thes. ii 13).

1828 ——— : O.Ir. *fodb* 'spoils' : W. *gwddw*, *gwddf* 'neck'.
In id., p. 181. (id., no. 20)

1829 HAVERS (W.): Ir. *dia* 'Gott' und *dia* 'Tag'.
In id., pp. 256-7. (Sprachliche Beobachtungen an den altirischen Glossen, no. 1)

1830 ——— : Zu Wb. 9c11.
In id., p. 261. (id., no. 7)
A special use of *athláech*.

1831 MAC AIRT (Seán): *sneachta na neimhe*; *sneachta na mure*.
In id., p. 262. (Lexicographical notes, no. 1)
sn. na mure is a vox nihili; also vs A. MATHESON (*in* Éigse 5, 1946) reading *(ó) néimh* [leg. *neimh*] *an tsneachta*, TSh (Bergin) 9841.

1832 ——— : *áit(t)*, *āit(t)e*, *teine di āit(t)*.
In id., pp. 263-7. (id., no. 3)

D LEXICOLOGY, ONOMASTICS

1833 ——— : Ir. *anam*, W. *eneit*.
In id., pp. 268-9. (id., no. 5)

1834 ——— : *tapaigean, taibeagan*.
In id., p. 269. (id., no. 6)

1835 ——— : *dollaghan*.
In id., pp. 269-70. (id., no. 7)
Name of a fish, in Ulster; < *dallac(h)án*.

1836 BENVENISTE (E.): Le nom celtique du 'fer'.
In id., pp. 279-83.

1837 WAGNER (Heinrich): Eine keltisch-germanische Tageszeitbezeichnung.
In id., pp. 300-5.
etrud, m. *u*-stem, '(late morning) milking (time), midday', Mod.I. *eadradh*, from O.I. prep. *eter* with suff. I.E. *-tu-*.

1838 POKORNY (J.): O.Ir. *sruth* and *sruthar*.
In id., pp. 308-9. (Miscellanea Celtica, no. 3)

1839 MURPHY (Gerard): *Te*; *tét*; *téith*.
In id., pp. 317-9.

1840 HAMP (Eric P.): *anian*.
In BBCS 16, 1956, pp. 279-80.
O.I. *indgnam* may be a close relative.

1841 ——— : Old Irish *indile*, Welsh *ennill*.
In id., pp. 280-1.

1842 Ó MÁILLE (T. S.): *Urlár* in áitainmneacha.
In Galvia 3, 1956, pp. 63-8.

1843 Ó CUÍV (Brian): *beirt*.
In Éigse 8, 1956/57, pp. 101-3. (Miscellanea, no. 5)

1844 ——— : Mid.Ir. *sód*.
In id., p. 105. (id., no. 8)
'a weir', < O.I. *soud* 'turning' (DRIA entry to be corr.).

1845 DE BHALDRAITHE (Tomás): *malach*.
In id., pp. 144-5. (Nótaí ar fhocla NuaGhaeilge, no. 2)
'ualach', in Cois Fhairrge.

1846 ——— : *drochainte, drochuinte*.
In id., p. 145. (id., no. 3)
From *drochmhúinte*, in Tirconell and Conamara.

1847 ——— : *cnái(mh)cheól*.
In id., p. 145. (id., no. 4)
'caoineachán, clamhsán, diúgaireacht', in Cois Fhairrge.

1848 ——— : *cosúil*.
In id., p. 146. (id., no. 5)
With the meaning of 'measartha' in Corca Dhuibhne.

1849 MATHESON (Angus): *ceudlongadh*.
In id., pp. 250-1. (Some words from Gaelic folktales, no. 5)

1850 ——— : *dord Fianna*.
In id., pp. 257-8. (id., no. 14)

1851 ——— : The Three shafts of death, l. 9841: *neimh* or *nēimh*?
In id., p. 259. (Miscellanea, [no. 1])
vs S. MAC AIRT (*in* Celtica 3.262).

D LEXICOLOGY, ONOMASTICS

1852 Ó Máille (T. S.): *dósta, ósta*.
In id., pp. 342-3. (Bunús roinnt focal NuaGhaeilge, [no. 1])
'wild; wet', from *dórta, dóirte (doirte)*.

1853 ——— : *gaimbín* 'ús'.
In id., pp. 343-5. (id., [no. 2])
Orig. 'a small piece', diminutive of *gamba* (from Engl. *cam, gam*).

1854 ——— : *Ára* mar áitainm.
In Galvia 4, 1957, pp. 54-65.

1855 Pokorny (J.): Mittelirisch *frēm* und *frēn* 'Wurzel'.
In ZCP 26, 1957, pp. 1-4. (Etymologica, Nr. 1)

1856 ——— : Mittelirisch *ā(i)nne* 'podex'.
In id., pp. 4-7. (id., Nr. 2)

1857 Watkins (Calvert): Old-Irish *sernaid* and related forms.
In Ériu 18, 1958, pp. 85-101.

1858 Mac Airt (Seán): *Filidecht* and *coimgne*.
In id., pp. 139-52.

1859 Greene (David): *léigim* : *leagaim*.
In Celtica 4, 1958, p. 45. (Miscellanea, [no. 3])
leagaim is borr. from O.N. *leggja* 'lay, knock down', which causes hybrid (espec. shortened) forms of *léigim*; 'semantic distribution' in most Mod.I. dialects.

1860 ——— : *admat*.
In id., pp., 46-7. (id., [no. 5])
Orig. vn. of **ad-moinethar* 'invents'.

1861 O'Brien (M. A.): M.Ir. *bail* 'place'.
In id., p. 99. (Short notes, no. 4)
Vox nihili, abstracted from *baile i ttá* (Mod.I. *mar a bhfuil* 'where is').

1862 ——— : O.Ir. *lingid, dringid*.
In id., pp. 100-1. (id., no. 6)

1863 ——— : O.Ir. *crenaid* 'buys'.
In id., p. 101. (id., no. 7)
In later Irish *crenaid* (and *creacaidh*) also in the sense of 'sell, dispense, dispose of'.

1864 Breatnach (R. A.): *cuibhreann; i n-éindí le*.
In id., pp. 206-7. (Nótaí gearra 2, no. 1)
cuibhreann < *com* + *ferenn, firenn*. With Munster *i gcuibhreann* 'together with' (< 'sharing the same portion') cf. western Irish *i n-éindí le* 'id.' (< 'sharing the same drink').

1865 de Bhaldraithe (Tomás): Ad Celtica 2.345.
In id., p. 252.
ad R. A. Breatnach, *tuis(e)*, 1954 (Cois Fhairrge forms).

1866 Ó Cuív (Brian): *deáthach*.
In Éigse 9, 1958/61, p. 4. (Varia, [no. 1])
< *deagh* + *aightheach*.

1867 ——— : *dólámhach*.
In id., pp. 4-5. (Varia, [no. 2])
also meaning 'single-handed'.

1868 ——— : *olcaighidh, olcmhar, olcmhaireacht*.
In id., p. 6. (Varia, [no. 5])

1869 ——— : *terthriall.
    In id., p. 7. (Varia, [no. 7])
        Vox nihili in DRIA; prob. for *(an) t-airthríall* in FM.

1870 ——— : *uabhar*.
    In id., pp. 7-8. (Varia, [no. 8])
        in the sense 'playing'.

1871 CAMPBELL (John Lorne): [*gamnach*].
    In id., pp. 75-6. (Two notes on 'Early Irish lyrics' (Murphy), [no. 1])

1872 SCHMIDT (Karl Horst): Gallisch *nemeton* und Verwandtes.
    In MSS 12, 1958, pp. 49-60.

1873 HULL (Vernam): Early Irish *seimtille*.
    In ZCP 27, 1958/59, pp. 223-6.
        ad Aisl.MC, p. 123.

1874 HAMP (Eric P.): Welsh *heb*, Irish *sech*.
    In ÉtC 8, 1958/59, pp. 402-3.

1875 WATKINS (Calvert): The etymology of Old Irish *ind-aim*.
    In Lg 35, 1959, pp. 18-20.

1876 GUYONVARC'H (Christian J.): Celtique *lama* 'main', irl. *lámh*, *láimh*, gall. *llaw*.
    In Ogam 11, 1959, pp. 35-6. (Notes d'étymologie et de lexicographie gauloises et celtiques, no. 1)

1877 ——— : Gaulois *Labarus* 'bruyant, bavard', irl. *labhar*, gall. *llafar*, bret. *lavar*.
    In id., pp. 36-7; 12, 1960, p. 448 [corrig.]. (id., no. 2)

1878 ——— : Gaulois *Lingones* 'les sauteurs', irl. *léim*, gall. *llam*, corn. et bret. *lam(m)*.
    In id., pp. 37-9. (id., no. 3).

1879 ——— : Le nom des *Eburones*, *Eburovices*; irl. *ibar*, gall. *efwr*, bret. *evor* 'if'.
    In id., pp. 39-42. (id., no. 4)

1880 ——— : Le probleme du *Borvo* gaulois: mot ligure ou celtique?
    In id., pp. 164-70. (id., no. 5)

1881 ——— : Le nom de *Clanum* Saint-Rémy-de-Provence (B.-du-R.); irlandais, gallois, cornique, breton *glan* 'pur'.
    In id., pp. 279-84. (id., no. 6)

1882 ——— : Gaulois *Dagolitus* 'très adonné au rite (?)'.
    In id., pp. 284-5. (id., no. 7)

1883 ——— : Le nom des *Meldi* (Meaux, Seine-et-Marne).
    In id., pp. 285-7. (id., no. 8)

1884 ——— : Celtique *krouka*, irl. *cruach*, gall. *crug*, corn. *crük*, bret. *krug* 'tas, monticule, tumulus'.
    In id., pp. 287-8. (id., no. 9)

1885 ——— : Gaulois *cantalon* 'chant' ou 'pilier' ?; irlandais *cétal*, gallois *cathl*, breton *kentel* 'chant, leçon'.
    In id., pp. 288-93. (id., no. 10)

D LEXICOLOGY, ONOMASTICS

1886 ———— : Le nom des *Cimbres* 'voleurs, brigands', irlandais *cimbid* 'prisonnier de guerre', gallo-latin *cambiare* 'changer'.
In id., p. 294. (id., no. 11)

1887 ———— : Irlandais *Fand*, nom propre, *fand* 'plume, oiseau', à propos d'un jeu étymologique.
In id., p. 440. (id., no. 13)

1888 PISANI (Vittore): Une désignation des époux en celtique.
In id., pp. 434-6.
O.I. *sétig*.

1889 SCHWENTNER (Ernst): Irisch *dobor-chú*.
In KZ 76, 1960, (H. 1/2, 1959), p. 77.
Compared to Latin *canis Ponticus*.

1890 WAGNER (Heinrich): Zum Wort für 'Biene' im Irischen.
In id., pp. 81-4. chart (p. 160)
Dialectal *meach* (: *beach*), (Aran islands: *smeach*), seems to be an equally old form.

1891 Ó MÁILLE (T. S.): *araoid*.
In Éigse 9, 1958/61, (pt. 3, 1959/60), p. 145. (Focla Nua-Ghaeilge, [no. 1])
< *farraid (forraid)* (cf. Ériu 9.20ff), in Connacht.

1892 BREATNACH (R. A.): *cainlíocht*.
In id., p. 159. (Sanasáin Nua-Ghaeilge, no. 1)
< *caindíocht*, in Corkaguiny (Co. Kerry).

1893 ———— : *ionmhain*.
In id., pp. 160-1. (id., no. 3)
Cpd. of *maín* 'wealth'.

1894 ———— : *ansa*.
In id., pp. 161-2. (id., no. 4)
Homonym, repres. *an + assae* and *(is) an + assu (le)* respectively.

1895 ———— : *sínseanathar* 'great-grandfather'.
In id., p. 162. (id., no. 6)
Co. Kerry, < **sinsear athar*.

1896 ———— : *deáthach* : *cuítheach*.
In id., p. 163. (id., no. 7)
(Alternatively) < *deagh-aitheach*.

1897 ———— : *inneamh*; *in(n)mhe*.
In id., pp. 164-5. (id., no. 9)
Derivs. of *feb*.

1898 DE BHALDRAITHE (T.): *Ómánta, fómánta*.
In id., p. 171.

1899 ———— : **Cluichéid*.
In id., p. 172.
'(pawn-)ticket' (Pádraic Ó CONAIRE), prob. for *clóichead* (first in PLUNKET's dict., 1662).

1900 O'RAHILLY (Cecile): *Copgha, ga cop, ga cró*.
In id., pp. 181-6 [cf. p. 251].
Medical terms (cpd. *copgha* only in TSh.).

1901 GUYONVARC'H (Christian-J.): Les noms celtiques du 'chêne', du 'druide' et du 'roitelet'.

D LEXICOLOGY, ONOMASTICS

In Ogam 12, 1960, pp. 49-58. (Notes d'étymologie et de lexicographie gauloises et celtiques (5), no. 16)

1902 ——— : *nemos, nemetos, nemeton*; les noms celtiques du 'ciel' et du 'sanctuaire'.
In id., pp. 185-97. (id., no. 17)

1903 ——— : Irl. *idpart*, gall. *aberth*, celtique commun *ate-berta* 'offrande, sacrifice'.
In id., pp. 197-200, 448 [add.]. (id., no. 19)

1904 ——— : Gaulois *Amarcolitanus* 'au regard perçant', irl. *amarc* 'vue, vision'; à propos d'un surnom de l'Apollon gaulois.
In id., p. 200. (id., no. 20)

1905 ——— : Gaulois *vates*, irlandais *fáith*, gall. *gwawd*, le nom celtique du vate ou 'devin'.
In id., pp. 305-12. (id., no. 22)

1906 ——— : Le théonyme gaulois (Mars) *Mullo* 'aux tas (de butin)', irlandais *mul, mullach* 'sommet arrondi, colline'.
In id., pp. 452-8. (id., no. 29)

1907 MEID (Wolfgang): Air. *at-baill*.
In Sprache 6, 1960, pp. 148-50.

1908 BRANDENSTEIN (Wilhelm): Der Ortsname *Katsch*.
In id., pp. 193-201.
Incl. discussion of Ir. *cathir* (and W. *cader*).

1909 QUIN (E. G.): Old Irish *ol* 'inquit'.
In Celtica 5, 1960, pp. 95-102.

1910 HULL (Vernam): *móaigid*.
In id., pp. 136-7. (Varia Hibernica, no. 2)
O.I. *mogaid*. Emend. & transl. of a sentence in *Senchas fagbála Caisil* (ed. M. Dillon, 1952, ll. 47-8).

1911 MALONE (Kemp): *Bonnyclabber*.
In id., p. 142.
clabar, ? orig. 'dasher of a churn', came to be felt as short for *bainne clabair*.

1912 HULL (Vernam): Early Irish *ninach*.
In ZCP 28, 1960/61, pp. 254-5.

1913 BENEŠ (Brigit): Spuren von Schamanismus in der Sage *Buile Suibhne*.
In id., pp. 309-34.
Incl. etymology of *geilt*.

1914 Ó MÁILLE (T. S.): *Tinne* in áitainmneacha.
In Galvia 8, 1961, pp. 42-9.

1915 GUYONVARC'H (Christian J.): Mars *Latobius*, der norische Held.
In Carinthia 151, 1961, pp. 436-8.
Ir. *láth* 'heat, rutting' and *láth* 'hero' are etymologically identical.

1916 ——— : A propos de la *Velleda* de Bructère et du mot irlandais *file* 'poète, prophète, voyant'.
In Ogam 13, 1961, pp. 321-5. (Notes d'étymologie et de lexicographie gauloises et celtiques (9), no. 31)

1917 ——— : Irlandais *cainte* 'satiriste'.
In id., pp. 328-30. (id., no. 34)

D LEXICOLOGY, ONOMASTICS

1918 ———— : A propos du nom de la fête irlandaise de février *imbolc*.
In id., pp. 471-2. (id., no. 41)

1919 ———— : Irlandais *brón trogain* 'automne', français *truie*.
In id., pp. 472-4. (id., no. 42)

1920 ———— : Remarques sur *samain*, **samon(i)os*.
In id., pp. 474-7. (id., no. 43)

1921 ———— : *lugnasad* 'assemblée [en l'honneur] de Lug'.
In id., pp. 477-80. (id., no. 44)
Discussion of *násad*.

1922 ———— : Le *cró Logo* ou 'enclos de Lug', enclos sacré ou parc à bétail?
In id., pp. 587-92. (id., no. 45)
cf. Ogam 16.453ff.

1923 PINAULT (Jord): *krāwo- et *wālo-, *wali- dans les langues celtiques.
In id., pp. 599-614.

1924 MAC GILL-FHINNEIN (Gordon): *Ris* and *leis* with the meanings 'bare' or 'exposed'.
In Éigse 9, 1958/61, (pt. 4), pp. 227-9.

1925 [O LOCHLAINN] (Colm): *anachain, arachain, anacair*.
In id., p. 271. (Varia, [no. 2])

1926 ———— : *breith*.
In id., p. 272. (Varia, [no. 4])
in the sense of 'chance, opportunity'.

1927 Ó MÁILLE (T. S.): *mísc*.
In StH 1, 1961, pp. 124-6. (Cúig fhocal Nua-Ghaeilge, [no. 4])
(≠ *mí-thoisc*); < *mí-aisc*.

1928 ———— : *caidéis*.
In Éigse 10, 1961/63, (pt. 1), pp. 12-4. (Glac focal Nua-Ghaeilge, [no. 2])
'inquiring, fiosracht', < *caidréis* (der. of *caidreamh*).

1929 ———— : *fastós, greamús*.
In id., pp. 17-8. (id., [no. 5])
Abstracts, < *fastó(dh)* + *as*, *greamu(ghadh)*+ *as*.

1930 DILLON (Myles): History of the preverb *to*.
In id., (pt. 2, 1962), pp. 120-6.

1931 Ó MÁILLE (T. S.): *Cuilleann* in áitainmneacha.
In Béaloideas 28, 1960 (1962), pp. 50-64.

1932 BREATNACH (R. A.): Modern Irish and Scottish *laghach*.
In Lochlann 2, 1962, pp. 18-22.

1933 RICHARDS (Melville): Welsh *meid(i)r, moydir,* Irish *bóthar* 'lane, road'.
In id., pp. 128-34. chart

1934 POKORNY (J.): Nochmals air. *at-baill*.
In Sprache 8, 1962, pp. 72-3.
ad W. MEID, *in* id. 6, 1960; also on Ir. *srón* (: W. *ffroen*).

1935 PINAULT (Jord): Une étymologie de v.i. *nasad* 'assemblée'.
In Ogam 14, 1962, p. 160. (Notes sur le vocabulaire gaulois, no. 4)

D LEXICOLOGY, ONOMASTICS

1936 GUYONVARC'H (Christian-J.): Le toponyme gaulois *Bratuspantium*.
In id., pp. 167-73, 609-14 [add.]. (Études sur le vocabulaire gaulois, no. 2)

1937 HAMP (Eric P.): Vieil-irlandais *sétig*, breton *ozac'h*.
In id., p. 376.
ad V. PISANI, *in* Ogam 11, 1959.

1938 GUYONVARC'H (Christian-J.): Irlandais *síd*, gaulois **sedos* 'siège, demeure des dieux'.
In id., pp. 329-40. (Notes d'étymologie et de lexicographie celtiques et gauloises (13), no. 47)

1939 ——— : Gaulois *-sedlon* 'trône' (?).
In id., pp. 340-2. (id., no. 48)
On Ir. *suide* and the paraphrase for 'throne'.

1940 ——— : Gaulois cisalpin *larix* 'mélèze'.
In id., pp. 473-4. (id., no. 49)
Ir. *daur (daura)* : *dair (darach)*.

1941 ——— : **braci-, embrekton, inbrataria*, à propos d'un nom celtique de la bière.
In id., pp. 476-82; 15, 1963, p. 122 [corrig.]. (id., no. 51)

1942 ——— : Le nom des *Atrebates*.
In id., pp. 595-602; 15, 1963, p. 122 [corrig.]. (id., no. 53)

1943 ——— : Moyen-irlandais *mí aige* 'mois des courses (de chevaux)'.
In id., pp. 606-9. (id., no. 56)

1944 HULL (Vernam): Early Irish *find(b)ruine*.
In ZCP 29, 1962/64, (H. 1/2, 1962), pp. 100-1.

1945 ——— : Early Irish *fo-émid, for-émid*.
In id., pp. 176-7. (Miscellanea Celtica, no. 4)
Another instance of the secondary meaning 'refuses, shirks (doing something), disclaims'.

1946 ——— : Early Irish *geldod*.
In id., pp. 177-8. (id., no. 5)
From *gel* + *doth*, 'fair procreation', in *Ca[í]ni amra laisin mBran*, of *Imram Brain* (v. EILyr., p. 95, q.5).

1947 BINCHY (D. A.) *ed.*: The Old-Irish table of penitential commutations.
In Ériu 19, 1962, pp. 47-72.
Based on MS R.I.A. 3 B 23 [cf. Best[1] 230]; with Engl. transl. and notes. Also discussion of *arrae*.

1948 GREENE (David): *airchess* : *oircheas*.
In id., p. 111. (= Varia 1, no. 1)

1949 ——— : *oiridh* : *feileann, fóireann*.
In id., pp. 111-2. (= id., no. 2)

1950 ——— : *iris* : W. *arwest*.
In id., pp. 112-3. (= id., no. 4)
Homonym of 6 distinct words.

1951 ——— : Ir. *bíthe*.
In id., p. 113. (= id., no. 5)
Orig. p.p. of *benaid*: 'struck; mild, delicate'.

D LEXICOLOGY, ONOMASTICS

1952 WATKINS (Calvert): Irish *milchobur*.
In id., pp. 114-6. (= Varia 2, no. 1)
    Tabu word for 'bear' ('honey-desiring', determinative cpd. with verbal rection); on a morphophonemic opposition between simple and compounded forms of the O.I. verbal noun.

1953 ——— : Old Irish *-antar*.
In id., pp. 116-8. (= id., no. 2)
    postulation of a primary verb **anaid* 'blemishes'.

1954 O DALY (Máirín): *tecosc, di thecosc*.
In id., p. 119. (= Varia 3, no. 1)
    tecosc never means 'prophesying, prophecy' (vs DRIA, s.v., II a).

1955 ——— : *indladad*.
In id., p. 119. (= id., no. 2)

1956 LEWY (Ernst): Gk. ἀνάσσω : Ir. *aingim*?
In id., p. 120.

1957 KNOTT (Eleanor): *Foclóir*.
In id., p. 122.
    as omitted in DRIA.

1958 GUYONVARC'H (Christian J.): Gaulois *andabata* 'gladiateur aveugle'.
In Ogam 15, 1963, pp. 107-16. (Notes d'étymologie et de lexicographie gauloises et celtiques (16), no. 58)

1959 ——— : Moyen-irlandais *urrand, airrand, errend* 'pointe de lance?'.
In id., pp. 378-80. (id., no. 67)

1960 ——— : Moyen-irlandais *lang* 'injure, insulte, affront'.
In id., pp. 380-3. (id., no. 68)

1961 Ó DUBHTHAIGH (Bearnárd): *iarmhóireacht*.
In Éigse 10, 1961/63, (pt. 4), pp. 279-81. (Dornán nótaí ar fhocla Nua-Ghaeilge, [no. 1])
    Specialisation of meaning, .i. *caorach*, in Erris (Co. Mayo).

1962 ——— : *tapaidh*.
In id., pp. 282-3. (id., [no. 2])

1963 Ó BROIN (Tomás): What is the 'debility' of the Ulstermen?
In id., pp. 286-99.
    On *(cess) noí(n)den Ulad*.

1964 RISK (M. H.): *díogla*.
In id., p. 319. (= Miscellanea, no. 4)
    'ale', in the poems of Seán Ó NEACHTAIN, etc.

1965 MEID (Wolfgang): Zur Etymologie von got. *skōhsl*.
In KZ 78, 1963, pp. 153-4.
    Exact equivalent of O.I. *scál*.

1966 GREENE (David): Ir. *gnás* : W. *gnaws*; OHG *kunst*.
In Celtica 6, 1963, pp. 62-3.

1967 HAMP (Eric P.): Old Irish *esséirge* 'rising'.
In id., p. 66.
    On fossilized preverb **epi-*.

1968 ——— : Old Irish *scál*, Gothic *skohsl*.
In id., p. 118.

D LEXICOLOGY, ONOMASTICS

1969   PRICE (Liam): A note on the use of the word *baile* in place-names.
In id., pp. 119-26.

1970   WAGNER (Heinrich): Altir. *ruidid* 'wird rot, errötet'.
In ZCP 29, 1962/64, (H. 3/4, 1964), pp. 299-300.
       On $\bar{e}$ verbs.

1971   HULL (Vernam): *ainis*.
In id., pp. 315-6. (Varia Hibernica, no. 1)
       < *an* + *fius*, 'ignorance', in MUGRÓN's *Cros Chríst tarsin ngnúisse* (EILyr., p. 34, q. 12).

1972   ———— : Early Irish *e(i)mid*.
In id., pp. 320-1, (id., no. 4)
       Occurs in *Cáin Eimíne Báin* (Anecd. i 44.25) with the meaning 'obtains'.

1973   GUYONVARC'H (Christian J.): Moyen-irlandais *soeb*, *sáeb*; irlandais *saobh* 'tors'. Moyen-irlandais *siabraid*, irlandais *siabhradh* 'fantôme'; gaulois *Seboddu*.
In Ogam 16, 1964, pp. 199-207; 19, 1967, p. 230 [add.]. (Notes d'étymologie et de lexicographie gauloises et celtiques (19), no. 71)

1974   ———— : Irlandais *lia fáil* 'pierre de souveraineté'.
In id., pp. 436-40. (id., no. 80)

1975   ———— : Moyen-irlandais *corrguinech* 'magicien' et *glám dícinn* 'malédiction suprême'.
In id., pp. 441-6; 17, 1965, pp. 143-4. (id., no. 82)

1976   QUIN (E. G.): *caidchi, co matain*.
In Hermathena 99, 1964, p. 51. (Notes on Irish words, [no. 2])
       Orig. 'till night', 'till morning' — both becoming '(n)ever' after negative verb.

1977   ———— : *cor[r]thón*.
In id., p. 52. (id., [no. 3])

1978   Ó MURCHADHA (Diarmuid): Ciall bhreise don bhfocal *cabha*.
In Dinnseanchas 1, 1964/65, pp. 3-5.
       Examples of *cabha* 'a cove' in pl.ns. (mostly Co. Cork).

1979   MAC CÁRTHAIGH (Mícheál): *Gamhar*—a 'winter' stream.
In id., p. 43.

1980   DE HÓIR (Éamonn): *Aird* i logainmneacha.
In id., pp. 79-86.

1981   Ó MÁILLE (T. S.): *Droichead* in áitainmneacha.
In Galvia 10, 1964/65, pp. 46-60.

1982   WATKINS (Calvert): Old Irish *céssaid*.
In ÉtC 11, 1964/67, (fasc. 1, 1964/65), pp. 131-4.

1983   GUYONVARC'H (Christian J.): Gaulois continental *draucus* 'fort, vigoureux (juvencus)'.
In Ogam 17, 1965, pp. 144-7. (Notes d'étymologie et de lexicographie gauloises et celtiques (21), no. 84)

1984   ———— : Le nom des *Cavares*.
In id., pp. 147-9. (id., no. 85)
       Ir. *c(a)ur*.

1985   ———— : Le nom des *Veragri* et le thème -*agr*- en celtique.
In id., pp. 149-52; 20, 1968, p. 197 [add.]. (id., no. 86)

D LEXICOLOGY, ONOMASTICS

1986 ———— : Le nom des *Aigosages*.
　　　In id., pp. 152-66. (id., no. 87)

1987 ———— : Vieil-irlandais *nasad* 'réunion'.
　　　In id., p. 166. (id., no. 88)

1988 LOCKWOOD (W. B.): Das althochdeutsche Glossenwort *dun(n)* und Verwandtes.
　　　In KZ 79, 1965, pp. 294-300.
　　　　Also on Ir. *donn*, etc.

1989 Ó MÁILLE (T. S.): *ana, in an, in ann, i ndan, indon.*
　　　In Éigse 11, 1964/66, (pt. 2, 1965), pp. 85-8. (Focla NuaGhaeilge agus a bhfréamh, [no. 1])

1990 BREATNACH (R. A.): A question of methods.
　　　In id., (pt. 3, 1965/66), pp. 157-65.
　　　　vs T. S. Ó MÁILLE, *in* Éigse 11.19ff; in particular *creachlais, flúirse, prataing*.

1991 O'RAHILLY (Cecile): *Tecosc.*
　　　In id., pp. 214-5.

1992 SCHMIDT (Karl Horst): Zum Suppletivismus der Verba für 'gehen' und 'kommen' im Altirischen.
　　　In MSS 19, 1966, pp. 117-28.

1993 MAC NIOCAILL (Gearóid): The origins of the *betagh*.
　　　In IJur 1, 1966, pp. 292-8.
　　　　Clarifies the status of the *biatach*.

1994 HENNIG (John): *Berakah* and *beannacht*.
　　　In IER 106, 1966, pp. 1-11.

1995 MEID (Wolfgang): Idg. *$g^u en$ 'Frau'?
　　　In KZ 80, 1966, pp. 271-2.

1996 GUYONVARC'H (Christian-J.): Gaulois *gutuater* '(druide) invocateur', irlandais *guth* 'voix'.
　　　In Ogam 18, 1966, pp. 104-9, 508 [add.]. (Notes d'étymologie et de lexicographie gauloises et celtiques (23), no. 98).

1997 ———— : Le druide *(*dru-(^{u})id-es)* et le fou *(*dru-to-s)*.
　　　In id., pp. 109-11. (id., no. 99)
　　　　Ad TBFr ll. 38-41.

1998 ———— : Remarques sur le nom des druides, **dru-(^{u})id-es*, les 'tres savants'.
　　　In id., pp. 111-4. (id., no. 100)

1999 ———— : Apollon *Virotutis*; irlandais *túath* et *túas*, breton *tus*; gallois et breton *tud*.
　　　In id., pp. 311-23; 19, 1967, pp. 230-1 [add.]. (id., no. 103)

2000 ———— : Irlandais *ad-chíu* 'je vois' et *cíall* 'intelligence', gallois *pwyll*, breton *poell*. A propos d'une correspondance de vocabulaire du celtique et de l'indo-iranien.
　　　In id., pp. 323-5. (id., no. 105)

2001 ———— : Irlandais *fidchell*, gallois *gwyddbwyll*, breton *gwezboell* 'échecs' (** vidu-k^{u}eslo-s*).
　　　In id., pp. 325-6. (id., no. 106)

D LEXICOLOGY, ONOMASTICS

2002 ——— : Irlandais *traige* 'mode (musical)'.
In id., pp. 326-9. (id., no. 107)

2003 SCHINDLER (Jochem): Bemerkungen zum idg. Wort für 'Schlaf'.
In Sprache 12, 1966, pp. 67-76.
Ir. *súan*.

2004 O'RAHILLY (Cecile): *Marcach* = 'messenger'?
In Celtica 7, 1966, p. 32.

2005 ——— : *galad*.
In id., pp. 45-6. (Miscellanea, no. 4)
From *gal*, meaning 'a fierce thirst (or hunger)'.

2006 ——— : On a passage in *Cath Ruis na Ríg*.
In id., pp. 46-7. (id., no. 5)
Read *comúaitecht* 'fewness of number', in ed. by Hogan, §§ 25, 26.

2207 WAGNER (H.): Altirisch -*tuit* 'fällt'.
In Ériu 20, 1966, pp. 87-93.

2008 QUIN (E. G.): Irish *cote*.
In id., pp. 140-50.

2009 MAC CANA (Proinsias): *fo-reith* : *gwared*.
In id., pp. 217-21. (= Varia 1, no. 3)
The meaning 'to take the place of' of *fo-reith*, explains several of the meanings attested for W. *gwared*.

2010 BINCHY (D. A.): *(bó) trelaeg*.
In id., pp. 231-2. (= Varia 3, no. 2)
lit. 'having a calf through her', is used to designate a cow which has just calved (cf. *in(d)laeg* 'having a calf in her').

2011 Ó MÁILLE (T. S.): *díol, díola*.
In Éigse 11, 1964/66, (pt. 4), pp. 231-2. (Glac bheag focal Nuaghaeilge, [no. 2])

2012 ——— : *neadha, nimhe*.
In id., pp. 235-6. (id., [no. 5])

2013 ——— : *scaoinse*.
In id., pp. 236-8. (id., [no. 6])
In Munster, < *s* + *caínse*.

2014 ——— : *speidhear, speidhearadh*.
In id., pp. 238-9. (id., [no. 7])
Ros Muc (Co. Galway) *speidhear, faidhear*, < Engl. *fire*.

2015 WATKINS (Calvert): The Indo-European word for 'day' in Celtic and related topics.
In Trivium 1, 1966, pp. 102-20.
Discussion of the inflexional forms of O.I. *dia*, archaic *die*, *in-díu* 'today' (: *in-nocht* 'tonight'), *trédenus* 'three days', etc.

Review by

2016 M[AC] C[ANA] (P.) & D[ILLON] (M.), *in* Celtica 8, 1968, pp. 255-6.

2017 WILLIAMS (J. E. Caerwyn): Defnydd arbennig ar eiriau: Cym. *hen*, Gwydd. *sean*.
In BBCS 22, 1968, (pt. 1, 1966), pp. 42-5.
Intensive *se(a)n-* .

D LEXICOLOGY, ONOMASTICS

2018 Ó Máille (T. S.): *Meacan* in áitainmneacha.
In Dinnseanchas 2, 1966/67, pp. 93-7.

2019 Fleuriot (Léon): Irlandais ancien *forgu* 'objet de choix', vieux-breton *-uuorgou*.
In ÉtC 11, 1964/67, (fasc. 2, 1966/67), pp. 468-9. (Notes lexicographiques, [no. 3])

2020 Guyonvarc'h (Christian-J.): Irlandais *techtmar*, gaulois *tecto-* 'possession'.
In Ogam 19, 1967, pp. 231-3. (Notes d'étymologie et de lexicographie gauloises et celtiques (27), no. 115)
(*Tuathal*) *Techtmar*.

2021 ——: Irlandais *orc treith* 'fils de roi'; celtique continental *orc-* .
In id., pp. 233-9. (id., no. 116)
Discussion of the homonyms *orc* and *triath* respectively.

2022 ——: Le suffixe gaulois **ster-* et *Eposterovidos*; le nom du 'temps' en celtique (gaulois *AMB-* et *AM·* dans le calendrier de Coligny).
In id., pp. 240-5. (id., no. 118)
Ir. *aimser*.

2023 ——: Les noms du *fáith* et du *file* irlandais.
In id., pp. 263-4. (id., no. 122)

2024 ——: Moyen-irlandais *déinmech* 'actif' ou 'paresseux, étourdi'?
In id., pp. 264-5. (id., no. 123)

2025 ——: Moyen-irlandais *imbas forosnai* 'la grande science qui éclaire'.
In id., pp. 266-7. (id., no. 127)

2026 ——: Moyen-irlandais *teinm laegda* 'illumination du chant'.
In id., p. 267. (id., no. 128)

2027 ——: A-zivout ar ger *amzer* e brezhoneg hag er yezhoù keltiek.
In id., pp. 361-3. (Notennoù a c'herdarzhadurezh vrezhonek ha keltiek (7), no. 31)

2028 ——: Heniwerzhoneg *forgu*, henvrezhoneg *-uuorgou*.
In id., pp. 363-5. (id., no. 32)

2029 ——: Brezhoneg *enebarzh*, henvrezhoneg *enepuuert*, kembraeg *wynebwerth*, heniwerzhoneg *eneclann*.
In id., pp. 365-8, 523-5. (id., no. 34)

2030 ——: Les noms celtiques de l'âme et de l'esprit.
In id., pp. 475-90. (Notes d'étymologie et de lexicographie gauloises et celtiques (28), no. 132)
1. Vieux-breton *anau*; gallois *anaw, anant, cynan*; gaulois *anavo-* ; irlandais *anair*. 2. Les noms celtiques de l'âme et du souffle. 3. Irlandais *anae* 'richesse, prospérité'; théonyme *Ana, Anu*.

2031 ——: La 'pierre', l' 'ours' et le 'roi'. Gaulois *artos*, irlandais *art*, gallois *arth*, breton *arzh*, le nom du roi *Arthur*.
In Celticum 16, 1967, pp. 215-38. (id., No. 134)
Annexe 3: Vieil-irlandais *artram* ...
Also on anthroponym *Art* and derivatives.

D LEXICOLOGY, ONOMASTICS

2032 JUCQUOIS (Guy): Nés. *mene- (meni-)* 'joue, visage'.
In Orbis 16, 1967, pp. 177-9. (= Quelques nouvelles étymologies hittites, no. 6)
  Compares and proposes etymology for O.I. *mén* 'ouverture de la bouche, bouche ouverte'.

2033 WAGNER (Heinrich): Zu altir. *marnid* 'verraten'.
In ZCP 30, 1967, pp. 1-6.

2034 HAMP (Eric P.): On the notions of 'stone' and 'mountain' in Indo-European.
In JL 3, 1967, pp. 83-90.

2035 SCHMIDT (Karl Horst): Irisch *léicim* 'ich lasse'.
In StC 2, 1967, pp. 95-9. (= Varia, [no. 2])

2036 WATKINS (Calvert): *orn .i. orgon.*
In id., pp. 99-100. (= Varia, [no. 3])
  A glossatorial invention.

2037 GREENE (David): The semantics of *beirt.*
In Éigse 12, 1967/68, p. 68.

2038 Ó CONCHEANAINN (Tomás): *Soiscéal* in amhráin ghrá.
In id., pp. 81-4.
  Corruption of *fios sceal.*

2039 Ó BROIN (Tomás): The word *cess.*
In id., pp. 109-14.

2040 DOLLEY (Michael) & MAC NIOCAILL (Gearóid): *Trí hórmharg.*
In id., pp. 173-6.
  IGT i 18; numismatic discussion.

2041 Ó SÉAGHDHA (Nessa *Ní Shéaghdha*): The word *áesán.*
In id., pp. 199-201.
  (1) 'the fairies', (2) 'a fairy stroke'. Ed. of two charms from MS N.L. G 11 (15th c.).

2042 Ó SÚILLEABHÁIN (Pádraig): Tacaíocht le *néimh*?
In id., pp. 262-3. (Varia, no. 2)
  On *(ó) neimh* [leg. *néimh*] *an tsneachta,* TSh (Bergin) 9841.

2043 ———: *intsechinnad.*
In id., p. 266. (Varia, no. 7)
  Vox nihili in DRIA. Leg. *in tsechrāin nāid,* in *Instructio pie vivendi* [Best² 2043] 114.6.

2044 ———: *leithdhearbh.*
In id., p. 266. (Varia, no. 8)
  'uncertainty, semiplena probatio', in Aodh MAC AINGIL, Scáthán shacramuinte na haithridhe [8150] 3257.

2045 ———: *sogharthach.*
In id., p. 266. (Varia, no. 9)
  Omitt. from DRIA; leg. *f(h)ogharthach* in B. Ó HEODHASA, An Teagasg críosdaidhe (Rome 1707) 177.2.

2046 GUYONVARC'H (Christian J.): Über einen alten Zeitbegriff im Keltischen.
In Studien zur Sprachwissenschaft und Kulturkunde. Gedenkschrift für Wilhelm Brandenstein (1898-1967). Hg. von M. Mayrhofer. Innsbruck, 1968. (= IBK, Bd. 14) pp. 55-6.
  On Ir. *ta(i)n, in tan,* etc., and the 'spatial' time.

D LEXICOLOGY, ONOMASTICS

2047 Ó Máille (T. S.): *Cam* in áitainmneacha.
 In NMAJ 11, 1968, pp. 64-70.

2048 Le Roux (Françoise): La 'gauche' et la 'droite'.
 In Ogam 20, 1968, p. 200. (Notes d'histoire des religions (19), no. 52)

2049 Guyonvarc'h (Christian-J.): Gallo-latin *acerabulus* 'érable'.
 In id., pp. 185-7. (Notes d'étymologie et de lexicographie gauloises et celtiques (30), no. 135)
 aball (occasionally) 'tree'.

2050 ——— : Vieux-breton *abr-* , gallois *afr-* , moyen-irlandais *abar-* , *amar-* .
 In id., pp. 187-90. (id., no. 136)
 Variant of *amor* 'chant, plainte'.

2051 ——— : Irlandais *airmed* 'mesure' et *miach* 'boisseau'; breton *arveziñ* 'examiner'.
 In id., pp. 350-2. (id., no. 142)
 On the theonymes *Airmed* and *Miach*.

2052 ——— : Sur un nom du 'castor' (**abonako-s*) en breton et dans les langues celtiques.
 In id., pp. 368-74. (id., no. 149)
 On *abacc* 'nain, personnage aquatique'.

2053 ——— : Le nom et la notion d'"être" en celtique.
 In id., pp. 374-7. (id., no. 150)

2054 ——— : Vannetais *areih* 'dispute', cornique *areth*, gallois *areith*, *araith*, moyen-irlandais *airecht*, irlandais moderne *oireacht* (**arēktu-*).
 In id., pp. 378-9. (id., no. 154)

2055 Dillon (Myles): The semantic history of Irish *gal* 'valour; steam'.
 In Celtica 8, 1968, pp. 196-200; 9, 1971, p. 134 [corrig.].
 Summary in Actes du Xe Congrès international des linguistes, Bucarest 1967. Bucarest: Édition de l'Acad. de la Rép. Soc. de Roumainie. vol. 2, 1970, pp. 567-9.
 Discussion, by T. de Bhaldraithe, of two features in the Irish of Cois Fhairrge.
 Review by

2056 Ó Concheanainn (Tomás), *in* Éigse 13, 1969/70, p. 147.

2057 Mac Cana (Proinsias): C. *anoeth* : Gw. *deccair*.
 In BBCS 23, 1970, (pt. 1, 1968), pp. 28-9.

2058 ——— : *yr meityn*.
 In id., pp. 29-30.

2059 Ó Máille (T. S.): *Teileann*.
 In Dinnseanchas 3, 1968/69, pp. 1-5.
 Donegal pl.n. *Teelin*; also other names containing M.I. *tellend* 'dish'.

2060 Guyonvarc'h (Christian-J.): Le nom de la 'forme' dans les langues celtiques: 1. gaulois *Rictus*, irlandais *richt*, *arracht*; gallois *rith*, *amrith*, *errith*; vieux-breton *arrith*, breton de Vannes *reheu*, *arreheu*. 2. irlandais *delb*, *Delbaeth*, *indelb*; gallois *delw*; vieux-breton *-delu-* , breton de Vannes *delẅen*; irlandais *del*, *(fo-) dálim*; cornique *del*; breton *dele(z)*. Appendice: le gaulois *(a)mb*

rixtio et *co(b)r(extio)* dans le Calendrier de Coligny, irlandais *comrecht*, gallois *cyfraith*.
In Ogam 21, 1969, pp. 315-37. (Notes d'étymologie et de lexicographie gauloises et celtiques (32), no. 156)

2061 ——— : Les *Volcae* celtiques, l'irlandais *olc* 'méchant, mauvais', et le nom du 'loup' en indo-européen.
In id., pp. 337-49. (id., no. 157)

2062 ——— : Le nom des *Morini* et le thème **mori-* en celtique.
In Celticum 18, 1969, pp. 305-14. (Les noms des peuples belges (2), no. 5)

2063 CHARLES-EDWARDS (T. M.): Welsh *diffoddi*, *difa* and Irish *do-bádi* and *do-ba*.
In BBCS 23, 1970, (pt. 3, 1969), pp. 210-3.
cf. pp. 213-7.

2064 HENNIG (John): Zum Gebrauch von ir. *fíor* als Präfix.
In Sprache 15, 1969, pp. 135-43.

2065 HAMP (Eric P.): Latin *īnsula*.
In AJP 90, 1969, p. 463.
Likelihood that both Keltic (O.I. *inis*, W. *ynys*) and Italic forms can be derived from a single proto-form.

2066 MEID (Wolfgang): Altirisch *bárach*, *búarach*—kymrisch *bore*.
In StC 4, 1969, pp. 72-3.

2067 HAMP (Eric): *uisce*.
In Ériu 21, 1969, p. 87. (= Varia 1, no. 1)

2068 GREENE (David): *nícon* 'non'.
In id., pp. 90-2. (= Varia 2, no. 2)
Spreads from *nícon accae* and *níco cúalae*; also on explicative clauses.

2069 ——— : *fa-deisin* 'himself'.
In id., pp. 93-4. (= id., no. 4)
Orig. 'with one's own right hand', from *deisen* 'right hand'.

2070 Ó BAOILL (Colm): *Cleimhrian* : *clocharán*.
In Éigse 13, 1969/70, pp. 90-1.
On the words for 'stone-chat' in Irish dialects.

2071 Ó BROIN (Tomás): The word *noínden*.
In id., pp. 165-76.

2072 WILLIAMS (N. J. A.): The etymology of *ársuighim*.
In id., pp. 181-5.
The development of *ársuigh* < *aithris*.

2073 O'RAHILLY (Cecile): The words *aimirtne*, *aimirtneach*.
In id., p. 324.

2074 WAGNER (Heinrich): Irish *fáth*, Welsh *gwawd*, Old Icelandic *óðr* 'poetry', and the Germanic god *Wotan/Óðinn*.
In ZCP 31, 1970, pp. 46-57. (Studies in the origins of early Celtic civilisation, no. 2)
Paper read at the 3rd I.C.C.S., 1967.
Reprinted in 525.

2075 HAMP (Eric P.): Indo-European 'young'.
In KZ 84, 1970, p. 1.
O.I. *óac*.

2076 ——— : 'Water' in Italic and Celtic.
In ÉtC 12, 1968/71, (fasc. 2, 1970/71), pp. 547-50.

2077 FLEURIOT (Léon): Breton ancien latinisé *bigrios* 'homme vivant du produit des forêts', breton moderne *bigriañ* 'braconner', français *bigre* 'garde forestier chargé de rechercher les essaims d'abeilles', irlandais moyen *bech* 'abeille', etc.
In id., pp. 556-61. (Notes de philologie celtique, no. 3)

2078 ——— : Irlandais moyen *láthraim, láthar*, breton moyen *leuzriff, leuzr carr*.
In id., pp. 561-7. (id., no. 4)

2079 GREENE (David): Ir. *úathad, óthad* : W. *odid*.
In Ériu 22, 1971, pp. 178-80. (= Varia 2, no. 2)
o,ā -adj., 'few; singular (gramm.)'.

2080 HAMP (Eric): The Keltic words for 'tear'.
In id., pp. 181-4. (= Varia 3, no. 1)
dér is a n. *u*-st. in Arch.I.

2081 ——— : The 'bee' in Irish, Indo-European, and Uralic.
In id., pp. 184-7. (= id., no. 2)
meach is secondary to *beach* (vs H. WAGNER, in KZ 76, 1959).

2082 KELLY (Fergus): O.I. *ad-claid*.
In id., pp. 190-2. (= Varia 5, no. 1)

2083 ——— : O.I. *claideb* and its cognates.
In id., pp. 192-6. (= id., no. 2)

2084 CHARLES-EDWARDS (T. M.): The heir-apparent in Irish and Welsh law.
In Celtica 9, 1971, pp. 180-90.

2085 DILLON (Myles): Irish *púirín* 'hen-house'.
In id., p. 190.
In the Irish of Inishmaan and Carna.

2086 ——— : Irish *dérgaid* 'spreads (coverings), makes a bed'.
In id., pp. 205-9.
Three verbs are to be distinguished: *do-érig* (**reg-* 'to stretch') 'abandons'; *do-érgai (**roigi-* 'causes to stretch') 'spreads'; *do-érig* (**reig-* 'binds') 'lays bare'. — Discussion of vowel contraction before syncope.

2087 O'RAHILLY (Cecile): *cumcaisiu*.
In Éigse 14, 1971/72, pp. 54-5. (Lexicographical notes, [no. 1])
'examination; remedy, cure', vn. of *com-ad-cí; survives as *có(n)gas*.

2088 Ó SÚILLEABHÁIN (Pádraig): *coiblidí*.
In id., p. 121. (Varia, no. 1)
From *Caplait* 'Maundy Thursday'.

2089 ——— : *Diardaoin Álainn*.
In id., pp. 121-2. (Varia, no. 2)
'Corpus Christi' (vs DRIA).

2090 ——— : *feiste*.
In id., pp. 122-3. (Varia, no. 3)
'entertainment' (cf. Gadelica 1.286); instance from MS Mayn. M 59, part 1 (c.1820).

D LEXICOLOGY, ONOMASTICS

D 4.1 **Idioms**

2091 THURNEYSEN (Rudolf): *dos-beir mod*.
 In ZCP 22, 1941, p. 29. (Irisches, no. 4)
   Construction is either *dos-beir (i) mud* (as in ScMM² §3), or *do-beir mod do*.

2092 MÜHLHAUSEN (Ludwig): *cuaille comhraic*.
 In ZCP 23, 1943, pp. 309-11. (Kleine Beiträge, no. 5)

2093 ———— : *caer chomraic(the)*.
 In id., pp. 311-3. (id., no. 6)

2094 Ó M[URCHADHA] (G.): *Tin t'iara hort*.
 In Éigse 4, 1943/44 (1945), (pt. 3, 1944), p. 230. (= Ceist, freagra ..., no. 60)

2095 O'R[AHILLY] (T. F.): *mar bharr draoille*.
 In Celtica 1, 1950, (no. 1, 1946), pp. 158-9, 405 [add.]. (Varia, [no. 4])
   Donegal phrase, 'to cap all', with *barr draoille* for *barr traoille* 'high-tide' (Munster *barra taoide*); cf. *mar bharr tuille* from a Connacht text.

 Review by

2096 LUGH [*pseud.*], in IER 68, 1946, p. 214.

2097 O'R[AHILLY] (T. F.): *ar aon-shiubhal*.
 In Celtica 1, 1950, (no. 1, 1946), pp. 159-60, 405 [add.]. (Varia, [no. 5])

2098 SHAW (Francis): *Fé ille fé innund*.
 In 437 [Fs. Torna], pp. 77-82.
   Contains *fé* 'measuring rod for the dead *(slat tomhais)*'.

2099 O'RAHILLY (T. F.): *Do-ním, déanaim*, 'I proceed, go'.
 In Celtica 1, 1950, pp. 318-21, 407.
   Also on *do-ním* in periphrasis, and on 2 sg. *téanam, teanam*.

2100 ———— : *éagm(h)ais, éagm(h)aiseach*.
 In id., pp. 345-7. (Varia 2, no. 10)
   From ca. 17th c., *grádh éagm(h)aise* understood as 'very great love'; > adj. *éagm(h)aiseach* 'very great (esp. of love)'.

2101 ———— : *ní has dó*.
 In id., p. 348. (id., no. 12)

2102 BREATNACH (R. A.): *Fadó*.
 In Éigse 6, 1948/52, (pt. 3, 1951), pp. 241-3; 7, 1953/55, (pt. 3, 1954), p. 157.

2103 ———— : *i dtúrtaoibh le (i gcur taobha le)*.
 In id., (pt. 4), pp. 338-9. (Varia, [no. 3])
   From *ag tabhairt taoibh re*, in west Munster (sim. from *ag cur taobha le*, in Donegal).

2104 SHAW (Francis): *Brat co n-auib*, etc.
 In Ériu 16, 1952, pp. 200-4.
   1. *brat co n-auib* [special use of *ó* 'ear']; 2. *ōbrat, ōbrat*; 3. *brat i forcipul; brat luascach*.

2105 VENDRYES (J.): *Manannán mac Lir*.
 In ÉtC 6, 1953/54, (fasc. 1, 1952), pp. 239-54.
   Incl. discussion of the phrase type *mac lir*; also on the name *Ler (Lir)*.

D LEXICOLOGY, ONOMASTICS

2106 Ó MÁILLE (T. S.): *thar mo bhionda* 'beyond my powers'.
In JCS 2, 1958, (no. 1, 1953), p. 141. (Some Modern Irish words, [no. 1])
Connacht phrase, nautical in origin.

2107 HULL (Vernam): *i ndís*.
In ZCP 24, 1954, (H. 1/2, 1953), pp. 124-5. (Noticulae de lingua Hibernica, no. 6)
'as a pair', with (sporadic) omission of poss. pron. from M.I. *in(n)a ndís*, etc.

2108 O'BRIEN (M. A.): *fear an énais*.
In Celtica 2, 1954, pp. 351-3. (Short notes, [no. 2])
lit. 'the man with the one sandal', common expression in Classical Irish verse.

2109 BREATNACH (R. A.): Dioscán Duibhneach.
In Éigse 7, 1953/55, (pt. 4), pp. 262-6.
1. *Sin nú ag x é* [Tomás Ó CRIOMHTHAIN]; 4. *liútar-éatar* [connected to *liúim* and *éighim*]; 5. *naí trua* [< *(ní haon) aoighe truaighe (é)*].

2110 O'BRIEN (M. A.): Ir. *grád écmaise*.
In Celtica 3, 1956, p. 179. (Etymologies and notes, no. 17)
An old expression *grád écmaise* 'immoderate love' (*écmaise* = neg. of *coimse* 'moderate') gets through the literary motif contaminated with *écmais* 'absence' (lenited *m*).

2111 ———— : *is maith liom*, etc.
In id., p. 182. (id., no. 22)
Separate stress on *liom*, etc., had been lost in the spoken lg. of the Early Mod.I. period.

2112 LEWY (Ernst): Versuche Irisches zu verstehen.
In Celtica 3, 1956, p. 323.
Republ. in 449 [Kl. Schr.], pp. 301-2.
(1) neuter adj. of measurement with noun in the genitive; thus also TBC 3163, etc., *máeth n-áraig*. (2) in *Messe ocus Pangur bán*, q. 1.4: *im saincheirdd = i mo s.* (vs OIR, p. 87).

2113 Ó CUÍV (Brian): *leis féin*.
In Éigse 8, 1956/57, p. 101. (Miscellanea, no. 4)
'alone' (cf. Celtica 1.390f); some earlier instances.

2114 ———— : *le (ar na) craobhachaibh*.
In id., pp. 104-5. (id., no. 7)
'mad, crazy', from literary 'levitation' motif.

2115 DE BHALDRAITHE (Tomás): *Aimhreas* mar a chuirtear i gcaint é.
In id., pp. 147-9.
Documentation of usage in Cois Fhairrge in the meanings of (1) 'doubt', (2) 'suspicion'.

2116 HARTMANN (Hans): Betrachtungen zur objektiven Struktur sprachlicher und soziologischer Formen in Irland: 'Stolpern' und 'Fallen'.
In ZCP 26, 1957, pp. 8-32.

2117 CARNEY (Maura): *Fót báis / banapúfa*.
In Arv 13, 1957, pp. 173-9.
'sod of death', the spot where a man is destined to die.

2118 DE BHALDRAITHE (Tomás): *Cíos na hainnise*.
In Celtica 4, 1958, p. 96.
as occurring in Five pol. poems, v 196, iii 127.

D LEXICOLOGY, ONOMASTICS

2119 Ó Cuív (Shán): *An t-aon uair amháin.*
In id., pp. 271-2.
'once for all', as distinct (at least in Munster) from *aon uair amháin.*

2120 Henry (P. L.): The Icelandic prepositional system.
In KZ 76, 1960, (H. 1/2, 1959), pp. 89-135.

2121 Breatnach (R. A.): *cóid-i-bhfaid*; *comhad (frecomot).*
In Éigse 9, 1958/61, (pt. 3, 1959/60), pp. 163-4. (Sanasáin Nua-Ghaeilge, no. 8)

2122 Hamp (Eric P.): OIr. *fecht n-aill,* Bret. *guechall.*
In ÉtC 9, 1960/61, pp. 475-7.

2123 Ó Súilleabháin (Pádraig): *múineadh an leómhain.*
In Éigse 9, 1958/61, (pt. 4), p. 242. (Varia, no. 3)
as used by Aodh Mac Aingil.

2124 Ó Máille (T. S.): *fuilliucht*; *béiliocht ort.*
In StH 1, 1961, pp. 123-4. (Cúig fhocal Nua-Ghaeilge, [no. 3])
From *tá, bhí, beidh a fhoilliucht ort.*

2125 Breatnach (R. A.): The salutation *dia do bheatha.*
In Éigse 10, 1961/63, (pt. 2, 1962), pp. 96-102.
Contains *dia* 'enough'.

2126 Ó Máille (T. S.): *go fuíthe, go fuíthin.*
In Éigse 11, 1964/66, (pt. 1), pp. 21-2. (Dornán focal Nua-Ghaeilge, [no. 3])
From *go hoíche.*

2127 Williams (J. E. Caerwyn): Llofan Llaw Ddifro.
In BBCS 21, 1966, (pt. 1, 1964), pp. 29-30.
Discussion of *lám déoraid,* etc.

2128 O'Rahilly (Cecile): *cuinnscle dá chois.*
In Celtica 7, 1966, pp. 44-5. (Miscellanea, no. 3)
cuinnscle(o) dá chois 'a kick', seems to have been obscure to scribes.

2129 Mac Cana (Proinsias): On the use of the term *retoiric.*
In id., pp. 65-90.
MS symbol *.r. (rosc(ad) : retoiric : rann).* Poems of prophecy; iintroductory formula *co cloth (ní).*

2130 Guyonvarc'h (Christian-J.): Irlandais *orc treith* 'fils de roi'; celtique continental *orc-* .
In Ogam 19, 1967, pp. 233-9. (Notes d'étymologie et de lexicographie gauloises et celtiques (27), no. 116).

2131 de Bhaldraithe (Tomás): *déanta na fírinne.*
In Éigse 12, 1967/68, p. 67. (Nótaí, no. 1)
Common Cois Fharraige phrase, *d. na f., go dhéanta na f.,* prob. is a contamination of *do dhéanamh na f.* and *(is) déanta an fhírinne.*

2132 Ó Concheanainn (Tomás): [rev. *LL,* vol. 5, 1967].
In id., pp. 240-4.
Incl. discussion of the phrase *diriuch dianim,* orig. 'without excess, without defect'.

2133 Dillon (Myles): An example of phonetic and semantic mixture.
In Celtica 8, 1968, pp. 191-5.
Also publ. with changes as An example of phonetic mixture.
In Study of sounds (Phonetic Society of Japan) 14, 1969, pp. 71-8.

D LEXICOLOGY, ONOMASTICS

Mod.I. *thug sé fé ndeara* 'he noticed' : 'he caused', by 'etymologie croisée' from *thug sé fa deara* 'he caused' and *thug sé fan' aire* 'he noticed'; in Munster semantic distribution to *thug sé fé ndeara* 'he noticed' and *fé ndear* 'causes, caused'.

2134 KILLEEN (J. F.): *Fear an énais.*
In Celtica 9, 1971, pp. 202-4.
Non-Irish parallels to a magical practice (cf. M. A. O'BRIEN, *in* Celtica 2, 1954).

D 5   TRANSFER
cf. C 3   Languages in contact

2135 VENDRYES (J.): Irlandais *scibim*, gallois *chwyfu*.
In ÉtC 4, 1941/48, (fasc. 1, 1941), pp. 55-7. (Questions étymologiques, no. 1)
Norse l.w.; ≠ *scibhim*.

2136 O'RAHILLY (T. F.): Ir. *cerd*. W. *cerdd*.
In Ériu 13, 1942, pp. 159-60. (Notes, mainly etymological, no. 12)
Welsh loan-word from Irish.

2137 ——— : *lacht*.
In id., pp. 161-2. (id., no. 14)
Not a l.-w. from Latin; other native Irish words mentioned (fn. 4) which have wrongly been regarded as l.-ws.

2138 ——— : *sgríob*.
In id., pp. 196-7. (id., no. 32)
A borrowing of the Ivernic counterpart of Ir. *críoch*.

2139 ——— : *leadhbán, leóbán, lábán*.
In id., pp. 197-8. (id., no. 33)
'milt (of fish)'; ultimately a borrowing of the Ivernic counterpart of W. *lleithban*.

2140 ——— : *prádhainn*.
In id., pp. 198-200. (id., no. 34)
From O.N. *bráđung* 'haste, hurry' (> M.I. *prádang* f.).

2141 ——— : *builín, builbhín*.
In id., p. 200. (id., no. 35)
From O.N. *bylmingr* 'a sort of bread'.

2142 ——— : *undás*.
In id., p. 201. (id., no. 36)
Prob. directly from O.N. *vindáss* 'windlass'.

2143 ——— : *amáille*.
In id., pp. 206-7. (id., no. 41)
'enamel', from Anglo-Fr. *amail*.

2144 ——— : *colún. cuilíneach*. Eng. *clown*.
In id., pp. 207-11. (id., no. 43)
colún from Anglo-Fr. (Hib.-Engl.) *col(l)oun* (< Lat. *colōnus*); *coilín (cuilín)* from the Hib.-Engl. doublet *culleen*.

2145 ——— : *uirceann. cuirc. duirc*.
In id., pp. 211-3. (id., no. 44)
Three (possibly borrowed) words of kindred meaning.

2146 ——— : The two Patricks. A lecture on the history of Christianity in fifth-century Ireland.
Dublin: D.I.A.S., 1942 (repr. 1971). 83 pp.

2147 GROSJEAN (Paul): *Sentis*. Un prétendu mot gaulois à restituer au latin.
In ALMA 17, 1942, pp. 73-7.
> Lat. *sentis* 'brooch', in COGITOSUS' Life of Brigit, is (as the corresp. Ir. *sét*) calqued on Ir. *delg*.

2148 BERGIN (Osborn): *Bróg* 'shoe'.
In Éigse 3, 1941/42 (1943), (pt. 4), pp. 237-9.
> L.w. from O.N. *brók*; formerly of wider meaning. Other words for various kinds of shoe are mentioned.

2149 SMITH (Roland M.): The Irish background of SPENSER's *View*.
In JEGP 42, 1943, pp. 499-515.
> 2. Irish terms in the *View*.

2150 KNOTT (Eleanor): *Colomain na Temra*.
In Ériu 14, 1946, (pt. 1, 1943), pp. 144-6. (= Varia 2, no. 1)
> Instances of this quasi-tribal-name; other instances of figur. usage of *n*-stem *coloma* (< Lat. *columna*), cf. T. F. O'RAHILLY, *colún*, etc., *in* Ériu 13, 1942.

2150a RICHARDSON (L. J. D.): The word *ogham*.
In Hermathena 62, 1943, pp. 96-105.

2151 Ó HÉALUIGHTHE (Diarmuid) *comp.:* Irish words in Cork speech.
In JCHAS 49, 1944, pp. 33-48.
> A glossary, Anglo-Irish spellings, with phonetic transcriptions.

2152 MAC CIONNAITH (Seosamh) [MCKENNA (Joseph)] *comp.*: List of some Irish words used in English conversation by the people of Gortlettra parish, Co. Leitrim.
In JACAS (vol. 2), no. 10, 1945, pp. 64-7.

2153 DILLON (Myles): Linguistic borrowing and historical evidence.
In Lg 21, 1945, pp. 12-17.
> (1) the intensive-durative prefix **ande-* ; (2) on T. F. O'RAHILLY's pre-Goidelic substratum of Brittonic speech in Ireland; (3) on 'cultural' and 'intimate' borrowing.

2154 O'R[AHILLY] (T. F.): *puisdian*.
In Celtica 1, 1950, (no. 1, 1946), p. 158. (Varia, [no. 1])
> From Engl. *fustian* 'a coarse cloth made of cotton and flax'.

2155 ——— : *piléar*.
In id., pp. 158, 404 [corrig.]. (Varia, [no. 2])
> From Mid.Engl. *pelet* 'a shot, pellet'.

2156 BREATHNACH (Nioclás) *comp.*: Focail Ghaedhilge atá le clos sa Bhéarla a labhartar sa Chaisleán Nua, Co. Luimnigh.
In Éigse 5, 1945/47 (1948), pp. 203-8; 6, 1948/52, pp. 169-79; 7, 1953/55, pp. 47-51.
> Three alphabetical lists of Irish words in the English of Newcastle West (Co. Limerick), with phonetic transcr. Title in Éigse 6 and 7: '... a labhartar i gceantar an Chaisleáin . . .'

2157 KAVANAGH (Séamus): *stang*.
In Éigse 5, 1945/47 (1948), (pt. 3, 1946), p. 221. (= Ceist, freagra ..., no. 65)
> < Engl. dial. *stang* (< O.N. *stöng*).

D LEXICOLOGY, ONOMASTICS

2158 VENDRYES (J.): Un mot irlandais dans l'Évangéliaire de Lindisfarne.
In BSL 43, 1946, fasc. 1, 1947, pp. 27-31.
<small>*slæhtas*, from Ir. *slechtaid* with A.S. inflexion.</small>

2159 QUIN (E. G.) & FREEMAN (T. W.): Some Irish topographical terms.
In IGeo 1, 1944/48, (no. 4, 1947), pp. 85-9, (no. 5, 1948), pp. 151-5.
<small>Linguistic investigation of terms such as *drumlin, esker, sluggy, burren, alt, pladdy, cloon, scalp, corcass, turloch*.</small>

2160 MHAC AN FHAILIGH (Éamonn) *comp.*: A Westmeath word-list.
In Éigse 5, 1945/47 (1948), (pt. 4), pp. 256-66.
<small>Irish words current in the local English of Empor, Co. Westmeath; with phonetic transcr.</small>

2161 Ó CONCHUBHAIR (Donnchadh) *comp.*: Focail Ghaedhilge ó Dharmhagh Ua nDuach.
In id., pp. 267-82.
<small>Irish words in the English of Durrow (south county Laois); with phonetic transcr.</small>

2162 M[URPHY] (G.): *síansa* 'passion, etc.'
In id., p. 294. (= Ceist, freagra ..., no. 68)
<small>*sians (sēns)* < Latin *sensus*.</small>

2163 LEWY (Ernst): Etymologie und Sprachbegriff.
In Lexis 1, 1948, pp. 174-8.
Republ. in 449 [Kl. Schr.], pp. 121-9.
<small>Non-historical lexical correspondences in Irish and English.</small>

2164 ———: Bedeutungsverwandtschaft.
In id., pp. 194-8.
Republ. in id., pp. 50-3.
<small>Instances (mainly) of Ir. : W.Germ. semantic correspondence.</small>

2165 ———: The old linguist's beliefs.
In Homenaje a Don Julio de Urquijo e Ybarra. San Sebastián, 1949. (= Boletín de la Real Sociedad Vascongada de Amijos del País, número extraordinario) pp. 249-61.
Republ. in id., pp. 129-38.
<small>Impersonal expression of motions of the mind and physical sensations in Irish and German (subjective verbs in English).</small>

2166 HOLMER (Nils M.): Las relaciones vasco-celtas desde el punto de vista lingüístico. (Un estudio sobre el vocabulario y los elementos formativos del idioma vasco.)
San Sebastian, 1950. 19 pp. (Publicaciones de la Real Sociedad Vascongada de Amigos del País)

2167 O'RAHILLY (T. F.): *comhra. cófra.*
In Celtica 1, 1950, pp. 351-3, 407-8. (Varia 2, no. 14)
<small>O.I. *comrar* f., M.I. by-form *comra*, Connacht *cónra*, Donegal *cónair*; borrowed *cófra*.</small>

2168 ———: *ósta.*
In id., pp. 361-3. (id., no. 17)

D LEXICOLOGY, ONOMASTICS

2169 POKORNY (J.): Old Celtic *anderos, *anderā.
In JCS 1, 1950, pp. 131-3. (Some Celtic etymologies, no. 4)
Substratum word in Ins.C. (e.g. Ir. *ainder* 'young woman') and Basque.

2170 BOUDA (Charles): Une étymologie à oublier.
In Eusko-Jakintza 4, 1950, p. 316.
On POKORNY's etymology of Basque *andere* and its Celtic cognates (e.g. Ir. *ainder*), in JCS 1, 1950.

2171 SOMMERFELT (Alf): The Norsemen in present day Donegal tradition.
In JCS 1, 1950, pp. 232-8.
Incl. two texts (recorded 1916 in Torr, Co. Donegal) in phonetic transcr., translit. and Engl. transl.

2172 LEWY (Ernst): Wortbedeutung, Wortdeutung.
In Mémoires de la Société Finno-ougrienne 98, 1950, pp. 79-81.
Republ. in 449 [Kl. Schr.], pp. 56-8.
O.I. *apaig* 'ripe, ready' to *bongid* 'to reap', as in W.Germ.

2173 ———: Zu den Lehnworten und zur Sprachgeographie.
In Anthropos 45, 1950, pp. 49-56.
Republ. in id., pp. 68-76.

2174 HEIERMEIER (A.): Westeuropäische Heimat und Namen des Pferdes.
In Paideia 6, 1951, pp. 357-75.
Western (pre-I.E.) origin of the (domesticated) horse, chariot, etc., and their designations.

2175 BREATNACH (R. A.): *sceitimíní (sceit; geit)*.
In Éigse 6, 1948/52, (pt. 3, 1951), pp. 244-5.
Contamination of *geit* (< Engl. *jet*) and *sceinm*.

2176 ———: *baramhail*.
In id., (pt. 4), pp. 341-3. (Varia, [no. 6])
< M.I. *parbail* < Lat. *parabola*.

2177 HENLEY (Pauline): Notes on Irish words in SPENSER's *Viewe of Ireland*.
In JCHAS 57, 1952, pp. 121-4.

2178 GREENE (David): *lafan : llyffant*.
In Celtica 2, 1954, (pt. 1, 1952), pp. 148-9. (Miscellanea, [no. 2])
Ir. *lafan* (? *lafán*) 'frog', l.-w. from Welsh *llyffan(t)*.

2179 SOMMERFELT (Alf): Donegal *cearlamán*, a Norse loanword?
In NTS 16, 1952, pp. 234-6. (Norse-Gaelic contacts, [no. 4])

2180 JACKSON (Kenneth): The British Latin loanwords in Irish.
In 490 [LHEB], (chap. 4), pp. 122-48.

2181 LEWY (Ernst): Griechisch—Irisches.
In Festschrift Franz Dornseiff zum 65. Geburtstag. Hg. v. H. Kursch. Leipzig: Bibliogr. Institut, 1953. pp. 226-7.
Republ. in 449 [Kl. Schr.], pp. 288-90.

2182 WAGNER (H.): Zum Ausdruck für 'sterben' im Irischen.
In ZCP 24, 1954, (H. 1/2, 1953), p. 91. (Varia, no. 1)
An Allemanic parallel to impersonal *cailleadh é*.

D LEXICOLOGY, ONOMASTICS

2183 ———— : Altsächsisch *lud*, Hel. 154.
    In id., p. 92. (Varia, no. 3)
        Possibly identical with M.I. *lúth*.

2184 TOVAR (Antonio): Mir. *leth-lám* 'eine der beiden Hände', Übersetzung aus dem Substrat.
    In id., (H. 3, 1953), pp. 198-200.

2185 DE BHALDRAITHE (Tomás): Nua-iasachtaí i nGaeilge Chois Fhairrge.
    In Éigse 7, 1953/55, pp. 1-34; 8, 1956/57, p. 151 [corr.].
        On modern loanwords in the Irish of Cois Fhairrge (Co. Galway).

2186 Ó MÁILLE (T. S.): Focla iasachta sa Nua-Ghaeilge.
    In Éigse 7, 1953/55, (pt. 2, 1953), pp. 123-6.
        (1) *balcaisí* 'sean-éadaí' [< Engl. *blacks*]; (2) *cleimseál, creimirt* 'ath-bhleán' [< Engl. *clem*]; (3) *créatúlacht* 'feall, droch-íde' [< *tréatúracht*]; (4) *miodal* 'iall súiste, teanga súiste' [< Engl. *middle(-band)*]; (5) *pampúta* 'bróg úrleathair, bróg chraicinn' [< Dutch *pampoesje*]; (6) *spuaic* 'giodán cruaidh ar chraiceann, bolscóid chruaidh' [< Engl. *pouk*].

2187 ———— : *s-* < *h-* in loan words.
    In JCS 2, 1958, (no. 1, 1953), pp. 143-4. (Some Modern Irish words, [no. 4])

2188 LLOYD-JONES (J.): *rôn*.
    In BBCS 15, 1954, (pt. 3, 1953), pp. 200-2.

2189 POLOMÉ (Edgar): Notes critiques sur les concordances germano-celtiques. A propos des recents travaux de Mme HEIERMEIER et de M. W. PORZIG.
    In Ogam 6, 1954, pp. 145-64.

2190 Ó CEALLAIGH (Eoghan) [O'KELLY (Owen)] *comp.*: Liosta focal Gaeilge atá meascaithe tríd an Béarla ag muinter Chill Chainnigh. (A list of Irish words interwoven in the English language in County Kilkenny.)
    In OKRev 7, 1954, pp. 50-3.

2191 LEWY (Ernst): Ein Beispiel für Beziehung und Verwandtschaft von Bedeutungen.
    In NphM 55, 1954, pp. 5-6.
    Republ. in 449 [Kl. Schr.], pp. 58-9.
        A semantic development in Icel., similar to Ir. *beag : is beag orm é* 'I despise him', *mór : ní mór liom é* 'I do not grudge it'.

2192 SOMMERFELT (Alf): Et lånord fra gaelisk.
    Med bidrag av Ragnar Førsund.
    In MM 1954, pp. 197-9.
        koran (< *coireán, coirean*), a Gaelic loanword in the Norwegian of Sogn.

2193 BREATNACH (R. A.): Mod.Ir. *triopall (truipeall, tripeall)*.
    In Éigse 7, 1953/55, (pt. 3, 1954), pp. 156-7. (Varia etymologica, no. 3)
        < Engl. *triple*.

2194 [LANKFORD (Séamus)]: *Staingc*.
    In id., p. 209.
        < Engl. dial. *stang* (cf. Éigse 5.221).

D LEXICOLOGY, ONOMASTICS

2195 BREATNACH (R. A.): Dioscán Duibhneach.
In id., (pt. 4), pp. 262-6.
> 2. *cabhalae* [< (some form of) Fr. *cavaler*]; 3. *bóiléagar* [< Engl. *beleaguer*].

2196 FOWKES (Robert A.): A Celtic side light on *to save face*.
In Word 11, 1955, pp. 53-6.

2197 ADAMS (G. B.): Dialect studies and Ulster place-names.
In BUPNS 3, 1955, pp. 5-9.
> The phonetic development of Irish loanwords in Ulster English.

2198 HEIERMEIER (Anne): Indogermanische Etymologien des Keltischen.
Würzburg: (Vorabdruck) Institut für Keltologie und Irlandkunde an der Universität, 1955, 56. 2 voll. (= Arbeiten aus dem I.K.I., Hefte 1, 2)
> 5. Inselkelt. *bakko- 'Krümmung, Höhlung, Knick'. (H. 1, pp. 39-58).
> 6. Ir. *banna, bainne* 'Tropfen, Milch'. (pp. 58-81).
> 12. Ir. *bramach, bromach* m. 'Füllen'. (H. 2, pp. 122-8).
> 13. Gall. *brīva*—dt. 'Brücke', mit Ausblick auf die keltisch-germanischen Wortgleichungen. (pp. 129-36).
> 14. Kelt. *brokko- 'Dachs'. (pp. 137-58).
> 15. Gibt es ein air. *brong(a)ide* 'heiser'? (pp. 159-65).

2199 ———: Ir. *blaosc/plaosc* 'Schale, Abschilfer' und die Bedeutung der ir. Wörter mit anlautendem *p-* für die mit den keltischen Invasionen zu den Britischen Inseln verknüpften Probleme.
In id., H. 2, (no. 10), pp. 70-106.

2200 ———: Ir. *buidhe* 'gelb', mit Flussnamen-Exkurs: 'Eine Probe aus der Farben-Kategorie irischer Flussnamen'.
In id., (no. 16), pp. 166-81.

2201 KAVANAGH (Séamus): *Bobhtaidib, bobhtib.*
In Celtica 3, 1956, pp. 320-1.
> 'the wooden floor over a vaulted compartment, a storey', l.-w., ultimately from O.Fr. *voûte*, in 'Sir John Mandeville's travels' (Best[1] 126); still in west Kerry as *bobhta*.

2202 Ó MÁILLE (T. S.): Na háitainmneacha *Pruntus, Proonts.*
In JCHAS 61, 1956, pp. 10-2.
> From Engl. *fronte(s)*.

2203 LEWY (Ernst): Einzelheiten.
In NphM 57, 1956, pp. 13-20.
Republ. in 449 [Kl. Schr.], pp. 59-63.
> Some Ir. lexical items and their geographically conditioned correspondences.

2204 ———: Zu den irisch-englischen Beziehungen.
In id., pp. 315-8.

2205 Ó CUÍV (Brian): *máinia, báiní.*
In Éigse 8, 1956/57, pp. 103-4. (Miscellanea, no. 6)
> From Latin (through med. medical literature).

2206 ———: **pressus*.
In id., pp. 105-7. (id., no. 9)
> Irish names for the cypress-tree; *pressus* is a vox nihili, leg. *seadrus* in Droichead na bpeacthach páis Dé (DDána 23, q. 14).

D LEXICOLOGY, ONOMASTICS

2207   DE BHALDRAITHE (Tomás): *treaspoc*.
In id., p. 144. (Nótaí ar fhocla NuaGhaeilge, no. 1)
From Engl. *trashbag*, in Ulster.

2208   Ó MÁILLE (T. S.): *gaimbín* 'ús'.
In id., pp. 343-5. (Bunús roinnt focal NuaGhaeilge, [no. 2])
Orig. 'a small piece', diminutive of *gamba* (from Engl. *cam, gam*).

2209   ———— : *plás* 'mealladh, bladar'.
In id., pp. 345-6. (id., [no. 3])
From Engl. *(ap)plause*. Other l.ws. with similar loss of unstressed first syllable.

2210   ———— : *potáta, práta, préata, fata*.
In id., pp. 347-9. (id., [no. 4])
Representing three different borrowings from English.

2211   SOMMERFELT (Alf): Some notes on the influence of Latin on the Insular Celtic languages.
In Acta Congressus Madvigiani. Proceedings of the Second International congress of Classical studies. Vol. 5: The classical pattern of modern western civilization: language. Copenhagen: Nordisk Sprog- og Kulturforlag, 1957. (= TCLC, vol. 11) pp. 157-62.
Republ. in 451 [DSAL], pp. 360-4.

2212   BATTISTI (Carlo): Influssi del monachesimo dell'alto medio evo sul lessico delle lingue celtico-insulari.
In Settimana 4, 1957, pp. 551-83.

2213   THOMSON (R. L.): OE *hrān* and *hran/hron*.
In EGS 6, 1957, pp. 81-5. (Three etymological notes, no. 2)
Derivation of Ir. *rón* 'seal' from O.E. *hrān* is abandoned; its connection with *hran/hron* is improbable.

2214   WAGNER (Heinrich) & KELLER (Hans-Erich): It. *mattra, mastra*, prov. *mastra*, altfranz. *maistrel*, ir. *maistred*.
In ZRP 73, 1957, pp. 288-301.
Also on O.I. *lestar* 'vessel'.

2215   BROMWICH (Rachel): A note on the Breton lays.
In MAe 26, 1957, pp. 36-8.
The Irish fenian *laoidh* and the French *lai*.

2216   CARNEY (Maura): *Fót báis / banapúfa*.
In Arv 13, 1957, pp. 173-9.
'sod of death', the spot where a man is destined to die.

2217   WAGNER (Heinrich): Zur Erklärung von englisch *she* 'sie'.
In Etymologica. Walther von Wartburg zum siebzigsten Geburtstag, 18. Mai 1958. Hg. v. H.-E. Keller. Tübingen: Niemeyer, 1958. pp. 838-41. (Keltisch-Germanisches, no. 2)
Influence of Ir. *sí*.

2218   GREENE (David): *léigim : leagaim*.
In Celtica 4, 1958, p. 45. (Miscellanea, [no. 3])
leagaim is borr. from O.N. *leggja* 'lay, knock down', which causes hybrid (espec. shortened) forms of *léigim*; 'semantic distribution' in most Mod.I. dialects.

D LEXICOLOGY, ONOMASTICS

2219 BINCHY (D. A.): Old-Irish *axal*.
In Ériu 18, 1958, p. 164.
'Cothriche' borr. from Lat. *apostulus*, in ACC.

2220 REES (Brinley): *franc*; *francamais*.
In BBCS 18, 1960, (pt. 1, 1958), pp. 58-9.

2221 Ó CUÍV (Brian): *ráimh*, **ráimis*.
In Éigse 9, 1958/61, pp. 6-7. (Varia, [no. 6])
'column; section, part', from Lat. *ramus* (*ráimis* being a vox nihili in DRIA); *let*[*h*]*ráim* < *leth* + *ráim*.

2222 ――――― : *úcaire*.
In id., pp. 8-9. (Varia, [no. 9])
From Engl. *tūc-* ; cf. verb *túcáil* (cf. Éigse 9.165).

2223 HENRY (P. L.): The 'goblin' group.
In ÉtC 8, 1958/59, pp. 404-16.

2224 Ó MÁILLE (T. S.): *deibhil*.
In Éigse 9, 1958/61, (pt. 3, 1959/60), p. 146. (Focla Nua-Ghaeilge, [no. 2])
'calmness (of the sea)', Aran Islands (Co. Galway), from Engl. *devall* 'cessation'.

2225 ――――― : *eirgéis*, *teirgéis*.
In id., pp. 146-7. (id., [no. 3])
'a mean share', in Connacht, from Engl. *perks (pirkas, pirkus)*; cf. Cork Irish *peorcaisí* 'perquisites'.

2226 ――――― : *geáitsí*, *gáitsí*.
In id., pp. 147-9. (id., [no. 4])
pl. of borr. from Engl. *gate* 'way, manner'.

2227 ――――― : *piarda*.
In id., pp. 149-50. (id., [no. 5])
'ornament; a sturdy person', from Engl. *pretty* (subst.).

2228 ――――― : *pléaráca*.
In id., pp. 150-1. (id., [no. 6])
From Engl. *vagary* (dial. *fleegarie*).

2229 ――――― : *spaisteoireacht*.
In id., pp. 151-2. (id., [no. 7])
From Engl. *(s)poacher*.

2230 BREATNACH (R. A.): *fuaimint*.
In id., pp. 159-60. (Sanasáin Nua-Ghaeilge, no. 2)
In Corkaguiny, < *fuainnimint* < Lat. *fundamentum*.

2231 ――――― : Brí agus bunús an fhocail *prataing*.
In id., pp. 168-71.
From M.Engl. *practick(e)*.

2232 LEWY (Ernst): In atlantischer Landschaft. Spuren unerklärter Sprachbeziehungen im westeuropäischen Raum.
In Sprachforum 3, 1959/60, pp. 219-21.

2233 POKORNY (Julius): Altkatalan. *timpa* 'Abhang' : nir. *tiompán* Hügel, Monolith'.
In IF 65, 1960, pp. 170-1. (Keltische Etymologien, no. 7)

2234 CONWAY (Margaret) *comp.*: A south Meath glossary.
In Ríocht na Midhe 2, no. 2, 1960, pp. 69-72; 2, no. 3, 1961, pp. 57-9.

2235 JARMAN (A. O. H.): *Telyn a chrwth.*
In LlC 6, 1960/61, pp. 154-75.
Review by
2236 MAC CANA (P.), *in* Celtica 7, 1966, pp. 261-2.
2237 THOMSON (R. L.): Aldrediana 5: Celtica.
In EGS 7, 1961, pp. 20-36.
Discussion of possible Ir. influence on some O.E. words.
2238 HENRY (P. L.): *Beowulf* cruces.
In KZ 77, 1961, pp. 140-59.
2239 Ó MÁILLE (T. S.): *biorgún.*
In StH 1, 1961, pp. 119-20. (Cúig fhocal Nua-Ghaeilge, [no. 1])
From Engl. *habergeon.*
2240 ———— : *stánadh, staonadh.*
In id., pp. 126-7. (id., [no. 5])
From Engl. *abstain.*
2241 KRAHE (Hans): *Veleda.*
In IF 66, 1961, pp. 39-43. (Altgermanische Kleinigkeiten, Nr. 4)
2242 Ó MÁILLE (T. S.): *áiléar.*
In Éigse 10, 1961/63, (pt. 1), pp. 11-2. (Glac focal Nua-Ghaeilge, [no. 1])
From Engl. *oriel* 'gallery'.
2243 ———— : *cúiteamh.*
In id., pp. 15-7. (id., [no. 4])
(Confirmation of borr.) from Engl. *quit.*
2244 HOLTSMARK (Anne): *Fód báis—banapúfa—heillapúfa.*
In Lochlann 2, 1962, pp. 122-7.
2245 WAGNER (Heinrich): Irish *dóthain (mo dhóthain, do dhóthain* 'my fill, your fill' i.e. 'enough').
In id., pp. 135-6.
A Brittonic element in southern Irish.
Review by
2246 Ó C[UÍV] (B.), *in* Éigse 11, 1964/66, (pt. 1), p. 83.
2247 MATRAS (Chr.): *Blak* (serum butyri).
In Fróðskaparrit 11, 1962, pp. 7-14.
Faroese *blak* 'buttermilk' borrowed (in Viking times) from Gaelic *bláthach.*
2248 OFTEDAL (Magne): On the frequency of Norse loanwords in Scottish Gaelic.
In SGS 9, 1962, pp. 116-27.
2249 GREENE (David): *meigeall*: a Brythonic loan-word.
In Ériu 19, 1962, p. 112. (= Varia 1, no. 3)
2250 THOMSON (R. L.): Norse loanwords in Manx.
In SGS 10, 1965, (pt. 1, 1963), pp. 65-8.
2251 WAGNER (Heinrich): Zur Bezeichnung des Kranichs im Keltischen.
In ZCP 29, 1962/64, (H. 3/4, 1964), pp. 301-4.
Ir. *corr* (deriv. p.n. *Corc*), nordeurop. Wanderwort; also on the relevant aspects of metempsychosis. Other north Eurasian words in Irish.

D LEXICOLOGY, ONOMASTICS

2252 QUIN (E. G.): *aisil*.
In Hermathena 99, 1964, pp. 49-51. (Notes on Irish words, [no. 1])
Poss. an early borrowing from Latin *axilla*; *oxal* poss. borrowed through O.N. *öxl*.

2253 Ó MÁILLE (T. S.): *creachlais, treachlais*.
In Éigse 11, 1964/66, (pt. 1), pp. 19-20. (Dornán focal Nua-Ghaeilge, [no. 1])
From Engl. *tra(u)chle*.

2254 ———: *flúirse, flúirseach*.
In id., pp. 20-1. (id., [no. 2])
From (some form of) Engl. *flourish*.

2255 ———: *pratainn, praitinn, prataing, preatainn*.
In id., pp. 22-5. (id., [no. 4])
From Engl. *patent*.

2256 ———: *procadóir*.
In id., pp. 25-6. (id., [no. 5])
From (an earlier form of) Engl. *proctor*.

2257 MAC CÁRTHAIGH (Mícheál): Norse *vadill*, a sea-ford.
In Dinnseanchas 1, 1964/65, p. 77.
In *Ceann a' Bhathala* (Helvick Head, Co. Waterford).

2258 LOCKWOOD (W. B.): Das althochdeutsche Glossenwort *dun(n)* und Verwandtes.
In KZ 79, 1965, pp. 294-300.
Also on Ir. *donn*, etc.

2259 Ó MÁILLE (T. S.): *leitiméaracht, leiciméaracht*.
In Éigse 11, 1964/66, (pt. 2, 1965), pp. 90-2. (Focla NuaGhaeilge agus a bhfréamh, [no. 3])
From Engl. *limiter*.

2260 ———: *síbín*.
In id., pp. 92-5. (id., [no. 4])
From Engl. *chopin (chappin)*.

2261 ———: *strubaid, strubóid, strabóid*, etc.
In id., pp. 96-9. (id., [no. 6])
Through Sc.G. from Engl. *strumpet, strampet*.

2262 [MAC CARVILL (Michael)] comp.: An Aghabog glossary.
In Clogher record 5, (no. 3, 1965), pp. 361-70.
Irish words in the English of Aghabog (Co. Monaghan). Publ. posthum.

2263 BRAIDWOOD (J.) comp.: Local bird names in Ulster—a glossary.
In UF 11, 1965, pp. 98-135; 12, 1966, pp. 104-7; 17, 1971, pp. 81-4.

2264 KILLEEN (J. J.): The word *ogam*.
In Lochlann 3, 1965, pp. 415-9.

2265 Ó MÁILLE (T. S.): Three Welsh loans in Modern Irish.
In StC 1, 1966, pp. 32-7.
(1) *alfraits*; (2) *bardal*; (3) *treo* [incl. rules for loss of *r*].

2266 ———: *buhé, bothaé, béithé, beithé*.
In Éigse 11, 1964/66, (pt. 4), pp. 229-31. (Glac bheag focal Nuaghaeilge, [no. 1])
From Engl. *boohoo*.

D LEXICOLOGY, ONOMASTICS

2267 ——— : *gaiseití, gaiseite, gathsite, gais-eite, gais ait'*.
In id., pp. 233-5. (id., [no. 4])
From Engl. *anxiety*.

2267a ——— : *speidhear, speidhearadh*.
In id., pp. 238-9. (id., [no. 7])
Ros Muc (Co. Galway) *speidhear, faidhear,* < Engl. *fire*.

2268 ——— : *pratainn* arís.
In id., pp. 239-41. (id., [no. 8])
Answering R. A. BREATNACH, *in* Éigse 11.161ff.

2269 WAGNER (H.): Irisches in der *Edda*.
In Ériu 20, 1966, pp. 178-82.
In the *Alvíssmál* (ca. 1200 A.D.) O.N. *niól* (for 'night') is borrowed from Ir. *niul, néull* (dat. for nomin. of *nél, néall* 'cloud' etc.); *barr* (for 'corn') from Ir. *barr* 'top, hair, crop'.

2270 LEWY (Ernst): Einige englische und irische Worte.
In MSS 19, 1966, p. 59.
Also in Celtica 7, 1966, p. 188.
Relationship suggested of Engl. *bother* : Ir. *bodhraim, fond* : *fonn, merry* : *meidhir, jilt* : *diúltaim, cant* : *cainnt*.

2271 GAILEY (Alan): Kitchen furniture.
With a Glossary of household terms, by G. B. ADAMS.
In UF 12, 1966, pp. 18-34.

2272 AALEN (F. H. A.): Furnishings of traditional houses in the Wicklow hills.
With A note on the term *thawluck*, by G. B. ADAMS.
In UF 13, 1967, pp. 61-8.

2273 GUYONVARC'H (Christian-J.): Latin *rēnō*, irlandais *rón*, gallois *rhôn*, breton *reun*; les noms celtiques du 'crin' et du 'phoque'.
In Ogam 19, 1967, pp. 137-40, 225-30. (Notes d'étymologie et de lexicographie gauloises et celtiques (26, 27), no. 112)

2274 ——— : Moyen-Irlandais *culmen, cuilmend* 'peau de vache' (< *culmen* 'sommet').
In id., pp. 267-8. (id. (27), no. 129)

2275 DE BHALDRAITHE (Tomás): Ceithre fhocal a chríochnaíonn le *-ún*.
In Éigse 12, 1967/68, pp. 61-6.
L.ws. from the French: (1) *butúr* [or < M.Engl.], *botún*; (2) *bundún*: (3) *bastún*; (4) *fubún*.

2276 GREENE (David): Some linguistic evidence relating to the British Church.
In 478 [Christianity in Britain], pp. 75-86.

2277 BLISS (A. J.): *Thallage, thawlogue* and *thawluck*.
In UF 14, 1968, pp. 28-33.

2278 Ó MÁILLE (T. S.): Two Welsh loans in Modern Irish.
In StC 3, 1968, pp. 24-9.
(1) Welsh *pardwgl*, Irish *pardóg*; (2) Irish *spinc, splinc*.

2279 BLISS (A. J.): *Shanty* and *bother*.
In NQ 213, 1968, pp. 283-6.

D LEXICOLOGY, ONOMASTICS

2280 LOCKWOOD (W. B.): On Celtic loan words in Modern English (2).
In ZAA 16, 1968, pp. 65-74.
<small>Engl. fish names *ballan* < Ir. *ballán, pollan* < Ir. *pollán*.</small>

2281 [AN TSUIRBHÉIREACHT ORDANÁIS]: *Pilltown*.
In Dinnseanchas 3, 1968/69, pp. 114-5. (As cartlann na logainmneacha)
<small>Contains an example of borrowed *poll* 'creek'.</small>

2282 Ó CUÍV (Brian) *ed.*: A pilgrim's poem.
In Éigse 13, 1969/70, pp. 105-9.
<small>Note on the l.w. *sclaim(h)ín*.</small>

2283 BIRKHAN (Helmut): Germanen und Kelten bis zum Ausgang der Römerzeit. Der Aussagewert von Wörtern und Sachen für die frühesten keltisch-germanischen Kulturbeziehungen.
Wien [etc.]: Böhlau, 1970. 637 pp. charts (= SbÖAW, Bd. 272)

2284 BLISS (A. J.): *Heaving of the maw*.
In NQ 215, 1970, pp. 11-5.

2285 OFTEDAL (Magne): Gaelic *taom*—a Norse loan?
In Fróðskaparrit 18, 1970, pp. 93-102.
<small>Ir. and Sc.G. *taom*- 'emptying, baling, pumping; pouring' from O.N. *tøma* 'to empty'.</small>

2286 CAMPANILE (Enrico): Calchi irlandesi di voci latine.
In SSL 10, 1970, pp. 5-13.
<small>1. *mael*, 2. *soscélae*, 3. *tama(i)n*, 4. *ball*, 5. *maigen*, 6. *ám*, 7. *folud*, 7.[sic] *meirg*, 8. *feóldénmaid*, 9. *merugud*, 10. *amra*, 11. *óg*, 12. *oíbel*, 13. *áinsid*.</small>

2287 RISK (Henry): French loan-words in Irish.
In ÉtC 12, 1968/71, (fasc. 2, 1970/71), pp. 585-655 [to be cont.].

2288 DILLON (Myles): Irish *púirín* 'hen-house'.
In Celtica 9, 1971, p. 190.
<small>In the Irish of Inishmaan and Carna (Co. Galway). Through *púr* (Corm. Y 1063) from O.N. *búr*.</small>

2289 GREENE (David): The Irish war-cry.
In Ériu 22, 1971, pp. 167-73.
<small>*abú* < M.Engl. *abofe*.</small>

2290 O'RAHILLY (Cecile): *feirm*.
In Éigse 14, 1971/72, p. 55. (Lexicographical notes, [no. 2])
<small>*ar feirm* = *ar cíos*, ad hoc adaptation of Engl. 'to let to farm', in Uilliam Ó DOMHNUILL's 1602 *Tiomna Nuadh* (Best[1] 243).</small>

2291 ——— : *spairn*.
In id., pp. 56-8. (id., [no. 3])
<small>'wrestling, contending; conflict, fight', poss. from Engl. *sparring*.</small>

ONOMASTICS

D 6   **GENERAL & VARIOUS**
               cf. B 1   Inscriptions

2292   BIBLIOGRAPHIA ONOMASTICA: Ireland (Eire).
       In Onoma 3- , 1952- .
       Vol. 3, 1952. By Liam PRICE.
       Vol. 4- , 1953- . By L.P. & P. Ó NIATHÁIN.
       Vol. 8- , 1958/59 (1960/61)- . By P. Ó N.
         From vol. 15, 1970, included under 'D. Celtic' as '3b. Irish'.

2293   SMITH (Elsdon C.) *comp.*: Personal names. A bibliography.
       N.Y.: Public Library, 1952. 226 pp.

2294   NICOLAISEN (W. F. H.): Council for Name Studies:—Great Britain and Ireland.
       In ScSt 6, 1962, pp. 93-4.

2295   FOILSEACHÁIN [1964-].
       In Dinnseanchas 1- , 1964/65- .

2296   KNOCH (August): Von irischen Namenträgern.
       In ZCP 23, 1943, (H. 1/2, 1942), pp. 135-201.

2297   O'RAHILLY (T. F.): On the origin of the names *Érainn* and *Ériu*.
       In Ériu 14, 1946, (pt. 1, 1943), pp. 7-28.

2298   CARNEY (James) *ed.*:
       Topographical poems. By Seaán Mór Ó DUBHAGÁIN & Giolla-na-naomh Ó HUIDHRÍN.
       Dublin: D.I.A.S., 1943. xv + 159 pp.
         With notes and onomastic index.

2299   HEIERMEIER (A.): Die im norwegischen Königsspiegel vorkommenden irischen Namen und Wunder.
       In Rudolf Meissner *tr.*, Der Königspiegel, *Konungsskuggsjá*. Halle (Saale): Niemeyer, 1944. pp. 263-88.

2300   MACALISTER (R. A. S.): Corpus inscriptionum insularum Celticarum.
       Dublin: (for I.M.C.) Stationery Office, 1945, 49. 2 voll. illus.
         Vol. 1: Ogam and analogous inscriptions; vol. 2: Half-uncial.

2301   O'RAHILLY (Thomas F.): Early Irish history and mythology.
       Dublin: D.I.A.S., 1946 (repr. 1957, 64). x + 566 (568 in repr.) pp.
       Adds. & corrs. in Celtica 1, 1950, pp. 391-402, 409.

2302   ————— : On the language of the Picts.
       In id., (App. 2), pp. 353-84, 529-38.

2303   BERGIN (Osborn): *Ériu* and the ablaut.
       In Ériu 14, 1946, pp. 147-53.
         vs T. F. O'RAHILLY, ibid. (pt. 1, 1943), pp. 23ff.

2304   BIELER (Ludwig): *Casconius*, the monster in the *Navigatio Brendani*.

D LEXICOLOGY, ONOMASTICS

In Éigse 5, 1945/47 (1948), (pt. 2, 1946), pp. 139-40.

Casconius < *cásc-ōnius*, of the *Navigatio* in the *Vita Brendani* (MS Rawl. B 485), as the usual *Iasconius* < *íasc-ōnius*.

2305 SMITH (Roland M.): Irish names in *The Faerie queene*.
In MLN 61, 1946, pp. 27-38.

2306 MERONEY (Howard): Full name and address in early Irish.
In Philologica: the Malone anniversary studies. Ed. by T. A. Kirby & H. B. Woolf. Baltimore: J. Hopkins Press, 1949. pp. 124-31.

2307 GROSJEAN (Paul): The pedigree of Saint Caelainn.
In JCS 1, 1950, pp. 193-8.

2308 MÜLLER-LISOWSKI (Käte): Nicknames and namesakes reflecting old relationships between ancient Ireland and Iceland.
In JCKAS 13, (no. 3, 1950/52), pp. 150-5.

2309 LEWY (Ernst): Zu den Prinzipien der Namendeutung.
In Troisième Congrès international de toponymie et d'anthroponymie, Bruxelles 1949. Actes et mémoires. Éd. par H. Draye & O. Jodogne. Louvain, 1951. pp. 117-8.
Republ. in 449 [Kl. Schr.], pp. 89-90.

2310 JACKSON (Kenneth Hurlstone) *tr.*: A Celtic miscellany. London: Routledge & K. Paul, 1951. 359 pp.
Revised edition
Harmondsworth: Penguin Books, 1971. 343 pp. (Penguin classics)

With a pronouncing dictionary of proper names.

2311 KNOTT (Eleanor) *comp.*: An index to the proper names in *Saltair na rann*.
In Ériu 16, 1952, pp. 99-122.

2312 WEISWEILER (Josef): Vorindogermanische Schichten der irischen Heldensage.
In ZCP 24, 1954, (Hefte 1/2, 3, 1953), pp. 10-55, 165-97.

2313 JACKSON (K. H.): The Pictish language.
In 500 [Problem of the Picts], (chap. 6), pp. 129-66.

App.: analysis of the chief characteristics of the Celtic language of Pictland.

2314 POKORNY (Julius): Zu den keltischen *-nt-* Suffixen.
In MSS 15, 1959, pp. 5-16.

2315 MAC NIOCAILL (Gearóid) *ed.*: Obligationes pro annatis diocesis Elphinensis.
In ArH 22, 1959, pp. 1-27.

1426-1548. With identification of proper names.

2316 Ó DUBHTHAIGH (Bearnárd): Lomadh ar ainmneacha dílse sa tuiseal ghiniúnach: deascán solaoidí.
In Éigse 9, 1958/61, (pt. 3, 1959/60), pp. 187-98.

(Absence of) lenition of proper names in the genitive.

2317 ANDERSON (Alan Orr) & ANDERSON (Marjorie Ogilvie) *eds.*: ADOMNAN's Life of Columba.
London [etc.]: Nelson, 1961. xxiv + 590 pp.

D LEXICOLOGY, ONOMASTICS

2318 MAC SUIBHNE (Seán): Tótamas in Éirinn.
B.Á.C.: Clóchomhar, 1961. x + 92 pp. (= Leabhair thaighde, iml. 5)
With a terminological glossary.

2319 O'BRIEN (M. A.) *ed.*: Corpus genealogiarum Hiberniae. — Vol. 1. Dublin: D.I.A.S., 1962. vii + 764 pp.
(1) from MS Rawl. B 502 (with variants from LL, Lc, BB); (2) from LL (parts not in R). Elaborate indexes of tribes and families, personal names, place names.

2320 BOLELLI (Tristano) & CAMPANILE (Enrico): Stratificazioni dell' onomastica celtica antica.
In SSL 2, 1962, pp. 1-11.

2321 GUYONVARC'H (Christian J.): Celtique commun *★Letavia*, gaulois *Letavis*, irlandais *Letha*; la porte de l'Autre monde.
In Ogam 19, 1967, pp. 490-4; 20, 1968, p. 195. (Notes d'étymologie et de lexicographie gauloises et celtiques (28), no. 133)
Also on *Succat (mac Calpuirn)*.

2322 HAHN (E. Adelaide): Naming-constructions in some Indo-European languages.
[Ann Arbor]: Press of Case Western Reserve University, 1969. xxviii + 222 pp. (= Philological monographs of the American Philological Association, no. 27)

2323 BIRKHAN (Helmut): Germanen und Kelten bis zum Ausgang der Römerzeit. Der Aussagewert von Wörtern und Sachen für die frühesten keltisch-germanischen Kulturbeziehungen.
Wien [etc.]: Böhlau, 1970. 637 pp. charts (= SbÖAW, Bd. 272)

2324 BORGEAUD (W. A.): Hibernica: *Echu-Echoch, Echoid-Echdach, Temair.*
In BNF 6, 1971, pp. 40-4.
Etymologies of several other p.ns.

2325 O'BRIEN (M. A.): Notes on Irish proper names.
Ed. posthum. by Conn Ó CLÉIRIGH.
In Celtica 9, 1971, p. 212.
As preserving common words not found elsewhere.

D 7 PERSONAL NAMES

D 7.1 General

2326 SMITH (Elsdon C.) *comp.*: Personal names. A bibliography.
N.Y.: Public Library, 1952. 226 pp.

2327 Ó BUACHALLA (Liam): Early Munster personal name-systems.
In JCHAS 61, 1956, pp. 89-102. (Contributions towards the political history of Munster, 450-800 A.D.)

2328 MACLYSAGHT (Edward): Irish families: their names, arms and origins.
Illus. by Myra Maguire.

Dublin: Hodges Figgis, 1957. 366 pp. pls., chart (fold.)
Review by

2329 RYAN (John), *in* Studies 46, 1957, pp. 479-82.

2330 MACLYSAGHT (Edward): More Irish families.
Galway, Dublin: O'Gorman, 1960. 320 pp. pl., charts
Review by

2331 RYAN (John), *in* Studies 52, 1963, pp. 445-6.

2332 MACLYSAGHT (Edward): Supplement to 'Irish families'.
Dublin: Helicon, 1964. 163 pp.

2333 ———— : A guide to Irish surnames.
Dublin: Helicon, 1964. 248 pp.
Review by

2334 L[IVINGSTONE] (P.), *in* Clogher record 5, (no. 2, 1964), pp. 267-8.
Review [in Irish] *by*

2335 Ó DUFAIGH (Seosamh), *in* StH 5, 1965, p. 174.

2336 Ó DROIGHNEÁIN (Muiris): An sloinnteoir Gaeilge agus an t-ainmneoir.
B.Á.C.: Ó Fallúin, [1966]. 80 pp.
Review [in Irish] *by*

2337 Ó HANNRACHÁIN (S.), *in* StH 8, 1968, pp. 194-5.

2338 MACLYSAGHT (Edward): The surnames of Ireland.
Shannon: I.U.P., 1969. 256 pp. chart (in pocket)
Reviews by

2339 LIVINGSTONE (Peadar), *in* Clogher record 7, (no. 2, 1970), pp. 321-4.

2340 Ó CORRÁIN (Donnchadh), *in* StH 10, 1970, pp. 154-6.

2341 DE BREFFNY (Brian): Christian names in Ireland.
In The Irish ancestor 1, 1969, (no. 1), pp. 34-40.

2342 MACLYSAGHT (E. A.): Christian names in Ireland.
In NMAJ 13, 1970, pp. 53-6.

D 7.2   Personal names: Special

2343 O'RAHILLY (T. F.): *-genn* for *-chenn.*
In Ériu 13, 1942, pp. 140-3.

2344 ———— : O.Ir. *coth. Cett.*
In id., pp. 166-7. (Notes, mainly etymological, no. 17)

2345 ———— : *Sraiphtine, Craiphtine*, etc.
In id., pp. 184-8. (id., no. 26)

2346 QUIN (Gordon): [*Tairrdelbach*].
In IHS 3, 1942/43 (1943), p. 107.
<small>Deriv. of *tairdelb* 'act of furthering, instigating' (ad P. WALSH, rev. of J. Ryan [Best² 2055c]).</small>

2347 JENNINGS (Brendan) *comp.*: Irish students in the University of Louvain.
In 431 [Measgra Uí Chléirigh], pp. 74-97.
<small>1548-1794.</small>

D LEXICOLOGY, ONOMASTICS

2348 Ó MÁILLE (T. S.): Metrica.
In Éigse 5, 1945/47 (1948), (pt. 3, 1946), pp. 177-84.
[Treatment in bardic poetry of] 1. *mac*, 2. *ó, ua*. 3. *Urlann*.

2349 MACLYSAGHT (Edward): Some observations on Thomond surnames.
In NMAJ 5, 1946/49, (no. 1), pp. 11-7.

2350 LLOYD-JONES (J.): The compounds of *gal*.
In 437 [Fs. Torna], pp. 83-9.

2351 DOBBS (Margaret E.): The prefix *Mess* in Irish personal names.
In JRSAI 77, 1947, pp. 147-9.

2351a ———— : References to *Erc* daughter of Loarn in Irish MSS.
In SGS 6, 1949, (pt. 1, 1947), pp. 50-7.

2352 MATHESON (Angus): Some notes on the MORRISONS.
In Éigse 6, 1948/52, (pt. 1), pp. 56-8.
MAC GILLE MHOIRE (< 17th c. ff. documents).

2353 DOBBS (Maigréad Ní C.): NÍNÍNE ÉCESS.
In ÉtC 5, 1949/51, (fasc. 1), pp. 148-53.

2354 MÜHLHAUSEN (Ludwig): Über die Rolle von Personennamen. (Keltisches und Nordisches).
In BNF 1, 1949/50, pp. 187-94.

2355 BUTLER (Hubert): Who were 'the stammerers'?
In JRSAI 80, 1950, pp. 228-36.

2356 POKORNY (J.): The proper name *Ánroth*.
In JCS 1, 1950, pp. 130-1. (Some Celtic etymologies, no. 3)
~ *ansruith*.

2357 Ó TUATHAIL (Éamonn): *Meranagh*.
In Éigse 6, 1948/52, (pt. 2, 1950), pp. 161-2. (Varia, no. 4)
Family (O'Byrne) byname becomes surname.

2358 O'RAHILLY (Thomas F.): Buchet the herdsman.
In Ériu 16, 1952, pp. 7-20.
Esnada tige Buchet is orig. a mythological tale. *Buchet* is an Ivernic name.

2359 DOBBS (Maigréad Ní C.): Le nom de *Vercingétorix* en Irlande.
In ÉtC 6, 1953/54, (fasc. 1, 1952), p. 195. (= Variétés, [no. 1])
Ferchinged (an rí), *Ferching*.

2360 VENDRYES (J.): Manannán mac Lir.
In id., pp. 239-54.
Incl. discussion of the phrase type *mac lir*; also on the name *Ler (Lir)*.

2361 JACKSON (Kenneth): The early Christian inscriptions.
In 490 [LHEB], (chap. 5), pp. 149-93.

2362 Ó SÚILLEABHÁIN (Pádraig): Cén t-ainm atá ort?
In FCA 1953, pp. 26-31.

2363 CHADWICK (Nora K.): A note on the name *Vortigern*.
In 493 [SEBH], pp. 34-46.

2364 POKORNY (Julius): Zur irischen Namenbildung und Urgeschichte.
In MSS 7, 1955, pp. 56-67.

2365 VENDRYES (J.): Sur un emploi du mot *ainm* 'nom' en irlandais.
In ÉtC 7, 1955/56, pp. 139-46.
On Ogam ANM preceding a p.n. in the gen.

2366 O'BRIEN (M. A.): *Midir*.
In Celtica 3, 1956, pp. 173-4. (Etymologies and notes, no. 8)
Indeclinable and prob. borrowed; also discussion of p.ns. other than *o*-stems gravitating towards the latter.

2367 ——— : *Muirchertach*.
In id., p. 175. (id., no. 11)
Ex. of occasional unaccented O.I. *-rdd-* > *-rt-* .

2368 ——— : *Der-* , *Dar-* , *Derb-* in female names.
In id., pp. 178-9. (id., no. 15)
? Reflex of *ducht(a)ir* 'daughter', reduced in proclitic position.

2369 ——— : *Ailill*.
In id., p. 182. (id., no. 23)
MS contractions suggest an older form *Aillill*.

2370 LLOYD-JONES (J.): The compounds of **gar*.
In id., pp. 198-210.

2371 HAMP (Eric P.): *St. Ninian/Ronyan* again.
In id., pp. 290-4.

2372 POKORNY (J.): Middle-Welsh *Owein*.
In id., pp. 306-8. (Miscellanea Celtica, no. 2)
M.W. *Owein* is cognate with Ir. *Augaine*, *Úgaine*.

2373 SCHMIDT (Karl Horst): Die Komposition in gallischen Personennamen.
In ZCP 26, 1957, pp. 33-301.
Review [in Polish] by

2374 MILEWSKI (Tadeusz), in LPosn 7, 1959, pp. 286-94.

2375 HENRY (P. L.): An Irish-Icelandic parallel *Ferdomun/Karlsefni*.
In Ériu 18, 1958, pp. 158-9.

2376 GUYONVARC'H (Christian-J.): Irlandais *Fand*, nom propre, *fand* 'plume, oiseau', à propos d'un jeu étymologique.
In Ogam 11, 1959, p. 440. (Notes d'étymologie et de lexicographie celtiques et gauloises (4), no. 13)

2377 GROSJEAN (Paul): Les noms d'*Adomnán* et de *Bréndán*.
In AB 78, 1960, pp. 375-81. (Notes d'hagiographie celtique, no. 48)

2378 GUYONVARC'H (Christian-J.): A propos du théonyme irlandais *Dagda*, celtique commun **dago-devos*.
In Ogam 12, 1960, p. 49. (Notes d'étymologie et de lexicographie gauloises et celtiques (5), no. 15)

2379 ——— : L'anthroponyme irlandais *Cathba*, *Cathbad*, **katubatuos* 'celui qui tue au combat'.
In id., pp. 197, 449-50 [add.]. (id. (6), no. 18)

2380 ——— : Gaulois *Ambigatus* 'qui se bat', irlandais *Immchadh*.
In id., pp. 200-2. (id., no. 21)

2381 ——— : L'anthroponyme irlandais *Amorgen* 'naissance du chant'.
In id., pp. 448-9. (id.(8), no. 26)

2382 MAC CANA (Proinsias): The origin of *Marbán*.
In BBCS 19, 1962, (pt. 1, 1960), pp. 1-6.

2383 SCHMIDT (K. H.): 'Boí rí amrae for Laignib, Mac Dathó a ainm.'
In ZCP 28, 1960/61, pp. 224-34.

2384 LIONARD (Pádraig): Early Irish grave-slabs.
Ed. by Françoise HENRY.
In PRIA 61 C, 1960/61, (no. 5), pp. 95-169. pls.
> With a List of dated inscriptions with the corresponding entries in the annals.

2385 GUYONVARC'H (Christian-J.): Le théonyme gaulois *Bricta* 'la brillante'.
In Ogam 13, 1961, pp. 325-8. (Notes d'étymologie et de lexicographie gauloises et celtiques (9), no. 32)
> Relationship to Ir. *Brigit*.

2386 ——— : L'anthroponyme irlandais *Setanta* et les *Setantii*.
In id., pp. 592-8. (id.(12), no. 46)

2387 ——— : Le théonyme *Nodons / Nuada*.
In Ogam 15, 1963, pp. 229-37. (id.(17), no. 60)

2388 FOX (J. R.): Structure of personal names on Tory Island.
In Man 63, 1963, pp. 153-5.

2389 DUMÉZIL (Georges): Le puits de Nechtan.
In Celtica 6, 1963, pp. 50-61.
> v. Dinds. §19; also on the name *Nechtan*.

Review by

2390 MEID (Wolfgang), in KZ 79, 1965, p. 303.

2391 PINAULT (Jord): *Nechtan* < *Nept-ono.
In Ogam 16, 1964, pp. 221-3. (Brittonika, no. 14)
> ad G. DUMÉZIL, *in* Celtica 6, 1963.

2392 WAGNER (Heinrich): Zur Bezeichnung des Kranichs im Keltischen.
In ZCP 29, 1962/64, (H. 3/4, 1964), pp. 301-4.
> Ir. *corr* (deriv. p.n. *Corc*), nordeurop. Wanderwort; also on the relevant aspects of metempsychosis. Other north Eurasian words in Irish.

2393 POKORNY (J.): Zum Völkernamen *Quariates*.
In id., p. 378.
> Not to be connected with Ir. p.n. *Cairid* (vs T. F. O'RAHILLY, EIHM, pp. 147ff).

2394 Ó MÁILLE (T. S.): Sloinnte comhghaolmhara.
In Dinnseanchas 1, 1964/65, pp. 27-32.
> Variant forms of surnames, resulting from phonetic interchange of *-ch-*, *-gh-(-dh-)*, *-g-* in unstressed syllables.

2395 ——— : *Fionnghuala, Nuala*.
In Éigse 11, 1964/66, (pt. 4), pp. 232-3. (Glac bheag focal Nuaghaeilge, [no. 3])

2396 FOX (J. R.): Kinship and land tenure on Tory island.
In UF 12, 1966, pp. 1-17.

2397 GUYONVARC'H (Christian-J.) *tr.*: La Courtise d'Étain.
In Celticum 15, 1966, pp. 283-327.
> Annexes étymologiques (pp. 377ff): 1. *Nechtan* (**Nept-ono-*) ou le 'fils de la soeur'.

2398 ——— : La 'pierre', l' 'ours' et le 'roi'. Gaulois *artos*, irlandais *art*, gallois *arth*, breton *arzh*, le nom du roi *Arthur*.
In Celticum 16, 1967, pp. 215-38. (Notes d'étymologie et de lexicographie gauloises et celtiques (29), no. 134)
Annexe 3: Vieil-irlandais *artram* ...
Also on anthroponym *Art* and derivatives.

2399 ——— : Irlandais *techtmar*, gaulois *tecto*- 'possession'.
In Ogam 19, 1967, pp. 231-3. (id.(27), no. 115)
(Tuathal) Techtmar.

2400 ——— : Irlandais *Míl*, celtique continental *Miletu-marus*.
In id., pp. 265-6. (id., no. 124)

2401 ——— : Le nom de *Setanta* et des *Setantii*.
In id., p. 266. (id., no. 125)

2402 ——— : Moyen-irlandais *Dallán* 'le petit aveugle'.
In id., p. 266. (id., no. 126)

2403 ——— : Irlandais *Brian*, gaulois *Brennos*.
In id., p. 268. (id., no. 130)

2404 ——— : Irlandais *Eochaid* (< *Ivo-catus*).
In id., p. 268. (id., no. 131)

2405 ——— : Les noms celtiques de l'âme et de l'esprit.
In id., pp. 475-90. (id.(28), no. 132)
3. Irlandais *anae* 'richesse, prospérité'; théonyme *Ana, Anu.*

2406 EVANS (D. Ellis): Gaulish personal names. A study of some Continental Celtic formations.
Oxford: Clarendon, 1967. xxiii + 492 pp.
Reviews by

2407 SCHMIDT (Karl Horst), *in* StC 3, 1968, pp. 157-60.

2408 D[ILLON] (M.), *in* Celtica 8, 1968, pp. 250-1.

2409 WILLIAMS (J. E. Caerwyn), *in* WHR 4, 1968/69, pp. 406-8.

2410 UNTERMANN (Jürgen), *in* BNF 5, 1970, pp. 81-9.

2411 ADAMS (G. B.): A new survey of Ulster surnames.
In UF 14, 1968, pp. 74-6.

2412 TURNER (Brian S.): Family names in the baronies of Upper and Lower Massereene.
In id., pp. 76-8.

2413 GUYONVARC'H (Christian-J.): Irlandais *airmed* 'mesure' et *miach* 'boisseau'; breton *arveziñ* 'examiner'.
In Ogam 20, 1968, pp. 350-2. (Notes d'étymologie et de lexicographie gauloises et celtiques (31), no. 142)
On the theonymes *Airmed* and *Miach.*

2414 SCOTT (James E.): Notes on Kintyre surnames and families.
In TGSI 45, 1967/68 (1969), pp. 284-318.

2415 ADAMS (G. B.): The distribution of surnames in an Irish county.
In 479 [10. IKNF], Bd. 2, pp. 163-75. charts
Co. Armagh.

2416 MACLYSAGHT (E. A.): Surnames of county Clare.
In NMAJ 12, 1969, pp. 85-9.

D LEXICOLOGY, ONOMASTICS

2417 GUYONVARC'H (Christian-J.): Le nom de la 'forme' dans les langues celtiques: . . . 2. irlandais *delb, Delbaeth, indelb*; . . .
In Ogam 21, 1969, pp. 315-37. (Notes d'étymologie et de lexicographie gauloises et celtiques (32), no. 156)

2418 DORIAN (Nancy C.): By-names in East Sutherland.
In FL 3, 1969, pp. 120-33.

2419 ——— : A substitute name system in the Scottish Highlands.
In AA 72, 1970, pp. 303-19.
Summary East Sutherland by-naming.
In ScSt 14, 1970, pp. 59-65.

2420 CHATTERJI (Sunitri Kumar): Sanskrit *Govinda* : Old Irish *Boand*.
In Neue Indienkunde. New indology. Festschrift Walter Ruben zum 70. Geburtstag. Hg. v. H. Krüger. Berlin: Akademie-Verlag, 1970. (= Deutsche Akademie der Wissenschaften zu Berlin, Institut für Orientforschung, Veröff. Nr. 72) pp. 347-52.

D 8   TOPONYMY, ETHNICA

D 8.1   General

2421 DE VALÉRA (Ruaidhrí): Seán Ó DONNABHÁIN agus a lucht cúnta.
In JRSAI 79, 1949, pp. 146-59.

2422 PRICE (Liam): The place-names of the Books of survey and distribution and other records of the Cromwellian settlement.
In JRSAI 81, 1951, pp. 89-106.

2423 ARTHURS (J. B.): The Ulster Place-name Society.
In UJA 16, 1953 (1954), pp. 104-6.

2424 ——— : Some recent work in international toponymy.
In BUPNS 2, 1954, pp. 2-7.

2425 ——— : The Ulster Place-name Society.
In Onoma 6, 1955/56, pp. 80-2.

2426 O'BRIEN (M. A.): Place-names.
In 504 [A view of Ireland], (10. Local traditions, 2), pp. 187-96.

2427 NICOLAISEN (W. F. H.): Field-work in place-name research.
In StH 1, 1961, pp. 74-88.

2428 TÓIBÍN (Seán): Cúig cúigí Éireann.
In Galvia 8, 1961, pp. 50-7. map
Publ. sep. Loch Garman: (pr. by) Seán Inglis, 1963. 12 pp.
Subtitle .i. Tíreolas dúchais na Gaeilge.

2429 FOILSEACHÁIN [1964-   ].
In Dinnseanchas 1-   , 1964/65-   .

2430 DE HÓIR (Éamonn): Ainmleabhair na gcnoc.
In Dinnseanchas 1, 1964/65, pp. 46-9.
The Hill-drawing namebooks, 1840-48, in the Ordnance Survey (Cos. Mayo, Donegal, Galway, Kilkenny).

D LEXICOLOGY, ONOMASTICS

2431 EDWARDS (R. Dudley): Ordnance Survey manuscripts. Preliminary report.
In AnH 23, 1966, pp. 277-96.
App.: O'HANLON catalogue of O.S. antiquarian material.

2432 Ó DUBHTHAIGH (Bearnárd) & BREATHNACH (Mícheál): Staidéar seachtrach ar an tíreolaíocht.
In Oideas 7, 1971, pp. 12-28.
Sep. publ. Dublin: S.O., 1971. 17 pp.

D 8.1.1   **Standardization**
cf. D 2.3 Lexical planning

2433 AN TSUIRBHÉIREACHT ORDANÁIS: Ainmneacha Gaeilge na mbailte poist i gCúige Chonnacht. — Liosta sealadach.
B.Á.C.: O.S., 1960. 27 pp.

2434 ———: Ainmneacha Gaeilge na mbailte poist i gCúige Mumhan. — Liosta sealadach.
B.Á.C.: O.S., 1960. 35 pp.
Reviews of Connacht & Munster *by*

2435 Ó CUÍV (Brian), *in* Éigse 9, 1958/61, (pt. 4), pp. 295-6.
2436 D[UIGNAN] (M.), *in* JRSAI 91, 1961, pp. 236-7.

2437 AN TSUIRBHÉIREACHT ORDANÁIS: Ainmneacha Gaeilge na mbailte poist i gCúige Uladh. — Liosta sealadach.
B.Á.C.: O.S., 1962. 50 pp.
Review [in Irish] *by*

2438 Ó DUBHTHAIGH (Bearnárd): Áitainmneacha Chúige Uladh.
In Feasta 15, no. 10, Eanáir 1963, pp. 14-8; no. 11, Feabhra 1963, pp. 9-12, 24.

2439 AN TSUIRBHÉIREACHT ORDANÁIS: Ainmneacha Gaeilge na mbailte poist i gCúige Laighean. — Liosta sealadach.
B.Á.C.: O.S., 1964. 31 pp.

2440 Ó DROIGHNEÁIN (Muiris): Séimhiú i ndiaidh *Mhic* sna logainmneacha.
In Dinnseanchas 1, 1964/65, pp. 54-5.
As occurring in post-town names recommended by the Placenames Commission.

2441 AN TSUIRBHÉIREACHT ORDANÁIS: Ainmneacha Gaeilge na mbailte poist.
B.Á.C.: O.S., [forew. 1969]. viii + 187 pp.
Review by

2442 Ó CUÍV (Brian), *in* Éigse 14, 1971/72, pp. 77-9.
Review [in Irish] *by*

2443 Ó MURCHADHA (Diarmuid), in JCHAS 75, 1970, p. 98.

2444 MAC GIOLLA CHOILLE (Breandán): Ainmneacha na mbailte poist: alt léirmheasa.
In Dinnseanchas 3, 1968/69, pp. 109-13.
Review article on the 1969 edition (AN TSUIRBHÉIREACHT ORDANÁIS).

D 8.2 Toponymy, Ethnica: Special

2445 KNOCH (August): Zum Ortsnamentyp *Snám Dá Én.*
In ZCP 22, 1941, pp. 166-73.

2446 BREATHNACH (Pól): Maolmórdha Mac Suibhne.
In IBL 27, 1940/41, (no. 6, 1941), pp. 266-70.
Incl. ed. (incomplete) of crosánacht, *Tugam aghaidh ar Mhaól mhorrdha*, from MS R.I.A. 24 P 9. Discussion of pl.n. *Ballysakeery* (Co. Mayo), E.Mod.I. *Eas Caoille.*

2447 ———— : Another place name in Westmeath: *Foroí, Forach, Forrach,* modern *Farragh.*
In IBL 28, 1941/42, pp. 54-6.

2448 ———— : A story of Diarmaid mac Cerbaill: *Mullinoran* and other place names.
In id. pp. 74-80.

2449 ———— : *Killaroo* and other place names.
In id., pp. 98-103.

2450 O'RAHILLY (T. F.): Mid.Ir. *Cloínad. Cromad. Lethnad.*
In Ériu 13, 1942, pp. 176-7, 218 [add.]. (Notes, mainly etymological, no. 22)
Old cpds. of *áth* 'ford'.

2451 HEIERMEIER (A.): Die in Hogans Onomasticon Goedelicum vorkommenden keltischen Flussnamen. Sammlung und kartographische Fixierung mit einem typologischen Exkurs.
In ZCP 23, 1943, (H. 1/2, 1942), pp. 55-120 [no more publ.].

2452 Ó MOGHRÁIN (Pádraig): *Balla,* Co. Mayo.
In Éigse 3, 1941/42 (1943), (pt. 3, 1942), pp. 219-20. (= Ceist, freagra ..., no. 44)
A native Irish word (< Lat. *balneum*).

2453 FRASER (John): *Earraghaidheal.*
In SGS 5, 1942, pp. 165-6. (Varia, no. 8)

2454 MAC SPEALÁIN (Gearóid): Notes on place-names in the city and liberties of Limerick.
In NMAJ 3, 1942/43, pp. 98-117.
Review by

2455 O'R[AHILLY] (T. F.), *in* JCHAS 48, 1943, p. 175.

2456 MAC SPEALÁIN (Gearóid): Some interesting place-names in county Limerick.
In NMAJ 3, 1942/43, pp. 144-61.

2457 CONNELLAN (M.): St. Raoilinn of *Teampall Raoileann.*
In JGAHS 20, 1942/43, pp. 145-50.

2458 BIELER (Ludwig): The problem of *Silva Focluti.*
In IHS 3, 1942/43 (1943), pp. 351-64.
Confessio 23 (textual criticism). — Cf. the correspondence by R. A. S. MACALISTER, *in* IHS 4, 1944/45 (1945), pp. 103-4; and the reply by L.B., *in* id., pp. 104-5.

2459 KNOTT (Eleanor): *Colomain na Temra.*
In Ériu 14, 1946, (pt. 1, 1943), pp. 144-6. (= Varia 2, no. 1)
Instances of this quasi-tribal-name; other instances of figur. usage of *n*-stem *coloma* (< Lat. *columna*), cf. T. F. O'RAHILLY, *colún,* etc., *in* Ériu 13, 1942.

D LEXICOLOGY, ONOMASTICS

2460 B[RADY] (J.): *Mosney*: a Meath placename.
 In IBL 29, 1943/45, (no. 1), pp. 19-20.

2461 DE BHALDRAITHE (Tomás): Logainmneachaí i gCois Fhairrge.
 In JRSAI 73, 1943, pp. 60-6.

2462 Ó MÓGHRÁIN (Pádraig): *Aran,* Co. Galway.
 In Éigse 4, 1943/44 (1945), (pt. 1), pp. 6-8.

2463 PRICE (Liam): The name of *Bray.*
 In id., (pt. 2, 1943), pp. 147-51.

2464 GÓGAN (L. S.): Where was *Ivernis?*
 In 431 [Measgra Uí Chléirigh], pp. 181-7.

2465 BAIREAD (Fearghus): St. Patrick's itinerary through county Limerick.
 In NMAJ 4, 1944/45, pp. 68-73.

2466 MAC SPEALÁIN (Gearóid) [SPENCER (F. G.)]: Place names of county Limerick. Barony of Coshma.
 In id., pp. 152-63.

2467 CONNELLAN (M.): St. Muadhnat of *Kill Muadhnat.*
 In JGAHS 21, 1944/45, pp. 56-62.

2468 ———— : *Cineál Fheichín* — its identity, location, and extent.
 In IBL 29, 1943/45, (no. 4, 1945), pp. 86-7.
 as in Seán Ó DUBHAGÁIN's *Triallom timcheall na Fódla.*

2469 PRICE (Liam): The place-names of Co. Wicklow.
 Dublin: D.I.A.S., 1945-67. 7 voll.
 Review of pt. 1 *by*

2470 O DALY (Máirín), *in* Éigse 5, 1945/47 (1948), (pt. 3, 1946), pp. 227-8.
 Review of pt. 4 *by*

2471 ARTHURS (J. B.), *in* BUPNS 2, 1954, pp. 21-2.

2472 Ó CONNALLÁIN (M.): Úna Bhán. Some notes on the article in Éigse 4.133-46.
 In Éigse 5, 1945/47 (1948), (pt. 1), pp. 65-6.
 On the place-names (1) *Cill Bhrighde,* (2) *Baile Thomáis* and *Glenballythomas,* (3) *Roxborough,* (4) *Balloony.*

2473 Ó TUATHAIL (Éamonn): Notes on Irish place-names.
 In id., (pt. 3, 1946), pp. 169-76.
 (1) *Creggs;* (2) *Culloville;* (3) *Cullyhanna;* (4) *Lough Ea;* (5) *Manorhamilton;* (6) *Newtown-Hamilton;* (7) *Sheep Haven;* (8) *Baile Mhic Shearraigh, An Cam, Doire Bhraghun, Cara Dhruim an Iolair.*

2474 O'RAHILLY (Thomas F.): On PTOLEMY's geography of Ireland.
 In 482 [EIHM], (chap. 1), pp. 1-42, 453-66 [adds.].

2475 MOONEY (Canice) *ed.*: Topographical fragments from the Franciscan Library.
 In Celtica 1, 1950, (no. 1, 1946), pp. 64-85.
 From MS Franc. A 31 (17th c.): 1. Kilmore and Ardagh placenames; 2. Derry and Tyrone placenames; 3. A fragmentary alphabetical list of Irish placenames [cf. pp. 403-4]; 4. Another fragmentary alphabetical list of Irish placenames [not printed here; poss. intended as an index of pl.ns. in the Martyrology of Donegal]. From MS Franc. D 1 (17th c.): 5. A list of churches and their patrons in the diocese of Derry [with notes by Séamus Ó CEALLAIGH].

2476 Ó Ceallaigh (Séamus): Notes on place-names in Derry and Tyrone.
In id., pp. 118-40 [cf. p. 404].
As publ. by C. Mooney, *in* Celtica 1.67ff.

2477 Ó Máille (T. S.): Áit-ainmneacha i gCathair na Gaillimhe.
In JGAHS 22, 1946/47, pp. 43-8.

2478 MacNeill (Patrick): The identification of *Foclut*.
In id., pp. 164-73.

2479 Ó Conalláin (M.): *Killashee*, Co. Longford.
In IBL 30, 1946/48, p. 19.

2480 Dobbs (M.): The site *Carrickabraghy*.
In UJA 10, 1947, pp. 63-5.
The *Carraic Brachaide* of the poem *Ard do scéla a mic na cuach*, ascr. to Flann mac Lonáin (Best[2] 1401), part of which is translated here; also on three other pl.ns. of the same poem.

2481 Quin (E. G.) & Freeman (T. W.): Some Irish topographical terms.
In IGeo 1, 1944/48, (no. 4, 1947), pp. 85-9, (no. 5, 1948), pp. 151-5.
Linguistic investigation of terms such as *drumlin, esker, sluggy, burren, alt, pladdy, cloon, scalp, corcass, turloch*.

2482 Mac Spealáin (Gearóid): Cathair Luimnighe.
B.Á.C.: O.S., 1948, 50. 2 voll. illus.
With notes on pl.ns.

2483 Chotzen (Th. M. Th.): *Emain Ablach—Ynys Avallach—Insula Avallonis–Ile d'Avalon.*
In ÉtC 4, 1941/48, (fasc. 2, 1948), pp. 255-74.

2484 Mac Spealáin (Gearóid): Place names of county Limerick. Barony of Coshlea.
In NMAJ 5, 1946/49, (no. 4, 1948), pp. 85-95.

2485 Connellan (M. J.): *Clann Ceithearnaigh*. Its whereabouts and extent.
In JGAHS 23, 1948/49, pp. 70-4.

2486 Dobbs (Margaret E.): *Dún Eogain Bél.*
In id., pp. 75-6.

2487 Ó Máille (T. S.) *comp.*: Place names from Galway documents.
In id., pp. 93-137; 24, 1950/51, pp. 58-70, 130-55.

2488 Connellan (M. J.): St. Brocaidh of *Imliuch Brocadha*.
In JGAHS 23, 1948/49, pp. 138-46.

2489 Knott (Eleanor): The placename *Eadar*.
In IBL 31, 1949/51, (no. 3, 1949), pp. 56-7.
With an add. note by Colm [O Lochlainn]; cf. Mícheál Mac Oireachtaigh, *in* id., pp. 33-4.

2490 Dobbs (Margaret): *Cé*: the Pictish name of a district in eastern Scotland.
In SGS 6, 1949, pp. 137-8.

2491 Price (Liam): Place-name study as applied to history.
In JRSAI 79, 1949, pp. 26-38.

2492 HEIERMEIER (A.): IE *sreu-/sru- , 'to flow, to stream', in Celtic, especially Irish, river-names.
In JCS 1, 1950, (no. 1, 1949), pp. 53-68.
Review by
2493 P[OKORNY] (J.), *in* ZCP 25, 1956, (H. 1/2, 1955), p. 155.
2494 POWER (P. *Canon*): The *cill* or *cillín*: a study in early Irish ecclesiology.
In IER 73, 1950, pp. 218-25.
2495 DOBBS (M. E.): The name *Dalaraidia*.
In UJA 13, 1950, p. 105.
2496 Ó TUATHAIL (Éamonn): *Léim Lára*.
In Éigse 6, 1948/52, (pt. 2, 1950), pp. 155-6. (Varia, no. 1)
Icel. *Jolduhlaup*; mod. name in Irish *Ceann Léime*, Slyne Head.
2497 ——— : *Doiri na Cailleach* and *Doiri Meinci*.
In id., pp. 156-7. (Varia, no. 2)
In Misc.Ir.Ann. 1394.19.
2498 ——— : *Baile Í Ghnímh*.
In id., pp. 157-60. (Varia, no. 3)
2499 Ó CEALLAIGH (Séamus): Old lights on place-names: new lights on maps.
In JRSAI 80, 1950, pp. 172-86.
2500 MOONEY (Canice): COLGAN's inquiries about Irish placenames.
In Celtica 1, 1950, pp. 294-6.
2501 O'RAHILLY (T. F.): *Cnoc an Áir*.
In id., p. 381. (Varia 2, no. 24)
2502 POKORNY (J.): The river-name *Argita*.
In JCS 1, 1950, p. 130. (Some Celtic etymologies, no. 2)
PTOLEMY's northern r.n. contains the word for 'silver'.
2503 ——— : The river-name Ουιδουα.
In id., p. 135. (id., no. 8)
PTOLEMY's northern r.n. belongs to Celtic *vidu-* 'tree'.
2504 ——— : Keltisch *enos* : *onā* 'Wasser, Fluss'.
In BNF 2, 1950/51, pp. 37-8. (Zu keltischen Namen, Nr. 3)
2505 ——— : Gallisch *Gergovia*.
In id., pp. 247-8. (id., Nr. 5)
ad Ir. *gerg* in pl.ns.
2506 ——— : Der irische Flussname *Buáin*.
In id., p. 251. (id., Nr. 7)
2507 CONNELLAN (M. J.): The see of Tuaim in Rath Breasail synod.
In JGAHS 24, 1950/51, pp. 19-26.
ad FF iii 302-5.
2508 ——— : Three Patritian bishops and their seats in *Airteach*.
In id., pp. 125-9.
The episcopal sees of *Telach/Tulach na gCloch*, *Telach/Tulach Liag*, and *Cúil Conalto*, of Trip.
2509 GROSJEAN (Paul): Il ne faut pas voir de traces du nom de peuple *Scotti* dans la France du sud-ouest.
In Troisième Congrès international de toponymie et d'anthro-

D LEXICOLOGY, ONOMASTICS

ponymie, Bruxelles 1949. Vol. 2: Actes et mémoires. Éd. par H. Draye & O. Jodogne. Louvain: Centre International d'Onomastique, 1951. pp. 355-9.

2510 CONNELLAN (M. J.): *Airteach*'s western boundary.
In IBL 31, 1949/51, (no. 6, 1951), pp. 125-6.

2511 Ó TUATHAIL (Éamonn) *ed.*: The river Shannon poetically described by Michael BRENNAN.
In Éigse 6, 1948/52, (pt. 3, 1951), pp. 193-240, (pt. 4), pp. 275-313.
1794. *Príomh-shruth Éireann is iomlán innsidhe*. From MS R.I.A. 23 B 27; with commentary, glossary, index of places and rivers.
Adds. to commentary by
CONNELLAN (M. J.), *in* Éigse 7, 1953/55, (pt. 4), pp. 271-4.

2512 Ó CEALLAIGH (Séamus): A preliminary note on some of the nomenclature on the map of S.E. Ulster bound up with the maps of the escheated counties, 1610. (Stationery Office, Southampton, 1860).
In JRSAI 81, 1951, pp. 37-43.

2513 POKORNY (Julius): Zur Anglisierung irischer Orts- und Flussnamen.
In BNF 3, 1951/52, pp. 89-91. (Zu keltischen Namen, Nr. 8)

2514 —— : Der irische FlN. *Cail(i)cín*.
In id., pp. 91-2. (id., Nr. 9)

2515 —— : Zur Flussnamenarbeit ZCP 23. 55-120.
In id., pp. 208-11. (id., Nr. 10)
Criticism of A. HEIERMEIER, Die in Hogans Onomasticon Goedelicum vorkommenden keltischen Flussnamen, 1943; also of her IE *sreu̯-/sru-*, 'to flow, to stream', in Celtic, especially Irish, river-names, 1950.

2516 AN SEABHAC [*pseud.*, Pádraig Ó SIOCHFHRADHA]: Ainmneacha bailte fearainn i dtrí paróistí i dTriúch an Aicme i gCiarraighe.
In Béaloideas 20, 1950 (1952), pp. 120-9.
The townland names of three parishes between Tralee and Castlemaine (Co. Kerry).

2517 POWER (P. *Canon*): Log-ainmneacha na nDéise. The place-names of Decies. — 2nd ed.
Cork: U.P., 1952. 489 pp. maps
Foreword [appreciation of the author, †1951] by Alfred O'RAHILLY.

2518 ARTHURS (John B.): Place-names.
In Belfast in its regional setting. A scientific survey. Belfast: (for B.A.A.S.) the Local Executive Committee, 1952. pp. 190-5.

2519 CANTWELL (D.): The place-names of the parish of Croom.
In NMAJ 6, 1949/52, (no. 4, 1952), pp. 136-42.

2520 SOMMERFELT (Alf): Norwegian place-names in Waterford.
In NTS 16, 1952, pp. 226-9. (Norse-Gaelic contacts, [no. 1])

2521 Ó MÁILLE (T. S.): Four County Galway place-names.
In JGAHS 25, 1952/53, pp. 28-31.
(1) *Inishtravin*, (2) *Lough Nafooey*, (3) *Oorid*, (4) *Shanadullaun*.

D LEXICOLOGY, ONOMASTICS

2522 ———— : County Galway place-names.
In id., pp. 81-5.
1. *Gortronnagh*; 2. *Inchagoill*; 3. *Killaltanagh*; 4. *Rusheenamanagh*.

2523 McCann (F.): *Da* in place-names.
In BUPNS 1, 1952/53, p. 14.
Probability of the genitive sg. femin. of the article.

2524 Mooney (B.): Sound-change and the shaping of place-names.
In id., pp. 54-7.
Table of contents: 'Sound-change in the ...'.

2525 Ó Ceallaigh (Eoghan): Cois Feóire. Placenames of Co. Kilkenny; their original Irish and present English forms; parishes, townlands, subdivisions; with notes of historical interest.
Kilkenny: Kilkenny People, 1953. 70 pp.

2526 Cantwell (David): Some further place-names of Coshma. The parish of Banogue.
In NMAJ 6, (no. 5, 1953), [*rectius* 7, (no. 1, 1953)], pp. 183-6.

2527 Pokorny (J.): Die Geographie Irlands bei Ptolemaios.
In ZCP 24, 1954, (H. 1/2, 1953), pp. 94-120.

2528 Goulden (J. R. W.): *Aharla*.
In Éigse 7, 1953/55, (pt. 1), pp. 52-4.
Has survived in the Aran Islands, from *otharlige* 'grave, burial place'.

2529 Ó Máille (T. S.): *seanadh* 'a slope, a hillside'.
In JCS 2, 1958, (no. 1, 1953), pp. 144-6. (Some Modern Irish words, [no. 5])
List of pl.ns. with *Shana-*, or *Seana(dh)*, from Connemara.

2530 An Seabhac [*pseud.*, Pádraig Ó Siochfhradha]: Ainm an Archaingil Mícheál ar bhallaibh cois fairrge.
In Béaloideas 22, 1953 (1954), pp. 196-7.

2531 The parish of Seagoe.
Part 1. The place-names explained, by Bernard J. Mooney.
Newry: (pr. by) P. Bennett, 1954. 68 pp. pls., map

2532 Connellan (M. J.): *Port Airchinnigh—Airchinneach—Portrunny*.
In IBL 32, 1952/57, (no. 3, 1954), pp. 55-6.

2533 Price (Liam): *Ráith Oinn*.
In Éigse 7, 1953/55, (pt. 3, 1954), pp. 182-90.

2534 Mac Aodhagáin (P. C.): Tórainn *Mhaonmhaí*.
In Galvia 1, 1954, pp. 18-25; 2, 1955, pp. 66-7 [add.].

2535 Ó Máille (T. S.): Ainm na *Gaillimhe*.
In id., pp. 26-31.

2536 Mulligan (P.): Notes on the topography of Fermanagh.
In ClRec 1, no. 2, 1954, pp. 24-34.

2537 Jackson (Kenneth): Two early Scottish names.
In SHR 33, 1954, pp. 14-8.
(1) on *Dun Caillenn* (< *Calidon-*), Sc. *Dunkeld*, etc.; (2) on M.W. *Prydein, Prydyn, Pryden*, and O.I. *Cruithin (Cruithni)*.

2538 Arthurs (J. B.): Some recent work in international toponymy.
In BUPNS 2, 1954, pp. 2-7.

D LEXICOLOGY, ONOMASTICS

2539 Ó Máille (T. S.): *Muiceanach* mar áitainm.
In JRSAI 85, 1955, pp. 88-93.

2540 Adams (G. B.): Dialect studies and Ulster place-names.
In BUPNS 3, 1955, pp. 5-9.
The phonetic development of Irish loanwords in Ulster English.

2541 Cantwell (David): More place-names of mid Limerick. The parish of Manistir.
In NMAJ 7, no. 2, 1955, pp. 46-52.

2542 Ó Doibhlin (Éamonn): 'Bhí Naomh Pádraig anseo.' Cuntas ar a sheacht dteampaill in Uí Tuirtre.
In SAM 1, no. 2, 1955, pp. 11-6.
The pl.ns. in Trip.² 1954-75.

2543 Ó Máille (T. S.): *Ubhall* in áitainmneacha.
In Galvia 2, 1955, pp. 59-65; 4, 1957, pp. 66-7 [add.].

2544 Mac Airt (Seán): County Armagh: toponymy and history.
In PICHC 1955, pp. 1-5.

2545 Ó Máille (T. S.): *Shurick* in placenames.
In JGAHS 26, 1954/56, pp. 42-7.

2546 Taylor (A. B.): British and Irish place-names in Old Norse literature.
In Annen Viking kongress, Bergen 1953. Ved Kjell Falck. Bergen: J. Griegs Boktr. (= Universitetet i Bergen: Årbok 1955 (1956), hist.-antikv. rekke, nr. 1) pp. 113-22.

2547 An Seabhac [*pseud.*, Pádraig Ó Siochfhradha]: Uí Ráthach. Ainmneacha na mbailte fearainn sa bharúntacht.
In Béaloideas 23, 1954 (1956), pp. 3-70.

2548 Heiermeier (Anne): Ir. *buidhe* 'gelb', mit Flussnamen-Exkurs: 'Eine Probe aus der Farben-Kategorie irischer Flussnamen'.
In 2198 [Idg. Etym.], H. 2, (no. 16), pp. 166-81.

2549 Ó Murchadha (Diarmuid): The Irish name of *Crosshaven*.
In JCHAS 61, 1956, pp. 7-9.
Bun an Tábhairne.

2550 Ó Máille (T. S.): Na háitainmneacha *Pruntus, Proonts*.
In id., pp. 10-2.
From Engl. *fronte(s).*

2551 ———— : *Urlár* in áitainmneacha.
In Galvia 3, 1956, pp. 63-8.

2552 O'Brien (M. A.): Ptolemy's *Libnios*.
In Celtica 3, 1956, pp. 174-5. (Etymologies and notes, no. 10)
Lemain (Libnios) was the old name for the whole of the river Erne.

2553 Mac Airt (Seán): *Rig* (a river-name).
In id., pp. 262-3. (Lexicographical notes, no. 2)

2554 Adams (G. B.): Irish toponymy and the theories of pre-Gaelic substrata.
In BUPNS 4, 1956, pp. 1-22. chart

2555 MacQueen (J.): *Kirk-* and *Kil-* in Galloway place-names.
In ArL 8, 1956, pp. 135-49.

2556 MacAodha (Breandan): A *booley* place-name in county Tyrone.
In UF 2, 1956, pp. 61-2.
Crocknaboley.

2557 Mac Airt (Seán): *Cloch Cheann Fhaolaidh* — an t-ainm.
In 443 [Coláiste Uladh, 1906-56], pp. 40-3.
Cloghaneely (Co. Donegal).

2558 Lahert (Richard): The history and antiquities of the parish of Dunnamaggan — including a full history of the great monastic foundation of Kells — in the diocese of Ossory.
Tralee: (pr. by) The Kerryman, [pref. 1956]. 187 pp. illus.
Chap. 15: Place-names of the parish and areas about it.

2559 Ó Cuív (Brian) *ed.*: A topographical fragment.
In Éigse 8, 1956/57, pp. 98-100. (Miscellanea, no. 2)
On Co. Kerry, wr. ca. 1700; from MS T.C.D. H 2 14.

2560 de Bhaldraithe (Tomás): Nótaí comhréire.
In id., pp. 242-6.
Syntactical notes, mainly on the Irish of Cois Fhairrge (Co. Galway): 6. Ginideach cinnte i ndiaidh ainm chinnte [double article in pl.ns.].

2561 [Walsh (Paul)]: The placenames of Westmeath.
Ed. by Colm O Lochlainn.
Dublin: D.I.A.S., 1957. xxxv + 402 pp.
Introd. 'Ancient Westmeath', is a republ. of Best² 241a (republ. in Ríocht na Midhe 1, no. 1, 1955, pp. 20-31); Part 1: The Ordnance Survey letters, is a republ. of Best² 241.

2562 Nicolaisen (W. F. H.): The semantic structure of Scottish hydronymy.
In ScSt 1, 1957, pp. 211-40.

2563 Ó Máille (T. S.): *Ára* mar áitainm.
In Galvia 4, 1957, pp. 54-65.

2564 Bevan (Hugh P.): The topography of the Deirdre story.
In BUPNS 5, 1957, (pt. 1), pp. 1-5.

2565 O'Daly (B.): Parish of Kilskeery. The place-names explained.
In ClRec 2, (no. 1, 1957), pp. 71-96.

2566 Mac Doinnshléibhe (P.): *Castleblayney, Mucnámh* and *Baile na Lurgan.*
In id., pp. 131-7.

2567 Taylor (A. B.): *Léim Lára — Ceann Léime.*
In Éigse 9, 1958/61, (pt. 1), pp. 30-1.
C.L. traced back on maps to c.1500.

2568 Chadwick (Nora K.): The name *Pict.*
In SGS 8, 1958, pp. 146-76.

2569 Ó Murchadha (Diarmuid): Two Co. Cork parish names.
In JCHAS 63, 1958, pp. 5-7.
1. Marmullane, 2. Kinure.

2570 Taylor (A. B.): *Dumazbakki* — an Irish place name in Old Norse form.
In JRSAI 88, 1958, pp. 111-4.

2571 Gleeson (Dermot F.): Saint Patrick in Ormond.
In NMAJ 8, 1958/61, (no. 1), pp. 42-4.

2572 CONNELLAN (M. J.): Ballymulconry and the MULCONRYS.
In IER 90, 1958, pp. 322-30.
<blockquote>With identification and location of *Cluain Bolcáin, Cluain Plocáin.*</blockquote>

2573 SOMMERFELT (Alf): The English forms of the names of the main provinces of Ireland.
In Lochlann 1, 1958, pp. 223-7.
<blockquote>Ulster, Leinster, Munster, from Ir. *Uladh*, etc., and *tír* 'land', with Norwegian composition rules and *-s-*.</blockquote>

2574 NICOLAISEN (W. F. H.): *Shin.*
In ScSt 2, 1958, pp. 189-92. (Notes on Scottish place-names, no. 5)
<blockquote>Also on the Ir. r.n. *Shannon.*</blockquote>

2575 Ó MÁILLE (T. S.): Five County Galway placenames.
In JGAHS 28, 1958/59, pp. 12-7.
<blockquote>(1) *Ashilede Point*, (2) Ballygar, (3) *Boliska*, (4) *Courugh*, (5) *Shoodaun*.</blockquote>

2576 MAC D[OINNSHLÉIBHE] (P.): *Ómné Rende.*
In ClRec 2, (no. 3, 1959), p. 517.
<blockquote>Trip.² 2129; prob. *Onomy* (tld. in Castleblayney, Co. Monaghan).</blockquote>

2577 Ó MÁILLE (T. S.): *Bullaun* is ainmneacha gaolmhara.
In Galvia 6, 1959, pp. 50-9.

2578 MORTON (Deirdre E.): Some notes on minor place-names in the Glenlark district.
In UF 5, 1959, pp. 54-60.

2579 MAC SPEALÁIN (Gearóid): Uí Cairbre Aobhdha (i gContae Luimnighe). A stair agus a seanchas.
B.Á.C.: O.S., 1960. 249 pp. maps, geneal. tab.
<blockquote>With notes on pl.ns.</blockquote>

2580 NICOLAISEN (W. F. H.): Norse place-names in south-west Scotland.
In ScSt 4, 1960, pp. 49-70.

2581 ———: *Avon.*
In id., pp. 187-94. (Notes on Scottish place-names, no. 14)
<blockquote>Suffix *-no-/-nā-* in hydronymy.</blockquote>

2582 TOHALL (Patrick): Notes on some Gaelic place names (mostly as a background to pollen diagrams).
In JRSAI 90, 1960, pp. 82-3.

2583 RICHARDS (Melville): The Irish settlements in south-west Wales. A topographical approach.
In id., pp. 133-62.
<blockquote>Charts showing distribution of Ogam stones (etc.) and of name-forms in *cnwc*, *cnwch* and *loch*.</blockquote>

2584 GROSJEAN (Paul): *Atrium Cemani* dans la Vie de S. Ibar.
In AB 78, 1960, pp. 370-5. (Notes d'hagiographie celtique, no. 47)
<blockquote>leg. *A. Comari* (= Ir. *Dún Comair*), or *A. Cennani* (for *Tech Colláin*).</blockquote>

2585 Ó MURCHADHA (Diarmuid): Some obsolete place-names in Cork harbour.
In JCHAS 65, 1960, pp. 18-23.
<blockquote>1. *Renrawre* and *Renowdran*; 2. *Ros beg, Ros mór*; 3. *Ilancrea, Ilanecore, Ilanecahill*; 4. *Loch Mu-Choba*; [Add.:] *Haulbowline*.</blockquote>

2586 NICOLAISEN (W. F. H.): The histori[c]al stratification of Scottish hydronymy.
In 472 [6. IKNF], Bd. 3, pp. 561-71.

2587 SOMMERFELT (Alf): Norwegian place-names in the Celtic parts of the British Isles.
In id., pp. 718-21.

2588 Ó NIATHÁIN (Pádraig): *Brú Thuinne* agus *Burton Park*.
In Éigse 9, 1958/61, (pt. 4), p. 252.

2589 Ó GALLACHAIR (P.): Patrician Donegal.
In Donegal annual 5, (no. 1, 1961), pp. 70-9.

2590 ALDRIDGE (R. B.): The routes described in the story called *Táin bó Flidhais*.
In JRSAI 91, 1961, pp. 117-27, 219-28; 92, 1962, pp. 21-39. maps.

2591 Ó MÁILLE (T. S.): *Tinne* in áitainmneacha.
In Galvia 8, 1961, pp. 42-9.

2592 NICOLAISEN (W. F. H.): The interpretation of name-changes.
In ScSt 5, 1961, pp. 85-96. (Notes on Scottish place-names, no. 16)

2593 Ó MÁILLE (T. S.): *Cuileann* in áitainmneacha.
In Béaloideas 28, 1960 (1962), pp. 50-64.

2594 OFTEDAL (Magne): Norse place-names in Celtic Scotland.
In 464 [1st ICCS], pp. 43-50.

2595 MAC CANA (Proinsias): The influence of the Vikings on Celtic literature.
In id., pp. 78-118.
Incl. discussion of *Irua(i)th* and *Irua(i)t*.

2596 Ó DUBHTHAIGH (Bearnárd): Dornán nótaí ar an *Drobhaois*.
In Galvia 9, 1962, pp. 14-9.

2597 Ó MÁILLE (T. S.): Áit-ainmneacha as Condae na Gaillimhe.
In id., pp. 53-7.
(1) *An Easléim,* (2) *Gortarica,* (3) *Killadullisk, Cloonoolish,* (4) *Mweenish, Dynish.*

2598 MCCARTHY (Michael): The post-fix *fos* in Irish place-names.
In JRSAI 92, 1962, pp. 83-4.

2599 VAREBEKE (Hubert J. de): The names of *Abington*.
In NMAJ 9, 1962/65, (nos. 1/2), pp. 74-5.
orig. *Uaithne, Owney,* etc. (Co. Limerick).

2600 BINCHY (D. A.): The old name of *Charleville,* Co. Cork.
In Éigse 10, 1961/63, (pt. 3, 1962/63), pp. 211-35.
Rathcogan (Rathgogan), not *Ráth Luirc.*

2601 MAC ÍOMHAIR (Diarmuid): The boundaries of Fir Rois.
In JCLAS 15, 1961/64, (no. 2, 1962 (1963)), pp. 144-79. maps

2602 CONNELLAN (M. J. Canon): The placenames *Cagála, Carna, Creaga, Corra*.
In Éigse 10, 1961/63, (pt. 4), pp. 317-8. (= Miscellanea, no. 3)
All with unhist. *-a.*

2603 ——— : Possible pagan place-names in Co. Roscommon.
In JRSAI 93, 1963, pp. 197-8.

2604 PRICE (Liam): A note on the use of the word *baile* in placenames.
 In Celtica 6, 1963, pp. 119-26.

2605 Ó MÁILLE (T. S.): *Corrán, Curraun, Corrane, Craan.*
 In Béaloideas 30, 1962 (1964), pp. 76-88.

2606 MAC EOIN (Gearóid S.): *Gleann Bolcáin* agus *Gleann na nGealt.*
 In id., pp. 105-20.

2607 UA BRÁDAIGH (Tomás): *Telach Cail.*
 In RíM 3, (no. 2, 1964), pp. 158-60.

2608 Ó CRÓINÍN (D. A.): The old name of *Charleville*, Co. Cork.
 In Éigse 11, 1964/66, (pt. 1), pp. 27-33.
 Further discussion (cf. D. A. BINCHY, *in* Éigse 10.211ff) of the wrongly adopted name *Ráth Luirc*, etc.

2609 QUIN (E. G.): *Iordanén.*
 In Hermathena 99, 1964, pp. 52-3. (Notes on Irish words, [no. 5])

2610 GUYONVARC'H (Christian J.): Le nom des *Triulatti*, à propos d'une étymologie croisée.
 In Ogam 16, 1964, pp. 431-4. (Notes d'étymologie et de lexicographie gauloises et celtiques (20), no. 77)
 Related to Ir. *Ulaid.*

2611 HULL (Vernam): Early Irish *Segais.*
 In ZCP 29, 1962/64, (H. 3/4, 1964), pp. 321-4. (Varia Hibernica, no. 5)
 Passage on the mystic hazels of Segais, from The caldron of poesy (Anecd. v 25), with Engl. transl. and notes.

2612 Ó MÁILLE (T. S.): *Droichead* in áitainmneacha.
 In Galvia 10, 1964/65, pp. 46-60.

2613 Ó MURCHADHA (Diarmuid): Ciall bhreise don bhfocal *cabha.*
 In Dinnseanchas 1, 1964/65, pp. 3-5.
 Examples of *cabha* 'a cove' in pl.ns. (mostly Co. Cork).

2614 Ó CEALLAIGH (Eoghan): Gné de chanúint Osraí i logainmneacha.
 In id., pp. 6-7.
 Palatal *r* in pl.ns. and some other material in Ossory (Co. Kilkenny).

2615 DE HÓIR (Éamonn): An t-athrú *-onga* > *-ú* i roinnt logainmneacha.
 In id., pp. 8-11.

2616 Ó NIATHÁIN (P.): *Tuath Ó bhFithcheallaigh.*
 In id., pp. 12-4 [cf. p. 58]. map

2617 [AN TSUIRBHÉIREACHT ORDANÁIS]: As cartlann na logainmneacha.
 In id., pp. 15-20, 50-4, 72-6, 95-100.
 Fedamore (Co. Limerick) [cf. p. 100], *Ardnaree* (Co. Mayo); *Trillick* (Co. Tyrone), *Ballaghnatrillick* (Co. Sligo), *Inishcarra* (Co. Cork); *Canningstown* (Co. Cavan); *Kilkerrin* (Co. Galway); *Ballyboghil* (Co. Dublin); *Nobber* (Co. Meath), *Castlemahon* [or *Mahoonagh*] (Co. Limerick).

2618 PRICE (Liam): Pronunciation of *Derry-* in Co. Kildare.
 In id., p. 21.

2619 Ó DUINN (Tomás): *Gorheenalive.*
 In id., pp. 21-2.
 Is *G.* (in Clonmel) from *garraí* or *goirtín na leadhb*?

2620 MAC AN BHÁIRD (Mícheál): *Mosney* — an east Meath placename.
 In id., p. 22.
 M. (prob. < *Mesney*) eclipsed an older name *Moymurthy* (*Magh Muireadha*).

D LEXICOLOGY, ONOMASTICS

2621 DE HÓIR (Éamonn): *Loch Chorr Smutóige,* Contae an Chabháin.
In id., pp. 22-3.
Formerly contained a crannog.

2622 DODGSON (John McNeal): An Old-Irish placename in Cheshire.
In id., p. 24.
Noctorum (< *cnocc tirim*).

2623 O'CONNELL (J.): Two Co. Kerry placenames.
In id., pp. 25-6.
(1) *Labrainne*; (2) PTOLEMY's river *Dur*.

2624 Ó CÍOBHÁIN (Breandán): Logainmneacha ó dheisceart Thiobraid Árann.
In id., pp. 32-42 [cf. p. 58].
With phonetic transcriptions from native speakers.

2625 MAC CÁRTHAIGH (Mícheál): *Gamhar* — a 'winter' stream.
In id., p. 43.

2626 Ó MURCHADHA (Diarmuid): Léarscáil Mhúscraí, Co. Chorcaí, A.D. 1821.
In id., pp. 44-5.
A Gaelic map of Muskerry, 1821.

2627 MAC AN BHÁIRD (Mícheál): *Colpe,* an east Meath parish.
In id., p. 55.

2628 COOMBES (J.): Two modern placenames.
In id., pp. 55-6.
Quarantine Island and *Quarantine Hill* (Co. Cork).

2629 Ó MURCHADHA (Diarmuid): Where was the river *Sabhrann?*
In id., pp. 59-66.

2630 Ó NIATHÁIN (P.): *Tuath Uí Dhuibhdáléithe.*
In id., pp. 67-8. map

2631 MAC CÁRTHAIGH (Mícheál): Norse *vadill,* a sea-ford.
In id., p. 77.
In *Ceann a' Bhathala* (Helvick Head, Co. Waterford).

2632 Ó CÍOBHÁIN (Breandán): *Ballilomasine,* Contae Thiobraid Árann.
In id., p. 77.

2633 O'DONOGHUE (C. B.): *Lissbruadar,* Co. Cork.
In id., p. 78.

2634 DE HÓIR (Éamonn): *Aird* i logainmneacha.
In id., pp. 79-86.

2635 Ó BUACHALLA (Liam): Townland development in the Fermoy area, 12th century-19th century.
In id., pp. 87-93. map, table (fld.)

2636 PRICE (Liam): *Liss na Calligi.*
In id., pp. 94-5.

2637 O'CONNELL (J.): Notes on some Kerry placenames.
In id., p. 101.
(1) *Ballynavenooragh*, (2) *Ballydwyer*, (3) *Dromcunnig*, (4) *Baltovin*, (5) *Ballycarty*.

2638 Ó MÁILLE (T. S.): *Easbáin, Spáin(n).*
In Éigse 11, 1964/66, (pt. 2, 1965), pp. 88-90. (Focla Nua-Ghaeilge agus a bhfréamh, [no. 2])

D LEXICOLOGY, ONOMASTICS

2639 NICOLAISEN (W. F. H.): *Slew-* and *sliabh*.
In ScSt 9, 1965, pp. 91-106. ([Notes on] Scottish place-names, no. 24).

2640 Ó BUACHALLA (Liam) *ed.*: An early fourteenth-century place-name list for Anglo-Norman Cork.
In Dinnseanchas 2, 1966/67, pp. 1-12, 39-50, 61-7.

2641 Ó MURCHADHA (Diarmuid): Córas ainmnithe páirceanna, Gort na nUan, Co. Chorcaí.
In id., pp. 13-4.
Field-names.

2642 Ó CONCHEANAINN (Tomás): Ainmneacha éideimhne.
In id., pp. 15-9.
1. *aonach* ['hill (-slope)']; 2. **trosc, trosca* [< *tur + easc(a)*]; 3. *riasc* [< *rē + easc*; *corriasc* 'heron' incorporates *riasc* rather than *iasc*].

2643 [AN TSUIRBHÉIREACHT ORDANÁIS]: As cartlann na logainmneacha.
In id., pp. 22-7, 55-8, 85-8, 113-7.
Rathlin Island (Co. Antrim), *Tynagh* (Co. Galway); *Malahide* (Co. Dublin), *Creegh* (Co. Clare); *Upperland* (Co. Derry), *Slieve Bloom* (Cos. Laois and Offaly); *Ballykinler* (Co. Down), *Horseleap* [*Áth an Urchair*] (Co. Westmeath) [cf. 3, 1968/69, p. 22].

2644 DE HÓIR (Éamonn) *ed.*: Blúire cillsheanchais faoi fhairche Chill Dara.
In id., pp. 29-39.
Latin list, 1638, of ecclesiastical establishments in the diocese of Kildare.

2645 MAC CÁRTHAIGH (Mícheál): *Dursey* island and some placenames.
In id., pp. 51-5.
Inis Baoi, later *Baoi Bhéara*, *Oileán Baoi*, or *Baoi*.

2646 MHAC AN FHAILIGH (Éamonn): *Imper* unde nominatur?
In id., pp. 68-71.
Situation and meaning of *Empor / Emper* (Co. Westmeath); cf. P. Ó NIATHÁIN, *in* Dinnseanchas 3, 1968/69, p. 84.

2647 LEE (Gerard A.): Leprosy and certain Irish place names.
In id., pp. 71-5.

2648 DE HÓIR (Éamonn): *Cúil Mhaoile, Cúil Mhuine, Cúil Mhaine, Cúil Áine*.
In id., pp. 76-80.

2649 NICHOLLS (K. W.): *Tuath-Bailenangeadh* (*Twoghballynegee*, etc.).
In id., p. 89.

2650 Ó MÁILLE (T. S.): *Meacan* in áitainmneacha.
In id., pp. 93-7.

2651 NICHOLLS (K. W.): *Tobar Finnmhuighe — Slán Pádraig*.
In id., pp. 97-8.

2652 Ó HURMOLTAIGH (Nollaig) *comp.*: Logainmneacha as Toraí, Tír Chonaill.
In id., pp. 99-106.
Pl.ns. from Tory Island (Co. Donegal), with phonetic transcrs.

2653 DE HÓIR (Éamonn) *ed.*: Liosta de thailte Róisteacha 1461.
In id., pp. 106-12.
List of Roche lands in the barony of Fermoy, Co. Cork; based on MS N.L. G 45 (copy of F); cf. L. Ó BUACHALLA, *in* JCHAS 55.92ff.

D LEXICOLOGY, ONOMASTICS

2654 ——— ed.: Caithréim Dhonnchaidh mhic Thaidhg Rua Uí Cheallacháin.
In 459 [N. Munster studies], pp. 505-25.
  Ceacair comhaireamh a chreach. From MS R.I.A. 24 B 27; alphab. list and identifications of the pl.ns. mentioned.

2655 MAC SPEALÁIN (Gearóid): Stair Aos Trí Muighe (i gContae Luimnigh).
B.Á.C.: Oifig an tSoláthair, 1967. viii + 279 pp. maps, geneal. tabs.
  With notes on pl.ns.

2656 NICOLAISEN (W. F. H.): Place-names of the Dundee region.
In Dundee and district. Ed. by S. J. Jones. Dundee: the Local Executive Committee of the B.A.A.S., 1968. pp. 144-52.
  Pictish-Gaelic hybrids, etc.

2657 KILLIP (I. M.): Place-names of the parish of Rushen.
In JMM 7, (no. 84, 1968), pp. 92-6.

2658 Ó MÁILLE (T. S.): *Cam* in áitainmneacha.
In NMAJ 11, 1968, pp. 64-70.

2659 ——— : *Teileann*.
In Dinnseanchas 3, 1968/69, pp. 1-5.
  Donegal pl.n. *Teelin*; also other names containing M.I. *tellend* 'dish'.

2660 PRICE (Liam): *Belach Feile*.
In id., pp. 6-11.
  1955 letter to P. Grosjean; publ. posthum. from the papers of L.P.

2661 [AN TSUIRBHÉIREACHT ORDANÁIS]: As cartlann na logainmneacha.
In id., pp. 17-22, 52-7, 80-3, 114-6.
  Hayes [also *Carnuff*] (Co. Meath), *Bellanamullia* (Co. Roscommon); *Fahan* (Co. Donegal), *Moone* (Co. Kildare); *Baldoyle* (Co. Dublin), *Castleshane* (Co. Monaghan); *Pilltown* (Co. Kilkenny), *Ballycommon* (Co. Tipperary).

2662 NICHOLLS (K. W.): Some place-names from The Red book of the earls of Kildare.
In id., pp. 25-37, 61-2.
  as ed. by G. Mac Niocaill, 1964.

2663 Ó CÍOBHÁIN (Breandán): Logainmneacha ó bharúntacht Mhaigh Fhearta, Co. an Chláir.
In id., pp. 38-49, 99-108; 4, 1970/71, pp. 8-16, 38-45, 113-25. charts
  Barony of Moyarta, Co. Clare. With phoentic transcriptions and notes.

2664 DE HÓIR (Éamonn): Nótaí faoi bhéim na Gaeilge i logainmneacha chontae Chill Mhantáin.
In Dinnseanchas 3, 1968/69, pp. 63-72.
  Word stress in the Irish of Wicklow from the evidence of pl.ns. in L. PRICE, The place-names of Co. Wicklow, 1945-67.

2665 MAC AN BHÁIRD (Mícheál): *Mornington* or *Marinerstown*.
In id., pp. 73-5.

2666 [AN TSUIRBHÉIREACHT ORDANÁIS]: *Baldoyle*.
In id., pp. 80-2. charts (As cartlann na logainmneacha)
  With other north Leinster names in which *baile* is represented by *Bal-* rather than *Bally-* ; cf. Donn S. PIATT, *in* id., p. 117.

2667 NICHOLLS (K. W.): Some place-names from *Pontificia Hibernica*.
In id., pp. 85-98.
<small>as ed. by M. P. Sheehy, 1962, 65.</small>

2668 [AN TSUIRBHÉIREACHT ORDANÁIS]: *Pilltown*.
In id., pp. 114-5. (As cartlann na logainmneacha)
<small>Contains an example of borrowed *poll* 'creek'.</small>

2669 PIATT (Donn S.): *Mullaghcleevaun*, Co. Chill Mhantáin.
In id., p. 117.
<small>but cf. Muiris Ó DROIGHNEÁIN, *in* Dinnseanchas 4, 1970/71, p. 26.</small>

2670 NICOLAISEN (W. F. H.): The distribution of certain Gaelic mountain-names.
In TGSI 45, 1967/68 (1969), pp. 113-28.

2671 FLANAGAN (Deirdre): Ecclesiastical nomenclature in Irish texts and place-names: a comparison.
In 479 [10. IKNF], Bd. 1, pp. 379-88.

2672 NICOLAISEN (W. F. H.): Gaelic *tulach* and *barr*.
In ScSt 13, 1969, pp. 159-66. (Scottish place-names, no. 32)

2673 O'KELLY (Owen): A history of County Kilkenny.
Kilkenny: Archaeological Society, [forew. 1969]. 193 pp. map.

2674 Ó CORRÁIN (Donncha): *Raigne, Roigne, Mag Raigni*.
In Éigse 13, 1969/70, pp. 81-4.

2675 HUGHES (T. Jones): *Town* and *baile* in Irish place-names.
In Irish geographical studies in honour of E. Estyn Evans. Ed. by N. Stephens & R. E. Glasscock. Belfast: Q.U.B., 1970. (chap. 15), pp. 244-58.

2676 O'KANE (James) [Ó CATHÁIN (Séamas)]: Placenames of Inniskeel and Kilteevoge. A placename study of two parishes in central Donegal.
In ZCP 31, 1970, pp. 59-145.
<small>Phonetic transcr., glossary.</small>

2677 NICOLAISEN (W. F. H.): Gaelic place-names in southern Scotland.
In StC 5, 1970, pp. 15-35.

2678 GELLING (Margaret): The place-names of the Isle of Man.
In JMM 7, (no. 86, 1970), pp. 130-9; (no. 87, 1971), pp. 168-75.

2679 FRASER (Ian): Place-names from oral tradition — an informant's repertoire.
In ScSt 14, 1970, pp. 192-7.

2680 FABRE (Paul): A propos de *Boyne* . . .
In RLR 79, 1970, pp. 79-88.

2681 DE HÓIR (Éamonn): Roinnt nótaí ar *sliabh, binn, cruach* in ainmneacha cnoc.
In Dinnseanchas 4, 1970/71, pp. 1-6.

2682 OTWAY-RUTHVEN (J.): Two obsolete place-names in Co. Meath.
In id., p. 7.
<small>*Ath ferna* and *Mag Muireda*, of Onom. Goed.</small>

2683 [AN TSUIRBHÉIREACHT ORDANÁIS]: As cartlann na logainmneacha.
In id., pp. 23-6, 46-50, 80-5, 126-31.

Ballymahon (Co. Longford), *Killevy* (Co. Armagh); *Garryhill* (Co. Carlow), *Ballyhaise* (Co. Cavan); *Boho* (Co. Fermanagh), *Ballymoe* (Co. Galway); *Castledermot* (Co. Kildare).

2684 FLANAGAN (Deirdre): *Cráeb Telcha* : Crew, Co. Antrim.
In id., pp. 29-32.

2685 NICHOLLS (K. W.): Miscellanea: counties Carlow and Wicklow.
In id., pp. 33-7.
(1) The parish of *Ballyellin*, (2) *Gilbertstown*, (3) *Kilcommon*, (4) *Conery*.

2686 Ó CONCHEANAINN (Tomás): Leathbhaile fearainn i gCois Fharraige.
In id., pp. 53-9,
Names from the townland of Spiddle East (Co. Galway).

2687 MAC CÁRTHAIGH (Mícheál): Placenames of Inismurray.
In id., pp. 60-72.

2688 FLANAGAN (Deirdre): The names of *Downpatrick*.
In id., pp. 89-112.
Dún Lethglaise, Dún da Lethglas, etc.

2689 STEFFENSEN (Jón): A fragment of Viking history.
In Saga-book 18, 1970/73, (pts. 1/2, 1970/71), pp. 59-78.
On the origin of the names *Dubgaill* and *Finngaill*.

2690 Ó CONCHEANAINN (Tomás): Cermna in Meath.
In Ériu 22, 1971, pp. 87-96. (= Topographical notes 1)
1. *Cermna* and *Cerna*; 2. *Cera* in or near Cermna; 3. Cermna and the kingship.

2691 Ó CORRÁIN (Donnchadh): *Mag Femin, Femen*, and some early annals.
In id., pp. 97-9. (= id. 2)

2692 THOMAS (Charles): *Rosnat, Rostat*, and the early Irish Church.
In id., pp. 100-6. (= id. 3)
Tintagel (Cornwall).

D 8.3 Cartography

2693 Ó DOMHNAILL (Seán): The maps of the Down Survey.
In IHS 3, 1942/43 (1943), pp. 381-92.

2694 LYNAM (Edward): British maps and map-makers.
London: W. Collins, 1944. 48 pp. illus. (Britain in pictures)

2695 ———— : English maps and map-makers of the sixteenth century.
In Geographical journal 116, 1950, pp. 7-28.

2696 Ó CEALLAIGH (Séamus): Old lights on place-names: new lights on maps.
In JRSAI 80, 1950, pp. 172-86.

2697 ———— : A preliminary note on some of the nomenclature on the map of S.E. Ulster bound up with the maps of the escheated counties, 1610. (Stationery Office, Southampton, 1860).
In JRSAI 81, 1951, pp. 37-43.

2698 IRELAND IN MAPS.
An introduction by John ANDREWS. With a catalogue of an exhibition mounted in the library of Trinity College Dublin,

1961, by the Geographical Society of Ireland in conjunction with the Ordnance Survey of Ireland.
Dublin: Dolmen, 1961. 36 pp. pls.

2699 ANDREWS (J. H.): 'Ireland in maps': a bibliographical postscript.
In IGeo 4, 1959/63, (no. 4, 1962), pp. 234-43.
A review of Irish cartobibliographical literature dealing with the period before 1824.

2700 EARLY MAPS OF THE BRITISH ISLES, A.D. 1000 – A.D. 1579.
With introd. & notes by G. R. CRONE.
London: Royal Geographical Society, 1961. 32 pp. + 20 pls. (separ. folder) (= R.G.S. reproductions of early maps, 7)

2701 HAYES-MCCOY (G. A.) *ed.*: Ulster and other Irish maps — c. 1600.
Dublin: (for I.M.C.) S.O., 1964. xv + 36 pp. pls.

2702 Ó MURCHADHA (Diarmuid): Léarscáil Mhúscraí, Co. Chorcaí, A.D. 1821.
In Dinnseanchas 1, 1964/65, pp. 44-5.
A Gaelic map of Muskerry, 1821.

2703 ANDREWS (J. H.): The Irish surveys of Robert LYTHE.
In Imago mundi 19, 1965, pp. 22-31.

2704 HAYES-MCCOY (G. A.): Contemporary maps as an aid to Irish history, 1593-1603.
In id., 1965, pp. 32-7.

2705 MAPS AND PLANS IN THE PUBLIC RECORD OFFICE.
Vol. 1. British Isles, c. 1410-1860.
London: H.M.S.O., 1967. xv + 648 pp.
Review by

2706 ANDREWS (J. H.), *in* IHS 16, 1968/69 (1969), pp. 372-5.

Ptolemy

2707 O'RAHILLY (Thomas F.): On PTOLEMY's geography of Ireland.
In 482 [EIHM], (chap. 1), pp. 1-42, 453-66 [adds.].

2708 POKORNY (J.): Die Geographie Irlands bei PTOLEMAIOS.
In ZCP 24, 1954, (H. 1/2, 1953), pp. 94-120.

2709 TIERNEY (James J.): PTOLEMY's map of Scotland.
In Journal of Hellenic studies 79, 1959, pp. 132-48.

E   GRAMMAR

E 1   NATIVE

cf. C 1   Linguistics: Native
D 1   Lexicology, Onomastics: Native

2710   BERGIN (Osborn) *ed.*: Irish grammatical tracts.
In Ériu 8, 1916; 9, 1921/23; 10, 1926/28; 14, 1946; 17, 1955; Suppls., 293 pp.
> 1. Introductory; 2. Declension (pp. 37ff); 3. Irregular verbs (pp. 167ff; Ériu 14) [based on MS T.C.D. H 2 17]; 4. Abstract nouns (pp. 251ff) [id.]; 5. Metrical faults (pp. 259ff; Ériu 17) [from MS N.L. G 3].

2711   VENDRYES (J.): L'écriture ogamique et ses origines.
In ÉtC 4, 1941/48, (fasc. 1, 1941), pp. 83-116.
Republ. in 438 [Choix d'études], pp. 247-76.

2712   [MURPHY (Gerard)]: The singular after numerals.
In Éigse 3, 1941/42 (1943), (pt. 3, 1942), pp. 220-2. (= Ceist, freagra ..., no. 45)
> Incl. text and transl. of IGT i 18.

2713   MAC AODHAGÁIN (Parthalán): Rudimenta grammaticae Hibernicae.
In 431 [Measgra Uí Chléirigh], pp. 238-42.
> Description and influence of Bonaventura UA HEOGHUSA's work (as in MSS Marsh's Library Z 3.5.3 and Z 3.4.19).

2714   MCKENNA (Lambert) *ed.*: Bardic syntactical tracts.
Dublin: D.I.A.S., 1944. xix + 304 pp.
> 5 texts, on bardic grammar and metrics, from MSS (1) R.I.A. 24 P 8, (2) E iv 1, (3) C ii 3, (4) C i 3, (5) D i 1. With commentary, and glossaries of technical terms and words.
> Apps.: 1. *Sealbhadh*; 2. *Sunnradh*; 3. *Innsgne, neimhinnsgne*; 4. *Slégar*; 5. Relative sentences; 6. The terms *pearsa* and *oibriughadh*; 7. *Pearsa lóir* and abstract nouns; 8. *Réim*.

Review by
2715   Ó C[ATHÁIN] (S.), *in* Studies 33, 1944, pp. 413-5.

2716   MCKENNA (L.) *ed.*: A poem by Gofraidh Fionn Ó DÁLAIGH.
In 437 [Fs. Torna], pp. 66-76.
> *Madh fiafraidheach budh feasach*; on points of Irish grammar. Based on MS R.I.A. 23 D 14; with Engl. transl. and notes.

2717   M[URPHY] (G.): *páircín bheag, luichín bhán*.
In Éigse 6, 1948/52, (pt. 3, 1951), p. 270. (= Ceist, freagra ..., no. 66)
> Gender of diminutives in *-ín* (in bardic grammar).

2718   O'DONNELL (Terence): A Gaelic grammarian.
In FCA 1952, pp. 159-62, 141.
> On Denis TAAFFE, the author of An introduction to the Irish language, c. 1805, MS B.M. Eg. 116.

2719   GREENE (David) *ed.*: A Middle Irish poem on Latin nouns.
In Celtica 2, 1954, pp. 278-96.
> Poem of perhaps 11th c., material drawn from PRISCIAN, books v-vii. First line: *Cūig coitchind tiaghaid in es*.
> From MS N.L. G 2; with Engl. transl. and notes.

2720 EGAN (Bartholomew): Notule sur les sources de la *Grammatica Latino-Hibernica* du Père O'MOLLOY.
In ÉtC 7, 1955/56, pp. 428-36.

2721 Ó CUÍV (Brian): Grammatical analysis and the declension of the noun in Irish.
In Celtica 3, 1956, pp. 86-127.
> Discussion of methods of analysis from IGT ii to J. O'DONOVAN.
> App.: ed. of chaps. 8-15 of Gilla Bríde Ó HEÓSA's *Rudimenta grammaticae Hibernicae*, based on MS Marsh's Library Z 3.5.3, with notes.

2722 DRAAK (Maartje): Construe marks in Hiberno-Latin manuscripts.
In MKNA 20, 1957, (no. 10), pp. 261-82. pls.
Sep. issued Amsterdam: Noord-Holl. Uitgevers, 1957. 22 pp.

2723 MHÁG CRAITH (Cuthbert): The preterite passive plural in bardic poetry.
In Éigse 10, 1961/63, (pt. 2, 1962), pp. 144-8.
> 1. In the Bardic syntactical tracts; 2. In earlier bardic poetry; 3. In later bardic poetry.

2724 Ó CUÍV (Brian): Linguistic terminology in the mediaeval Irish bardic tracts.
In TPS 1965 (1966), pp. 141-64.

2725 ——— *ed.*: A fragment of bardic linguistic tradition.
In Éigse 11, 1964/66, (pt. 4), pp. 287-8. (Miscellanea, no. 1)
> A list of verbal nouns from MS N.L. G 3; discussion of their ogamic sequence.

2726 DRAAK (Maartje): The higher teaching of Latin grammar in Ireland during the ninth century.
In MKNA 30, 1967, (no. 4), pp. 107-44. pl.(fld.)
Sep. issued Amsterdam: Noord-Holl. Uitg., 1967. 38 pp.
> Ed. of Codex Sangallensis 904, p. 138, col. a, incl. construe marks and glosses; with commentary.

2727 DOLLEY (Michael) & MAC NIOCAILL (Gearóid): *Trí hórmharg.*
In Éigse 12, 1967/68, pp. 173-6.
> IGT i 18; numismatic discussion.

2728 MAC AOGÁIN (Parthalán) *ed.*: Graiméir Ghaeilge na mBráthar Mionúr.
B.Á.C.: I.Á.B., 1968. xxv + 158 pp. (= SGBM, iml. 7)
> Franciscan Irish grammars (and prosodies): (1) Bonaventúra Ó HEODHASA, *Rudimenta grammaticae Hibernicae*; parts 1-3 based on MS Marsh's Library Z 3.5.3, pt. 4 ('De arte poetica', in Irish) on MS Z 3.4.19. (2) [Graiméar Uí Maolchonaire], from MS T.C.D. D 4 35 (wr. by Tuileagna Ó Maolchonaire, 1659).
> Lists of Irish and of Latin technical terms treated in the texts.

Review [in Irish] by

2729 Ó CONCHEANAINN (Tomás), *in* Éigse 12, 1967/68, pp. 339-44.

2730 ADAMS (G. B.): Grammatical analysis and terminology in the Irish bardic schools.
In FL 4, 1970, pp. 157-66.
> With a list of terms.

E 2   **GENERAL, COMPARATIVE**

2731   LEWY (Ernst): Der Bau der europäischen Sprachen.
In PRIA 48 C, 1942/43, (no. 2), pp. 15-117.
Reprinted Tübingen: Niemeyer, 1964. 108 pp.
     2. Versuch einer geografisch-typologischen Gruppierung (Irisch, §§ 87-128). 3. Versuch einer historisch-typologischen Gruppierung (§§ 310-3).

2732   THURNEYSEN (Rudolf): A grammar of Old Irish. — Rev. & enl. ed.
Transl. from the German by D. A. BINCHY & Osborn BERGIN.
Dublin: D.I.A.S., 1946 (repr. 1969). xxi + 688 pp.
     With Translators' preface, and Translators' notes.

Reviews by

2733   JACKSON (Kenneth), *in* Speculum 23, 1948, pp. 335-9.
2734   O DALY (Máirín), *in* Éigse 6, 1948/52, (pt. 1), pp. 74-7.
2735   PISANI (Vittore): Crestomazia indeuropea. Testi scelti con introduzioni grammaticali, dizionario comparativo e glossari.
Seconda edizione accresciuta.
Torino: Rosenberg & Sellier, 1947. xxvii + 198 pp.
     pp. 74-83: Antico irlandese.

Review by

2736   POKORNY (J.), *in* Erasmus 3, 1950, coll. 142-3.
2737   THURNEYSEN (Rudolf): Old Irish reader.
With a supplement to A grammar of Old Irish.
Transl. from the German by D. A. BINCHY & Osborn BERGIN.
Dublin: D.I.A.S., 1949 (repr. 1968). x + 139 pp.
     Transl. of the author's revision of Handbuch des Altirischen, 2. Teil, 1909. With translators' preface, and translators' notes.
     Suppl.: Engl. transl. of the author's preface to the Grammar of Old Irish, addenda and corrigenda, additional notes by the translators.

Review by

2738   O DALY (Máirín), *in* Éigse 6, 1948/52, (pt. 2, 1950), pp. 185-6.
2739   STRACHAN (John): Old-Irish paradigms, and selections from the Old-Irish glosses.
Fourth edition, revised by Osborn BERGIN.
Dublin: (for the R.I.A.) Hodges Figgis, 1949. xii + 217 pp.
     With notes and vocabulary.

2740   HULL (Vernam) *ed.*: Longes mac nUislenn. The Exile of the sons of Uisliu.
N.Y.: M.L.A.A.; London: O.U.P., 1949. ix + 187 pp. (= Monograph series, 16)
     Reconstituted text, based mainly on LL. Ling. analysis; Engl. transl., notes, vocabulary. Intended as an introd. to M.I.

2741   JACKSON (Kenneth): 'Common Gaelic': the evolution of the Goidelic languages.
In PBA 37, 1951 (1952), pp. 71-79. (= Rhŷs lecture, 1951)
Sep. issued London: O.U.P., [n.d.] [same pagin.].
     Note (pp. 93-7): DIACK's Pictish hypothesis.

2742   POKORNY (Julius): Antiguo irlandés. (Lecturas históricas, con paradigmas, notas y glosario completo.)
Traducido al español por A. TOVAR y V. BEJARANO.

Madrid: Consejo Superior de Investigaciones Cientificas, 1952. 105 pp. (= Manual de lingüística indoeuropea, cuad. 8)
Corrigenda in ZCP 27, 1958/59, p. 322.
Transl. of J.P., A historical reader of Old Irish, 1923 [Best[2] 504-5].

2743 LEWIS (H.) & PEDERSEN (H.): Kratkaja sranitel'naja grammatika kel'tskich jazykov.
[Transl. from the English by] A. A. SMIRNOV. [With foreword & notes by] V. N. JARCEVA.
Moskva: Izd. Inostr. Literatury, 1954. 534 pp.
Russian transl. of Best[2] 499.
Review by

2744 PILCH (Herbert), *in* ZCP 25, 1956, pp. 309-10.

2745 MANIET (Albert): Les langues celtiques.
In Orbis 6, 1957, pp. 398-409; 7, 1958, pp. 141-58; 8, 1959, pp. 149-57.

2746 GRAIMÉAR GAEILGE NA MBRÁITHRE CRÍOSTAÍ.
B.Á.C.: (for Na Bráithre Críostaí) Mac an Ghoill, 1960. viii + 432 pp.
Review [in Irish] *by*

2747 MAC EOIN (Gearóid S.), *in* StH 1, 1961, pp. 221-3.

2748 LEWIS (Henry) & PEDERSEN (Holger): Supplement to A concise comparative Celtic grammar.
Göttingen: Vandenhoeck & Ruprecht, 1961. 19 pp.

2749 WHATMOUGH (Joshua): The dialects of ancient Gaul. Grammar, part 1: Alpine regions, Narbonensis, Aquitania, Germania Inferior.
Ann Arbor (Mich.): Edwards Brothers, 1963. v + 151 pp. charts (fold.)
Review by

2750 DILLON (Myles), *in* Celtica 7, 1966, pp. 224-5.

2751 GUYONVARC'H (Christian-J.) *ed.*: Táin bó Fráech.
In Ogam 16, 1964, pp. 485-8; 17, 1965, pp. 205-8, 429-32; 18, 1966, pp. 173-6, 413-6, 525-8 [no more publ.]. (Dornlevr an iwerzhoneg krenn, no. 1)
With Breton transl. and extensive notes in Breton; intended as an introd. to M.I.

2752 WATKINS (Calvert): Italo-Celtic revisited.
In Ancient Indo-European dialects. Proceedings of the Conference on Indo-European linguistics ..., Los Angeles, April 25-27, 1963. Ed. by H. Birnbaum & J. Puhvel. Berkeley, Los Angeles: U.Ca.P., 1966. pp. 29-50.

2753 GREENE (David): The Irish language.
Dublin: (for C.R.C.I.) Three Candles, 1966. 61 pp. (= Irish life and culture, vol. 14)
Add. t.-p.: An Ghaeilge, le Dáithí Ó hUaithne. ...

2754 LEWY (Ernst): Versuch einer kurzen Beschreibung des Altirischen.

Posthum hrsg. von Heinrich WAGNER.
In 455 [Fs. Pokorny], pp. 217-22.
Reviews by

2755 O[FTEDAL] (M.), *in* Lochlann 4, 1969, pp. 365-6.

2756 DILLON (Myles), *in* Celtica 9, 1971, p. 333.

2757 INDOGERMANISCHE GRAMMATIK.
Hg. v. Jerzy Kurylowicz. Heidelberg: Winter, 1968- .
Bd. 2: Akzent. Ablaut. Von J. KURYLOWICZ. 1968. 371 pp.
Bd. 3: Formenlehre. Von Calvert WATKINS.
1. Teil: Geschichte der indogermanischen Verbalflexion. 1969. 248 pp.

2758 LOCKWOOD (W. B.): Indo-European philology. Historical and comparative.
London: Hutchinson, 1969 (repr. 1971). 193 pp.

2759 MEID (Wolfgang) *ed.:* Die Romanze von Froech und Findabair. Táin bó Froích. Altirischer text, mit Einleitung, deutscher Übersetzung, ausführlichem philologisch-linguistischen Kommentar und Glossar.
Innsbruck: IGPK, 1970. 243 pp. (= IBK, Sonderheft 30)
Editio minor [MS trad., text, variants, glossary]: [same pagin.] (= Sonderheft 30a)
Reconstructed text (from 4 + 1 MSS).

E 2.1 Grammars of texts and dialects, Linguistic dating
cf. E 4.8.2   Verbal systems

E 2.1.1 Early Irish

2760 O DALY (Máirín): The verbal system of the LL *Táin*.
In Ériu 14, 1946, (pt. 1, 1943), pp. 31-139.

2761 BINCHY (D. A.): The linguistic and historical value of the Irish law tracts.
In PBA 29, 1943, pp. 195-227. (= Rhŷs lecture, 1943)
Sep. issued London: O.U.P., [n.d.]. 35 pp.

2762 HULL (Vernam) *tr.:* Conall Corc and the Corco Luigde.
In PMLA 62, 1947, pp. 887-909.
Engl. transl. [v. Best[2] 1227b] and notes; dated to late 7th or early 8th c. (ling. dating criteria).

2763 ——— *ed.:* Longes mac nUislenn. The Exile of the sons of Uisliu.
N.Y.: M.L.A.A.; London: O.U.P., 1949 (N.Y.: Kraus Reprint, 1971). ix + 187 pp. (= Monograph series, 16)
Reconstituted text, based mainly on LL. Ling. analysis; Engl. transl., notes, vocabulary. Intended as an introd. to M.I.

2764 MURPHY (Gerard): [*rev.* S. MAC AIRT, The annals of Inisfallen, 1951].
In Éigse 6, 1948/52, (pt. 4), pp. 350-60.

2765 JACKSON (Kenneth): Some remarks on the Gaelic *notitiae* in the Book of Deer.

In Ériu 16, 1952, pp. 86-98.
: Spelling, language, date.

2766 HULL (Vernam): The Middle Irish preterit passive plural in the Annals of Ulster.
In Lg 28, 1952, pp. 107-8.

2767 ——— : The preterite passive plural in the Annals of Inisfallen.
In ZCP 24, 1954, (H. 1/2, 1953), pp. 126-7.

2768 ——— : The infixed and the independent objective pronoun in the Annals of Inisfallen.
In id., pp. 136-8.

2769 LEHMANN (Ruth Preston): A study of the *Buile Shuibhne*.
In ÉtC 6, 1953/54, pp. 289-311; 7, 1955/56, pp. 115-38.

2770 MURPHY (Gerard): Duanaire Finn. The Book of the lays of Fionn. Part 3.
Dublin: E.C.I., 1953 [spine 1954]. cxxii + 451 pp. (= ITS, vol. 43 [for 1941])
: Introduction, notes, appendices, and glossary (cf. Best¹ 188, Best² 1664). — Indexes by G.M. & Anna O'SULLIVAN.
Add. & corr. *in* Éigse 8, 1956/57, pp. 168-71.

2771 MANIET (Albert): Le système verbal et quelques faits connexes du *Cath Belaig Dúin Bolc*.
In Ogam 7, 1955, pp. 123-8.
: Takes into account variants from MS R.I.A. D iv 2 (not used for the edition).

2772 FALCONER (Sheila): The verbal system of the LU *Táin*.
Compiled with a view to dating the interpolated passages in this version.
In Ériu 17, 1955, pp. 112-46 [no more publ.].
: Subst. vb. and copula.

2773 HULL (Vernam): The date of *Aipgitir crábaid*.
In ZCP 25, 1956, (H. 1/2, 1955), pp. 88-90.
: Two ling. archaisms which make the authorship of COLMÁN MAC(CU) BÉOGNAE (†611) credible.

2774 ——— : The preterite passive plural in *Caithréim Thoirdhealbhaigh*.
In Éigse 8, 1956/57, (pt. 1, 1955), pp. 30-1.

2775 DILLON (Myles): On the date and authorship of the Book of rights.
In Celtica 4, 1958, pp. 239-49.

2776 BINCHY (D. A.): Linguistic and legal archaisms in the Celtic lawbooks.
In TPS 1959, pp. 14-24.

2777 O'RAHILLY (Cecile) *ed.*: The Stowe version of *Táin bó Cuailnge*.
Dublin: D.I.A.S., 1961. lxi + 283 pp.
: Based on MS R.I.A. C vi 3. With notes and vocabulary; comparative analysis and variants; ling. analysis.

2778 CARNEY (James) *ed.*: The poems of BLATHMAC son of Cú Brettan, together with The Irish gospel of Thomas, and A poem on the Virgin Mary.

Dublin: E.C.I., 1964. xxxix + 170 pp. (= I.T.S., vol. 47)
> From MS N.L. G 50; diplom. & reconstr. texts, Engl. transl., notes; linguistic analysis.

2779 Ó Concheanainn (Tomás): Dáta leagain LB de *Bheatha Cheallaigh*.
In Éigse 11, 1964/66, (pt. 3, 1965/66), pp. 189-95.
> Linguistic evidence for a mid or early 2nd h. 12th c. date of the LB version of *Beatha Cheallaigh*.

2780 Binchy (D. A.): The date of the so-called 'Hymn of Patrick'.
In Ériu 20, 1966, pp. 234-7. (= Varia 3, no. 4)
> 1st h. 8th c.

2781 Byrne (Francis John): Seventh-century documents.
In IER 108, 1967, pp. 164-82.
> Critical survey of Irish and Latin, datable and contemporary, texts. Paper read at the I.C.H.C.'s Easter Conference on Irish Church history, 1964.

2782 Peters (Eric) *ed.*: Die irische Alexandersage.
In ZCP 30, 1967, pp. 71-264.
> Diplom. text from BB, variants from LB; Engl. transl., notes; linguistic dating criteria.

2783 Hull (Vernam) *ed.*: *Noínden Ulad* : The Debility of the Ulidians.
In Celtica 8, 1968, pp. 1-42.
> 1st h. 9th c. (on the basis of linguistic analysis); critical variorum edition, Engl. transl., notes.

2784 Greene (David): Linguistic considerations in the dating of early Welsh verse.
In StC 6, 1971, pp. 1-11.

E 2.1.2 **Modern Irish**

2785 Holmer (Nils M.): On some relics of the Irish dialect spoken in the Glens of Antrim (with an attempt toward the reconstruction of northeastern Irish).
Uppsala: Lundequistska Bokh.; Leipzig: Harrassowitz, 1940. 133 pp. (= Uppsala Universitets arsskrift 1940, 7)

2786 ———— : The Irish language in Rathlin Island, Co. Antrim.
Dublin: R.I.A., 1942. vi + 247 pp. (= Todd lecture series, vol. 18)
> Phonology, accidence and texts; glossary.

2787 Ó Cuív (Brian) *ed.*: Cath Muighe Tuireadh. The Second battle of Magh Tuireadh.
Dublin: D.I.A.S., 1945. 80 pp.
> From MS R.I.A. 24 P 9; with Engl. summary, notes and glossary. Ling. analysis (some Connacht dialectal features).

2788 Ó Maonaigh (Cainneach): Smaointe beatha Chriost. Puintí gramadaighe is litrithe.
In Éigse 5, 1945/47 (1948), (pt. 3, 1946), pp. 208-20.

2789 Knott (Eleanor) *ed.*: An Irish seventeenth-century translation of the Rule of St. Clare.
In Ériu 15, 1948, pp. 1-187; Suppl., 1950, 110 pp.

Transl. by Aodh Ó Raghailligh & Séamus Ó Siaghail, and An Dubhaltach Mhac Fir Bhisigh. From MS R.I.A. D i 2.
With the Engl. original (pr. 1621), Grammatical commentary, and Glossarial index [Suppl.].

2790 Ó Cuív (Brian) *ed.*: Flaithrí Ó Maolchonaire's Catechism of Christian doctrine.
In Celtica 1, 1950, pp. 161-206 [cf. p. 405].
From MS R.I.A. 23 L 19. Transl. from Spanish by F. Ó M. in 1593. With ling. analysis and glossary.

2791 Carney (James) *ed.*: A tract on the O'Rourkes.
In id., pp. 238-79 [cf. pp. 405-6].
1714; from MS R.I.A. C iv 1. Engl. transl., notes, some ling. analysis.

2792 Ó Cróinín (Áine *Ní Chróinín*) *ed.*: Beatha Chríost.
B.Á.C.: O.S., 1952. xxx + 195 pp. (= LóL, iml. 17)
Poem, c. 1700 A.D., on the life and death of Christ, ... Prob. by a Co. Clare poet. Based on MS Mayn. M 110. Introd. by Á. Ní Ch. & G. Ó M[urchadha]; some dialectal analysis.

2793 Ó Cuív (Brian) *ed.*: Párliament na mban.
Dublin: D.I.A.S., 1952 (repr. 1970). xliv + 270 pp.
1697, by Domhnall Ó Colmáin. Based on MS N.L. G 429. Also a revised (1703) version, from MS R.I.A. 24 A 15. With textual and linguistic notes (Cork Irish), and vocabulary.

2794 Ó Súilleabháin (Pádraig) *ed.*:
An tAithríoch ríoga. [By] Don Antonio, Prióir Chrato, a chum.
Cill Iníon Léinín [Killiney, Co. Dublin]: Fáisceán na gCeithre Máistrí, 1952. ix + 67 pp.
Ir. transl. (also called *Psailm Dhon Antonio*), imperfect, ... From MS R.I.A. 23 A 33 (prob. 1706, William Linch); analysis of the lg. (incl. dialectal features), vocabulary.

2795 Ó Maonaigh (Cainneach) *ed.*:
Scáthán shacramuinte na haithridhe. [By] Aodh Mac Aingil a chum.
B.Á.C.: I.Á.B., 1952. xlvii + 257 pp. pls. (= SGBM, iml. 1)
From the printed text (Louvain 1618); based on the copy in the Franciscan House of Studies, Killiney. Linguistic analysis, dialectal features (Co. Down); typographical analysis; vocabulary.

2796 Ó Cuív (Brian) *ed.*: An Irish tract on the stations of the cross.
In Celtica 2, 1954, (pt. 1, 1952), pp. 1-29.
From MS R.I.A. 23 O 35 (1772); with notes and ling. analysis (Athlone).

2797 Falconer (Sheila) *ed.*: Lorgaireacht an tSoidhigh Naomhtha. An Early Modern Irish translation of the Quest of the Holy Grail.
Dublin: D.I.A.S., 1953. xcix + 394 pp.
15th c. transl. of an Engl. transl. of the Vulgate version of the O.Fr. romance. From MSS Rawl. B 512, R.I.A. D iv 2, Franc. A 10; with Engl. transl., grammatical analysis, notes and glossary.

2798 Ó Súilleabháin (Pádraig) *ed.*: Rialachas San Froinsias.
B.Á.C.: I.Á.B., 1953. xxx + 134 pp. pls. (= SGBM, iml. 2)
Three 17th c. Franciscan documents. Linguistic analysis (incl. some dialectal features), notes, vocabulary.

2799 Ó Fachtna (Anselm) *ed.*:
Parrthas an anma. [By] Antoin Gearnon a chum.

B.Á.C.: I.Á.B., 1953. xxxviii + 251 pp. pls. (= SGBM, iml. 3)
>From the 1645 Louvain ed. (Best[1] 247); analysis of the lg., notes, vocabulary.

2800 O'RAHILLY (Cecile) *ed.*: Trompa na bhflaitheas.
Dublin: D.I.A.S., 1955. xxxi + 428 pp.
1755 transl., by Tadhg Ó CONAILL, of *La Trompette du ciel* ([1]1661) by Antoine YVAN. Based on MS U.C.C. 131; stylistic (in introd.) and linguistic analyses (W. Cork dialectal features), notes, vocabulary.

2801 Ó CUÍV (Brian) *ed.*: The penitential psalms in Irish verse.
In Éigse 8, 1956/57, (pt. 1, 1955), pp. 43-69.
Prob. 17th c.; based on MS R.I.A. 23 I 40 (? c.1700, Midland origin); linguistic analysis (dialectal spelling features).

2802 Ó SÚILLEABHÁIN (Pádraig) *ed.*: Beatha San Froinsias.
B.Á.C.: I.Á.B., 1957. xlvi + 142 pp. (= SGBM, iml. 4)
A 17th c. Life of St. Francis, from MS R.I.A. 23 O 41. Extensive analysis of the lg. (incl. collection of features of Ulster Irish); notes, vocabulary.

2803 ——— *ed.*:
Beatha Naoimh Antoine ó Phadua. [Tr. by] Tadhg Ó NEACHTAIN a d'aistrigh.
Cill Iníon Léinín [Killiney, Co. Dublin]: Fáisceán na gCeithre Máistrí, 1957. vi + 42 pp.
From autogr. MS B.M. Eg. 198 (1718); some remarks on the lg., vocabulary.

2804 FALCONER (Sheila) *ed.*: An Irish translation of the Gregory legend.
In Celtica 4, 1958, pp. 52-95.
Geineamhain Ghrigōir, from MS Rawl. B 477; Engl. transl., notes. Linguistic analysis (some northern Irish features).

2805 Ó MÓRDHA (Séamus P.) *ed.*: Tuireamh ó Chondae an Chabháin.
In id., pp. 273-8; 9, 1971, pp. 215-6 [add.].
On the death of the Revd. P. O'Reilly in 1825. 1st line: *Tá an tírsi go dubhach is ní hiongnadh dhi é*, by Pádraig MAC COMHGHAILL. From a MS in the possession of Brian Ó Mórdha, An Mhuinchille (Co. Cavan).
With an analysis of the language of the Co. Cavan scribe (Séamus Mac Comhghaill).

2806 Ó CUÍV (Brian) *ed.*: A contemporary account in Irish of a nineteenth-century tithe affray.
In PRIA 61 C, 1960/61, (no. 1), pp. 1-21.
By Dáibhí DO BARRA *al.* David BARRY (c.1758-1851). From autograph MS N.L. G 653. Chap. on the language of the text (east Cork dialectal features).

2807 Ó SÚILLEABHÁIN (Pádraig) *ed.*:
Lucerna fidelium. [By] Froinsias Ó MAOLMHUAIDH a chum.
B.Á.C.: I.Á.B., 1962. xxii + 197 pp. (= SGBM, iml. 5)
From the 1676 Rome printing [v. Best[1] 246]. Notes, vocabulary; linguistic analysis (Co. Offaly dialectal features).

2808 MHÁG CRAITH (Cuthbert): The preterite passive plural in bardic poetry.
In Éigse 10, 1961/63, (pt. 2, 1962), pp. 144-8.
1. In the Bardic syntactical tracts; 2. In earlier bardic poetry; 3. In later bardic poetry.

2809 Ó BUACHALLA (Breandán) *ed.*: Imthiacht Dheirdre la Naoise agus oidhe chloinne Uisneach.
In ZCP 29, 1962/64, (H. 1/2, 1962), pp. 114-54.

A modern, linguistically mixed, version. From MS Belfast 37 (wr. 1805-9 by Samuel Bryson); collection of dialectal east Ulster features.

2810 Ó Maolchathaigh (Séamas): An Gleann agus a raibh ann.
B.Á.C.: An Clóchomhar, 1963. xi + 230 pp.
Réamhrá [preface] and (pp. 225-30) Nótaí ar an gcanúint [i.e. Déise Irish], by [anon.].

2811 Stockman (Gerard) & Wagner (Heinrich): Contributions to a study of Tyrone Irish (LASI point 66). Some aspects of the vocabulary, grammar and phonology of Tyrone Irish, with texts.
In Lochlann 3, 1965, pp. 43-236. (= LASI, vol. 4, App.)
Based on material collected by H.W. in 1950.

2812 Quin (Cosslett) ed.: A specimen of Kilkenny Irish.
In Éigse 11, 1964/66, (pt. 2, 1965), pp. 107-11.
Three specimens of transls. by Lucas Smyth, made between 1707 and 1721, at Damnagh (Co. Kilkenny).
From MS B.M. Eg. 167; descr. of the language.

2813 Mac Gill-Fhinnein (Gordon): Gàidhlig Uidhist a Deas (téacsleabhar).
B.Á.C.: I.Á.B., 1966. xiii + 139 pp.
Comparison of South Uist Gaelic with Irish; with notes and Gaelic-Irish vocabulary.

2814 Ó Fachtna (Anselm) ed.: An Bheatha dhiadha nó an tslighe ríoghdha.
B.Á.C.: I.A.B., 1967. xxx + 262 pp. (= SGBM, iml. 9)
Based on MSS (lines 1-4136) Waterford 18, and (4136-8101) U.C.D. Ferriter 14. Linguistic analysis (mainly of W. 18, incl. Ulster dialectal features), notes, vocabulary.

2815 Mac Con Midhe (Pádraig): Gaeilge Ard Mhacha.
In An tUltach 44, uimh. 7, Iúil 1967, pp. 9-10. (= Canúintí an Tuaiscirt, 6)

2816 Hamilton (John N.): Phonetic texts of the Irish of north Mayo.
In ZCP 30, 1967, pp. 265-353; 31, 1970, pp. 147-223.
With translit., Engl. transl., notes and grammatical analysis.

2817 Ó Fiannachta (Pádraig) ed.: Do lochtuiv na tangan.
In Éigse 12, 1967/68, pp. 1-28.
Sermon, wr. in 1st dec. 19th c., in semi-phonetic spelling, poss. by Diarmaid Ó Maoldomhnaigh (†1850) — as 3 other ones, ed. by D. Ó Floinn, in IMN 1946, 1947, and Fs. Torna. From MS Mayn. H 4; ling. analysis (dialectal features related to the Irish of West Muskerry).

2818 Ó Cuív (Brian) ed.: Eachtra Aodha Duibh.
In id., pp. 39-60.
al. Eachtra an Ghliomaigh Chabodhair. Based on MS R.I.A. 24 C 49; ling. analysis (dialectal features, ? Co. Limerick), Engl. summary.

2819 McCaughey (Terence P.): Muiris Ó Gormáin's English-Irish phrasebook.
In id., pp. 203-27.
Comp. a.1770; extant in MSS autogr. N.L. G 141 and B.M. Eg. 663, and R.I.A. 23 D 11. Linguistic analysis (S.E. Ulster Irish).

2820 Mhac an Fhailigh (Éamonn): The Irish of Erris, Co. Mayo. A phonemic study.

Dublin: D.I.A.S., 1968. xvii + 259 pp.

With a grammatical supplement; Ir.-Engl. vocabulary.

2821 EVANS (Emrys): Some east Ulster features in Inishowen Irish.

In StC 4, 1969, pp. 80-98.

2822 Ó SÚILLEABHÁIN (Pádraig) *ed.*: Seanmóir ar an mbás.

In Éigse 13, 1969/70, pp. 11-25.

Tr. by Tomás Ó HÍCÍ (1775-1856) from W. GAHAN. Sermons and moral discourses ... (Dublin 1799). From autogr. MS R.I.A. 23 H 17. Ling. analysis (incl. dialectal features of south Co. Tipperary), glossary.

2823 ——— *ed.*: Seanmóir ar ghnáithchleachtadh an pheacaidh.

In id., pp. 279-90.

Tr. by Tomás Ó HÍCÍ ... [as prec. entry].

2824 Ó BUACHALLA (Breandán): Nótaí ar Ghaeilge Dhoire agus Thír Eoghain.

In id., pp. 249-78.

Notes on the Irish of Derry and Tyrone, based on R. KING's Sgéul fa bheatha agus pháis ..., 1849 (Bradshaw 3070): phonetics, grammar, vocabulary.

1825 Ó CRÓINÍN (Donncha A.) *ed.*: Scéalaíocht Amhlaoibh Í Luínse.

In Béaloideas 35/36, 1967/68 (1971), xxvi + 385 pp.

Recorded in 1943/44 by Seán Ó CRÓINÍN. Spelling somewhat adapted to the dialect (West Muskerry). Notes on the language; glossary of dialectal spellings and usages.

2826 Ó SÚILLEABHÁIN (Pádraig) *ed.*: Seanmóir Ar uimhir bheag na bhfíréan.

In Éigse 14, 1971/72, pp. 107-20.

Tr. by Tomás Ó HÍCÍ ... [as 2822].

Eastern Gaelic

2827 BORGSTRØM (Carl Hj.): The dialects of Skye and Ross-shire. (A linguistic survey of the Gaelic dialects of Scotland, vol. 2).

Oslo: Aschehoug, 1941. 168 pp. (= NTS, Suppl. bd. 2)

2828 CARMODY (Francis J.): Spoken Manx.

In ZCP 24, 1954, (H. 1/2, 1953), pp. 58-80.

2829 OFTEDAL (Magne): The Gaelic of Leurbost, Isle of Lewis. (A linguistic survey of the Gaelic dialects of Scotland, vol. 3).

Oslo: Aschehoug, 1956. 372 pp. (= NTS, Suppl.bd. 4)

cf. Lochlann 4.270-8.

2830 HOLMER (Nils M.): The Gaelic of Arran.

Dublin: D.I.A.S., 1957. viii + 211 pp.

2831 THOMSON (R. L.) *ed.*: The Manx traditionary ballad.

In ÉtC 9, 1960/61, pp. 521-48; 10, 1962/63, pp. 60-87.

Wr. prob. between 1490 and 1520. With Engl. transl. and notes.

2832 HOLMER (Nils M.): The Gaelic of Kintyre.

Dublin: D.I.A.S., 1962. 160 pp.

2833 THOMSON (R. L.) *ed.*: Adtimchiol an chreidimh. The Gaelic version of John CALVIN's *Catechismus Ecclesiae Genevensis*. A facsimile reprint, including the prefixed poems and the Shorter catechism of 1659, with notes and glossary, and an introduction.

Edinburgh: (for S.G.T.S.) Oliver & Boyd, 1962. xlviii + 256 pp. (= Scottish Gaelic texts, vol. 7)
>From the unique printed copy (c. 1630) in the N.L.S. Possibly by Neill MacEwen. With linguistic analyses, and (App. 1) critical texts of the prefixed poems.

2834 ———— : The language of the Shorter catechism (1659).
In SGS 12, 1976, (pt. 1, 1971), pp. 34-51.

E 3 ORTHOGRAPHY, PHONOLOGY
cf. B 1.2 Ogham

2835 Vendryes (J.): L'écriture ogamique et ses origines.
In ÉtC 4, 1941/48, (fasc. 1, 1941), pp. 83-116.
Republ. in 438 [Choix d'études], pp. 247-76.

2836 Mhac an Fhailigh (Éamonn): Caint Iorruis.
In Éigse 3, 1941/42 (1943), (pt. 1), pp. 25-31.
Sandhi in the Irish of Erris (Co. Mayo).

2837 O'Rahilly (Thomas F.): The two Patricks. A lecture on the history of Christianity in fifth-century Ireland.
Dublin: D.I.A.S., 1942. 83 pp.

2838 ———— : *Iarann, lárag*, etc.
In Ériu 13, 1942, pp. 119-27.

2839 ———— : Some instances of vowel-shortening in Modern Irish.
In id., pp. 128-34.

2840 ———— : A phonetic development in Munster Irish.
In id., pp. 135-9.
Origins of secondary diphthongal *-ia(i)-* , etc.

2841 Sturtevant (Edgar H.): The Indo-European reduced vowel of the *e*-series.
In Lg 19, 1943, pp. 293-312.

2842 O'Rahilly (T. F.): Ir. *aobh, aoibheall*, etc. W. *ufel, uwel*. Gaul. *Ēsus*.
In Ériu 14, 1946, (pt. 1, 1943), pp. 1-6.
The interchange of *oí-* and *é-* in several words and names; the development of Celtic *-sv-* .

2843 ———— : On the origin of the names *Érainn* and *Ériu*.
In id., pp. 7-28.

2844 Shaw (Francis): The linguistic argument for two Patricks.
In Studies 32, 1943, pp. 315-22.

2845 [Ó Cuív (Brian)]: Fuaimeana agus fuirmeacha na bhfocal.
In An Músgraigheach 2, Fómhar 1943, pp. 14-5.
Phonetic peculiarities of the Irish of West Muskerry.

2846 Ó Cuív (Brian): Fuaimena: *s*.
In An Músgraigheach 5, Samhradh 1944, pp. 11-3.
Realisations of *s* in the Irish of West Muskerry.

2847 ———— : Béim an ghotha.
In An Músgraigheach 6, Fómhar 1944, p. 23.
Word stress in the Irish of West Muskerry.

2848 ———— : The Irish of West Muskerry, Co. Cork. A phonetic study.

Dublin: D.I.A.S., 1944. xi + 161 pp.
<blockquote>With Ir.-Engl. vocabulary.</blockquote>

2849 DE BHALDRAITHE (Tomás): The Irish of Cois Fhairrge, Co. Galway. A phonetic study.
Dublin: D.I.A.S., 1944 (rev. ed. 1966). xii + 153 (152) pp.
<blockquote>With Ir.-Engl. vocabulary.</blockquote>

2850 GRAY (Louis H.): Mutation in Gaulish.
In Lg 20, 1944, pp. 223-30.

2851 BERGIN (Osborn): *Ériu* and the ablaut.
In Ériu 14, 1946, pp. 147-53.
<blockquote>vs T. F. O'RAHILLY, ibid. (pt. 1, 1943), pp. 23ff.</blockquote>

2852 Ó MÁILLE (T. S.): Cairn conson i gcomhardadh.
In Éigse 5, 1945/47 (1948), (pt. 2, 1946), pp. 95-101.
<blockquote>On the rhyme of consonant clusters.</blockquote>

2853 MULCHRONE (Kathleen): The Old-Irish form of *Palladius*.
In JGAHS 22, 1946/47, pp. 34-42.

2854 BREATNACH (Risteard B.): The Irish of Ring, Co. Waterford. A phonetic study.
Dublin: D.I.A.S., 1947. xvii + 176 pp.
<blockquote>With Ir.-Engl. vocabulary.</blockquote>

2855 Ó HINNSE (Séamus) *ed.*: Miscellaneous Irish annals (A.D. 1114-1437).
Dublin: D.I.A.S., 1947. xix + 222 pp. pls. (MS facss.)
<blockquote>Fragment 1 (1114-1437), 'Mac Carthaigh's book'; from MSS N.L. G 6 and G 5.
Frgms. 2 and 3 (1237-1314, 1392-1407), from MS Rawl. B 488.
Engl. transl., indexes. App. on the spelling of frgms. 1 and 3, throwing light on the pronunciation of the scribes.</blockquote>

2856 HOLMER (Nils M.): Postvocalic *s* in Insular Celtic.
In Lg 23, 1947, pp. 125-36.
<blockquote>Also elaborations on O.I. *tech, gáe, glé*.</blockquote>

2857 VINAY (J. P.): [Review of 3613, 3766, 3620].
In Word 3, 1947, pp. 230-6.
<blockquote>Comparison of West Muskerry, Cois Fhairrge and Ring.</blockquote>

2858 MHAC AN FHAILIGH (Éamonn): Final -*a*, -*e* in Erris Irish.
In Éigse 5, 1945/47 (1948), (pt. 4), pp. 253-5.

2859 POKORNY (J.): Angebliche Fälle von inselkeltischer Lenition im Gallischen.
In Vox Romanica 10, 1948/49, pp. 254-67. (Zur keltischen Namenkunde und Etymologie, Nr. 24)

2860 HULL (Vernam): Syncopated second syllables of dissyllables.
In Lg 25, 1949, p. 136. (Miscellanea linguistica Hibernica, no. 7)

2861 JACKSON (Kenneth): Primitive Irish *u̯* and *ƀ*.
In ÉtC 5, 1949/51, (fasc. 1, 1949), pp. 105-15.

2862 O'RAHILLY (T. F.): The prefix *ad-* .
In Celtica 1, 1950, pp. 337-41, 407. (Varia 2, no. 6)

2863 ——— : *cruimther*.
In id., pp. 347-8, 407. (Varia 2, no. 11)
<blockquote>Also on the change *mth* (= *m + h*) > *mp*.</blockquote>

2864 POKORNY (J.): MIr. *oíbell*, Welsh *ufel*.
In JCS 1, 1950, pp. 133-4. (Some Celtic etymologies, no. 7)
vs T. F. O'RAHILLY. Ir. *aobh, aoibheall*, etc., *in* Ériu 14 (pt. 1, 1943).

2865 Ó TUATHAIL (Éamonn): The mutation of sibilants in the dialect of Slievemurry.
In Éigse 6, 1948/52, (pt. 2, 1950), pp. 163-4. (Varia, no. 6)

2866 DE BHALDRAITHE (Tomás): Báitheadh guthaí neodrach.
In id., p. 168. (Varia, [no. 5])
Vowel elision in sandhi between identical consonants in Cois Fhairrge.

2867 ZABROCKI (Ludwik): Usilnienie i lenicja w jezykach indoeuropejskich i w Ugrofińskim.
Poznań, 1951. 301 pp. (= Poznańskie Towarzystwo Przyjaciół Nauk, Wydział filol.-filoz., Prace Kom. filol., t. xiii, z. 3)
Add. t.-p.: L.Z., le renforcement et la lénition dans les langues indoeuropéennes et dans le finno-ougrien. — French résumé.
Rozd. 7 (pp. 171-92): Przesuwka w celtyckim.

2868 SOMMERFELT (Alf): Differensiasjonen av *ll* til *ld* i norrønt språk.
In Festskrift til L.L. Hammerich på tresårsdagen, den 31. juli 1952. København: Gad, [1952]. pp. 219-21.
Engl. transl.
Differentiation of *ll* into *dl* or *ld* in Old Norse and in Irish.
In 451 [DSAL], pp. 299-300.

2869 MARTINET (André): Celtic lenition and Western Romance consonants.
In Lg 28, 1952, pp. 192-217.
Revised French version
La lénition en celtique et les consonnes du roman occidental.
In Économie des changements phonétiques. Traité de phonologie diachronique. Berne: A. Francke, 1955. pp. 257-96.

2870 BREATNACH (R. A.): The origin of the 2 pl. ipv. in northern Irish.
In Ériu 16, 1952, pp. 49-60.

2871 GREENE (David): Middle quantity in Irish.
In id., pp. 212-8.

2872 BREATNACH (R. A.): Syncope in Modern Irish.
In Éigse 6, 1948/52, (pt. 4), pp. 334-7. (Varia, [no. 2])

2873 MOONEY (B.): Sound-change and the shaping of place-names.
In BUPNS 1, 1952/53, pp. 54-7.
Table of contents: 'Sound-change in the ...'

2874 JACKSON (Kenneth): The British Latin loanwords in Irish.
In 490 [LHEB], (chap. 4), pp. 122-48.

2875 ——— : The early Christian inscriptions.
In id., (chap. 5), pp. 149-93.

2876 MARTINET (André): Concerning the preservation of useful sound features.
In Word 9, 1953, pp. 1-11.
Revised French version
Un cas de conservation de traits distinctifs: l'infection irlandaise.

In Économie ... [as 2869], pp. 199-211.

2877 Ó Máille (T. S.): Prosthetic *g*.
In JCS 2, 1958, (no. 1, 1953), pp. 142-3. (Some Modern Irish words, [no. 3])
>Exx. from Mod.I. and Sc.G.

2878 ———— : *s-* < *h-* in loan words.
In id., pp. 143-4. (id., [no. 4])

2879 Hamp (Eric P.): Primitive Irish intervocalic *w.
In ÉtC 6, 1953/54, pp. 281-8.

2880 Greene (David): The mark of length on pretonic vowels.
In Celtica 2, 1954, pp. 339-40. (Miscellanea, [no. 4])
>From a familiar Latin grapheme.

2881 O'Brien (M. A.): *uchtlach* 'lapful', *littiu* 'porridge'.
In id., p. 353. (Short notes, [no. 3])
>O.I. and M.I. *utlach, urtlach* possibly by dialectally early *cht* > *t* or *rt*; thus *littiu* may be connected with *ligid* 'licks'.

2882 de Bhaldraithe (Tomás): Fadú na nguthaí *a* agus *ea*.
In Éigse 7, 1953/55, (pt. 3, 1954), pp. 153-4. (Nótaí, no. 2)
>Only two lengthened vowels (written *a(i)* and *ea*) have the same quality as the corresp. short ones.

2883 Sommerfelt (Alf): Consonant quantity in Celtic.
In NTS 17, 1954, pp. 102-18.
Republ. in 451 [DSAL], pp. 349-59.
>An initially purely phonetic system of two consonant quantities (long fortes : short lenes) in Ins.C. assumes an important morphophonemic role. Similar opposition in Finno-Ugrian.

2884 Holmer (Nils M.): *nathar, sethar*, etc.
In Ériu 17, 1955, pp. 109-11. (Some Old Irish forms, no. 3)

2885 Kuryłowicz (Jerzy): L'apophonie en indo-européen.
Wrocław: Wydawnictwo Polskiej Akad. Nauk, 1956. 430 pp. (= Polska Akad. Nauk: Prace językozn., nr. 9)

2886 O'Brien (M. A.): *Muirchertach*.
In Celtica 3, 1956, p. 175. (Etymologies and notes, no. 11)
>Ex. of occasional unaccented O.I. *-rdd-* > *-rt-* .

2887 ———— : O.Ir. *aitenn*; Welsh *eithin*.
In id., p. 177. (id., no. 13)
>Poss. < **aktīn-* , with *-kt-* > *-cht-* > *-t-* (cf. Celtica 2.353).

2888 ———— : Vowel alternation *a/e* in O.Ir.
In id., pp. 182-4. (id., no. 24)

2889 Sommerfelt (Alf): Differentiation of weak consonants in Irish.
In id., pp. 272-8.
Republ. in 451 [DSAL], pp. 343-8.

2890 Greene (David): Gemination.
In id., pp. 284-9.
>cf. Celtica 5.127ff.

Review by

2891 Bachellery (E.), *in* ÉtC 8, 1958/59, pp. 252-3.

2892 Hamp (Eric P.): *St. Ninian/Ronyan* again.
In Celtica 3, 1956, pp. 290-4.

2893 LAVIN (T. J.): Notes on the Irish of east Mayo.
In Éigse 8, 1956/57, pp. 309-21; 9, 1958/61, pp. 10-7.

2894 Ó MÁILLE (T. S.): *dósta, ósta*.
In id., pp. 342-3. (Bunús roinnt focal NuaGhaeilge, [no. 1])
   'wild; wet', from *dórta, dóirte (doirte)*.

2895 KURYŁOWICZ (Jerzy): Morphological gemination in Keltic and Germanic.
In 444 [Fs. Whatmough], pp. 131-44.
Republ. in Esquisses linguistiques. Wrocław, Kraków, 1960. (= Polska Akademia Nauk: Prace językoznawcze, 19) pp. 259-73, 309-10 [add. note].

2896 SOMMERFELT (Alf): On some structural differences between Irish and Scotch Gaelic.
In 444 [Fs. Whatmough], pp. 253-8.
Republ. in 451 [DSAL], pp. 365-9.
   Initial mutations; palatalization of labials.

2897 MACQUEEN (John): Celto-Germanic drift.
In Orbis 6, 1957, pp. 394-7.

2898 DE BÚRCA (Seán): The Irish of Tourmakeady, Co. Mayo. A phonemic study.
Dublin: D.I.A.S., 1958 (repr. 1970). x + 169 (171) pp.
   With Ir.-Engl. vocabulary.

2899 HAMP (Eric P.): Consonant allophones in Proto-Keltic.
In Lochlann 1, 1958, pp. 209-17.
   Further analysis of the allophonic structure of Proto-Celtic (cf. A. SOMMERFELT, Consonant quantity in Celtic, 1954).

2900 HOLMER (Nils M.): Some further analogies with the evolution of postvocalic *s* in Celtic.
In Celtica 4, 1958, pp. 250-1.
   cf. Lg 23.125ff.

2901 GREENE (David): Some problems of Irish phonology.
In Celtica 5, 1960, pp. 103-6.
   Consonant groups continuant + stop.

2902 SOMMERFELT (Alf): The structural point of view applied to the analysis of the consonant system of a Donegal dialect.
In id., pp. 107-15.

2903 MEID (Wolfgang): Die Vertretung der Lautgruppe *sr* im Britannischen.
In IF 65, 1960, pp. 35-45.

2904 POKORNY (Julius): Zur Lautgruppe *sr* im Britannischen.
In id., pp. 263-5.
   ad W. MEID, *in* id., pp. 35ff.

2905 MEID (Wolfgang): Zur Vertretung des idg. *sr*- in den keltischen Sprachen.
In id., pp. 266-74.
   Reply to J. POKORNY, *in* id., pp. 263ff.

2906 DE BÚRCA (Seán): Irish phoneme frequencies.
In Orbis 9, 1960, pp. 464-70.
   Based on the author's The Irish of Tourmakeady, Co. Mayo, 1958.

2907 SHAFER (Robert): Implosive finals in Indo-European.
In Zeitschrift für Phonetik und allgemeine Sprachwissenschaft 13, 1960, pp. 48-56.
Is the loss of guttural and dental finals in the O.I. nomin./voc. sg. the result of an I.E. phenomenon?

2908 JACKSON (Kenneth): Final syllables in 'Pádraig' loanwords.
In ÉtC 9, 1960/61, pp. 79-91.

2909 SCHMIDT (Karl Horst): Die Labiovelare in den keltischen Sprachen.
In StH 1, 1961, pp. 70-3.

2910 CAMPANILE (Enrico): Origine e diffusione della lenizione nei dialetti celtici.
In SSL 1, 1961, pp. 33-68.

2911 ——— : Il nesso *s* + tenue in britannico.
In id., pp. 72-8.

2912 KURYŁOWICZ (Jerzy): A remark on Keltic sandhi.
In BSPL 20, 1961, pp. 121-9. (Hibernica, no. 1)

2913 SOMMERFELT (Alf): The Norse influence on Irish and Scottish Gaelic.
In 464 [1st ICCS], pp. 73-7.

2914 DILLON (Myles): Phonetic analogy.
In 473 [4th ICPS], pp. 577-9.

2915 GREENE (David): The colouring of consonants in Old Irish.
In id., pp. 622-4.

2916 BOLELLI (Tristano): Cronologia relativa di alcuni fenomeni della fonetica celtica.
In RL 5, 1962, pp. 101-4.

2917 SOMMERFELT (Alf): Caractère et développement du système vocalique vieil-irlandais.
In ÉtC 10, 1962/63, pp. 7-17.

2918 CAMPBELL (J. L.) & THOMSON (Derick) *eds.*: Edward LHUYD in the Scottish Highlands, 1699-1700.
Oxford: Clarendon, 1963. xxxii + 319 pp. pls.
Incl. (pp. 77-87) Lhuyd's transcript of the Rev. John BEATON's pronunciation reading the first two chapters of Genesis from KIRK's Gaelic Bible.
Review by

2919 GREENE (David), *in* SGS 10, 1965, pp. 243-4.

2920 CAMPANILE (Enrico): Su alcuni allungamenti vocalici nei dialetti celtici e nel latino.
In SSL 3, 1963, pp. 49-59.

2921 SOMMERFELT (Alf): Consonant clusters or single phonemes in northern Irish.
In In honour of Daniel Jones. Papers contributed on the occasion of his eightieth birthday, 12 Sept. 1961. Ed. by D. Abercrombie [etc.]. London: Longmans, 1964. pp. 368-73.
Based on material collected in Torr in 1915-16, 1921.

2922 QUIN (E. G.): *aisil*.
In Hermathena 99, 1964, pp. 49-51. (Notes on Irish words, [no. 1])

Poss. an early borrowing from Latin *axilla; oxal* poss. borrowed through O.N. *öxl.*

2923 WAGNER (Heinrich): Nordeuropäische Lautgeographie.
In ZCP 29, 1962/64, (H. 3/4, 1964), pp. 225-98.

2924 DE HÓIR (Éamonn): An t-athrú *-onga* > *-ú* i roinnt logainmneacha.
In Dinnseanchas 1, 1964/65, pp. 8-11.

2925 Ó MÁILLE (T. S.): Sloinnte comhghaolmhara.
In id., pp. 27-32.
> Variant forms of surnames, resulting from phonetic interchange of *-ch-*, *-gh-(-dh-)*, *-g-* in unstressed syllables.

2926 HAMP (Eric P.): Evidence in Keltic.
In Evidence for laryngeals. Ed. by W. Winter. The Hague [etc.]: Mouton, 1965. (= Janua linguarum, series maior, 11) pp. 224-35.

2927 SOMMERFELT (Alf): The phonemic structure of the dialect of Torr, Co. Donegal.
In Lochlann 3, 1965, pp. 237-54.

2928 WATKINS (T. Arwyn): Points of similarity between Old Welsh and Old Irish orthography.
In BBCS 21, 1966, (pt. 2, 1965), pp. 135-41.

2929 SOLTA (Georg Renatus): Palatalisierung und Labialisierung.
In IF 70, 1965 (1965/66), pp. 276-315.

2930 ANNUNTIATA LE MUIRE (*An tSiúr*) & Ó HUALLACHÁIN (Colmán): Bunchúrsa foghraíochta.
B.Á.C.: O.S., 1966. 107 pp.
> Phonodisc: Caoga fuaim shamplach i nGaeilge.
> An Teanglann, Rinn Mhic Gormáin, RMG 1, 45 c.p.n. Cainteoir: Caitlín Ní Dhochartaigh (N. Mayo).

2931 MALONE (Joseph L.): Old Irish morphophonemics and ordered process rules.
In Lingua 16, 1966, pp. 238-54.

2932 Ó CUÍV (Brian): The phonetic basis of Classical Modern Irish rhyme.
In Ériu 20, 1966, pp. 94-103.

2933 Ó MÁILLE (T. S.): Three Welsh loans in Modern Irish.
In StC 1, 1966, pp. 32-7.
> (1) *alfraits*; (2) *bardal*; (3) *treo* [incl. rules for loss of *r*].

2934 GREENE (David): The spirant mutation in Brythonic.
In Celtica 7, 1966, pp. 116-9.

2935 DE BÚRCA (Seán): On Celtic reflexes of I.E. voiceless obstruents.
In id., pp. 120-7.

2936 ———— : The Irish of Leenane, Co. Galway.
In id., pp. 128-34.
> The phonemic system; two texts with translit.

2937 JACKSON (Kenneth): Palatalisation of labials in the Gaelic languages.
In 455 [Fs. Pokorny], pp. 179-92.
> Palatalisation of labial consonants is original; secondary depalatalisation in Scottish Gaelic, Manx, and certain Irish dialects.

Review by
2938   O[FTEDAL] (M.), *in* Lochlann 4, 1969, pp. 363-5.
2939   KURYŁOWICZ (Jerzy): Ein altirisches Lautgesetz.
       In 455 [Fs. Pokorny], pp. 213-4.
         On the *e/a* — alternation.
       Review by
2940   MAC EOIN (Gearóid S.), *in* StH 9, 1969, p. 189.
2941   SCHMITT-BRANDT (Robert): Die Entwicklung des indogermanischen Vokalsystems. (Versuch einer inneren Rekonstruktion). Heidelberg: J. Groos, 1967. 163 + [1] pp. (= Wissenschaftliche Bibliothek, Bd. 7).
2942   SKERRETT (R. A. Q.): Notes on the dialect of the Inishkea islanders.
       In StC 2, 1967, pp. 196-201.
         Now settled on the mainland, Erris (Co. Mayo).
         1. The phonology of the word.
2943   COWGILL (Warren): On the fate of *w in Old Irish.
       In Lg 43, 1967, pp. 129-38.
2944   JACKSON (Kenneth): The breaking of original long $\bar{e}$ in Scottish Gaelic.
       In 461 [Celtic studies], pp. 65-71.
         Based on collections by (and including general remarks on) the Linguistic survey of the Gaelic dialects of Scotland.
2945   GREENE (David): Some linguistic evidence relating to the British Church.
       In 478 [Christianity in Britain], pp. 75-86.
2946   MHAC AN FHAILIGH (Éamonn): The Irish of Erris, Co. Mayo. A phonemic study.
       Dublin: D.I.A.S., 1968. xvii + 259 pp.
         With a grammatical supplement; Ir.-Engl. vocabulary.
2947   OFTEDAL (Magne): North European geography of sounds.
       In SGS 11, 1968, pp. 248-58.
         Review article on H. WAGNER, Nordeuropäische Lautgeographie, 1964.
2948   GLEASURE (James): Consonant quality in Irish and a problem of segmentation.
       In StC 3, 1968, pp. 79-87.
         §2: discussion of Irish and Gaelic *féin, fhéin*; application to the *f*-future tense ending.
2949   DILLON (Myles): An example of phonetic and semantic mixture.
       In Celtica 8, 1968, pp. 191-5.
       Also publ. with changes as An example of phonetic mixture.
       In Study of sounds (Phonetic Society of Japan) 14, 1969, pp. 71-8.
         Mod.I. *thug sé fé ndeara* 'he noticed' : 'he caused', by 'etymologie croisée' from *thug sé fa deara* 'he caused' and *thug sé fan' aire* 'he noticed'; in Munster semantic distribution to *thug sé fé ndeara* 'he noticed' and *fé ndear* 'causes, caused'.
2950   SHAW (John): L'évolution de 'vieil-irlandais *áe, óe, aí, oí*' dans les dialectes gaéliques.

In ÉtC 12, 1968/71, (fasc. 1, 1968/69), pp. 147-56.

2951 DE HÓIR (Éamonn): Nótaí faoi bhéim na Gaeilge i logainmneacha chontae Chill Mhantáin.
In Dinnseanchas 3, 1968/69, pp. 63-72.
> Word stress in the Irish of Wicklow from the evidence of pl.ns. in L. PRICE, The place-names of Co. Wicklow, 1945-67.

2952 Ó CUÍV (Brian): The changing form of the Irish language.
In 522 [View Ir. lg.], (no. 3), pp. 22-34.

2953 COWGILL (Warren): A note on palatalization in Old Irish.
In Festschrift für Konstantin Reichardt. In Verb. mit H. Zauchenberger, hg. von Ch. Gellinek. Bern, München: Francke, 1969. pp. 30-7.

2954 HAMP (Eric): *to-aithib ~ do-aithim*.
In Ériu 21, 1969, p. 88. (= Varia 1, no. 2)
> 3 sg. pres. subj. of *do-a(i)thboing* 'dissolves'.

2955 Ó DOMHNAILL (Cáit *Ní Dhomhnaill*): Observations on vowel lengthening in Irish.
In StC 5, 1970, pp. 89-93.
> In the alphabetical list forms current in the Irish of Carraroe (Co. Galway) are marked.

2956 RISK (Henry): French loan-words in Irish.
In ÉtC 12, 1968/71, (fasc. 2, 1970/71), pp. 585-655 [to be cont.].

2957 DILLON (Myles): Irish *dérgaid* 'spreads (coverings), makes a bed'.
In Celtica 9, 1971, pp. 205-9.
> Discussion of vowel contraction before syncope.

2958 KURYŁOWICZ (Jerzy): Morphonological palatalization in Old Irish.
In TLP 4, 1971, pp. 67-73.

2959 NALLY (E. V.) [MHAC AN FHAILIGH (Éamonn)]: Notes on a Westmeath dialect.
In JIPA 1, 1971, pp. 33-8.

2960 Ó CUÍV (Brian): The junction consonants in *atlochur* and in comparable verbal forms.
In Éigse 14, 1971/72, pp. 59-73.

2961 HAMILTON (Noel): *go bhfios domh-sa*.
In id., p. 127. (Notes on Donegal Irish, no. 2)

2962 ——— : Some homophonous difficulties.
In id., pp. 128-9. (id., no. 6)
> *tháinig : chonnaic*; *chugam : agam*; *dó : de*; *go : comh*.

2963 ——— : The present passive.
In id., pp. 129-30. (id., [no. 7])
> Certain irregular verbs have *-tar* after 'slender'.

Eastern Gaelic

2964 BORGSTRØM (Carl Hj.): The dialects of Skye and Ross-shire. (A linguistic survey of the Gaelic dialects of Scotland, vol. 2). Oslo: Aschehoug, 1941. 168 pp. (= NTS, Suppl.bd. 2)
> With Phonetic and historical descriptions.

2965 JACKSON (Kenneth Hurlstone): Contributions to the study of Manx phonology.
Edinburgh [etc.]: (for University of Edinburgh) Nelson, 1955. x + 149 pp. (= Linguistic Survey of Scotland monographs, no. 2)
Reviews by
2966 FOWKES (Robert A.), *in* Lg 31, 1955, pp. 556-60.
2967 Ó CLÉIRIGH (C. R.), *in* Éigse 9, 1958/61, (pt. 2, 1958), pp. 139-42.
2968 OFTEDAL (Magne): The Gaelic of Leurbost, Isle of Lewis. (A linguistic survey of the Gaelic dialects of Scotland, vol. 3). Oslo: Aschehoug, 1956. 372 pp. (= NTS, Suppl.bd. 4)
cf. Lochlann 4 270 ff.
2969 HOLMER (Nils M.): The Gaelic of Arran.
Dublin: D.I.A.S., 1957. viii + 211 pp.
With Historical retrospect of the sounds.
2970 ———— : The Gaelic of Kintyre.
Dublin: D.I.A.S., 1962. 160 pp.
With Historical retrospect of the sounds.
2971 THOMSON (R. L.): Svarabhakti and some associated changes in Manx.
In Celtica 5, 1960, pp. 116-26.
2972 MACAULAY (Donald): Notes on some noun-initial mutations in a dialect of Scottish Gaelic.
In SGS 9, 1962, pp. 146-75.
2973 OFTEDAL (Magne): On 'palatalized' labials in Scottish Gaelic.
In SGS 10, 1965, (pt. 1, 1963), pp. 71-81.
cf. D. MACAULAY (*in* SGS 9.146ff).
2974 MACLENNAN (Gordon): An Eastern Gaelic feature.
In Celtica 6, 1963, pp. 250-2.
Non-elision of *g* solely in *ag ràdh* in Sc.G. (and Manx) on account of wrong division *a' gràdh*.
2975 MACAULAY (Donald): Palatalization of labials in Scottish Gaelic and some related problems in phonology.
In SGS 11, 1968, (pt. 1, 1966), pp. 72-84.
Reply to M. OFTEDAL (*in* SGS 10, 1963).
2976 THOMSON (R. L.): [ad G. MACLENNAN: An Eastern Gaelic feature, 1963].
In StC 2, 1967, pp. 125-8. (Commentariola Mannica, [no. 1])

E 4 MORPHOLOGY

E 4.1 General

2977 DE BHALDRAITHE (Tomás): Gaeilge Chois Fhairrge. An deilbhíocht.
B.Á.C.: I.Á.B., 1953. xxiv + 394 pp.
Morphology. With Ir.-Engl. vocabulary.
2978 RANNÓG AN AISTRIÚCHÁIN, OIFIG THITHE AN OIREACHTAIS: Grama-

dach na Gaeilge. An caighdeán oifigiúil.
B.Á.C.: O.S., 1953. vii + 59 pp.

2979 Ó Maolaithe (Proinsias): Graiméar Mhionlaigh.
In Éigse 7, 1953/55, (pt. 3, 1954), pp. 139-52.
Morphology of the Irish of Menlough (Co. Galway).

2980 Kuryłowicz (Jerzy): Morphological gemination in Keltic and Germanic.
In 444 [Fs. Whatmough], pp. 131-44.
Republ. in Esquisses linguistiques. Wrocław, Kraków, 1960. (= Polska Akademia Nauk: Prace jezykoznawcze, 19) pp. 259-73, 309-10 [add. note].

2981 Henry (Patrick): The Irish substantival system and its reflexes in Anglo-Irish and English.
In ZCP 28, 1960/61, pp. 19-50.
Nouns used pronominally, adjectivally, verbally, and as preposition and conjunction.

2982 Watkins (Calvert): Indo-European origins of the Celtic verb. 1. The sigmatic aorist. [no more publ.]
Dublin: D.I.A.S., 1962 (repr. 1970). 203 pp.
App.: Morphological reflexes of laryngeal in Celtic.

2983 Kuryłowicz (Jerzy): The inflectional categories of Indo-European.
Heidelberg: Winter, 1964. 246 pp. (Idg. Bibliothek, 3. Reihe: Untersuchungen).
Review by

2984 Meid (Wolfgang), *in* Sprache 12, 1966, pp. 103-9.

2985 Sommerfelt (Alf): Word limits in Modern Irish (dialect of Torr, Co. Donegal).
In Lochlann 3, 1965, pp. 298-314.
Exx. as taken down phonetically in 1915-16, 1921.

2986 Wagner (Heinrich): Zur unregelmässigen Wortstellung in der altirischen Alliterationsdichtung.
In 455 [Fs. Pokorny], pp. 289-314.

2987 Borgström (Carl H.): Notes on Gaelic grammar.
In 461 [Celtic studies], pp. 12-21.
Discussion, with examples from Barra (Outer Hebrides), of parallelism between the syntax of cases of nouns and of modes of verbs, and of word boundaries.

2988 Gercenberg (L. G.): Morfologičeskaja struktura slova v irlandskom jazyke.
In Morfologičeskaja struktura slova v indoevropejskich jazykach. Otv. red.: V. M. Žirmunskij & N. D. Arutjunova. Moskva: Nauka, 1970. pp. 71-103.

2989 Kuryłowicz (Jerzy): Morphonological palatalization in Old Irish.
In TLP 4, 1971, pp. 67-73.

E 4.2 **Initial mutation**
2990 Jackson (Kenneth): Some mutations in Blasket Irish.
In Éigse 3, 1941/42 (1943), (pt. 4), pp. 272-7.

2991 Ó C[UÍV] (S.): *Sacraimint na hOla Dhéanaighe.*
In id., p. 310. (= Ceist, freagra ..., no. 50)
The lenition of the *d* (*in* IER 60.213) is in the speech of W. Muskerry.

2992 Ó M[URCHADHA] (G.): *lucht chruinnighthe stóir; fear dheasuighthe arm; fear mharuithe céad.*
In Éigse 4, 1943/44 (1945), (pt. 4), p. 304. (= Ceist, freagra ..., no. 62)
cf. Tomás Ó BROIN, *in* Éigse 5.67; T. DE BH[ALDRAITHE], *in* id. [Cois Fhairrge evidence].

2993 Ó TUATHAIL (Éamonn): The mutation of sibilants in the dialect of Slievemurry.
In Éigse 6, 1948/52, (pt. 2, 1950), pp. 163-4. (Varia, no. 6)

2994 HULL (Vernam): Early Irish initial mutations after the dative plural.
In Lg 26, 1950, pp. 274-6.

2995 HAMP (Eric P.): Morphophonemes of the Keltic mutations.
In Lg 27, 1951, pp. 230-47.

2996 SOMMERFELT (Alf): Consonant quantity in Celtic.
In NTS 17, 1954, pp. 102-18.
Republ. in 451 [DSAL], pp. 349-59.
An initially purely phonetic system of two consonant quantities (long fortes : short lenes) in Ins.C. assumes an important morphophonemic role. Similar opposition in Finno-Ugrian.

2997 GREENE (David): Gemination.
In Celtica 3, 1956, pp. 284-9.
cf. Celtica 5.127ff.

Review by

2998 BACHELLERY (E.), *in* ÉtC 8, 1958/59, pp. 252-3.

2999 SOMMERFELT (Alf): On some structural differences between Irish and Scotch Gaelic.
In 444 [Fs. Whatmough], pp. 253-8.
Republ. in 451 [DSAL], pp. 365-9.
Initial mutations; palatalization of labials.

3000 ——— : Initial mutations in Celtic.
In Studies presented to Yuen Ren Chao on his sixty-fifth birthday. Taipai (Taiwan), 1957. (= Bulletin of the Institute of History and Philology, Academia Sinica, vol. 29) pp. 283-5.

3001 Ó DUBHTHAIGH (Bearnárd): Lomadh ar ainmneacha dílse sa tuiseal ghiniúnach: deascán solaoidí.
In Éigse 9, 1958/61, (pt. 3, 1959/60), pp. 187-98.
(Absence of) lenition of proper names in the genitive.

3002 BREATNACH (R. B.): Initial mutation of substantives after preposition + singular article in Déise Irish.
In id., (pt. 4, 1960/61), pp. 217-22.

3003 KURYŁOWICZ (Jerzy): A remark on Keltic sandhi.
In BSPL 20, 1961, pp. 121-9. (Hibernica, no. 1)

3004 ELLIS (Jeffrey): Some problems in comparative linguistics.
In Proceedings of the University of Durham Philosophical

Society 1 B, 1961, (no. 7), pp. 54-62.
: On initial mutations in the Celtic languages.

3005 OFTEDAL (Magne): A morphemic evaluation of the Celtic initial mutations.
In Lochlann 2, 1962, pp. 93-102.

3006 Ó DROIGHNEÁIN (Muiris): Séimhiú i ndiaidh *Mhic* sna logainmneacha.
In Dinnseanchas 1, 1964/65, pp. 54-5.
: As occurring in post-town names recommended by the Placenames Commission.

3007 SOMMERFELT (Alf): Word limits in Modern Irish (dialect of Torr, Co. Donegal).
In Lochlann 3, 1965, pp. 298-314.
: Exx. as taken down phonetically in 1915-16, 1921.

3008 ELLIS (Jeffrey): The grammatical status of initial mutation.
In id., pp. 315-30.

3009 GREENE (David): The spirant mutation in Brythonic.
In Celtica 7, 1966, pp. 116-9.

3010 Ó DOMHNAILL (Cáit Ní Dhomhnaill): Séimhiú thar éis an ainmbhriathair thabharthaí.
In Éigse 13, 1969/70, pp. 1-9.
: Rules for lenition after dat. of vn. in the Irish of Carraroe (Co. Galway).

3011 Ó MADAGÁIN (Breandán): Nótaí ar chlaochlú tosaigh an ainmfhocail agus na haidiachta i gcanúint de chuid Cho. Chorcaí.
In Éigse 14, 1971/72, pp. 81-6.
: Initial mutations of nominals in the sermons of Muiris PAODHAR (1791-1877) in the dialect of Ross Carbery (Co. Cork), in autogr. MS Cork T xxxiv (1864-70).

3012 MACAULAY (Donald): Notes on some noun-initial mutations in a dialect of Scottish Gaelic.
In SGS 9, 1962, pp. 146-75.

3013 OFTEDAL (Magne): On 'palatalized' labials in Scottish Gaelic.
In SGS 10, 1965, (pt. 1, 1963), pp. 71-81.
cf. D. MACAULAY (*in* SGS 9.146ff).

3014 MACAULAY (Donald): Palatalization of labials in Scottish Gaelic and some related problems in phonology.
In SGS 11, 1968, (pt. 1, 1966), pp. 72-84.
Reply to M. OFTEDAL (*in* SGS 10, 1963).

E 4.3   **Noun, Adjective**
cf. D 6-8   Onomastics

3015 O'RAHILLY (T. F.): *-genn* for *-chenn*.
In Ériu 13, 1942, pp. 140-3.

3016 ——— : O.Ir. *doíni. demnai.*
In id., pp. 156-8. (Notes, mainly etymological, no. 8)
: Plural inflections of *demon* were modelled on those of *doíni.*

3017 BERGIN (Osborn): Some Irish equatives.
In Ériu 14, 1946, (pt. 1, 1943), pp. 140-3.

On *lir* 'as many', *mór* 'as great', and other equatives of adjs. of measurement, prob. representing the older formation.

3018 Ó M[URCHADHA] (G.): *Tríonóid*.
In Éigse 4, 1943/44 (1945), (pt. 1), p. 71. (= Ceist, freagra ..., no. 54)

3019 SPECHT (Franz): Der Ursprung der indogermanischen Deklination.
Göttingen: Vandenhoeck & Ruprecht, 1944 (Neudr. 1947). vii + 432 pp.

3020 DILLON (Myles): The negative and intensive prefixes in Irish and the origin of Modern Irish *an* 'very; great'.
In TPS 1941 (1943), pp. 94-107.
Also on *com-* in terms of equality.

3021 MARSTRANDER (Carl J. S.): *Sygnatrausti*.
In NTS 13, 1945, pp. 319-43.
Incl. discussion of Ir. *derb(-)*, *dru-*; also collection of Ir. adjectival bahuvrihi stem-formation (cf. Best² 343 and GOI §345).

3022 Ó SÚILLEABHÁIN (Pádraig): Miscellanea.
In Éigse 5, 1945/47 (1948), (pt. 1), pp. 61-4.
(1) Neamh-infhilleadh na haidiachta san tuiseal tabharthach, uimhir uathaidh, baininsgne [non-inflection of f. dat. sg. adjs. (esp. in *-ach*): 15th c. ff. exx.]; (2) Neamh-infhilleadh ainm-fhocal dar foirceann *-acht* [non-inflection of gen. sg. nouns in *-acht*: 15th c. ff. exx.]; (3) Neamh-infhilleadh ainm-fhocail nuair a bhíos ainm-fhocal eile sa ngeinide faoi réim aige [non-inflection of noun foll. by a dep. noun in gen.: some 17th c. exx.].

3023 Ó M[URCHADHA] (G.): *páircín bheag, luichín bhán*.
In id., (pt. 3, 1946), p. 221. (= Ceist, freagra ..., no. 66)
Gender of words in *-ín*.

3024 LLOYD-JONES (J.): The compounds of *gal*.
In 437 [Fs. Torna], pp. 83-9.

3025 HOLMER (Nils M.): Postvocalic *s* in Insular Celtic.
In Lg 23, 1947, pp. 125-36.
Also elaborations on O.I. *tech, gáe, glé*.

3026 VENDRYES (J.): Irlandais *rug-*, préfixe superlatif.
In JCS 1, 1950, (no. 1, 1949), pp. 1-3.

3027 Ó CONCHUBHAIR (Donnchadh): *páircín bheag, luichín bhán*.
In Éigse 6, 1948/52, (pt. 2, 1950), p. 180. (= Ceist, freagra ..., no. 66)
Gender of words in *-ín* in Tomás Ó CRIOMHTHAINN's *An tOileánach*.

3028 M[URPHY] (G.): *páircín bheag, luichín bhán*.
In id., (pt. 3, 1951), p. 270. (= id.)
Gender of diminutives in *-ín* (in bardic grammar).

3029 TOVAR (Antonio): Mir. *leth-lám* 'eine der beiden Hände', Übersetzung aus dem Substrat.
In ZCP 24, 1954, (H. 3, 1953), pp. 198-200.

3030 HUMBACH (Helmut): Kompositum und Parenthese.
In MSS 5, 1954, pp. 90-9.

3031 GREENE (David): NVA pl. *-aige*.
In Celtica 2, 1954, pp. 334-5. (Miscellanea, [no. 1])
Originally from abstract ending *-iā*, with n. *o* cpd. (verbal) nouns in *-ach*.

3032 O'BRIEN (M. A.): Two passages in *Serglige Con Culainn*.
In id., pp. 346-9.
> (1) §42 (SGS 6, 1949) *do ríg ilchrothaig*, and the influence of fem. *ā*-stems on certain conson. stems; (2) §48 *ro indis dó Coin Culainn amal ro baí*, as an ex. of the construction that after verbs of relating, etc., the person or thing about which the information is given is put as direct object after the verb.

3033 VENDRYES (J.): Restes d'anciens participes présents en irlandais.
In Corolla linguistica. Festschrift Ferdinand Sommer zum 80. Geburtstag am 4. Mai 1955, ... Wiesbaden: Harrassowitz, 1955. pp. 229-34.

3034 HOLMER (Nils M.): *bein, mnaí*.
In Ériu 17, 1955, pp. 107-9. (Some Old Irish forms, no. 2)

3035 Ó CUÍV (Brian): Grammatical analysis and the declension of the noun in Irish.
In Celtica 3, 1956, pp. 86-127.
> Discussion of methods of analysis from IGT ii to J. O'DONOVAN. App.: ed. of chaps. 8-15 of Gilla Bríde Ó HEÓSA's *Rudimenta grammaticae Hibernicae*, based on MS Marsh's Library Z 3.5.3, with notes.

3036 LLOYD-JONES (J.): The compounds of **gar*.
In id., pp. 198-210.

3037 SCHMIDT (Karl Horst): Die Komposition in gallischen Personennamen.
In ZCP 26, 1957, pp. 33-301.

3038 FOWKES (Robert A.): Gender redistribution in Keltic — a preliminary study.
In 444 [Fs. Whatmough], pp. 39-46.

3039 O'BRIEN (M. A.): *do ríg ilchrothaig*, etc.
In Celtica 4, 1958, p. 102. (Short notes, no. 8)
> Further exx. (cf. Celtica 2, 1954) of fem. adj. after dat. or acc. of masc. noun.

3040 BERG (Nils): Einige Betrachtungen über den indogermanischen Komparationskasus.
In NTS 18, 1958, pp. 202-30.

3041 POKORNY (Julius): Zu den keltischen *-nt-* Suffixen.
In MSS 15, 1959, pp. 5-16.
Review by

3042 BACHELLERY (E.), *in* ÉtC 9, 1960/61, pp. 284-5.

3043 BREATNACH (R. A.): *ansa*.
In Éigse 9, 1958/61, (pt. 3, 1959/60), pp. 161-2. (Sanasáin Nua-Ghaeilge, no. 4)
> Homonym, repres. *an* + *assae* and *(is) an* + *assu (le)* respectively.

3044 ——— : *fuiriste*.
In id., p. 162. (id., no. 5)
> Contamination of *(f)urasa* and *(f)usaide*.

3045 HENRY (Patrick): The Irish substantival system and its reflexes in Anglo-Irish and English.
In ZCP 28, 1960/61, pp. 19-50.

3046 Ó BUACHALLA (Breandán): Compráid na haidiachta i nGaeilge Chléire.

In Éigse 9, 1958/61, (pt. 4, 1960/61), pp. 243-6.
    The comparative in the Irish of Clear Island (Co. Cork).

3047 [O LOCHLAINN] (Colm): Bun-chéim, breis-chéim, sár-chéim.
In id., pp. 270-1. (Varia, [no. 1])

3048 CAMPANILE (Enrico): Il prefisso ★*prō-* in celtico.
In SSL 1, 1961, pp. 69-71.
    The antiquity of *ro-* (*rug-*) + adjective.

3049 SCHMIDT (Karl Horst): Kompositum und attributive Erweiterung.
In IF 66, 1961, pp. 10-20.

3050 HULL (Vernam): The dative singular of the Irish neuter *n*-stems.
In ZCP 29, 1962/64, (H. 1/2, 1962), pp. 178-81. (Miscellanea Celtica, no. 6)

3051 GREENE (David): Ir. *gnás* : W. *gnaws*; OHG *kunst*.
In Celtica 6, 1963, pp. 62-3.

3052 BREATNACH (R. A.): Roint fuirmeacha aidiachtacha.
In id., pp. 253-5.
    1. Fuirm chomparáide nua [[-hi:] in Munster]; 2. An críochnúchán nua *-he* [in G sg.f. and in pl. of monosyll. adjj. ending in a long vowel in Corkaguiny, Co. Kerry]; 3. *-dha* > náid [*cró*, instead of *cróga*, for *cródha*, recorded from An tOileán Tiar, Co. Kerry]; 4. *guile* < *go leith* 'na aidiacht [in Corkaguiny].

3053 Ó DUBHTHAIGH (Bearnárd): *tapaidh*.
In Éigse 10, 1961/63, (pt. 4), pp. 282-3. (Dornán nótaí ar fhocla Nua-Ghaeilge, [no. 2])

3054 SCHMIDT (Karl Horst): 'Gut' und 'schlecht' im Irischen.
In StH 3, 1963, pp. 173-8.

3055 ———— : Dativ und Instrumental im Plural.
In Glotta 41, 1963, pp. 1-10.

3056 Ó CUÍV (Brian): Modes of transcription and description of Gaelic dialects.
In 477 [1er CIDG], vol. 1, pp. 187-98 [cf. p. xxxiii].
    App.: Declension of the noun in modern Gaelic dialects [Leurbost, Cois Fhairrge, Baile Bhúirne].

3057 QUIN (E. G.): *éc*.
In Hermathena 99, 1964, p. 52. (Notes on Irish words, [no. 4])
    Poss. n. *u*-stem, and orig. plurale tantum.

3058 MEID (Wolfgang): Zu einigen keltischen und germanischen Bildungen mit *st*-Suffix.
In Sprache 11, 1965, pp. 122-30.

3059 ———— : Spuren eines Parallelismus von *-to-* und *-st*-Suffix im Germanischen.
In KZ 79, 1965, pp. 291-3.
    As commonly in O.I.

3060 GREENE (David): The prefix *in-*.
In Ériu 20, 1966, pp. 82-6.
    Semantic history from 'literal' uses to modern expressions of com-parison.

3061 MEID (Wolfgang): Zum Aequativ der keltischen Sprachen, besonders des Irischen.
In 455 [Fs. Pokorny], pp. 223-42.

3062   *Review by*
           DILLON (Myles), *in* Celtica 9, 1971, pp. 333-4.

3063   Ó CUÍV (Brian): Reflexes of Old Irish neuter *s*-stems in Early Modern Irish.
        In 455 [Fs. Pokorny], pp. 243-9.

3064   GUYONVARC'H (Christian-J.): Vieux-breton *abr-* , gallois *afr-* , moyen-irlandais *abar-* , *amar-* .
        In Ogam 20, 1968, pp. 187-90. (Notes d'étymologie et de lexicographie gauloises et celtiques (30), no. 136)
            Variant of *amor* 'chant, plainte'.

3065   MEID (Wolfgang): Zum Dvandva-Kompositum im Irischen.
        In Studien zur Sprachwissenschaft und Kulturkunde. Gedenkschrift für Wilhelm Brandenstein (1898-1967). Hg. von M. Mayrhofer. Innsbruck, 1968. (= IBK, Bd. 14) pp. 107-8.

3066   DILLON (Myles): The semantic history of Irish *gal* 'valour; steam'.
        In Celtica 8, 1968, pp. 196-200; 9, 1971, p. 134 [corrig.].
        Summary in Actes du Xe Congrès international des linguistes, Bucarest 1967. Bucarest: Édition de l'Acad. de la Rép. Soc. de Roumainie. vol. 2, 1970, pp. 567-9.
            Discussion, by T. DE BHALDRAITHE, of two features in the Irish of Cois Fhairrge.

3067   SKERRETT (R. A. Q.): Noun-plural inflexion in a generative grammar of Irish.
        In StC 3, 1968, pp. 88-105.

3068   COWGILL (Warren): Italic and Celtic superlatives and the dialects of Indo-European.
        In 480 [I.E. & I.E.s], (no. 8), pp. 113-53.

3069   WIGGER (Arndt): Nominalformen im Conamara-Irischen.
        Hamburg: H. Lüdke, 1970. 166 pp. tabs.(fold.) (= Geistes- und sozialwissenschaftliche Dissertationen, Bd. 6)
            A generative-transformational approach to the morphology of nouns, adjectives, numerals and the article in the Irish of Carna (Co. Galway), incl. selected syntactical and phonological considerations.

3070   CHARLES-EDWARDS (T. M.): Wb. 28c14 and the 'exclusive' use of the equative in Old Irish.
        In Ériu 22, 1971, pp. 188-9. (= Varia 4)
        vs W.MEID (*in* Fs. Pokorny, pp. 223ff).

3071   HOWELLS (Donald): The nominative plural of the noun in the Gaelic of the isle of Lewis.
        In StC 6, 1971, pp. 90-7. (= Miscellanea, no. 1)

3072   HAMILTON (Noel): *níos mó cosúil*.
        In Éigse 14, 1971/72, p. 127. (Notes on Donegal Irish, no. 3)

E 4.4   Numerals

3073   KNOCH (August): Die Verwendung von Bruchzahlen in der älteren irischen Literatur.
        In ZCP 22, 1941, pp. 39-53.

3074   ——— : Zum Ortsnamentyp *Snám Dá Én*.
        In id., pp. 166-73.

3075 [MURPHY (Gerard)]: The singular after numerals.
In Éigse 3, 1941/42 (1943), (pt. 3, 1942), pp. 220-2. (= Ceist, freagra ..., no. 45)
Incl. text and transl. of IGT i 18.

3076 O'RAHILLY (T. F.): *tríocha, triúcha.*
In Celtica 1, 1950, pp. 354-9, 408. (Varia 2, no. 15)

3077 ———— : The five provinces.
In id., pp. 387-91, 408. (Notes on 'EIHM', no. 1)
ad EIHM, chap. 9. Includes discussion of the 'inclusive' method of counting.

3078 MCCANN (F.): *Da* in place-names.
In BUPNS 1, 1952/53, p. 14.
Probability of the genitive sg. femin. of the article.

3079 HULL (Vernam): *i ndís.*
In ZCP 24, 1954, (H. 1/2, 1953), pp. 124-5. (Noticulae de lingua Hibernica, no. 6)
'as a pair', with (sporadic) omission of poss. pron. from M.I. *in(n)a ndís*, etc.

3080 HERTZ (Rudolf): Laut, Wort und Inhalt.
In Lexis 4, 1955, pp. 62-9.
Etymologies of *éicne* 'salmon' and of *deäc.*

3081 Ó CUÍV (Brian): *beirt.*
In Éigse 8, 1956/57, pp. 101-3. (Miscellanea, no. 5)

3082 COWGILL (Warren): Old Irish *teoir* and *cetheoir.*
In Lg 33, 1957, pp. 341-5.

3083 GUYONVARC'H (Christian-J.): Les adjectifs numéraux en celtique.
In Ogam 10, 1958, pp. 83-6, 169-78.
1. La numération cardinale: **oinos* 'un'.
2. La numération ordinale: *cintuxos* 'premier'.

3084 SZEMERÉNYI (Oswald): Studies in the Indo-European system of numerals.
Heidelberg: Winter, 1960. xv + 190 pp.
Review by

3085 SCHMIDT (Karl Horst), *in* IF 67, 1962, pp. 82-9.

3086 BREATNACH (R. A.): Measgra D. 150.7-8.
In Celtica 6, 1963, p. 258. (Trí fhadhb théaxúla, no. 3)
On *aonar* without poss.pron.

3087 WATKINS (Calvert): On the syntax of the ordinal.
In Lochlann 3, 1965, pp. 287-97. (Notes on Celtic and Indo-European morphology and syntax, no. 2)

3088 ADAMS (G. B.): Counting-rhymes and systems of numeration.
In UF 11, 1965, pp. 87-97.

3089 GREENE (David): The semantics of *beirt.*
In Éigse 12, 1967/68, p. 68.

3090 Ó CUÍV (Brian): The numeral *dóchad, dáchad.*
In Éigse 13, 1969/70, p. 110.
Word for 'twenty', possibly of learned origin; earliest ex. from D. Ó BRUADAIR.

3091 HOWELLS (Donald): The use of the singular form of the noun after numerals.
In StC 5, 1970, pp. 83-6. (Miscellanea, no. 1)

3092 COWGILL (Warren): Italic and Celtic superlatives and the dialects of Indo-European.
In 480 [I.E. & I.E.s], (no. 8), pp. 113-53.

3093 SNYDER (William H.): Ai. *tisrás* f. 'drei', *cátasras* f. 'vier' und Verwandtes.
In KZ 84, 1970, pp. 2-4.

3094 ROHLFS (Gerard): Zur Vigesimalzählung in Europa.
In Studien zur Namenkunde und Sprachgeographie. Festschrift fur Karl Finsterwalder zum 70. Geburtstag. Hg. v. W. Meid [etc.]. Innsbruck: I.G.P.G., 1971. (= IBK, Bd. 16) pp. 397-400.

3095 GREENE (David): Periods of time.
In Ériu 22, 1971, pp. 176-8. (= Varia 2, no. 1)
Numeral derivatives indicating periods of time, as *deisse*, *treisse*, *coícthiges*, etc.

3096 ——— : Ir. *úathad*, *óthad* : W. *odid*.
In id., pp. 178-80. (= id., no. 2)
o, *ā* -adj., 'few; singular (gramm.)'.

E 4.5 Article, Pronouns

3097 Ó TUATHAIL (Éamonn) ed.: A Meath phrase-list in Hugh MCDONNELL's handwriting.
In Éigse 5, 1945/47 (1948), (pt. 1), pp. 36-44.
Mainly interrogative sentences and their answers and Engl. transls.; prob. compiled by H. McD. in the period 1840-54. From MS Belfast 18.

3098 BERGIN (Osborn): The infixed pronoun after the preposition *con-*.
In Ériu 14, 1946, p. 153.

3099 HULL (Vernam): Archaic Irish *inda*.
In Lg 22, 1946, pp. 343-5.
O.I. *inna*, i.e. forms of the article, and prep. *i* + poss. pron. *a*.

3100 PEDERSEN (Holger): O.Ir. *di chosscc alailiu*.
In Ériu 15, 1948, pp. 188-92.
vs BERGIN's interpretation (*in* Ériu 14, 1943) of Wb. 9a23; position and meaning of *alaile*.

3101 Ó SEARCAIGH (Séamus): Some uses and omissions of the article in Irish.
In JCS 1, 1950, pp. 239-48.

3102 MCCANN (F.): *Da* in place-names.
In BUPNS 1, 1952/53, p. 14.
Probability of the genitive sg. femin. of the article.

3103 WAGNER (H.): Zu den idg. *r*-Endungen.
In ZCP 24, 1954, (H. 1/2, 1953), p. 91. (Varia, no. 2)
Active form of deponentia with suffixed pronoun.

3104 HULL (Vernam): *airet*.
In id., pp. 121-2. (Noticulae de lingua Hibernica, no. 1)

Conjunction, 'as long as', foll. by nasal. rel. clause in O.I. and early M.I.; so also *cia airet* 'how long?'.

3105 ———— : The infixed and the independent objective pronoun in the Annals of Inisfallen.
In id., pp. 136-8.

3106 ———— : Early Irish *sidéin*.
In ZCP 24, 1954, pp. 238-42. (Irish notes, [no. 3])
Origin of by-form of earlier enclitic anaphoric *side*.

3107 BREATNACH (R. A.): Munster Ir. *sidé*.
In Éigse 7, 1953/55, (pt. 3, 1954), p. 157. (Varia etymologica, no. 4)

3108 HOLMER (Nils M.): *sib*.
In Ériu 17, 1955, pp. 106-7. (Some Old Irish forms, no. 1)

3109 ———— : *nathar, sethar*, etc.
In id., pp. 109-11. (id., no. 3)

3110 DE BHALDRAITHE (Tomás): Nótaí comhréire.
In Éigse 8, 1956/57, pp. 242-6.
Syntactical notes, mainly on the Irish of Cois Fhairrge (Co. Galway): 6. Ginideach cinnte i ndiaidh ainm chinnte [double article in pl.ns.]; 7. An t-alt agus an forainm le *corr-* [rules for concord of article with, and pronoun referring to, cpds. of *corr*].

3111 LEWY (Ernst): Zur Stellung der emphatischen Partikeln.
In ZCP 27, 1958/59, (H. 1/2, 1957), pp. 10-3.
Republ. in 449 [Kl. Schr.], pp. 302-5.

3112 [O LOCHLAINN] (Colm): Unusual interrogatives.
In Éigse 9, 1958/61, (pt. 4), p. 272. (Varia, [no. 3])
cumá, cá'il mar, céaróch, cé for *cá*.

3113 EVANS (Emrys): Gohirio'r rhagenw mewn Cymraeg Canol.
In BBCS 21, 1966, (pt. 2, 1965), pp. 141-5.
On disjunctive object pronouns and pronominal particles in M.W. (and Irish).

3114 WATKINS (Calvert): OIr. *nache n-* 'neque eam'.
In Lochlann 3, 1965, pp. 286-7. (Notes on Celtic and Indo-European morphology and syntax, no. 1)

3115 O'RAHILLY (Cecile): *ciarso (carsa), ciarsat* in LL.
In Celtica 7, 1966, pp. 38-42. (Miscellanea, no. 1)
Táin 1495ff and the interrogative.

3116 QUIN (E. G.): Irish *cote*.
In Ériu 20, 1966, pp. 140-50.

3117 WILLIAMS (N. J. A.): *Muinn* 'we' in south east Ulster.
In Éigse 12, 1967/68, pp. 297-300.

3118 GLEASURE (James): Consonant quality in Irish and a problem of segmentation.
In StC 3, 1968, pp. 79-87.
§2: discussion of Irish and Gaelic *féin, fhéin*; application to the *f*-future tense ending.

3119 WATKINS (Calvert): The Celtic masculine and neuter enclitic pronouns.
In ÉtC 12, 1968/71, (fasc. 1, 1968/69), pp. 92-5.

3120 GREENE (David): *cía* 'though'.
   In Ériu 21, 1969, pp. 92-3. (= Varia 2, no. 3)
   Connection with interrogative *cía* rejected on the basis of Welsh evidence.

3121 ———: *fa-deisin* 'himself'.
   In id., pp. 93-4. (= id., no. 4)
   Orig. 'with one's own right hand', from *deisen* 'right hand'.

3122 WILLIAMS (J. E. Caerwyn): *difod, diw, pyddiw*.
   In BBCS 23, 1970, (pt. 3, 1969), pp. 217-33.

3123 Ó BUACHALLA (Breandán): *Muinn* 'we' in south east Ulster.
   In Éigse 13, 1969/70, pp. 31-2.
   Cf. N. J. A. WILLIAMS, *in* Éigse 12, 1967/68.

3124 CARMODY (Francis J.): The interrogative system in Modern Scottish Gaelic.
   In UCPL 1, (no. 6, 1945), pp. 215-26.

3125 HOWELLS (Donald): The Scottish Gaelic 2 sg. personal pronoun.
   In StC 5, 1970, pp. 86-8. (Miscellanea, no. 2)

E 4.6 Prepositions, Prefixes, Conjunctions
cf. E 5 Syntax

3126 THURNEYSEN (Rudolf): *frisdo-gair*.
   In ZCP 22, 1941, pp. 27-9. (Irisches, no. 3)
   as in Tochm.Ét. §23; an instance of *fris* + *da* (3 sg. f. inf. pron. cl. C).

3126a WILLIAMS (J. E. Caerwyn): Hen Gymraeg *ar : ir*; Cymraeg Canol *yr (er)*.
   In BBCS 11, 1944, (pt. 1, 1941), pp. 14-21.

3127 FRASER (John): *eadhon*.
   In SGS 5, 1942, pp. 162-4. (Varia, no. 5)

3128 O'RAHILLY (T. F.): *mifir*.
   In Ériu 13, 1942, pp. 158-9. (Notes, mainly etymological, no. 10)
   Evidence of original *mis-* , *pejorative prefix*.

3129 ———: *lairearn* 'with me'.
   In id., pp. 204-5. (id., no. 39)
   In 17th c. Munster verse, aphetized from *maille rium*.

3130 JACKSON (Kenneth): Initial lenition of *dom*, etc., in Blasket Irish.
   In Éigse 3, 1941/42 (1943), (pt. 3, 1942), p. 222. (= Ceist, freagra ..., no. 46)

3131 Ó M[URCHADHA] (G.): *ruim, ruimi, ruimh, ruimhe*.
   In Éigse 4, 1943/44 (1945), (pt. 1), p. 71. (= Ceist, freagra ..., no. 55)

3132 DILLON (Myles): The negative and intensive prefixes in Irish and the origin of Modern Irish *an* 'very; great'.
   In TPS 1944 (1945), pp. 94-107.
   Also on *com-* in terms of equality.

3133 Ó SÚILLEABHÁIN (Pádraig): Miscellanea.
   In Éigse 5, 1945/47 (1948), (pt. 1), pp. 61-4.

(6) Urdhú ar lorg *nach* [nasalizing *nach* before *b, d, g,* and vowels: 17th c. exx.]; (7) An forainm coibhneasta *do* [relative *do* traced back to 15th c.].

3134 DILLON (Myles): Linguistic borrowing and historical evidence.
In Lg 21, 1945, pp. 12-17.
(1) the intensive-durative prefix **ande-* ; (2) on T. F. O'RAHILLY's pre-Goidelic substratum of Brittonic speech in Ireland; (3) on 'cultural' and 'intimate' borrowing.

3135 HULL (Vernam): Archaic Irish *inda*.
In Lg 22, 1946, pp. 343-5.
O.I. *inna*, i.e. forms of the article, and prep. *i* + poss. pron. *a*.

3136 ——— : *tráth*.
In Lg 25, 1949, p. 137. (Miscellanea linguistica Hibernica, no. 9)
as conjunction.

3137 VENDRYES (J.): Irlandais *rug-* , préfixe superlatif.
In JCS 1, 1950, (no. 1, 1949), pp. 1-3.

3138 O'RAHILLY (T. F.): The prefix *ad-* .
In Celtica 1, 1950, pp. 337-41, 407. (Varia 2, no. 6)

3139 ——— : *fochair*.
In id., pp. 341-3. (id., no. 7)
i fochroíb; *(i) fochraib, comfhochraib*; *i fochair*.

3140 ——— : *do chóir. i gcóir*.
In id., pp. 349-51, 407. (id., no. 13)

3141 ——— : *earball*.
In id., pp. 359-61, 408. (id., no. 16)
Also on the prepos. *iar*.

3142 ——— : *coinneamh. coinne*.
In id., pp. 370-5, 408. (id., no. 20)

3143 VENDRYES (J.): Irlandais *acht ma* et *acht mani*.
In Ériu 16, 1952, pp. 21-6.

3144 HULL (Vernam): *airet*.
In ZCP 24, 1954, (H. 1/2, 1953), pp. 121-2. (Noticulae de lingua Hibernica, no. 1)
Conjunction, 'as long as', foll. by nasal. rel. clause in O.I. and early M.I.; so also *cia airet* 'how long?'.

3145 ——— : Archaic Old Irish *doa*.
In id., (H. 3, 1953), pp. 227-8.
Prepos. *do* + poss. *a*.

3146 HAMP (Eric P.): OWelsh *guar*, Welsh *gor-* , Bret. *gour-* , OIr. *for*, Gaulish *ver-* .
In BBCS 15, 1954, (pt. 2, 1953), p. 124.

3147 ——— : Welsh *wrth*, OIr. *frith*, etc.
In id., pp. 124-5.

3148 WILLIAMS (J. E. Caerwyn): The preposition *ar* in Irish.
In Celtica 2, 1954, pp. 305-24.

3149 BREATNACH (R. A.): On the morphology of the conjunctions meaning 'before' in Irish.
In Ériu 17, 1955, pp. 100-5.
resiu, siu, s(i)ul, sula, sara, etc.

3150 HAMP (Eric P.): Middle Welsh *py* 'to', *bwy-gilydd*.
       In BBCS 16, 1956, pp. 281-4.
          O.I. *co* (prep., conj.).
3151 ————— : IE enclitic *-*k*.
       In KZ 74, 1956, pp. 236-8.
3152 HULL (Vernam): Early Irish *acht*.
       In ZCP 25, 1956, pp. 237-42.
          Prepos. with acc. in O.I. law tracts.
3153 ————— : Miscellanea linguistica Hibernica.
       In id., pp. 246-63.
          3. *cút* [reduced from O.I. *cuc(c)ut*, in a *Bórama* poem (*LL* 39221)];
          5. *dua* [archaic form of prepos. *do* + poss. or rel. *a*].
3154 WILLIAMS (J. E. Caerwyn): On the uses of Old Irish *fri* and its cognates.
       In Celtica 3, 1956, pp. 126-48.
3155 O'BRIEN (M. A.): O.Ir. *oc* in Mod.Ir.
       In id., pp. 175-7. (Etymologies and notes, no. 12)
          ag before a noun is from pronom. form *aige*; further exx. of this widespread substitution.
3156 ————— : *is maith liom*, etc.
       In id., p. 182. (id., no. 22)
          Separate stress on *liom*, etc., had been lost in the spoken lg. of the Early Mod.I. period.
3157 BREATNACH (R. A.): Some Welsh and Irish adverbial formations.
       In id., pp. 332-7.
          Irish adverbs morphol. identical with inflected preps. 3 sg m. or n.
3158 DE BHALDRAITHE (Tomás): *chúns*.
       In Éigse 8, 1956/57, p. 146. (Nótaí ar fhocla NuaGhaeilge, no. 6)
          Conjunction in Cois Fhairrge; from contamination of *chomh fada is* and *an fhad is*.
3159 O'BRIEN (M. A.): O.Ir. *airg* 'or'.
       In Celtica 4, 1958, pp. 97-8. (Short notes, no. 1)
          Idiom. use of *airgg* (2 sg. imper. of *téit*) suggested.
3160 BREATNACH (R. A.): *fá dtaobh do*.
       In id., p. 210. (Nótaí gearra 2, no. 5)
3161 Ó CUÍV (Brian): *an mhéid*.
       In Éigse 9, 1958/61, p. 5. (Varia, [no. 3])
          As a conj. foll. by *agus go*, in CARSWELL (cf. Éigse 6.166ff.).
3162 HAMP (Eric P.): Welsh *heb*, Irish *sech*.
       In ÉtC 8, 1958/59, pp. 402-3.
3163 HENRY (P. L.): The Icelandic prepositional system.
       In KZ 76, 1960, (H. 1/2, 1959), pp. 89-135.
3164 BINCHY (D. A.): I.E. *$q^u e$* in Irish.
       In Celtica 5, 1960, pp. 77-94.
          The copulative conjunctions *-ch*, *sceo*, *os*, *ocus*; the uses of *nochis*, *sechis* in the law-tracts.
3165 KURYLOWICZ (Jerzy): On certain analogies and differences between the Slavonic, Gothic and O.Irish conjugations.
       In BSPL 19, 1960, pp. 117-24.

3166 CAMPANILE (Enrico): Il prefisso *prŏ in celtico.
In SSL 1, 1961, pp. 69-71.
The antiquity of ro- (rug-) + adjective.

3167 MAC GILL-FHINNEIN (Gordon): Fá in Éirinn, fo agus ma in Albain.
In Éigse 9, 1958/61, (pt. 4), pp. 230-1.

3168 Ó MÁILLE (T. S.): chugam > chugham.
In Éigse 10, 1961/63, (pt. 1), pp. 14-5. (Glac focal Nua-Ghaeilge, [no. 3])

3169 Ó BUACHALLA (Breandán): The relative particle do.
In ZCP 29, 1962/64, (H. 1/2, 1962), pp. 106-13.

3170 DILLON (Myles): History of the preverb to.
In Éigse 10, 1961/63, (pt. 2, 1962), pp. 120-6.

3171 HAMP (Eric P.): Old Irish esséirge 'rising'.
In Celtica 6, 1963, p. 66.
On fossilized preverb *epi- .

3172 WATKINS (Calvert): OIr. nache n- 'neque eam'.
In Lochlann 3, 1965, pp. 286-7. (Notes on Celtic and Indo-European morphology and syntax, no. 1)

3173 WILLIAMS (J. E. Caerwyn): Defnydd arbennig ar eiriau: Cym. hen, Gwydd. sean.
In BBCS 22, 1968, (pt. 1, 1966), pp. 42-5.
Intensive se(a)n- .

3174 GREENE (David): The prefix in-.
In Ériu 20, 1966, pp. 82-6.
Semantic history from 'literal' uses to modern expressions of comparison.

3175 O'RAHILLY (Cecile): The preverb con- (co n-) in the LL Táin.
In id., pp. 104-11.
Used for no before ipf. and condit. Frequently used to express relativity.

3176 Ó CRÓINÍN (D. A.): Mod.I. maidir le, mar le.
In id., pp. 183-4.
From mar (adeire) le.

3177 BREATNACH (R. A.): The Syntax of Mod.Ir. lá dá raibh sé.
In id., pp. 208-11.
Anomalous 'temporal partitive demonstrative relative construction' (vs taking dá as dia, dá 'when'), fully developed not before the Early Mod.Ir. period.

3178 MAC CANA (Proinsias): Instances of indeterminate number in Irish and Welsh.
In id., pp. 212-5. (= Varia 1, no. 1)
The generic use of de (do), eter, in Irish.

3179 BINCHY (D. A.): The old negative form of dia 'if'.
In id., pp. 229-31. (= Varia 3, no. 1)
dina, dena (Cl.O.I. mani).

3180 WAGNER (Heinrich): Indogermanisch -$k^w e$ im Finno-Ugrischen?
In MSS 20, 1967, pp. 67-92.

3181 O'RAHILLY (Cecile): co n-acca, co cuala.
In Celtica 8, 1968, pp. 155-60. (Three notes on syntax, no. 1)

3182 ———— : *ara^n*, explicative conjunction.
In id., pp. 160-2. (id., no. 2)

3183 DILLON (Myles): *Lá dá raibh sé.*
In Celtica 8, 1968, pp. 187-90.
vs R. A. BREATNACH, *in* Ériu 20, 1966.

3184 HENNIG (John): Zum Gebrauch von ir. *fíor* als Präfix.
In Sprache 15, 1969, pp. 135-43.

3185 HOLMER (Nils M.): A Celtic-Hittite correspondence.
In Ériu 21, 1969, pp. 23-4.
On 'conjugated prepositions' in both languages.

3186 GREENE (David): The status of *ní* 'non'.
In id., pp. 89-90. (= Varia 2, no. 1)

3187 ———— : *nícon* 'non'.
In id., pp. 90-2. (= id., no. 2)
Spreads from *nícon accae* and *níco cúalae*; also on explicative clauses.

3188 ———— : *cía* 'though'.
In id., pp. 92-3. (= id., no. 3)
Connection with interrogative *cía* rejected on the basis of Welsh evidence.

3189 SCHMIDT (Karl Horst): Verneinte Verbalformen in Altirischen.
In StC 5, 1970, pp. 79-82.

3190 O'RAHILLY (Cecile): Notes on conjunctions.
In Celtica 9, 1971, pp. 113-34.
cenco 'although . . . not', *as go* 'whereby', *ar* 'for, since', *mar* 'as', *agus, go*.

3191 Ó SÚILLEABHÁIN (Pádraig): *maidir le.*
In Éigse 14, 1971/72, p. 123. (Varia, no. 4)
Earliest instance in 'Doctor Kirwan's Irish catechism' (5th ed., 1842) [Best¹ 247].

3192 ———— : *roimh.*
In id., pp. 125-6. (Varia, no. 7)
Instances of rare usage (for *ré*) before vn.

E 4.7 Adverbs, etc.

3193 BERGIN (Osborn): O.Ir. *alailiu.*
In Ériu 14, 1946, (pt. 1, 1943), p. 29. (= Varia 1, [no. 1])
Adverbial dative, 'otherwise'; new interpretation of Wb. 9a23.

3194 KNOTT (Eleanor): *in duus.*
In id., p. 146. (= Varia 2, no. 2)
Adverbial accus., 'at first, to begin with'; *in dús* leg. for *indius* in Vita Br. §33.

3195 BREATNACH (R. A.): *Fadó.*
In Éigse 6, 1948/52, (pt. 3, 1951), pp. 241-3; 7, 1953/55, (pt. 3, 1954), p. 157.

3196 HULL (Vernam): *ind nocht.*
In ZCP 25, 1956, pp. 259-60. (Miscellanea linguistica Hibernica, no. 8)
Older form of *in-nocht* 'tonight', as suggested by occurrence in Vita Br. §11.

3197 BREATNACH (R. A.): Some Welsh and Irish adverbial formations.
In Celtica 3, 1956, pp. 332-7.
Irish adverbs morphol. identical with inflected preps. 3 sg m. or n.

3198 Ó Cuív (Brian): *leis féin*.
In Éigse 8, 1956/57, p. 101. (Miscellanea, no. 4)
'alone' (cf. Celtica 1.390f): some earlier instances.

3199 O'Brien (M. A.): O.Ir. *ammaig* 'in from outside'.
In Celtica 4, 1958, p. 100. (Short notes, no. 5)

3200 Breatnach (R. A.): *méanair*; *mo ghraidhn* [mə'γrəin'].
In id., pp. 208-9. (Nótaí gearra 2, no. 3)
méanair (Donegal) < *mo-ghéanair* (< *mad-génair*); similarly *mo ghraidhn* (west Munster) < **mad-ro(i)gin* (*-ra(i)gin*).

3201 ——— : *oidhe*.
In id., p. 209. (id., no. 4)
West Munster interjection *(ach) oidhe!* is prob. identical with Engl. *oyez* (< O.Fr. *oiez* 'listen').

3202 ——— : *fá dtaobh do*.
In id., p. 210. (id., no. 5)

3203 Quin (E. G.): Old Irish *ol* 'inquit'.
In Celtica 5, 1960, pp. 95-102.

3204 Mac Gill-Fhinnein (Gordon): *Ris* and *leis* with the meanings 'bare' or 'exposed'.
In Éigse 9, 1958/61, (pt. 4), pp. 227-9.

3205 [O Lochlainn] (Colm): Adverbs of direction.
In id., pp. 273-4. (Varia, [no. 7])
as completing prepositional phrases.

3206 ——— : Verbs of motion.
In id., p. 274. (Varia, [no. 8])
as completed by adv. or word of direction; *dul* takes acc.

3207 Ó Máille (T. S.): *dhera*.
In StH 1, 1961, pp. 120-2. (Cúig fhocal Nua-Ghaeilge, [no. 2])
Exclamation, from *(mo) debroth (mo débroth)*.

3208 Quin (E. G.): *caidchi, co matain*.
In Hermathena 99, 1964, p. 51. (Notes on Irish words, [no. 2])
Orig. 'till night', 'till morning' — both becoming '(n)ever' after negative verb.

3209 Watkins (C.): Lat. *nox* 'by night': a problem in syntactic reconstruction.
In Symbolae linguisticae in honorem Georgii Kurylowicz. Komitet red.: A. Heinz, M. Karaś [etc.]. Wroclaw [etc.], 1965. pp. 351-8.
p. 357: a view on O.I. *nd-ad(a)ig* 'this (immediately following) night', *in-díu* 'today', *in-nocht* 'tonight'.

3210 Quin (E. G.): Old-Irish *alailiu, arailiu*.
In StC 2, 1967, pp. 91-5. (= Varia, [no. 1])
Further to Wb. 9a23.

3211 de Búrca (Seán): 'La malmariée' nó Ainnir an tseanduine.
In Éigse 12, 1967/68, pp. 133-7.
Song from Tourmakeady (Co. Mayo) in phonetic transcr. and translit.; note on the expletive composite interjection *inneó'ra*.

3212 Skerrett (R. A. Q.): Verbs of state and motion in Irish.
In Ériu 21, 1969, pp. 76-86.

The generating of sentences with the verbs *bheith, dul, teacht, cur, tabhairt, fanacht, fágáil, coinneáil*, with locative complements.

3213 GREENE (David): The Irish war-cry.
In Ériu 22, 1971, pp. 167-73.
abú < M.Engl. *abofe*.

3214 HAMILTON (Noel): *amach / amuigh*.
In Éigse 14, 1971/72, p. 128. (Notes on Donegal Irish, no. 5)
The latter used as a sort of superlative to the former, e.g. *an seanchaí a b'fhearr amuigh* 'the very best storyteller'.

E 4.8 Verb, Verbal noun

E 4.8.1 General & various

3215 DILLON (Myles): Modern Irish *atá sé déanta agam* 'I have done it'.
In Lg 17, 1941, pp. 49-50.

3216 Ó M[URCHADHA] (G.): *bígis, téigis*.
In Éigse 3, 1941/42 (1943), (pt. 4), pp. 309-10. (= Ceist, freagra ..., no. 49)
2 pl. ipv.

3217 DILLON (Myles): On the structure of the Celtic verb.
In Lg 19, 1943, pp. 252-5.

3218 ———: The sigmatic forms of the Old Irish verb.
In TPS 1943 (1944), pp. 40-53.

3219 [Ó CUÍV (Shán)]: Fuirm sgurtha an bhréithir.
In An Músgraigheach 4, Earrach 1944, pp. 14-5.
Analytic forms of the verb in the Irish of West Muskerry.

3220 Ó SÚILLEABHÁIN (Pádraig): An fhuirm spleadhach den bhriathar, aimsir láithreach.
In Éigse 5, 1945/47 (1948), (pt. 1), p. 62. (Miscellanea, no. 4)
Dep. pres. form of vb. in indep. usage, traced back to 15th c.

3221 ———: Poinntí éagsamhla as *Spiritus Guidonis*.
In id., p. 63. (id., no. 5)
[1] An fhuirm in *-ann* den aimsir láithreach ar lorg *má*; [2] *-aighthe, -aighe* san rannghabháil chaithte; [3] *Do* ar lár roimh an ainm briathardha.

3222 LLOYD-JONES (J.): The compounds of *gal*.
In 437 [Fs. Torna], pp. 83-9.

3223 SOMMERFELT (Alf): On a Donegal verbal type with a dissyllabic semanteme ending in *a(:)*.
In Festskrift til professor Olaf Broch. Oslo 1947. (= ANVA 1947) pp. 261-70.
Republ. in 451 [DSAL], pp. 329-35.

3224 HOLMER (Nils M.): On the origin of the Celtic preterit in *-ss-*.
In Lg 23, 1947, pp. 419-20.

3225 HERMANN (E.): Zusammengewachsene Präteritum- und Futurum-Umschreibungen in mehreren indogermanischen Sprachen.
In KZ 69, 1951, (H. 1/2, 1948), pp. 31-75.
8. Das italische Imperfektum und das lateinisch-irische *b*-Futurum.

3226 DE BHALDRAITHE (Tomás): Varia.
In Éigse 6, 1948/52, (pt. 1), pp. 47-9.
> Notes, in Irish, on the syntax of the Irish of Cois Fhairrge: (1) An t-ainm briathardha; (2) An aidiacht bhriathardha; (3) 'Ab é Seán?'; (4) 'Is beag a —'.

3227 KRAUSE (Wolfgang): The imperfect in British and Kuchean.
In JCS 1, 1950, (no. 1, 1949), pp. 24-34.

3228 HULL (Vernam): Syncopated second syllables of dissyllables.
In Lg 25, 1949, p. 136. (Miscellanea linguistica Hibernica, no. 7)

3229 ———: Verbal reduplication.
In id., p. 138. (id., no. 10).

3230 BERGIN (Osborn): Old Irish *dligid*.
In JCS 1, 1950, pp. 183-9.

3231 MHAC AN FHAILIGH (Éamonn): Consuetudinal future and consuetudinal present.
In Éigse 6, 1948/52, (pt. 2, 1950), pp. 149-54.
> Based on exx. from N.W. Mayo and W. Galway.

3232 DE BHALDRAITHE (Tomás): *féadachtáil*.
In id., p. 168. (Varia, [no. 4])
> Vn. of *féadaim* in Cois Fhairrge.

3233 PISANI (Vittore): *Uxor*. Ricerche di morfologia indeuropea.
In Miscellanea Giovanni Galbiati. Vol. 3. Milano: U. Hoepli, 1951. (= Fontes Ambrosiani, 27) pp. 1-38.
> 3. Le desinenze verbali con *r*.

3234 POKORNY (J.): Zur altirischen Präsensflexion.
In KZ 70, 1952, (H. 1/2, 1951), pp. 114-9.

3235 BREATNACH (R. A.): The origin of the 2 pl. ipv. in northern Irish.
In Ériu 16, 1952, pp. 49-60.

3236 DRAAK (Maartje): Emotional reflexes.
In id., pp. 74-8.
> Dependent/prototonic form of the verb in emotional statements (incl. the responsive and the so-called 1 sg imperative).

3237 Ó CUÍV (Brian): Some developments in the imperative mood.
In id., pp. 171-8.
> (1) The first person plural; (2) The third person plural.

3238 HULL (Vernam): The Middle Irish preterit passive plural in the Annals of Ulster.
In Lg 28, 1952, pp. 107-8.

3239 O'BRIEN (M. A.): An impersonal construction in Old Irish.
In Celtica 2, 1954, (pt. 1, 1952), p. 216. (Short notes)
> The type *dot-luid* (cf. ScMM², p. 27, n. 24).

3240 WAGNER (H.): Zu den idg. *r*-Endungen.
In ZCP 24, 1954, (H. 1/2, 1953), p. 91. (Varia, no. 2)
> Active form of deponentia with suffixed pronoun.

3241 HULL (Vernam): The preterite passive plural in the Annals of Inisfallen.
In id., pp. 126-7.

E GRAMMAR

3242 GREENE (David): NVA pl. -aige.
In Celtica 2, 1954, pp. 334-5. (Miscellanea, [no. 1])
Originally from abstract ending -*iā*, with n. *o* cpd. (verbal) nouns in -*ach*.

3243 O'BRIEN (M. A.): Omission of *no* (*do*).
In id., p. 350. (Short notes, [no. 1])
Ipf. *téged* without *no* (or *do*) under the influence of *ticed* 'he used to come'.

3244 HARTMANN (Hans): Das Passiv. Eine Studie zur Geistesgeschichte der Kelten, Italiker und Arier.
Heidelberg: Winter, 1954. 206 pp. (Idg. Bibliothek, 3. Reihe: Untersuchungen).
Reviews by

3245 PISANI (Vittore), *in* Paideia 10, 1955, pp. 274-7.

3246 WAGNER (Heinrich), *in* ZCP 25, 1956, (H. 1/2, 1955), pp. 141-5.

3247 M[EZGER] (F.), *in* KZ 75, 1958, pp. 245-6.

3248 SCHLERATH (B.), *in* Tribus 8, 1959, pp. 107-10.

3249 HULL (Vernam): The preterite passive plural in *Caithréim Thoirdhealbhaigh*.
In Éigse 8, 1956/57, (pt. 1, 1955), pp. 30-1.

3250 DILLON (Myles): On the syntax of the Irish verb.
In TPS 1955 (1956), pp. 104-14.

3251 VENDRYES (J.): Participe passé et supin.
In Hommages à Max Niedermann. Bruxelles: Latomus, 1956. (= Collection Latomus, vol. 23) pp. 333-8.

3252 ———— : Sur l'emploi impersonnel du verbe.
In Celtica 3, 1956, pp. 185-97.

3253 LOHMANN (J.): Das Verbalpräfix *ro*- im Keltischen als allgemeinsprachwissenschaftliches Problem.
In id., pp. 311-6.
Review by

3254 SCHMIDT (Harl Horst), *in* IF 63, 1957/58 (1958), p. 298.

3255 WAGNER (Heinrich): Zu den indogermanischen *ē*-Verben.
In ZCP 25, 1956, pp. 161-73.

3256 WATKINS (Calvert): A preliminary study of the history of the Old Irish primary *a*-verbs.
In For Roman Jakobson. Essays on the occasion of his sixtieth birthday, 11 October 1956. The Hague: Mouton, 1956. pp. 613-21.

3257 THOMSON (R. L.): The dental preterite in Germanic and Celtic.
In EGS 6, 1957, pp. 85-91. (Three etymological notes, no. 3)

3258 HULL (Vernam): Early Irish -*rabais*.
In ZCP 27, 1958/59, (H. 1/2, 1957), pp. 75-8.
O.I. encl. conj. 2 sg. pres. subj. of subst. vb., -*rob(a)e*, with ending from *s*-subj.; also -*rab(h)air* with depon. ending.

3259 WAGNER (Heinrich): Zur Betonung des Imperativs im Altirischen.
In ZRP 74, 1958, pp. 278-9.
An O.H.G. correspondence.

3260 MANIET (Albert): L'aspect verbal en celtique.
   In RBPh 36, 1958, pp. 139-43.
3261 WATKINS (Calvert): Old-Irish *sernaid* and related forms.
   In Ériu 18, 1958, pp. 85-101.
3262 GREENE (David): The analytic forms of the verb in Irish.
   In id., pp. 108-12.
3263 Ó CUÍV (Brian): Some verbal forms in Modern Irish.
   In id., pp. 153-7.
   3 sg. past from vn. by palataliz. of final (and accompanying features).
3264 HOLMER (Nils M.): Sobre el sufijo relativo *-(e)n, -an*.
   In BSVasc 15, 1959, pp. 411-3. (Sobre algunos problemas de lingüística histórica vasca, no. 4)
   Special relative forms of the verb in Basque and in Celtic.
3265 WAGNER (Heinrich): Das Verbum in den Sprachen der britischen Inseln. Ein Beitrag zur geographischen Typologie des Verbums.
   Tübingen: Niemeyer, 1959. xx + 258 pp. (= Buchreihe der ZCP, Bd. 1)
   Appendix: Bemerkungen zur typologischen Stellung des indogermanischen Verbums.
3266 KURYLOWICZ (Jerzy): On certain analogies and differences between the Slavonic, Gothic and O.Irish conjugations.
   In BSPL 19, 1960, pp. 117-24.
3267 WAGNER (Heinrich): Keltisches *t*-Praeteritum, slavischer Wurzelaorist und germanisches schwaches Praeteritum.
   In ZCP 28, 1960/61, pp. 1-18, 341 [corr.].
3268 GAGNEPAIN (Jean): A propos du 'verbe celtique'.
   In ÉtC 9, 1960/61, pp. 309-26.
   Review article on H. WAGNER, Das Verbum in den Sprachen der Britischen Inseln, 1959.
3269 MEID (Wolfgang): Zum Unterschied von absolut und konjunkt in der Flexion des altirischen Deponens und Passivs.
   In Orbis 10, 1961, pp. 434-8.
3270 KURYLOWICZ (Jerzy): The simple and the conjunct endings of the verb.
   In BSPL 20, 1961, pp. 129-31. (Hibernica, no. 2)
3271 ——— : The deponential (mediopassive) endings.
   In id., pp. 131-6. (id., no. 3)
3272 WATKINS (Calvert): Indo-European origins of the Celtic verb. 1. The sigmatic aorist. [no more publ.]
   Dublin: D.I.A.S., 1962 (repr. 1970). 203 pp.
   App.: Morphological reflexes of laryngeal in Celtic.
   Reviews by
3273 KURYLOWICZ (Jerzy), *in* BSPL 22, 1963, pp. 203-10.
3274 SCHMID (Wolfgang P.), *in* IF 68, 1963, pp. 224-8.
3275 SCHMIDT (Karl Horst), *in* StH 4, 1964, pp. 222-32.
3276 MEID (Wolfgang), *in* Kratylos 10, 1965, pp. 52-67.

3277 AMBROSINI (Riccardo): Concordanze nella struttura formale delle categorie verbali indo-europee.
In SSL 2, 1962, pp. 33-97.

3278 HARTMANN (Hans): Zur Relation zwischen *Man*-Aktiva und dem indefiniten Agens beim Passiv.
In IF 67, 1962, pp. 237-51.

3279 DILLON (Myles): History of the preverb *to*.
In Éigse 10, 1961/63, (pt. 2, 1962), pp. 120-6.

3280 MHÁG CRAITH (Cuthbert): The preterite passive plural in bardic poetry.
In Éigse 10, 1961/63, (pt. 2, 1962), pp. 144-8.
   1. In the Bardic syntactical tracts; 2. In earlier bardic poetry; 3. In later bardic poetry.

3281 WATKINS (Calvert): The origin of the *t*-preterite.
In Ériu 19, 1962, pp. 25-46.
   Add.: Transitive and intransitive in the Celtic preterite passive, Slavic root aorist, and Germanic weak preterite [ad H. WAGNER, Keltisches *t*-Praeteritum ..., in ZCP 28, 1960/61].

3282 ———— : Irish *milchobur*.
In id., pp. 114-6. (= Varia 2, no. 1)
   Tabu word for 'bear' ('honey-desiring', determinative cpd. with verbal rection); on a morphophonemic opposition between simple and compounded forms of the O.I. verbal noun.

3283 HULL (Vernam): *as-ind*.
In ZCP 29, 1962/64, (H. 1/2, 1962), pp. 102-3. (Some Early Irish verbs, no. 1)
   Short form, beside long form *as-inde*, of 3 sg. pres. subj. and fut. of *as-indet*.

3284 ———— : *eser*.
In id., pp. 104-5. (id., no. 3)
   On the ending of the 2 sg. pres. subj. depon. (here abs. *s*-subj. of *ithid*).

3285 MEID (Wolfgang): Die sprachliche Form des Prohibitivsatzes im Altirischen. Zum Nachleben des idg. Injunktivs im Keltischen.
In id., pp. 155-72.

3286 HULL (Vernam): The Early Irish future tense of *ad-cota*, *-éta*.
In id., pp. 175-6. (Miscellanea Celtica, no. 3)
   On the spread of the *f*-future.

3287 GAGNEPAIN (J.): La sémiologie du verbe celtique.
In ÉtC 10, 1962/63, pp. 43-59, 413-33; 11, 1964/67, pp. 361-82 [to be cont.].

3288 MEID (Wolfgang): Die indogermanischen Grundlagen der altirischen absoluten und konjunkten Verbalflexion.
Wiesbaden: Harrassowitz, 1963. x + 142 pp.
Reviews by

3289 SCHMIDT (Karl Horst), *in* IF 69, 1964 (1964/65), pp. 176-80.
3290 GREENE (David), *in* Celtica 7, 1966, pp. 225-8.
3291 RIX (H.), *in* Sprache 13, 1967, pp. 119-23.
3292 PISANI (Vittore), *in* Paideia 22, 1967, pp. 262-8.
3293 ADRADOS (Francisco Rodriguez): Evolucion y estructura del verbo indoeuropeo.

Madrid: Instituto 'Antonio de Nebrija', 1963. 873 pp. (= Consejo Superior de Investigaciones Cientificas: Manuales y anejos de Emerita, 21)
> Part 2, chap. 11, deals with the Celtic, i.e. mostly the O.I., verb.

3294 WATKINS (Calvert): Preliminaries to a historical and comparative analysis of the syntax of the Old Irish verb.
In Celtica 6, 1963, pp. 1-49.

3295 SCHMIDT (Karl Horst): Zum altirischen Passiv.
In IF 68, 1963, pp. 257-75.

3296 ——— : Präteritum und Medio-Passiv.
In Sprache 9, 1963, pp. 14-20.

3297 ——— : Altirisch *ro-fitir* und das Deponens des sog. suffixlosen Präteritums.
In Sprache 10, 1964, pp. 134-43.

3298 WAGNER (Heinrich): Altir. *ruidid* 'wird rot, errötet'.
In ZCP 29, 1962/64, (H. 3/4, 1964), pp. 299-300.
> On *ē*-verbs.

3299 ROCKEL (Martin): Das *r* als distinktives Element des Mediopassivs im Altirischen und Latein.
In ZPhon 17, 1964, pp. 621-5.

3300 CAMPANILE (Enrico): Sull' origine del preterito in -*t*- nelle lingue celtiche.
In SSL 5, 1965, pp. 102-19.

3301 POKORNY (Julius): Zur unpersönlichen Konstruktion im Irischen.
In IF 70, 1965 (1965/66), pp. 316-21 [no more publ.].
> vs K. H. SCHMIDT (*in* IF 68, 1963).

3302 SCHMIDT (Karl Horst): Zum Suppletivismus der Verba für 'gehen' und 'kommen' im Altirischen.
In MSS 19, 1966, pp. 117-28.

3303 ROCKEL (Martin): Mittel der temporalen und modalen Stammbildung der altirischen primären Verben.
In ZPhon 19, 1966, pp. 561-70.

3304 SCHMIDT (Karl Horst): Konjunktiv und Futurum im Altirischen.
In StC 1, 1966, pp. 19-26.

3305 HOWELLS (Donald): The syntax of the Old Irish verb.
In SGS 11, 1968, (pt. 1, 1966), pp. 60-71.
> Discussion of C. WATKINS, Preliminaries to a historical and comparative analysis of the syntax of the Old Irish verb, 1963.

3306 MALONE (Joseph L.): Old Irish morphophonemics and ordered process rules.
In Lingua 16, 1966, pp. 238-54.

3307 WATKINS (Calvert): The origin of the *f*-future.
In Ériu 20, 1966, pp. 67-81, 93 [add.].

3308 O'RAHILLY (Cecile): The preverb *con-* (*co n-*) in the LL *Táin*.
In id., pp. 104-11.
> Used for *no* before ipf. and condit. Frequently used to express relativity.

3309 SCHMIDT (Karl Horst): Die indogermanischen *ē*-Praesentia im Altirischen.
In Ériu 20, 1966, pp. 202-7.

3310 RIX (Helmut): Zur Vorgeschichte von absoluter und konjunkter Flexion im Altirischen.
In 455 [Fs. Pokorny], pp. 265-75.
Review by
3311 DILLON (Myles), in Celtica 9, 1971, p. 334.
3312 BANATEANU (Vlad): L'élément -r médio-passif dans les langues indo-européennes.
In Revue romaine de linguistique 12, 1967, pp. 187-207.
3313 SCHMIDT (Karl Horst): Zur Syntax des altirischen Verbalnomens.
In MSS 20, 1967, pp. 59-65.
Rejoinder to J. POKORNY (*in* IF 70, 1965/66).
3314 WAGNER (Heinrich): Zu altir. *marnid* 'verraten'.
In ZCP 30, 1967, pp. 1-6.
Also criticism of C. WATKINS' explanation of the O.I. *t*-preterite (1962).
3315 GAGNEPAIN (J.): Préliminaires à l'étude de la relation en celtique.
In StC 2, 1967, pp. 1-7.
3316 HOWELLS (Donald): Notes on syntax.
In id., pp. 131-46.
3317 FLOBERT (P.): Déponent et passif en italique et en celtique.
In AB 74, 1967, pp. 567-604.
Review by
3318 FLEURIOT (Léon), in Lochlann 4, 1969, pp. 376-7.
3319 MEID (Wolfgang): Remarks on the origin of the Old Irish absolute and conjunct inflexions.
In StC 3, 1968, pp. 1-8.
3320 SCHMIDT (Karl Horst): Zum altirischen Imperfektum.
In id., pp. 19-23.
3321 GLEASURE (James): Consonant quality in Irish and a problem of segmentation.
In id., pp. 79-87.
§2: discussion of Irish and Gaelic *féin, fhéin*; application to the *f*-future tense ending.
3322 DILLON (Myles): The semantic history of Irish *gal* 'valour; steam'.
In Celtica 8, 1968, pp. 196-200; 9, 1971, p. 134 [corrig.].
Summary in Actes du Xe Congrès international des linguistes, Bucarest 1967. Bucarest: Édition de l'Acad. de la Rép. Soc. de Roumainie. vol. 2, 1970, pp. 567-9.
Discussion, by T. DE BHALDRAITHE, of two features in the Irish of Cois Fhairrge.
3323 NEU (Erich): Das hethitische Mediopassiv und seine indogermanischen Grundlagen.
Wiesbaden: Harrassowitz, 1968. xiv + 208 pp. (= Studien zu den Boğazköy-Texten, H. 6)
3324 CAMPANILE (Enrico): Sulla sopravvivenza dell'ingiuntivo indoeuropeo nei dialetti celtici.
In AION 8, 1968, pp. 41-86.
3325 KIPARSKY (Paul): Tense and mood in Indo-European syntax.
In FLg 4, 1968, pp. 30-57.

3326 KURYLOWICZ (Jerzy): La désinance verbale -r en indo-européen et en celtique.
In ÉtC 12, 1968/71, (fasc. 1, 1968/69), pp. 7-20.

3327 WATKINS (Calvert): The Celtic masculine and neuter enclitic pronouns.
In id., pp. 92-5.

3328 DRESSLER (Wolfgang): Eine textsyntaktische Regel der idg. Wortstellung. (Zur Anfangsstellung des Prädikatverbums).
In KZ 83, 1969, pp. 1-25.

3329 WATKINS (Calvert): On the prehistory of Celtic verb inflexion.
In Ériu 21, 1969, pp. 1-22.
 1. The thematic present indicative active; 2. The deponent and passive present.
 Abbr. from Idg. Gr. iii 1, chaps. 12, 13.

3330 QUIN (E. G.): On the Modern Irish *f*-future.
In id., pp. 32-41.

3331 SCHMIDT (Karl Horst): Verneinte Verbalformen in Altirischen.
In StC 5, 1970, pp. 79-82.

3332 TEIJEIRO (Manuel Garcia): Los presentes indoeuropeos con infijo nasal y su evolucion.
Salamanca: Cosejo Superior de Investigaciones Cientificas, Colegio Trilingüe de la Universidad, 1970. 167 pp. (= Theses et studia philologica Salmanticensia, 16)

3333 QUIN (E. G.): The *f*-future in STAPLETON's *Catechismus*.
In Ériu 22, 1971, pp. 174-5. (= Varia 1)

3334 SCHMIDT (Karl Horst): Partizip und passives Präteritum im Keltischen.
In Donum Indogermanicum. Festgabe für Anton Scherer zum 70. Geburtstag. Hg. von R. Schmitt-Brandt. Heidelberg: Winter, 1971. pp. 182-6.

3335 SCHMIDT (Gernot): Altirisch *ro-fitir* und Verwandtes.
In KZ 85, 1971, pp. 242-72.

3336 ADRADOS (Francisco R.): On Indo-European sigmatic verbal stems.
In ArL 2, 1971, pp. 95-116.

3337 Ó SÚILLEABHÁIN (Pádraig): *roimh*.
In Éigse 14, 1971/72, pp. 125-6. (Varia, no. 7)
 Instances of rare usage (for *ré*) before vn.

3338 HAMILTON (Noel): The present passive.
In id., pp. 129-30. (Notes on Donegal Irish, [no. 7])
 Certain irregular verbs have -*tar* after 'slender'.

3339 THOMSON (Robert Leith): The syntax of the verb in Manx Gaelic.
In ÉtC 5, 1949/51, (fasc. 2, 1950/51), pp. 260-92.

E 4.8.2 Verbal systems
cf. E 2.1 Grammars of texts and dialects, Linguistic dating.

3340 O Daly (Máirín): The verbal system of the LL *Táin*.
In Ériu 14, 1946, (pt. 1, 1943), pp. 31-139.

3341 Lehmann (Ruth Preston): A study of the *Buile Shuibhne*.
In ÉtC 6, 1953/54, pp. 289-311; 7, 1955/56, pp. 115-38.

3342 Maniet (Albert): Le système verbal et quelques faits connexes du *Cath Belaig Dúin Bolc*.
In Ogam 7, 1955, pp. 123-8.
Takes into account variants from MS R.I.A. D iv 2 (not used for the edition).

3343 Nuner (Robert D.): The verbal system of the *Agallamh na senórach*.
In ZCP 27, 1958/59, pp. 230-310.
Review by

3344 Mac Eoin (Gearóid S.), *in* StH 1, 1961, pp. 260-1.

3345 Mac Eoin (Gearóid S.): Das Verbalsystem von *Togail Troí* (H 2 17).
In ZCP 28, 1960/61, pp. 73-136, 149-223.

3346 Ó Concheanainn (Tomás): Córas briathartha *Betha Chellaig*.
In Éigse 10, 1961/63, (pt. 1), pp. 49-64.
Verbal system of the LB text, cf. Éigse 11.189ff

3347 Hull (Vernam): The verbal system of *Aislinge Meic Conglinne*.
In ZCP 29, 1962/64, (H. 3/4, 1964), pp. 325-78.

3348 Skerrett (R. A. Q.): Two Irish verbal systems of the fifteenth century.
In Celtica 7, 1966, pp. 189-204.
Of 2 indep. transls. of the *Liber de passione Christi* (v. Celtica 6, 1963): (1) as in LF, (2) as in Laud 610. Further Connacht features in LF; discussion of the vn. ending *-achan*.

E 4.8.3 Individual verbal forms

3349 Thurneysen (Rudolf): *frisdo-gair*.
In ZCP 22, 1941, pp. 27-9. (Irisches, no. 3)
as in Tochm.Ét. §23; an instance of *fris* + *da* (3 sg. f. inf. pron. cl. C).

3350 ——— : *cichsite*.
In id., pp. 29-32. (id., no. 5)
as in ZCP 20.206 (cf. O'Dav. 345).

3351 ——— : *rodb-* .
In id., pp. 32-7. (id., no. 6)
Established as a verbal stem.

3352 Hull (Vernam): Old and Middle Irish *do-sná*.
In Lg 17, 1941, pp. 152-5.
Incl. discussion of Imr.Brain §4.

3353 ——— : The future first singular of Old Irish *do-diat*.
In Lg 18, 1942, pp. 140-1.

3354 ——— : Notes on some Early Irish verbal forms.
In Lg 23, 1947, pp. 422-6.
2. *cichsi* [is attested for 2 sg. *s*-future]; 5. *imb-fia* [3rd sg. pres. subj. of *imm-fen*, in Laws iv 126.4].

3355 ———— : *ro-tocad, -rodcad.*
 In id., pp. 425-6. (Notes on some Early Irish verbal forms, no. 6)
 From *tocaid* 'destines'; incl. emendation and transl. of The Evernew tongue, §39 (ed. Stokes, 1905).

3356 ———— : Miscellanea linguistica Hibernica.
 In Lg 25, 1949, pp. 130-8.
 2. *do-āir, -tāir* [*s*-subj. of *to-ad-reth-*; ≠ *do-air, -tair,* < *do-airic*]; 3. *foilis* [intended for rel. 3rd sg. pres. indic. of *fo-ling,* regarded as a simplex, in Laws v 334.16]; 5. *ro-geinn, -rogainn* [an 'extra-presential form' is attested in Ériu 13.35].

3357 ———— : *rondid.*
 In id., pp. 134-5. (id., no. 6)
 Two further occurrences; incl. interpretation of *A ben, nāchamaicille,* st. 33 (*Reicne Fothaid Canainne,* v. Fianaig., p. 14).

3358 ———— : *tlenaid.*
 In id., pp. 136-7. (id., no. 8)
 Redupl. pret., *-tíuil,* in The Deaths of Lugaid and Derbforgaill (Ériu 5.209.39).

3359 ———— : Noticulae de lingua Hibernica.
 In ZCP 24, 1954, (H. 1/2, 1953), pp. 121-6.
 4. *do-u(i)c* [used for ipv. of *do-beir* when pron. element is infixed];
 5. *fo-len* [*fot-lile cuma* 'grief will follow you' (RC 15.121) confirms existence of the cpd.];
 7. *-rornaither* [3 sg. *ro-*pres. ind. pass. of *rannaid,* in Corm. Y 447].

3360 ———— : Some Early Irish verbal forms.
 In ZCP 24, 1954, pp. 234-7. (Irish notes, [no. 1])
 1. *do-sceinn* ['springs (forward)'; instances of this hitherto unrecorded cpd.];
 2. *-gét* [3 sg. pass. pret. of *gonaid*];
 3. *ro-sinit* [leg. *ro-sineth,* 3 sg. *ro-*impf. ind. of *sínid,* in FB §101];
 4. *setta* [prob. 3 pl. rel. pres. ind. of denomin. *sétaid* 'treasures', in FB §24].

3361 ———— : Early Irish *ecortaid.*
 In id., pp. 237-8. (id., [no. 2])
 Lemma nihili in DRIA. Instances cited of forms of a verb **in-córta* (or **ad-córta*) 'encircles; winds, wraps' (vn. *ecurtuth*).

3362 ———— : Early Irish *táthai.*
 In id., pp. 242-3. (id., [no. 4])
 3 sg. abs. pres. ind. subst.vb. + suff. pron. 3 sg. m., in poem *Nech at-cobra dul for nemh,* q. 1 (ZCP 7.310); vs DRIA, s.v. *1 táthaid.*

3363 O'BRIEN (M. A.): Omission of *no* (*do*).
 In Celtica 2, 1954, p. 350. (Short notes, [no. 1])
 Ipf. *téged* without *no* (or *do*) under the influence of *ticed* 'he used to come'.

3364 HULL (Vernam): *ad-rart[h]atar.*
 In ZCP 25, 1956, 246-7. (Miscellanea linguistica Hibernica, no. 1)
 From *in-reith* 'invades', in the 'Laud genealogies' (ZCP 8.313 [Best[1] 261]).

3365 ———— : *fengaid.*
 In id., pp. 256-7. (id., no. 6)
 Early M.I. instance in Fing.R., *no-feṅcad.*

3366 ———— : *geste.*
 In id., pp. 257-9. (id., no. 7)
 2 pl. pres. subj. of *guidid,* as attested in Mon.Tall. *gesti(si).*

3367 ———— : *lūsta.*
 In id., pp. 260-2. (id., no. 9)

E GRAMMAR

    Gerundive of post-O.I. *lūsaid* 'drinks', in *Cath Cairnn Chonaill* (ZCP 3.214) and *Mionannala* (SG i 399); cf. participial *lūstai* in *Cath Maige Mucrama* (RC 13.436).

3368 ———— : *-roglé*.
   In id., pp. 262-3. (id., no. 10)
    coro glé (instead of *glïa*, from *glenaid*), in *Immram Maíle Dúin* (v. Immrama 673), taken as *co roglé* (with unhistorical long *e*).

3369 Mac Airt (Seán): *tárraid*.
   In Celtica 3, 1956, pp. 267-8. (Lexicographical notes, no. 4)
    'overtake'; leg. *co tārat* (intrans.) in ScM² 8.

3370 Greene (David): *admat*.
   In Celtica 4, 1958, pp. 46-7. (Miscellanea, [no. 5])
    Orig. vn. of **ad-moinethar* 'invents'.

3371 O'Brien (M. A.): *-díuchtra, di-foch[t]rathar* 'awakes'.
   In id., p. 98. (Short notes, no. 2)

3372 Ó Cuív (Brian): *molid*.
   In Éigse 9, 1958/61, p. 6. (Varia, [no. 4])
    An active form from Wb 4a2.

3373 Quin (E. G.): Old Irish *ol* 'inquit'.
   In Celtica 5, 1960, pp. 95-102.

3374 Hull (Vernam): *ad-cois*.
   In id., p. 135. (Varia Hibernica, no. 1)
    2 sg. perf. pres. subj. act. of *ad-fét*, in the 2nd rec. of *Scél Túain maic Cairill* (Im.Brain ii 286 §3).

3375 ———— : *móaigid*.
   In id., pp. 136-7. (id., no. 2)
    O.I. *mogaid*. Emend. & transl. of a sentence in *Senchas fagbála Caisil* (ed. M. Dillon, 1952, ll. 47-8).

3376 ———— : *-taithmis*.
   In id., pp. 137-8. (id., no. 3)
    2 sg. pres. subj. act. of *do-a(i)thboing* 'dissolves' (prob. for O.I. *-tathb(a)is*).

3377 ———— : Early Irish *ad-ais*.
   In ZCP 28, 1960/61, pp. 258-9.
    'fears' (cpd. of *aisid*), an instance from Laws v 370.

3378 ———— : Old Irish *sissidir* and its compounds.
   In id., pp. 260-1.
    -roīsur (in *Forfes Fer Fálchae* [Best¹ 78] §5), 1 sg depon. indic. *ro*-pres. of hitherto unrecorded simplex *sissidir*.

3379 [O Lochlainn] (Colm): *bris*.
   In Éigse 9, 1958/61, (pt. 4), p. 273. (Varia, [no. 5])
    as a 'secondary vn.' of *briseadh*.

3380 Greene (David): Ir. *bíthe*.
   In Ériu 19, 1962, p. 113. (= Varia 1, no. 5)
    Orig. p.p. of *benaid*: 'struck; mild, delicate'.

3381 Watkins (Calvert): Old Irish *-antar*.
   In Ériu 19, 1962, pp. 116-8. (= Varia 2, no. 2)
    Restoration and transl. of a verse in Privileges of poets (Ériu 13. 13 and 58) from MSS T.C.D. H 2 15B, etc.: *do-aisic a dath / dia aír -antar*; postulation of a prima ᵘ¹ʲverb **anaid* 'blemishes'; on 'Bergin's law'.

E GRAMMAR

3382 HULL (Vernam): *as-ind*.
In ZCP 29, 1962/64, (H. 1/2, 1962), pp. 102-3. (Some Early Irish verbs, no. 1)
Short form, beside long form *as-inde*, of 3 sg. pres. subj. and fut. of *as-indet*.

3383 ——— : *do-ic*.
In id., pp. 103-4. (id., no. 2)
An ex. of impersonal *do-ic* with infixed pron. (instead of *do*) expressing logical subject (cf. Celtica 3.194).

3384 ——— : *eser*.
In id., pp. 104-5. (id., no. 3)
On the ending of the 2 sg. pres. subj. depon. (here abs. *s*-subj. of *ithid*).

3385 ——— : Early Irish *-ebla*.
In id., pp. 173-4. (Miscellanea Celtica, no. 1)
An instance of the posited 3 sg. fut. act. of *ailid*.

3386 ——— : The Early Irish future tense of *ad-cota*, *-éta*.
In id., pp. 175-6. (id., no. 3)
On the spread of the *f*-future.

3387 ——— : A further note on Early Irish *ad-cois*.
In Celtica 6, 1963, p. 126.
2 sg. perf. pres. subj. act. of *ad-fét* (a further instance).

3388 Ó DUBHTHAIGH (Bearnárd): *barúil, bharúil mé*.
In Éigse 10, 1961/63, (pt. 4), pp. 283-5. (Dornán nótaí ar fhocla Nua-Ghaeilge, [no. 3])
Some verbal forms; *bharúil mé* in Donegal.

3389 HULL (Vernam): *-mét* and its unstressed form *-mat*.
In ZCP 29, 1962/64, (H. 3/4, 1964), pp. 316-9. (Varia Hibernica, no. 2)
sg. pret. pass. of *muinithir*, in The Deaths of Lugaid and Derbforgaill (Ériu 5.209.41).

3390 ——— : *-tíuil*.
In id., pp. 319-20. (Varia Hibernica, no. 3)
3 sg. pret. of *tlenaid*, in The Deaths of Lugaid and Derbforgaill (Ériu 5.209.39).

3391 QUIN (E. G.): *rondgab*.
In Hermathena 99, 1964, pp. 53-4. (Notes on Irish words, [no. 6])
VBrig. §4.4f, to be emended to *cindas rondgab ar ningen*.

3392 O'RAHILLY (Cecile): *con-dieig, con-atig*.
In Celtica 7, 1966, pp. 42-4. (Miscellanea, no. 2)
conat(a)ig instead of *conaitecht* (and vice versa) arises by confusion of *ad-teich* with *con-dieig*.

3393 WAGNER (H.): Altirisch *-tuit* 'fällt'.
In Ériu 20, 1966, pp. 87-93.

3394 BINCHY (D. A.): *atomriug*.
In id., pp. 232-4. (= Varia 3, no. 3)
'I bind (gird) myself', from *ad-rig*, in the Lorica of Patrick.

3395 HULL (Vernam): Early Irish *eirsi*.
In ZCP 30, 1967, pp. 9-10. (Miscellanea Hibernica, no. 2)
Verbal of necessity of *air-reth-*, 'seizable', in Tec. Cormaic, §19.35, and Cáin Ad., §47.

3396 ——— : Early Irish *ērennat*.
In id., pp. 10-11. (Miscellanea Hibernica, no. 3)

Read *ērenath* (*a ndo-dn-inntaī*), 3 sg. imper. act. of *as-ren*, in a passage in Laws i 122 (of which a rev. transl. is given).

3397 KAVANAGH (Séamus): *Sithichtho* Wb. 6a5.
In Celtica 8, 1968, p. 43.
Review by
3398 Ó CONCHEANAINN (Tomás), *in* Éigse 13, 1969/70, p. 247.
3399 O'RAHILLY (Cecile): *co n-acca, co cuala*.
In id., pp. 155-60. (Three notes on syntax, no. 1)
3400 HAMP (Eric): *to-aithib ~ do-aithim*.
In Ériu 21, 1969, p. 88. (= Varia 1, no. 2)
3 sg. pres. subj. of *do-a(i)thboing* 'dissolves'.
3401 BOLING (Bruce): Old Irish *sebortir*.
In StC 6, 1971, pp. 36-41.
Incl. restoration of the *Táin* rhetoric *All amae / na bríathraib ilib imgonam* (e.g. LU 5455ff), with Engl. transl. and notes.
3402 DILLON (Myles): Irish *dérgaid* 'spreads (coverings), makes a bed'.
In Celtica 9, 1971, pp. 205-9.
Three verbs are to be distinguished: *do-érig* (*reg-* 'to stretch') 'abandons'; **do-érgai* (**roigi-* 'causes to stretch') 'spreads'; *do-érig* (**reig-* 'binds') 'lays bare'. Discussion of vowel contraction before syncope.
3403 O'RAHILLY (Cecile): *cumcaisiu*.
In Éigse 14, 1971/72, pp. 54-5. (Lexicographical notes, [no. 1])
'examination; remedy, cure', vn. of **com-ad-cí*; survives as *có(n)gas*.
3404 Ó CUÍV (Brian): The junction consonants in *athlochur* and in comparable verbal forms.
In id., pp. 59-73.

E 4.8.4   **Substantive verb, Copula**
3405 Ó LAOGHAIRE (Donnchadh): *bhíodh sé*, etc., with broad *s*.
In Éigse 6, 1948/52, (pt. 3, 1951), p. 270. (= Ceist, freagra ..., no. 73)
Knockadoon (Co. Cork).
3406 HULL (Vernam): *bee*.
In ZCP 24, 1954, (H. 1/2, 1953), p. 122. (Noticulae de lingua Hibernica, no. 2)
O.I. 2 sg. abs. pres. subj. subst.vb. (later wr. *bé*).
3407 BREATNACH (R. A.): Munster Ir. *sidé*.
In Éigse 7, 1953/55, (pt. 3, 1954), p. 157. (Varia etymologica, no. 4)
3408 FALCONER (Sheila): The verbal system of the LU *Táin*. Compiled with a view to dating the interpolated passages in this version.
In Ériu 17, 1955, pp. 112-46 [no more publ.].
Subst.vb. and copula.
3409 HULL (Vernam): Miscellanea linguistica Hibernica.
In ZCP 25, 1956, pp. 246-63.
2. *ad-tá* [recorded in Laws v 390];
4. *-deraib* [3 sg. pres. subj. of **de-ro(?)-tá* (vn. *derbaid*) in Laws ii 122].
3410 ———: Early Irish *-rabais*.
In ZCP 27, 1958/59, (H. 1/2, 1957), pp. 75-8.
O.I. encl. conj. 2 sg. pres. subj. of subst.vb., *-rob(a)e*, with ending from *s*-subj.; also *-rab(h)air* with depon. ending.

3411 WATKINS (Arwyn) & MAC CANA (Proinsias): Cystrawennau'r cyplad mewn Hen Gymraeg.
In BBCS 18, 1960, (pt. 1, 1958), pp. 1-25 [cf. pp. 182-3].
The constructions of the copula in O.W., M.W., and in O.I.

3412 GREENE (David): The analytic forms of the verb in Irish.
In Ériu 18, 1958, pp. 108-12.

3413 HULL (Vernam): A further note on -*rabais*.
In Celtica 5, 1960, p. 138. (Varia Hibernica, no. 4)
Further exx. of encl. conj. 2 sg. pres. subj. of subst. vb. (beside -*rab(h)air*).

3414 GREENE (David): The development of the construction *is liom*.
In Éigse 10, 1961/63, (pt. 1), pp. 45-8.

3415 HULL (Vernam): Early Irish *bethib*.
In ZCP 29, 1962/64, (H. 1/2, 1962), pp. 174-5. (Miscellanea Celtica, no. 2)
'there will be to you' (vs GOI §808) in 'The Laud genealogies' (ZCP 8.316.5).

3416 GREENE (David): The conjunct forms of the copula in Old Irish.
In Ériu 19, 1962, pp. 73-4.

3417 O'RAHILLY (Cecile): *Gurab*, present indicative of the copula.
In Celtica 7, 1966, pp. 33-7.

3418 ————: *ciarso (carsa), ciarsat* in LL.
In id., pp. 38-42. (Miscellanea, no. 1)

3419 GREENE (David): Old Irish *is . . . dom* 'I am'.
In 455 [Fs. Pokorny], pp. 171-3.

3420 GUYONVARC'H (Christian-J.): Le nom et la notion d'"être" en celtique.
In Ogam 20, 1968, pp. 374-7. (Notes d'étymologie et de lexicographie gauloises et celtiques (31), no. 150)

3421 M'CAUGHEY (Terence): *Ní bhfuil*.
In 461 [Celtic studies], pp. 72-5.

E 5 **SYNTAX, STYLISTICS**
cf. E 4.6 Conjunctions; F 3.1 Forms, Style.

3422 KNOCH (August): Ein irischer Sonderfall von Epizeuxis.
In ZCP 22, 1941, pp. 54-7.

3423 ———— : Bemerkenswerte Zuordnung irischer Beiwörter.
In id., pp. 174-84.

3424 DILLON (Myles): Modern Irish *atá sé déanta agam* 'I have done it'.
In Lg 17, 1941, pp. 49-50.

3425 FOSTER (Idris L.): A survey of some works on the syntax of Irish and Welsh.
In TPS 1941 (1942), pp. 16-42.

3426 DILLON (Myles): On the structure of the Celtic verb.
In Lg 19, 1943, pp. 252-5.

3427 Ó TUATHAIL (Éamonn) *ed.*: A Meath phrase-list in Hugh McDONNELL's handwriting.
In Éigse 5, 1945/47 (1948), (pt. 1), pp. 36-44.
Mainly interrogative sentences and their answers and Engl. transls.; prob. compiled by H. McD. in the period 1840-54. From MS Belfast 18.

3428 Ó Súilleabháin (Pádraig): Miscellanea.
In id., pp. 61-4.
(1) Neamh-infhilleadh na haidiachta san tuiseal tabharthach, uimhir uathaidh, baininsgne [non-inflection of f. dat. sg. adjs. (esp. in -*ach*): 15th c. ff. exx.]; (2) Neamh-infhilleadh ainm-fhocal dar foirceann -*acht* [non-inflection of gen. sg. nouns in -*acht*: 15th c. ff. exx.]; (3) Neamh-infhilleadh ainm-fhocail nuair a bhíos ainm-fhocal eile sa ngeinide faoi réim aige [non-inflection of noun foll. by a dep. noun in gen.: some 17th c. exx.].

3429 ———— : Poinntí éagsamhla as *Spiritus Guidonis*.
In id., p. 63. (Miscellanea, no. 5)
[1] An fhuirm in -*ann* den aimsir láithreach ar lorg *má*; [2] -*aighthe*, -*aighe* san rannghabháil chaithte; [3] *Do* ar lár roimh an ainm briathardha.

3430 ———— : Miscellanea.
In id., pp. 61-4.
(6) Urdhú ar lorg *nach* [nasalizing *nach* before *b*, *d*, *g*, and vowels: 17th c. exx.]; (7) An forainm coibhneasta *do* [relative *do* traced back to 15th c.].

3431 Murphy (Gerard): *Is Dia an t-Athair*.
In id., (pt. 2, 1946), pp. 92-4.

3432 De Bhaldraithe (Tomás): Varia.
In Éigse 6, 1948/52, (pt. 1), pp. 47-9.
Notes, in Irish, on the syntax of the Irish of Cois Fhairrge: (1) An t-ainm briathardha; (2) An aidiacht bhriathardha; (3) 'Ab é Seán?'; (4) 'Is beag a —'.

3433 Ó Searcaigh (Séamus): Some uses and omissions of the article in Irish.
In JCS 1, 1950, pp. 239-48.

3434 Mhac an Fhailigh (Éamonn): Consuetudinal future and consuetudinal present.
In Éigse 6, 1948/52, (pt. 2, 1950), pp. 149-54.
Based on exx. from N.W. Mayo and W. Galway.

3435 De Bhaldraithe (Tomás): Varia.
In id., pp. 165-8.
5 notes on the Irish of Cois Fhairrge: (1) Ainm (forainm i n-áit forá ainm-bhriathartha nó fochlásal ainmneach; (2) *Is agus tá*; (3) *Agus nó is* le cois.

3436 O'Rahilly (T. F.): *Do-ním*, *déanaim*, 'I proceed, go'.
In Celtica 1, 1950, pp. 318-21, 407.
Also on *do-ním* in periphrasis, and on 2 sg. *téanam*, *teanam*.

3437 Draak (Maartje): Emotional reflexes.
In Ériu 16, 1952, pp. 74-8.
Dependent/prototonic form of the verb in emotional statements (incl. the responsive and the so-called 1 sg imperative).

3438 O'Brien (M. A.): An impersonal construction in Old Irish.
In Celtica 2, 1954, (pt. 1, 1952), p. 216. (Short notes)
The type *dot-luid* (cf. ScMM², p. 27, n. 24).

3439 Hull (Vernam): *airet*.
In ZCP 24, 1954, (H. 1/2, 1953), pp. 121-2. (Noticulae de lingua Hibernica, no. 1)
Conjunction, 'as long as', foll. by nasal. rel. clause in O.I. and early M.I.; so also *cia airet* 'how long?'.

3440 O'Brien (M. A.): Two passages in *Serglige Con Culainn*.
In Celtica 2, 1954, pp. 346-9.

(1) §42 (SGS 6, 1949) *do ríg ilchrothaig*, and the influence of fem. *ā*-stems on certain conson. stems; (2) §48 *ro indis dó Coin Culainn amal ro baí*, as an ex. of the construction that after verbs of relating, etc., the person or thing about which the information is given is put as direct object after the verb.

3441 HUMBACH (Helmut): Kompositum und Parenthese.
In MSS 5, 1954, pp. 90-9.

3442 DILLON (Myles): On the syntax of the Irish verb.
In TPS 1955 (1956), pp. 104-14.

3443 O'BRIEN (M. A.): *is fírithir ad-fíadar*.
In Celtica 3, 1956, p. 174. (Etymologies and notes, no. 9)
'it is as true as anything which is related', in Liad. and Cuir., p. 24; further on omission of antecedent in other case-relationships.

3444 VENDRYES (J.): Sur l'emploi impersonnel du verbe.
In id., pp. 185-97.

3445 HAVERS (W.): Sprachliche Beobachtungen an den altirischen Glossen.
In id., pp. 256-61.
2. Zum dativus sympatheticus; 3. Herstellung der syntaktischen Ruhelage; 4. Das Gesetz vom Anwachs in zweigliedrigen Wortverbindungen; 5. Der prädikative Genitiv; 6. Die comparatio compendiaria.

3446 LOHMANN (J.): Das Verbalpräfix *ro-* im Keltischen als allgemeinsprachwissenschaftliches Problem.
In id., pp. 311-6.

3447 HARTMANN (Hans): Zur Funktion des Perfekts. Eine strukturelle Betrachtung.
In Festschrift Bruno Snell zum 60. Geburtstag am 18. Juni 1956 ... München: Beck'sche Verlagsbuchhandlung, 1956. pp. 243-50.
Passive constructions in Irish corresponding to Greek 'Resultativ-Perfekta'.

3448 DE BHALDRAITHE (Tomás): Nótaí comhréire.
In Éigse 8, 1956/57, pp. 242-6.
Syntactical notes, mainly on the Irish of Cois Fhairrge (Co. Galway): 1. Leagan neamhphearsanta [impersonal expression, with *tá*, of motions of the mind]; 2. Comhleanúint aimsearaí [consecutio temporum]; 3. Focal faoi bhéim [asyntactical final position of stressed nominal subject or object]; 4. Athrá ar *fios* (?) [e.g. *Níl a fhios againn níos fearr a fhios*]; 5. Fo-rá ainmbhriathartha [vn. subject clause, passive sense, without agent, to *is maith le*]; 8. '*Tusa ba chóir é a dhéanamh*'; 9. '*An rud a bhí sé ag iarraidh a dhéanamh*'; 10. Forainm mar réamhtheachtaí ag fochlásal aidiachta [3rd person pronoun as antecedent of adjectival clause].

3449 ———: Nótaí comhréire.
In id., pp. 242-6.
Syntactical notes, mainly on the Irish of Cois Fhairrge (Co. Galway): 6. Ginideach cinnte i ndiaidh ainm chinnte [double article in pl.ns.]; 7. An t-alt agus an forainm le *corr-* [rules for concord of article with, and pronoun referring to, cpds. of *corr*].

3450 MACQUEEN (J.): A note on reprise construction in Welsh.
In ArL 9, 1957, pp. 62-6.

3451 LEWY (Ernst): Zur Stellung der emphatischen Partikeln.
In ZCP 27, 1958/59, (H. 1/2, 1957), pp. 10-3.
Republ. in 449 [Kl. Schr.], pp. 302-5.

3452   GREENE (David): The analytic forms of the verb in Irish.
       In Ériu 18, 1958, pp. 108-12.
3453   O'BRIEN (M. A.): *cot acallaim*.
       In Celtica 4, 1958, pp. 98-9. (Short notes, no. 3)
       'when talking to anybody', with 2 sg. for indefinite pron., in *Talland Étair* (RC 8.60).
3454   MANIET (Albert): L'aspect verbal en celtique.
       In RBPh 36, 1958, pp. 139-43.
3455   Ó CUÍV (Brian): *an mhéid*.
       In Éigse 9, 1958/61, p. 5. (Varia, [no. 3])
       As a conj. foll. by *agus go*, in CARSWELL (cf. Éigse 6.166ff.).
3456   WATKINS (Arwyn) & MAC CANA (Proinsias): Cystrawennau'r cyplad mewn Hen Gymraeg.
       In BBCS 18, 1960, (pt. 1, 1958), pp. 1-25 [cf. pp. 182-3].
       The constructions of the copula in O.W., M.W., and in O.I.
3457   EVANS (Emrys): Cystrawennau *sef* mewn Cymraeg Canol.
       In id., pp. 38-54.
3458   BERG (Nils): Einige Betrachtungen über den indogermanischen Komparationskasus.
       In NTS 18, 1958, pp. 202-30.
3459   HARTMANN (Hans): Der Typus *ocus é* im Irischen.
       In Indogermanica. Festschrift für Wolfgang Krause zum 65. Geburtstag am 18. September 1960 ... Heidelberg: Winter, 1960. pp. 8-23.
3460   HENRY (Patrick): The Irish substantival system and its reflexes in Anglo-Irish and English.
       In ZCP 28, 1960/61, pp. 19-50.
       Nouns used pronominally, adjectivally, verbally, and as preposition and conjunction.
3461   SCHMIDT (K. H.): 'Boí rí amrae for Laignib, Mac Dathó a ainm'.
       In id., pp. 224-34.
3462   [O LOCHLAINN] (Colm): Words of measure.
       In Éigse 9, 1958/61, (pt. 4), p. 273. (Varia, [no. 6])
       punt, míle, uair, etc., require add. of a qualifying word.
3463   ———— : Adverbs of direction.
       In id., pp. 273-4. (Varia, [no. 7])
       as completing prepositional phrases.
3464   ———— : Verbs of motion.
       In id., p. 274. (Varia, [no. 8])
       as completed by adv. or word of direction; *dul* takes acc.
3465   GREENE (David): The development of the construction *is liom*.
       In Éigse 10, 1961/63, (pt. 1), pp. 45-8.
3466   SCHMIDT (Karl Horst): Kompositum und attributive Erweiterung.
       In IF 66, 1961, pp. 10-20.
3466a KURYLOWICZ (Jerzy): A remark on Keltic sandhi.
       In BSPL 20, 1961, pp. 121-9. (Hibernica, no. 1)

3467 HULL (Vernam): *do-ic*.
   In ZCP 29, 1962/64, (H. 1/2, 1962), pp. 103-4. (Some Early Irish verbs, no. 2)
   An ex. of impersonal *do-ic* with infixed pron. (instead of *do*) expressing logical subject (cf. Celtica 3.194).

3468 Ó BUACHALLA (Breandán): The relative particle *do*.
   In id., pp. 106-13.

3469 MEID (Wolfgang): Die sprachliche Form des Prohibitivsatzes im Altirischen. Zum Nachleben des idg. Injunktivs im Keltischen.
   In id., pp. 155-72.

3470 DILLON (Myles): History of the preverb *to*.
   In Éigse 10, 1961/63, (pt. 2, 1962), pp. 120-6.

3471 WATKINS (Calvert): Old Irish *-antar*.
   In Ériu 19, 1962, pp. 116-8. (= Varia 2, no. 2)
   Restoration and transl. of a verse in Privileges of poets (Ériu 13. 13 and 58) from MSS T.C.D. H 2 15B, etc.: *do-aisic a dath / dia aír -antar*; postulation of a primary verb **anaid* 'blemishes'; on 'Bergin's law'.

3472 HARTMANN (Hans): Zur Relation zwischen *Man*-Aktiva und dem indefiniten Agens beim Passiv.
   In IF 67, 1962, pp. 237-51.

3473 GAGNEPAIN (J.): La sémiologie du verbe celtique.
   In ÉtC 10, 1962/63, pp. 43-59, 413-33; 11, 1964/67, pp. 361-82 [to be cont.].

3474 SCHMIDT (Karl Horst): Zum altirischen Passiv.
   In IF 68, 1963, pp. 257-75.

3475 GAGNEPAIN (Jean): La syntaxe du nom verbal dans les langues celtiques, 1. Irlandais.
   Paris: Klincksieck, 1963. 350 pp. (Société de Linguistique de Paris: Collection linguistique, 61)
   Reviews by

3476 MEID (Wolfgang), *in* IF 69, 1964 (1964/65), pp. 180-2.

3477 BACHELLERY (E.), *in* ÉtC 11, 1964/67, (fasc. 1, 1964/65), pp. 186-91.

3478 MAC EOIN (Gearóid S.), *in* Celtica 8, 1968, pp. 247-9.

3479 WATKINS (Calvert): Preliminaries to a historical and comparative analysis of the syntax of the Old Irish verb.
   In Celtica 6, 1963, pp. 1-49.

3480 Ó SÚILLEABHÁIN (Pádraig): Comhréir an fhorainm réamhthagraigh san abairt ionnanais.
   In id., pp. 268-70.
   Concord of the proleptic pronoun in identification sentences of Mod.Ir.

3481 WATKINS (Calvert): Preliminaries to the reconstruction of Indo-European sentence structure.
   In Proceedings of the Ninth International congress of linguists, Cambridge, Mass., August 27-31, 1961. Ed. by H. G. Lunt. The Hague [etc.]: Mouton, 1964. (= Janua linguarum, series maior, 12) pp. 1035-45.

3482   POKORNY (Julius): Zur Anfangsstellung des inselkeltischen Verbums.
       In MSS 16, 1964, pp. 75-80.
3483   SOMMERFELT (Alf): Sentence patterns in the dialect of Torr.
       In Lochlann 3, 1965, pp. 255-77.
       Exx. as taken down phonetically in 1915-16.
3484   WATKINS (Calvert): OIr. *nache n-* 'neque eam'.
       In id., pp. 286-7. (Notes on Celtic and Indo-European morphology and syntax, no. 1)
3485   ——— : On the syntax of the ordinal.
       In id., pp. 287-97. (Notes on Celtic and Indo-European morphology and syntax, no. 2)
3486   SOMMERFELT (Alf): Word limits in Modern Irish (dialect of Torr, Co. Donegal).
       In id., pp. 298-314.
       Exx. as taken down phonetically in 1915-16, 1921.
3487   QATTORDIO (Adriana Moreschini): Sintagmi nominali predicativi in indiano antico e in celtico.
       In SSL 5, 1965, pp. 56-64.
3488   EVANS (Emrys): Gohirio'r rhagenw mewn Cymraeg Canol.
       In BBCS 21, 1966, (pt. 2, 1965), pp. 141-5.
       On disjunctive object pronouns and pronominal particles in M.W. (and Irish).
3489   POKORNY (Julius): Zur unpersönlichen Konstruktion im Irischen.
       In IF 70, 1965 (1965/66), pp. 316-21 [no more publ.].
       vs K. H. SCHMIDT (*in* IF 68, 1963).
3489a BEDNARCZUK (Leszek): On certain participial constructions in Balto-Slavic, Germanic and Celtic.
       In Acta Baltico-Slavica 3, 1966, pp. 29-32.
3490   HOWELLS (Donald): The syntax of the Old Irish verb.
       In SGS 11, 1968, (pt. 1, 1966), pp. 60-71.
       Discussion of C. WATKINS, Preliminaries to a historical and comparative analysis of the syntax of the Old Irish verb, 1963.
3491   STEWART (Noel): On the application of the terms 'subject', 'passive' and 'active'.
       In MSS 19, 1966, pp. 27-39.
3492   HOWELLS (Donald): The nasalizing relative clause.
       In StC 1, 1966, pp. 38-62.
3493   O'RAHILLY (Cecile): *Gurab*, present indicative of the copula.
       In Celtica 7, 1966, pp. 33-7.
3494   ——— : *ciarso (carsa), ciarsat* in LL.
       In id., pp. 38-42. (Miscellanea, no. 1)
       Táin 1495ff and the interrogative.
3495   MAC CANA (Proinsias): An old nominal relative sentence in Welsh.
       In id., pp. 91-115.
       With parallels from Irish and complementary evidence from Breton.
3496   O'RAHILLY (Cecile): The preverb *con- (co n-)* in the LL *Táin*.
       In Ériu 20, 1966, pp. 104-11.
       Used for *no* before ipf. and condit. Frequently used to express relativity.

3497 BREATNACH (R. A.): The syntax of Mod.Ir. *lá dá raibh sé*.
In id., pp. 208-11.
Anomalous 'temporal partitive demonstrative relative construction' (vs taking *dá* as *dia*, *dá* 'when'), fully developed not before the Early Mod.Ir. period.

3498 MAC CANA (Proinsias): Instances of indeterminate number in Irish and Welsh.
In id., pp. 212-5. (= Varia 1, no. 1)
The generic use of *de (do)*, *eter*, in Irish.

3499 SCHMIDT (Karl Horst): Zur Syntax des altirischen Verbalnomens.
In MSS 20, 1967, pp. 59-65.
Rejoinder to J. POKORNY (*in* IF 70, 1965/66)

3500 WAGNER (Heinrich): Indogermanisch -k^we im Finno-Ugrischen?
In id., pp. 67-92.

3501 GAGNEPAIN (J.): Préliminaires à l'étude de la relation en celtique.
In StC 2, 1967, pp. 1-7.

3502 HOWELLS (Donald): Notes on syntax.
In id., pp. 131-46.

3503 GREENE (David): Old Irish *is . . . dom* 'I am'.
In 455 [Fs. Pokorny], pp. 171-3.
Review by

3504 MAC EOIN (Gearóid S.), *in* StH 9, 1969, p. 188.

3505 WAGNER (Heinrich): Zur unregelmässigen Wortstellung in der altirischen Alliterationsdichtung.
In 455 [Fs. Pokorny], pp. 289-314.
Reviews by

3506 MAC EOIN (Gearóid S.), *in* StH 9, 1969, pp. 190-1.

3507 DILLON (Myles), *in* Celtica 9, 1971, pp. 334-6.

3508 DE BHALDRAITHE (Tomás): Úsáid dhíchomhréireach ainmfhocail.
In Éigse 12, 1967/68, p. 67. (Nótaí, no. 2)
Instances of (neg.) subst.vb. in classification sentences.

3509 O'RAHILLY (Cecile): *co n-acca, co cuala*.
In Celtica 8, 1968, pp. 155-60. (Three notes on syntax, no. 1)

3510 ———— : *ara^n*, explicative conjunction.
In id., pp. 160-2. (id., no. 2)

3511 ———— : Ad Celtica ii 348-9.
In id., pp. 162-6. (id., no. 3)
Discussion of the proleptic accus. after verbs of relating, thinking, seeing, etc., as noted by M. A. O'BRIEN in 1954.

3512 DILLON (Myles): *Lá dá raibh sé*.
In id., pp. 187-90.
vs R. A. BREATNACH, *in* Ériu 20, 1966.

3513 MEID (Wolfgang): Zum Dvandva-Kompositum im Irischen.
In Studien zur Sprachwissenschaft und Kulturkunde. Gedenkschrift für Wilhelm Brandenstein (1898-1967). Hg. von M. Mayrhofer. Innsbruck, 1968. (= IBK, Bd. 14) pp. 107-8.

3514 KIPARSKY (Paul): Tense and mood in Indo-European syntax.
In FLg 4, 1968, pp. 30-57.

3515 HARTMANN (Hans): Kontrastive Studie über irisch *ceapaim* 'ich

denke'. Ein Vergleich zwischen Irisch, Englisch und Deutsch.
In Sprachwissenschaftliche Mitteilungen (Seminar für Allgemeine und Vergleichende Sprachwissenschaft an der Universität Hamburg) 2, H. 1, 1969, pp. 9-45.

3516 DRESSLER (Wolfgang): Eine textsyntaktische Regel der idg. Wortstellung. (Zur Anfangsstellung des Prädikatverbums).
In KZ 83, 1969, pp. 1-25.

3517 HAHN (E. Adelaide): Naming-constructions in some Indo-European languages.
[Ann Arbor]: Press of Case Western Reserve University, 1969. xxviii + 222 pp. (= Philological monographs of the American Philological Association, no. 27)
Review by

3518 THOMAS (Werner), *in* IF 76, 1971 (1972), pp. 245-51.

3519 SKERRETT (R. A. Q.): Verbs of state and motion in Irish.
In Ériu 21, 1969, pp. 76-86.
   The generating of sentences with the verbs *bheith, dul, teacht, cur, tabhairt, fanacht, fágáil, coinneáil,* with locative complements.

3520 GREENE (David): The status of *ní* 'non'.
In id., pp. 89-90. (= Varia 2, no. 1)

3521 ——— : *nícon* 'non'.
In id., pp. 90-2. (= id., no. 2)
   Spreads from *nícon accae* and *níco cíalae*; also on explicative clauses.

3522 FLEURIOT (Léon): La 'figure étymologique' en breton.
In ÉtC 12, 1968/71, (fasc. 2, 1970/71), pp. 551-3. (Notes de philologie celtique, no. 1)

3523 SKERRETT (R. A. Q.): Statement, command, question, and wish.
In StC 6, 1971, pp. 158-62.
   Formation rule for primitive sentence structures in Mod.I., containing any of the elements 'Ind', 'Imp', 'Opt', followed by a classification of observed simple sentences.

3524 O'RAHILLY (Cecile): Notes on conjunctions.
In Celtica 9, 1971, pp. 113-34.
   cenco 'although ... not', *as go* 'whereby', *ar* 'for, since', *mar* 'as', *agus, go.*

3525 ——— : On the exclamatory use of the verbal noun.
In id., pp. 213-4.

3526 BEDNARCZUK (Leszek): Indo-European parataxis.
Kraków, 1971. 168 pp. (= Wyższa Szkola Pedagogiczna w Krakowie, Prace monograf., nr. 8)

3527 HAMILTON (Noel): The position of *chóir a bheith.*
In Éigse 14, 1971/72, p. 127. (Notes on Donegal Irish, no. 1)

3528 WILLIAMS (J. E. Caerwyn): *a oedd o of.*
In BBCS 24, 1972, (pt. 3, 1971), pp. 267-9.

3529 CARMODY (Francis J.): Syntax of the verb *is* in Modern Scottish Gaelic.
In Word 1, 1945, pp. 162-87.

3530 ———— : Manx Gaelic sentence structure in the 1819 Bible and the 1628 Prayer book.
In UCPL 1, (no. 8, 1947), pp. 297-355.

3531 THOMSON (Robert Leith): The syntax of the verb in Manx Gaelic.
In ÉtC 5, 1949/51, (fasc. 2, 1950/51), pp. 260-92.

3532 BORGSTRÖM (Carl H.): Notes on Gaelic grammar.
In 461 [Celtic studies], pp. 12-21.
>Discussion, with examples from Barra (Outer Hebrides), of parallelism between the syntax of cases of nouns and of modes of verbs, and of word boundaries.

E 6 DIALECTS
cf. C 3.6 Languages in contact: English

E 6.1 General

3533 MÜHLHAUSEN (L.) *comp.*: Literaturverzeichnis zur Phonetik der keltischen Sprachen.
In Archiv für vergleichende Phonetik 6, 1942, pp. 130-4.

3533a Ó CUÍV (Brian): [Discussion de la Question B ('Enquête linguistique')].
In Actes du Sixième Congrès international des linguistes. Ed. par M. Lejeune. Paris: Klincksieck, 1949. p. 557.
>The study of general linguistics and Irish dialects in Ireland.

3534 POP (Sever): La dialectologie. Aperçu historique et méthodes d'enquêtes linguistiques.
Louvain: chez l'auteur, [1950]. 2 voll. (lv + 1334 pp.) (= Université de Louvain: Recueil de travaux d'histoire et de philologie, 3e série, fascc. 38, 39)
>pp. 925-55: Langues celtiques.

3535 Ó CUÍV (Brian): Irish dialects and Irish-speaking districts. Three lectures.
Dublin: D.I.A.S., 1951 (repr. 1971). 95 pp. 2 charts
>1. The Gaeltacht — past and present; 2. Irish a living language; 3. Some aspects of Cork dialects.
>App.: on the state of Irish as a vernacular during the 19th c.; charts showing the relative density of Irish speakers in 1851 and 1891.

Reviews by

3536 Ó HÉALUIGHTHE (Diarmuid), *in* JCHAS 56, 1951, pp. 133-4.

3537 VENDRYES (J.), *in* BSL 47, 1951, fasc. 2, pp. 166-7.

3538 JACKSON (Kenneth): 'Common Gaelic': the evolution of the Goidelic languages.
In PBA 37, 1951 (1952), pp. 71-97. (= Rhŷs lecture, 1951)
Sep. issued London: O.U.P., [n.d.]. [same pagin.]
>Note (pp. 93-7): DIACK's Pictish hypothesis.

3539 MANIET (Albert) *comp.*: Enregistrements et études dialectologiques en pays celtiques.
In Sever Pop: Instituts de phonétique et archives phonographique à Aarhus, [etc.]. Louvain, 1956. (= C.I.P.L.: Publications de la Commission d'Enquête Linguistique, 7) pp. 89-95.

3540 SOMMERFELT (Alf): The study of Celtic phonetics and phonemics.
In Phonetica 3, 1959, pp. 51-63.

3541 Ó CUÍV (Brian): Modes of transcription and description of Gaelic dialects.
In 477 [ler CIDG], vol. 1, pp. 187-98 [cf. p. xxxiii].
App.: Declension of the noun in modern Gaelic dialects [Leurbost, Cois Fhairrge, Baile Bhúirne].

3542 DE BHALDRAITHE (Tomás): Report on dialect study in Ireland.
In id., vol. 4, pp. 90-5.

3543 DURRELL (Martin): Keltische Sprachatlanten.
In ZDL, Beiheft 8, 1969, pp. 117-39. 2 charts

3544 Ó MURCHÚ (Máirtín): Common core and underlying forms. A suggested criterion for the construction of a phonological norm for Modern Irish.
In Ériu 21, 1969, pp. 42-75.

E 6.1.1 Atlas

3545 WAGNER (Heinrich): An Irish linguistic atlas.
In Éigse 6, 1948/52, (pt. 1), pp. 23-33.

3546 ——— : A linguistic atlas and survey of Irish dialects.
In Lochlann 1, 1958, pp. 9-48. charts

3547 ——— : Linguistic atlas and survey of Irish dialects.
Dublin: D.I.A.S., 1958-69. 4 voll.
Vol. 1. Introduction, 300 maps [ca. 370 items]. Vol. 2. The dialects of Munster. Vol. 3. The dialects of Connaught.
Vol. 4. The dialects of Ulster and the Isle of Man. Specimens of Scottish Gaelic dialects. Phonetic texts of east Ulster Irish. By H. W. & Colm Ó BAOILL.
88 points (point 88: Isle of Man). Point 20 (Dunquin) by D. GREENE; point 42 (Inishmaan) by M. DILLON; points 6, 6a (Co. Kilkenny) based on collections (1939) by R. A. BREATNACH. Add. point 83a (Doobin, v. vol. 4) by H.W.; add. points 43a (Gorumna-Island, v. vol. 3), 74a (Mín an Chladaigh, v. vol. 4) and 86a (Glencolumbkille, v. vol. 4) by H. H. COYLE. — Abbr.: LASI
Reviews by

3548 SCHMIDT (Karl Horst), *in* Kratylos 15, 1970 (1972), pp. 100-3.
3549 FLEURIOT (L.), *in* BSL 66, 1971, fasc. 2 (1972), pp. 178-80.
Review of voll. 1, 3, 4 *by*
3550 ADAMS (G. B.), *in* UF 5, 1959, pp. 69-71; 12, 1966, pp. 116-7; 17, 1971, pp. 115-6.
Review [in Irish] *of* vol. 1 *by*
3551 DE BHALDRAITHE (Tomás): Atlas Gaeilge.
In Feasta 12, uimh. 1, Aibreán 1959, pp. 14-8.
Reviews of vol. 1 *by*
3552 Ó CLÉIRIGH (C. R.), *in* Éigse 9, 1958/61, (pt. 4), pp. 278-80.
3553 S[OMMERFELT] (A.), *in* Lochlann 2, 1962, pp. 231-4.
Review of vol. 2 *by*
3554 EVANS (Emrys), *in* UF 12, 1966, pp. 115-6.
Review [in Irish] *of* vol. 2 *by*

3555   Ó Cróinín (D. A.), *in* Éigse 12, 1967/68, pp. 141-6.
       Review of voll. 2, 3 *by*
3556   Ó Murchú (Máirtín), *in* StH 7, 1967, pp. 207-17.
       Review [in Irish] *of* vol. 3 *by*
3557   Ó Concheanainn (Tomás), *in* Éigse 12, 1967/68, pp. 146-50.
       Review [in Irish] *of* vol. 4 *by*
3558   ——— , *in* Éigse 14, 1971/72, pp. 155-8.

3559   Jackson (Kenneth): The situation of the Scottish Gaelic language, and the work of the Linguistic survey of Scotland.
       In Lochlann 1, 1958, pp. 228-34.
3560   Oftedal (Magne): The Scottish Gaelic dialect survey.
       In Lochlann 4, 1969, pp. 285-7.

E 6.2   **Munster**

3561   O'Rahilly (T. F.): *laiream* 'with me'.
       In Ériu 13, 1942, pp. 204-5. (Notes, mainly etymological, no. 39)
           In 17th c. Munster verse, aphetized from *maille rium*.
3562   ——— : *díobtha, díobaithe.*
       In id., pp. 205-6. (id., no. 40)
           'very great; unyielding' (gen. sg. of *dí-obadh*), in some 17th and 18th c. texts.
3563   ——— : *comhnámhaí.*
       In id., pp. 213-14. (id., no. 45)
           Munster word (17th-19th c. exx.), 'partner, fellow'.
3564   O'Sullivan (Donal) *ed.*: A sermon for Good Friday by Father Michael Walsh of Sneem.
       In Éigse 4, 1943/44 (1945), (pt. 3, 1944), pp. 157-72 [cf. pp. 225-7].
           Written in the forties, before 1848, by M.W., a native of Buttevant (Co. Cork), in an attempted phonetic writing. From a volume (watermarked 1831) used as a baptismal register in the parish of Sneem (Co. Kerry). Diplom. and translit. texts.
3565   Ó Foghludha (Risteárd) *ed.*: [Sermons by Maurice Power].
       In IER 64, 1944, pp. 378-91; 65, 1945, pp. 21-7, 101-13, 161-72, 235-45; 66, 1945, pp. 19-31, 343-52, 415-26.
           From an autogr. MS (1832-36), in the possession of R. Ó F. Spelling modernized without obliterating dialectal features.
3566   Ó hÉaluighthe (Diarmuid) *ed.*:
       Stiúratheoir an pheacuig. By Pádraig Din.
       Cló Ollscoile Chorcaighe [Cork U.P.], 1945. 104 pp.
           Alias Patrick Denn, c.1756-1828, from Cappoquin (Co. Waterford). First publ. 1824 (and Cork 1860).
           With notes on the language (Déise Irish) and glossary.
3567   Ó Súilleabháin (Pádraig): Muimhneachas i nGaedhilg Thaidhg Uí Neachtain.
       In Éigse 5, 1945/47 (1948), (pt. 1), p. 64. (Miscellanea, no. 8)
3568   Mooney (Canice) *ed.*: Manutiana: the poems of Manus O'Ruorke (c.1658-1743).

> *In* Celtica 1, 1950, (no. 1, 1946), pp. 1-63, 403 [adds. & corrs.].
> From MS Franc. A 24, in the author's arbitrary semi-phonetic spelling (W. Munster).

3569 Ó FLOINN (Donnchadh) *ed.*: Foghar-script ó Chontae Chorcaighe, c.1806.
> *In* IMN 1946, pp. 60-74.
> Sermon, in semi-phonetic spelling, from MS Mayn. H 1; with translit.

3570 ——— *ed.*: Foghar-script ó Chontae Chorcaighe, 2.
> *In* IMN 1947, pp. 79-90.
> -id.-, from MS Mayn. H 2; with translit.

3571 ——— *ed.*: Do yrá Dé.
> *In* 437 [Fs. Torna], pp. 1-6.
> -id.-, from MS Mayn. H 3. Wr. (as the ones publ. in IMN 1946 and 1947) in 1st dec. 19th c., poss. by Diarmaid Ó MAOLDOMHNAIGH (†1850).

3572 O'RAHILLY (T. F.) *ed.*: Francis KEANE's list of Irish technical terms.
> *In* Celtica 1, 1950, pp. 303-7, 406.
> From two essays, 1874 and 1876, in MS R.I.A. 12 Q 13, by F.K. (Próinsias Ó Catháin) who was a native prob. of S.W. Clare.

3573 Ó CRÓINÍN (Áine *Ní Chróinín*) *ed.*: Beatha Chríost.
> B.Á.C.: Oifig an tSoláthair, 1952. xxx + 195 pp. (= LóL, iml. 17)
> Poem, c. 1700 A.D., on the life and death of Christ, based mainly on *Smaointe beatha Chríost* and the Bible. First line: *Sé lá bhí Día 'na bhriathraibh caoine*. Prob. by a Co. Clare poet. Based on MS Mayn. M 110. Introd. by Á. NÍ CH. & G. Ó M[URCHADHA]: some dialectal analysis.

3574 Ó CUÍV (Brian) *ed.*: Párliament na mban.
> Dublin: D.I.A.S., 1952 (repr. 1970). xliv + 270 pp.
> 1697, by Domhnall Ó COLMÁIN. Based on MS N.L. G 429. Also a revised (1703) version, from MS R.I.A. 24 A 15. With textual and linguistic notes (Cork Irish), and vocabulary. Commendatory poems.

3575 O'RAHILLY (Cecile) *ed.*: Trompa na bhflaitheas.
> Dublin: D.I.A.S., 1955. xxxi + 428 pp.
> 1755 transl., by Tadhg Ó CONAILL, of *La Trompette du ciel* (¹1661) by Antoine YVAN. Based on MS U.C.C. 131; stylistic (in introd.) and linguistic analyses (W. Cork dialectal features), notes, vocabulary.

3576 Ó CUÍV (Brian) *ed.*: A contemporary account in Irish of a nineteenth-century tithe affray.
> *In* PRIA 61 C, 1960/61, (no. 1), pp. 1-21.
> By Dáibhí DO BARRA *al.* David BARRY (c.1758-1851). From autograph MS N.L. G 653. Chap. on the language of the text (east Cork dialectal features).

3577 Ó MÓRDHA (Séamus P.) *ed.:* An anti-tithe speech in Irish.
> *In* Éigse 9, 1958/61, (pt. 4, 1960/61), pp. 223-6.
> By Jeremiah O'CONNOR, 1832. From MS N.L. G 702, in the original spelling (Munster Irish).

3578 Ó BUACHALLA (Liam): Some unique gravestone inscriptions.
> *In* JCHAS 67, 1962, pp. 33-5.
> Incl. 18th c. Ir. inscr. in Roman capitals and semi-phonetic spelling (Carrigtwohill, Co. Cork).

3579 Ó CEALLACHÁIN (Máire *Ní Cheallacháin*) *ed.*: Filíocht Phádraigín HAICÉAD.

B.Á.C.: Clóchomhar, 1962. xxxi + 152 pp. (= Leabhair thaighde, iml. 9)
> 51 poems by P.H., most of them based on MS T.C.D. H 5 10. With notes and vocabulary; some Munster dialectal features noted.

3580 Ó FIANNACHTA (Pádraig) *ed.*: Do lochtuiv na tangan.
In Éigse 12, 1967/68, pp. 1-28.
> Sermon, wr. in 1st dec. 19th c., in semi-phonetic spelling, poss. by Diarmaid Ó MAOLDOMHNAIGH (†1850) — as 3 other ones, ed. by D. Ó FLOINN. *in* IMN 1946, 1947, and Fs. Torna. From MS Mayn. H 4; ling. analysis (dialectal features related to the Irish of West Muskerry).

3581 Ó CUÍV (Brian) *ed.*: Eachtra Aodha Duibh.
In id., pp. 39-60.
> *al.* Eachtra an Ghliomaigh Chabodhair. Based on MS R.I.A. 24 C 49; ling. analysis (dialectal features, ? Co. Limerick), Engl. summary.

3582 Ó FACHTNA (Anselm) *ed.*: Seanmóir ar pháis ár dTiarna Íosa Críost.
In id., pp. 177-98.
> Sermon, wr. 1825, in a phonetic script, by Michael MEIGHAN at Ballysloe (Co. Tipperary). From MS Franc. A 57; diplom. and translit. texts, notes.

3583 Ó SÚILLEABHÁIN (Pádraig) *ed.*: Seanmóir ar an mbás.
In Éigse 13, 1969/70, pp. 11-25.
> Tr. by Tomás Ó HÍCÍ (1775-1856) from W. GAHAN, Sermons and moral discourses ... (Dublin 1799). From autogr. MS R.I.A. 23 H 17. Ling. analysis (incl. dialectal features of south Co. Tipperary), glossary.

3584 ——— *ed.*: Seanmóir ar ghnáithchleachtadh an pheacaidh.
In id., pp. 279-90.
> -id.-

3585 ——— *ed.*: Seanmóir ar uimhir bheag na bhfíréan.
In Éigse 14, 1971/72, pp. 107-20.
> -id.-

3586 Ó MADAGÁIN (Breandán): Nótaí ar chlaochlú tosaigh an ainmfhocail agus na haidiachta i gcanúint de chuid Cho. Chorcaí.
In id., pp. 81-6.
> Initial mutations of nominals in the sermons of Muiris PAODHAR (1791-1877) in the dialect of Ross Carbery (Co. Cork), in autogr. MS Cork T xxxiv (1864-70).

3587 QUIN (E. G.): The *f*-future in STAPLETON's *Catechismus*.
In Ériu 22, 1971, pp. 174-5. (= Varia 1)

Contemporary

3588 POLÁK (Václav): Bemerkungen zum phonologischen System des Irischen. 1. Der Dialekt von Kerry.
In Archiv für vergleichende Phonetik 6, 1942, pp. 103-23.
> Based on M.L. SJOESTEDT, Phonétique d'un parler irlandais, 1931 [Best[2] 790].

3589 O'RAHILLY (T. F.): A phonetic development in Munster Irish.
In Ériu 13, 1942, pp. 135-9.
> Origins of secondary diphthongal *-ia(i)-*, etc.

3590 ——— : *dainid, dainíd*.
In id., pp. 201-3. (Notes, mainly etymological, no. 37)
> In southern Irish from *dainimh* and *dainmhidh (dainmhe)* respectively, with *-d* from prepos. *do* in phrase *is d. do*.

3591 ——— : *dealamh.*
In id., pp. 203-4. (id., no. 38)
'indigent' (derivative *dealmhas*), Munster word, often misspelled *dealbh.*

3592 ——— : *treó.*
In id., pp. 214-5. (id., no. 47)
In the Irish of Cork and Kerry, by haplology from *treóir.*

3593 ——— : *trúig.*
In id., pp. 215-6. (id., no. 48)
Munster representative of E.Mod.I. *turbhaidh* (cpd. of *buith*).

3594 USSHER (Arland): Cainnt an tsean-shaoghail.
A.U. do scríobh ó sheanchas Thomáis Uí Mhuirthe.
Réamh-rádh le TORNA.
B.Á.C.: O.S., 1942. viii + 394 pp. portr.
With notes on the language (Déise Irish).

3595 JACKSON (Kenneth): Initial lenition of *dom*, etc., in Blasket Irish.
In Éigse 3, 1941/42 (1943), (pt. 3, 1942), p. 222. (= Ceist, freagra ..., no. 46)

3596 ——— : Some mutations in Blasket Irish.
In id., (pt. 4), pp. 272-7.

3597 Ó M[URCHADHA] (G.): *bígis, téigis.*
In id., pp. 309-10. (= Ceist, freagra ..., no. 49)
2 pl. ipv.

3598 Ó CUÍV (S.): *Sacraimint na hOla Dhéanaighe.*
In id., p. 310. (= id., no. 50)
The lenition of the *d* (*in* IER 60.213) is in the speech of W. Muskerry.

3599 [anon.] *comp.*: Foclóireacht.
In An Músgraigheach 1, Meitheamh 1943, pp. 10-4; 2, Fómhar 1943, p. 22 [corrig.].
Alphabetical list of words and idioms from West Muskerry.

3600 [Ó CUÍV (Brian)]: Fuaimeana agus fuirmeacha na bhfocal.
In An Músgraigheach 2, Fómhar 1943, pp. 14-5.
Phonetic peculiarities of the Irish of West Muskerry.

3601 Ó SÚILLEABHÁIN (Seán) & BREATHNACH (R. B.): Focail ó pharóiste Thuaith Ó Siosta.
In Éigse 4, 1943/44 (1945), (pt. 1), pp. 17-23.
Vocabulary of words and phrases from Tuosist (Co. Kerry) by S. Ó S.; phonetic transcr. by R.B.B.

3602 Ó FLOINN (Donnchadh): *duír.*
In id., p. 70. (= Ceist, freagra ..., no. 51)

3603 Ó CÉILEACHAIR (Donnchadh): Focail ná fuil sa bhfoclóir, nú go bhfuil brí neamh-choitchianta ag gabháil leo.
In id., (pt. 2, 1943), p. 129. (Nótaí ó Chúil Aodha, no. 1)
(Non-alphab.) list of unusual words in the Irish of Coolea (West Muskerry).

3604 Ó M[URCHADHA] (G.): *donəs d̄ueʃ ort.*
In id., pp. 153-4. (= Ceist, freagra ..., no. 56)

3605 Ó DUBHDA (Seán): Foclóir agus téarmaí feirmeoireachta, 7c.
In Béaloideas 13, 1943 (1944), pp. 3-39.
Rural terms and phrases, arr. acc. to subject, from Ballydavid (Corkaguiny). Preface by An Seabhac.

3606 [Ó Cuív (Shán)]: Fuirm sgurtha an bhréithir.
In An Músgraigheach 4, Earrach 1944, pp. 14-5.
Analytic forms of the verb in the Irish of West Muskerry.

3607 Ó Cuív (Brian): Fuaimena: *s*.
In An Músgraigheach 5, Samhradh 1944, pp. 11-3.
Realizations of *s* in the Irish of West Muskerry.

3608 Ó C[uív] (B.): Béim an ghotha.
In An Músgraigheach 6, Fómhar 1944, p. 23.
Word stress in the Irish of West Muskerry.

3609 Ó hÉaluighthe (Diarmuid) *comp.*: Irish words in Cork speech.
In JCHAS 49, 1944, pp. 33-40.
Vocabulary (Anglo-Irish spelling), phonetic renderings, Engl. paraphrases.

3610 Sheehan (M.): Sean-chaint na nDéise. The idiom of living Irish. — 2nd [rev.] ed.
Dublin: D.I.A.S., 1944. ix + 231 pp.

Reviews by

3611 Breat(h)nach (Risteard B.), *in* Éigse 4, 1943/44 (1945), (pt. 4), pp. 305-10.

3612 Vendryes (J.), *in* ÉtC 4, 1941/48, (fasc. 2), pp. 414-5.

3613 Ó Cuív (Brian): The Irish of West Muskerry, Co. Cork. A phonetic study.
Dublin: D.I.A.S., 1944. xi + 161 pp.
With Ir.-Engl. vocabulary.

Reviews by

3614 Cronin (A.), *in* Éigse 5, 1945/47 (1948), (pt. 1), p. 70.
3615 Vinay (J. P.), *in* Word 3, 1947, pp. 230-6.
3616 S[ommerfelt] (A.), *in* NTS 15, 1949, pp. 416-8.
3617 Hamp (Eric P.), *in* Lg 29, 1953, pp. 517-28.

3618 Breathnach (Nioclás) *comp.*: Focail Ghaedhilge atá le clos sa Bhéarla a labhartar sa Chaisleán Nua, Co. Luimnigh.
In Éigse 5, 1945/47 (1948), pp. 203-8; 6, 1948/52, pp. 169-79; 7, 1953/55, pp. 47-51.
Three alphabetical lists of Irish words in the English of Newcastle West (Co. Limerick), with phonetic transcr. Title in Éigse 6 and 7: '... a labhartar i gceantar an Chaisleáin ...'

3619 Ó Cuív (Brian) ed.: Cnósach focal ó Bhaile Bhúirne i gCunndae Chorcaí.
Mícheál Ó Briain (1866-1942) a bhailig.
B.Á.C.: I.Á.B., 1947. xii + 287 pp.
Words and idioms from Ballyvourney (Co. Cork), collected by M. Ó B. Arranged, normalised in spelling (with adaptation to the dialect), phonetic transcriptions, notes, etc., by B. Ó C.

3620 Breatnach (Risteard B.): The Irish of Ring, Co. Waterford. A phonetic study.
Dublin: D.I.A.S., 1947. xvii + 176 pp.
With Ir.-Engl. vocabulary.

Reviews by

3621 Vinay (J. P.), *in* Word 3, 1947, pp. 230-6.
3622 S[ommerfelt] (A.), *in* NTS 15, 1949, pp. 416-8.

3623 HAMP (Eric P.), *in* Lg 29, 1953, pp. 517-28.
3624 Ó DUBHDA (Seán) *comp.*: Focail agus téarmaí i dtaobh olna.
In Béaloideas 16, 1946 (1948), pp. 172-88.
<small>Terms concerning wool, acc. to subjects, from Corkaguiny (Co. Kerry).</small>
3625 Ó CUILLEANÁIN (Cormac) *ed.*: Blúire béaloidis.
In Cork University record 13, 1948, p. 46.
<small>Anecdote from Ring (Co. Waterford); spelling adapted to the dialect.</small>
3626 Ó CUÍV (Brian): *seann, sean*.
In Éigse 6, 1948/52, (pt. 1), pp. 72-3. (= Ceist, freagra ..., no. 69)
3627 Ó DUILEARGA (Séamus) *ed.*: Leabhar Sheáin Í CHONAILL. Sgéalta agus seanchas ó Íbh Ráthach.
B.Á.C.: (for Cumann le Béaloideas Éireann) E.C.I., 1948 [dust jacket: 1949]. xliv + 492 pp.
<small>Recorded by S. Ó D. in 1925-31; spelling somewhat adapted to the dialect (Co. Kerry).</small>
3628 Ó DANACHAIR (Liam): Memories of my youth.
In Béaloideas 17, 1947 (1949), pp. 58-72.
<small>Irish in west Limerick in the late 19th and early 20th centuries.</small>
3629 O'RAHILLY (T. F.): *cuilche*.
In Celtica 1, 1950, pp. 377-8, 408. (Varia 2, no. 22)
<small>Survives in west Munster as *cuilithe* 'the interior or middle part of a thing'.</small>
3630 ——— : *guardal, guairneán,* etc.
In id., pp. 378-81, 408. (id., no. 23)
<small>These, mainly southern Irish, forms go back to O.I. *cuairtfell, cuairtbell*.</small>
3631 Ó CONCHUBHAIR (Donnchadh): *páircín bheag, luichín bhán*.
In Éigse 6, 1948/52, (pt. 2, 1950), p. 180. (= Ceist, freagra ..., no. 66)
<small>Gender of words in *-ín* in Tomás Ó CRIOMHTHAINN's *An tOileánach*.</small>
3632 Ó CUÍV (Brian): Irish dialects and Irish-speaking districts. Three lectures.
Dublin: D.I.A.S., 1951 (repr. 1971). 95 pp. 2 charts
<small>1. The Gaeltacht — past and present; 2. Irish a living language; 3. Some aspects of Cork dialects.
App.: on the state of Irish as a vernacular during the 19th c.; charts showing the relative density of Irish speakers in 1851 and 1891.</small>
3633 BREATNACH (R. A.): *sceitimíní (sceit; geit)*.
In Éigse 6, 1948/52, (pt. 3, 1951), pp. 244-5.
<small>Contamination of *geit* (< Engl. *jet*) and *sceinm*.</small>
3634 ——— : *Tabhasc (éacht tamhaisc)*.
In id., pp. 245-7.
<small>(≠ *tásc*); < *tadhbhás*.</small>
3635 Ó LAOGHAIRE (Donnchadh): *bhíodh sé*, etc., with broad *s*.
In id., p. 270. (= Ceist, freagra ..., no. 73)
<small>Knockadoon (Co. Cork).</small>
3636 BREATNACH (R. A.): *adh-mhaidean*.
In id., (pt. 4), p. 339. (Varia, [no. 4])
<small>'daybreak', *á(dh)-mhaidean* in Corkaguiny (Co. Kerry).</small>
3637 Ó DUILEARGA (Séamus) *ed.*: Rí na Coille Gluise.
In Béaloideas 20, 1950 (1952), pp. 167-76.
<small>Recorded 1930/31 in Doolin (Co. Clare); spelling somewhat adapted to the dialect.</small>

3638 SOMMERFELT (Alf): Differensiasjonen av *ll* til *ld* i norrønt språk.
In Festskrift til L.L. Hammerich på tresårsdagen, den 31. juli 1952. København: Gad, [1952]. pp. 219-21.
Engl. transl.
Differentiation of *ll* into *dl* or *ld* in Old Norse and in Irish.
In 451 [DSAL], pp. 299-300.

3639 BREATNACH (R. A.): *poinn*.
In Celtica 2, 1954, pp. 342-4. (Nótaí gearra 1, no. 2)
'Much' in neg. and interrog. sentences in Munster dialects; from genitive of *pond* (< Lat. *pondus*).

3640 ———. *tuis(e), neafuiseach*.
In id., pp. 344-5. (id., no. 3)
From *toimhse* (orig. nom. pl. of *tomhas*) and *neamhthoimhseach* respectively (Munster).

3641 ——— : Dioscán Duibhneach.
In Éigse 7, 1953/55, (pt. 4), pp. 262-6.
1. *Sin nú ag x é* [Tomás O CRIOMHTHAIN]; 4. *liútaréatar* [connected to *liúim* and *éighim*]; 5. *naí trua* [< *(ní haon) aoighe truaighe (é)*].

3642 ——— : Dioscán Duibhneach.
In id., pp. 262-6.
2. *cabhalae* [< (some form of) Fr. *cavaler*]; 3. *bóiléagar* [< Engl. *beleaguer*].

3643 KAVANAGH (Séamus): *Bobhtaidib, bobhtib*.
In Celtica 3, 1956, pp. 320-1.
'the wooden floor over a vaulted compartment, a storey', l.-w., ultimately from O.Fr. *voûte*, in 'Sir John Mandeville's travels' (Best[1] 126); still in west Kerry as *bohhta*.

3644 DE BHALDRAITHE (Tomás): *cosúil*.
In Éigse 8, 1956/57, p. 146. (Nótaí ar fhocla NuaGhaeilge, no. 5)
With the meaning of 'measartha' in Corca Dhuibhne.

3645 BREATNACH (R. A.): *cuibhreann; i n-éindí le*.
In Celtica 4, 1958, pp. 206-7. (Nótaí gearra 2, no. 1)
cuibhreann < *com* + *ferenn, firenn*. With Munster *i gcuibhreann* 'together with' (< 'sharing the same portion') cf. western Irish *i n-éindí le* 'id.' (< 'sharing the same drink'). — Cf. R. B. BREATNACH, *in* Éigse 9.283.

3646 ——— : *méanair; mo ghraidhn* [mə ˈɣrəin'].
In id., pp. 208-9. (id., no. 3)
méanair (Donegal) < *mo-ghéanair* (< *mad-génair*); similarly *mo ghraidhn* (west Munster) < ★*mad-ro(i)gin (-ra(i)gin)*.

3647 ——— : *oidhe*.
In id., p. 209. (id., no. 4)
West Munster interjection *(ach) oidhe!* is prob. identical with Engl. *oyez* (< O.Fr. *oiez* 'listen').

3648 Ó CUÍV (Shán): *An t-aon uair amháin*.
In id., pp. 271-2.
'once for all', as distinct (at least in Munster) from *aon uair amháin*.

3649 MANIET (Albert) *ed.*: *Beidh cruadhtan ar ...* Poème irlandais enregistré en octobre 1956.
In Ogam 10, 1958, pp. 163-8.
Recorded from the author, Mícheál Ó GAOITHÍN (Co. Kerry); translit. and phonetic texts, Fr. transl., (mainly) phonetic notes.

3650 ——— ed.: Un poème en dialecte du Kerry.
In ÉtC 8, 1958/59, pp. 120-40.
'Aingeal Bán Ní Dubhghaill', by, and recorded from, Mícheál Ó GAOITHÍN; with translit., Fr. transl. and notes on the phonetics.

3651 BREATNACH (R. A.): *cainlíocht.*
In Éigse 9, 1958/61, (pt. 3, 1959/60), p. 159. (Sanasáin Nua-Ghaeilge, no. 1)
< *caindíocht,* in Corkaguiny (Co. Kerry).

3652 ——— : *fuaimint.*
In id., pp. 159-60. (id., no. 2)
In Corkaguiny, < *fuainmimint* < Lat. *fundamentum.*

3653 ——— : *fuiriste.*
In id., p. 162. (id., no. 5)
Contamination of *(f)urasa* and *(f)usaide.*

3654 ——— : *sínseanathar* 'great-grandfather'.
In id., p. 162. (id., no. 6)
Co. Kerry, < **sinsear athar.*

3655 ——— : *cóid-i-bhfaid*; *comhad (frecomot).*
In id., pp. 163-4. (id., no. 8)

3656 BREATNACH (R. B.): Initial mutation of substantives after preposition + singular article in Déise Irish.
In id., (pt. 4, 1960/61), pp. 217-22.

3657 Ó BUACHALLA (Breandán): Compráid na haidiachta i nGaeilge Chléire.
In id., pp. 243-6.
The comparative in the Irish of Clear Island (Co. Cork).

3658 Ó DUILEARGA (Séamus): Eachtraithe andeas.
In Béaloideas 27, 1959 (1961), pp. 110-8.
Stories from Co. Kerry, recorded 1927/30; spelling somewhat adapted to the dialect.

3659 BREATNACH (Risteard B.) *ed.*: Seana-chaint na nDéise, 2.
Studies in the vocabulary and idiom of Déise Irish, based mainly on material collected by Archbishop Michael SHEEHAN (1870-1945).
Dublin: D.I.A.S., 1961. xxvi + 449 pp.
Material collected in Ring (Co. Waterford), 1908-22. Ed., mainly in the form of a vocabulary, with phonetic transcriptions, notes, etc., by R.B.B.
Cf. M. SHEEHAN, Sean-chaint na nDéise, 1944.
Reviews by

3660 Ó CUÍV (Brian), *in* Éigse 10, 1961/63, (pt. 2, 1962), pp. 155-6.
3661 GAGNEPAIN (Jean), *in* ÉtC 10, 1962/63, pp. 600-1.
Review [in Irish] *by*
3662 BREATNACH (Nioclás), *in* StH 3, 1963, pp. 230-4.

3663 Ó BUACHALLA (Breandán): Phonetic texts from Oileán Cléire.
In Lochlann 2, 1962, pp. 103-21.
Clear Island (Co. Cork). With translit. and Engl. transl.; some phonetic and morphological characteristics.

3664 HOLMER (Nils M.): The dialects of Co. Clare.
Dublin: R.I.A., 1962, 1965. 2 voll. (= Todd lecture series, voll. 19, 20)

Part 2: texts, recorded in 1946, from south, middle, and north Clare, and the Co. Galway border area.

Review by

3665 Ó MURCHÚ (Máirtín), *in* Lochlann 4, 1969, pp. 345-8.

Review of part 1 *by*

3666 Ó CUÍV (Brian), *in* Éigse 10, 1961/63, (pt. 4), pp. 332-6.

Review [in Irish] *of* pt. 2 *by*

3667 Ó CÍOBHÁIN (Breandán), *in* Éigse 12, 1967/68, pp. 70-3.

3668 Ó DUILEARGA (Séamus) *ed.*: Cnuasach andeas. Scéalta agus seanchas Sheáin Í SHÉ ó Íbh Ráthach.
B.Á.C.: An Cumann le Béaloideas Éireann, 1963. xiv + 153 pp. portr. (= Béaloideas 29, 1961 (1963))
Recorded by S. Ó D. in 1923-30; spelling somewhat adapted to the dialect (S.W. Kerry).

3669 DILLON (Myles): Notes from Dunquin, Co. Kerry.
In Celtica 6, 1963, p. 193.

3670 BREATNACH (R. A.): Roinnt fuirmeacha aidiachtacha.
In id., pp. 253-5.
1. Fuirm chomparáide nua [[-hi:] in Munster]; 2. An críochnúchán nua *-he* [in G sg.f. and in pl. of monosyll. adjj. ending in a long vowel in Corkaguiny, Co. Kerry]; 3. *-dha* > náid [*cró*, instead of *cróga*, for *cródha*, recorded from An tOileán Tiar, Co. Kerry]; 4. *guile* < *go leith* 'na aidiacht [in Corkaguiny].

3671 Ó MAOLCHATHAIGH (Séamus): An Gleann agus a raibh ann.
B.Á.C.: An Clóchomhar, 1963. xi + 230 pp.
Réamhrá [preface] and (pp. 225-30) Nótaí ar an gcanúint [i.e. Déise Irish], by [anon.].

3672 BREATNACH (R. B.): Characteristics of Irish dialects in process of extinction.
In 477 [ler CIDG], vol. 1, pp. 141-5.

3673 Ó HANNRACHÁIN (Stiofán): Caint an Bhaile Dhuibh.
B.Á.C.: Clóchomhar, 1964. viii + 101 pp. (= Leabhair thaighde, iml. 10)
Phonetics and vocabulary of the remains of the Irish of Ballyduff, Co. Kerry.

Reviews by

3674 D[ILLON] (M.), *in* Celtica 7, 1966, p. 259.

3675 BREATNACH (R. B.), *in* Éigse 12, 1967/68, pp. 237-8.

Reviews [in Irish] *by*

3676 MAC ÉNRÍ (Pádraic L.), *in* StH 5, 1965, pp. 189-91.

3677 Ó MÁILLE (T. S.), *in* Dóchas 1, uimh. 3, 1965, pp. 100-2.

3678 Ó MÁILLE (T. S.): *flúirse, flúirseach*.
In Éigse 11, 1964/66, (pt. 1), pp. 20-1. (Dornán focal Nua-Ghaeilge, [no. 2])
From (some form of) Engl. *flourish*.

3679 [Ó CUÍV (Brian)] *ed.*: Naomh Aguistín ó Ghalaras.
In id., p. 50.
Anecdote, as recorded in semi-phonetic spelling by Gearóid Ó MURCHADHA in Corkaguiny (Co. Kerry) in 1947.

3680 ——— *ed.*: Aogán Ó Rahile.
In ibid., p. 56.
-id.-

3681 Ó Cíobháin (Breandán): Logainmneacha ó dheisceart Thiobraid Árann.
In Dinnseanchas 1, 1964/65, pp. 32-42 [cf. p. 58].
<small>With phonetic transcriptions from native speakers.</small>

3682 Hewson (Michael) *comp.:* A word-list from south-west Clare.
In NMAJ 9, 1962/65, (no. 4, 1965), pp. 182-6.

3683 [Ó Cuív (Brian)] *ed.*: Cobhán agus an phiast.
In Éigse 11, 1964/66, (pt. 2, 1965), p. 105.
<small>Anecdote, as recorded in semi-phonetic spelling by Gearóid Ó Murchadha in Corkaguiny (Co. Kerry) in 1947.</small>

3684 ——— *ed.*: Conus a cuireadh deire leis na Fiana.
In id., (pt. 3, 1965/66), p. 166.
<small>-id.-, in 1941.</small>

3685 Ó Máille (T. S.): *neadha, nimhe.*
In id., (pt. 4), pp. 235-6. (Glac bheag focal Nuaghaeilge, [no. 5])

3686 ———: *scaoinse.*
In id., (pt. 4), pp. 236-8. (id., [no. 6])
<small>In Munster < *s* + *caínse.*</small>

3687 Ó Cróinín (Donncha A.) *ed.*: Trí scéal ó Mhúscraighe.
In Béaloideas 33, 1965 (1967), pp. 114-31.
<small>Recorded in 1944 by Seán Ó Cróinín from Amhlaoibh Ó Loingsigh. Spelling somewhat adapted to the dialect (West Muskerry).</small>

3688 [Ó Cuív (Brian)] *ed.*: An tSeana-bhean chríona.
In Éigse 12, 1967/68, p. 138.
<small>Anecdote (with poem), recorded by Gerard Murphy, in semi-phonetic spelling, in 1941 in Corkaguiny (Co. Kerry).</small>

3689 Hamilton (Michael) *comp.*: Word-list from Clonlara, Co. Clare.
In NMAJ 11, 1968, pp. 81-3.

3690 Ó Cíobháin (Breandán): Logainmneacha ó bharúntacht Mhaigh Fhearta, Co. an Chláir.
In Dinnseanchas 3, 1968/69, pp. 38-49, 99-108; 4, 1970/71, pp. 8-16, 38-45, 113-25. charts
<small>Barony of Moyarta, Co. Clare. With phonetic transcriptions and notes.</small>

3691 Ó Cróinín (Donncha A.) *ed.*: Scéalaíocht Amhlaoibh Í Luínse.
In Béaloideas 35/36, 1967/68 (1971), xxvi + 385 pp.
<small>Recorded in 1943/44 by Seán Ó Cróinín. Spelling somewhat adapted to the dialect (West Muskerry). Notes on the language; glossary of dialectal spellings and usages.</small>

E 6.3 Connacht

3692 Ó Muirgheasa (Máire *Ní Mhuirgheasa*) *ed.*: Stair an Bhíobla. Ó láimhsgríbhinn do sgríobh Uáitéar Ua Ceallaigh, tuairim na bliadhna MDCCXXVI.
B.Á.C.: Oifig an tSoláthair, 1941-45. 4 voll. (= LóL, imll. 4, 5, 8, 14)
<small>Commentary of the Bible, imperfect, from MS R.I.A. E iii 3. Prob. by the scribe, Uáitéar Ua Ceallaigh (Co. Roscommon); some discussion of dialectal spellings.</small>

3693 Ó Cuív (Brian) *ed.*: Cath Muighe Tuireadh. The Second battle of Magh Tuireadh.

Dublin: D.I.A.S., 1945. 80 pp.
>From MS R.I.A. 24 P 9; with Engl. summary, notes and glossary. Ling. analysis (some Connacht dialectal features); comparison with the earlier version [Best¹ 83].

3694 O LOCHLAINN (Colm) *ed.*: An Irish version of the prayers of Saint NIERSES of Clai.
In IER 95, 1961, pp. 361-71.
24 prayers, from the twenty-four-language edition of Preces S. Niersis Claiensis (Venice 1823), with the Engl. version. N.W. Connacht dialectal features.

3695 SKERRETT (R. A. Q.) *ed.*: Two Irish translations of the *Liber de passione Christi*.
In Celtica 6, 1963, pp. 82-117.
(1) from LF; (2) based on Laud 610. Printed en face with a Latin text. Discussion of Connacht spellings in LF.

3696 Ó CUÍV (Brian) *ed.*: Tréadlitir ó 1798.
In Éigse 11, 1964/66, (pt. 1), pp. 57-64.
Engl. letter by Edmond FRENCH. Ir. transl. from MS R.I.A. 23 B 27, poss. by the scribe, Mícheál Ó BRAONÁIN. Notes on spelling (Co. Roscommon dialectal features).

3697 SKERRETT (R. A. Q.) *ed.*: Fiarfaidhi San Anselmuis.
In Celtica 7, 1966, pp. 163-87.
Prob. end 14th c. transl., ascr. to Seán UA CONCHOBAIR (†1391), of *Dialogus beatae Mariae et S. Anselmi de passione*; based on LF. Discussion of spellings (Connacht features).

3698 ——— : Two Irish verbal systems of the fifteenth century.
In id., pp. 189-204.
Of 2 indep. transls. of the *Liber de passione Christi* (v. Celtica 6, 1963): (1) as in LF, (2) as in Laud 610. Further Connacht features in LF; discussion of the vn. ending *-achan*.

3699 Ó SÚILLEABHÁIN (Pádraig): *maidir le*.
In Éigse 14, 1971/72, p. 123. (Varia, no. 4)
Earliest instance in 'Doctor Kirwan's Irish catechism' (5th ed., 1842) [Best¹ 247].

Contemporary

3700 MHAC AN FHAILIGH (Éamonn): Caint Iorruis.
In Éigse 3, 1941/42 (1943), (pt. 1), pp. 25-31.
Sandhi in the Irish of Erris (Co. Mayo).

3701 O'RAHILLY (T. F.): *forú, fora*, 'eyelash'.
In Ériu 13, 1942, pp. 216-7. (Notes, mainly etymological, no. 49)
O.I. *forbrú* 'eyebrow'; *fora* in Co. Galway.

3702 ——— : *áirdeall*.
In id., p. 217. (id., no. 50)
'watchfulness' (Connacht), a doublet of O.I. *airndel*, M.I. *airnel*, 'trap'.

3703 PIATT (Donn): *creafadach*.
In Éigse 3, 1941/42 (1943), (pt. 4), pp. 308-9. (= Ceist, freagra ..., no. 47)
creaifideach, creafaideach, in the Irish of Erris (Co. Mayo).

3704 DILLON (Myles): Notes from Inishmaan, Co. Galway.
In Éigse 4, 1943/44 (1945), (pt. 3, 1944), pp. 206-9.
On the house and its furniture.

3705 MAC CIONNAITH (Seosamh) [McKENNA (Joseph)] *comp.*: List of some Irish words used in English conversation by the people of Gortlettra parish, Co. Leitrim.
In JACAS (vol. 2), no. 10, 1945, pp. 64-7.

3706 DE BHALDRAITHE (Tomás): Nóta ar na guthaí roimh chonsain áithride i n-oirthear na Gaillimhe.
In Éigse 5, 1945/47 (1948), (pt. 1), pp. 59-60.
A note on vowels before certain consonants in east Galway.

3707 MHAC AN FHAILIGH (Éamonn): Final -*a*, -*e* in Erris Irish.
In id., (pt. 4), pp. 253-5.

3708 ———: Erris words and phrases.
In Éigse 6, 1948/52, (pt. 1), pp. 34-46.

3709 ———: Consuetudinal future and consuetudinal present.
In id., (pt. 2, 1950), pp. 149-54.
Based on exx. from N.W. Mayo and W. Galway.

3710 Ó TUATHAIL (Éamonn): The mutation of sibilants in the dialect of Slievemurry.
In id., pp. 163-4. (Varia, no. 6)

3711 Ó MÁILLE (T. S.) *ed.*: Seanchas Shlia' Muire.
In Béaloideas 20, 1950 (1952), pp. 177-87.
From Creggs (Roscommon/Galway border); spelling adapted to the dialect.

3712 ———: *thar mo bhionda* 'beyond my powers'.
In JCS 2, 1958, (no. 1, 1953), p. 141. (Some Modern Irish words, [no. 1])
Connacht phrase, nautical in origin.

3713 Ó SÚILLEABHÁIN (P.) *comp.*: Cainteanna aniar.
In Éigse 7, 1953/55, (pt. 1), pp. 35-46.
A glossary of expressions from Carna (Co. Galway).

3714 GOULDEN (J. R. W.): *Aharla*.
In id., pp. 52-4.
Has survived in the Aran Islands, from *otharlige* 'grave, burial place'.

3715 Ó MAOLAITHE (Proinsias): Graiméar Mhionlaigh.
In id., (pt. 3, 1954), pp. 139-52.
Morphology of the Irish of Menlough (Co. Galway).

3716 BREATNACH (R. A.): *césmuite*; *diomuite*.
In Celtica 2, 1954, pp. 341-2. (Nótaí gearra 1, no. 1)
From *taobh is-muigh do* (Connacht) and *i dtaobh amuich do* (Donegal) respectively.

3717 Ó MÁILLE (T. S.) *comp.*: Liosta focal as oirthear na Gaillimhe.
In Béaloideas 23, 1954 (1956), pp. 230-6.
A list of words from east Co. Galway. Exx. of usage or Ir. paraphrases; some phonetic transcrs.

3718 SCHOLZ (Friedrich): Gruss und Anruf.
In KZ 74, 1956, pp. 129-45.
Exx. from Ros Dumhach (Rossport, Co. Mayo); phonetic transcr.

3719 LAVIN (T. J.): Notes on the Irish of east Mayo.
In Éigse 8, 1956/57, pp. 309-21; 9, 1958/61, pp. 10-7.

3720 DE BÚRCA (Seán): An Tarbh Breac.
In Éigse 8, 1956/57, pp. 330-41.
Story from Tourmakeady (Co. Mayo) in phonetic transcr. and translit.

3721 BREATNACH (R. A.): *cuibhreann*; *i n-éindí le.*
In Celtica 4, 1958, pp. 206-7. (Nótaí gearra 2, no. 1)
cuibhreann < *com* + *ferenn*, *firenn*. With Munster *i gcuibhreann* 'together with' (< 'sharing the same portion') cf. western Irish *i n-éindí le* 'id.' (< 'sharing the same drink').

3722 DE BÚRCA (Seán): Clann an bhradáin ghil.
In Éigse 9, 1958/61, (pt. 2, 1958), pp. 89-110.
Story from Tourmakeady (Co. Mayo) in phonetic transcr. and translit.

3723 LAVIN (T. J.): Some texts from east Mayo Irish.
In id., pp. 111-3.
Phonetic transcription, transliteration.

3724 DE BÚRCA (Seán): The Irish of Tourmakeady, Co. Mayo. A phonemic study.
Dublin: D.I.A.S., 1958 (repr. 1970). x + 169 (171) pp.
With Ir.-Engl. vocabulary.

Reviews by

3725 Ó CUÍV (Brian), *in* Éigse 9, 1958/61, (pt. 3, 1959/60), pp. 209-11.

3726 S[OMMERFELT] (A.), *in* Lochlann 2, 1962, pp. 235-7.

3727 GAGNEPAIN (Jean), *in* ÉtC 10, 1962/63, pp. 598-9.

3728 Ó MÁILLE (T. S.): *araoid.*
In Éigse 9, 1958/61, (pt. 3, 1959/60), p. 145. (Focla Nua-Ghaeilge, [no. 1])
< *farraid (forraid)* (cf. Ériu 9.20ff), in Connacht.

3729 ———— : *deibhil.*
In id., p. 146. (id., [no. 2])
'calmness (of the sea)', Aran Islands (Co. Galway), from Engl. *devall* 'cessation'.

3730 DE BÚRCA (Seán): Irish phoneme frequencies.
In Orbis 9, 1960, pp. 464-70.
Based on the author's The Irish of Tourmakeady, Co. Mayo, 1958.

3731 [O LOCHLAINN] (Colm): *anachain, arachain, anacair.*
In Éigse 9, 1958/61, (pt. 4), p. 271. (Varia, [no. 2])

3732 DE BÚRCA (Seán): Seacht sóláis na Maighdine.
In id., pp. 275-7.
Song, with phonetic transcr., from Tourmakeady (Co. Mayo).

3733 Ó MÁILLE (T. S.): *biorgún.*
In StH 1, 1961, pp. 119-20. (Cúig fhocal Nua-Ghaeilge, [no. 1])
From Engl. *habergeon.*

3734 ———— : *mísc.*
In id., pp. 124-6. (id., [no. 4])
(≠ *mí-thoisc*); < *mí-aisc.*

3735 DE BÚRCA (Seán): Caoineadh Í Raghallaigh.
In Éigse 10, 1961/63, (pt. 1), pp. 35-8.
Tourmakeady (Co. Mayo) version, with phonetic transcr.

3736 Ó Dubhthaigh (Bearnárd): *iarmhóireacht*.
In id., (pt. 4), pp. 279-81. (Dornán nótaí ar fhocla Nua-Ghaeilge, [no. 1])
Specialisation of meaning, *.i. caorach*, in Erris (Co. Mayo).

3737 Ó Máille (T. S.): *creachlais, treachlais*.
In Éigse 11, 1964/66, (pt. 1), pp. 19-20. (Dornán focal Nua-Ghaeilge, [no. 1])
From Engl. *tra(u)chle*.

3738 de Búrca (Seán): An tEach Breac.
In id., pp., 39-49.
Story from Tourmakeady; phonetic transcr., translit.

3739 Ó Máille (T. S.): *ana, in an, in ann, i ndan, indon*.
In id., (pt. 2, 1965), pp. 85-8. (Focla NuaGhaeilge agus a bhfréamh, [no. 1])

3740 ——— : *leitiméaracht, leiciméaracht*.
In id., pp. 90-2. (id., [no. 3])
From Engl. *limiter*.

3741 ——— : *síbín*.
In id., pp. 92-5. (id., [no. 4])
From Engl. *chopin (chappin)*.

3742 Mhac an Fhailigh (Éamonn) *ed.*: Órán Tóny Stiofán.
In id., pp. 101-5.
Story and 2 versions of the song, in semi-phonetic spelling (Co. Mayo).

3743 Ó Máille (T. S.): *gaiseití, gaiseite, gathsite, gais-eite, gais ait'*.
In id., (pt. 4), pp. 233-5. (Glac bheag focal Nuaghaeilge, [no. 4])
From Engl. *anxiety*.

3744 ——— : *speidhear, speidhearadh*.
In id., pp. 238-9. (id., [no. 7])
Ros Muc (Co. Galway) *speidhear, faidhear*, < Engl. *fire*.

3745 Mhac an Fhailigh (Éamonn): Some living words.
In id., pp. 242-5. (Varia, no. 1)
Mainly from Faulmore, Erris (Co. Mayo).

3746 de Búrca (Seán): The Irish of Leenane, Co. Galway.
In Celtica 7, 1966, pp. 128-34.
The phonemic system; two texts with translit.

3747 Annuntiata le Muire (*An tSiúr*) & Ó hUallacháin (Colmán): Bunchúrsa foghraíochta.
B.Á.C.: O.S., 1966. 107 pp.
Phonodisc: Caoga fuaim shamplach i nGaeilge.
An Teanglann, Rinn Mhic Gormáin, RMG 1, 45 c.p.n.
Cainteoir: Caitlín Ní Dhochartaigh (N. Mayo).

3748 Ó Ceilleachair (Stiofán): Canúint Mhuintir Chionnaith agus Chlann Fhearmaighe.
Arna chur in eagar ag [ed. by] an Athair D. Mac an Ghallóglaigh.
In Breifne 3, (no. 10, 1967), pp. 266-95, (no. 11, 1968), pp. 299-319.
On the Irish of Innismagrath and Glenfarne (Co. Leitrim).

3749 DE BÚRCA (Seán): Gobbán Saer, the crafty artificer.
In 455 [Fs. Pokorny], pp. 145-6.
> Anecdote from Tourmakeady (Co. Mayo), with phonemic transcription and Engl. summary.

3750 HAMILTON (John N.): Phonetic texts of the Irish of north Mayo.
In ZCP 30, 1967, pp. 265-353; 31, 1970, pp. 147-223.
> With translit., Engl. transl., notes and grammatical analysis.

3751 SKERRETT (R. A. Q.): Notes on the dialect of the Inishkea islanders.
In StC 2, 1967, pp. 196-201.
> Now settled on the mainland, Erris (Co. Mayo).
> 1. The phonology of the word.

3752 DE BÚRCA (Seán): 'La malmariée' nó Ainnir an tseanduine.
In Éigse 12, 1967/68, pp. 133-7.
> Song from Tourmakeady (Co. Mayo) in phonetic transcr. and translit.; note on the expletive composite interjection *inneó'ra*.

3753 MHAC AN FHAILIGH (Éamonn): The Irish of Erris, Co. Mayo. A phonemic study.
Dublin: D.I.A.S., 1968. xvii + 259 pp.
> With a grammatical supplement; Ir.-Engl. vocabulary.

Reviews by

3754 Ó MURCHÚ (Séamas), *in* StH 9, 1969, pp. 166-9.
3755 DE BHALDRAITHE (Tomás), *in* StC 5, 1970, pp. 163-5.
3756 GLEASURE (James), *in* SGS 12, 1976, (pt. 1, 1971), pp. 116-21.

3757 Ó DOMHNAILL (Cáit *Ní Dhomhnaill*): Séimhiú thar éis an ainmbhriathair thabharthaí.
In Éigse 13, 1969/70, pp. 1-9.
> Rules for lenition after dat. of vn. in the Irish of Carraroe (Co. Galway).

3758 DILLON (Myles) *ed.*: An Saighead.
In id., pp. 186-7.
> Transcr. of anecdote recorded 1932 on Inishmaan (Co. Galway).

3759 Ó DOMHNAILL (Cáit *Ní Dhomhnaill*): Observations on vowel lengthening in Irish.
In StC 5, 1970, pp. 89-93.
> In the alphabetical list forms current in the Irish of Carraroe (Co. Galway) are marked.

3760 WIGGER (Arndt): Nominalformen im Conamara-Irischen.
Hamburg: H. Lüdke, 1970. 166 pp. tabs. (fold.) (= Geistes- und sozialwissenschaftliche Dissertationen, Bd. 6)
> A generative-transformational approach to the morphology of nouns, adjectives, numerals and the article in the Irish of Carna (Co. Galway), incl. selected syntactical and phonological considerations.

Review by

3761 SKERRETT (R. A. Q.), *in* StC 6, 1971, pp. 210-12.
3762 DILLON (Myles): Irish *púirín* 'hen-house'.
In Celtica 9, 1971, p. 190.
> In the Irish of Inishmaan and Carna (Co. Galway). Through *púr* (Corm. Y 1063) from O.N. *búr*.

3763 MHAC AN FHAILIGH (Éamonn): Faoistean Dhonncha Mhóir.
In Éigse 14, 1971/72, pp. 52-3.

E GRAMMAR

Text (recorded in 1936) from Pulathomas (Co. Mayo) in phonetic transcr. and translit.

E 6.3.1 Cois Fhairrge

3764 DE BHALDRAITHE (Tomás) *comp.*: Cainteanna(í) as Cois Fhairrge.
In Éigse 3, 1941/42 (1943), pp. 245-50; 4, 1943/44 (1945), pp. 210-9, 292-303; 5, 1945/47 (1948), pp. 45-58, 108-21, 196-203, 283-9.
    Vocabulary of words and phrases (not noted in Dinneen), with phonetic transcriptions.

3765 MAC NÉILL (Eóin): A missing manuscript.
In Béaloideas 13, 1943 (1944), p. 277.
    Two manuscript volumes of words and phrases, collected (c. 1900) by Charles Percy BUSHE, from Séamus Morris (Spiddal, Co. Galway), etc. [cf. Béaloideas 22.119].

3766 DE BHALDRAITHE (Tomás): The Irish of Cois Fhairrge, Co. Galway. A phonetic study.
Dublin: D.I.A.S., 1944 (rev. ed. 1966). xii + 153 (152) pp.
    With Ir.-Engl. vocabulary.
Reviews by

3767 MHAC AN FHAILIGH (Éamonn), *in* Éigse 5, 1945/47 (1948), (pt. 2, 1946), pp. 142-5.

3768 VINAY (J. P.), *in* Word 3, 1947, pp. 230-6.

3769 S[OMMERFELT] (A.), *in* NTS 15, 1949, pp. 416-8.

3770 HAMP (Eric P.), *in* Lg 29, 1953, pp. 517-28.
Review [in Irish] *by*

3771 Ó RAIFEARTAIGH (T.), *in* IBL 29, 1943/45, (no. 5, 1945), pp. 118-9.

3772 DE BH[ALDRAITHE] (T.): *lucht chruinnighthe stóir*.
In Éigse 5, 1945/47 (1948), (pt. 1), p. 67. (= Ceist, freagra ..., no. 62)
    Cois Fhairrge evidence.

3773 DE BHALDRAITHE (Tomás): Varia.
In Éigse 6, 1948/52, (pt. 1), pp. 47-9.
    Notes, in Irish, on the syntax of the Irish of Cois Fhairrge: (1) an t-ainm briathardha; (2) An aidiacht bhriathardha; (3) 'Ab é Seán?'; (4) 'Is beag a —'.

3774 ——— *comp.*: Foclóirín na gcearrúch.
In Béaloideas 19, 1949 (1950), pp. 125-33.
    Words and phrases concerning card games, from Cois Fhairrge (Co. Galway).

3775 ——— : Varia.
In Éigse 6, 1948/52, (pt. 2, 1950), pp. 165-8.
    5 notes on the Irish of Cois Fhairrge: (1) Ainm (forainm) i n-áit forá ainm-bhriathartha nó fochlásal ainmneach; (2) *Is* agus *tá*; (3) *Agus* nó *is* le cois.

3776 ——— : *féadachtáil*.
In id., p. 168. (Varia, [no. 4])
    Vn. of *féadaim* in Cois Fhairrge.

3777 ——— : Báitheadh guthaí neodrach.
In id., p. 168. (Varia, [no. 5])
Vowel elision in sandhi between identical consonants in Cois Fhairrge.

3778 ——— : Gaeilge Chois Fhairrge. An deilbhíocht.
B.Á.C.: I.Á.B., 1953. xxiv + 394 pp.
Morphology. With Ir.-Engl. vocabulary.

Reviews by

3779 BACHELLERY (E.), *in* ÉtC 6, 1953/54, pp. 397-402.
3780 B[REATNACH] (R. B.), *in* Éigse 8, 1956/57, pp. 177-80.
3781 DE BHALDRAITHE (Tomás): Nua-iasachtaí i nGaeilge Chois Fhairrge.
In Éigse 7, 1953/55, pp. 1-34; 8, 1956/57, p. 151 [corr.].
On modern loanwords in the Irish of Cois Fhairrge (Co. Galway).

3782 Ó CUÍV (Brian): A missing manuscript.
In Béaloideas 22, 1953 (1954), p. 119.
The MSS referred to in Béaloideas 13.277, as containing Irish words and phrases collected by Charles Percy BUSHE, are MSS N.L. G 236 and G 237.

3783 DE BHALDRAITHE (Tomás) *comp.*: Ainmneacha ar chineálacha daoine.
In id., pp. 120-53.
Vocabulary of ca. 1,000 terms descriptive of people, from Cois Fhairrge (Co. Galway); phonetic transcrs. of some unusual forms.

3784 ——— : Deireadh nua iolraidh.
In Éigse 7, 1953/55, (pt. 3, 1954), p. 153. (Nótaí, no. 1)
A new plural morpheme *-(a)íl* in the Irish of Cois Fhairrge.

3785 ——— : Fadú na nguthaí *a* agus *ea*.
In id., pp. 153-4. (Nótaí, no. 2)
Only two lengthened vowels (written *a(i)* and *ea*) have the same quality as the corresp. short ones.

3786 ——— : An modh ordaitheach sa gclásal coinníollach.
In id., p. 154. (Nótaí, no. 3)
The imperative in conditional clauses in Cois Fhairrge.

3787 ——— : *Meanma* 'presentiment, premonition'.
In id., p. 155. (Nótaí, no. 4)
In Mod.I. often *meanmna*, in Cois Fhairrge *meanmnaí* (pl.).
Add. by MAC MHATHAIN (Aonghus), *in* id., p. 216.

3788 ——— : *malach*.
In Éigse 8, 1956/57, pp. 144-5. (Nótaí ar fhocla NuaGhaeilge, no. 2)
'ualach', in Cois Fhairrge.

3789 ——— : *cnái(mh)cheól*.
In id., p. 145. (id., no. 4)
'caoineachán, clamhsán, diúgaireacht', in Cois Fhairrge.

3790 ——— : *chúns*.
In id., p. 146. (id., no. 6)
Conjunction in Cois Fhairrge; from contamination of *chomh fada is* and *an fhad is*.

3791 ——— : *Aimhreas* mar a chuirtear i gcaint é.
In id., pp. 147-9.
Documentation of usage in Cois Fhairrge in the meanings of (1) 'doubt', (2) 'suspicion'.

3792 ———— : Nótaí comhréire.
In id., pp. 242-6.
Syntactical notes, mainly on the Irish of Cois Fhairrge (Co. Galway): 1. Leagan neamhphearsanta [impersonal expression, with *tá*, of motions of the mind]; 2. Comhleanúint ainmsearaí [consecutio temporum]; 3. Focal faoi bhéim [asyntactical final position of stressed nominal subject or object]; 4. Athrá ar *fios* (?) [e.g. *Níl a fhios againn níos fearr a fhios*]; 5. Fo-rá ainmbhriathartha [vn. subject clause, passive sense, without agent, to *is maith le*]; 8. '*Tusa ba chóir é a dhéanamh*'; 9. '*An rud a bhí sé ag iarraidh a dhéanamh*'; 10. Forainm mar réamhtheachtaí ag fochlásal aidiachta [3rd person pronoun as antecedent of adjectival clause].

3793 ———— : Nótaí comhréire.
In id., pp. 242-6.
Syntactical notes, mainly on the Irish of Cois Fhairrge (Co. Galway): 6. Ginideach cinnte i ndiaidh ainm chinnte [double article in pl.ns.]; 7. An t-alt agus an forainm le *corr-* [rules for concord of article with, and pronoun referring to, cpds. of *corr*].

3794 ———— : Ad Celtica 2.345.
In Celtica 4, 1958, p. 252.
ad R. A. BREATNACH, *tuis(e)*, 1954 (Cois Fhairrge forms).

3795 Ó CADHAIN (Máirtín): Consain na Gaeilge. The consonants of Irish.
B.Á.C.: Spól, 1960. 20 pp.
Text with transl. and notes.
Phonodisc: Spól, CG. 01, 45 csn. (= Ceirníní na Gaeltacht, 1 [no more issued]) Cainteóirí: M. Ó Cadhain & Máirín Ní Churraoin (Cois Fhairrge).

3796 Ó MÁILLE (T. S.): *fastós, greamús*.
In Éigse 10, 1961/63, (pt. 1), pp. 17-8. (Glac focal Nua-Ghaeilge, [no. 5])
Abstracts, < *fastó(dh)* + *as, greamu(ghadh)* + *as*.

3797 DE BHALDRAITHE (Tomás): Díolaim focal.
In Celtica 6, 1963, pp. 262-7.
A vocabulary of Mod.I. words beginning with *s-* (as supplementing DRIA) from Cois Fhairrge, with phonetic transcr. and instances from 17th and 18th c. dictionaries.

3798 ———— : *déanta na fírinne*.
In Éigse 12, 1967/68, p. 67. (Nótaí, no. 1)
Common Cois Fharraige phrase, *d. na f., go dhéanta na f.*, prob. is a contamination of *do dhéanamh na f.* and *(is) déanta an fhírinne*.

3799 DILLON (Myles): The semantic history of Irish *gal* 'valour; steam'.
In Celtica 8, 1968, pp. 196-200; 9, 1971, p. 134 [corrig.].
Summary *in* Actes du Xe Congrès international des linguistes, Bucarest 1967. Bucarest: Édition de l'Acad. de la Rép. Soc. de Roumainie. vol. 2, 1970, pp. 567-9.
Discussion, by T. DE BHALDRAITHE, of two features in the Irish of Cois Fhairrge.

E 6.4   Ulster
3800 ADAMS (G. B.): The emergence of Ulster as a distinct dialect area.
In UF 4, 1958, pp. 61-73.

3801 ——— : Cartlann chanúna Chúige Uladh.
In An tUltach 39, uimh. 9, Meán Fómhair 1962, pp. 6-7.
On the Ulster dialect archive.

3802 ——— : Phonemic systems in collision in Ulster English.
In Verhandlungen des Zweiten Internationalen Dialektologenkongresses, Marburg/Lahn, 5.-10. Sept. 1965. Hg. v. L.E. Schmitt. Wiesbaden: F. Steiner, 1967, 68. (= Zeitschrift für Mundartforschung, Beihefte, N.F., 3, 4) (vol. 1), pp. 1-6.

3803 Ó TUATHAIL (Éamonn) *ed.*: Three Meath poems.
In Éigse 3, 1941/42 (1943), (pt. 3, 1942), pp. 157-64.

3804 MCKERNAN (Owen) *ed.*: Leaves from Belfast manuscripts.
In id., pp. 186-92.
'Aisling an Daill MHIC CUARTA': *Is buartha chuaidh mo shuan aréir domh*; from MS Q.U.B. G 16; some notes on pronunciation.

3805 Ó TUATHAIL (Éamonn) *ed.*: Meath anecdotes.
In Éigse 4, 1943/44 (1945), (pt. 1), pp. 9-14.
From MSS Belfast 31 and 33, written down by Robert Macadam from Hugh McDonnell, ca. 1847.

3806 ——— *ed.*: A Meath phrase-list in Hugh MCDONNELL's handwriting.
In Éigse 5, 1945/47 (1948), (pt. 1), pp. 36-44.
Mainly interrogative sentences and their answers and Engl. transls.; prob. compiled by H. MCD. in the period 1840-54. From MS Belfast 18.

3807 Ó MAONAIGH (Cainneach) *ed.*:
Scáthán shacramuinte na haithridhe. [By] Aodh MAC AINGIL a chum.
B.Á.C.: I.Á.B., 1952. xlvii + 257 pp. pls. (= SGBM, iml. 1)
From the printed text (Louvain 1618); based on the copy in the Franciscan House of Studies, Killiney. Linguistic analysis, dialectal features (Co. Down); typographical analysis; vocabulary.

3808 Ó SÚILLEABHÁIN (Pádraig) *ed.*: Beatha San Froinsias.
B.Á.C.: I.Á.B., 1957. xlvi + 142 pp. (= SGBM, iml. 4)
A 17th c. Life of St. Francis, from MS R.I.A. 23 O 41. Extensive analysis of the lg. (incl. collection of features of Ulster Irish); notes, vocabulary.

3809 Ó DUBHTHAIGH (Bearnárd) *ed.*: Agallamh Oisín agus Phádraig: *Lá dhúinne ar Sliabh Fuaid*.
In Éigse 9, 1958/61, (pt. 1), pp. 34-52.
Poss. by Muiris Ó GORMÁIN, from autogr. MSS B.M. Eg. 128, etc.; notes. S.E. Ulster dialectal features. Aguisín [App.]: variants and 2 add. qq. from MS R.I.A. 24 I 23.

3810 FALCONER (Sheila) *ed.*: An Irish translation of the Gregory legend.
In Celtica 4, 1958, pp. 52-95.
Geineamhain Ghrigōir, from MS Rawl. B 477; Engl. transl., notes. Linguistic analysis (some northern Irish features).

3811 Ó MÓRDHA (Séamus P.) *ed.*: Tuireamh ó Chondae an Chabháin.
In Celtica 4, 1958, pp. 273-8; 9, 1971, pp. 215-6 [add.].
On the death of the Revd. P. O'Reilly in 1825. 1st line: *Tá an tírsi go dubhach is ní hiongnadh dhi é*, by Pádraig MAC COMHGHAILL. From a MS in the

possession of Brian Ó Mórdha, An Mhuinchille (Co. Cavan).
With an analysis of the language of the Co. Cavan scribe (Séamus Mac Comhghaill).

3812 MOONEY (Canice): An Irish MS from Mountnugent.
In Breifne 1, 1958/61, (no. 2, 1959), pp. 113-7.
> Wr. 1812-23 in semi-phonetic spelling; now in the Franciscan Library, Dún Mhuire, Killiney (Co. Dublin) [Franc. A 40].

3813 QUIN (E. G.) *ed.*: A book of proverbs.
In Éigse 10, 1961/63, (pt. 2, 1962), pp. 127-43.
> From a MS in the possession of Lord Talbot de Malahide, poss. 1st h. 18th c., dialectal features of south-east Ulster Irish.

3814 Ó BUACHALLA (Breandán) *ed.*: Imthiacht Dheirdre la Naoise agus oidhe chloinne Uisneach.
In ZCP 29, 1962/64, (H. 1/2, 1962), pp. 114-54.
> A modern, linguistically mixed, version. From MS Belfast 37 (wr. 1805-9 by Samuel Bryson); collection of dialectal east Ulster features.

3815 Ó MAONAIGH (Cainneach) *ed.*: Seanmónta Chúige Uladh.
B.Á.C.: I.A.B., 1965. xxii + 132 pp. (= SGBM, iml. 6)
> 15 sermons and two other pieces (*Agalladh Íosa 7 Mhuire*, a transl. of part of *Meditationes vitae Christi*; *Comhairle do na seanmóntaithe*), from MSS St. Malachy's College, Belfast, O'Laverty 10 (lines 1-1035) and R.I.A. 24 L 18a (1037-3909), with a vocabulary; 1st h. 18th c., S.E. Ulster dialectal features.

3816 Ó FACHTNA (Anselm) *ed.*: An Bheatha dhiadha nó an tslighe ríoghdha.
B.Á.C.: I.A.B., 1967. xxx + 262 pp. (= SGBM, iml. 9)
> Based on MSS (lines 1-4136) Waterford 18, and (4136-8101) U.C.D. Ferriter 14. Linguistic analysis (mainly of W. 18, incl. Ulster dialectal features), notes, vocabulary.

3817 BECKETT (Colm) *ed.*: Fealsúnacht Aodha MHIC DHOMHNAILL.
B.Á.C.: An Clóchomhar, 1967. vii + 301 pp. (= Leabhair thaighde, iml. 13)
> Incl. introd. poem, (standardized) *Is é mar bhreathnaíos filí is saoithe*. From 1853 autogr. MS Belfast 19A, standardized text en face. Extensive linguistic analysis (Meath Irish), vocabulary, index. Also the partial copy by Roibeard Mac Ádhaimh, from MS Belfast 19.

3818 MCCAUGHEY (Terence P.): Muiris Ó GORMÁIN's English-Irish phrasebook.
In Éigse 12, 1967/68, pp. 203-27.
> Comp. a.1770; extant in MSS autogr. N.L. G 141 and B.M. Eg. 663, and R.I.A. 23 D 11. Linguistic analysis (S.E. Ulster Irish).
> Comparison with a similar shorter phrase-list in Bolg a tsoláir (Belfast) 1795, pp. 15-6.

3819 Ó DUFAIGH (Seosamh) *ed.*: Gluaiseanna ó Mhuineachán le foclóir Uí Raghallaigh.
In ClRec 7, (no. 1, 1969), pp. 108-14.
> Additions, in 1822 or later, to a copy of Edward O'REILLY's Irish-English dictionary, 1817 (now in St. Macarten's Seminary, Monaghan), by Séamus Ó DÚICHE, Muckno (Co. Monaghan).

3820 Ó BUCHALLA (Breandán): *Muinn* 'we' in south east Ulster.
In Éigse 13, 1969/70, pp. 31-2.
> Cf. N.J.A. WILLIAMS, *in* Éigse 12, 1967/68.

3821 ———— : Murchadh mac Briain agus an díthreabhach.
In id., pp. 85-9.
> Ling. evidence for S.E. Ulster origin of the story (as ed. by A. BRUFORD, *in* Éigse 12, 1967/68) and the exemplar(s) of the MS.

3822 WILLIAMS (N. J. A.) *ed.*: Eachtra Áodh Mhic Goireachtaidh.
In id., pp. 111-42.
> Comp. between 1707 and 1727, poss. by Edmund Oge MAGENNIS, in Forkhill (Co. Armagh). Based on MS R.I.A. 24 P 7; collection of dialectal features, glossary.

3823 Ó BUACHALLA (Breandán): Nótaí ar Ghaeilge Dhoire agus Thír Eoghain.
In id., pp. 249-78.
> Notes on the Irish of Derry and Tyrone, based on R. KING's Sgéul fa bheatha agus pháis ..., 1849 (Bradshaw 3070): phonetics, grammar, vocabulary.

3824 WILLIAMS (N. J. A.) *ed.*: A specimen of Drogheda Irish.
In id., pp. 313-9.
> Song, wr. in a phonetic notation by Bernhard Tumulty (m. 19th c.) in MS R.I.A. 3 C 4; transliteration (1st line: *A' siúl na hoíche, a Mhic Ghiolla Claonaigh*), notes.

Contemporary

3825 HOLMER (Nils M.): On some relics of the Irish dialect spoken in the Glens of Antrim (with an attempt toward the reconstruction of northeastern Irish).
Uppsala: Lundequistska Bokh.; Leipzig: Harrassowitz, 1940. 133 pp. (= Uppsala Universitets arsskrift 1940, 7)
Review by

3826 DILLON (Myles), *in* Lg 22, 1946, p. 50.

3827 HOLMER (Nils M.): The Irish language in Rathlin Island, Co. Antrim.
Dublin: R.I.A., 1942. vi + 247 pp. (= Todd lecture series, vol. 18)
> Phonology, accidence and texts; glossary.

3828 O'RAHILLY (T. F.): *aimir(t)ne*.
In Ériu 13, 1942, p. 214. (Notes, mainly etymological, no. 46)
> Survives in *aimirneach* 'voracious' in Donegal.

3829 [HANNON (John)]: A Fews song.
In Éigse 5, 1945/47 (1948), (pt. 3, 1946), pp. 164-8.
> 'Máire mhaiseach'; phonetic text, translit., Engl. transl. Ed. by J. H. LLOYD and (for Éigse) Éamonn Ó TUATHAIL.

3830 Ó CUINN (Cosslett): Iarsmaí ó oileán Reachrann.
In Éigse 6, 1948/52, (pt. 3, 1951), pp. 248-56.
> Stories and verse, and words and phrases from Rathlin Island (Co. Antrim).

3831 Ó HEOCHAIDH (Seán): 'Is iomdha sin duine ag Dia.'
In Béaloideas 20, 1950 (1952), pp. 73-95.
> Alphabetical list of terms descriptive of people, from Co. Donegal; Ir. paraphrases.

3832 BREATNACH (R. A.): The origin of the 2 pl. ipv. in northern Irish.
In Ériu 16, 1952, pp. 49-60.

3833 SOMMERFELT (Alf): Donegal *cearlamán*, a Norse loanword?
      In NTS 16, 1952, pp. 234-6. (Norse-Gaelic contacts, [no. 4])
3834 Ó HEOCHAIDH (Seán): Cárdaí agus cearrbhachas.
      In Béaloideas 22, 1953 (1954), pp. 83-101.
      The vocabulary of the card-player, from Teelin and Cloghaneely (Co. Donegal); Irish paraphrases.
3835 BREATNACH (R.A.): *césmuite*; *dlomuite*.
      In Celtica 2, 1954, pp. 341-2. (Nótaí gearra 1, no. 1)
      From *taobh is-muigh do* (Connacht) and *i dtaobh amuich do* (Donegal) respectively.
3836 Ó HEOCHAIDH (Seán): Sean-chainnt Theilinn.
      B.Á.C.: I.Á.B., 1955. viii + 146 pp.
      658 proverbs and sayings, classified, from Teelin (Co. Donegal). With Ir. paraphrases and notes, and Ir.-Engl. glossary.
      Phonetic transcriptions by Heinrich WAGNER.
      Reviews by
3837 VENDRYES (J.), *in* ÉtC 7, 1955/56, pp. 201-3.
3838 B[REATNACH] (R. B.), *in* Éigse 8, 1956/57, pp. 175-7.
3839 Ó HEOCHAIDH (Seán): Sean-chaint Chloich Cheann Fhaola.
      In 443 [Coláiste Uladh, 1906-56], pp. 45-8.
3840 MAC AIRT (Seán): *dollaghan*.
      In Celtica 3, 1956, pp. 269-70. (Lexicographical notes, no. 7)
      Name of a fish, in Ulster; < *dallac(h)án*.
3841 DE BHALDRAITHE (Tomás): *treaspoc*.
      In Éigse 8, 1956/57, p. 144. (Nótaí ar fhocla NuaGhaeilge no. 1)
      From Engl. *trashbag*, in Ulster.
3842 BREATNACH (R. A.): *méanair*; *mo ghraidhn* [mə 'ɣrəin'].
      In Celtica 4, 1958, pp. 208-9. (Nótaí gearra 2, no. 3)
      méanair (Donegal) < *mo-ghéanair* (< *mad-génair*); similarly *mo ghraidhn* (west Munster) < **mad-ro(i)gin (-ra(i)gin)*.
3843 WAGNER (Heinrich): Gaeilge Theilinn. Foghraidheacht, gramadach, téacsanna.
      B.Á.C.: I.Á.B., 1959. xv + 356 pp.
      Phonetics, grammar and texts of the Irish of Teelin (Co. Donegal).
      Reviews by
3844 DE BÚRCA (Seán), *in* Lg 36, 1960, pp. 450-4.
3845 Ó CUÍV (Brian), *in* Éigse 9, 1958/61, (pt. 4), pp. 289-93.
3846 S[OMMERFELT] (A.), *in* Lochlann 2, 1962, pp. 234-5.
3847 BREATNACH (R. A.), *in* Erasmus 23, 1971, pp. 88-90.
3848 MAC GABHANN (Micí): Rotha mór an tsaoil.
      [Recorded by] Seán Ó HEOCHAIDH a scríobh. [Ed. by] Proinsias Ó CONLUAIN a chuir in eagar.
      B.Á.C.: F.N.T., 1959. 236 pp. pls., maps
      Nóta eagair [i.e. on the standardization of the text] and Gluais [i.e. some unusual words and phrases from Cloch Cheannfhaola, Co. Donegal] by P. Ó C.
3849 Ó HEOCHAIDH (Seán): Sean-chainnt na gCruach, Co. Dhún na nGall. (Alte Redensarten aus den Cruacha, County Donegal.) (Phonetisch transkribiert und ins Deutsche übersetzt von Heinrich WAGNER.)

In ZCP 29, 1962/64, pp. 1-90.
Sep. issued Tübingen: Niemeyer, 1963. 90 pp.
<small>417 proverbs and sayings, classified; Ir.-Engl. glossary.</small>

Reviews by

3850 SOMMERFELT (A.), *in* Linguistics 5, 1964, pp. 115-6.

3851 Ó MÓRDHA (Séamus), *in* Celtica 7, 1966, pp. 240-2.

Review [in Irish] *by*

3852 Ó C[UÍV] (B.), *in* Éigse 11, 1964/66, (pt. 1), pp. 83-4.

3853 Ó DUBHTHAIGH (Bearnárd): *barúil, bharúil mé.*
In Éigse 10, 1961/63, (pt. 4), pp. 283-5. (Dornán nótaí ar fhocla Nua-Ghaeilge, [no. 3])
<small>Some verbal forms; *bharúil mé* in Donegal.</small>

3854 [MAC CARVILL (Michael)] *comp.*: An Aghabog glossary.
In ClRec 5, (no. 3, 1965), pp. 361-70.
<small>Irish words in the English of Aghabog (Co. Monaghan). Publ. posthum.</small>

3855 STOCKMAN (Gerard) & WAGNER (Heinrich): Contributions to a study of Tyrone Irish (LASI point 66). Some aspects of the vocabulary, grammar and phonology of Tyrone Irish, with texts.
In Lochlann 3, 1965, pp. 43-236. (= LASI, vol. 4, App.)
<small>Based on material collected by H.W. in 1950.</small>

Reviews by

3856 GLEASURE (James), *in* StH 6, 1966, pp. 190-1.

3857 Ó CUÍV (Brian), *in* Éigse 12, 1967/68, pp. 254-6.

3858 MAC CON MIDHE (Pádraig): Gaeilge Co. Ard Macha.
In An tUltach 42, uimh. 5, Bealtaine 1965, p. 5; uimh. 8, Lúnasa 1965, p. 6.
<small>Items of Irish collected 1910-14 in Co. Armagh.</small>

3859 Ó HURMOLTAIGH (Nollaig) *comp.*: Logainmneacha as Toraí, Tír Chonaill.
In Dinnseanchas 2, 1966/67, pp. 99-106.
<small>Pl.ns. from Tory Island (Co. Donegal), with phonetic transcrs.</small>

3860 ─────── : Glinntí Aontrama.
In An tUltach 44, uimh. 6, Meitheamh 1967, pp. 10-1. (= Canúintí an Tuaiscirt, 5)
<small>On Irish in the Glens of Antrim.</small>

3861 MAC CON MIDHE (Pádraig): Gaeilge Ard Mhacha.
In id., uimh. 7, Iúil 1967, pp. 9-10. (= id., 6)

3862 PIATT (Donn S.): Gaeilge Óméith.
In id., uimh. 8, Lúnasa 1967, pp. 10-1. (= id., 7)
<small>On the Irish of Omeath (1924-26).</small>

3863 STOCKMAN (Gearóid): Gaeilge Thír Eoghain.
In id., uimh. 11, Samhain 1967, pp. 7, 22. (= id., 9)
<small>Irish in Tyrone.</small>

3864 Ó MUIRGHEASÁIN (Seán): Gaeilge Inis Eoghain.
In An tUltach 43 [sic], uimh. 12, Nollaig 1967, pp. 6-7; 44 [sic], uimh. 1, Eanáir 1968, pp. 8-9. (= id., 10, 11)
<small>The Irish of Inishowen (Co. Donegal).</small>

3865 WILLIAMS (N. J. A.): *Muinn* 'we' in south east Ulster.
In Éigse 12, 1967/68, pp. 297-300.

3866 MAC GIOLLA CHOMHAILL (Anraí): Gaeilge Dhoire.
In An tUltach 44 [sic], uimh. 2, Feabhra 1968, pp. 5-7; uimh. 3, Márta 1968, pp. 4, 6, 15; uimh. 4, Aibreán 1968, pp. 6-7, 18. (= Canúintí an Tuaiscirt, 12, 13, 14)
The Irish of Co. Derry, with a vocabulary.

3867 Ó CATHÁIN (Séamas): Gaeilge Ghleann Ghaibhle.
In id., uimh. 5, Bealtaine 1968, pp. 6-7. (= id., 15)
Irish in Glangevlin (Co. Cavan).

3868 MAC CON MIDHE (Pádraig): An Ghaeilge i gCo. an Dúin.
In An tUltach 45, uimh. 11, Samhain 1968, p. 15; uimh. 12, Nollaig 1968, pp. 3, 7. (Canúintí an Tuaiscirt)
Irish in Co. Down. Title of part 2: Gaeilge an Dúin, 2.

3869 EVANS (Emrys): The Irish dialect of Urris, Inishowen, Co. Donegal.
In Lochlann 4, 1969, pp. 1-130, 380-8.
Phonetic description, texts, vocabulary, index.

3870 ———— : Some east Ulster features in Inishowen Irish.
In StC 4, 1969, pp. 80-98.

3871 Ó BUACHALLA (Breandán): *Muinn* 'we' in south east Ulster.
In Éigse 13, 1969/70, pp. 31-2.
Cf. N. J. A. WILLIAMS. *in* Éigse 12, 1967/68.

3872 WILLIAMS (N. J. A.): The etymology of *ársuighim*.
In id., pp. 181-5.
The development of *ársuigh* < *aithris*.

3873 ———— *ed.*: Short texts from Omeath.
In id., pp. 320-3.
7 items in phonetic transcription from a MS note-book of Éamonn Ó TUATHAIL (collected 1925); transliterations.

3874 O'KANE (James) [Ó CATHÁIN (Séamas)]: Placenames of Inniskeel Kilteevoge. A placename study of two parishes in central Donegal.
In ZCP 31, 1970, pp. 59-145.
Phonetic transcr., glossary.

3875 Ó HEOCHAIDH (Seán) & Ó CATHÁIN (Séamas) *comps.*: Foclóir agus seanchas na farraige. (Vocabulary and lore of the sea in Donegal Irish. A supplement to Linguistic atlas and survey of Irish dialects, vol. 4, Dublin 1969.)
In id., pp. 230-74.
With phonetic transcrs.

3876 HAMILTON (Noel): The position of *chóir a bheith*.
In Éigse 14, 1971/72, p. 127. (Notes on Donegal Irish, no. 1)

3877 ———— : *go bhfios domh-sa*.
In id., p. 127. (id., no. 2)

3878 ———— : *níos mó cosúil*.
In id., p. 127. (id., no. 3)

3879 ——— : A passage in 'Gaeilge Theilinn'.
In id., pp. 127-8. (id., no. 4)
On H. WAGNER. Gaeilge Theilinn, 1959, p. 289.

3880 ——— : *amach / amuigh*.
In id., p. 128. (id., no. 5)
The latter used as a sort of superlative to the former, e.g. *an scanchaí a b'fhearr amuigh* 'the very best storyteller'.

3881 ——— : Some homophonous difficulties.
In id., pp. 128-9. (id., no. 6)
tháinig : chonnaic; chugam : agam; dó : de; go : comh.

3882 ——— : The present passive.
In id., pp. 129-30. (id., [no. 7])
Certain irregular verbs have *-tar* after 'slender'.

E 6.4.1 Torr

3883 SOMMERFELT (Alf): On a Donegal verbal type with a dissyllabic semanteme ending in *a(:)*.
In Festskrift til professor Olaf Broch. Oslo 1947. (= ANVA 1947) pp. 261-70.
Republ. in 451 [DSAL], pp. 329-35.

3884 ——— : The Norsemen in present day Donegal tradition.
In JCS 1, 1950, pp. 232-8.
Incl. two texts (recorded 1916 in Torr, Co. Donegal) in phonetic transcr., translit. and Engl. transl.

3885 ——— : The structure of the consonant system of the Gaelic of Torr, Co. Donegal.
In Ériu 16, 1952, pp. 205-11.
Republ. in 451 [DSAL], pp. 336-42.

3886 ——— : The structural point of view applied to the analysis of the consonant system of a Donegal dialect.
In Celtica 5, 1960, pp. 107-15.

3887 ——— : The works of the year in Torr, Co. Donegal.
In Lochlann 2, 1962, pp. 7-17.
Terms taken down in 1915-16, 1921.

3888 ——— : Consonant clusters or single phonemes in northern Irish.
In In honour of Daniel Jones. Papers contributed on the occasion of his eightieth birthday, 12 Sept. 1961. Ed. by D. Abercrombie [etc.]. London: Longmans, 1964. pp. 368-73.
Based on material collected in Torr in 1915-16, 1921.

3889 ——— : The phonemic structure of the dialect of Torr, Co. Donegal.
In Lochlann 3, 1965, pp. 237-54.
Review by

3890 GLEASURE (James), *in* StH 6, 1966, p. 191.

3891 SOMMERFELT (Alf): Sentence patterns in the dialect of Torr.
In Lochlann 3, 1965, pp. 255-77.
Exx. as taken down phonetically in 1915-16.

3892 ———— : Word limits in Modern Irish (dialect of Torr, Co. Donegal).
In id., pp. 298-314.
Exx. as taken down phonetically in 1915-16, 1921.

3893 ———— *comp.*: Index, additions and corrections to The dialect of Torr, Co. Donegal.
In id., pp. 331-74.

3894 ———— : Phonetic texts from the dialect of Torr, Co. Donegal.
In id., pp. 375-403.
Recorded in 1915-16.

E 6.5 Leinster

3895 PIATT (Donn S.): Roinnt Ghaedhilge de chanamhaint Chonndae an Longphuirt.
In Éigse 3, 1941/42 (1943), (pt. 1), pp. 32-5.
Irish from Co. Longford.

3896 MAC AIRT (Seán): [Notes on the Irish of Co. Wicklow, mainly from the spelling in the Harvard MS (c. 1726) of the Book of the O'Byrnes].
In 5489 [LBran.], (App. C), pp. 445-8.

3897 UA BROIN (Liam) *comp.*: A south-west Dublin glossary. A selection of south-west county Dublin words, idioms and phrases.
In Béaloideas 14, 1944 (1945), pp. 162-86.
With some notes indicating relations with other dialects, by J. J. HOGAN.

3898 Ó SCANNLÁIN (Riobárd A.) *comp.*: Cnuasach focal ó Loch Garman.
In Éigse 5, 1945/47 (1948), (pt. 2, 1946), pp. 102-7.
Alphabetical list of words from Bannow (south Co. Wexford); phonetic spelling by Tomás DE BHALDRAITHE.

3899 MHAC AN FHAILIGH (Éamonn) *comp.*: A Westmeath word-list.
In id., (pt. 4), pp. 256-66; 11, 1964/66, p. 245 [corrigenda].
Irish words current in the English of Empor, Co. Westmeath; with phonetic transcr.

3900 Ó CONCHUBHAIR (Donnchadh) *comp.*: Focail Ghaedhilge ó Dharmhagh Ua nDuach.
In id., (pt. 4), pp. 267-82.
Irish words in the English of Durrow (south county Laois); with phonetic transcr.

3901 O'NEILL (Patrick C.) *comp.*: A north-county Dublin glossary.
In Béaloideas 17, 1947 (1949), pp. 262-83.
Introductory notes by J. J. HOGAN.

3902 Ó CUÍV (Brian) *ed.*: An Irish tract on the stations of the cross.
In Celtica 2, 1954, (pt. 1, 1952), pp. 1-29.
From MS R.I.A. 23 O 35 (1772); with notes and ling. analysis (Athlone).

3903 PIATT (Donn S.): Giotaí de Ghaeilg dhúchasach na Midhe.
In An tUltach 28, uimh. 6, Meitheamh 1952, pp. 11-2.
Some items of Meath Irish.

3904 Ó CEALLAIGH (Eoghan): Canúint Osraí.
In Feasta 5, uimh. 4, Iúil 1952, pp. 7, 6.

3905 MURPHY (Gerard) *ed.*: A folksong traceable to Elizabethan times.
In Éigse 7, 1953/55, (pt. 2, 1953), pp. 117-20.
<blockquote>Single quatrain, *Rachaidh mise, rachaidh tusa síos go Fine Gall*. Prob. repres. the dialect in some district near Dublin.</blockquote>

3906 Ó CEALLAIGH (Eoghan) [O'KELLY (Owen)] *comp.*: Liosta focal Gaeilge atá meascaithe tríd an mBéarla ag muinter Chill Chainnigh. (A list of Irish words interwoven in the English language in County Kilkenny.)
In OKRev 7, 1954, pp. 50-3.

3907 Ó CUÍV (Brian) *ed.*: The penitential psalms in Irish verse.
In Éigse 8, 1956/57, (pt. 1, 1955), pp. 43-69.
<blockquote>Prob. 17th c.; based on MS R.I.A. 23 I 40 (? c.1700, Midland origin); linguistic analysis (dialectal spelling features).</blockquote>

3908 Ó MAOLEACHLAINN (Iognáid): Deascáin Ghaeilge ó Iarmhidhe.
In IMN 1959, pp. 89-91.
<blockquote>Irish words in the English of Corry, Co. Westmeath.</blockquote>

3909 Ó CONMHIDHE (Maighréad *Uí Chonmhidhe*): Gaeilg na Midhe.
In RíM 2, no. 1, 1959, pp. 61-2.

3910 CONWAY (Margaret) *comp.*: A south Meath glossary.
In id., no. 2, 1960, pp. 69-72; 2, no. 3, 1961, pp. 57-9.

3911 Ó SÚILLEABHÁIN (Pádraig) *ed.*:
Lucerna fidelium. [By] Froinsias Ó MAOLMHUAIDH a chum.
B.Á.C.: I.Á.B., 1962. xxii + 197 pp. (= SGBM, iml. 5)
<blockquote>From the 1676 Rome printing [v. Best¹ 246]. Notes, vocabulary; linguistic analysis (Co. Offaly dialectal features).</blockquote>

3912 Ó CEALLAIGH (Eoghan): Gné de chanúint Osraí i logainmneacha.
In Dinnseanchas 1, 1964/65, pp. 6-7.
<blockquote>Palatal *r* in pl.ns. and some other material in Ossory (Co. Kilkenny).</blockquote>

3913 PRICE (Liam): Pronunciation of *Derry-* in Co. Kildare.
In id., p. 21.

3914 QUIN (Cosslett) *ed.*: A specimen of Kilkenny Irish.
In Éigse 11, 1964/66, (pt. 2, 1965), pp. 107-11.
<blockquote>Three specimens of transls. by Lucas SMYTH. made between 1707 and 1721, at Damnagh (Co. Kilkenny). 1. E. Mimnermo; 1st line: *Créad an bheatha ta, nó créad sólásach gan Bhénus orrtha?*; 2. Q. Hor. Flacci. Odi 23 Lb I pag 29, Ad Chloen; *Seachnuíghair misse Chloe as cosmhuil le hógfhiadh*; 3. Epist. Pauli ad Corinthios I Cap. 13.
From MS B.M. Eg. 167; descr. of the language.</blockquote>

3915 [AN TSUIRBHÉIREACHT ORDANÁIS]: *Slieve Bloom.*
In Dinnseanchas 2, 1966/67, pp. 86-8. (As cartlann na logainmneacha)
<blockquote>*Sliabh Bladhma* (Cos. Laois and Offaly); with discussion of the development of the pronunciation [cf. 3.55ff].</blockquote>

3916 PIATT (Donn S.): Gaeilge na Mí.
In An tUltach 44, uimh. 9, Meán Fómhair 1967, pp. 9-10. (=Canúintí an Tuaiscirt, 8)
<blockquote>Irish in Meath.</blockquote>

3917 DE HÓIR (Éamonn): Nótaí faoi bhéim na Gaeilge i logainmneacha chontae Chill Mhantáin.

In Dinnseanchas 3, 1968/69, pp. 63-72.
>Word stress in the Irish of Wicklow from the evidence of pl.ns. in L. PRICE. The place-names of Co. Wicklow, 1945-67.

3918 [AN TSUIRBHÉIREACHT ORDANÁIS]: *Baldoyle.*
In id., pp. 80-2. charts (As cartlann na logainmneacha)
>With other north Leinster names in which *baile* is represented by *Bal-* rather than *Bally-*; cf. Donn S. PIATT, *in* id., p. 117.

3919 DE BHALDRAITHE (Tomás) *ed.*: *Cín lae Amhlaoibh.*
B.Á.C.: Clóchomhar, 1970. xlii + 178 pp. (= Leabhair thaighde, iml. 18)
>Selection from Ó SÚILLEABHÁIN's work; features of Kilkenny Irish.

3920 NALLY (E. V.) [MHAC AN FHAILIGH (Éamonn)]: Notes on a Westmeath dialect.
In JIPA 1, 1971, pp. 33-8.

E 6.6 Dialects: Various

3921 O'RAHILLY (T. F.): *Iarann, lárag,* etc.
In Ériu 13, 1942, pp. 119-27.

3922 ———: Some instances of vowel-shortening in Modern Irish.
In id., pp. 128-34.

3923 ———: *builín, builbhín.*
In id., p. 200. (Notes, mainly etymological, no. 35)
>From O.N. *bylmingr* 'a sort of bread'.

3924 Ó M[URCHADHA] (G.): *ruim, ruimi, ruimh, ruimhe.*
In Éigse 4, 1943/44 (1945), (pt. 1), p. 71. (= Ceist, freagra ..., no. 55)

3925 ———: *Tin t'iara hort.*
In id., (pt. 3, 1944), p. 230. (= id., no. 60)

3926 Ó SÚILLEABHÁIN (Seán): Ainmneacha méaranna na láimhe.
In 431 [Measgra Uí Chléirigh], pp. 165-80.
>Denominations and names for the different fingers in Irish and English, arr. acc. to counties.

3927 DILLON (Myles): The negative and intensive prefixes in Irish and and the origin of Modern Irish *an* 'very; great'.
In TPS 1944 (1945), pp. 94-107.
>Also on *com-* in terms of equality.

3928 Ó M[URCHADHA] (G.): *lucht chruinnighthe stóir; fear dheasuighthe arm; fear mharuithe céad.*
In Éigse 4, 1943/44 (1945), (pt. 4), p. 304. (= Ceist, freagra ..., no. 62)
>cf. Tomás Ó BROIN, *in* Éigse 5.67; T. DE BH[ALDRAITHE], *in* id. [Cois Fhairrge evidence].

3929 Ó M[URCHADHA] (G.): *páircín bheag, luichín bhán.*
In Éigse 5, 1945/47 (1948), (pt. 3, 1946), p. 221. (= id., no. 66)
>Gender of words in *-ín.*

3930 FARRAN (G.P.): Local Irish names of fishes.
In The Irish naturalists' journal 8, 1942/46, (nos. 9-12, 1946), pp. 344-7, 370-6, 402-8, 420-33.

E GRAMMAR

3931 O'R[AHILLY] (T. F.): *mar bharr draoille*.
In Celtica 1, 1950, (no. 1, 1946), pp. 158-9, 405 [add.]. (Varia, [no. 4])
> Donegal phrase, 'to cap all', with *barr draoille* for *barr traoille* 'high-tide' (Munster *barra taoide*); cf. *mar bharr tuille* from a Connacht text.

3932 Ó hINNSE (Séamus) *ed.*: Miscellaneous Irish annals (A.D. 1114-1437).
Dublin: D.I.A.S., 1947. xix + 222 pp. pls. (MS facss.)
> Fragment 1 (1114-1437), 'Mac Carthaigh's book'; from MSS N.L. G 6 and G 5.
> Frgms. 2 and 3 (1237-1314, 1392-1407), from MS Rawl. B 488.
> Engl. transl., indexes. App. on the spelling of frgms. 1 and 3, throwing light on the pronunciation of the scribes.

3933 VINAY (J. P.): [Review of 3613, 3766, 3620].
In Word 3, 1947, pp. 230-6.
> Comparison of West Muskerry, Cois Fhairrge and Ring.

3934 O'RAHILLY (T. F.): *Do-ním, déanaim*, 'I proceed, go'.
In Celtica 1, 1950, pp. 318-21, 407.
> Also on *do-ním* in periphrasis, and on 2 sg. *téanam, teanam*.

3935 ———: *Gnó, gnóaigh, gnóughadh*.
In id., pp. 322-7, 407.

3936 ———: *do chóir. i gcóir*.
In id., pp. 349-51, 407. (Varia 2, no. 13)

3937 ———: *comhra. cófra*.
In id., pp. 351-3, 407-8. (id., no. 14)
> O.I. *comrar* f., M.I. by-form *comra*, Connacht *cónra*, Donegal *cónair*; borrowed *cófra*.

3938 BREATNACH (R. A.): *Fadó*.
In Éigse 6, 1948/52, (pt. 3, 1951), pp. 241-3.

3939 ———: Syncope in Modern Irish.
In id., (pt. 4), pp. 334-7. (Varia, [no. 2])

3940 ———: *i dtúrtaoibh le* (*i gcur taobha le*).
In id., pp. 338-9. (Varia, [no. 3])
> From *ag tabhairt taoibh re*, in west Munster (sim. from *ag cur taobha le*, in Donegal).

3941 Ó SÚILLEABHÁIN (Pádraig) *ed.*:
An tAithríoch ríoga. [By] Don ANTONIO, Príóir Chrato, a chum. Cill Iníon Léinín [Killiney, Co. Dublin]: Fáisceán na gCeithre Máistrí, 1952. ix + 67 pp.
> From MS R.I.A. 23 A 33 (prob. 1706, William Linch); analysis of the lg. (incl. dialectal features), vocabulary.

3942 BREATNACH (R. A.): The origin of the 2 pl. ipv. in northern Irish.
In Ériu 16, 1952, pp. 49-60.

3943 Ó CUÍV (Brian): Some developments in the imperative mood.
In id., pp. 171-8.
> (1) The first person plural; (2) The third person plural.

3944 Ó SÚILLEABHÁIN (Pádraig) *ed.*: Rialachas San Froinsias.
B.Á.C.: I.Á.B., 1953. xxx + 134 pp. pls. (= SGBM, iml. 2)
> Three 17th c. Franciscan documents. Linguistic analysis (incl. some dialectal features), notes, vocabulary.

3945   DILLON (Myles): Semantic distribution in Gaelic dialects.
        In Lg 29, 1953, pp. 322-5.
        Exx. from Sc.G. and Ir. dialects of coexistence of etymologically identical words in different forms and meanings.

3946   Ó MÁILLE (T. S.): Focla iasachta sa Nua-Ghaeilge.
        In Éigse 7, 1953/55, (pt. 2, 1953), pp. 123-6.
        (1) *balcaisí* 'sean-éadaí' [< Engl. *blacks*]; (2) *cleimseál, creimirt* 'ath-bhleán' [< Engl. *clem*]; (3) *créatúlacht* 'feall, droch-íde' [< *tréatúracht*]; (4) *miodal* 'iall súiste, teanga súiste' [< Engl. *middle(-band)*]; (5) *pampúta* 'bróg úrleathair, bróg chraicinn' [< Dutch *pampoesje*]; (6) *spuaic* 'giodán cruaidh ar chraiceann, bolscóid chruaidh' [< Engl. *pouk*].

3947   BREATNACH (R. A.): Mod.Ir. *triopall (truipeall, tripeall)*.
        In id., (pt. 3, 1954), pp. 156-7. (Varia etymologica, no. 3)
        < Engl. *triple*.

3948   MAC AIRT (Seán): *tapaigean, taibeagan*.
        In Celtica 3, 1956, p. 269. (Lexicographical notes, no. 6)

3949   SOMMERFELT (Alf): Differentiation of weak consonants in Irish.
        In id., pp. 272-8.
        Republ. in 451 [DSAL], pp. 343-8.

3950   HAMP (Eric P.); *St. Ninian/Ronyan* again.
        In id., pp. 290-4.

3951   MAC MATHÚNA (Ciarán) *ed.*: Caoineadh Liam Í Raghallaigh. Trí leagan as scríbhinní.
        In Éigse 8, 1956/57, pp. 35-42.
        3 early 19th c. versions: (1) Cork, from a ballad sheet in the N.L.; (2) Waterford, from MS R.I.A. 23 E 1; (3) N. Connaught, from MS B.M. Eg. 117. Diplom. and normalized texts.

3952   Ó CUÍV (Brian): *le (ar na) craobhachaibh*.
        In id., pp. 104-5. (Miscellanea, no. 7)
        'mad, crazy', from literary 'levitation' motif.

3953   DE BHALDRAITHE (Tomás): *drochainte, drochuinte*.
        In id., p. 145. (Nótaí ar fhocla Nua-Ghaeilge, no. 3)
        From *drochmhúinte*, in Tirconell and Conamara.

3954   Ó MÁILLE (T. S.): *dósta, ósta*.
        In id., pp. 342-3. (Bunús roinnt focal NuaGhaeilge, [no. 1])
        'wild; wet', from *dórta, dóirte (doirte)*.

3955   ———— : *plás* 'mealladh, bladar'.
        In id., pp. 345-6. (id., [no. 3])
        From Engl. *(ap)plause*. Other l.ws. with similar loss of unstressed first syllable.

3956   ———— : *potáta, práta, préata, fata*.
        In id., pp. 347-9. (id., [no. 4])
        Representing three different borrowings from English.

3957   SOMMERFELT (Alf): On some structural differences between Irish and Scotch Gaelic.
        In 444 [Fs. Whatmough], pp. 253-8.
        Republ. in 451 [DSAL], pp. 365-9.
        Initial mutations; palatalization of labials.

3958   GREENE (David): *léigim : leagaim*.
        In Celtica 4, 1958, p. 45. (Miscellanea, [no. 3])

leagaim is borr. from O.N. *leggja* 'lay, knock down', which causes hybrid (espec. shortened) forms of *léigim*; 'semantic distribution' in most Mod.I. dialects.

3959 Ó Cuív (Brian): Some verbal forms in Modern Irish.
In Ériu 18, 1958, pp. 153-7.
3 sg. past from vn. by palataliz. of final (and accompanying features).

3960 HENRY (P. L.): The 'goblin' group.
In ÉtC 8, 1958/59, pp. 404-16.

3961 WAGNER (Heinrich): Das Verbum in den Sprachen der britischen Inseln. Ein Beitrag zur geographischen Typologie des Verbums.
Tübingen: Niemeyer, 1959. xx + 258 pp. (= Buchreihe der ZCP, Bd. 1)
Appendix: Bemerkungen zur tyologischen Stellung des indogermanischen Verbums.

3962 ——— : Zum Wort für 'Biene' im Irischen.
In KZ 76, 1960, (H. 1/2, 1959), pp. 81-4. chart (p. 160)
Dialectal *meach* (: *beach*), (Aran islands: *smeach*), seems to be an equally old form.

3963 Ó MÁILLE (T. S.): *eirgéis, teirgéis*.
In Éigse 9, 1958/61, (pt. 3, 1959/60), pp. 146-7. (Focla Nua-Ghaeilge, [no. 3])
'a mean share', in Connacht, from Engl. *perks (pirkas, pirkus)*; cf. Cork Irish *peorcaisí* 'perquisites'.

3964 ——— : *geáitsí, gáitsí*.
In id., pp. 147-9. (id., [no. 4])
pl. of borr. from Engl. *gate* 'way, manner'.

3965 ——— : *piarda*.
In id., pp. 149-50. (id., [no. 5])
'ornament; a sturdy person', from Engl. *pretty* (subst.).

3966 GREENE (David): Some problems of Irish phonology.
In Celtica 5, 1960, pp. 103-6.

3967 Ó MÁILLE (T. S.): *dhera*.
In StH 1, 1961, pp. 120-2. (Cúig fhocal Nua-Ghaeilge, [no. 2])
Exclamation, from *(mo) debroth (mo débroth)*.

3968 ——— : *fuilliucht; béiliocht ort*.
In id., pp. 123-4. (id., [no. 3])
From *tá, bhí, beidh a fhoilliucht ort*.

3969 ——— : *stánadh, staonadh*.
In id., pp. 126-7. (id., [no. 5])
From Engl. *abstain*.

3970 MAC GILL-FHINNEIN (Gordon): *Fá* in Éirinn, *fo* agus *ma* in Albain.
In Éigse 9, 1958/61, (pt. 4), pp. 230-1.

3971 [O LOCHLAINN] (Colm): Bun-chéim, breis-chéim, sár-chéim.
In id., pp. 270-1. (Varia, [no. 1])

3972 ——— : Unusual interrogatives.
In id., p. 272. (Varia, [no. 3])
cumá, cá'il mar, céaróch, cé for *cá*.

E GRAMMAR

3973 ———— : *breith*.
    In id., p. 272. (Varia, [no. 4])
        in the sense of 'chance, opportunity'.

3974 ———— : *bris*.
    In id., p. 273. (Varia, [no. 5])
        as a 'secondary vn.' of *briseadh*.

3975 ———— : Words of measure.
    In id., p. 273. (Varia, [no. 6])
        punt, míle, uair, etc., require add. of a qualifying word.

3976 ———— : Adverbs of direction.
    In id., pp. 273-4. (Varia, [no. 7])
        as completing prepositional phrases.

3977 ———— : Verbs of motion.
    In id., p. 274. (Varia, [no. 8])
        as completed by adv. or word of direction; *dul* takes acc.

3978 Ó MÁILLE (T. S.): *caidéis*.
    In Éigse 10, 1961/63, (pt. 1), pp. 12-4. (Glac focal Nua-Ghaeilge, [no. 2])
        'inquiring, fiosracht', < *caidréis* (der. of *caidreamh*).

3979 ————: *chugam* > *chugham*.
    In id., pp. 14-5. (id., [no. 3])

3980 BREATNACH (R. A.): The salutation *dia do bheatha*.
    In id., (pt. 2, 1962), pp. 96-102.
        Contains *dia* 'enough'.

3981 ———— : Modern Irish and Scottish *laghach*.
    In Lochlann 2, 1962, pp. 18-22.

3982 WAGNER (Heinrich): Irish *dóthain* (*mo dhóthain, do dhóthain* 'my fill, your fill' i.e. 'enough').
    In id., pp. 135-6.
        A Brittonic element in southern Irish.

3983 DILLON (Myles): Phonetic analogy.
    In 473 [4th ICPS], pp. 577-9.

3984 GREENE (David): *oiridh* : *feileann, fóireann*.
    In Ériu 19, 1962, pp. 111-2. (= Varia 1, no. 2)

3985 Ó DUBHTHAIGH (Bearnárd): *tapaidh*.
    In Éigse 10, 1961/63, (pt. 4), pp. 282-3. (Dornán nótaí ar fhocla Nua-Ghaeilge, [no. 2])

3986 WAGNER (Heinrich): Nordeuropäische Lautgeographie.
    In ZCP 29, 1962/64, (H. 3/4, 1964), pp. 225-98.

3987 Ó MÁILLE (T. S.): *go fuíthe, go fuíthin*.
    In Éigse 11, 1964/66, (pt. 1), pp. 21-2. (Dornán focal Nua-Ghaeilge, [no. 3])
        From *go hoíche*.

3988 ———— : *strubaid, strubóid, strabóid*, etc.
    In id., (pt. 2, 1965), pp. 96-9. (Focla NuaGhaeilge agus a bhfréamh, [no. 6])
        Through Sc.G. from Engl. *strumpet, strampet*.

3989 ———— : *buhé, bothaé, béithé, beithé.*
In id., (pt. 4), pp. 229-31. (Glac bheag focal Nuaghaeilge, [no. 1])
From Engl. *boohoo.*

3990 MAC GILL-FHINNEIN (Gordon): Gàidhlig Uidhist a Deas (téacs-leabhar).
B.Á.C.: I.Á.B., 1966. xiii + 139 pp.
Comparison of South Uist Gaelic with Irish; with notes and Gaelic-Irish vocabulary.

3991 Ó CRÓINÍN (D. A.): Mod.I. *maidir le, mar le.*
In Ériu 20, 1966, pp. 183-4.
From *mar (adeire) le.*

3992 DE BÚRCA (Seán): On Celtic reflexes of I.E. voiceless obstruents.
In Celtica 7, 1966, pp. 120-7.

3993 JACKSON (Kenneth): Palatalisation of labials in the Gaelic languages.
In 455 [Fs. Pokorny], pp. 179-92.
Palatalisation of labial consonants is original; secondary depalatalisation in Scottish Gaelic, Manx, and certain Irish dialects.

3994 OFTEDAL (Magne): North European geography of sounds.
In SGS 11, 1968, pp. 248-58.
Review article on H. WAGNER. Nordeuropäische Lautgeographie, 1964.

3995 Ó MÁILLE (T. S.): Two Welsh loans in Modern Irish.
In StC 3, 1968, pp. 24-9.
(1) Welsh *pardwgl,* Irish *pardóg;* (2) Irish *spinc, splinc.*

3996 GLEASURE (James): Consonant quality in Irish and a problem of segmentation.
In id., pp. 79-87.
§2: discussion of Irish and Gaelic *féin, fhéin;* application to the *f*-future tense ending.

3997 SKERRETT (R. A. Q.): Noun-plural inflexion in a generative grammar of Irish.
In ibid., pp. 88-105.

3998 DILLON (Myles): An example of phonetic and semantic mixture.
In Celtica 8, 1968, pp. 191-5.
Also publ. with changes as An example of phonetic mixture.
In Study of sounds (Phonetic Society of Japan) 14, 1969, pp. 71-8.
Mod.I. *thug sé fé ndeara* 'he noticed' : 'he caused', by 'étymologie croisée' from *thug sé fa deara* 'he caused' and *thug sé fan' aire* 'he noticed'; in Munster semantic distribution to *thug sé fé ndeara* 'he noticed' and *fé ndear* 'causes, caused'.

3999 SHAW (John): L'évolution de 'vieil-irlandais *áe, óe, aí, oí*' dans les dialectes gaéliques.
In ÉtC 12, 1968/71, (fasc. 1, 1968/69), pp. 147-56.

4000 QUIN (E. G.): On the Modern Irish *f*-future.
In Ériu 21, 1969, pp. 32-41.

4001 Ó BAOILL (Colm): *Cleimhrian : clocharán.*
In Éigse 13, 1969/70, pp. 90-1.
On the words for 'stone-chat' in Irish dialects.

4002 HAMP (Eric): The 'bee' in Irish, Indo-European, and Uralic.
In Ériu 22, 1971, pp. 184-7. (= Varia 3, no. 2)
<small>*meach* is secondary to *beach* (vs H. WAGNER, *in* KZ 76, 1959).</small>

E 6.7 Eastern Gaelic

4003 BORGSTRØM (Carl Hj.): The dialects of Skye and Ross-shire. (A linguistic survey of the Gaelic dialects of Scotland, vol. 2).
Oslo: Aschehoug, 1941. 168 pp. (= NTS, Suppl.bd. 2)

4004 HOLMER (Nils M.): The Irish language in Rathlin Island, Co. Antrim.
Dublin: R.I.A., 1942. vi + 247 pp. (= Todd lecture series, vol. 18)
<small>Phonology, accidence and texts; glossary. Essentially a Scottish Gaelic dialect.</small>

4005 CARMODY (Francis J.): The interrogative system in Modern Scottish Gaelic.
In UCPL 1, (no. 6, 1945), pp. 215-26.

4006 ———— : Syntax of the verb *is* in Modern Scottish Gaelic.
In Word 1, 1945, pp. 162-87.

4007 THOMSON (Robert Leith): The syntax of the verb in Manx Gaelic.
In ÉtC 5, 1949/51, (fasc. 2, 1950/51), pp. 260-92.

4008 DILLON (Myles): Semantic distribution in Gaelic dialects.
In Lg 29, 1953, pp. 322-5.
<small>Exx. from Sc. G. and Ir. dialects of coexistence of etymologically identical words in different forms and meanings.</small>

4009 CARMODY (Francis J.): Spoken Manx.
In ZCP 24, 1954, (H. 1/2, 1953), pp. 58-80.

4010 OFTEDAL (Magne): The Gaelic of Leurbost, Isle of Lewis. (A linguistic survey of the Gaelic dialects of Scotland, vol. 3).
Oslo: Aschehoug, 1956. 372 pp. (= NTS, Suppl.bd. 4)
<small>cf. Lochlann 4.270-8.</small>

4011 SOMMERFELT (Alf): On some structural differences between Irish and Scotch Gaelic.
In 444 [Fs. Whatmough], pp. 253-8.
Republ. in 451 [DSAL], pp. 365-9.
<small>Initial mutations; palatalization of labials.</small>

4012 HOLMER (Nils M.): The Gaelic of Arran.
Dublin: D.I.A.S., 1957. viii + 211 pp.

4013 MAC GILL-FHINNEIN (Gordon): *Fá* in Éirinn, *fo agus ma* in Albain.
In Éigse 9, 1958/61, (pt. 4), pp. 230-1.

4014 HOLMER (Nils M.): The Gaelic of Kintyre.
Dublin: D.I.A.S., 1962. 160 pp.
Review by

4015 Ó MURCHÚ (Máirtín), *in* Lochlann 4, 1969, pp. 339-45.

4016 MAC MAOLÁIN (Seán): Gáidhlig agus Gaeilge.
B.Á.C.: Oifig an tSoláthair, 1962. 105 pp.

4017 BREATNACH (R. A.): Modern Irish and Scottish *laghach*.
In Lochlann 2, 1962, pp. 18-22.

4018 MACAULAY (Donald): Notes on some noun-initial mutations in a dialect of Scottish Gaelic.
In SGS 9, 1962, pp. 146-75.

4019 OFTEDAL (Magne): On 'palatalized' labials in Scottish Gaelic.
In SGS 10, 1965, (pt. 1, 1963), pp. 71-81.
cf. D. MACAULAY (in SGS 9.146ff).

4020 MACASKILL (Alex. J.): Differences in dialect, vocabulary, and general idiom between the islands.
In TGSI 43, 1960/63 (1966), pp. 64-88.
Read Jan. 1960.

4021 MACAULAY (Donald): Palatalization of labials in Scottish Gaelic and some related problems in phonology.
In SGS 11, 1968, (pt. 1, 1966), pp. 72-84.
Reply to M. OFTEDAL (in SGS 10, 1963).

4022 MAC GILL-FHINNEIN (Gordon): Gàidhlig Uidhist a Deas (téacs-leabhar).
B.Á.C.: I.Á.B., 1966. xiii + 139 pp.
Comparison of South Uist Gaelic with Irish; with notes and Gaelic-Irish vocabulary.

Reviews by

4023 MCCAUGHEY (Terence P.), *in* StH 8, 1968, pp. 182-4.
4024 GLEASURE (James W.), *in* SGS 11, 1968, pp. 259-61.
4025 Ó MURCHÚ (Máirtín), *in* Lochlann 4, 1969, pp. 349-51.

Review [in Irish] *by*

4026 ──────, *in* Éigse 12, 1967/68, pp. 158-61.

4027 JACKSON (Kenneth): Palatalisation of labials in the Gaelic languages.
In 455 [Fs. Pokorny], pp. 179-92.
Palatalisation of labial consonants is original; secondary depalatalisation in Socttish Gaelic, Manx, and certain Irish dialects.

4028 BORGSTRÖM (Carl H.): Notes on Gaelic grammar.
In 461 [Celtic studies], pp. 12-21.
Discussion, with examples from Barra (Outer Hebrides), of parallelism between the syntax of cases of nouns and of modes of verbs, and of word boundaries.

4029 JACKSON (Kenneth): The breaking of original long *é* in Scottish Gaelic.
In id., pp. 65-71.
Based on collections by (and including general remarks on) the Linguistic survey of the Gaelic dialects of Scotland.

4030 GLEASURE (James): Consonant quality in Irish and a problem of segmentation.
In StC 3, 1968, pp. 79-87.
§2: discussion of Irish and Gaelic *féin, fhéin*; application to the *f*-future tense ending.

4031 HOWELLS (Donald): The Scottish Gaelic 2 sg. personal pronoun.
In StC 5, 1970, pp. 86-8. (Miscellanea, no. 2)

4032 ──────: The nominative plural of the noun in the Gaelic of the isle of Lewis.
In StC 6, 1971, pp. 90-7. (= Miscellanea, no. 1)

E 7   STANDARDIZATION

cf. C 4.2   Language planning and teaching
D 2.3   Lexical planning

4033   RANNÓG AN AISTRIÚCHÁIN, OIFIG THITHE AN OIREACHTAIS: Litriú na Gaeilge. An caighdeán oifigiúil.
B.Á.C.: O.S., [pref. 1945]. 62 pp.
Revised & enlarged
Litriú na Gaeilge. Lámhleabhar an chaighdeáin oifigiúil. [pref. 1947]. 121 pp.
Standardization of Irish spelling, by the Translation Section, the Houses of the Oireachtas.

4034   SCEILG [*pseud.*, Seán UA CEALLAIGH]: Spelling made easy. 'Litriú na Gaeilge' critically examined.
Dublin: D. Mac Giolla Phádraig, [foreword 1946]. 93 pp.
Incl. accounts of the history of Irish grammar and lexicography.

4035   RANNÓG AN AISTRIÚCHÁIN, OIFIG THITHE AN OIREACHTAIS: Gramadach na Gaeilge. An caighdeán oifigiúil.
B.Á.C.: O.S., 1953. vii + 59 pp.
Review [in Irish] *by*

4036   M[AC] D[ONNACHA], *in* CS 2, 1955, pp. 148-54.

4037   HEMON (Roparz): Yezhadur nevez an iwerzhoneg.
In Al Liamm (9, 1953), niv. 40, pp. 42-9.
ad RANNÓG AN AISTRIÚCHÁIN, Litriú na Gaeilge, 1947; Gramadach na Gaeilge, 1953.

4038   DALTÚN (Séamus): Caighdeán don Ghaeilge. Litriú, gramadach, cló, scríbhinn.
In Feasta 10, uimh. 5, Lúnasa 1957, pp. 7-10, 19-21.

4039   RANNÓG AN AISTRIÚCHÁIN, OIFIG THITHE AN OIREACHTAIS: Gramadach na Gaeilge, agus Litriú na Gaeilge. An caighdeán oifigiúil.
B.Á.C.: O.S., 1958. xiii + 239 pp.
Revised edition 1960 (repr. 1962, 68). xiii + 242 pp.
Standardization of Irish morphology and spelling, by the Translation Section, the Houses of the Oireachtas.
Review [in Irish] *by*

4040   DE BHALDRAITHE (Tomás), *in* Feasta 11, uimh. 9, Nollaig 1958, pp. 18-20, 22; uimh. 10, Eanáir 1959, pp. 14-6, 18-9.

4041   GRAIMÉAR GAEILGE NA MBRÁITHRE CRÍOSTAÍ.
B.Á.C: (for Na Bráithre Críostaí) Mac an Ghoill, 1960. viii + 432 pp.

4042   Ó DROIGHNEÁIN (Muiris): Séimhiú i ndiaidh *Mhic* sna logainmneacha.
In Dinnseanchas, 1964/65, pp. 54-5.
As occurring in post-town names recommended by the Placenames Commission.

4043   Ó GLAISNE (Risteárd): Leasuithe ar Chaighdeán na Gaeilge.
In StH 5, 1965, pp. 78-87.
Some improvements (simplification) of the standardization of Irish.

4044   Ó DROIGHNEÁIN (Muiris): An sloinnteoir Gaeilge agus an t-ainmneoir.

B.Á.C.: Ó Fallúin, [1966]. 80 pp.
4045 Ó Cuív (Brian): The changing form of the Irish language.
In 522 [View Ir. lg.], (no. 3), pp. 22-34.
4046 AN TSUIRBHÉIREACHT ORDANÁIS: Ainmneacha Gaeilge na mbailte poist.
B.Á.C.: O.S., [forew. 1969]. viii + 187 pp.
4047 MAC GIOLLA CHOILLE (Breandán): Ainmneacha na mbailte poist: alt léirmheasa.
In Dinnseanchas 3, 1968/69, pp. 109-13.
Review article on the 1969 edition (AN TSUIRBHÉIREACHT ORDANÁIS).
4048 Ó MURCHÚ (Máirtín): Common core and underlying forms. A suggested criterion for the construction of a phonological norm for Modern Irish.
In Ériu 21, 1969, pp. 42-75.

F LITERATURE & LEARNING

F 1 HISTORY & CRITICISM

4049 DILLON (Myles): The cycles of the kings.
London, N.Y.: G. Cumberlege (O.U.P.), 1946. viii + 124 pp.
Review by

4050 JACKSON (Kenneth), *in* Speculum 23, 1948, pp. 119-21.

4051 DRAAK (Maartje): Ierse letterkunde als toetsteen.
Openbare les ... aan de Universiteit van Amsterdam, 10 dec. 1946.
Amsterdam: Meulenhoff, 1946. 16 pp.
> The study of Irish literature and its significance to world literature; and some reflections on recent Celtic scholarship.

Review by

4052 HENNIG (John), *in* IBL 31, 1949/51, (no. 4, 1950), pp. 88-90.

4053 JARMAN (A. O. H.): Hen lenyddiaeth Wyddeleg.
In Lleufer 3, 1947, pp. 41-4.
> Review article on M. DILLON. The cycles of the kings, 1946; and J. H. DELARGY. The Gaelic story-teller, 1945.

4054 [FLOWER (Robin)]: The Irish tradition.
Ed. by M. Dillon, D. A. Binchy, D. Greene, [etc.].
Oxford: Clarendon, 1947 (repr. 1948). 173 pp.
> 1. The founding of the tradition; 2. Exiles and hermits; 3. The rise of the bardic order; 4. The bardic heritage; 5. Ireland and medieval Europe [cf. Best² 993]; 6. Love's bitter-sweet [cf. Best² 1696]; 7. The end of the tradition.

Review by

4055 O DALY (Máirín), *in* Éigse 5, 1945/47 (1948), (pt. 4), p. 295.

4056 DILLON (Myles): Early Irish literature.
Chicago (Ill.): University of Chicago Press, 1948. xix + 192 pp.
> Subtitle on dust-jacket: An introduction to the songs and legends of ancient Ireland.

4057 THE FUNK & WAGNALLS STANDARD DICTIONARY OF FOLKLORE, MYTHOLOGY AND LEGEND.
Ed. by Maria Leach.
N.Y.: F. & W., 1949, 50. 2 voll.

4058 SAUL (George Brandon): The shadow of the three queens. A handbook introduction to traditional Irish literature and its backgrounds.
Harrisburg (Penn.): Stackpole, 1953. x + 118 pp.
> Cf. 4117.

4059 GREENE (David): Early Irish literature.
In 494 [Early Ir. soc.], (no. 2), pp. 22-35.

4060 CARNEY (James): The impact of Christianity.
In id., (no. 5), pp. 66-78.

4061 DUNN (Charles W.): Ireland and the twelfth-century renaissance.
In UTQ 24, 1954, pp. 70-86.

4062 MURPHY (Gerard): Saga and myth in ancient Ireland.
Dublin: (for C.R.C.I.) C. O Lochlainn (Three Candles), 1955

(repr. 1961). 64 pp. (= Irish life and culture, vol. 10)
> Add. t.-p.: Laochra, ríthe agus déthe. Gearóid Ó MURCHADHA do scríobh. ... — Cf. 4102.

New edition Foreword by Nessa Ní SHÉ. Cork: Mercier, 1971. 75 pp.

4063 ———— : The Ossianic lore and Romantic tales of medieval Ireland.
Dublin: (for C.R.C.I.) C. O Lochlainn (Three Candles), 1955 (repr. 1961). 69 pp. (= Irish life and culture, vol. 11)
Reprinted (some revision) Cork: Mercier, 1971.
> Add. t.-p.: Fianaíocht agus Rómánsaíocht. Gearóid Ó MURCHADHA do scríobh. ... — Cf. 4102. Revision by B. Ó Cuív.

4064 MERCIER (Vivian): An Irish school of criticism?
In Studies 45, 1956, pp. 84-7.

4065 LAISTNER (M. L. W.): Thought and letters in western Europe, A.D. 500 to 900. — Rev. 2nd ed.
London: Methuen; Ithaca (N.Y.): Cornell U.P., 1957. 416 pp.

4066 LEHMANN (Paul): Panorama der literarischen Kultur des Abendlandes im 7. Jahrhundert.
In Scttimana 5, 1958, pp. 845-71.
Republ. in 447 [Erforsch. des M.a.s], Bd. 5, pp. 258-74.

4067 WILLIAMS (J. E. Caerwyn): Traddodiad llenyddol Iwerddon.
Caerdydd: Gwasg Prifysgol Cymru, 1958. 235 pp. pls.
Reviews by

4068 Ó FIANNACHTA (Pádraig), *in* LlC 5, 1958/59, pp. 148-9.
4069 MAC CANN (Proinsias), *in* Y Traethodydd 27, 1959, pp. 44-8.
4070 BACHELLERY (E.), *in* ÉtC 9, 1960/61, pp. 275-6.

4071 KAVANAGH (Peter) *comp.*: Irish mythology. A dictionary.
N.Y.: P. Kavanagh Hand-press, 1958-59. 3 voll. (152 pp.).

4072 IRISH SAGAS.
Ed. by Myles DILLON.
[Dublin]: (for Radio Éireann) Stationery Office, 1959. 181 pp. (Thomas Davis lectures, 1955)
Republ. Cork: Mercier, 1968 (repr. 1970). 175 pp.
> Add. t.-p.: Sean-startha Gaeilge. An t-eagarthóir: Maolmhuire Díolún. ...
> 12 lectures, by various scholars, on stories from the Four cycles.

Review [in Irish] *by*
4073 MAC CANA (Proinsias), *in* StH 1, 1961, pp. 224-6.

4074 MARX (Jean): Les littératures celtiques.
Paris: P.U.F., 1959. 128 pp. (= Que sais-je?, no. 809)
Review by
4075 P[OKORNY] (J.), *in* ZCP 29, 1962/64, (H. 1/2, 1962), p. 204.

4076 Ó CUÍV (Brian): The Irish language and its literature.
[Dublin: (for Department of Foreign Affairs) Stationery Office], 1960 (revised 1972). 16 pp. (= Documents on Ireland, no. 15)

4077 REES (Alwyn) & REES (Brinley): Celtic heritage. Ancient tradition in Ireland and Wales.
London: Thames & Hudson, 1961. 427 pp.

F LITERATURE & LEARNING

4078 DILLON (Myles): Literary activity in the pre-Norman period.
In 508 [Seven centuries], (no. 2), pp. 27-44.

4079 MAC EOIN (Gearóid S.): Smaointe ar stair litríocht na Meán-Ghaeilge.
In IMN 1961, pp. 39-44.
Problems of linguistic dating in Middle Irish.

4080 BREATNACH (R. A.): The end of a tradition: a survey of eighteenth century Gaelic literature.
In StH 1, 1961, pp. 128-50.

4081 MERCIER (Vivian): The Irish comic tradition.
Oxford: Clarendon, 1962 (Paperback: O.U.P., 1969). xx + 258 pp.
Reviews by

4082 MAC LOCHLAINN (Alf), *in* StH 3, 1963, pp. 219-21.
4083 Ó CUÍV (Brian), *in* Éigse 11, 1964/66, (pt. 1), pp. 71-4.
4084 QUIN (E. G.), *in* Hermathena 98, 1964, pp. 111-4.
4085 MAC CANA (P.), *in* Celtica 7, 1966, pp. 234-8.

4086 Ó MAONAIGH (Cainneach): Scríbhneoirí Gaeilge an seachtú haois déag.
In StH 2, 1962, pp. 182-208.

4087 Ó CUÍV (Brian): Literary creation and Irish historical tradition.
In PBA 49, 1963, pp. 233-62. (= Rhŷs lecture, 1963)
Sep. issued London: O.U.P., [n.d.]. [same pagin.]
Reviews by

4088 QUIN (E. G.), *in* Hermathena 100, 1965, pp. 77-8.
4089 MAC CANA (Proinsias), *in* StC 2, 1967, pp. 216-7.
4090 BYRNE (Francis John), *in* IHS 16, 1968/69 (1969), pp. 210-2.

4091 UA BRÁDAIGH (Tomás): Litríocht Gaeilge san Mhí agus i ndeisceart Uladh san 18ú agus 19ú aois.
In Ríocht na Midhe 3, (no. 1, 1963), pp. 64-6.

4092 POKORNY (Julius): Die keltischen Literaturen.
In Die Literaturen der Welt. Hg. von W. von Einsiedel. Zürich: Kindler, 1964. pp. 689-716.
Review by

4093 PILCH (Herbert), *in* ZCP 30, 1967, pp. 365-6.

4094 BROMWICH (Rachel): Matthew ARNOLD and Celtic literature. A retrospect, 1865-1965.
With a foreword by I. Ll. FOSTER.
Oxford: Clarendon, 1965. 43 pp. (= O'Donnell lecture, Oxford, 1964)
Review by

4095 GREENE (David), *in* StC 2, 1967, pp. 214-5.

4096 REES (Alwyn D.): Modern evaluations of Celtic narrative tradition.
In 467 [2nd ICCS], (no. 2), pp. 29-61.
Reviews by

4097 LEWIS (Ceri W.), *in* StC 3, 1968, pp. 165-7.
4098 D[ILLON] (M.), *in* Celtica 8, 1968, pp. 254-5.
4099 O[FTEDAL] (M.), *in* Lochlann 4, 1969, pp. 370-1.

Review [in Welsh] *by*

4100 ASHTON (Glyn M.), *in* LlC 10, 1968/69, pp. 253-5.

4101 KENNEY (James F.): The sources for the early history of Ireland: ecclesiastical. An introduction and guide.
N.Y.: Octagon, 1966; Shannon: I.U.P., 1968. xviii + 815 pp. charts (fold.) (= Records of civilization, Sources and studies, no. 11)
<small>Repr. of 1929 ed.; corrs. & adds., and preface, by Ludwig BIELER.</small>

4102 [KNOTT (Eleanor), MURPHY (Gerard)]: Early Irish literature.
Ed. with introd. by James CARNEY.
London: Routledge & K. Paul, 1966. vii + 205 pp.
<small>New ed., with combined indexes, of (1) E. KNOTT, Irish Classical poetry, 1960; (2) G. MURPHY, Saga and myth in ancient Ireland, 1955; (3) G.M., The Ossianic lore and Romantic tales of medieval Ireland, 1955.</small>

Reviews by

4103 MAC EOIN (Gearóid S.), *in* StH 7, 1967, pp. 246-7.

4104 DE BÚRCA (Seán), *in* Lochlann 4, 1969, pp. 355-8.

4105 DONAHUE (Charles): Medieval Celtic literature.
In The medieval literature of western Europe. A review of research, mainly 1930-1960. Ed. by J. H. Fisher. (for M.L.A.A.) New York University Press, University of London Press, 1966. (chap. 11), pp. 381-409.

4106 HYDE (Douglas) [*pseud.* AN CRAOIBHÍN AOIBHINN]: A literary history of Ireland. From earliest times to the present day.
New ed. with introd. by Brian Ó CUÍV.
London: E. Benn; N.Y.: Barnes & Noble, 1967. xlii + 654 pp.
<small>1st ed. 1899 [v. Best¹ 75].</small>

4107 DILLON (Myles) & CHADWICK (Nora K.): The Celtic realms.
London: Weidenfeld & Nicolson; N.Y.: New American Library, 1967. xii + 355 pp. illus. (History of civilization)

4108 O'CONNOR (Frank): The backward look. A survey of Irish literature.
London [etc.]: Macmillan, 1967. [viii] + 264 pp.
American edition
A short history of Irish literature. A backward look.
N.Y.: Putnam's Sons, 1967.

Reviews by

4109 MAC CANA (Proinsias), *in* StH 8, 1968, pp. 151-6.

4110 BLAKE (James J.), *in* An Féinisc 1, 1968/69, pp. 70-5.

4111 BYRNE (Francis John): Seventh-century documents.
In IER 108, 1967, pp. 164-82.
<small>Critical survey of Irish and Latin, datable and contemporary, texts.
Paper read at the I.C.H.C.'s Easter Conference on Irish Church history, 1964.</small>

4112 CUALLACHT CHOLMCILLE, Grúpa taighde, *comp.*: Téarmaíocht chriticiúil.
In IMN 1967, pp. 89-97.
<small>Terminology of literary criticism.</small>

4113 LE ROUX (Françoise): Questions de terminologie: 1. Tradition et religion; 2. Mythe et épopée.

In Celticum 16, 1967, pp. 239-56. (Notes d'histoire des religions (18), no. 51)

4114 MAC NIOCAILL (Gearóid): The proportional method in dating Irish texts.
In StC 3, 1968, pp. 47-52.

4115 BRUFORD (Alan): Gaelic folk-tales and mediaeval romances. A study of the Early Modern Irish 'Romantic tales' and their oral derivatives.
In Béaloideas 34, 1966 (1969), vii + 284 pp.
Sep. *publ.* Dublin: Folklore of Ireland Society, 1969. same pagin.
Review by

4116 COLLINS (John), *in* StH 10, 1970, pp. 150-4.

4117 SAUL (George Brandon): Traditional Irish literature and its backgrounds: a brief introduction.
A revision of The shadow of the three queens.
Lewisburg: Bucknell U.P., 1970. 115 pp.

4118 MAC ÉINRÍ (Úna *Nic Éinrí*): Stair litríocht na Gaeilge.
B.Á.C.: Folens, 1970. 105 pp. illus. (Ardteistiméireacht)
A concise history of Irish literature.

4119 BROMWICH (Rachel): The Celtic literatures.
In Literature in Celtic countries. Taliesin congress lectures. Ed. by J. E. Caerwyn Williams. Cardiff: U.W.P., 1971. pp. 25-57.

4120 MARKALE (Jean): L'épopée celtique d'Irlande.
Paris: Payot, 1971. 205 pp. (= Petite bibliothèque Payot, 172)

F 1.1   **Literary palaeology**
cf. M   Prehistory, Cultural history

4121 RANDOLPH (Mary Claire): Female satirists of ancient Ireland.
In Southern folklore quarterly 6, 1942, pp. 75-87.

4122 BAUERSFELD (Helmut): Streitwagen bei Kelten und Germanen.
Uppsala, Stockholm: Almqvist & Wiksells boktr., 1944. 27 pp. (= Veröffentlichungen des Deutschen Wissenschaftlichen Instituts Stockholm, Reihe 1: Geisteswissenschaften und Theologie, Nr. 1)

4123 Ó MOGHRÁIN (Pádraig): More notes on the *buaile*.
In Béaloideas 14, 1944 (1945), pp. 45-52.

4124 ROBINSON (F. N.): Irish proverbs and Irish national character.
In MPh 43, 1945, pp. 1-10.

4125 MCCLINTOCK (H. F.): Cuchullain's hair.
In JRSAI 78, 1948, pp. 184-5.

4126 POWELL (T. G. E.): The Celtic settlement of Ireland.
In The early cultures of north-west Europe. (H. M. Chadwick memorial studies). Ed. by C. Fox & B. Dickins. Cambridge: U.P., 1950. pp. 171-95.

4127 WEISWEILER (Josef): Die Kultur der irischen Heldensage.
In Paideuma 4, 1950, pp. 149-70.

4128 [SHAW (F.): Literary evidence for the early Irish house.]
In Archaeological news letter 4, (no. 5, Jan. 1952), p. 73.

F LITERATURE & LEARNING

Abstract in Glyn E. Daniel, The Prehistoric Society: a report of the meeting held in Dublin, 1951.

4129 GRAHAM (Angus): Archaeological gleanings from Dark-age records.
In PSAS 85, 1950/51 (1953), pp. 64-91.

4130 MURPHY (Gerard): St. Patrick and the civilizing of Ireland.
In IER 79, 1953, pp. 194-204.

4131 WEISWEILER (Josef): Vorindogermanische Schichten der irischen Heldensage.
In ZCP 24, 1954, (Hefte 1/2, 3, 1953), pp. 10-55, 165-97.

4132 DOBBS (M. E.): The silver basin of Étaín.
In id., (H. 3, 1953), pp. 201-3.

4133 ———— : The treasures of Crimthand Nia Náir.
In ZCP 24, 1954, pp. 244-7.

4134 RAMNOUX (Clémence): La mort sacrificielle du roi.
In Ogam 6, 1954, pp. 209-18.

4135 CHADWICK (Nora K.): Pictish and Celtic marriage in early literary tradition.
In SGS 8, 1958, (pt. 1, 1955), pp. 56-115.

4136 EVEN (Arzel): Sources médiévales pour l'étude de l'antiquité celtique.
In Ogam 9, 1957, pp. 45-66.

4137 LE ROUX (Françoise): La 'branche sanglante' du roi d'Ulster et les 'têtes coupées' des Salyens de Provence.
In Ogam 10, 1958, pp. 139-54.

4138 ETTLINGER (Ellen): Les conditions naturelles des légendes celtiques.
In Ogam 12, 1960, pp. 101-12.

4139 JACKSON (Kenneth Hurlstone): The oldest Irish tradition: a window on the Iron Age.
Cambridge: U.P., 1964. 56 pp. (= Rede lecture, 1964)
Reviews by

4140 D[ILLON] (J[ohn]), in Celtica 7, 1966, pp. 258-9.

4141 REES (Brinley), in StC 1, 1966, pp. 165-6.

4142 LE ROUX (Françoise): A-zivout henlennegezh an inizi.
In Ogam 17, 1965, pp. 198, 425-6. (Notennoù a relijionouriezh (2, 3), no. 6)
ad K. JACKSON, The oldest Irish tradition, 1964.

4143 ———— : La littérature irlandaise et l'archéologie.
In Ogam 18, 1966, pp. 333-7. (Notes d'histoire des religions (13), no. 39)
ad -id.-

4144 ———— : La maison du roi.
In id., pp. 510-1. (id.(15), no. 43)
as described in TBFr and FB.

4145 MACQUEEN (John): Saints' legends and Celtic life.
In Folk life 5, 1967, pp. 5-18.

4146 HAMILTON (J. R. C.): Iron age forts and epic literature.
In Antiquity 42, 1968, pp. 103-8.

F LITERATURE & LEARNING

4147 HARBISON (Peter): The chariot of Celtic funerary tradition.
In Marburger Beiträge zur Archäologie der Kelten. Festschrift für Wolfgang Dehn. Hg. v. O.-H. Frey. Bonn: Habelt, 1969. (= Fundberichte aus Hessen, Beiheft 1) pp. 34-58. illus.

4148 MARTIN (B. K.): Old Irish literature and European antiquity.
In Aspects of Celtic literature. Sydney: U.P., 1970. (= Australian Academy of the Humanities: monograph, no. 1) pp. 9-24.

4149 WAGNER (Heinrich): Irish *fáth*, Welsh *gwawd*, Old Icelandic *óðr* 'poetry', and the Germanic god *Wotan/Óðinn*.
In ZCP 31, 1970, pp. 46-57. (Studies in the origins of early Celtic civilization, no. 2)
Paper read at the 3rd I.C.C.S., 1967.
Reprinted in 525.

4150 LUCAS (A. T.): Contributions to the history of the Irish house: a possible ancestry of the bed-outshot (*cúilteach*).
In Folk life 8, 1970, pp. 81-98.
With extensive discussion of Ir. terminology (*cúil* : *cuile*, etc.).

4151 THOMAS (Charles): The early Christian archaeology of north Britain.
London [etc.]: (for University of Glasgow) O.U.P., 1971. xvi + 253 pp. illus. (= Hunter Marshall lectures, 1968)
Chap. 4: The commemoration of the dead; 7: The relevance of literary sources.

F 2   SOCIOLOGY

cf. E 1   Grammar: Native;   D 1   Lexicology, Onomastics: Native
A 2   Modern history of Irish studies

F 2.1   Origins, Development, Transmission

cf. B 2   Manuscripts

4152 DUMÉZIL (Georges): La tradition druidique et l'écriture: le vivant et le mort.
In RHR 122, 1940, pp. 125-33.

4153 KENNEDY (David): Popular education and the Gaelic tradition in north-east Ulster.
In Studies 30, 1941, pp. 273-86.

4154 Ó DUILEARGA (Séamus): Irish stories and storytellers. Some reflections and memories.
In Studies 31, 1942, pp. 31-46.

4155 CHADWICK (Nora K.): Geilt.
In SGS 5, 1942, pp. 106-53.
History and function of the *geilt* in Irish (*Buile Suibne, Cath Almaine*, etc.), Welsh and early Norse literature; also on *Aislinge Meic Con Glinne*, Mac Dá Cherda (and other scholars of Armagh), and CENNFAELAD.

4156 O LOCHLAINN (Colm): Poets on the battle of Clontarf.
In Éigse 3, 1941/42 (1943), (pt. 3, 1942), pp. 208-18; 4, 1943/44 (1945), (pt. 1), pp. 33-47.
MAC COISE, MAC LIAC, FLANN MAC LONÁIN and his mother LAITHEÓC, are literary figments.

4157 WEISWEILER (Josef): Heimat und Herrschaft. Wirkung und Ursprung eines irischen Mythos.
Halle: Niemeyer, 1943. 149 pp. (= Schriftenreihe der Deutschen Gesellschaft für Keltische Studien, H. 11).

4158 KNOTT (Eleanor): 'O'Clery's glossary' and its forerunners. A note on glossary-making in medieval Ireland.
In 431 [Measgra Uí Chléirigh], pp. 65-9.

4159 DELARGY (J. H.): The Gaelic story-teller. With some notes on Gaelic folk-tales.
In PBA 31, 1945, pp. 177-221. (= Rhŷs lecture, 1945)
Sep. issued London: O.U.P., [n.d.]. 47 pp.

4160 LORCIN (Aimée): La vie scolaire dans les monastères d'Irlande aux Ve-VIIe siècles.
In RMAL 1, 1945, pp. 221-36.

4161 [FLOWER (Robin)]: The Irish tradition.
Ed. by M. Dillon, D. A. Binchy, D. Greene, [etc.].
Oxford: Clarendon, 1947 (repr. 1948). 173 pp.
1. The founding of the tradition; 2. Exiles and hermits; 3. The rise of the bardic order; 4. The bardic heritage; 5. Ireland and medieval Europe [cf. Best² 1696]; 7. The end of the tradition.

4162 BROMWICH (Rachel S.): The continuity of the Gaelic tradition in eighteenth-century Ireland.
In YCS 4, 1947/48, pp. 2-28.
Incl. an Engl. transl. of The Keen for Art O'Leary, based on the edition by Shán Ó Cuív, 1923 (de Hae i 874).

4163 MURPHY (Gerard): Glimpses of Gaelic Ireland. Two lectures.
Dublin: Fallon, 1948. 64 pp.
1. Irish folk-poetry. (Delivered in U.C.D., 1942). 2. Warriors and poets in thirteenth-century Ireland. (U.C.D., 1946).

4164 ——— : The Gaelic background.
In Daniel O'Connell. Nine centenary essays. Ed. by M. Tierney. Dublin: Browne & Nolan, 1949. pp. 1-24.

4165 RYAN (John): Irish learning in the seventh century.
In JRSAI 80, 1950, pp. 164-71.
Being a review of some aspects of F. MASAI, Essai sur les origines de la miniature dite irlandaise, 1947 (v. 9144).

4166 BISCHOFF (Bernhard): Das griechische Element in der abendländischen Bildung des Mittelalters.
In Byzantinische Zeitschrift 44, 1951, pp. 27-55.
Republ. in 454 [M.a. Studien], vol. 2, pp. 246-75.

4167 MURPHY (Gerard): *Baile Chuind* and the date of Cín Dromma Snechta.
In Ériu 16, 1952, pp. 145-51. (On the dates of two sources used in Thurneysen's Heldensage, no. 1)
Incl. ed. of *Baile Chuind,* based on MS R.I.A. 23 N 10, with Engl. transl.; dated to 7th c. Th.'s orig. dating of CDS to 8th c. vindicated.

4168 ——— : Was CINÁED UA ARTACÁIN (†975) the author of *Fíanna bátar i nEmain*?

F LITERATURE & LEARNING

In Ériu 16, 1952, pp. 151-5. (On the dates of two sources used in Thurneysen's Heldensage, no. 2)
Cináed's authorship vindicated. Also on oral : written tradition.

4169 BIELER (L.): The island of scholars.
In RMAL 8, 1952, pp. 213-34.

4170 MURPHY (Gerard): St. Patrick and the civilizing of Ireland.
In IER 79, 1953, pp. 194-204.

4171 SAUL (George Brandon): The shadow of the three queens. A handbook introduction to traditional Irish literature and its backgrounds.
Harrisburg (Penn.): Stackpole, 1953. x + 118 pp.
Cf. 4117.

4172 MERONEY (Howard): *Tréfhocal fócrai.*
In JCS 2, 1958, (no. 1, 1953), pp. 59-130. (Studies in early Irish satire, no. 3)
Incl. ed. of *A mo Comdhiu néll! Cid do-dhén*, ascr. to FINGEN mac Flaind (cf. ACL 3.291); based on MS T.C.D. H 3 18, with Engl. transl. and notes.
App.: ed. of a prose text on the *trefhocal*, from MS H 3 17, with Engl. transl. and notes.

4173 MURPHY (Gerard): Duanaire Finn. The Book of the lays of Fionn. Part 3.
Dublin: E.C.I., 1953 [spine 1954]. cxxii + 451 pp. (= ITS, vol. 43 [for 1941])
Introduction, notes, appendices, and glossary (cf. Best[1] 188, Best[2] 1664).
Add. & corr. in Éigse 8, 1956/57, pp. 168/71.

4174 GREENE (David): Early Irish literature.
In 494 [Early Ir. soc.], (no. 2), pp. 22-35.

4175 CARNEY (James): The impact of Christianity.
In id., (no. 5), pp. 66-78.

4176 GREENE (David): Early Irish society.
In id., (no. 6), pp. 79-92.

4177 BROMWICH (Rachel): The character of the early Welsh tradition.
In 493 [SEBH], (no. 5), pp. 83-136.

4178 CHADWICK (Nora K.): Intellectual contacts between Britain and Gaul in the fifth century.
In id., (no. 8), pp. 189-263.

4179 CORKERY (Daniel): The fortunes of the Irish language.
Cork: Mercier, 1954 (repr. 56). 131 pp. (= Irish life and culture, vol. 9)

4180 THOMSON (Derick S.): The Gaelic oral tradition.
In Proceedings of the Scottish Anthropological and Folklore Society 5, 1954/56, pp. 1-17.

4181 ROSS (James): The sub-literary tradition in Scottish Gaelic song-poetry.
In Éigse 7, 1953/55, (pt. 4), pp. 217-39; 8, 1956/57, (pt. 1, 1955), pp. 1-17.
1. Poetic metres and song metres; 2. Content and composition.

4182 ARTHURS (John B.): The legends of place-names.
In UF [1], 1955, pp. 37-42.
Distinguishes 3 types: *Dindshenchas, Acallam na senórach,* and oral material.

4183 THOMSON (Derick S.): Scottish Gaelic folk-poetry ante 1650.
In SGS 8, 1958, (pt. 1, 1955), pp. 1-17.

4184 GORDON (Cosmo A.) *ed.*: Letter to John Aubrey from Professor James GARDEN.
With a note by John MACDONALD.
In id., pp. 18-26.
1692/3, preserved in the library of the Wiltshire Archaeological and Natural History Society. Incl. description of the Highland bardic system in the 17th c.

4185 BISCHOFF (Bernhard): Il monachesimo irlandese nei suoi rapporti col continente.
In Settimana 4, 1957, pp. 121-38.
Republ. in 454 [M.a. Studien], Bd. 1, pp. 195-205.

4186 SZÖVÉRFFY (Joseph): Volkserzählung und Volksbuch (Drei kleine Beiträge zur Quellenfrage).
In Fabula 1, 1957, pp. 3-18.

4187 ———: *Siaburcharpat Conculainn,* the Cadoc-legend, and the Finding of the Táin.
In BBCS 17, 1958, (pt. 2, 1957), pp. 69-77.

4188 CHADWICK (Nora K.): Early culture and learning in north Wales.
In 505 [SEBC], (chap. 1), pp. 29-120.

4189 WILLIAMS (J. E. Caerwyn): Traddodiad llenyddol Iwerddon.
Caerdydd: Gwasg Prifysgol Cymru, 1958. 235 pp. pls.

4190 SZÖVÉRFFY (Joseph) *ed.*: Rí Naomh Seoirse: chapbook and hedge-schools.
In Éigse 9, 1958/61, (pt. 2, 1958), pp. 114-28.
Story, recorded 1937 in Co. Kerry, ultimately derived from Engl. chapbook.

4191 MAC AIRT (Seán): *Filidecht* and *coimgne.*
In Ériu 18, 1958, pp. 139-52.

4192 DUNLEAVY (Gareth W.): Colum's other island. The Irish at Lindisfarne.
Madison: University of Wisconsin Press, 1960. x + 149 pp. illus.
The effect of Irish monastic culture upon Northumbria (learning, manuscripts, crosses, elegy).

4193 Ó FLOINN (Donnchadh): An dá Ghaeltacht.
In IMN 1960, pp. 9-19.
Manuscript tradition of the 18/19th cc. and the Gaeltacht today.

4194 RYAN (John): The historical background.
In 508 [Seven centuries], (no. 1), pp. 11-26.

4195 MURPHY (Gerard): Irish storytelling after the coming of the Normans.
In id., (no. 5), pp. 72-86.

4196 MAC AIRT (Seán): The development of Early Modern Irish prose.
In id., (no. 8), pp. 121-35.

4197 Ó Cuív (Brian): An era of upheaval.
In id., (no. 9), pp. 136-51.
4198 Binchy (D. A.): The background of early Irish literature.
In StH 1, 1961, pp. 7-18.
Lecture at St. Patrick's Training College, 1959.
4199 Chadwick (Nora K.): The age of the saints in the early Celtic Church.
London [etc.]: O.U.P., 1961. viii + 166 pp. (= University of Durham: Riddell memorial lectures, 32nd series, 1960)
4200 Jackson (Kenneth Hurlstone): The international popular tale and early Welsh tradition.
Cardiff: U.W.P., 1961. xii + 141 pp. (= Gregynog lectures, 1961)
4201 Ross (James): Folk song and social environment. A study of the repertoire of Nan MacKinnon of Vatersay.
In ScSt 5, 1961, pp. 18-39.
4202 Ó Muirí (Réamonn): 'Slán agaibh, a fhir chumtha.'
In IMN 1961, pp. 65-78.
4203 Breatnach (R. A.): The end of a tradition: a survey of eighteenth century Gaelic literature.
In StH 1, 1961, pp. 128-50.
4204 Guyonvarc'h (Christian-J.): A propos de la *Velleda* de Bructère et du mot irlandais *file* 'poète, prophète, voyant'.
In Ogam 13, 1961, pp. 321-5. (Notes d'étymologie et de lexicographie gauloises et celtiques (9), no. 31)
4205 Joyce (Mannix): Poets of the Maigue.
In CapA 1961, pp. 373-85. map.
4206 Mac Cana (Proinsias): The influence of the Vikings on Celtic literature.
In 464 [1st ICCS], pp. 78-118.
Incl. discussion of *Irua(i)th* and *Irua(i)t*.
4207 Gleeson (Dermot F.) & Gwynn (Aubrey): A history of the diocese of Killaloe. — Vol. 1 [on spine].
Dublin: Gill, 1962. xviii + 566 pp. illus.
4208 Hughes (Kathleen): Irish monks and learning.
In Los monjes y los estudios. IV semana de estudios monásticos, Poblet 1961. Abadía de Poblet, 1963. pp. 61-86.
4209 Henry (Françoise) & Marsh-Micheli (G. L.): A century of Irish illumination (1070-1170).
In PRIA 62 C, 1961/63, (no. 5, 1962), pp. 101-65. pls.
4210 Hillgarth (J. N.): Visigothic Spain and early Christian Ireland.
In id., (no. 6, 1962), pp. 167-94.
Mainly on the transmission of Isidore of Seville.
4211 Ó Cuív (Brian): Literary creation and Irish historical tradition.
In PBA 49, 1963, pp. 233-62. (= Rhŷs lecture, 1963)
Sep. issued London: O.U.P., [n.d.]. [same pagin.]
4212 Mac Eoin (Gearóid S.): Focail nach ndeachaigh le gaoth.
In Dóchas 1, uimh. 2, 1964, pp. 25-8.

4213   BRUFORD (Alan): Eachtra Chonaill Gulban. An Irish hero-tale in manuscript and oral tradition.
       In Béaloideas 31, 1963 (1965), pp. 1-50.

4214   DOYLE (Gerard): County Kilkenny MSS in British Museum.
       In OKRev 17, 1965, pp. 70-8.

4215   Ó DUILEARGA (S.): Notes on the oral tradition of Thomond.
       In JRSAI 95, 1965, pp. 133-47.

4216   Ó CUÍV (Brian) *ed.*: Traidisiún i dtaobh cúirteanna na mbúrdúnach.
       In Éigse 11, 1964/66, (pt. 2, 1965), p. 100.
       Engl. letter, 1844, by Dáibhí DO BARRA. referring to 18th c. custom of 'courts of poetry'; from MS R.I.A. 23 H 28.

4217   Ó CUÍV (Brian) *ed.*: Rialacha do chúirt éigse i gContae an Chláir.
       In id., (pt. 3, 1965/66), pp. 216-8.
       Rules for a proposed 'court of poetry' in Co. Clare; from MS R.I.A. 23 H 39, wr. c. 1780 by Tomás Ó Míodhcháin.

4218   HUGHES (Kathleen): The Church in early Irish society.
       London: Methuen, 1966. xii + 303 pp. pls., map
       App.: Engl. transl. of the *Liber angeli*.

4219   MCGURK (J. J. N.): Learning and society in Ireland before the Norman conquest.
       In History today 16, 1966, pp. 85-93.

4220   HUGHES (Kathleen): The golden age of early Christian Ireland (7th and 8th centuries).
       In 519 [Course of Ir. hist.], (no. 5), pp. 76-90.

4221   Ó BUACHALLA (Breandán): I mBéal Feirste cois cuain.
       B.Á.C.: Clóchomhar, 1968. xii + 319 pp. (= Leabhair thaighde, iml. 16).

4222   MACINNES (John): The oral tradition in Scottish Gaelic poetry.
       In ScSt 12, 1968, pp. 29-43. pl.
       Plate showing a Highland *seanchaidh* reciting to the boy king Alexander III, in 1249.

4223   BRUFORD (Alan): Gaelic folk-tales and mediaeval romances. A study of the Early Modern Irish 'Romantic tales' and their oral derivatives.
       In Béaloideas 34, 1966 (1969), vii + 284 pp.
       Sep. publ. Dublin: Folklore of Ireland Society, 1969. same pagin.

4224   GREENE (David): Irish as a vernacular before the Norman invasion. invasion.
       In 522 [View Ir. lg.], (no. 2), pp. 11-21.

4225   MAC CANA (Proinsias): Irish literary tradition.
       In id., (no. 4), pp. 35-46.

4226   Ó DUILEARGA (Séamus): Once upon a time.
       In 463 [Fs. Peate], (chap. 5), pp. 47-58. pls.
       The story-teller Seán Ó CONAILL (S.W. Kerry).

4227   MOONEY (Canice): The Church in Gaelic Ireland: thirteenth to fifteenth centuries.

Dublin: Gill & Macmillan, 1969. 62 pp. (= A history of Irish catholicism, vol. 2, no. 5)

4228   TRAVIS (James): Hiberno-Saxon Christianity and the survival of *Beowulf*.
In Lochlann 4, 1969, pp. 226-34.

4229   Ó FIAICH (Tomás): The Church of Armagh under lay control.
In SAM 5, (no. 1, 1969), pp. 75-127. geneal.tabs.

4230   CARNEY (James): The deeper level of early Irish literature.
In CapA 1969, pp. 160-71.

4231   CULLEN (L. M.):The hidden Ireland: re-assessment of a concept.
In StH 9, 1969, pp. 7-47.

4232   SAUL (George Brandon): Traditional Irish literature and its backgrounds: a brief introduction.
A revision of The shadow of the three queens.
Lewisburg: Bucknell U.P., 1970. 115 pp.

4233   GAECHTER (Paul): Die Gedächtniskultur in Irland.
Innsbruck: I.G.P.G., 1970. 73 pp. (= IBS, Bd. 2)

4234   STANFORD (W. B.): Towards a history of classical influences in Ireland.
In PRIA 70 C, 1970, (no. 3), pp. 13-91.

4235   [Ó FIAICH (T.)]: [*rev.* Cat. Mayn., fascc. 5, 6].
In SAM 5, (no. 2, 1970), pp. 440-2.
Lists MSS with 'Ulster' connection.

4236   Ó HÁINLE (Cathal): An Chléir agus an fhilíocht sa 17ú céad.
In Éire-Ireland 5, 1970, uimh. 2, pp. 4-19.
Priest-poets of the 17th c. With Engl. summary.

4237   MAC CANA (Proinsias): The three languages and the three laws.
In StC 5, 1970, pp. 62-78.
légend, fénechas, filidecht; CENN FAELAD mac Ailella; *breth fhuigill*.

4238   DOWLING (P. J.): A history of Irish education. A study in conflicting loyalties.
Cork: Mercier, 1971. 192 pp.

4239   MEID (Wolfgang): Dichter und Dichtkunst im alten Irland.
Innsbruck: Institut für Vergleichende Sprachwissenschaft, 1971. 20 pp. (= IBS, Vorträge, H. 2).

4240   HAMMERSTEIN (Helga): Aspects of the Continental education of Irish students in the reign of Queen Elizabeth I.
In HSt 8, 1971, pp. 137-53.

F 2.2   Scholars, Learned Families, Schools
cf. H 4   Particular poets and poems

4241   TORNA [*pseud.*, Ó DONNCHADHA (Tadhg)] *ed.*: Congantóirí Sheáin Uí DHÁLAIGH.
In Éigse 1, 1939/(40), pp. 96-102, 173-82, 258-64; 2, 1940, pp. 15-23, 96-106, 213-23, 274-7; 3, 1941/42 (1943), pp. 8-20, 117-9, 193-9, 257-60; 4, 1943/44 (1945), pp. 24-32.
Mainly letters from S. Ó D.'s informants (in the ed.'s possession).

4242   CURTIS (Edmund) *ed.*: The O'MAOLCONAIRE family. Unpub-

lished letters from Sir Edward CONRY, Bart., to H.F. Hore, Esq., 1864.
In JGAHS 19, 1940/41, pp. 118-46. geneal.tab.(fold.)

4243 HAYES (Richard): A forgotten Irish antiquary. Chevalier Thomas O'GORMAN, 1732-1809.
In Studies 30, 1941, pp. 587-96.

4244 O'CONNELL (Philip): The schools and scholars of Breiffne. Dublin: Browne and Nolan, 1942. xl + 669 pp. illus.
Reviews by

4245 GANNON (P. J.), *in* Studies 31, 1942, pp. 534-6.

4246 BRADY (John), *in* IER 60, 1942, pp. 452-3.

4247 O'RAHILLY (Thomas F.): A Hiberno-Scottish family (Ó MUIRGHEASÁIN, MORRISON).
In SGS 5, 1942, pp. 101-5.

4248 GWYNN (E. J.) *ed.*: An Old-Irish tract on the privileges and responsibilities of poets.
In Ériu 13, 1942, pp. 1-60 [Best² 2282], 220-36.
> From MS T.C.D. H 2 15B, with notes. Also a glossary with excerpts from this tract ('A *bretha neime* deidhinach so'), from MS T.C.D. H 3 18. Also An index to the citations from this tract in 'O'Davoren's glossary', and Index to citations in O'Davoren from *Corus bretha neme*.

4249 O'SULLIVAN (Donal): Thaddaeus CONNELLAN and his books of Irish poetry.
In Éigse 3, 1941/42 (1943), (pt. 4), pp. 278-304; 4, 1943/44 (1945), (pt. 2, 1943), p. 152.
> Life and works. Description of his poem-books (1) Reliquies (1825), (2) An duanaire, fiannaigheacht (1829), (3) An duanaire, fonna seanma (1829); contents, indexes of first lines, etc.

4250 MACCARTHY (B. G.): Thomas Crofton CROKER, 1798-1854.
In Studies 32, 1943, pp. 539-56.

4251 [O LOCHLAINN (Colm)]: John O DALY and the Celtic Society.
In IBL 29, 1943/45, pp. 12-4.
> Cuttings from The Nation, 1845.

4252 MCGRATH (Cuthbert): Materials for a history of CLANN BHRUAIDEADHA.
In Éigse 4, 1943/44 (1945), (pt. 1), pp. 48-66.

4253 Ó CONCHUBHAIR (Pádraig): Charles LYNEGAR, professor of Irish at T.C.D. from 1708.
In id., (pt. 2, 1943), p. 154. (= Ceist, freagra ..., no. 57)

4254 MCGRATH (Cuthbert): Eoghan Ruadh mac Uilliam Óig MHIC AN BHAIRD.
In 431 [Measgra Uí Cléirigh], pp. 108-16.
> Incl. survey of the poems by Aodh MAC AINGIL. Also on the parentage of Hugh WARD.

4255 Ó MAOL-CHRÓIN (Caitilín *Ní Maol-Chróin*) *ed.*: Geinealaigh CLAINNE AODHAGÁIN, A.D. 1400-1500, ollamhain i bhféineachus is i bhfilidheacht.
In id., pp. 132-9. gen.tab.
> From MSS (1) R.I.A. 23 Q 10, (2) BUíM.

F LITERATURE & LEARNING

4256 GLEESON (Dermot F.): Peter O'CONNELL, scholar and scribe, 1755-1826.
In Studies 33, 1944, pp. 342-8.
Compiler of Ir.-Engl. dictionary, now MS B.M. Eg. 83.

4257 Ó FOGHLUDHA (Risteárd): Some literary worthies of Imokilly.
In JCHAS 50, 1945, pp. 136-44.
Barony in Co. Cork.

4258 Ó SÚILLEABHÁIN (Pádraig): Muimhneachas i nGaedhilg Thaidhg Uí NEACHTAIN.
In Éigse 5, 1945/47 (1948), (pt. 1), p. 64. (Miscellanea, no. 8)

4259 Ó MOGHRÁIN (Pádraig): Pól Ó hUIGINN.
In Béaloideas 15, 1945 (1946), pp. 87-101.
Identification of the ex-priest of tradition with the lecturer in Irish in T.C.D., 1680-82.

4260 Ó CONCHUBHAIR (Seósamh): An rud a bhí romham.
In id., pp. 102-26.
Irish language, traditions and learning around Killarney, Co. Kerry.

4261 CARNEY (James) *ed.*: De scriptoribus Hibernicis.
In Celtica 1, 1950, (no. 1, 1946), pp. 86-110 [cf. p. 404].
By An Dubháltach MAC FIR BHISIGH, from autograph MS Rawl. B 480, wr. 1657.

4262 MCGRATH (Cuthbert): 'Ó DÁLAIGH FIONN cct.'
In Éigse 5, 1945/47 (1948), (pt. 3, 1946), pp. 185-95.

4263 [WALSH (Paul)]: The learned family of O DUIGENAN.
In 432 [Men of learning], (no. 1), pp. 1-12.
A new version of the author's 1921 paper (v. Best[2] 2386), completed posthum., with a geneal. tab., by Colm O LOCHLAINN.

4264 ———: The books of the O DUIGENANS.
In id., (no. 2), pp. 13-24.
Cf. the author's The Annals of Loch Cé, *in* IER 56, 1940 (wr. at the occasion of the I.M.C.'s facs. of Hennessy's ed., 1939 [1940]).

4265 ———: The learned family of Ó CUIRNÍN.
In id., (no. 9), pp. 119-32.
Completed by Colm O LOCHLAINN.

4266 ———: The learned family of MAC AN BHAIRD.
In id., (no. 11), pp. 151-9.
Completed posthum., with geneal. tab. 'Some MAC AN BHAIRD relationships', by Colm O LOCHLAINN; incl. chap. on Father Hugh WARD, based on a letter from the author.

4267 ———: An Irish medical family — MAC AN LEAGHA.
In id., (no. 14), pp. 206-18.
cf. An Irish medical family (Best[2] 2287).

4268 MAC EÓGHAIN (Éamonn) *ed.*: Don Tighearna Easboig.
In IMN 1947, pp. 24-7. MS facs.
1818. *A uainghil fheartaigh tug fairsinge 'shíol Ádaim*, by Mícheál Óg Ó LONGÁIN; from MS Mayn. M 11 (autogr.). Some biogr. details of M. Ó L. (relationship with Seán Ó Murchadha); also illus. of his assistants' MS hands.

4269 POWER (Patrick): The Gaelic Union: a nonagenarian retrospect.
In Studies 38, 1949, pp. 413-8.

4270 DOBBS (Maigréad Ní C.): NÍNÍNE ÉCESS.
In ÉtC 5, 1949/51, (fasc. 1), pp. 148-53.
Review by
4271   POKORNY (Julius), in ZCP 25, 1956, p. 315.
4271a FENTON (Seamus) ed.: Kerry tradition. The peerless poets of the kingdom.
Tralee: The Kerryman, [1950]. 89 pp. illus.
> Includes the earlier pamphlet An spéirbhean, Sáirfhilidhe Chiarraighe, Kerry poets honoured, 1941, 42 pp. (cf. JCHAS 48.112).

4272 GLEESON (Dermot F.): Some learned men of the Killaloe diocese (A.D. 1300-1653).
In Molua 1950, pp. 18-35.

4273 MAC ENERY (Marcus): Cows and calves, books and copies.
In Éigse 6, 1948/52, (pt. 2, 1950), pp. 135-45.
> Co. Roscommon scholarly and scribal connections between Ó Fearghail and Ó hEarchadha families after the latter's 17th c. migration from Co. Sligo.

4274 Ó TUATHAIL (Éamonn): Baile Í Ghnímh.
In id., pp. 157-60. (Varia, no. 3)

4275 Ó CEALLAIGH (Séamus): Gleanings from Ulster history. Punann ó Chois Bhanna.
Cork: U.P., 1951. 118 pp. pls. (maps), geneal.tab.

4276 Ó CONALLÁIN (M.): True location of Tadhg Ó NEACHTAIN's home in Cartron.
In IBL 31, 1949/51, (no. 5, 1951), pp. 106-7.
> An Cartún Fíarach (now Cartron), Co. Rosc., where he lived in 1729.

4277 MAC CRAITH (Cuidbeirt): Oilbhearus Hosé, máistir sgoile an Athar Aodha Mhac an Bhaird, O.F.M.
In 439 [Franciscan Donegal], pp. 109-12.
> With extracts from the poem D'Oilbhearus is beatha a bhás.

4278 DUNLEVY (M.): The medical families of mediaeval Ireland.
In 471 [What's past is prologue], pp. 15-22.

4279 KENNEDY (Sheila): COQUEBERT DE MONTBRET in search of the hidden Ireland.
In JRSAI 82, 1952, pp. 62-7.

4280 SHEEHAN (Catherine A.): The O'Conor manuscripts in the Stowe Ashburnham collection.
In Studies 41, 1952, pp. 362-9.
> Esp. on the role of the Rev. Charles O'CONOR.

4281 DEROLEZ (R.): Dubthach's cryptogram. Some notes in connexion with Brussels MS 9565-9566.
In AntCl 21, 1952, pp. 359-75.

4282 JONES (Frederick M.): The Congregation of Propaganda and the publication of Dr. O'BRIEN's Irish dictionary, 1768.
In IER 77, 1952, pp. 29-37.

4283 O'DONNELL (Terence): A Gaelic grammarian.
In FCA 1952, pp. 159-62, 141.
> On Denis TAAFFE, the author of An introduction to the Irish language, c. 1805, MS B.M. Eg. 116.

4284 CARROLL (F.): Captain Charles LINEGAR, professor of the Irish language.
In IBL 32, 1952/57, (no. 2, 1953), p. 42 [cf. p. 65].

4285 MCGRATH (Cuthbert): Ollamh Cloinne Aodha Buidhe.
In Éigse 7, 1953/55, (pt. 2, 1953), pp. 127-8.
Ó GNÍMH (17th c. evidence).

4286 Ó CINNÉIDE (Síle *Ní Chinnéide*) *ed.*: Dhá leabhar nótaí le Séarlas Ó CONCHUBHAIR.
In Galvia 1, 1954, pp. 32-41 [cf. 2, 1955, p. 66]. pl.
Diary of Charles O'CONOR of Belanagare, 1742-48.

4287 WALL (Thomas): Archbishop John CARPENTER and the Catholic revival, 1770-1786.
In RepN 1, (no. 1, 1955), pp. 173-82.

4288 Ó GALLCHOBHAIR [Ó GALLACHAIR] (P.): Clogherici. A dictionary of the Catholic clergy to the diocese of Clogher (1535-1835).
In Clogher record 1, no. 3, 1955, pp. 66-87; no. 4, 1956, pp. 137-60; 2, 1957/59, pp. 170-91, 272-9, 504-11; 4, (nos. 1/2, 1960/61), pp. 54-94; 6, 1966/68, pp. 126-36, 379-87, 578-96; 7, (no. 1, 1969), pp. 89-104 [to be cont.].

4289 MORTÚN (Deirdre): Saol cultúrtha Bhéal Feirste roimh 1850.
In 440 [Fearsaid], pp. 35-42.

4290 Ó SEANACHÁIN (Máire *Bean Í Sheanacháin*): Theophilus Ó FLANNAGÁIN.
In Galvia 3, 1956, pp. 19-29.

4291 BIELER (Ludwig) & BISCHOFF (Bernhard): Fragmente zweier frühmittelalterlicher Schulbücher aus Glendalough.
In Celtica 3, 1956, pp. 211-20. pl.
2 leaves (11/12th c.) from MS B.M. Eg. 3323.

4292 GWYNN (Aubrey): Archbishop USSHER and Father Brendan O CONOR.
In 445 [Wadding essays], pp. 263-83.

4293 WALL (Thomas): Bards and Bruodins.
In id., pp. 438-62.
The 1669-72 literary controversy of Antony BRUODIN (MACBRODY) and Thomas CAREW.

4294 Ó MÓRDHA (Séamus P.) *ed.*: Arthur BENNETT's correspondence with Robert S. MAC ADAM.
In SAM 2, (no. 2, 1957), pp. 360-89; 3, (no. 1, 1958), p. 177 [add. & corrig.].
23 letters (some partially in Irish), 1844-50, by A.B.; from MS N.L. G 702.

4295 Ó CINNÉIDE (Síle *Ní Chinnéide*) *ed.*: Dialann Í CHONCHÚIR.
In Galvia 4, 1957, pp. 4-17. pl.
Diary of Charles O'CONOR of Belanagare, 1736-41.

4296 MCGRATH (Cuthbert): Í EÓDHOSA.
In Clogher record 2, (no. 1, 1957), pp. 1-19.

4297 HUGHES (Kathleen): The distribution of Irish scriptoria and centres of learning from 730 to 1111.
In 505 [SEBC], (chap. 5), pp. 243-72.

4298 CONNELLAN (M. J.): Ballymulconry and the MULCONRYS.
In IER 90, 1958, pp. 322-30.
<small>With identification and location of *Cluain Bolcáin, Cluain Plocáin.*</small>

4299 NICOLSON (Alexander): The MACBETHS — hereditary physicians of the Highlands.
In TGSG 5, 1958, pp. 94-112.

4300 Ó MÓRDHA (Séamus P.): The Irish manuscripts of Edward O'REILLY.
In Éigse 9, 1958/61, (pt. 2, 1958), p. 132.
<small>cf. the 1825 cat. of his Ir. MSS, autograph MS R.I.A. 23 H 1.</small>

4301 SHEEHAN (Catherine A.): The contribution of Charles O'CONOR of Belanagare to Gaelic scholarship in eighteenth-century Ireland.
In JCS 2, 1958, pp. 219-37.

4302 Ó MÓRDHA (Séamus P.) *ed.*: Robert S. MAC ADAM's Louth correspondents (1831-1845).
In SAM 3, (no. 1, 1958), pp. 155-76.
<small>Incl. some items in Irish; from MS N.L. G 702.</small>

4303 ——— : Simon MACKEN: Fermanagh scribe and schoolmaster.
In ClRec 2, (no. 3, 1959), pp. 432-44.
<small>fl. 1779-c.1828.</small>

4304 Ó GALLACHAIR (P.): The first Maguire of Tempo.
In id., pp. 469-89.

4305 EGAN (Bartholomew) *ed.*: Notes on Propaganda Fide printing-press and correspondence concerning Francis MOLLOY, O.F.M.
In CoH 2, 1959, pp. 115-24.

4306 KEARNS (Conleth): Medieval Dominicans and the Irish language.
In IER 94, 1960, pp. 17-38.

4307 BISCHOFF (Bernhard): MURIDAC doctissimus plebis, ein irischer Grammatiker des 9. Jahrhunderts.
In Celtica 5, 1960, pp. 40-4.
Republ. in 454 [M.a. Studien], vol. 2, pp. 51-6.

4308 UA BRÁDAIGH (Tomás): Peadar Dubh Ó DÁLAIGH, fear léinn agus scríobhaí.
In RíM 2, no. 2, 1960, pp. 47-53.
<small>(Black) Peter DALY, a.1823-1861.</small>

4309 Ó MUIREADHAIGH (Réamonn) *ed.*: Aos dána na Mumhan, 1584.
In IMN 1960, pp. 81-4.
<small>Munster poets, historians, etc., in 1584. From MS Lambeth, Carew 627.</small>

4310 SHAW (Francis): Irish medical men and philosophers.
In 508 [Seven centuries], (no. 6), pp. 87-101.

4311 LOVE (Walter D.): Edward BURKE, Charles VALLANCEY and the Sebright manuscripts.
In Hermathena 95, 1961, pp. 21-35.

4312 LYONS (J. B.) *ed.*: The letters of Sylvester O'HALLORAN.
In NMAJ 8, 1958/61, (no. 4, 1961), pp. 168-81; 9, 1962/65, pp. 25-50.

4313 Ó Fiaich (Tomás): Cérbh é Ninine Éigeas?
In SAM [spec. issue] 'The Patrician year, 1961-62', pp. 95-100.
Geneal.tab.: Uí Echdach.

4314 Ó M[urchú] (T.): An tAth. Conchúr Mac Cairteáin (1658-1737).
In 453 [Faiche na bhfilí], pp. 29-34.

4315 Ó Cuilleanáin (Cormac): An tEaspag Seán Ó Briain (1701-1769).
In id., pp. 41-8.
On the poet and scholar Dr. John O'Brien.

4316 Ó M[urchú] (T.): Mícheál Ó Longáin (1720?-1770).
In id., pp. 49-52.

4317 ——— : Mícheál Óg Ó Longáin (1766-1837).
In id., pp. 53-8.

4318 [anon.]: Ribeárd Breathnach (1740?-1810).
In id., pp. 59-62.

4319 [anon.]: Donncha Ó Floinn (1760-1830).
In id., pp. 63-8.

4320 Ó hEarcain (Marius): Seathrún Céitinn.
In IMN 1962, pp. 19-25.

4321 Love (Walter D.): The Hibernian Antiquarian Society. A forgotten predecessor to the Royal Irish Academy.
In Studies 51, 1962, pp. 419-31.

4322 de Brún (Pádraig): Gearalt Mac Gearailt, scríobhaí.
In Éigse 10, 1961/63, (pt. 4), p. 316. (= Miscellanea, no. 2)
From N. Kerry.

4323 Boyle (Alexander): Fearghal Ó Gadhra and the Four Masters.
In IER 100, 1963, pp. 100-14.

4324 Ó Comhghaill (Annraoi): Na Céilí Dé agus filíocht na Gaeilge.
In IMN 1963, pp. 110-5.

4325 Ó Buachalla (Liam) & Henchion (Richard): Gravestones of historical interest at Britway, Co. Cork.
In JCHAS 68, 1963, pp. 102-3.
Incl. Liam Ruadh Mac Coitir (†1738), Cornelius O'Brien (†1720), etc.

4326 Ua Brádaigh (Tomás): Litríocht Gaeilge san Mhí agus i ndeisceart Uladh san 18ú agus 19ú aois.
In RíM 3, (no. 1, 1963), pp. 64-6.

4327 Wall (Thomas): Teige Mac Mahon and Peter O'Connell, seanchaí and scholar in Co. Clare.
In Béaloideas 30, 1962 (1964), pp. 89-104.

4328 Ó Ráighne (Tomás): Ruairí Ó Flaithearta, 1629-1718. (Scoláire agus staraí).
In Dóchas 1, uimh. 2, 1964, pp. 53-7.

4329 Ó Liatháin (Pádraig): Scaoil trí urchar. (The Society for the Preservation of the Irish Language).
In id., pp. 82-6.

4330 MOLONEY (M.): Beccan's hermitage in Aherlow: the riddle of the slabs.
In NMAJ 9, 1962/65, (no. 3, 1964), pp. 99-107. illus.

4331 Ó BUACHALLA (Breandán): Lámhscríbhinn a d'fhill.
In Feasta 17, uimh. 9, Nollaig 1964, pp. 6-8.
On the MSS collected by Pádraig FERRITÉAR, now in U.C.D.; espec. on 2 MSS by Peadar Ó Gealacáin [Ferriter 20].

4332 MCNALLY (Robert E.): Old Ireland, her scribes and scholars.
In 514 [Old Ireland], pp. 120-46.

4333 DILWORTH (Mark): MARIANUS SCOTUS: scribe and monastic founder.
In SGS 10, 1965, pp. 125-48.
Incl. ed. & tr. of Latin and Irish glosses of 1080 by M.S. (i.e. Muiredach MAC ROBARTAIG) in the autogr. MS at Fort Augustus, Scotland.

4334 UA BRÁDAIGH (Tomás): Na NUINNSIONNAIGH, mór-theaghlach Gall-Ghaelach, agus an cultúr Gaelach.
In RíM 3, (no. 3, 1965), pp. 211-21.
On the role of the NUGENT family in Irish culture.

4335 BREATNACH (R. A.): Two eighteenth-century Irish scholars: J. C. WALKER and Charlotte BROOKE.
In StH 5, 1965, pp. 88-97.
Thomas Davis lecture of the series (1962) Pioneer Irish scholars.

4336 Ó CUÍV (Brian) *ed.*: Traidisiún i dtaobh cúirteanna na mbúrdúnach.
In Éigse 11, 1964/66, (pt. 2, 1965), p. 100.
Engl. letter, 1844, by Dáibhí DO BARRA, referring to 18th c. custom of 'courts of poetry'; from MS R.I.A. 23 H 28.

4337 ——— *ed.*: Seón MAC SOLAIDH chun Riostaird Tuibear.
In id., (pt. 3, 1965/66), pp. 196, 295.
Letter, dated 28 Jan. 1718; from MS R.I.A. 23 M 4.

4338 ——— *ed.*: Rialacha do chúirt éigse i gContae an Chláir.
In id., pp. 216-8.
Rules for a proposed 'court of poetry' in Co. Clare; from MS R.I.A. 23 H 39, wr. c.1780 by Tomás Ó Míodhcháin.

4339 ———: A poem by Seán mac Torna Uí MHAOIL CHONAIRE.
In id., (pt. 4), pp. 288-90. (Miscellanea, no. 2)
The Uí Mhaoil Chonaire, though being primarily senchaide, did compose encomia (vs S. MAC AIRT, *in* Ériu 18.139).

4340 RISK (M. H.): Charles LYNEGAR, Professor of the Irish language 1712.
In Hermathena 102, 1966, pp. 16-25.
Incl. ed. & Engl. transl. of a satire on Ch.L. *al.* Cathal Ó LUINÍN, wr. prob. in 1712, by Seán Ó NEACHTAIN (or by Aodh Ó DÁLAIGH): *A uaisle Eirionn, searc mo chuim*; based on MS R.I.A. 23 L 32.

4341 Ó CEALLAIGH (Tomás): Dámhscoil Mhúscraí Uí Fhloinn.
In Dóchas 4, 1966, pp. 64-9.

4342 Ó NÉILL (Séamus): The hidden Ulster. Gaelic pioneers of the North.
In Studies 55, 1966, pp. 60-6.

4343 CARNEY (James): The Irish bardic poet. A study in the relationship of poet and patron, as exemplified in the persons of the poet, Eochaidh Ó hEoghusa (O'Hussey), and his various patrons, mainly members of the Maguire family of Fermanagh.
Dublin: Dolmen, 1967. 40 pp. (= New Dolmen chapbooks, vol. 4)
_{Statutory public lecture of D.I.A.S., 20 March 1958.}

4344 FINBERG (H. P. R.): St. Patrick at Glastonbury.
In IER 107, 1967, pp. 345-61.
_{O'Donnell lecture, Oxford, 1966.}

4345 UA BRÁDAIGH (Tomás): CLANN COBHTHAIGH.
In RíM 4, no. 1, 1967, pp. 26-32.

4346 ——— : Aodh MAC DOMHNAILL.
In id., no. 2, 1968, pp. 8-10.

4347 DOWLING (P. J.): The hedge schools of Ireland. — Rev. ed.
Cork: Mercier, 1968. 126 pp.

4348 Ó BUACHALLA (Breandán): I mBéal Feirste cois cuain.
B.Á.C.: Clóchomhar, 1968. xii + 319 pp. (= Leabhair thaighde, iml. 16)
_{Aguisín [App.] A: Lámhscríbhinní Í BHRIOSÁIN [Samuel BRYSON]; B: Lámhscríbhinní Í GHEALACÁIN [Peadar Ó G.]; C: Saothar Aodha MHIC DHOMHNAILL; D: Lámhscríbhinní MHIC ÁDHAIMH [Roibeard Mac Á.]; E: Saothar an BHIONAIDIGH [Art BENNETT].}
Review [in Irish] by

4349 WATSON (Seosamh), in StH 11, 1971, pp. 191-3.

4350 MAC CNÁIMHSÍ (Breandán): Nioclás Ó CEARNAIGH.
In JCLAS 16, 1965/68, (no. 4, 1968), pp. 233-8.

4351 THOMSON (Derick S.): Gaelic learned orders and literati in medieval Scotland.
In ScSt 12, 1968, pp. 57-78.

4352 MAC GIOLLA PHÁDRAIG (Brian): Seanscoileanna leighis in Éirinn anallód.
In CapA 1968, pp. 260-70.

4353 MACCARVILL (Eileen): Jonathan Swift, Aodh Buí MAC CRUITÍN, and contemporary Thomond scholars.
In NMAJ 11, 1968, pp. 36-46.

4354 Ó HAILÍN (Tomás): The Irish Society agus Tadhg Ó Coinnialláin.
In StH 8, 1968, pp. 60-78.
_{On Thaddaeus CONNELLAN, the London Hibernian Society, and the Irish Society.}

4355 Ó RIAIN (Pádraig): Séamus Ó SÚILLEABHÁIN, bíoblóir.
In id., pp. 96-105.
_{†c.1850.}

4356 KEANAY (Marian) comp.: Westmeath authors. A bibliographical and biographical study.
Mullingar: Longford-Westmeath Joint Library Committee, 1969. xv + 239 pp.

4357 DE BRÚN (Pádraig): Some Irish MSS with Bréifne associations.
In Breifne 3, (no. 12, 1969), pp. 552-61.

4358 DE BHALDRAITHE (Tomás) *ed.*: Cín lae Amhlaoibh.
B.Á.C.: Clóchomhar, 1970. xlii + 178 pp. (= Leabhair thaighde, iml. 18)
> Selection from Ó SÚILLEABHÁIN's work. Aguisín [App.]: Lámhscríbhinní A. Uí SH.

4359 THOMSON (R. L.): The MACEWENS.
In 8159 [Foirm na n-urrn.], (App. 2), pp. 183-6.
> *al.* MAC EOGHAIN.

4360 GREEN (E. R. R.): Thomas Percy in Ireland.
In UF 15/16, 1970, pp. 224-32.

4361 Ó CEARBHAILL (Pádraig): Amhráin agus lucht ceaptha amhrán Chontae Luimnigh.
In Reveille (Mainistir na Féile) 1970, pp. 141-52.

4362 MAC CANA (Proinsias): The three languages and the three laws.
In StC 5, 1970, pp. 62-78.
> *légend, fénechas, filidecht*; CENN FAELAD mac Ailella; *breth fhuigill*.

4363 Ó SÉ (Seán): Pádraig FEIRITÉAR (1856-1924): a shaol agus a shaothar.
In JKAHS 3, 1970, pp. 116-30.

4364 CLEEVE (Brian) *comp.*: Dictionary of Irish writers. Vol. 3: Writers in the Irish language.
Cork: Mercier, 1971. 144 pp.
> Writers and scholars of Irish and Latin of all periods; some anonymous works.

4365 BREATNACH (Deasún): The best of the English. A short account of the life and work of William BEDELL, and the Irish version of the Old Testament for which he was responsible.
B.Á.C.: Clódhanna Teo., 1971. iii + 24 pp.

4366 MULVANY (Peter): Some notices of the baronies of Kells.
In Ríocht na Midhe 4, no. 5, 1971, pp. 14-27.
> v. pp. 20ff.: Literature, language and schools.

4367 LOGAN (John): Tadhg O RODDY and two surveys of Co. Leitrim.
In Breifne 4, (no. 14, 1971), pp. 318-34.

Franciscans

4368 MOONEY (Canice): Some medieval writings of the Irish Franciscans.
In Irish library bulletin 3, 1942, pp. 16-8.

4369 ——— : Irish Franciscan libraries of the past.
In IER 60, 1942, pp. 215-28.

4370 ——— : The golden age of the Irish Franciscans, 1615-50.
In 431 [Measgra Uí Chléirigh], pp. 21-33.

4371 [WALSH (Paul)]: The FOUR MASTERS and their work.
Dublin: Three Candles, 1944. 44 pp.
> Arrangement of the previously published material (cf. Best² 2080, 2081, 2114a), chaps. 7-9, and index, by Colm O LOCHLAINN.

4372   Mac Aodhagáin (Parthalán): An t-Athair Froinsias Ó Maol-mhuaidh, O.F.M.
In FCA 1946/47, pp. 13-7.

4373   Bieler (Ludwig): John Colgan as editor.
In Franciscan studies 8, 1948, pp. 1-24.
App.: A survey of Colgan's sources.

4374   Ó Maonaigh (Cainneach): Scríbhneoirí Gaeilge Oird San Froinsias.
In CS 1, 1951, pp. 54-75.
Franciscan writers in the Irish language.

4375   Mooney (Canice): Irish Franciscan relations with France, 1224-1850.
Killiney [Co. Dublin]: Four Masters Press, 1951. 100 pp.
10. Literary and cultural links.

4376   ———: Devotional writings of the Irish Franciscans, 1224-1950.
Killiney: Four Masters' Press, 1952. 69 pp.

4377   ———: The friars and friary of Donegal, 1474-1840.
In 439 [Franciscan Donegal], pp. 3-49.

4378   O Briain (Felim): Three friars of Donegal.
In id., pp. 81-95.
(1) Hugh Ward; (2) Michael O Cleirigh; (3) John Colgan.

4379   Mooney (Canice): The Irish Franciscans 1650-99, 'rough and uncultured men'?
In CS 1, 1951, (no. 3, 1953), pp. 378-402.

4380   ———: Franciscan Library, Killiney. A short guide for the student of Irish church history.
In ArH 18, 1955, pp. 150-6.
Also separ. publ. as
Short guide to the material of interest for the student of Irish church history in the Franciscan Library, Killiney, Co. Dublin.
Killiney: Four Masters Press, 1954. 12 pp.

4381   ———: The Franciscan First Order friary at Dungannon.
In SAM 1, no. 2, 1955, pp. 72-93.
pp. 78-80: Irish language activities.

4382   Ó Gallachair (P.): Where was the Donegal friary 'at Drowes'?
In Donegal annual 3, (no. 2, 1956), pp. 82-92.

4383   Ó Fiaich (Tomás): From Creggan to Louvain.
In SAM 2, (no. 1, 1956), pp. 90-113.
Ed. of three letters (1627), with extensive commentary.

4384   Ó Maonaigh (Cainneach): Uaidín Gaelach.
In Feasta 10, uimh. 6, Meán Fómhair 1957, pp. 2-4.

4385   Mooney (Canice): The Franciscan friary by the Drowes.
In Donegal annual 3, no. 3, 1957, pp. 1-7.

4386   Millett (Benignus): Guide to material for a biography of Father Luke Wadding.
In 445 [Wadding essays], pp. 229-62.

4387   Ceyssens (Lucian): Florence Conry. Hugh de Burgo, Luke Wadding, and Jansenism.
In id., pp. 295-404.

4388 MOONEY (Canice): Father John COLGAN and the Louvain school.
In Donegal annual 4, (no. 1, 1958), pp. 1-5.

4389 'AT DROWES' — A SYMPOSIUM.
In id., pp. 6-21.
> 1. (pp. 7-11) Brendan JENNINGS, The Irish convent of Michael O CLEIRIGH;
> 2. (pp. 12-5) Seán MAC AIRT, The seventeenth-century Franciscan house 'at Drowes';
> 3. (pp. 15-21) Niall Ó DÓNAILL, Ros an Bhráthar nó Ros an tSagairt?

4390 MOONEY (Canice): Father John COLGAN, O.F.M., his work and times and literary milieu.
In 446 [Colgan essays], pp. 7-40.

4391 Ó GALLACHAIR (Pádraig): Where Erne and Drowes meet the sea. Fragments from a Patrician parish.
Ballyshannon: (pr. by) Donegal Democrat, 1961. 118 pp.

4392 MILLETT (Benignus): The Irish Franciscans 1651-1665.
Roma: Gregorian U.P., 1964. xxxiv + 579 pp. (= Analecta Gregoriana, vol. 129)
> pp. 464ff: Literary activities.

4393 JENNINGS (Brendan) *ed.*: Louvain papers, 1606-1827.
Prep. for publ. and indexed by Cathaldus GIBLIN.
Dublin: (for I.M.C.) Stationery Office, 1968. x + 682 pp.

E. Lhuyd

4394 GUNTHER (R. T.): Early science in Oxford. Vol. 14: Life and letters of Edward LHWYD.
Oxford: (pr. for the subscribers by) O.U.P., 1945. xv + 576 pp.

4395 QUIN (E. G.): Edward LHUYD in Ireland.
In Annual bulletin of the Friends of the Library of Trinity College Dublin, 1951, pp. 7-10.

4396 CAMPBELL (J. L.): The tour of Edward LHUYD in Ireland in 1699 and 1700.
In Celtica 5, 1960, pp. 218-28.

4397 O'SULLIVAN (Anne) & O'SULLIVAN (William): Edward LHUYD's collection of Irish manuscripts.
In THSC 1962, pp. 57-76.

4398 CAMPBELL (J. L.) & THOMSON (Derick) *eds.*: Edward LHUYD in the Scottish Highlands, 1699-1700.
Oxford: Clarendon, 1963. xxxii + 319 pp. pls.
> From MSS in T.C.D.; with notes and indexes.
> 1. The folklore and Gaelic manuscript survey; 2. The Scottish Gaelic translation of John RAY's Dictionariolum trilingue; 3. Alphabetical index of all Sc.G. words recorded by Lhuyd; etc.
> Incl. (pp. 77-87) Lhuyd's transcript of the Rev. John BEATON's pronunciation reading the first two chapters of Genesis from KIRK's Gaelic Bible.

4399 THOMSON (R. L.): Edward LHUYD in the Isle of Man?
In 461 [Celtic studies], pp. 170-82.
> Manx transl. of John RAY's Dictionariolum trilingue; some critical remarks on the Sc.G. material.

4400 EMERY (Frank): Edward LHUYD, F.R.S., 1660-1709.
Caerdydd: G.P.C., 1971. 93 pp. pls., portr.
A dual language publication (Welsh and English).

4401 LHUYD (Edward): Archaeologia Britannica. An account of the languages, histories and customs of the original inhabitants of Great Britain. Vol. 1: Glossography.
Introd. by Anne & William O'SULLIVAN.
Shannon: I.U.P., 1971. xiii pp. + photolitogr. facs. of 1st ed. 1707.

F 3 TYPOLOGY

F 3.1 Forms, Style

cf. H 2 Metrics; H 5 Isolated or alienated poetry.

4402 WEISWEILER (Josef): Heimat und Herrschaft. Wirkung und Ursprung eines irischen Mythos.
Halle: Niemeyer, 1943. 149 pp. (=Schriftenreihe der Deutschen Gesellschaft für Keltische Studien, H. 11)

4403 KNOCH (August): Die Gnomik der irischen Frühzeit im Lichte der alten indischen Spruchweisheit.
In ZCP 23, 1943, pp. 314-48.

4404 DILLON (Myles): The Wooing of Becfhola and the Stories of Cano, son of Gartnán.
In MPh 43, 1945, pp. 11-7.

4405 BROMWICH (Rachel): The Keen for Art O'Leary, its background and its place in the tradition of Gaelic keening.
In Éigse 5, 1945/47 (1948), (pt. 4), pp. 236-52.

4406 BOLELLI (Tristano): Preistoria della poesia irlandese.
In 489 [Due studi], pp. 13-42.

4407 JACKSON (Kenneth Hurlstone) tr.: A Celtic miscellany.
London: Routledge & K. Paul, 1951. 359 pp.
Revised edition
Harmondsworth: Penguin Books, 1971. 343 pp. (Penguin classics)
An anthology of Engl. trs. of traditional literature in Irish, Welsh, Scottish-Gaelic, Manx, Cornish, and Breton.
Sections: Hero-tale and adventure, Nature, Love, Epigram, 'Celtic magic', Description, Humour and satire, Bardic poetry, Elegy, Religion.
With a pronouncing dictionary of proper names.

4408 DOBBS (Margaret E.): Notes on the lists of Irish historic tales.
In JCS 2, 1958, (no. 1, 1953), pp. 45-58.

4409 CHADWICK (Nora K.): Intellectual contacts between Britain and Gaul in the fifth century.
In 493 [SEBH], (no. 8), pp. 189-263.

4410 MURPHY (Gerard): The Ossianic lore and Romantic tales of medieval Ireland.
Dublin: (for C.R.C.I.) C. O Lochlainn (Three Candles), 1955 (repr. 1961). 69 pp. (= Irish life and culture, vol. 11)

Reprinted (some revision) Cork: Mercier, 1971.
    Add. t.-p.: Fianaíocht agus Rómánsaíocht. Gearóid Ó MURCHADHA do scríobh. ... — Cf. 4102. Revision by B. Ó Cuív.

4411 MERCIER (Vivian): Parody: James Joyce and an Irish tradition.
In Studies 45, 1956, pp. 194-218.

4412 ROSS (James): A classification of Gaelic folk-song.
In ScSt 1, 1957, pp. 95-151.

4413 MAC AIRT (Seán): *Filidecht* and *coimgne*.
In Ériu 18, 1958, pp. 139-52.

4414 ROSS (James): Formulaic composition in Gaelic oral literature.
In MPh 57, 1959, pp. 1-12.

4415 MURPHY (Gerard): Irish storytelling after the coming of the Normans.
In 508 [Seven centuries], (no. 5), pp. 72-86.

4416 MAC AIRT (Seán): The development of Early Modern Irish prose.
In id., (no. 8), pp. 121-35.

4417 AARNE (Antti) & THOMPSON (Stith): The types of the folktale. A classification and bibliography. — 2nd revision
A.A.'s Verzeichnis der Märchentypen (FFC, no. 3), transl. & enl. by St.Th.
Helsinki: Acad. Scient. Fennica, 1961. 588 pp. (= FFC, no. 184)

4418 REES (Alwyn) & REES (Brinley): Celtic heritage. Ancient tradition in Ireland and Wales.
London: Thames & Hudson, 1961. 427 pp.

4419 DILLON (Myles): Prose and verse in Irish tradition.
In Langue et littérature: actes du VIIIe Congrès de la Féderation Internationale des Langues et Littératures Modernes, Paris 1961. Paris: Belles Lettres, 1961. pp. 309-11.

4420 WATKINS (Calvert): Indo-European metrics and archaic Irish verse.
In Celtica 6, 1963, pp. 194-249.
    Incl. discussion of the vocabulary of E.I. poetic activity.

4421 Ó CUÍV (Brian) ed.: *Scél : arramainte : stair*.
In Éigse 11, 1964/66, (pt. 1), p. 18.
    Comment on their distinction, from MS Rawl. B 512; Engl. transl.

4422 ———— : Literary creation and Irish historical tradition.
In PBA 49, 1963, pp. 233-62. (= Rhŷs lecture, 1963)
Sep. issued London: O.U.P., [n.d.]. [same pagin.]

4423 GREENE (David): The religious epic.
In 515 [Early Ir. poetry], pp. 73-84.
    Espec. on *Féilire Oengusso* and *Saltair na rann*.

4424 MAC CANA (Proinsias): On the use of the term *retoiric*.
In Celtica 7, 1966, pp. 65-90.
    MS symbol .r. (*rosc(ad*) : *retoiric* : *rann*). Poems of prophecy; introductory formula *co cloth (ní)*.

4425 WAGNER (Heinrich): Zur unregelmässigen Wortstellung in der altirischen Alliterationsdichtung.
In 455 [Fs. Pokorny], pp. 289-314.

F LITERATURE & LEARNING

4426   LE ROUX (Françoise): Questions de terminologie: 1. Tradition et religion; 2. Mythe et épopée.
In Celticum 16, 1967, pp. 239-56. (Notes d'histoire des religions (18), no. 51)

4427   CARNEY (James): Two poems from *Acallam na senórach*.
In 461 [Celtic studies], pp. 22-32.
Comments on *Géisidh cuan* and *Turas acam Día hAíne*, and their prose settings.

4428   BRUFORD (Alan): Gaelic folk-tales and mediaeval romances. A study of the Early Modern Irish 'Romantic tales' and their oral derivatives.
In Béaloideas 34, 1966 (1969), vii + 284 pp.
Sep. publ. Dublin: Folklore of Ireland Society, 1969. same pagin.

4429   GOETINCK (G. W.): *Aucassin et Nicolette* and Celtic literature.
In ZCP 31, 1970, pp. 224-9.
Also on prose-verse genre (chantefable).

4430   MAC CANA (Proinsias): The three languages and the three laws.
In StC 5, 1970, pp. 62-78.
légend, fénechas, filidecht; CENN FAELAD mac Ailella; *breth fhuigill*.

F 3.2   **Themes, Motifs**
cf. F 4 Comparative literature.

4431   CROSS (Tom Peete) *comp.*: Motif-index of early Irish literature. Bloomington: Indiana University, [1952]. xx + 537 pp. (= I.U. publications, Folklore series, no. 7)
Review by

4432   VENDRYES (J.), *in* ÉtC 6, 1953/54, pp. 385-9.

4433   AARNE (Antti) & THOMPSON (Stith): The types of the folktale. A classification and bibliography. — 2nd revision
A.A.'s Verzeichnis der Märchentypen (FFC, no. 3), transl. & enl. by St.Th.
Helsinki: Acad. Scient. Fennica, 1961. 588 pp. (= FFC, no. 184)

4434   Ó SÚILLEABHÁIN (Seán) & CHRISTIANSEN (Reidar Th.): The types of the Irish folktale.
Helsinki: Acad. Scient. Fennica, 1963. 349 pp. (= FFC, no. 188)

4435   BRUFORD (Alan): Gaelic folk-tales and mediaeval romances. A study of the Early Modern Irish 'Romantic tales' and their oral derivatives.
In Béaloideas 34, 1966 (1969), vii + 284 pp.
Sep. publ. Dublin: Folklore of Ireland Society, 1969. same pagin.

4436   JACKSON (Kenneth): A note on the miracle of the instantaneous harvest.
In BBCS 10, 1941, (pt. 3, 1940), pp. 203-7.

F LITERATURE & LEARNING

4437 KNOCH (August): Die Verwendung von Bruchzahlen in der älteren irischen Literatur.
In ZCP 22, 1941, pp. 39-53.

4438 HEIERMEIER (A.): Zwei irisch-isländische Parallelen.
In id., pp. 58-66.
(1) extraordinary sword [Cross D1564.7]; (2) grád écmaise [T11.1].

4439 KNOCH (August): Irische Parallelen zum wandernden Wald von Birnam in SHAKESPEARE's *Macbeth*.
In id., pp. 149-65.

4440 VENDRYES (J.): L'écriture ogamique et ses origines.
In ÉtC 4, 1941/48, (fasc. 1, 1941), pp. 83-116.

4441 WEISWEILER (Josef): Keltische Frauentypen.
In Paideuma 2, 1941/43, pp. 1-19.
A portrait of Medb.

4442 ———— : Deirdriu und Gráinne.
In id., (H. 4/5, 1942), pp. 197-223.

4443 KRAPPE (Alexander H.): The sovereignty of Erin.
In AJP 63, 1942, pp. 444-54.

4444 MURPHY (Gerard): The puzzle of the thirty counters.
In Béaloideas 12, 1942, pp. 3-28.
Incl. ed. of 16th c. mnemonic, *Ceathrar fionn fiannadh ar dtús*, based on MS R.I.A. 24 L 14.

4445 CHADWICK (Nora K.): Geilt.
In SGS 5, 1942, pp. 106-53.
History and function of the *geilt* in Irish (*Buile Suibne, Cath Almaine*, etc.), Welsh and early Norse literature.

4446 KNOCH (August): Von irischen Namenträgern.
In ZCP 23, 1943, (H. 1/2, 1942), pp. 135-201.

4447 MÜHLHAUSEN (Ludwig): Wichtelmänner in Irland.
In ZCP 23, 1943, pp. 302-8.

4448 ———— : *cuaille comhraic*.
In id., pp. 309-11. (Kleine Beiträge, no. 5)

4449 WEISWEILER (Josef): Heimat und Herrschaft. Wirkung und Ursprung eines irischen Mythos.
Halle: Niemeyer, 1943. 149 pp. (= Schriftenreihe der Deutschen Gesellschaft für Keltische Studien, H. 11)

4450 ETTLINGER (Ellen): Omens and Celtic warfare.
In Man 43, 1943, pp. 11-7.

4451 KRAPPE (A. H.): Avallon.
In Speculum 18, 1943, pp. 303-22.

4452 HEIERMEIER (A.): Die im norwegischen Königsspiegel vorkommenden irischen Namen und Wunder.
In Rudolf Meissner tr., Der Königspiegel, *Konungsskuggsjá*. Halle (Saale): Niemeyer, 1944. pp. 263-88.

4453 Ó BRIAIN (Felim): Miracles in the Lives of the Irish saints.
In IER 66, 1945, pp. 331-42.

4454 ETTLINGER (E.): Magic weapons in Celtic legends.
In Folk-lore 56, 1945, pp. 295-307.

4455 BROWN (Arthur C. L.): The *esplumoir* and Viviane.
In Speculum 20, 1945, pp. 426-32.

4456 Ó MOGHRÁIN (Pádraig): Pól Ó hUIGINN.
In Béaloideas 15, 1945 (1946), pp. 87-101.
Identification of the ex-priest of tradition with the lecturer of Irish in T.C.D., 1680-82.

4457 BERGIN (Osborn): White red-eared cows.
In Ériu 14, 1946, p. 170.

4458 VENDRYES (Joseph): Druidisme et christianisme dans l'Irlande du moyen âge.
In CRAI 1946, pp. 310-29.
Republ. in 438 [Choix d'études], pp. 317-32.

4459 Ó BRIAIN (Felim): Saga themes in Irish hagiography.
In 437 [Fs. Torna], pp. 33-42.

4460 DILLON (Myles): The Hindu act of truth in Celtic tradition.
In MPh 44, 1947, pp. 137-40.

4461 BREATHNACH (Riobard): Na cártaí agus an fhilíocht.
In Cork University record 10, 1947, pp. 56-9.

4462 MURPHY (Gerard): Glimpses of Gaelic Ireland. Two lectures. Dublin: Fallon, 1948. 64 pp.
1. Irish folk-poetry. (Delivered in U.C.D., 1942). 2. Warriors and poets in thirteenth-century Ireland. (U.C.D., 1946).

4463 Ó MUIRGHEASA (Máirín Ní Mhuirgheasa): Gnéithe áirithe den bhfilíocht grá.
In Feasta 1, uimhr. 1-3, Aibreán-Meitheamh 1948.

4464 ETTLINGER (E.): Precognitive dreams in Celtic legend.
In Folk-lore 59, 1948, pp. 97-117.

4465 MERONEY (Howard): Full name and address in early Irish.
In Philologica: the Malone anniversary studies. Ed. by T. A. Kirby & H. B. Woolf. Baltimore: J. Hopkins Press, 1949. pp. 124-31.

4466 MACNEILL (Máire): The legends of the false god's daughter.
In JRSAI 79, 1949, pp. 100-9.
Marbhna Phádraig (Marbhna Áine, M. Anna) and *Altram tige dá medar.*

4467 BUTLER (Hubert): The dumb and the stammerers in early Irish history.
In Antiquity 23, 1949, pp. 20-31.

4468 SMITH (Roland M.): The six gifts.
In JCS 1, 1950, (no. 1, 1949), pp. 98-104.
Irish origin of 'thynges sixe' in CHAUCER's *Shipman's tale.*

4469 MÜHLHAUSEN (Ludwig): Über die Rolle von Personennamen. (Keltisches und Nordisches).
In BNF 1, 1949/50, pp. 187-94.

4470 BOLELLI (Tristano) ed.: La leggenda del re dalle orecchie di cavallo in Irlanda.
In 489 [Due studi], pp. 43-98.
(1) [Labraid Lorc and his ears], from YBL (cf. RC 2.197ff); (2) [King Eochaid has horse's ears], the first part of the tale *Aided meic Díchoíme 7 cuisle Brigde* (v. Best[1] 118), from MS R.I.A. D iv 2. With Italian transl. and glossary.

4471 BUTLER (Hubert): Who were 'the stammerers'?
In JRSAI 80, 1950, pp. 228-36.

4472 SCHLAUCH (Margaret): On Conall Corc and the relations of old Ireland with the Orient.
In JCS 1, 1950, pp. 152-66.

4473 DONAHUE (Charles): Grendel and the *clanna Cain*.
In id., pp. 167-75.

4474 CROSS (Tom Peete): A note on 'Sohrab and Rustum' in Ireland.
In id., pp. 176-82.

4475 O'RAHILLY (T. F.): *éagm(h)ais, éagm(h)aiseach*.
In Celtica 1, 1950, pp. 345-7. (Varia. 2, no. 10)
From ca. 17th c., *grádh éagm(h)aise* understood as 'very great love'; > adj. *éagm(h)aiseach* 'very great (esp. of love)'.

4476 CARNEY (James): 'Suibne Geilt' and 'The children of Lir'.
In Éigse 6, 1948/52, (pt. 2, 1950), pp. 83-110.
Republ. with changes in 495 [SILH], (chap. 4), pp. 129-64.

4477 WEISWEILER (Josef): Die Kultur der irischen Heldensage.
In Paideuma 4, 1950, pp. 149-70.

4478 MOREAU (Jacques): Les guerriers et les femmes impudiques.
In Annuaire de l'Institut de Philologie et d'Histoire Orientales et Slaves 11, 1951, pp. 283-300.

4479 RAMNOUX (Clémence): De l'aubergiste, de l'allumeur du feu, du champion et de quelques autres personnages et objets remarquables.
In Ogam 4, 1952, pp. 264-9.

4480 VENDRYES (J.): Sept pieds de terre après la mort.
In ÉtC 6, 1953/54, (fasc. 1, 1952), pp. 199-200. (= Variétés, [no. 4])

4481 HULL (Vernam): Cú Chulainn's feats.
In JCS 2, 1958, (no. 1, 1953), pp. 43-4.

4482 BREATNACH (R. A.): The lady and the king, a theme of Irish literature.
In Studies 42, 1953, pp. 321-36.
Lecture delivered in U.C.C., 1953, entitled 'The Shanvan vocht'.

4483 MURPHY (Gerard): Duanaire Finn. The Book of the lays of Fionn. Part 3.
Dublin: E.C.I., 1953 [spine 1954]. cxxii + 451 pp. (= ITS, vol. 43 [for 1941])
Introduction, notes, appendices, and glossary (cf. Best[1] 188, Best[2] 1664). — Indexes by G. M. & Anna O'SULLIVAN. — App. G: Idris L. FOSTER, Gwynn ap Nudd.
Add. & corr. in Éigse 8, 1956/57, pp. 168-71.

4484 VRIES (Jan de): Über keltisch-germanische Beziehungen auf dem Gebiete der Heldensage.
In PBB 75, 1953, pp. 229-47.

4485 FLEMING (John B.): Folklore, fact and legend.
In IJMSc 1953, pp. 49-63.
On 'couvade', etc.

4486   MAC MATHÚNA (Ciarán): Samhlaíocht a thaisteal.
       In Éigse 7, 1953/55, (pt. 2, 1953), pp. 121-2, 126.
       ad *Dá mudh dubh an fhairrge* (v. Dánfhocail, 84).
4487   DOBBS (M. E.): The silver basin of Étaín.
       In ZCP 24, 1954, (H. 3, 1953), pp. 201-3.
4488   RAMNOUX (Clémence): La mort sacrificielle du roi.
       In Ogam 6, 1954, pp. 209-18.
4489   Ó RUADHÁIN (Micheál): Birds in Irish folklore.
       In Acta XI Congressus internationalis ornithologici, Basel ... 1954. Hg. v. A. Portmann & E. Sutter. Basel, Stuttgart, 1955. (= Experientia, Suppl. 3) pp. 669-76.
4490   LE ROUX (Françoise): Des chaudrons celtiques, à l'arbre d'Esus, Lucain et les Scholies Bernoises.
       In Ogam 7, 1955, pp. 33-58.
4491   GRICOURT (Jean): Un 'mell benniget' gaélique.
       In id., pp. 155-70.
4492   WAGNER (Heinrich): Eine irisch-altnordische ἱερὸς γάμος - Episode.
       In PBB 77, 1955, pp. 348-57.
4493   CHADWICK (Nora K.): Pictish and Celtic marriage in early literary tradition.
       In SGS 8, 1958, (pt. 1, 1955), pp. 56-115.
4494   MAC CANA (Proinsias): Aspects of the theme of king and goddess in Irish literature.
       In ÉtC 7, 1955/56, pp. 76-114, 356-413; 8, 1958/59, pp. 59-65.
4495   DRAAK (Maartje): Betovering voor een etmaal.
       Rede ... aan de Universiteit van Amsterdam, 12 dec. 1955.
       Amsterdam: Meulenhoff, [1956]. 20 pp.
       The motif of enchantment for 24 hours
4496   O'BRIEN (M. A.): Ir. *grád écmaise*.
       In Celtica 3, 1956, p. 179. (Etymologies and notes, no. 17)
       An old expression *grád écmaise* 'immoderate love' (*écmaise* = neg. of *coimse* 'moderate') gets through the literary motif contaminated with *écmais* 'absence' (lenited *m*).
4497   SZÖVÉRFFY (Joseph): Heroic tales, medieval legends and an Irish story. (Literary background of a Donegal tale.)
       In ZCP 25, 1956, pp. 183-209.
4498   HULL (Vernam): Celtic tears of blood.
       In id., pp. 226-36.
4499   SZÖVÉRFFY (Joseph): Manus O'DONNELL and Irish folk tradition.
       In Éigse 8, 1956/57, pp. 108-32.
4500   Ó TUAMA (Seán): An pastourelle sa Ghaeilge.
       In id., pp. 181-96.
4501   MATHESON (Angus): *bearradh eòin agus amadain*.
       In id., p. 255. (Some words from Gaelic folktales, no. 11)
4502   GRICOURT (Jean): A propos de l'allaitement symbolique: le domain irlandais.

In Hommages à Waldemar Deonna. Bruxelles: Latomus, 1957. (Collection Latomus, vol. 28) pp. 247-57.

4503 ——— : L'oreille droite de saint Fraech.
In Ogam 9, 1957, pp. 187-94.

4504 REDEMPTA LE MUIRE (*Sr.*): Purgadóir Phádraig naofa sa litríocht.
In IMN 1957, pp. 82-9.

4505 Ó MAINÍN (Mícheál): 'Is ar Éirinn ní neósfainn cé h-í.'
In id., pp. 97-8.
Continued as Tuilleadh discréide. *In* IMN 1958, p. 43.
6 + 4 exx. of name riddles from love poetry.

4506 CARNEY (Maura): *Fót báis / banapúfa*.
In Arv 13, 1957, pp. 173-9.
'sod of death', the spot where a man is destined to die.

4507 HARWARD (Vernon J., Jr.): The dwarfs of Arthurian romance and Celtic tradition.
Leiden: Brill, 1958. 149 pp.

4508 JACKSON (Kenneth Hurlstone): The sources for the Life of St. Kentigern.
In 505 [SEBC], (no. 6), pp. 273-357.
App. 2: on J. CARNEY's views (*in* SILH) of its relationship to *Táin bó Fraích*.

4509 LE ROUX (Françoise): De la lance dangereuse, de la femme infidèle et du chien infernal: la fatalité et la mort dans une légende religieuse de l'ancienne Irlande.
In Ogam 10, 1958, pp. 381-412.

4510 LUKMAN (N.): The raven banner and the changing ravens. A Viking miracle from Carolingian court poetry to saga and Arthurian romance.
In CM 19, 1958, pp. 133-51.

4511 REDEMPTA LE MUIRE (*An tSr.*): 'Grian na maighdean Máthair Dé.' Stuidéar diaga ar Mhuire i saothar na mbard (1200-1650 A.D.).
In IMN 1958, pp. 63-8.

4512 POLLAK (Johanna): Beiträge zur Verwendung der Farben in der älteren irischen Literatur.
In ZCP 27, 1958/59, pp. 161-205.

4513 DRAAK (Maartje): Some aspects of kingship in pagan Ireland.
In La regalità sacra. The sacral kingship. Contributi al tema dell' VIII Congresso internazionale di storia delle religioni (Roma, Aprile 1955). Leiden: Brill, 1959. (= Studies in the history of religions, 4) pp. 651-63.

4514 CHRISTIANSEN (Reidar Th.): Studies in Irish and Scandinavian folktales.
Copenhagen: (for Coimisiún Béaloideasa Éireann) Rosenkilde & Bagger, 1959. vii + 249 pp.
With a List of variants.

4515 ROSS (Anne): Chain symbolism in pagan Celtic religion.
In Speculum 34, 1959, pp. 39-59.

4516 ——— : The human head in insular pagan Celtic religion.
In PSAS 91, 1957/58 (1960), pp. 10-43. pls.

F LITERATURE & LEARNING

4517 Ó TUAMA (Seán): An grá in amhráin na ndaoine. Léiriú téamúil.
B.Á.C.: Clóchomhar, 1960. xv + 348 pp.
The types of Irish love-song and the Anglo-Norman (French) influence of the 12th to 14th c.
Chap. 8. An *reverdie* [on the *aisling*].
Aguisín [App.] 2. Rime couée sa Ghaeilge; 3. Meadarachtaí eile; 4. Bailéid [a list of international ballads in Irish].

Reviews by

4518 Ó CUÍV (Brian), *in* Éigse 10, 1961/63, (pt. 1), pp. 71-4.
4519 ROSS (James), *in* SGS 9, 1962, pp. 204-7.
4520 GREENE (David), *in* Celtica 6, 1963, pp. 282-4.
4521 VRIES (Jan de): Der irische Königsstein.
In Antaios 1, 1960, pp. 73-80.
4522 MARX (Jean): Le cortège du chateau des merveilles dans le roman gallois de Peredur.
In ÉtC 9, 1960/61, pp. 92-105.
Republ. in 4756 [Nouvelles recherches], pp. 113-21.
4523 ROSS (Anne): Esus et les trois 'grues'.
In id., pp. 405-38.
4524 BROMWICH (Rachel): Celtic dynastic themes and the Breton lays.
In id., pp. 439-74.
4525 ILLINGWORTH (R. N.): Celtic tradition and the *lai* of *Yonec*.
In id., pp. 501-20.
2nd h. 12th c., by MARIE DE FRANCE.
4526 Ó SÚILLEABHÁIN (Seán): Caitheamh aimsire ar thórraimh.
B.Á.C.: Clóchomhar, 1961. xiv + 168 pp. illus. (= Leabhair thaighde, iml. 6)
Engl. transl. Irish wake amusements. Cork: Mercier, 1967. 188 pp.
4527 REES (Alwyn) & REES (Brinley): Celtic heritage. Ancient tradition in Ireland and Wales.
London: Thames & Hudson, 1961. 427 pp.
4528 Ó DOIBHLIN (Breandán): Litríocht agus léirmheas.
In IMN 1961, pp. 50-2.
ad S. Ó TUAMA. An grá in amhráin na ndaoine, 1960.
4529 LE ROUX (Françoise): Le guerrier borgne et le druide aveugle. La cécité et la voyance.
In Ogam 13, 1961, pp. 331-42.
4530 MCNAMARA (Leo F.): Traditional motifs in the *Caithréim Thoirdhealbhaigh*.
In Kentucky foreign language quarterly 8, 1961, pp. 85-92.
4531 MAC CANA (Proinsias): The influence of the Vikings on Celtic literature.
In 464 [1st ICCS], pp. 78-118.
Incl. discussion of *Irua(i)th* and *Irua(i)t*.
4532 CHRISTIANSEN (Reidar Th.): The people of the north.
In Lochlann 2, 1962, pp. 137-64.
Incl. printing of Kenney, no. 422 (cf. Thes. ii 258, 422), with Engl. transl.

4533 MAC EOIN (Gearóid S.): Invocation of the forces of nature in the *loricae*.
In StH 2, 1962, pp. 212-7.

4534 VRIES (Jan de): Germanic and Celtic heroic traditions.
In Saga-book 16, 1962/65, (pt. 1), pp. 22-40.
O'Donnell lecture, Oxford, 1962.

4535 HULL (Vernam): The Death of Conla.
In ZCP 29, 1962/64, (H. 1/2, 1962), pp. 190-1. (Notes on Irish texts, no. 5)
Instances from *Aided óenfir Aífe* and *Cóg. of the* motif of calves being prevented from sucking their mothers for a period of commemoration. Also criticism of an emendation by A. G. van HAMEL in his ed. of the former (*in* Comp.C.C. p. 14.9).

4536 Ó BROIN (Tomás): What is the 'debility' of the Ulstermen?
In Éigse 10, 1961/63, (pt. 4), pp. 286-99.
On *(cess) noí(n)den Ulad*.

4537 MAC EOIN (Gearóid S.): Some Icelandic *loricae*.
In StH 3, 1963, pp. 143-54.

4538 LUCAS (A. T.): The sacred trees of Ireland.
In JCHAS 68, 1963, pp. 16-54.

4539 MAC EOIN (Gearóid S.): *Gleann Bolcáin* agus *Gleann na nGealt*.
In Béaloideas 30, 1962 (1964), pp. 105-20.

4540 HULL (Vernam): Early Irish *Segais*.
In ZCP 29, 1962/64, (H. 3/4, 1964), pp. 321-4. (Varia Hibernica, no. 5)
Passage on the mystic hazels of Segais, from The caldron of poesy (Anecd. v 25), with Engl. transl. and notes.

4541 JACKSON (Kenneth): Some popular motifs in early Welsh tradition.
In ÉtC 11, 1964/67, (fasc. 1, 1964/65), pp. 83-99.

4542 PUHVEL (Martin): Beowulf and Celtic under-water adventure.
In Folklore 76, 1965, pp. 254-61.

4543 LUCAS (A. T.): Washing and bathing in ancient Ireland.
In JRSAI 95, 1965, pp. 65-114.
With Ir. terminology.

4544 MACNEILL (Máire): Trespass and building in the Lughnasa legends.
In id., pp. 115-9.

4545 Ó TUAMA (Seán): Téamaí iasachta i bhfilíocht pholaitiúil na Gaeilge (1600-1800).
In Éigse 11, 1964/66, (pt. 3, 1965/66), pp. 201-13.
Foreign themes in Irish political poetry (1600-1800).

4546 CORMIER (Raymond): The maddening rain: a comparison of the Irish and Provençal versions.
In id., (pt. 4), pp. 247-51.
On *Bíodh aire ag Ultaibh ar Aodh*, by Eochaidh Ó HEÓDHUSA (v. ISP, pp. 51ff, 99ff).

4547 Ó CUÍV (Brian): Suibhne Geilt.
In id., pp. 290-3. (Miscellanea, no. 4)
Allusions to Suibhne in post-classical verse.

F LITERATURE & LEARNING

4548 ——— : *Gleann na nGealt*.
In id., p. 293. (id., no. 5)
Earliest occurrence in IGT ii ex. 1496 (MS dated to 1552).

4549 ——— : Orpheus.
In id., pp. 293-4. (id., no. 6)
Allusions to Orpheus and his music in 18th and 19th c. verse.

4550 MACLEAN (S.): Notes on sea imagery in 17th century Gaelic poetry.
In TGSI 43, 1960/63 (1966), pp. 132-49.

4550a HENRY (P. L.): The early English and Celtic lyric.
London: G. Allen & Unwin, 1966. 244 pp.

4551 LE ROUX (Françoise): Remarques sur le taureau à trois cornes.
In Ogam 18, 1966, pp. 509-10. (Notes d'histoire des religions (15), no. 42)
ad *lón láith*.

4552 LEE (Gerard A.): Chivalry in Irish poetry and legend.
In Armorial 5, (no. 3, 1966), pp. 95-103.

4553 MARX (Jean): Quelques observations sur la formation de la notion du chevalier errant.
In ÉtC 11, 1964/67, (fasc. 2, 1966/67), pp. 344-50.

4554 GOETINCK (Glenys Witchard): La demoisele hideuse in *Peredur*, *Perceval* and *Parzival*.
In ZCP 30, 1967, pp. 354-61.

4555 GUYONVARC'H (Christian J.): Die irische Ogam-Schrift.
In Studium generale 20, 1967, pp. 448-56.

4556 Ó CUÍV (Brian) *ed.*: Eachtra Aodha Duibh.
In Éigse 12, 1967/68, pp. 39-60.
al. Eachtra an Ghliomaigh Chabodhair. Based on MS R.I.A. 24 C 49; ling. analysis (dialectal features, ? Co. Limerick), Engl. summary. List of motifs, by Seán Ó SÚILLEABHÁIN.

4557 Ó BROIN (Tomás): The word *cess*.
In id., pp. 109-14.

4558 CHADWICK (Nora K.): Dreams in early European literature.
In 461 [Celtic studies], pp. 33-50.

4559 MAC EOIN (Gearóid S.): The mysterious death of Loegaire mac Néill.
In StH 8, 1968, pp. 21-48.
Incl. discussion of the *Bórama*.

4560 PUHVEL (Martin): Beowulf and Irish battle rage.
In Folklore 79, 1968, pp. 40-7.

4561 LE ROUX (Françoise): La 'gauche' et la 'droite'.
In Ogam 20, 1968, p. 200. (Notes d'histoire des religions (19), no. 52)

4562 Ó LAOGHAIRE (Diarmuid): Early Irish spirituality.
In CapA 1969, pp. 135-47.

4563 MARTIN (B. K.): The lament of the old woman of Beare: a critical evaluation.
In MAe 38, 1969, pp. 245-61.

4564 CORMIER (Raymond J.): Early Irish tradition and memory of the Norsemen in the Wooing of Emer.
In StH 9, 1969, pp. 65-75.

4565 Ó BROIN (Tomás): The word *noínden*.
In Éigse 13, 1969/70, pp. 165-76.

4566 WARD (Donald J.): The threefold death: an Indo-European tri-functional sacrifice?
In 524 [Myth and law], pp. 123-42.

4567 MAC GIOLLA RIABHAIGH (Seán): 'Ní bía mar do bá.' Scrúdú téamúil ar na laoithe Fiannaíochta.
In IMN 1970, pp. 52-63.

4568 HULL (Vernam): A note on *Buile Shuibhne*.
In Celtica 9, 1971, p. 214.
A further instance of calves prevented from sucking their mothers for a peiod of commemoration.

F 4 COMPARATIVE LITERATURE
cf. G 5 Translations, Adaptations; M 4 Cultural relations

F 4.1   General & various

4569 HEIERMEIER (A.): Zwei irisch-isländische Parallelen.
In ZCP 22, 1941, pp. 58-66.
(1) extraordinary sword [Cross D1564.7]; (2) *grád écmaise* [T11.1].

4570 KNOCH (August): Irische Parallelen zum wandernden Wald von Birnam in SHAKESPEARE's *Macbeth*.
In id., pp. 149-65.

4571 MURPHY (Gerard): The puzzle of the thirty counters.
In Béaloideas 12, 1942, pp. 3-28.
Incl. ed. of 16th c. mnemonic, *Ceathrar fionn fiannadh ar dtús*, based on MS R.I.A. 24 L 14.

4572 CHADWICK (Nora K.): Geilt.
In SGS 5, 1942, pp. 106-53.
History and function of the *geilt* in Irish (*Buile Suibne, Cath Almaine*, etc.), Welsh and early Norse literature.

4573 SMITH (Roland M.): SPENSER's tale of the two sons of Milesio.
In MLQ 3, 1942, pp. 547-57.

4574 GILCHRIST (Anne G.): The song of marvels (or lies).
In JEFDS 4, (no. 3, 1942), pp. 113-21.

4575 ALSPACH (Russell K.): Irish poetry from the English invasion to 1798.
Philadelphia: U.Ca.P., 1943. xi + 146 pp.
Reviews by

4576 SMITH (Roland M.), *in* MLN 59, 1944, pp. 422-4.

4577 M[URPHY] (G.), *in* Studies 33, 1944, pp. 561-3.

4578 KNOCH (August): Die Gnomik der irischen Frühzeit im Lichte der alten indischen Spruchweisheit.
In ZCP 23, 1943, pp. 314-48.

4579 ALSPACH (Russell K.): Some sources of YEATS's *The Wanderings of Oisin.*
In PMLA 58, 1943, pp. 849-66.

4580 WILLIAMS (Ifor): Lectures on early Welsh poetry.
Dublin: D.I.A.S., 1944 (repr. 1970). 76 pp.

4581 MERONEY (Howard): Irish in the Old English charms.
In Speculum 20, 1945, pp. 172-82.

4582 COOMARASWAMY (Ananda K.): On the loathly bride.
In id., pp. 391-404.

4583 SMITH (Roland M.): Irish names in *The Faerie queene.*
In MLN 61, 1946, pp. 27-38.

4584 ——— : Deirdre in England.
In id., pp. 311-5.

4585 DILLON (Myles): The Hindu act of truth in Celtic tradition.
In MPh 44, 1947, pp. 137-40.

4586 HENNIG (John): Irish saints in early German literature.
In Speculum 22, 1947, pp. 358-74.

4587 DILLON (Myles): The archaism of Irish tradition.
In PBA 33, 1947 [1951], pp. 245-64. (= Rhŷs lecture, 1947 [read Feb. 1948])
Sep. issued London: O.U.P., 1948 (repr. 1949). 20 pp.
Repr. University of Chicago, 1969.

4588 CHOTZEN (Th. M. Th.): Emain Ablach — Ynys Avallach — Insula Avallonis — Ile d'Avalon.
In ÉtC 4, 1941/48, (fasc. 2, 1948), pp. 255-74.

4589 DUNN (Charles W.): Highland song and Lowland ballad: a study in cultural patterns.
In UTQ 18, 1948/49, pp. 1-19.

4590 CHADWICK (Nora K.): The story of Macbeth. A study in Gaelic and Norse tradition.
In SGS 6, 1949, pp. 189-211; 7, 1953, (pt. 1, 1951), pp. 1-25.

4591 SMITH (Roland M.): The six gifts.
In JCS 1, 1950, (no. 1, 1949), pp. 98-104.
Irish origin of 'thynges sixe' in CHAUCER's *Shipman's tale.*

4592 WHITING (B. J.): Lowland Scots and Celtic proverbs in North Carolina.
In id., pp. 116-27.

4593 SCHLAUCH (Margaret): On Conall Corc and the relations of old Ireland with the Orient.
In JCS 1, 1950, pp. 152-66.

4594 CROSS (Tom Peete): A note on 'Sohrab and Rustum' in Ireland.
In id., pp. 176-82.

4595 HENNIG (John): Irish-German literary relations. A survey.
In German life and letters 3, 1950, pp. 102-10.

4596 ——— : *Fortunatus* in Ireland.
In UJA 13, 1950, pp. 93-104.

4597 ———: Ireland's place in the chivalresque literature of mediaeval Germany.
In PRIA 53 C, 1950/51, (no. 3), pp. 279-98.

4598 MEYER (Robert T.): The Middle Irish *Odyssey*: folktale, fiction, or saga?
In MPh 50, 1952, pp. 73-8.

4599 VENDRYES (J.): Sept pieds de terre après la mort.
In ÉtC 6, 1953/54, (fasc. 1, 1952), pp. 199-200. (= Variétés, [no. 4])

4600 VRIES (Jan de): Über keltisch-germanische Beziehungen auf dem Gebiete der Heldensage.
In PBB 75, 1953, pp. 229-47.

4601 ———: Das Motiv des Vater-Sohn-Kampfes im Hildebrandslied.
In GRM 3, 1953, pp. 257-74.
Republ. with Nachschrift *in* Zur germanisch-deutschen Heldensage. Hg. v. K. Hauck. Darmstadt: Wissenschaftliche Buchgesellschaft, 1961. (= Wege der Forschung, Bd. 14) pp. 248-73.
Nachschrift (pp. 273-84): shortened German version of the author's Le conte irlandais *Aided óenfir Aife* ... (*in* Ogam 9, 1957).

4602 CHADWICK (Nora K.): A note on the name *Vortigern*.
In 493 [SEBH], pp. 34-46.

4603 BROMWICH (Rachel): The character of the early Welsh tradition.
In id., (no. 5), pp. 83-136.

4604 TURVILLE-PETRE (G.): Um dróttkvaeði og írskan kveðskap.
In Skírnir 128, 1954, pp. 31-55.
Engl. transl.
On the poetry of the scalds and of the filid.
In Ériu 22, 1971, pp. 1-22.
Tr. by G. Mac Eoin; with a postscript by the author, and an introd. note by David GREENE.

4605 CARNEY (James): Studies in Irish literature and history.
Dublin: D.I.A.S., 1955. xi + 412 pp.
3. The Irish element in *Beowulf*; 5. The *Vita Kentegerni* and the Finding of the Táin; 6. The Irish affinities of Tristan; 8. The external element in Irish saga.
Reviews by

4606 MURPHY (Gerard), *in* Éigse 8, 1956/57, pp. 152-64.
4607 LOOMIS (Roger S.), *in* MAe 26, 1957, pp. 197-9.
4608 WAGNER (Heinrich): Eine irisch-altnordische ἱερὸς γάμος – Episode.
In PBB 77, 1955, pp. 348-57.

4609 CHADWICK (Nora K.): Pictish and Celtic marriage in early literary tradition.
In SGS 8, 1958, (pt. 1, 1955), pp. 56-115.

4610 GREENE (David) *ed.*: *Un joc grossier* in Irish and Provençal.
In Ériu 17, 1955, pp. 7-15.
3 texts on *táiplis* 'backgammon' in a metaphorical erotic sense (originating in France or Provence).

F LITERATURE & LEARNING

4611 CHADWICK (Nora Kershaw): Literary tradition in the Old Norse and Celtic world.
In Saga-book 14, 1953/57, (pt. 3, 1955/56), pp. 164-99.

4612 CARNEY (James): The ecclesiastic background to Irish saga.
In Arctica. Essays presented to Åke Campbell. Uppsala, 1956. (= Studia ethnographica Upsaliensia, 11) pp. 221-7.
   Esp. *Táin bó Fraích.*

4613 SZÖVÉRFFY (Joseph): Heroic tales, medieval legends and an Irish story. (Literary background of a Donegal tale.)
In ZCP 25, 1956, pp. 183-209.

4614 Ó TUAMA (Seán): An pastourelle sa Ghaeilge.
In Éigse 8, 1956/57, pp. 181-96.

4615 MCNALLY (Robert E.): Der irische *Liber de numeris*. Eine Quellenanalyse des pseudo-isidorischen *Liber de numeris*.
Inaugural-Dissertation zur Erlangung des Doktorgrades ... der Universität München.
München, 1957. xv + 210 pp.

4616 SZÖVÉRFFY (Joseph): Irisches Erzählgut im Abendland. Studien zur vergleichenden Volkskunde und Mittelalterforschung.
Berlin: E. Schmidt, 1957. ix + 193 pp.
   II. Heldensage und Heiligenlegende (2. Die Herkunft einer Heldensage [*Aided Chonchobuir*]); III. Manus O'DONNELL - Studien.
Reviews by

4617 D[ILLON] (M.), *in* JRSAI 88, 1958, pp. 189-91.
4618 M[URPHY] (G.), *in* Éigse 9, 1958/61, (pt. 2, 1958), pp. 133-4.
4619 PISANI (Vittore), *in* Paideia 15, 1960, pp. 288-90.

4620 CHRISTIANSEN (R. Th.): Scotsmen and Norsemen: cultural relations in the North Sea area.
In ScSt 1, 1957, pp. 15-37.

4621 VRIES (Jan de): Les rapports des poésies scaldique et gaélique.
In Ogam 9, 1957, pp. 13-26.

4622 ——— : Le conte irlandais *Aided óenfir Aífe* et le thème du combat du père et du fils dans quelques traditions indo-européennes.
In id., pp. 122-38.
Shortened German version as Nachschrift *to* 5030.

4623 SZÖVÉRFFY (Joseph): *Siaburcharpat Conculainn*, the Cadoc-legend, and the Finding of the Táin.
In BBCS 17, 1958, (pt. 2, 1957), pp. 69-77.

4624 JACKSON (Kenneth Hurlstone): The sources for the Life of St Kentigern.
In 505 [SEBC], (no. 6), pp. 273-357.
   App. 2: on J. CARNEY's views (*in* SILH) of its relationship to *Táin bó Fraích.*

4625 Ó BROIN (Tomás): The genesis of 'An Chrīnōc'.
In Éigse 9, 1958/61, pp. 1-3.
   Modelled on HORACE, epilogue to Epistles, book 1.

4626 SZÖVÉRFFY (Joseph) *ed.*: Rí Naomh Seoirse: chapbook and hedge-schools.

F LITERATURE & LEARNING

In id., (pt. 2, 1958), pp. 114-28.
<blockquote>Story, recorded 1937 in Co. Kerry, ultimately derived from Engl. chapbook.</blockquote>

4627 HENRY (P. L.): Líadan and Guđrún. An Irish-Icelandic correspondence.
In ZCP 27, 1958/59, pp. 221-2.

4628 SVEINSSON (Einar Ól.): Celtic elements in Icelandic tradition.
In Béaloideas 25, 1957 (1959), pp. 3-24.
<blockquote>Paper read to the 1st I.C.C.S., 1959.</blockquote>

4629 CHRISTIANSEN (Reidar Th.): Studies in Irish and Scandinavian folktales.
Copenhagen: (for Coimisiún Béaloideasa Éireann) Rosenkilde & Bagger, 1959. vii + 249 pp.
<blockquote>With a List of variants.</blockquote>
Reviews by

4630 STEWART (James), *in* Arv 16, 1960, pp. 182-4.
4631 MACLEAN (C. I.), *in* ScSt 4, 1960, pp. 214-6.
4632 WRENN (C. L.): Saxons and Celts in south-west Britain.
In THSC 1959, pp. 38-75.
<blockquote>O'Donnell lectures, Oxford, 1958: 1. Some Celtic elements in Anglo-Saxon culture; 2. Saxon and Celtic factors in Cornwall.</blockquote>

4633 Ó CAOMHÁNAIGH (Breandán): Aithghiniúint sa Ghaeilge.
In IMN 1959, pp. 40-2.

4634 DUNN (Charles W.): The foundling and the werwolf. A literary-historical study of *Guillaume de Palerne*.
Toronto: U.T.P., 1960. vi + 158 pp. (= University of Toronto Department of English, Studies and texts, no. 8)

4635 DUNLEAVY (Gareth W.): Colum's other island. The Irish at Lindisfarne.
Madison: University of Wisconsin Press, 1960. x + 149 pp. illus.
<blockquote>The effect of Irish monastic culture upon Northumbria (learning, manuscripts, crosses, elegy).</blockquote>

4636 MAC CANA (Proinsias): The origin of *Marbán*.
In BBCS 19, 1962, (pt. 1, 1960), pp. 1-6.

4637 Ó BROIN (Tomás): Classical sources of the Conception of Mongan.
In ZCP 28, 1960/61, pp. 262-71.

4638 Ó TUAMA (Seán): The new love poetry.
In 508 [Seven centuries], (no. 7), pp. 102-20.

4639 REES (Alwyn) & REES (Brinley): Celtic heritage. Ancient tradition in Ireland and Wales.
London: Thames & Hudson, 1961. 427 pp.

4640 ROOTH (Anna Birgitta): Loki in Scandinavian mythology.
Lund: Gleerups, 1961. xv + 266 pp. (= Acta Reg. Societatis Humaniorum Litterarum Lundensis, 61)

4641 JACKSON (Kenneth Hurlstone): The international popular tale and early Welsh tradition.
Cardiff: U.W.P., 1961. xii + 141 pp. (= Gregynog lectures, 1961)

F LITERATURE & LEARNING

Review by
4642 MAC CANA (P.), *in* Celtica 7, 1966, pp. 242-8.
4643 LEE (A. van der): Aided óenfir Aífe. Initiation oder Wanderung.
In Orbis 10, 1961, pp. 527-41.
4644 MERCIER (Vivian): SWIFT and the Gaelic tradition.
In RELit 3, 1962, pp. 69-79.
4645 HENRY (P. L.): A Celtic-English prosodic feature.
In ZCP 29, 1962/64, (H. 1/2, 1962), pp. 91-9.
  On *dúnad* or *iarcomarc*; incl. poem from Auraic. 2183ff, *Dunta for nduan decid lib*, with Engl. transl.
4646 VRIES (Jan de): Germanic and Celtic heroic traditions.
In Saga-book 16, 1962/65, (pt. 1), pp. 22-40.
  O'Donnell lecture, Oxford, 1962.
4647 SEYMOUR (M. C.): The Irish version of 'Mandeville's travels'.
In NQ 208, 1963, pp. 364-6.
4648 DUMÉZIL (Georges): Le puits de Nechtan.
In Celtica 6, 1963, pp. 50-61.
  v. Dinds. §19; also on the name *Nechtan*.
4649 QUIN (C. C. W.): W. B. YEATS and Irish tradition.
In Hermathena 97, 1963, pp. 3-19.
4650 CAMPANILE (Enrico): Appunti dulla storia e la preistoria delle loriche celtiche.
In ASNP 33, 1964, pp. 57-92.
4651 PYLE (Hilary): James STEPHENS and the Irish language.
In The Dubliner 3, 1964, no. 2, pp. 57-68.
4652 JACKSON (Kenneth): Some popular motifs in early Welsh tradition.
In ÉtC 11, 1964/67, (fasc. 1, 1964/65), pp. 83-99.
4653 DUNLEAVY (Gareth W.): Old Ireland, Scotland and Northumbria.
In 514 [Old Ireland], pp. 173-99.
4654 HILLGARTH (J. N.): Old Ireland and Visigothic Spain.
In id., pp. 200-27.
4655 BROMWICH (Rachel): The Celtic inheritance of medieval literature.
In MLQ 26, 1965, pp. 203-27.
4656 Ó TUAMA (Seán): Téamaí iasachta i bhfilíocht pholaitiúil na Gaeilge (1600-1800).
In Éigse 11, 1964/66, (pt. 3, 1965/66), pp. 201-13.
  Foreign themes in Irish political poetry (1600-1800).
4657 REES (Alwyn D.): Modern evaluations of Celtic narrative tradition.
In 467 [2nd ICCS], (no. 2), pp. 29-61.
4658 CORMIER (Raymond): The maddening rain: a comparison of the Irish and Provençal versions.
In Éigse 11, 1964/66, (pt. 4), pp. 247-51.
  On *Bíodh aire ag Ultaibh ar Aodh*, by Eochaidh Ó HEÓDHUSA (v. ISP, pp. 51ff, 99ff).

4658a HENRY (P. L.): The early English and Celtic lyric.
London: G. Allen & Unwin, 1966. 244 pp.

4659 STEWART (James): The burial of the priest's concubine.
In Arv 23, 1967, pp. 137-42.
Ed. by K. Meyer, *in* Anecd. iii 9 (v. Best¹ 122).

4660 CHADWICK (Nora K.): The borderland of the spirit world in early European literature.
In Trivium 2, 1967, pp. 17-36.

4661 CHADWICK (Nora K.): Dreams in early European literature.
In 461 [Celtic studies], pp. 33-50.

4662 MACCARVILL (Eileen): Jonathan Swift, Aodh Buí MAC CRUITÍN, and contemporary Thomond scholars.
In NMAJ 11, 1968, pp. 36-46.

4663 O NOLAN (Kevin): HOMER and the Irish hero tale.
In StH 8, 1968, pp. 7-20.

4664 ——— : HOMER and Irish narrative.
In ClQ 19, 1969, pp. 1-19.

4665 CARNEY (James): The deeper level of early Irish literature.
In CapA 1969, pp. 160-71.

4666 CORMIER (Raymond): La lamentation de Fann et l'hypothèse des sources celtiques de l'amour courtois.
In MA 75, 1969, pp. 87-94.

4667 CHADWICK (Nora K.): Early literary contacts between Wales and Ireland.
In 481 [Irish Sea province], pp. 66-77.

4668 HAUG (Walter): Vom Imram zur Aventiure-Fahrt.
In Wolfram-Studien. Hg. v. W. Schröder. Berlin: E. Schmidt, 1970. (Veröffentlichungen der Wolfram von Eschenbach-Gesellschaft) pp. 264-98.

4669 STANFORD (W. B.): Towards a history of classical influences in Ireland.
In PRIA 70 C, 1970, (no. 3), pp. 13-91.

4670 MARCUS (Phillip L.): Old Irish myth and modern Irish literature.
In Irish university review 1, (no. 1, 1970), pp. 67-85.

4671 HUGHES (Kathleen): Some aspects of Irish influence on early English private prayer.
In StC 5, 1970, pp. 48-61.

4672 GOETINCK (G. W.): *Aucassin et Nicolette* and Celtic literature.
In ZCP 31, 1970, pp. 224-9.
Also on prose-verse genre (chantefable).

F 4.2   **Brendan**
cf. G 1.3   (Imram Maíle Dúin).

4673 HAMEL (A. G. van): De legende van Sint Brandaen en Maeldúin's Zeereis.
In Album René Verdeyen. Bruxelles: Éditions A. Manteau; Den Haag: Nijhoff's U.Mij., 1943. pp. 351-7.

4674 SELMER (Carl): A study of the Latin manuscripts of the *Navigatio sancti Brendani*.
In Scriptorium 3, 1949, pp. 177-82.

4675 RITCHIE (R. L. G.): The date of the Voyage of St Brendan.
In MAe 19, 1950, pp. 64-6.

4676 SELMER (Carl): The origin of *Brandenburg* (Prussia), the St. Brendan legend, and the Scoti of the tenth century.
In Traditio 7, 1949/51 (1951), pp. 416-33.

4677 SCHREIBER (Georg): Der irische Seeroman des Brandan. Ein Ausblick auf die Kolumbus-Reise.
In Festschrift Franz Dornseiff zum 65. Geburtstag. Hg. v. H. Kusch. Leipzig: VEB Bibliogr. Institut, 1953. pp. 274-90.

4678 SELMER (Carl): Die Herkunft und Frühgeschichte der *Navigatio sancti Brendani*.
In Studien und Mitteilungen zur Geschichte des Benediktiner-Ordens und seiner Zweige 67, 1956, pp. 5-17.

4679 ———— : The vernacular translations of the *Navigatio sancti Brendani*: a bibliographical study.
In MSt 18, 1956, pp. 145-57.

4680 DRAAK (Maartje): Brandaan en Virgilius [of Salzburg].
Rede uitgesproken ... aan de Rijksuniversiteit te Utrecht, ... 18 maart 1957.
Amsterdam: J. M. Meulenhoff, [1957]. 23 pp.

4681 SELMER (Carl) *ed.*: *Navigatio sancti Brendani abbatis* from early Latin manuscripts.
Notre Dame (Ind.): University of Notre Dame Press, 1959. li + 132 pp. (= Publications in mediaeval studies, vol. 16)
Review by

4682 CARNEY (J.), *in* MAe 32, 1963, pp. 37-44.

4683 GROSJEAN (Paul): Les noms d'*Adomnán* et de *Bréndán*.
In AB 78, 1960, pp. 375-81. (Notes d'hagiographie celtique, no. 48)

4684 ESPOSITO (M.): An apocryphal 'Book of Enoch and Elias' as a possible source of the *Navigatio sancti Brendani*.
In Celtica 5, 1960, pp. 192-206.

4685 OSKAMP (Hans Pieter Atze) *ed.*: The Voyage of Máel Dúin. A study in early Irish voyage literature, followed by an edition of *Immram curaig Máele Dúin* from the Yellow book of Lecan in Trinity College, Dublin.
Groningen: Wolters-Noordhoff, 1970. xi + 202 pp.

F 4.3 Suibne

cf. G 3.11 (Buile Suibne)
H 5 Isolated or alienated poetry (Suibne)

4686 CHADWICK (Nora K.): *Geilt*.
In SGS 5, 1942, pp. 106-53.
History and function of the *geilt* in Irish (*Buile Suibne, Cath Almaine*, etc.), Welsh and early Norse literature.

F LITERATURE & LEARNING

4687   SMITH (Roland M.): *King Lear* and the Merlin tradition.
       In MLQ 7, 1946, pp. 153-74.
       Comparison with *Buile Suibhne*.

4688   CARNEY (James): 'Suibne Geilt' and 'The children of Lir'.
       In Éigse 6, 1948/52, (pt. 2, 1950), pp. 83-110.
       Republ. with changes *in* 495 [SILH], (chap. 4), pp. 129-64.

4689   JACKSON (Kenneth): A further note on Suibhne Geilt and Merlin.
       In Éigse 7, 1953/55, (pt. 2, 1953), pp. 112-6, 120 [add.].
       Criticism of J. CARNEY. 'Suibne Geilt' and 'The children of Lir', *in* Éigse 6, 1950.

4690   CARNEY (James): The origin of Suibne Gelt.
       In 495 [SILH], (App. B), pp. 385-93.
       Reply to K. JACKSON. A further note on Suibhne Geilt and Merlin, *in* Éigse 7, 1953.

4691   BENEŠ (Brigit): Spuren von Schamanismus in der Sage *Buile Suibhne*.
       In ZCP 28, 1960/61, pp. 309-34.
       Incl. etymology of *geilt*.

4691a HENRY (P. L.): The early English and Celtic lyric.
       London: G. Allen & Unwin, 1966. 244 pp.

F 4.4   **Mabinogi**

4692   GRUFFYDD (W. J.): Rhiannon. An inquiry into the origins of the first and third branches of the *Mabinogi*.
       Cardiff: U.W.P., 1953. 118 pp. (= D. O. Evans lectures, 1951)

4693   JARMAN (A. O. H.): Mabinogi *Branwen*: crynodeb o ddadansodd-iad W. J. GRUFFYDD.
       In LlC 4, 1956/57, pp. 129-34.
       Summary of G.'s analysis of *Branwen*.

4694   MAC CANA (Proinsias): Branwen daughter of Llŷr. A study of the Irish affinities and of the composition of the second branch of the *Mabinogi*.
       Cardiff: U.W.P., 1958. xi + 199 pp.
       Reviews by

4695   EVANS (D. Simon), *in* Y Traethodydd 27, 1959, pp. 139-42.
4696   Ó CUÍV (Brian), *in* Éigse 9, 1958/61, (pt. 3, 1959/69), pp. 215-6.
4697   DUNN (Charles W.), *in* Speculum 35, 1960, pp. 471-5.
4698   BACHELLERY (E.), *in* ÉtC 9, 1960/61, pp. 269-75.
4699   S[OMMERFELT] (A.), *in* Lochlann 2, 1962, pp. 248-50.
4700   MAC CANA (Proinsias): On *Branwen*.
       In BBCS 18, 1960, (pt. 2, 1959), pp. 180-2.
       Cf. the author's 1958 monograph, (1) pp. 24ff [ad BDD^2 §§87-8], (2) p. 95.

4701   THOMSON (Derick S.) *ed.*: Branwen uerch Lyr.
       Dublin: D.I.A.S., 1961. lii + 78 pp. (= Mediaeval and Modern Welsh series, vol. 2)
       v. espec. pp. xxviii ff.

4702   JACKSON (Kenneth Hurlstone): The international popular tale and early Welsh tradition.
       Cardiff: U.W.P., 1961. xii + 141 pp. (= Gregynog lectures, 1961)

F LITERATURE & LEARNING

F 4.5 **Beowulf**

4703 DONAHUE (Charles): Grendel and the *clanna Cain*.
In JCS 1, 1950, pp. 167-75.

4704 ——— : *Beowulf*, Ireland and the natural good.
In Traditio 7, 1949/51 (1951), pp. 263-77.

4705 CARNEY (James): The Irish elements in *Beowulf*.
In 495 [SILH], (chap. 3), pp. 77-114.

4706 PEPPERDENE (Margaret W.): Grendel's *geis*.
In JRSAI 85, 1955, pp. 188-92.

4707 CHAMBERS (R. W.): Beowulf. An introduction to the study of the poem with a discussion of the stories of Offa and Finn. — 3rd ed.
With a suppl. by C. L. WRENN.
Cambridge: U.P., 1959. xvii + 628 pp.
1st ed. 1921. Bibliogr. to 1958.

4708 HENRY (P. L.): *Beowulf* cruces.
In KZ 77, 1961, pp. 140-59.

4709 DONAHUE (Charles): *Beowulf* and Christian tradition: a reconsideration from a Celtic stance.
In Traditio 21, 1965, pp. 55-116.

4710 PUHVEL (Martin): Beowulf and Celtic under-water adventure.
In Folklore 76, 1965, pp. 254-61.

4711 ——— : Beowulf's slaying of Daghræfn — a connection with Irish myth?
In Folklore 77, 1966, pp. 282-5.

4712 ——— : Beowulf and Irish battle rage.
In Folklore 79, 1968, pp. 40-7.

4713 ——— : The might of Grendel's mother.
In Folklore 80, 1969, pp. 81-8.

4714 ——— : The melting of the giant-wrought sword in *Beowulf*.
In ELN 7, 1969, pp. 81-4.

4715 TRAVIS (James): Hiberno-Saxon Christianity and the survival of *Beowulf*.
In Lochlann 4, 1969, pp. 226-34.

F 4.6 **Matière de Bretagne**
cf. G 5.1 Arthurian

4716 BULLETIN BIBLIOGRAPHIQUE DE LA SOCIÉTÉ INTERNATIONALE ARTHURIENNE/BIBLIOGRAPHICAL BULLETIN OF THE INTERNATIONAL ARTHURIAN SOCIETY.
No. 1- , 1949- .
Vol. 19- , 1967- : titles reversed.

4717 ARTHURIAN LITERATURE IN THE MIDDLE AGES. A collaborative history.
Ed., and preface, by Roger Sherman LOOMIS.
Oxford: Clarendon, 1959. xvi + 574 pp. pls.
Abbr.: Arthur. lit.

F LITERATURE & LEARNING

4718   BROWN (Arthur C. L.): The origin of the Grail Legend.
Cambridge (Mass.): H.U.P., 1943. ix + 476 pp.
Reviews by

4719   [FLOWER (R.)], *in* The Times lit. suppl., 23 Oct. 1943, p. 512.

4720   MURPHY (Gerard), *in* Béaloideas 13, 1943 (1944), pp. 295-301.

4721   DILLON (Myles), *in* Journal of American folklore 57, 1944, pp. 149-51.
Republ. in SGS 6, 1949, pp. 217-21.

4722   SCHLAUCH (Margaret), *in* Speculum 19, 1944, pp. 502-5.

4723   Ó S[EARCAIGH] (S.), *in* Studies 33, 1944, pp. 123-4.

4724   CRONIN (Anne), *in* Éigse 4, 1943/44 (1945), (pt. 3, 1944), pp. 231-2.

4725   MCHUGH (Sheila Joyce): *Sir Percyvelle*: its Irish connections.
Ann Arbor (Mich.): Edward Brothers, 1946. vii + 87 pp.
Review by

4726   MURPHY (G.), *in* Studies 37, 1948, pp. 368-71.

4727   BROWN (Arthur C. L.): The *esplumoir* and Viviane.
In Speculum 20, 1945, pp. 426-32.

4728   CROSS (Tom Peete): Celtic mythology and Arthurian romance.
In Philologica: the Malone anniversary studies. Ed. by T. A. Kirby & H. B. Woolf. Baltimore: J. Hopkins Press, 1949. pp. 110-4.
<small>An appreciation of the contribution to the subject by T. F. O'RAHILLY, Early Irish history and mythology, 1946.</small>

4729   LOOMIS (Roger Sherman): Arthurian tradition and CHRÉTIEN DE TROYES.
N.Y.: Columbia U.P., 1949 (repr. 1952). xiii + 503 pp.

4730   VENDRYES (J.): Les éléments celtiques de la légende du Graal.
In ÉtC 5, 1949/51, (fasc. 1), pp. 1-50.

4731   MARX (Jean): Le légende arthurienne et le Graal.
Paris: P.U.F., 1952. 410 pp. (= Bibliothèque de l'École des Hautes Études, Section des Sciences Religieuses, vol. 64)
Reviews by

4732   MURPHY (Gerard), *in* Éigse 7, 1953/55, (pt. 2, 1953), pp. 134-5.

4733   VENDRYES (J.), *in* ÉtC 6, 1953/54, pp. 356-66.

4734   P[OKORNY] (J.), *in* ZCP 25, 1956, (H. 1/2, 1955), pp. 150-1.

4735   FALCONER (Sheila), *in* Celtica 2, 1954, pp. 354-60.
Review of review by

4736   MURPHY (Gerard), *in* Éigse 7, 1953/55, (pt. 4), pp. 290-1.

4737   CHADWICK (Nora K.): The lost literature of Celtic Scotland. Caw of Pritdin and Arthur of Britain.
In SGS 7, 1953, pp. 115-83.

4738   BROMWICH (Rachel): Some remarks on the Celtic sources of 'Tristan'.
In THSC 1953 (1955), pp. 32-60.

4739   DILLON (Myles): Les sources irlandaises des romans arthuriens.
In Les Lettres romanes 9, 1955, pp. 143-59.

F LITERATURE & LEARNING

4740 MARX (Jean): La naissance de l'amour de Tristan et Iseut dans les formes les plus anciennes de la légende.
In Romance philology 9, 1955, pp. 167-73.
Republ. in 4756 [Nouvelles recherches], pp. 281-8.

4741 JACKSON (Kenneth): Les sources celtiques du roman du Graal.
In Les romans du Graal aux XIIe et XIIIe siècles. Colloques Internationaux du C.N.R.S., 3, Strasbourg 1954. Paris: C.N.R.S., 1956. pp. 213-31.

4742 NITZE (William A.): Le bruiden, le château du Graal, et la lance-qui-saigne.
In id., pp. 279-96.

4743 LOOMIS (Roger Sherman): Wales and the Arthurian legend.
Cardiff: U.W.P., 1956. ix + 231 pp.

4744 BROMWICH (Rachel): A note on the Breton lays.
In MAe 26, 1957, pp. 36-8.
The Irish fenian *laoidh* and the French *lai*.

4745 HARWARD (Vernon J., Jr.): The dwarfs of Arthurian romance and Celtic tradition.
Leiden: Brill, 1958. 149 pp.

4746 O'SHARKEY (Eithne M.): The maimed kings in the Arthurian romances.
In ÉtC 8, 1958/59, pp. 420-8.

4747 LOOMIS (Roger Sherman): The legend of Arthur's survival.
In 4717 [Arthur. lit.], (chap. 7), pp. 64-71.

4748 NEWSTEAD (Helaine): The origin and growth of the Tristan legend.
In id., (chap. 12), pp. 122-33.

4749 LOOMIS (Roger Sherman): The origin of the Grail legends.
In id., (chap. 21), pp. 274-94.

4750 MARX (Jean): Le cortège du chateau des merveilles dans le roman gallois de Peredur.
In ÉtC 9, 1960/61, pp. 92-105.
Republ. in 4756 [Nouvelles recherches], pp. 113-21.

4751 BROMWICH (Rachel): Celtic dynastic themes and the Breton lays.
In id., pp. 439-74.

4752 ILLINGWORTH (R. N.): Celtic tradition and the *lai* of *Yonec*.
In id., pp. 501-20.
2nd h. 12th c., by MARIE DE FRANCE.

4753 LOOMIS (Roger Sherman): The Grail. From Celtic myth to Christian symbol.
Cardiff: U.W.P.; N.Y.: Columbia U.P., 1963. xiv + 287 pp.
Review by

4754 DRAAK (Maartje), in MAe 35, 1966, pp. 260-4.

4755 BROMWICH (Rachel): Chwedlau'r Greal.
In LlC 8, 1964/65, pp. 48-57.
Review article of R. S. LOOMIS, The Grail, 1963.

4756 MARX (Jean): Nouvelles recherches sur la littérature arthurienne.
Paris: Klincksieck, 1965. 323 pp. (= Bibliothèque française et romane, série C: Études littéraires, 9)

Review by
4757 OSKAMP (H. P. A.), *in* Celtica 8, 1968, pp. 246-7.
4758 MARX (Jean): Quelques observations sur la formation de la notion du chevalier errant.
In ÉtC 11, 1964/67, (fasc. 2, 1966/67), pp. 344-50.
4759 GOETINCK (Glenys Witchard): Gwenhwyfar, Guinevere and Guenièvre.
In id., pp. 351-60.
4760 ——: La demoisele hideuse in *Peredur*, *Perceval* and *Parzival*.
In ZCP 30, 1967, pp. 354-61.
4761 THOMSON (R. L.) *ed.*: *Owein*, or *Chwedyl Iarlles y Ffynnawn*.
Dublin: D.I.A.S., 1968. cvi + 98 pp. (= Mediaeval and Modern Welsh series, vol. 4)
v. espec. pp. lxxxiv ff.
4762 PATON (Lucy Allen): Studies in the fairy mythology of Arthurian romance. — 2nd ed.
Enlarged by a Survey of scholarship on the fairy mythology since 1903, and a bibliography, by Roger Sherman LOOMIS.
N.Y.: B. Franklin, 1970. xi + 316 pp. (= Burt Franklin: Bibliography & reference series, 18: Essays in literature and criticism, 88)

F 4.7 Ossian

cf. G 4 Ossianic literature

4763 DUNN (John J.) *comp.*: MACPHERSON's *Ossian* and the Ossianic controversy: a supplementary bibliography.
In Bulletin of the New York Public Library 75, 1971, pp. 465-73.

4764 MACKINTOSH (Donald T.): James MACPHERSON and the Book of the Dean of Lismore.
In SGS 6, 1949, (pt. 1, 1947), pp. 11-20.
4765 HUDSON (Wilson M.): Ossian in English before MACPHERSON: HANMER's *Chronicle of Ireland*, 1633.
In University of Texas studies in English 29, 1950, pp. 118-28.
4766 SHEEHAN (Catherine A.): Some notes on the Ossianic controversy.
In NQ 195, 1950, pp. 300-2.
4767 THOMSON (Derick S.): The Gaelic sources of MACPHERSON's *Ossian*.
Edinburgh, London: Oliver & Boyd, 1952. vii + 106 pp. (= Aberdeen University studies, no. 130)
Review by
4768 VENDRYES (J.), *in* ÉtC 6, 1953/54, pp. 402-4.
4769 THOMSON (Derick S.): The Gaelic sources of MACPHERSON's
In TGSG 5, 1958, pp. 172-88.

4770 GREENACRE (Phyllis): The impostor.
In Psychoanalytic quarterly 17, 1958, pp. 359-82.
Deals inter alios with James MACPHERSON.

4771 MAC LOCHLAINN (Alf): Charles O'CONOR and MACPHERSON.
In The Irish book 1, 1959/62, (no. 1), pp. 23-4.

4772 LYONS (J. B.) ed.: The letters of Sylvester O'HALLORAN.
In NMAJ 8, 1958/61, (no. 4, 1961), pp. 168-81; 9, 1962/65, pp. 25-50.

4773 WEISWEILER (Josef): Hintergrund und Herkunft der ossianischen Dichtung.
In LwJb 4, 1963, pp. 21-42.

4774 DAICHES (David): The paradox of Scottish culture: the eighteenth-century experience.
London [etc.]: O.U.P., 1964. vii + 97 pp. (= Whidden lectures, 1964)
Lecture 3: ad J. MACPHERSON's *Ossian*.

F 5 ANTHOLOGIES
cf. H 3 Verse: Collections

4775 Ó MURTHUILE (S.) ed.: Meascra mionntsleachta. A miscellany of short extracts from the Clongowes collection of Irish MSS.
In The Clongownian 1940, pp. 19-20; 1941, pp. 16-7; 1942, pp. 16-7.

4776 CURTIN (Jeremiah) comp.: Irish folk-tales.
Ed., with introd. & notes, by Séamus Ó DUILEARGA.
In Béaloideas 11, 1941; 12, 1942 (1943), Suppls. (xvi + 166 pp.).

4777 CHAUVIRÉ (Roger) tr.: Contes ossianiques.
Paris: P.U.F., 1949. 276 pp.

4778 JACKSON (Kenneth Hurlstone) tr.: A Celtic miscellany.
London: Routledge & K. Paul, 1951. 359 pp.
Revised edition
Harmondsworth: Penguin Books, 1971. 343 pp. (Penguin classics)
An anthology of Engl. trs. of traditional literature in Irish, Welsh, Scottish-Gaelic, Manx, Cornish, and Breton.
Sections: Hero-tale and adventure, Nature, Love, Epigram, 'Celtic magic', Description, Humour and satire, Bardic poetry, Elegy, Religion.
With a pronoucing dictionary of proper names.
Reviews by

4779 B[REATNACH] (R. B.), in Éigse 6, 1948/52, (pt. 3, 1951), pp. 272-4.

4780 DILLON (Myles), in The Bell 17, no. 5, Aug. 1951, p. 64.

4781 GREENE (David), in Celtica 2, 1954, (pt. 1, 1952), pp. 210-5, 363 [corr.].

4782 POKORNY (Julius): Antiguo irlandés. (Lecturas históricas, con paradigmas, notas y glosario completo.)
Traducido al español por A. TOVAR y V. BEJARANO.
Madrid: Consejo Superior de Investigaciones Cientificas, 1952.

F LITERATURE & LEARNING

    105 pp. (= Manual de lingüística indoeuropea, cuad. 8)
    Corrigenda in ZCP 27, 1958/59, p. 322.
        Transl. of J.P., A historical reader of Old Irish, 1923 [Best² 504-5].

4783 GREENE (David H.) *comp.*: An anthology of Irish literature.
    N.Y.: The Modern Library, 1954. xxxvii + 602 pp.

4784 COLUM (Padraic) *comp.*: A treasury of Irish folklore. The stories, traditions, legends, humor, wisdom, ballads and songs of the Irish people.
    N.Y.: Crown Publishers, 1954 (4th pr. 1962). xx + 620 pp.
    2nd rev. ed. 1967 (repr. 1969). Preface by P.C.

4785 Ó CADHLAIGH (Cormac) *tr.*: An Rúraíocht.
    B.Á.C.: Oifig an tSoláthair, 1956. xiii + 510 pp.

4786 Ó FLOINN (Tomás) & MAC CANA (Proinsias) *trs.*: Scéalaíocht na ríthe.
    [Illus. by] Micheál Mac Liammóir a mhaisigh.
    B.Á.C.: Sáirséal & Dill, 1956. 220 pp. pls.
        Mod.I. transls. of E.I. tales.

4787 MCKAY (John G.) *ed. & tr.*: More west Highland tales. Vol. 2.
    Editors Gaelic: Angus Matheson; Transl.: J. MacInnes; Folklore: H. J. Rose; Notes: K. JACKSON.
    Edinburgh, London: (for Scottish Anthropological and Folklore Society) Oliver & Boyd, 1960. xvi + 383 pp.

4788 O'SULLIVAN (Sean) *ed. & tr.*: Folktales of Ireland.
    Foreword by Richard M. DORSON.
    London: Routledge & K. Paul, 1966 (repr. 1969). xliii + 321 pp.

4789 KINSELLA (Thomas) *tr.*: The *Táin*.
    With brush drawings by Louis le Brocquy.
    Dublin: Dolmen, 1969. vii + 295 pp. pls. (maps, MSS pp.) (= Dolmen editions, 9)
        Transls. of *Do fallsigud Tána bó Cuailnge, Compert Conchoboir, Noínden Ulad, Longes mac nUislenn, Compert Con Culainn, Tochmarc Emire, Aided oenfir Aífe, De chophur in dá muccida, Táin bó Cuailnge* (conflation of Táin and TBC²).
    Republ. London, N.Y.: O.U.P., 1970. xxvii + 283 pp. maps.

4790 CARNEY (James): The Ó Cianáin miscellany.
    In Ériu 21, 1969, pp. 122-47. pls.
        Parts of MSS N.L. G 2 + G 3 (otherwise by Ádhamh Ó Cianáin, †1373). Incl. ed. of 4 prose texts and 3 poems from G 3, with Engl. transls.

4791 MAC GIOLLA CHOMHAIL (Anraí) *ed.*: Díolaim próis, A.D. 1450-1850.
    B.Á.C.: F.N.T., 1971. ix + 177 pp.
        Selections from forty of the major prose texts, 1450-1850, in modern spelling.

G   NARRATIVE LITERATURE

1   MYTHOLOGY
cf. M 5   Cult & religion

G 1.1   General & various

4792   DUMÉZIL (Georges): Horace et les Curiaces.
Paris: Gallimard, 1942. 142 pp. (Les mythes romains, 1)
chap. 2: Cúchulainn.

4793   HAMEL (A. G. van): Mythe en histoire in het oude Ierland.
In MKNA 5, 1942, (no. 10), pp. 505-41.
Sep. issued Amsterdam: Noord-Holl. Uitg., 1942. 37 pp.
Review by

4794   GROSJEAN (Paul), *in* RBPh 26, 1948, pp. 138-43.

4795   KRAPPE (A. H.): Avallon.
In Speculum 18, 1943, pp. 303-22.

4796   O'RAHILLY (T. F.): On the origin of the names *Érainn* and *Ériu*.
In Ériu 14, 1946, (pt. 1, 1943), pp. 7-28.

4797   COOMARASWAMY (Ananda K.): On the loathly bride.
In Speculum 20, 1945, pp. 391-404.

4798   O'RAHILLY (Thomas F.): Early Irish history and mythology.
Dublin: D.I.A.S., 1946 (repr. 1957, 64). x + 566 (568 in repr.) pp.
Adds. & corrs. in Celtica 1, 1950, pp. 391-402, 409.

4799   DUMÉZIL (Georges): Mitra — Varuna. Essai sur deux représentations indo-européennes de la souveraineté. — 2e éd.
[Paris]: Gallimard, 1948. 215 pp. (= Collection La Montagne Sainte-Geneviève, 7)

4800   CHOTZEN (Th. M. Th.): Emain Ablach — Ynys Avallach — Insula Avallonis — Ile d'Avalon.
In ÉtC 4, 1941/48, (fasc. 2, 1948), pp. 255-74.

4801   SJOESTEDT (Marie-Louise): Gods and heroes of the Celts.
Transl., with a preface, by Myles DILLON.
London: Methuen, 1949. xxi + 104 pp.
Dieux et héros des Celtes, Paris 1940.

4802   DRAAK (Maartje): Áes síde. Een aspect van het bovennatuurlijke in de Ierse letterkunde.
Openbare les ... aan de Universiteit van Amsterdam, 22 feb. 1949.
Amsterdam: J. M. Meulenhoff, 1949. 24 pp.

4803   MÜLLER-LISOWSKI (Käte): Contributions to a study in Irish folklore. Traditions about Donn.
In Béaloideas 18, 1948 (1950), pp. 142-99.

4804   PATCH (Howard Rollin): The other world, according to descriptions in medieval literature.
Cambridge (Mass.): Harvard U.P., 1950. xiv + 386 pp. (= Smith College studies in modern languages, n.s., 1)
Chap. 2 (pp. 27-59): Among the Celts.

4805 KATARNOS [*pseud.*]: 'La terre des jeunes.'
In Ogam 2, 1950, pp. 49-50, 64.

4806 MÜLLER-LISOWSKI (Käte): Donn Fírinne, Tech Duin, an Tarbh.
In ÉtC 6, 1953/54, (fasc. 1, 1952), pp. 21-9.

4807 VENDRYES (J.): Manannán mac Lir.
In id., pp. 239-54.
Incl. discussion of the phrase type *mac lir*; also on the name *Ler (Lir)*.

4808 NATROVISSUS [*pseud.*]: L' "état-major" des Tuatha Dé Danann.
In Ogam 4, 1952, pp. 241-5, 261-3.

4809 RAMNOUX (Clémence). De l'aubergiste, de l'allumeur du feu, du champion et de quelques autres personnages et objets remarquables.
In id., pp. 264-9.

4810 GRUFFYDD (W. J.): Rhiannon. An inquiry into the origins of the first and third branches of the *Mabinogi*.
Cardiff: U.W.P., 1953. 118 pp. (= D. O. Evans lectures, 1951)

4811 BENOIT (Fernand): L'Ogmios de Lucien, la 'tête coupée' et le cycle mythologique irlandais et gallois.
In Ogam 5, 1953, pp. 33-42.

4812 LEHMACHER (Gustav): Der Dagde, das Haupt der irischen Götter.
In Anthropos 48, 1953, pp. 817-36.

4813 MURPHY (Gerard): Duanaire Finn. The Book of the lays of Fionn. — Part 3.
Dublin: E.C.I., 1953 [spine 1954]. cxxii + 451 pp. (= ITS, vol. 43 [for 1941])
Introduction, notes, appendices, and glossary (cf. Best[1] 188, Best[2] 1664). — Indexes by G.M. & Anna O'SULLIVAN. — App. G: Idris L. FOSTER, Gwynn ap Nudd.
Add. & corr. in Éigse 8, 1956/57, pp. 168-71.

4814 DUMÉZIL (Georges): Le trio des Macha.
In RHR 146, 1954, pp. 5-17.

4815 GRICOURT (Jean): Epona — Rhiannon — Macha.
In Ogam 6, 1954, pp. 25-40, 137-8 [add.], 75-86, 138 [add.], 269-72 [add.], 165-88.

4816 MURPHY (Gerard): Saga and myth in ancient Ireland.
Dublin: (for C.R.C.I.) C. O Lochlainn (Three Candles), 1955 (repr. 1961). 64 pp. (= Irish life and culture, vol. 10)
Add. t.-p.: Laochra, ríthe agus déthe. Gearóid Ó MURCHADHA do scríobh. Cf. 4102.
New edition Foreword by Nessa Ní SHÉ. Cork: Mercier, 1971. 75 pp.

4817 LE ROUX (Françoise): Des chaudrons celtiques, à l'arbre d'Esus, Lucain et les Scholies Bernoises.
In Ogam 7, 1955, pp. 33-58.

4818 DUMÉZIL (Georges): Triades de calamités et triades de délits à valeur trifonctionnelle chez divers peuples indo-européens.
In Latomus 14, 1955, pp. 173-85.

G NARRATIVE LITERATURE

4819 CHADWICK (Nora Kershaw): Literary tradition in the Old Norse and Celtic world.
In Saga-book 14, 1953/57, (pt. 3, 1955/56), pp. 164-99.

4820 MAC CANA (Proinsias): Aspects of the theme of king and goddess in Irish literature.
In ÉtC 7, 1955/56, pp. 76-114, 356-413; 8, 1958/59, pp. 59-65.

4821 DRAAK (Maartje): Betovering voor een etmaal.
Rede ... aan de Universiteit van Amsterdam, 12 dec. 1955.
Amsterdam: Meulenhoff, [1956]. 20 pp.
The motif of enchantment for 24 hours.

4822 EVEN (Arzel): Le dieu celtique Lugus.
In Ogam 8, 1956, pp. 81-110. (= Notes sur le Mercure celtique, 3)

4823 LE ROUX (Françoise): De la lance dangereuse, de la femme infidèle et du chien infernal: la fatalité et la mort dans une légende religieuse de l'ancienne Irlande.
In Ogam 10, 1958, pp. 381-412.

4824 KAVANAGH (Peter) comp.: Irish mythology: a dictionary.
N.Y.: P. Kavanagh Hand-press, 1958-59. 3 voll. (152 pp.).

4825 DRAAK (Maartje): Some aspects of kingship in pagan Ireland.
In La regalità sacra. The sacral kingship. Contributi al tema dell' VIII Congresso internazionale di storia delle religioni (Roma, Aprile 1955). Leiden: Brill, 1959. (= Studies in the history of religions, 4) pp. 651-63.

4826 LE ROUX (Pierre): Les arbres combattants et la forêt guerrière. Le myth et l'histoire.
In Ogam 11, 1959, pp. 1-10, 185-205 [no more publ.].
3 (pp. 195ff): Les enfants de Calatin.

4827 ROSS (Anne): The human head in insular pagan Celtic religion.
In PSAS 91, 1957/58 (1960), pp. 10-43. pls.

4828 HULL (Vernam): On *Scél Túain maic Cairill*.
In Celtica 5, 1960, pp. 138-40. (Varia Hibernica, no. 5)
Interpretation of two sentences of the first recension (Im.Brain ii 292 §13).

4829 GUYONVARC'H (Christian-J.) tr.: La Conception des deux porchers.
In Ogam 12, 1960, pp. 73-90.
De chophur in da muccida (as in MS Eg. 1782, v. Best[1] 90); with notes. Annexe: Fr. transl. of *Am gáeth i mmuir* (as in LGÉ v 110).

4830 LE ROUX (Françoise): La dieu druide et le druide divin. Recherches sur la fonction sacerdotale celtique.
In id., pp. 349-82.

4831 REES (Alwyn) & REES (Brinley): Celtic heritage. Ancient tradition in Ireland and Wales.
London: Thames & Hudson, 1961. 427 pp.
Reviews by

4832 Ó CLÉIRIGH (C. R.), in Béaloideas 28, 1960 (1962), pp. 126-8.
4833 BROMWICH (Rachel), in THSC 1961, pt. 2 (1962), pp. 171-3.
4834 BREATNACH (R. A.), in Éigse 10, 1961/63, (pt. 4), pp. 320-3.

4835 FOSTER (I. Ll.), *in* Celtica 7, 1966, pp. 228-32.
4836 ROOTH (Anna Birgitta): Loki in Scandinavian mythology.
Lund: Gleerups, 1961. xv + 266 pp. (= Acta Reg. Societatis Humaniorum Litterarum Lundensis, 61)
Review by
4837 BYRNE (Francis John), *in* Béaloideas 28, 1960 (1962), pp. 128-31.
4838 VRIES (Jan de): Keltische Religion.
Stuttgart: Kohlhammer, 1961. xi + 270 pp. (= Die Religionen der Menschheit, Bd. 18)
4839 LE ROUX (Françoise): Le guerrier borgne et le druide aveugle. La cécité et la voyance.
In Ogam 13, 1961, pp. 331-42.
4840 ——— : Étude sur le festiaire celtique.
In id., pp. 481-506; 14, 1962, pp. 174-84, 343-72.
1. Samain; 2. La fête irlandaise de février, Imbolc; 3. Beltaine, la fête sacerdotale; 4. Lugnasad, ou la fête du roi.
4840a ——— : Les îles au nord du monde.
In Hommages à Albert Grenier. Ed. par M. Renard. Bruxelles-Berchem: Latomus, 1962. (Collection Latomus, 58) pp. 1051-62.
4841 MACNEILL (Máire): The festival of Lughnasa. A study of the survival of the Celtic festival of the beginning of harvest.
London [etc.]: (for the Irish Folklore Commission) O.U.P., 1962. xi + 697 pp. illus.
Corrections in Béaloideas 30, 1962 (1964), pp. 167-8.
App. 1: The associated legends.
4842 DRAAK (Maartje): Migration over sea.
In Numen 9, 1962, pp. 81-98.
4843 GUYONVARC'H (Christian-J.): Irlandais *síd*, gaulois **sedos* 'siège, demeure des dieux'.
In Ogam 14, 1962, pp. 329-40. (Notes d'étymologie et de lexicographie celtiques et gauloises (13), no. 47)
4844 ——— : Gallois *Yspaddaden Penkawr* 'le châtré à tête de géant'.
In id., pp. 482-3. (id. (14), no. 52)
4845 TIERNEY (Michael): Lughnasa and Dionysus.
In Éigse 10, 1961/63, (pt. 4), pp. 265-9.
4846 DUMÉZIL (Georges): Le puits de Nechtan.
In Celtica 6, 1963, pp. 50-61.
v. Dinds. §19; also on the name *Nechtan*.
4847 TURVILLE-PETRE (E. O. G.): Myth and religion of the north. The religion of ancient Scandinavia.
London: Weidenfeld & Nicolson, 1964. ix + 340 pp. (History of religion)
4848 GUYONVARC'H (Christian-J.): Moyen-irlandais *soeb, sáeb*; irlandais *saobh* 'tors'. Moyen-irlandais *siabraid*, irlandais *siabhradh* 'fantôme'; gaulois *Seboddu*.

G NARRATIVE LITERATURE

In Ogam 16, 1964, pp. 199-207; 19, 1967, p. 230 [add.]. (Notes d'étymologie et de lexicographie gauloises et celtiques (19), no. 71)

4849 JACKSON (Kenneth): Some popular motifs in early Welsh tradition.
In ÉtC 11, 1964/67, (fasc. 1, 1964/65), pp. 83-99.

4850 MACNEILL (Máire): Trespass and building in the Lughnasa legends.
In JRSAI 95, 1965, pp. 115-9.

4851 SPAAN (David B.): The place of Manannan Mac Lir in Irish mythology.
In Folklore 76, 1965, pp. 176-95.

4852 PUHVEL (Martin): Beowulf and Celtic under-water adventure.
In id., pp. 254-61.

4853 LE ROUX (Françoise): Aspects de la fonction guerrière chez les Celtes.
In Ogam 17, 1965, pp. 175-88 [no more publ.].

4854 GUYONVARC'H (Christian-J.) *tr.*: La Conception de Cúchulainn.
In Ogam 17, 1965, pp. 363-91.
1. version 1 (LU, Eg. (1)); 2. version 2 (Eg.), al. *Feis tige Becfholtaig*. Annexe: FTB, as in MS R.I.A. D iv 2 (v. Best[1] 89). With notes.
Commentaire du texte, par Françoise LE ROUX, *in* id., pp. 393-410.

4855 LE ROUX (Françoise): Notennoù ha prederiadennoù diwar-benn an doue Manannan.
In id., pp. 427-8; 18, 1966, pp. 168-72, 522-4 [no more publ.]. (Notennoù a relijionouriezh (3, 4), no. 8)

4856 LANTIER (Raymond): Keltische Mythologie.
In Wörterbuch der Mythologie. Hg. von H. W. Haussig. Stuttgart: E. Klett. 1. Abt., (5. Lieferung, [n.d.]), pp. 99-162. pls.
Review by

4857 SONDEREGGER (Stefan), *in* ZCP 30, 1967, pp. 364-5.

4858 REES (Alwyn D.): Modern evaluations of Celtic narrative tradition.
In 467 [2nd ICCS], (no. 2), pp. 29-61.

4859 LITTLETON (C. Scott): The new comparative mythology. An anthropological assessment of the theories of Georges DUMÉZIL.
Berkeley, Los Angeles: U.Ca.P., 1966. xiii + 242 pp.
v. esp. pp. 157-64 ('The disciples and the critics: the celticists').

4860 GUYONVARC'H (Christian-J.) *tr.*: Le Rêve d'Óengus.
In Ogam 18, 1966, pp. 117-31.
Aislinge Oenguso (v. Best[2] 1054); with notes.
Commentaire du texte, par Françoise LE ROUX, *in* id., pp. 132-50.

4861 LE ROUX (Françoise): La science et ses erreurs.
In id., pp. 337-40. (Notes d'histoire des religions (13), no. 40)
ad A. REES, Modern evaluations of Celtic narrative tradition, 1966.

4862 GUYONVARC'H (Christian-J.) *tr.*: La Mort de Cúchulainn. Version A.
In id., pp. 343-64.
<small>*Brislech mór Maige Murthemni* (LL); with notes.</small>
Commentaire du texte, par Françoise LE ROUX, *in* id., pp. 365-99.

4863 LE ROUX (Françoise): Remarques sur le taureau à trois cornes.
In id., pp. 509-10. (Notes d'histoire des religions (15), no. 42)
<small>ad *lón láith.*</small>

4864 CHADWICK (Nora K.): Celtic religion and mythology and the literature of the Otherworld.
In 521 [Celtic realms], (chap. 7), pp. 128-50.

4865 ROSS (Anne): Pagan Celtic Britain. Studies in iconography and tradition.
London: Routledge & K. Paul; N.Y.: Columbia U.P., 1967. xxxiii + 433 pp. illus.

4866 GUYONVARC'H (Christian-J.): Irlandais *orc treith* 'fils de roi'; celtique continental *orc-*.
In Ogam 19, 1967, pp. 233-9. (Notes d'étymologie et de lexicographie gauloises et celtiques (27), no. 116)
<small>Discussion of the homonyms *orc* and *triath.*</small>

4867 ———— : Celtique commun **Letavia*, gaulois *Letavis*, irlandais *Letha*; la porte de l'Autre monde.
In id., pp. 490-4; 20, 1968, p. 195. (id. (28), no. 133)
<small>Also on *Succat (mac Calpuirn).*</small>

4868 LE ROUX (Françoise): Questions de terminologie: 1. Tradition et religion; 2. Mythe et épopée.
In Celticum 16, 1967, pp. 239-56. (Notes d'histoire des religions (18), no. 51)

4869 CHADWICK (Nora K.): The borderland of the spirit world in early European literature.
In Trivium 2, 1967, pp. 17-36.

4870 DUMÉZIL (Georges): Mythe et épopée.
Paris: Gallimard, 1968-71- . 2 voll. (Bibliothèque des sciences humaines)

4871 LE ROUX (Françoise): La mythologie irlandaise du Livre des conquêtes.
In Ogam 20, 1968, pp. 381-404.

4872 DUMÉZIL (Georges): Idées romaines.
Paris: Gallimard, 1969. 305 pp.

4873 WATKINS (Calvert): Studies in Indo-European legal language, institutions, and mythology.
In 480 [I.E. & I.E.s], (no. 16), pp. 321-54.
<small>4. An Indo-European god of exchange and reciprocity?</small>

4874 PUHVEL (Jaan): Mythological reflections of Indo-European medicine.
In id., (no. 18), pp. 369-82.

G NARRATIVE LITERATURE

4875 ———— : Aspects of equine functionality.
In 524 [Myth and law], pp. 159-72.

4876 MAC CANA (Proinsias): Celtic mythology.
London [etc.]: Hamlyn, 1970. 141 pp. illus.

G 1.2 **Mythological cycle**

4877 MACNEILL (Máire): The legends of the false god's daughter.
In JRSAI 79, 1949, pp. 100-9.
Marbhna Phádraig (Marbhna Áine, M. Anna) and Altram tige dá medar.

4878 DOBBS (M.E.): The date and shaping of *Oidhe chlainne Lir*.
In id., pp. 236-7.

4879 CARNEY (James): 'Suibhne Geilt' and 'The children of Lir'.
In Éigse 6, 1948/52, (pt. 2, 1950), pp. 83-110.
Republ. with changes in 495 [SILH], (chap. 4), pp. 129-64.

4880 GUYONVARC'H (Christian-J.) *tr.*: La Mort tragique des enfants de Tuireann.
In Ogam 16, 1964, pp. 231-56; 17, 1965, pp. 189-92.
Cf. R. J. O'Duffy's ed. (Best¹ 83); with a Fr. tr. of the Latin fragm. (*in* Éigse 1.249ff).

4881 ———— *tr.*: Le Rêve d'Óengus.
In Ogam 18, 1966, pp. 117-31.
Aislinge Oenguso (v. Best² 1054); with notes.
Commentaire du texte, par Françoise LE ROUX, *in* id., pp. 132-50.

4882 ———— *tr.*: La nourriture de la maison des deux gobelets.
In Celticum 18, 1969, pp. 315-43.
Altrom tige dá medar (cf. Best² 1055-6).

Tochmarc Étaíne

4883 THURNEYSEN (Rudolf): Tochmarc Étaíne.
In ZCP 22, 1941, pp. 3-23.
Incl. criticism of ed. by O. BERGIN & R. I. BEST (Best² 1067).

4884 DOBBS (M. E.): The silver basin of Étaín.
In ZCP 24, 1954, (H. 3, 1953), pp. 201-3.

4885 MURPHY (Gerard) *ed.*: *A Bé Find, in rega lim*.
In 5520 [EILyr.], (41. Fair lady, will you go with me?), pp. 104-7.
Late 9th c. Part of the third *Tochmarc Étaíne* (v. Ériu 12.180). Text based on LU.

4886 DILLON (Myles): Tochmarc Étaíne.
In 507 [Irish sagas], (no. 1), pp. 11-23.

4887 Ó CURRÁIN (Donnchadh): Tochmarc Étaíne.
In IMN 1962, pp. 89-96.

4888 GUYONVARC'H (Christian-J.) *tr.*: La Courtise d'Étain.
In Celticum 15, 1966, pp. 283-327.
Tochmarc Étaíne (v. Best² 1067), with notes.
Annexe 1: tr. of the version in Eg. 1782 (ed. Windisch, v. Best¹ 84); 2: tr. of CINAED ua Artacáin's poem on Brugh na Bóinne (*Secht o.f.n.*, v. Best² 1068a).

Annexes étymologiques (pp. 377ff): 1. *Nechtan* (**Nept-ono-*) ou le 'fils de la soeur'.

Commentaire du texte, par Françoise LE ROUX, *in* id., pp. 328-75.

catha Maige Tuired

4889 DUMÉZIL (Georges): Servius et la Fortune: essai sur la fonction sociale de louange et de blâme et sur les éléments indo-européens du *cens* romain.
Paris: Gallimard, 1943. 246 pp. (Les mythes romains, 2)
chap. 3: La déposition du roi Bress et l'invention de la satire.

4890 Ó CUÍV (Brian) *ed.*: Cath Muighe Tuireadh. The Second battle of Magh Tuireadh.
Dublin: D.I.A.S., 1945. 80 pp.
From MS R.I.A. 24 P 9; with Engl. summary, notes and glossary. Ling. analysis (some Connacht dialectal features); comparison with the earlier version [Best[1] 83].

Reviews by

4891 O C[ATHÁIN] (S.), *in* Studies 35, 1946, pp. 124-5.
4892 LUGH [*pseud.*], *in* IER 67, 1946, p. 69.
4893 O DALY (Máirín), *in* IHS 5, 1946/47 (1947), pp. 89-91.
4894 O'RAHILLY (Thomas F.): Mag Tuired.
In 482 [EIHM], (App. 4), pp. 388-90.

4895 Ó CUÍV (Brian) *ed.*: Fragments of a Modern Irish version of the First battle of Magh Tuireadh.
In Celtica 1, 1950, (no. 1, 1946), pp. 111-7.
Two fragments from MS Franc. A 33, corr. to §§15-16, 48-9 of Fraser's edition (Best[2] 1058).

4896 EVEN (Arzel) *tr.*: La Bataille de Mag Tured.
In Ogam, no. 2, Sept. 1948 – vol. 2, n.s., 1950, (no. 7).
Cath Maige Tured (ed. Stokes, 1891).

4897 ——— : Les Fomoire.
In Ogam, no. 3, n.s., 1949, pp. 10-4.

4898 Ó CUÍV (Brian) *ed.*: Lugh Lámhfhada and the death of Balar ua Néid.
In Celtica 2, 1954, (pt. 1, 1952), pp. 64-6.
Summary of the Second battle of Magh Tuireadh, from MS T.C.D. H 4 25.

4899 MURPHY (Gerard): Notes on *Cath Maige Tuired*.
In Éigse 7, 1953/55, (pt. 3, 1954), pp. 191-8, 204 [add.].

4900 Ó CUÍV (Brian): Cath Maige Tuired.
In 507 [Irish sagas], (no. 2), pp. 24-37.

4901 GUYONVARC'H (Christian): Le *cró Logo* ou 'enclos de Lug', enclos sacré ou parc à bétail?
In Ogam 13, 1961, pp. 587-92. (Notes d'étymologie et de lexicographie gauloises et celtiques (12), no. 45)
cf. Ogam 16.453ff.

4902 GRICOURT (Jean): L'"enclos" du dieu Lug.
In Latomus 20, 1961, pp. 79-84.

4903 LE ROUX (Françoise): 'L'enclos du dieu Lug.'
In Ogam 16, 1964, pp. 453-6. (Notes d'histoire des religions (10), no. 21)
ad J. GRICOURT (*in* Latomus 20, 1961).

G 1.3 Echtra, Imram

4904 JACKSON (Kenneth) *ed.*: The Adventure of Laeghaire mac Crimthainn.
In Speculum 17, 1942, pp. 377-89.
Prose parts dated to 2nd h. 9th c. Text from LL with variants from BLism (which lacks the verse). With Engl. transl. and notes.

4905 HULL (Vernam) *ed.*: *Echtra Cormaic maic Airt*, 'The Adventure of Cormac mac Airt'.
In PMLA 64, 1949, pp. 871-83.
From F, with Engl. transl.

4906 MARCUS (G. J.): Irish pioneers in ocean navigation of the Middle Ages.
In IER 76, 1951, pp. 353-63, 469-79.

4907 HUGHES (Kathleen): On an Irish litany of pilgrim saints compiled c. 800.
In AB 77, 1959, pp. 305-31.
Beg.: *Trí choicait curach di ailithrib Roman* ...; v. Ch. Plummer *ed.*, Irish litanies, 1925 (Best² 1875): (no. 8), pp. 60-7.

4908 ───── : The changing theory and practice of Irish pilgrimage.
In JEH 11, 1960, pp. 143-51.

4909 HAUG (Walter): Vom Imram zur Aventiure-Fahrt.
In Wolfram-Studien. Hg. v. W. Schröder. Berlin: E. Schmidt, 1970. (Veröffentlichungen der Wolfram von Eschenbach-Gesellschaft) pp. 264-98.

Imram Brain

cf. G 3.10 Mongán mac Fiachna.

4910 HULL (Vernam): Old and Middle Irish *do-sná*.
In Lg 17, 1941, pp. 152-5.
Incl. discussion of Imr.Brain §4.

4911 MURPHY (Gerard) *ed.*: *Ca[í]ni amra laisin mBran*.
In 5520 [EILyr.], (39. Manannán, god of the sea, describes his kingdom to Bran and predicts the birth of Mongán), pp. 92-101.
8th c. Imr. Brain, §§33-60. From MS R.I.A. 23 N 10.

4912 GUYONVARC'H (Christian-J.) *tr.*: La Navigation de Bran fils de Febal.
In Ogam 9, 1957, pp. 304-9.
Immram Brain (v. Best² 1253).

4913 HULL (Vernam): A passage in *Imram Brain*.
In ZCP 28, 1960/61, pp. 256-7.
ad Imr.Brain §50 (cf. EILyr. p. 96).

4914 ———: Early Irish *geldod*.
In ZCP 29, 1962/64, (H. 1/2, 1962), pp. 177-8. (Miscellanea Celtica, no. 5)
From *gel* + *doth*, 'fair procreation', in *Ca[í]ni amra laisin mBran*, of *Imram Brain* (v. EILyr., p. 95, q. 5).

4915 GREENE (David) & O'CONNOR (Frank) eds. & trs.: *Caíne amrae lassin mBran*.
In 5542 [Golden treasury], (8. The two worlds), pp. 44-7.
From the Voyage of Bran; cf. Best² 1253.

Imram Maíle Dúin

cf. F 4.2 Comparative literature: Brendan.

4916 HAMEL (A. G. van): De legende van Sint Brandaen en Maeldúin's Zeereis.
In Album René Verdeyen. Bruxelles: Éditions A. Manteau; Den Haag: Nijhoff's U.Mij., 1943. pp. 351-7.

4917 MURPHY (Gerard) ed.:
Ráisit d'inis nárbo dermar. By ÁED FINN.
In 5520 [EILyr.], (40. The island protected by a bridge of glass), pp. 100-5.
Ca. 920. *Imr. Maíle Dúin*, poem 17 (A. G. van Hamel, Immrama, 1941, pp. 63f). From MSS YBL and B.M. Harl. 5280.

4918 SELMER (Carl) ed.: *Navigatio sancti Brendani abbatis* from early Latin manuscripts.
Notre Dame (Ind.): University of Notre Dame Press, 1959. li + 132 pp. (= Publications in mediaeval studies, vol. 16)
Review by
4919 CARNEY (J.), in MAe 32, 1963, pp. 37-44.

4920 OSKAMP (Hans Pieter Atze) ed.: The Voyage of Máel Dúin. A study in early Irish voyage literature, followed by an edition of *Immram curaig Máele Dúin* from the Yellow book of Lecan in Trinity College, Dublin.
Groningen: Wolters-Noordhoff, 1970. xi + 202 pp.

G 2   ULSTER CYCLE

4921 WEISWEILER (Josef): Die Kultur der irischen Heldensage.
In Paideuma 4, 1950, pp. 149-70.

4922 ———: Vorindogermanische Schichten der irischen Heldensage.
In ZCP 24, 1954, (Hefte 1/2, 3, 1953), pp. 10-55, 165-97.

4923 MURPHY (Gerard): Saga and myth in ancient Ireland.
Dublin: (for C.R.C.I.) C. O Lochlainn (Three Candles), 1955 (repr. 1961). 64 pp. (= Irish life and culture, vol. 10)
Add. t.-p.: Laochra, ríthe agus déthe. Gearóid Ó MURCHADHA do scríobh. — Cf. 4102.
New edition Foreword by Nessa Ní SHÉ. Cork: Mercier, 1971. 75 pp.

G NARRATIVE LITERATURE

4924 CARNEY (James): Studies in Irish literature and history.
Dublin: D.I.A.S., 1955. xi + 412 pp.
> 1. Composition and structure of *TBF*; 2. *Táin bó Fraích* and *Táin bó Cuailnge*; 3. The Irish element in *Beowulf*; 5. The *Vita Kentegerni* and the Finding of the Táin; 6. The Irish affinities of Tristan; 8. The external element in Irish saga; etc.

4925 Ó CADHLAIGH (Cormac) *tr.*: An Rúraíocht.
B.Á.C.: Oifig an tSoláthair, 1956. xiii + 510 pp.

4926 GUYONVARC'H (Christian-J.) & LE ROUX (Françoise): L'épopée irlandaise du cycle d'Ulster.
In La Table ronde 132, Déc. 1958, pp. 128-39.

4927 JACKSON (Kenneth Hurlstone): The oldest Irish tradition: a window on the Iron Age.
Cambridge: U.P., 1964. 56 pp. (= Rede lecture, 1964)

4928 KINSELLA (Thomas) *tr.*: The *Táin*.
With brush drawings by Louis de Brocquy.
Dublin: Dolmen, 1969. vii + 295 pp. pls. (maps, MSS pp.) (= Dolmen editions, 9)
> Transls. of *Do fallsigud Tána bó Cuailnge, Compert Conchoboir, Noínden Ulad, Longes mac nUislenn, Compert Con Culainn, Tochmarc Emire, Aided oenfir Aife, De chophur in dá muccida, Táin bó Cuailnge* (conflation of Táin and TBC²).

Republ. London, N.Y.: O.U.P., 1970. xxvii + 283 pp. maps

4929 MARTIN (B. K.): Old Irish literature and European antiquity.
In Aspects of Celtic literature. Sydney: U.P., 1970. (= Australian Academy of the Humanities: monograph, no. 1) pp. 9-24.

4930 WEISWEILER (Josef): Keltische Frauentypen.
In Paideuma 2, 1941/43, pp. 1-19.
A portrait of Medb.

4931 O'RAHILLY (Thomas F.): Togail bruidne Da Choca.
In 482 [EIHM], pp. 130-40.

4932 HULL (Vernam): *tlenaid*.
In Lg 25, 1949, pp. 136-7. (Miscellanea linguistica Hibernica, no. 8)
Redupl. pret., *-tíuil*, in The Deaths of Lugaid and Derbforgaill (Ériu 5.209.39).

4933 DOBBS (Maigréad Ní C.) *ed.*: Agallamh Leborchaim.
In ÉtC 5, 1949/51, (fasc. 1), pp. 154-61.
Part of *Talland Étair*; from LL (*LL* 13423-79).

4934 BINCHY (D. A.) *ed.*: The saga of Fergus mac Léti.
In Ériu 16, 1952, pp. 33-48.
Echtra Fergusa maic Léti (dated to 8th c.), from MS T.C.D. H 3 18 (also diplom. text from B.M. Harl. 432). 7th c. poem, *Tīr boře* (?) *Chuind chētchoraig*, reconstructed from MSS Harl. 432, H 3 17, etc. With Engl. trs. and notes.

4935 DOBBS (M. E.): Who were the Gamanrad?
In JRSAI 83, 1953, pp. 103-5.
as in *Táin bó Flidaise*.

4936 DUMÉZIL (Georges): Le trio des Macha.
In RHR 146, 1954, pp. 5-17.

4937 HUGHES (Felix J.): Eamhain Macha.
In SAM 1, no. 2, 1955, pp. 1-10. pls.

4938 O'BRIEN (M. A.): *cot acallaim*.
In Celtica 4, 1958, pp. 98-9. (Short notes, no. 3)
    'when talking to anybody', with 2 sg. for indefinite pron., in *Talland Étair* (RC 8.60).

4939 GUYONVARC'H (Christian-J.) *tr.*: La Mort violente de Celtchar fils d'Uthechar.
In Ogam 10, 1958, pp. 371-80.
    Aided Celtchair meic Uthechair (v. Death-tales, no. 3), with notes. Annexe: tr. of LL fragm. (*LL* 13720-62).

4940 BINCHY (D. A.): Echtra Fergusa maic Léti.
In 507 [Irish sagas], (no. 3), pp. 38-50.

4941 O'BRIEN (M. A.): Fled Bricrenn.
In id., (no. 5), pp. 66-78.

4942 GUYONVARC'H (Christian-J.) *tr.*: La Mort violente de Loegaire Victorieux.
In Ogam 11, 1959, pp. 423-4.
    Aided Loegairi Buadaig (v. Death-tales, no. 2); with notes.

4943 —— *tr.*: La Conception des deux porchers.
In Ogam 12, 1960, pp. 73-90.
    De chophur in da muccida (as in MS Eg. 1782, v. Best[1] 90); with notes. Annexe: Fr. transl. of *Am gáeth i mmuir* (as in LGÉ v 110).

4944 —— *tr.*: Le Meurtre de Fergus fils de Roeg.
In id., pp. 344-8.
    Aided Fergusa maic Roich, with notes; v. Death-tales, no. 4.

4945 —— *tr.*: L'Ivresse des Ulates (*Mesca Ulad*).
In id., pp. 487-506; 13, 1961, pp. 343-60.
Also in Celticum 2, 1962, 38 pp.
    With notes; cf. Best[2] 1127.

4946 ALDRIDGE (R. B.): The routes described in the story called *Táin bó Flidhais*.
In JRSAI 91, 1961, pp. 117-27, 219-28; 92, 1962, pp. 21-39. maps

4947 Ó BROIN (Tomás): What is the 'debility' of the Ulstermen?
In Éigse 10, 1961/63, (pt. 4), pp. 286-99.
    On *(cess) noí(n)den Ulad*.

4948 HULL (Vernam) *ed.*: Ces Ulad. The affliction of the Ulstermen.
In ZCP 29, 1962/64, (H. 3/4, 1964), pp. 305-14.
    From MS B.M. Harl. 5280; with Engl. transl. and notes.

4949 ——: -*mét* and its unstressed form -*mat*.
In id., pp. 316-9. (Varia Hibernica, no. 2)
    sg. pret. pass. of *muinithir*, in The Deaths of Lugaid and Derbforgail (Ériu 5.209.41).

4950 ——: -*tíuil*.
In id., pp. 319-20. (id., no. 3)
    3 sg. pret. of *tlenaid*, in The Deaths of Lugaid and Derbforgaill (Ériu 5.209.39).

4951 Ó Cuív (Brian): Cormac Conn Loinges.
In Éigse 11, 1964/66, (pt. 3, 1965/66), pp. 179-83. (Some items from Irish tradition, no. 2)
Togail bruidne Da Choca.

4952 GREENE (David) & O'CONNOR (Frank) eds. & trs.: *Ráithe fó foiss fogamar.*
In 5542 [Golden treasury], (33. The four seasons), pp. 140-3.
Four poems from *Aígidecht Aithirni*, from MSS LL, B.M. Harl. 5280, and R.I.A. 23 N 10; cf. Best² 1173, 1173a.

4953 Ó BROIN (Tomás): The word *cess*.
In Éigse 12, 1967/68, pp. 109-14.

4954 HULL (Vernam) ed.: *Noínden Ulad* : The Debility of the Ulidians.
In Celtica 8, 1968, pp. 1-42.
1st h. 9th c. (on the basis of linguistic analysis); critical variorum edition, Engl. transl., notes.

Review by

4955 Ó CONCHEANAINN (Tomás), *in* Éigse 13, 1969/70, pp. 246-7.

4956 Ó BROIN (Tomás): The word *noínden*.
In Éigse 13, 1969/70, pp. 165-76.

Scéla mucce Meic Da Thó

4957 THURNEYSEN (Rudolf): *dos-beir mod*.
In ZCP 22, 1941, p. 29. (Irisches, no. 4)
Construction is either *dos-beir (i) mud* (as in ScMM² §3), or *do-beir mod do*.

4958 BOLELLI (Tristano) tr.: Storie del porco di Mac Dathó (Scéla mucce Meic Dathó). Testo epico antico irlandese.
Pisa: Arti Grafiche Tornar, 1946. 125 pp.
With text of Thurneysen's ed., 1935 (Best² 1134), and glossary.

4959 WILLIAMS (J. E. Caerwyn) tr.: Chwedl mochyn Mac Dathó.
In Welsh anvil 4, 1952, pp. 118-26.
Welsh transl. of -id.-

4960 EVEN (Arzel) tr.: Histoire du cochon de Mac Datho.
In Ogam 5, 1953, pp. 7-10, 50-3.

4961 B[REATNACH] (R. A.): Ad ScMMD §6.3.
In Éigse 7, 1953/55, (pt. 4), p. 266.

4962 CHADWICK (Nora K.): Scéla mucce Meic Dathó. The Story of Mac Dathó's pig.
In SGS 8, 1958, pp. 130-45.

4963 ———— : Scéla muicce Meicc Da Thó.
In 507 [Irish sagas], (no. 6), pp. 79-93.

4964 MEYER (Robert T.): A re-reading of Rawlinson B 512, f. 105b2-108a2.
In Trivium 1, 1966, pp. 183-4.
Collation of ScMM².

Conchobar

4965 HULL (Vernam) ed.: How Conchobar gained the kingship of Ulster.

G NARRATIVE LITERATURE

In ZCP 25, 1956, pp. 243-5.
>Text from BB (cf. *Scéla Conchobair maic Nessa,* Best¹ 93).

4966 SZÖVÉRFFY (Josef): Irisches Erzählgut im Abendland. Studien zur vergleichenden Volkskunde und Mittelalterforschung.
Berlin: E. Schmidt, 1957. ix + 193 pp.
>II. Heldensage und Heiligenlegende (2. Die Herkunft einer Heldensage [*Aided Chonchobuir*]).

4967 GUYONVARC'H (Christian J.) *tr.*: Le Meurtre de Conchobar.
In Ogam 10, 1958, pp. 129-38.
>*Aided Conchobuir* (cf. LL 14297 389); with notes.

4968 ——— *tr.*: La Naissance de Conchobar. Version A.
In Ogam 11, 1959, pp. 56-65.
>LL 12421-566 (cf. *Scéla Conchobair maic Nessa,* Ériu 4. 18ff).

4969 ——— *tr.*: La Naissance de Conchobar (version C).
In id., pp. 335-6.
>*Compert Conchobuir* (v. Best² 1114).

4970 ——— *tr.*: La Conception de Conchobar (version B).
In Ogam 12, 1960, pp. 235-40.
>*Compert Conchobuir,* as in MS R.I.A. D iv 2 (v. Best¹ 89).

4971 O DALY (Máirín) *ed.*: Lānellach tigi rīch 7 ruirech.
In Ériu 19, 1962, pp. 81-6.
>Old Irish alliterative text on the seating arrangement in Conchobar's household, from MS N.L. G 7; Engl. transl., notes.

Longas mac nUislenn

4972 WEISWEILER (Josef): Deirdriu und Gráinne.
In Paideuma 2, 1941/43, (H. 4/5, 1942), pp. 197-223.

4973 HULL (Vernam) *ed.*: Longes mac nUislenn. The Exile of the sons of Uisliu.
N.Y.: M.L.A.A.; London: O.U.P., 1949. ix + 187 pp. (= Monograph series, 16)
>Reconstituted text, based mainly on LL. Ling. analysis; Engl. transl., notes, vocabulary. Intended as an introd. to M.I.

Reviews by

4974 O DALY (Máirín), *in* Béaloideas 19, 1949 (1950), pp. 196-207.
4975 BINCHY (D. A.), *in* Éigse 6, 1948/52, (pt. 2, 1950), pp. 182-5.
4976 M[URPHY] (G.), *in* Studies 39, 1950, pp. 108-9.
4977 MERONEY (Howard), *in* MLN 67, 1952, pp. 61-3.
4978 BEVAN (Hugh P.): The topography of the Deirdre story.
In BUPNS 5, 1957, (pt. 1), pp. 1-5.

4979 QUIN (E. G.): Longas mac nUisnig.
In 507 [Irish sagas], (no. 4), pp. 51-65.

4980 Ó BUACHALLA (Breandán) *ed.*: Imthiacht Dheirdre la Naoise agus oidhe chloinne Uisneach.
In ZCP 29, 1962/64, (H. 1/2, 1962), pp., 114-54.
>A modern, linguistically mixed, version. From MS Belfast 37 (wr. 1805-9 by Samuel Bryson); collection of dialectal east Ulster features.

4980a FACKLER (Herbert V.): Nineteenth-century sources for the Deirdre legend.
In Éire-Ireland 4, 1969, uimh. 4, pp. 56-63.

G NARRATIVE LITERATURE

Táin bó Fraích

4981 MATHESON (Angus): A proposed emendation in *Táin bó Fraích*.
In Éigse 5, 1945/47 (1948), (pt. 3, 1946), p. 157.
On TBFr 403f. Further on *(ó) néimh* [sic leg.] *an tsneachta*, TSh (Bergin) 9841.

4982 CARNEY (James): A sentence in *Táin bó Fraích*.
In Celtica 1, 1950, pp. 300-1. (Miscellanea, no. 2)
TBFr, ll. 6f.

4983 ———— *ed.*: *Carn Fraoich soitheach na saorchlann*.
In Celtica 2, 1954, (pt. 1, 1952), pp. 154-94.
Diplom. text from BUíM and normalized text (E.Mod.I.); with Engl. transl.

4984 HULL (Vernam): *ben taithigi na báu*.
In ZCP 24, 1954, (H. 1/2, 1953), pp. 122-3. (Noticulae de lingua Hibernica, no. 3)
lit. 'woman of tending of the cows', with omission of nasalization (*mbáu*), in TBFr 395.

4985 CARNEY (James): Studies in Irish literature and history.
Dublin: D.I.A.S., 1955. xi + 412 pp.
1. Composition and structure of *TBF*; 2. *Táin bó Fraích* and *Táin bó Cuailnge*; 3. The Irish element in *Beowulf*; 6. The Irish affinities of Tristan.
Review by

4986 MURPHY (Gerard), *in* Éigse 8, 1956/57, pp. 152-64.

4987 CARNEY (James): The ecclesiastic background to Irish saga.
In 441 [Arctica], pp. 221-7.
Esp. *Táin bó Fraích*.

4988 JACKSON (Kenneth Hurlstone): The sources for the Life of St Kentigern.
In 505 [SEBC], (no. 6), pp. 273-357.
App. 2: on J. CARNEY's views (*in* SILH) of its relationship to *Táin bó Fraích*.

4989 GUYONVARC'H (Christian-J.) *ed.*: Táin bó Fráech.
In Ogam 16, 1964, pp. 485-8; 17, 1965, pp. 205-8, 429-32; 18, 1966, pp. 173-6, 413-6, 525-8 [no more publ.]. (Dornlevr an iwerzhoneg krenn, no. 1)
With Breton transl. and extensive notes in Breton; intended as an introd. to M.I.

4990 ———— : Le druide (**dru-(^{u})id-es*) et le fou (**dru-to-s*).
In Ogam 18, 1966, pp. 109-11. (Notes d'étymologie et de lexicographie gauloises et celtiques (23), no. 99)
Ad TBFr ll. 38-41.

4991 MEID (Wolfgang) *ed.*: Táin bó Fraích.
Dublin: D.I.A.S., 1967. xxviii + 74 pp. (= MMIS, vol. 22)
Based on LL; with notes and vocabulary.
Reviews by

4992 Ó RIAIN (Pádraig), *in* StH 8, 1968, pp. 180-2.

4993 Ó CATHÁIN (Próinséas Ní Chatháin), *in* Éigse 13, 1969/70, pp. 74-7.

4994 MEID (Wolfgang): Die handschriftliche Überlieferung der *Táin bó Froích*.
In ZCP 30, 1967, pp. 21-41.

4995 ———— ed.: Die Romanze von Froech und Findabair. Táin bó Froích. Altirischer Text, mit Einleitung, deutscher Übersetzung, ausführlichem philologisch-linguistischen Kommentar und Glossar.
Innsbruck: I.G.P.K., 1970. 243 pp. (= IBK, Sonderheft 30)
Editio minor [MS trad., text, variants, glossary]: [same pagin.] (= Sonderheft 30a)
Reconstructed text (from 4 + 1 MSS).
Review by
4996 Ó Riain (Pádraig), *in* StH 10, 1970, pp. 170-2.

Cú Chulainn

4997 Dumézil (Georges): Horace et les Curiaces.
Paris: Gallimard, 1942. 142 pp. (Les mythes romains, 1)
chap. 2: Cúchulainn.

4998 McClintock (H. F.): Cuchullain's hair.
In JRSAI 78, 1948, pp. 184-5.

4999 Mayrhofer-Passler (E.): Sētanta Cūchulinn und der Genius cucullatus.
In JCS 2, 1958, (no. 1, 1953), pp. 26-31.

5000 Hull (Vernam): Cú Chulainn's feats.
In id., pp. 43-4.

5001 Szövérffy (Joseph): *Siaburcharpat Conculainn*, the Cadoc-legend, and the Finding of the Táin.
In BBCS 17, 1958, (pt. 2, 1957), pp. 69-77.

5002 Le Roux (Pierre): Les arbres combattants et la forêt guerrière. Le mythe et l'histoire.
In Ogam 11, 1959, pp. 1-10, 185-205 [no more publ.].
3 (pp. 195ff): Les enfants de Calatin.

5003 Guyonvarc'h (Christian-J.) *tr.*: La Courtise d'Emer, d'après la version du MS Rawlinson B 512 (version A).
In id., pp. 413-23.
Tochmarc Emire (v. Best[1] 98); with notes.

5004 ———— *tr.*: La Mort de Cúchulainn (version B).
In Ogam 13, 1961, pp. 507-20; 14, 1962, pp. 493-508, 625-34.
Also in Celticum 7, 1962, 40 pp.
Aided Con Culainn (v. Best[2] 1090); with notes.

5005 ————: L'anthroponyme irlandais *Setanta* et les *Setantii*.
In Ogam 13, 1961, pp. 592-8. (Notes d'étymologie et de lexicographie gauloises et celtiques (12), no. 46)

5006 ———— *tr.*: La Mort de Cúchulainn. Version A.
In Ogam 18, 1966, pp. 343-64.
Brislech mór Maige Murthemni (LL); with notes.
Commentaire du texte, par Françoise Le Roux, *in* id., pp. 365-99.

5007 Cormier (Raymond J.): Early Irish tradition and memory of the Norsemen in the Wooing of Emer.
In StH 9, 1969, pp. 65-75.

Compert Con Culainn

5008 [EVEN (Arzel)] *tr.*: La Conception de Cuchulainn.
In Ogam 4, 1952, pp. 273-6.
Version Eg. (2).

5009 EVEN (Arzel) *tr.*: La Conception de Cuchulainn, selon le Libur Dromma Snechta.
In Ogam 5, 1953, pp. 313-4.

5010 HULL (Vernam) *ed.*: The version of *Compert Con Culainn* in MS Phillipps G 7.
In ZCP 24, 1954, (H. 1/2, 1953), pp. 128-31.
MS N.L. G 7.

5011 GUYONVARCH (Christian-J.) *tr.*: La Conception de Cúchulainn.
In Ogam 17, 1965, pp. 363-91.
1. version 1 (LU, Eg. (1)); 2. version 2 (Eg.), al. *Feis tige Becfholtaig*. Annexe: FTB, as in MS R.I.A. D iv 2 (v. Best[1] 89). With notes.
Commentaire du texte, par Françoise LE ROUX, *in* id., pp. 393-410.

Serglige Con Culainn

5012 DILLON (Myles) *ed.*: Serglige Con Culainn.
Columbus (Ohio): H. L. Hedrick, 1941. xii + 115 pp.
With Engl. tr., notes and vocabulary.
Review by

5013 JACKSON (Kenneth), *in* Speculum 20, 1945, pp. 352-4.

5014 DILLON (Myles) *ed.*: The Trinity College text of *Serglige Con Culainn*.
In SGS 6, 1949, pp. 139-75; 7, 1953, p. 88 [corrigenda].
MS H 4 22; some readings from LU.

5015 ———— *tr.*: The Wasting sickness of Cú Chulainn.
In SGS 7, 1953, (pt. 1, 1951), pp. 47-88.
Transl. of the H 4 22 text; notes.
Review by

5016 M[URPHY] (G.), *in* Béaloideas 20, 1950 (1952), pp. 192-4.

5017 DILLON (Myles) *ed.*: Serglige Con Culainn.
Dublin: D.I.A.S., 1953. xviii + 93 pp. (= MMIS, vol. 14)
Text based on LU; notes, vocabulary.
Reviews by

5018 CARNEY (Maura), *in* Éigse 7, 1953/55, (pt. 4), pp. 281-5.
5019 MERONEY (Howard), *in* JCS 2, 1958, pp. 243-6.
5020 P[OKORNY] (J.), *in* ZCP 27, 1958/59, p. 319.
5021 O'BRIEN (M. A.): Two passages in *Serglige Con Culainn*.
In Celtica 2, 1954, pp. 346-9.
(1) §42 (SGS 6, 1949) *do ríg ilchrothaig*, and the influence of fem. *ā*-stems on certain conson. stems; (2) §48 *ro indis dó Coin Culainn amal ro baí*, as an ex. of the construction that after verbs of relating, etc., the person or thing about which the information is given is put as direct object after the verb.

5022 MURPHY (Gerard) *ed.*: *Ránacsa, rem rebrad rān*.
In 5520 [EILyr.], (42. Lóeg's description to Cú Chulainn of Labraid's home in Mag Mell), pp. 106-11.
Late 11th c. *Serglige Con Culainn*, §33 (ed. M. Dillon, 1953). Text from LU.

5023 POKORNY (J.): On a passage in *Serglige Con Culainn*.
In Celtica 3, 1956, pp. 309-10. (Miscellanea Celtica, no. 4)
_{*áildiu innaib* (SCC² 187) contains *indaíb*, dat.pl. of *indúa*; transl. 'most beautiful descendant'.}

5024 GUYONVARC'H (Christian J.) *tr.*: La Maladie de Cuchulainn et l'unique jalousie d'Emer.
In Ogam 10, 1958, pp. 285-310.
_{*Serglige Con Culainn* (ed. M. Dillon, 1953); with notes.}

5025 ———: Irlandais *Fand*, nom propre, *fand* 'plume, oiseau', à propos d'un jeu etymologique.
In Ogam 11, 1959, p. 440. (Notes d'étymologie et de lexicographie celtiques et gauloises (4), no. 13)

5026 HULL (Vernam): A precept in *Serglige Con Culainn*.
In ZCP 28, 1960/61, pp. 252-3.
_{ad line 295 (as ed. by M. Dillon, 1953).}

5027 GREENE (David) & O'CONNOR (Frank) eds. & *trs.*: *Fég, a Loíg, dar th'éis!*
In 5542 [Golden treasury], (30. The only jealousy of Emer), pp. 130-3.
_{Dramatic scene from SCC² 692-722.}

5028 CORMIER (Raymond): La lamentation de Fann et l'hypothèse des sources celtiques de l'amour courtois.
In MA 75, 1969, pp. 87-94.

Aided oenfir Aífe

5029 VENDRYES (J.): [ad *conmeltis ar ngrian*, in *Aided óenfir Aífe* (Best² 1101) §3].
In ÉtC 4, 1941/48, (fasc. 2, 1948), pp. 318-20. (Notes critiques sur des textes, no. 8)

5030 VRIES (Jan de): Das Motiv des Vater-Sohn-Kampfes im Hildebrandslied.
In GRM 3, 1953, pp. 257-74.
Republ. with Nachschrift *in* Zur germanisch-deutschen Heldensage. Hg. v. K. Hauck. Darmstadt: Wissenschaftliche Buchgesellschaft, 1961. (= Wege der Forschung, Bd. 14) pp. 248-73.
_{Nachschrift (pp. 273-84): shortened German version of the author's Le conte irlandais *Aided óenfir Aífe* ... (*in* Ogam 9, 1957).}

5031 GUYONVARC'H (Christian-J.) *tr.*: La Mort du fils unique d'Aífe.
In Ogam 9, 1957, pp. 115-21.
_{Fr. transl. of the YBL *Aided óenfir Aífe* (ed. A. G. van Hamel, 1933).}

5032 VRIES (Jan de): Le conte irlandais *Aided óenfir Aífe* et le thème du combat du père et du fils dans quelques traditions indo-européennes.
In id., pp. 122-38.
Shortened German version as Nachschrift *to* 5030.

5033 LEE (A. van der): Aided óenfir Aífe. Initiation oder Wanderung.
In Orbis 10, 1961, pp. 527-41.

5034 HULL (Vernam): The Death of Conla.
 In ZCP 29, 1962/64, (H. 1/2, 1962), pp. 190-1. (Notes on Irish texts, no. 5)
 Instances from *Aided óenfir Aífe* and *Cog.* of the motif of calves being prevented from sucking their mothers for a period of commemoration. Also criticism of an emendation by A. G. van HAMEL in his ed. of the former (*in* Comp.C.C. p. 14.9).

Táin bó Cuailnge

5035 KRAUSE (Wolfgang): Deutungsversuche zu einigen Stellen der *Táin*.
 In ZCP 22, 1941, pp. 133-48.
5036 O DALY (Máirín): The verbal system of the LL *Táin*.
 In Ériu 14, 1946, (pt. 1, 1943), pp. 31-139.
5037 STRACHAN (John) *ed.*: Stories from the *Táin*.
 3rd ed., revised by Osborn BERGIN.
 Dublin: (for R.I.A.) Hodges Figgis; London: Williams & Norgate, 1944. vii + 108 pp.
 1st ed. 1908 (Best[2] 1141), 2nd ed. 1928 (1142).
 From recension 1, normalised to O.I. spelling; with glossary.
5038 VENDRYES (J.): [ad TBC 2122].
 In ÉtC 4, 1941/48, (fasc. 2, 1948), pp. 317-8. (Notes critiques sur des textes, no. 7)
5039 CARNEY (James): Studies in Irish literature and history.
 Dublin: D.I.A.S., 1955. xi + 412 pp.
 2. *Táin bó Fraích* and *Táin bó Cuailnge*; 5. The *Vita Kentegerni* and the Finding of the *Táin*.
5040 FALCONER (Sheila): The verbal system of the LU *Táin*. Compiled with a view to dating the interpolated passages in this version.
 In Ériu 17, 1955, pp. 112-46 [no more publ.].
 Subst.vb. and copula.
5041 SZÖVÉRFFY (Joseph): *Siaburcharpat Conculainn*, the Cadoc-legend, and the Finding of the Táin.
 In BBCS 17, 1958, (pt. 2, 1957), pp. 69-77.
5042 GREENE (David): Táin bó Cuailnge.
 In 507 [Irish sagas], (no. 7), pp. 94-106.
5043 GUYONVARC'H (Christian J.) *tr.*: Les Exploits d'enfance de Cuchulainn, d'après la version du *Táin bó Cualnge* du Livre de Leinster.
 In Ogam 11, 1959, pp. 206-15, 325-35.
 With notes.
5044 MACLEAN (Calum I.): A folk-variant of the *Táin bó Cúailnge* from Uist.
 In Arv 15, 1959 (1960), pp. 160-81.
5045 MAC CANA (Proinsias): The origin of *Marbán*.
 In BBCS 19, 1962, (pt. 1, 1960), pp. 1-6.
5046 O'RAHILLY (Cecile) *ed.*: The Stowe version of *Táin bó Cuailnge*.
 Dublin: D.I.A.S., 1961. lxi + 283 pp.

Based on MS R.I.A. C vi 3. With notes and vocabulary; comparative analysis and variants; ling. analysis.

Review by

5047 Ó Cuív (Brian), *in* Éigse 10, 1961/63, (pt. 3, 1962/63), pp. 236-8.

Review [in Irish] *by*

5048 Mac Eoin (Gearóid S.), *in* StH 2, 1962, pp. 234-5.

5049 Guyonvarc'h (Christian-J.) *tr.*: La Razzia des vaches de Cooley (version du Lebor na hUidre).
In Ogam 15, 1963, pp. 139-60, 265-88, 393-412, 16, 1964, pp. 225-30, 463-70 [no more publ.].
With notes.

5050 Ó Fiannachta (Pádraig) *ed.*: Táin bó Cuailnge.
Dublin: D.I.A.S., 1966. xv + 97 pp.
From MS Mayn. C 1, incomplete. With comparative analysis and notes.

Reviews by

5051 Ó Riain (Pádraig), *in* StH 6, 1966, pp. 168-71.
5052 Cinsealach (S. B.), *in* Éigse 13, 1969/70, pp. 65-8.
5053 O'Rahilly (Cecile): *ciarso (carsa), ciarsat* in LL.
In Celtica 7, 1966, pp. 38-42. (Miscellanea, no. 1)
Táin 1495ff and the interrogative.

5054 —— *ed.*: *Táin bó Cúalnge* from the Book of Leinster.
Dublin: D.I.A.S., 1967 (repr. 1970). lv + 357 pp.
Distributed to members of the Irish Texts Society, as vol. 49, 1967 [without p. [357], = corrections].
With introd., Engl. transl. and notes.

Reviews by

5055 Ó Riain (Pádraig), *in* StH 8, 1968, pp. 177-80.
5056 de Búrca (Seán), *in* Lochlann 4, 1969, pp. 335-8.
5057 Cinsealach (S. B.), *in* Éigse 13, 1969/70, pp. 68-73.
5058 Kinsella (Thomas) *tr.*: The *Táin*.
With brush drawings by Louis le Brocquy.
Dublin: Dolmen, 1969. vii + 295 pp. pls. (maps, MSS pp.) (= Dolmen editions, 9)
Transls. of *Do fallsigud Tána bó Cuailnge, Compert Conchoboir, Noínden Ulad, Longes mac nUislenn, Compert Con Culainn, Tochmarc Emire, Aided oenfir Aífe, De chophur in dá muccida, Táin bó Cuailnge* (conflation of Táin and TBC²).

Republ. London, N.Y.: O.U.P., 1970. xxvii + 283 pp. maps.

5059 Boling (Bruce): Old Irish *sebortir*.
In StC 6, 1971, pp. 36-41.
Incl. restoration of the *Táin* rhetoric *All amae / na bríathraib ilib imgonam* (e.g. *LU* 5455ff), with Engl. transl. and notes.

5060 Kelleher (John V.): The *Táin* and the annals.
In Ériu 22, 1971, pp. 107-27. 2 (geneal.) tabs.

G 3 CYCLES OF THE KINGS
L 3.3 Historical romance

5061 DILLON (Myles): The cycles of the kings.
London, N.Y.: G. Cumberlege (O.U.P.), 1946. viii + 124 pp.
Review by

5062 O DALY (Máirín), *in* Éigse 5, 1945/47 (1948), (pt. 3, 1946), pp. 222-5.

5063 DOBBS (Margaret E.): Notes on the lists of Irish historic tales.
In JCS 2, 1958, (no. 1, 1953), pp. 45-58.

5064 MURPHY (Gerard): Saga and myth in ancient Ireland.
Dublin: (for C.R.C.I.) C. O Lochlainn (Three Candles), 1955 (repr. 1961). 64 pp. (= Irish life and culture, vol. 10)
Add. t.-p.: Laochra, ríthe agus déthe. Gearóid Ó MURCHADHA do scríobh. — Cf. 4102.
New edition Foreword by Nessa Ní SHÉ. Cork: Mercier, 1971. 75 pp.

5065 GREENE (David) *ed.*: *Fingal Rónáin* and other stories.
Dublin: D.I.A.S., 1955. vi + 88 pp. (= MMIS, vol. 16)
With notes and vocabulary.
Reviews by

5066 MERONEY (Howard), *in* JCS 2, 1958, pp. 250-8.
5067 P[OKORNY] (J.), *in* ZCP 27, 1958/59, p. 320.
5068 Ó FLOINN (Tomás) & MAC CANA (Proinsias) *trs.*: Scéalaíocht na ríthe.
[Illus. by] Micheál Mac Liammóir a mhaisigh.
B.Á.C.: Sáirséal & Dill, 1956. 220 pp. pls.
Mod.I. transls. of E.I. tales.

5069 Ó CUÍV (Brian): Literary creation and Irish historical tradition.
In PBA 49, 1963, pp. 233-62. (= Rhŷs lecture, 1963)
Sep. issued London: O.U.P., [n.d.]. [same pagin.]

5070 ———— : Some items from Irish tradition.
In Éigse 11, 1964/66, (pt. 3, 1965/66), pp. 167-87, 290.
1. Labraid Loingsech [incl. ed. of relevant scholia to ACC, from MS N.L. G 50; on KEATING's use of source material for the L.L. section in FF]; 2. Cormac Conn Loinges [*Togail bruidne Da Choca*]; 3. Conall Clocach [add. on p. 290].

G 3.1 Labraid Loingsech

5071 O'RAHILLY (Thomas F.): Labraid Loingsech.
In 482 [EIHM], pp. 101-17.

5072 BOLELLI (Tristano) *ed.*: La leggenda del re dalle orecchie di cavallo in Irlanda.
In 489 [Due Studi], pp. 43-98.
(1) [Labraid Lorc and his ears], from YBL (cf. RC 2.197ff); (2) [King Eochaid has horse's ears], the first part of the tale *Aided meic Díchoíme 7 cuisle Brigde* (v. Best[1] 118), from MS R.I.A. D iv 2. With Italian transl. and glossary.

5073 Ó CUÍV (Brian): Some items from Irish tradition.
In Éigse 11, 1964/66, (pt. 3, 1965/66), pp. 167-87, 290.
1. Labraid Loingsech (incl. ed. of relevant scholia to ACC, from MS N.L. G 50; on KEATING's use of source material for the L.L. section in FF].

Orgain Denna Ríg

5074 GREENE (David) *ed.*: Orgain Denna Ríg.
In 5065 [Fingal Rónáin], pp. 16-26.
Based on L.L.

5075 VENDRYES (J.) *tr.*: La Destruction de Dind Rig.
In ÉtC 8, 1958/59, pp. 7-40.
Orgain Denna Ríg (v. ed. by D. Greene, 1955); some literary and ling. discussion.

G 3.2 Conaire Mór

5076 HULL (Vernam): Of the race of Conaire Mór.
In MLN 58, 1943, pp. 32-3.
Read *conach-m[b]oceth* in *De šíl Chonairi Móir*, line 21 (v. Ériu 6.134), from *Bocaid* 'to soften; to render pliant; to manipulate'.

Togail bruidne Da Derga

5077 O'RAHILLY (Thomas F.): Togail bruidne Da Derga.
In 482 [EIHM], pp. 117-30.

5078 HULL (Vernam) *ed.*: Togail bruidne Da Derga: the Cín Dromma Snechta recension.
In ZCP 24, 1954, (H. 1/2, 1953), pp. 131-2.
Text from MS N.L. G 7.

5079 O DALY (Máirín): Togail bruidne Da Derga.
In 507 [Irish sagas], (no. 8), pp. 107-21.

5080 MAC CANA (Proinsias): On *Branwen*.
In BBCS 18, 1960, (pt. 2, 1959), pp. 180-2.
Cf. the author's 1958 monograph, (1) pp. 24ff [ad BDD² §§87-8], (2) p. 95.

5080a TREMAINE (Hadley P.): The three Saxon princes at the Destruction of Da Derga's hostel.
In Éire-Ireland 4, 1969, uimh. 3, pp. 50-4.

G 3.3 Conn Cétchathach & Eogan Mór

5081 M[ÜHLHAUSEN] (L.): [*rev*. K. JACKSON, Cath Maighe Léna, 1938 (Best² 1211)].
In ZCP 22, 1941, pp. 393-4.

5082 VENDRYES (J.) *ed.*: Un poème du *Cath Mhuighe Léana*.
In ÉtC 4, 1941/48, (fasc. 1, 1941), pp. 120-5.
Sgéal leam dhaoibh / éisdigh fris (as ed., from YBL, by E. O'Curry, 1855 [Best¹ 104], p. 122), with Fr. transl. and notes.

5083 MURPHY (Gerard): *Baile Chuind* and the date of Cín Dromma Snechta.
In Ériu 16, 1952, pp. 145-51. (On the dates of two sources used in Thurneysen's Heldensage, no. 1)
Incl. ed. of *Baile Chuind*, based on MS R.I.A. 23 N 10, with Engl. transl.; dated to 7th c. Th.'s orig. dating of CDS to 8th c. vindicated.

5084 VENDRYES (Joseph) *ed.*: Airne Fíngein.
Dublin: D.I.A.S., 1953. xxiii + 95 pp. (= MMIS, vol. 15)
Reconstructed from MSS F, LF and BLism; with notes and glossary.

Reviews by

5085 O Daly (Máirín), *in* Éigse 7, 1953/55, (pt. 4), pp. 279-81.
5086 Meroney (Howard), *in* JCS 2, 1958, pp. 246-50.
5087 P[okorny] (J.), *in* ZCP 27, 1958/59, pp. 319-20.

G 3.4 Lugaid Mac Con & Cormac mac Airt

5088 Dillon (Myles) *ed.*: The Lecan text of the Battle of Cenn Abrat.
In PMLA 60, 1945, pp. 10-5.

5089 ——— *ed.*: The Death of Mac Con.
In id., pp. 340-5.
From YBL; with Engl. transl. and notes.

5090 ——— *ed.*: The Lamentation of Oilill Ólom.
In SGS 6, 1949, (pt. 1, 1947), pp. 1-10.
Fragmentary, from MS Edinb. 28 (Mackinnon, p. 138), with Engl. transl. E.Mod.Ir. narrative with old rhetorical passages.

5091 Hull (Vernam) *ed.*: *Echtra Cormaic maic Airt*, 'The Adventure of Cormac mac Airt'.
In PMLA 64, 1949, pp. 871-83.
From F, with Engl. transl.

5092 ——— *ed.*: The text of *Baile Binnbérlach mac Buain* from MS 23 N 10 of the Royal Irish Academy.
In JCS 1, 1950, (no. 1, 1949), pp. 94-7.

5093 O'Rahilly (Thomas F.): Buchet the herdsman.
In Ériu 16, 1952, pp. 7-20.
Esnada tige Buchet is orig. a mythological tale. *Buchet* is an Ivernic name.

5094 Hull (Vernam) *ed.*: Geneamuin Chormaic.
In id., pp. 79-85.
Text from YBL, variants of BB.

5095 Ramnoux (Clémence): Structures païennes et structures chrétiennes.
In Ogam 5, 1953, pp. 1-6, 43-50, 76-80.
Functional relationship of druid and saint (*Forbuis Droma Damhghaire, Aed Baclám, Aided Diarmada, Betha Máedóc Ferna (2)*).

5096 Greene (David) *ed.*: Esnada tige Buchet.
In 5065 [Fingal Rónáin], pp. 27-44.
Based on LL. App. C: metrical version from MS Rawl. B 502: *Cathaír cenn cóiced Banba*.

5097 Hull (Vernam): Ceart claidib Cormaic.
In ZCP 30, 1967, pp. 7-8. (Miscellanea Hibernica, no. 1)
Suggestions by R. Thurneysen concerning The Irish ordeals, §66 (IT iii 200-1).

Cath Maige Mucrama

5098 Dillon (Myles) *ed.*: The Yew of the disputing sons.
In Ériu 14, 1946, pp. 154-65.
Iarfaiged nech acaib dam, attrib. to Cormac mac Culennáin. From LL, with Engl. transl.

5099 Carney (James): Cath Maige Muccrime.
In 507 [Irish sagas], (no. 11), pp. 152-66.

5100 O Daly (Máirín) *ed.*: *Beir mo scíath, scëo fri úath*.
In Ériu 20, 1966, pp. 191-201.
From LL, with Engl. transl. and notes. Early M.I., attrib. to Ailill Ólomm; belongs (as also *A maccáin ná cí*) to a version of *Cath Maige Mucrime*.

Expulsion of the Déisi

5101 Pender (Séamus) *ed.*: Two unpublished versions of the Expulsion of the Déssi.
In 437 [Fs. Torna], pp. 209-17.
From BUíM and LF (frgm.) respectively.

5102 Hull (Vernam): A collation of *Tucait indarba na nDéssi*.
In ZCP 24, 1954, (H. 1/2, 1953), pp. 132-4.
Collation of K. Meyer's ed. (v. Best[1] 109) with the MS T.C.D. H 2 15.

5103 ———: The Book of Uí Maine version of the Expulsion of the Déssi.
In ZCP 24, 1954, pp. 266-71.
Affiliation of the 4 extant texts of the older version; collation of S. Pender's ed. (1947) of the text in BUíM with the MS.

5104 ——— *ed.*: The later version of the Expulsion of the Déssi.
In ZCP 27, 1958/59, (H. 1/2, 1957), pp. 14-63.
Parallel texts from LU, T.C.D. H 3 17, and H 2 15a; with Engl. transl. and notes.

G 3.5   Crimthann mac Fidaig & Conall Corc

5105 Hull (Vernam) *tr.*: Conall Corc and the Corco Luigde.
In PMLA 62, 1947, pp. 887-909.
Engl. transl. [v. Best[2] 1227b] and notes; dated to late 7th or early 8th c. (ling. dating criteria).
App.: ed. of *Geineamuin Chuirc meic Luigdeach*, from Lc; with Engl. transl.

5106 Schlauch (Margaret): On Conall Corc and the relations of old Ireland with the Orient.
In JCS 1, 1950, pp. 152-66.

5107 Hull (Vernam): On 'Conall Corc and the Corco Luigde'.
In ZCP 27, 1958/59, (H. 1/2, 1957), pp. 64-74.
On the author's transl. of 1947.

Senchas fagbála Caisil

5108 Dillon (Myles) *ed.*: The Story of the finding of Cashel.
In Ériu 16, 1952, pp. 61-73.
Senchas fagbála Caisil, from (sole) MS T.C.D. H 3 17. With Engl. transl. and notes.

5109 Hull (Vernam): *móaigid*.
In Celtica 5, 1960, pp. 136-7. (Varia Hibernica, no. 2)
O.I. *mogaid*. Emend. & transl. of a sentence in *Senchas fagbála Caisil* (ed. M. Dillon, 1952, ll. 47-8).

5110 ———: A passage in *Senchas fagbála Caisil*.
In ZCP 29, 1962/64, (H. 1/2, 1962), pp. 187-8. (Notes on Irish texts, no. 3)
Read *i tuillfed [lepaid (lebaid)] mbig* 'in which there would be room for a small bed' (*in* Ériu 16.66.67).

G NARRATIVE LITERATURE

5111 ———— : Two passages in the Story of the finding of Cashel.
In ZCP 30, 1967, pp. 14-6.
ad lines 61f and 65 (as ed. by M. Dillon, *in* Ériu 16, 1952).

G 3.6 Niall Noígiallach
5112 MAC EOIN (Gearóid S.): The mysterious death of Loegaire mac Néill.
In StH 8, 1968, pp. 21-48.

G 3.7 Rónán
Fingal Rónáin
5113 GREENE (David) *ed.*: Fingal Rónáin.
In 5065 [Fingal Rónáin], pp. 1-15.
Based on LL.
5114 ———— : Fingal Rónáin.
In 507 [Irish sagas], (no. 12), pp. 167-81.
5115 GREENE (David) & O'CONNOR (Frank) *eds. & trs.*: Is úar gaeth.
In 5542 [Golden treasury], (20. Rónán's lament), pp. 93-7.
cf. *Fingal Rónáin* (ed. D. GREENE, 1955), 172-92, 197-244.

G 3.8 Muirchertach mac Erca
5116 DOBBS (Margaret E.): References to Erc daughter of Loarn in Irish MSS.
In SGS 6, 1949, (pt. 1, 1947), pp. 50-7.
5117 MAC DONNCHADHA (Lil *Nic Dhonnchadha*) *ed.*: Aided Muirchertaig meic Erca.
Dublin: D.I.A.S., 1964. xxi + 73 pp. (= MMIS, vol. 19)
From YBL, with vocabulary.
Review by
5118 Ó CUÍV (Brian), *in* Éigse 11, 1964/66, (pt. 2, 1965), pp. 146-50.

G 3.9 Diarmait mac Cerbaill
5119 BREATHNACH (Pól): A story of Diarmaid mac Cerbaill: *Mullinoran* and other place names.
In IBL 28, 1941/42, pp. 74-80.
5120 HENCKEN (Hugh): Lagore Crannog: an Irish royal residence of the 7th to 10th centuries A.D.
With sections by Liam PRICE and Laura E. Start.
In PRIA 53 C, 1950/51, (no. 1), pp. 1-247. pls.
L.P.: The history of Lagore, from the annals and other sources (with a geneal. tab. showing the relationship of the branches of the Síl Aedha Sláne).
5121 RAMNOUX (Clémence): Structures païennes et structures chrétiennes.
In Ogam 5, 1953, pp. 1-6, 43-50, 76-80.
Functional relationship of druid and saint (*Forbuis Droma Damhghaire, Aed Baclám, Aided Diarmada, Betha Máedóc Ferna (2)*).

5122 GREENE (David) *ed.*: The stories about Maelodrán.
In 5065 [Fingal Rónáin], pp. 45-56.
(1) *Orgguin trí mac Diarmata mic Cerbaill*, based on BUíM; (2) [*Aided Maelodráin*], based on Rawl. B 502.

5123 HULL (Vernam) *ed.*: The Death of the three sons of Diarmait mac Cerrbeóil.
In ZCP 25, 1956, (H. 1/2, 1955), pp. 91-9.
Text from BUíM; relationship to K. Meyer's ed., 1894 (Best[1] 111).

G 3.10 Mongán mac Fiachna & Brandub mac Echach
cf. G 1.3 (Imram Brain)

5124 DOBBS (Margaret E.): Aedan mac Gabrain.
In SGS 7, 1953, (pt. 1, 1951), pp. 89-93.

5125 O'BRIEN (M. A.) *ed.*: A Middle-Irish poem on the Birth of Áedán mac Gabráin and Brandub mac Echach.
In Ériu 16, 1952, pp. 157-70.
Ro bātar lāeich do Laigneib; from MS Rawl. B 502, with Engl. transl. and notes. Extensive metrical analysis.

5126 CHADWICK (Nora K.): The lost literature of Celtic Scotland. Caw of Pritdin and Arthur of Britain.
In SGS 7, 1953 pp. 115-83.

5127 Ó BROIN (Tomas): Classical sources of the Conception of Mongan.
In ZCP 28, 1960/61, pp. 262-71.

Cath Belaig Dúin Bolc
5128 MANIET (Albert) *ed.*: Cath Belaig Dúin Bolc.
In Éigse 7, 1953/55, (pt. 2, 1953), pp. 95-111.
From YBL, with French transl. Discussion of its relationship to corresp. sections of *Bórama*.
Note by [G. MURPHY], pointing out another copy in MS R.I.A. D iv 2.

5129 HULL (Vernam): A note on *Cath Belaig Dúin Bolc*.
In id., (pt. 4), pp. 267-8.
ad §14 (as ed. by A. MANIET), with the help of corresp. passage in *Bórama*.

5130 MANIET (Albert): Le système verbal et quelques faits connexes du *Cath Belaig Dúin Bolc*.
In Ogam 7, 1955, pp. 123-8.
Takes into account variants from MS R.I.A. D iv 2 (not used for the edition).

G 3.11 Domnall mac Aeda meic Ainmire
Cath Maige Rath
5131 SMITH (Roland M.): On the dating of the *Cath Maige Rátha*.
In MLN 63, 1948, pp. 122-6.
Incl. ed. of a passage from the *Bechbretha*, from MS T.C.D. H 2 12: *Masa suil ro caochad* ...; with Engl. tr.

5132 DILLON (Myles): A note on the texts of *Cath Maige Rath* preserved in the Yellow book of Lecan.
In Éigse 7, 1953/55, (pt. 3, 1954), pp. 199-201.

Fled Dúin na nGéd

5133 LEHMANN (Ruth) ed.: Fled Dúin na nGéd.
Dublin: D.I.A.S., 1964. xxiv + 80 pp. (= MMIS, vol. 21)
> Text from YBL; also summary of the tale from MS Brussels 3410; vocabulary.

Reviews by

5134 Ó CUÍV (Brian), *in* Éigse 11, 1964/66, (pt. 3, 1965/66), pp. 219-21.

5135 BACHELLERY (E.), *in* ÉtC 11, 1964/67, (fasc. 2, 1966/67), pp. 526-8.

5136 LEHMANN (Ruth P. M.) tr.: The Banquet of the Fort of the Geese.
In Lochlann 4, 1969, pp. 131-59.
> Engl. transl. of *Fled Dúin na nGéd*, 1964.

Reviews by

5137 HOWELLS (Donald G.), *in* SGS 12, 1976, (pt. 1, 1971), pp. 113-4.

5138 Ó CUÍV (Brian), *in* Éigse 14, 1971/72, pp. 261-2.

Buile Suibne

> cf. F 4.3 Comparative literature: Suibne
> H 5 Isolated or alienated poetry (Suibne)

5139 CHADWICK (Nora K.): Geilt.
In SGS 5, 1942, pp. 106-53.
> History and function of the *geilt* in Irish (*Buile Suibne, Cath Almaine*, etc.), Welsh and early Norse literature.

5140 SMITH (Roland M.): *King Lear* and the Merlin tradition.
In MLQ 7, 1946, pp. 153-74.
> Comparison with *Buile Suibhne*.

5141 VENDRYES (J.): [ad *Buile Śuibhne* (Best² 1238) 1301].
In ÉtC 4, 1941/48, (fasc. 2, 1948), pp. 320-2. (Notes critiques sur des textes, no. 9)

5142 CARNEY (James): 'Suibne Geilt' and 'The children of Lir'.
In Éigse 6, 1948/52, (pt. 2, 1950), pp. 83-110.
Republ. with changes in 495 [SILH], (chap. 4), pp. 129-64.

5143 JACKSON (Kenneth): A further note on Suibhne Geilt and Merlin.
In Éigse 7, 1953/55, (pt. 2, 1953), pp. 112-6, 120 [add.].
> Criticism of J. CARNEY, 'Suibne Geilt' and 'The children of Lir', *in* Éigse 6, 1950.

5144 LEHMANN (Ruth Preston): A study of the *Buile Shuibhne*.
In ÉtC 6, 1953/54, pp. 289-311; 7, 1955/56, pp. 115-38.

5145 CARNEY (James): The origin of Suibne Gelt.
In 495 [SILH], (App. B), pp. 385-93.
> Reply to K. JACKSON, A further note on Suibhne Geilt and Merlin, *in* Éigse 7, 1953.

5146 MURPHY (Gerard) ed.: *Súanach sin, a Éorann án.*
In 5520 [EILyr.], (45. Suibne and Éorann), pp. 118-23.
> Ca. 1175. Based on MS R.I.A. B iv 1; cf. Buile S., §32.

5147 ——— ed.: *A bennáin, a búiredáin.*
In id., (46. Suibne in the woods), pp. 122-37.
-id.-(§40).

5148 ——— ed.: *Mór múich i túsa in-nocht.*
In id., (47. Suibne in the snow), pp. 138-41.
-id.-(§61).

5149 BENEŠ (Brigit): Spuren von Schamanismus in der Sage *Buile Suibhne.*
In ZCP 28, 1960/61, pp. 309-34.
Incl. etymology of *geilt*

5150 MAC EOIN (Gearóid S.): *Gleann Bolcáin* agus *Gleann na nGealt.*
In Béaloideas 30, 1962 (1964), pp. 105-20.
Review by

5151 Ó CUÍV (Brian), in Éigse 11, 1964/66, (pt. 2, 1965), pp. 155-6.

5152 GREENE (David) & O'CONNOR (Frank) eds. & trs.: *Binne liom um na tonna.*
In 5542 [Golden treasury], (46. The pity of nature — 2), pp. 179-80.
cf. Buile S., §23 (qq. 1, 3-6); modernized in spelling.

5153 Ó CRUALAOICH (Donncha): 'Eolchaire mo mhendatáin.' Staidéar ar scéal Meán Ghaeilge.
In IMN 1970, pp. 94-103.
Buile Shuibhne.

G 3.12   Diarmait mac Aeda Sláine & Guaire Aidne

5154 DILLON (Myles): The Wooing of Becfhola and the Stories of Cano, son of Gartnán.
In MPh 43, 1945, pp. 11-7.

5155 MAC CANA (Proinsias): The origin of *Marbán.*
In BBCS 19, 1962, (pt. 1, 1960), pp. 1-6.

Scéla Cano

5156 DILLON (Myles): The Wooing of Becfhola and the Stories of Cano, son of Gartnán.
In MPh 43, 1945, pp. 11-7.

5157 BINCHY (D. A.) ed.: *Scéla Cano meic Gartnáin.*
Dublin: D.I.A.S., 1963. xxviii + 69 pp. (= MMIS, vol. 18)
Ed. from (sole) MS YBL, with notes and vocabulary.
Incl. poem *Cid dech do lindaib flatha?*, with parallel text from R.I.A. B iv 2.
Reviews by

5158 MAC EOIN (Gearóid S.), in StH 4, 1964, pp. 244-9.

5159 Ó FIANNACHTA (Pádraig), in Éigse 11, 1964/66, (pt. 1), pp. 76-9, 156 [corr.].

5160 BROMWICH (Rachel), in StC 1, 1966, pp. 152-5.

5161 BACHELLERY (E.), in ÉtC 11, 1964/67, (fasc. 2, 1966/67), pp. 522-6.

5162 HENRY (P. L.): A passage in *Scéla Cano meic Gartnáin.*
In Ériu 20, 1966, pp. 222-6. (= Varia 2, no. 1)
ad ll. 280-3 (ed. D. A. Binchy, 1963); further on elemental sureties.

5163 CARNEY (James): The so-called 'Lament of Créidhe'.
In Éigse 13, 1969/70, pp. 227-42.
ad *It é saigte gona súain*; incl. discussion of *Scéla Cano*, and of the Lament of the old woman of Beare.

Caithréim Cellaig

5164 Ó CONCHEANAINN (Tomás): Córas briathartha *Betha Chellaig*.
In Éigse 10, 1961/63, (pt. 1), pp. 49-64.
Verbal system of the LB text.

5165 Ó CONGHAILE (Seán S.) *ed.*: *Mairg tréces cléircecht ar cheird*.
In 5536 [Rí na n-uile], (12. Saighdiúir Chríost), pp. 60-3.
'Cellach cct.' Based on LB (*Caithréim Cellaig*).

5166 Ó CONCHEANAINN (Tomás): Nótaí ar idirthéacs i *mBeatha Cheallaigh*.
In Éigse 11, 1964/66, (pt. 1), pp. 35-8.
Postulates a common ancestor of the 2 versions of *Beatha Cheallaigh* in LB and YBL (*Caithréim Cellaig*).

5167 ———— : Dáta leagain LB de *Bheatha Cheallaigh*.
In id., (pt. 3, 1965/66), pp. 189-95.
Linguistic evidence for a mid or early 2nd h. 12th c. date of the LB version of *Beatha Cheallaigh*.

5168 CARNEY (James) *ed. & tr.*: *Is mo chen in maiten bán*.
In 5550 [Med.Ir. lyrics], (33. Dawn), pp. 80-3.
3 qq., cf. *Caithréim Cellaig* (ed. K. Mulchrone, 1933) lines 428-39.

5169 MULCHRONE (Kathleen) *ed.*: Caithréim Cellaig.
Dublin: D.I.A.S, 1971. xvii + 103 pp. (= MMIS, vol. 24)
From LB, with a glossary; also reprint of ed. of YBL version, 1933 [Best[2] 1949].

G 3.13   Fergal mac Maíle Dúin
Cath Almaine

5170 CHADWICK (Nora K.): Geilt.
In SGS 5, 1942, pp. 106-53.
History and function of the *geilt* in Irish (*Buile Suibne*, *Cath Almaine*, etc.), Welsh and early Norse literature.

G 3.14   Feidlimid mac Crimthainn

5171 O'RAHILLY (T. F.): Lost legends of Mis and Dubh Ruis.
In Celtica 1, 1950, pp. 382-4. (Varia 2, no. 25)

5172 Ó CUÍV (Brian) *ed.*: The romance of Mis and Dubh Ruis.
In Celtica 2, 1954, pp. 325-33.
Based on MS Mayn. M 58; Engl. summary.

G 3.15   Bórama

5173 MANIET (Albert) *ed.*: Cath Belaig Dúin Bolc.
In Éigse 7, 1953/55, (pt. 2, 1953), pp. 95-111.
From YBL, with French transl. Discussion of its relationship to corresp. sections of *Bórama*.
Note by [G. MURPHY], pointing out another copy in MS R.I.A. D iv 2.

5174 Ó BUACHALLA (Liam): The Leinster tribute feud.
In JCHAS 66, 1961, pp. 13-25.
Bórama and history.

5175 MAC EOIN (Gearóid S.): The mysterious death of Loegaire mac Néill.
In StH 8, 1968, pp. 21-48.
Incl. discussion of the *Bórama*.

G 4 OSSIANIC LITERATURE

Cf. F 4.7 Comparative literature: Ossian

5176 CHAUVIRÉ (Roger) *tr.*: Contes ossianiques.
Paris: P.U.F., 1949. 276 pp.
Review by

5177 DE B[LACAM] (A.), *in* Studies 38, 1949, pp. 364-5.

5178 WEISWEILER (Josef): Die Kultur der irischen Heldensage.
In Paideuma 4, 1950, pp. 149-70.

5179 ———— : Vorindogermanische Schichten der irischen Heldensage.
In ZCP 24, 1954, (Hefte 1/2, 3, 1953), pp. 10-55, 165-97.

5180 MURPHY (Gerard): Duanaire Finn. The Book of the lays of Fionn. Part 3.
Dublin: E.C.I., 1953 [spine 1954]. cxxii + 451 pp. (= ITS, vol. 43 [for 1941])
Introduction, notes, appendices, and glossary (cf. Best[1] 188, Best[2] 1664). —Indexes by G.M. & Anna O'SULLIVAN. — App. G: Idris L. FOSTER, Gwynn ap Nudd.
Add & corr. in Éigse 8, 1956/57, pp. 168-71.

5181 ———— : The Ossianic lore and Romantic tales of medieval Ireland.
Dublin: (for C.R.C.I.) C. O Lochlainn (Three Candles), 1955 (repr. 1961). 69 pp. (= Irish life and culture, vol. 11)
Reprinted (some revision) Cork: Mercier, 1971.
Add. t.-p.: Fianaíocht agus Rómánsaíocht. Gearóid Ó MURCHADHA do scríobh. ... — Cf. 4102. Revision by B. Ó Cuív.

5182 THOMSON (Derick S.) *comp.*: A catalogue and indexes of the Ossianic ballads in the McLagan MSS.
In SGS 8, 1958, pp. 177-224.
James MCLAGAN's (1728-1805) MSS, University of Glasgow (v. Mackinnon, pp. 302ff).

5183 WEISWEILER (Josef): Hintergrund und Herkunft der ossianischen Dichtung.
In LwJb 4, 1963, pp. 21-42.

5184 MAC GIOLLA RIABHAIGH (Seán): 'Ní bía mar do bá.' Scrúdú téamúil ar na laoithe Fiannaíochta.
In IMN 1970, pp. 52-63.

5185 M[ÜHLHAUSEN] (L.): [rev. M. JOYNT, Feis tighe Chonáin, 1936 (Best² 1194)].
In ZCP 22, 1941, pp. 389-93.
Incl. a German transl. of part of the text.

5186 MURPHY (Gerard): The puzzle of the thirty counters.
In Béaloideas 12, 1942, pp. 3-28.
Incl. ed. of 16th c. mnemonic, *Ceathrar fionn fiannadh ar dtús*, based on MS R.I.A. 24 L 14.

5187 HULL (Vernam): The quarrel between Finn and Oisín.
In MLN 57, 1942, pp. 434-6.
ad Fianaig., no. 2, poem *Is derb lem-sae*, q. 3.

5188 QUIN (E. G.) *ed.*: An unpublished fragment of *Feis tighe Chonáin*.
In Éigse 4, 1943/44 (1945), pp. 1-5.
From MS R.I.A. E ii 1; with notes. Also notes on M. JOYNT's ed. [Best² 1194].

5189 O'RAHILLY (Thomas F.): The wisdom of Finn.
In 482 [EIHM], (chap. 17), pp. 318-40.

5190 DOBBS (Margaret): A note on *Aidheda forni do huaislib Érenn* and the lost legend of Ferdomon.
In Ériu 14, 1946, pp. 166-9.
On some names in *Fíanna bátar i nEmain* and the development of the Finn cycle.

5191 Ó MUIRGHEASA (Máire Ní Mhuirgheasa) *ed.*: Eachtra Thailc mhic Thrēun go hĒirinn agus Tōruigheacht na callaigh as Innse Toirc.
In 5272 [Sg. Rómáns.], pp. 241-99.
Late 17th c. Romantic tale of Ulster origin, attached to the Finn cycle.

5192 M[URPHY] (G.) *ed.*: The pursuit of Díarmaid Ó Duibhne.
In Éigse 7, 1953/55, (pt. 2, 1953), p. 79.
Single quatrain, *Is mé Díarmaid Ō Duibhne*; from MS R.I.A. C iii 2 (in addition to *Fil duine*, v. EILyr. 54).

5193 Ó MUIRGHEASA (Máire Ní Mhuirgheasa) *ed.*: Imtheacht an dá nónbhar agus Tóraigheacht Taise Taoibhghile.
B.Á.C.: Oifig an tSoláthair, 1954. xvi + 274 pp. (= LóL, iml. 16 [!])
From MSS (successively) R.I.A. B iv 1, A v 2, and Vatican, Borgianus Hibernicus (L vii 17). Introd. by M. NÍ MH. & Gearóid Ó MURCHADHA.

5194 MURPHY (Gerard) *ed.*: Finn's poem on May-day.
In Ériu 17, 1955, pp. 86-99.
9th c. *Cétemain, cain cucht*; cf. Macgn. Finn, §20 (ed. K. Meyer, 1882). From MS Laud 610; diplom. and reconstr. texts, Engl. transl., notes.
Republ. in 5520 [EILyr.], (52. May-day), pp. 156-9.

5195 ——— *ed.*: *Fil duine*.
In 5520 [EILyr.], (54. Gráinne speaks of Díarmait), pp. 160-1.
Single quatrain, 9th or 10th c. Text based on MS Rawl. B 502.

5196 ——— *ed.*: *Cotail becán becán bec*.
In id., (55. Díarmait's sleep), pp. 160-5.
Ca. 1150. From DF.

5197 ———— ed.: *Trúag sin, a Chaílte, a chara.*
In id., (56. Oisín's parting from Caílte), pp. 164-7.
Ca. 1200. From DF.

5198 ———— ed.: *Do bádussa úair.*
In id., (58. Once I was yellow-haired), pp. 168-9.
Ca. 1200. From DF.

5199 O'BRIEN (M. A.): *In indeoin fo dorndgaluib.*
In Celtica 3, 1956, p. 180. (Etymologies and notes, no. 18)
'the cooking hearth with a cauldron bubbling vigorously over it', in *Tochmarc Ailbe* (ZCP 13.276); *indeoin* orig. 'large flat stone'.

5200 Ó DUBHTHAIGH (Bearnárd) ed.: Agallamh Oisín agus Phádraig: *Lá dhúinne ar Sliabh Fuaid.*
In Éigse 9, 1958/61, (pt. 1), pp. 34-52.
Poss. by Muiris Ó GORMÁIN, from autogr. MSS B.M. Eg. 128, etc.; notes. S.E. Ulster dialectal features. Aguisín [App.]: variants and 2 add. qq. from MS R.I.A. 24 I 23.

5201 O'RAHILLY (Cecile) ed.: *Cath Finntrágha.*
Dublin: D.I.A.S., 1962. xxxii + 123 pp. (= MMIS, vol. 20)
From MS Rawl. B 487, with notes and vocabulary. App. 1: two missing passages, based on MS R.I.A. 23 L 24. App. 2: *His mairg fhāgas aithre mnā*, by Cú Choicríche Ó MAOLCONAIRE; incompl. from Rawl. B 487.

Reviews by

5202 Ó CONCHEANAINN (Tomás), in Éigse 10, 1961/63, (pt. 4), pp. 323-7.

5203 MAC EOIN (Gearóid S.), in StH 4, 1964, pp. 244-9.

5204 KRAUSE (David): The hidden Oisín.
In StH 6, 1966, pp. 7-21.
Esp. on *Agallamh Oisín agus Pádraig.*

5205 HULL (Vernam): A rhetoric in 'Finn and the man in the tree'.
In ZCP 30, 1967, pp. 17-20.
ad §4 [v. Best[1] 104].

5206 O DALY (Máirín) ed.: *Úar in lathe do Lum Laine.*
In 461 [Celtic studies], pp. 99-108.
O.I. dialogue poem, thought to belong to a lost tale (cf. ZCP 1.458ff) and to be spoken by Gráinne and Díarmait. From LL, with Engl. transl. and notes.

Reicne Fothaid Canainne

5207 HULL (Vernam): Reicne Fothaid Canainne.
In MLN 58, 1943, pp. 29-31.
ad *A ben, nāchamaicille*, st. 19 (v. Fianaig., p. 12).

5208 ———— : *rondid.*
In Lg 25, 1949, pp. 134-5. (Miscellanea linguistica Hibernica, no. 6)
Two further occurrences; incl. interpretation of *A ben, nāchamaicille*, st. 33 (*Reicne Fothaid Canainne*, v. Fianaig., p. 14).

5209 ———— : A verse in *Reicne Fothaid Canainne.*
In ZCP 29, 1962/64, (H. 1/2, 1962), pp. 183-6. (Notes on Irish texts, no. 1)
ad *A ben, nāchamaicille*, st. 33 6v. Fianaig., p. 14); also on *fidchell.*

5210   GREENE (David) & O'CONNOR (Frank) eds. & trs.: *A ben, nacham shaig i-lle*.
       In 5542 [Golden treasury], (19. The dead lover), pp. 86-92.
       qq. 1-11, 23-5, 29-31, 41-9, of *Reicne Fothaid Canainne* [Best[1] 129].

Acallam na senórach

5211   Ó SÉAGHDHA (Nessa *Ní Shéaghdha*) ed.: Agallamh na seanórach.
       B.Á.C.: Oifig an tSoláthair, 1942-45. 3 voll. (= LóL, imll. 7, 10, 15)
       From MS R.I.A. 24 P 5; with indexes of proper names and first lines of verse.

5212   ARTHURS (John B.): The legends of place-names.
       In UF [1], 1955, pp. 37-42.
       Distinguishes 3 types: *Dindshenchas*, *Acallam na senórach*, and oral material.

5213   MURPHY (Gerard) ed.: *Turus acam Día hÁine*.
       In 5520 [EILyr.], (48. Cáel praises Créide's house), pp. 140-7.
       Ca. 1175. From *Acallam na senórach*. From MSS BLism, Franc. A 4, Rawl. B 487. One quatrain om. after q. 21.

5214   ——— ed.: *Géisid cúan*.
       In id., (49. Créide's lament for Cáel), pp. 148-51.
       -id.- From -id.- One addit. quatrain (after q. 10) in the notes.

5215   ——— ed.: *Forud na Fíann fás in-nocht*.
       In id., (50. The passing of the Fíana), pp. 152-3.
       -id.- From -id.- and Laud 610.

5216   ——— ed.: *Is úar geimred; at-racht gáeth*.
       In id., (51. Description of winter and memory of the past), pp. 154-5.
       -id.-

5217   NUNER (Robert D.): The verbal system of the *Agallamh na senórach*.
       In ZCP 27, 1958/59, pp. 230-310.

5218   MURPHY (Gerard): Acallam na senórach.
       In 507 [Irish sagas], (no. 9), pp. 122-37.

5219   GREENE (David) & O'CONNOR (Frank) eds. & trs.: *Is fúar geimhreadh, at-racht gaoth*.
       In 5542 [Golden treasury], (49. A winter night), pp. 189-90.
       cf. Acall., p. 100; in E.Mod.Ir. spelling.

5220   CARNEY (James): Two poems from *Acallam na senórach*.
       In 461 [Celtic studies], pp. 22-32.
       Comments on *Géisidh cuan* and *Turas acam Día hÁine*, and their prose settings.

5221   DILLON (Myles) ed.: Stories from the *Acallam*.
       Dublin: D.I.A.S., 1970. xxv + 54 pp. (= MMIS, vol. 23)
       6 episodes, corresp. to Stokes' ed., 1900 (v. Best[1] 100), (1) lines 1-120, (2) 329-53, (3) 354-468, (4) 718-871, (5) 949-1002, (6) 1868-1934. Restored to M.I. spelling, with notes and vocabulary. Introd.: repr. of G. MURPHY, Acallam na senórach, 1959 [5218].
       Reviews by

5222   Ó CATHÁIN (Próinséas *Ní Chatháin*), *in* StH 11, 1971, pp. 198-9.
5223   Ó RIAIN (Pádraig), *in* Éigse 14, 1971/72, pp. 153-5.

G NARRATIVE LITERATURE

Tóruigheacht Dhiarmada agus Ghráinne

5224 WEISWEILER (Josef): Deirdriu und Gráinne.
In Paideuma 2, 1941/43, (H. 4/5, 1942), pp. 197-223.

5225 Ó SÉAGHDHA (Nessa *Ní Shéaghdha*) *ed.*: Tóraigheacht Dhiarmada agus Ghráinne. Maraon le réamhrádh, nótaí agus foclóir.
B.Á.C.: Brún agus Ó Nualláin, 1944 (repr. I.Á.B. 1962, 68). xiv + 137 pp.
<small>Modernized from MSS R.I.A. 23 L 27, 23 L 39, 24 P 9, 24 P 31.</small>

5226 BREATNACH (R. A.): The Pursuit of Diarmait and Gráinne.
In Studies 47, 1958, pp. 90-7.

5227 ———: Tóraigheacht Dhiarmada agus Ghráinne.
In 507 [Irish sagas], (no. 10), pp. 138-51.

5228 Ó SÉAGHDHA (Nessa *Ní Shéaghdha*) *ed.*: Tóraigheacht Dhiarmada agus Ghráinne. The Pursuit of Diarmaid and Gráinne.
Dublin: E.C.I., 1967. xxxi + 148 pp. (= ITS, vol. 48)
<small>Based on MS R.I.A. 24 P 9, with Engl. transl.
App. B: poem on the chess-game beneath the yew-tree (with preceding prose passage) *Is cuimhin liom an imirt*, from MS R.I.A. 23 L 27.
App. D: *Uath Beinne Etair*, from MS R.I.A. 23 N 10, with Engl. transl.; incl. poem *Fuit, fuid! / fuar inocht Mag let[h]on Luirc*.</small>

Reviews by

5229 Ó CATHÁIN (Gearóid), *in* StH 9, 1969, pp. 185-6.

5230 Ó CATHÁIN (M. P. *Ní Chatháin*), *in* Studies 60, 1971, p. 228.

G 5   TRANSLATIONS, ADAPTATIONS
<small>cf. F 4   Comparative literature
K 3   Other religious literature;   M 8   Sciences</small>

5231 MURPHY (Gerard): The Ossianic lore and Romantic tales of medieval Ireland.
Dublin: (for C.R.C.I.) C. O Lochlainn (Three Candles), 1955 (repr. 1961). 69 pp. (= Irish life and culture, vol. 11)
Reprinted (some revision) Cork: Mercier, 1971.
<small>Add. t.-p.: Fianaíocht agus Rómánsaíocht. Gearóid Ó MURCHADHA do scríobh. ... — Cf. 4102. Revision by B. Ó Cuív.</small>

5232 STANFORD (W. B.): Towards a history of classical influences in Ireland.
In PRIA 70 C, 1970, (no. 3), pp. 13-91.

5233 QUIN (E. G.): Some Irish words.
In Éigse 3, 1941/42 (1943), (pt. 3, 1942), pp. 205-7.
<small>1. *arsaidecht*; 2. *glond*; 4. *teinechlár*; [1, 2, 4, as in *Stair Ercuil*].</small>

5234 GREENE (David) *ed.*: A Gaelic version of the Seven wise masters.
In Béaloideas 14, 1944 (1945), pp. 219-36.
<small>16th c., frgm., poss. transl. from a Latin (rather than French) text. From MS Edinb. 39; with notes.</small>

5235 Ó CRÓINÍN (Áine *Ní Chróinín*) *ed.*: Eachtra Ridire na Leomhan.
B.Á.C.: Oifig an tSoláthair, 1952. xii + 175 pp. (= LóL, iml. 18)
<small>Based on MS T.C.D. H 2 6. Ultimately based (as *Eachtra Mhacaoimh an Iolair*) on an unidentified French original.</small>

5236   FALCONER (Sheila) *ed.* : An Irish translation of the Gregory legend.
       In Celtica 4, 1958, pp. 52-95.
          Geineamhain Ghrigōir, from MS Rawl. B 477; Engl. transl., notes.
          Linguistic analysis (some northern Irish features).
5237   Ó FIANNACHTA (Pádraig) *ed.* : A fragment of an Irish romantic tale.
       In IER 109, 1968, pp. 166-81.
          D'imtheachta Generodeis, from MS Mayn. C 59; with Engl. transl. Transl. or
          adaptation of some late medieval tale (? Engl. intermediary).

Alexander

5238   MEYER (Robert T.): The sources of the Middle Irish *Alexander*.
       In MPh 47, 1949, pp. 1-7.
5239   PETERS (Eric) *ed.* : Die irische Alexandersage.
       In ZCP 30, 1967, pp. 71-264.
          Diplom. text from BB, variants from LB; Engl. transl., notes; linguistic
          dating criteria.

Togail Troí

5240   MAC EOIN (Gearóid S.): Das Verbalsystem von *Togail Troí* (H 2 17).
       In ZCP 28, 1960/61, pp. 73-136, 149-223.
5241   —— *ed.* : Dán ar Chogadh na Traoi.
       In StH 1, 1961, pp. 19-55.
          ca. 1100 or later. Luid Iasōn [í]na luing lóir, from MS Edinb. 19 (there ascr.
          to FLANN MAINISTRECH); with Engl. transl. and notes.
5242   BEST (R. I.) & O'BRIEN (M. A.) *eds.* : *Togail Troí*, from The Book of Leinster, vol. 4.
       Dublin: D.I.A.S., 1966. [same pagin.].
          Sep. issue of *LL* 30820-32877 (pp. 1063-1117).
5243   MAC EOIN (Gearóid S.) *ed.* : Ein Text von *Togail Troí*.
       In ZCP 30, 1967, pp. 42-70.
          Diplom. text of the shorter version in LL.

In Cath catharda

5244   MEYER (Robert T.): The scholiast and the Irish *Lucan*.
       In IrC 1, (uimh. 3, 1953), p. 78.
          ad CCath., p. 68.
5245   —— : The Middle-Irish version of the *Pharsalia* of LUCAN.
       In PMAS 44, 1958 (1959), pp. 355-63.

Togail na Tebe

5246   —— : The Middle-Irish version of the *Thebaid* of STATIUS.
       In PMAS 47, 1961 (1962), pp. 687-99.
5247   —— *ed.* : The T.C.D. fragments of the *Togail na Tebe*.
       In Trivium 2, 1967, pp. 120-32.
          From MS H 2 7, corresp. to the edition by G. Calder (1922), ll. 3870-4028,
          4811-4923 (end); variant readings from MSS Edinb. 8 (Mackinnon, p. 195)
          and B.M. Eg. 1781.

G NARRATIVE LITERATURE

Imtheachta Aeniasa

5248 ———— : The Middle-Irish version of the *Aeneid*.
In Tennessee studies in literature 11, 1966, pp. 97-108.

5249 ROWLAND (Robert J., Jr.); Aeneas as a hero in twelfth-century Ireland.
In Vergilius 16, 1970, pp. 29-32.

Merugud Uilix

5250 MEYER (Robert T.): The Middle Irish *Odyssey*: folktale, fiction, or saga?
In MPh 50, 1952, pp. 73-8.

5251 ———— *ed.*: Merugud Uilix maic Leirtis.
Dublin: D.I.A.S., 1958. xvi + 47 pp. (= MMIS, vol. 17)
Dated to early 13th c. Based on BB; with notes and vocabulary.

Reviews by

5252 MAC NIOCAILL (Gearóid), *in* Éigse 9, 1958/61, (pt. 2, 1958), pp. 134-6.

5253 MERONEY (Howard), *in* JCS 2, 1958, pp. 258-60.

5254 MEYER (Robert T.): The Middle-Irish *Odyssey* and Celtic folktale.
In PMAS 46, 1960 (1961), pp. 553-61.

Mandeville's travels

5255 SEYMOUR (M. C.): The Irish version of 'Mandeville's travels'.
In NQ 208, 1963, pp. 364-6.

5256 DOYLE (Mary) & SEYMOUR (M. C.) *eds.*: The Irish epitome of 'Mandeville's travels'.
In Éigse 12, 1967/68, pp. 29-36.
§§ 1-2, 7-16 (cf. Stokes' ed., Best[1] 126), from MS B.M. Add. 33993; with an Engl. text.

Eachtra Uilliam

5257 O'RAHILLY (Cecile) *ed.*: Eachtra Uilliam. An Irish version of *William of Palerne*.
Dublin: D.I.A.S., 1949. xxiv + 270 pp.
16th c. transl. of an Engl. prose version; incomplete. From MS R.I.A. A v 2; Engl. transl., notes, glossary.

Reviews by

5258 CARNEY (Maura), *in* Éigse 6, 1948/52, (pt. 2, 1950), pp. 186-9.

5259 DUNN (Charles W.), *in* Speculum 32, 1957, pp. 849-52.

5260 DUNN (Charles W.): The foundling and the werwolf. A literary-historical study of *Guillaume de Palerne*.
Toronto: U.T.P., 1960. vi + 158 pp. (= University of Toronto Department of English, Studies and texts, no. 8)

G 5.1 Arthurian

cf. F 4.6 Matière de Bretagne

5261 MHAC AN TSAOI (Máire) *ed.*: Dhá sgéal artúraíochta, mar atá *Eachtra Mhelóra agus Orlando*, agus *Céilidhe Iosgaide Léithe*.
Dublin: D.I.A.S., 1946. xiii + 85 pp.

G NARRATIVE LITERATURE

Eachtra ..., from MS T.C.D. H 5 28; *Céilidhe* ..., from King's Inns 5. With a vocabulary, corrigenda, etc., by Tomás Ó RATHILE.

Review [in Irish] *by*

5262 MAC D[IARMADA] (M. *Nic Dh[iarmada]*), *in* Éigse 5, 1945/47 (1948), (pt. 3, 1946), pp. 225-7.

5263 DRAAK (A. M. E.) *ed.*: Orlando agus Melora.
In Béaloideas 16, 1946 (1948), pp. 3-48.
> From MS T.C.D. H 5 28. (Accepted for publication in 1940).

5264 FALCONER (Sheila) *ed.*: Lorgaireacht an tSoidhigh Naomhtha. An Early Modern Irish translation of the Quest of the Holy Grail.
Dublin: D.I.A.S., 1953. xcix + 394 pp.
> 15th c. transl. of an Engl. transl. of the Vulgate version of the O.Fr. romance. From MSS Rawl. B 512, R.I.A. D iv 2, Franc. A 10; with Engl. transl., grammatical analysis, notes and glossary.

Review by

5265 BROMWICH (Rachel), *in* MAe 25, 1957, pp. 92-5.

5266 DRAAK (Maartje): Sgél Isgaide Léithe.
In Celtica 3, 1956, pp. 232-40.
> Sample comparison of *Céilidhe Iosgaide Léithe* (as ed. by M. MHAC AN TSAOI, 1946) with the older MS Rawl. B 477 (17th c.). Is it ident. with *Sgél I.L.* (lost from 15th c. MS B.M. Eg. 1781)?

G 6 ROMANTIC & FANTASTIC TALES
cf. I 3.1.2 Parody, Travesty

5267 MURPHY (Gerard): The Ossianic lore and Romantic tales of medieval Ireland.
Dublin: (for C.R.C.I.) C. O Lochlainn (Three Candles), 1955 (repr. 1961). 69 pp. (= Irish life and culture, vol. 11)
Reprinted (some revision) Cork: Mercier, 1971.
> Add. t.-p.: Fianaíocht agus Rómánsaíocht. Gearóid Ó MURCHADHA do scríobh. ... — Cf. 4102. Revision by B. Ó Cuív.

5268 BRUFORD (Alan): Gaelic folk-tales and mediaeval romances. A study of the Early Modern Irish 'Romantic tales' and their oral derivatives.
In Béaloideas 34, 1966 (1969), vii + 284 pp.
Sep. publ. Dublin: Folklore of Ireland Society, 1969. [same pagin.]

5269 Ó CLÉIRIGH (Meadhbh *Ní Chléirigh*) *ed.*: Coimheasgar na gcuradh.
B.Á.C.: Oifig an tSoláthair, 1942. xx + 91 pp. (= LóL, iml. 6)
> From MS R.I.A. 24 P 7; introd. by M. NÍ CH. & G. Ó M[URCHADHA]. Prob. by the same author as *Eachtra na gcuradh* (both of c. 1700 and Ulster origin).

5270 DOBBS (M. E.): The date and shaping of *Oidhe chlainne Lir*.
In JRSAI 79, 1949, pp. 236-7.

G NARRATIVE LITERATURE

5271 CARNEY (James): 'Suibne Geilt' and 'The children of Lir'.
In Éigse 6, 1948/52, (pt. 2, 1950), pp. 83-110.
Republ. *with changes in* 495 [SILH], (chap. 4), pp. 129-64.

5272 Ó MUIRGHEASA (Máire Ní Mhuirgheasa) & Ó CEITHEARNAIGH (Séamus) *eds.*: Sgéalta Rómánsuíochta.
B.Á.C.: Oifig an tSoláthair, 1952. xv + 306 pp. (= LóL, iml. 16 [!])
Five late 17th c. Romantic tales of Ulster origin, the first four about heroes of the Ulster cycle, the fifth attached to the Finn cycle: [S. Ó C.:] (1) *Tōruigheácht na heilite* ...; (2) *Tōruigheacht Fileann Sgiamhach* ...; (3) *Eachtra Chonaill Cheithearnaigh* ...; [M. NÍ MH.:] (4) *Eachtra Foirbe mac Chonchubhair* ...; (5) *Eachtra Thailc mhic Thrēun* ...
From MS [Belfast, St. Malachy's College, Ó Tuathail 1]. Abbr.: Sg. Rómáns.

5273 Ó CRÓINÍN (Áine Ní Chróinín) *ed.*: Eachtra Ridire na Leomhan.
B.Á.C.: Oifig an tSoláthair, 1952. xii + 175 pp. (= LóL, iml. 18)
Based on MS T.C.D. H 2 6. Ultimately based (as *Eachtra Mhacaoimh an Iolair*) on an unidentified French original.

5274 Ó CEITHEARNAIGH (Séamus) *ed.*: Siabhradh Mhic na Míochomhairle.
B.Á.C.: O.S., 1955. xxii + 66 pp. (= LóL, iml. 19)
Prob. by the Co. Cavan poet, Brian Dubh Ó RAGHALLAIGH, c. 1725. Based on MS R.I.A. 23 L 24; introd. by Gearóid Ó MURCHADHA.

5275 GREENE (David) *ed.*: *Un joc grossier* in Irish and Provençal.
In Ériu 17, 1955, pp. 7-15.
3 texts on *táiplis* 'backgammon' in a metaphorical erotic sense (originating in France or Provence): (3) extract from *Mac na Míochomhairle* (7433, lines 387-475). List of some technical terms.

5276 Ó BUACHALLA (Breandán) *ed.*: Imthiacht Dheirdre la Naoise agus oidhe chloinne Uisneach.
In ZCP 29, 1962/64, (H. 1/2, 1962), pp. 114-54.
A modern, linguistically mixed, version. From MS Belfast 37 (wr. 1805-9 by Samuel Bryson); collection of dialectal east Ulster features.

5277 GUYONVARC'H (Christian J.) *tr.*: La Mort tragique des enfants de Tuireann.
In Ogam 16, 1964, pp. 231-56; 17, 1965, pp. 189-92.
Cf. R. J. O'Duffy's ed. (Best[1] 83); with a Fr. tr. of the Latin fragm. (*in* Éigse 1.249ff).

5278 BRUFORD (Alan): Eachtra Chonaill Gulban. An Irish hero-tale in manuscript and oral tradition.
In Béaloideas 31, 1963 (1965), pp. 1-50.

5279 Ó CUÍV (Brian) *ed.*: Eachtra Aodha Duibh.
In Éigse 12, 1967/68, pp. 39-60.
al. Eachtra an Ghliomaigh Chabodhair. Based on MS R.I.A. 24 C 49; ling. analysis (dialectal features, ? Co. Limerick), Engl. summary. List of motifs, by Seán Ó SÚILLEABHÁIN.

5280 BRUFORD (Alan) *ed.*: Murchadh mac Briain agus an díthreabhach.
In id., pp. 301-26.
Fragment of a romantic tale from MS Edinb. 36 (wr. 1699); Engl. transl., notes; relationship to Sc. and Ir. folktales.

G NARRATIVE LITERATURE

5281 Ó Fiannachta (Pádraig) *ed.*: A fragment of an Irish romantic tale.
In IER 109, 1968, pp. 166-81.
> *D'imtheachta Generodeis*, from MS Mayn. C 59; with Engl. transl. Transl. or adaptation of some late medieval tale (? Engl. intermediary).

5282 Guyonvarc'h (Christian-J.) *tr.*: La nourriture de la maison des deux gobelets.
In Celticum 18, 1969, pp. 315-43.
> *Altrom tige dá medar* (cf. Best² 1055-6).

5283 Ó Buachalla (Breandán): Murchadh mac Briain agus an dí-threabhach.
In Éigse 13, 1969/70, pp. 85-9.
> Ling. evidence for S.E. Ulster origin of the story (as ed. by A. Bruford, *in* Éigse 12, 1967/68) and the exemplar(s) of the MS.

5284 Williams (N. J. A.) *ed.*: Eachtra Áodh Mhic Goireachtaidh.
In id., pp. 111-42.
> Comp. between 1707 and 1727, poss. by Edmund Oge Magennis, in Forkhill (Co. Armagh). Based on MS R.I.A. 24 P 7; collection of dialectal features, glossary.

5285 MacDonald (Donald A.) & Bruford (Alan) *eds.*: An Ceatharnach Caol Riabhach.
In ScSt 14, 1970, pp. 133-54.
> Tale recorded 1969 in South Uist, being a version of the E.Mod.I. romance *Eachtra an Cheithearnaigh Chaoilriabhaigh*, al. *Ceithearnach Uí Dhomhnaill*. Comparative commentary and notes by A.B.

G 7   MODERN FOLK LITERATURE

G 7.1   General

5286 Curtin (Jeremiah) *comp.*: Irish folk-tales.
Ed., with introd. & notes, by Séamus Ó Duilearga.
In Béaloideas 11, 1941; 12, 1942 (1943), Suppls. (xvi + 166 pp.).

5287 Ó Súilleabháin (Seán): A handbook of Irish folklore.
Introd. by Séamus Ó Duilearga.
Dublin: (for Folklore of Ireland Society) E.C.I., 1942. xxxi + 699 pp.
Reprinted
Harboro (Pa.): Folklore Associates; London: H. Jenkins, 1963. xxxii + 699 pp.
> Forew. to repr. ed. by S. Ó S.

Review by
5288 Cronin (A.), *in* Éigse 4, 1943/44 (1945), (pt. 1), pp. 77-8.

5289 Ó Duilearga (Séamus): Volkskundliche Arbeit in Irland von 1850 bis zur Gegenwart mit besonderer Berücksichtigung der 'Irischen Volkskunde-Kommission'.
In ZCP 23, 1943, (H. 1/2, 1942), pp. 1-38.

5290 ——— : Irish stories and storytellers. Some reflections and memories.
In Studies 31, 1942, pp. 31-46.

G NARRATIVE LITERATURE

5291 DELARGY (J. H.): The Gaelic story-teller. With some notes on Gaelic folk-tales.
In PBA 31, 1945, pp. 177-221. (= Rhŷs lecture, 1945)
Sep. issued London: O.U.P., [n.d.]. 47 pp.

5292 COLUM (Padraic) *comp.*: A treasury of Irish folklore. The stories, traditions, legends, humor, wisdom, ballads and songs of the Irish people.
N.Y.: Crown Publishers, 1954 (4th pr. 1962). xx + 620 pp.
2nd rev. ed. 1967 (repr. 1969). Preface by P.C.

5293 CARMICHAEL (Alexander) *ed. & tr.*: Carmina Gadelica. Hymns and incantations, with illustrative notes on words, rites, and customs, dying and obsolete: orally collected in the Highlands and islands of Scotland.
Edinburgh, London: Oliver & Boyd, 1900-71. 6 voll.
Voll. 5 (1954) and 6 (Indexes [incl. 'Gaelic words and expressions']), ed. by Angus MATHESON.

5294 MCKAY (John G.) *ed. & tr.*: More west Highland tales. Vol. 2.
Editors Gaelic: Angus Matheson; Transl.: J. MacInnes; Folklore: H. J. Rose; Notes: K. JACKSON.
Edinburgh, London: (for Scottish Anthropological and Folklore Society) Oliver & Boyd, 1960. xvi + 383 pp.

5295 AARNE (Antti) & THOMPSON (Stith): The types of the folktale. A classification and bibliography. — 2nd revision
A.A.'s Verzeichnis der Märchentypen (FFC, no. 3), transl. & enl. by St.Th.
Helsinki: Acad. Scient. Fennica, 1961. 588 pp. (= FFC, no. 184).

5296 Ó SÚILLEABHÁIN (Seán) & CHRISTIANSEN (Reidar Th.): The types of the Irish folktale.
Helsinki: Acad. Scient. Fennica, 1963. 349 pp. (= FFC, no. 188)
Review by

5297 ALMQVIST (Bo), *in* StH 4, 1964, pp. 209-15.

5298 O'SULLIVAN (Sean) *ed. & tr.*: Folktales of Ireland.
Foreword by Richard M. DORSON.
London: Routledge & K. Paul, 1966 (repr. 1969). xliii + 321 pp.

5299 BRUFORD (Alan): Gaelic folk-tales and mediaeval romances. A study of the Early Modern Irish 'Romantic tales' and their oral derivatives.
In Béaloideas 34, 1966 (1969), vii + 284 pp.
Sep. publ. Dublin: Folklore of Ireland Society, 1969.

5300 Ó SÚILLEABHÁIN (Seán): Irish oral tradition.
In 522 [View Ir. lg.], (no. 5), pp. 47-56.

G 7.2 **Special**
cf. I 4.2 Proverbs; E 6 Dialects

5301 GILCHRIST (Anne G.): The song of marvels (or lies).
In JEFDS 4, (no. 3, 1942), pp. 113-21.

G NARRATIVE LITERATURE

5302 Ó Duilearga (Séamus) *ed.*: Conall Gulban.
In Béaloideas 12, 1942, pp. 139-64.
Recorded in 1930 in Co. Clare.

5303 Mühlhausen (Ludwig): Wichtelmänner in Irland.
In ZCP 23, 1943, pp. 302-8.

5304 Dillon (Myles) *ed.*: Na ceathramhna bréagacha.
In Éigse 4, 1943/44 (1945), (pt. 1), pp. 15-6.
Lie-song, recorded in Inishmaan (Co. Galway) in 1922.

5305 Ó Duilearga (Séamus) *ed.*: Leabhar Sheáin Í Chonaill. Sgéalta agus seanchas ó Íbh Ráthach.
B.Á.C.: An Cumann le Béaloideas Éireann, 1948 [dust jacket: 1949] (repr. 1964). xliv + 492 pp. portr.
Recorded by S. Ó D. in 1923-31; spelling somewhat adapted to the dialect (S.W. Kerry).

5306 Müller-Lisowski (Käte): Contributions to a study in Irish folklore. Traditions about Donn.
In Béaloideas 18, 1948 (1950), pp. 142-99.

5307 Christiansen (Reidar Th.): Cinderella in Ireland.
In Béaloideas 20, 1950 (1952), pp. 96-107.

5308 Ó Súilleabháin (Seán) *ed.*: Scéalta cráibhtheacha.
In Béaloideas 21, 1951/52, xiv + 337 pp.
Sep. publ. B.Á.C.: An Cumann le Béaloideas Éireann, 1952.
Religious tales from oral tradition, with commentary and Engl. summaries.

5309 Müller-Lisowski (Käte): Donn Fírinne, Tech Duin, an Tarbh.
In ÉtC 6, 1953/54, (fasc. 1, 1952), pp. 21-9.

5310 Murphy (Gerard): Duanaire Finn. The Book of the lays of Fionn. Part 3.
Dublin: E.C.I., 1953 [spine 1954]. cxxii + 451 pp. (= ITS, vol. 43 [for 1941])
Introduction, notes, appendices, and glossary (cf. Best[1] 188, Best[2] 1664). —Indexes by G. M. & Anna O'Sullivan. — App. G: Idris L. Foster, Gwynn ap Nudd.
Add. & corr. in Éigse 8, 1956/57, pp. 168-71.

5311 Christiansen (Reidar Th.): Further notes on Irish folktales.
In Béaloideas 22, 1953 (1954), pp. 70-82.

5312 Szövérffy (Josef): Irische Volkserzählung und deutsche Aufklärung.
In Hessische Blätter für Volkskunde 46, 1955, pp. 26-41.

5313 Arthurs (John B.): The legends of place-names.
In UF [1], 1955, pp. 37-42.
Distinguishes 3 types: *Dindshenchas, Acallam na senórach,* and oral material.

5314 Ó hEochaidh (Seán) *ed.*: Sídhe-scéalta.
In Béaloideas 23, 1954 (1956), pp. 135-229.
Fairylore, recorded in Co. Donegal.
Review by

5315 Murphy (Gerard), *in* Éigse 8, 1956/57, pp. 273-8.

5316 Ó Duilearga (Séamus) *ed.*: Cromaill agus Brúnaig Chille hÁirne.
In Béaloideas 23, 1954 (1956), pp. 241-3.
Anecdote about the prophetic Munster Mác Amhlaoibh, recorded in 1930.

5317 SZÖVÉRFFY (József): 'Luan an tSléibhe' agus traidisiún na meán-aoiseanna.
In 443 [Coláiste Uladh, 1906-56], pp. 76-80.

5318 SZÖVÉRFFY (Joseph): Heroic tales, medieval legends and an Irish story. (Literary background of a Donegal tale.)
In ZCP 25, 1956, pp. 183-209.

5319 ———— : Manus O'DONNELL and Irish folk tradition.
In Éigse 8, 1956/57, pp. 108-32.

5320 ———— : Volkserzählung und Volksbuch (Drei kleine Beiträge zur Quellenfrage).
In Fabula 1, 1957, pp. 3-18.

5321 ———— : Irisches Erzählgut im Abendland. Studien zur vergleichenden Volkskunde und Mittelalterforschung.
Berlin: E. Schmidt, 1957. ix + 193 pp.
> II. Heldensage und Heiligenlegende (2. Die Herkunft einer Heldensage [*Aided Chonchobuir*]); III. Manus O'DONNELL-Studien.

5322 ———— *ed.* : Rí Naomh Seoirse: chapbook and hedge-schools.
In Éigse 9, 1958/61, (pt. 2, 1958), pp. 114-28.
> Story, recorded 1937 in Co. Kerry, ultimately derived from Engl. chapbook.

5323 CHRISTIANSEN (Reidar Th.): Studies in Irish and Scandinavian folktales.
Copenhagen: (for Coimisiún Béaloideasa Éireann) Rosenkilde & Bagger, 1959. vii + 249 pp.
> With a List of variants.

Review by

5324 ALMQVIST (Bo), *in* StH 1, 1961, pp. 214-8.

5325 MACLEAN (Calum I.): A folk-variant of the *Táin bó Cúailnge* from Uist.
In Arv 15, 1959 (1960), pp. 160-81.

5326 MEYER (Robert T.): The Middle-Irish *Odyssey* and Celtic folktale.
In PMAS 46, 1960 (1961), pp. 553-61.

5327 JACKSON (Kenneth Hurlstone): The international popular tale and early Welsh tradition.
Cardiff: U.W.P., 1961. xii + 141 pp. (= Gregynog lectures, 1961)

5328 Ó SÚILLEABHÁIN (Seán): Caitheamh aimsire ar thórraimh.
B.Á.C.: Clóchomhar, 1961. xiv + 168 pp. illus. (= Leabhair thaighde, iml. 6)
English translation Irish wake amusements.
Cork: Mercier, 1967. 188 pp. (Mercier paperback)
Review by

5329 Ó RÉAGÁIN (Liam), *in* Studies 52, 1963, pp. 215-7.

5330 MACNEILL (Máire): The festival of Lughnasa. A study of the survival of the Celtic festival of the beginning of harvest.
London [etc.]: (for the Irish Folklore Commission) O.U.P., 1962. xi + 697 pp. illus.
> Corrections in Béaloideas 30, 1962 (1964), pp. 167-8.
> App. 1: The associated legends.

G NARRATIVE LITERATURE

5331 Ó Duilearga (Séamus) *ed.*: Cnuasach andeas. Scéalta agus seanchas Sheáin Í Shé ó Íbh Ráthach.
B.Á.C.: An Cumann le Béaloideas Éireann, 1963. xiv + 153 pp. portr. (= Béaloideas 29, 1961 (1963))
> Recorded by S. Ó D. in 1923-30; spelling somewhat adapted to the dialect (S.W. Kerry).

5332 Almqvist (Bo): The Viking ale and the Rhine gold. Some notes on an Irish-Scottish folk-legend and a Germanic hero-tale motif.
In Arv 21, 1965, pp. 115-35.

5333 Ó Duilearga (S.): Notes on the oral tradition of Thomond.
In JRSAI 95, 1965, pp. 133-47.

5334 Ó hEochaidh (Seán): Seanchas iascaireachta agus farraige.
In Béaloideas 33, 1965 (1967), pp. 1-96.
> With Editorial summary and notes, by S. Ó D[uilearga].

5335 Ó Duilearga (Séamus): Once upon a time.
In 463 [Fs. Peate], (chap. 5), pp. 47-58. pls.
> The story-teller Seán Ó Conaill (S.W. Kerry).

5336 Wagner (Heinrich) *ed.*: 'Der Tod als Taufvater' — in Irland und in Lappland.
In ZCP 31, 1970, pp. 275-87.
> Folktale (phonetic text in LASI iii 81ff) from Co. Galway, with German transl.; also German transl. of a Lappish version.

5337 Ó Súilleabháin (Seán): Etiological stories in Ireland.
In Medieval literature and folklore studies. Essays in honor of Francis Lee Utley. Ed. by J. Mandel & B.A. Rosenberg. New Brunswick (N.J.): Rutgers U.P., 1970. pp. 257-74.

H VERSE

H 1 HISTORY & CRITICISM

5338 MAC AODHAGÁIN (Parthalán): Filí Luimnighe.
In NMAJ 2, 1940/41, p. 91.

5339 KNOCH (August): Ein irischer Sonderfall von Epizeuxis.
In ZCP 22, 1941, pp. 54-7.

5340 ———: Bemerkenswerte Zuordnung irischer Beiwörter.
In id., pp. 174-84.

5341 K[NOCH] (A.): [rev. K. JACKSON: Studies in early Celtic nature poetry, 1935 (Best² 1312)].
In id., pp. 372-5.

5342 BREATHNACH (Pól): Addresses to Tibbot na Long.
In IBL 28, 1941/42, pp. 2-5.
> Máthair chogaidh críoch Bhanbha, by Eochaidh Ó hEODHUSA; Geall re heighreacht eangnamh riodhamhna, attrib. to Mathghamhain Ó hUIGINN.

5343 O LOCHLAINN (Colm): Poets on the battle of Clontarf.
In Éigse 3, 1941/42 (1943), (pt. 3, 1942), pp. 208-18; 4, 1943/44 (1945), (pt. 1), pp. 33-47.
> MAC COISE, MAC LIAC, FLANN MAC LONÁIN and his mother LAITHEÓC, are literary figments.

5344 DE BLACAM (Aodh): About the bards.
In Irish monthly 70, 1942, pp. 382-90.

5345 CHADWICK (Nora K.): Geilt.
In SGS 5, 1942, pp. 106-53.
> History and function of the geilt in Irish (Buile Suibne, Cath Almaine, etc.), Welsh and early Norse literature; also on Aislinge Meic Con Glinne, Mac Dá Cherda (and other scholars of Armagh), and CENNFAELAD.

5346 Ó CRÓINÍN (Donnchadh) comp.: Filí agus filíocht Mhúsgraighe.
In An Músgraigheach 1, Meitheamh 1943, pp. 15-20; 2, Fómhar 1943, p. 21 [corrig.].
> Poets and (their published) poetry from Muskerry.

5347 UA CRÓINÍN (Seán): Filí agus filíocht Mhúsgraighe, 2.
In id. 2, Fómhar 1943, pp. 10-3.

5348 DE BHALDRAITHE (Tomás): Nótaí ar an aisling fháithchiallaigh.
In 431 [Measgra Uí Chléirigh], pp. 210-9.

5349 WILLIAMS (Ifor): Lectures on early Welsh poetry.
Dublin: D.I.A.S., 1944 (repr. 1970). 76 pp.

5350 Ó FOGHLUDHA (Risteárd): Some literary worthies of Imokilly.
In JCHAS 50, 1945, pp. 136-44.
> Barony in Co. Cork.

5351 Ó FIAICH (Tomás): Oilibhéar PLUINCÉAD — file agus leasuightheoir.
In An Iodh Morainn 6, 1945, pp. 13-9.

5352 MCGRATH (Cuthbert): 'Ó DÁLAIGH FIONN cct.'
In Éigse 5, 1945/47 (1948), (pt. 3, 1946), pp. 185-95.

5353 [FLOWER (Robin)]: The Irish tradition.
Ed. by M. Dillon, D. A. Binchy, D. Greene, [etc.].

Oxford: Clarendon, 1947 (repr. 1948). 173 pp.
    1. The founding of the tradition; 2. Exiles and hermits; 3. The rise of the bardic order; 4. The bardic heritage; 5. Ireland and medieval Europe [cf. Best² 993]; 6. Love's bitter-sweet [cf. Best² 1696]; 7. The end of the tradition.

5354   BROMWICH (Rachel S.): The continuity of the Gaelic tradition in eighteenth-century Ireland.
In YCS 4, 1947/48, pp. 2-28.
    Incl. an Engl. transl. of The Keen for Art O'Leary, based on the edition by Shán Ó Cuív, 1923 (de Hae i 874).

5355   MURPHY (Gerard): Glimpses of Gaelic Ireland. Two lectures.
Dublin: Fallon, 1948. 64 pp.
    1. Irish folk-poetry. (Delivered in U.C.D., 1942). 2. Warriors and poets in thirteenth-century Ireland. (U.C.D., 1946).

Review [in Welsh] *of* lecture 2 *by*

5356   LLOYD (D. Myrddin), *in* LlC 1, 1950/51, pp. 132-4.

5357   Ó MUIRGHEASA (Máirín *Ní Mhuirgheasa*): Gnéithe áirithe den bhfilíocht grá.
In Feasta 1, uimhr. 1-3, Aibreán-Meitheamh 1948.

5358   DUNN (Charles W.): Highland song and Lowland ballad: a study in cultural patterns.
In UTQ 18, 1948/49, pp. 1-19.

5359   O'SULLIVAN (Donal): Some aspects of Irish music and poetry.
In JRSAI 79, 1949, pp. 91-9.

5359a   FENTON (Seamus) *ed.*: Kerry tradition. The peerless poets of the kingdom.
Tralee: The Kerryman, [1950]. 89 pp. illus.
    Includes the earlier pamphlet An spéirbhean, Sáirfhilidhe Chiarraighe, Kerry poets honoured, 1941, 42 pp. (cf. JCHAS 48.112).

5360   BOLELLI (Tristano): Preistoria della poesia irlandese.
In 489 [Due studi], pp. 13-42.

5361   O'SULLIVAN (Donal): Irish folk music and song.
With illustrations by Muriel Brandt.
Dublin: (for C.R.C.I.) Three Candles, 1952. 62 pp. (= Irish life and culture, vol. 3)
    Add. t.-p.: Ceol agus amhránaíocht na hÉireann, le Domhnall Ó SÚILLEABHÁIN, ...

Revised edition 1961. 62 pp.

Reprinted Irish folk music, song and dance. Cork: Mercier, 1969.
    Add. t.-p.: Ceol, amhránaíocht agus rince na hÉireann, ...

5362   Ó FOGHLUDHA (Risteárd) [*pseud.* FIACHRA ÉILGEACH] *ed.*: Éigse na Máighe .i. Seán Ó TUAMA an Ghrinn, Aindrias MAC CRAITH —AN MANGAIRE SÚGACH.
Maille le haiste ag [With an essay by] an Ollamh Domhnall Ó CORCORA: Filidheacht na Gaedhilge — a cinéal.
B.Á.C.: Oifig an tSoláthair, 1952 (repr. 1970). 280 pp.

5363   FLOWER (Robin): Irish high crosses.
In JWCI 17, 1954, pp. 87-97.

Lecture at the Warburg Institute, 1935, entitled 'The *commendatio animae* prayer on Irish crosses'.

5364 TURVILLE-PETRE (G.): Um dróttkvaeði og írskan kveðskap.
In Skírnir 128, 1954, pp. 31-55.
Engl. transl.
On the poetry of the scalds and of the filid.
In Ériu 22, 1971, pp. 1-22.
Tr. by G. Mac Eoin; with a postscript by the author, and an introd. note by David GREENE.

5365 WILLIAMS (J. E. Caerwyn): Y beirdd llys yn Iwerddon
In LlC 3, 1954/55, pp. 1-11.
On the court poets (bardic poets) in Ireland. Wr. on the occasion of L. MCKENNA. The Book of O'Hara, 1951.

5366 THOMSON (Derick S.): The Gaelic oral tradition.
In Proceedings of the Scottish Anthropological and Folklore Society 5, 1954/56, pp. 1-17.

5367 ROSS (James): The sub-literary tradition in Scottish Gaelic song-poetry.
In Éigse 7, 1953/55, (pt. 4), pp. 217-39; 8, 1956/57, (pt. 1, 1955), pp. 1-17.
1. Poetic metres and song metres; 2. Content and composition.

5368 Ó MÁILLE (T. S.): Céad-tosach an amhráin.
In Éigse 7, 1953/55, (pt. 4), pp. 240-7.

5369 YOUNG (Douglas): A note on Scottish Gaelic poetry.
In Scottish poetry. A critical survey. Ed. by J. Kinsley. London: Cassell, 1955. pp. 280-6.

5370 THOMSON (Derick S.): Scottish Gaelic folk-poetry ante 1650.
In SGS 8, 1958, (pt. 1, 1955), pp. 1-17.

5371 GORDON (Cosmo A.) *ed.*: Letter to John Aubrey from Professor James GARDEN.
With a note by John MACDONALD.
In id., pp. 18-26.
1692/3, preserved in the library of the Wiltshire Archaeological and Natural History Society. Incl. description of the Highland bardic system in the 17th c.

5372 DE RÍS (Seán): Filíocht na Nua-Ghaeilge i gCúige Uladh.
In 440 [Fearsaid], pp. 54-6.

5373 CAMPBELL (J. L.): Some notes on Scottish Gaelic waulking songs.
In Éigse 8, 1956/57, pp. 87-95.

5374 Ó TUAMA (Seán): An pastourelle sa Ghaeilge.
In id., pp. 181-96.

5375 ROSS (James): Further remarks on Gaelic song metres.
In id., pp. 350-8.

5376 WALL (Thomas): Bards and Bruodins.
In 445 [Wadding essays], pp. 438-62.
The 1669-72 literary controversy of Antony BRUODIN (MACBRODY) and Thomas CAREW.

5377 KNOTT (Eleanor): Irish classical poetry, commonly called bardic Poetry.
Dublin: (for C.R.C.I.) C. O Lochlainn (Three Candles), 1957.
82 pp. (= Irish life and culture, vol. 6)
Revised edition 1960 (repr. 1966). 93 pp. [cf. 4102]
Add. t.-p.: Filíocht na sgol. ... 1. Early poetry; 2. The court poet and his work.

5378 MCGRATH (Cuthbert): Í EÓDHOSA.
In Clogher record 2, (no. 1, 1957), pp. 1-19.

5379 ROSS (James): A classificiation of Gaelic folk-song.
In ScSt 1, 1957, pp. 95-151.

5380 VRIES (Jan de): Les rapports des poésies scaldique et gaëlique.
In Ogam 9, 1957, pp. 13-26.

5381 Ó MAINÍN (Mícheál): 'Is ar Éirinn ní neósfainn cé h-í.'
In IMN 1957, pp. 97-8.
Continued as Tuilleadh discréide. *In* IMN 1958, p. 43.
6 + 4 exx. of name riddles from love poetry.

5382 REDEMPTA LE MUIRE (*An tSr.*): 'Grian na maighdean Máthair Dé.' Stuidéar diaga ar Mhuire i saothar na mbard (1200-1650 A.D.).
In IMN 1958, pp. 63-8.

5383 CAMPBELL (J. L.): More notes on Scottish Gaelic waulking songs.
In Éigse 9, 1958/61, (pt. 2, 1958), pp. 129-31.

5384 ROSS (James): Formulaic composition in Gaelic oral literature.
In MPh 57, 1959, pp. 1-12.

5385 O'BOYLE (Sean): The sources of Ulster folksong.
In UF 5, 1959, pp. 48-53.
Intermingling of Irish, Scots and English traditions.

5386 Ó TUAMA (Seán): An grá in amhráin na ndaoine. Léiriú téamúil.
B.Á.C.: Clóchomhar, 1960. xv + 348 pp.
The types of Irish love-song and the Anglo-Norman (French) influence of the 12th to 14th c.
Chap. 8. An *reverdie* [on the *aisling*].
Aguisín [App.] 2. Rime couée sa Ghaeilge; 3. Meadarachtaí eile; 4. Bailéid [a list of international ballads in Irish].

5387 Ó MUIREADHAIGH (Réamonn) *ed.*: Aos dána na Mumhan, 1584.
In IMN 1960, pp. 81-4.
Munster poets, historians, etc., in 1584. From MS Lambeth, Carew 627.

5388 GREENE (David): The professional poets.
In 508 [Seven centuries], (no. 3), pp. 45-57.

5389 Ó TUAMA (Seán): The new love poetry.
In id., (no. 7), pp. 102-20.

5390 DE BHALDRAITHE (Tomás): 'An grá in amhráin na ndaoine.'
In StH 1, 1961, pp. 195-9.
Review article on Seán Ó TUAMA's monograph, 1960.

5391 JOYCE (Mannix): Poets of the Maigue.
In CapA 1961, pp. 373-85.

5392 Ó FLOINN (Tomás): Iomarbhá na bhfile.
In IMN 1961, pp. 113-20.

5392a Ó BROIN (Pádraig): The early lyric in Gaelic.
  In The American scholar 31, 1961/62, pp. 70-88.
5393 MHÁG CRAITH (Cuthbert): The preterite passive plural in bardic poetry.
  In Éigse 10, 1961/63, (pt. 2, 1962), pp. 144-8.
   1. In the Bardic syntactical tracts; 2. In earlier bardic poetry; 3. In later bardic poetry.
5394 MAC EOIN (Gearóid S.): Invocation of the forces of nature in the *loricae*.
  In StH 2, 1962, pp. 212-7.
5395 ——— : Some Icelandic *loricae*.
  In StH 3, 1963, pp. 143-54.
5396 Ó CUÍV (Brian): Literary creation and Irish historical tradition.
  In PBA 49, 1963, pp. 233-62. (= Rhŷs lecture, 1963)
  Sep. issued London: O.U.P., [n.d.]. [same pagin.]
5397 WATKINS (Calvert): Indo-European metrics and archaic Irish verse.
  In Celtica 6, 1963, pp. 194-249.
5398 Ó COMHGHAILL (Annraoi): Na Céilí Dé agus filíocht na Gaeilge.
  In IMN 1963, pp. 110-5.
5399 CAMPANILE (Enrico): Appunti dulla storia e la preistoria delle loriche celtiche.
  In ASNP 33, 1964, pp. 57-92.
5400 ——— : Considerazioni su alcuni aspetti dell'antica poesia irlandese.
  In ASNP 34, 1965, pp. 1-50.
5401 DILLON (Myles): Early lyric poetry.
  In 515 [Early Ir. poetry], pp. 9-27.
5402 O DALY (Máirín): The metrical *Dindshenchas*.
  In id., pp. 59-72.
5403 GREENE (David): The religious epic.
  In id., pp. 73-84.
   Espec. on *Féilire Oengusso* and *Saltair na rann*.
5404 CARNEY (James): Old Ireland and her poetry.
  In 514 [Old Ireland], pp. 147-72.
   Deals inter alia with Mael Ísa Ó BROLCHÁIN and BLATHMAC.
5405 UA BRÁDAIGH (Tomás): Na NUINNSIONNAIGH, mór-theaghlach Gall-Ghaelach, agus an cultúr Gaelach.
  In RíM 3, (no. 3, 1965), pp. 211-21.
   On the role of the NUGENT family in Irish culture.
5406 Ó TUAMA (Seán): Dónal Ó CORCORA agus filíocht na Gaeilge.
  In StH 5, 1965, pp. 29-41.
   Daniel CORKERY as critic.
5407 BREATNACH (R. A.): Two eighteenth-century Irish scholars: J. C. WALKER and Charlotte BROOKE.
  In id., pp. 88-97.
   Thomas Davis lecture of the series (1962) Pioneer Irish scholars.

5408 Ó Cuív (Brian) *ed.*: Traidisiún i dtaobh cúirteanna na mbúrdúnach.
In Éigse 11, 1964/66, (pt. 2, 1965), p. 100.
Engl. letter, 1844, by Dáibhí DO BARRA, referring to 18th c. custom of 'courts of poetry'; from MS R.I.A. 23 H 28.

5409 Ó TUAMA (Seán): Téamaí iasachta i bhfilíocht pholaitiúil na Gaeilge (1600-1800).
In id., (pt. 3, 1965/66), pp. 201-13.
Foreign themes in Irish political poetry (1600-1800).

5410 Ó Cuív (Brian) *ed.*: Rialacha do chúirt éigse i gContae an Chláir.
In id., pp. 216-8.
Rules for a proposed 'court of poetry' in Co. Clare; from MS R.I.A. 23 H 39, wr. c. 1780 by Tomás Ó MÍODHCHÁIN.

5411 MACLEAN (S.): Notes on sea imagery in 17th century Gaelic poetry.
In TGSI 43, 1960/63 (1966), pp. 132-49.

5412 THOMSON (Derick S.): The MACMHUIRICH bardic family.
In id., pp. 276-304.

5413 HENRY (P. L.): The early English and Celtic lyric.
London: Allen & Unwin, 1966. 244 pp.

5414 Ó CONCHEANAINN (Tomás): Moll Dubh an Ghleanna.
In Éigse 11, 1964/66, (pt. 4), pp. 253-85.

5415 Ó Cuív (Brian): A poem by Seaán mac Torna Uí MHAOIL CHONAIRE.
In id., pp. 288-90. (Miscellanea, no. 2)
The Uí Mhaoil Chonaire, though being primarily senchaide, did compose encomia (vs S. MAC AIRT, *in* Ériu 18.139).
Ed. of poem *Slán don druing dá n[d]iongnuinn dán*, by Seaán (mac Torna) Ó MAOIL CHONAIRE, from MS R.I.A. 23 B 35.

5416 ———— : Suibhne Geilt.
In id., pp. 290-3. (id., no. 4)
Allusions to Suibhne in post-classical verse.

5417 ———— : Orpheus.
In id., pp. 293-4. (id., no. 6)
Allusions to Orpheus and his music in 18th and 19th c. verse.

5418 MAC CANA (Proinsias): On the use of the term *retoiric*.
In Celtica 7, 1966, pp. 65-90.
MS symbol .r. *(rosc(ad)* : *retoiric* : *rann)*. Poems of prophecy; introductory formula *co cloth (ní)*.

5419 MACINNES (John): Gaelic songs of Mary MACLEOD.
In SGS 11, 1968, (pt. 1, 1966), pp. 3-25.

5420 CARNEY (James): The Irish bardic poet. A study in the relationship of poet and patron, as exemplified in the persons of the poet, Eochaidh Ó HEOGHUSA (O'Hussey), and his various patrons, mainly members of the Maguire family of Fermanagh.
Dublin: Dolmen, 1967. 40 pp. (= New Dolmen chapbooks, vol. 4)
Statutory public lecture of D.I.A.S., 20 March 1958.
Review by

5421 MHÁG CRAITH (Cuthbert), *in* StC 4, 1969, pp. 133-6.

5422 WAGNER (Heinrich): Zur unregelmässigen Wortstellung in der altirischen Alliterationsdichtung.
   In 455 [Fs. Pokorny], pp. 289-314.
5423 UA BRÁDAIGH (Tomás): CLANN COBHTHAIGH.
   In RíM 4, no. 1, 1967, pp. 26-32.
5424 MARTIN (Bernard): The character of St. Mo Ling and three rhetorical topics.
   In StC 2, 1967, pp. 108-18.
   On the quatrain *Tan bím eter mo šruithe* (v. EILyr., no. 13), and eulogy.
5425 Ó CONCHEANAINN (Tomás): *Soiscéal* in amhráin ghrá.
   In Éigse 12, 1967/68, pp. 81-4.
   Corruption of *fios scéal*.
5426 Ó BUACHALLA (Breandán): I mBéal Feirste cois cuain.
   B.Á.C.: Clóchomhar, 1968. xii + 319 pp. (= Leabhair thaighde, iml. 16)
5427 MAC CANA (Proinsias): An archaism in Irish poetic tradition.
   In Celtica 8, 1968, pp. 174-81.
   The presentation of the wedding clothes to the chief poet of the area as an I.E. tradition.
5428 D[ILLON] (M.): [*rev. republ. of* D. CORKERY: The hidden Ireland (Best[2] 1673a), Dublin, Melbourne: Gill, 1967, 285 pp.].
   In id., pp. 251-3.
5429 MACINNES (John): The oral tradition in Scottish Gaelic poetry.
   In ScSt 12, 1968, pp. 29-43. pl.
   Plate showing a Highland *seanchaidh* reciting to the boy king Alexander III, in 1249.
5430 MAC CNÁIMHSÍ (Breandán): Nioclás Ó CEARNAIGH.
   In JCLAS 16, 1965/68, (no. 4, 1968), pp. 233-8.
5431 PRENDERGAST (Richard) *comp.*: Summary of the Butler poems and manuscripts in Maynooth Library.
   In JBS 1, 1968, pp. 49-51.
   'The O'Curry miscellany' [C 63] and various Murphy MSS.
5432 CULHANE (Thomas F.): Traditions of Glin and its neighbourhood.
   In JKAHS 2, 1969, pp. 74-101.
   Irish lg. and tradition in west Limerick and north Kerry in the 18th and 19th cc.
5433 CULLEN (L. M.): The hidden Ireland: re-assessment of a concept.
   In StH 9, 1969, pp. 7-47.
5434 Ó CONCHEANAINN (Tomás): Roinnt macalla i bhfilíocht Nua-Ghaeilge.
   In Éigse 13, 1969/70, pp. 59-64.
   Literary echoes in Mod.I. poetry. Abbr.: Roinnt macalla
5435 [BERGIN (Osborn)] *ed.*: Irish bardic poetry. Texts and translations, together with an introductory lecture, by O.B.
   Comp. & ed. by David GREENE & Fergus KELLY. With a foreword by D. A.BINCHY.
   Dublin: D.I.A.S., 1970. xi + 320 pp. portr.
   66 poems, orig. ed. in Studies (1918-26), etc.; lecture 'Bardic poetry', from JIS 5, 1913 [v. Best[2] 1673]. Abbr.: Bardic poetry.

H VERSE

5436 Ó HÁINLE (Cathal): An chléir agus an fhilíocht sa 17ú ćead.
In Éire-Ireland 5, 1970, uimh. 2, pp. 4-19.
Priest-poets of the 17th c. With Engl. summary.

5437 Ó FIANNACHTA (Pádraig): An aoir fhileata sa Ghaeilge.
In LCC 1, 1970, (no. 2), pp. 12-22.
Poetic satire in Irish.

5438 Ó FIAICH (Tomás): The political and social background of the Ulster poets.
In id., (no. 3), pp. 23-33.

5439 Ó CEARBHAILL (Pádraig): Amhráin agus lucht ceaptha amhrán Chontae Luimnigh.
In Reveille (Mainistir na Féile) 1970, pp. 141-52.

5440 MEID (Wolfgang): Dichter und Dichtkunst im alten Irland.
Innsbruck: Institut für Vergleichende Sprachwissenschaft, 1971. 20 pp. (= IBS, Vorträge, H. 2).

5441 Ó HÁINLE (Cathal): 'D'fhior chogaidh comhailtear síothcháin.'
In LCC 2, 1971, (no. 5), pp. 51-73.
Tadhg Dall Ó hUIGINN, Eochaidh Ó hEOGHUSA and Eoghan Rua MAC AN BHAIRD, on the events around 1600.

5442 CARNEY (James) *ed.*: Three Old Irish accentual poems.
In Ériu 22, 1971, pp. 23-80.
Reconstr. and diplom. texts, Engl. transl., metr. analysis, and notes, of (1) *Sét no tíag téiti Críst* [from MS B.M. Add. 30512; authorship of COLUM CILLE cannot be disproved]; (2) *Cétamon caín rée, rosaír and cucht* [*crann*] [ca. 600, from MS Laud 610]; (3) *Tánic sam slán sóer díambi clóen caill chíar* [based on MS Rawl. B 502; ca. 800, imitation of *Cétamon caín rée*].
App.: 1. Some accentual verse-types; 2. COLMÁN MAC LÉNÉNI; 3. The Leinster poems; 4. LUCCRETH MOCCU CHÍARA.

5443 Ó FIAICH (Tomás): Filíocht Uladh mar fhoinse don stair shóisialta san 18ú haois.
In StH 11, 1971, pp. 80-129.

H 2   **METRICS**
cf. M 7.2 Music; F 3.1 Forms, Style
E 1 Grammar: Native

5444 BERGIN (Osborn) *ed.*: Irish grammatical tracts.
In Ériu 8, 1916; 9, 1921/23; 10, 1926/28; 14, 1946; 17, 1955; Suppls., 293 pp.
1. Introductory; 2. Declension (pp. 37ff); 3. Irregular verbs (pp. 167ff; Ériu 14) [based on MS T.C.D. H 2 17]; 4. Abstract nouns (pp. 251ff) [id.]; 5. Metrical faults (pp. 259ff; Ériu 17) [from MS N.L. G 3].

5445 MARSTRANDER (Carl J. S.): Notes on alliteration.
In Serta Eitremiana. Opuscula philologica S. Eitrem septuagenario ... oblata. Osloae: A. W. Brøggers boktr., 1942. (= Symbolae Osloenses, fasc. suppl. 11) pp. 185-208.

5446 TRAVIS (James): The relations between early Celtic and early Germanic alliteration.
In GR 17, 1942, pp. 99-104.

5447 ——— : Intralinear rhyme and consonance in early Celtic and early Germanic poetry.
In GR 18, 1943, pp. 136-46.

5448 ——— : Elegies attributed to Dallan Forgaill.
In Speculum 19, 1944, pp. 89-103.
   The prosody of *Amra Choluimb Chille* and *Amra Senáin*.

5449 McKenna (Lambert) *ed.*: Bardic syntactical tracts.
Dublin: D.I.A.S., 1944. xix + 304 pp.
   5 texts, on bardic grammar and metrius, from MSS (1) R.I.A. 24 P 8, (2) E iv 1, (3) C ii 3, (4) C i 3, (5) D i 1. With commentary, and glossaries of technical terms and words.

5450 Ó Máille (T. S.): Cairn conson i gcomhardadh.
In Éigse 5, 1945/47 (1948), (pt. 2, 1946), pp. 95-101.
   On the rhyme of consonant clusters.

5451 ——— : Metrica.
In id., (pt. 3, 1946), pp. 177-84.
   [Treatment in bardic poetry of] 1. *mac*, 2. *ó, ua*. - 3. *Urlann*.

5452 ——— : *S*-groups in Irish Bardic poetry.
In ÉtC 4, 1941/48, (fasc. 2, 1948), pp. 323-6.

5453 ——— : *Amas*.
In Éigse 6, 1948/52, (pt. 4), pp. 344-8.

5454 O'Brien (M. A.) *ed.*: A Middle-Irish poem on the Birth of Āedān mac Gabrāin and Brandub mac Echach.
In Ériu 16, 1952, pp. 157-70.
   Ro bātar lāeich do Laigneib; from MS Rawl. B 502, with Engl. transl. and notes. Extensive metrical analysis.

5455 Ross (James): The sub-literary tradition in Scottish Gaelic song-poetry.
In Éigse 7, 1953/55, (pt. 4), pp. 217-39; 8, 1956/57, (pt. 1, 1955), pp. 1-17.
   1. Poetic metres and song metres; 2. Content and composition.

5456 Ó Máille (T. S.): Céad-tosach an amhráin.
In Éigse 7, 1953/55, (pt. 4), pp. 240-7.

5457 Campbell (J. L.): Some notes on Scottish Gaelic waulking songs.
In Éigse 8, 1956/57, pp. 87-95.

5458 Ross (James): Further remarks on Gaelic song metres.
In id., pp. 350-8.

5459 Knott (Eleanor) *ed.*: An introduction to Irish syllabic poetry of the period 1200-1600. — 2nd ed.
Dublin: D.I.A.S., 1957. xii + 135 pp.
   1st ed. 1928 (²1935) [Best² 804].

5460 Ó Máille (T. S.): *Amas* sa gcaoineadh.
In Éigse 9, 1958/61, (pt. 1), pp. 53-6.

5461 Campbell (J. L.): More notes on Scottish Gaelic waulking songs.
In id., (pt. 2, 1958), pp. 129-31.

5462 Ó Máille (T. S.): Óglachas deibhí.
In Celtica 4, 1958, pp. 263-70.

5463 WATSON (William J.) *ed.*: Bàrdachd Ghàidhlig. Specimens of Gaelic poetry, 1550-1900. — 3rd ed.
Stirling: (for An Comunn Gàidhealach) A. Learmonth, 1959. lxiv + 413 pp.

5464 Ó TUAMA (Seán): An grá in amhráin na ndaoine. Léiriú téamúil.
B.Á.C.: Clóchomhar, 1960. xv + 348 pp.
> The types of Irish love-song and the Anglo-Norman (French) influence of the 12th to 14th c.
> Chap. 8. An *reverdie* [on the *aisling*].
> Aguisín [App.] 2. Rime couée sa Ghaeilge; 3. Meadarachtaí eile; 4. Bailéid [a list of international ballads in Irish].

5465 MURPHY (Gerard): Early Irish metrics.
Dublin: R.I.A., Hodges Figgis, 1961. ix + 132 pp.
Review by

5466 Ó CUÍV (Brian), *in* Éigse 10, 1961/63, (pt. 3, 1962/63), pp. 238-41.

5467 WATKINS (Calvert): Indo-European origins of a Celtic metre.
In Poetics — Poetyka — Poetika. Warszawa: (for P.A.N.) Państwowe Wydawnictwo Naukowe; 'S-Gravenhage: Mouton, 1962. pp. 99-117.
> Studies presented at the First International conference of poetics, Warsaw 1960. Ed. board: D. Davie [etc.].

5468 DE BÚRCA (Seán): Irish metrical patterns.
In Lochlann 2, 1962, pp. 50-7.

5469 HENRY (P. L.): A Celtic-English prosodic feature.
In ZCP 29, 1962/64, (H. 1/2, 1962), pp. 91-9.
> On *dúnad* or *iarcomarc*; incl. poem from Auraic. 2183ff, *Dunta for nduan decid lib*, with Engl. transl.

5470 WATKINS (Calvert): Indo-European metrics and archaic Irish verse.
In Celtica 6, 1963, pp. 194-249.
> Incl. discussion of the vocabulary of E.I. poetic activity.

5471 CAMPANILE (Enrico): Considerazioni su alcuni aspetti dell'antica poesia irlandese.
In ASNP 34, 1965, pp. 1-50.

5472 Ó CUÍV (Brian): The phonetic basis of Classical Modern Irish rhyme.
In Ériu 20, 1966, pp. 94-103.

5473 MHÁG CRAITH (Cuthbert): Anomalous rime in Irish Bardic poetry.
In StC 2, 1967, pp. 171-95.
> App.: discussion of *breacadh*.

5474 Ó CUÍV (Brian): Some developments in Irish metrics.
In Éigse 12, 1967/68, pp. 273-90.

5475 CAMPANILE (Enrico): Metrica celtica antica.
In Enciclopedia classica. Torino: Società Editrice Internationale, 1968. vol. 6, (t. 2, cap. 2), pp. 614-57.

5476 MAC AOGÁIN (Parthaláin) *ed.*: Graiméir Ghaeilge na mBráthar Mionúr.

B.Á.C.: I.Á.B., 1968. xxv + 158 pp. (= SGBM, iml. 7)
Franciscan Irish grammars (and prosodies): (1) Bonaventúra Ó hEodhasa, *Rudimenta grammaticae Hibernicae*; parts 1-3 based on MS Marsh's Library Z 3.5.3, pt. 4 ('De arte poetica', in Irish) on MS Z 3.4.19. (2) [Graiméar Uí Maolchonaire], from MS T.C.D. D 4 35 (wr. by Tuileagna Ó Maolchonaire, 1659).
Lists of Irish and of Latin technical terms treated in the texts.

5477 MHÁG CRAITH (Cuthbert): A note on alliteration in Irish Bardic poetry c.1200-c.1650.
In StC 4, 1969, pp. 110-1.

5478 CARNEY (James) *ed.*: Three Old Irish accentual poems.
In Ériu 22, 1971, pp. 23-80.
Reconstr. and diplom. texts, Engl. transl., metr. analysis, and notes, of (1) *Sét no tíag téiti Críst* [from MS B.M. Add. 30512; authorship of COLUM CILLE cannot be disproved]; (2) *Cétamon caín rée, roṡaír and aucht* [*crann*] [ca. 600, from MS Laud 610]; (3) *Tánic sam slán sóer díambi clóen caill chíar* [based on MS Rawl. B 502; ca. 800, imitation of *Cétamon caín rée*].
App.: 1. Some accentual verse-types.

5479 DE BÚRCA (Seán): The metron in Celtic verse.
In Éigse 14, 1971/72, pp. 131-51.

H 3   COLLECTIONS
cf. F 5 Anthologies

5480 MCKENNA (Lambert) *ed.*: Some Irish bardic poems.
In Studies 16, 1927 — 41, 1952.
100 poems, with Engl. transls.

5481 MURRAY (Laurence P.): History of the parish of Creggan in the 17th and 18th centuries. With numerous ancient maps and illustrations.
Dundalk: Dundalgan Press, 1940. 93 pp.
Review by

5482 DUIGNAN (Michael), *in* Éigse 3, 1941/42 (1943), (pt. 3, 1942), pp. 228-9.

5483 TRAVIS (James): A druidic prophecy, the first Irish satire, and a poem to raise blisters.
In PMLA 57, 1942, pp. 909-15.
Style and prosody of (1) *Ticfa tal-cend*, (2) *Cen cholt for crib cernini*, (3) *Maile baire gaire Caieur*, (4) *Niconruba arduene*.

5484 Ó TUATHAIL (Éamonn) *ed.*: Three Meath poems.
In Éigse 3, 1941/42 (1943), (pt. 3, 1942), pp. 157-64.
1. *Fá spré bheith agam, 'sé shaoilim gur fanómhaid* ('An fear croidheamhail dá shíneadh faoi'n bhfód'), from MS Edinb. Db 7 1.
3. *An gcluin sibh mé, a dhaoine, 'tá macānta saoitheamhail?* ('Cat Phara Héat'), from MS U.C.D. Ferriter 20.

5485 [WALSH (Paul)] *ed.*: Stray quatrains.
Ed. from the papers of P.W. by Colm O LOCHLAINN.
In id., (pt. 4), p. 277.
2 qq. from MS R.I.A. B iv 1 (c.1671): (1) *Crann toraidh an t-iubhar*; (2) *A mhaith atá, tarra asteach*.

5486 O'SULLIVAN (Donal): Thaddaeus CONNELLAN and his books of Irish poetry.
In id., pp. 278-304; 4, 1943/44 (1945), (pt. 2, 1943), p. 152.
Life and works. Description of his poem-books (1) Reliquies (1825), (2) An duanaire, fiannaigheacht (1829), (3) An duanaire, fonna seanma (1829); contents, indexes of first lines, etc.

5487 CARNEY (James) *ed.*:
Topographical poems. By Seaán Mór Ó DUBHAGÁIN & Giolla-na-naomh Ó hUIDHRÍN.
Dublin: D.I.A.S., 1943. xv + 159 pp.
With notes and onomastic index.
Review by

5488 MACENERY (Marcus), *in* IHS 5, 1946/47 (1947), pp. 355-7.

5489 MAC AIRT (Seán) *ed.*: Leabhar Branach. The Book of the O'Byrnes.
Dublin: D.I.A.S., 1944. xviii + 454 pp.
73 poems, addressed to chieftains of the O'Byrne family of Co. Wicklow, 1550-1630. Based on the Harvard MS (c. 1726), variants noted mainly from MS T.C.D. H 1 14 (70 poems); notes. Abbr.: LBran.
App. A: contents of the Harvard MS; B: prose excerpts concerning O'Byrnes of the 17th c.; C: notes on the Irish of Co. Wicklow (mainly as shown by the Harvard MS).
Reviews by

5490 M[URPHY] (G.), *in* Studies 33, 1944, pp. 273-5.

5491 Ó TUATHAIL (Éamonn), *in* IHS 5, 1946/47 (1947), pp. 249-53.

5492 BREATNACH (R. A.), *in* Éigse 7, 1953/55, (pt. 1), pp. 55-62.

5493 DE BLACAM (Aodh): Kings in Wicklow.
In Irish monthly 72, 1944, pp. 390-400.
Review article on S. MAC AIRT, Leabhar Branach, 1944.

5494 CARNEY (James) *ed.*: Poems on the Butlers of Ormond, Cahir, and Dunboyne (A.D. 1400-1650).
Dublin: D.I.A.S., 1945. xviii + 180 pp.
19 poems, notes, glossarial index. Abbr.: Butler
Appr.: The arguments to each of the five books of the Latin poem on Thomas, 10th Earl of Ormond, by Dermitius MEARA (publ. Oxford, 1615).
Reviews by

5495 O DALY (Máirín), *in* Éigse 5, 1945/47 (1948), (pt. 2, 1946), pp. 146-8.

5496 BROPHY (P. J.), *in* IHS 6, 1948/49 (1949), pp. 139-41.

5497 O'SULLIVAN (Donal): The PETRIE collection of Irish folk music.
In JEFDS 5, (no. 1, 1946), pp. 1-12.

5498 MHAC AN TSAOI (Máire) *ed.*: Filíocht den tseachtú aois déag.
In Celtica 1, 1950, (no. 1, 1946), pp. 141-57, 404 [corr.].
Three 17th c. poems, with a glossary.
2. (Tuireamh ar bhás Fhéilim) '*Sé an sgél-sa do threaghdghuin mo chraoidhe 'na lár* [from MS T.C.D. H 5 28];
3. (Amhrán grá) *Do ghad mo sherc 's do gabhadh mé 'na líon* [from ibid.].

5499 MCKENNA (Lambert) *ed.*: The Book of Magauran. Leabhar Méig Shamhradháin.
Dublin: D.I.A.S., 1947. xxvi + 470 pp. pls. (MS pp.), geneal. tabs.

The Magauran *duanaire*, the property of O'Conor Don, preserved at Clonalis (Co. Roscommon) [now N.L.I. G 1200]. 33 poems: diplomatic and standardised texts, Engl. transl., notes, vocabulary. 24 of these were previously publ. by McK., *in* Studies 28-34, 1939-45 (v.5480). Also ed. of prose matter and marginalia in the MS. Abbr.: Magauran.

Review by

5500   MURPHY (Gerard), *in* Éigse 6, 1948/52, (pt. 1), pp. 77-80.

5501   ROBINSON (F. N.) *ed.*: The Irish marginalia in the 'Drummond missal'.
In Mediaeval studies in honor of J. D. M. Ford. Ed. by U. T. Holmes Jr. & A. J. Denomy. Cambridge (Mass.): Harvard U.P., 1948. pp. 193-208. pls. (MS pp.)
> Early Irish verse from MS 627, Pierpont Morgan Library. With Engl. transl. and notes.
> First lines: (1) *Salc*[*h*]*aid aenchaep anart lín*; (2) *Timcheallmait relic meic Dé*; (3) *Ni ro aisce aisc it bíu*; (4) [dialogue between Coemgen and Ciaran] *Is mochen, a noeb-chlerig*.

5502   AN SEABHAC [*pseud.*, Ó SIOCHFHRADHA (Pádraig)] *ed.*: Filíocht Ghaedhilge i gCiarraighe thuaidh, tuairim 1813.
In Béaloideas 19, 1949 (1950), pp. 152-74.
> For the most part from a MS by Tadhg Alaman, 1813 [now in U.C.D., Dept. of Irish Folklore]. Abbr.: Filíocht Ghaedhilge, tm. 1813

5503   CARNEY (James) *ed.*: Poems on the O'Reillys.
Dublin: D.I.A.S., 1950. xv + 315 pp.
> 39 poems; notes, glossarial index. Abbr.: O'Reilly

Review by

5504   A[   ] (J.), *in* CS 1, 1951, pp. 152-4.

5505   Ó TUATHAIL (Éamonn) *ed.*: Dánta de chuid Uladh.
In An tUltach 26, uimh. 2, Feabhra 1950 — 32, uimh. 2, Feabhra 1956.

5506   ——— *ed.*: Gradam do Dhomhnall Ó Mhaoilriain.
In An tUltach 26, uimh. 4, Aibreán 1950, p. 9. (Dánta de chuid Uladh, no. 3)
> 3 poems to Domhnall Ó Maoilriain, from MS N.L. G 127 (1713). Abbr.: Ó Maoilriain

5507   MCKENNA (Lambert) *ed.*: The Book of O'Hara. Leabhar Í Eadhra.
Dublin: D.I.A.S., 1951. xxxii + 458 pp. pls.
> The O'Hara *duanaire*, preserved at Annaghmore (Co. Sligo).
> 38 poems: ed., in parts with the help of the 1826 copy R.I.A. 3 B 14, Engl. transl., notes, vocabulary; some prose matter. Portr. of Cormac O'Hara (†1612); facs. of p. 20 of the MS. Abbr.: O'Hara

Review by

5508   BREATNACH (R. A.), *in* Studies 41, 1952, pp. 373-5.

5509   Ó FOGHLUDHA (Risteárd) [*pseud.* FIACHRA ÉILGEACH] *ed.*: Éigse na Máighe .i. Seán Ó TUAMA an Ghrinn, Aindrias MAC CRAITH —AN MANGAIRE SÚGACH.
Máille le haiste ag [With an essay by] an Ollamh Domhnall Ó CORCORA: Filidheacht na Gaedhilge — a cineál.
B.Á.C.: Oifig an tSoláthair, 1952 (repr. 1970). 280 pp.

5510 O'SULLIVAN (Anne) ed.: Triamhuin Ghormlaithe.
In Ériu 16, 1952, pp. 188-99.
Ed. of 6 poems attributed to Gormlaith, not found in MS R.I.A. 23 F 16 (ed. Bergin, v. Best[1] 127); from MS N.L. G 200, Engl. transl. First lines: (1) *Beannacht úaim ar anmuinn Néill* (variants from MS R.I.A. 24 C 39), (2) *Briseadh croidhe cumhaidh Néill*, (3) *Brónach mo bheatha gan Níall*, (4) *Dursan úir ar [t]h'ocht, a Néill!*, (5) *Labhair anois a Ghadhra!*, (6) *Muichneach dhamh dhol um dhúithche*.

5511 Ó CUÍV (Brian) ed.: Two poems of invocation to Saint Gobnait.
In Éigse 6, 1948/52, (pt. 4), pp. 326-32.

5512 O'RAHILLY (Cecile) ed.: Five seventeenth-century political poems.
Dublin: D.I.A.S., 1952. ix + 181 pp.
Accentual verse, wr. between 1640 and 59; variorum eds., notes, glossary. Abbr.: 17th c. polit. poems

Review by

5513 MOONEY (Canice), *in* CS 2, 1955, pp. 131-4.

5514 MURPHY (Gerard) ed.: Two Irish poems written from the Mediterranean in the thirteenth century.
In Éigse 7, 1953/55, (pt. 2, 1953), pp. 71-9.

5515 MCGRATH (Cuthbert) ed.: Two skilful musicians.
In id., pp. 84-94.
2 poems on Eoghan Ó hAllmhuráin (17th c.) and Nioclás Dall (16th c.) respectively.

5516 MURPHY (Gerard): Duanaire Finn. The Book of the lays of Fionn. Part 3.
Dublin: E.C.I., 1953 [spine 1954]. cxxii + 451 pp. (= ITS, vol. 43 [for 1941])
Introduction, notes, appendices, and glossary (cf. Best[1] 188, Best[2] 1664). —Indexes by G.M. & Anna O'SULLIVAN.
Add. & corr. in Éigse 8, 1956/57, pp. 168-71.

5517 TORNA [*pseud.*, Ó DONNCHADHA (Tadhg)] ed.: SEÁN NA RÁITHÍNEACH.
B.Á.C.: Oifig an tSoláthair, 1954. xxxix + 486 pp.

5518 MOORE (Séamus P.) ed.: Poems in Irish on 18th century priests.
In Clogher record 1, no. 3, 1955, pp. 53-65; no. 4, 1956, p. 136 [add. & corrig.].
On three priests (Diocese of Clogher) of 1st h. 18th c. Abbr.: 18th c. priests

5519 Ó CUÍV (Brian) ed.: The penitential psalms in Irish verse.
In Éigse 8, 1956/57, (pt. 1, 1955), pp. 43-69.
Prob. 17th c.; based on MS R.I.A. 23 I 40 (? c.1700, Midland origin); linguistic analysis (dialectal spelling features). 7 psalms (Vulgata, nos. 6, 31, 37, 50, 101, 129, 142): 1. *A Rífhlaith nā hagair mé*; 2. *Beannaighthe an lucht ō a lochta*; 3. *Ad chuthach nā smachtaidh mē*; 4. *Dēn trō caire orm, a Dhia*; 5. *Éist mh'oráit, a Thriath na Ríogh*; 6. *Ō āitibh doimhni bhéic mé*; 7. *A Thighearna, ēist rém ghuidhe*. With a Latin text (from the Roman breviary).

5520 MURPHY (Gerard) ed.: Early Irish lyrics: eighth to twelfth century.
Oxford: Clarendon, 1956. xxii + 315 pp.
58 items; texts reconstructed and normalized according to the editor's dating; Engl. transl., notes, glossary. Abbr.: EILyr.
Add. & corr. in Éigse 8, 1956/57, pp. 270-3.

Reviews by

5521 BINCHY (D. A.), *in* Celtica 4, 1958, pp. 292-6.
5522 P[OKORNY] (J.), *in* ZCP 27, 1958/59, p. 326.
5523 BREATNACH (R. A.): The early Irish muse.
In Studies 46, 1957, pp. 340-6.
> Review article on G. MURPHY, Early Irish lyrics, 1956.

5524 [WALSH (Paul)] *ed.*: Poems on the Ó Domhnaill family.
In 8717 [Aodh Ruadh], pt. 2, pp. 98-148.

5525 ——— *ed.*: Poems to Calvach Ruadh Ó Domhnaill.
In id., pp. 149-55.
> Description of 9 poems in MS N.L. G 167, of which one is printed in full, with Engl. transl.: *Beannacht chugaibh a Chalbhaigh*, by Muiris mac Briain Óig Uí MHAOLCONAIRE.

5526 KNOTT (Eleanor) *ed.*: An introduction to Irish syllabic poetry of the period 1200-1600. — 2nd ed.
Dublin: D.I.A.S., 1957. xii + 135 pp.
> 1st ed. 1928 (²1935) [Best² 804].

5527 CARNEY (James) *ed.*: Two Old Irish poems.
In Ériu 18, 1958, pp. 1-43.
> 1. The Irish gospel of Thomas: *Imbu macán cóic bliadnae*. 2. On the Virgin Mary: *Maire máthair in maic bic*.
> Ca. 700. From MS N.L. G 50; diplom. & reconstr. texts, Engl. transl., notes.

Republ. in 5539 [Blathmac], pp. 89-111.

Review [in Irish] *by*

5528 Ó LAOGHAIRE (Diarmuid), *in* Feasta 12, uimh. 2, Bealtaine 1959, pp. 12, 14.

5529 THOMSON (Derick S.) *comp.*: A catalogue and indexes of the Ossianic ballads in the McLagan MSS.
In SGS 8, 1958, pp. 177-224.
> James MCLAGAN's (1728-1805) MSS, University of Glasgow (v. Mackinnon, pp. 302ff).

5530 Ó CUÍV (Brian) *ed.*: Ranna fáin.
In Éigse 9, 1958/61, p. 9.
> 1. *Cúig aráin agus dá iasg*, from MS R.I.A. 23 I 9; 2. *Líonmhar labhraid mo lochta*, from 23 M 7.

5531 WATSON (William J.) *ed.*: Bàrdachd Ghàidhlig. Specimens of Gaelic poetry, 1550-1900. — 3rd ed.
Stirling: (for An Comunn Gàidhealach) A. Learmonth, 1959. lxiv + 413 pp.

5532 O'SULLIVAN (Donal) *ed.*: Songs of the Irish. An anthology of Irish folk music and poetry with English verse translations.
Dublin: Browne & Nolan, 1960. 199 pp.

5533 O LOCHLAINN (Colm): Songs of the Irish.
In Studies 50, 1961, pp. 92-6.
> Review article on Donall O'SULLIVAN, Songs of the Irish, 1960.

5534 Ó CUÍV (Brian) *ed.*: Some early devotional verse in Irish.
In Ériu 19, 1962, pp. 1-24.
> 6 poems from MS Brussels 20978-9; Engl. transls., notes (incl. linguistic dating considerations).

1. *A Coimde na n-uile*; 2. *Dera damh, a Coimde, / do dicur mo cionadh*; 3. *An aeine i tamait aniú*; 4. *Rob toisecha ar mbás*; 5. *It ucht, a Isa inmain*; 6. *A Muire, mo bennacht ort*.

5535 ——— *ed.*: Three Irish poems.
In Studies 53, 1964, pp. 159-63.
Early devotional peoms from MS Brussels 20978-9: (1) *A Choimde na n-uile*, (2) *It ucht, a Ísa inmain*, (3) *Rop taísecha ar mbás*. Text normalized (cf. Ériu 19, 1962), Engl. transl.

5536 Ó CONGHAILE (Seán S.) *ed.*: Rí na n-uile. Lirící diaga a cumadh idir an 9ú agus an 12ú céad.
Máille le leagan Nua-Ghaeilge a chum [With Mod.I. trsls. by] Seán Ó RÍORDÁIN.
B.Á.C.: Sáirséal & Dill, 1964. 89 pp.
15 E.Ir. poems, critically edited.
Review by

5537 MAC EOIN (Gearóid S.), *in* StH 5, 1965, pp. 182-4

5538 Ó RIAIN (Pádraig): Seanfhíon i mbuidéal nua.
In Agus 5, uimh. 4, Aibreán 1965, pp. 6-7.
Review of S. S. Ó CONGHAILE, Rí na n-uile, 1964.

5539 CARNEY (James) *ed.*: The poems of BLATHMAC son of Cú Brettan, together with The Irish gospel of Thomas, and A poem on the Virgin Mary.
Dublin: E.C.I., 1964. xxxix + 170 pp. (= I.T.S., vol. 47).

5540 [Ó CUÍV (Brian)] *ed.*: Ranna fáin.
In Éigse 11, 1964/66, (pt. 1), p. 64.
2 satirical quatrains from BOCD. First lines: 1. *Do cheannach éaduigh dot mhnaoi*; 2. *Cū Choluinn is Conall Cearnach*.

5541 CAMPANILE (Enrico) *ed.*: Mittelirische Verslehren II, 96-98.
In SSL 6, 1966, pp. 157-65.
Reconstruction of three *cétnad*: (1) *Nīm-thē mairn*; (2) *Don-fē, forn-fēda-fé*; (3) *Admuiniur secht n-ingena trethain*.

5542 GREENE (David) & O'CONNOR (Frank) *eds. & trs.*: A golden treasury of Irish poetry, A.D. 600 to 1200.
London [etc.]: Macmillan, 1967. x + 214 pp.
Abbr.: Golden treasury.
Reviews by

5543 MAC CANA (Proinsias), *in* StH 8, 1968, pp. 156-63.

5544 BLAKE (James J.), *in* An Féinisc 1, 1968/69, pp. 75-7.

5545 ——— *eds. & trs.*: Dramatis personae.
In 5542 [Golden treasury], (no. 25), pp. 107-10.
1. (Aed mac Colggan, d. 610) *Ro boí tan* [2 qq., cf. FM 606];
2. (Aed Bennán, d. 619) *Aed Bennán* [2 qq., cf. FM 614];
3. (Conaing drowned, 622) *Tonna mora mórglana* [2 qq., cf. AU 621];
4. (The dead princes in the mill, 650) *In grán meles in muilenn* [cf. AU 650];
5. (Feidilmid, king of Munster, 840) *Is é Feidilmid in rí* [cf. AU 839];
6. (The king of Connacht) *In acabair* [cf. MV i §20].

5546 ——— *eds. & trs.*: Men and women — 1.
In id., (no. 26), pp. 111-4.
1. (A flatulent woman) *A-tá ben as-tír* [cf. RC 20.158 §7];
2. (Etan) *Ní fetar* [cf. MV i §52];

3. (The goldsmith's wife) *Ingen gobann* [cf. MV ii §120];
4. (A kiss) *Cride é* [cf. MV iii §177];
5. (Love in exile) *Céin-mair 'na luing indfhota* [cf. Bruchst. §162];
6. (Grania) *Fil duine* [cf. *LU* 514-7; from a lost 9th or 10th c. version of the story of Diarmait and Grania];
7. (If I were the girl) *Díambad mese in banmaccán* [cf. Auraic. 533-6];
8. (The pilgrim to Rome) *Techt do Róim* [cf. Thes. ii 296];
9. (Vikin times) *Is aicher in gaeth in-nocht* [cf. Thes. ii 290];
10. (The bell) *Clocán binn* [cf. MV i §40];
11. (Hospitality) *A Rí rinn* [?].

5547 ——— *eds. & trs.*: Medieval diary
In id., (no. 52), pp. 200-1.
1. (Murchad's victory, †994) *A muinter Murchada móir* [cf. MV iii §16];
2. (Mael Sechnaill II, †1022) *A choscar derg dédenach* [cf. FM 1022];
3. (The two queens, †1088) *Mór, ingen meic Thaidg a-tuaid* [cf. FM 1088];
4. (Conchubhar Ó hAnniaraidh, †1096) *Ní mó grád gallbraite* [cf. MV iii §145].

5548 ——— *eds. & trs.*: Men and women — 2.
In id., (no. 53), pp. 202-4.
1. (The poet) *Día nime ním thorbai* [cf. MV i §8];
2. (The thirsty poet) *Bendacht úaimm for Eithni n-ollguirm* [cf. MV iii §28];
3. (The master builder) *A mo Choimmdiu, cid do-génsa* [cf. Otia 2.78];
4. (Visitors) *Is di bésaib clúanaige* [2 qq., cf. *LL* 13473];
5. (A girl's song) *Gel cech nua – sásad nglé* [cf. *LL* 13975].

5549 ——— *eds. & trs.*: Storm and birdsong.
In id., (no. 54), pp. 205-7.
1. (The sea in flood) *Fégaid úaib* [cf. MV ii §24];
2. (The blackbird at Belfast Lough) *Int én bec* [cf. MV iii §167];
3. (The blackbird) *Och, a luin, is buidhe dhuit* [cf. LB 36 marg.];
4. (The blackbird's song) *Int én gaires asin tsail* [cf. MV i §53];
5. (The bee) *Daith bech buide a úaim i n-úaim* [cf. Bruchst. §159];
6. (The great bog) *Úar ind adaig i Móin Móir* [cf. MV iii §2].

5550 CARNEY (James) *ed. & tr.*: Medieval Irish lyrics.
Dublin: Dolmen, 1967. xxxii + 103 pp.
An anthology of 41 Latin and Irish items. Abbr.: Med. Ir. lyrics

5551 MHÁG CRAITH (Cuthbert) *ed.*: Dán na mBráthar Mionúr. Cuid 1: Téacs.
B.Á.C.: I.Á.B., 1967. xiv + 379 pp. (= SGBM, iml. 8)
Part 1: text of 118 poems by Franciscans, or about them, their order, etc. Abbr.: Dán Br.M.

Reviews by

5552 Ó HÁINLE (Cathal), *in* Éigse 12, 1967/68, pp. 331-3.
5553 DE BÚRCA (Seán), *in* Lochlann 4, 1969, pp. 333-5.
5554 WILLIAMS (J. E. Caerwyn), *in* StC 5, 1970, pp. 176-7.

5555 MAC LOCHLAINN (Alf) *comp.*: Broadside ballads in Irish.
In Éigse 12, 1967/68, pp. 115-22.
N.L.I. (as coll. by Thomas David), T.C.D. (coll. by John Davis White).

5556 Ó CUÍV (Brain) *ed.*: Ranna aoir — 1.
In id., p. 202.
6 satirical quatrains from BOCD on poets and poetry. First lines: 1. *A mhic Uí Uiginn ó Thúaim*; 2. *A mhic Uí Uiginn, a ghrádh*; 3. *Olc bhar tturus ó bhar ttoigh*; 4. *Leigeadh an t-aos ealadhna*; 5. *Conchobhar Ó Cobhthaigh cóir glas*; 6. *Fuluing dhóibh gan dul gan teacht*.

5557 ——— *eds.*: Ranna aoir — 2.
In id., p. 228.
6 satirical quatrains from BOCD. First lines: 1. *Foghmhur tirim, gáoth is grian*; 2. *Más binn orlaidhi na ceardcha*; 3. *A reacair[e] Ó nEachaidhéin*; 4. *An aisling ad-chonnarc-sa*; 5. *Dá ttugthá paidrín, a bhean*; 6. *Cruit óir go ttéadaibh airgid*.

5558 O'SULLIVAN (Anne) *ed.*: The O'Moore poems in the Book of Leinster.
In Celtica 8, 1968, pp. 182-6.
2 early 14th c. poems (in a 15th c. Anglo-Norman hand); diplom. and normalized texts, Engl. transl.: 1. *Sloinnem cró clainne Domnaill*, 2. *Dá mbeth fear d'aicme eile.*

5559 DE BRÚN (Pádraig) *ed.*: Two eighteenth century laments.
In Clogher record 6, (no. 3, 1968), pp. 618-25.
From MS Franc. A 18 (c. 1710, Co. Louth) whose scribe, Labhrás Ó CATHALÁIN (Laurence CAHALAN), may be the author of the poems; Engl. synopses.
1. Lament for Patrick Taaffe (*ob.* 1706). — First line: *Olc an scéal, mo léan, do scaoileadh* (79 lines).
2. Lament for Catherine MacMahon (*ob.* 1711). — *Iomdha éacht do-ní an t-éag mur shaoilim* (83 ll.).

5560 MATHESON (William) *ed.*: Further gleanings from the Dornie manuscripts.
In TGSI 45, 1967/68 (1969), pp. 148-95.
Selection of 16th-18th c. verse, from a MS in the School of Scottish Studies, Edinburgh. — cf. TGSI 41.310ff.

5561 O DALY (Máirín) *ed.*: Three poems ascribed to MÁOL COBHA.
In Ériu 21, 1969, pp. 103-15.
Text (with prose introd.) based on MS R.I.A. 23 K 32; Engl. transl. (1) *Drong dámhach Droma Diolair*; (2) *Tiomairg go léir na liobhra*; (3) *Ionmhain áras ainglidhe.* — Prob. belong to a lost tale.

5562 Ó FIANNACHTA (Pádraig) *ed.*: Two love-poems.
In id., pp. 115-21.
1. *Meanmach m'aislinn a cCraig Léith*, from MS Mayn. C 59; 2. *[A] compáin, seachoin sinne!*, from Mayn. C 97. With Engl. transls.

5563 RISK (May H.): 'Bradley, the taylor.'
In Hermathena 108, 1969, pp. 18-23.
Incl. ed., with Engl. transl., of (1) the relevant qq. of Seán Ó NEACHTAIN's [*Mo dhíth si go n-éugad, mo léun is mo chrādh*], wr. before 1729, from MS N.L. G 135; (2) an epitaph of Bradley, *Deir illiomad do dhaoine*, from MS R.I.A. 23 L 32.

5564 Ó CUÍV (Brian) *ed.*: Ranna aoir.
In Éigse 13, 1969/70, p. 30.
6 satirical quatrains from BOCD. First lines: 1. *Gé beag leat-sa an t-én fionn*; 2. *Muca dubha chloinne Seóinín*; 3. *Bláitheach Sheaáin Í Charra*; 4. *Muca mná Í Eachaidhéin*; 5. *Urasa a aithne ar do dhán*; 6. *Dá mbeanadh beirtín lúachra*.

5565 DE BRÚN (Pádraig) *ed.*: Ranna fáin.
In id., p. 104.
Stray qq. from MSS Franc. From A 4: (1) *Baoghlach biodhbha fá bhreith ríogh*; (2) *Dom bráthair is olc leam*; (3) *M'anam duid, a Dhé Athar*; from A 5: (4) *Maille 's is maille mo chéim*. Engl. transls.

5566 CARNEY (James): Notes on early Irish verse.

In id., pp. 291-312.
> ad G. MURPHY, Early Irish lyrics, 1956. Esp. (1) *A ben, bennacht fort – ná ráid*; (2) *Tuc dam, a Dé móir*; (3) 'The queen of Ireland's goose' (*A Mór Maigne Moige Síuil*).

5567 [BERGIN (Osborn)] *ed.*: Irish bardic poetry. Texts and translations, together with an introductory lecture, by O.B.
Comp. & ed. by David GREENE & Fergus KELLY. With a foreword by D. A. BINCHY.
Dublin: D.I.A.S., 1970. xi + 320 pp. portr.
> 66 poems, orig. ed. in Studies (1918-26), etc.; lecture 'Bardic poetry', from JIS 5, 1913 [v. Best² 1673]. Abbr.: Bardic poetry

5568 CARNEY (James) *ed.*: Three Old Irish accentual poems.
In Ériu 22, 1971, pp. 23-80.
> Reconstr. and diplom. texts, Engl. transl., metr. analysis, and notes, of (1) *Sét no tíag téiti Críst* [from MS B.M. Add. 30512; authorship of COLUM CILLE cannot be disproved]; (2) *Cétamon caín rée, rosaír and cucht* [*crann*] [ca. 600, from MS Laud 610]; (3) *Tánic sam slán sóer díambi clóen caill chíar* [based on MS Rawl. B 502; ca. 800, imitation of *Cétamon caín rée*].
> App.: 1. Some accentual verse-types; 2. COLMÁN MAC LÉNÉNI; 3. The Leinster poems; 4. LUCCRETH MOCCU CHÍARA.

5569 NUA-DHUANAIRE.
Cuid 1. Ed. by Pádraig DE BRÚN, Breandán Ó BUACHALLA, Tomás Ó CONCHEANAINN.
B.Á.C.: I.Á.B, 1971. x + 186 pp.
> 66 poems and folksongs (nos. 47-66) from c. 1600 onwards.

5570 HULL (Vernam): 'Four Old-Irish songs of summer and winter.'
In Celtica 9, 1971, pp. 200-1.
> Collation of poems (as ed. by K. Meyer, 1903) *Fuitt co bráth!* with MSS LL and R.I.A. C iii 2, and *Tānic sam slān sōer* with C iii 2.

Popular

5571 POKORNY (Julius) *tr.*: Altkeltische Dichtungen.
Bern: Francke, 1944. 180 pp.

5572 LONGFORD (The [6th] Earl of) [PAKENHAM (Edward Arthur Henry)] *tr.*: Poems from the Irish.
Dublin: Hodges Figgis; Oxford: Blackwell, 1944. x + 76 pp.

5573 ——— *tr.*: More poems from the Irish.
id., 1945. x + 64 pp.

5574 ——— *tr.*: The dove in the castle. A collection of poems from the Irish.
id., 1946. 217 pp.

5575 HOAGLAND (Kathleen) *comp.*: 1000 years of Irish poetry. The Gaelic and Anglo-Irish poets from pagan times to the present.
N.Y.: Devin-Adair, 1947. liv + 830 pp.

5576 Ó FLOINN (Tomás) *tr.*: Athbheo. Athnua éigse suthaine.
B.Á.C.: Cló Morainn, 1955. 100 pp.
> Mod.I. transls. of O.I. and M.I. poetry, with original texts en face.

5577 MACDONAGH (Donagh) & ROBINSON (Lennox) *comps.*: The Oxford book of Irish verse. 17th century – 20th century.
Oxford: Clarendon, 1958. xxxviii + 343 pp.

5578 O'CONNOR (Frank) *tr.*: Kings, lords, & commons. An anthology from the Irish.
N.Y.: Knopf, 1959; London: Macmillan, 1961 (repr. 1962). xvii + 167 pp. (Paperback: Dublin, London, 1970)
<small>Subtitle on dust jacket: Irish poems, from the seventh century to the ninteenth.</small>

5579 ——— *tr.*: The little monasteries.
Dublin: Dolmen; London, N.Y.: O.U.P., 1963. 43 + [1] pp.
<small>Subtitle on slip-case: Translations from Irish poetry mainly of the 7th to 12th centuries.</small>

5580 Ó DOIBHLINN (Diarmaid) *comp.*: 'Colmcille cct.'
In IMN 1963, pp. 56-62.

5581 GARRITY (Devin A.) *comp.*: The Mentor book of Irish poetry. From AE to Yeats, including translations from the Irish.
N.Y.: New American Library, 1965. 432 pp.

5582 LUCY (Seán) *comp.*: Love poems of the Irish.
Cork: Mercier, 1967. 182 pp.

5583 NEESON (Eoin) *comp. & tr.*: Poems from the Irish.
Cork: Mercier, 1967. 144 pp.
Review by

5584 Ó CUÍV (Brian), *in* Éigse 12, 1967/68, pp. 162-4.

5585 Ó FLOINN (Tomás) *tr.*: Athdhánta.
[Blackrock (Co. Dublin)]: Cló Morainn, 1969. xv + 168 pp.
<small>Mod.I. transls. of Early Irish poetry (800-1250).</small>

5586 CAMPANILE (Enrico) *comp.*: Antica lirica irlandese.
Napoli: Edizioni Cymba, 1970. 196 pp. (= AION, Quaderni della Sezione Linguistica, 6)
<small>With Italian transls.</small>

5587 KENNELLY (Brendan) *comp.*: The Penguin book of Irish verse.
Harmondsworth: Penguin, 1970 (repr. 1971). 428 pp.

H 4   PARTICULAR POETS AND POEMS
cf. F 2.2   Scholars, Learned families, Schools
4.1   Early Irish

H 4.1.1   **Poets**
AED FINN

5588 MURPHY (Gerard) *ed.*:
Ráisit d'inis nárbo dermar. By ÁED FINN.
In 5520 [EILyr.], (40. The island protected by a bridge of glass), pp. 100-5.
<small>Ca. 920. Imr. Maíle Dúin, poem 17 (A. G. van Hamel, Immrama, 1941, pp. 63f). From MSS YBL and B.M. Harl. 5280.</small>

AIRBERTACH MAC COSSE (DOBRÁIN)

5589 MURPHY (Gerard) *ed.*:
A Dé dúilig, atat-teoch. By AIRBERTACH MAC COSSE DOBRÁIN.
In 5520 [EILyr.], (15. I invoke thee, God), pp. 36-7.
<small>Comp. in 982. From MS Rawl. B 502.</small>

5590 MAC EOIN (Gearóid S.): The date and authorship of *Saltair na rann.*
In ZCP 28, 1960/61, pp. 51-67.
SR was written by AIRBERTACH MAC COSSE in the year 988.

5591 ———— *ed.*: A poem by AIRBERTACH MAC COSSE.
In Ériu 20, 1966, pp. 112-39.
Fichi ríg – cia rím as ferr?, from MS Rawl. B 502; Engl. transl. and notes. Its relationship to *Saltair na rann.*

BLATHMAC mac Con Brettan

5592 Ó F[IAICH] (T.): Dánta ón 8ú aois.
In SAM 1, no. 1, 1954, pp. 179-80.
Note on BLATHMHAC, the author of *Tair chucom a Maire boidh.*

5593 CARNEY (James) *ed.*: The poems of BLATHMAC son of Cú Brettan, together with The Irish gospel of Thomas, and A poem on the Virgin Mary.
Dublin: E.C.I., 1964. xxxix + 170 pp. (= I.T.S., vol. 47)
Tair cucum, a Maire boíd, by BLATHMAC mac Con Bretan. From MS N.L. G 50; diplom. & reconstr. texts, Engl. transl., notes; linguistic analysis. Abbr.: Blathmac

Reviews by

5594 MAC Í[OMHAIR] (D.), *in* JCLAS 15, (no. 4, 1964 (1966)), p. 358.
5595 MAC EOIN (Gearóid S.), *in* StH 7, 1967, pp. 222-6.
5596 MHÁG CRAITH (Cuthbert), *in* StC 2, 1967, pp. 217-9.
5597 Ó CUÍV (Brian), *in* Éigse 12, 1967/68, pp. 151-6.
5598 CARNEY (James): Poems of BLATHMAC, son of Cú Brettan.
In 515 [Early Ir. poetry], pp. 45-57.

5599 ———— : Old Ireland and her poetry.
In 514 [Old Ireland], pp. 147-72.
Deals inter alia with Mael Ísa Ó BROLCHÁIN and BLATHMAC.

5600 GOOD (James): The mariology of the BLATHMAC poems.
In IER 104, 1965, pp. 1-7.

5601 GREENE (David) & O'CONNOR (Frank) *eds. & trs.*:
[Tair cucum, a Maire boíd]. By BLÁTHMACC.
In 5542 [Golden treasury], (6. The nativity, 7. The crucifixion), pp. 36-43.
qq. 10-21, 59-72; cf. J. CARNEY's ed., 1964.

BROCCÁN CRÁIBDECH

5602 DOBBS (M. E.) *ed.*: On the graves of Leinster men.
In ZCP 24, 1954, (H. 2, 1953), pp. 139-53.
Lecht Cormaic meic Culennain, comp. after 972, by BROCCÁN CRÁIBDECH; diplom. texts from LL and BUíM, Engl. transl. and notes.

CINAED ua Artacáin

5603 MURPHY (Gerard): Was CINÁED UA ARTACÁIN (†975) the author of *Fíanna bátar i nEmain?*
In Ériu 16, 1952, pp. 151-5. (On the dates of two sources used in Thurneysen's Heldensage, no. 2)
Cináed's authorship vindicated. Also on oral : written tradition.

COLMÁN mac Lénéni

5604 CARNEY (James) *ed.*: Three Old Irish accentual poems.

In Ériu 22, 1971, pp. 23-80.
App.: 2. COLMÁN MAC LÉNÉNI.

CORMAC mac Cuilennáin

5605 MAC CANA (Proinsias) *ed.*: A poem attributed to CORMAC MAC CUILENNÁIN (†908).
In Celtica 5, 1960, pp. 207-17.
Oilill Ōlom, amra in gein. 12 qq.; principal MSS: B.M. Eg. 92, BLism, BB; 2 add. qq. from MSS R.I.A. 23 B 24. With Engl. transl. Contains a list of Munster kings.

DALLÁN FORGAILL

5606 TRAVIS (James): Elegies attributed to DALLAN FORGAILL.
In Speculum 19, 1944, pp. 89-103.
The prosody of *Amra Choluimb Chille* and *Amra Senáin*.

DANIÉL na Liathaiti

5607 MURPHY (Gerard) *ed.*:
A ben, bennacht fort - ná ráid! By DANIÉL UA LÍATHAITI.
In 5520 [EILyr.], (7. Sell not Heaven for sin), pp. 6-9.
Ca. 850. Text based on LL.

5607a MULCHRONE (Kathleen): *Léic úait a n-í condatfil.*
In Celtica 5, 1960, pp. 143-4. (Notulae quaedam, no. 2)
sic leg. in poem *A ben, bennacht fort - ná ráid*, q. 5 (v. EILyr., p. 8).

5607b CARNEY (James): Notes on early Irish verse.
In Éigse 13, 1969/70, pp. 291-312.
ad G. MURPHY, Early Irish lyrics, 1956. Esp. (1) *A ben, bennacht fort - ná ráid*; ...

FINGEN mac Flainn

5608 MERONEY (Howard): *Tréfhocal fócrai.*
In JCS 2, 1958, (no. 1, 1953), pp. 59-130. (Studies in early Irish satire, no. 3)
Incl. ed. of *A mo Comdhiu néll! Cid do-dhén*, ascr. to FINGEN mac Flaind (cf. ACL 3.291); based on MS T.C.D. H 3 18, with Engl. transl. and notes. App.: ed. of a prose text on the *trefhocal*, from MS H 3 17, with Engl. transl. and notes.

FLANN mac Lonáin

5609 DOBBS (M.): The site *Carrickabraghy*.
In UJA 10, 1947, pp. 63-5.
The *Carraic Brachaide* of the poem *Ard do scéla a mic na cuach*, ascr. to FLANN MAC LONÁIN (Best[2] 1401), part of which is translated here; also on three other pl.ns. of the same poem.

5610 MERONEY (Howard) *ed.*: A druidic liturgy in *Ogam Bricrend*?
In MLN 62, 1947, pp. 187-9.
Quatrain from BB, p. 311 (v. Auraic., p. 300), elsewhere ascr. to FLANN MAC LONÁIN. Translit. 1st line: *Uisge slébi nim-sása*.

5611 DOBBS (Margaret E.) *ed.*: A poem ascribed to FLANN MAC LONÁIN.
In Ériu 17, 1955, pp. 16-34.
Ard na scēla, a mheic na ccuach, 64 qq. (of which 55 are attrib. to FLANN). Lament for Écnechán (†907, AU); based on MS R.I.A. B iv 2; Engl. transl., notes.

FLANN MANISTRECH

5612 MAC AIRT (Seán) *ed.*: Middle-Irish poem on world-kingship.
In ÉtC 6, 1953/54, pp. 255-80; 7, 1955/56, pp. 18-45; 8,

1958/59, pp. 98-119, 284-97 [no more publ.].
> *Rēidig dam, a Dē do nim,* a series of 7 poems, by FLANN MAINISTRECH, wr. shortly before his death in 1056. Based on MS R.I.A. D iv 3; with Engl. transl. and notes.

FLANNACÁN mac Cellaig

5613 MULCHRONE (Kathleen) *ed.*: FLANNACÁN mac Cellaich rí Breg hoc carmen.
In JCS 1, 1950, (no. 1, 1949), pp. 80-93.
> *Innid scēl scaīlter n-airich.* From YBL; Engl. transl., notes.

LUCCRETH moccu Chiara

5614 CARNEY (James) *ed.*: Three Old Irish accentual poems.
In Ériu 22, 1971, pp. 23-80.
> App.: 4. LUCCRETH MOCCU CHÍARA.

MUGRÓN

5615 MURPHY (Gerard) *ed.*:
Cros Chríst tarsin ngnúisse. Ascr. to MUGRÓN.
In 5520 [EILyr.], (14. Christ's cross), pp. 32-5.
> From MSS Laud 615 and R.I.A. 23 G 4. A *lorica* type of prayer.

5616 HULL (Vernam): *ainis.*
In ZCP 29, 1962/64, (H. 3/4, 1964), pp. 315-6. (Varia Hibernica, no. 1)
> < *an + fius,* 'ignorance', in MUGRÓN's *Cros Christ tarsin ngnúisse* (EILyr., p. 34, q. 12).

NINÍNE ÉCES

5617 DOBBS (Maigréad Ní C.): NINÍNE ÉCESS.
In ÉtC 5, 1949/51, (fasc. 1), pp. 148-53.

5618 Ó FIAICH (Tomás): Cérbh é NINÍNE ÉIGEAS?
In SAM [spec. issue] 'The Patrician year, 1961-62', pp. 95-100.
> Geneal.tab.: Uí Echdach.

UA BROLCHÁ(I)N (Mael Ísu) *al.* MAEL ÍSU

5619 MURPHY (Gerard) *ed.*:
In Spirut nóeb immun. By Mael Īsu [ÚA BROLCHÁN].
In 5520 [EILyr.], (22. Invocation of the Holy spirit), pp. 52-3.
> From MS T.C.D. E 4 2.

5620 ——— *ed.*:
Deus meus, adiuva me. By Máel Ísu ÚA BROLCHÁN.
In id., (23. Deus meus), pp. 52-5.
> Text based on LBr.

5621 ——— *ed.*:
A Choimdiu, nom-choimét. By Máel Ísu [ÚA BROLCHÁN].
In id., (24. Lord, guard me), pp. 54-9.
> From MS B.M. Add. 30512. A *lorica* type of prayer.

5622 ——— *ed.*:
A Choimdiu baíd. By [Máel Ísu ÚA BROLCHÁN].
In id., (25. Beloved Lord, pity me), pp. 58-9.
> From MS Brussels 5100-4 (5 qq.).

5623 CAMPBELL (John Lorne): [Muinter Brolcháin].
In Éigse 9, 1958/61, (pt. 1), p. 76. (Two notes on 'Early Irish lyrics' (Murphy), [no. 2]).

5624 Ó CONGHAILE (Seán S.) *ed.*:
Deus meus, adiuva me. By MÁEL ÍSU ÚA BROLCHÁN.
In 5536 [Rí na n-uile], (2. Achainí an ghrá), pp. 20-3.
Based on LBr.

5625 ——— *ed.*:
In Spirut Nóeb innunn. By -id.-
In id., (8. Spiorad na firinne), pp. 42-3.
Based on MS B.M. Add. 30512.

5626 ——— *ed.*:
A Aingil, / beir, a Míchil mórfhertaig. By -id.-
In id., (11. Prionsa na n-aingeal), pp. 56-9.
Based on YBL.

5627 HULL (Vernam): A quatrain by MÁEL ÍSU.
In ZCP 29, 1962/64, (. 3/4, 1964), pp. 379-80.
On *A Choimdiu, nom-choimét*, q. 7 (EILyr., p. 56).

5628 CARNEY (James): Old Ireland and her poetry.
In 514 [Old Ireland], pp. 147-72.
Deals inter alia with Mael Ísa Ó BROLCHÁIN and BLATHMAC.

5629 ——— *ed. & tr.*:
A Chrínóc, cubaid do cheól. By Máel Ísu Ó BROLCHÁIN.
In 5550 [Med.Ir. lyrics], (29. To an old psalm-book), pp. 74-9.
cf. Éigse 4.280.

5630 ——— *ed. & tr.*:
Mo chinaid i comláine. By -id.-
In id., (31. Confession), pp. 78-81.
From MS Mayn. M 84.

5631 GREENE (David) & O'CONNOR (Frank) *eds. & trs.*:
A aingil, / beir, a Michil mórfhertaig. By Mael Ísu Ó BROLCHÁIN.
In 5542 [Golden treasury], (41. Hymn to St. Michael), pp. 165-6.
cf. Best[1] 128.

5632 ——— *eds. & trs.*:
A Chrínóc, cubaid do cheól. ? By -id.-
In id., (42. Mael Ísu finds his psalter again), pp. 167-70.
cf. Best[1] 130, Best[2] 1348.

5633 ——— *eds. & trs.*:
At-lochar duit, a mo Rí. By -id.-
In id., (43. Grace before death), pp. 171-3.
cf. Best[2] 1409.

5634 OSKAMP (H. P. A.) *ed.*:
Mochen, mochen, a Brénaind. ? By Mael Ísu Ó BROLCHÁIN.
In Éigse 13, 1969/70, pp. 92-8.
From LL and BUíM; Engl. transl., notes.

5635 Ó CUÍV (Brian): Mael Ísu ÚA BROLCHÁN's prayer to Saint Michael.
In Éigse 14, 1971/72, p. 74.
Collation of *A aingil, / beir, a Michil mórfhertaig*, with MS Brussels 20979, and ed. & tr. of 3 extra stanzas.

UA CUANÁIN (Échtgus)

5636 MURPHY (Gerard): Eleventh or twelfth-century Irish doctrine concerning the Real Presence.
In 450 [Fs. Gwynn], pp. 19-28.
<small>Engl. transl. and dating consideration of *A duine nach creit iar cóir*, by Echtgus ÚA CÚANÁIN (v. Best² 1357).</small>

OENGUS mac Oengobann *v.* Félire Oengusso (K 2.1.1)

5637 GREENE (David) & O'CONNOR (Frank) eds. & trs.: *Sén, a Chríst, mo labrae*. By ÓENGUS.
In 5542 [Golden treasury], (10. Invocation to the martyrs, 11. The downfall of heathendom), pp. 56-66.
<small>cf. Fél., Prol. 1-60, 157-240.</small>

OENGUS

5638 MURPHY (Gerard) ed.:
Isam aithrech (febda fecht). By ÓENGUS CÉILE DÉ.
In 5520 [EILyr.], (16. Prayer for forgiveness), pp. 36-9.
<small>Ca. 987. From MS Rawl. B 502 (cf. SR, duan 151).</small>

Ó RÓNÁIN (Flann) *al.* **FLANN NA MARB**

5639 CARNEY (James) ed.: A lament for Maelshechlainn II.
In 4790 [Ó Cianáin misc.], (2. Poems, no. 3), pp. 142-7.
<small>*Dúnta in tech i-táit na ríg*, by Flann Ó RÓNÁIN *al.* FLANN NA MARB. Wr. 1022. Diplom. and normalized texts.</small>

ORTHANACH ua Caellámá Cuirrich

5640 O DALY (Máirín) ed.: *A chóicid choín Chairpri crúaid*.
In Éigse 10, 1961/63, (pt. 3, 1962/63), pp. 177-97.
<small>Ascr. to ORTHANACH UA CÁELLÁMA CUIRRICH. Based on MS N.L. G 7; Engl. transl., notes.</small>

5641 GREENE (David) & O'CONNOR (Frank) eds. & trs.:
Slán seiss, a Brigit co mbúaid. ? By ORTHANACH.
In 5542 [Golden treasury], (12. To St. Brigit), pp. 67-71.
<small>qq. 1-2, 4, 7-11, 14-6, 25-6; cf. Best¹ 166.</small>

H 4.1.2 Early Irish: Anonymous, Authorship uncertain

5642 VENDRYES (J.) ed.: Un poème du *Cath Mhuighe Léana*.
In ÉtC 4, 1941/48, (fasc. 1, 1941), pp. 120-5.
<small>*Sgéal leam dhaoibh / éisdigh fris* (as ed., from YBL, by E. O'Curry, 1855 [Best¹ 104], p. 122), with Fr. transl. and notes.</small>

5643 HULL (Vernam): The quarrel between Finn and Oisín.
In MNL 57, 1942, pp. 434-6.
<small>ad Fianaig., no. 2, poem *Is derb lem-sae*, q. 3.</small>

5644 ———: Reicne Fothaid Canainne.
In MLN 58, 1943, pp. 29-31.
<small>ad *A ben, náchamaicille*, st. 19 (v. Fianaig., p. 12).</small>

5645 MURPHY (Gerard) ed.: A poem in praise of Aodh Úa Foirréidh, Bishop of Armagh (1032-1056).
In 431 [Measgra Uí Chléirigh], pp. 140-64.
<small>Early 11th c. poem; first line *Úasalepscop Éirenn Aed*. From (sole) MS R.I.A. B iv 2, with Engl. transl. and notes.</small>

H VERSE

5646 CARNEY (James): *A Chrínóc, cubaid do cheól.*
In Éigse 4, 1943/44 (1945), (pt. 4), pp. 280-3.
A metaphorical interpretation.

5647 DILLON (Myles) *ed.*: The Yew of the disputing sons.
In Ériu 14, 1946, pp. 154-65.
Iarfaiged nech acaib dam, attrib. to CORMAC MAC CULENNÁIN. From LL, with Engl. transl.

5648 DOBBS (Margaret): A note on *Aidheda forni do huaislib Érenn* and the lost legend of Ferdomon.
In id., pp. 166-9.
On some names in *Fíanna bátar i nEmain* and the development of the Finn cycle.

5649 HULL (Vernam): *rondid.*
In Lg 25, 1949, pp. 134-5. (Miscellanea linguistica Hibernica, no. 6)
Two further occurrences; incl. interpretation of *A ben, nāchamaicille,* st. 33 (*Reicne Fothaid Canainne,* v. Fianaig., p. 14).

5650 O'DWYER (Peter) *ed.*: A tenth or eleventh century hymn attributed to Patrick.
In Éigse 6, 1948/52, (pt. 2, 1950), p. 111.
From MS Brussels 5100-4. First line: *Tŏrramha[t] do naemh-ainge[i]l.*

5651 Ó CUÍV (Brian) *ed.*: The Seventeen wonders of the night of Christ's birth.
In id., pp. 116-26.
5 texts: (1) from LB (with variants); (2) from LF; (3) from R.I.A. 24 P 25; (4) late M.I. poem, from YBL (with variants), 1st line: *An n-aidchi geni Crīst chain;* (5) another 'wonder', preserved independently in B.M. Eg. 92.

5652 Ó TUATHAIL (Éamonn) *ed.*: *Torach, aitreabh neimhneach naomh.*
In An tUltach 26, uimh. 9, Meán Fómhair 1950, p. 7. (Dánta de chuid Uladh, 7. Buadha Thoraighe)
Normalization of Best² 1645 (from MS Laud 615).

5653 GROSJEAN (Paul) *ed.*: Élégie de S. Ciarán de Clúain Moccu Nois.
In AB 69, 1951, pp. 102-6. (Notes d'hagiographie celtique, no. 18)
First line: *An frim, a Ri richidh ráin* (8 qq.), with prose preface. From MS Brussels 5057-9, with Fr. transl. & notes.

5654 BINCHY (D. A.) *ed.*: The saga of Fergus mac Léti.
In Ériu 16, 1952, pp. 33-48.
Echtra Fergusa maic Léti (dated to 8th c.), from MS T.C.D. H 3 18 (also diplom. text from B.M. Harl. 432). 7th c. poem, *Tīr boĭe(?) Chuind chēt-choraig,* reconstructed from MSS Harl. 432, H 3 17, etc. With Engl. trs. and notes.

5454 O'BRIEN (M. A.) *ed.*: A Middle-Irish poem on the Birth of Āedān mac Gabrāin and Brandub mac Echach.
In id., pp. 157-70.
Ro bātar lāeich do Laigneib; from MS Rawl. B 502, with Engl. transl. and notes. Extensive metrical analysis.

5656 O DALY (Máirín) *ed.*: A poem on the Airgialla.
In id., pp. 179-88.
[A]rsiasar coimhdhi (Temrae scéo) Tailten. Diplom. text from MS N.L. G 7, with textual notes and Engl. transl.

5657 GREENE (David) *ed.*: St. Brigid's alefeast.
In Celtica 2, 1954, (pt. 1, 1952), pp. 150-3.
Prob. 11th c. First line: *Ropadh maith lem.* From MS Brussels 5100-4; Engl. transl. and notes.

5658 M[URPHY] (G.) *ed.*: The pursuit of Díarmaid Ó Duibhne.
In Éigse 7, 1953/55, (pt. 2, 1953), p. 79.
Single quatrain, *Is mé Díarmaid Ō Duibhne*; from MS R.I.A. C iii 2 (in addition to *Fil duine*, v. EILyr. 54).

5658a Ó BROIN (Pádraig) *ed.*: *Ní mhair glún don ghenelach.*
In IrC 1, uimh. 2, 1953, pp. 6, 8.
Single q., from LBr., p. 40 marg.; with Engl. tr.

5658b MEYER (Robert T.) *ed.*: *A ben uil isin cuili.*
In IrC 1, uimh. 2, 1953, p. 22. (Scraps from the law books, 1)
2 qq., from BB (*Uraicecht bec*), with Engl. tr.

5658c ——— *ed.*: *Taili i m-bairgin.*
In IrC 2, (uimh. 1, 1953), p. 19. (Scraps from the law books, 2)
From BB (*Uraicecht bec*), with Engl. tr.

5658d ——— *ed.*: The lonely blackbird.
In IrC 2, (uimh. 2, 1954), p. 46.
Ach, a luin is buide duit; from LBr., with Engl. tr.

5658e ——— *ed.*: The high wind. (A poem from O'Mulconry's Glossary, 830g).
In IrC 2, (uimh. 3, 1954), p. 71.
Single q., *Ron-bris, ron-brui, ron-baid*; with Engl. tr.

5658f ——— *ed.*: Poem on Slieve gCua.
In IrC 2, (uimh. 4, 1954), p. 89.
Slíabh Cúa cúanach corrach dubh. From BB, with Engl. tr. [cf. MV iii 99].

5659 GREENE (David) *ed.*: A Middle Irish poem on Latin nouns.
In Celtica 2, 1954, pp. 278-96.
Poem of perhaps 11th c., material drawn from PRISCIAN, books v-vii. First line: *Cūig coitchind tiaghaid in es.*
From MS N.L. G 2; with Engl. transl. and notes.

5660 JACKSON (Kenneth): Ad Celtica ii 153.
In id., p. 364.
On *Ropadh maith lem* (as ed. by D. GREENE, 1952), q. 2.

5661 Ó MAOL-CHRÓIN (Caitilín *Ní Maol-Chróin*): Macalla as Cluain-mhac-Nóis A.D. 1050.
In Galvia 1, 1954, pp. 15-7.
The dating of *Canas ticc macc léginn?* (MV iii §142).

5662 GREENE (David) *ed.*: Esnada tige Buchet.
In 5065 [Fingal Rónáin], pp. 27-44.
Based on LL. App. C: metrical version from MS Rawl. B 502: *Cathaîr cenn cōiced Banba.*

5663 Ó CUÍV (Brian) *ed.*: An early Irish poem of invocation to Our Lady.
In Studies 44, 1955, pp. 207-12.
A Muire, mo bennacht ort, from MS Brussels 20979; with Engl. transl.

5664 O'BRIEN (M. A.) *ed.*: A Middle-Irish poem on the Christian kings of Leinster.
In Ériu 17, 1955, pp. 35-51.
Cōic rīg trīchat triallsat rōe. Composite poem (qq. 1-38 of the period 915-40; qq. 41ff of 1024-36). From MS Rawl. B 502, with Engl. transl. and notes.

H VERSE

5665 MURPHY (Gerard) *ed.*: Finn's poem on May-day.
In id., pp. 86-99.
9th c. *Cétemain, cain cucht*; cf. Macgn. Finn, §20 (ed. K. Meyer, 1882). From MS Laud 610; diplom. and reconstr. texts, Engl. transl., notes.
Republ. in 5520 [EILyr.], (52. May-day), pp. 156-9.

5666 ——— *ed.*: *Messe ocus Pangur bán.*
In 5520 [EILyr.], (1. The scholar and his cat), pp. 2-3.
Early 9th c. Cf. Thes. ii 293-4.

5667 ——— *ed.*: *Dom-ḟarcai fidbaide fál.*
In id., (2. The scribe in the woods), pp. 4-5.
Early 9th c. From MS St. Gall 904 (cf. Thes. ii 290).

5668 ——— *ed.*: *Clocán binn.*
In id., (3. The bell), pp. 4-5.
Single quatrain, 9th c. From MS T.C.D. H 2 12 (cf. MV i §40).

5669 ——— *ed.*: *Adram in Coimdid.*
In id., (4. The Lord of Creation), pp. 4-5.
Single quatrain, 9th c. From MSS BB and Laud 610 (cf. MV ii §54).

5670 ——— *ed.*: *Int én bec.*
In id., (5. The blackbird by Belfast Loch), pp. 6-7.
Single quatrain, 9th c. From BB and BUíM (cf. MV iii §167).

5671 ——— *ed.*: *Int én gaires asin tṡail.*
In id., (6. The blackbird calling from the willow), pp. 6-7.
Single quatrain, 9th c. From MSS T.C.D. H 2 12, BB, Laud 610, BUíM (cf. MV i §53, ii §75).

5672 ——— *ed.*: *A Marbáin, a díthrubaig.*
In id., (8. King and hermit), pp. 10-9.
9th c. From MS B.M. Harl. 5280; qq. 2-7 omitted (cf. K. Meyer, King and hermit, 1901).

5673 ——— *ed.*: *M'óenurán im aireclán.*
In id., (9. A hermit song), pp. 18-23.
8th or 9th c., apart from three interpolated quatrains. Text based on MS R.I.A. 23 N 10.

5674 ——— *ed.*: *Día lim fri cach sním.*
In id., (10. God be with me), pp. 22-7.
Prob. early 9th c. Text based on MS R.I.A. 23 N 10.

5675 ——— *ed.*: *Ísucán.*
In id., (11. Jesus and Saint Íte), pp. 26-9.
Ca. 900. Text based on LBr (cf. Fél.[2], p. xxxv). Attrib. to Íte (m. 6th c.).

5676 ——— *ed.*: *Dúthracar, a Maic Dé bí.*
In id., (12. Manchán's wish), pp. 28-31.
10th c. From MS R.I.A. 23 N 10. Attrib. to Manchán of Líath.

5677 ——— *ed.*: *Tan bím eter mo ṡruithe.*
In id., (13. All things to all men), pp. 32-3.
Single quatrain, 10th c. Ascr. to Mo Ling (†c. 697). Text based on MS Laud 610.

5678 ——— *ed.*: *Is mebul dom imrádud.*
In id., (17. On the flightiness of thought), pp. 38-43.
10th c. Text based on LBr.

5679 ——— *ed.*: *Rop tú mo baile.*
In id., (18. Be thou my vision), pp. 42-5.
10th or 11th c. Text based on MS N.L. G 3.

5680 ——— ed.: *Tórramat do nóebaingil.*
    In id., (19. Evening hymn), pp. 44-7.
        10th or 11th c. Ascr. to Pátraic (†c. 492). From MS Brussels 5100-4.

5681 ——— ed.: *A Maire mín, maithingen.*
    In id., (20. Invocation of the Blessed Virgin Mary), pp. 46-51.
        11th c. Ascr. to Colum Cille. From MSS Laud 615, and R.I.A. 23 N 10 and B iv 2.

5682 ——— ed.: *Mé Éba, ben Ádaim uill.*
    In id., (21. I am Eve), pp. 50-3.
        10th or 11th c. Text based on MS R.I.A. B iv 2.

5683 ——— ed.: *Ropo mían dom menmainse.*
    In id., (26. My mind's desire), pp. 58-61.
        Prob. 11th c. Text based on MS B.M. Add. 30512.

5684 ——— ed.: *Tuc dam, a Dé móir.*
    In id., (27. Prayer for tears), pp. 62-5.
        12th c. Text (8 qq.) based on MS B.M. Add. 30512.

5685 ——— ed.: *Mo labrad.*
    In id., (28. Praise God), pp. 64-5.
        12th c. (at the earliest). From MS B.M. Add. 30512.

5686 ——— ed.: *Fil súil nglais.*
    In id., (29. A blue eye will look back), pp. 64-5.
        11th c. Single quatrain, attrib. to Colum Cille. From MSS LU and Rawl. B 502.

5687 ——— ed.: *Robad mellach, a meic mo Dé.*
    In id., (30. An exile's dream), pp. 66-9.
        Ca. 1000. Ascr. to Colum Cille. Text based on MS R.I.A. 23 N 10. One interpolated quatrain om. between qq. 8 and 9.

5688 ——— ed.: *Tréide as dile lem fo-rácbus.*
    In id., (31. The three best-beloved places), pp. 68-9.
        12th c. Attrib. to Colum Cille. From MS Laud 615. One interpolated quatrain om. after q. 1.

5689 ——— ed.: *Is aire charaim Doire.*
    In id., (32. Derry), pp. 68-9.
        12th c. Single quatrain, attrib. to Colum Cille (cf. Wh. Stokes, Three Middle-Irish homilies, 1877, p. 108). Text based on LBr.

5690 ——— ed.: *Is scíth mo chrob ón scríbainn.*
    In id., (33. My hand is weary with writing), pp. 70-1.
        11th or 12th c. Ascr. to Colum Cille. From MS Laud 615.

5691 ——— ed.: *It é saigte gona súain.*
    In id., (36. The lament of Créide ...), pp. 86-9.
        Ca. 800. From MS B.M. Harl. 5280. Quatrain 3 om. from the text (see notes).

5692 ——— ed.: *A Mór Maigne Moige Síuil.*
    In id., (37. On the loss of a pet goose), pp. 88-91.
        Late 10th or 11th c. From MS R.I.A. B iv 2.

5693 ——— ed.: *Ro-cúala.*
    In id., (38. Ungenerous payment), pp. 90-1.
        Single quatrain, 9th c. From MSS BB, BUíM and T.C.D. H 2 12 (cf. MV iii §3). Later version cited in notes: *Trúagán trúag.*

5694 ——— ed.: *Ca[í]ni amra laisin mBran.*
    In id., (39. Manannán, god of the sea, describes his kingdom to

Bran and predicts the birth of Mongán), pp. 92-101.
>8th c. Imr. Brain, §§33-60. From MS R.I.A. 23 N 10.

5695 ——— ed.: *A Bé Find, in rega lim.*
In id., (41. Fair lady, will you go with me?), pp. 104-7.
>Late 9th c. Part of the third *Tochmarc Étaíne* (v. Ériu 12.180). Text based on LU.

5696 ——— ed.: *Rānacsa, rem rebrad rān.*
In id., (42. Lóeg's description to Cú Chulainn of Labraid's home in Mag Mell), pp. 106-11.
>Late 11th c. Text from LU; cf. SCC² §33.

5697 ——— ed.: *M'airiuclán hi Túaim Inbir.*
In id., (43. My little oratory), pp. 112-3.
>Ca. 800. Attrib. to Suibne Geilt. From the MS Unterdrauberg (Austria), monastery of St. Paul.

5698 ——— ed.: *Gáir na Gairbe glaídbinne.*
In id., (44. The cry of the Garb), pp. 112-7.
>Ca. 1150. From MS Brussels 5100-4. Spoken by Suibne; the orig. poem may have ended with q. 10.

5699 ——— ed.: *Súanach sin, a Éorann án.*
In id., (45. Suibne and Éorann), pp. 118-23.
>Ca. 1175. Based on MS R.I.A. B iv 1; cf. Buile S., §32.

5700 ——— ed.: *A bennáin, a búiredáin.*
In id., (46. Suibne in the woods), pp. 122-37.
>Ca. 1175. Based on MS R.I.A. B iv 1; cf. Buile S., §40.

5701 ——— ed.: *Mór múich i túsa in-nocht.*
In id., (47. Suibne in the snow), pp. 138-41.
>Ca. 1175. Based on MS R.I.A. B iv 1; cf. Buile S., §61.

5702 ——— ed.: *Turus acam Día hAíne.*
In id., (48. Cáel praises Créide's house), pp. 140-7.
>Ca. 1175. From *Acallam na senórach*. From MSS BLism., Franc. A 4, Rawl. B 487. One quatrain om. after q. 21.

5703 ——— ed.: *Géisid cúan.*
In id., (49. Créide's lament for Cáel), pp. 148-51.
>Ca. 1175. From *Acallam na senórach*. From MSS BLism., Franc. A 4, Rawl. B 487. One addit. quatrain (after q. 10) in the notes.

5704 ——— ed.: *Forud na Fíann fás in-nocht.*
In id., (50. The passing of the Fíana), pp. 152-3.
>Ca. 1175. From *Acallam na senórach*. From MSS BLism., Laud 610, Franc. A 4, Rawl. B 487.

5705 ——— ed.: *Is úar geimred; at-racht gáeth.*
In id., (51. Description of winter and memory of the past), pp. 154-5.
>-id.-

5706 ——— ed.: *Scél lem dúib.*
In id., (53. Summer has gone), pp. 160-1.
>9th or 10th c. Attrib. to Finn. From MSS LU and Rawl. B 502.

5707 ——— ed.: *Fil duine.*
In id., (54. Gráinne speaks of Díarmait), pp. 160-1.
>Single quatrain, 9th or 10th c. Text based on MS Rawl. B 502.

5708 ———— ed.: *Cotail becán becán bec.*
    In id., (55. Díarmait's sleep), pp. 160-5.
        Ca. 1150. From DF.

5709 ———— ed.: *Trúag sin, a Chaílte, a chara.*
    In id., (56. Oisín's parting from Caílte), pp. 164-7.
        Ca. 1200. From DF.

5710 ———— ed.: *Ro loiscit na lámasa.*
    In id., (57. These hands have been withered), pp. 166-7.
        Ca. 1100. Attrib. to Oisín. From MS R.I.A. D iv 2.

5711 ———— ed.: *Do bádussa úair.*
    In id., (58. Once I was yellow-haired), pp. 168-9.
        Ca. 1200. From DF.

5712 JACKSON (Kenneth) *ed.*: The poem *A ēolcha Alban uile.*
    In Celtica 3, 1956, pp. 149-67.
        The Duan Albanach, of c. 1093. From Dubhaltach MAC FIR BHISIGH's Book of genealogies, MS in U.C.D., with full variants, notes.

5713 MATHESON (Angus): St. Brigid's alefeast.
    In Éigse 8, 1956/57, p. 260. (Miscellanea, [no. 2])
        On *Ropadh maith lem* (as ed. by D. GREENE, 1952), q. 2.

5714 JACKSON (Kenneth) *ed.*: The Duan Albanach.
    In SHR 36, 1957, pp. 125-37.
        A éolcha Alban uile, from Dubhaltach MAC FIR BHISIGH's Book of genealogies, MS in U.C.D.; with Engl. transl., notes.

5715 KNOTT (Eleanor) *ed.*: A poem of prophecies.
    In Ériu 18, 1958, pp. 55-84.
        Trēdhe nach fuilngeand rīgh rēil, ascr. (in last st.) to BÉCÁN BEC MAC DÉ. 12th c. compilation, from BUíM; Engl. transl., notes.

5716 Ó BROIN (Tomás): The genesis of 'An Chrīnōc'.
    In Éigse 9, 1958/61, pp. 1-3.
        Modelled on HORACE, epilogue to Epistles, book 1.

5717 MERONEY (Howard): The Alphabet of the world.
    In JCS 2, 1958, pp. 173-88.
        Incl. ed. of *Tre chual gort ...,* from MS Eg. 118 (cf. ZCP 5.184); also a versified version, *Bliadhain don cuaille co cert,* from F; with Engl. transls.

5718 O'DONNELL (Thomas J.) *ed.*: Selections from the *Zoilomastix* of Philip O'SULLIVAN BEARE.
    Dublin: (for I.M.C.) Stationery Office, 1960. lxviii + 111 pp.
        (pp. 98-102): *Divi Commini Conerensis episcopi Iberni carmen,* a Latin verse rendering by O'S.B., of *Carais Pattraic phuirt Macha,* attrib. to CUIMMÍN(E) CONDEIRE (cf. ZCP 1.59ff).

5719 GUYONVARC'H (Christian-J.) *tr.*: La Conception des deux porchers.
    In Ogam 12, 1960, pp. 73-90.
        Annexe: Fr. transl. of *Am gáeth i mmuir* (as in LGÉ v 110).

5720 MULCHRONE (Kathleen): *Cia beth clérech co lín sét ...*
    In Celtica 5, 1960, p. 143. (Notulae quaedam, no. 1)
        sic leg. with LBr. in poem *Ísucán,* q. 1 (v. EILyr., p. 26).

5721 ————: *Léic úait a n-í condatfil.*
    In id., pp. 143-4. (Notulae quaedam, no. 2)
        sic leg. in poem *A ben, bennacht fort - ná ráid,* q. 5 (v. EILyr., p. 8).

5722 O DALY (Máirín) *ed.*: On the origin of Tara.
In id., pp. 186-91.
Poem, *Ind fhilid ra fetatar*, with prose introd. (of ca. 900); from MS N.L. G 7; with Engl. transl.

5723 MAC EOIN (Gearóid S.) *ed.*: Dán ar Chogadh na Traoi.
In StH 1, 1961, pp. 19-55.
ca. 1100 or later. *Luid Iasōn [i]na luing lóir*, from MS Edinb. 19 (there ascr. to FLANN MAINISTRECH); with Engl. transl. and notes.

5724 O LOCHLAINN (Colm) *tr.*: Lúireach Phádraic. St. Patrick's breastplate.
In Studies 50, 1961, pp. 1-4.

5725 O DALY (Máirín) *ed.*: Mesce Chúanach.
In Ériu 19, 1962, pp. 75-80.
Poem from MS N.L. G 7: *Is pind limp / in tan gabther mo dūan dam*; Engl. transl., notes.

5726 WATKINS (Calvert): Old Irish *-antar*.
In id., pp. 116-8. (= Varia 2, no. 2)
Restoration and transl. of a verse in Privileges of poets (Ériu 13. 13 and 58) from MSS T.C.D. H 2 15B, etc.: *do-aisic a dath / dia aír -antar*; postulation of a primary verb **anaid* 'blemishes'; on 'Bergin's law'.

5727 HENRY (P. L.): A Celtic-English prosodic feature.
In ZCP 29, 1962/64, (H. 1/2, 1962), pp. 91-9.
On *dúnad* or *iarcomarc*; incl. poem from Auraic. 2183ff, *Dunta for nduan decid lib*, with Engl. transl.

5728 HULL (Vernam): Early Irish *geldod*.
In id., pp. 177-8. (Miscellanea Celtica, no. 5)
From *gel + doth*, 'fair procreation', in *Ca[í]ni amra laisin mBran*, of *Imram Brain* (v. EILyr., p. 95, q. 5).

5729 ———: A verse in *Reicne Fothaid Canainne*.
In id., pp. 183-6. (Notes on Irish texts, no. 1)
ad *A ben, nāchamaicille*, st. 33 (v. Fianaig., p. 14); also on *fidchell*.

5730 BINCHY (D. A.) *ed.*: Scéla Cano meic Gartnáin.
Dublin: D.I.A.S., 1963. xxviii + 69 pp. (= MMIS, vol. 18)
Ed. from (sole) MS YBL, with notes and vocabulary.
Incl. poem *Cid dech do lindaib flatha?*, with parallel text from R.I.A. B iv 2.

5731 Ó CUÍV (Brian) *ed.*: A Middle-Irish poem on the blessed Trinity.
In Éigse 10, 1961/63, (pt. 4), pp. 305-8.
Athair, Mac, ocus Spirat Naém, normalised from MSS B.M. Add. 30512, etc.; Engl. transl.

5732 GROSJEAN (Paul) *ed.*: Un quatrain irlandais dans un manuscrit anglo-saxon.
In AB 81, 1963, pp. 269-71. (Notes d'hagiographie celtique, no. 54)
Petur, Pol, Patric, Pilip, from MS Cambridge, Corpus Christi, 41.

5733 Ó CONGHAILE (Seán S.) *ed.*: *Rop tú mo baile*.
In 5536 [Rí na n-uile], (1. Dia an uile), pp. 14-9.
Based on MS R.I.A. 23 N 10.

5734 ——— *ed.*: *Ro bad mían dom anmainsi*.
In id., (3. Mian anma), pp. 24-7.
Based on MS B.M. Add. 30512.

5735 ———— ed.: *Ísucán / alar liumm im dísirtán.*
   In id., (4. Íosagán), pp. 28-31.
   Based on LBr. (Fél.²). 'Íde Chluana Credail cct.'

5736 ———— ed.: *Mo théora ucsi forsin Ríg.*
   In id., (5. Trí achainí), pp. 32-3.
   Based on MS R.I.A. B iv 2.

5737 ———— ed.: *Is mebul dom imrádud.*
   In id., (6. Smaointe ar fán), pp. 34-9.
   Based on LBr.

5738 ———— ed.: *Rop soraid an sétsa.*
   In id., (7. Beannacht ar an aistear), pp. 40-1.
   Based on MS Bodl. Laud 615.

5739 ———— ed.: *A Maire mín, maithingen.*
   In id., (9. Máthair Dé), pp. 46-51.
   Based on MS R.I.A. 23 N 10.

5740 ———— ed.: *Brigit bé bithmaith.*
   In id., (10. Do Bhríghid), pp. 52-5.
   Based on MS Franc. A 2 (Lib. hymn.).

5741 ———— ed.: *Mairg tréces cléircecht ar cheird.*
   In id., (12. Saighdiúir Chríost), pp. 60-3.
   'Cellach cct.' Based on LBr. (*Caithréim Cellaig*).

5742 ———— ed.: *Is ór nglan, is ném im gréin.*
   In id., (13. Cui servire regnare est), pp. 64-7.
   Based on LL.

5743 ———— ed.: *Mé Éba, ben Ádaim uill.*
   In id., (14. Caoineadh Éabha), pp. 68-9.
   Based on MS R.I.A. B iv 2.

5744 ———— ed.: *Congair in uissi éolach.*
   In id., (15. An fhuiseog), pp. 72-3.
   From LBr. (Fél.²).

5745 BYRNE (Francis John) ed.: *Clann Ollaman uaisle Emna.*
   In StH 4, 1964, pp. 54-94. gen.tabs.
   Ca. 1165; variorum ed., Engl. transl., notes. Poem on the Christian kings of Ulster.

   Review by

5746 Ó CUÍV (Brian), *in* Éigse 11, 1964/66, (pt. 4), pp. 303-4.

5747 O'SULLIVAN (Anne) ed.: Leabhair an Bhíobla. Mnemonic verses on the canonical order of the books of the Bible.
   In An Sagart 7, 1964, uimh. 3/4, pp. 34-5. pl. (MS facs.)
   M.I. *Canon da wiarfigta air*, from MS Sion College, Arc.L. 40 2/L. 4 (13th c.), in semi-phonetic spelling. Also a single quatrain, *Sé lá trí fichid trí ched*. With Engl. transls.

5748 O DALY (Máirín) ed.: *Beir mo scíath, scëo fri úath.*
   In Ériu 20, 1966, pp. 191-201.
   From LL, with Engl. transl. and notes. Early M.I., attrib. to AILILL ÓLOMM; belongs (as also *A maccáin ná cí*) to a version of *Cath Maige Mucrime*.

5749 O'SULLIVAN (Anne) ed.: The colophon of the Cotton psalter (Vitellius F XI).
   In JRSAI 96, 1966, pp. 179-80.

Prob. a.924/5. *Bendacht dé for Muiretach comall glé!*, and 1 q., beg. *rop sen sutin sunn in suí.* From MS Bodl. Add. A 91 (J. Ussher notebook).

5750 GREENE (David) & O'CONNOR (Frank) eds. & trs.: *Fo réir Choluim céin ad-fías.*
In 5542 [Golden treasury], (1. Hymn to St. Colum Cille), pp. 19-22.
Quatrains 1-3, 12-15, 22-24, of early O.I. poem, from MS N.L. G 50.

5751 ———— eds. & trs.: *Imbu maccán cóic blíadnae.*
In id., (2. Jesus and the sparrows, 3. Jesus at school), pp. 23-6.
qq. 1-7, 22-9; cf. J. CARNEY's ed., 1964.

5752 ———— eds. & trs.: *Atom-riug in-diu.*
In id., (4. Breastplate number one), pp. 27-32.
cf. Thes. ii 354ff. (Best[1] 137).

5753 ———— eds. & trs.: *Ad-muiniur secht n-ingena trethan.*
In id., (5. Breastplate number two), pp. 33-5.
cf. Best[2] 1353.

5754 ———— eds. & trs.: *Caíne amrae lassin mBran.*
In id., (8. The two worlds), pp. 44-7.
From the Voyage of Bran; cf. Best[2] 1253.

5755 ———— eds. & trs.: *It é saigthi gona súain.*
In id., (16. Créd's lament), pp. 78-80.
cf. Best[1] 156.

5756 ———— eds. & trs.: *Meisse ocus Pangur Bán.*
In id., (17. The scholar and his cat), pp. 81-3.
? By SEDULIUS; cf. Thes. ii 293.

5757 ———— eds. & trs.: *Dom-fharcai fidbaide fál.*
In id., (18. Writing out-of-doors), pp. 84-5.
cf. Thes. ii 290.

5758 ———— eds. & trs.: *A ben, nacham shaig i-lle.*
In id., (19. The dead lover), pp. 86-92.
qq. 1-11, 23-5, 29-31, 41-9, of *Reicne Fothaid Canainne* [Best[1] 129].

5759 ———— eds. & trs.: *Is úar gaeth.*
In id., (20. Rónán's lament), pp. 93-7.
cf. Fingal Rónáin (ed. D. GREENE, 1955), 172-92, 197-244.

5760 ———— eds. & trs.: *Scél lem dúib.*
In id., (21. Winter), pp. 98-9.
cf. RC 20.258 [Best[1] 165].

5761 ———— eds. & trs.: *M'airiuclán hi Túaim Inbir.*
In id., (22. The pity of nature — 1), pp. 100-1.
From a lost 9th c. version of the story of Suibne; cf. Thes. ii 293.

5762 ———— eds. & trs.: *Ísucán.*
In id., (23. Ita and the infant Jesus), pp. 102-3.
cf. EILyr., no. 11.

5763 ———— eds. & trs.: *An frimm, a Rí ríchid ráin.*
In id., (28. Prayer for a long life), pp. 123-5.
cf. Best[2] 1394.

5764 ———— eds. & trs.: *Anbthine mór ar muig Lir.*
In id., (29. The tempest), pp. 126-9.
cf. Best[1] 135.

5765 ——— eds. & trs.: *Fuit, fuit!*
In id., (31. Winter), pp. 134-6.
cf. Best¹ 150; spelling modernized.

5766 ——— eds. & trs.: *Tánic sam slán sóer.*
In id., (32. Summer), pp. 137-9.
From MS Rawl. B 502; cf. Best¹ 167.

5767 ——— eds. & trs.: *Ráithe fó foiss fogamar.*
In id., (33. The four seasons), pp. 140-3.
Four poems from *Aigidecht Aithirni*, from MSS LL, B.M. Harl. 5280, and R.I.A. 23 N 10; cf. Best² 1173, 1173a.

5768 ——— eds. & trs.: *Is mebul dom imrádud.*
In id., (34. A prayer for recollection), pp. 144-7.
cf. Best¹ 155, and EILyr., no. 17.

6769 ——— eds. & trs.: *Dúthracar, a Maic Dé bí.*
In id., (35. The hermitage), pp. 148-50.
cf. Best¹ 147.

6770 ——— eds. & trs.: *In regsa, a Rí inna rún.*
In id., (36. The pilgrim), pp. 151-3.
From MS R.I.A. 23 N 10; cf. Best² 1536 (qq. 1-9).

6771 ——— eds. & trs.: *Cumhthach labhras an lonsa.*
In id., (37. Fellow feeling), pp. 154-6.
Prob. 12th c.; cf. Best¹ 144, Best² 1459a.

5772 ——— eds. & trs.: *Mé Eba, ben Ádaim uill.*
In id., (38. Eve), pp. 157-8.
cf. Best¹ 158.

5773 ——— eds. & trs.: *Is scíth mo chrob ón scríbainn.*
In id., (39. The scribe), pp. 159-60.
cf. Best² 1628.

5774 ——— eds. & trs.: *M'aenarán dam isa slíab.*
In id., (40. Faith), pp. 161-4.
cf. Best² 1577.

5775 ——— eds. & trs.: *Cluiche cách, caíne cách.*
In id., (44. The lament for Fer Diad), pp. 174-5.
cf. LL 10997-11024.

5776 ——— eds. & trs.: *Truaghán sin, a Rí na Ríogh.*
In id., (45. The song of the heads), pp. 176-8.
Prob. 12th c., from a romance about the death of Cormac mac Cuilennáin; v. Best² 1307; modernized in spelling.

5777 ——— eds. & trs.: *Binne liom uṃ na tonna.*
In id., (46. The pity of nature — 2), pp. 179-80.
cf. Buile S., §23 (qq. 1, 3-6); modernized in spelling.

5778 ——— eds. & trs.: *Robad mellach, a Meic Muire.*
In id., (47. Colum Cille in exile), pp. 181-3.
From MSS Brussels 5100-4, and R.I.A. B iv 2 and 23 N 10; v. Best¹ 163.

5779 ——— eds. & trs.: *Codail beagán beagán beag.*
In id., (48. Lullaby of adventurous love), pp. 184-8.
12th c.; cf. DF i 84; modernized in spelling.

5780 ——— eds. & trs.: *Is fúar geimhreadh, at-racht gaoth.*
In id., (49. A winter night), pp. 189-90.
cf. Acall., p. 100; in E. Mod.Ir. spelling.

5781 ——— eds. & trs.: *Ciodh má ndeilighe mo mhac grádhach riom.*
In id., (50. Massacre of the innocents), pp. 191-4.
Moderniz. in spelling of *Cid ima ndelige mo mac grádach frim* (v. Best[1] 142).

5782 ——— eds. & trs.: *Sluaghadh so re Síol Ádhaimh.*
In id., (51. The last call-up), pp. 195-9.
Moderniz. in spelling of *Slúaigead so re síl Adaim*, ed. O. Bergin (cf. Best[1] 166, and 5567, no. 53).

5783 CARNEY (James) ed. & tr.: *Ticfa Tálcenn.*
In 5550 [Med.Ir. lyrics], (1. Adze-head), pp. 2-3 [cf. xiv-xv].
Prob. 6th c. Reconstr. from the text in *Vita tripartita* and the Latin transl. by MUIRCHÚ MOCCU MACHTHÉNI.

5784 ——— ed. & tr.: *Is mebul / élúd Ríg na fírinne.*
In id., (5. God and the devil), pp. 10-1.
Single st., cf. Thes. ii 7.

5785 ——— ed. & tr.: *Scél lemm dúib.*
In id., (6. Winter), pp. 10-3.
Poss. earlier than 9th or 10th c. (as dated by Murphy, EILyr., p. 160).

5786 ——— ed. & tr.: *Ná luig, ná luig.*
In id., (17. The world), pp. 40-3.
Prob. 11th c. From MS N.L. G 1.

5787 ——— ed. & tr.: *Is mo chen in maiten bán.*
In id., (33. Dawn), pp. 80-3.
3 qq., cf. *Caithréim Cellaig* (ed. K. Mulchrone, 1933) lines 428-39.

5788 MARTIN (Bernard): The character of St. Mo Ling and three rhetorical topics.
In StC 2, 1967, pp. 108-18.
On the quatrain *Tan bím eter mo šruithe* (v. EILyr., no. 13), and eulogy.

5789 Ó CUÍV (Brian) ed.: A Colam Cille dialogue.
In Éigse 12, 1967/68, pp. 165-72.
M.I. poem, *Mo-chean duit, a Colaim caidh.* Diplom. ed. from BUíM; variants and 3 add. qq. from B.M. Add. 19995; Engl. transl., notes. Relationship to BCC.

5790 CARNEY (James): Two poems from *Acallam na senórach.*
In 461 [Celtic studies], pp. 22-32.
Comments on *Géisidh cuan* and *Turas acam Día hAíne*, and their prose settings.

5791 O DALY (Máirín) ed.: *Úar in lathe do Lum Laine.*
In id., pp. 99-108.
O.I. dialogue poem, thought to belong to a lost tale (cf. ZCP 1.458ff) and to be spoken by Gráinne and Díarmait. From LL, with Engl. transl. and notes.

5792 O'SULLIVAN (Anne) ed.: Verses on honorific portions.
In id., pp. 118-23.
M.I. *Comrainter in airigid*; from MS N.L. G 3, with Engl. transl. and notes.

5793 CARNEY (James) ed.: Prognostications from the wren.
In 4790 [Ó Cianáin misc.], (2. Poems, no. 1), pp. 136-9.
Dia ngaire dam dum láim chlí. Early M.I.; diplom. and normalized texts.

5794 ——— ed.: On the death of Cormacc macc Cuilennáin.
In id., (2. Poems, no. 2), pp. 140-2.
Truag a dála domnán dil. Early M.I.; diplom. and normalized texts.

5795 CARNEY (Maura) *ed.*: The works of the sixth day.
In Ériu 21, 1969, pp. 148-66.
>ca. 1000. *Gnímhradha in šeseadh lai lain.* From MS N.L. G 3; with Engl. transl. and notes.

5796 CARNEY (James) *ed.*: *Gas lossa.*
In Éigse 13, 1969/70, pp. 99-103.
>Early M.I. poem from MS R.I.A. C i 3. Diplomatic and normalized texts, Engl. transl.

5797 ───── : The so-called 'Lament of Créidhe'.
In id., pp. 227-42.
>ad *It é saigte gona súain*; incl. discussion of *Scéla Cano*, and of the Lament of the old woman of Beare.

5798 BOLING (Bruce): Old Irish *sebortir.*
In StC 6, 1971, pp. 36-41.
>Incl. restoration of the *Táin* rhetoric *All amae / na briathraib ilib imgonam* (e.g. *LU* 5455ff), with Engl. transl. and notes.

5799 BINCHY (D. A.) *ed.*: An archaic legal poem.
In Celtica 9, 1971, pp. 152-68.
>Not later than 7th c. First line *Ma be rí rofesser.* From MS T.C.D. H 3 18; diplom. and reconstr. texts, Engl. transl., notes.

5800 Ó CUÍV (Brian) *ed.*: A penitent's prayer.
In Éigse 14, 1971/72, pp. 17-26.
>M.I. poem, *Dera dam, a Coimde;/ cor do cach ind iarraidh*; from MS Brussels 20979, Engl. transl., notes.

H 4.2 Modern Irish

H 4.2.1 Poets

AODHAGÁN

5801 MAC NIOCAILL (Gearóid) *ed.*: *Saothrach bocht in domhan-so.*
In Éigse 9, 1958/61, (pt. 4), pp. 253-4.
>By AODHAGÁN, 1619, from autogr. MS R.I.A. C ii 3.

BARRACH (*An Tiarna*) al. **BARRYMORE** (*Lord*)

5802 AN SEABHAC [*pseud.*, Ó SIOCHFHRADHA (Pádraig)] *ed.*:
Is doilbhir táim le tráth go duairc gan greann. By Donnchadh Ó CÉIRÍN and An Tiarna BARRACH.
In 5502 [Filíocht Ghaedhilge, tm. 1813], (no. 1, Díospóireacht Dh. Uí Ch. agus an T.B.), pp. 154-64.

5803 ───── *ed.*:
Is dubhach lem aigne fear labhartha grinn ded shórt. By An Tiarna BARRACH.
In id., (no. 1, Freagra an T.B. ar Dhonnchadh Ó Céirín), pp. 164-5.
>From MS R.I.A. 23 K 27.

BENNETT (Arthur) *v.* **MAC BIONAID** (Art)

BOGH(AI)LÉIR (Tomás)

5804 TORNA [*pseud.*, Ó DONNCHADHA (Tadhg)] *ed.*:
A shoirbhfhir cháidh is bláthmhar sáimhscríbhinn. By Tomás BOGHLÉIR.
In 5517 [Seán na Ráithíneach], (no. 34), p. 57.

5805 ——— ed.:
Ní fhacasa gadhar gan treadhmad neamh-dhúileach. By Tomás BOGHAILÉIR.
In id., (no. 123), p. 230.

5806 Do canadh leis feidhm nách soillseach glanrúnach. p. 230.

BREATNACH (Ribeárd)

5807 ——— ed.:
Tásc an tsáirfhir ghrádhaigh do chéas me. By Ribeárd BREATNACH.
In id., (no. 181), p. 367.
Elegy on S. na R.; from MS N.L. G 180.

BUITLÉIR (Risteard)

5808 MAC NIOCAILL (Gearóid ed.: Dhá dhán le Risteard BUITLÉIR.
In Éigse 9, 1958/61, (pt. 2, 1958), pp. 83-8.
Guidhim Dia mōr, and As romhaith mo leagh(e)a-sa; from MS B.M. Add. 30512 (? a.1462).

CAOMHÁNACH (Eoghan)

5809 DE BH[ÁLL] (T.): Eoghan Ó CAOMHÁNAIGH.
In NMAJ 2, 1940/41, p. 90.

CAROLAN (Turlough) v. **Ó CEARBHALLÁIN** (Toirdhealbhach)

CARTHÚN (Séamas)

5810 MHÁG CRAITH (Cuthbert) ed.:
Gan bhrígh, faraor! atā mo chéatfa. By Séamas CARTHÚN.
In 5551 [Dán Br.M.], (49. Deor-chaoineadh na hÉireann), pp. 251-5.
From MS Göttingen, Hist. 772 (1659).

CÉITINN (Séathrún) al. **KEATING** (Geoffrey)

5811 Ó CUÍV (Brian) ed.: Mo thruaighe mar tá Éire.
In Éigse 8, 1956/57, pp. 302-8.
Reconstruction of poem by Seathrún CÉITINN to dán díreach; cf. E.C. Mac Giolla Eáin's ed.[v. Best[1] 202], no. 15, also printed here.

5812 DE BRÚN (Pádraig) ed.:
A bhean lán de stuaim. By Séathrún CÉITINN.
In 5569 [Nua-dhuan. 1], (no. 13), pp. 15-6.
Earliest MS R.I.A. 23 A 12 (1730).

5813 ——— ed.:
Mo bheannacht leat, a scríbhinn. By -id.-
In id., (no. 14), p. 17.
Earliest MS Maynooth C 88 (1704).

5814 ——— ed.:
Óm sceól ar ardmhaigh Fáil ní chodlaim oíche. By -id.-
In id., (no. 15), p. 18.
Amhrán. Earliest MS R.I.A. 23 M 30 (1693).

CODAN (George) ? al. **MHAC CADÁIN** (Seoirse)

5815 MHÁG CRAITH (Cuthbert) ed.:
Diad bheatha, a Shémuis Buitléir. By George CODAN.
In 5551 [Dán Br.M.], (47. Litir iarratais), pp. 237-40.
1680; from a MS of the Marquis of Ormonde, Kilkenny; with the preceding letter in English.

H VERSE

COIMÍN *cf.* **Ó COIMÍN**
COIMÍN *or* **CUIMÍN** (Mícheál)

5816 Ó HÓGÁIN (Seán) *ed.*: Sliocht tuire Thomáis Mhic Mhathúna, Cluain Eidhneach, Co. an Chláir.
In IBL 31, 1949/51, (no. 5, 1951), pp. 101-2.
Do chuala tásc do cráidh go croidhe mé, by Mícheál COIMÍN. From MS R.I.A. 24 M 11 (9 stt. printed here).

5817 Ó FOGHLUDHA (Risteárd) *ed.*:
Mo dheacair, mo chás, a sháir-fhir cheannasaigh shuairc. By Mícheál CUIMÍN.
In 5509 [Éigse na Máighe], (no. 20), pp. 88-9.

CÚNDÚN (Dáibhí)

5818 O'RAHILLY (Cecile) *ed.*:
Is buartha an cás so 'dtárlaig Éire. By Dáibhí CÚNDÚN.
In 5512 [17th c. polit. poems], (3. Aiste Dháibhí Cúndún), pp. 33-49.
Wr. prob. between 1654 and 57. Earliest MS Mayn. M 86.

CÚNDÚN (Seán)

5819 TORNA [*pseud.*, Ó DONNCHADHA (Tadhg)] *ed.*:
Mo chrádh gur charas, an tráth ba leanbh me. By Seán CUNDÚN.
In 5517 [Seán na Ráithíneach], pp. 223-4.

CURTIN (Cornelius) *v.* **MAC CAIRTEÁIN** (Conchubhar)
DARDITZ (Pádraig)

5820 MHÁG CRAITH (Cuthbert) *ed.*:
Iolar séilge mhill a' fear. By Pat. DARDITZ.
In 5551 [Dán Br.M.], (50. In obitum P. Ricardi Plunket), p. 256.
From MS Marsh's Library, Z 4.2.5 (prob. autograph).

DE BARRA (Séamus)

5821 Ó FOGHLUDHA (Risteárd) *ed.*:
A Éamuinn a spéice is a bhacaigh bhuidhe an uilc. By Séamus DE BARRA.
In 5822 [Éamonn de bhFál], pp. 32-3.
Ca. 1750.

DE BHÁL *or* **DE BHFÁL** (Éamonn) *al.* **WALL** (Edmond)

5822 Ó FOGHLUDHA (Risteárd) [*pseud.* FIACHRA ÉILGEACH] *ed.*: Cois Caoin-reathaighe .i. Filidheacht Éamuinn DE BHFÁL ó Dhún Guairne.
B.Á.C.: Oifig an tSoláthair, 1946. 112 pp.

5823 *A Dhé mhodhmhail dhil 's a chrobhaire do bhanaltran féin.* (no. 2), pp. 19-20.
5824 *A fhir cheannsa gan fallsacht ba ghasta laoithe.* p. 21.
5825 *A óig-fhir nach fólta do chanas bhéarsa.* p. 22.
5826 *A Rí áluinn na nGrás is a Athair na bhfeart.* (no. 5), pp. 22-4.
5827 *A Rí ghrásaigh 's a Árdmhic Dé ghil.* (no. 6), pp. 25-6.
5828 *Atá fít bhrollach-sa, a ghorm-leac laidianta.* (no. 7), p. 26.
1728.

5829	*A Thighearna an Fhlaithis fuair peannaid is céasadh i gcrann.* (no. 8), p. 27.
5830	*Cothuigh, a leac, ret chneas mar chéile ar dtóis.* (no. 9), pp. 27-8. 1739; ? ceangal only.
5831	*Cuireadh Shéamais is tSeóin.* (no. 10), pp. 28-30.
5832	*Cuirimse ciorrbhadh is mothughadh is pláigh 'na dhiaidh.* (no. 11), p. 31.
5833	*Dá maireadh mo chaptaoin, m'aicíd é gan phreab.* (no. 12), pp. 31-2. Ca. 1750.
5834	*Dá mairinn-se féin go ré na saoithe sean.* (no. 13), pp. 33-4.
5835	*Dá mbeadh Dia le hiathaibh Fáil dar ndóigh.* (no. 14), p. 34. 1703.
5836	*Dhá phola, dhá threón, dhá leoghan d'fhuil Éibhir Fhinn.* p. 36.
5837	*Do b'fháraire fialmhar Brian Ó Cruadhlaoich mear.* (no. 16), p. 37.
5838	*Do bhíos-sa i ndé ar thaobh chnuic sínte.* (no. 17), pp. 38-45.
5839	*Do chuala tásc do chráidh go haeibh mé.* (no. 18), pp. 46-9. 1744.
5840	*Do chuala tásc 's is adhbhar chrádh-deór.* (no. 19), pp. 49-51. 1708.
5841	*Dún Machan na gcloch ruadh.* (no. 20), p. 52.
5842	*Fochtaim ort an doiligh liot, a Rí na ngrás.* (no. 21), pp. 52-6. 1720.
5843	*Fógraim dhíbh, a dhaoine.* (22. Eachtra Éamuinn de bhFál), pp. 57-61. 1710.
5844	*Innis do Sheán gheal Chlárach úr-ghruagach.* (no. 23), p. 61.
5845	*Is ciach 's is doilbh liom pola de chléir ghil Phóil.* (no. 24), pp. 62-3. 1742.
5846	*Is cnaoidhte an t-othar me i ndochar gan faghail ar liaigh.* (no. 25), p. 64. Before 1738.
5847	*Is danaid 's is ciach do iaith ghluis Chuinn is Airt.* (no. 26), pp. 64-6. Ca. 1737.
5848	*Is díoghbháil ghéar chréacht-shnoidhte i mbailtibh muara.* (no. 27), pp. 67-8. 1736.
5849	*Is diombádhach dona an scéal doilbh géar díoghaltach duairc.* (no. 28), pp. 68-70. 1741/2.
5850	*Léan is leónadh is brón is trascairt.* (no. 29), pp. 70-2.
5851	*Le héigean mioscaise is buile nár dhual dom cháil.* (no. 30), pp. 72-3. 1750; 5 qq., recantation of satire [*A Philib, a shagairt, atá ceachartha sanntach riamh* (2 qq.)].
5852	*Mo chás, mo bhroid, mo scrios, mo bhrón, mo scíos.* (31. Ar bhás Dháith Siosc), pp. 73-6.

5853   *Mo chráidhteacht, mo lán-chreach, mo chás brón-ghuirt.* (no. 32), pp. 76-8.
         On the death of Seán Clárach Mac Domhnaill, 1754.

5854   *Mo dhochar-sa an crith anois i gcrích ársaidh.* (no. 33), pp. 79-80.
         Before 1738.

5855   *Mo léan, mo chás, mo chrádh, mo dheacair.* (no. 34), pp. 80-2.
         Elegy for Éamonn de Barra, c. 1753.

5856   *Mo thubaist ghéar, mo léan, mo scíos, monuar.* (no. 35), pp. 82-3.

5857   *Mo thubaist mo dhanaid, mo dheacair mo léan mo chreach.* (no. 36), pp. 84-6.
         1737.

5858   *Níl taitneamh 'san ngréin, tá éiclips fola in a diaidh.* (no. 37), p. 87.
         1720.

5859   *Ní Sorcha, ná Donnchadh cér thréan an fear.* (no. 38), pp. 88-9.
         1722/3.

5860   *Seascad de bhroinnealaibh innealta cuanda cáidh.* (no. 39), pp. 89-90.

5861   *Sin folamhughadh daor cléire fó iaith Chláir Chuinn.* (no. 40), pp. 90-1.
         Epitaph for Conchubhar Ó Briain, 1720. Also ascr. to Tomás BOGHLAEIR.

5862   *Sin orchra leóin do ghlóis ar Éire.* (no. 41), pp. 91-3.
         On the death of Liam Ruadh Mac Coitir, 1738.

5863   *Smaoinigh, éirigh, féach gur fada do shuan.* (no. 42), p. 93.

5864   *Tháinig bé chaomh chneasta im leaba luighe araoir.* (no. 43), pp. 94-5.

5865   TORNA [*pseud.*, Ó DONNCHADHA (Tadhg)] *ed.*: *A Sheáin, a charaid gan ghangaid gan cháim gan chruas.*
        In 5517 [Seán na Ráithíneach], (no. 67), pp. 121-2.
         Dialogue between Éamonn DE BHÁL and Seán Ó M., c. 1726.

5866   *A shoilbhfhir is foirtile do léigheas gach duain.* p. 145.

5867   *Is fada mo thart go dtaga an Bhuitléarach.* (no. 85), pp. 149-50.

5868   *Tabhair do Sheán mo ghrádh mo chara 's mo rún.* (no. 100), p. 176.

5869   *Dá maireadh mo chaptaoin, m'aicíd é gan phreab.* (no. 139), pp. 262-3.

5870   *Is bréagach don mhéirleach, do chaith an laoidh sin.* p. 263.

5871   *Is créacht-ghonta d'éigsibh i gcrích ghluis Airt.* (no. 141), pp. 268-70.

5872   Ó BUACHALLA (Liam) & HENCHION (Richard): Gravestones of historical interest.
        In JCHAS 69, 1964, pp. 113-7.
         pp. 113-4: gravestone of Edmond WALL *al.* Éamonn DE BHÁL.

DE HÓRA *or* **DE HÓIR** (Seán) *al.* **HORE** (John)

5873   MAC CUMHGHAILL (Brian) *ed.*: Seán DE HÓRA.
        B.Á.C.: O.S., 1956. 114 pp.
         26 poems by S. de H., using MSS Mayn. R 69, C 7, U.C.D. Gaelic 13, etc., and printed sources, as B. O'Looney, *Dánta Chlainne Domhnaill* (v. Best[1] 197), N.L.I. copy corr. by Seán Ó Dálaigh, etc.

5874 *Is géag de'n bhile ghlórmhar.* (no. 1), pp. 24-5.
1736; based on Dánta Chl. D.

5875 *Mise stócach Sheáin de Hóra.* (2. Amhrán na n-ubh), pp. 25-6.

5876 *Trácht i ndiaidh ar Shiobhán Ní Bhriain.* (no. 3), pp. 26-7.
Based on MS U.C.D. Gaelic 13.

5877 *Treabhfaidh me romharfaidh mé is cuirfidh mé an eorna.* (4. An feirmeoir Gaedhealach), pp. 27-8.

5878 *Mise Seán de Hóra.* (no. 5), p. 29.

5879 *Atá geasa troma draoidheacht orm choidhche an fhaid mhairfead beo.* (no. 6), pp. 29-31.
Based on MS U.C.D. Gaelic 13.

5880 *Atá mé i bpéin le bliadhain nó dhó.* (no. 7), pp. 31-3.
10 qq., from MS U.C.D. Gaelic 13.

5881 *Is tuirseach claoidhte taoim-se ó bhád na seol.* (no. 8), pp. 33-4.
From MS U.C.D. Gaelic 13.

5882 *Déantar dóightear teinte teodha dhúinn.* (no. 9), p. 35.
From Dánta Chl. D.

5883 *Sgéal nua do chualas ní mór dúinn a sgríobhadh.* (10. Ar phósadh Mháire Nic Dhomhnaill Chill Chaoi le Muircheartach Mac Mathghamhna na Cluainíneach), pp. 36-9.
1750; 13 verses; cf. the three verse version in Dánta Chl. D., *Mo ghrádh-sa an té thaidhbhridh ar Mháire Mhic Dhomhnaill.*

5884 *Ghluaiseas féin is maighre suairc.* (11. Ar Mhuircheartach Mac Mathghamhna na Cluainíneach agus ar Mháire, a bhean). p. 40.
From Th. Connellan, An duanaire (Fiann.) [v. Best[1] 195].

5885 *Gléastar sin cóisir do Sir Eduard Druim Ólainn.* (no. 12), pp. 41-2.
From Dánta Chl. D.

5886 *A Shéain mo chléibh, beir Beannacht 's céad.* (no. 13), pp. 42-3.
From MS U.C.D. Gaelic 13.

5887 *Siúd mé aniar ó'n dtráigh seo i n-iarthar chrích an Chláir.* (no. 14), pp. 43-4.
From MS R.I.A. 23 K 10.

5888 *Is árd do léim a ghrinn cois trágha ann 'do shuidhe.* (15. Ag moladh an Athar Seán Ó hEichir), pp. 45-6.
From MS Mayn. R 69.

5889 *Ár nAthair atá ar Neamh, 'Athair na bhfeart.* (no. 16), p. 47.
Based on MS T.C.D. H 6 24.

5890 *Im' shuan aréir aonar bhíos.* (no. 17), pp. 48-50.
Imitating Seán Clárach MAC DOMHNAILL, *Oidhche bhíos im' luighe im' shuan.*

5891 *Taidhreamh taithneamhach d'eirigh i leaba liom.* (18. Ag moladh an Athar Domhnall Ó Briain), pp. 50-2.
From MS Mayn. R 69.

5892 *Is dursan an duan, monuar! le hinnsint.* (19. Ar bhás uaisle na Cluainíneach), pp. 52-5.
From MS U.C.C. Gaelic 63.

5893 *Is léir-sgriosta daor-ghonta duairc.* (20. Ar bhás Shéarluis Mhic Dhomhnaill), pp. 55-9.
1773; based on Dánta Chl. D.

5894 *A rún na gcumann diúltaigh do'n diabhal go bráth.* (no. 21), p. 59.
5895 *Tagaim le fonn go tigh togha na bhfear bhfionn.* (22. Ag moladh Éamoinn Choimín), pp. 59-60.
    Based on MS Mayn. C 7.
5896 *An gcuala sibh an sgéal beag nuadh atá againn-ne.* (23. Do Ó Donnchadha na Fleisce), p. 61.
    From Th. Connellan, An duanaire (Fiann.) [v. Best[1] 195].
5897 *A Shéarlais óig, a ghrádh Uí Dhonnchadha gan cháim.* (no. 24), pp. 61-4.
5898 *A Mhic Mhuire na nGrás do cuireadh chum bais.* (25. Aithrighe Sheáin de Hóra), pp. 64-7.
5899 *A Chonchubhair ghroidhe Uí Mhadagáin go mbeannuighidh pearsa Dé dhuit.* (30. Pas Chonchubhair Uí Mhadagáin), pp. 76-8.
    From a MS owned by Micheál Ruadh Ó Catháin (Kilkee, Co. Clare).

DÉIS (Tomás)
5900 Ó TUATHAIL (Éamonn) *ed.*:
Mór sochair na haimsire. By An tEasbog DÉIS.
In An tUltach 29, uimh. 8, Lúnasa 1953, pp. 11-12. (Dánta de chuid Uladh)
    1641. From MS Ó Domhnalláin 8 [missing].
5901 ——— *ed.*:
Rinneas mo thiomna, a Shéamuis. By Tomás DÉIS.
In An tUltach 31, uimh. 7, Iúl 1955, pp. 5-6; uimh. 8, Lúnasa, p. 6. (Dánta de chuid Uladh, 46. Tiomna Thomáis Déis)
    From MS R.I.A. 23 I 40.
5902 UA BRÁDAIGH (Tomás) *ed.*: Dhá dhán le Tomás DÉIS, Easbog na Mí, 1622-1652.
In RíM 3, (no. 2, 1964), pp. 99-104.
    (1) *Gabh mo theagasc, a inghean óg,* from MS N.L. G 38; (2) *A dhuine ó ndeachaidh do bhean,* from MS R.I.A. 23 I 20.

DO LÓNDRAS (Tomás)
5903 MHÁG CRAITH (Cuthbert) *ed.*:
Uch! a Dhē dhil na mbreath gceart. By Tomás DO LÓNDRUS.
In 5551 [Dán Br.M], (48. Agallamh idir Mhainistir Átha Dara agus Anam an Bhráthar Bhoicht Uilliam Ó hÍceadha), pp. 240-51.
    Text based on MS R.I.A. 23 L 13.

DENN (Patrick) *al.* **DIN** (Pádraig)
5904 Ó FOGHLUDHA (Risteárd) *ed.*: Duanta diadha Phádraig DENN, 1756-1828, cct.
B.Á.C.: O.S., 1941. xii + 69 pp.
Review [in Irish] *by*
5905 BREATNACH (R. A.), *in* Éigse 3, 1941/42 (1943), (pt. 4), pp. 311-2.
5906 Ó HÉALUIGHTHE (Diarmuid) *ed.*:
Stiúratheoir an pheacuig. By Pádraig DIN.
Cló Ollscoile Chorcaighe [Cork U.P.], 1945. 104 pp.
    The three parts of Penance (*A pheacuig anacrach 'ta ad' Spaidire riamh air*

fán), the ten Commandments, etc., in verse. First publ. 1824 (and Cork 1860). With notes on the language (Déise Irish), and glossary.

DO NÓGLA (Éadbhard)

5907 Ó CONCHEANAINN (Tomás): Macalla Eoghain Rua ag Eadbhard DO NÓGLA.
   In 5434 [Roinnt macalla], pp. 62-3.
   7 echoes from Eoghan Rua Ó SÚILLEABHÁIN, *Im aonar seal ag siúl bhíos* (ed. R. Ó Fogludha, Míl na héigse, no. 137), in Eadbhard DO NÓGLA, *Táid éigse ceart na dúthaighe* ('Mo chailín ruadh', ibid., no. 15).

DONNCHADH ÓG ALBANACH

5908 GREENE (David) *ed.*: Mac bronn.
   In Éigse 5, 1945/47 (1948), (pt. 4), pp. 231-5.
   Dá ghabhladh dhéag insan dán, by DONNCHADH ÓG ALBANACH. Reconstr. from BDL, Engl. transl.

ÉAMONN (MAC DONNCHADHA) **AN DÚNA** (*or* **DÚIN**)

5909 O'RAHILLY (Cecile) *ed.*:
   Mo lá leóin go deó go n-éagad. By ÉAMONN AN DÚNA.
   In 5512 [17th c. polit. poems], (no. 5), pp. 83-100.
   Ca. 1658; 416 lines, incl. the last 24 lines of the short version *Mo lá bróin lem ló go n-éagad*.

FEIRITÉAR (Piaras)

5910 O'RAHILLY (T. F.) *ed.*: A poem by Piaras FEIRITÉAR.
   In Ériu 13, 1942, pp. 113-8.
   Oide a ndrēachtaibh an dreasfhāil, from MS R.I.A. 23 C 21. On the poet Maol Domhnaigh Ó MUIRGHEASÁIN.

5911 Ó HÉALUITHE (Pádraig): Piaras FEIRITÉAR — laoch agus file.
   In IMN 1960, pp. 68-72.

5912 DE BRÚN (Pádraig) *ed.*:
   Ní maith uaigneas don annsa. By Piaras FEIRITÉAR.
   In 5569 [Nua-dhuan. 1], (no. 21), p. 24.
   From MS R.I.A. 23 N 12. 1 q. om. after q. 2 (v. P. Ua Duinnín's ed., no. 5).

5913 ——— *ed.*:
   Léig dhíot th'airm, a mhacaoimh mná. By -id.-
   In id., (no. 22), pp. 25-6.
   9 qq., based on J. Vendryes' MS (v. RC 48.235ff).

5914 ——— *ed.*:
   Ionmhain th'aiseag, a Eóghain. By -id.-
   In id., (no. 23), pp. 26-7.
   From MSS R.I.A. 23 N 12 and (its copy) 23 E 15. 3 qq. om. after q. 7 (v. P. Ua Duinnín's ed., no. 6).

5915 ——— *ed.*:
   Deacair tocht ó ghalar gráidh. By Piaras FEIRITÉAR (?).
   In id., (no. 24), pp. 28-9.
   From MSS N.L. G 433, R.I.A. 3 B 9, RBCR (ascr. to Cathal [MAC MUIREADHAIGH]).

FIRÉAST (Mícheál)

5916 TORNA [*pseud.*, Ó DONNCHADHA (Tadhg)] *ed.*:
   Ceathrachad ainnir bhláth mhilis mnámhail mhíonla i méinn. By Mícheál FIRÉAST.
   In 5517 [Seán na Ráithíneach], (no. 138), p. 260.

GALLEGAN (Peter) v. Ó GEALACÁIN (Peadar)
GEARÓIT IARLA al. MAC GEARAILT (Gearóit) al. FITZGERALD (Gerald) [4th (?) earl of Desmond]

5917 MAC NIOCAILL (Gearóid) ed.: Duanaire GHEARÓID IARLA.
 In StH 3, 1963, pp. 7-59.
 30 poems by G.I. (before 1381: nos. 1, 4, 5, 7, 18, 20, 22, 25; after 1381: 2, 3, 8 (?), 9-12, 15-17, 23, 27-30). From F; diplom. and reconstr. texts, notes.

 Review by
5918 Ó CUÍV (Brian), in Éigse 11, 1964/66, (pt. 2, 1965), pp. 152-4.
5919 Dámadh lór leis a bhfuigheadh. (no. 1), pp. 12-3.
 Acephalous; to Cormac Mac Carthaigh (†1388 ?).
5920 Cuin díolfas Cormac mo dhán? (no. 2), pp. 13-5.
 To Cormac Mac C.
5921 Ní buidheach mé do m'Íde. (no. 3), pp. 15-6.
5922 Ní mhilleann cluiche crábhadh. (no. 4), pp. 16-7.
5923 Anois tráth an charadraidh. (no. 5), pp. 17-9.
5924 A chailleach na foraire. (no. 6), pp. 19-21.
 1370-71.
5925 Gá lá fhúigfead Innse an Laoigh. (no. 7), pp. 22-3.
 1370/71.
5926 Ionmhain liom aibhne Éireann. (no. 8), pp. 23-5.
5927 Ort do chonghall, a Chormaic! (no. 9), pp. 25-6.
 To Cormac Mac Carthaigh.
5928 Is adhbhal an amhnáire. (no. 10), pp. 26-7.
5929 Bearradh geoin. (no. 11), p. 28.
5930 Do dhlighfinn druim ris an dán. (no. 12), pp. 29-30.
5931 Atáim ag dul ris an tuaith. (no. 13), pp. 30-1.
 ? after 1388.
5932 Do chonnaic mé aislingthe. (no. 14), pp. 31-2.
5933 Ní háil leam acht séad go rinn. (no. 15), p. 33.
5934 A ionmhain, do sheachnais-se. (no. 16), p. 34.
5935 Dá mbeithe 'gam loscadh-sa. (no. 17), p. 35.
5936 Ní thuigim dáil Diarmada. (no. 18), p. 36.
5937 A Mhuire, ag so mhé chugat. (no. 19), pp. 37-8.
5938 Mór idir a-nocht 's a-réir. (no. 20), p. 39.
 1371.
5939 Aislingthe do chonnacsa. (no. 21), pp. 40-1.
 1392.
5940 Do chuala scéal ó Dhior Bháil. (no. 22), pp. 41-2.
5941 Ach, a Dhaoil! (no. 23), pp. 42-3.
5942 Ní buidheach mé do Mhág Craith. (no. 24), pp. 43-4.
5943 Beir an 'Beatha 's sláinte'-so. (no. 25), pp. 44-5.
5944 A Mhairgréag, cuimhnigh ar ngaol. (no. 26), p. 46.
5945 A léine mhic Dhiarmada. (no. 27), pp. 46-7.
 ? 1388.
5946 A chrích Chéir mhic Fheargusa. (no. 28), pp. 48-9.
5947 Imthigh uaim, a theachtaire. (no. 29), pp. 49-51.
5948 Ionmhain agus aithionmhain! (no. 30), pp. 51-2.
 1392.

GIOLLA BRIGHDE ALBANACH (? ident. *with* Giolla Brighde Beag **MAC CON MIDHE**)

5949 MURPHY (Gerard) *ed.*:
A vision concerning Rolf MacMahon. Giolla Brighde MAC CON MIDHE .cc. [c.1273].
In Éigse 4, 1943/44 (1945), (pt. 2, 1943), pp. 79-111.

Discussion of the poet and his poems, distinguishing him from GIOLLA BRIGHDE ALBANACH.

5950 MURPHY (Gerard) *ed.*:
A ghilli gabhus an stiūir. By GILLA BRIGHDE ALBANACH.
In 5514 [Two poems], (no. 1), pp. 71-4.

ca. 1219. From MS B.M. Add. 19995; Engl. transl.

5951 MCGEOWN (Hugh) & MURPHY (Gerard) *eds.*: GIOLLA BRIGHDE ALBANACH's vision of Donnchadh Cairbreach Ó Briain [c. A.D. 1200].
In Éigse 7, 1953/55, (pt. 2, 1953), pp. 80-3.

Aisling ad-chonnarc ó chianaibh; from BOCD and R.I.A. 23 L 17, with Engl. transl.

GOFF (Donnchadh) *al.* **GAUGH** (Denis)

5952 Ó FOGHLUDHA (Risteárd) *ed.*:
Aithris dúinn, ó's tú do riacht tar lear. By Donnchadh GOFF.
In 5509 [Éigse na Máighe], (no. 98), p. 209.

GOODMAN (Séamas)

5953 Ó CUÍV (Brian) *ed.*: Dán ó Shéamus GOODMAN.
In Béaloideas 22, 1953 (1954), pp. 112-4. (Deascán ó Chúige Mumhan, no. 3)

Comp. prob. during 1853-56. *Tá Corcra Uí Dhuibhne faoi sgamal*. From MS R.I.A. 3 B 25.

GRANT (Fearchar mac Phádraig)

5954 MATHESON (Angus) *ed.*: 'A ughdar so Fearchar mac Phádraig GRANND.'
In Éigse 5, 1945/47 (1948), (pt. 3, 1946), pp. 156-7.

A bhean 'gá bhfuil crodh (referrintg to *A bhean na dtrí mbó*, by GEARÓID IARLA [Best[2] 1708]). Reconstr. from BDL; with diplom. text.

HAICÉAD (Pádraigín)

5955 Ó CEALLACHÁIN (Máire *Ní Cheallacháin*) *ed.*: Filíocht Phádraigín HAICÉAD.
B.Á.C.: Clóchomhar, 1962. xxxi + 152 pp. (= Leabhair thaighde, iml. 9)

51 poems by P.H., most of them based on MS T.C.D. H 5 10. With notes and vocabulary; some Munster dialectal features noted.

Reviews [in Irish] *by*

5956 Ó CROILIGH (Oilibhéar), *in* IMN 1963, pp. 143-5.
5957 VALKENBURG (Aibhistín), *in* StH 3, 1963, pp. 224-6.
5958 *Giodh tláthshop sgaipithe i malairt na sguaibe sinn*. (1. Do mhnaoi uasail nach géabhadh i n-áit Chearbhaill Uí Dhálaigh, le neach nach déanfadh amhrán go hobann. 1622), p. 1.
5959 *A laoidh, a dhaoine, an síltí go méarainn buan*. (no. 2), pp. 1-2.
5960 *Is truagh 's is géar an sgéal so malartaigheadh linn*. (no. 3), p. 2.

5961 *Dála an nóinín – ó 'd-chí soilse i ngréin.* (4. Do Mháire Tóibín), pp. 3-4.
5962 *A shuaircfhir sháimh, ní sámh do reacaireacht sgeóil.* (5. Iar gclos báis Mháire), pp. 4-5.
5963 *M'anam-sa an bhuidhean nár fríoth i gcruatan fann.* (6. Chum cuideachtan Chaptaoin Cairi ó Londain go Canterbury, 1628), p. 5.
5964 *Ag ríoghraidh cé bhínn-se, do bharr ar chéad.* (7. I Lobhán 1630), p. 6.
5965 *A chuaine chaomh-sa i gcéin i bhfódaibh Fáil.* (8. I Lobhán 1630), p. 6.
5966 *Ar Chearbhall éigin fhuair sinn.* (9. Do Chearbhall Óg Ó Dálaigh 1630), pp. 6-7.
5967 *Cuirim séad suirghe chum seise.* (11. Chum na hÉireann tamall roimh thriall dá hionnsaighe), pp. 8-9.
5968 *Mé d'fhanmhain ar eachtra sa taobh-so ós tuinn.* (12. Ó Mhórlios go hÉirinn iar gclos a bruide fa Strafford 1632), pp. 9-10.
5969 *Isan bhFraingc im dhúsgadh damh.* (13. San bhFraingc, iar bhfaicsin aislinge), p. 10.
5970 *Mór mo thnúth-sa lem Thoil féin.* (14. Chum mo charad ón bhFraingc go hÉirinn), pp. 10-2.
5971 *Slán fád chréidhim, a chos deas.* (15. Ón bhFraingc go hÉirinn chum coise an fhir chéadna an tan do briseadh í), pp. 12-3.
5972 *A chos bheag shiubhalach, fuiling i gclúid faoi chléith.* (16. Iar mbriseadh mo choise féin isan bhFraingc), p. 13.
5973 *Mo-chean d'Eóghan Ó Eachach.* (17. Do Eóghan Ó Eachach d'éis fáilte do shinnim leis do dhuine áirithe), pp. 13-4.
5974 *'Airnéis tSagsanach ceangailte i ndísbeagadh.* (no. 18), pp. 15-6.
5975 *A mharcaigh shaoir don mhaicne ríogh dar éirigh ágh.* (19. Do Thadhg Ó Faoláin), p. 17.
5976 *Más leigheas ar phéin bheith saor i gcneasdacht an ghráidh.* (20. Don Tadhg céadna), p. 17.
5977 *Bruthgháir beannacht id bhaitheas anuas do ghnáth.* (21. Do Roiberd Óg Carrún), p. 17.
5978 *Oiléan Carrún laglúb líomhtha léir.* (22. Do dheirbhshiair Roibird), p. 18.
5979 *Do mheall súd – feadhmthrúp treaghbhrúdh – mise, monuar.* (23. Do Allsún Baidhtiún), p. 18.
5980 *Is baoth don fhear do sgar re bé bhig óig.* (no. 24), p. 18.
5981 *A chara 's a chnú chroidhe dhlúthaigheas rann cluthar.* (25. Chum duine áirithe ar bpósadh dho lá Bealtaine), p. 18.
5982 *D'éis an daingin do radas-sa d'Éireannchaibh.* (26. Do Éamann Albanach), p. 19.
5983 *A chara shéimh shéaghain nach ráinig linn.* (no. 27), p. 19.
5984 *Cia an ealta ógbhan-so ad-chiam?* (no. 28), pp. 19-20.
Authorship of P.H. doubtful.

5985	*A fhir mh'éilighthe i ndéanamh na rann do-ním.* (29. Chum fir an tuaithleasa), p. 20.
5986	*Druididh suas, a chuaine an chaointe.* (30. Tuireamh Phádraigín Hacéid ar bhás Mhic Phiarais .i. ar Éaman an Chuirnín insa bhliadhain 1640), pp. 21-31.
5987	*Éirghe mo dhúithche le Dia.* (32. Iar dtionsgnadh don chogadh so na hÉireann, insa bhliadhain 1641), pp. 33-7.
5988	*Laogh bliadhna is oirdhearc éagmais.* (33. Do Mhathghamhain Ó hIfearnáin), p. 37.
5989	*A mhacaoimh do ghad gnaoi na gcliar ar uain.* (34. Don easbag lá a choisreagtha), p. 37.
5990	*An cuaine grinn nár fhill ó ngléire i ngleó.* (35. Ar mbeith do féin agus dá Chaptaoin Liftenont Risdeard Mac an tSeannaigh ar láimh ag Gallaibh 1646), p. 38.
5991	*Músgail do mhisneach, a Bhanbha.* (no. 36), pp. 38-43. 1646, though commonly ascr. to CÉITINN.
5992	*Atáid cách arna mheas tar a mhóirfhine.* (37. D'Fheidhlime Ruadh Ó Néill), pp. 43-4.
5993	*Atáim arsaidh 's is fada liom atámaid beó.* (38. Do Thiobóid Buitléar), pp. 44-5.
5994	*Mo lá léin-se, 'Éire na n-ardchnoc sean.* (no. 39), pp. 45-6.
5995	*Mo náire ghéar, mo léan, mo ghuais, mo chnead.* (no. 40), p. 47.
5996	*Fáth m'atuirse, m'ainneise is mo dhiachair cáis.* (no. 41), pp. 47-8.
5997	*A Chríosd, i buan 's is truagh mo ghéirghearán.* (42. Ar leagadh a n-arm do Ghaoidhealaibh), pp. 48-9.
5998	*Och an féidir? Och ní féidir!* (43. Sdriongcán cumhadh agus tuireamh Leiftenaint-Gheneral na Mumhan .i. Risdeard Buitler mhic Bhiscount Uí Chuirín), pp. 49-58.
5999	*Dom shíor-rún réidh Réamand na rann ngasda.* (no. 44), p. 58.
6000	*An crann rer tógbhadh an t-óigfhear suairc c[h]um si[ubhail].* (no. 45), p. 58.
6001	*Do fhágbhas aon léar dhoilghe dealoghadh.* (46. D'easbag Léithghlinne), pp. 58-9.
6002	*Doiminic Ó Fearghail, adhnadh fhíorthoile.* (47. Do chompánach an easbaig), p. 59.
6003	*Tiodhlaic mo chroidhe-se do Shéamas Ruadh.* (48. Go hÉirinn, 1653), p. 59.
6004	*A ua so Luirc is Bhloid is Bhriain is Chais.* (49. Do Mhuircheartach Ó Briain mac Taidhg mhic an Iarla, 1654), p. 60.
6005	*Innis ar dtós mar sgeól dom thiagharna.* (50. Chum Uilliam Uí Dhubhgáin ar fháth dh'áirithe), p. 60.
6006	*A Shéamais, a chaomhthaigh, a chnú chroidhe cháidh.* (51. Chuim Séamais Buitléir go hÉirinn), pp. 61-2.
6007	*Do chuala ané ag maothlach muinnteardha.* (52. Iar gclos gur hordaigheadh i gcaibidilibh na hÉireann gan bráthair do dhéanamh rainn ná amhráin), p. 63.

6008 ——— ed.:
A chnú 's a chisde do cuireadh le cách dhod shlighe. By Pádraigín [? Haicéad].
In id., (Aguisín, no. 2), p. 66.
From MS B.M. Add. 40766 (late 17th c.).

6009 Ó Cróinín (D. A.): *Isan bhFraingc.*
In Éigse 11, 1964/66, (pt. 1), p. 34.
On *Isan bhFraingc im dhúiseacht damh,* by -id.-

6010 de Brún (Pádraig): *Cnuasach d'fhilíocht Phádraigín* Haicéad.
In Éigse 12, 1967/68, pp. 291-6.
Ed. of *Éist a bhrasuire ghanguidig bhréagaig búird,* by P.H., from (sole) MS N.L. G 433. Variants of the same MS to poems 18-20, 37-42, as ed. by M. Ní Cheallacháin. Refutation of her rejection of *Má bheir Dia do thiarnas domhsa* (Aithrighe Phádraig Haicéad) [Best² 1807, poem 26].

6011 ——— ed.:
Isan bhFrainc im dhúscadh dhamh. By -id.-
In 5569 [Nua-dhuan. 1], (no. 16), p. 19.

6012 ——— ed.:
A chuaine chaomhsa i gcéin i bhfódaibh Fáil. By -id.-
In id., (no. 17), p. 19.

6013 ——— ed.:
Mé d'fhanamhain ar eachtra sa taobhsa ós toinn. By -id.-
In id., (no. 18), p. 20.
1633.

6014 ——— ed.:
Cuirim séad suirghe chum seise. By -id.-
In id., (no. 19), pp. 21-2.

6015 ——— ed.:
Do chuala inné ag maothlach muinteardha. By -id.-
In id., (no. 20), p. 23.

Inglis (Uilliam)

6016 Mhág Craith (Cuthbert) ed.:
Maoidhean gach n-aon a shlíghe sa tsaoghal. By Pádraig Ó Broin or Uilliam Inglis.
In 5551 [Dán Br.M.], (108. An déirc), pp. 365-6.
Based on MS R.I.A. 23 B 36.

Keating (Geoffrey) *v.* Céitinn (Séathrún)

Kennedy (Dr. [Matthew])

6017 Mooney (Canice) ed.:
A Ghido ghonny is troueh dih choursy. By Doctor Kenedy.
In 6931 [Manutiana], (2. A poetic contest), p. 8.

6018 ——— ed.:
An fleah sin dih reasih gan doueis, gan chame. By -id.-
In id., pp. 13-4.

Lloyd (Seón)

6019 Torna [*pseud.,* Ó Donnchadha (Tadhg)] ed.: Clódóir i gCorcaigh.
In IBL 30, 1946/48, (no. 3, 1947), pp. 49-50.
Dursan liom mo scaramh fris, by Seón Lloyd. From a MS (comp. between 1775 and 90) in the possession of P. Ó Dálaigh, [Cork].

MAC AINGIL *al.* **MAC CATHMHAOIL** (Aodh)

6020 MCGRATH (Cuthbert): Eoghan Ruadh mac Uilliam Óig MHIC AN BHAIRD.
In 431 [Measgra Uí Cléirigh], pp. 108-16.
Incl. survey of the poems by Aodh MAC AINGIL. Also on the parentage of Hugh WARD.

6021 Ó MAONAIGH (Cainneach): An fear nach raibh croí circe aige. Aodh MAC AINGIL, file agus eaglaiseach ó'n Dún.
In An tUltach 31, uimh. 12, Nollaig 1955, pp. 2-3.

6022 MHÁG CRAITH (Cuthbert) *ed.*:
Dia do bheatha, a Naoidhe naoimh. An Aodh MAC AINGIL.
In 5551 [Dán Br.M.], (30. Íosagán), pp. 154-9.
Text based on MS T.C.D. H 5 13.

6023 ——— *ed.*:
A chroinn, ar ar thoirling Dia. By -id.-
In id., (31. Blogh do sheanchus na Mionúr), pp. 160-7.
1625; from BOCD.

6024 ——— *ed.*:
Mór dho gheallsam uain. By Eoghan Ruadh MAC AN BHAIRD or Aodh MAC AINGIL.
In id., (32. Geallamhain S. Froinsias), pp. 167-8.
Text based on MS Franc. A 33.

6025 ——— *ed.*:
Beannuighthe na boicht. By -id.-
In id., (33. Na hocht mbeannuigheachta), p. 169.
From -id.-

6026 ——— *ed.*:
Cuairt gun té nach slán. By -id.-
In id., (34. Seacht n-oibre na trócaire), pp. 170-1.
From -id.-

6027 ——— *ed.*:
A fhir fhéuchus uaid an cnáimh. By Aodh MAC AINGIL.
In id., (35. Ceann Aodha Í Néill), pp. 171-7.
1623; text based on MS Franc. A 32.

6028 ——— *ed.*:
Cia an neach? Gá tráth? Cáit ó dtug. By -id.-
In id., (36. Lúitéar), pp. 177-8.
From *Scáthán shacramuinte na haithridhe* (ed. C. Ó Maonaigh, 1952, pp. 161-2).

6029 Ó BUACHALLA (Breandán) *ed.*:
Dia do bheatha, a naoidhe naoimh. By Aodh MAC AINGIL.
In 5569 [Nua-dhuan. 1], (2. An naí naomh), pp. 3-5.
17 (of 27) quatrains here edited. From the O'Neill MS, London, in addition to those used in Dán Br.M., no. 30.

MAC ALIONDAIN *v.* **MAC GIOLLA FHIONDAIN**

MAC AN BHAIRD (Aodh mac Diarmada)

6030 CARNEY (James) *ed.*:
Búaidh nÁodh ar aicme Fhearghna. By Aodh mac Diarmada MEIC AN BHAIRD.

In 5503 [O'Reilly], (5. To Aodh, son of Pilib (†1596]), pp. 21-7.
Comp. 'prob. in the latter years of the 16th c.'. From MS Cambr. Add. 3082.

6031 ——— *ed.*:
Cionnas do ghēbhuinn grādh Filib. By -id.-
In id., (20. To Pilib, son of Aodh Conallach, [†1596]), pp. 100-5.
From -id.-

6032 ——— *ed.*:
Liuigh gach gona grās Muiri. By -id.-
In id., (21. To Pilib, son of Conallach, [†1596]), pp. 105-6.
Breaks off incomplete. From -id.-

MAC AN BHAIRD (Diarmaid)

6033 Ó TUATHAIL (Éamonn) *ed.*:
Truagh an cor-sa ar ráth na ríogh. By Diarmaid MAC AN BHAIRD.
In An tUltach 30, uimh. 2, Feabhra 1954, p. 9. (Dánta de chuid Uladh: An teach a ndearnadh ballóg de)
From MS R.I.A. 24 P 4.

MAC AN BHAIRD (Domhnall)

6034 CARNEY (James) *ed.*:
Do bheannuigh Día dún meic Píaruis. By Domhnall MAC AN BHAIRD.
In 5494 [Butler], (3. To Theobald, Lord Caher [1566-96]), pp. 12-3.
From MS R.I.A. 23 F 21.

6035 ——— *ed.*:
Rath fā chroidhe chumus Día. By -id.-
In id., (9. To Theobald, Lord Caher [1566-96]), pp. 49-55.
From -id.-

6036 ——— *ed.*:
Mo ghēnair ghabhus cairde. By -id.-
In 5503 [O'Reilly], (17. To Pilib, son of Aodh Conallach, [†1596]), pp. 89-91.
From Ms Cambr. Add. 3082.

6037 PRENDERGAST (Richard) *ed.*: A poem for Theobald.
In JBS 2, 1969, pp. 100-4.
Do bheannuigh Dia dún meic Píaruis, by Domhnall MAC AN BHAIRD, from J. Carney, Poems on the Butlers, 1945, no. 3; Engl. transl. from MS Maynooth 'The O'Curry miscellany' [C 63].

MAC AN BHAIRD (Eoghan)

6038 MCKENNA (Lambert) *ed.*:
Leasg an aghuidhsi ar Eas Ruaidh. By Eoghan MAC AN BHAIRD.
In Studies 39, 1950, pp. 187-92. (Some Irish bardic poems, no. 94)
On the death of Domhnall Ó Domhnaill, †1420. Based on MS R.I.A. 23 D 14; Engl. transl.

MAC AN BHAIRD (Eoghan Ruadh)

6039 MCGRATH (Cuthbert): Eoghan Ruadh mac Uilliam Óig MHIC AN BHAIRD.

In 431 [Measgra Uí Cléirigh], pp. 108-16.
<small>Incl. survey of the poems by Aodh MAC AINGIL. Also on the parentage of Hugh WARD.</small>

6040 [WALSH (Paul)] *ed.*:
Diomdhach me don mhacdhacht ríogh. By Eóghan Ruadh MAC AN BHAIRD.
In 8717 [Aodh Ruadh], pt. 2, pp. 104-17. (Poems on the Ó Domhnaill family)
<small>'Address to Rury, earl of Tirconnell.' Based on BODD, with Engl. tr.</small>

6041 ——— *ed.*:
Anocht as uaigneach Éire. By -id.-
In id., pp. 137-48. (Poems on the Ó Domhnaill family)
<small>'The sorrows of Éire.' 28 qq., from BODD; with Engl. tr.</small>

6042 KNOTT (Eleanor) *ed.*: Mac an Bhaird's elegy on the Ulster lords.
In Celtica 5, 1960, pp. 161-71.
<small>*A bhean fuair faill ar an bhfeart*, by -id.- From BODD; Engl. transl.</small>

6043 MHÁG CRAITH (Cuthbert) *ed.*:
[G]*lac, a chompāin, comhairle.* By Eoghan Ruadh MAC AN BHAIRD, or by Giolla Brighde Ó HEODHOSA.
In 5551 [Dán Br.M.], (14. Divi Bernardi abbatis Formula honestae vitae), pp. 71-81.
<small>Text based on BOCD.</small>

6044 ——— *ed.*:
An é súd an Críost cēdna. By Eoghan Ruadh MAC AN BHAIRD.
In id., (19. S. Froinsias: aithghin Chríost), pp. 98-103.
<small>From MS Göttingen Hist. 773 (1659).</small>

6045 ——— *ed.*:
Mór dho gheallsam uain. By Eoghan Ruadh MAC AN BHAIRD or Aodh MAC AINGIL.
In id., (32. Geallamhain S. Froinsias), pp. 167-8.
<small>Text based on MS Franc. A 33.</small>

6046 ——— *ed.*:
Beannuighthe na boicht. By -id.-.
In id., (33. Na hocht mbeannuigheachta), p. 169.
<small>From -id.-</small>

6047 ——— *ed.*:
Cuairt gun té nach slán. By -id.-.
In id., (34. Seacht n-oibre na trócaire), pp. 170-1.
<small>From -id.-</small>

MAC AN BHAIRD (Fearghal Óg)

6048 MAC AIRT (Seán) *ed.*:
Mór cóir cháich ar chrích Laighion. By Fearghal Óg MAC AN BHAIRD.
In 5489 [LBran.], (no. 23), pp. 90-7.
<small>In MSS Eg. 176 and R.I.A. 23 Q 1, the author is given as Niall Ó RUANADHA.
To Fiachaidh mac Aodha (†1597).</small>

6049 MCKENNA (Lambert) *ed.*:
Leacht carad ó chath Bhriain. By -id.-

In Studies 36, 1947, pp. 175-80. (Some Irish bardic poems, no. 82)
 Lament on the chieftains slain in the battle of Down in 1260. From MS T.C.D. H 1 17; Engl. transl.

6050 ——— *ed.*:
Táinig san chluiche ag Cormac. By -id.-
In 5507 [O'Hara], (no. 8), pp. 112-29.
 To Cormac Ó hEadhra (chieftain 1581-1612).

6051 ——— *ed.*:
Sona sin, a chlanda Cuind. By -id.-
In id., (no. 9), pp. 130-43.
 To -id.-

6052 ——— *ed.*:
As fiacha ar neach an ní gheallas. By -id.-
In id., (no. 10), pp. 144-9.
 From BOH and 3 B 14. To -id.-

6053 ——— *ed.*:
Grádh mo chroidheisi Cormuc. By -id.-
In id., (no. 11), pp. 150-3.
 From -id.- To -id.-

6054 ——— *ed.*:
Fáth cumhadh ag crích Luighne. By -id.-
In id., (no. 24), pp. 250-7.
 From -id.- To -id.-

6055 ——— *ed.*:
Ionnmhas ollaimh onóir ríogh. By -id.-
In Studies 41, 1952, pp. 99-104. (Some Irish bardic poems, no. 100)
 Text based on BODD; with Engl. transl. To Red Hugh O'Donnell.

6056 [WALSH (Paul)] *ed.*:
Truagh liom Máire agus Mairghréag. By -id.-
In 8717 [Aodh Ruadh], pt. 2, pp. 126-36. (Poems on the Ó Domhnaill family)
 'An Irish elegy.' From BODD, with Engl. tr.

6057 MHÁG CRAITH (Cuthbert) *ed.*:
Do bháidh teine Tír Conuill. By -id.-
In 5551 [Dán Br.M.], (22. Mainistir Dhúin na nGall), pp. 111-6.
 Ca. 1601; from BOCD.

6058 ——— *ed.*:
Éisd rem ēgnach, a fhir ghráidh. By -id.-
In id., (23. Do Fhlaithrí Ó Maoil Chonaire), pp. 117-21.
 From BOCD.

6059 ——— *ed.*:
Fuarus iongnadh, a fhir chumainn. By -id.-
In id., (24. Casaoid), pp. 121-4.
 From BOCD.

6060 ——— *ed.*:
Th'aire, a chumthaigh, réd chomhrádh! By (?) id.

H VERSE

   In id., (25. Éagnach), pp. 124-6.
   <small>Text based on MS R.I.A. 23 O 78.</small>

6061 [BERGIN (Osborn)] *ed.*:
   Slán agaibh, a fhiora Mumhan. By -id.-
   In 5567 [Bardic poetry], (7. Farewell to Munster), pp. 44-6.
   <small>Republ. of Best² 1745b. Engl. transl. (pp. 229-30) by David GREENE & Fergus KELLY.</small>

MAC AN BHAIRD (Fearghal Óg mac Fearghail) ? *same as* **MAC AN BHAIRD** (Fearghal Óg)

6062 CARNEY (James) *ed.*:
   Cía rēr fhāiltigh Inis Fāil? By Fearghal Óg mac Fearghail [MEIC AN BHAIRD].
   In 5503 [O'Reilly], (19. To Pilib, son of Aodh Conallach, [†1596]), pp. 92-9.
   <small>From MS Cambr. Add. 3082.</small>

MAC AN BHAIRD (Gofraidh)

6063 MCKENNA (Lambert) *ed.*:
   A fhir shealbhas duit an dán. By Gofraidh MAC AN BHAIRD.
   In Studies 40, 1951, pp. 217-22. (Some Irish bardic poems, [98.] A poet attacks a boastful fellow-poet)
   <small>Text based on MS R.I.A. 23 L 17; with Engl. transl.</small>

MAC AN BHAIRD (Gofraidh Óg)

6064 MCKERNAN (Owen) *ed.*: *Treóin an cheannais* by Gofraidh Óg MAC AN BHAIRD.
   In Éigse 5, 1945/47 (1948), (pt. 1), pp. 8-24.
   <small>*Treóin an cheannais Clann Dálaigh*; from MSS B.M. Eg. 112 and R.I.A. 24 M 18, Engl. transl.</small>

MAC AN BHAIRD (Maolmhuire mac Con Uladh)

6065 MCGRATH (Cuthbert) *ed.*: Nioclás Dall.
   In Éigse 7, 1953/55, (pt. 2, 1953), pp. 87-94. (Two skilful musicians, no. 2)
   <small>*Cá sí[o]th don chéol do-chuala?*, by Maolmhuire MAC AN BHAIRD; from BOCD, Engl. transl., notes.</small>

6066 BREATNACH (R. A.): *a orghánna álainn* (Measgra D. 151.32).
   In Celtica 6, 1963, pp. 257-8. (Trí fhadhb théaxúla, no. 2)
   <small>Read *a orghránna álainn* in line 32 of Maolmuire (mac Con Uladh) MAC AN BHAIRD's *A dhúin thíos atá it éanar*.</small>

6067 ———— : Measgra D. 150.7-8.
   In id., p. 258. (id., no. 3)
   <small>Read *tar aoladh do bhánchloch mbog / an láthrach aonar umad*, in lines 7-8 of -id.- On *aonar* without poss.pron.</small>

MAC AN BHAIRD (Pádruig Óg)

6068 MCKENNA (Lambert) *ed.*:
   Clú gach fheadhma ar fhuil Chéin. By Pádruig Óg MAC AN BHAIRD.
   In 5507 [O'Hara], (no. 26), pp. 276-85.
   <small>From BOH and 3 B 14. To Ruaidhrí Ó hEadhra (fl. ca. 1700).</small>

MAC AN CHAOILFHIACLAIGH (Donnchadh)

6069 O'RAHILLY (Cecile) *ed.*:
   Do fríth, monuar, an uain si ar Éirinn. By Donnchadh MAC AN

CHAOILFHIACLAIGH.
In 5512 [17th c. polit. poems], (no. 1), pp. 1-11.
<small>Ca. 1640.</small>

MAC AN FHIR LÉIGHINN (Diarmuid Dall)

6070 MCKENNA (Lambert) *ed.*:
Fada re huaisle clann Chéin. By Diarmuid Dall MAC AN FHIR LÉIGHINN.
In Studies 36, 1947, pp. 77-80. (Some Irish bardic poems, 81. Ó hEadhra's poet speaks to him)
<small>From MS R.I.A. 3 B 14 (copy of BOH); with Engl. transl.
To Cormac (son of Cian) Ó hEadhra, †1612. Cf. next entry.</small>

6071 —— *ed.*:
Fada re huaisle cland Chéin. By -id.-
In 5507 [O'Hara], (no. 17), pp. 198-205.
<small>To Cormac Ó hEadhra (chieftain 1581-1612). Cf. preceding entry.</small>

MAC AN LEAGHA (Uilliam)

6072 MAC NIOCAILL (Gearóid) *ed.*: Uilliam MAC AN LEAGHA cecinit.
In Éigse 8, 1956/57, pp. 133-4.
<small>Áilim an triūr; from autogr. MS B.M. Add. 30512.</small>

MHAC AODHAGÁIN (Pól)

6073 MHÁG CRAITH (Cuthbert) *ed.*:
Aisling bheag ar Éire. by Pól MHAC AODHAGÁIN.
In 5551 [Dán Br.M.], (53. Aisling shuarach mhagaidh), pp. 262-4.
<small>1708/09; from MS R.I.A. G vi 1.</small>

6074 —— *ed.*:
Leagadh leoin óir deacair éirghe. By -id.-
In id., (54. Domblasta críoch an cheoil taidhiuir), pp. 264-6.
<small>From -id.-</small>

6075 —— *ed.*:
Más ar chloidhiomh aithnighthear creideamh. By -id.-
In id., (56. Aoradh gan stuidéar), p. 267.
<small>Text based on MS N.L. G 127; single quatrain, foll. by 7c.</small>

6076 —— *ed.*:
Treall, don chruinne mā thug h'annsacht. By -id.-
In id., (59. Freagra ó Phól Mhac Aodhagáin), pp. 271-2.
<small>1707/08; from MS R.I.A. G vi 1.</small>

6077 —— *ed.*:
Is tuirseach mo chās gach lā air deirg-mhire. By -id.-
In id., (63. Bruid fhear bhFáil), p. 279.
<small>From MS N.L. G 192 (autograph).</small>

MAC AODHAGÁIN (Tadhg an Ghadraigh)

6078 Ó CUÍV (Brian) *ed.*: The poetic contention about the river Shannon.
In Ériu 19, 1962, pp. 89-110.
<small>Bérad breath na himriosna, by Tadhg an Ghadraigh MAC AODHAGÁIN. Based on MS R.I.A. A iv 3; Engl. transl., notes.</small>

MAC ARTÚIR (Roibeard) *al.* **CHAMBERLAIN** (Robert)

6079 MHÁG CRAITH (Cuthbert) *ed.*:

Is follas, a mheic Dáire. by [Roibeard MAC ARTÚIR].

In 5551 [Dán Br.M.], (38. Iomarbhágh na bhfileadh), pp. 178-94.
> Answer to the first part of Content., poem 14 (and therefore prob. being the beginning proper of poem 16). Text based on MS N.L. G 168.

MAC BIONAID (Art) *al.* BENNETT (Arthur)

6080 Ó TUATHAIL (Éamonn) *ed.*:

[recte] *Cia hé seo 'na shuan go huaigneach.* By Art MHAC BIONÓID.

In An tUltach 29, uimh. 11, Mí na Samhna 1953, pp. 10-11; 30, uimh. 1, Eanar 1954, p. 10 [corr.]. (Dánta de chuid Uladh: Conspóid na gcailleach)
> From MS Ó Domhnalláin 7 [missing]; first line is not *Cha dtearna mé a leithid ariamh is faoin bhórd seo.*

6081 ——— *ed.*:

Aige Cloch Mhór thoir na nIarla chas deilbh chríon lom liath liom. By Arthur BENNETT.

In An tUltach 30, uimh. 10, Deire Fómhair 1954, pp. 5-7; uimh. 11, Samhain, pp. 5-6. (id., 39. Triamhain na hÉirinne)
> From autogr. MS Ó Domhnalláin 7.

MAC BRUAIDEADHA (Giolla Brighde)

6082 CARNEY (James) *ed.*:

Cia re [a] *n-ēgōnainn m'easbhaidh.* By Giolla Brighde MAC BRUAIDEADHA.

In 5494 [Butler], (10. To Theobald, Lord Caher [1566-96]), pp. 55-6.
> From MS R.I.A. 23 F 21.

MAC BRUAIDEAGHA (Tadhg mhac Giolla Brighde)

6083 MCKENNA (Lambert) *ed.*:

Ciondus fríth fearand Luighne. By Tadhg (mhac Giolla Brighde) MAC BRUAIDEAGHA.

In 5507 [O'Hara], (no. 6), pp. 88-103.
> Wr. 1584, to Cormac Ó hEadhra.

6084 ——— *ed.*:

Anam gá chéile, a Chormuic. By -id.-

In id., (no. 7), pp. 104-11.
> To -id.- (chieftain 1581-1612).

MAC CÁBA (Cathaoir) *al.* MACCABE (Charles)

6085 O'SULLIVAN (Donal): Charles MACCABE.

In 6412 [Carolan], vol. 1, (chap. 9), pp. 67-72.

6086 ——— *ed.*: MACCABE's elegy on Carolan.

In id., (chap. 18), pp. 106-8.
> First line: *Nach í so an chuairt easbhach a laguidh mé réis mo shiubhail.* Text based on that printed in Th. Connellan's An duanaire, fonna seanma ..., 1829, p. 34; Engl. transl.

6087 ——— *ed.*: The scolding match between CAROLAN and MACCABE.

In id., (chap. 11), pp. 74-81.
> From MS R.I.A. 23 M 23; with Engl. transl.
> First lines: '*Sé sac Uilliam Eaclis do thug buaidhirt don tír*; CAROLAN: *Fuair*

H VERSE

Mac Cába duais a dhána; MACCABE: *Jesus, Maria! cumhachta Dia umainn!*
For the background see the preceding chap. 10, i.e. pp. 72-4.

MAC CAIRTEÁIN (Conchubhar) *al.* **CURTIN** *or* **MAC CURTAIN** (Cornelius)

6088 Ó CUÍV (Brian) *ed.*:
Currite spectatum muliebris verba senatus. By Cornelius CURTAIN.
In 7510 [Párliament na mban], p. 74.
Commendatory poem, from MS N.L. G 429.

6089 DE BRÚN (Pádraig) *ed.*: Tuireamh Laidne ar Dháibhí Ó BRUADAIR.
In Éigse 12, 1967/68, pp. 327-30.
Latin elegy on D. Ó Br. ('qui obiit A.D. 1710') by Conchubhar MAC ARTÁIN (Cornelius CURTIN), from MS N.L. G 430: *Currite lugubri, mea carmina, currite metro.*

MAC CAIRTEÁIN (C[ormac ?])

6090 TORNA [*pseud.*, Ó DONNCHADHA (Tadhg)] *ed.*:
Iasacht leabhair do-gheabhair, a óigfhir ghrinn. By C[ormac ?] MAC CAIRTEÁIN.
In 5517 [Seán na Ráithíneach], p. 4.

MAC CAIRTEÁIN AN DÚNA (Domhnall mac Uilliam)

6091 ——— *ed.*:
Le cáirdeas cumainn don árdfhlaith shultmhar. By Domhnall MAC CAIRTEÁIN.
In 5517 [Seán na Ráithíneach], (no. 40), pp. 69-70.

6092 *Ó's follus an tslighe gur scaoileas féin.*
In id., (no. 126), pp. 233-5.

MAC CAIRTEÁIN (Ióseph)

6093 ——— *ed.*:
Is aerach 's is aoibhinn gach maidin. By Ióseph MAC CAIRTEÁIN.
In 5517 [Seán na Ráithíneach], (no. 57), pp. 101-3.

6094 *A fhile seo im aice, 's a scafaire ghil mhúinte.*
In id., (no. 64), p. 115.

6095 PLÉIMEANN (Pádraig): An tAth. Íosaf MAC CAIRTEÁIN (1696-1752).
In 453 [Faiche na bhfilí], pp. 35-40.

MAC CAIRTEÁIN (Tadhg)

6096 TORNA [*pseud.*, Ó DONNCHADHA (Tadhg)] *ed.*:
A fhir thréithigh bhreágh léigheanta 'na bhfuil mo dhóchus. By Tadhg MAC CAIRTEÁIN.
In 5517 [Seán na Ráithíneach], pp. 58-9.

6097 ——— *ed.*:
Céad slán do chuirimse ó thuaidh. By -id.-
In id., (no. 51), pp. 89-90.

MAC CAIRTEÁIN AN DÚNA (Uilliam)

6098 Ó FOGHLUDHA (Risteárd) *ed.*:
Trí bhile den Mhumhain, trí túir, trí heaspoig, trí threóin. By Liam MAC CARTÁIN AN DÚNA.
In 5822 [Éamonn de bhFál], (no. 15), p. 35.

H VERSE

6099 Ó CUÍV (Brian) *ed.*;
Do-chuala sgata ban gur suigheadh fá mheidhir. By Uilliam MAC CAIRTEÁIN.
In 7510 [Párliament na mban], pp. 76-7.
Commendatory poem, based on MS N.L. G 429.

6100 TORNA [*pseud.*, Ó DONNCHADHA (Tadhg)] *ed.*: *A Sheáin Uí Mhurchadha, bí fineamhail faobhrach*. By -id.-
In 5517 [Seán na Ráithíneach], pp. 12-6.

6101 *Tá fáilte romhat, a Sheóin mhic Diarmada*. By -id.-
In id., p. 17.

6102 ———— *ed.*: *A dhíograis mh'anma, a dhalta dhil, a uain 's a stóir*. By -id.-
In id., pp. 25-6.

6103 Ó M[URCHÚ] (T.): Liam MAC CAIRTEÁIN AN DÚNA (1668-1724).
In 453 [Faiche na bhfilí], pp. 11-20.

MAC CANA (Brian Óg)

6104 MHÁG CRAITH (Cuthbert) *ed.*:
'Thríonóid naomhtha, dhlíghis uain[n]. By Brian Óg MHAC CANA.
In 5551 [Dán Br.M.], (78. Féidhlim Ó hAnluain [fl.? 1731]), pp. 302-6.
From MS B.M. Add. 18749.

MHAC CANNA (Eoghan)

6105 Ó TUATHAIL (Éamonn) *ed.*:
Budh beag do ghrásta mo ríogh go dtilleamaois arís slán. By Eóghan MHAC CANNA.
In An tUltach 26, uimh. 12, Nodlaig 1950, pp. 5-6, 10. (Dánta de chuid Uladh, no. 10)
From MS N.L. G 132.

MAC CARTHAIGH MÓR (? Domhnall, *an chéad Iarla*)

6106 MAC ENTEE (Máire) *ed.*: Un poème irlandais du XVIe siècle.
In ÉtC 4, 1941/48, (fasc. 2, 1948), pp. 301-5.
Fir an toighe ag seilg san sliabh, by [Domhnall] MAC CARTHAIGH MÓR; with a ceangal by the scribe, Pól ROILLIS. From a MS in the possession of J. Vendryes (v. RC 48.235ff), with Fr. transl. The first 2 qq. also in MS R.I.A. 23 N 15, followed by a quatrain (name riddle) *Do chomus am aisling samhail oidhche éigin*. Also a similar quatrain from the above MS, *Cūig a háon nō ceathar a dhō*.

MAC CARTHAIGH (Domhnall na Buile)

6107 TORNA [*pseud.*, Ó DONNCHADHA (Tadhg)] *ed.*: *Fear ceannárd groidhe d'fhuil ríoghfhlaith árd na dtrúp*. By Domhnall na Buile [MAC CÁRTHAIGH].
In 5517 [Seán na Ráithíneach], p. 142.

MAC CARTHAIGH (Donnchadh mac Seáin Bhuidhe)

6108 Ó CUÍV (Brian) *ed.*:
Quicquid Iberneis mulierum vivit in oris. By Donatus MAC CARTHY.
In 7510 [Párliament na mban], p. 74 [cf. pp. xli-xlii].
Commendatory poem, from MS N.L. G 429.

Mac Casarlaigh ( )

6109 Mac Airt (Seán) *ed.*:
Clú Laighion as oighriocht d'Aodh. By Mac Casarlaigh.
in 5489 (LBran.], (no. 15), pp. 51-4.
To Aodh mac Seaáin (†1579).

Mac Cathmhaoil (Aodh) *v.* **Mac Aingil**

Mac Cinnéide *al.* **Ó Cinnéide** (Séamus)

6110 Ó Foghludha (Risteárd) *ed.*:
A ráib ghil mhilis mhaordha. By Séamus Mac Cinnéide.
In 5509 [Éigse na Máighe], (no. 31), pp. 105-7.

Mac Cnáimhín (Giolla Pádraig)

6111 McKenna (Lambert) *ed.*:
Olc beatha na gcoisidheadh. By Giolla Pádraig Mac Naimhin.
In 5499 [Magauran], (no. 6), pp. 52-7, 309-11.
The poet asks Brian Mág Shamhradháin (†1298) for a horse.

6112 ——— *ed.*:
Ní maith eadrum is mo mhac. By -id.-
In id., (no. 7), pp. 56-9, 311.
The poet urges his son to ask Brian Mág Shamhradháin (†1298) for a horse.

Mac Cnáimhín (Lúcas)

6113 ——— *ed.*:
Ramhuch táinig tásg Fearghail. By Lúcas Mac Naimhin.
In id., (no. 5), pp. 42-53, 305-9.
On the death of Fearghal (†1322), son of Brian Mág Shamhradháin. Cf. Best² 1709.

Mac Cnáimhín (Maol Pádraig)

6114 ——— *ed.*:
Ní beag an léansa ar Leath Cuinn. By Maol Pádraig Mac Naimhín.
in Studies 34, 1945, pp. 78-84. (Some Irish bardic poems, 73. Joy at release of Tomás)
From BMag.; with Engl. transl.
Republ. in 5499 [Magauran], (no. 22), pp. 180-91, 358-62.
To Tomás Mág Shamhradháin, ca. 1339.

6115 ——— *ed.*:
Aithne charad cláirseach Bhriain. By Maol Pádraig Mac Naimhin.
In 5499 [Magauran], (no. 8), pp. 58-61, 311-2.
To the harp of Brian Mág Shamhradháin (†1298).

6116 ——— *ed.*:
Folt Eimhire ar inghin mBriain. by -id.-
In id., (no. 9), pp. 60-71, 312-6.
To Gormlaidh, daughter of Brian Mág Shamhradháin (†1298). Cf. Best² 1711.

6117 ——— *ed.*:
Buaidh cagaidh ar cath mBréifne. By -id.-
In id., (no. 20), pp. 166-9, 353-4.
To Tomás Mág Shamhradháin (†1343). Breaks off unfinished.

6118 ——— ed.:
    Beag nach lór a luaidhim dhe. By -id.-
    In id., (no. 21), pp. 170-81, 354-8.
        Acephalous; author's name not given though he is plainly Maol Pádraig MAC NAIMHIN (i.e. prob. MAC CNÁIMHÍN).
        To Tomás Mág Shamhradháin, most prob. referring to events of 1338/39. Cf. 7026.

MAC COBHTHAIGH (Art) *v.* **MAC CUMHAIGH**

MAC COITIR (Liam Ruadh)

6119 Ó HÉALUIGHTHE (D.): Coitirigh Cho. Chorcaighe.
    In Cork University record 7, 1946, pp. 52-8; 8, 1946, pp. 35-40.
        Incl. Liam Ruadh MAC COITIR.

MAC COITIR (Séamus)

6120 Ó FOGHLUDHA (Risteárd) *ed.*:
    A Éamuinn níl baoghal ort ná haitheantar thu. By Séamus MAC COITIR.
    In 5822 [Éamonn de bhFál], (no. 1), pp. 18-9.

MHÁG COLGAN (Seaán) *? ident. with* **COLGAN** (John)

6121 MHÁG CRAITH (Cuthbert) *ed.*: Seaán MHÁG COLGAN cct.
    In 446 [Colgan essays], pp. 60-9.
        1607. *Rob soraidh an séad-sa soir.* From MS R.I.A. 23 F 16; with Engl. transl.

MAC COMHGHAILL (Pádraig) *al.* **COYLE** (Patrick)

6122 Ó MÓRDHA (Séamus P.) *ed.*: Tuireamh ó Chondae an Chabháin.
    In Celtica 4, 1958, pp. 273-8; 9, 1971, pp. 215-6 [add.].
        On the death of the Revd. P. O'Reilly in 1825. 1st line: *Tá an tírsi go dubhach is ní hiongnadh dhi é,* by Pádraig MAC COMHGHAILL. From a MS in the possession of Brian Ó Mórdha, An Mhuinchille (Co. Cavan).
        With an analysis of the language of the Co. Cavan scribe (Séamus Mac Comhghaill).

MAC CONALLAIGH (*An Tighearna-Ab*)

6123 Ó TUATHAIL (Éamonn) *ed.*:
    Is mé Suibhne Ghlinne Fearna. By An Tighearna-Ab MAC CONALLAIGH.
    In An tUltach 27, uimh. 8, Meán Fómhair 1951, p. 5. (Dánta de chuid Uladh, no. 17 [sic])
        From MS Belfast 29B.

MAC CON MIDHE (Brian Óg)

6124 MHAC AN TSAOI (Máire) *ed.*:
    Dursan do chās, a chríoch Bhreagh. By Brian Óg MAC CON MIDHE.
    In 5498 [Filíocht den 17ú aois], (1. Dán Eóghain Uí Néill), pp. 141-50.
        Based on MS R.I.A. 24 P 9; ascription in MS T.C.D. H 5 28 only.

MAC CON MIDHE (Giolla Brighde)

6125 MURPHY (Gearard) *ed.*:
    A vision concerning Rolf MacMahon. Giolla Brighde MAC CON MIDHE .cc. [c.1273].
    In Éigse 4, 1943/44 (1945), (pt. 2, 1943), pp. 79-111.

First line: *Iongnadh mh'aisling i nEamhain.* Text based on MS R.I.A. A iv 3; Engl. transl. and notes.
Discussion of the poet and his poems, distinguishing him from GIOLLA BRIGHDE ALBANACH.

6126 MCKENNA (Lambert) *ed.*:
Dermad do fhágbhus ag Aodh. By Giolla Brighde MAC CON MIDHE.
In Studies 34, 1945, pp. 496-500. (Some Irish bardic poems, 76. Convenient forgetfulness)
 To Aodh (†1274) son of Féilim son of Cathal Croibhdhearg Ó Conchobhair. From MS R.I.A. 23 F 16, with Engl. transl.

6127 ———— *ed.*:
Do-fhidir Dia Ceinéal Conuill. By -id.-
In Studies 35, 1946, pp. 40-4. (id., no. 77)
 Story of the accession (1258) of Domhnall Óg (son of Domhnall Mór) Ó Domhnaill, †1281. Based on MS R.I.A. 23 F 16; Engl. transl.

6128 ———— *ed.*:
Táinig tairrngire na n-éarlamh. By -id.-
In id., pp. 209-14. (id., no. 78)
 To Aodh Ó Domhnaill, †1333. Based on MS R.I.A. B iv 2; Engl. transl.

6129 ———— *ed.*:
Do shlán uaim, a Áth Seanaigh. By -id.-
In id., pp. 371-8. (id., no. 79)
 Elegy on Maol Seachlainn son of Domhnall Mór Ó Domhnaill, †1247. From MS Rawl. B 514, text standardised; with Engl. transl.

6130 ———— *ed.*:
Mairg do ghríos Giolla Pádruig. By -id.-
In id., pp. 467-72. (id., no. 80)
 From BOCD; with Engl. transl.

6131 ———— *ed.*:
Teasda eochair ghlais Ghaoidheal. By Giolla Brighde [? MAC CON MIDHE].
In Studies 36, 1947, pp. 447-50. (id., no. 84)
 From MS R.I.A. A iv 3; with Engl. transl.

6132 MAC AIRT (Seán) & Ó FIAICH (Tomás) *eds.*:
A thirteenth century poem on Armagh Cathedral. By -id.-
In SAM 2, (no. 1, 1956), pp. 145-62.
 Prob. after 1266. *Ceannphort Éireann Ard Macha.* Normalized from MS Mayn. C 81; with Engl. transl. and notes.

6133 O'SULLIVAN (Anne): Giolla Brighde MAC CON MIDHE.
In 515 [Early Ir. poetry], pp. 85-99.

MAC CON MIDHE (Giolla Brighde Beag) (? *ident. with* GIOLLA BRIGHDE ALBANACH)

6134 Ó CUÍV (Brian) *ed.*: A poem for Cathal Croibhdhearg Ó Conchubhair.
In Éigse 13, 1969/70, pp. 195-202.
 Prob. a.1224. *Fada dhamh druim re hÉirinn.* Ascr. to Giolla Brighde Beag MAC CON MIDHE (? ident. with GIOLLA BRIGHDE ALBANACH). 22 qq., based on the MS in the possession of Sir Con O'Neill (London), normalized; Engl. transl., notes.

MAC CONSAIDÍN (Séamus)
6135 MAC CUMHGHAILL (Brian) ed.:
Is é do bhás a Hóraigh ghreannmhair. By Séamus MAC CONSAIDÍN.
In 5873 [S. de Hóra], (26. Caoine ar bhás Sheáin de Hóra), pp. 68-70.
Based on MS R.I.A. 23 K 11.
6136 ——— ed.:
Tásc dearbhtha gur chailleamar an Hórach grinn. By -id.-
In id., (27. Caoine ar bhás Sheáin de Hóra), pp. 70-1.
Based on -id.-

MAC CRAITH (Aindrias) al. AN MANGAIRE SÚGACH
6137 Ó FOGHLUDHA (Risteárd) [pseud. FIACHRA ÉILGEACH] ed.: Éigse na Máighe .i. Seán Ó TUAMA an Ghrinn, Aindrias MAC CRAITH —AN MANGAIRE SÚGACH. . . .
B.Á.C.: Oifig an tSoláthair, 1952 (repr. 1970). 280 pp.
6138 Scuir feasta dhet phlás, ná trácht go héag arís. By Aindrias MAC CRAITH.
(no. 3), pp. 72-3.
6139 Fáilte, trí fháilte agus trí. (no. 11), p. 79.
6140 Tríom néallta is minic me ag déanamh chumhadh. (no. 15), p. 83.
6141 Is doiligh liom flatha gan flaitheas i gcrích Fódla. (no. 18), pp. 86-7.
6142 Cuirfeam plaid is clóicín. ? By Aindrias MAC CRAITH. (no. 40), pp. 120-1.
6143 Is duine thu dhíolas steanncán. (no. 47), pp. 128-30.
6144 Ba mhinic tu ag díol na steanncán. (no. 49), pp. 132-4.
6145 Mo dhíth, mo chreach, mo cheas, mo chúis chumhadh anois. (no. 50), pp. 134-5.
6146 Seo an t-éacht do rinn creach tréada agus treabh. (no. 56), pp. 141-2.
Elegy on Uilliam de Liath (†1758).
6147 Is fada fá smúit gan múscailt Phoebus. (no. 69), pp. 157-60.
Elegy on Seán Ó Tuama (†1775).
6148 A bhile den fhuirinn nach gann. (no. 75), pp. 174-6.
6149 Go tábhairne an ghliogair nuair thigim 's mo bhuidhean im dheóidh. (no. 76), pp. 176-7.
6150 Nuair théighim-se go tigh an tábhairne níor chás liom fuireach oidhche ann. (no. 77), pp. 178-80.
Dialogue between Aindrias MAC CRAITH, Seán Ó TUAMA and Éamonn DE BHÁL. Here preceded by 2 distychs, Is bachallach glas an chleach so os comhair do thighe.
6151 'Sí an bhláth-bhroinneal bhláth-mhilis bhéasach. (no. 78), pp. 180-2.
6152 Is fada me in éagcruth is 'om radadh le gaethe. (no. 79), pp. 182-3.
6153 Is tréith me, is feas, 's is fann. (no. 80), pp. 184-5.
6154 Cé fada mé le haer an tsaoighil. (no. 81), pp. 185-7.
6155 A shaoi ghlain tsultmhair is claoidhte mise. (no. 82), pp. 187-8.
6156 Slán is céad ón dtaobh so uaim. (no. 83), pp. 189-90.

H VERSE

6157 *Is aindeis atáim 's is cásmhar cathach claoidhte.* (no. 85), pp. 192-3.
6158 *Is ceasnaidheach cásmhar atáim 's is léanmhar.* (no. 86), pp. 193-4.
6159 *A charaid chlúmhail dhíoghrais.* (no. 87), pp. 194-6.
6160 *A dhalta dhil an dainid libh mo chás anois.* (no. 88), pp. 196-8.
6161 *Mo mhallacht-sa fá thrí do phearsa ar bith mar sinn.* (no. 90), pp. 200-1.
6162 *Is iad na mná do chiap me 'e ghnáith.* (no. 91), pp. 201-2.
6163 *Scaoilim sa timcheall le hiomad dúthracht.* (no. 92), pp. 202-3.
6164 *Tá Pruise agus Póland fós ar mearathall.* (no. 93), pp. 203-4.
   1745.
6165 *A dhalta nár dalladh le dlaoithe.* (no. 94), pp. 204-5.
   1746.
6166 *Tá céadar, tá Caesar, tá treón.* (no. 95), pp. 205-6.
6167 *I mBaile na Neannta atá.* (no. 96), pp. 206-8.
6168 *Is cráidhte an scéal sa taobh so chluinim.* (no. 97), pp. 208-9.
6169 *Mo pheannaid, mo phudhair, mo chumha, mo chiach, mo chnead.* (no. 99), p. 209.
6170 *Sin béithe an ochta sona séimh gan chlúid.* (no. 100), p. 210.
6171 *I mbaile cois Mháighe tá an sáir-fhear suairc.* (no. 101), p. 210.
6172 *Uaimse gabhaidh, a shagairt, le géar-shearc rúin.* (no. 102), p. 211.
6173 *A fhlaith-bhile mhodhmhail nach gann i sult ná i dtréithe.* (no. 103), p. 211.
6174 *Is fada me i gcumha gan tnúth le téarnamh.* (no. 104), pp. 211-3.
   1757/58.
6175 *Níl drannaire dúr ná scrúille ar feadh na ríoghachta.* (no. 105), pp. 213-4.
6176 *A charaid dhil chlúmhail, a rún 's a shearc na saoithe.* (no. 106), p. 214.
6177 *Whereas d'áitimh aréir dom láthair.* (no. 112), pp. 227-30.
6178 *Whereas tháinig indé dom láthair is tug na móide.* (no. 113), pp. 230-3.
6179 *Whereas tháinig indiu dom láthair agus sin le díograis.* (no. 114), pp. 234-7.
6180 MHÁG CRAITH (Cuthbert) *ed.*:
   Is doilbh liom flatha gan flathas i gcríoch Fódla. By AN MANGAIRE SÚGHACH.
   In 5551 [Dán Br.M.], (97. Freagra an Mhangaire Shúghaich), pp. 345-6.
   Text based on MS R.I.A. 23 B 38.

MAC CRAITH (Eoghan mac Donnchaidh)

6181 CARNEY (James) *ed.*:
   Ni heasbhoidh acht crádh croidhe. By Eōghan mac Donnchaidh MHĒIG CRAITH.
   In 5494 [Butler], (4. Elegy on Margaret Butler), pp. 13-9.
   Wr. between 1566 and 1576. From MS R.I.A. 23 F 21.

MAC CRAITH (Flann mac Eoghain)

6182 ———— ed.:
Eólach mé ar mheirge an iarla. By Flann mac Eóghain MEIC CRAITH.
In id., (15. Caithréim of Thomas, Earl of Ormond [†1614]), pp. 67-73.
Wr. 1614 or very shortly afterwards. From MS R.I.A. F v 5.

MAC CRAITH (Maol Muire)

6183 MHÁG CRAITH (Cuthbert) *ed.*:
Beart chluithe ar Éirinn ég rí[o]gh. By Maol Muire MHÁG CRAITH, or by Bráthair Bocht Ó DÁLAIGH.
In 5551 [Dán Br.M.], (3. Domhnall Mhág Carthaigh), pp. 16-22.
1414; text based on MS R.I.A. 23 D 14 (where it is ascr. to MHÁG CRAITH). Most prob. by Ó DÁLAIGH to whom it is ascr. in BOCD.

MAC CRAITH ([ ] mac Taidhg) *v.* **MAC RAITH**

MAC CRUITÍN (Aindrias)

6184 Ó FLOINN (Donnchadh) *ed.*: Aindrias MAC CRUITÍN cct.
In IMN 1953, pp. 43-4.
Amhrán, from (autograph) MS Maynooth C 41 (1721): *A bhile gan bhéim is gléire shuidheas gach lá.*

6185 [anon.] *ed.*: Aindrias MAC CRUITÍN cct.
In IMN 1960, p. 20.
An ríoghan chóir ó fhóir an Aonaigh d'fhás, from MS Mayn. C 59.

MAC CRUITÍN (Aodh Buidhe)

6186 Ó HÓGÁIN (S.) *ed.*: *A chara na n-órd n-eólglan!*
In IBL 31, 1949/51, (no. 6, 1951), p. 121.
A chara na n-órd n-eólglan gan truailleacht riamh, by Aodh Buidhe MAC CRUITÍN. From MS U.C.D. [Gaelic 14] (4 stt. printed here).

6187 Ó HÉALAÍ (Pádraig): Aodh Buí MAC CRUITÍN.
In IMN 1957, p. 89.

MAC CRUITÍN (Séamus)

6188 TORNA [*pseud.*, Ó DONNCHADHA (Tadhg)] *ed.*: Séamus MAC CRUITÍN cct.
In Éigse 4, 1943/44 (1945), (pt. 3, 1944), pp. 220-4.
2 poems from MS U.C.C. 63: (1) *A chruit Chinn Choradh cháidh* ('air Uilliam Mac an Ghabhan Uí Bhriain'); (2) *Níor chúis caoi níor bhéim bróin* ('Marbhna Dhomhnaill Uí Chonaill, 1847').

MAC CUARTA (Séamas Dall)

6189 MCKERNAN (Owen) *ed.*: Leaves from Belfast manuscripts.
In Éigse 3, 1941/42 (1943), (pt. 3, 1942), pp. 186-92.
'Aisling an Daill MHIC CUARTA': *Is buartha chuaidh mo shuan aréir domh;* from MS Q.U.B. G 16; some notes on pronunciation.

6190 Ó DOMHNAILL (Niall): An Dall MAC CUARTA.
In An tUltach 26, uimh. 4, Aibreán 1950, pp. 1-2; uimh. 7, Iúil, pp. 2-3; uimh. 7 [sic], Lúnasa, pp. 7-8.

6191 Ó TUATHAIL (Éamonn) *ed.*:
Ó thugais ó ughdaraibh Insi Fáil. By Séamus MHAC CUARTA.
In 5506 [Ó Maoilriain], no. 1.

H VERSE

6192 ——— ed.:
Tabhair mo bheannacht tré dhúthracht. By -id.-
In An tUltach 27, uimh. 5, Meitheamh 1951, pp. 4-5. (Dánta de chuid Uladh, 15. Riosdard Mhac Con Mhidhe)
From MS N.L. G 127.

6193 ——— ed.:
'Sí Caitrín Ní Chálán an bharr lagthach dearbhtha. by -id.-
In id., uimh. 6, Iúl 1951, pp. 8-9. (id., no. 16)
From MSS Edinb, Db 7 1, and Belfast 24.

6194 ——— ed.:
Is uasal 's is fearamhail, is buadhach 's is barramhail. By -id.-
In An tUltach 29, uimh. 2, Feabhra 1953, pp. 5, 7. (id.: Brian mhac Eóghain)
From MSS B.M. Eg. 135 and Add. 18749, Ó Domhnalláin 8 [missing], Belfast 24.

6195 ——— ed.:
Sagart óg ó chois na Bóinne. By -id.-
In id., uimh. 10, Deire Fómhair 1953, p. 10. (id.: An tAthair Pádraig Íbhears)
From MS Edinb. Db 7 1 (Gallegan).

6196 ——— ed.:
Créad é an gul so i Ros na Ríogh? By -id.-
In An tUltach 30, uimh. 4, Aibreán 1954, pp. 5-6. (id.: Tuireamh Ros na Ríogh)
From MSS Edinb. Db 7 1, and Belfast 24.

6197 ——— ed.: *Is brúite atá Múrtún an uair se.*
In An tUltach 31, uimh. 1, Eanar 1955, pp. 5, 9-10; uimh. 2, Feabhra, pp. 5-6; uimh. 3, Márta, p. 11. (id., 41, 42. Tuireamh an Athar Philip Uí Raghallaigh)
ca. 1722. Based on MS B.M. Eg. 149. Ascr., prob. correctly, to Séamus Mhac Cuarta, by Peadar Ó Gealacáin, in MS Edinb. Db 7 1.

6198 ——— ed.:
Insa Márta fá fhéil Pádraig air an haonadh lá déag. ? By -id.-
In id., uimh. 8, Lúnasa 1955, pp. 6-7. (id., 47. Brighid Ní Shionnachán)
From MS U.C.D. Ferriter 20.

6199 ——— ed.:
A Cheataigh mhómhar, a bhfuil iomad don rósa. By -id.-
In id., uimh. 12, Nollaig 1955, p. 10. (id., 52. Ceataigh mhómhar)
From -id.-

6200 ——— ed.:
Nach bearránach dar ndóigh, buairthe faoi ghleó. By -id.-
In An tUltach 32, uimh. 1, Eanáir 1956, pp. 8, 11. (id., 53. Marbhnaidh chloinne Steapháin Mhic an tSaoir)
From -id.-

6201 ——— ed.:
Má théid tú chois fairge teacht samhraidh nó dubhlacht'. By -id.-

451

H VERSE

In id., uimh. 2, Feabhra 1956, p. 6. (id., 54. Maillsigh Ní Dhúithche)
Amhrán, from -id.-

6202 MHÁG CRAITH (Cuthbert) *ed.*:
Iaruim bhur [m]beannocht gan fheirg. By -id.-
In 5551 [Dán Br.M.], (76. Séamus Ó Siadhail, easbog), pp. 296-9.
Ca. 1717; text based on MS B.M. Eg. 135.

6203 Ó CONCHEANAINN (Tomás): Earcail, fathaigh na Crémóne agus Cácus.
In 5434 [Roinnt macalla], pp. 59-60.
Echo from a version of *Stair Ercuil ocus a bás* in Séamus Dall MAC CUARTA, *I nEachdhruim an áir atáid 'na gcomhnuidhe* (ed. S. Laoide, Duanaire na Midhe, ll. 59-60).

6204 Ó GALLCHÓIR (Seán) *ed.*: Séamas Dall MAC CUARTA: dánta.
B.Á.C.: (for Coiste Éigse Oirialla) Clóchomhar, 1971. 110 pp.
20 poems, using primarily 10 MSS, incl. N.L. G 127, G 982, R.I.A. 23 D 13, B.M. Eg. 135, etc.

6205 *A bhláth na bpaitriarc is a iníon.* (1. Na féilte Muire), p. 21.
Only the first of a series of 11 'trí rainn 7 amhrán' printed here.

6206 *A dhearthair mhuirnigh, an gcluin tú an chuach?* (2. An chéad mhairgne), pp. 22-6.

6207 *A iníon álainn Choinn Uí Néill.* (3. An lon dubh báite), p. 27.

6208 *Ar aonach an Luain insan Uadhan so thuas.* (4. Iníon Oilibhéir Pluincéad), pp. 28-9.

6209 *Atá lile gan smúid ar m'airese á lua.* (5. Ailís Ní Chearbhaill), pp. 30-1.
4 (out of 8) stanzas only.

6210 *A theampaill, b'fhuras duit cuidiú le Gaelaibh.* (6. Tuireamh Mhurcha Crúis), pp. 32-7.
1702; first ascr. to M.C. in R.I.A. 23 L 31 (1820).

6211 *A Thulaigh Ó Méith goidé an ghruaimse ort?* (7. Tuireamh Néill Óig Mhic Murchaidh), pp. 38-43.
1714; not ascr. to M.C. in the four oldest MSS.

6212 *B'fhearr liom gearrán Bhriain Uí Bheirn.* (8. Gearrán Bhriain Uí Bheirn), p. 44.

6213 *Créad fár thréigis cumadh an cheoil.* (9. Cumadh an cheoil), pp. 45-7.

6214 *Fáilte don éan is binne ar chraoibh.* (no. 10), p. 48.
1707 (?).

6215 *Féach coróin na ndealg maol.* (11. Páis Chríost), pp. 49-50.
Authorship of M.C. is not certain.

6216 *Iarraim do bheannacht gan fheirg.* (12. Don Easpag Ó Siail), pp. 51-3.
1717.

6217 ——— *ed.*: *Ineosad daoibh, a lucht an tsuarcais.*
In id., (13. A lucht an tsuarcais), pp. 54-8.
Dialogue between Brian Ó CEALLAIGH and Séamas MAC CUARTA. From MSS N.L. G 982 and G 127.

H VERSE

6218 *Is claoite a chuir Ádhamh rena chlannaibh.* (14. An dán breac), pp. 59-62.
1700; alternating rann and amhrán.

6219 *Is in Eachroim an áir atáid ina gcónaí.* (15. Tuireamh Shomhairle Mhic Dónaill), pp. 63-9.
1691.

6220 *Mo chiansa fir na hAustria, Fléimeannaigh do b'áille.* (16. Barún Bhaile Shláine), pp. 70-1.
18 lines; 12 add. lines from MS R.I.A. G vi 1 printed in the notes. Not ascr. to M.C. before m. 19th c.

6221 *Ní mé féin do chuir an chéad chloch i gcaiseal Dhroichead Áth'.* (17. Meascra), p. 72.
4 stt.; add. st. in MSS R.I.A. 23 A 45 and B.M. Eg. 127, *As mór an tubaisde nar fhiosraigh me Cháto riamh.* Preceded by 2 stt. in N.L. G 869: *Bímse lá a mbíonn mo sháith agam do phíosaigh hocht.* Authorship of M.C. very doubtful.

6222 *Ó thugais ó údaraibh Inse Fáil.* (18. Do Dhónall Ó Maoilriain), p. 73.

6223 *Rachaidh mise go Droimbile is beidh bonn beag chun óil liom.* (19. Beití Ní Mharcaigh), pp. 74-5.
44 lines. Not ascr. to M.C. before MS Edinb. Univ. Db 7 1 (1841, Ó Gealacáin).

6224 *Uaigneach sin tithe Chorr an Chait.* (20. Tithe Chorr an Chait), p. 76.

MAC CUMHAIGH *or* **MAC COBHTHAIGH** *etc.* (Art)

6225 [DONNELLAN (Luke)]: Art MAC COOEY and Father Quinn: another view.
In SAM 1, no. 1, 1954, p. 117. (= Voices from the grave, no. 3)
Wr. 1916; publ. posthum.

6226 MAC ÍOMHAIR (Seán): Athchuairt *Úirchill an Chreagáin.*
In JCLAS 15, 1961/64, (no. 2, 1962 (1963)), pp. 180-5.

6227 MHÁG CRAITH (Cuthbert) *ed.*:
A mheic Éadhmoind ruaidh, a shaercloin an tsluaigh. By Art MAC COBHTHAIGH.
In 5551 [Dán Br.M.], (85. Seán Ó hAnluain), pp. 318-23.
Text based on MS R.I.A. 23 E 12 (which lacks qq. 2, 3).

6228 DE RÍS (Seán) *ed.*:
Ar mhullach an Átha Buí i mo luí teacht ghoirm na gcuach. By Art MAC CUBHAIGH.
In 6523 [P. Ó Doirnín], (Aguisín 1, Feartlaoi Pheadar Uí Dhoirnín), pp. 51-2.

MHAC CUBHAIDH (Éamonn)

6229 Ó TUATHAIL (Éamonn) *ed.*:
Druididh anuas leis na véarsaí subháilceach. By Éamonn MHAC CUBHAIDH.
In An tUltach 27, uimh. 1, Eanar 1951, p. 2; uimh. 3, Márta, p. 8; uimh. 4, Aibreán/Bealtaine, p. 4. (Dánta de chuid Uladh, 11, 13, 14. An Rosary ina véarsaí)
From MS Armagh, Ó Domhnalláin 13.

Mac Domhnaill (Aodh)
6230 Mac Airt (Seán) *ed.*:
Beir beannacht is céud uaim féin le buaidh is neart. By Aodh Mac Domhnaill.
In An tUltach 27, uimh. 3, Márta 1951, pp. 1-4. (Filidheacht A.Mh.D.: Litreacha chun Airt Mhic Bionaid, 1)
From a MS in Q.U.B. (Gallegan).

6231 ——— *ed.*:
'Sé bun mo chomhairle dhuit, a Airt. By -id.-
In id., uimh. 4, Aibreán/Bealtaine 1951, pp. 10-11. (id., 2)
From -id.-

6232 ——— *ed.*:
A Airt, a chara, 'sé mo bharamhuil gur sháruigh tú an chríoch. By -id.-
In id., uimh. 7, Lúnasa 1951, p. 4. (id., 3)
From -id.-

6233 ——— *ed.*:
Nach tursach mo thuras an tráth-so ag pilleadh ó chlár na Midhe. By -id.-
In id., uimh. 8, Meán Fómhair 1951, p. 6. (id., 4)
From -id.-

6234 ——— *ed.*:
A dhochtúir na féile is fearamhla tréartha. By -id.-
In id., uimh. 11, Mí na Nollag 1951, pp. 4-5. (id.: Moladh an Dochtúir Brís)
From -id.-

6235 ——— *ed.*:
Má chreideann gach aon 'á gcluinfidh mo bhéursaí. By -id.-
In An tUltach 28, uimh. 2, Feabhra 1952, pp. 3-4. (id.: An Dochtúr Ua Ceallacháin 's a bás)
From -id.-

6236 ——— *ed.*:
Uch! A Éirinn a rúin, a thír dhúthchais mo cháirde! By -id.-
In id., uimh. 7, Iúl 1952, pp. 11-12; uimh. 8, Lúnasa, pp. 4-5. (id.: Éirinn, a rúin)
From -id.-

6237 ——— *ed.*:
Bíonn lucht coimhéad carcair cruaidh i gcroidhe. By -id.-
In An tUltach 29, uimh. 2, Feabhra 1953, pp. 11, 10. (id.: Ceisteanna do-fhuascailte)
From -id.-

6238 ——— *ed.*:
Créad é an gul so 'mBaile Áth' Cliath. By -id.-
In An tUltach 31, uimh. 6, Meitheamh 1955, pp. 9-10. (id.: Tuireamh Thomáis Dáibhis [†1845])
From -id.-

6239 ——— *ed.*:
Ar maidin lá Bealtaine ar thulaighibh is árdáin. By -id.-
In id., uimh. 9, Meán Fómhair 1955, pp. 6-7. (id.: Fáilte Uí

Chonaill don tsráidbhaile)
Based on MS Belfast 16.

6240 ——— ed.:
I mBéal Áth' Feirsde chois cuain ag bruach na fairrge. By -id.-
In id., uimh. 10, Deire Fómhair 1955, p. 11. (id.: Dán ar bheirt daoine uaisle 'bhí 'cathadh tubac)
From a MS in Q.U.B. (Gallegan).

6241 BECKETT (Colm) *ed.*: Fealsúnacht Aodha MHIC DHOMHNAILL.
B.Á.C.: An Clóchomhar, 1967. vii + 301 pp. (= Leabhair thaighde, iml. 13)
Incl. introd. poem, (standardized) *Is é mar bhreathnaíos filí is saoithe.* From 1853 autogr. MS Belfast 19A, standardized text en face. Extensive linguistic analysis (Meath Irish), vocabulary, index. Also the partial copy by Roibeard Mac Ádhaimh, from MS Belfast 19.

MHAC DOMHNAILL (Raghnall Dall)

6242 Ó TUATHAIL (Éamonn) *ed.*:
A shíogaidhe don ghríbh-ealtain chruaidh bhuidhe luim. By Raghnall Dall MHAC DOMHNAILL.
In An tUltach 26, uimh. 10, Deire Fómhair 1950, pp. 7-8. (Dánta de chuid Uladh, 8. Cáineadh Bhriain Uí Chúgáin)
Prose and verse; from MSS B.M. Eg. 172, R.I.A. 23 B 18 and 24 L 31.

MAC DOMHNAILL (Séamus)

6243 ——— *ed.*: Agallamh idir Séamus MHAC DOMHNAILL agus an madadh ruadh.
In 5484 [Three Meath poems], (no. 2), pp. 158-60.
A mhadaidh ruaidh, nā raibh tú buan, from MS U.C.D. Ferriter 20.

MAC DOMHNAILL (Seán Clárach)

6244 Ó FOGHLUDHA (Risteárd) *ed.*:
A bhile gan cháim is a Fháltaigh crú-uasail. By SEÁN CLÁRACH.
In 5822 [Éamonn de bhFál], p. 61.

6245 ——— *ed.*:
Gabhaim páirt le Seán Ó Tuama an Ghrinn. By -id.-
In 5509 [Éigse na Máighe], (no. 6), pp. 74-5.

6246 ——— *ed.*:
A ursa nach tréith ag réidhteach gach laoi. By -id.-
In id., (no. 26), pp. 97-8.

MAC EOCHADHA (Domhnall mhac Fir gan Ainm)

6247 MAC AIRT (Seán) *ed.*:
Mairg do-chonnairc ceann Fiachaidh. By Domhnall MAC EOCHADHA.
IN 5489 [LBran.], (no. 42), pp. 151-3.
Elegy on Fiachaidh mac Aodha (†1597).

6248 ——— *ed.*:
Éisd rém fháilti-si, a Fhéilim. By Domhnall MAC EOCHAIDH.
In id., (no. 52), pp. 189-90.
To Feilim mac Fiachaidh, ca. 1597.

6249 ——— *ed.*:
Toghaim liaigh do leighios Fheilim. By Domhnall MAC EOCHADHA.

H VERSE

In id., (no. 54), pp. 193-5.
   To -id.- (†1630).

6250 ——— *ed.*:
   Fáilteród, a Bhriain Í Bhroin. By Domhnall (mac Fir gan Ainm) MAC EOCHAIDH.
   In id., (no. 63), pp. 244-6.
   To Brian mac Feilim sometime after 1630.

6251 ——— *ed.*:
   Gabh uaim comhartha cumainn. By Domhnall (mac Fir gan Ainm) MAC EOCHADHA.
   In id., (no. 66), pp. 253-7.
   To Toirdhealbhach mac Fiachaidh (†1595).

6252 ——— *ed.*:
   Fada cuirthear clú deisi. By Domhnall MAC EOCHAIDH.
   In id., (no. 70), pp. 265-9.
   To Éamonn and Gearalt (brothers of Aodh mac Seaáin), flnt. 1601.

MAC EOCHADHA (Domhnall Carrach)

6253 ——— *ed.*:
   Iomdha uirrim ag cloinn Chathaoir. By Domhnall Carrach MAC EOCHAIDH.
   In id., (no. 58), pp. 211-9.
   Crosántacht to Feilim mac Fiachaidh (†1630).

MAC EOCHADHA (Donnchadh mac Domhnaill)

6254 ——— *ed.*:
   Cia anois fheithmhios d'iath Laighion. By Donnchadh (mac Domhnaill) MAC EOCHADHA.
   In id., (no. 44), pp. 155-8.
   Elegy on Fiachaidh mac Aodha (†1597).

6255 ——— *ed.*:
   Goin deisi chaillios cluiche. By -id.-
   In id., (no. 68), pp. 259-63.
   On the deaths in 1577 of Mairghrég Mhaol and Seaán Salach (children of Aodh mac Sheaáin).

6256 ——— *ed.*:
   Mairg creidios lucht aimhleasa. By -id.-
   In id., (no. 71), pp. 270-2.

MAC EOCHADHA (Fear gan Ainm)

6257 ——— *ed.*:
   Cia choimhédfas clú Laighion? By Fear gan Ainm MAC EOCHADHA.
   In id., (no. 17), pp. 56-60.
   On the death of Aodh mac Seaáin (†1579).

6258 ——— *ed.*:
   Ceana Aodha an fhabhra mhoill. By -id.-
   In id., (no. 18), pp. 61-73.
   Caithréim Aodha mhic Seaáin (†1579).

MAC EOCHADHA (Fearghal mac Lughaidh)

6259 ——— *ed.*:
   Daor ceannuighthear clú gaisgeadh. By Fearghal (mac Lughaidh) MAC EOCHADHA.

In id., (no. 25), pp. 103-8.
To Fiachaidh mac Aodha (†1597).

6260 ———— *ed.*:
Briseadh riaghla ró molta. By -id.-
In id., (no. 26), pp. 108-15.
To -id.-

6261 ———— *ed.*:
Móirsheisior laoch lingios troid. By -id.-
In id., (no. 27), pp. 115-6.
Poss. wr. between 1577 and 1579.

6262 ———— *ed.*:
Do-chím gach fear acht Fiacha. By -id.-
In id., (no. 45), pp. 159-62.
Elegy on Fiachaidh mac Aodha (†1597).

6263 ———— *ed.*:
Égcóir do fógradh Féilim. By -id.-
In id., (no. 57), pp. 203-10.
To Feilim mac Fiachaidh, ca. 1598.

MAC EOCHADHA (Fearghal mac Tomáis)

6264 ———— *ed.*:
Mairg do-ní deimhin dá dhóigh. By Fearghal (mac Tomáis) MAC EOCHADHA.
In id., (no. 2), pp. 8-14.
To Aodh mac Seaáin (†1579).

6265 ———— *ed.*:
Téid Aodh d'oirbhiort is d'áirimh. By -id.-
In id., (no. 3), p. 14.
1 quatrain. To -id.-

MAC EOCHADHA (Fearghal Óg)

6266 ———— *ed.*:
Cia anois dá gcreidid clann Eachach. By Fearghal Óg MAC EOCHADHA.
In id., (no. 34), pp. 137-41.
To Fiachaidh mac Aodha (†1597).

6267 ———— *ed.*:
Mairg atá tar éis Fhiacha. By -id.-
In id., (no. 46), pp. 163-5.
Elegy on -id.-

MAC EOCHADHA (Giolla na Naomh Ruadh)

6268 ———— *ed.*:
Craobh eóluis an oinigh Aodh. By Giolla na Naomh MAC EOCHADHA.
In id., (no. 4), pp. 15-9.
To Aodh mac Seaáin (†1579).

6269 ———— *ed.*:
Grása Dé d'fhurtacht Aodha. By -id.-
In id., (no. 10), pp. 37-9.
To -id.-

6270 ———— ed.:
Ní fuighthear commaith Aodha. By -id.-
In id., (no. 11), pp. 40-3.
Wanting in T.C.D. H 1 14. To -id.-

6271 ———— ed.:
Mairg nách tuigionn bheith go maith. By -id.-
In id., (no. 12), pp. 43-4.
To -id.-

6272 ———— ed.:
Teagh ceólmhar 'na bhfaghthar fíon. By -id.-
In id., (no. 13), pp. 44-5.
To -id.-

6273 ———— ed.:
Fuasgail do gheall, a dhuine. By Giolla na Naomh Ruadh MAC EOCHADHA.
In id., (no. 31), pp. 129-30.
To Fiachaidh mac Aodha (†1597).

6274 ———— ed.:
Maith Dia fá aisiog iomlán. By -id.-
In id., (no. 33), pp. 135-7.
To -id.-

6275 ———— ed.:
Dia do réitioch ar gcarad. By -id.-
In id., (no. 40), pp. 148-9.
Comp. before 1578.

MAC EOCHADHA (Raghnall)

6276 ———— ed.:
Tuirsioch misi d'éis Fhiacha. By Raghnall MAC EOCHAIDH.
In id., (no. 37), pp. 145-6.
To Fiachaidh mac Aodha (†1597).

MAC EOCHADHA (Ruaidhrí mhac Tomáis)

6277 ———— ed.:
Siobhlach ar chéilibh críoch Branach. By Ruaidhrí (mac Tomáis) MAC EOCHAIDH.
In id., (no. 62), pp. 239-43.
Prob. on the accession of Brian mac Feilim in 1630.

MAC EOCHADHA (Seaán mac Fearghail)

6278 ———— ed.:
Ésga lán ós Laighneachuibh. By Seaán (mac Fearghail) MAC EOCHADHA.
In id., (no. 14), pp. 45-50.
To Aodh mac Seaáin (†1579).

MAC EOCHADHA (Seaán mac Philip)

6279 ———— ed.:
Gar fuaras cúpla coimseach. By Seaán (mac Philip) MAC EOCHADHA.
In id., (no. 30), pp. 122-8.
To Fiachaidh mac Aodha and his sister Eisibél; comp. prob. between 1578 and 1581.

Mac Eochadha (Tomás)

6280 ——— ed.:
A gclú is ionnmhus d'fhine Raghnuill. By Tomás Mac Eochadha.
In id., (no. 64), pp. 246-50.
  To Toirdhealbhach mac Fiachaidh (†1595).

Mac Eochadha (Uilliam mac Taidhg)

6281 ——— ed.:
Oinioch Banbha a mBranachuibh. By Uilliam (mac Taidhg) Mac Eochadha.
In id., (no. 7), pp. 25-31.
  Wanting in T.C.D. H 1 14. To Aodh mac Seaáin (†1679).

Mac Eoghain (Athairne)

6282 Thomson (R. L.) ed.:
Is mairg do-ní uaille as óige. By Athairne Mac Éoghain ?
In 8321 [Adtimchiol an chreidimh], (App. 1: B), pp. 216-20 (cf. xliv-v).
  Text revised in the light of MSS BOCD, etc.

6283 ——— ed.:
Mairg dar compánach an cholann. By -id.- ?
In id., (App. 1: E), pp. 223-7 (cf. xlvii-viii).
  Reconstructed text (cf. L. Mac Cionnaith, Dioghluim dána, 1938, no. 36).

Mac Gearailt (Gearóit) *v.* **Gearóit Iarla**

Mac Gearailt (Gearóid)

6284 Ó Cuív (Brian) *ed.*: Gearóid Mac Gearailt agus an fear a chaill an t-asal.
In Béaloideas 22, 1953 (1954), pp. 111-2. (Deascán ó Chúige Mumhan, no. 2)
  Athair miúlach 'tá stágach gúngach. From MS N.L. G 349.

Mac Gearailt (Muiris mac Dáibhí Dhuibh)

6285 de Brún (Pádraig) *ed.*:
Beannaigh an longsa, a Chríost cháidh. By Muiris mac Dáibhí Dhuibh Mhic Gearailt.
In 5569 [Nua-dhuan. 1], (8. Beannaigh an longsa), pp. 9-10.
  Beg. 17th c.

Mhac Gearailt (Oilibhéar)

6286 Mhág Craith (Cuthbert) *ed.*:
Is truagh liom, a bhráthair fé dhó. By Oilibhéar Mhac Gearailt.
In 5551 [Dán Br.M.], (104. Freagra Oilibhéar Mhic Gearailt), p. 355.
  Based on MS R.I.A. 24 B 26.

Mac Gearailt (Piaras)

6287 Ó Foghludha (Risteárd) *ed.*:
Is brón liom an sceón-so do ghlacais, a Éamuinn. By Piaras Mac Gearailt.
In 5822 [Éamonn de bhFál], (no. 4), p. 22.

Mhac Gearailt (Risteard)

6288 Mhág Craith (Cuthbert) *ed.*:
A mhacaoimh, cé mór do mheas. By Risteard Mhac Gearailt.

In 5551 [Dán Br.M.], (103. Apostata bráthar), p. 354.
Based on MS R.I.A. 24 B 26.

MÁGH GEATHAGÁIN *al.* Ó GÉAGÁIN (Tomás)

6289   Ó N[ÉILL] (P.) *ed.*: West Limerick Gaelic poems.
In NMAJ 2, 1940/41, pp. 167-9.
2 poems by Tomás MÁGH GEATHAGÁIN, from MS Mayn. C 39b: (1) (to the Most Rev. Dr. Ryan) *A chailce na ccliar do ghrianshleacht Éire an bhláith*; (2) (to the Rev. Edward O'Halloran) *Tá saoi geal cáig do bhláith na ccliar, is fear.*

MAC GIOLLA CHOILLE (Séamus) *al.* WOODS (James)

6290   Ó DUIBHGINN (Seosamh) *ed.*:
Iomad fáilte ó chrích na Spáinne. By Séamus MAC GIOLLA CHOILLE.
In SAM 5, (no. 1, 1969), pp. 66-9. (= Dánta fá chléir Ard Mhacha, 7. Fáilte an Dochtúra Mhic Chruitín)
1819. From autogr. MS U.C.D. Morris 18.

6291   ——— *ed.*: Feartlaoi Airt MHIC CHÚDAIDH. Séamus MAC GIOLLA CHOILLE (Dr. James WOODS) a chum.
In SAM 5, (no. 2, 1970), pp. 359-69.
A Thulaigh Aird ar ghnách na mílte, modernized from MSS U.C.D. Morris 18 (autogr.) and R.I.A. 23 B 19 respectively.

MAC GIOLLA FHIONDAIN (Máire *Nic Giolla Fhiondain*)

6292   Ó TUATHAIL (Éamonn) *ed.*:
A shean-chríoch Fáil nach náir an sgéal duit. By Máire NIC ALIONNDUINN.
In An tUltach 27, uimh. 10, Mí na Samhna 1951, pp. 9-11; 28, uimh. 1, Eanar 1952, pp. 10-11; uimh. 2, Feabhra 1952, pp. 11-12. (Dánta de chuid Uladh, 18-20. Tuireamh Joseph Pluincéad)
From MSS R.I.A. 24 L 31, and Ó Domhnalláin 7 [missing].

MAC GIOLLA FHIONDAIN (Pádraig)

6293   ——— *ed.*: *Imchian fáilte dhuit im dháil.*
In An tUltach 30, uimh. 6, Meitheamh 1954, p. 5. (id., 37. Fáilte do Thoirdhealbhach Ó Chearbhalláin)
From MSS Ó Domhnalláin 8 [missing]; and Edinb. Db 7 1, where it is, prob. correctly, ascr. to Pádraicc MAC AN LIONNDUINN.

6294   MAG UIDHIR (Seosamh) *ed.*:
A Rí lér fuascladh as giomhal guaise. By Pádraig MHAC A LIONNDAINN.
In SAM 1, no. 2, 1955, pp. 161-4. (= Dánta fá chléir Ardmhacha, no. 1)
1732. To Archbishop Aodh Mac Mathghamhna. From MSS R.I.A. 23 A 45 and B.M. Eg. 172.

6295   Ó FIAICH (Tomás) *ed.*
Tabhair a laoi luinn leachta. By Pádraig MAC GIOLLA FHIONDAIN.
In SAM 3, (no. 2, 1959), pp. 380-4. (= Dánta fá chléir Ardmhacha, 6. An tAth. Feidhlim Ó hAnluain)
From MS B.M. Add. 18749.

6296 MHÁG CRAITH (Cuthbert) *ed.*:
Tabhair, a laoigh luinn leachta. By Pádraig MHAC GILLIONN-DOIN.
In 5551 [Dán Br.M.], (77. Féidhlim Ó hAnluain [fl.? 1731]), pp. 300-1.
From MS B.M. Add. 18749.

MAC GIOLLA PHÁDRAIG (Brian)

6297 MAC CIONNAITH (Roibeárd) *ed.*: SAGART MAITH cct. Amhráin Bhriain MHIC GIOLLA PHÁDRAIG.
In IMN 1955, pp. 75-9.
Three amhráin, text based on MS R.I.A. 23 N 15, with Engl. transl. First lines: (1) *Fóir, a Chríost, caoimhinnis Airt an áigh*; (2) *Och mo chreach-sa faision Chláir Éibhir*; (3) *Is ábhar deargtha leacan do mhnaoi Chuinn é*.

6298 MHÁG CRAITH (Cuthbert) *ed.*: Brian MAC GIOLLA PHÁDRAIG.
In Celtica 4, 1958, pp. 103-205.
8 poems (two of which are prob. not by M.G.Ph.), notes, vocabulary.

6299 ——— *ed.*:
Fóir, a Chríost, caoimh-inis Airt an āigh. By -id.-
In id., (no. 1), p. 105.
1609 (acc. to MS R.I.A. 23 C 8). Text based on MS R.I.A. 23 N 15.

6300 ——— *ed.*:
Och! mo chreach-sa fasion Chlāir Ēibhir! By -id.- *or* Tadhg mac Muircheartaigh MHIC MHATHGHAMHNA.
In id., (no. 2), p. 106.
Text based on MS R.I.A. 23 L 34.

6301 ——— *ed.*:
Ābhar deargtha leacan do mhnaoi Chuĭnn ē. By -id.-
In id., (no. 3), p. 107.
Text based on MS R.I.A. 23 N 15.

6302 ——— *ed.*:
Uchān malart na n-aimsi[o]*r*. By -id.-
In id., (4. Hibernorum mores in deterius mutati), pp. 108-11.
From MS T.C.D. H 5 13.

6303 ——— *ed.*:
Mairg dhamh dan seisi an saoghal! By -id.-(?)
In id., (no. 5), pp. 111-4.
From MS T.C.D. H 4 20; Engl. transl. Prob. *not* by M.G.Ph. (v. notes, p. 180).

6304 ——— *ed.*:
An lāmh 's an scrĭbhneoir do scrĭobh. By -id.-(?)
In id., (no. 6), p. 115.
Single quatrain, from MS T.C.D. H 4 20. Prob. *not* by M.G.Ph. (v. notes, p. 180).

6305 ——— *ed.*:
Truagh t'fhágbháil, a Inis Chuind. By -id.-
In id., (no. 7), pp. 115-20.
1615; text based on autograph MS T.C.D. H 3 19.

6306 ——— *ed.*:
Do-ghén dán do naomhuibh Dé. By -id.-

H VERSE

In id., (8. Psaltair na rann), pp. 120-78.
A metrical martyrology; text based on MS B.M. Eg. 185. The older section (qq. 1-266), not before 1595, using the *Breviarium Romanum*. The later section (qq. 267-319), appar. by one of the Uí NEACHTAIN, not before 1694, using the *Breviarium Romano-Seraphicum*.

6307 DE BRÚN (Pádraig) *ed.*:
Och! mo chreachsa faisean chláir Éibhir. By -id.-(?)
In 5569 [Nua-dhuan. 1], (9. Faisean chláir Éibhir), p. 11.
Amhrán, aliter ascr. to Tadhg (mac Muircheartaigh) MAC MATHGHAMHNA.

6308 ———— *ed.*:
Ábhar deargtha leacan do mhnaoi Chuinn é. By -id.-
In id., (no. 10), p. 12.

MAC GORMÁIN *v.* Ó GORMÁIN

MAC MATHGHAMHNA (Aindrias)

6309 Ó FOGHLUDHA (Risteárd) *ed.*:
Chun breitheamh na héigse ó dheas. By Aindrias MAC MATHGHAMHNA.
In 5509 [Éigse na Máighe], (no. 63), pp. 148-50.

6310 ———— *ed.*:
Beannacht is céad chughat ón dtaobh so do raidim. By -id.-
In id., (no. 64), p. 151.

6311 ———— *ed.*:
Mo dhóchas gur fhóiris ba phiantamhail saoth. By -id.-
In id., (no. 65), pp. 151-2.

6312 ———— *ed.*:
A charaid ghil ghlé tar aon do raideas duit grádh. By -id.-
In id., (no. 66), p. 152.
1767.

MAC MATHGHAMHNA (Tadhg mac Muircheartaigh)

6313 MHÁG CRAITH (Cuthbert) *ed.*:
Och! mo chreach-sa fasion Chlāir Ēibhir! By Brian MAC GIOLLA PHÁDRAIG *or* Tadhg mac Muircheartaigh MHIC MHATHGHAMHNA.
In 6298, (no. 2), p. 106.
Text based on MS R.I.A. 23 L 34.

6314 DE BRÚN (Pádraig) *ed.*:
Och! mo chreachsa faisean chláir Éibhir. By Brian MAC GIOLLA PHÁDRAIG (?).
In 5569 [Nua-dhuan. 1], (9. Faisean chláir Éibhir), p. 11.
Amhrán, aliter ascr. to Tadhg (mac Muircheartaigh) MAC MATHGHAMHNA.

MAC MUIREADHAIGH (Cathal)

6315 MATHESON (Angus) *ed.*: Poems from a manuscript of Cathal MAC MUIREADHAIGH.
In Éigse 10, 1961/63, (pt. 4), pp. 270-8; 11, 1964/66, (pt. 1), pp. 1-17.
4 poems from MS R.I.A. E i 3; diplom. and reconstr. texts, Engl. transl., notes. No. 1 is by, nos. 2 and 3 are poss. by, MAC M. (no. 4 poss. being a

sequel to no. 3). [1.] *Mairg chaomhnas a cholann*; 2. *Mo-chean do-chonnarc a-réir*; 3. *A Sheónóid méadaigh meanma*; 4. *Deimhin do shíol Ádhaimh éag*.

6316 GREENE (David) *ed.*: A satire by Cathal MAC MUIREADHAIGH.
In 461 [Celtic studies], pp. 51-5.
Sona do cheird, a Chalbhaigh. From autogr. MS R.I.A. A v 2, with Engl. transl.

6317 DE BRÚN (Pádraig) *ed.*:
Deacair tocht ó ghalar gráidh. By Piaras FEIRITÉAR (?).
In 5569 [Nua-dhuan. 1], (no. 24), pp. 28-9.
From MSS N.L. G 433, R.I.A. 3 B 9, RBCR (ascr. to Cathal [MAC MUIREADHAIGH]).

MAC MUIREADHAIGH (Diarmaid)

6318 CARNEY (James) *ed.*:
Tugas toil do Mháol Mhórdha. By Diarmuid MAC MUIREADHAIGH.
In 5503 [O'Reilly], (26. To a priest, Maol Mórdha), pp. 128-35.
Maol Mórdha lived in the late 17th c. Text based on MS T.C.D. H 5 9.

MAC MUIREADHAIGH (Diarmaid Ruadh)

6319 Ó BUACHALLA (Breandán) *ed.*:
Más peaca, a bhean na malach gceart gcomhdhlúithe. By Diarmaid Ruadh MAC MUIREADHAIGH.
In 5569 [Nua-dhuan. 1], (35. Amhrán na bradaíle), pp. 44-5.
Earliest MS T.C.D. H 2 6 (1716).

MAC MHUIRICH (Lachlann Mór)

6320 THOMSON (Derick S.) *ed.*: The Harlaw brosnachadh: an early fifteenth-century literary curio.
In 461 [Celtic studies], pp. 147-69.
'Alphabetical poem.' *A Chlanna Cuinn, cuimhnichibh*, prob. by Lachlann Mór MAC MHUIRICH. Based on MS Glasgow, McLagan 222, with Engl. transl. and notes.

MAC MHUIRICH (Ruaidhri) *v.* MORISON (Roderick)
MAC VURICH (   )

6321 [FRASER (John)] *ed.*: 'The beginning of MAC VURICH's panegyrick on the Macleans.'
Ed. by J. L. CAMPBELL.
In SGS 9, 1962, (pt. 1, 1961), pp. 90-1. (= Varia, [no. 2])
Clann Ghille Eoin na mbratach badhbha, as normalized by J.F. in 1936, from Macfarlane's genealogical collections i 142; with the original text.

MAC MURCHAIDH (Séamas)

6322 DE RÍS (Seán) *ed.*: *Ar mhullach Sliabh gCuilinn bhí an choirm á réiteach*.
In 6523 [P. Ó Doirnín], (Aguisín 1, Séamas Mac Murchaidh), pp. 52-5.
Prob. by Peadar Ó DOIRNÍN and (2nd h.) by Séamas MAC MURCHAIDH.

MAC NAIMHIN *v.* MAC CNÁIMHÍN
MHAC PARTHALÁIN (Cormac)

6323 MHÁG CRAITH (Cuthbert) *ed.*:
Is iar ndol dhūinn tar sáile soir. By Cormac MHAC PARTHALÁIN and Fēidhlime UA RUAIRC.

In 5551 [Dán Br.M.], (52. Sean-chlár Éireann), pp. 260-1.
 From MS R.I.A. 23 N 33.
MAC RAITH *cf.* **MAC CRAITH**
MAC RAITH (Ruaidhrí mac Aodha)
6324   MAC AIRT (Seán) *ed.*:
 Díol tnútha teisd ríoghurraidh. By Ruaidhrí MAC RAITH.
 In 5489 [LBran.], (no. 9), pp. 32-7.
 Wanting in T.C.D. H 1 14. To Aodh mac Seaáin (†1579).
6325   ——— *ed.*:
 Fógra cruinnighthe ar chrú mBroin. By Ruaidhrí (mac Aodha) MAC RAITH.
 In id., (no. 28), pp. 116-20.
 A plea for the election of Fiachaidh mac Aodha in 1579.
6326   ——— *ed.*:
 Cionnus atá an reabh-so as-toigh. By -id.-
 In id., (no. 29), pp. 121-2.
 Poss. wr. in 1581.
MAC RAITH ([ ] mac Taidhg)
6327   MCKENNA (Lambert) *ed.*:
 Bean a-nois chabhras chrích Meadhbha. By [ ] mac Taidhg MAC CRAITH.
 In Studies 32, 1943, pp. 253-9. (Some Irish bardic poems, 66. Sadhbh is our hope)
 From BMag.; with Engl. transl.
 Possibly written during her marriage to Niall Mág Shamhradháin (†1362), i.e. after 1349. Cf. next entry
6328   ——— *ed.*:
 Bean a-nois chabhras chrích Meadhbha. By [ ] mac Taidhg MAC RAITH.
 In 5499 [Magauran], (no. 13), pp. 92-103, 325-9.
 To Sadhbh (†1373), daughter of Cathal Ó Conchobhair; prob. wr. during her marriage to Ó Ruairc (†1349).
MAC SUIBHNE (Uilliam na Buile)
6329   [Ó CUÍV (Brian)] *ed.*: *Más pearsa thu.*
 In An Músgraigheach 7, Nollaig 1944, p. 14.
 Más pearsa thu 'tá ainmnithe a gcléir na gceacht. By Uilliam na Buile MAC SUIBHINNE, 1750 (or 1752). From MSS R.I.A. 23 C 19, 23 N 32, 23 O 39.
6330   [Ó CRÓINÍN (Donnchadh)] *ed.*:
 Dá mairir míle luchtmhar líonta is spás fairis. By Uilliam MAC SUIBHNE na Buile.
 In An Músgraigheach 8, Samhradh 1945, p. 7. (Filíocht Mhúsgraighe, no. 2)
 Amhrán, 1766, 2 qq., from MSS R.I.A. 23 O 25, 23 O 39.
 The second quatrain, *Tabhair aire chruinn dod' phaidrín 's dod' ghnáthphaidir* (cf. T. F. O'Rahilly, Búrdúin bheaga, 1925, no. 193: *Túir aire chruinn* ...), reads in 23 O 25: *Bí imshníomhach ad' phaidrín do ghnáith aire.*
MHAG UIDHIR (Séamus)
6331   Ó TUATHAIL (Éamonn) *ed.*:
 Ó fógradh gach eólaicme as Éirinn áin. By Séamus MHAG UIDHIR.

In 5506 [Ó Maoilriain], no. 3.

1 stanza.

MAIRTÍN (Seón)

6332   MHÁG CRAITH (Cuthbert) *ed.*:
Cionnus sin, a Phāpa. By Seon MAIRTÍN.
In 5551 [Dán Br.M.], (117. Aor), pp. 377-8.
Based on MS T.C.D. H 5 2.

6333   Ó CUÍV (Brian) *ed.*: A satirical poem on Franciscan friars.
In Éigse 12, 1967/68, pp. 139-40.
Cionnas sin, a Phápa, by Seón MAIRTÍN; prob. 17/18th c. From MSS T.C.D. H 5 2 and H 5 18.

MAOILÍN ÓG

6334   MCKENNA (Lambert) *ed.*:
A sháith d'oighre i n-ionadh Briain. Ascr. to MAOILÍN ÓG.
In Studies 33, 1944, pp. 203-9. (Some Irish bardic poems, no. 70)
From BMag.; with Engl. transl. Accession poem to Tomás Mág Shamhradháin (chieftain 1303-43).
Republ. in 5499 [Magauran], (no. 29), pp. 248-59, 383-7.
Authorship uncertain. *Bhriain* in first line.

MAOL DOMHNAIGH mac Mhaghnuis Mhuiligh

6335   GREENE (David) *ed.*: *Ná léig mo mhealladh, a Mhuire.*
In SGS 9, 1962, pp. 105-15.
By MAOL DOMHNAIGH mac Mhaghnuis Mhuiligh. Reconstr. from BDL (v. Quiggin, p. 20); with Engl. transl.
Also ed. of late M.I. exemplum, related to qq. 11-21, from MS Brussels 20978-9: *Araile óglách ro baí i cathraigh sainredhaigh* ...; with Engl. transl.

Review by

6336   Ó C[UÍV] (B.), *in* Éigse 10, 1961/63, (pt. 4), p. 342.

MERRIMAN (Brian)

6337   O'CONNOR (Frank) *tr.*:
The Midnight court. A rhythmical bacchanalia. By Bryan MERRYMAN.
London, Dublin: Fridberg, 1945. 61 pp.
Also Engl. transl. of four further Ir. poems.
Revised in 5578 [Kings, lords & commons], pp. 136-66.

Review by

6338   CLARKE (Austin), *in* Dublin magazine 21, no. 1, 1946, pp. 53-6.

6339   BAIRÉAD (Ciarán): *Cúirt an mheadhon-oidhche* — an American translation.
In IBL 30, 1946/48, pp. 8-11.
On a transl. by Michael C. O'SHEA, priv. pr., Boston 1897.

6340   Ó FOGHLUDHA (Risteárd) *ed.*:
Cúirt an mheadhón oidhche. By Brian MERRIMAN.
B.Á.C.: Hodges Figgis, 1949. 48 pp.
Ba gnáth me ag siubhal le ciumhais na habhann, 1026 lines, from MS Mayn. C 11. Also 'An mac alla', *Maidean mhín do bhíos gan bhuairt.*

Review by

6341   Q[UIN] (E. G.), *in* Hermathena 75, 1950, pp. 92-3.

6342 LONGFORD (*Lord*) [PAKENHAM (Edward Arthur Henry)] *tr.*: The Midnight court. From the Irish of Bryan MERRIMAN.
Intr. by Padraic COLUM.
In Poetry Ireland (Cork) 6, July 1949, 28 pp.

6343 Ó TUAMA (Seán): *Cúirt an mheán-oíche* agus na léirmheastóirí — duine amháin go speisialta!
In Feasta 3, uimh. 1, Aibreán 1950, pp. 7-10.
Republ. in Cork University record 21, 1951, pp. 34-40.
'duine amháin' in title, changed to 'Frank O'Connor'.

6344 MARCUS (David) *tr.*:
The Midnight court. Cúirt an mheadhon oidhche. By Bryan MERRIMAN.
With cuts by Michael Biggs.
Dublin: (priv. pr. at the) Dolmen Press, 1953. [59] pp.
New edition
Dublin: Dolmen, 1966 (repr. 1968, 69). 44 pp.
Brian, for Bryan.

6345 BREATNACH (R. A.): Ad *Cúirt an mheadhoin oidhche*, ll. 597-8.
In Éigse 8, 1956/57, pp. 140-3.
Reference to Stern's ed. (ZCP 5.220).

6346 Ó TUAMA (Seán): Cúirt an mheán oíche.
In StH 4, 1964, pp. 7-27.

6347 TAISPEÁNTAS BRIAN MERRIMAN i Músaem na hInse, Inis, Co. an Chláir ... 1968.
Á.C.: Cumann Merriman, 1968. 14 pp.
Add. t.-p.: Brian Merriman exhibition in the Ennis Museum, Ennis, Co. Clare ...

6348 Ó HUAITHNE (Dáithí) *ed.*:
Cúirt an mheán oíche. By Brian MERRIMAN.
Réamhrá ag [Introd. by] Seán Ó TUAMA.
Á.C.: Cumann Merriman, 1968. 56 pp.
2nd ed. Á.C.: Dolmen, 1969 (repr. 1970).
1026 lines. The Ir. introd. is an abbrev. version of S. Ó T., Cúirt an mheán oíche, 1964.
Review [in Irish] *by*

6349 Ó CUÍV (Brian), *in* Éigse 13, 1969/70, pp. 79-80.

6350 POWER (Patrick C.) *ed. & tr.*:
Cúirt an mhean-oíche. The Midnight court. By Brian MERRIMAN.
Cork: Mercier, 1971. 96 pp.
Based on MS R.I.A. 23 M 8; 1096 lines.

MIDHEACH (Tomás)

6351 Ó FOGHLUDHA (Risteárd) *ed.*:
A Sheáin ghil ionmhain, breithnigh is féach mo chall. By Tomás MIDHEACH.
In 5509 [Éigse na Máighe], (no. 13), p. 81.
1736.

Morison (Roderick) *al.* **Mac Mhuirich** (Ruaidhri)

6352   Matheson (William) *ed.*: The blind harper. The songs of Roderick Morison and his music.
Edinburgh: Scottish Gaelic Texts Society, 1970. lxxvi + 265 pp. (= Scottish Gaelic texts, vol. 12)
> Add. t.-p.: An clàrsair dall. Òrain Ruaidhri Mhic Mhuirich agus a chuid ciùil. ...

Review by

6353   Ó Cuív (Brian), *in* Éigse 14, 1971/72, pp. 256-8.

Nuinnseann (Séamus)

6354   Ó Tuathail (Éamonn) *ed.*:
Éisd lé lucht an mhacnasa. By Séamus Nuinnseann.
In An tUltach 30, uimh. 3, Márta 1954, p. 4. (Dánta de chuid Uladh: Lucht an mhacnasa)
> 1659. From MS R.I.A. 23 I 40.

Nuinseann (Uilliam)

6355   Murphy (Gerard) *ed.*: Poems of exile by Uilliam Nuinseann mac Barúin Dealbhna.
In Éigse 6, 1948/52, (pt. 1), pp. 8-13.
> *Diombáidh triall ó thulchaibh Fáil* (7 qq.), and the companion poem *Fada i n-éagmais inse Fáil* (9 qq.). With diplom. text of MS T.C.D. H 4 4 and Engl. transl. Wr. ca. 1571.

6356   Ó Buachalla (Breandán) *ed.*:
Diombáidh triall ó thulchaibh Fáil. By Uilliam Nuinseann.
In 5569 [Nua-dhuan. 1], (4. Triall ó Dhealbhna), p. 6.

Ó Braonáin (Micheál) *al.* **Brennan** (Michael)

6357   Ó Tuathail (Éamonn) *ed.*: The river Shannon poetically described by Michael Brennan.
In Éigse 6, 1948/52, (pt. 3, 1951), pp. 193-240, (pt. 4), pp. 275-313.
> 1794. *Príomh-shruth Éireann is iomlán innsidhe.* From MS R.I.A. 23 B 27; with commentary, glossary, index of places and rivers.

Adds. to commentary by

Connellan (M. J.), *in* Éigse 7, 1953/55, (pt. 4), pp. 271-4.

Ó Braonáin (Seán)

6358   O'Rahilly (T. F.): Tomás Ó Dúnlaing and Seán Ó Braonáin.
In Celtica 1, 1950, pp. 308-12.
> List of poems by S. Ó B., who also composed *A dhuine gan chéill do mhaslaig an chléir*, in autogr. MS [Cork T viii (c)] (vs P. Ua Duinnín, Best[1] 212.1).

Ó Briain (Conchubhar) *al.* **O'Brien** (Cornelius)

6359   Ó Cuív (Brian) *ed.*:
Mo theasdas ar an leabhar so na laoithe lán. By Conchúbhar Ó Briain.
In 7510 [Párliament na mban], p. 75.
> Commendatory poem, based on MS N.L. G 429.

6360   Mhág Craith (Cuthbert) *ed.*:
A ghaisgeadhuig, cé searbh do dhán. By Conchobhar Ó Briain.

In 5551 [Dán Br.M.], (105. Freagra Chonchubhair Uí Bhriain), pp. 355-7.
: Based on MS R.I.A. 24 B 26.

Ó Briain (Domhnall)

6361 ——— *ed.*:
A Dhómhnaill na pāirte, tāim cráidhte ag an gcīos. By Pádraig Ó Broin and Domhnall Ó Briain.
In id., (106. Duan dóchais), pp. 358-60.
: Based on MS R.I.A. 23 M 47.

Ó Briain (Pól)

6362 de Brún (Pádraig) *ed.*: Dhá litir Ghaeilge.
In Éigse 12, 1967/68, pp. 85-90.
: Two letters in verse and prose, from a MS in U.C.C. (without number; scribe: Seán Ó Dreada, 1827):
: (1) by Pól Ó Briain, Maynooth, 1804; first line: *A chara gráidhac na Ngaodhal*;
: (2) answer by Donncha Ó Floinn, Cork, 1805; first line: *A aodhaire chliste an tréada.*

Ó Briain (Seán)

6363 Torna [*pseud.*, Ó Donnchadha (Tadhg)] *ed.*:
Is truagh mo chás gach lá, mo léirchreach. By Seán Ó Briain.
In 5517 [Seán na Ráithíneach], (no. 122), pp. 227-9.

6364 *Dia bheathasa féin, a shaesair chródha, chughainn.* (no. 132), pp. 244-5.

Ó Briain (Seán) *al.* **O'Brien** (*Dr.* John)

6365 ——— *ed.*:
A Lóbuis dhaoitheach, is mó mar aoir. By Seán Ó Briain.
In 5517 [Seán na Ráithíneach], pp. 247-9.

Ó Briain (Seán Riabhach)

6366 Ó Foghludha (Risteárd) *ed.*:
Is atuirse cléibh liom préimh-shliocht gheal-Chuinn. By Seán Ó Briain.
In 5509 [Éigse na Máighe], (no. 25), p. 96.

Ó Broin (Pádraig)

6367 Mhág Craith (Cuthbert) *ed.*:
A Dhómhnaill na pāirte, tāim cráidhte ag an gcīos. By Pádraig Ó Broin and Domhnall Ó Briain.
In 5551 [Dán Br.M.], (106. Duan dóchais), pp. 358-60.
: Based on MS R.I.A. 23 M 47.

6368 ——— *ed.*:
Tōgfa sí athtuirse is brōn dībh. By Pādraig Ō Bruin.
In id., (107. Móirín), pp. 361-4.
: Based on MS R.I.A. 12 E 18.

6369 ——— *ed.*:
Maoidhean gach n-aon a shlíghe sa tsaoghal. By Pádraig Ó Broin or Uilliam Inglis.
In id., (108. An déirc), pp. 365-6.
: Based on MS R.I.A. 23 B 36.

6370 ———— *ed.*:
Slán leat, a litir bhig bhláith. By Pádraig Ó BRAIN.
In id., (110. Don Easbog Ó Bhriain), pp. 367-9.
Prob. 1748. Based on MS R.I.A. 23 G 20.

Ó BRUADAIR (Dáibhídh)

6371 MURPHY (Gerard): David Ó BRUADAIR.
In IER 78, 1952, pp. 340-57.
Public lecture delivered in U.C.D., 1950.

6372 Ó CUÍV (Brian): James Cotter, a seventeenth-century agent of the Crown.
In JRSAI 89, 1959, pp. 135-59.
On the subject of Dáiví Ó BRUADAIR's poem *Fáilte Í Cheallaigh ria Sir Séamus.*

6373 Ó MÁILLE (T. S.): *spéliongtha.*
In Éigse 11, 1964/66, (pt. 2, 1965), pp. 95-6. (Focla Nua-Ghaeilge agus a bhfréamh, [no. 5])
< *spe(i)l* + *ongtha*, in *A Dhia na n-uile nach ionann is éag d'iomchur*, by Dáibhidh Ó BRUADAIR (v. Best² 1818, vol. 2, no. 1).

6374 MHÁG CRAITH (Cuthbert) *ed.*:
Ionnsa d'fhēinn Éirionn nách coill gan bhlāith. By Dáibhídh Ó BRUADAIR.
In 5551 [Dán Br.M.], (87. Peter Walsh), pp. 324-5.

6375 ———— *ed.*:
Fuaras bréid ón ngréagach nglan. By -id.-
In id., (88. Philib Ó Conaill), pp. 325-9.
?1679/80; based on MS R.I.A. 23 L 37.

6376 DE BRÚN (Pádraig) *ed.*:
De chonnradh foirceadal orainn ós cíos dlitheach. By Dáibhí Ó BRUADAIR.
In 5569 [Nua-dhuan. 1], (no. 37), pp. 47-8.
Amhrán; earliest MS N.L. G 114 (1703).

6377 ———— *ed.*:
Mairg nach fuil 'na dhubhthuata. By -id.-
In id., (no. 38), p. 49.
From a MS in the R.D.S. (1762), and from R.I.A. 23 N 15.

6378 ———— *ed.*:
Is mairg nár chrean re maitheas saoghalta. By -id.-
In id., (no. 39), pp. 50-2.
1674, amhrán. From MSS R.I.A. 23 L 37 and Maynooth M 95.

6379 ———— *ed.*:
Truagh liom gol deise go dian. By -id.-
In id., (no. 40), p. 53.
1675; from MSS R.I.A. 23 L 37 and 23 N 11.

6380 ———— *ed.*:
Seirbhíseach seirgthe íogair srónach seasc. By -id.-
In id., (no. 41), p. 54.
Amhrán; from MSS R.I.A. 23 L 37 and Maynooth M 95.

6381 ———— *ed.*:
D'aithle na bhfileadh n-uasal. By -id.-(?)

In id., (no. 42), p. 55.
Earliest MS R.I.A. 23 M 31 (1693).

Ó BUACHALLA (Conchubhar)

6382 [anon.]: Conchúr Ó BUACHALLA (c. 1840).
In 453 [Faiche na bhfilí], pp. 69-70.

Ó CALLANÁIN (Marcas)

6383 Ó CEALLAIGH (Seán) *ed.*: Filíocht na gCallanán. Peatsaí Ó CALLANÁIN, 1791-1865, agus Marcas Ó CALLANÁIN, 1789-1846.
B.Á.C.: Clóchomhar, 1967. ix + 149 pp. pls. (= Leabhair thaighde, iml. 15)
Reviews [in Irish] *by*

6384 Ó CONCHEANAINN (Tomás), *in* Éigse 12, 1967/68, pp. 244-51.
6385 Ó BUACHALLA (Breandán), *in* StH 8, 1968, pp. 189-90.
6386 *A Sheáin a mhic mo chomharsan.* By Marcas Ó C. (no. 1), pp. 36-8.
6387 *Is in ár n-aice bhíodh an greann.* (2. Seán Ó Neochalla), pp. 39-41.
6388 *Tá mé ag tóraíocht cíosa ort.* (3. Rann an tobac), pp. 42-3.
6389 *Is mór an spóirt an ghnaíúlacht.* (4. Máirín Flanagan), pp. 44-6.
Alternating Ir. and Engl. verses.
6390 *Tá cailín spéiriúil a dtug mé spéis di.* (5. Máire Brún), pp. 47-8.
Alternating Ir. and Engl. verses; 2 Engl. versions in the notes.
6391 *Goidé an fáth, a láí, nach mbíonn tú ag obair.* (6. An láí), pp. 49-55.
pp. 127-34: Engl. version by Peatsaí Ó C.
6392 *Ocht gcéad déag de réir mar léitear.* (14. An sciolladh), pp. 77-80.
1828; 30 qq. om. after q. 15.
6393 *Tá muintir an oileáin go buartha.* By Marcas Ó C. and Peatsaí Ó C.
(7. Páidín Ó Catháin), pp. 56-9.
1830; 2nd h. by P. Ó C.

Ó CALLANÁIN (Peatsaí)

6394 Ó CEALLAIGH (Seán) *ed.*: Filíocht na gCallanán. Peatsaí Ó CALLANÁIN, 1791-1865, agus Marcas Ó CALLANÁIN, 1789-1846.
B.Á.C.: Clóchomhar, 1967. ix + 149 pp. pls. (= Leabhair thaighde, iml. 15)
Reviews [in Irish] *by*

6395 Ó CONCHEANAINN (Tomás), *in* Éigse 12, 1967/68, pp. 244-51.
6396 Ó BUACHALLA (Breandán), *in* StH 8, 1968, pp. 189-90.
6397 *Ag dul thrí Ardrathain dom, thar éis Aifrinn Dé Domhnaigh.* By Peatsaí Ó C.
(8. Séamas Ó Creacháin), pp. 60-2.
6398 *A Thiarna creidim cruinn.* (9. Gníomh creidimh), p. 63.
6399 *Is agamsa a bhí an searbhónta.* (10. An tslis), pp. 64-6.
1845; pp. 124-7: Engl. version by the author.
6400 *Mo mhíle slán do na fataí bána.* (11. Na fataí bána), pp. 67-71.
1846.

H VERSE

6401   *Is dubhach brónach é stáid an fhir fholaimh.* (12. Stáid an fhir fholaimh), pp. 72-3.
         pp. 123-4: Engl. version by the author.

6402   *Nuair a thaganns an mhaidin le héirí na gréine.* (13. Na haoiseanna), pp. 74-6.
         1850; pp. 121-2: Engl. version by the author.

6403   *Tá muintir an oileáin go buartha.* By Marcas Ó C. and Peatsaí Ó C.
         (7. Páidín Ó Catháin), pp. 56-9.
         1830; 2nd h. by P. Ó C.

Ó Caoimh (Eoghan)

6404   Ó Cuív (Brian) *ed.*: Eón Ó Caoimh do chan.
         In Éigse 9, 1958/61, (pt. 4), p. 262.
         A hIath Luirc ó cianchuireadh cúis mo cháis, from autogr. MS Mayn. C 88 (1704).

6405   Ó Murchadha (Máirtín) *ed.*: Dán le hEón Ó Caoimh.
         In Éigse 10, 1961/63, (pt. 1), pp. 19-25.
         Wr. 1717. First line: *As mithid damhsa leas mh' anma.* Based on MS U.C.C. T v.

Ó Catháin (Séamas Neamhurchóideach) *al.* **Séamas an Fhíodóra.**

6406   An Seabhac [*pseud.*, Ó Siochfhradha (Pádraig)] *ed.*:
         'Fhir chalma de Chlainn Chathasaigh, agus 'údair léighinn. By Séamus Ó Catháin.
         In 5502 [Filíocht Ghaedhilge, tm. 1813], (no. 5), pp. 170-1.

6407   ——— *ed.*:
         A Uilliam Uí Chathasaigh is danaid 's is brón lem chroidhe. By -id.-
         In id., (no. 5), pp. 172-4.

6408   de Brún (Pádraig): Lámhscríbhinn Ghaeilge ó thuaisceart Chiarraí.
         In StH 4, 1964, pp. 197-208.
         19th c. MS, in the possession of Brian Mac Mathúna, Listowel (Co. Kerry), wr. by Séamas Neamhurchóideach Ó Catháin. Also diplom. ed. from it of poem by the scribe, *Ar madain de luain a uain is eaidhain Mhic.*

Ó Cathasaigh (Uilliam)

6409   An Seabhac [pseud., Ó Siochfhradha (Pádraig)] *ed.*:
         A Shéamuis Uí Chatháin, a fhir ghrádhmhair charthannaigh chaoin. By Uilliam Ó Cathasaigh.
         In 5502 [Filíocht Ghaedhilge, tm. 1813], (no. 5), pp. 171-2.

Ó Ceallaigh (Brian)

6410   Ó Tuathail (Éamonn) *ed.*:
         Geall Gaedheal ar ghaisgidh ghloinn. By Brian Ó Ceallaigh.
         In 5506 [Ó Maoilriain], no. 2.
         Trí rainn agus amhrán.

6411   Ó Gallchóir (Seán) *ed.*: *Ineosad daoibh, a lucht an tsuarcais.*
         In 6204 [Mac Cuarta], (13. A lucht an tsuarcais), pp. 54-8.
         Dialogue between Brian Ó Ceallaigh and Séamas Mac Cuarta. From MSS N.L. G 982 and G 127.

H VERSE

Ó Cearbhalláin (Toirdhealbhach) *al.* **Carolan** (Turlough)

6412 O'Sullivan (Donal): Carolan: the life, times and music of an Irish harper.
London: Routledge & K. Paul, 1958. 2 voll. portrs.
<small>Vol. 1. The life and times, and The music. Vol. 2. The notes to the tunes, and The memoirs of Arthur O'Neill.
Indexes of first lines, tunes mentioned in the text and notes, etc.</small>

Review by

6413 O Lochlainn (Colm), *in* Studies 48, 1959, pp. 218-22.

6414 O'Sullivan (Donal) *ed.*: The scolding match between Carolan and MacCabe.
In 6412 [Carolan], vol. 1, (chap. 11), pp. 74-81.
<small>From MS R.I.A. 23 M 23; with Engl. transl.
First lines: 'Sé sac Uilliam Eaclis do thug buaidhirt don tír; Carolan: *Fuair Mac Cába duais a dhána*; MacCabe: *Jesus, Maria! cumhachta Dia umainn!*
For the background see the preceding chap. 10, i.e. pp. 72-4.</small>

6415 Mhág Craith (Cuthbert) *ed.*:
Gluaise mē feasta suas insa n-astuir. By Toirdhealbhach Ó Cearbhalláin.
In 5551 [Dán Br.M.], (79. Féidhlim Ó Néill), pp. 306-7.
<small>Text based on MS R.I.A. 23 I 8.</small>

Ó Céirín (Donnchadh)

6416 An Seabhac [*pseud.*, Ó Siochfhradha (Pádraig)] *ed.*:
Is doilbhir táim le tráth go duairc gan greann. By Donnchadh Ó Céirín and An Tiarna Barrach.
In 5502 [Filíocht Ghaedhilge, tm. 1813], (no. 1, Díospóireacht Dh. Uí Ch. agus an T.B.), pp. 154-64.

6417 ——— *ed.*:
A Fhinghin, táim fíor-chlaoidhte doilbh le seal. By Donnchadh Ó Céirín.
In id., (no. 2), p. 166.

6418 *Dob fhuiris aithint le sealad ar spéarthaibh.*
In id., (3. Marbhchuimhne ..., 1812), pp. 166-8.

Ó Céirín (Muiris)

6419 ——— *ed.*:
A Dhia ghléigil go réidhe tú mo chúis dom. By Muiris Ó Céirín.
In id., (no. 4), p. 169.

Ó Cianán (Tadhg Óg)

6420 Carney (James) *ed.*:
Trian Connacht a gcoimhéd aoinfhir. By Tadhg Óg Ó Cianán.
In 5503 [O'Reilly], (34. To Pilib, son of Brian, [†1508]), pp. 157-62.
<small>From MS Edinb. 30 (Mackinnon, p. 115).</small>

Ó Cléirigh (Mac Con)

6421 ——— *ed.*:
Cionnus do mholfuinn mac ríogh. By Mac Con Ó Cléirigh.
In id., (4. To Pilib, son of Conallach), pp. 14-20.
<small>Comp. between 1585 and 1592. From MS Cambr. Add. 3082.</small>

Ó Cléirigh al. Mac Cléirigh (Tomás)
6422 ——— ed.:
As tuirseach gan dáil chabhra. By Tomás Ó Cléirigh.
In id., (23, Elegy on Pilib Óg [†1703]), pp. 111-3.
From MS Cambr. Add. 3082.

6423 ——— ed.:
Do chaill an Cabhán a bhláth. By Tomás Mac Cléirigh.
In id., (31. Lament for Aodh, son of Seán, [†1715]), pp. 147-9.
Text based on MS R.I.A. 23 F 15.

Ó Cléirigh ( )
6424 Mhág Craith (Cuthbert) ed.:
Do chaithfinn cara chúirte. By [ ] Ó Cléirigh.
In 5551 [Dán Br.M], (18. San Froinsias: cara cúirte), pp. 93-8.
From MS R.I.A. 23 I 40 (c. 1700).

Ó Clúmhán (Caoch Ceise)
6425 McKenna (Lambert) ed.:
Bean fa eineach [do] fhuair Niall. By Caoch Ceise Ó Clumhán.
In Studies 32, 1943, pp. 399-404. (Some Irish bardic poems, no. 67)
From BMag.; with Engl. transl.
To Niall Mág Shamhradháin (†1362) and his wife Sadhbh, i.e. after 1349.
Republ. in 5499 [Magauran], (no. 17), pp. 130-9, 339-43.

Ó Clúmháin (Diarmuid mhac an Bhacaigh)
6426 ——— ed.:
Bráidhe ón éigsi a n-Eas Dara. By Diarmuid (mhac an Bhacaigh) Ó Clúmháin.
In 5507 [O'Hara], (no. 30), pp. 314-21.
On the death of Ruaidhrí Ó hEadhra, grandson of Tadhg (†1420).

Ó Clúmhán (Giolla Aonghuis)
6427 ——— ed.:
Láir do ghabhas do ghroigh Néill. By Giolla Aonghuis Ó Clúmhán.
In 5499 [Magauran], (no. 15), pp. 112-9, 333-5.
The poet got a horse from Niall Mág Shamhradháin. Prob. written while Sadhbh was wife of Niall, i.e. 1349-62.

Ó Cobhthaigh (Domhnall mhac an Chlasaigh)
6428 ——— ed.:
T'aire riot, a mheic Mhurchaidh. By Domhnall mhac an Chlasaigh Í Chobhthaigh.
In Studies 37, 1948, pp. 484-90. (Some Irish bardic poems, no. 88)
To An Calbhach mhac Murchaidh Í Chonchobhair Fhailghe, †1406.
From MS R.I.A. 23 D 14; with Engl. transl.

Ó Cobhthaigh (Eoghan mhac Aodha)
6429 ——— ed.:
Failghigh chosnas clú Laighean. By Eoghan mhac Aodha Í Chobhthaigh.
In Studies 38, 1949, pp. 57-62. (id., no. 89)

To Brian (son of Cathaoir) Ó Conchobhair Failghe, †1555. From MS R.I.A. 23 D 14; Engl. transl.

Ó COBHTHAIGH (Maoileachluinn)

6430 MAC AIRT (Seán) ed.:
Ní fhaicim oighir Aodha. By Maoileachluinn Ó COBHTHAIGH.
In 5489 [LBran.], (no. 38), p. 146.
Poss. composed after the burning of Ballinacor in 1581.

Ó COBHTHAIGH (Muircheartach)

6431 MCKENNA (Lambert) ed.:
Dlighidh liaigh leigheas a charad. By Muircheartach UA COBHTHAIGH.
In Studies 38, 1949, pp. 183-8. (Some Irish bardic poems, 90. Christ our saviour)
From MS R.I.A. 23 D 14; with Engl. transl.

Ó COBHTHAIGH (Uaithne mac Uilliam)

6432 CARNEY (James) ed.:
Mō inā iarla ainm Sémais. By Uaithne mac Uilliam Í CHOBHTHAIGH.
In 5494 [Butler], (17. To James, Earl of Ormond [1539-46]), pp. 82-7.
From MS N.L. G 992 ('Nugent MS').

6433 MCKENNA (Lambert) ed.:
Mó ná iarla ainm Séamuis. By -id.-
In Studies 37, 1948, pp. 219-25. (Some Irish bardic poems, 86. Poet praises his patron)
To James Butler, 9th Earl of Ormond, †1546.
From MS R.I.A. 23 D 14; with Engl. transl.

Ó COILEÁIN cf. Ó CUILEÁIN

Ó COILEÁIN (Seán)

6434 Ó CONCHEANAINN (Tomás): Lorg trí dhán ar An mBuachaill bán.
In 5434 [Roinnt macalla], pp. 61-2.
Echoes in Seán Ó COILEÁIN, Maidin lae ghil fá dhuille géig ghluis (ed. R. Ní Ógáin, Duanaire Gaedhilge, vol. 2, no. 3) from (1) Eoghan an Mhéirín MAC CARRTHAIGH, I bhfís tarfás an tráth noch léigeas (ed. R. Ó Foghludha, Eoghan an Mhéirín cct, no. 17), (2) his Lá dár éirigheas ag déanamh aeir dam (ibid., no. 19), (3) Donnchadh Mór Ó DÁLAIGH, Ór na mban baincheann nimhe (Dioghluim dána, no. 49).

Ó COIMÍN or COIMÍN (Séamas)

6435 MHÁG CRAITH (Cuthbert) ed.:
Mo dheaca[i]r do chás, a sháir-fhir cheannasaigh shuairc. By AN CUIMÍNEACH.
In 5551 [Dán Br.M.], (100. Freagra an Chuimínigh), pp. 350-1.
? Séamas (Ó) COIMÍN. Text based on MS R.I.A. 23 L 13.

Ó COIRNÍN (Cornán, al. An tAthair Pádraig)

6436 [WALSH (Paul)] ed.: Four poems by Cornán Ó CUIRNÍN, al. An t-Athair Pádraic UA CORRNÍN.
Contributed by Colm Ó LOCHLAINN from the papers of the late Father P.W.
In Éigse 4, 1943/44 (1945), (pt. 3, 1944), pp. 197-205.

From MS R.I.A. E ii 1 (autograph exc. no. 1). First lines: (1) *Togha teghlaigh tar gach tír* (1734); (2) *Tréig do mheirtne a Bhaile an Dúin*; (3) *Maith do chodhnach a Chill Eala* (addressed to Tadhg Ó Ruairc appointed bishop of Killala in 1707); (4) *Síol Muiredaigh mór a rath* (1725).

6437 ——— *ed.*:
Donchadh Cathail Óig. By Cornān Ō CORNĪN [in Ogham].
In 8791 [Ó Cuirnín family], pp. 128-30.
From MS R.I.A. E ii 1.

6438 *Tá súil agam réd shúilibh más ail leat féin*. By -id.-
In id., p. 130.
Single st., from -id.-

Ó COIRNÍN (*An tAthair* Pádraig) (*cf. the preceding*)

6439 MHÁG CRAITH (Cuthbert) *ed.*:
Maith do chodhnach, a Chill Eala. By An tAthair Pádraig Ó CORNÍN.
In 5551 [Dán Br.M.], (45. Tadhg Ó Ruairc, O.F.M., easbog), pp. 233-5.
1707; based on MS R.I.A. E ii 1 (69).
P. Ó C. differentiated from Cornán Ó C. (poss. his father), fl. 1672-1726, and Cornán Óg Ó C. (poss. his brother).

Ó COMÁIN (Seán)

6440 TORNA [*pseud.*, Ó DONNCHADHA (Tadhg)] *ed.*:
A Shéamuis dil tréithigh na labhartha i gcomhad. By Seán Ó COMÁIN.
In 5517 [Seán na Ráithíneach], (no. 101), p. 177.

Ó CONAILL (Eibhlín Dhubh *Ní Chonaill*)

6441 Ó MATHGHAMHNA (Donnchadh) *ed.*: Caoine Airt Uí Laoghaire.
In An Músgraigheach 6, Fómhar 1944, pp. 3-6.
Lá breá aerach Satharainn, 130 lines (= version B of S. Ó Tuama, Caoineadh Airt Uí Laoghaire, 1961). From a MS in the possession of Dr. D. Ó M., An Chloch Dhubh (Co. Cork).

6442 [O LOCHLAINN] (Colm) *ed.*: Caoineadh Airt Uí Laoghaire.
In IBL 29, 1943/45, (no. 3, 1944), pp. 12-5★ [= rectius 60-3].
1845 dual language account, prob. by M[att] H[organ], of the death of A. O'L.; cf. Brian Ó CUÍV, *in* IBL 31, 1949/51, p. 38.

6443 BROMWICH (Rachel S.): The continuity of the Gaelic tradition in eighteenth-century Ireland.
In YCS 4, 1947/48, pp. 2-28.
Incl. an Engl. transl. of The Keen for Art O'Leary, based on the edition by Shán Ó Cuív, 1923 (de Hae i 874).

6444 ———: The Keen for Art O'Leary, its background and its place in the tradition of Gaelic keening.
In Éigse 5, 1945/47 (1948), (pt. 4), pp. 236-52.

6445 COLLINS (John T.): Arthur O'Leary, the outlaw.
In JCHAS 54, 1949, pp. 1-7; 55, 1950, pp. 21-4; 61, 1956, pp. 1-6.
cf. Kevin MAC GRATH, *in* IBL 31, 1949/51, (no. 5, 1951), pp. 100-1.

6446 O'CONNOR (Frank) *tr.*: The Lament for Art O'Leary.
In 5578 [Kings, lords & commons], pp. 109-19.

6447 Ó TUAMA (Seán) *ed.*: Caoineadh Airt Uí Laoghaire.
B.Á.C.: Clóchomhar, 1961. 92 pp. (= Leabhar thaighde, iml. 4)
Mo ghrá go daingean tu (390 lines), by Eibhlín Dhubh Ní CHONAILL. Based on MSS (1) as pr. in The last Colonel of the Irish Brigade, ii 327ff [v. Best¹ 213]; (2) U.C.D. Ferriter 1. With textual notes.
Aguisín [App.] 1. (Leagan B) *Lá breá aerach Sathairn*, cf. ed. by D. Ó Mathghamhna, 1944; 2. [fragments from oral tradition]; 3. [add. stanzas from Ferriter 1].

Reviews [in Irish] *by*

6448 Ó CRÓINÍN (Donncha A.), *in* The Teacher's work 21, 1962, pp. 31-3.

6449 ———, *in* Éigse 10, 1061/63, (pt. 3, 1962/63), pp. 245-54.

6450 DILLON (Eilís) *tr.*: The Lament for Arthur O'Leary.
In Irish university review 1, (no. 2, 1971), pp. 198-210.
cf. University review 5, (no. 2, 1968), pp. 216-22.

Ó CONAILL (Seán)

6451 O'RAHILLY (Cecile) *ed.*:
An uair smaoinim ar shaoithibh na hÉireann. By Seán Ó CONAILL.
In 5512 [17th c. polit. poems], (4. Tuireamh na hÉireann), pp. 50-82.
Wr. between 1655 and 59.

Ó CONAILL (Seán *Máistir*)

6452 Ó CRÓINÍN (Donncha A.) *ed.*: A devotional poem by Seán Máistir Ó CONAILL.
In Celtica 7, 1966, pp. 48-64.
Poem of end of 18th or beg. of 19th c. First line: *Is uireasa machnaimh ar mhaitheas na Tríonóide*.
Based mainly on MS R.I.A. 24 L 22 (section wr. 1814). With notes.

Ó CONCHUBHAIR (Pádraig Liath)

6453 McMAHON (John F.): Pádraig Liath Ó CONCHUBHAIR.
In The Shannonside annual (Asdee) 1, no. 2, 1957, pp. 75-82.
Incl. 1796 lament on his wife, *Mo chumha, mo chreach, mo chneadh, mo bheo-lot!*

6454 ——— *ed.*: An mhodhamhail shéimh. Pádraig Liath Ó CONCHUBHAIR cct.
In id. 1, no. 4, 1959, pp. 54-5.
Aréir im leabaidh liom féin ag caoi le creathaibh fann tréith; from MSS R.I.A. 24 L 14, etc.

6455 ——— *ed.*: *Ó thúis mo bheatha go maidin an lae seo*.
In id. 1, no. 5, 1960, pp. 44-5.
14 of 36 verses of 1793 lament on Mahon O'Connor, by -id.; from MS R.I.A. 24 L 23.

Ó CONCHUBHAIR (Tadhg Ruadh)

6456 DE BRÚN (Pádraig) *ed.*:
De bheartaibh an tsaoghail tslim. By Tadhg Ruadh Ó CONCHUBHAIR.
In 5569 [Nua-dhuan. 1], (no. 43), pp. 56-7.
8 qq., text based on MS N.L. G 429 (1722).

H VERSE

Ó Conchubhair (Toirdhealbhach)

6457 Mhág Craith (Cuthbert) *ed.*: Toirdhealbhach Ó Conchubhair (floruit circa 1645).
In 445 [Wadding essays], pp. 414-37.
<small>(1) *Slán ma do phósadh, a Dhomhnuill Mhég 'Nosa!*, from MS B.M. Add. 40766; (2) *A óga do ghlac na hairm*, based on MS B.M. Add. 40766; (3) *An gcúala tū cúrsa Corinēl Seónsa?*, based on MS T.C.D. H 5 9. With Engl. transls. and vocabulary.</small>

Ó Conmhuighe (Eoin)

6458 Carney (James) *ed.*:
Soirbh bhun ttoisg, a thriath Siūire. By Eóin Ó Con Muighe.
In 5494 [Butler], (12. To Edmund, Lord Dunboyne), pp. 59-60.
<small>Wr. between 1632 and 1640. From MS R.I.A. 23 N 13.</small>

6459 ——— *ed.*:
Ad-chiū nēall neamhdha ōs an raon. By -id.-
In id., (13. To Ellen Fitzgerald), pp. 60-4.
<small>Wr. between 1632 and 1640. From -id.-</small>

6460 ——— *ed.*:
Ochán t'othrus a Éamoinn. By -id.-
In id., (14. To Edmund, Lord Dunboyne), pp. 64-6.
<small>Wr. prob. 1632 or 1633. From -id.-</small>

Ó Cruadhlaoich (Brian)

6461 Ó Foghludha (Risteárd) *ed.*:
Ní le gann-chuid san tsamhradh ná iomad daoirse. By Brian Ó Cruadhlaoich.
In 5822 [Éamonn de bhFál], (no. 3), p. 21.

Ó Cuileáin *cf.* **Ó Coileáin**

Ó Cuileáin (Antoine *al.* Gearailt)

6462 Mhág Craith (Cuthbert) *ed.*:
Rinis agus nī dheārrnuis. By Antoine Ó Cuilleáin.
In 5551 [Dán Br.M.], (68. Aor), pp. 287-8.
<small>Wr. between 1700 and 1703; text based on MS R.I.A. 23 M 23.</small>

6463 ——— *ed.*:
Níor bh'aithne 'na bheatha dom Aedh-sa acht clú. By -id.-
In id., (69. Aodh Mac Diarmada), pp. 289-90.
<small>1707; text based on -id.-</small>

6464 ——— *ed.*:
'Sa leacain na mná nach gnáth i bhfeirg-chionta. By Gearailt Ó C.
In id., (70. Deabhaidh i leacain mhná), pp. 290-1.
<small>Text based on MS T.C.D. H 5 3.</small>

6465 ——— *ed.*:
Mur' ngēillin[n]-si dh'Émond 's don óig-ghasraidh. By -id.- and Éamonn mhac N[éill] Ruaidh [? Uí Raghallaigh].
In id., (71. Conspóid), pp. 292-3.
<small>5 qq.; based on MS R.I.A. 23 A 45.</small>

6466 Ó Buachalla (Breandán) *ed.*:
Rinnis agus ní dhearnais. By Antaine Ó Cuileáin.
In 5569 [Nua-dhuan. 1], (27. Doicheall), p. 35.
<small>Trí rainn agus amhrán.</small>

Ó Cuirnín cf. **Ó Coirnín**
Ó Cuirnín (   )

6467 CARNEY (James) ed.:
Rāth Teamhra ag togha Domhnaill. By [   ] Ó CUIRNÍN.
In 5503 [O'Reilly], (39. To Domhnall Ó Raghallaigh), pp. 179-81.
> Prob. Domhnall, son of Brian (†1481). Incomplete; from MS Edinb. 30 (Mackinnon, p. 115).

Ó Dálaigh Fionn

6468 McGRATH (Cuthbert): 'Ó DÁLAIGH FIONN cct.'
In Éigse 5, 1945/47 (1948), (pt. 3, 1946), pp. 185-95.

Ó Dálaigh Fionn (Aonghas)

6469 Ó RIAIN (Pádraig) ed.: Dán ar Shéafraidh Ó DONNCHADHA AN GHLEANNA.
In Éigse 12, 1967/68, pp. 123-32.
> Truagh an sgéalso linn dá luadh, by Aonghas Ó DÁLAIGH FIONN, c. 1643. From MS Wales A 6; Engl. transl., notes.

Ó Dálaigh (Aonghus mac Doighre)

6470 Ó TUATHAIL (Éamonn) ed.: A poem for Felim O'Toole.
In Éigse 3, 1941/42 (1943), (pt. 4), pp. 261-71; 4, 1943/44 (1945), (pt. 2, 1943), p. 154 [add.].
> After 1596. Nā diúlt mh'ionmhuine, a Fhéilim, by Aonghus Ó DÁLAIGH. From BOCD and R.I.A. 23 M 28.

6471 MAC AIRT (Seán) ed.:
Dia libh, a laochruidh Gaoidhiol! By Aonghus (mac Doighre) Ó DÁLAIGH.
In 5489 [LBran.], (no. 35), pp. 142-4.

6372 ——— ed.:
A cholann do-chím gan cheann. By Aonghus Ó D.
In id., (no. 43), pp. 153-5.
> Elergy on Fiachaidh mac Aodha (†1597).

6373 ——— ed.:
Rugas ainbhreith ar Fhéilim. By -id.-
In id., (no. 48), pp. 170-2.
> To Feilim mac Fiachaidh (†1630).

6474 ——— ed.:
Ceardcha na féile fuil Bhroin. By Aonghus (mac Doighre) Ó D.
In id., (no. 65), pp. 250-3.
> To Toirdhealbhach mac Fiachaidh (†1595).

6475 ——— ed.:
Gearr mhairid na mionduasa. By -id.-
In id., (no. 67), pp. 257-9.
> To -id.-

6476 ——— ed.:
Do-ghén céile do Chathaoir. By -id.-
In id., (no. 69), pp. 263-5.
> To Cathaoir son of Aodh mac Seaáin, fl. 1601.

Ó Dálaigh (Aonghus Dubh)

6477 ——— ed.:
Scél tásgmhar do-ráinig fá chríochaibh Fáil. By Aonghus Dubh Ó Dálaigh.
In id., (no. 41), pp. 150-1.
Amhrán (with a syllabic envoy) to Fiachaidh mac Aodha, comp. ca. 1594.
In MS H 1 14 ascr. to Aonghus (mac Doighre) Ó Dálaigh.

Ó Dálaigh (Aonghus Ruadh)

6478 McKenna (Lambert) ed.:
Ceangail do shíoth riom, a Ruaidhrí. By Aonghas Ruadh Ó Dálaigh.
In Studies 37, 1948, pp. 317-25. (Some Irish bardic poems, 87. Poet seeks reconciliation with his patron)
Eulogy prob. on Ruaidhrí mac Aodha Óig, Lord of Fir Cheall, †1383.
From MS R.I.A. 23 D 14; with Engl. transl.

Ó Dálaigh (Aonghus ?Ruadh) *al.* **Aonghus na nAor** *al.* **An Bard Ruadh**

6479 Ó Cuív (Brian) ed.: *Fada mé ar mearughadh sligheadh.*
In Celtica 1, 1950, pp. 285-93 [cf. p. 406].
Based on MS R.I.A. 24 P 9; with notes. Ascr. to An Bárd Ruadh; authorship of Aonghas (na nAor) Ó Dálaigh is uncertain.

6480 McKenna (Lambert) ed.:
Fada mé ar mearughadh sligheadh. Ascr. to An Bard Ruadh.
In Studies 39, 1950, pp. 319-24. (Some Irish bardic poems, 95. Give me light, o Lord)
Possibly by Aonghus Ruadh mac Amhlaoibh Uí Dhálaigh. Based on MS R.I.A. 24 P 9; Engl. transl.

Ó Dálaigh (Brian Caoch)

6481 ——— ed.:
Daingean connradh fa chairt ríogh. By Brian Caoch Ó Dálaigh.
In Studies 38, 1949, pp. 463-9. (id., 92. Our salvation)
Based on MS R.I.A. 23 D 14; Engl. transl.

Ó Dálaigh (Cearbhall)

6482 Carney (James) ed.:
Ní ar aois iarrthur inmhe. By Cearbhall Ó Dálaigh.
In 5503 [O'Reilly], (33. To Pilib, son of Brian, [†1508]), pp. 151-7.
From MS Edinb. 30 (Mackinnon, p. 115).

6483 ——— ed.:
[   ]*ch thighearna / creite ar teach na togharma.* By -id.-
In id., (no. 35), pp. 162-3.
From -id.- First line of each stanza imperfect; ends incomplete.
Appears to be in praise of Pilib [†1508] and Domhnall, sons of Brian.

6484 ——— ed.:
Ní mar chāch as caointe Brian. By -id.-
In id., (38. Lament for Brian, son of Féilim, [†1481]), pp. 173-9.
From -id.-

Ó DÁLAIGH (Cearbhall Óg)

6485 Ó CEALLACHÁIN (Máire Ní Cheallacháin) ed.:
Ní mise an Cearbhall rod chlos. By Cearbhall Óg Ó DÁLAIGH.
In 5955 [P. Haicéad], (10. Freagra Chearbhaill), pp. 7-8.
Based on MS T.C.D. H 5 10.

Ó DÁLAIGH (Cormac)

6486 DE BRÚN (Pádraig) ed.: Epitaph Aogáin Í RATHAILE.
In Éigse 12, 1967/68, p. 235.
Mo cholg ghoinn mo lomadh sgrios mo chumha mo chnead. From MS N.L. G 31 (1729), whose scribe, Cormac Ó DÁLAIGH, may be the author.

Ó DÁLAIGH (Cúchonnacht)

6487 MAC AIRT (Seán) ed.:
Ursa an choguidh críoch Laighean. By Cúchonnacht Ó DÁLAIGH.
In 5489 [LBran.], (no. 51), pp. 184-8.
To Feilim mac Fiachaidh (†1630).

Ó DÁLAIGH (Doighre)

6488 ——— ed.:
Cia as uaisle do Laighneachuibh? By Doighre Ó DÁLAIGH.
In id., (no. 5), pp. 20-3.
To Aodh mac Seaáin (†1579).

Ó DÁLAIGH (Domhnall mac Eoghain)

6489 BREATNACH (R. B.) ed.: Elegy on Donal O'Sullivan Beare (†1618).
In Éigse 7, 1953/55, (pt. 3, 1954), pp. 162-81.
San Sbáinn do toirneadh Teamhair, by Domhnall (mac Eoghain) Ó DÁLAIGH. From MSS R.I.A. 23 L 17 and 23 F 16; Engl. transl.

Ó DÁLAIGH (Fear gan Ainm)

6490 Ó MUIREADHAIGH (Réamonn) ed.: Fearganainm Ó DÁLAIGH.
In IMN 1962, pp. 81-5.
Letters of 1561 and 66 concerning the poet.

Ó DÁLAIGH (Fearghal)

6491 MCKENNA (Lambert) ed.:
Maith fear mar chách, a Chormaic. By Fearghal Ó DÁLAIGH.
In Studies 39, 1950, pp. 91-9. (Some Irish bardic poems, no. 93)
Based on MS R.I.A. 23 L 17; Engl. transl.

Ó DÁLAIGH (Giolla Íosa)

6492 MAC AIRT (Seán) ed.:
Fréamha an chogaidh críoch Laighion. By Giolla Íosa Ó DÁLAIGH.
In 5489 [LBran.], (no. 49), pp. 172-7.
To Feilim mac Fiachaidh, and his brother Réamonn, in 1600.

6493 CARNEY (James) ed.:
Damh féin choiglim an Chathuir. By -id.-
In 5494 [Butler], (8. To Theobald, Lord Caher [1566-96]), pp. 40-9.
From MS R.I.A. 23 F 21.

Ó DÁLAIGH (Gofraidh Fionn)

6494 MCKENNA (L.) ed.: A poem by Gofraidh Fionn Ó DÁLAIGH.
In 437 [Fs. Torna], pp. 66-76.
Madh fiafraidheach budh feasach; on points of Irish grammar. Based on MS R.I.A. 23 D 14; with Engl. transl. and notes.

H VERSE

6495 ———— ed.: A poem by Gofraidh Fionn Ó DÁLAIGH.
In Ériu 16, 1952, pp. 132-9.
Prob. wr. between 1350 and 60. *A toigh bheag tiaghar a tteagh mór*. From BOCD, with Engl. transl.

6496 MACNEILL (Máire) tr.: The coming of Lugh.
In Studies 51, 1962, pp. 106-7.
Verse transl. of E. Knott's selection (v. ISP, pp. 54-8) from Gofraidh Fionn Ó DÁLAIGH's ca. 1357 poem *Mór ar bfearg riot a rí Saxan*.

6497 BREATNACH (R. A.): *snámh ós éidreóir*.
In Celtica 6, 1963, pp. 256-7. (Trí fhadhb théaxúla, no. 1)
'swimming over the unknown course', in Gofraidh Fionn Ó DÁLAIGH's *Mór ar bfearg riot a rí Saxan*, q. 31 (Best² 1714a = Ir. bardic poetry, p. 77).

Ó DÁLAIGH (Lochlainn)

6498 MHÁG CRAITH (Cuthbert) ed.:
Uaigneach a-taoi, a theagh na mbráthar. By Lochlainn Ó DÁLAIGH.
In 5551 [Dán Br.M.], (21. Mainistir Shléibhe Farannáin), pp. 107-10.
Ca. 1601; based on MS R.I.A. 23 I 40.

Ó DÁLAIGH (Lochlainn mhac Taidhg Óig)

6499 CARNEY (James) ed.:
Frémh gach uilc oidheadh flatha. By Lochluinn mhac Taidhg Óig Í DHÁLAIGH.
In 5503 [O'Reilly], (11. Elegy on Pilib, son of Aodh Conallach, [†1596]), pp. 54-62.
From MS Cambr. Add. 3082.

Ó DÁLAIGH (Lughaidh)

6500 ———— ed.:
Truagh ar n-eachtra go hÁth Truim. By Lughaidh Ó DÁLAIGH.
In id., (37. Lament for Féilim, son of Seaán, [†1447]), pp. 166-73.
From MS Edinb. 30 (Mackinnon, p. 115).

Ó DÁLAIGH (Muireadach Albanach)

6501 BERGIN (Osborn) ed.: A poem addressed to the Blessed Virgin.
In 437 [Fs. Torna], pp. 60-5.
Éistidh riomsa, a Mhuire mhór, by Muireadhach Albanach Ó DÁLAIGH. Restored from BDL.
Republ. in 5567 [Bardic poetry], (no. 21), pp. 93-100.
pp. 254-7: Engl. transl. by David GREENE.
Review [in Irish] by

6502 Ó MURCHADHA (Gearóid), in IBL 30, 1946/48, (no. 6, 1948), pp. 130-1.

6503 MURPHY (Gerard) ed.:
Fada in chabair a Cruacain. By -id.-
In 5514 [Two poems], (no. 2), pp. 74-9.
ca. 1224. From MS B.M. Add. 19995; Engl. transl.

6504 Ó CUÍV (Brian): Eachtra Mhuireadhaigh Í DHÁLAIGH.
In StH 1, 1961, pp. 56-69.

6505 ——— *ed.*: A poem attributed to Muireadhach Ó DÁLAIGH.
In 461 [Celtic studies], pp. 92-8.
Mairg thréigios inn, a Amhlaoíbh. From MS R.I.A. A iv 3.

6506 ——— *ed.*: A pilgrim's poem.
In Éigse 13, 1969/70, pp. 105-9.
1st h. 13th c. *Do chros féin duit, a Dhúilimh,* ? by -id.- From MS R.I.A. 23 D 14; Engl. transl., notes. Note on the l.w. *sclaim(h)ín.*

Ó DÁLAIGH (Muirgheas)

6507 CARNEY (James) *ed.*:
Mo thrúaighe mur taoí, a Thulach. By Muirgheas Ó DÁLAIGH.
In 5503 [O'Reilly], (24. To the castle of Tulach Mongáin), pp. 114-21.
Middle or 2nd h. 17th c. Text based on MS B.M. Add. 40766.

Ó DÁLAIGH (Séamus)

6508 Ó FOGHLUDHA (Risteárd) *ed.*:
Tásc fíor a d'fhág saoithe Éireann uais. By Séamus Ó DÁLAIGH.
In 5509 [Éigse na Máighe], (no. 72), pp. 163-6.
Elegy on Seán Ó Tuama, †1775.

Ó DÁLAIGH (Tadhg)

6509 O'SULLIVAN (Anne) *ed.*: Tadhg O'DALY and Sir George Carew.
In Éigse 14, 1971/72, pp. 27-38.
Gabh mo gherán, a Seóirse. From MS London, Lambeth 605; Engl. transl.

Ó DÁLAIGH (Tadhg Camchosach)

6510 MHÁG CRAITH (Cuthbert) *ed.*:
Bean ar n-aithēirghe Ēire. By Tadhg Camchosach Ó DÁLAIGH.
In 5551 [Dán Br.M.], (1. D'Ú Néill .i. Niall (†1397)), pp. 1-9.
Prob. on the inauguration of Niall Mór Ó Néill (1364). Text based on MS R.I.A. 23 I 40.

6511 ——— *ed.*:
D'Ā ghrādh do fhāgbhus Ēirinn. By -id.-
In id., (2. Peregrinatio ob amorem Christi), pp. 10-5.
Text based on -id.-

Ó DÁLAIGH ([ ] mac Cearbhaill Bhuidhe)

6512 O'DWYER (Peter) *ed.*: A vision concerning Hugh O'Connor (†1309).
In Éigse 5, 1945/47 (1948), (pt. 2, 1946), pp. 79-91.
Aisling ad-chonnairc Cormac, by Mac Cearbhaill Bhuidhe Uí DHÁLAIGH. From MSS R.I.A. 23 Q 10, etc.; Engl. transl.

Ó DÁLAIGH (*Bráthair Bocht*)

6513 MHÁG CRAITH (Cuthbert) *ed.*:
Beart chluithe ar Éirinn ég rí[o]gh. By Maol Muire MHÁG CRAITH, or by Bráthair Bocht Ó DÁLAIGH.
In 5551 [Dán Br.M.], (3. Domhnall Mhág Carthaigh), pp. 16-22.
1414; text based on MS R.I.A. 23 D 14 (where it is ascr. to MHÁG CRAITH). Most prob. by Ó DÁLAIGH to whom it is ascr. in BOCD.

Ó DOIMHLÉIN (Proinnsias)

6514 ——— *ed.*:
Gach croicionn libh dár feannadh. By Proinnsias Ó DOIMHLÉIN.

In id., (75. File gan náire), pp. 295-6.
Text based on MS T.C.D. H 4 15.

Ó Doirnín (Peadar)

6515 Ó Tuathail (Éamonn) *ed.*:
Ólfa mé sláinte an pháiste is daoire folt. By Peadar Ó Duirnín.
In An tUltach 27, uimh. 2, Feabhra 1951, p. 7. (Dánta de chuid Uladh, 12. Sláinte na mná Gaedhealaighe)
From MSS Armagh, Ó Domhnalláin 1, B.M. Add. 18749, R.I.A. 24 L 31, and Ó Domhnalláin 7 [missing].

6516 ——— *ed.*:
An ghéag a dtug mé grádh dhí is áille í ná Helen mhór. By -id.-
In An tUltach 29, uimh. 9, Meán Fómhair 1953, p. 10. (id.: Géag Peadair Uí Dhuirnín)
From MSS N.L. G 19 and R.I.A. 3 B 38.

6517 ——— *ed.*:
Is tubaisteach a chuaidh dhamh mo chuairt 'un a' mhuilinn Dia Máirt. By -id.-
In id., uimh. 12, Mí na Nollag 1953, pp. 13-4. (id.: An ghuairne dhubh ghruama)
From MSS B.M. Add. 18749 and [hodie] Armagh, O'Laverty I.

6518 ——— *ed.*:
Ar ndul damh amach fán tsliabh gan choin gan each sa ghrian. By -id.-
In An tUltach 30, uimh. 9, Meán Fómhair 1954, pp. 5-6. (id., no. 38)
From MSS B.M. Add. 18749; Belfast, St. Malachy's College 13 [hodie Armagh, O'Laverty I]; R.I.A. 24 L 31.

6519 de Rís (Seán) *ed.*:
Targaire dheárscnaidh do rinneadh le Criomhthan Mhac Fheidhlim an fhíona. By Peadar Ó Doirnín.
In SAM 1, no. 2, 1955, pp. 164-8. (= Dánta fá chléir Ardmhacha, no. 2)
Satire on Father Ó Cuinn (✝1775). From MSS Armagh, O'Laverty I, B.M. Add. 18749, etc.

6520 ——— *ed.*:
Bhí Seán againn ba suairc i gcéill. By -id.-
In SAM 3, (no. 1, 1958), pp. 178-80. (= id., 5. An dá Sheán)
From -id.-

6521 Ó Buachalla (Breandán): Peadar Ó Doirnín agus lucht scríte a bheatha.
In StH 5, 1965, pp. 123-54.

6522 ——— *ed.*: Úr-Chnoc Chéin Mhic Cáinte.
In StH 8, 1968, pp. 138-50.
Critical ed. of the full poem (6 verses), *A phlúr na maighdean is úire gné,* By Peadar Ó Doirnín. Same as (verses in different order) *A chiúinbhean [shuaircbhean Ó B.] tséimh na gcuachann péarlach.*

6523 de Rís (Seán): Peadar Ó Doirnín. A bheatha agus a shaothar. B.Á.C.: Oifig an tSoláthair, 1969. xxxvi + 162 pp.
Incl. ed. of 28 Irish (and 1 Engl.) poems, out of a total of 33, by P. Ó D.;

using some 29 MSS, incl. B.M. Add. 18749, Armagh O'Laverty I, etc. Aguisín [App.] 4, pp. 92-8: on 30 other poems attributed to Ó D., mainly in The bardic remains of Louth (= MS U.C.D. Morris 17).

Review [in Irish] by

6524 Ó Cuív (Brian), in Éigse 13, 1969/70, pp. 244-5.
6525 *Más libh amháin is le mic Dághda.* (no. 1), p. 3.
> Provoked by Pádraig MAC GIOLLA FHIONDAIN. *A leannáin fíre na sua*, and Séamas MAC CUARTA's answer, *A leannáin gráidh na dtrí dtriúr*.

6526 *Ar mhala Dhroma Crí theagaimh domh an naí.* (no. 2), pp. 3-6.
6527 *A thulaigh an bhláth' chrín, gé gur chinnte barrlaoch is éigse ar do bhruach.* (3. Agallamh le Cnoc na Teamhrach), pp. 6-8.
> From MS R.I.A. 3 B 28.

6528 *Is fada ag éisteacht mé leis na scéala-sa.* (no. 4), pp. 8-10.
6529 *A éinín bhig shuairc a tháinig ar cuairt.* (5. Agallamh le héinín), pp. 10-1.
> Ó DOIRNÍN's authorship uncertain; 6th verse of (sole) MS U.C.D. Morris 17 om.

6530 *Cá raibh tú le bliain, a theachtaire a thriall as talamh na Niall i gcéin uainn?* (no. 6), pp. 11-3.
6531 *Tá bearád i Londain 's is iomaí fear láidir.* (no. 7), pp. 13-4.
6532 *A chiúinbhean tséimh na gcuachann péarlach.* (8. Úrchnoc Chéin Mhic Cáinte), pp. 15-6.
> Same as *A phlúr na maighdean is úire gné*, in different order of verses. 5 verses (6th in notes).

6533 *An ghéag dá dtug mé grá di is áille í ná Helen mhór.* (no. 9), pp. 16-7.
6534 *Ar ndul domh amach fán tsliabh gan choin gan each, 's an ghrian.* (no. 10), pp. 17-8.
6535 *Ólfaidh mé sláinte an pháiste is daoire folt.* (no. 11), pp. 18-20.
6536 *A ainnir chiúin na gciabh teana liom is triall.* (12. Mala Sliabh mór Féilim), pp. 20-2.
> 11 verses; cf. the shorter version *A chuisle 'gus a stór dá ngluaisfeá liom sa ród.*

6537 *Cad é sin d'aon duine in Éirinn thart timpeall.* (no. 13), pp. 22-3.
6538 *I ndún a chois coilleadh ar imeall na trá.* (no. 14), pp. 23-5.
> [otherwise *Is i ndún . . .*]

6539 *Cé go raibh sí, Róis, is mise 'ár gcónaí mar lánúin thart thall.* (15. Róis Nic an Bhaird), pp. 25-7.
6540 *Bhí mé ag suirí le cailín a bhí fíneálta, geanúil.* (16. An amaid shúgach), pp. 27-8.
6541 *Ar maidin Dé Máirt is mé ag dul go Droichead Átha.* (17. Suirí Mhuiris Uí Ghormáin), pp. 28-9.
6542 *Tréigfidh mé ceol, cuideachta is spórt.* (18. Sábha Nic Oireachtaigh), pp. 30-1.
6543 *Ní chodlaím néal i dtuirse ag smaoineamh ar bhláth na gcraobh.* (19. Méabha agus Mánas Buí), pp. 31-3.
6544 *Is tubaisteach a chuaigh dom mo chuairt chun an Mhuilinn Dé Máirt.* (20. An guairne), pp. 33-4.
6545 *Cha chreidim go deo dá ndéarfaidís slóite.* (21. Toirdhealach cóir Ó hÁmaill), pp. 35-6.

6546 *Tá stéad mear acmhainneach, taitneamhach tréitheach.* (no. 22), p. 36.
6547 *Má tá an gearrán-sa bán ní náir dó gan a bheith donn.* (23. Eachtra an ghearráin bháin), pp. 37-9.
6548 *Bhí Seán againn ba suairc i gcéill.* (24. An dá Sheán), p. 39.
6549 *Tairngire dhéarscnaí a rinneadh le Créafann mac Fhéilim an Fhíona.* (no. 25), pp. 39-42.
6550 *Dá mbeinnse saeibhir i maoin is in éadáil.* (no. 26), pp. 42-3.
6551 *Níl cailleach i gclúid is a leaca ar a glúin.* (27. Caiptín Fuiscí), pp. 43-4.
6552 *A chompáin shaor ar mhian liom a bheith libh i ngach áit.* (no. 28), p. 45.
6553 DE RÍS (Seán) *ed.*: *Ar mhullach Sliabh gCuilinn bhí an choirm á réiteach.*
In id., (Aguisín 1, Séamas Mac Murchaidh), pp. 52-5.
<small>Prob. by Peadar Ó DOIRNÍN and (2nd h.) by Séamas MAC MURCHAIDH.</small>
6554 Ó BUACHALLA (Breandán) *ed.*: Peadar Ó DOIRNÍN: amhráin. B.Á.C.: (for Coiste Chomórtha Pheadair Uí Dhoirnín) Clóchomhar, 1969. 91 pp.
<small>20 poems, using some 15 MSS, incl. Armagh O'Laverty I, B.M. Add. 18749, etc.</small>

Review [in Irish] *by*
6555 Ó CUÍV (Brian), *in* Éigse 13, 1969/70, pp. 243-5.
6556 *A chuisle 'gus a stór dá ngluaisfeá liom sa ród.* ([1.] Sliabh Féilim), pp. 31-2.
<small>4 verses, from MS Belfast, Queen's Univ., Bunting 10; cf. the longer version *A ainnir chiúin na gciabh teana liom is triall.*</small>
6557 *Bhí Seán againn ba suairc i gcéill.* ([2.] An dá Sheán), p. 33.
6558 *Is fada ag éisteacht mé leis na scéalasa.* ([3.] Mianta Uí Dhoirnín), pp. 34-5.
6559 *Níl cailleach i gclúid is a leaca ar a glún.* ([4.] Caiptín Fuiscí), pp. 36-7.
6560 *Bhí mé ag suirí le cailín bhí fíneálta geanúil.* ([5.] An amaid shúgach), pp. 38-9.
6561 *Dá mbeinnse saibhir i maoin is in éadáil.* ([6.] Gearán Uí Dhoirnín), pp. 40-1.
6562 *Bheir mo Cháit bhéilbhinn ar mhnáibh Éireanna dubhú is gnáth.* ([7.] Cáit bhéilbhinn), pp. 42-3.
6563 *Targaire dhearscnaí do rinneadh le Criofann Mhac Fhéilime an fhíona.* ([8.] An cléireach bán), pp. 44-6.
6564 *Goidé sin d'aon duine in Éirinn thart timpeall.* ([9.] An spéirbhean mhilis), pp. 47-8.
6565 *Ólfaidh mé sláinte an pháiste is daoire folt.* ([10.] Sláinte na mná Gaelaí), pp. 49-50.
6566 *Ar maidin Dia Máirt is mé ag dul go Droichead Áth'.* ([11.] Muiris Ó Gormáin), pp. 51-2.
6567 *Gé go raibh sí Róis is mise ár gcónaí mar lánúin thart thall.* ([12.] Róis Nic an Bhaird), pp. 53-4.

6568   *Cha chreideam go deo dá ndéarfaidís slóite.* ([13.] Torlach cóir Ó hÁmaill), pp. 55-6.

6569   *Ar ndul damh 'mach fón sliabh gan choin, gan each is an ghrian.* ([14.] Searcrún na dtréan), pp. 57-8.

6570   *Lá de na laethe dhamh i gcathair Dhroichead Áth' na seod.* ([15.] Máire Ní Cheallaigh), pp. 59-60.

6571   *Tá bean in Érinn a phronnfadh séad damh is mo sháith le n-ól.* ([16.] Mná na hÉireann), pp. 61-2.

6572   *Is i ndún a chois coilleadh ag imeall na trá.* ([17.] M'uilleagán dubh ó), pp. 63-4.

6573   *Tréigfidh mé ceol, cuideachta agus spórt.* ([18.] Sadhbh Nig Oireachtaigh), pp. 65-6.

6574   *A pháiste na subh ná fág mise inniu.* ([19.] Páiste na subh), pp. 67-8.

6575   *A phlúr na maighdean is úire gné.* ([20.] Úr-Chnoc Chéin Mhic Cáinte), pp. 69-70.

Ó DOMHNAILL (Maghnus)

6576   MHÁG CRAITH (Cuthbert) *ed.*:
Brāthair bocht brúite ó fhíon. By Maghnus Ó DOMHNUILL.
In 5551 [Dán Br.M.], (114. Aor), p. 375.
<small>Single q., based on MS T.C.D. H 6 15.</small>

6577   ———— *ed.*:
Mās brāthair bocht an brāthair mēith. By -id.-
In id., (115. Aor), p. 376.
<small>Single q., based on MS R.I.A. 23 A 45.</small>

6578   ———— *ed.*:
Na brāithre sin Dhún na nGall. By -id.-
In id., (116. Aor), p. 376.
<small>Single q., based on MS R.I.A. 23 A 45.</small>

Ó DOMHNAILL (Nioclás, *?* al. Bonaventúra)

6579   Ó FOGHLUDHA (Risteárd) *ed.*:
Fáilte dár n-árd-fhlaith dár ndíon. By Nioclás Ó DOMHNAILL.
In 5509 [Éigse na Máighe], (no. 9), p. 78.
<small>ca. 1735.</small>

6580   ———— *ed.*:
Cé fada me folamh gan chostas gan chíos ar bith. By -id.-
In id., (no. 17), pp. 85-6.

6581   ———— *ed.*:
Mo mhallacht go dian diachrach do ghasra an chnuic. By -id.-
In id., (no. 22), pp. 91-2.

6582   MHÁG CRAITH (Cuthbert) *ed.*:
Triúr tiomanta do thoirmi[o]sc mo shuan araoir. By -id.-
In 5551 [Dán Br.M.], (92. Triúr tiomanta), p. 339.
<small>Text based on MS R.I.A. 23 L 35. With q. 2, *An diabhal nua[i]r bhíos go claoidhte, cráidhte, fann*, cf. T. S. Ó Máille, Sean-fhocla Chonnacht, i 1473.</small>

6583   ———— *ed.*:
Am eadartha 'nae 's mē trēith a' taruint don mhóin. By -id.-
In id., (93. Seón-Anna Príor), pp. 340-1.
<small>Text based on MS R.I.A. 23 L 37.</small>

6584 ———— ed.:
Bean[n]ocht uaim féin chúghad, 'Éamuinn, curim air cuaird. By -id.-
In id., (94. Seón-gan-Anna Príor), pp. 341-2.
From -id.-

6585 ———— ed.:
Fáilte dár n-árd-fhlaith, dár ndïon. By -id.-
In id., (95. Fáilte an bhreithimh), pp. 342-3.
To Seán Clárach. Text based on MS R.I.A. 23 L 13.

6586 ———— ed.:
Cé fada mé folamh, gan chostus, gan bhuídhean air bun. By -id.-
In id., (96. Caoine chapaill), pp. 343-4.
Text based on MS R.I.A. 23 B 38.

6587 ———— ed.:
Mo mhallacht go dian diachrach do ghasaradh an chnuic! By -id.-(?)
In id., (101. Caoine phreabaire), pp. 352-3.
From MS R.I.A. 24 L 32.

Ó Domhnalláin (Tadhg)

6588 McKenna (Lambert) ed.:
Leaghadh don Ghalltacht gnaoi Néill. By Tadhg Ó Domhnalláin.
In 5499 [Magauran], (no. 33), pp. 288-9.
To Niall Mág Shamhradháin (†1362). Less than one stanza remains; not translated.

Ó Donnchadha an Ghleanna (Séafraidh)

6589 de Brún (Pádraig) ed.: Uacht Shéafraidh Uí Dhonnchadha an Ghleanna.
In JKAHS 4, 1971, p. 166. (= Miscellanea, no. 2)

Ó Donnghaile (Eoghan)

6590 Ó Tuathail (Éamonn) ed.: Aisling na Binne Buirbe — Eóghan Ó Donnaoile cc.
In Éigse 4, 1943/44 (1945), (pt. 2, 1943), pp. 112-7.
Tuirseach dhamh ag éirghe lae. 22 qq., from MSS T.C.D. H 5 28 and N.L. G 137; additional qq. from MS R.I.A. 23 O 35 (18th c.), possibly by the scribe, Brian O'Farrell.

6591 Duffy (Joseph) ed.: Comhairle Mhic Clamha ó Achadh na Muilleann.
In Clogher record 5, (no. 3, 1965), pp. 307-47.
Repr. with corrs.
Ó Dufaigh (Seosamh): Comhairle ... A Gaelic satire. Cumann Seanchais Chlochair, 1966. 44 pp.
Ca. 1680, poss. by Eoghan Ó Donnghaile. Introd. poem: *Arsaigh, chroidhe, gheanamhail, ruaidh.* Based on MS R.I.A. 23 I 1, Engl. transl.

6592 ———— ed.:
Mochion do theacht Fhéidhlime. By -id.-
In id., (App. 2), pp. 346-7 [~ 42-3].
Diplom. text from MS B.M. Add. 18749.

6593   Ó BUACHALLA (Breandán) *ed.*:
Tuirseach dhamh ag éirghe lae. By -id.-
In 5569 [Nua-dhuan. 1], (45. Aisling na Binne Buirbe), pp. 58-60.
    22 qq.; earliest MS T.C.D. H 5 28 (1679).

6594   ———— *ed.*:
Ceist ar eólchaibh iath Banbha. By -id.-
In id., (46. Seán Ó Néill), pp. 61-3.
    From MSS R.I.A. 23 C 19 and Maynooth M 14.

Ó DREADA (Seán)

6595   HENCHION (R.) *ed.*: The gravestone inscriptions of Co. Cork — 3.
In JCHAS 73, 1968, pp. 175-81.
    Incl. ed. of 2 Ir. epitaphic quatrains, by Seán Ó DREADA (1822 and 1818); also reference to 6 others.

Ó DUBHAGÁIN (Seaán Mór)

6596   CARNEY (James) *ed.*:
Triallom timcheall na Fódla. By Seaán Mór Ó DUBHAGÁIN.
In 5487 [Top. poems], pp. 1-34.
    Based on MS R.I.A. C ii 1. App. A: prose version, from MS R.I.A. 23 N 28; B: prose version, by Giolla Pádraig UA LUINÍN; based on MS R.I.A. C vi 1.

Ó DUBHTHAIGH (Eoghan)

6597   MHÁG CRAITH (Cuthbert) *ed.*:
Léig dod chomhmórtas dūinn. By Eoghan Ó DUBHTHAIGH.
In 5551 [Dán Br.M.], (27. An chliar ghliogair), pp. 127-51.
    1578; text based on MSS R.I.A. C iv 3, N.L. G 117, T.C.D. H 5 9.

6598   ———— *ed.*:
A Bhanbha, is truagh do chor! By -id.-
In id., (28. An t-athrughadh creidimh), pp. 151-3.
    Text based on MS R.I.A. 23 D 30.

Ó DUINCÍN (Pádraig) *al.* **DUNGIN** (Patrick)

6599   Ó BUACHALLA (Breandán) *ed.*:
Truagh mo thuras ó mo thír. By Pádraig Ó DUINCÍN.
In 5569 [Nua-dhuan. 1], (no. 29), pp. 38-9.
    From MSS R.I.A. 23 B 38 and 20 B 5; but perhaps not by P. Ó D.

Ó FEARGHAIL (Brian)

6600   MAC ENERY (Marcus) *ed.*: Memoirs of Brian Ó FEARGHAIL.
In Éigse 5, 1945/47 (1948), (pt. 3, 1946), pp. 158-63.
    Extract (36 qq.) from *Teisd agas aithrighe Bhrian Ui Fhearragail*, as on pp. 134-5 of autogr. MS R.I.A. 23 E 7, *A naimsir Coirrinel Hodson a bheith dTigh Eoin.*

Ó FIALÁN (Ádhamh)

6601   McKENNA (Lambert) *ed.*:
Do fhóir Dia dobrón ó mBriuin. By Adhamh Ó FIALÁN.
In Studies 31, 1942, pp. 202-10. (Some Irish bardic poems, 62. Poem on the release of Tomas)
    Wr. ca. 1339. From BMag.; with Engl. transl.
Republ. in 5499 [Magauran], (no. 24), pp. 200-15, 366-71.

6602   ———— *ed.*:
'Geabh do mhúnudh a mheic bhaoith.' By -id.-

In Studies 31, 1942, pp. 504-12. (id., 64. Poet seeks reconciliation with prince)
<blockquote>From BMag.; with Engl. transl.</blockquote>
Republ. in 5499 [Magauran], (no. 19), pp. 152-67, 347-53.

Ó Fialáin (Donnchadh)

6603 Mac Airt (Seán) *ed.*:
Beannacht ag Baile na Corra. By Donnchadh Ó Fí[a]láin.
In 5489 [LBran.], (no. 36), p. 144.

6604 ——— *ed.*:
Fada an turus tug Eamhain. By -id.-
In id., (no. 56), pp. 197-203.
<blockquote>Wr. ca. 1597.</blockquote>

Ó Flaithbheartaigh (Brian)

6605 Ó Foghludha (Risteárd) *ed.*:
Mo charaid do charaid, a chara mo chléibh gan ghó. By Brian Ó Flaithbheartaigh.
In 5509 [Éigse na Máighe], (no. 51), p. 135.

6606 ——— *ed.*:
Tá pianta agus fiabhras im chroidhe is im scairt. By -id.-
In id., (no. 70), pp. 160-1.
<blockquote>Elegy on Seán Ó Tuama, 1775.</blockquote>

Ó Floinn (Donnchadh)

6607 de Brún (Pádraig) *ed.*: Dhá litir Ghaeilge.
In Éigse 12, 1967/68, pp. 85-90.
<blockquote>Two letters in verse and prose, from a MS in U.C.C. (without number; scribe: Seán Ó Dreada, 1827):
(1) by Pól Ó Briain, Maynooth, 1804; first line: *A chara gráidhac na Ngaodhal*;
(2) answer by Donncha Ó Floinn, Cork, 1805; first line: *A aodhaire chliste an tréada*.</blockquote>

Ó Floinn (Theophilus al. Tadhg)

6608 Clancy (Peadar S.): Theophilus O'Flynn, seanchaí and poet.
In Breifne 1, 1958/61, (no. 1, 1958), pp. 30-3.
<blockquote>From the parish of Inishmagrath (Co. Leitrim). First lines and subject matter of his poems in MSS R.I.A. 23 O 42 and 23 I 8.</blockquote>

6609 Ó Ceilleachair (Stiofán): Canúint Mhuintir Chionnaith agus Chlann Fhearmaighe.
Arna chur in eagar ag [ed. by] an Athair D. Mac an Ghallóglaigh.
In Breifne 3, (no. 10, 1967), pp. 266-95, (no. 11, 1968), pp. 299-319.
<blockquote>On the Irish of Innismagrath and Glenfarne (Co. Leitrim).
Nóta eagarthóra (p. 319): Theophilus Ó Floinn.</blockquote>

Ó Gadhra (Seán)

6610 Mac Domhnaill (*An tAthair* [S.]) *ed.*: Dánta is amhráin Sheáin Uí Ghadhra.
B.Á.C.: Oifig an tSoláthair, 1955. 96 pp.
<blockquote>As publ. by Torna, *in* IG 14-17, 1905-07 (v. de Hae ii, Treoir gheinearálta).</blockquote>

Ó GÉAGÁIN (Tomás) *v.* MÁGH GEATHAGÁIN
Ó GEALACÁIN (Peadar) *al.* GALLEGAN (Peter)

6611 Ó TUATHAIL (Éamonn) *ed.*:
A chlann Jupiter na n-éacht 'tá 'bhur gcomhnaidhe i mbarr an tsléibhe. By Peadar Ó GEALACÁIN.
In An tUltach 26, uimh. 7 [recte 8], Lughnasa 1950, p. 3. (Dánta de chuid Uladh, 6. Tuireamh Bhrighid Nic an Róigh)
From MS Edinb. [Db 7 1] (Gallegan).

Ó GÉARÁIN (Maol Muire Bacach)

6612 Ó SÉAGHDHA (Nessa *Ní Shéaghdha*) *ed.*: Ó Conchobhair Chiarraighe.
In Celtica 6, 1963, pp. 173-83.
early 16th c. *Túar ríghe rath tighearna*, by Maol Muire Bacach Ó GÉARÁIN. Based on MS R.I.A. 23 F 16; with Engl. transl.

Ó GIOLLÁIN (Enóg)

6613 Ó MAOL-CHRÓIN (Caitlín *Ní Mhaol-Chróin*) *ed.*: Cathair Chiaráin.
In An Sagart 7, 1964, uimh. 3/4, pp. 37-9.
Cathair Chiaráin Cluain Mhac Nóis, by Enóg Ó GILLÁIN. From MS Rawl. B 486; diplom. and normalized texts, notes.

Ó GLASÁIN *al.* Ó GLIOSÁIN (Tomás)

6614 Ó FOGHLUDHA (Risteárd) *ed.*:
Is aobhach linn-ne, a shéimh-fhir oilte. By Tomás Ó GLIOSÁIN.
In 5509 [Éigse na Máighe], (no. 12), pp. 80-1.
1736.

6615 ——— *ed.*:
M'aindeis gan sosadh ler goineadh mo chroidhe im lár. By -id.-
In id., (no. 21), pp. 89-90.

6616 ——— *ed.*:
A charaid, a thogha, is mo rogha-sa d'fhearaibh díograis. By Tomás Ó GLASÁIN.
in id., (no. 36), p. 114.

6617 MHÁG CRAITH (Cuthbert) *ed.*:
M'aindeis, gan sosadh, léar gonadh mo chroidhe im lár. By Tomás Ó GLÍOSÁIN.
In 5551 [Dán Br.M.], (99. Freagra Thomáis Í Ghlíosáin), pp. 348-50.
Satire on Nioclás Ó Domhnaill. Text based on MS R.I.A. 23 L 13.

Ó GNÍMH (Fear Flatha)

6618 O'RAHILLY (T. F.): Ó Gnímh's alleged visit to London.
In Celtica 1, 1950, pp. 330-2, 407. (Varia 2, no. 2)
The origin of Hardiman's mistaken assertion that Fear Flatha Ó GNÍMH travelled to London in 1562.

6619 Ó CUÍV (Brian) *ed.*: A poem on the Í Néill.
In Celtica 2, 1954, pp. 245-51.
Gearr bhur ccuairt, a chlanna Néill, by Fear Flatha Ó GNÍMH; from MS T.C.D. H 5 28, with Engl. transl.

6620 Ó BUACHALLA (Breandán) *ed.*:
Tairnig éigse fhuinn Ghaoidheal. By Fear Flatha Ó GNÍMH.
In 5569 [Nua-dhuan. 1], (1. Éigse fhuinn Ghaoidheal), pp. 1-2.

Ó GNÍMH ( )

6621 [WALSH (Paul)] *ed.*: Worth and virtue unrequitted. An Irish poet and the English.
In 448 [Chiefs and leaders], (no. 3), pp. 67-81.
> cf. IER 31.10ff [Best² 1761b]. *Treisi an eagla ioná an andsacht*, by Ó GNÍMH; from MS Franc. A 25, Engl. transl. (completed by Colm O LOCHLAINN).

6622 O LOCHLAINN (Colm) *ed.*: Ár ar Ard na Riadh.
In Éigse 5, 1945/47 (1948), (pt. 3, 1946), pp. 149-55.
> 1586. *Do loiscceadh meisi sa Mhuaidh*, by Ó GNÍMH. From MS Franc. A 25; Engl. transl.

Ó GORMÁIN *earlier* **MAC GORMÁIN** (Muiris) *al.* **(O')GORMAN** (Maurice)

6623 Ó TUATHAIL (Éamonn) *ed.*:
Níl fáth dá shéanadh an sgéal 'tá i gcló go nuadh. By Muiris Ó GORMÁN.
In An tUltach 29, uimh. 5, Bealtaine 1953, pp. 11-2. (Dánta de chuid Uladh: Tuireamh Eóghain Ruaidh Uí Néill)
> From MSS U.C.D. G 8 and Edinb. Db 7 1 (Gallegan).

6624 MOORE (Séamus P.) *ed.*: *Ar an Athair is cliútaighe cáil*.
In 5518 [18th c. priests], (no. 1), pp. 57-8.
> From MS R.I.A. 23 M 4; Engl. synopsis.
> Possibly (as also *Ar an Athair Philip sclag tart*) fragment of a longer poem. Prob. by Muiris MAC [*later* Ó] GORMÁIN (Maurice O'GORMAN), as also the poem *Ar chrú Cholla mo chuairt i gcéin*.

6625 ——— *ed.*: *Ar an Athair Philip scalg tart*.
In id., (no. 2), pp. 58-9.
> -id.- Possibly (as also *Ar an Athair is cliútaighe cáil*) fragment of a longer poem. Prob. by -id.-

6626 ——— *ed.*: On Father Francis Mac Mahon.
In ClRec 1, no. 4, 1956, pp. 132-5.
> *Ar chrú Cholla mo chuairt i gcéin*, prob. by -id.- From MSS B.M. Eg. 139 and R.I.A. 23 D 16; with Engl. synopsis.

6627 Ó MÓRDHA (Séamus P.) *ed.*: Maurice O'GORMAN in Monaghan. A second poem on Fr. Francis Mac Mahon.
In ClRec 2, (no. 1, 1957), pp. 20-4.
> 'Ar an Athair Proinsias Mac Mathghamhna.' Acephalous: [ ] *na stéad's na nallann óir*. From MS N.L. G 447; Engl. synopsis.

6628 Ó DUBHTHAIGH (Bearnárd) *ed.*: Agallamh Oisín agus Phádraig: *Lá dhúinne ar Sliabh Fuaid*.
In Éigse 9, 1958/61, (pt. 1), pp. 34-52.
> Poss. by -id.-, from autogr. MSS B.M. Eg. 128, etc.; notes. S.E. Ulster dialectal features. Aguisín [App.]: variants and 2 add. qq. from MS R.I.A. 24 I 23.

6629 Ó FIAICH (Tomás) *ed.*: Dán ar Phádraig Mac Síomoin.
In RepN 2, (no. 2, 1960), pp. 288-97.
> ca. 1765. *A Áth Cliath is aoibhinn dhuit*, prob. by -id.- From MS B.M. Eg. 110 (autogr.); with Engl. transl.

Ó HAODHA (Niocolás)

6630 TORNA [*pseud.*, Ó DONNCHADHA (Tadhg)] *ed.*: Garraithe daora. Niocolás Ó HAODHA cct.)

In Éigse 4, 1943/44 (1945), (pt. 4), pp. 288-91.
    Mo fháth-tuirse déarach, mo léir-ghoin, mo dhíth; from MS U.C.C. 63.

Ó hEODHUSA (Aonghus)

6631 McKENNA (Lambert) *ed.*:
Millte Éire d'iomthnúdh Ghaoidheal. By Aonghus Ó hEOGHUSA.
In 5499 [Magauran], (no. 23), pp. 190-201, 362-6.
    On the release from captivity of Tomás Mág Shamhradháin in 1339. Cf. Best[2] 1716.

Ó hEODHUSA (Eochaidh)

6632 BREATNACH (R. A.) *ed.*: A pretended robbery.
In Éigse 3, 1941/42 (1943), (pt. 4), pp. 240-4.
    A mhacáoimh mháoidheas do shlad, by Eochaidh Ó hEÓGHUSA. From BOCD (collated with R.I.A. 23 F 16); Engl. transl., notes.

6633 McGRATH (Cuthbert): *A mhacaoimh mhaoidheas do shlad.*
In Éigse 4, 1943/44 (1945), (pt. 1), pp. 67-9.
    On Eochaidh Ó hEOGHUSA's poem (cf. Éigse 3.240ff).

6634 MAC AIRT (Seán) *ed.*:
Ionmhuin teach ré ttugus cúl. By Eochaidh Ó hEÓGHUSA.
In 5489 [LBran.], (no. 47), pp. 166-70.
    To Feilim mac Fiachaidh (†1630).

6635 ——— *ed.*:
Leanfad ar n-agra ar Fheilim. By -id.-
In id., (no. 53), pp. 190-3.
    To -id.-

6636 ——— *ed.*:
Teallach einigh iath Laighean. By -id.-
In id., (no. 59), pp. 219-26.
    Text follows for the most part that of L. McKenna, Dioghluim dána, no. 117. — To -id.-

6637 ——— *ed.*:
Créd so ag buaidhreadh ban nGaoidheal? By -id.-
In id., (no. 60), pp. 226-32.
    Wr. sometime after 1598.

6638 ——— *ed.*:
An coiscéim-si a gceann Laighneach. By -id.-
In id., (no. 61), pp. 233-8.
    -id.-

6639 Ó M[AOLAGÁIN] (P.) *ed.*: *Fada ó'm intinn a h-amharc.*
In An tUltach 25, uimh. 5 [sic], Aibreán 1948, p. 5.
    By -id.-, for Cúchonnacht Óg Maguidhir, prob. 1601. From MSS R.I.A. 24 P 12, 23 L 17, 23 F 16.

6640 CARNEY (James) *ed.*:
Dā ghrádh tréigfead Máol Mórdha. By Eochaidh [Ó hEÓGHASA].
In 5503 [O'Reilly], (25. To Maol Mórdha mac mic Sheaáin, [†1617]), pp. 121-7.
    From MS B.M. Add. 40766.

6641 CORMIER (Raymond): The maddening rain: a comparison of the Irish and Provençal versions.
In Éigse 11, 1964/66, (pt. 4), pp. 247-51.
    On *Bíodh aire ag Ultaibh ar Aodh*, by -id.- (v. ISP, pp. 51ff, 99ff).

6642 CARNEY (James): The Irish bardic poet. A study in the relationship of poet and patron, as exemplified in the persons of the poet, Eochaidh Ó hEoghusa (O'Hussey), and his various patrons, mainly members of the Maguire family of Fermanagh.
Dublin: Dolmen, 1967. 40 pp. (= New Dolmen chapbooks, vol. 4)
_{Statutory public lecture of D.I.A.S., 20 March 1958.}

Ó hEodhusa (Giolla Brighde *al.* Bonaventura)

6643 McGrath (Cuthbert) *ed.*: Three poems by Bonabheantúra Ó hEódhasa, O.F.M.
In Éigse 4, 1943/44 (1945), (pt. 3, 1944), pp. 175-96.
From the Louvain edition (before 1619) of Ó hEodhasa's *An Teagasg críosdaidhe*. First lines: (1) *Truagh liomsa, a chompáin, do chor*; (2) *Gabh aithreachas uai*[m]; (3) *Truagh cor chloinne hÁdhaimh.*

6644 VENDRYES (Joseph): Le poème *Truagh liomsa, a chompáin, do chor*, par Bonaventura O'Hussey: variantes d'un manuscrit du 18e siècle.
In Éigse 5, 1945/47 (1948), (pt. 4), pp. 290-3.
MS in the possession of J.V. (wr. by Pol Ruilliss, v. RC 48. 235ff).

6645 [WALSH (Paul)] *ed.*:
Atáim ionchóra re hAodh. By Giolla Brighde Ua hEóghusa.
In 8717 [Aodh Ruadh], pt. 2, pp. 98-103. (Poems on the Ó Domhnaill family)
'To Aodh Ruadh Ó Domhnaill.' From BODD, with Engl. tr.

6646 Ó MÓRDHA (Séamus P.): Giolla Bríde Ó hEósa agus a shaothar.
In Dóchas 1, uimh. 2, 1964, pp. 37-42.

6647 MHÁG CRAITH (Cuthbert) *ed.*:
A-tām ionchōra re hAodh. By Giolla Brighde Ó hEodhosa.
In 5551 [Dán Br.M.], (4. D'Ú Dhomhnaill .i. Aodh Ruadh), pp. 23-5.
Ca. 1592; text based on BOCD.

6648 ——— *ed.*:
Slán agaibh, a fhir chumtha. By -id.-
In id., (5. Slán le compán carthanach), pp. 25-7.
? 1592-1600; -id.-

6649 ——— *ed.*:
Truagh an t-amharc-sa, a Éire! By -id.-
In id., (6. Eolchaire), pp. 28-31.
Text based on MS R.I.A. 23 I 40.

6650 ——— *ed.*:
Deacair suan ar chneidh gcarad. By -id.-
In id., (7. Truaighmhéile), pp. 31-4.
1600-14; text based on BOCD.

6651 ——— *ed.*:
A sgrībhionn luidheas tar lear. By -id.-
In id., (8. Uilliam Nuinnseann), pp. 35-8.
1610-14; from BOCD.

6652 ——— *ed.*:
Truagh liomsa, a chompáin, do cho[r]. By -id.-

>
> *In* id., (9. Cara eirice), pp. 38-51.
>> From *An Teagasg críosdaidhe* (Louvain, before 1619).

6653 ——— *ed.*:
> *Gabh aithreachas uai[m].* By -id.-
> *In* id., (10. Iodhbuirt chuirp is anman), pp. 52-5.
>> Text based on that in -id.-

6654 ——— *ed.*:
> *Truagh cor chloinne hÁdhaimh.* By -id.-
> *In* id., (11. 'Cur mundus militat'), pp. 55-8.
>> Text based on that in -id.-

6655 ——— *ed.*:
> *A fhir léghtha an leabhráin bhig.* By -id.-
> *In* id., (12. An teagasg críosdaidhe i ndán), pp. 58-69.
>> 67 qq.; text based on and extracted from *An Teagasg críosdaidhe* (Antwerp 1611).

6656 ——— *ed.*:
> *A dhuine chuirios an crann.* By -id.-
> *In* id., (13. Diombuaine na beathadh), p. 70.
>> Text based on BOCD.

6657 ——— *ed.*:
> *[G]lac, a chompāin, comhairle.* By Eoghan Ruadh MHAC AN BHAIRD, or by -id.-
> *In* id., (14. Divi Bernardi abbatis Formula honestae vitae), pp. 71-81.
>> Text based on BOCD.

6658 ——— *ed.*:
> *Anois dīolaim deachmhaidh Dhē.* By (?) -id.-
> *In* id., (15. Deachmhadh Dé), pp. 81-3.
>> From MS R.I.A. 24 P 12.

6659 Ó BUACHALLA (Breandán) *ed.*:
> *A dhuine chuireas an crann.* By -id.-
> *In* 5569 [Nua-dhuan. 1], (3. Giorra an tsaoil), p. 5.

Ó HEODHUSA (Maol Seachluinn)

6660 MCKENNA (Lambert) *ed.*:
> *Ní beag easbhaidh Inse Fáil.* By Maol Sheachluinn Ó HEOGHASA.
> *In* Studies 33, 1944, pp. 400-4. (Some Irish bardic poems, no. 71)
>> From BMag.; with Engl. transl. Elegy on Tomás Mág Shamhradháin (†1343).
>
> *Republ. in* 5499 [Magauran], (no. 31), pp. 270-7, 392-4.

Ó HIARLAITHE (Dáibhidh)

6661 [Ó CRÓINÍN (Donnchadh)] *ed.*:
> *Seo an t-abhar le ngoilim is d'osguil mo chneádha go léir.* By Dáibhí Ó HIARLUIGHTHE.
> *In* An Músgraigheach 8, Samhradh 1945, p. 8. (Filíocht Mhúsgraighe, no. 3)
>> On the death of Bishop Eoghan Ó Súilleabháin (†1743). 6 qq., from MSS R.I.A. 23 G 24, 23 N 14, 23 N 15.

Ó HÍCEADHA (Uilliam)

6662 MHÁG CRAITH (Cuthbert) *ed.*:
    Gabh, a Chéin, go séimh, mo theagasg uaim-sa. By Uilliam Ó HÍCEADHA.
    In 5551 [Dán Br.M.], (89. Comhairle an bhráthar bhoicht), pp. 330-5.
        ? 1684, to Cian Ó Mathghamhna. Text based on MS R.I.A. 23 G 3.

Ó HIFEARNÁIN (Muircheartach)

6663 MAC ENTEE (Máire) *ed.*:
    Dia dho choimhdhe a crō ind diona. By Muircheartach UA HIFEARNÁIN.
    In ÉtC 4, 1941/48, (fasc. 2, 1948), pp. 379-87. (Deux poèmes du manuscrit de Paris, no. 2)
        From MS Paris B.N. 1; with Fr. transl.

6664 Ó CEALLACHÁIN (Máire *Ní Cheallacháin*) *ed.*:
    Slán fad lot, a chlóca chróin. By Muircheartach Ó HIFEARNÁIN.
    In 5955 [P. Haicéad], (31. Muircheartach Ó hIfearnáin agus an clóca crón, i modh agallmha), pp. 31-3.
        Based on MS U.C.C. T iii.

Ó HUAITHNÍN (Seán)

6665 Ó HÓGÁIN (Seán) *ed.*: Féile Thiobóid.
    In IBL 31, 1949/51, (no. 2, 1949), p. 25.
        A éigse, léigidh d' bhur ndiospóireacht, by Seán Ó HUAITHNÍN. From MS R.I.A. 24 B 11.

6666 ———— *ed.*: Ó Lochlainn i bhfeirg.
    In id., (no. 3, 1949), p. 49.
        A bhláith na bhFlaith nár chleacht an dlighe mar rogha, by -id.- From -id.-

Ó HUIDHRÍN (Giolla na Naomh)

6667 CARNEY (James) *ed.*:
    Tuilleadh feasa ar Éirinn óigh. By Giolla-na-naomh Ó HUIDHRÍN.
    In 5487 [Top. poems], pp. 35-63.
        Based on MS R.I.A. C ii 1.

Ó HUIGINN (Domhnall)

6668 MAC AIRT (Seán) *ed.*:
    Ésga an oinigh fán aird toir. By Domhnall Ó HUIGINN.
    In 5489 [LBran.], (no. 32), pp. 130-5.
        To Fiachaidh mac Aodha (†1597).

Ó HUIGINN (Domhnall Óg mhac Aodha)

6669 MCKENNA (Lambert) *ed.*:
    Frémh na fíoruaisle fuil Chéin. By Domhnall Óg Ó HUIGINN.
    In 5507 [O'Hara], (no. 16), pp. 184-97.
        From BOH and 3 B 14. To Cormac Ó hEadhra (chieftain 1581-1612).

6670 ———— *ed.*:
    Ní baodhal feasda fian Luighne. By -id.-
    In id., (no. 34), pp. 352-63.
        To Tadhg Buidhe Ó hEadhra (†1616).

6671 ——— ed.:
A Thaidhg, cuimhnigh an comann. By -id.-
In id., (no. 35), pp. 364-7.
To -id.-

Ó HUIGINN (Donnchadh Caoch)
6672 CARNEY (James) ed.:
Ní chluinim guth Filib fós. By Donnchadh Caoch Ó HUIGINN.
In 5503 [O'Reilly], (15. To Pilib, son of Aodh Conallach, [†1596], pp. 80-4.
From MS Cambr. Add. 3082.

6673 ——— ed.:
Mo chara apsduil Filib. By -id.-
In id., (16. To -id.-), pp. 84-8.
From -id.-

Ó HUIGINN (Giolla na Naomh)
6674 MCKENNA (Lambert) ed.:
Rogha na dtuath Teallach n-Eachach. By Giolla na Naomh Ó HUIGINN.
In 5499 [Magauran], (no. 10), pp. 70-81, 316-20.
On the death of Tomás Mág Shamhradháin (†1343). Cf. Best² 1717a.

6675 ——— ed.:
Tánag d'Fhánaid an einigh. By -id.-
In id., (no. 27), pp. 236-47, 379-83.
To -id.- Cf. 7027

Ó HUIGINN (Irial mhac Aonghusa)
6676 ——— ed.:
Ceanglam re chéile, a Chormuic. By Irial Ó HUIGINN.
In 5507 [O'Hara], (no. 12), pp. 154-61.
From BOH and 3 B 14. To Cormac Ó hEadhra (chieftain 1581-1612).

6677 ——— ed.:
Creach ag Luighne ó Leith Mhodha. By -id.-
In id., (no. 13), pp. 162-71.
From -id.- To -id.-

6678 ——— ed.:
Ag so chugad, a Chormuic. By -id.-
In id., (no. 14), pp. 172-7.
To -id.-

6679 ——— ed.:
Cionnaim a-nois cia ar gcara. By -id.-
In id., (no. 15), pp. 178-83.
From BOH and 3 B 14. To -id.-

Ó HUIGINN (Maghnus Óg mhac Aodha)
6680 ——— ed.:
Beiriodh easaonta d'fuil Chéin. By Maghnus Óg Ó HUIGINN.
In id., (no. 18), pp. 206-17.
To -id.-

6681 ——— ed.:
Ná bíodh athtuirsi ar fhuil Chéin. By -id.-
In id., (no. 19), pp. 218-25.
To -id.-

Ó HUIGINN (Maol Muire)

6682 ——— ed.:
Malairt chrotha ar chrích Luighne. By Maol Muire Ó HUIGINN.
In id., (no. 25), pp. 258-75.
From BOH and 3 B 14. To Oilill Ó hEadhra (†1685).

6683 ——— ed.:
Inghean tSearluis nach claon cuing. By -id.-
In id., (no. 27), pp. 286-9.

Ó HUIGINN (Mathghamhain)

6684 ——— ed.:
Ar ghuth éinfhir anaid Bréifnigh. By Mathghamhain Ó HUIGINN.
In Studies 34, 1945, pp. 204-10. (Some Irish bardic poems, no. 74)
From BMag.; with Engl. transl. To Niall Mág Shamhradháin (†1362).
Republ. in 5499 [Magauran], (no. 32), pp. 278-89, 394-8.

Ó HUIGINN (Mathghamhain)

6685 MAC AIRT (Seán) *ed.*:
Créd do choisc cogadh Laighean? By Mathghamhain Ó HUIGINN.
In 5489 [LBran.], (no. 50), pp. 178-83.
To Feilim mac Fiachaidh (†1630).

Ó HUIGINN (Niall)

6686 MCKENNA (Lambert) *ed.*:
Nír bháidh teine Teallaigh Eachach. By Niall Ó HUIGINN.
In Studies 31, 1942, pp. 105-10. (Some Irish bardic poems, 61. Eochaidh's Hearth)
From BMag.; with Engl. transl.
Republ. in 5499 [Magauran], (no. 25), pp. 214-29, 371-6.
To Tomás Mág Shamhradháin (†1343).

6687 ——— ed.:
Eire trom trillse Saidhbhe. By -id.-
In id., pp. 296-302. (id., 63. Glory of Sadhbh)
From BMag.; with Engl. transl.
To Sadhbh (†1373), daughter of Cathal Óg Ó Conchobhair, prob. while married to Ó Ruairc (†1349).
Republ. in id., (no. 16), pp. 120-31, 335-9.

6688 ——— ed.:
Díoth cruidh coire Tómás. By -id.-
In Studies 32, 1943, pp. 116-21. (id., 65. Hospitality and power of Tomas)
From BMag.; with Engl. transl.
Republ. in id., (no. 26), pp. 228-37, 376-9.

Ó HUIGINN (Philip Bocht)

6689 DICKINS (Bruce): The Irish broadside of 1571 and Queen Elizabeth's types.
In Transactions of the Cambridge Bibliographical Society 1, 1949, pp. 48-60. pls.
The only known copy of the first Irish text printed in Ireland, extracted from MS Cambridge, Corpus Christi College, 12. It contains a poem on the Day of Judgement by Philip Bocht Ó HUIGINN: *Tuar ferge foighide Dhé* (cf. GJ 9.306ff).

H VERSE

Ó hUiginn (Raghnall)

6690 McKenna (Lambert) ed.:
Uaisle [a-]chách ceinéal mBréanainn. By Raghnall Ó hUiginn.
In Studies 32, 1943, pp. 557-64. (Some Irish bardic poems, 68. Mág Shamhradháin's noble origin)
From BMag.; with Engl. transl.
Republ. in 5499 [Magauran], (no. 18), pp. 140-53, 343-7.
To Tomás Mág Shamhradháin (†1343).

6691 ——— ed.:
Brian a-nois do-ním do Mhaghnus. By -id.-
In 5499 [Magauran], (no. 11), pp. 80-93, 320-4.
To Maghnus Mág Shamhradháin (†1303). Cf. Best² 1718.

Ó hUiginn (Seaán mac Ruaidhrí)

6692 Mac Airt (Seán) ed.:
Cia cheannchus adhmad naoi rann. By Seaán (mac Ruaidhrí) Ó hUiginn.
In 5489 [LBran.], (no. 8), pp. 31-2.
To Aodh mac Seaáin (†1579).

Ó hUiginn (Tadhg) ? *same as* **Ó hUiginn (Tadhg Mór)**

6693 McKenna (Lambert) ed.:
D'uaislibh taoiseach Banbha Brian. By Tadhg Ó hUiginn.
In 5499 [Magauran], (no. 2), pp. 6-21, 291-7.
To Brian Mág Shamhradháin, †1298. Cf. Best² 1720.

[Ó hUiginn ?] (Tadhg)

6694 ——— ed.:
Fadógh ar gríosaigh gnaoi Néill. By Tadhg [Ó hUiginn ?].
In Studies 33, 1944, pp. 108-14. (Some Irish bardic poems, no. 69)
The author is probably Tadhg Ó hUiginn. From BMag.; with Engl. transl. To Niall Mág Shamhradháin (†1362).
Republ. in 5499 [Magauran], (no. 30), pp. 258-69, 387-91.

Ó hUiginn (Tadhg Dall)

6695 Mac Airt (Seán) ed.:
Searc mná Ír dhuit, Aoidh, ná léig a bhfaill. By Tadhg Dall Ó hUiginn.
In 5489 [LBran.], (no. 16), pp. 54-6.
Amhrán to Aodh mac Seaáin (†1579). Cf. TD, poem 35.

6696 McKenna (Lambert) ed.:
An áil libh seanchus síl gCéin. By -id.-
In 5507 [O'Hara], (no. 2), pp. 24-49.
Engl. transl. from TD ii 152ff. To Cormac Ó hEadhra, i.e. after 1581.

6697 ——— ed.:
Ag so an chomuirce, a Chormoic. By -id.-
In id., (no. 3), pp. 50-7.
From BOH and 3 B 14. Engl. transl. from TD ii 143ff. To -id.-

6698 ——— ed.:
Maith an ceanduighe Cormac. By -id.-
In id., (no. 4), pp. 58-75.
From -id.- Engl. transl. from TD ii 146ff. To -id.-

H VERSE

6699 ——— ed.:
Fiodhbhaidh a chéile clú deise. By -id.-
In id., (no. 5), pp. 76-87.
From -id.- Engl. transl. from TD ii 139ff. To -id.-

6700 ——— ed.:
[2nd line:] *atuirse d'éigsibh Éireann.* By -id.-
In id., (no. 28), pp. 290-9.
Elegy on two of the Í Eadhra executed in 1586. First line illeg. Last line: *a bhfaisgin riamh as rothruagh.* First line as repeated after this, *Truagh mo dháil re deich laithibh*, cannot be right. Not in TD.

6701 ——— ed.:
Anos bhréagnoighthear Bricne. By -id.-
In id., (no. 29), pp. 300-13.
On the death of Seaán Buidhe Ó hEadhra. Not in TD.

Ó hUIGINN (Tadhg Mór) ? same as **Ó hUIGINN** (Tadhg)

6702 ——— ed.:
A fhir táinig re tásg mBriain. By Tadhg Mór Ó hUIGINN.
In 5499 [Magauran], (no. 4), pp. 30-41, 301-5.
On the death of Brian Mág Shamhradháin, †1298. Cf. Best² 1719.

Ó hUIGINN (Tadhg Óg)

6703 CARNEY (James): 'In praise of Loch Erne.'
In Celtica 1, 1950, p. 302. (Miscellanea, no. 3)
Do mheall an sochar síol gColla, by Tadhg Óg Ó hUIGINN, q. 25 (i.e. q. 5, in ISP, 1957, pp. 48 and vi) with the help of MS Edinb. 30.

Ó hUIGINN (Tadhg Óg mhac Maol Muire)

6704 McKENNA (Lambert) ed.:
An Cian céadna a gConnachtoibh. By Tadhg Óg (mhac Maol Muire) Ó hUIGINN.
In 5507 [O'Hara], (no. 1a), pp. 14-23.
From BOH and 3 B 14. To Cian, father of Tadhg Ó hEadhra (†1560) and Cormac Ó hEadhra (†1612).

Ó hUIGINN (Tomás)

6705 ——— ed.:
Damh féin do choigleas Oilill. By Tomás Ó hUIGINN.
In 5507 [O'Hara], (no. 31), pp. 322-5.
From BOH (1653 on margin) and 3 B 14. To Oilill Ó hEadhra (†1685).

Ó hUIGINN (Tomás mac Briain Dorcha)

6706 CARNEY (James): 'Thomas Costello and O'Rourke's wife.'
In Celtica 1, 1950, pp. 280-4, 406.
Metaphorical interpretation of *Féuch féin an obair-si, a Aodh* (cf. Best² 1841). Suggested authorship: Tomás Ó hUIGINN.

6707 ——— ed.: The *Féuch féin* controversy.
In 495 [SILH], (chap. 7), pp. 243-75.
Incl. ed. from MS R.I.A. C iv 1, and transl., of the closely related poem *Gabh mo shuirghe, a ua Émuinn* by Tomás (mac Briain Dorcha) Ó hU.

Ó hUIGINN (Tuathal)

6708 McKENNA (Lambert) ed.:
Díoghruis chomainn ar Chormac. By Tuathol Ó hUIGINN.
In 5507 [O'Hara], (no. 23), pp. 244-9.
From BOH and 3 B 14. To Cormac Ó hEadhra (chieftain 1581-1612).

Ó HUIGINN (Uilliam)

6709 ——— ed.:
Fearthain Aoine eineach Néill. By Uilliam Ó HUIGINN.
In 5499 [Magauran], (no. 14), pp. 102-13, 329-33.
To Niall Mág Shamhradháin (†1362). Cf. Best² 1722.

Ó HUIGINN ([? Uilliam] mhac Ruaidhrí)

6710 ——— ed.:
Cóir aitreabhadh ar iath Gaileang. By [? Uilliam] (mhac Ruaidhrí) Ó HUIGINN
In 5507 [O'Hara], (no. 37), pp. 372-5.
Imperfect; no transl. To Oilill Ó hEadhra (†1685).

Ó LAOCHDHA (Giolla)

6711 TORNA [pseud., Ó DONNCHADHA (Tadhg)] ed.:
Mo dheacair fá líg an tsaoi ghlan áluinn ait. By Giolla Ó LAOCHDHA.
In 5517 [Seán na Ráithíneach], (no. 45), p. 78.

6712 ——— ed.:
Is claoidhte atáim dom shnoighe 's dom chrádh. By -id.-
In id., (no. 50), pp. 87-8.

Ó LAOGHAIRE (Donnchadh Dall)

6713 [Ó CRÓINÍN (Donnchadh)] ed.:
A Dhia 's a Ghobnait cosuin an ghaoth námhad so. By Donnchadh Dall Ó LAOGHAIRE.
In An Músgraigheach 8, Samhradh 1945, p. 3.
Amhrán, 1 q., to Donnchadh Mór Ó Ríordáin, 1691. From MS R.I.A. 23 O 39.

Ó LAOGHAIRE (Máire Bhuidhe Ní Laoghaire)

6714 Ó CUILLEANÁIN (Cormac): Tarngaireacht PASTORÍNI.
In Cork Univeristy record 18, 1949, pp. 43-7 [no more publ.].
On 'Cath Chéim an Fhiaidh', by Máire Bhuidhe Ní LAOGHAIRE.

Ó LIONÁIN (Uilliam)

6715 Ó FOGHLUDHA (Risteárd) ed.:
Scéal dainid dubh i bhfearann Luirc is éacht go bráth. By Liam Ó LIONÁIN.
In 5509 [Éigse na Máighe], (no. 73), pp. 166-71.
Elegy on Seán Ó Tuama, †1775.

6716 ——— ed.:
Sin traochta in éinfheacht fá rí-lic. By Uilliam Ó L.
In id., (no 74), pp. 171-3.
Elegy on Seán Ó Tuama, †1775.

UA LOINNSIGH (Tomás)

6717 Ó TUATHAIL (Éamonn) ed.:
An gcualaidh sibh a' tubaiste bhain do mo choileach. By Tomás UA LOINNSIGH.
In An tUltach 29, uimh. 3, Márta 1953, pp. 9-11. (Dánta de chuid Uladh: Eachtra an choiligh)
ca. 1830. From MS Ó Domhnalláin 7 [missing].

H VERSE

Ó Longáin (Mícheál Óg)

6718 Ó Murchadha (Tadhg): Mícheál Óg Ó Longáin (1766-1837).
In 437 [Fs. Torna], pp. 11-17.

6719 Mac Eóghain (Éamonn) *ed.*: Don Tighearna Easboig.
In IMN 1947, pp. 24-7. MS facs.

1818. *A uainghil fheartaigh tug fairsinge 'shíol Ádaim*, by -id.-; from MS Mayn. M 11 (autogr.). Some biogr. details of M. Ó L. (relationship with Seán Ó Murchadha); also illus. of his assistants' MS hands.

6720 [O Lochlainn (Colm)] *ed.*: Saoghal an duine.
In IBL 30, 1946/48, (no. 2, 1947), p. 25.

Níl i n-ár mbeatha acht aisling bheag bhaoth gan bhrígh, by -id.- (1828).

6721 Ó Cuív (Brian) *ed.*: Blúire do chaoine.
In Béaloideas 22, 1953 (1954), pp. 115-7. (Deascán ó Chúige Mumhan, no. 5)

Mo ghrádh thu is mo stór, by -id.- From MS N.L. G 95.

6722 Ó M[urchú] (T.): Mícheál Óg Ó Longáin (1766-1837).
In 453 [Faiche na bhfilí], pp. 53-8.

6723 Mhág Craith (Cuthbert) *ed.*:
Sin sgaoi mbeag mbar[r]fhionn, do raduim go saordha sódhuil. By Mícheāl Ó Longáin.
In 5551 [Dán Br.M.], (112. Iasacht leabhair), pp. 372-3.

From autogr. MS R.I.A. 23 N 32.

6724 ——— *ed.*:
A Sheóin, a chara, a dhalta, 's a ghrian mo sgart. By -id.-
In id., (113. Iasacht leabhair), pp. 374-5.

Based on autogr. MS R.I.A. 23 N 32.

Ó Lorcáin (Áithios)

6725 Mac Airt (Seán) *ed.*:
Díon Gaoidheal ar Ghabhail Raghnuill. By Áithios Ó Lorcáin.
In 5489 [LBran.], (no. 24), pp. 97-102.

To Fiachaidh mac Aodha (†1597).

Ó Lorcáin (Domhnall)

6726 ——— *ed.*:
Geall gach láimhe ag láimh Ghearailt. By Domhnall Ó Lorcáin.
In id., (no. 73), p. 275.

On the hand of Gearalt (fl. 1601), brother of Aodh mac Seaáin.

Ó Luinín (Cormac *al.* Cathal) *al.* Lynegar (Charles)

6727 O'Sullivan (Donal) *ed.*: A courtly poem for Sir Richard Cox.
In Éigse 4, 1943/44 (1945), (pt. 4), pp. 284-7.

A Risteárd mhuirnidh na ccreach, by Cormac an Chúil mac Mhatha Bháin Uí Luinín, wr. between 1692 and 1733; from three loose sheets (wr. by Charles O'Conor of Belanagare) in the library of the O'Conor Don at Clonalis (Co. Roscommon).

6728 Greene (David) *ed.*: A dedication and poem by Charles Lynegar.
In Éigse 5, 1945/47 (1948), pp. 4-7.

Panegyric on Lord St. George, wr. between 1727 and 1735: *Fáilte dhuit nóchchad is trí chéud*; from a copy (now in N.L.I.) of the 1712 Book of common prayer (Best[1] 245).

6729 Ó Cuív (Brian): Sgiathlúithreach an Choxaigh.
In Éigse 5, 1945/47 (1948), (pt. 2, 1946), pp. 136-8.
Variants to satire *A Risteārd mhuirnidh na ccreach*, from earlier MS Mayn. M 86b (no indication of authorship); description of other items in the hand of Aodh Buidhe Mac Cruitín, and printing of 4 single quatrains: (1) *Rígh gan tús gan deireadh Dia*, (2) *Ní ghabhann aineolach dall*, (3) *An cnoc is airde is é is fuaire*, (4) *Bheith a mbeartuibh loma*.

Ó Luinneacháin (Donnchadh)

6730 Torna [*pseud.*, Ó Donnchadha (Tadhg)] *ed.*:
A Sheáin ghil de phréimhshliocht na saorfhlaith nár chúthail. By Donnchadh Ó Luinneacháin.
In 5517 [Seán na Ráithíneach], (no. 70), p. 126.

Ó Macháin (Seán)

6731 ——— *ed.*:
Mo dhóchas tug óbairt go deimhin ar scur. By Seán Ó Macháin.
In id., (no. 21), p. 39.

6732 *Tá cuthaigh is racht im scairt go do-iomchair.*
In
In id., (no. 22), pp. 40-1.

6733 *Is crádh cléibh liom gan bhréagnach 's is goradh cumhadh thríom.*
In id., (no. 27), p. 49.

Ó Mainnín (*An tAthair* [? Séamas])

6734 Mhág Craith (Cuthbert) *ed.*:
Sguir feasda do shīol gCeallaigh 's do shárfhuil Néill. By An tAthair Mainnín.
In 5551 [Dán Br.M.], (74. Uaisle thacair), pp. 294-5.
1706, single quatrain; text based on MS R.I.A. 23 O 35 (cf. B. Ó Cuív, in Celtica 2.28f).

Ó Maoil Chiaráin ( )

6735 Breatnach (R. A.) *ed.*: Marbhna Fhearchoir Í Mháoil Chíaráin.
In Éigse 3, 1941/42 (1943), (pt. 3, 1942), pp. 165-80.
Tugadh oirne easbhuidh mhór, by [   ] Ó Maoil Chiaráin. 48 qq., based on MS R.I.A. 23 F 16; Engl. transl., notes.

Ó Maolchonaire (Conaire Óg)

6736 Ó Muireadhaigh (Réamonn) *ed.*: Moladh ar Ailín Mac Dubhghaill.
In Éigse 13, 1969/70, pp. 211-20.
Beannacht uaim-se go hAilín, by Conaire Óg Ó Maolchonaire. Based on MS R.I.A. C iv 1 (f. 153; 17th c.); Engl. transl., notes.

Ó Maolchonaire (Cú Choicríche)

6737 O'Rahilly (Cecile) *ed.*: Cath Finntrágha.
Dublin: D.I.A.S., 1962. xxxii + 123 pp. (= MMIS, vol. 20)
From MS Rawl. B 487, with notes and vocabulary. App. 1: two missing passages, based on MS R.I.A. 23 L 24. App. 2: *His mairg fhāgas aithre mnā*, by Cú Choicríche Ó Maolconaire; incompl. from Rawl. B 487.

Ó Maolchonaire (Fear Feasa)

6738 Mhág Craith (Cuthbert) *ed.*:
Beag táirthear [do]n tagra mbaoith. By Fear Feasa Ó Maoil Chonaire.

In 5551 [Dán Br.M.], (39. Apologia), pp. 194-225.
    1646. Text (qq. 1-57, 82-101) based on MS R.I.A. 24 P 33; rest from 24 P 24. For the preceding prose of this reply to Tuileagna's objections, see P. Walsh, Gen. Regum et SS. [Best² 2226], pp. 134-8.

Ó MAOLCHONAIRE (Flaithrí) *al.* CONRY (Florence)

6739 ——— ed.:
Lughaidh, Tadhg agus Torn[a]. By Flaithrí Ó MAOIL CHONAIRE.
In id., (26. Iomarbhágh na bhfileadh), p. 126.
    1 q.; based on MS R.I.A. F v 3.

Ó MAOLCHONAIRE (Muiris mac Briain Óig)

6740 [WALSH (Paul)] *ed.*: Poems to Calvach Ruadh Ó Domhnaill.
In 8717 [Aodh Ruadh], pt. 2, pp. 149-55.
    Description of 9 poems in MS N.L. G 167, of which one is printed in full, with Engl. transl.: *Beannacht chugaibh a Chalbhaigh*, by Muiris mac Briain Óig Uí MHAOLCONAIRE.

Ó MAOLCHONAIRE (Muiris mac Torna)

6741 MCGRATH (Cuthbert) *ed.*: Eoghan Ó hAllmhuráin.
In Éigse 7, 1953/55, (pt. 2, 1953), pp. 84-7. (Two skilful musicians, no. 1)
    Orphe-us óg ainm Eoghain, by Muiris (mac Torna) Ó MAOLCHONAIRE; based on MS R.I.A. E iv 3, Engl. transl.

Ó MAOLCHONAIRE (Seaán mac Torna)

6742 Ó CUÍV (Brian): A poem by Seaán mac Torna Uí MHAOIL CHONAIRE.
In Éigse 11, 1964/66, (pt. 4), pp. 288-90. (Miscellanea, no. 2)
    The Uí Mhaoil Chonaire, though being primarily senchaide, did compose encomia (vs S. MAC AIRT, *in* Ériu 18.139).
    Ed. of poem *Slán don druing dá n*[*d*]*iongnuinn dán*, by Seaán (mac Torna) Ó MAOIL CHONAIRE, from MS R.I.A. 23 B 35.

Ó MAOLCHONAIRE (Torna)

6743 DILLON (Myles) *ed.*: The inauguration of O'Conor.
In 450 [Fs. Gwynn], pp. 186-202.
    Poem, *Gabh umad, a Fhéidhlimidh*, by Torna Ó MAOLCHONAIRE; with a preceding (and differing) later prose version; from MSS R.I.A. B iv 1, etc.; with Engl. transl.

[Ó MAOLCHONAIRE ?] (Torna mac Maoilín)

6744 CARNEY (James) *ed.*:
Fada re [*a*] *choimhēd clū Roisdeard*. By Torna mac Maoílín [ ].
In 5494 [Butler], (1. To Richard, Visc. Mountgarrett [†1571]), pp. 1-8.
    Prose interspersed (as in crosántacht). From MS R.I.A. 23 F 21.

Ó MAOLCHONAIRE (Tuileagna Ruadh)

6745 MAC AIRT (Seán) *ed.*:
Fuath gach fir fuidheall a thuaighe. By Tuileagna Ruadh Ó MAOLCHONAIRE.
In 5489 [LBran.], (no. 39), pp. 147-8.
    Poss. comp. shortly after 1581 or 1584.

Ó Maolmhuaidh (Froinsias) *al.* O'Molloy (Francis)

6746 Mhág Craith (Cuthbert) *ed.*:
A leabhráin ríodha ōn Rōimh. By Froinsias Ó Maolmhuaidh.
In 5551 [Dán Br.M.], (40. Soruidh ó dhíthreabhach Ruama), pp. 226-7.
Envoy to *Lucerna fidelium* (ed. P. Ó Súilleabháin, 1962, pp. 172-3). Modification of *A leabhráin ainmnighthear d'Aodh* by Eoghan Ruadh Mhac an Bhaird.

6747 ——— *ed.*:
Truagh daoine ar dhíth litri. By -id.-
In id., (41. Soruidh go haos óg 7 éata oiléin na naomh), pp. 227-9.
Envoy to *Grammatica Latino-Hibernica* (ed. T. Ó Flannghaile, De prosodia Hibernica, 1908, pp. 112-4).

6748 ——— *ed.*:
A bhlāith na muadh, a phlūr Phluincéd. By -id.-
In id., (42. Iarla Fine Ghall), pp. 229-30.
With a Latin version; from -id.- (p. 109).

6749 ——— *ed.*:
Glaine no cāch thú mur thriath. By -id.-
In id., (43. Pádraig Tirial), pp. 231-2.
-id.- (pp. 108-9).

6750 ——— *ed.*:
A bhláith-litir lághach dā gcrēidthear sibh. By -id.-
In id., (44. Pádraig Tirial), pp. 232-3.
Amhrán, 1 st., with a Latin version. From -id.- (p. 100).

Ó Mathghamhna (Cian)

6751 ——— *ed.*:
A dhuine léigh do théx go cneasda suairc dham. By Cian Ó Mathghamhna.
In id., (90. Freagra Chéin), p. 336.
Text based on MS T.C.D. H 6 11. To Uilliam Ó hÍceadha.

6752 ——— *ed.*:
Moladh leat, 'Íosa Críosd, do sgaoil an chnead. Ascr. to -id.-
In id., (91. Aithrighe Chéin Í Mhathghamhna), pp. 336-9.
Appears to be heterogeneous.

Ó Mealláin (Fear Dorcha)

6753 Ó Buachalla (Breandán) *ed.*:
In ainm an Athar go mbuaidh. By Fear Dorcha Ó Mealláin.
In 5569 [Nua-dhuan. 1], (28. An díbirt go Connachta), pp. 36-7.
Earliest MS B.M. Eg. 187 (1686).

Ó Míodhcháin (Tomás)

6754 Mac Cumhghaill (Brian) *ed.*:
A deirim gur dianchrádh is iargcás deirgchioth deor. By Tomás Ó Míodhcháin.
In 5873 [S. de Hóra], (28. Feartlaoi Sheáin de Hóra), p. 72.
From MS Mayn. C 18.

6755 Mhág Craith (Cuthbert) *ed.*:
Dá bhrígh sin, ai[t]chim air shaoithe fearuin. By -id.-

H VERSE

    In 5551 [Dán Br.M.], (111. Paitean Tomáis Í Mhíodhcháin do Sheán Ó Ógáin), pp. 369-72.
       From MS R.I.A. 24 L 22.

Ó MUIRGHIOSA (Donnchadh)

6756   MAC AIRT (Seán) *ed.*:
    Beach eóluis na héigsi Aodh. By Donnchadh Ó MUIRGHIOSA.
    In 5489 [LBran.], (no. 1), pp. 1-7.
       To Aodh mac Seaáin (†1579).

6757   ———— *ed.*:
    Dá rann dég mo dhúthracht d'Aodh. By -id.-
    In id., (no. 6), pp. 23-4.
       To -id.-

Ó MUIRGHEASÁIN (Eoin Óg)

6758   MACDONALD (John) *ed.*: An elegy for Ruaidhrí Mór.
    In SGS 8, 1958, (pt. 1, 1955), pp. 27-52.
       1626. *Creach Gaoidheal i reilig Rois*, by Eóin Óg Ó MUIRGHEASÁIN; normalised from MS R.I.A. 23 N 12, with Engl. transl. and notes.

Ó MUIRGHEASÁIN (Maoldomhnaigh)

6759   O'RAHILLY (T. F.) *ed.*: A poem by Piaras FEIRITÉAR.
    In Ériu 13, 1942, pp. 113-8.
       Oide a ndrēachtaibh an dreasfhāil, from MS R.I.A. 23 C 21. On the poet Maol Domhnaigh Ó MUIRGHEASÁIN.

6760   Ó RIAIN (Pádraig) *ed.*: A poem on Séafraidh Ó Donnchadha an Ghleanna.
    In JKAHS 3, 1970, pp. 48-58.
       1642 or 43. *Ní doirbh go deaghuil na ccarad*, by Maoldomhnaigh Ó MUIRGHEASÁIN. From MS Wales A 6; with Engl. transl. and notes.

Ó MULÁIN (Diarmaid)

6761   TORNA [*pseud.*, Ó DONNCHADHA (Tadhg)] *ed.*:
    Mo dhiombádh, mo ghearán, mo ghéarghoin. By Diarmaid Ó MULÁIN.
    In 5517 [Seán na Ráithíneach], (no. 113), pp. 203-5.

Ó MURCHADHA NA RÁITHÍNEACH (Seán)

6762   Ó CUÍV (Brian) *ed.*:
    Molaim do theagasg, a leabhair so atá am fhiaghnais'. By Seán Ó MURCHADHA NA RÁITHÍNEACH.
    In 7510 [Párliament na mban], (App. 1), p. 263.
       Commendatory poem, from MS N.L. G 321.

6763   ———— *ed.*:
    A Thríonnóid aoird is rígh 's as liaig don domhan. By -id.-
    In 5511 [Two poems to St. Gobnait], (no. 2), pp. 330-2.
       1728; from autogr. MS N.L. G 321.

6764   TORNA [*pseud.*, Ó DONNCHADHA (Tadhg)] *ed.*: SEÁN NA RÁITHÍNEACH.
    B.Á.C.: Oifig an tSoláthair, 1954. xxxix + 486 pp.
       (1) poems (nos. 1-145) from autogr. MS N.L. G 321; (2) republic. of other poems from the 1907 ed. (v. Best[1] 217), abbr. Dánta; (3) three other poems. — Incl. a list of MSS in his hand.

H VERSE

6765   *Mo bhrón mo chumha mo phudhar go n-éagfad!* (no. 1), pp. 1-3.
         Marbhnadh iar mbás m'aon dearbhráthar . . . 1719.
6766   *A óigfhir chlúmhail mhúinte bhinn-bhriathraigh.* (no. 2), p. 4.
6767   *Dalta mo chléibh an ainnir ghlan tséimh.* (no. 3), pp. 5-6.
6768   *Ó ceapadh mé a scéaltaibh éithigh anchumtha.* (no. 4), p. 7.
         '1721' at foot of MS p.
6769   *Mo rogha dhon tsráid an sáirfhear caoin cúmtha.* (no. 5), p. 8.
         -id.-
6770   *A fhéil-fhir ghasta lé gcantar go caoin labhrtha.* (no. 6), p. 9.
6771   *Seo an Graiméar Gaedhilge i n-éifeacht cheart riaghlach.* (no. 7), p. 10.
         Prob. referring to E. LHUYD's Archaeologia Britannica.
6772   *Tionnscnaim athchuinghe d'aitheasc i ngrádh do Chríost.* (no. 8), p. 11.
6773   *Géillim glacaim is gabhaim mar thriath tu i láimh.* p. 16.
6774   *Ó radais id dhán, a fhir ghrádhmhair dhíograisigh.* p. 18.
6775   *A fhir cheannasaigh, cháiligh, chráibhthigh, chliste i dtréithibh.* pp. 18-9.
6776   *A mháighistir dhil dá dtugas grádh ionmhuin.* (no. 9), p. 20.
6777   *Buidheachas cneasta do leabhair níor dhoich liomsa.* (no. 10), p. 21.
6778   *Ag guidhe 's ag dáil na ngártha beannachta.* (no. 11), pp. 22-4.
6779   *Id laoithe chanaisse labhartha suairce i gcló.* pp. 26-7.
6780   *Is oirdheirc an coiste suilt do shuidhfeas lá.* (no. 12), p. 28.
         Incomplete.
6781   *Do chongcas ní ghéilleadh na húrchoin ó'r phréimhis.* (13. Blogha), p. 29.
         Acephalous.
6782   *Tá réiltean chuain agus stuaire gealchneis.* (no. 14), pp. 30-1.
         1720-25.
6783   *Do laguigh mo sprid le sile sírdheóradh.* (no. 15), p. 32.
6784   *A Mháire Woods a bhruingeal cheannsa cháidh.* (no. 16), p. 33.
         1720-25.
6785   *Luaidhfead véarsa suairc gan bhréag.* (no. 17), pp. 34-5.
6786   *A Chs- ó thréigis le claonchleas an coinne.* (no. 18), p. 36.
6787   *Dá léighfinnse véarsa go cliste gan bhriag.* (no. 19), p. 37.
6788   *A chumainn 's a ghiúistís úrchroidhigh bhéasaigh ghlic.* (no. 20), p. 38.
6789   *Is díombádhach me ag glinniughadh sa ghuirtdhrúcht go doilbh uaigneach.* (no. 23), p. 42.
6790   *Píp ma ghlacas do láimh.* (no. 24), pp. 43-6.
         Ca. 1724.
6791   *Le carbhall riartha thriallas féin indiu.* (no. 25), p. 47.
6792   *Dhon dreóilín bhastalach measaimse féin nách bás.* (no. 26), p. 48.
         1723-24.
6793   *Is dleaghthach dar liom an connradh grádh agus searc.* (no. 28), p. 50.

6794	*Molaim do theagasc, a leabhair seo, atá im fhiadhnais.* (no. 29), p. 51.
	'Adhmholadh ar *Phárliament na mban.*'
6795	*Is céim áthais go bráth liom 's is adhbhar sóghchuis.* (no. 30), p. 52.
6796	*Is doilbh liom fá ghormlic do chéile, a Eóghain.* (no. 31), p. 53.
6797	*Beannacht go héag is buidheachas foirtil fabhrach.* (no. 32), p. 54. 1724.
6798	*Táim anois go tuirseach tráighte.* (no. 33), pp. 55-6. 1720-25.
6799	*A Thaidhg, a fhir cheannasaigh chalma shuairc léigheanta.* (no. 35), p. 58. 1724.
6800	*Whereas dom láthair táinig gníomh uilc.* (36. Barántas an ghirrfhiaidh), pp. 60-2.
6801	*A fhir charthannaigh dhiadha ghrianda ghrádhmhair ghlic.* (no. 37), p. 63.
6802	*Is díth-chreach bhróin ar feódhchan sínte.* (no. 38), pp. 64-7. 1724.
6803	*Fád lár, a ghairbhleac, marbh is díth liomsa.* (no. 39), p. 68. 1724.
6804	*A táim faoi scamall i gcreathaibh i gcumhaidh 's is gciach.* (no. 41), p. 71. 1720-25.
6805	*Dís ghréasuidhthe is léir dham i bhfogus damhsa.* (no. 42), p. 72. 1724.
6806	*Duairceas go héagaibh, 's i nduantaibh níl réidhteach.* (no. 43), pp. 73-5. 1724.
6807	*Iarsma beag iarrfad, ciodh dánacht uaim.* (no. 44), pp. 76-7.
6808	*Do theastas mar chluinim ó Ghiolla go ciallmhar cáidh.* p. 78.
6809	*Is tartmhar 's is tirm tá an fhuireann tug iomchur mór.* (no. 46), pp. 79-82.
	'Agallamh Sheáin Uí Mh. le maypole Sheáin Uí Bhroin, Lá Bealltaine, 1725.' q. 9 (lines 33-6) ascr. to Seán Ó Broin.
6810	*Tá faraire tréitheach léigheanta suairc-ghlórach.* (no. 47), p. 83. 1725.
6811	*Fáilte nách ceachartha óm aeibh.* (no. 48), pp. 84-5. 1725.
6812	*Im udhacht níl pinginn is tuigidh nách maoidhfinn bréag.* (no. 49), p. 86. 1726/7.
6813	*Is dubhach sínn le tréimhse.* (no. 52), pp. 92-4.
6814	*Is breitheamh ceart grádhmhar an Cárthach d'fhuil righthe.* (no. 53), p. 95. 1725.
6815	*Is mairg ar cuaird tug cuallacht thábhachtach shéimh.* (no. 54), pp. 96-7.
6816	*Acra leabhair ná aithne ar chá seoch cú.* (no. 55), p. 98.

6817	*A fhir charthannaigh chaoin, do chinn tar Macaoimh méinn.* (no. 56), pp. 99-100.
6818	*A bhuidhe re comhachtaibh Ríogh na glóire.* (no. 58), pp. 104-5.

1726.

6819	*Buidheachas cneasta le feartaibh an choimdhe cháidh.* (no. 59), pp. 106-7.
6820	*Mairg don staga do thagair mo chóimhmeas riamh.* (no. 60), pp. 108-9.
6821	*Dom intinn geallaim gur taitneamh gan casrádh im dhréacht.* (no. 61), pp. 110-1.
6822	*Dias óigfhear ó theórannaibh Barrach bhfial dtréan.* (no. 62), p. 112.

1726/7.

6823	*Greann dá gceapainn a seanchus dámh go gnaoi.* (no. 63), pp. 113-4.
6824	*Is danaid le luadhchan ag druadhaibh na ríoghacht so.* (no. 65), pp. 116-7.
6825	*Is fada i bpáis me am shnoighe.* (no. 66), pp.118-20.
6826	*A Sheáin, a charaid gan ghangaid gan cháim gan chruas.* (no. 67), pp. 121-2.

Dialogue between Éamonn DE BHÁL and Seán Ó M., c. 1726.

6827	*Is eaglach liom, a ughdair na laoithe séimh.* (no. 68), p. 123.
6828	*Leógan oilte gan leimheas an fhlaith ghrádhach mhaoidhim.* (no. 69), p. 124.

1726/7; cf. Dánta, no. 32.

6829	*Guidhe gach cléirigh léigheas an leabhar so scríobhas.* pp. 124-5.

Cf. Dánta, no. 20.

6830	*A Dhonnchadh shugartha shultmhair Uí Luinneacháin tséimh.* p. 126.
6831	*A shéimhfhir cheannais dár charas gan chluain duit cion.* (no. 71), p. 127.
6832	*A fhir chumusaigh ghlic, is cliste cáile am fhios.* (no. 72), p. 128.
6833	*Is greannmhúir scéal Éireann len' aithris timcheall.* (no. 73), p. 129.
6834	*A fharaire chlúmhail, is acmhuingeach iúl.* pp. 131-4.
6835	*A charaid dil do shealbhuigh gach beartaidheacht éigs.* (no. 75), p. 135.
6836	*A Thríonóid aoird, is rí 's is liaigh don domhan.* (no. 76), pp. 136-7.

1728.

6837	*Má's cosnamh le cathaíbh mear-ghníomh teann na nGaedheal.* (no. 77), p. 138.
6838	*Is cúis diombádh agus uchlán d'éigsibh.* (no. 78), pp. 139-41.
6839	*Beagán buidhne chím san mBlárnain mbúidh.* (no. 79), p. 142.
6840	*A Dhomhnaill shultmhair na Buile, 's a Chárthaigh chaoin.* p. 142.
6841	*Ó chím gur aistrigh seabhac na soi-ghníomh sámh.* (no. 80), p. 143.

H VERSE

6842	*Moladh le feartaibh an Athar 's an Árd-Mhic úir.* (no. 81), pp. 144-5.
6843	*A shuaircfhir charthannaigh, a Athair, 's a ghrádh mo chléibh.* (no. 82), p. 146.
6844	*A Bharraigh gan cháim 's a bhráthair Ribird na ruag.* (no. 83), p. 146.
6845	*Mo scéalta ar maidin is atal do chóigibh Luirc.* (no. 84), pp. 147-8.
6846	*A thriath gan ghangaid, 's a Bharraigh nách scáinte greann.* (no. 86), p. 151.
6847	*A Mhuiris, a charaid, ní deacair dham cunntas cruinn.* (no. 87), p. 152.
6848	*A Mhuircheartaigh ghrádhaigh gháiritigh ghrinn gan ghruaim.* (no. 88), p. 153.
6849	*Cros an easbuig i n-ainm an Naoimh Pádraig.* (89. Cros Phádraig, 1730), p. 154.
6850	*A éigse grinn an daimid libh.* (no. 90), pp. 155-6.
	Ascr. to Tomás DE BARRA, though prob. comp. by Seán Ó M. in his name.
6851	*Triallfad le dánacht go háitreabh an ghrinn.* (no. 91), pp. 158-9.
6852	*Is brón linn ar deóruidheacht an séimhfhear subhach.* (no. 92), p. 160.
6853	*Is aiteas i mbriathraíbh dhianscríobhaid ughdair.* (no. 93), pp. 162-3.
6854	*Trí phoenix trí phoebus trí seabhaic gan cháim.* (no. 94), p. 164.
6855	*Badh samhail le Cumhall groidhe i dtúis gnímh cródhachta.* (no. 95), pp. 165-6.
6856	*Mo chreach mo chás, mo sheachrán anois lem ré.* (no. 96), pp. 167-8.
6857	*Ó thriall an file, le hiomarca géille is grinn.* (no. 97), pp. 169-70.
6858	*A chumainn mo chléibh, 's a Mhaoghnuis ghrinn na tsuilth.* (no. 98), pp. 171-2.
6859	*Mo chumha mo dhanaid ag gallaibh an Bhéarla.* (99. Ar bhás Sheáin de Barra), pp. 174-5.
	acephalous.
6860	*A chléirigh na ndréacht nglan do cheapadh gan smól.* p. 178.
6861	*Fáilte is dathad i n-éinfheacht.* (no. 102), pp. 179-81.
6862	*'Sé leanadh go léir gach réim don fhile badh chuibhdhe.* (103. Marbhnadh ar bhás Mhaoghnuis Uí Chaoimh), pp. 183-4.
	acephalous.
6863	*Is diombádhach an gearán do labhradh liom.* (no. 104), pp. 185-6.
6864	*Is geárr bhíd fearta Mhic Máire ag taisteal.* (no. 106), pp. 190-1.
6865	*Mo chogar mo charaid mo thaitneamh mo ghrádh im chliabh tú.* (no. 107), pp. 192-3.
6866	*Ní comhartha sultmhar ar fhile do dhéanfadh rann.* (no. 108), pp. 194-5.
6867	*A fhir shéimhidhe, gur aontuigheas tu id dhuine thar chách.* (no. 109), p. 196.

6868	*A dhreóilín bhig bharramhail, is deas liom tu am choimhideacht.* (no. 110), p. 197.
6869	*Mo laogh 's mo charasa an faraire clúmhail Tomás.* (no. 111), pp. 198-9.
6870	*Is mór an mhairg 's is danaid go bráth mar scéal.* (no. 112), pp. 200-2.
6871	*Tá gearán le teacht síos ag fear grinn den éigs.* (no. 114), pp. 206-9. cf. Dánta, no. 44.
6872	*Taitneamh na n-éigs an laoch nách ceachartha gnaoi.* (no. 115), pp. 210-1.
6873	*Ní cás liom [a] aithint ar fhearannaibh cláir Mhidhe is Eoghain.* (no. 116), pp. 212-3.

1739

6874	*Tá cúis ghrinn ag éigsibh.* (no. 117), pp. 214-8.
6875	*Mo leóghan cóir cabharthach, codhnach cáidh glan fial.* (no. 118), pp. 219-20.
6876	*A fhir bhreagh dheaghchroidhigh gheal ghrinn ghléigil úir.* (no. 119), p. 221.
6877	*Mo shlánsa feasta le hádhbhacht is aiteas.* (no. 120), pp. 222-3.
6878	*Spás le haer do thrachtas féin.* (no. 121), pp. 225-6.
6879	*Do mheasas go deimhin, a fhir ghreadhnaigh gheal-chúmtha.* p. 230.
6880	*Ní féasta mar fhéasta bhan Bhaile Mhic Cuirc.* (no. 124), p. 231.
6881	*A shagairt an deaghchroidhe, is glan gnaoi is méinn gan mheang.* (no. 125), p. 232.

1741

6882	*Tá faraire cliste gan uireasbaidh deaghmhúinidh.* (no. 127), p. 236.
6883	*Is áthasach chímse na tíortha gan chiach.* (no. 128), pp. 237-8.
6884	*Iongnadh déintear de scéalaibh ná maoidhim.* (no. 131), pp. 241-3.
6885	*Is dóigh le daoinibh, go deó nách fillfidh.* (no. 133), pp. 246-7.
6886	*Tá comhairle Íosa ó bheól na díodhachta.* pp. 249-51.
6887	*Áireamh eachtra an ghalair 'nar luigheas go tréith.* (no. 134), pp. 252-3.
6888	*Beannacht le searc, ciodh lag a scríobhann mo lámh.* (no. 135), p. 254.
6889	*Tá an bhliadhain seo ag teacht go díreach.* (no. 136), pp. 255-7.

1744

6890	*Don tséimh-fhlaith mhaiseach nár cheachartha cáil riamh puinn.* (no. 137), pp. 258-9.
6891	*Ní machtnamh liom teastas árd seascair sámh suídhte séimh.* pp. 260-1.
6892	*Um thabhairt an tseabhaic chun tailimh do sáruigheadh mé.* pp. 270-2.
6893	*A Thaidhg, a chumainn, a churadh 's a bhráthair gaoil.* (no. 142), p. 273.

H VERSE

6894 *A chumainn mo chléibh, 's a chléirigh cheannasaigh chaoin.* (no. 143), p. 274.

6895 *Ní slighe chun oinigh do dhuine ler mhéinn bheith fial.* By [Seán Ó M.]. pp. 275-6.

6896 *Nach danaid libh, a ghasradh na mbriathar ngreinn.* (no. 145), pp. 277-8.

6897 *A Mhuiris an anma, a dhalta na primhéigse.* (no. 180), p. 366.
  From autogr. MS B.M. Eg. 211.

6898 *Cuimhnigh don fhíorscoth nach slim ráidhte.* (no. 182), p. 371.
  From an autogr. leaf within a MS in private possession in 1926, acc. to T. F. O'Rahilly.

6899 Ó M[URCHÚ] (T.): Seán Ó MURCHÚ NA RÁITHÍNEACH (1700-1762).
  In 453 [Faiche na bhfilí], pp. 21-8.

Ó'N CHÁINTE (Fear Feasa)

6900 MCKENNA (Lambert) *ed.*:
  Mór an feidhm deilbh an dána. By Fear Feasa Ó'N CHÁINTE.
  In Studies 40, 1951, pp. 93-6. (Some Irish bardic poems, 97. A poet boasts of his skill)
  Text based on BOCD; with Engl. transl.

6901 ——— *ed.*:
  Créad dá sealbhuinn damh an dán. By -id.-
  In id., pp. 352-63. (id., 99. A poet answers his critic)
  Text based on MS R.I.A. 23 L 17, stt. 36-61 from 23 E 15; Engl. transl.

Ó'N CHÁINTE (Maol Muire)

6902 MCKENNA (Lambert) *ed.*:
  Dia do chongnamh le Cormuc. By Maol Muire Ó'N CHÁINTE.
  In 5507 [O'Hara], (no. 20), pp. 226-31.
  From BOH and 3 B 14. To Cormac Ó hEadhra (chieftain 1581-1612).

6903 ——— *ed.*:
  Mithidh déanamh cuairte ag Cormac. By -id.-
  In id., (no. 21), pp. 232-9.
  To -id.-

Ó NEACHTAIN (Seán)

6904 Ó FIAICH (Tomás) *ed.*:
  Olc an sgéal do sgaoil indé. By Seán Ó NEACHTAIN.
  In SAM 2, (no. 2, 1957), pp. 323-6. (= Dánta fá chléir Ardmhacha, 4. Pádraig Ó Donnghaile)
  1706/07. Based on MS N.L. G 127.

6905 ——— *ed.*: Dán ar an chléir i bpríosún i mBaile Átha Cliath — 1708.
  In RepN 2, (no. 1, 1958), pp. 172-84.
  Tabhair mo bheannacht a phaipeir, by -id.- From MSS N.L. G 135 and R.I.A. 23 Q 2; with Engl. transl.

6906 RISK (M. H.): Charles LYNEGAR, Professor of the Irish language 1712.
  In Hermathena 102, 1966, pp. 16-25.
  Incl. ed. & Engl. transl. of a satire on Ch.L. *al.* Cathal Ó LUINÍN, wr. prob. in 1712, by Seán Ó NEACHTAIN (or by Aodh Ó DÁLAIGH): *A uaisle Eirionn, searc mo chuim*; based on MS R.I.A. 23 L 32.

6907 MHÁG CRAITH (Cuthbert) ed.:
An cairneach do bhronn ionar. By Seán Ó NEACHTAIN.
In 5551 [Dán Br.M.], (55. Cairneach déirceach), pp. 266-7.
Text based on MS N.L. G 135 (68).

6908 ———— ed.:
Na dúile ag fearadh dílionn. By -id.-
In id., (57. Do Phól Mhac Aodhagáin), p. 268.
Ca. 1704; based on MS B.M. Eg. 139 (98, autograph).

6909 ———— ed.:
Tugas duit mo uile an[n]sacht. By -id.-
In id., (58. Aithrighe), pp. 269-70.
1707/08; based on MS B.M. Eg. 139 (autograph). Foll. in this MS by a quatrain: *Mo bhean, gan fiú, 'na léine.*

6910 ———— ed.:
A shearc is 'an[n]sacht gach saoi. By -id.-
In id., (60. Pól Mhac Aodhagáin i mbruid), pp. 273-5.
Text based on MS R.I.A. G vi 1.

6911 ———— ed.:
An moladh uait do fhuaras. By -id.-
In id., (61. Feagra ó Sheán Ó Neachtain), pp. 275-6.
To Pól Mhac Aodhagáin in prison. Text based on MS N.L. G 135 (76).

6912 ———— ed.:
Tabhair mo bheannacht, a phāipēir. By -id.-
In id., (62. Beannacht Bhlack-head Deary), pp. 276-8.
Text based on MS N.L. G 135 (74).

6913 RISK (M. H.) ed.: Two poems on Diarmaid Ó Conchubhair.
In Éigse 12, 1967/68, pp. 37-8, 330.
By -id.- (1) *Conach úr gidh gur gábhadh,* (2) *D'innis m'aislinn dhamh aréir;* from MS T.C.D. H 4 20.

6914 RISK (May H.): 'Bradley, the taylor.'
In Hermathena 108, 1969, pp. 18-23.
Incl. ed., with Engl. transl., of (1) the relevant qq. of Seán Ó NEACHTAIN's [*Mo dhíth si go n-éugad, mo lēun is mo chrādh*], wr. before 1729, from MS N.L. G 135; (2) an epitaph of Bradley, *Deir illiomad do dhaoine,* from MS R.I.A. 23 L 32.

Ó NEACHTAIN (Tadhg)

6915 [O LOCHLAINN (Colm)] ed.: Do líonadh mbáin.
In IBL 28, 1941/42, p. 103.
Single q., *Is túirseach mé don mhéid si sgríobhuim si,* by Tadhg Ó NEACHTUIN; from autogr. MS R.I.A. 23 G 8, with Engl. transl.

6916 MHÁG CRAITH (Cuthbert) ed.:
Dia bhur mbeatha go fiath Floinn. By ? Tadhg Ó NEACHTAIN.
In 5551 [Dán Br.M.], (64. Silvester Lóid, O.F.M.), pp. 280-2.
Ca. 1723; from MS N.L. G 132 (Tadhg Ó Neachtain).

6917 ———— ed.:
Cia rér mian míorbhuile mór. By -id.-
In id., (66. 'Si quaeris miracula'), pp. 283-5.
From MS B.M. Eg. 198 (autograph, 1717). An Irish version of St. Bonaventura's hymn on St. Anthony of Padua.

6918 ——— ed.:
[A sh]aothaibh alga Éireann uill. By -id.-
In id., (67. Froinsias Walsh [†1724]), pp. 285-7.
From MS Marsh's Library Z 3.1.13 (autograph).

Ó RATHAILE (Aodhagán)

6919 O'RAHILLY (T. F.): A line in Aogán Ó RATHILE.
In Celtica 1, 1950, pp. 328-30, 407. (Varia 2, no. 1)
Line 6 of *Gile na gile do chonarc air slígh a n-uaigneas*, ed. J. O'Daly, 1846 (Best[1] 46), p. 40, rectius *bhuineas an cruinneac don rinneac le rinn-sguaba*, a phrase borrowed from *Acall*. ll. 3851.; *crunduc* 'dew-drop', *rindinc* 'tall (ungrazed) grass'.

6920 MAC CONMARA (Dáibhí) ed.:
Dánta. By Aogán Ó RATHAILLE.
[B.Á.C.]: Aquila, [pref. 1968]. viii + 144 pp.
34 of the poems ed. by P. S. Dinneen & T. O'Donoghue, 1911 [Best[1] 218]; spelling standardized.

6921 DE BRÚN (Pádraig) ed.: Ar Shaorbhreathach Mhág Cárthaigh.
In Éigse 13, 1969/70, p. 10.
Ca. 1694, poss. by Aogán Ó RATHAILE. *Do chuala gol ban i gcéin*. From MS R.I.A. 23 G 3.

Ó REACHTUIRE (Antoine) al. RAFTERY (Anthony)

6922 Ó CEALLAIGH (Seán) ed.:
Nach suarach an t-ábhar do Mharcas mé a cháineadh. By Antaine Ó REAFTARAIGH.
In 6383 [Na Callanáin], (Fiach Pheatsaí agus Mharcais Uí Challanáin), pp. 19-22.
From a MS (1879/81) in the poss. of Mícheál Ó Comáin; cf. D. de Híde, Abhráin agus dánta an Reachtabhraigh (de Hae i 965[2]), pp. 210ff: *Nár shuarach an t-ádhbhar do Mharcus me cháineadh*, and *D'á mbéadh Patsai tuigseannach nó sáith críonna*.

6923 Ó CONCHEANAINN (Tomás): Nótaí ar 'Sheanchas na sceiche'.
In Éigse 12, 1967/68, pp. 267-70.
On *Tráth, faoi Lúghnas, ba dhamh-sa thárla*, by Antaine RAIFTARAI [de Hae i 965[2], p. 129].

Mise Raifterí

6924 O LOCHLAINN (Colm): *Mise Raifterí*.
In Éigse 8, 1956/57, (pt. 1, 1955), pp. 18-20.

6925 DE BHALDRAITHE (Tomás): *Mise Raifterí*.
In id., pp. 21-9.

6926 DE BRÚN (Pádraig) ed.: *Mise Raifterí*.
In Éigse 11, 1964/66, (pt. 4), p. 296.
Mise Raibhtrighe, an file, lán dóchuis 's grádh, as printed for the first time in a letter to An Gaodhal 1, p. 104 (July 1882).

6927 MAC EOIN (Gearóid S.): *Mise Raifterí—1*.
In Éigse 12, 1967/68. 229-32.
Seán Ó CEALLAIGH, a native of Baile Mhuráid (near Loughrea), is the author of *Mise Raibhtrighe* ... (apart from the first half-line and the last two lines), printed in An Gaodhal.

6928 Ó GLAISNE (Risteárd): *Mise Raifterí — 2*.
In id., pp. 233-5.

H VERSE

Ó Ríordáin (Conchubhar)

6929 [Ó Cróinín (Donnchadh)] ed.:
A Mhuire na gcomhacht ngeal nglórmhar nár thréig ar dtúis. By Conchubhar Ó Ríordáin.
In An Músgraigheach 8, Samhradh 1945, p. 7. (Filíocht Mhúsgraighe, no. 1)
Amhrán from MSS R.I.A. 23 C 20, 23 K 14, 23 B 2.

Ua Ruairc (Féidhlime)

6930 Mhág Craith (Cuthbert) ed.:
Is iar ndol dhúinn tar sáile soir. By Cormac Mhac Parthaláin and Féidhlime Ua Ruairc.
In 5551 [Dán Br.M.], (52. Sean-chlár Éireann), pp 260-1.
From MS R.I.A. 23 N 33.

O'Ruorke (Manus)

6931 Mooney (Canice) ed.: Manutiana: the poems of Manus O'Ruorke (c.1658-1743).
In Celtica 1, 1950, (no. 1, 1946), pp. 1-63, 403 [adds. & corrs.].
From MS Franc. A 24, in the author's arbitrary semi-phonetic spelling (W. Munster). Initia of Irish items:

6932 *Cruh is faur gagh draume is oigih is bouich.* (1. A poem of St. Bernard's), p. 8.

6933 *Dyser dih chealih a Guido hreak hou.* p. 9.

6934 *Nih Phoenisens tapuh, mase diaruf nagh breag an stair.* (3. A distich from Lucan), p. 10.

6935 *Lah Farsalih gag mih er miarou rief.* (4. Cornelias's lament for Pompey), p. 10.

6936 *Aunle wanrk hivir er manhif nih Ghealhy schaunde.* (5. The genealogy of the Stuarts), pp. 10-2.

6937 *Annir wain manlih wlafuir ghiannuwill khine.* (6. Buchanan's *Desiderium Lutetiae*), pp. 14-5.

6938 *Guih beah haite nih mime, is quih pearbih dih nime.* (7. Dryden's *Phillis*), p. 17.

6939 *Annir wan winlih nih maclegas guyhis.* (8. For Madame Ronane), pp. 19-20.

6940 *Ny hea is couch lem khumus fose dih hyr.* (9. For Madame Yvers), pp. 20-2.

6941 *Annir wig wuk lannibuig.* (10. For Lord Condon's daughter), pp. 22-4.

6942 *As bronshiaslum Donnill O Manhounih.* (11. Epitaph on Daniel O'Mahony), pp. 24-5.

6943 *Mas khonrih er asbug weh ghiannunih kynsiesih.* (12. For the Bishop of Waterford), p. 25.

6944 *Quah beah are ghailtir, queah dikirrigh croueig are gase.* (15. On Father John Houlaghan, nicknamed *Non Sunt*), pp. 26-8.

6945 *An tAhir sih ry flahis dih ghyme.* (17. On the expedition of the Old Pretender to Scotland), pp. 31-2.

6946 *An tAhir an Mak guih kniastih woune dounih.* (19. Paraphrase of the *Pater noster*), pp. 35-6.

| 6947 | *A Gheah nuh gonunt nuh ghoir led grast muh fouir.* (32. Prayer during sickness and old age), pp. 54-5.
| 6948 | *Guimsih an tAhir, is Piarsih nih Spridih Nenfuh.* (33. Prayer to the Trinity in similar circumstances), p. 56.
| 6949 | MOONEY (Canice) *ed.*: Maynooth *Manutianum.*
In Celtica 1, 1950, pp. 297-8.
> Sts. 3-5 of *Aunle wanrk hivir er manhif nih Ghealhy schaunde,* by Manus O'RUORKE, from MS Mayn. M 7 (there ascr. to Dochtúir CINNÉIDE). Also normalized version of the corresp. sts. in Celtica 1,11f.

Ó RUAIRC (Tadhg)

| 6950 | MHÁG CRAITH (Cuthbert) *ed.*:
Beir beanna[cht uaim siar tar h'ais]. By Tadhg Ó RUAIRC.
In 5551 [Dán Br.M], (no. 51), pp. 257-60.
> Text based on MS T.C.D. H 5 3; oldest MS wr. 1684.

Ó RUAIRC (Tadhg) *? ident. with the preceding*

| 6951 | GREENE (David) *ed.*: *Un joc grossier* in Irish and Provençal.
In Ériu 17, 1955, pp. 7-15.
> 3 texts on *táiplis* 'backgammon' in a metaphorical erotic sense (originating in France or Provence): (2) poem, *Goinim thú, a naoídh bheg shíar,* ascr. to Tadhg Ó RUAIRC, from MS B.M. Add. 40766.

Ó RUANADHA (Niall)

| 6952 | MAC AIRT (Seán) *ed.*:
Uirrim Fhódla ag énduine. By Niall Ó RUANADHA.
In 5489 [LBran.], (no. 19), pp. 74-8.
> Possibly an inaugural ode to Fiachaidh mac Aodha in 1579.

| 6953 | ———— *ed.*:
Branuigh ar chlú ós cloinn Néill. By -id.-
In id., (no. 20), pp. 78-83.
> To Fiachaidh mac Aodha (†1597).

| 6954 | ———— *ed.*:
Mithigh cuairt a gceann Fhiacha. By -id.-
In id., (no. 21), pp. 83-7.
-id.-

| 6955 | ———— *ed.*:
Decair dóigh as daghurraidh. By -id.-
In id., (no. 22), pp. 88-90.
-id.-

| 6956 | ———— *ed.*:
Buaidh ríodhamhna ar Raghnallchuibh. By -id.-
In id., (no. 72), pp. 272-5.
> On Éamonn (brother of Aodh mac Seaáin, fl. 1601) as a choice heir-apparent.

Ó RUANADHA (Seaán)

| 6957 | ———— *ed.*:
Dia do chaomhna chloinne Fiachaidh. By Seaán Ó RUANADHA.
In id., (no. 55), pp. 195-7.
> Wr. ca. 1597.

H VERSE

Ó Séagha (Labhrás)

6958 Ó Cuív (Brian) ed.: Mallacht ar dhuine ghoid casúr ó ghabha ó Dhún Guairne.
In Béaloideas 22, 1953 (1954), pp. 114-5. (Deascán ó Chúige Mumhan, no. 4)
Bpé cneadhaire ghuid t'áis uait go madh fada a bpéin dho, by Labhrás Ó Séagha (prob. from east Cork). From MS N.L. G 222.

Ó Súilleabháin (Domhnall mac Taidhg an Gharráin)

6959 ——— ed.: Ionmhain an triúr théid san luing.
In Celtica 9, 1971, pp. 191-9.
? ca. 1620; by Domhnall (mac Taidhg an Gharráin) Ó Súilleabháin. Text based on MS R.I.A. 23 N 12, spelling restored to Early Mod.Ir., Engl. transl., notes.

Ó Súilleabháin (Eoghan Ruadh)

6960 Ó Concheanainn (Tomás): Art mac Cuinn, Mac Con agus Fionn mac Cumhaill.
In 5434 [Roinnt macalla], pp. 60-1.
Echo from a late version of *Cath Mhaighe Mucroimhe* in Eoghan Rua Ó Súilleabháin, *A chara mo chléibh, is a Shéamais ghreannmhair ghráigh* (ed. P. Ó Canainn, Filíocht na nGael, no. 213).

Ó Súilleabháin (Pádraig)

6961 Torna [pseud., Ó Donnchadha (Tadhg)] ed.:
Tá dearbhadh linn, i gCorcaigh cois Laoi. By Pádraig Ó Súilleabháin.
In 5517 [Seán na Ráithíneach], (no. 74), pp. 130-1.

6962 ——— ed.:
A Sheáin ghlic, bráthair grádhach Uí Mhurchadha Laighean. By -id.-
In id., (no. 130), p. 240.

Ó Tuama (Seán an Ghrinn)

6963 Ó Foghludha (Risteárd) [pseud. Fiachra Éilgeach] ed.: Éigse na Máighe .i. Seán Ó Tuama an Ghrinn, Aindrias Mac Craith— An Mangaire Súgach. . . .
B.Á.C.: Oifig an tSoláthair, 1952 (repr. 1970). 280 pp.

6964 Díolfad dar Eóchail mo líon stuic 's mo stórtha. By Seán Ó Tuama.
(1. Rágáil an ghlaigín), pp. 71-2.

6965 Im aice cois Mháighe tá an mhánla bhéasach mhín. (no. 2), p. 72.

6966 Mo mhuirinn-se Muirinn tar Muirinnibh áilne críoch. (no. 4), p. 73.

6967 A chnapóg chuiriceach thubaisteach d'árduigh brón. (no. 5), p. 74.

6968 Ó ghabhais mo pháirt san dán, a shuairc-fhir ghroidhe. (no. 7), pp. 75-6.

6969 Gach sáir-fhear saordha séimh-ghlic soilbh súgach. (8. Aonach Chromaidh an tSubhachais), pp. 77-8.

6970 Mo gháir-se mo gháire is mo ghníomh. (no. 10), p. 79.

6971 A shaor-fhir chumainn dom thuigse is baoth an t-adhbhar. (no. 14), p. 82.

H VERSE

6972	*Is cásmhar docharach doiligh mé déarach dian.* (no. 19), pp. 87-8.
6973	*Sin créacht-ghoin tárla is dámhna cathuighthe cliar.* (no. 23), pp. 92-3.
	1738.
6974	*Tá saoghad-ghalar nimhe dom ghéar-ghoin go huile.* (no. 24), pp. 94-5.
6975	*Is tuirseach fá dhaor-smacht péine i bhfad sínn.* (no. 27), pp. 98-9.
6976	*Seascad spéir-bhan bhéasach uaim.* (no. 28), pp. 100-2.
6977	*Taistil, a chaoin scríbhinn, it rás tar lear.* (no. 29), pp. 102-3.
6978	*Slán is fiche léigim-se caogad is míle.* (no. 30), pp. 103-5.
6979	*Níor thagair liom neach acht beart gach breith ar aoirde.* (32. Bean na cleithe caoile), pp. 108-9.
6980	*Mo mhíle truagh, mo bhuaidhirt, mo bhrón.* (no. 33), pp. 109-11.
6981	*A ríoghan uasal shuairc 's a stór.* (no. 34), pp. 111-3.
6982	*Sin agaibh an Franncach stollta – an aindeis choidhche air.* (no. 35), p. 113.
6983	*A shaoithibh Éireann créad an tuirse.* (no. 37), pp. 115-6.
	1745.
6984	*A chuisle na héigse éirigh suas.* (no. 38), pp. 117-8.
6985	*Im aonar seal ag ródaidheacht.* (no. 39), pp. 118-20.
6986	*Aon is dó fá dhó im chrann-sa d'oir.* (no. 41), p. 122.
6987	*Is brón linn na seórthaí seo chluinim gach lá.* (no. 42), pp. 122-3.
6988	*Tá an éigse do shaothruigh an ceol.* (no. 43), pp. 124-5.
6989	*A ráib dhil mhaisigh, a chara is a rogha is a stiúir.* (no. 44), pp. 125-6.
6990	*Fáilte agus céad duit, a mháistir na naoi dtreabh.* (no. 45), pp. 126-7.
6991	*Is duine me dhíolas leann, lá.* (no. 46), p. 128.
6992	*A charaid na gcarad, is cara na héigse is mó.* (no. 52), p. 135.
6993	*A shaor-fhir oilte do choinghibh go dlúth mo pháirt.* (no. 53), p. 136.
6994	*Go déidheanach is Phoebus fá neóll.* (no. 54), pp. 136-8.
	Elegy on Seán Clárach Mac Domhnaill (7/1/1754).
6995	*Sin taom thuit 'nár measc is scéal do chuir ceas.* (no. 55), pp. 139-40.
	Elegy on Liam de Liath (†1758).
6996	*Seo an bás le ruaig nimhe do bhuaidhir sinn, easnamh is mó . . . méala.* (no. 57), p. 143.
	After *An bláth is buacaighe ghluais . . .*, by Seán Ó MURCHADHA (1761).
6997	*Mo theastas-sa díbh innsim do chléir na gceacht.* (no. 58), pp. 143-4.
6998	*Le greann do Chéitinn is aerach linn 'nár measc.* (no. 59), p. 145.
6999	*Aréir dam go sámh in árus chumhang.* (no. 60), pp. 146-7.
7000	*Is cásmhar mise agus m'fhuireann go gáróideach.* (no. 62), p. 148.
7001	*Cé fada atá cine Scuit le han-ádh ar buaidhirt.* (no. 67), pp. 153-5.
	1768.
7002	*'Sé an chéad mhac do gabhadh ón mhaorga ghil mhodhmhail.* (no. 68), pp. 155-7.

7003   *Mo shlán go héag dom ghlé-ghas tsuairc.* (no. 84), pp. 190-2.
7004   *A charaid chumainn leanas laoithe is dánta suilt.* (no. 89), pp. 198-9.
7005   *A ghasradh fhial ghrianda do b'úire uair.* (no. 107), pp. 215-6.
7006   *Whereas áiteamh faobhrach fátha is a thabhairt le díogras.* (no. 108), pp. 216-9.
7007   *De bhrigh gur dhearbhuigh ar thí na sagartaibh.* (no. 109), pp. 219-21.
7008   *Whereas cúigear tháinig chughainn-ne le hinformation.* (no. 110), pp. 222-3.
7009   *De bhrigh gur dhearbhuigh saoi de shagartaibh.* (no. 111), pp. 223-7.
7010   *Whereas cunntas táinig chughamsa gan aon mhearaidhe.* (no. 115), pp. 237-8.
7011   CAOMHÁNAIGH (Breandán) *ed.*: 'An triúr beag aonair.'
         In IMN 1958, p. 24.
         Níl insa Múmhain file ná fionn-scoth, by Seán Ó TUAMA; from MS Mayn. C 47.
7012   MHÁG CRAITH (Cuthbert) *ed.*:
         Is cásmhar, docharach, doil[i]g mé, déurach, dian. By Seán Ó TUAMA.
         In 5551 [Dán Br.M.], (98. Freagra Sheáin Í Thuama), pp. 346-8.
         Text based on MS R.I.A. 23 B 38.

Ó TUAMA (Tomás)

7013   Ó FOGHLUDHA (Risteárd) *ed.*:
         Mo chealg, mo chréim, mo chréacht, mo chaoidh chráidhte. By Tomás Ó TUAMA.
         In 5509 [Éigse na Máighe], (no. 71), pp. 161-3.
         Elegy on Seán Ó Tuama, †1775.

RAFTERY (Anthony) *v.* **Ó REACHTUIRE** (Antoine)

REILLY (Patrick)

7014   Ó TUATHAIL (Éamonn) *ed.*:
         Dá n-éisteadh cách seal éigin go ndearbhíonn dóif an sgéala. By PATRICK REILLY.
         In An tUltach 29, uimh. 6, Meitheamh 1953, pp. 11-12. (Dánta de chuid Uladh: Marbhnaidh Shéamuis Green [†1822])
         From MS Edinb. Db 7 1 (Gallegan).

RÍS (Stiabhna)

7015   Ó CUÍV (Brian) *ed.*: Moladh mná gaoil.
         In Éigse 11, 1964/66, (pt. 3, 1965/66), p. 188.
         Moluim mo shiúr an bhrollaigh ghil bhúidh, prob. by Stiabhna Rís; from autogr. MS T.C.D. H 4 15 (1727-8).

STIÚBHART (Eóin) *al.* **STEWART** (John)

7016   THOMSON (R. L.) *ed.*:
         Me a faoside mo lochd. By Eóin STIÚBHART.

In 8321 [Adtimchiol an chreidimh], pp. xliii-iv, (App. 1: A. Faoisid Eóin Stiúbhairt) 215-6.

Tuibéar (Riosdaird) *al.* **Tipper** (Richard)

7017 Mhág Craith (Cuthbert) *ed.*:
Deich gcéad beannacht uaim 'bhar ndáil. By Riosdaird Tuibéar.
In 5551 [Dán Br.M.], (73. Iasacht leabhair), p. 295.
_{1716; from MS B.M. Eg. 170.}

Wadding (Luke)

7018 ——— *ed.*:
Nioclás Claudi - fíal an fear. Carmen Hibernicum Lucae Wadingi.
In id., (37. Nicholaus Claudius), p. 178.
_{From MS Vatican, Barb. Lat. 1996.}

Ward (Pádraig)

7019 ——— *ed.*:
An féidir go bhfuighead uad aisioc, a th[e]ampoill. By Pádraig Ward.
In id., (80. Tuireamh an bhráthar Seán Ó Néill), pp. 307-11.
_{1772; from MS R.I.A. 23 D 23.}

Warren *or* **Bharain** (Pádraig)

7020 Torna [*pseud.*, Ó Donnchadha (Tadhg)] *ed.*:
A fhir shultmhair, is breagh an tslighe ráinghís, measaim, do thriall. By Pádraig Bharain.
In 5517 [Seán na Ráithíneach], (no. 129), p. 239.
_{ca. 1742. Answer to Ó's *duine dhen dáimh sínn tá síos d'easbaidh na dtriath*, by Seán Ó Murchadha.}

Weston (Richard) [*? pseud.* **Neilson** (Seón) *or* **Nelson** (Richard)]

7021 Ó Fiaich (Tomás): Richard Weston agus *Beir mo bheannacht go Dundalk.*
In SAM 5, (no. 2, 1970), pp. 269-88.
_{Incl. ed., from MS Mayn. M 58, of *Beir mo beanocht go Dún Dalck*, prob. by R.W. (a pseudonym of whose may have been Seán Neilson), 1607/08. First line otherwise *Tabhair mo* . . .}

H 4.2.2 Modern Irish: Anonymous, Authorship uncertain

7022 Breathnach (Pól): Maolmórdha Mac Suibhne.
In IBL 27, 1940/41, (no. 6, 1941), pp. 266-70.
_{Incl. ed. (incomplete) of crosánacht, *Tugam aghaidh ar Mhaól mhorrdha*, from MS R.I.A. 24 P 9. Discussion of pl.n. *Ballysakeery* (Co. Mayo), E.Mod.I. *Eas Caoille.*}

7023 Mac Enery (Marcus): Úna Bhán.
In Éigse 4, 1943/44 (1945), (pt. 2, 1943), pp. 133-46.

7024 O'Dwyer (Brendan) *ed.*: *An céim-si ad choinne.*
In id., (pt. 3, 1944), pp. 173-4.
_{*An céimsi ad choinne, a chuirp Dhé* (dán díreach), from MS R.I.A. 23 D 4 (17th c.); Engl. transl.}

7025 BREATNACH (R. A.) *ed.*: Dán do Shan Proinsias.
In 431 [Measgra Uí Chléirigh], pp. 190-200.
_{Cia lé bhfillfidhe fearg ríogh? Based on MS R.I.A. 24 L 13. Ir. transl., notes.}

7026 MCKENNA (Lambert) *ed.*: *Beag nach lór a luaidhim dhe.*
In Studies 33, 1944, pp. 498-504. (Some Irish bardic poems, 72. Poet rejoices on Tomás's escape from danger)
From BMag.; with Engl. transl. Cf. 6118.

7027 ——— *ed.*: *Tánag d'Fhánaid an einigh.*
In Studies 34, 1945, pp. 396-403. (id., 75. Tomás deserves the title of 'Breaghach')
-id.- Cf. 6675.

7028 Ó CONNALLÁIN (M.): Úna Bhán. Some notes on the article in Éigse 4.133-46.
In Éigse 5, 1945/47 (1948), (pt. 1), pp. 65-6.
On the place-names (1) *Cill Bhrighde*, (2) *Baile Thomáis* and *Glenballythomas*, (3) *Roxborough*, (4) *Balloony*.

7029 CARNEY (James) *ed.*: *Mō sa chách clū Buitlérach.*
In 5494 [Butler], (2. To Piers, Earl of Ormond), pp. 8-11.
Wr. c. 1482/83. From MS R.I.A. 23 F 21.

7030 ——— *ed.*: *Āit mo roinn gan rann oile.*
In id., (no. 5), p. 19.
Single quatrain. From -id.-

7031 ——— *ed.*: *Triall gach ēinfhir gu cúirt tTeabóid.*
In id., (6. To Theobald, Lord Caher [1566-96]), pp. 20-30.
Prose interspersed (as in crosántacht). From -id.-

7032 ——— *ed.*: *Foraois airdríogh iath Connacht.*
In id., (7. To Richard, Earl of Clanrickard), pp. 30-40.
Wr. between 1566 and 1576. From -id.-

7033 ——— *ed.*: *Cuirfead meise altram cloinni.*
In id., (11. To Theobald, Lord Caher [1566-96]), pp. 56-8.
From -id.-

7034 ——— *ed.*: *Taghaim Tómás ragha is rōghrádh.*
In id., (16. To Thomas, Earl of Ormond [†1614]), pp. 74-81.
Amhrán, wr. about 1588; by the same anonymous poet as no. 19 *Fuarus nóchar uaibhreach óigmhear.* From MS R.I.A. 23 E 14.

7035 ——— *ed.*: *Cúich do leandān, a Lāmh Ōir?*
In id., (18. To Edmund, Lord of Dunboyne), pp. 88-93.
Succeeded his father as 7th Lord in 1445. From MS R.I.A. 23 O 4.

7036 ——— *ed.*: *Fuaras nóchar uaibhreach óigmhear.*
In id., (19. To Edmund, Viscount Mountgarrett [†1602]), pp. 94-100.
Amhrán, by the same anonymous poet as no. 16 *Taghaim Tómás ragha is rōghrádh.* From MS R.I.A. 23 E 14 (variants from 24 B 8).

7037 Ó FOGHLUDHA (Risteárd) *ed.*:
Mo scéal guirt-se an éigse go ceasnaidhtheach. By [anon.]
In 5822 [Éamonn de bhFal], p. 33.
Ca. 1750.

7038 MCKENNA (Lambert) *ed.*: *Teach n-óil gach bruighean n-a bhaile.*
In 5499 [Magauran], (no. 1), pp. 2-7, 290-1.

Acephalous; the word *Rachdaid* after the poem evidently repeats the first word of the poem. To Brian Mág Shamhradháin, †1298.

7039 ———— *ed.*: *Déanum shíodh mbunaidh, a Bhriain.*
In id., (no. 3), pp. 20-31, 297-301.
To -id.- Cf. Best[2] 1721.

7040 ———— *ed.*: *[T]ugadh easgar d'Inis Fháil.*
In id., (no. 12), pp. 92-3, 325.
1½ qq. legible.

7041 ———— *ed.*: *Fada a-taoi im aighidh, a Aodh.*
In id., (no. 28), pp. 248-9.
2½ qq. remain; not translated.

7042 ———— *ed.*: *Iongnadh mh'aisling i n-Eamhain.*
In Studies 36, 1947, pp. 350-7. (Some Irish bardic poems, no. 83)
Most prob. to Roalbh Mág Mathghamhna, †1314.
From MSS R.I.A. A iv 3, 23 F 16, etc. Authorship uncertain; ascriptions to Giolla Brighde MAC CON MIDHE and to Tadhg Óg Ó HUIGINN unlikely on account of the date.

7043 Ó CUÍV (Brian) *ed.*: A humorous eighteenth century poem.
In Éigse 6, 1948/52, pp. 1-7.
A ghearráin riabhaigh lér chaillios mo shearc; 14 qq., based on MS Mayn. M 86 (1714), with notes. 2 add. qq., based on MS R.I.A. 3 B 38. Add. note by Colm [O LOCHLAINN] referring to various printings of Robin FLOWER's verse transl.

7044 MAC ENTEE (Máire) *ed.*: Un poème irlandais du XVIe siècle.
In ÉtC 4, 1941/48, (fasc. 2, 1948), pp. 301-5.
Fir an toighe ag seilg san sliabh, by [Domhnall] MAC CARTHAIGH MÓR; with a ceangal by the scribe, Pól ROILLIS. From a MS in the possession of J. Vendryes (v. RC 48.235ff), with Fr. transl. The first 2 qq. also in MS R.I.A. 23 N 15, followed by a quatrain (name riddle) *Do chomus am aisling samhail oidhche éigin.* Also a similar quatrain from the above MS, *Cūig a háon nō ceathar a dhō.*

7045 ———— *ed.*: *Ní glic nach gabhuim fam glór.*
In id., pp. 379-84. (Deux poèmes du manuscrit de Paris, no. 1)
From MS Paris B.N. 1; with Fr. transl.

7046 Ó M[AOLAGÁIN] (P.) *ed.*: *A mhacaoimh dhealbhas an dán.*
In An tUltach 25, uimh. 6 [sic], Bealtaine 1948, p. 6.
'BRIGHID inghean Iarla Chille Dara, má's fíor.' From MSS Mayn. C 59 and T.C.D. H 4 14. Reply to the poem *Ní mé bhur n-aithne a aos gráidh.*

7047 MCKENNA (Lambert) *ed.*: *Cia ór cheannchas mo chosnamh?*
In Studies 37, 1948, pp. 84-90. (Some Irish bardic poems, 85. The poet asks his patron to protect him)
To Art son of Conn son of An Calbhach (†1458) son of Murchadh Ó Conchobhair Fhailghe.
From MS R.I.A. 23 D 14; with Engl. transl.

7048 ———— *ed.*: *Dursan do chás, a chríoch Bhreagh.*
In Studies 38, 1949, pp. 338-44. (id., 91. Appeal to Owen Roe O'Neill as defender of the Catholic faith)
Text based on MS R.I.A. 24 P 9; Engl. transl.
Ascr. to Brian Óg MAC CON MIDHE in T.C.D. H 5 28; to Toirdhealbhach UA CONCHOBHAIR in BODD.

7049   CARNEY (James) *ed.*: *Ré lán ós ceann Chonnachtach.*
       In 5503 [O'Reilly], (1. To Pilib, son of Aodh Conallach, [†1596]), pp. 1-10.
       From MS Cambr. Add. 3082.

7050   ——— *ed.*: *Leannán grāidh chliar an chruine.*
       In id., (no. 2), pp. 10-1.
       Acephalous; apparently on the slaying of Pilib in 1596. From -id.-

7051   ——— *ed.*: *Foghlaidh a chruidh clú Filib.*
       In id., (3. To Pilib, son of Aodh Conallach, [†1596]), pp. 11-4.
       From -id.-

7052   ——— *ed.*: *Clíath mhínighthe ar maicne ríogh.*
       In id., (6. To -id.-), pp. 27-33.
       From -id.-

7053   ——— *ed.*: *Réulta Connacht clū Pilib.*
       In id., (7. To -id.-), pp. 34-41.
       From -id.-

7054   ——— *ed.*: *Fada tēid teist Roghallach.*
       In id., (8. To -id.-), pp. 42-7.
       Perhaps wr. before the death of Aodh in 1583. From -id.-

7055   ——— *ed.*: *Dearbh do chumhacht, a chroch naomh.*
       In id., (9. To -id.-), pp. 48-51.
       From -id.-

7056   ——— *ed.*: *As fēin braittear compánach.*
       In id., (10. To -id.-), pp. 51-3.
       From -id.-

7057   ——— *ed.*: *Cía fhíorfus fuighle na bhfádh?*
       In id., (12. Elegy on Maol Mórdha, son of Pilib, [†1636]), pp. 63-71.
       From -id.-

7058   ——— *ed.*: *Mur do thogh Seanchān mar so.*
       In id., (13. To Pilib, son of Aodh Conallach, [†1596]), pp. 71-4.
       Acephalous. From -id.-

7059   ——— *ed.*: *Ní ar aoís meadhaighthear mac ríogh.*
       In id., (14. To -id.-), pp. 74-9.
       Prob. wr. after 1483. From -id.-

7060   ——— *ed.*: *Nia ar bárcaibh, cais gach taidhg.*
       In id., (18. To -id.-), pp. 91-2.
       From -id.-

7061   ——— *ed.*: *Manonnān Fódla Fearghal.*
       In id., (22. To Fearghal, son of Domhnall, [†1293?]), pp. 106-11.
       From -id.-

7062   ——— *ed.*: *Cā bhfúair an tEineach iosdadh.*
       In id., (27. To a priest, Aodh son of Toirdhealbhach), pp. 135-9.
       Middle or 2nd h. 17th c. From MS T.C.D. H 5 9.

7063   ——— *ed.*: *Mo chreach is mo léun thú, [a] Bhēul Ātha na Cairrge.*
       In id., (28. On the exile of Pilib, son of Aodh), pp. 139-46.
       Wr. c. 1653. From MS T.C.D. H 4 4.

H VERSE

7064 ——— ed.: *A bhaintighearna Mháire, a bhláth na Raghallach n-úr – ar mhéin.*
In id., (no. 29), p. 146.
From MS T.C.D. H 5 9.

7065 ——— ed.: *'Sí Máire chaomh, an tsáor Ní Geochagán tséimh.*
In id., (30. To Máire Ní Geochagáin), p. 147.
From -id.-

7066 ——— ed.: *Lā dā raibh Ruaidhrí ag tóruigheacht chreach.*
In id., (no. 32), pp. 150-1.
17th or 18th c. Text based on MS R.I.A. 23 Γ 15.

7067 ——— ed.: *Gē tā sibh-si leath ar leath.*
In id., (36. To Pilib [†1508] and Domhnall, sons of Brian), pp. 163-6.
Acephalous; from MS Edinb. 30 (Mackinnon, p. 115).

7068 Ó Tuathail (Éamonn) ed.: *Mo chian-sa fir na hAustria, Fléimeannaigh dob' áille.*
In An tUltach 26, uimh. 2, Feabhra 1950, pp. 2-3; uimh. 4, Aibreán 1950, p. 9 [corrig.]. (Dánta de chuid Uladh, [1.] Barún Sláine)
Ca. 1710, to Chriostóir Fléimeann, Barún Sláine. From MSS N.L. G 127 and R.I.A. G vi 1.

7069 McKenna (Lambert) ed.: *Tuile ar ttrághadh trén Gaoidheal.*
In Studies 39, 1950, pp. 437-44. (Some Irish bardic poems, no. 96)
On the death (1497) of Éigneachán Ó Domhnaill. Based on BODD; Engl. transl.

7070 Dobbs (Margaret E.) tr.: A poem on the Uí Dega.
In JCS 1, 1950, pp. 227-31.
Hui Degadh Osraighe áin, ascr. to Moling (v. Best[1] 152).

7071 McKenna (Lambert) ed.: *Féch, a Chríosd, ar crích Luighni.*
In 5507 [O'Hara], (no. 1), pp. 2-7.
Prob. to Tadhg Ó hEadhra (†1560), before 1556.
By a different hand on p. i of the introd. to BOH; two final qq. on next page illegible.

7072 ——— ed.: *Gabh mo chosaoid, a Chormuic.*
In id., (no. 22), pp. 240-3.
To Cormac Ó hEadhra (chieftain 1581-1612).

7073 ——— ed.: *Comhla ratha rún Fearghoil.*
In id., (no. 32), pp. 326-39.
From BOH and 3 B 14. To Fearghal Mór Ó hEadhra (†1390).

7074 ——— ed.: *Tuile rabharta rath deise.*
In id., (no. 33), pp. 340-51.
16th c.

7075 ——— ed.: *Sgítheach sin, a chlanna Cuinn.*
In id., (no. 36), pp. 368-71.

7076 O'Rahilly (Cecile) ed.: *Innisim fís is ní fís bhréige í.*
In 5512 [17th c. polit. poems], (2. An síogaí Rómhánach), pp. 12-32.
Wr. c. 1650, poss. by a Midland poet (? Cathaoir Buidhe Ó Maolmhuaidh).

H VERSE

7077 MAC CRAITH (Cuidbeirt): Oilbhearus Hosé, máistir sgoile an Athar Aodha Mhac an Bhaird, O.F.M.
In 439 [Franciscan Donegal], pp. 109-12.
<small>With extracts from the poem *D'Oilbhearus is beatha a bhás*.</small>

7078 Ó FOGHLUDHA (Risteárd) *ed.*:
Ní tarcuisne dár n-eaglais ná céim do chách. By Séamus Mór [sic] MAC COITIR, or Uilliam Ó HICIDHE, or Seán CÚNDÚN.
In 5509 [Éigse na Máighe], (no. 16), p. 84.

7079 ——— *ed.*: *Ní duine thu acht straoille fann-bháird*.
In id., (no. 48), pp. 130-1.
<small>Answer to *Is duine thu dhíolas steanncán*, by Aindrias MAC CRAITH.</small>

7080 ——— *ed.*: *A réilteann tsoluis 's a choinneal ghlan aerdha an ghrinn*.
In id., (no. 61), pp. 147-8.

7081 Ó CRÓINÍN (Áine Ní Chróinín) *ed.*: Beatha Chríost.
B.Á.C.: Oifig an tSoláthair, 1952. xxx + 195 pp. (= LóL, iml. 17)
<small>Poem, c. 1700 A.D., on the life and death of Christ, based mainly on *Smaointe beatha Chríost* and the Bible. First line: *Sé lá bhí Día 'na bhriathraibh caoine*. Prob. by a Co. Clare poet. Based on MS Mayn. M 110. Introd. by Á. NÍ CH. & G. Ó M[URCHADHA]; some dialectal analysis.</small>

7082 Ó C[UÍV] (B.) *ed.*: Dhá rann ar an iairmhéirghe.
In Celtica 2, 1954 (pt. 1, 1952), p. 29.
<small>*Cid mōr d'ulc do-gné choidhche*, from LB.</small>

7083 CARNEY (James) *ed.*: *Carn Fraoich soitheach na saorchlann*.
In id., pp. 154-94.
<small>Diplom. text from BUíM and normalized text (E.Mod.I.); with Engl. transl.</small>

7084 Ó TUATHAIL (Éamonn) *ed.*: *Ar chrú Cholla mo chuairt i gcéin*.
In An tUltach 28, uimh. 6, Meitheamh 1952, p. 9. (Dánta de chuid Uladh: Don Athair Proinsias Mhac Mathghamhna)
<small>From MS B.M. Eg. [recte] 139.</small>

7085 ——— *ed.*: *Ittear iasg i mBaile Shac*.
In id., uimh. 9, Meán Fómhair 1952, p. 9. (id.: Lom na fírinne)
<small>From MSS R.I.A. 23 A 45 and F v 3.</small>

7086 ——— *ed.*: *Más mian daoibh aisling d'fhaicsint ar shaidhbhreas*.
In id., uimh. 10, Deire Fómhair 1952, pp. 8-9; uimh. 12, Nollaig, pp. 15-6. (id.: Tuireamh Mhaly Ní Bhruin)
<small>From MSS B.M. Eg. 131, and R.I.A. 23 D 7; ? by Séamus MHAC CUARTA.</small>

7087 Ó CUÍV (Brian) *ed.*: *Ar do dhíon damh, a Ghobnuit*.
In 5511 [Two poems to St. Gobnait], (no. 1), pp. 328-30.
<small>Prob. 16th c., from MS B.M. Add. 31877.</small>

7088 Ó C[UÍV] (B.) *ed.*: Venite benedicti patris mei.
In Éigse 6, 1948/52, (pt. 4), p. 332.
<small>*Hitte / nĭ hinand is venitte*, single quatrain from LB (p. 11 marg.).</small>

7089 [Ó FLOINN (Donnchadh)] *ed.*: BRÍD iníon Iarla Chille Dara cct, más fíor.
In IMN 1953, pp. 18-9.
<small>*A mhacaoimh dhealbhas an dán*. From MS Maynooth C 59; reply to the (preceding) poem *Ní mé bhur n-aithne a aos gráidh*.</small>

H VERSE

7090 Ó Floinn (Donnchadh) *ed.*: Seachrán srianach, 1642.
In id., pp. 19-20.
Comp. between 1642 and 1649; first line: *Murchadh Ó Briain ó Chinn Choradh*. From MS Maynooth C 59, incomplete.

7091 [anon.] *ed.*: Memento mori.
In id., p. 44.
Single stanza, from Maynooth C 72 (7): *Féach an cloigeann ar an ula 's a dhranndal bán*.

7092 Murphy (Gerard) *ed.*: A folksong traceable to Elizabethan times.
In Éigse 7, 1953/55, (pt. 2, 1953), pp. 117-20.
Single quatrain, *Rachaidh mise, rachaidh tusa síos go Fine Gall*. Diplom. text, as noted, with an Engl. transl., by Meredith Hanmer (†1604) in a MS in the P.R.O. London; translit. text. Prob. repres. the dialect in some district near Dublin.

7093 Mac Mathúna (Ciarán): Samhlaíocht a thaisteal.
In id., pp. 121-2, 126.
ad *Dá mudh dubh an fhairrge* (v. Dánfhocail, 84).

7094 Ó Cuív (Brian) *ed.*: Clíona agus Iníon Chaitlín Dubh.
In Béaloideas 22, 1953 (1954), pp. 102-11. (Deascán ó Chúige Mumhan, no. 1)
A Chlíodhna, go mbeanuighe Críosd féin duit. From MS N.L. G 349 (c. 1876).

7095 ——— *ed.*: Aighneas an diail le Henry Purdon ar leabaidh an bháis.
In id., pp. 117-9. (id., no. 6)
? 1st h. 18th c. *Tarraing do chúntas a dtráth*. From MS R.I.A. 23 B 36.

7096 Torna [*pseud.*, Ó Donnchadha (Tadhg)] *ed.*:
A Éamuinn, a spéice, 's a bhacaigh bhuidhe dhuibh. By [anon.].
In 5517 [Seán na Ráithíneach], p. 263.

7097 *Mo scéal guirtse an éigse go ceasnaídhtheach*. By [anon.]. p. 264.

7098 *Táid dís de mhnáibh san áit seo cheileann a ngnúis*. By [anon.].
In id., (no. 144), p. 275.

7099 Ó Cuív (Brian) *ed.*: Aiste grinn.
In Celtica 2, 1954, pp. 275-7.
Isí thug chúm-sa rúisc do chaile chásmhar; normalized from MSS Fermoy, St. Colman's College, 3, and R.I.A. 23 D 39.

7100 Ó Tuathail (Éamonn) *ed.*: *'Sé Séamus Dubhlaing an barraidhe álainn*.
In An tUltach 30, uimh. 1, Eanar 1954, pp. 9-10. (Dánta de chuid Uladh: Marbhnaidh Shéamuis Dúbhlaing)
From MS Edinb. Db 7 1 (Gallegan).

7101 ——— *ed.*: *'Sé do bheatha 'un na tíre, a leinbh bhig aoibhinn*.
In id., uimh. 5, Bealtaine 1954, p. 5. (id.: Róis Ní Mhaoltuile)
From -id.-

7102 Ó M[aolagáin] (P.) *ed.*: *Míle seacht gcéad agus trí fichid*.
In Clogher record 1, no. 2, 1954, p. 65.
On the death (1758) of Ros Mac Cinnaith.
From MS R.I.A. 23 M 39 (first line acc. to Cat. RIA, p. 952: [Sa]gart paraiste Erigail a Trúitha).

7103 ——— *ed.*: *A ghríos-ghártha le éin-lasair thugas fíor-thaithneamh is spéis dot dháil.*
In id., pp. 65-6.
> 1 quatrain; from MS R.I.A. 23 M 39 (1810).

7104 ——— *ed.*: *Gluais a Mhoillí is tar dam fhéachain.*
In id., p. 66.
> Amhrán on Triúcha (bar. of Trough), from MS R.I.A. 23 C 12 (18th c.).

7105 Ó MÓRDHA (Séamus P.) *ed.*: Dán faoi Mhuirthéacht na Frainnce.
In Éigse 7, 1953/55, (pt. 3, 1954), pp. 202-4; 8, 1956/57, pp. 150-1 [add.].
> *Tá na Franncaigh san am so 'cur céim ar gcúl*, on the French Revolution. From MS N.L. 200 (pt. 2); with Engl. transl.

7106 GREENE (David) *ed.*: *Un joc grossier* in Irish and Provençal.
In Ériu 17, 1955, pp. 7-15.
> 3 texts on *táiplis* 'backgammon' in a metaphorical erotic sense (originating in in France or Provence): (1) poem, translit. from BDL, 1st line: *Mór tubaist na táiplisge.*

7107 MOORE (Séamus P.) *ed.*: An Chailleach Bhéurtha.
In Éigse 8, 1956/57, (pt. 1, 1955), p. 78.
> Quatrain *Mise Cailleach Bhéurtha bhocht*, with Engl. transl. and context, from O'Donovan, O.S. letters Co. Meath, pp. 41-2; cf. Éigse 7.277.

7108 ——— *ed.*: *Is claoidhte tharla an tráth so déarach.*
In 5518 [18th c. priests], (3. Marbhnaoi an Athar Philip Uí Ghairtnéal), pp. 60-5.
> Caoineadh; traces of Oriel Irish. From MS R.I.A. 23 D 16; Engl. synopsis.

7109 [anon.] *ed.*: Scoláire agus a pheann.
In IMN 1955, p. 41.
> *A chleite an ghé riabhaigh* (2 qq.), from MS Mayn. M 14.

7110 Ó TUATHAIL (Éamonn) *ed.*: *Anois is mian liom tráchtadh air Terry Ó Raghallaigh an sár-mhac.*
In An tUltach 31, uimh. 4, Aibreán 1955, pp. 10-11. (Dánta de chuid Uladh, 43. Marbhnaidh Thoirdhealbhaigh Uí Raghallaigh)
> ca. 1779. From MS U.C.D. Ferriter 20.

7111 ——— *ed.*: *Air Phurt an tSiúir do chonairc mé mo shiúr.*
In id., uimh. 9, Meán Fómhair 1955, p. 4. (id., 48. Bruach Loch Gamhna)
> From MSS U.C.D. Ferriter 20, and R.I.A. 3 B 38.

7112 ——— *ed.*: *A Dhia ghléighil, féach agus fortuigh oram i n-am.*
In id., uimh. 9, Meán Fómhair 1955, p. 4. (id., 49. Marbhnaidh Lúcáis agus Phara Bháin a crochadh san gCabhán)
> From MS U.C.D. Ferriter 20.

7113 ——— *ed.*: *Ag teacht aimsir chodlata dhamh air bheagán suaimhnis.*
In id., uimh. 10, Deire Fómhair 1955, p. 7. (id., 50. An bás)
> From -id.-

7114 ——— *ed.*: *Tá an ghealach gheal faoi smúid ann 's a' ghrian i gculaidh chumhaidhe.*
In id., uimh. 11, Samhain 1955, pp. 3, 4. (id., 51. Tuireamh Shiubhán Nic an Éanaigh)
> From -id.-

7115 Ó SÚILLEABHÁIN (Pádraig): An 'Dies irae' (Éigse ii 137-45).
In Éigse 8, 1956/57, p. 282.
    Another source for *Lá na feirge, lá na sgeimhle*.

7116 Ó CUÍV (Brian) *ed.*: A poem in praise of Raghnall, King of Man.
In id., pp. 283-301.
    Prob. late 12th c., dán díreach, [B]*aile suthach síth Emhna*; based on F, Engl. transl., notes.

7117 [WALSH (Paul)] *ed.*: *Mochean don loing si tar lear.*
In 8717 [Aodh Ruadh], pt. 2, pp. 118-25. (Poems on the Ó Domhnaill family)
    'A good ship's company.' From BODD, with Engl. tr.

7118 BREATNACH (R. A.): *triar a ttigim ar deisiol.*
In Celtica 4, 1958, pp. 207-8. (Nótaí gearra 2, no. 2)
    Leg. *triar ar a ttigim deisiol* 'three do I mention with a blessing!', in the poem *An seisear / ...* (DF ii 58 §1 and Measgra D. ii 185).

7119 Ó MÓRDHA (Séamus P.) *ed.*: Cumhaidh na cléire, a '98 poem from north Leitrim.
In Breifne 1, 1958/61, (no. 1, 1958), pp. 34-40.
    Ó d'imthigh Mac Conshnámha d'úr-scoth na cléire, authorship uncertain. From MS R.I.A. 23 O 42 (dictated by Theophilus O'Flynn).

7120 MHÁG CRAITH (Cuthbert) *ed.*: Dán do Mhuire Mháthar.
In An Sagart 1, 1958, uimh. 1, p. 4.
    Do chuireas mo dhóigh, from MS Franc. A 25 (dated to 2nd h. 17th c.).

7121 MAC NIOCAILL (Gearóid) *ed.*: Na hAointe Órga.
In Éigse 9, 1958/61, (pt. 1), pp. 32-3.
    On the Golden Fridays, in prose and verse; 1st line: *Céd Aíne an Marta male*; from MS 24 P 25 (f. 38v).

7122 Ó CUÍV (Brian) *ed.*: Cor na héigse.
In id., (pt. 3, 1959/60), p. 199.
    Mo thrúaighe cor na héigsi, from MS R.I.A. B iv 1 (c. 1670).

7123 Ó DUIBHGINN (Seosamh): Dónall Óg. Taighde ar an amhrán.
B.Á.C.: Clóchomhar, 1960. 134 pp. music
    Study of *Dá mbeinnse thiar a's aniar ní thiocfainn*.

7124 MAC NIOCAILL (Gearóid) *ed.*: Dán do Chormac Mág Shamhradháin, Easpag Ardachaidh 1444-?1476.
In SAM 4, no. 1, 1960/61, pp. 141-6.
    Buaidh n-easbaig ar Ardachadh. From MS B.M. Eg. 1781; diplom. and normalized texts.

7125 Ó CUÍV (Brian) *ed.*: Tráth na hiairmhéirghe.
In Éigse 9, 1958/61, (pt. 4, 1960/61), p. 232.
    Éirigh, ná codail, a thrua[i]gh; based on MS R.I.A. 23 N 5.

7126 ——— *ed.*: Brian Ó Ruairc.
In id., p. 254.
    Brian Ó Ruairc mo rogha Ghaoidheal, single quatrain, from MSS R.I.A. F v 3, etc.

7127 Ó CEALLACHÁIN (Máire *Ní Cheallacháin*) *ed.*: *A Dhé na ndeaghníomh, smachtaigheas uaill gach fir.*
In 5955 [P. Haicéad], (Aguisín, no. 1), p. 65.
    Based on MS Stonyhurst A ii 20. Poss. by ÉAMONN AN DÚNA or DONNCHADH AN DÚIN.

7128 THOMSON (R. L.) *ed.*: *Creid díreach do Dhia na ndúl.*
 In 8321 [Adtimchiol an chreidimh], (App. 1: D. Na deich n-aitheanta), pp. 221-3 (cf. xlvii).
  Normalised text.

7129 O'SULLIVAN (Anne) *ed.*: Poem in praise of John Cantwell, archbishop of Cashel 1452-1482.
 In Éigse 10, 1961/63, (pt. 2, 1962), pp. 103-19.
  Wr. after his death. First line: *Lubhghart gan fhāl in eagna.* From MS B.M. Add. 33993; Engl. transl., notes.

7130 MAC NIOCAILL (Gearóid) *ed.*: *A dhoruis crín a' dísgán.*
 In id., (pt. 4), pp. 313-4.
  From MS T.C.D. O'Reilly [6] (16th c. hand).

7131 Ó DÁLAIGH (Máirín *Bean Uí Dhálaigh*) *ed.*: *Tiomairg go léir na liobhra.*
 In An Sagart 7, 1964, uimh. 3/4, p. 45.
  From MSS R.I.A. 23 K 32 and C iv 3; with Mod.I. transl. Ascr. to Maol Cobha.

7132 Ó CUÍV (Brian) *ed.*: *Dealbha an Spioraid Naoimh.*
 In Éigse 11, 1964/66, (pt. 2, 1965), p. 106.
  Seacht ndealbha ar an Spiorad Naomh; from BOCD.

7133 ——— *ed.*: Laoi cumainn.
 In id., p. 112.
  Searc mo chroidhe-se an tsaoibhean. From MSS B.M. Eg. 146 and N.L. G 127.

7134 DUFFY (Joseph) *ed.*: *Buidheachas lis an mhathair.*
 In 7423 [Comhairle Mhic Clamha], (App. 1), pp. 345-6 [~ 41-2].
  Diplom. text from MS R.I.A. 23 L 32. — Appears to derive from both the *Pairlement Chloinne Tomáis* and the *Comhairle Mhic Clamha*.

7135 QUIN (E. G.) *ed.*: *Truagh truagh an mhuc.*
 In Hermathena 101, 1965, pp. 27-37.
  Prob. 16th c. Based on MS R.I.A. 24 P 9; with Engl. transl. and notes.

7136 Ó SÉAGHDHA (Nessa *Ní Shéaghdha*) *ed.*: Tóruigheacht Dhiarmada agus Ghráinne. The Pursuit of Diarmaid and Gráinne.
 Dublin: E.C.I., 1967. xxxi + 148 pp. (= ITS, vol. 48)
  Based on MS R.I.A. 24 P 9, with Engl. transl.
  App. B: poem on the chess-game beneath the yew-tree (with preceding prose passage) *Is cuimhin liom an imirt*, from MS R.I.A. 23 L 27.
  App. D: *Uath Beinne Etair*, from MS R.I.A. 23 N 10, with Engl. transl.; incl. poem *Fuit, fuid! / fuar inocht Mag let[h]on Luirc.*

7137 DE HÓIR (Éamonn) *ed.*: Caithréim Dhonnchaidh mhic Thaidhg Rua Uí Cheallacháin.
 In 459 [N. Munster studies], pp. 505-25.
  Deacair comhaireamh a chreach. From MS R.I.A. 24 B 27; alphab. list and identifications of the pl.ns. mentioned.

7138 MHÁG CRAITH (Cuthbert) *ed.*: *Do charas crios mo charad.*
 In 5551 [Dán Br.M.], (16. Crios San Froinséis), pp. 83-5.
  Text based on MS R.I.A. 24 L 13.

H VERSE

7139 —— ed.: *Cia lē bhfillfidhe fearg ríogh?*
In id., (17. San Froinsias: cara an éicin), pp. 85-93.
Text based on MS R.I.A. 23 O 78.

7140 —— ed.: *Lōchrann chúig solas Sainct Phroinsias.*
In id., (20. S. Froinsias: réalta eoil), pp. 103-7.
Text based on MS Göttingen Hist. 773 (1659).

7141 —— ed.: *Cia an doctúir is mōr iul.*
In id., (29. Scotus ó Dhún), p. 153.
1 q., and preceding Latin, based on Hugo CAVELLUS, F. Ioannis Duns Scoti ... in primum et secundum sententiarum questiones subtilissimae, Antverpiae 1620.

7142 —— ed.: *Olc mo thuras sonn ó Lundain.*
In id., (46. Fáilte fhuar), pp. 236-7.
Between 1628 and ?1644. From MS Franc. A 20.

7143 —— ed.: *Atā triúr dochtūir naomhtha léar sgrîobhadh na grāsa.*
In id., (65. Tóir ar na bráithre), pp. 282-3.
From MS N.L. G 127 (1713).

7144 —— ed.: *Ós deimhin liom gur chinnti air, an Pápa athair.*
In id., (72. Greim an fhir bháite), p. 293.
Single quatrain, ? wr. between 1700 and 1703; from MS B.M. Eg. 161.

7145 —— ed.: *Chuala mé sgéala aréir is ghoin sé mo chroidhe.*
In id., (81. Pádraig Ó Fionnagáin), pp. 312-4.
Ca. 1787; from MS Edinb. 80.

7146 —— ed.: *'Sí an bhean a raibh 'n[d]án di grāin ō b[h]eag is ō mhōr.*
In id., (82. Bean Phádraig Í Fhionnagáin), pp. 314-5.
-id.-

7147 —— ed.: *Is mian liom trācht air ádhbhar tuirsi agus brōin.*
In id., (83. Pádraig Ó Fionnagáin), pp. 315-6.
-id.-

7148 —— ed.: *There are some who sing of Moreen & others of Graine too.*
In id., (84. Pléaráca an bhráthar), pp. 316-8.
On Pádraig Ó Fionnagáin, c.1787. Alternate Engl. and Irish verses; from MS R.I.A. 24 P 29 (1789).

7149 —— ed.: *Ō d'imthigh Mac an Átha do ūr-sgoth na cléire.*
In id., (86. Cumhaidh na cléire), pp. 323-4.
In memory of three clerics of the early 19th century; from MS R.I.A. 23 O 42.

7150 —— ed.: *Is é mo chreach is mo chrá a chail mise an láir.*
In id., (102. Duan le bráthair ar bhás a ghearráin), pp. 353-4.
Based on MS R.I.A. 23 F 22.

7151 —— ed.: *Ní hiongna lióm an bráithir méith.*
In id., (109. An freagra le cailleach san gcúinne), pp. 366-7.
Based on MS R.I.A. 23 B 36.

7152 —— ed.: *Fáth mo thuirse fár cuireadh mé i ngainn-iar[r]acht.*
In id., (118. Cill na Mallach), pp. 378-9.
Ascr. to Na bráithre i gCill na Mallach; based on MS R.I.A. 23 L 35.

7153 O'Rahilly (Cecile) ed.: *Mairg atá sa mbeathaidh-si.*
In Éigse 12, 1967/68, pp. 271-2.
> Based on MS B.M. Eg. 128. Same opening line as lay in *Eachtra Uilliam* (5257) 248 [cf. Dánta gr.^{2}, no. 56].

7154 O'Sullivan (Anne): Note on an unpublished Butler poem.
In JBS 2, 1969, pp. 106-7.
> The incomplete poem [*Maith in conach clu gaiscid*] for Piers (†1464) son of James Gallda of Cahir, preserved in MS B.M. Add. 33993.

7155 Ó Cuív (Brian) ed.: An invocation of saints Peter and Paul.
In Éigse 13, 1969/70, pp. 52-8.
> Cl.Mod.Ir. poem from MSS Brussels 20978-9, BOCD, and Edinb. 64 (Mackinnon, p. 103). First line: *Tugadh mo choimhéad do chóigear.* With Engl. transl.

7156 Ó Concheanainn (Tomás): *Gaoidhil bhochta na glanáille : Gaoidhil glanFhódla.*
In 5434 [Roinnt macalla], pp. 63-4.
> In the (17th c.) poem *Nach léur dheitsi Ghaoidhil bhochta na glanáille* (v. B.M. Cat. iii, pl. 24), *Gaoidhil na glanáille* is a reflex and contamination of *fianna glanáille Gaedheal* and *Gaoidhil glanFhódla* from literary sources.

7157 Gillies (William) ed.: A poem on the downfall of the Gaoidhil.
In Éigse 13, 1969/70, pp. 203-10.
> *Cáit ar ghabhadar Gaoidhil?* Based on BOCD; Engl. transl., notes.

7158 de Brún (Pádraig) ed.: *Caoine ar Mhac Fínín Duibh.*
In id., pp. 221-4.
> Ca. 1809, incomplete. *Mo chreach is mo léirghoin.* Based on MS Cork T i.

7159 ———— ed.: A lament in Irish for John Stafford, coadjutor bishop of Ferns.
In The Past 8, 1970, pp. 43-51.
> 1781, caoineadh. First line: *A Athair Seon, is tusa mo dheacair.* From MS King's Inns 30, wr. by Séamas Ó Murchú who may also be the author. Diplom. and normalised texts.

7160 Ó Buachalla (Breandán) ed.: *Olc mo thuras sonn ó Lundain.*
In 5569 [Nua-dhuan. 1], (5. Cnoc Samhraidh), pp. 7-8.
> ? 1st h. 17th c.

7161 ———— ed.: *Aoibhinn beatha an scoláire.*
In id., (6. Beatha an scoláire), p. 8.

7162 ———— ed.: *Duibhe id mhailghibh, gríos id ghruadhaibh.*
In id., (7. Amharc), p. 9.

7163 ———— ed.: *Och! a Mhuire, nach truagh mo chás.*
In id., (11. Och! a Mhuire), p. 13.
> Trí rainn agus amhrán. From MSS B.M. Add. 40766, R.I.A. 24 P 20, N.L. G 200.

7164 ———— ed.: *Lá dá raibh Murchadh mac Bhriain.*
In id., (12. An bhanab ón gCarraig Léith), p. 14.
> From MS Belfast 29B.

7165 de Brún (Pádraig) ed.: *Ní truagh galar acht grádh falaigh.*
In id., (no. 25), p. 30.
> From MSS R.I.A. 23 E 16, 3 B 9, and Cambr. Add. 4182. Ascr. to Piaras Feiritéar, or to Cearbhall Ó Dálaigh.

7166 ─────── ed.: *De chuala scéal do chéas gach ló mé.*
　　In id., (no. 26), pp. 31-4.
　　　Caoineadh; earliest MS T.C.D. H 2 5 (1712). Ascr. to Piaras FEIRITÉAR, to Séafraidh Ó DONNCHADHA, or to Seán an Fhíona Ó CONCHUBHAIR CHIARRAÍ.

7167　Ó BUACHALLA (Breandán) *ed.*: *Do chuireas mo dhóigh san ainnir óig.*
　　In id., (30. Muire mo stór), p. 40.
　　　Amhrán; from MS Franc. A 25.

7168 ─────── ed.: *A Íosu, a Naoimhspioraid, a Athair, is a Uain.*
　　In id., (31. An Spiorad Naomh), p. 40.
　　　Amhrán, from MS Rouen 1678 (17th c.).

7169 ─────── ed.: *Coisc do dheór, a mhacaoimh mná.*
　　In id., (32. Róise), p. 41.
　　　Trí rainn agus amhrán. From MSS R.I.A. 24 P 29 and 3 B 38.

7170 ─────── ed.: *Ní chodlann an dobhrán donn.*
　　In id., (33. Rainn fhir an éada), p. 42.
　　　Earliest MS B.M. Add. 40766 (17th c.).

7171 ─────── ed.: *Do charas tar aon an Deirdre dhea-ghnúiseach.*
　　In id., (34. An Deirdre dhea-ghnúiseach), pp. 43-4.
　　　Amhrán, 8 qq.; earliest MS R.I.A. 24 P 9 (c. 1651). In MS Edinb. Univ. Db 7 1 (Gallegan) ascr. to Tomás [MAC GEARAILT], c. 1400. N.L. G 137 ascr. to Séathrún CÉITINN is unlikely.

7172 ─────── ed.: *Do ghad mo shearc is do gabhadh mé 'na líon.*
　　In id., (36. Líon an ghrá), p. 46.
　　　From MSS T.C.D. H 5 28 and B.M. Eg. 118.

7173 ─────── ed.: *Nach léar dheitse Gaeil bhochta na glanáille.*
　　In id., (44. Gaeil bhochta na glanáille), p. 57.
　　　Amhrán; earliest MS Rouen 1678 (17th c.).

7174　Ó CUÍV (Brian) *ed.*: An appeal on behalf of the profession of poetry.
　　In Éigse 14, 1971/72, pp. 87-106.
　　　Damhaidh dúind cóir, a chléirche; from MS N.L. G 992, Engl. transl., notes. Dated to 1330-60, ascr. to Giolla Brighde MAC CON MIDHE rejected.

Lament for Reilly

7175　MURPHY (Gerard): Lament for Reilly by his widow.
　　In Éigse 6, 1948/52, (pt. 1), pp. 19-22. (Three poems recorded from the recitation of Pádruig Ó Míleóin, An Clochán Dubh, Corca Dhuibhne, Co. Kerry, no. 3)

7176　JACKSON (Kenneth): A Blasket version of the Lament for Reilly.
　　In id., (pt. 2, 1950), pp. 112-3.

7177　MHAC AN FHAILIGH (Éamonn): A Mayo version of the Lament for Reilly.
　　In id., (pt., 2, 1950), pp. 114-5.

7178　Ó CUILEANÁIN (Mícheál): Mac Uí Raghalla an Chúil Bháin.
　　In Éigse 8, 1956/57, (pt. 1, 1955), pp. 32-4.
　　　S.W. Cork version.

7179 MAC MATHÚNA (Ciarán) *ed.*: Caoineadh Liam Í Raghallaigh. Trí leagan as scríbhinní.
In id., pp. 35-42.
3 early 19th c. versions: (1) Cork, from a ballad sheet in the N.L.; (2) Waterford, from MS R.I.A. 23 E 1; (3) N. Connaught, from MS B.M. Eg. 117. Diplom. and normalized texts.

7180 DE BÚRCA (Seán): Caoineadh Í Raghallaigh.
In Éigse 10, 1961/63, (pt. 1), pp. 35-8.
Tourmakeady (Co. Mayo) version, with phonetic transcr.

7181 Ó LOCHLAINN (Colm): The Lament for Reilly. A Conamara version and some notes.
In id., pp. 39-44.

H 5   ISOLATED OR ALIENATED POETRY
cf. F 3.1 Forms, Style

7182 CARNEY (James): 'Thomas Costello and O'Rourke's wife.'
In Celtica 1, 1950, pp. 280-4, 406.
Metaphorical interpretation of *Féuch féin an obair-si, a Aodh* (cf. Best^2 1841). Suggested authorship: Tomás Ó HUIGINN.

7183 O'RAHILLY (T. F.): Lost legends of Mis and Dubh Ruis.
In id., pp. 382-4. (Varia 2, no. 25)

7184 O'SULLIVAN (Anne) *ed.*: Triamhuin Ghormlaithe.
In Ériu 16, 1952, pp. 188-99.
Ed. of 6 poems attributed to Gormlaith, not found in MS R.I.A. 23 F 16 (ed. Bergin, v. Best^1 127); from MS N.L. G 200, Engl. transl. First lines: (1) *Beannacht úaim ar anmuinn Néill* (variants from MS R.I.A. 24 C 39), (2) *Briseadh croidhe cumhaidh Néill*, (3) *Brónach mo bheatha gan Níall*, (4) *Dursan úir ar [t]h'ocht, a Néill!*, (5) *Labhair anois a Ghadhra!*, (6) *Muichneach dhamh dhol um dhúithche*.

7185 Ó CUÍV (Brian) *ed.*: The romance of Mis and Dubh Ruis.
In Celtica 2, 1954, pp. 325-33.
Based on MS Mayn. M 58; Engl. summary.

7186 CARNEY (James): The *Féuch féin* controversy.
In 495 [SILH], (chap. 7), pp. 243-75.
Incl. ed. from MS R.I.A. C iv 1, and transl., of the closely related poem *Gabh mo shuirghe, a ua Émuinn* by Tomás (mac Briain Dorcha) Ó HUIGINN.

7187 O DALY (Máirín) *ed.*: *Beir mo scíath, scëo fri úath*.
In Ériu 20, 1966, pp. 191-201.
From LL, with Engl. transl. and notes. Early M.I., attrib. to AILILL ÓLOMM; belongs (as also *A maccáin ná cí*) to a version of *Cath Maige Mucrime*.

7188 GREENE (David) & O'CONNOR (Frank) *eds. & trs.*: *It é saigthi gona súain*.
In 5542 [Golden treasury], (16. Créd's lament), pp. 78-80.
cf. Best^1 156.

7189 CARNEY (James): Two poems from *Acallam na senórach*.
In 461 [Celtic studies], pp. 22-32.
Comments on *Géisidh cuan* and *Turas acam Día hAíne,* and their prose settings.

7190 O Daly (Máirín) ed.: Three poems ascribed to Máol Cobha.
   In Ériu 21, 1969, pp. 103-15.
   Text (with prose introd.) based on MS R.I.A. 23 K 32; Engl. transl. (1) *Drong dámhach Droma Diolair*; (2) *Tiomairg go léir na liobhra*; (3) *Ionmhain áras ainglidhe*. — Prob. belong to a lost tale.

7191 Carney (James) ed.: *Gas Iossa*.
   In Éigse 13, 1969/70, pp. 99-103.
   Early M.I. poem from MS R.I.A. C i 3. Diplomatic and normalized texts, Engl. transl.

7192 ——— ed.: The so-called 'Lament of Créidhe'.
   In id., pp. 227-42.
   ad *It é saigte gona súain*; incl. discussion of *Scéla Cano*, and of the Lament of the old woman of Beare.

Liadan & Cuirithir

7193 Ó Cuív (Brian): A quatrain from 'Líadain and Cuirithir'.
   In Éigse 5, 1945/47 (1948), (pt. 4), pp. 229-30.
   Di chíanaib, as ed. by K. Meyer, p. 20 [Best¹ 118], emended to O.I.

7194 Murphy (Gerard) ed.: *Cen áinius*.
   In 5520 [EILyr.], (35. Líadan tells of her love for Cuirithir), pp. 82-5.
   Ca. 875. From 'Líadain and Cuirithir'. From MSS T.C.D. H 3 18 and B.M. Harl. 5280.

7195 O'Brien (M. A.): *is fírithir ad-fiadar*.
   In Celtica 3, 1956, p. 174. (Etymologies and notes, no. 9)
   'it is as true as anything which is related', in Liad. and Cuir., p. 24; further on omission of antecedent in other case-relationships.

7196 Henry (P. L.): Líadan and Guđrún. An Irish-Icelandic correspondence.
   In ZCP 27, 1958/59, pp. 221-2.

7197 Greene (David) & O'Connor (Frank) eds. & trs.: [Liadan and Cuirithir].
   In 5542 [Golden treasury], (13. Líadan, 14. The ex-poet, 15. Ordeal by cohabitation), pp. 72-7.
   13. *Cen áinius*; 14. *Carsam, ním ráinic a less*; 15. *Masu oenadaig as-bir*. Cf. Best¹ 118, pp. 22 (cf. EILyr., no. 35), 16, 20.

Caillech Bérri

7198 Murphy (Gerard) ed.: The lament of the Old Woman of Beare.
   In PRIA 55 C, 1952/53, (no. 4), pp. 83-109, [iii]-[iv] [corrigenda].
   Ca. 800. First line: *Aithbe dam-sa bés mora*.
   Diplom. texts of MSS T.C.D. H 3 18 and N.L. G 7; an emended version based on 5 MSS; Engl. transl. and notes. Seven (out of 35) quatrains suspected to be interpolations.

7199 ——— ed.: *Aithbe damsa bés mora*.
   In 5520 [EILyr.], (34. The lament of the Old Woman of Beare), pp. 74-83.
   Revised version of the editor's normalized text in PRIA 55 C, 1952/53.

7200 CARNEY (James) ed. & tr.: Aithbe dam cen bés moro.
  In 5550 [Med.Ir. lyrics], (15. Ebbing), pp. 28-41.
  om. qq. 27 and 35 (as of EILyr., pp. 74ff).

7201 GREENE (David) & O'CONNOR (Frank) eds. & trs.: Aithbe dam cen bés mora.
  In 5542 [Golden treasury], (9. The nun of Beare), pp. 48-55.
  32 qq.; cf. G. MURPHY's ed., 1952/53.

7202 MARTIN (B. K.): The lament of the old woman of Beare: a critical evaluation.
  In MAe 38, 1969, pp. 245-61.

7203 CARNEY (James): The so-called 'Lament of Créidhe'.
  In Éigse 13, 1969/70, pp. 227-42.
  ad *It é saigte gona súain*; incl. discussion of *Scéla Cano*, and of the Lament of the old woman of Beare.

Suibne
  cf. G 3.11 (Buile Suibne)
  F 4.3 Comparative literature: Suibne

7204 MURPHY (Gerard) ed.: M'airiuclán hi Túaim Inbir.
  In 5520 [EILyr.], (43. My little oratory), pp. 112-3.
  Ca. 800. Attrib. to Suibne Geilt. From the MS Unterdrauberg (Austria), monastery of St. Paul.

7205 ——— ed.: Gáir na Gairbe glaídbinne.
  In id., (44. The cry of the Garb), pp. 112-7.
  Ca. 1150. From MS Brussels 5100-4. Spoken by Suibne; the original poem may have ended with q. 10.

7206 GREENE (David) & O'CONNOR (Frank) eds. & trs.: M'airiuclán hi Túaim Inbir.
  In 5542 [Golden treasury], (22. The pity of nature — 1), pp. 100-1.
  From a lost 9th c. version of the story of Suibne; cf. Thes. ii 293.

Diarmait & Gráinne

7207 M[URPHY] (G.) ed.: The pursuit of Díarmaid Ó Duibhne.
  In Éigse 7, 1953/55, (pt. 2, 1953), p. 79.
  Single quatrain, *Is mé Díarmaid Ó Duibhne*; from MS R.I.A. C iii 2 (in addition to *Fil duine*, v. EILyr. 54).

7208 MURPHY (Gerard) ed.: Fil duine.
  In 5520 [EILyr.], (54. Gráinne speaks of Díarmait), pp. 160-1.
  Single quatrain, 9th or 10th c. Text based on MS Rawl. B 502.

7209 GREENE (David) & O'CONNOR (Frank) eds. & trs.: Codail beagán beagán beag.
  In 5542 [Golden treasury], (48. Lullaby of adventurous love), pp. 184-8.
  12th c.; cf. DF i 84; modernized in spelling.

7210 O DALY (Máirín) ed.: Úar in lathe do Lum Laine.
  In 461 [Celtic studies], pp. 99-108.
  O.I. dialogue poem, thought to belong to a lost tale (cf. ZCP 1.458ff) and to be spoken by Gráinne and Díarmait. From LL, with Engl. transl. and notes.

H 6   LATIN VERSE

7211   MULCAHY (Dean C.) *ed.*: The Irish Latin hymns: *Sancti venite* of St. SECHNALL (*d. cir.* 447) and *Altus prosator* of St. COLUMBA (521-597).
In IER 57, 1941, pp. 385-405.
<small>*Sancti, venite, Christi corpus sumite*; *Altus prosator vetustus dierum et ingenitus*; Engl. transls.</small>

7212   ALSPACH (Russell K.): Irish poetry from the English invasion to 1798.
Philadelphia: U.Ca.P., 1943. xi + 146 pp.

7213   MULCAHY (Dean C.) *ed.*: The Hymn of St. SECUNDINUS in praise of St. Patrick.
In IER 65, 1945, pp. 145-9.
<small>*Audite omnes amantes*, with Engl. transl.</small>

7214   BIELER (Ludwig): Versus sancti COLUMBANI: a problem re-stated.
In IER 76, 1951, pp. 376-82.

7215   Ó CUÍV (Brian) *ed.*:
Currite spectatum muliebris verba senatus. By Cornelius CURTAIN.
In 7510 [Párliament na mban], p. 74.
<small>Commendatory poem, from MS N.L. G 429.</small>

7216   ——— *ed.*:
Quicquid Iberneis mulierum vivit in oris. By Donatus MAC CARTHY.
In id., p. 74 [cf. pp. xli-xlii].
-id.-

7217   BIELER (Ludwig) *ed.*: The Hymn of St. SECUNDINUS.
In PRIA 55 C, 1952/53, (no. 6), pp. 117-27, [iv] (corr.).
<small>*Audite omnes amantes Deum Sancta mereta*; variorum ed., with commentary.</small>

7218   ——— *tr.*: The works of St. PATRICK. St. SECUNDINUS, Hymn on St. Patrick.
Westminster (Md.): Newman Press; London: Longmans, Green & Co., 1953. v + 121 pp. (= Ancient Christian writers, no. 17)
<small>App.: The *Lorica*. — With introds., notes & index.</small>

7219   GWYNN (Aubrey) *ed.*: The writings of Bishop PATRICK, 1074-1084.
Dublin: D.I.A.S., 1955. 147 pp. (= SLH, vol. 1)
<small>Incl. Versus ... de mirabilibus Hibernie, *Plurima mira malum signantia signa futurum*, with Engl. transl., and discussion (App. 1) of their dependency on an Irish literary source.
Introd. (chap. 4) 'Bishop Patrick's latinity and style', by Ludwig BIELER.</small>

7220   WALKER (G. S. M.) *ed.*: Sancti COLUMBANI opera.
Dublin: D.I.A.S., 1957. xciv + 247 pp. (= SLH, vol. 2)

7221   O'DONNELL (Thomas J.) *ed.*: Selections from the *Zoilomastix* of Philip O'SULLIVAN BEARE.
Dublin: (for I.M.C.) Stationery Office, 1960. lxviii + 111 pp.
<small>pp. 98-102: *Divi Commini Conerensis episcopi Iberni carmen*, a Latin verse rendering by O'S.B. of *Carais Pattraic phuirt Macha*, attrib. to CUIMMÍN(E) COINDEIRE (cf. ZCP 1.59ff).</small>

7222 BYRNE (Francis John): Latin poetry in Ireland.
In 515 [Early Ir. poetry], pp. 29-44.

7223 CARNEY (James) *ed. & tr.*: Medieval Irish lyrics.
Dublin: Dolmen, 1967. xxxii + 103 pp.
_{An anthology of 41 Latin and Irish items. Abbr.: Med. Ir. lyrics.}

7224 DE BRÚN (Pádraig) *ed.*: Tuireamh Laidne ar Dháibhí Ó BRUADAIR.
In Éigse 12, 1967/68, pp. 327-30.
_{Latin elegy on D. Ó Br. ('qui oblit A.D. 1710') by Conchubhar MAC ARTÁIN (Cornelius CURTIN), from MS N.L. G 430: *Currite lugubri, mea carmina, currite metro.*}

7225 SZÖVÉRFFY (Josef): Weltliche Dichtungen des lateinischen Mittelalters. Ein Handbuch. 1. Von den Anfängen bis zum Ende der Karolingerzeit.
Berlin: E. Schmidt, 1970. 771 pp.

7226 CROSS (J. E.): 'De signis et prodigiis' in Versus sancti PATRICII episcopi de mirabilibus Hibernie.
In PRIA 71 C, 1971, (no. 6), pp. 247-54.

I SOCIETY

1 LAW, INSTITUTIONS

I 1.1 **General & various**
cf. M 6   Customs & beliefs

7227 O'Higgins (Paul) *comp.*: A select bibliography of Irish legal history. Parts [1]-3.
In American journal of legal history 4, 1960, pp. 173-84; 8, 1964, pp. 261-3; 13, 1969, pp. 233-40.

7228 ——— *comp.*: A bibliography of periodical literature relating to Irish law.
Belfast: N.I. Legal Quarterly Inc., 1966. xvi + 401 pp.

7229 Ó hInnse (Séamus): Morann.
In An Iodh Morainn 2, 1941, pp. 15-7.

7230 Weisweiler (Josef): Keltische Frauentypen.
In Paideuma 2, 1941/43, pp. 1-19.
A portrait of Medb.

7231 Philipp (Wolfgang): Weibwerdung oder Mutterrecht? Eine grundsätzliche Arbeit über Rasse und Gesittung, Bachofens Geisteserbe und die Keltenfrage.
Königsberg, Berlin: Ost-Europa-Verlag, 1942. xii + 521 pp. (= Schriften der Albertus-Universität, Geisteswiss. Reihe, Bd. 35)
Review by

7232 Mahr (A.), *in* ZCP 23, 1943, pp. 407-12.

7233 [Gwynn (A.)]: Some Irish ecclesiastical titles in the tenth and eleventh centuries.
In BICHS 17, Feb. 1942, pp. 1-2.
summary of paper.

7234 McKerral (A.): Ancient denominations of agricultural land in Scotland: a summary of recorded opinions, with some notes, observations, and references.
In PSAS 78, 1943/44 (1944), pp. 39-80.

7235 Dillon (Myles): The Hindu act of truth in Celtic tradition.
In MPh 44, 1947, pp. 137-40.

7236 Ó Buachalla (Liam): Some researches in ancient Irish law.
In JCHAS 52, 1947, pp. 41-54, 135-48; 53, 1948, pp. 1-12, 75-81.
1. The *fine* or joint family; 2. The law of inheritance and liability for crimes of kinsmen; 3. The gavelkind mentioned by Sir John Davies; 4. Gavelkind in south-west Munster in the sixteenth century.

7237 Dillon (Myles): The archaism of Irish tradition.
In PBA 33, 1947 [1951], pp. 245-64. (= Rhŷs lecture, 1947 [read Feb. 1948])
Sep. issued London: O.U.P., 1948 (repr. 1949). 20 pp.
Repr. University of Chicago, 1969.

7238 O'RAHILLY (T. F.): Ir. *fial, gaol.* Welsh *gŵyl, annwyl.*
In Celtica 1, 1950, pp. 365-9, 408. (Varia 2, no. 19)
Also on *nár* 'noble, etc.'.

7239 ——— ed.: *dámh.*
In id., pp. 375-7, 408. (id., no. 21).

7240 OTWAY-RUTHVEN (Jocelyn): The native Irish and English law in medieval Ireland.
In IHS 7, 1950/51 (1951), pp. 1-16.

7241 SAMELINOS [*pseud.*]: Les 'axes' du festiaire celtique.
In Ogam 3, 1951, pp. 152-5, 160.

7242 BINCHY (Daniel A.): The leech in ancient Ireland.
In 471 [What's past is prologue], pp. 5-9.

7243 NATROVISSUS [*pseud.*]: Fes Temrach.
In Ogam 4, 1952, pp. 216-20.

7244 RAMNOUX (Clémence): De l'aubergiste, de l'allumeur du feu, du champion et de quelques autres personnages et objets remarquables.
In id., pp. 264-9.

7245 ETTLINGER (Ellen): The association of burials with popular assemblies, fairs and races in ancient Ireland.
In ÉtC 6, 1953/54, (fasc. 1, 1952), pp. 30-61.

7246 VENDRYES (J.): Sur le nom du 'cousin' en celtique.
In id., pp. 198-9. (= Variétés, [no. 3])
Ir. *nia, necht* (f.), etc.

7247 MCKERRAL (Andrew): The lesser land and administrative divisions in Celtic Scotland.
In PSAS 85, 1950/51 (1953), pp. 52-64.

7248 RAMNOUX (Clémence): Structures païennes et structures chrétiennes.
In Ogam 5, 1953, pp. 1-6, 43-50, 76-80.
Functional relationship of druid and saint (*Forbuis Droma Damhghaire, Aed Baclám, Aided Diarmada, Betha Máedóc Ferna (2)*).

7249 GHURYE (G. S.): Family and kin in Indo-European culture.
London [etc.]: O.U.P., 1955. 254 pp. (= University of Bombay publications, Sociology series, no. 4).

7250 CHADWICK (Nora K.): Pictish and Celtic marriage in early literary tradition.
In SGS 8, 1958, (pt. 1, 1955), pp. 56-115.

7251 BINCHY (D. A.): Some Celtic legal terms.
In Celtica 3, 1956, pp. 221-31.
Collocation of W. and Ir. evidence about two ancient institutions:
1. The heir to the throne (W. *gwrthrychiad, edlyg, segynnab, eil*; Lat. *secundarius* (Asser). Ir. **frescissid* (?), *tánaise, secndap*).
2. The *officium pietatis* (W. *gwar, mab anwar, gwaredd* : Ir. *macc gor, m. ingor, goire*).

7252 MATHESON (Angus): 'Swearing by hands.'
In Éigse 8, 1956/57, pp. 247-8. (Some words from Gaelic folktales, no. 1).

I SOCIETY

7253 GRICOURT (Jean): A propos de l'allaitement symbolique: le domain irlandais.
In Hommages à Waldemar Deonna. Bruxelles: Latomus, 1957. (Collection Latomus, vol. 28), pp. 247-57.

7254 LAMONT (W. D.): Old land denominations and 'old extent' in Islay.
In ScSt 1, 1957, pp. 183-203; 2, 1958, pp. 86-106.

7255 BARRY (John): The coarb and the twelfth-century reform.
In IER 88, 1957, pp. 17-25.

7256 ———— *ed.*: The coarb in medieval times.
In IER 89, 1958, pp. 24-35.

7257 ———— *ed.*: The erenagh in the monastic Irish Church.
In id., pp. 424-32.

7258 BINCHY (D. A.): The Fair of Tailtiu and the Feast of Tara.
In Ériu 18, 1958, pp. 113-38.

7259 MAC AIRT (Seán): *Filidecht* and *coimgne*.
In id., pp. 139-52.

7260 GOVERNMENT OF IRELAND: Téarmaí dlí. Béarla-Gaeilge, Gaeilge-Béarla.
B.Á.C.: O.S., [?1959]., iv + 127 pp.
Previously publ. as 'Liosta de théarmaí dlíthiúla a bhaineas le ..., maraon lena n-iontamhail sa Ghaeilge, dar teideal An tOrdú téarmaí dlíthiúla Gaeilge', uimhr. 1-6. B.Á.C.: Oifig an tSoláthair, 1947-50.
Engl.-Ir., and Ir.-Engl. dictionary of legal terms.

7261 BARRY (John): The lay coarb in medieval times.
In IER 91, 1959, pp. 27-39.

7262 ———— *ed.*: The appointment of coarb and erenagh.
In IER 93, 1960, pp. 361-5.

7263 ———— *ed.*: The extent of coarb and erenagh in Gaelic Ulster.
In IER 94, 1960, pp. 12-6.

7264 ———— *ed.*: The distinction between coarb and erenagh.
In id., pp. 90-5.

7265 ———— *ed.*: The status of coarbs and erenaghs.
In id., pp. 147-53.

7266 ———— *ed.*: The duties of coarbs and erenaghs.
In id., pp. 211-8.

7267 Ó CUÍV (Brian) *ed.*: A seventeenth-century legal document.
In Celtica 5, 1960, pp. 177-85.
1675; based on MS R.I.A. 24 L 7; with Engl. transl. and notes.

7268 GREENE (David): The professional poets.
In 508 [Seven centuries], (no. 3), pp. 45-57.

7269 BINCHY (D. A.): Lawyers and chroniclers.
In id., (no. 4), pp. 58-71.

7270 LE ROUX (Françoise): Le Celticum d'Ambigatus et l'omphalos gaulois. La royauté suprême des Bituriges.
In Ogam 13, 1961, pp. 159-84.
Also in Celticum 1, 1961, pp. 159-84.

I SOCIETY

7271 GUYONVARC'H (Christian-J.): A propos de la *Velleda* de Bructère et du mot irlandais *file* 'poète, prophète, voyant'.
In id., pp. 321-5. (Notes d'étymologie et de lexicographie gauloises et celtiques (9), no. 31)

7272 LE ROUX (Françoise): Étude sur le festiaire celtique.
In id., pp. 481-506; 14, 1962, pp. 174-84, 343-72.
> 1. Samain; 2. La fête irlandaise de février, Imbolc; 3. Beltaine, la fête sacerdotale; 4. Lugnasad, ou la fête du roi.

7273 BINCHY (D. A.): The passing of the old order.
In 464 [1st ICCS], pp. 119-32.

7274 MACNEILL (Máire): The festival of Lughnasa. A study of the survival of the Celtic festival of the beginning of harvest.
London [etc.]: (for the Irish Folklore Commission) O.U.P., 1962. xi + 697 pp. illus.
> Corrections in Béaloideas 30, 1962 (1964), pp. 167-8.
> App. 1: The associated legends.

7275 O DALY (Máirtín) *ed.*: Lānellach tigi rích 7 ruirech.
In Ériu 19, 1962, pp. 81-6.
> Old Irish alliterative text on the seating arrangement in Conchobar's household, from MS N.L. G 7; Engl. transl., notes.

7276 GERSCHEL (Lucien): L'ogam et le nom.
In ÉtC 10, 1962/63, pp. 516-57.

7277 HUGHES (Kathleen): The church and the world in early Christian Ireland.
In IHS 13, 1962/63 (1963), pp. 99-116.
> With an appendix on the abbacy of Iona by John BANNERMAN.

7278 HAYES-MCCOY (G. A.): Gaelic society in Ireland in the late sixteenth century.
In HSt 4, 1963, pp. 45-61.

7279 DILLON (Myles): Celtic religion and Celtic society.
In 513 [The Celts], pp. 59-71.

7280 HUGHES (Kathleen): The Church in early Irish society.
London: Methuen, 1966. xii + 303 pp. pls., map
> App.: Engl. transl. of the *Liber angeli*.

7281 FOX (J. R.): Kinship and land tenure on Tory island.
In UF 12, 1966, pp. 1-17.

7282 PRICE (Liam): The origin of the word *betagius*.
In Ériu 20, 1966, pp. 185-90.
> *betagius*, Anglo-Ir. *betagh* 'servile tenant, serf' (corresp. to medieval Engl. *villein*), is from Irish *biatach* 'hospitaller' after the decline of his status in Anglo-Norman times.

7283 HAND (G. J.): The status of the native Irish in the lordship of Ireland, 1272-1331.
In IJur 1, 1966, pp. 93-115.

7284 MAC NIOCAILL (Gearóid): The origins of the *betagh*.
In id., pp. 292-8.
> Clarifies the status of the *biatach*.

I SOCIETY

7285 CARNEY (James): The Irish bardic poet. A study in the relationship of poet and patron, as exemplified in the persons of the poet, Eochaidh Ó hEoghusa (O'Hussey), and his various patrons, mainly members of the Maguire family of Fermanagh.
Dublin: Dolmen, 1967. 40 pp. (= New Dolmen chapbooks, vol. 4)
Statutory public lecture of D.I.A.S., 20 March 1958.

7286 BYRNE (Francis J.): Early Irish society (1st-9th century).
In 519 [Course of Ir. hist.], (no. 3), pp. 43-60.

7287 DILLON (Myles): Secular institutions: Early Irish society.
In 521 [Celtic realms], (chap. 5), pp. 86-104.

7288 MAC NIOCAILL (Gearóid): Notes on litigation in late Irish law.
In IJur 2, 1967, pp. 299-307.

7289 ——— ed.: The 'heir designate' in early medieval Ireland.
In IJur 3, 1968, pp. 326-9.

7290 MAC CANA (Proinsias): An archaism in Irish poetic tradition.
In Celtica 8, 1968, pp. 174-81.
The presentation of the wedding clothes to the chief poet of the area as an I.E. tradition.

7291 KERLOUEGAN (François): Essai sur la mise en nourriture et l'éducation dans les pays celtiques d'après le témoignage des textes hagiographiques latins.
In ÉtC 12, 1968/71, (fasc. 1, 1968/69), pp. 101-46.

7292 MOONEY (Canice): The Church in Gaelic Ireland: thirteenth to fifteenth centuries.
Dublin: Gill & Macmillan, 1969. 62 pp. (= A history of Irish catholicism, vol. 2, no. 5).

7293 Ó FIAICH (Tomás): The Church of Armagh under lay control.
In SAM 5, (no. 1, 1969), pp. 75-127. geneal.tabs.

7294 BENVENISTE (Émile): Le vocabulaire des institutions indo-européennes.
Paris: Les Éditions de Minuit, 1969. 2 voll.

7295 WATKINS (Calvert): Studies in Indo-European legal language, institutions, and mythology.
In 480 [I.E. & I.E.s], (no. 16), pp. 321-54.
4. An Indo-European god of exchange and reciprocity?

7296 BINCHY (D. A.): Celtic and Anglo-Saxon kingship.
Oxford: Clarendon, 1970. vii + 53 pp. (= O'Donnell lectures for 1967-68, Oxford, 1968).

7297 ROSS (Anne): Everyday life of the pagan Celts.
Drawings by R. W. Feachem.
London: Batsford; N.Y.: Putnam's Sons, 1970. 224 pp. illus.

7298 WAGNER (Heinrich): Old Irish fír 'truth, oath'.
In ZCP 31, 1970, pp. 1-45, 57-8 [additions], 146 [Nachträge]. (Studies in the origins of early Celtic civilisation, no. 1)
Reprinted [exc. p. 146] in 525.

7299 DORIAN (Nancy C.): A substitute name system in the Scottish Highlands.
In AA 72, 1970, pp. 303-19.
Summary East Sutherland by-naming.
In ScSt 14, 1970, pp. 59-65.

7300 CANNY (Nicholas P.): Hugh O'Neill, Earl of Tyrone, and the changing face of Gaelic Ulster.
In StH 10, 1970, pp. 7-35.

7301 MAC NIOCAILL (Gearóid): A propos du vocabulaire social irlandais du bas moyen âge.
In ÉtC 12, 1968/71, (fasc. 2, 1970/71), pp. 512-46.
App.: ed. of a series of maxims concerning economy, of not before end 14th c., from MS T.C.D. F 5 3, with French transl., *Fearus tighi andso ...*

7302 ———— : Jetsam, treasure trove, and the lord's share in medieval Ireland.
In IJur 6, 1971, pp. 103-10.

7303 ———— : Irish law and the Armagh constitution of 1297.
In id., pp. 339-44.

7304 BYRNE (Francis John): Tribes and tribalism in early Ireland.
In Ériu 22, 1971, pp. 128-66.

7305 CHARLES-EDWARDS (T. M.): The heir-apparent in Irish and Welsh law.
In Celtica 9, 1971, pp. 180-90.

7306 ———— : Some Celtic kinship terms.
In BBCS 24, 1972, (pt. 2, 1971), pp. 105-22.

7307 JACKSON (Anthony): Pictish social structure and symbol-stones. An anthropological assessment.
In ScSt 15, 1971, pp. 121-40.

I 1.2   Early Irish law
cf. K 1.5   Ecclesiastical law

7308 BINCHY (D. A.) *ed.*: Críth gablach.
Dublin: Stationery Office, 1941. xx + 109 pp. (= MMIS, vol. 11)
Repr. with addenda Dublin: D.I.A.S., 1970.
From MS T.C.D. H 3 18. With notes, vocabulary, and legal glossary.
Review by

7309 VENDRYES (J.), *in* ÉtC 5, 1949/51, (fasc. 2), pp. 423-4.

7310 THURNEYSEN (Rudolf): Zu Bürgschaft im ir. Recht, S. 12 §38.
In ZCP 22, 1941, p. 38. (Irisches, no. 9)
v. Best² 2161.

7311 GWYNN (E. J.) *ed.*: An Old-Irish tract on the privileges and responsibilities of poets.
In Ériu 13, 1942, pp. 1-60 [Best² 2282], 220-36.
From MS T.C.D. H 2 15B, with notes. Also a glossary with excerpts from this tract ('A *bretha neime* deidhinach so'), from MS T.C.D. H 3 18. Also An index to the citations from this tract in 'O'Davoren's glossary', and Index to citations in O'Davoren from *Corus bretha neme.*

I SOCIETY

7312 BINCHY (D. A.): The linguistic and historical value of the Irish law tracts.
In PBA 29, 1943, pp. 195-227. (= Rhŷs lecture, 1943)
Sep. issued London: O.U.P., [n.d.]. 35 pp.
Review by
7313 KNOTT (Eleanor), *in* IHS 5, 1946/47 (1947), pp. 186-8.
7314 Ó BUACHALLA (Liam): Some researches in ancient Irish law.
In JCHAS 52, 1947, pp. 41-54, 135-48; 53, 1948, pp. 1-12, 75-81.
> 1. The *fine* or joint family, 2. The law of inheritance and liability for crimes of kinsmen; 3. The gavelkind mentioned by Sir John Davies; 4. Gavelkind in south-west Munster in the sixteenth century.

7315 SMITH (Roland M.): On the dating of the *Cath Maige Rátha*.
In MLN 63, 1948, pp. 122-6.
> Incl. ed. of a passage from the *Bechbretha*, from MS T.C.D. H 2 12: *Masa suil ro caochad ...*; with Engl. tr.

7316 BINCHY (D. A.): Ir. *forggu* (W. *goreu* ?), *dígu*.
In JCS 1, 1950, pp. 148-51.
7317 MERONEY (Howard) *ed.*: Studies in early Irish satire.
In id., pp. 199-226.
> 1. *Cis lir fodla aíre?* Based on BB; Engl. transl., notes; also a shorter version from MS T.C.D. H 3 18.
> 2. *Glám dícind.* From MS T.C.D. H 4 22, Engl. transl., commentary.

7318 ——— *ed.*: *Tréfhocal fócrai.*
In JCS 2, 1958, (no. 1, 1953), pp. 59-130. (Studies in early Irish satire, no. 3)
> Incl. ed. of *A mo Comdhiu néll! Cid do-dhén*, ascr. to FINGEN mac Flaind (cf. ACL 3.291); based on MS T.C.D. H 3 18, with Engl. transl. and notes.
> App.: ed. of a prose text on the *trefhocal*, from MS H 3 17, with Engl. transl. and notes.

7319 BINCHY (D. A.): Secular institutions.
In 494 [Early Ir. soc.], (no. 4), pp. 52-65.
7320 ———: Bretha nemed.
In Ériu 17, 1955, pp. 4-6.
7321 ——— *ed.*: Coibnes uisci thairidne.
In id., pp. 52-85. (Irish law tracts re-edited, no. 1)
> From MS T.C.D. H 2 15; Engl. transl., notes.
> Also addit. commentary from MS Rawl. B 506, Engl. transl.

7321a BRUCK (Eberhard F.): Kirchenväter und soziales Erbrecht. Wanderungen religiöser Ideen durch die Rechte der östlichen und westlichen Welt.
Berlin [etc.]: Springer, 1956. xi + 286 pp.
7322 HULL (Vernam) *ed.*: Bretha im gatta.
In ZCP 25, 1956, pp. 211-25.
> Fragm., based on MS T.C.D. H 2 15; Engl. transl., notes.
> App.: text and transl. of two glossed citations, from MS Rawl. B 506, which may be excerpts from the lost part.

7323 ———: On *Coibnes uisci thairidne.*
In ZCP 26, 1957, pp. 302-7.

I SOCIETY

7324 MERONEY (Howard): The titles of some early Irish law-tracts.
In JCS 2, 1958, pp. 189-206.
   1. *Berrad airechta*; 2. *Crích gablach* [rectius for *Críth gablach*]; 3. *Bráth Chaí*; 4. *Tulbretha Fachtna*; 5. *Midba breth*.

7325 BINCHY (D. A.): The date and provenance of *Uraicecht becc*.
In Ériu 18, 1958, pp. 44-54.

7326 ——— : Echtra Fergusa maic Léti.
In 507 [Irish sagas], (no. 3), pp. 38-50.

7327 ——— Linguistic and legal archaisms in the Celtic law-books.
In TPS 1959, pp. 14-24.

7328 O'LOAN (J.): Livestock in the Brehon Laws.
In Agricultural history review 7, 1959, pp. 65-74.

7329 BINCHY (D. A.): I.E. *q^ue in Irish.
In Celtica 5, 1960, pp. 77-94.
   The copulative conjunctions *-ch, sceo, os, ocus*; the uses of *nochis, sechis* in the law-tracts.

7330 WATKINS (Calvert): Old Irish *-antar*.
In Ériu 19, 1962, pp. 116-8. (= Varia 2, no. 2)
   Restoration and transl. of a verse in Privileges of poets (Ériu 13. 13 and 58) from MSS T.C.D. H 2 15B, etc.: *do-aisic a dath / dia aír -antar*; postulation of a primary verb **anaid* 'blemishes'; on 'Bergin's law'.

7331 BINCHY (D. A.): A misunderstood marginal.
In Ériu 19, 1962, pp. 121-2.
   ad Laws i 230.8.

7332 [BINCHY (D. A.)]: Insular Celtic institutions.
In Lochlann 2, 1962, pp. 182-3.
   Summary of 4 lectures given in Oslo in 1960. (Subtitle: A comparative study of the Irish and Welsh law-books.)

7333 HULL (Vernam): A note on *Cáin airlictheo*.
In ZCP 29, 1962/64, (H. 1/2, 1962), pp. 188-90. (Notes on Irish texts, no. 4)
   Read *Alith airligud em[n]ithe n-athi* 'Lending has a claim to doubling of requital' (*in* Laws v 370).

7334 BINCHY (D. A.): Ancient Irish law.
In IJur 1, 1966, pp. 84-92.

7335 ——— *ed.*: Bretha Déin Chécht.
In Ériu 20, 1966, pp. 1-66.
   From MS N.L. G 11; Engl. transl., notes.

7336 WAGNER (H.): Zu *Gúbretha Caratniad* §39.
In id., p. 66.
   An analogy from Hittite law.

7337 MAC NEILL (Eoin): Prolegomena to a study of the Ancient laws of Ireland.
With an introduction and footnotes by D. A. BINCHY.
In IJur 2, 1967, pp. 106-15.
   Written in 1920.

7338 O'SULLIVAN (Anne) & O'SULLIVAN (William) *eds.*: A legal fragment.

I SOCIETY

In Celtica 8, 1968, pp. 140-3. pl.
> Transcript of 3 coll. from a vellum binding scrap of MS T.C.D. H 4 22 (no. 4).

7339 BINCHY (D. A.) *ed.*: Mellbretha.
In id., pp. 144-54.
> Reconstr. from fragm. in MS T.C.D. H 4 22 (no. 4, binding scrap) and quotations in MS Eg. 88; Engl. transl., analysis.

7340 DOLLEY (Michael): The date of some glosses on *Bretha Déin Chécht*.
In id., pp. 167-73
> Dated to ca. m. 14th c., from the system of calculation of compensation in *screpal, pinginn, lethpinginn, crosóc*.

7341 MAC NIOCAILL (Gearóid): Admissible and inadmissible evidence in early Irish law.
In IJur 4, 1969, pp. 332-7.

7342 BINCHY (D. A.): Celtic suretyship, a fossilized Indo-European institution?
In 480 [I.E. and I.E.s], (no. 17), pp. 355-67.

7343 MAC CANA (Proinsias): The three languages and the three laws.
In StC 5, 1970, pp. 62-78.
> légend, fénechas, filidecht; CENN FAELAD mac Ailella; breth fhuigill.

7344 SHEEHY (Maurice): Influences of ancient Irish law on the *Collectio canonum Hibernensis*.
In Proceedings of the Third International congress of medieval canon law, Strasbourg, 3-6 Sept. 1968. Cità del Vaticano: Biblioteca Apostolica Vaticana, 1971. (= Monumenta iuris canonici, series C: subsidia, vol. 4) pp. 31-42.

7345 MAC NIOCAILL (Gearóid) *ed.*: Tír cumaile.
In Ériu 22, 1971, pp. 81-6.
> 2 texts on evaluation of land; from MS T.C.D. H 3 18, with Engl. transl. (1) O.I., *Cis lir fodla tire?* ... (cf. Laws iv 276ff), (2) later, *.IIII. bai fichit ar tir cumaile* ...

7346 BINCHY (D. A.) *ed.*: An archaic legal poem.
In Celtica 9, 1971, pp. 152-68.
> Not later than 7th c. First line: *Ma be rí rofesser*. From MS T.C.D. H 3 18; diplom. and reconstr. texts, Engl. transl., notes.

I 1.3 Folad

7347 HULL (Vernam) *ed.*: *Cert ríg Caisil* : The Right of the king of Cashel.
In MSt 11, 1949, pp. 233-8.
> Critical ed., from MSS BB, Lc, and T.C.D. H 3 17; with Engl. transl. and notes.

7348 DILLON (Myles): On the date and authorship of the Book of rights.
In Celtica 4, 1958, pp. 239-49.

7349 ——— *ed.*: Lebor na cert. The Book of rights.
Dublin: E.C.I., 1962. xxv + 198 pp. map (= ITS, vol. 46)
> Based on Lc, with Engl. transl. and notes. Map, with notes, by Liam PRICE. App. A: ed., with Engl. transl., of *Timna Chathaír Máir*: rec. 1, based on LL; rec. 2, based on Lc.

Reviews by
7350 BYRNE (Francis John), *in* StH 5, 1965, pp. 155-8.
7351 Ó CUÍV (Brian), *in* Éigse 11, 1964/66, (pt. 2, 1965), pp. 142-6.
7352 Ó DUFAIGH (Seosamh) *ed.*: Cíos Mhic Mhathghamhna.
   In Clogher record 4, (no. 3, 1962), pp. 125-34.
   From MS R.I.A. 24 P 4; with Engl. transl.
7353 Ó SÉAGHDHA (Nessa *Ní Shéaghdha*) *ed.*: The rights of Mac Diarmada.
   In Celtica 6, 1963, pp. 156-72.
   Prose-verse text, based on MS N.L. G 18: *Sochar Mic Diarmada agus a chloinne* ... Poem (22 qq.): *Atā sonn sochar na ríogh*, by Aodh Ollbharr Ó CARRTHAIGH. Engl. transl., notes.
7354 DILLON (Myles) *ed.*: Three texts related to the Book of rights.
   In id., pp. 184-92.
   (1) *Ceart ríg Caisil ó chríchaib andso sís*, from BB and Lc;
   (2) *Ceart Cruachan for cách ann so* ..., from B.M. Eg. 1781;
   (3) *Do shochar rí Ó mBriúin annso* ..., from R.I.A. A iv 4 and E ii 1.
   Engl. transl., notes.
7355 ———— *ed.*: Ceart Uí Néill.
   In StC 1, 1966, pp. 1-18.
   Poss. 16th c. From MS R.I.A. 24 P 33, normalized; with Engl. transl. and notes.
7356 DOLLEY (Michael) & MAC NIOCAILL (Gearóid): Some coin-names in *Ceart Uí Néill*.
   In StC 2, 1967, pp. 119-24.
7357 HULL (Vernam): A passage in *Dál Caladbuig*.
   In ZCP 30, 1967, pp. 12-3.
   Emend. and Engl. transl. of §9 [v. Best^2 2185].
7358 Ó DOIBHLIN (Éamon): Ceart Uí Néill. A discussion and translation of the document.
   In SAM 5, (no. 2, 1970), pp. 324-58. map.

I 1.4   **Charters**
7359 CARNEY (Maura) *ed.*: Agreement between Ó Domhnaill and Tadhg Ó Conchobhair concerning Sligo Castle (23 June 1539).
   In IHS 3, 1942/43 (1943), pp. 282-96. (= Select documents, 3)
   From MS R.I.A. 23 F 21; with Engl. transl. and commentary.
7360 MACKECHNIE (John) *ed.*: Treaty between Argyll and O'Donnell.
   In SGS 7, 1953, (pt. 1, 1951), pp. 94-102.
   1555. In the poss. of the Duke of Argyll, Inveraray Castle. With Engl. transl.
7361 JACKSON (Kenneth): Some remarks on the Gaelic *notitiae* in the Book of Deer.
   In Ériu 16, 1952, pp. 86-98.
   Spelling, language, date.
7362 MAC NIOCAILL (Gearóid) *ed.*: *Notitiae* as Leabhar Cheanannais, 1033-1161.
   [n.pl.]: Cló Morainn, 1961. 44 pp.

12 charters in Irish, relating to the monastery of Kells; diplom. texts from MS B.M. Add. 4791, ff. 119-22 (derived from BKells), reconstructed texts. Aguisín [App.]: 2 Latin charters (1390).

Review by

7363 Ó Cuív (Brian), *in* Éigse 10, 1961/63, (pt. 2, 1962), pp. 156-7.

Review [in Irish] *by*

7364 Ó Maol-Chróin (Caitilín *Ní Maol-Chróin*), *in* StH 2, 1962, p. 263.

7365 Ó Cuív (Brian) *ed.*: A seventeenth-century legal document.
In Celtica 5, 1960, pp. 177-85.
1675; based on MS R.I.A. 24 L 7; with Engl. transl. and notes.

7366 Mac Niocaill (Gearóid) *ed.*: Seven Irish documents from the Inchiquin archives.
In AnH 26, 1970, pp. 45-69.
1576-1621. Six now incl. in MS N.L. G 863, one (no. 3) from B.M. Add. charter 34938; Engl. transls.

I 2   KINGSHIP

cf. M 5   Cult & religion;   I 3.3.1   Aisling
I 4   Diadactic & gnomic literature

7367 Krappe (Alexander H.): The sovereignty of Erin.
In AJP 63, 1942, pp. 444-54.

7368 Weisweiler (Josef): Heimat und Herrschaft. Wirkung and Ursprung eines irischen Mythos.
Halle: Niemeyer, 1943. 149 pp. (= Schriftenreihe der Deutschen Gesellschaft für Keltische Studien, H. 11).

7369 O'Rahilly (T. F.): On the origin of the names *Érainn* and *Ériu*.
In Ériu 14, 1946, (pt. 1, 1943), pp. 7-28.

7370 Coomaraswamy (Ananda K.): On the loathly bride.
In Speculum 20, 1945, pp. 391-404.

7371 Dillon (Myles) *ed.*: The taboos of the kings of Ireland.
In PRIA 54 C, 1951/52, (no. 1), pp. 1-36, [iv] [corrig.].
Ed. based on MS Eg. 1782, with Engl. transl. and notes. App.: texts from 4 other MSS.

7372 Le Roux (Fr.): Aperçu sur le roi dans la société celtique — son nom et sa fonction.
In Ogam 4, 1952, pp. 225-31, 235-40, 245-6, 263, 270, 278-9, 286; 5, 1953, pp. 334-7, 81-4, 106-10.

7373 Breatnach (R. A.): The lady and the king, a theme of Irish literature.
In Studies 42, 1953, pp. 321-36.
Lecture delivered in U.C.C., 1953, entitled 'The Shanvan vocht'.

7374 Ramnoux (Clémence): Structures païennes et structures chrétiennes.
In Ogam 5, 1953, pp. 1-6, 43-50, 76-80.

7375 O'Brien (M. A.): *fear an énais*.
In Celtica 2, 1954, pp. 351-3. (Short notes, [no. 2])
lit. 'the man with the one sandal', common expression in Classical Irish verse.

7376 DUMÉZIL (Georges): Meretrices et virgines dans quelques légendes politiques de Rome et des peuples celtiques.
In Ogam 6, 1954, pp. 3-8.

7377 RAMNOUX (Clémence): La mort sacrificielle du roi.
In id., pp. 209-18.

7378 MAC CANA (Proinsias): Aspects of the theme of king and goddess in Irish literature.
In ÉtC 7, 1955/56, pp. 76-114, 356-413; 8, 1958/59, pp. 59-65.

7379 Ó MADAGÁIN (Breandán): Banais thíre.
In IMN 1956, pp. 76-81.

7380 GONDA (J.): Semantisches zu idg. $r\bar{e}\hat{g}$- 'König' und zur Wurzel $re\hat{g}$- '(sich aus)strecken'.
In KZ 73, 1956, pp. 151-67.

7381 BINCHY (D. A.): Some Celtic legal terms.
In Celtica 3, 1956, pp. 221-31.
Collocation of W. and Ir. evidence about two ancient institutions:
1. The heir to the throne (W. *gwrthrychiad, edlyg, segynnab, eil*; Lat. *secundarius* (Asser). Ir. **frescissid* (?), *tánaise, secndap*).

7382 ——— : The Fair of Tailtiu and the Feast of Tara.
In Ériu 18, 1958, pp. 113-38.

7383 DRAAK (Maartje): Some aspects of kingship in pagan Ireland.
In La regalità sacra. The sacral kingship. Contributi al tema dell' VIII Congresso internazionale di storia delle religioni (Roma, Aprile 1955). Leiden: Brill, 1959. (= Studies in the history of religions, 4) pp. 651-63.

7384 VRIES (Jan de): Der irische Königsstein.
In Antaios 1, 1960, pp. 73-80.

7385 BROMWICH (Rachel): Celtic dynastic themes and the Breton lays.
In ÉtC 9, 1960/61, pp. 439-74.

7386 DILLON (Myles) *ed.*: The inauguration of O'Conor.
In 450 [Fs. Gwynn], pp. 186-202.
Poem, *Gabh umad, a Fhéidhlimidh*, by Torna Ó MAOL CHONAIRE; with a preceding (and differing) later prose version; from MSS R.I.A. B iv 1, etc.; with Engl. transl.

7387 GUYONVARC'H (Christian-J.): Gaulois -*sedlon* 'trône'(?).
In Ogam 14, 1962, pp. 340-2. (Notes d'étymologie et de lexicographie celtiques et gauloises (13), no. 48)
On Ir. *suide* and the paraphrase for 'throne'.

7388 LE ROUX (Françoise): Recherches sur les éléments rituels de l'élection royale irlandaise et celtique.
In Ogam 15, 1963, pp. 123-37, 245-55.

7389 GUYONVARC'H (Christian J.): Irlandais *lia fáil* 'pierre de souveraineté'.
In Ogam 16, 1964, pp. 436-40. (Notes d'étymologie et de lexicographie gauloises et celtiques (20), no. 80)

7390 GOETINCK (Glenys Witchard): Gwenhwyfar, Guinevere and Guenièvre.
In ÉtC 11, 1964/67, (fasc. 2, 1966/67), pp. 351-60.

I SOCIETY

7391 GUYONVARC'H (Christian-J.): La 'pierre', l' 'ours' et le 'roi'. Gaulois *artos*, irlandais *art*, gallois *arth*, breton *arzh*, le nom du roi *Arthur*.
In Celticum 16, 1967, pp. 215-38. (Notes d'étymologie et de lexicographie gauloises et celtiques (29), no. 134)
> Annexe 3: Vieil-irlandais *artram* ...
> Also on anthroponym *Art* and derivatives.

7392 MAC NIOCAILL (Gearóid): The 'heir designate' in early medieval Ireland.
In IJur 3, 1968, pp. 326-9.

7393 MAC CANA (Proinsias): An archaism in Irish poetic tradition.
In Celtica 8, 1968, pp. 174-81.
> The presentation of the wedding clothes to the chief poet of the area as an I.E. tradition.

7394 BYRNE (Francis John): The rise of the Uí Néill and the high-kingship of Ireland.
[Dublin]: N.U.I., [n.d.]. 27 pp. (= O'Donnell lecture, U.C.D., 1969).

7395 MAC ÍOMHAIR (Diarmuid): Rígheadh Eadbhuird Brús.
In JCLAS 17, (no. 1, 1969 (1970)), pp. 1-9.

7396 WAGNER (Heinrich): Old Irish *fír* 'truth, oath'.
In ZCP 31, 1970, pp. 1-45, 57-8 [additions], 146 [Nachträge]. (Studies in the origins of early Celtic civilisation, no. 1)
Reprinted [exc. p. 146] *in* 525.

7397 HAYES-MCCOY (G. A.): The making of an O'Neill: a view of the ceremony at Tullaghoge, Co. Tyrone.
In UJA 33, 1970, pp. 89-94. pl.

7398 DALTON (G. F.): The ritual killing of the Irish kings.
In Folklore 81, 1970, pp. 1-22.

7399 BINCHY (D. A.): Celtic and Anglo-Saxon kingship.
Oxford: Clarendon, 1970. vii + 53 pp. (= O'Donnell lectures for 1967-68, Oxford, 1968)
Reviews by

7400 BACHELLERY (E.), *in* ÉtC 12, 1968/71, (fasc. 2, 1970/71), pp. 691-3.

7401 HUGHES (Kathleen), *in* StH 11, 1971, pp., 181-2.

7402 SCHMIDT (K. H.), *in* StC 6, 1971, pp. 206-8.

7403 PUHVEL (Jaan): Aspects of equine functionality.
In 524 [Myth and law], pp. 159-72.

7304 CHARLES-EDWARDS (T. M.): The heir-apparent in Irish and Welsh law.
In Celtica 9, 1971, pp. 180-90.

7405 KILLEEN (J. F.): *Fear an énais*.
In id., pp. 202-4.
> Non-Irish parallels to a magical practice (cf. M. A. O'Brien, *in* Celtica 2, 1954).

7406 Ó CORRÁIN (Donnchadh): Irish regnal succession: a reappraisal.
In StH 11, 1971, pp. 7-39.

I 3   RITES, MAGIC

cf. M 5   Cult & religion;   M 6   Customs & beliefs

I 3.1   Satire

7407   RANDOLPH (Mary Claire): The medical concept in English Renaissance satiric theory: its possible relationships and implications.
In SPh 38, 1941, pp. 125-57.

7408   ——— : Celtic smiths and satirists: partners in sorcery.
In ELH 8, 1942, pp. 184-97.

7409   ——— : Female satirists of ancient Ireland.
In Southern folklore quarterly 6, 1942, pp. 75-87.

7410   DUMÉZIL (Georges): Servius et la Fortune: essai sur la fonction sociale de louange et de blâme et sur les éléments indo-européens du *cens* romain.
Paris: Gallimard, 1943. 246 pp. (Les mythes romains, 2)
chap. 3: La déposition du roi Bress et l'invention de la satire.

7411   MERONEY (Howard) *ed.*: Studies in early Irish satire.
In JCS 1, 1950, pp. 199-226.
1. *Cis lir fodla aíre?* Based on BB; Engl. transl., notes; also a shorter version from MS T.C.D. H 3 18.
2. *Glám dícind.* From MS T.C.D. H 4 22, Engl. transl., commentary.

Review by

7412   P[OKORNY] (J.), *in* ZCP 25, 1956, (H. 1/2, 1955), p. 156.

7413   MERONEY (Howard): *Tréfhocal fócrai*.
In JCS 2, 1958, (no. 1, 1953), pp. 59-130. (Studies in early Irish satire, no. 3)
Incl. ed. of *A mo Comdhiu néll! Cid do-dhén*, ascr. to FINGEN mac Flaind (cf. ACL 3.291); based on MS T.C.D. H 3 18, with Engl. transl. and notes. App.: ed. of a prose text on the *trefhocal,* from MS H 3 17, with Engl. transl. and notes.

7414   ELLIOTT (Robert C.): The power of satire: magic, ritual, art.
Princeton (N.J.): P.U.P., 1960. xi + 300 pp.

7415   GUYONVARC'H (Christian-J.): Irlandais *cainte* 'satiriste'.
In Ogam 13, 1961, pp. 328-30. (Notes d'étymologie et de lexicographie gauloises et celtiques (9), no. 34)

7416   MERCIER (Vivian): The Irish comic tradition.
Oxford: Clarendon, 1962 (Paperback: O.U.P., 1969). xx + 258 pp.

7417   GUYONVARC'H (Christian J.): Moyen-irlandais *corrguinech* 'magicien' et *glám dícinn* 'malédiction suprême'.
In Ogam 16, 1964, pp. 441-6; 17, 1965, pp. 143-4. (Notes d'étymologie et de lexicographie gauloises et celtiques (20/21), no. 82)

I 3.1.1   Literary satire

7418   TRAVIS (James): A druidic prophecy, the first Irish satire, and a poem to raise blisters.
In PMLA 57, 1942, pp. 909-15.
Style and prosody of (1) *Ticfa tal-cend,* (2) *Cen cholt for crib cernini,* (3) *Maile baire gaire Caieur,* (4) *Niconruba arduene.*

I SOCIETY

7419 MACMANUS (Francis) *tr.*: (The satire of) Clan Thomas.
In The Bell 6, 1943, pp. 521-9; 7, 1943/44, pp. 49-55, 227-35.

Selections from *Páirlement Chlainne Tomáis*.

7420 GREENE (David) *ed.*: Mac bronn.
In Éigse 5, 1945/47 (1948), (pt. 4), pp. 231-5.

Dá ghabhladh dhéag insan dán, by DONNCHADH ÓG ALBANACH. Reconstr. from BDL, Engl. transl.

7421 MERCIER (Vivian): SWIFT and the Gaelic tradition.
In RELit 3, 1962, pp. 69-79.

7422 [Ó CUÍV (Brian)] *ed.*: Ranna fáin.
In Éigse 11, 1964/66, (pt. 1), p. 64.

2 satirical quatrains from BOCD. First lines: 1. *Do cheannach éaduigh dot mhnaoi*; 2. *Cū Choluinn is Conall Cearnach*.

7423 DUFFY (Joseph) *ed.*: Comhairle Mhic Clamha ó Achadh na Muilleann.
In ClRec 5, (no. 3, 1965), pp. 307-47.
Repr. with corrs.
Ó DUFAIGH (Seosamh): Comhairle ... A Gaelic satire.
Cumann Seanchais Chlochair, 1966. 44 pp.

Ca. 1680, poss. by Eoghan Ó DONNGHAILE. Introd. poem: *Arsaigh, chroidhe, gheanamhail, ruaidh*. Based on MS R.I.A. 23 I 1, Engl. transl.

7424 ——— *ed.*: *Buidheachas lis an mhathair*.
In id., (App. 1), pp. 345-6 [~ 41-2].

Diplom. text from MS R.I.A. 23 L 32. — Appears to derive from both the *Pairlement Chloinne Tomáis* and the *Comhairle Mhic Clamha*.

7425 ——— *ed.*:
Mochion do theacht Fhéidhlime. By Eoghan Ó DONNGHAILE.
In id., (App. 2), pp. 346-7 [~ 42-3].

Diplom. text from MS B.M. Add. 18749.
Review by

7426 Ó FIAICH (Tomás), *in* StH 6, 1966, pp. 188-9.

7427 Ó CUÍV (Brian) *ed.*: Ranna aoir — 1.
In Éigse 12, 1967/68, p. 202.

6 satirical quatrains from BOCD on poets and poetry. First lines: 1. *A mhic Uí Uiginn ó Thúaim*; 2. *A mhic Uí Uiginn, a ghrádh*; 3. *Olc bhar tturus ó bhar ttoigh*; 4. *Leigeadh an t-aos ealadhna*; 5. *Conchobhar Ó Cobhthaigh cóir glas*; 6. *Fuluing dhóibh gan dul gan teacht*.

7428 ——— *ed.*: Ranna aoir — 2.
In id., p. 228.

6 satirical quatrains from BOCD. First lines: 1. *Foghmhur tirim, gáoth is grian*; 2. *Más binn orlaidhi na ceardcha*; 3. *A reacair[e] Ó nEachaidhéin*; 4. *An aisling ad-chonnarc-sa*; 5. *Dá ttugthá paidrín, a bhean*; 6. *Cruit óir go ttéadaibh airgid*.

7429 ——— *ed.*: Ranna aoir.
In Éigse 13, 1969/70, p. 30.

6 satirical quatrains from BOCD. First lines: 1. *Gé beag leat-sa an t-én fionn*; 2. *Muca dubha chloinne Seóinín*; 3. *Bláitheach Sheaáin Í Charra*; 4. *Muca mná Í Eachaidhéin*; 5. *Urasa a aithne ar do dhán*; 6. *Dá mbeanadh beirtín lúachra*.

7430 Ó FIANNACHTA (Pádraig): An aoir fhileata sa Ghaeilge.
In LCC 1, 1970, (no. 2), pp. 12-22.

Poetic satire in Irish.

7431 Ó Dufaigh (Seosamh) *ed.*: Comhairle Comissarius na cléire.
In StH 10, 1970, pp. 70-83.
Late 17th c. satire. From MS R.I.A. 23 M 23, with Engl. transl.

I 3.1.2   **Parody, Travesty**
cf. G 6   Romantic & fantastic tales
7432 Ó Séaghdha (M.): Stair an Síle-na-gig.
In 437 [Fs. Torna], pp. 50-5.
Related to the *crossán*.

7433 Ó Ceithearnaigh (Séamus) *ed.*: Siabhradh Mhic na Míochomhairle.
B.Á.C.: Oifig an tSoláthair, 1955. xxii + 66 pp. (= LóL, iml. 19)
Prob. by the Co. Cavan poet, Brian Dubh Ó Raghallaigh, c. 1725. Based on MS R.I.A. 23 L 24; introd. by Gearóid Ó Murchadha.

7434 Mercier (Vivian): Parody: James Joyce and an Irish tradition.
In Studies 45, 1956, pp. 194-218.

7435 O'Sullivan (Anne) *ed.*: Verses on honorific portions.
In 461 [Celtic studies], pp. 118-23.
M.I. *Comrainter in airigid*; from MS N.L. G 3, with Engl. transl. and notes.

Aislinge Meic Con Glinne
7436 Chadwick (Nora K.): Geilt.
In SGS 5, 1942, pp. 106-53.
also on *Aislinge Meic Con Glinne*, …

7437 Hull (Vernam): Early Irish *seimtille*.
In ZCP 27, 1958/59, pp. 223-6.
ad Aisl.MC, p. 123.

Review by
7438 Mac Eoin (Gearóid S.), *in* StH 1, 1961, pp. 259-60.

7439 Ó Buachalla (Breandán): Aislinge Meic Conglinne.
In Galvia 7, 1960, pp. 43-9.

7440 Hull (Vernam): The verbal system of *Aislinge Meic Conglinne*.
In ZCP 29, 1962/64, (H. 3/4, 1964), pp. 325-78.

I 3.2   **Charms, Incantations, Invocations**
cf. M 8.1   Medicine;   K 3.1.1   Prayers
7441 Ó Moghráin (Pádraig) *ed.*: Ortha do thinneas cinn.
In Béaloideas 12, 1942, p. 188.
Compares SCC² 349f.

7442 Grosjean (Paul): Une invocation des saintes Brigides.
In AB 61, 1943, pp. 103-5. (Notes d'hagiographie celtique, no. 4)
Mixed Latin and Irish, from MS B.M. Harley 585.

7443 Meroney (Howard): Irish in the Old English charms.
In Speculum 20, 1945, pp. 172-82.

7444 Ettlinger (E.): Magic weapons in Celtic legends.
In Folk-lore 56, 1945, pp. 295-307.

I SOCIETY

7445 MacNeill (Máire): The legends of the false god's daughter.
In JRSAI 79, 1949, pp. 100-9.
Marbhna Phádraig (Marbhna Áine, M. Anna) and Altram tige dá medar.

7446 Moreau (Jacques): Les guerriers et les femmes impudiques.
In Annuaire de l'Institut de Philologie et d'Histoire Orientales et Slaves 11, 1951, pp. 283-300.

7447 Best (R. I.) *ed.*: Some Irish charms.
In Ériu 16, 1952, pp. 27-32.
From MS T.C.D. H 3 17; Engl. transl. of the Irish parts.

7448 Grattan (J. H. G.) & Singer (Charles): Anglo-Saxon magic and medicine. Illustrated specially from the semi-pagan text *Lacnunga*.
London [etc.]: O.U.P., 1952. xii + 234 pp. pls. (= Publications of the Wellcome Historical Medical Museum, no. 3)
Text of *L.* from MS B.M. Harley 585.

7449 Ó Cuív (Brian) *ed.*: A fragment of magical lore.
In Éigse 8, 1956/57, p. 100. (Miscellanea, no. 3)
From MS T.C.D. H 3 20; transl. from *Experimenta* or *Liber secretorum* (s.t. attrib. to St. Albertus Magnus).

7450 Carney (James) & Carney (Maura) *eds.*: A collection of Irish charms.
In SS 1960 (1961), pp. 144-52.
Ten charms from medical MSS R.I.A. 24 B 3, 23 F 19, N.L.I. G 11, Edinb. 2; Engl. transls.

7451 Mac Eoin (Gearóid S.): Invocation of the forces of nature in the *loricae*.
In StH 2, 1962, pp. 212-7.

7452 ——— *ed.*: Some Icelandic *loricae*.
In StH 3, 1963, pp. 143-54.

7453 Grosjean (Paul) *ed.*: Un quatrain irlandais dans un manuscrit anglo-saxon.
In AB 81, 1963, pp. 269-71. (Notes d'hagiographie celtique, no. 54)
Petur, Pol, Patric, Pilip, from MS Cambridge, Corpus Christi, 41.

7454 Campanile (Enrico): Appunti dulla storia e la preistoria delle loriche celtiche.
In ASNP 33, 1964, pp. 57-92.

7455 Henry (P. L.): A passage in *Scéla Cano meic Gartnáin*.
In Ériu 20, 1966, pp. 222-6. (= Varia 2, no. 1)
ad ll. 280-3 (ed. D. A. Binchy, 1963); further on elemental sureties.

7456 Ó Séaghdha (Nessa Ní Shéaghdha): The word *áesán*.
In Éigse 12, 1967/68, pp. 199-201.
(1) 'the fairies', (2) 'a fairy stroke'. Ed. of two charms from MS N.L. G 11 (15th c.).

7457 Mac Eoin (Gearóid S.): The mysterious death of Loegaire mac Néill.
In StH 8, 1968, pp. 21-48.
Incl. discussion of the *Bórama*.

I 3.3 Divination

cf. K 3.3 Apocryphal, Imaginative (Fís)

7458 TRAVIS (James): A druidic prophecy, the first Irish satire, and a poem to raise blisters.
In PMLA 57, 1942, pp. 909-15.
Style and prosody of (1) *Ticfa tal-cend*, (2) *Cen cholt for crib cernini*, (3) *Maile baire gaire Caieur*, (4) *Niconruba arduene*.

7459 ETTLINGER (Ellen): Omens and Celtic warfare.
In Man 43, 1943, pp. 11-7.

7460 O'RAHILLY (Thomas F.): The wisdom of Finn.
In 482 [EIHM], (chap. 17), pp. 318-40, 527-8 [adds.].

7461 ETTLINGER (E.): Precognitive dreams in Celtic legend.
In Folk-lore 59, 1948, pp. 97-117.

7462 Ó CUILLEANÁIN (Cormac): Tarngaireacht PASTORÍNÍ.
In Cork University record 18, 1949, pp. 43-7 [no more publ.].
On 'Cath Chéim an Fhiaidh', by Máire Bhuidhe Ní LAOGHAIRE.

7463 EVEN (Arzel): Magie et divination celtiques.
In Ogam, spec. no., Février 1951, 24 pp.

7464 MURPHY (Gerard): *Baile Chuind* and the date of Cín Dromma Snechta.
In Ériu 16, 1952, pp. 145-51. (On the dates of two sources used in Thurneysen's Heldensage, no. 1)
Incl. ed. of *Baile Chuind*, based on MS R.I.A. 23 N 10, with Engl. transl.; dated to 7th c. Th.'s orig. dating of CDS to 8th c. vindicated.

7465 VENDRYES (Joseph) ed.: Airne Fíngein.
Dublin: D.I.A.S., 1953. xxiii + 95 pp. (= MMIS, vol. 15)
Reconstructed from MSS F, LF and BLism.; with notes and glossary.

7466 Ó CUÍV (Brian): Modern Irish *slinnéanacht*.
In Celtica 2, 1954, p. 277.
A method of augury.

7467 ——— : *slinnéanacht*.
In Éigse 8, 1956/57, p. 107. (Miscellanea, no. 10)
A 1691 Engl. reference to this method of augury.

7468 KNOTT (Eleanor) ed.: A poem of prophecies.
In Ériu 18, 1958, pp. 55-84.
Trēdhe nach fuilngeand rīgh rēil, ascr. (in last st.) to BÉCÁN BEC MAC DÉ. 12th c. compilation, from BUíM; Engl. transl., notes.

7469 MACIVOR (Dermot): The legend of Gearóid Iarla of Hacklim.
In JCLAS 14, 1957/60, (no. 2, 1958 (1960)), pp. 68-81.

7470 GUYONVARC'H (Christian-J.): Gaulois *vates*, irlandais *fáith*, gall. *gwawd*, le nom celtique du vate ou 'devin'.
In Ogam 12, 1960, pp. 305-12. (Notes d'étymologie et de lexicographie gauloises et celtiques (7), no. 22)

7471 LE ROUX (Françoise): Le guerrier borgne et le druide aveugle. La cécité et la voyance.
In Ogam 13, 1961, pp. 331-42.

7472 ETTLINGER (Ellen): Oracular and speaking stones in Celtic Britain.
In Ogam 14, 1962, pp. 485-92.

7473 HULL (Vernam): Early Irish *Segais*.
In ZCP 29, 1962/64, (H. 3/4, 1964), pp. 321-4. (Varia Hibernica, no. 5)
> Passage on the mystic hazels of Segais, from The caldron of poesy (Anecd. v 25), with Engl. transl. and notes.

7474 MAC CANA (Proinsias): On the use of the term *retoiric*.
In Celtica 7, 1966, pp. 65-90.
> MS symbol .*r*. (*rosc(ad)* : *retoiric* : *rann*). Poems of prophecy; introductory formula *co cloth* (*ní*).

7475 CAMPANILE (Enrico) *ed.*. Mittelirische Verslehren II, 96-98.
In SSL 6, 1966, pp. 157-65.
> Reconstruction of three *cétnad*; (1) *Nim-thē mairn*; (2) *Don-fē, forn-fēda-fé*; (3) *Admuiniur secht n-ingena trethain*.

7476 GUYONVARC'H (Christian-J.): Les noms du *fáith* et du *file* irlandais.
In Ogam 19, 1967, pp. 263-4. (Notes d'étymologie et de lexicographie gauloises et celtiques (27), no. 122)

7477 ——— : Moyen-irlandais *imbas forosnai* 'la grande science qui éclaire'.
In id., pp. 266-7. (id., no. 127).

7478 ——— : Moyen-irlandais *teinm laegda* 'illumination du chant'.
In id., p. 267. (id., no. 128).

7479 CHADWICK (Nora K.): Dreams in early European literature.
In 461 [Celtic studies], pp. 33-50.

7480 LE ROUX (Françoise): La divination chez les Celtes.
In La divination. Ed. par A. Caquot & M. Leibovici. Paris: P.U.F., 1968. 2 voll. vol. 1, pp. 233-56.

7481 ——— : La 'gauche' et la 'droite'.
In Ogam 20, 1968, p. 200. (Notes d'histoire des religions (19), no. 52)

7482 CARNEY (James) *ed.*: Prognostications from the wren.
In 4790 [Ó Cianáin misc.], (2. Poems, no. 1), pp. 136-9.
> *Dia ngaire dam dum láim chlí*. Early M.I.; diplom. and normalized texts.

7483 MATHESON (William): The historical Coinneach Odhar and some prophecies attributed to him.
In TGSI 46, 1969/70 (1971), pp. 66-88.

I 3.3.1 Aisling
cf. I 2 Kingship

7484 WEISWEILER (Josef): Heimat und Herrschaft. Wirkung und Ursprung eines irischen Mythos.
Halle: Niemeyer, 1943. 149 pp. (= Schriftenreihe der Deutschen Gesellschaft für Keltische Studien, H. 11).

7485 DE BHALDRAITHE (Tomás): Nótaí ar an aisling fháithchiallaigh.
In 431 [Measgra Uí Chléirigh], pp. 210-9.
Review by

7486 Ó C[ATHÁIN] (S.), *in* Studies 33, 1944, p. 556.

7487 BROMWICH (Rachel S.): The continuity of the Gaelic tradition in eighteenth-century Ireland.
In YCS 4, 1947/48, pp. 2-28.

7488   O'Rahilly (Cecile) *ed.*: *Innisim fís is ní fís bhréige í.*
       In 5512 [17th c. polit. poems], (2. An síogaí Rómhánach), pp. 12-32.
       Wr. c. 1650, poss. by a Midland poet (? Cathaoir Buidhe Ó Maolmhuaidh).
7489   Ó Tuama (Seán): An grá in amhráin na ndaoine. Léiriú téamúil.
       B.Á.C.: Clóchomhar, 1960. xv + 348 pp.
       The types of Irish love-song and the Anglo-Norman (French) influence of the 12th to 14th c.
       Chap. 8. An *reverdie* [on the *aisling*].

I 4   DIDACTIC & GNOMIC LITERATURE

1   General & various

I 4.1.1   Earlier Irish
7490   Knoch (August): Die Gnomik der irischen Frühzeit im Lichte der alten indischen Spruchweisheit.
       In ZCP 23, 1943, pp. 314-48.
7491   Heiermeier (A.): Die im norwegischen Königsspiegel vorkommenden irischen Namen und Wunder.
       In Rudolf Meissner *tr.*, Der Königspiegel, *Konungsskuggsjá.*
       Halle (Saale): Niemeyer, 1944. pp. 263-88.
7492   Dillon (Myles): The Hindu act of truth in Celtic tradition.
       In MPh 44, 1947, pp. 137-40.
7493   Smith (Roland M.): The six gifts.
       In JCS 1, 1950, (no. 1, 1949), pp. 98-104.
       Irish origin of 'thynges sixe' in Chaucer's *Shipman's tale.*
7494   Dillon (Myles) *ed.*: The taboos of the kings of Ireland.
       In PRIA 54 C, 1951/52, (no. 1), pp. 1-36, [iv] [corrig.].
       Ed. based on MS Eg. 1782, with Engl. transl. and notes. App.: texts from 4 other MSS.
7495   Gwynn (Aubrey) *ed.*: The writings of Bishop Patrick, 1074-1084.
       Dublin: D.I.A.S., 1955. 147 pp. (= SLH, vol. 1)
       Incl. Versus ... de mirabilibus Hibernie, *Plurima mira malum signantia signa futurum,* with Engl. transl., and discussion (App. 1) of their dependency on an Irish literary source.
       Review by
7496   Hughes (Kathleen), *in* MAe 26, 1957, pp. 122-8.
7497   Pepperdene (Margaret W.): Grendel's *geis.*
       In JRSAI 85, 1955, pp. 188-92.
7498   McNally (Robert E.): Der irische *Liber de numeris.* Eine Quellenanalyse des pseudo-isidorischen *Liber de numeris.*
       Inaugural-Dissertation zur Erlangung des Doktorgrades ... der Universität Müchen.
       Müchen, 1957. xv + 210 pp.

7499 MERONEY (Howard): The Alphabet of the world.
In JCS 2, 1958, pp. 173-88.
> Incl. ed. of *Tre chual gort* ..., from MS Eg. 118 (cf. ZCP 5.184); also a versified version, *Bliadhain don cuaille co cert*, from F; with Engl. transls.

7500 HENRY (P. L.): Some passages in *Tecosca Moraind* (ed. Thurneysen, ZCP 11.56-106).
In Ériu 20, 1966, pp. 226-8. (= Varia 2, no. 2)
> ad §§ A33, A35, A39f, B22 (A27).

7500a ———— : The gnomic manner and matter of Old English, Irish, Icelandic and Welsh.
In 518 [EECL], (chap. 5), pp. 81-132.

7501 HULL (Vernam): Ceart claidib Cormaic.
In ZCP 30, 1967, pp. 7-8. (Miscellanea Hibernica, no. 1)
> Suggestions by R. THURNEYSEN concerning The Irish ordeals, §66 (IT iii 200-1).

7502 CARNEY (James): The Ó Cianáin miscellany.
In Ériu 21, 1969, pp. 122-47. pls.
> Incl. ed. of 4 prose texts and 3 poems from G 3, with Engl. transls. 1. Prose texts [with parallel texts from BB]: (1) *Tregort crand* ..., on the different lengths of life of various creatures and elements; (2) *Teora cennadacha dec 7 cccc* ..., on measurement of time; (3) *Trigraindi anorlach* ..., on measures.

7503 MAC NIOCAILL (Gearóid): A propos du vocabulaire social irlandais du bas moyen âge.
In ÉtC 12, 1968/71, (fasc. 2, 1970/71), pp. 512-46.
> App.: ed. of a series of maxims concerning economy, of not before end 14th c., from MS T.C.D. F 5 3, with French transl., *Fearus tighi andso* ...

7504 CROSS (J. E.): 'De signis et prodigiis' in *Versus sancti* PATRICII *episcopi de mirabilibus Hibernie*.
In PRIA 71 C, 1971, (no. 6), pp. 247-54.

Timna Chathaír Máir

7505 DILLON (Myles): The manuscript tradition of the Testament of Cathaér Már.
In 431 [Measgra Uí Chléirigh], pp. 201-9.
> Incl. ed., with Engl. transl., of parts of the text, recc. 1 and 2.

7506 ———— *ed.*: Lebor na cert. The Book of rights.
Dublin: E.C.I., 1962. xxv + 198 pp. map (= ITS, vol. 46)
> App. A: ed., with Engl. transl., of *Timna Chathaír Máir*: rec. 1, based on LL; rec. 2, based on Lc.

Triads

7507 DUMÉZIL (Georges): Triades de calamités et triades de délits à valeur trifonctionnelle chez divers peuples indo-européens.
In Latomus 14, 1955, pp. 173-85.

7508 Ó CUÍV (Brian) *ed.*: Tréidhe sa Nua-Ghaeilge.
In Éigse 9, 1958/61, (pt. 3, 1959/60), p. 180.
> 7 triads, from MSS R.I.A. 24 P 25 and LF.

7509 GREENE (David) & O'CONNOR (Frank) *eds. & trs.*: Triads.
In 5542 [Golden treasury], (no. 24), pp. 104-6.
> cf. Triads 91-2, 137, 136, 206-7, 148, 233, 232, 242, 255.

I SOCIETY

Párliament na mban

7510 Ó Cuív (Brian) *ed.*: Párliament na mban.
Dublin: D.I.A.S., 1952 (repr. 1970). xliv + 270 pp.
1697, by Domhnall Ó COLMÁIN. Based on MS N.L. G 429. Also a revised (1703) version, from MS R.I.A. 24 A 15. With textual and linguistic notes (Cork Irish), and vocabulary. Commendatory poems.

Reviews by

7511 C[OLLINS] (J. T.), *in* JCHAS 57, 1952, p. 130.
7512 HAMP (Eric P.), *in* ZCP 24, 1954, pp. 312-4.
7513 Ó SÚILLEABHÁIN (Pádraig), *in* CS 2, 1955, pp. 137-45.
7514 Ó CATHÁIN (Seán), *in* Studies 44, 1955, pp. 368-70.
7515 Ó DRISCEOIL (Caitríona *Ní Dhrisceoil*): Nóta ar *Parliament na mban*.
In 453 [Faiche na bhfilí], pp. 83-8.
7516 STEWART (James): Párliament na mban.
In Celtica 7, 1966, pp. 135-41.
The first two sessions are based on *Senatulus sive* Γυναικοσυνέδριον of the *Colloquia familiaria* of ERASMUS.

I 4.1.2   **Late Modern Irish**

7517 DE BHALDRAITHE (Tomás) *comp.*: Tomhaiseannaí as Cois Fhairrge.
In Béaloideas 12, 1942, pp. 55-67.
Riddles from Cois Fhairrge (Co. Galway).
7518 Ó DÁLAIGH (Seán) *comp.*: Tomhaiseanna ó Dhúnchaoin.
Ed. by AN SEABHAC [*pseud.*, Pádraig Ó SIOCHFHRADHA].
In Béaloideas 13, 1943 (1944), pp. 80-101.
Riddles from Dunquin (Co. Kerry).
7519 Ó MÁILLE (Tomás) *comp.*: Tomhaiseanna Ros Muc.
In Béaloideas 16, 1946 (1948), pp. 189-200.
Riddles from Ros Muc (Co. Galway).
7520 Ó HEOCHAIDH (Seán) *comp.*: Tomhasannaí ó Thír Chonaill.
In Béaloideas 19, 1949 (1950), pp. 3-28.
187 riddles from the Cruacha (Co. Donegal).
7521 HULL (Vernam) & TAYLOR (Archer) *trs.*: A collection of Irish riddles.
Berkeley, Los Angeles: U.Ca.P., 1955. xiv + 129 pp. (= U.Ca. publications: Folklore studies, 6)
7522 ARTHURS (John B.): Learning the English alphabet.
In UF 3, 1957, pp. 45-6. (A Tyrone miscellany, no. 9)
Irish mnemonics for the forms of English capital letters, as recorded in Carrickmore (Co. Tyrone), c. 1900.
7523 MACAODHA (Breandan): Learning the English alphabet: a further note.
In UF 4, 1958, pp. 73-5.
Irish mnemonics for the forms of English capital letters, from Dunmore (Co. Galway).
7524 ADAMS (G. B.): Counting-rhymes and systems of numeration.
In UF 11, 1965, pp. 87-97.

558

I SOCIETY

7525 Ó Riain (P. T.) & Ó Duilearga (Séamus) *comps.*: Tomhaiseanna aniar agus andeas.
In Béaloideas 32, 1964 (1966), pp. 148-53.

I 4.2   **Proverbs**

7526 Ó M[urchadha] (G.): *donəs dūeʃ ort.*
In Éigse 4, 1943/44 (1945), (pt. 2, 1943), pp. 153-4. (= Ceist, freagra ..., no. 56).

7527 Ó hEochaidh (Seán) *comp.*: Beannachtaí agsu abairtí ócáide.
In Béaloideas 14, 1944 (1945), pp. 130-55.
From Teelin (Co. Donegal).

7528 Robinson (F. N.): Irish proverbs and Irish national character.
In MPh 43, 1945, pp. 1-10.

7529 M[urphy] (G.): 'Spend me and defend me.'
In Éigse 5, 1945/47 (1948), (pt. 1), p. 68. (= Ceist, freagra ..., no. 63)
feithim 'I defend' (though *cosnaim* is more usual in this phrase).

7530 Ó Máille (Tomás S.) *ed.*: Sean-fhocla Chonnacht.
B.Á.C.: Oifig an tSoláthair, 1948, 52. 2 voll.
5034 Connacht proverbs and sayings from oral tradition and written sources, arr. acc. to 110 subjects. With paraphrases, comparable material, index and glossary.
Review [in Irish] *by*

7531 M[ac] D[onnacha] (F.), *in* CS 2, 1955, pp. 134-7.

7532 Campbell (J. L.): 'Sgoltadh a' bhradain fhìor-uisg' ort.'
In Éigse 6, 1948/52, (pt. 1), p. 73. (= Ceist, freagra ..., no. 70)
cf. Angus Matheson, *in* id., (pt. 2, 1950), pp. 180-1; (pt. 3, 1951), p. 270.

7533 Whiting (B. J.) *comp.*: Lowland Scots and Celtic proverbs in North Carolina.
In JCS 1, 1950, (no. 1, 1949), pp. 116-27.

7534 Ó Máille (Tomás) *comp.*: Céad sean-fhocal.
In Béaloideas 20, 1950 (1952), pp. 108-19.
100 proverbs and sayings from Co. Galway; Ir. paraphrases.

7535 ———— *ed.*: Sean-fhocla An Chraoibhín.
In Béaloideas 22, 1953 (1954), pp. 51-69.
191 proverbs and sayings from a collection by Douglas Hyde (a Hyde MS in U.C.G.); classified, with indication of area of origin.

7536 Ó hEochaidh (Seán) *comp.*: Sean-chainnt Theilinn.
B.Á.C.: I.Á.B., 1955. viii + 146 pp.
658 proverbs and sayings, classified, from Teelin (Co. Donegal). With Ir. paraphrases and notes, and Ir.-Engl. glossary.
Phonetic transcriptions by Heinrich Wagner.

7537 Meyer (Robert T.) *comp.*: Some Celtic proverbs on wealth.
In Teangadóir 2, (uimh. 4, 1955), p. 72.

7538 Szövérffy (Joseph): St. Augustine and an Irish saying.
In Éigse 8, 1956/57, pp. 197-203.

7539 Ó D[uilearga] (S.) *ed.*: Sean-fhocail.
In Béaloideas 25, 1957 (1959), pp. 149-50.
From a Ferriter MS, U.C.D.

7540 Ó Máille (T. S.) *comp.*: Sean-fhocal is céad.
In Béaloideas 27, 1959 (1961), pp. 99-109.
101 proverbs and sayings from Connacht; some comment in Irish.

7541 Ó C[uív] (B.) *comp.*: Mionchainteanna ó Bhaile Bhúirne.
In Éigse 9, 1958/61, (pt. 4), p. 229.

7542 Quin (E. G.) *ed.*: A book of proverbs.
In Éigse 10, 1961/63, (pt. 2, 1962), pp. 127-43.
From a MS in the possession of Lord Talbot de Malahide, poss. 1st h. 18th c., dialectal features of south-east Ulster Irish.
248 Engl. proverbs and sayings with Ir. transls. or equivalents. Nos. 1-87 from John Withal, A short dictionary of Latin and English, 1556; nos. 88-183 from John Minsheu, A Spanish grammar, first collected and published by Richard Perciuale, 1599.

7543 Ó hEochaidh (Seán) *comp.*: Sean-chainnt na gCruach, Co. Dhún na nGall. (Alte Redensarten aus den Cruacha, County Donegal.)
(Phonetisch transkribiert und ins Deutsche übersetzt von Heinrich Wagner.)
In ZCP 29, 1962/64, pp. 1-90.
Sep. issued Tübingen: Niemeyer, 1963. 90 pp.
417 proverbs and sayings, classified; Ir.-Engl. glossary.

7544 Ó Súilleabháin (Pádraig): *Sagairt chroinn is cailís óir.*
In Éigse 10, 1961/63, (pt. 4), pp. 315-6. (= Miscellanea, no. 1)
Dánfhocail, p. 29: *Sagairt óir is cailís chroinn,* was received through English.

7545 Quin (E. G.) & Stewart (J.): Supplement to 'A book of proverbs'.
In Éigse 11, 1964/66, (pt. 2, 1965), pp. 117-8.
Nos. 184-248 traced to Randle Cotgrave, Dictionarie of the French and English tongues, London 1611.

7546 Ó Dubhthaigh (Bearnárd): 'Daichead lá is lá San Svaítín.'
In StH 6, 1966, pp. 49-68.
Period of bad weather associated with rain on St. Swithin's day, and similar traditions.

7547 Ó Máille (T. S.) *comp.*: Céad seanrá.
In Béaloideas 33, 1965 (1967), pp. 152-62.
100 proverbs and sayings from Connacht; some comment in Irish.

7548 Stewart (James): Cotgrave in Irish.
In StNph 40, 1968, pp. 65-74.
Elaboration on Éigse 11.117f.

I 5 ONOMASTIC LORE

cf. L 3.2 Aetiology; D 1 Lexicology, Onomastics: Native

7549 Ó Séaghdha (Nessa *Ní Shéaghdha*) *ed.*: Agallamh na seanórach.
B.Á.C.: Oifig an tSoláthair, 1942-45. 3 voll. (= LóL, imll. 7, 10, 15)
From MS R.I.A. 24 P 5; with indexes of proper names and first lines of verse.

7550 Knoch (August): Von irischen Namenträgern.
In ZCP 23, 1943, (H. 1/2, 1942), pp. 135-201.

7551 DILLON (Myles) *ed.*: The Yew of the disputing sons.
In Ériu 14, 1946, pp. 154-65.
Iarfaiged nech acaib dam, attrib. to CORMAC MAC CULENNÁIN. From LL, with Engl. transl.

7552 MAC ENTEE (Máire) *ed.*: Un poème irlandais du XVIe siècle.
In ÉtC 4, 1941/48, (fasc. 2, 1948), pp. 301-5.
Fir an toighe ag seilg san sliabh, ... from a MS in the possession of J. Vendryes ... The first 2 qq. also in MS R.I.A. 23 N 15, followed by a quatrain (name riddle) *Do chomus am aisling samhail oidhche éigin.* Also a similar quatrain from the above MS, *Cūig a háon nō ceathar a dhō.*

7553 DUMÉZIL (Georges): Le trio des Macha.
In RHR 146, 1954, pp. 5-17.

7554 MEYER (Robert T.) *ed.*: Book of Ballymote *Dindshenchas.* 1. *Creacmael.*
In Teangadóir 3, 1955/57, p. 4 [cf. p. 64].

7555 ARTHURS (John B.): The legends of place-names.
In UF [1], 1955, pp. 37-42.
Distinguishes 3 types: *Dindshenchas, Acallam na senórach,* and oral material.

7556 KAVANAGH (Séamus): *Táth as cach thur.*
In Celtica 3, 1956, p. 322.
Transl. '(he followed without) a wisp from every bush', in poem *Eól dam co soirbi sercaig* (MDs. iv 88.23).

7557 Ó MAINÍN (Mícheál): 'Is ar Éirinn ní neósfainn cé h-í.'
In IMN 1957, pp. 97-8.
Continued as Tuilleadh discréide. *In* IMN 1958, p. 43.
6 + 4 exx. of name riddles from love poetry.

7558 MURPHY (Gerard): Acallam na senórach.
In 507 [Irish sagas], no. 9, pp. 122-37.

7559 MCCAUGHEY (T. P.) *ed.*: Tract on the chief places of Meath.
In Celtica 5, 1960, pp. 172-6.
E.Mod.I.; text from MS T.C.D. H 3 17, col. 732 (variants from col. 800); with Engl. transl. and notes; cf. FF ii 244ff.

7560 O DALY (Máirín) *ed.*: On the origin of Tara.
In id., pp. 186-91.
Poem, *Ind fhilid ra fetatar,* with prose introd. (of ca. 900); from MS N.L. G 7; with Engl. transl.

7561 DUMÉZIL (Georges): Le puits de Nechtan.
In Celtica 6, 1963, pp. 50-61.
v. Dinds. §19; also on the name *Nechtan.*

7462 [AN TSUIRBHÉIREACHT ORDANÁIS]: *Ardnaree.*
In Dinnseanchas 1, 1964/65, pp. 17-20. (As cartlann na logainmneacha, [no. 2])
Incl. its dinnsheanchas from *Caithréim Cellaig.*

7563 ———: *Inishcarra.*
In id., pp. 52-4. (id., [no. 5])
Incl. its dinnsheanchas from the Life of St. Senán.

7564 O DALY (Máirín): The metrical *Dindshenchas.*
In 515 [Early Ir. poetry], pp. 59-72.

I 6   DIARIES, LETTERS

7565   LENNON (Michael J.): Secret service of a past age. A captured Gaelic document.
In CapA 1948, pp. 455-8. pl.
<small>Franciscan letter in Irish, in State papers 1661.</small>

7566   Ó SÚILLEABHÁIN (Pádraig) *ed.*: Litir ó Bhonaventúr Ó CONCHOBHAIR, O.F.M., chuig Seán Mhac Colgáin, O.F.M.
In CS 1, 1951, pp. 130-2.
<small>1652 letter (by the translator of Savonarola's *Triumphus crucis*); from MS Franc. A 30; cf. AnH 6.234.</small>

7567   BREATNACH (R. B.) *ed.*: Donal O'SULLIVAN BEARE to King Philip III, 20th February, 1602.
In Éigse 6, 1948/52, (pt. 4), pp. 314-25.
<small>From a MS in the Archivos de Simancas; with a Span. version and Engl. transl.</small>

7568   SMITH (Roland M.) *ed.*: Shane O'NEILL's last letter.
In JCS 2, 1958, (no. 1, 1953), pp. 131-3. pl.
<small>1567. From State papers, vol. 20; with contemporary Engl. and Scottish transls.</small>

7569   Ó CUÍV (Brian) *ed.*: Fógra polataíochta ón naoú aois déag.
In IBL 32, 1952/57, (no. 2, 1953), pp. 33-5.
<small>c. 1840/41 political advertisement from a printed bill in MS N.L. G 153.</small>

7570   JENNINGS (Brendan) *ed.*: Wadding papers, 1614-38.
Dublin: (for I.M.C.) Stationery Office, 1953. xvi + 700 pp.
<small>Incl. (1) 122. Cormac Hickey to Fr. Anthony Hickey. Dunmoylan, 16 Jan. 1626. [Letter in Engl. and Irish, from MS Franc. D 3].
(2) 173. Fictitious letters concerning a proposed invasion of Ireland. March-Aug. 1629. [Incl. Ir. letter, from MS Franc. D 2].</small>

7571   Ó CINNÉIDE (Síle *Ní Chinnéide*) *ed.*: Dhá leabhar nótaí le Séarlas Ó CONCHUBHAIR.
In Galvia 1, 1954, pp. 32-41 [cf. 2, 1955, p. 66]. pl.
<small>Diary of Charles O'CONOR of Belanagare, 1742-48.</small>

7572   ———— *ed.*: Dialann Í CHONCHÚIR.
In Galvia 4, 1957, pp. 4-17. pl.
<small>-id.-, 1736-41.</small>

7573   O'SULLIVAN (Donal): CAROLAN: the life, times and music of an Irish harper.
London: Routledge & K. Paul, 1958. 2 voll. portrs.
<small>Vol. 1. The life and times, and The music. Vol. 2. The notes to the tunes, and The memoirs of Arthur O'NEILL.
Indexes of first lines, tunes mentioned in the text and notes, etc.</small>

7574   ———— *ed.*: Extracts from Charles O'CONOR's diaries.
In id., vol. 1, (chap. 7), pp. 59-64.
<small>From MSS R.I.A. B i 1, and one in the possession of the O'Conor Don, wr. in 1728 and 1729 respectively; Engl. transl.
Concerning his interest in music and his relations with CAROLAN and MACCABE.</small>

7575   DE BHALDRAITHE (Tomás): Focail atá i nGaeilge na leabhar ar 'diary'.

In Éigse 9, 1958/61, (pt. 2, 1958), pp. 81-2.
> 1. *dialann* [from Tadhg Ó Neachtain's MS dict. (1739), ultim. from Plunket's MS dict. (1662)]; 2. *cinnlae* [thus since Amhlaoibh Ó Súilleabháin. < *cín*].

7576 Ó C[uív] (B.) *ed.*: Fógra.
In Éigse 11, 1964/66, (pt. 1), p. 26.
> 1852 advertisement, from MS R.I.A. 23 H 34.

7577 Ó Cuív (Brian) *ed.*: Tréadlitir ó 1798.
In id., pp. 57-64.
> Engl. letter by Edmond French. Ir. transl. from MS R.I.A. 23 B 27, poss. by the scribe, Mícheál Ó Braonáin. Notes on spelling (Co. Roscommon dialectal features).

7578 ——— *ed.*: Seón Mac Solaidh chun Riostaird Tuibear.
In id., (pt. 3, 1965/66), pp. 196, 295.
> Letter, dated 28 Jan. 1718; from MS R.I.A. 23 M 4.

7579 Mhág Craith (Cuthbert) *ed.*:
Diad bheatha, a Shémuis Buitléir. By George Codan.
In 5551 [Dán Br.M.], (47. Litir iarratais), pp. 237-40.
> 1680; from a MS of the Marquis of Ormonde, Kilkenny; with the preceding letter in English.

7580 de Brún (Pádraig) *ed.*: Dhá litir Ghaeilge.
In Éigse 12, 1967/68, pp. 85-90.
> Two letters in verse and prose, from a MS in U.C.C. (without number; scribe: Seán Ó Dreada, 1827):
> (1) by Pól Ó Briain, Maynooth, 1804; first line: *A chara gráidhac na Ngaodhal;*
> (2) answer by Donncha Ó Floinn, Cork, 1805; first line: *A aodhaire chliste an tréada.*

7581 Ó Buachalla (Breandán) *ed.*: A speech in Irish on Repeal.
In StH 10, 1970, pp. 84-94.
> 1843; ascr. to T. King, prob. intended for Robert King (Riobard Ua Cionga). From MS R.I.A. 3 C 8, with Engl. transl.

7582 de Bhaldraithe (Tomás) *ed.*: Cín lae Amhlaoibh.
B.Á.C.: Clóchomhar, 1970. xlii + 178 pp. (= Leabhair thaighde, iml. 18)
> Selection from Ó Súilleabháin's work, autogr. MSS R.I.A. 23 A 48, 23 L 23, 23 H 26; spelling and language modernized and somewhat standardized; features of Kilkenny Irish. With a vocabulary, and analytical table of contents.
> Aguisín [App.]: Lámhscríbhinní A. Uí Sh.

Review by
7583 Cullen (L. M.), *in* StH 11, 1971, pp. 186-7.

K CHRISTIANITY

1 HISTORY, INSTITUTIONS

K 1.1 General

7584 DICTIONNAIRE D'HISTOIRE ET DE GÉOGRAPHIE ECCLÉSIASTIQUES.
Paris: Letouzey et Ané.
T. 1- , 1912- [t. 17- , 1971-].
<small>Contributions by F. Ó BRIAIN. C. MOONEY. F. GRANNELL.</small>

7585 Ó BRIAIN (Felim): The expansion of Irish christianity to 1200: an historiographical survey.
In IHS 3, 1942/43 (1943), pp. 241-66; 4, 1944/45 (1945), pp. 131-63.

7586 Ó CEALLAIGH (Brian) *comp.*: Díoghlaim diadhachta. Taighde ar théarmaí diadhachta agus cráibhtheachta na Gaedhilge.
Á.C., Corcaigh: (for Cumann na Sagart nGaedhealach) C.O.É., 1947. 56 pp.
<small>Engl.-Irish vocabulary of religious terms from printed Mod.I. sources.</small>

7587 MOONEY (Canice): Franciscan Library, Killiney. A short guide for the student of Irish church history.
In ArH 18, 1955, pp. 150-6.
Also separ. publ. as
Short guide to the material of interest for the student of Irish church history in the Franciscan Library, Killiney, Co. Dublin.
Killiney: Four Masters Press, 1954. 12 pp.

7588 IRISH CATHOLIC HISTORICAL COMMITTEE: A handlist of Irish diocesan histories.
In PICHC 1957, pp. 31-7.

7589 BIELER (Ludwig): Christianity in Ireland during the fifth and sixth centuries: a survey and evaluation of sources.
In IER 101, 1964, pp. 162-7.
<small>With a select bibliography.</small>

7590 KENNEY (James F.): The sources for the early history of Ireland: ecclesiastical. An introduction and guide.
N.Y.: Octagon, 1966; Shannon: I.U.P., 1968. xviii + 815 pp. charts (fold.) (= Records of civilization, Sources and studies, no. 11)
<small>Repr. of 1929 ed.; corrs. & adds., and preface, by Ludwig BIELER.</small>

7591 A HISTORY OF IRISH CATHOLICISM.
General editor: Patrick J. CORISH.
Dublin, Melbourne: Gill, 1967-

7592 GRANNELL (Fergal): Early Irish ecclesiastical studies.
In Irish Anglicanism 1869-1969. Essays on the role of Anglicanism in Irish life ... Ed. by M. Hurley. Dublin: Allen Figgis, 1970. pp. 39-50.

7593 O'RAHILLY (Thomas F.): The two Patricks. A lecture on the history of Christianity in fifth-century Ireland.
Dublin: D.I.A.S., 1942. 83 pp.

7594 GWYNN (A.): [Some Irish ecclesiastical titles in the tenth and eleventh centuries.]
In BICHS 17, Feb. 1942, pp. 1-2.
summary of paper.

7595 O'DOHERTY (John Francis) ed.:
De praesulibus Hiberniae ... Authore Joanne LINCHAEO.
Dublin: (for I.M.C.) Stationery Office, 1944. 2 voll.

7596 GWYNN (Aubrey): John LYNCH's *De praesulibus Hiberniae*.
In Studies 34, 1945, pp. 37-52.
Review article on the edition by John Francis O'DOHERTY. 1944.

7597 GROSJEAN (Paul): La mort de S. Columba, celle de S. Donnán et le cycle pascal celtique.
In AB 63, 1945, pp. 119-22. (Notes d'hagiographie celtique, no. 12).

7598 VENDRYES (Joseph): Druidisme et christianisme dans l'Irlande du moyen âge.
In CRAI 1946, pp. 310-29.
Republ. in 438 [Choix d'études], pp. 317-32.

7599 DONAHUE (Charles): *Beowulf,* Ireland and the natural good.
In Traditio 7, 1949/51, pp. 263-77.

7600 POWER (P. *Canon*): The *cill* or *cillín*: a study in early Irish ecclesiology.
In IER 73, 1950, pp. 218-25.

7601 CONNELLAN (M. J.): The see of Tuaim in Rath Breasail synod.
In JGAHS 24, 1950/51, pp. 19-26.
ad FF iii 302-5.

7602 RYAN (John): The Church at the end of the sixth century.
In 470a [Mél. Colombaniens], pp. 37-45.
Also in IER 75, 1951, pp. 17-29.

7603 MOULD (D. D. C. Pochin): Ireland of the saints.
London: Batsford, 1953. 176 pp. illus.

7604 DELIUS (Walter): Geschichte der irischen Kirche von ihren Anfängen bis zum 12. Jahrhundert.
München, Basel: E. Reinhardt, 1954. 176 pp.
Review by

7605 HENNIG (John), *in* IER 84, 1955, pp. 63-4.

7606 LE MIRACLE IRLANDAIS.
Éd. par Daniel-Rops.
Paris: Lafont, 1956. 253 pp. pls.
Engl. transl. THE MIRACLE OF IRELAND. ...
Transl. by the Earl of Wicklow.
Dublin: Clonmore & Reynolds; London: Burns, Oates & Washbourne, 1959. 166 pp.

7607 HAVERS (W.): Zu Wb. 9c11.
In Celtica 3, 1956, p. 261. (Sprachliche Beobachtungen an den altirischen Glossen, no. 7)
A special use of *athláech*.

7608 BIELER (L.): Hibernian Latin and patristics.
In StPat 1, 1957, pp. 182-7. (*in* Texte u. Unters., Bd. 63).

7609 BARRY (John): The coarb and the twelfth-century reform.
In IER 88, 1957, pp. 17-25.

7610 HUGHES (Kathleen): The distribution of Irish scriptoria and centres of learning from 730 to 1111.
In 505 [SEBC], (chap. 5), pp. 243-72.

7611 PEPPERDENE (Margaret W.): BEDE's *Historia ecclesiastica*. A new perspective.
In Celtica 4, 1958, pp. 253-62.

7612 SZÖVERFFY (Joseph): The Anglo-Norman conquest of Ireland and St. Patrick. Dublin and Armagh in JOCELIN's Life of St. Patrick.
In RepN 2, (no. 1, 1958), pp. 6-16.

7613 BARRY (John): The coarb in medieval times.
In IER 89, 1958, pp. 24-35.

7614 ———— : The erenagh in the monastic Irish Church.
In id., pp. 424-32.

7615 O'CONNELL (Philip): Kells — early and mediaeval.
In RíM 2, no. 1, 1959, pp. 18-36; no. 2, 1960, pp. 8-22.

7516 BARRY (John): The lay coarb in medieval times.
In IER 91, 1959, pp. 27-39.

7517 ———— : The appointment of coarb and erenagh.
In IER 93, 1960, pp. 361-5.

7618 ———— : The extent of coarb and erenagh in Gaelic Ulster.
In IER 94, 1960, pp. 12-6.

7619 ———— : The distinction between coarb and erenagh.
In id., pp. 90-5.

7620 ———— : The status of coarbs and erenaghs.
In id., pp. 147-53.

7621 ———— : The duties of coarbs and erenaghs.
In id., pp. 211-8.

7622 RYAN (John): The early Irish Church and the Holy See.
In Studies 49, 1960, pp. 1-16.
Also publ. as The early Irish Church and the See of Peter.
In 450 [Fs. Gwynn], pp. 3-18.

7623 ———— : Ireland and the Holy See. Carolingian renaissance to the Gregorian reform.
In Studies 50, 1961, pp. 165-74.

7624 CHADWICK (Nora K.): The age of the saints in the early Celtic Church.
London [etc.]: O.U.P., 1961. viii + 166 pp. (= University of Durham: Riddell memorial lectures, 32nd series, 1960)

Review by
7625 Ó Fiaich (Tomás), *in* StH 6, 1966, p. 195.
7626 Bieler (Ludwig): Irland, Wegbereiter des Mittelalters.
Olten [etc.]: Urs Graf, 1961. 155 pp. illus. (Stätten des Geistes)
Engl. transl. Ireland, harbinger of the Middle Ages.
London [etc.]: O.U.P., 1963. viii + 148 pp.
7627 Tolstoy (*Count* Nicolai): Germanus, Cunedda and Palladius: the origins of Irish Christianity.
In BICHS 93, Autumn 1961, pp. 1-2.
7628 Sheehy (Maurice): Ireland and the Holy See.
In IER 97, 1962, pp. 1-23.
7629 Hughes (Kathleen): The church and the world in early Christian Ireland.
In IHS 13, 1962/63 (1963), pp. 99-116.
With an appendix on the abbacy of Iona by John Bannerman.
7630 Ó Maolagáin (Pádraig): A Fermanagh manuscript.
In ClRec 5, (no. 1, 1963), pp. 2-6.
B.M. Eg. 189; ed. & Engl. transl. of fo. 120 (on the parishes of Fermanagh).
7631 Shaw (Francis): Early Irish spirituality: 'one, holy, catholic, and apostolic'.
In Studies 52, 1963, pp. 180-98.
7632 Mooney (Canice): The Irish Church in the sixteenth century.
In IER 99, 1963, pp. 102-13.
7633 Ó Laoghaire (Diarmuid): Old Ireland and her spirituality.
In 514 [Old Ireland], pp. 29-59.
7634 Greene (David): The religious epic.
In 515 [Early Ir. poetry], pp. 73-84.
7635 Loyer (Olivier): Les chrétientés celtiques.
Paris: P.U.F., 1965. 139 pp. (= Mythes et religions, 56)
Review by
7636 Bieler (Ludwig), *in* MAe 35, 1966, pp. 85-6.
7637 Donahue (Charles): *Beowulf* and Christian tradition: a reconsideration from a Celtic stance.
In Traditio 21, 1965, pp. 55-116.
7638 Hughes (Kathleen): The Church in early Irish society.
London: Methuen, 1966. xii + 303 pp. pls., map
App.: Engl. transl. of the *Liber angeli.*
Reviews by
7639 Ó F[iannachta] (P.), *in* IER 107, 1967, pp. 65-7.
7640 Binchy (D. A.), *in* StH 7, 1967, pp. 217-9.
7641 Byrne (Francis John), *in* IHS 17, 1970/71 (1971), pp. 121-3.
7642 Morris (John): The dates of the Celtic saints.
In JTS 17, 1966, pp. 342-91.
7643 Ó Fiaich (Tómas): The beginnings of Christianity (5th and 6th centuries).
In 519 [Course of Ir. hist.], (no. 4), pp. 61-75.

7644 LUCAS (A. T.): The plundering and burning of churches in Ireland, 7th to 16th century.
In 459 [N. Munster studies], pp. 172-229.

7645 BIELER (Ludwig): La conversione al cristianesimo dei Celti insulari e le sue ripercussioni nel continente.
In Settimana 14, 1967, pp. 559-83.
Revised Engl. version
The Christianization of the insular Celts during the sub-Roman period and its repercussions on the Continent.
In Celtica 8, 1968, pp. 112-25.

7646 ———— : St. Patrick and the coming of Christianity.
Dublin, Melbourne: Gill, 1967. 100 pp. (= A history of Irish Catholicism, vol. 1, no. 1)

7647 THOMSON (R. L.): [on *in lá ria bfhéil imberta usce*, ALCé 1137].
In StC 2, 1967, pp. 128-30. (Commentariola Mannica, [no. 2])

7648 GREENE (David): Some linguistic evidence relating to the British Church.
In 478 [Christianity in Britain], pp. 75-86.

7649 REYNOLDS (Roger E.): *Virgines subintroductae* in Celtic Christianity.
In Harvard theological studies 61, 1968, pp. 547-66.

7650 FLANAGAN (Deirdre): Ecclesiastical nomenclature in Irish texts and place-names: a comparison.
In 479 [10. IKNF], Bd. 1, pp. 379-88.

7651 MOONEY (Canice): The Church in Gaelic Ireland: thirteenth to fifteenth centuries.
Dublin: Gill & Macmillan, 1969. 62 pp. (= A history of Irish catholicism, vol. 2, no. 5)
Review by

7652 GWYNN (Aubrey), *in* Studies 59, 1970, pp. 322-6.

7653 Ó LAOGHAIRE (Diarmuid): Early Irish spirituality.
In CapA 1969, pp. 135-47.

7654 Ó FIAICH (Tomás): The Church of Armagh under lay control.
In SAM 5, (no. 1, 1969), pp. 75-127. geneal.tabs.

7655 THOMAS (Charles): The early Christian archaeology of north Britain.
London [etc.]: (for University of Glasgow) O.U.P., 1971. xvi + 253 pp. illus. (= Hunter Marshall lectures, 1968)
Chap. 4: The commemoration of the dead; 7: The relevance of literary sources.

7656 BULLOCH (James): The Church in Celtic Scotland and the native culture.
In 526 [The dark ages], pp. 25-36.

7657 DE PAOR (Liam): The aggrandisement of Armagh.
In HSt 8, 1971, pp. 95-110.

7658 Ó DOIBHLIN (Éamon): The deanery of Tulach Óg.
In SAM 6, (no. 1, 1971), pp. 141-82.

7659 CORISH (Patrick J.): The pastoral mission in the early Irish Church.
In LCC 2, 1971, (no. 2), pp. 14-25.

7660 Ó HÉALAÍ (Pádraig): Dearcadh na nGael ar Dhia sna meánaoiseanna.
In id., (no. 3), pp. 26-37.

K 1.2   **Monasticism**

7661 GWYNN (Aubrey): Towards a new 'Monasticon Hibernicum'.
In PICHC 1958 (1959), pp. 24-8.

7662 MAP OF MONASTIC IRELAND.
Dublin: Ordnance Survey, 1960. 25 pp.; map: 74 × 58 cm, scale 1:625,000. (Léarscáilíocht Éireann)
Compiled by R. Neville HADCOCK.
Second [rev. & enl.] edition 1965. 30 pp.; map: -id.-
Map re-issued with 7663.

7663 GWYNN (Aubrey) & HADCOCK (R. Neville): Medieval religious houses: Ireland. With an appendix to early sites.
With a foreword by David Knowles.
London: Longman, 1970. xii + 479 pp. map (in pocket) [cf. 7662]
Review by

7664 RYAN (John), *in* Studies 59, 1970, pp. 422-5.

7665 MACCARTHY (C. J. F.): The Celtic monastery of Cork.
In JCHAS 48, 1943, pp. 4-8.

7666 LORCIN (Aimée): La vie scolaire dans les monastères d'Irlande aux Ve-VIIe siècles.
In RMAL 1, 1945, pp. 221-36.

7667 GWYNN (Aubrey): The Irish monastery of Bangor.
In 470a [Mél. Colombaniens], pp. 47-54.
Also in IER 74, 1950, pp. 388-97.

7668 CERBELAUD-SALAGNAC (Georges): Les monastères d'Irlande, pépinières de saints.
In 503 [Le miracle], pp. 43-70.

7669 GROSJEAN (Paul): Pour la date de fondation d'Iona et celle de la mort de S. Colum Cille.
In AB 78, 1960, pp. 381-90. (Notes d'hagiographie celtique, no. 49)

7670 RADFORD (C. A. Ralegh): The Celtic monastery in Britain.
In AC 111, 1962, pp. 1-24.

7671 IRISH MONKS IN THE GOLDEN AGE.
Ed. by John RYAN.
Dublin: Clonmore & Reynolds; London: Burns & Oates, 1963. 114 pp. (Thomas Davis lectures, [1960])
8 lectures by various scholars, broadcast under the title 'Irish monks in a falling world'.

7672 HUGHES (Kathleen): Irish monks and learning.
In Los monjes y los estudios. IV semana de estudios monásticos, Poblet 1961. Abadía de Poblet, 1963. pp. 61-86.

7673 TOWILL (Edwin S.): Saint Mochaoi and Nendrum.
In UJA 27, 1964, pp. 103-20.

7674 MAC CRUIFTIRE (Gearóid): Saol na mainistreach.
In IMN 1964, pp. 102-5, 111.

7675 O'SULLIVAN (Jeremiah F.): Old Ireland and her monasticism.
In 514 [Old Ireland], pp. 90-119.

7676 Ó FIAICH (Tomás): The monastic life in early Christian Ireland.
In CapA 36, 1969, pp. 116-34.

7677 BOYLE (A.): The list of abbesses in CONCHUBRANUS' Life of saint Monenna.
In UJA 34, 1971, pp. 84-6.

K 1.3 **External relations**
cf. M 4 Cultural relations

7678 SIMPSON (W. Douglas): Some thoughts on the Celtic church in Scotland.
In SGS 5, 1942, pp. 169-82.

7679 HENNIG (John): Irish saints in the liturgical and artistic tradition of central Europe.
In IER 61, 1943, pp. 181-92.

7680 BOWEN (E. G.): The travels of the Celtic saints.
In Antiquity 18, 1944, pp. 16-28. charts

7681 ———— : The settlements of the Celtic saints in South Wales.
In Antiquity 19, 1945, pp. 175-86. charts

7682 HENNIG (John): Irish monastic activities in eastern Europe.
In IER 65, 1945, pp. 394-400.

7683 VENDRYES (J.): Un mot irlandais dans l'Évangéliaire de Lindisfarne.
In BSL 43, 1946, fasc. 1, 1947, pp. 27-31.

7684 JENNINGS (Brendan): Reports on Irish colleges of the Low Countries, 1649-1700.
In ArH 16, 1951, pp. 1-39.

7685 ———— *comp.*: Irish names in the Malines ordination registers, 1602-1749.
In IER 75, 1951, pp. 149-62; 76, 1951, pp. 44-8, 128-40, 222-33, 314-8, 399-408, 483-7; 77, 1952, pp. 202-7, 366-9.

7686 O'KELLY (J. J.) [*pseud.* SCEILG]: Ireland's spiritual empire. St. Patrick as a world figure.
Dublin: Gill, 1952. 318 pp. [+ index].

7687 WEISGERBER (Leo): Die Spuren der irischen Mission in der Entwicklung der deutschen Sprache.
In RhVB 17, 1952, pp. 8-41.
Republ. in 462 [Rhenania], pp. 184-212.

7688 HENNIG (John): Die Stellung der Schweiz in der hagiographischen und liturgischen Tradition Irlands.
In Zeitschrift für schweizerische Kirchengeschichte 46, 1952, pp. 204-16.

7689 GWYNN (Aubrey): Ireland and Würzburg in the Middle Ages.
In IER 78, 1952, pp. 401-11.

7690 ——— ed.: The continuity of the Irish tradition at Würzburg.
In Herbipolis jubilans. 1200 Jahre Bistum Würzburg. Festschrift zur Säkularfeier der Erhebung der Kiliansreliquien. Würzburg, 1952. (= Würzburger Diözesanblätter 14/15, 1952/53) pp. 57-81.

7691 ——— : Ireland and the continent in the eleventh century.
In IHS 8, 1952/53 (1953), pp. 193-216.

7692 WINMILL (Joyce M.): Iona and Lindisfarne.
In IER 80, 1953, pp. 106-14.

7693 DUFT (Johannes) & MEYER (Peter): The Irish miniatures in the Abbey Library of St. Gall.
Olten [etc.]: Urs Graf, 1954. 150 pp. 43 pls.
 1. J.D.: Historical introduction (The relations between Ireland and St. Gall with regard to the history of the Abbey. — The Irish manuscripts of the Abbey Library). 2. P.M.: The Irish miniatures in the A.L. — Reproductions.

7694 BOWEN (E. G.): The settlements of the Celtic saints in Wales.
Cardiff: U.W.P., 1954 (2nd ed. 1956). xi + 175 pp. illus.

7695 SCHREIBER (Georg): Irland im deutschen und abendländischen Sakralraum. Zugleich ein Ausblick auf St. Brandan und die zweite Kolumbusreise.
Köln, Opladen: Westdeutscher Verlag, 1956. 120 pp. illus. (= Arbeitsgemeinschaft für Forschung des Landes Nordrhein-Westfalen, Geisteswissenschaften, Heft 9)
 Incl.: 22. Zur Quellenkunde der irischen Sakralgeschichte.
Review by

7696 RYAN (John), *in* Studies 46, 1957, pp. 125-8.

7697 DUFT (Johannes): Iromanie — Irophobie.
In Zeitschrift für schweizerische Kirchengeschichte 50, 1956, pp. 241-62.

7698 GWYNN (A.): New light on St. Kilian.
In IER 88, 1957, pp. 1-16.
 Review article on J. DIENEMANN. Der Kult des heiligen Kilian im 8. und 9. Jahrhundert, Würzburg 1955.

7699 GROSJEAN (Paul): Les saints irlandais dans les litanies du pontifical carolingien de Fribourg-en-Brisgau.
In AB 75, 1957, pp. 419-20. (Notes d'hagiographie celtique, no. 41)

7700 BISCHOFF (Bernhard): Il monachesimo irlandese nei suoi rapporti col continente.
In Settimana 4, 1957, pp. 121-38.
Republ. in 454 [M.a. Studien], Bd. 1, pp. 195-205.

7701 BRADY (John): The Irish colleges in Europe and the Counter-reformation.
In PICHC 1957, pp. 1-8.

7702 DRAAK (Maartje): Brandaan en Virgilius [of Salzburg].
Rede uitgesproken ... aan de Rijksuniversiteit te Utrecht, ... 18 maart 1957.
Amsterdam: J. M. Meulenhoff, [1957]. 23 pp.

7703 CHADWICK (Nora K.): Early culture and learning in north Wales.
In 505 [SEBC], (chap. 1), pp. 29-120.

7704 ——— : Intellectual life in west Wales in the last days of the Celtic Church.
In id., (chap. 2), pp. 121-82.

7705 REIFFENSTEIN (Ingo): Das Althochdeutsche und die irische Mission im oberdeutschen Raum.
Innsbruck: I.G.P.G., 1958. 91 pp. (= IBK, Sonderheft 6)

7707 DUCKETT (Eleanor): The wandering saints.
London: Collins, 1959. 319 pp.

7707 WRENN (C. L.): Saxons and Celts in south-west Britain.
In THSC 1959, pp. 38-75.
O'Donnell lectures, Oxford, 1958: 1. Some Celtic elements in Anglo-Saxon culture; 2. Saxon and Celtic factors in Cornwall.

7708 DUNLEAVY (Gareth W.): Colum's other island. The Irish at Lindisfarne.
Madison: University of Wisconsin Press, 1960. x + 149 pp. illus.
The effect of Irish monastic culture upon Northumbria (learning, manuscripts, crosses, elegy).
Review by

7709 Ó CUÍV (Brian), *in* Éigse 10, 1961/63, (pt. 1), pp. 76-7.

7710 WEISGERBER (Leo): Eine Irenwelle an Maas, Mosel und Rhein in ottonischer Zeit?
In Aus Geschichte und Landeskunde. Forschungen und Darstellungen. Frans Steinbach zum 65. Geburtstag ... Bonn: Röhrscheid, 1960. pp. 727-50.
Republ. in 462 [Rhenania], pp. 359-77.

7711 Ó FIAICH (Tomás): Gaelscrínte i gcéin.
B.Á.C.: F.Á.S., 1960. 126 pp.

7712 HUGHES (Kathleen): The changing theory and practice of Irish pilgrimage.
In JEH 11, 1960, pp. 143-51.

7713 GROSJEAN (Paul): VIRGILE de Salzbourg en Irlande.
In AB 78, 1960, pp. 92-123.

7714 CHADWICK (Nora K.): BEDE, St Colmán and the Irish Abbey of Mayo.
In Celt and Saxon. Studies in the early British border. By Kenneth Jackson [etc.]. Cambridge: U.P., 1963. (no. 6), pp. 186-205.

7715 Ó Fiaich (Tomás): Saint Colmcille in Ireland and Scotland.
In 512 [Irish monks], (no. 2), pp. 16-30.

7716 Ryan (John): The achievements of our Irish monks.
In id., (no. 8), pp. 100-14.

7717 O'Sullivan (Jeremiah F.): Old Ireland and her monasticism.
In [Old Ireland], pp. 90-119.

7718 Dunleavy (Gareth W.): Old Ireland, Scotland and Northumbria.
In id., pp. 173-99.

7719 Carney (James): Sedulius Scottus.
In id., pp. 228-50.

7720 Ó Fiaich (Tomás): Irish peregrini on the Continent. Recent research in Germany.
In IER 103, 1965, pp. 233-40.
Paper read to the Conference of the I.C.H.C., 1963.

7721 Anderson (Marjorie O.): Columba and other Irish saints in Scotland.
In HSt 5, 1965, pp. 26-36.

7722 Dilworth (Mark): Marianus Scotus: scribe and monastic founder.
In SGS 10, 1965, pp. 125-48.
Incl. ed. & tr. of Latin and Irish glosses of 1080 by M.S. (i.e. Muiredach Mac Robartaig) in the autogr. MS at Fort Augustus, Scotland.

7723 Werckmeister (Otto-Karl): Irisch-northumbrische Buchmalerei des 8. Jahrhunderts und monastische Spiritualität.
Berlin: W. de Gruyter, 1967. 186 pp. pls.

7724 Ó Fiaich (Tomás): Irish cultural influence in Europe, 6th to 12th century. Key to map.
Map by Thurlough Connolly.
[Dublin]: C.R.C.I., [1967]. 44 pp. chart
Repr. Cork: (for C.R.C.I.) Mercier, 1970 (repr. 1971).
map also in poster size.

7725 Bieler (Ludwig): La conversione al cristianesimo dei Celti insulari e le sue ripercussioni nel continente.
In Settimana 14, 1967, pp. 559-83.
Revised Engl. version
The Christianization of the insular Celts during the sub-Roman period and its repercussions on the Continent.
In Celtica 8, 1968, pp. 112-25.

7726 Jennings (Brendan) *ed.*: Louvain papers, 1606-1827.
Prep. for publ. and indexed by Cathaldus Giblin.
Dublin: (for I.M.C.) Stationery Office, 1968. x + 682 pp.

7727 Bowen (E. G.): Saints, seaways and settlements in the Celtic lands.
Cardiff: U.W.P., 1969. viii + 245 pp. charts, pls.

7728 Ryan (John): Early Irish-German associations.
In CapA 1969, pp. 148-59.

7729 Bowen (E. G.): The Irish Sea in the age of the saints.
In StC 4, 1969, pp. 56-71.

7730 TRAVIS (James): Hiberno-Saxon Christianity and the survival of *Beowulf*.
In Lochlann 4, 1969, pp. 226-34.

7731 FENN (R. W. D.): Irish Sea influence on the English Church.
In 481 [Irish Sea province], pp. 78-85.

7732 HAMMERSTEIN (Helga): Aspects of the Continental education of Irish students in the reign of Queen Elizabeth I.
In HSt 8, 1971, pp. 137-53.

7733 THOMAS (Charles): *Rosnat, Rostat,* and the early Irish Church.
In Ériu 22, 1971, pp. 100-6. (= Topographical notes, 3)
Tintagel (Cornwall).

K 1.4 **Reforms, Religious orders**

7734 GWYNN (Aubrey): The origins of the see of Dublin.
In IER 57, 1941, pp. 40-55, 97-112.

7735 DUNNING (P. J.): The Arroasian order in medieval Ireland.
In IHS 4, 1944/45 (1945), pp. 297-315.

7736 GWYNN (Aubrey): The first synod of Cashel.
In IER 66, 1945, pp. 81-92; 67, 1946, pp. 109-22.

7737 BARRY (John): The coarb and the twelfth-century reform.
In IER 88, 1957, pp. 17-25.

7738 SHEEHY (Maurice): English law in medieval Ireland.
In ArH 23, 1960, pp. 167-75.

7739 GWYNN (Aubrey): The twelfth-century reform.
Dublin, Sydney: Gill, 1968. 68 pp. (= A history of Irish catholicism, vol. 2, no. 1)

7740 WATT (J. A.): The Church and the two nations in medieval Ireland.
Cambridge: U.P., 1970. xvi + 251 pp. (= Cambridge studies in medieval life and thought, 3rd series, vol. 3)

7741 BETHELL (Denis): English monks and Irish reform in the eleventh and twelfth centuries.
In HSt 8, 1971, pp. 111-35.

Culdees

7742 MOONEY (Canice) *ed.*: Paenitentiarium S. Maoil-Ruain, abbatis Tamhlachta.
In Celtica 2, 1954, pp. 297-304.
Latin version, corresp. to *Teagasg Maoil Ruain* (Best² 1892) chaps. 5-21. From two MS pages in St. Isidore's College, Rome; with notes.

7743 BINCHY (D. A.) *ed.*: The Old-Irish table of penitential commutations.
In Ériu 19, 1962, pp. 47-72.
Based on MS R.I.A. 3 B 23 [cf. Best¹ 230]; with Engl. transl. and notes. Also discussion of *arrae*.

7744 GROSJEAN (Paul): Un fragment des Coutumes de Tallaght et la Vision de Laisrén.

  In AB 81, 1963, pp. 251-9. (Notes d'hagiographie celtique, no. 51)

7745 Ó Comhghaill (Annraoi): Na Céilí Dé agus filíocht na Gaeilge.
  In IMN 1963, pp. 110-5.

7746 Hughes (Kathleen): The Church in early Irish society.
  London: Methuen, 1966. xii + 303 pp. pls., map
   Chaps. 16. Ascetic revival; 17. The influence of the ascetic revival.

7747 Byrne (Francis John): The Stowe missal.
  In 520 [Great books], (no. 4), pp. 38-50.

7748 Hennig (J.). Studies in the Latin texts of the Martyrology of Tallaght, of *Félire Oengusso* and of *Félire húi Gormáin*.
  In PRIA 69 C, 1970, (no. 4), pp. 45-112.

Cistercians

7749 Mac Niocaill (Gearóid): Na Manaigh Liatha in Éirinn 1142-c.1600 (avec résumé français).
  B.Á.C.: Cló Morainn, 1959. xi + 246 pp.
   The Cistercians in Ireland.

7750 O'Dwyer (B. W.): The impact of the native Irish on the Cistercians in the thirteenth century.
  In Journal of religious history 4, 1967, pp. 287-301.

7751 ————— : Gaelic monasticism and the Irish Cistercians, c.1228.
  In IER 108, 1967, pp. 19-28.
   Paper read at the I.C.H.C.'s Conference on Irish Church history, 1967.

7752 ————— : The conspiracy of Mellifont, 1216-1231. An episode in the history of the Cistercian order in medieval Ireland.
  Dublin: Dublin Historical Association, 1970. 47 pp. (= Medieval Irish history series, no. 2)

Franciscans

7753 Mooney (Canice): The golden age of the Irish Franciscans, 1615-50.
  In 431 [Measgra Uí Chléirigh], pp. 21-33.

7754 ————— : Irish Franciscan relations with France, 1224-1850.
  Killiney [Co. Dublin]: Four Masters Press, 1951. 100 pp.
   10. Literary and cultural links.

7755 Ó Maonaigh (Cainneach): Scríbhneoirí Gaeilge Oird San Froinsias.
  In CS 1, 1951, pp. 54-75.
   Franciscan writers in the Irish language.

7756 Mooney (Canice): The Irish Franciscans 1650-99, 'rough and uncultured men'?
  In id., (no. 3, 1953), pp. 378-402.

7757 Ó Súilleabháin (Pádraig) *ed.*: Rialachas San Froinsias.
  B.Á.C.: I.Á.B., 1953. xxx + 134 pp. pls. (= SGBM, iml. 2)
   Three 17th c. Franciscan documents.

7758 'AT DROWES' — A SYMPOSIUM.
In Donegal annual 4, (no. 1, 1958), pp. 6-21.
    1. (pp. 7-11) Brendan JENNINGS, The Irish convent of Michael O CLEIRIGH; 2. (pp. 12-5) Seán MAC AIRT, The seventeenth-century Franciscan house 'at Drowes'; 3. (pp. 15-21) Niall Ó DÓNAILL, Ros an Bhráthar nó Ros an tSagairt?

7759 MILLETT (Benignus): The Irish Franciscans 1651-1665.
Roma: Gregorian U.P., 1964. xxxiv + 579 pp. (= Analecta Gregoriana, vol. 129)
    pp. 464ff: Literary activities.

7760 MHÁG CRAITH (Cuthbert) *ed.*: Dán na mBráthar Mionúr. Cuid 1: Téacs.
B.Á.C.: I.Á.B., 1967. xiv + 379 pp. (= SGBM, iml. 8)
    Part 1: text of 118 poems by Franciscans, or about them, their order, etc.

7761 JENNINGS (Brendan) *ed.*: Louvain papers, 1606-1827.
Prep. for publ. and indexed by Cathaldus GIBLIN.
Dublin: (for I.M.C.) S.O., 1968. x + 682 pp.

K 1.5   Ecclesiastical law
                cf. I 1.2   Early Irish law

7762 KNOTT (Eleanor) *ed.*: An Irish seventeenth-century translation of the Rule of St. Clare.
In Ériu 15, 1948, pp. 1-187; Suppl., 1950, 110 pp.
    Transl. by Aodh Ó RAGHAILLIGH & Séamus Ó SIAGHAIL, and An Dubhaltach MHAC FIR BHISIGH. From MS R.I.A. D i 2.
    With the Engl. original (pr. 1621), Grammatical commentary, and Glossarial index [Supple.].

Review by

7763 MOONEY (Canice), *in* CS 1, 1951, pp. 148-52.

7764 MITCHELL (Gerard): The penitential of St. Columbanus and its importance in the history of penance.
In 470a [Mél. Colombaniens], pp. 143-51.

7765 GROSJEAN (Paul) *ed.*: Un feuillet de Michel O'Clery.
In AB 69, 1951, pp. 88-96. (Notes d'hagiographie celtique, no. 16)
    Various legends, from MS Brussels 5057-9, fol. 4, ... (5) on penitential practices, cf. MS B.M. Eg. 1781, fol. 151 [no. 29d].

7766 ——— *ed.*: Un miracle posthume de S. Cíarán de Clúain en faveur du roi Diarmait mac Cerrbéoil.
In id., pp. 96-102. (id., no. 17)
    From MS Brussels 5057-9; with Fr. transl. & notes.
    Foundation of the service of Clann Colmáin and Síl Aeda Sláine to Clonmacnois.

7768* Ó SÚILLEABHÁIN (Pádraig) *ed.*: Rialachas San Froinsias.
B.Á.C.: I.Á.B., 1953. xxx + 134 pp. pls. (= SGBM, iml. 2)
    Three 17th c. Franciscan documents: (1) *Riaghuil Threas Uird S. Froinsias,* transl. of a Latin Franc. rule (approved 1289), by Brian MAC GIOLLA COINNIGH (Bernhard CONNY), v. Best[1] 247; from the 1641 Louvain ed.; with facing Latin text. (2) *Riaghuil agus tiomna S. Froinsias,* transl. of (a) a

*sic, mea culpa.

K CHRISTIANITY

Latin Franc. rule (appr. 1223), (b) the *Testamentum S. Francisci*; from MS R.I.A. 23 I 9, with facing Latin texts. (3) *Suim riaghlachas Phroinsiais*, an Irish summary of Christian doctrine and Franc. rule, from an early 17th c. pamphlet (pr. prob. in Louvain), copy in Marsh's Library Z 3.5.3. Linguistic analysis (incl. some dialectal features), notes, vocabulary.

Review [in Irish] by

7769 CAMPION (L. S.), *in* CS 2, 1955, pp. 146-7.

7770 MOONEY (Canice) *ed.*: Paenitentiarium S. Maoil-Ruain, abbatis Tamhlachta.
In Celtica 2, 1954, pp. 297-304.
Latin version, corresp. to *Teagasg Maoil Ruain* (Best² 1892) chaps. 5-21. From two MS pages in St. Isidore's College, Rome; with notes.

7771 GALTIER (Paul): Les origines de la pénitence irlandaise.
In Recherches de science religieuse 42, 1954, pp. 58-85, 204-225.

7772 LE BRAS (Gabriel): Les pénitentiels irlandais.
In 503 [Le miracle], pp. 172-90.

7772a BRUCK (Eberhard F.): Kirchenväter und soziales Erbrecht. Wanderungen religiöser Ideen durch die Rechte der östlichen und westlichen Welt.
Berlin [etc.]: Springer, 1956. xi + 286 pp.

7773 WALKER (G. S. M.) *ed.*: Sancti COLUMBANI opera.
Dublin: D.I.A.S., 1957. xciv + 247 pp. (= SLH, vol. 2)

7774 LAPORTE (Jean) *ed.*: Le pénitentiel de saint COLOMBAN.
Tournai: Desclée, 1958. (Monumenta Christiana selecta)

7775 GROSJEAN (Paul): *Doimine abbas Romae*.
In AB 78, 1960, pp. 390-5. (Notes d'hagiographie celtique, no. 50)
leg. *Emíne abbas Rossa*, in Mon.Tall. §63.

7776 MAC NIOCAILL (Gearóid) *ed.*: Fragments d'un coutumier monastique irlandais du VIIIe-IXe siècle.
In Scriptorium 15, 1961, pp. 228-33.

7777 BINCHY (D. A.) *ed.*: The Old-Irish table of penitential commutations.
In Ériu 19, 1962, pp. 47-72.
Based on MS R.I.A. 3 B 23 [cf. Best¹ 230]; with Engl. transl. and notes. Also discussion of *arrae*.

7778 HUGHES (Kathleen): The church and the world in early Christian Ireland.
In IHS 13, 1962/63 (1963), pp. 99-116.
With an appendix on the abbacy of Iona by John BANNERMAN.

7779 BIELER (Ludwig): Patrick's synod: a revision.
In Mélanges offerts à Mademoiselle Christine Mohrmann. Utrecht, Anvers: Spectrum, 1963. pp. 96-102.

7780 ———— *ed.*: The Irish penitentials.
With an appendix by D. A. BINCHY.
Dublin: D.I.A.S., 1963. x + 367 pp. (= SLH, vol. 5)

Texts and transls., notes, remarks on the Latinity, elaborate indexes.
D.A.B.: Penitential texts in Old Irish: translation (s. also Introd., chap. 4)
[Engl. transls., with notes and general index, of Best² 1895, and K. Meyer, De arreis (Best¹ 230), cf. Ériu 19.47ff].

Reviews by

7781 MAC NIOCAILL (Gearóid), *in* StH 4, 1964, pp. 218-21.
7782 DUNNING (T. P.), *in* Éigse 11, 1964/66, (pt. 3, 1965/66), pp. 222-5.
7783 GROSJEAN (Paul): Un fragment des Coutumes de Tallaght et la Vision de Laisrén.
In AB 81, 1963, pp. 251-9. (Notes d'hagiographie celtique, no. 51)
7784 ——— : Saint Siadal, fils du Testament.
In id., pp. 259-60. (id., no. 52)
leg. *filius Testamenti* (= Ir. *mac Timnae*) in Mon.Tall. §40
7785 ——— : Sainte Dáire, du 2 novembre.
In id., pp. 260-9. (id., no. 53)
known for her *bó-cháin*.
7786 HULL (Vernam): Early Irish *e(i)mid*.
In ZCP 29, 1962/64, (H. 3/4, 1964), pp. 320-1. (Varia Hibernica, no. 4)
Occurs in *Cáin Eimíne Báin* (Anecd. i 44.25) with the meaning 'obtains'.
7787 HUGHES (Kathleen): The Church in early Irish society.
London: Methuen, 1966. xii + 303 pp. pls., map
App.: Engl. transl. of the *Liber angeli*.
7788 HULL (Vernam) *ed.*: Cáin domnaig.
In Ériu 20, 1966, pp. 151-77.
Dated to 1st h. 8th c. Text based on MS B.M. Harl. 5280, somewhat normalized, full variants, Engl. transl., notes.
7789 Ó SÚILLEABHÁIN (Pádraig): Teideal bréagach.
In Éigse 12, 1967/68, pp. 265-6. (Varia, no. 6)
Leg. *Suim riaghlacha S. Phroinsiais*.
7790 BINCHY (D. A.): St. Patrick's 'first synod'.
In StH 8, 1968, pp. 49-59.
7791 Ó HÁINLE (Cathal): Cáin domhnaigh.
In An Sagart 11, 1968, pp. 15-21.
7792 SHEEHY (Maurice): Influences of ancient Irish law on the *Collectio canonum Hibernensis*.
In Proceedings of the Third International congress of medieval canon law, Strasbourg, 3-6 Sept. 1968. Città del Vaticano: Biblioteca Apostolica Vaticana, 1971. (= Monumenta iuris canonici, series C: subsidia, vol. 4) pp. 31-42.

K 2 HAGIOLOGY
cf. L 3.3 Historical romance

K 2.1 General
7793 Ó BRIAIN (Felim): Irish hagiography: historiography and method.
In 431 [Measgra Uí Chléirigh], pp. 119-31.

7794 BIELER (Ludwig): Recent research on Irish hagiography.
In Studies 35, 1946, pp. 230-8, 536-44.

7795 ——— : Christianity in Ireland during the fifth and sixth centuries: a survey and evaluation of sources.
In IER 101, 1964, pp. 162-7.
<small>With a select bibliography.</small>

7796 MOULD (Daphne D. C. Pochin): The Irish saints. Short biographies of the principal Irish saints from the time of St. Patrick to that of St. Laurence O'Toole.
Dublin: Clonmore & Reynolds; London: Burns & Oates, 1964. xii + 316 pp.

7797 Ó BRIAIN (Felim): Miracles in the lives of the Irish saints.
In IER 66, 1945, pp. 331-42.

7798 MOST (William G.): The syntax of the *Vitae sanctorum Hiberniae*. A dissertation submitted to ... the Catholic University of America ...
Washington (D.C.): C.U.A.P., 1946. xxvi + 356 pp. (= C.U.A.: Studies in Medieval and Renaissance Latin language and literature, vol. 20)
<small>Chap. 9. The influence of old Irish syntax in the *Vitae*.</small>

7799 VENDRYES (Joseph): Druidisme et christianisme dans l'Irlande du moyen âge.
In CRAI 1946, pp. 310-29.
Republ. in 438 [Choix d'études], pp. 317-32.

7800 MOONEY (Canice) *ed.*: Topographical fragments from the Franciscan Library.
In Celtica 1, 1950, (no. 1, 1946), pp. 64-85.
<small>From MS Franc. A 31 (17th c.): 1. Kilmore and Ardagh placenames; 2. Derry and Tyrone placenames; 3. A fragmentary alphabetical list of Irish placenames [cf. pp. 403-4]; 4. Another fragmentary alphabetical list of Irish placenames [not printed here; poss. intended as an index of pl.ns. in the Martyrology of Donegal]. From MS Franc. D 1 (17th c.): 5. A list of churches and their patrons in the diocese of Derry [with notes by Séamus Ó CEALLAIGH].</small>

7801 Ó BRIAIN (Felim): Saga themes in Irish hagiography.
In 437 [Fs. Torna], pp. 33-42.

7802 HENNIG (John): Irish saints in early German literature.
In Speculum 22, 1947, pp. 358-74.

7803 THE *ACTA SANCTORUM HIBERNIAE* OF JOHN COLGAN.
Introd. by Brendan JENNINGS.
Dublin: S.O., 1948. [8] pp., facs. [v. Bradshaw 5596] (= I.M.C.: Reflex facsimiles, 5).

7804 BIELER (Ludwig): John COLGAN as editor.
In Franciscan studies 8, 1948, pp. 1-24.
<small>App.: A survey of Colgan's sources.</small>

7805 HENNIG (John): A list of Irish saints in Rawl. B 484.
In Éigse 6, 1948/52, (pt. 1), pp. 50-5.

7806 MOONEY (Canice): COLGAN's inquiries about Irish placenames.
In Celtica 1, 1950, pp. 294-6.

7807 HUGHES (Kathleen): A manuscript of Sir James Ware: British Museum Additional 4788.
In PRIA 55 C, 1952/53, (no. 5), pp. 111-6.

7808 HENNIG (John): The place of Irish saints in late mediaeval English hagiography.
In MSt 16, 1954, pp. 165-71.

7809 GROSJEAN (Paul): Édition et commentaire du *Catalogus sanctorum Hiberniae secundum diversa tempora* ou *De tribus ordinibus sanctorum Hiberniae*.
In AB 73, 1955, pp. 197-213, 289-322.

7810 SZÖVÉRFFY (Josef): Irisches Erzählgut im Abendland. Studien zur vergleichenden Volkskunde und Mittelalterforschung.
Berlin: E. Schmidt, 1957. ix + 193 pp.
II. Heldensage und Heiligenlegende (2. Die Herkunft einer Heldensage [*Aided Chonchobuir*]); III. Manus O'DONNELL-Studien.

7811 MOONEY (Canice): Father John COLGAN, O.F.M., his work and times and literary milieu.
In 446 [Colgan essays], pp. 7-40.

7812 BIELER (Ludwig): Trias thaumaturga, 1647.
In id., pp. 41-9.
Analysis and assessment of J. COLGAN's work.

7813 DUCKETT (Eleanor): The wandering saints.
London: Collins, 1959. 319 pp.

7814 HEIST (W. W.): Dermot O'DONOHUE and the Codex Salmanticensis.
In Celtica 5, 1960, pp. 52-63.
[MS Brussels 7672-4].

7815 HENNIG (John): Ulster place-names in the continental tradition of St. Patrick and other Irish saints.
In SAM [spec. issue] 'The Patrician year, 1961-62', pp. 76-86.

7816 GROSJEAN (Paul): Un soldat de fortune irlandais au service des *Acta sanctorum*: Philippe O'SULLIVAN BEARE et Jean Bolland (1634).
In AB 81, 1963, pp. 418-46.
App.: Sur quelques pièces, imprimées et manuscrites, de la controverse entre Écossais et Irlandais au début du XVIIe siècle.

7817 HEIST (W. W.) *ed.*: Vitae sanctorum Hiberniae ex codice olim Salmanticensi nunc Bruxellensi.
Bruxelles: Société des Bollandistes, 1965. lii + 436 pp. (= Subsidia hagiographica, no. 28)
From MS Brussels 7672-4.

7818 MACQUEEN (John): Saints' legends and Celtic life.
In Folk life 5, 1967, pp. 5-18.

K 2.1.1 Calendars, Martyrologies

7819 HENNIG (John): A feast of all the saints of Europe.
In Speculum 21, 1946, pp. 49-66.

7820 ———— : The meaning of All the Saints.
In MSt 10, 1948, pp. 147-61.

7821 ———— : The liturgical and financial year.
In IER 70, 1948, pp. 332-46.

7822 GROSJEAN (Paul): S. Patrice d'Irlande et quelques homonymes dans les anciens martyrologes.
In JEH 1, 1950, pp. 151-71.
App.: *Palladius . . . qui et patricius fuit* [BEDE].

7823 HENNIG (John): The literary tradition of Moses in Ireland.
In Traditio 7, 1949/51 (1951), pp. 233-61.
Also on parallels between Patrick and Moses, etc.

7824 ———— : A note on Egerton 185.
In Éigse 6, 1948/52, (pt. 3, 1951), pp. 257-64.
1. The transition from the non-liturgical *félire* to the liturgical calendar; 2. The completion of this transition as exemplified in Egerton 185 [*Psaltair na rann*].

7825 ———— : The Irish counterparts of the Anglo-Saxon *Menologium*.
In MSt 14, 1952, pp. 98-106.
Félire Adamnáin, the poem *Énlaith betha* (v. Mart.Tall., p. 94), etc.

7826 ———— : A note on the Calendar of Cashel.
In Scriptorum 6, 1952, pp. 101-2.

7827 ———— : Studies in the literary tradition of the *Martyrologium poeticum*.
In PRIA 56 C, 1953/54, (no. 2), pp. 197-226.

7828 ———— : A critical review of Hampson's edition of the hexametrical *Martyrologium breviatum* in BM Cotton Galba A xviii.
In Scriptorium 8, 1954, pp. 61-74.
With discussion of the Irish entries.

7829 ———— : The place of Irish saints in medieval English calendars.
In IER 82, 1954, pp. 93-106.

7830 ———— : Irish Einflüsse auf die frühen Kalendarien von St. Gallen.
In Zeitschrift für schweizerische Kirchengeschichte 48, 1954, pp. 17-30.

7831 ———— : The *Félire Oengusso* and the *Martyrologium Wandalberti*.
In MSt 17, 1955, pp. 219-26.

7832 ———— : Appellation of saints in early Irish martyrologies.
In MSt 19, 1957, pp. 227-33.

7833 ———— : Studies in the tradition of the *Martyrologium Hieronymianum* in Ireland.
In StPat 1, 1957, pp. 104-11. (*in* Texte u. Unters., Bd. 63)

7834 ———— : Britain's place in the early Irish martyrologies.
In MAe 26, 1957, pp. 17-24.

7835 GROSJEAN (Paul): Une prétendue fête de Moïse au 1er mars, à côté de S. David ou Dewi aquaticus.

In AB 76, 1958, pp. 413-8. (Notes d'hagiographie celtique, no. 44)
>ad *Félire Oenguso,* March 1.

7836 MHÁG CRAITH (Cuthbert) *ed.*:
Do-ghén dán do naomhuibh Dé. By Brian MAC GIOLLA PHÁDRAIG.
In 6298, (8. Psaltair na rann), pp. 120-78.
>A metrical martyrology; text based on MS B.M. Eg. 185.
>The older section (qq. 1-266), not before 1595, using the *Breviarium Romanum.* The later section (qq. 267-319), appar. by one of the Uí NEACHTAIN, not before 1694, using the *Breviarium Romano-Seraphicum.*

7837 GROSJEAN (Paul): *Espoic Branduibh aui Trenloco anchoritae.*
In Celtica 5, 1960, pp. 45-51.
>sic legg. in Mart. Tall., June 3 (cf. Fél Gorm.); cf. CIIC 26, etc.

7838 HENNIG (John): Kalendar und Martyrologium als Literaturformen.
In Archiv für Liturgiewissenschaft 7, 1961, pp. 1-44.

7839 ———— : The *Megas kanon* of ANDREW OF CRETE and the *Félire* of OENGUS the Culdee.
In MSt 25, 1963, pp. 280-93.

7840 GREENE (David): The religious epic.
In 515 [Early Ir. poetry], pp. 73-84.
>Espec. on *Féilire Oengusso* and *Saltair na rann.*

7841 MORRIS (John): The dates of the Celtic saints.
In JTS 17, 1966, pp. 342-91.

7842 GREENE (David) & O'CONNOR (Frank) *eds. & trs.*:
Sén, a Chríst, mo labrae. By ÓENGUS.
In 5542 [Golden treasury], (10. Invocation to the martyrs, 11. The downfall of heathendom), pp. 56-66.
>cf. Fél. Prol. 1-60, 157-240.

7843 HENNIG (John): Ireland's place in the tradition of the *Martyrologium Romanum.*
In IER 108, 1967, pp. 385-401.

7844 ———— : The martyrological tradition of the prophets.
In IER 109, 1968, pp. 209-25.

7845 ———— : Studies in the Latin texts of the Martyrology of Tallaght, of *Félire Oengusso* and of *Félire húi Gormáin.*
In PRIA 69 C, 1970, (no. 4), pp. 45-112.

K 2.2   Patrick

K 2.2.1   Biography, Criticism
General

7846 BIELER (Ludwig) *comp.*: Codices Patriciani Latini. A descriptive catalogue of Latin manuscripts relating to St. Patrick.
Dublin: D.I.A.S., 1942. xvii + 72 pp.
>A. Works of St. PATRICK; B. Lives of St. Patrick and other bibliographical documents. App.: The Novara text of MUIRCHU.

Add. & corr. in AB 63, 1945, pp. 242-56.

7847 GROSJEAN (Paul): Analyse du Livre d'Armagh.
In AB 62, 1944, pp. 33-41.
fols. 2-24 ('le dossier de S. Patrice').
7848 BIELER (Ludwig): The life and legend of St. Patrick.
In IER 70, 1948, pp. 1087-91.
7849 ——— : The life and legend of St. Patrick. Problems of modern scholarship.
Dublin: Clonmore & Reynolds, 1949. 146 pp.
Reviews by
7850 GROSJEAN (Paul), *in* The Month 3, 1950, pp. 379-80.
7851 F[AHY] (T.), *in* Studies 39, 1950, pp. 110-2.
7852 O[ULTEN] (J. E. L.), *in* Hermathena 75, 1950, pp. 97-8.
7853 SHEPHERD (Massey H., Jr.), *in* Speculum 26, 1951, pp. 489-90.
7854 O'RAHILLY (Thomas F.), *in* IHS 8, 1952/53 (1953), pp. 268-79.
7855 BIELER (Ludwig): Vindiciae Patricianae. Remarks on the present state of Patrician studies.
In IER 79, 1953, pp. 161-85.
7856 ESPOSITO (Mario): The Patrician problem and a possible solution.
In IHS 10, 1956/57 (1957), pp. 131-55.
Review by
7857 M[URPHY] (G.), *in* Éigse 8, 1956/57, p. 360.
7858 SAINT PATRICK.
Ed., and introd., by John RYAN.
[Dublin]: (for Radio Éireann) Stationery Office, 1958. 94 pp. (Thomas Davis lectures, [1957])
Add. t.-p.: Naomh Pádraig. An comhairleoir eagraíochta: Seán Ó Riain. ... 6 lectures by various scholars.
7859 RYAN (John): The traditional view.
In id., (no. 1), pp. 10-23.
7860 CARNEY (James): A new chronology of the Saint's life.
In id., (no. 2), pp. 24-37.
7861 ——— : Comments on the present state of the Patrician problem.
In IER 92, 1959, pp. 1-28.
Republ. as an appendix to the author's The problem of St. Patrick, 1961, pp. 153-81.
7862 ——— : The problem of St. Patrick.
Dublin: D.I.A.S., 1961. xii + 193 pp. pls.
Reviews by
7863 BYRNE (Francis John), *in* Éigse 10, 1961/63, (pt. 2, 1962), pp. 163-70.
7864 SHIEL (James), *in* University review 3, no. 4, [1963], p. 58.
7865 RYAN (John): St. Patrick, apostle of Ireland.
In Studies 50, 1961, pp. 113-51.
7866 MCNALLY (Robert E.): St. Patrick, 461-1961.
In CHR 47, 1961/62 (1962), pp. 305-24.
7867 BINCHY (D. A.): Patrick and his biographers: ancient and modern.
In StH 2, 1962, pp. 7-173.

Review by
7868 Ó C[UÍV] (B.), *in* Éigse 10, 1961/63, (pt. 4), pp. 339-41.
7869 BIELER (Ludwig): Patriciology. Reflections on the present state of Patrician studies.
In SAM [spec. issue] 'The Patrician year, 1961-62', pp. 9-36.
7870 ———— : Patrician studies in the 'Irish ecclesiastical record'.
In IER 102, 1964, pp. 359-66.
7871 [MAC NEILL (Eoin)]: Saint Patrick.
Ed. with introd. by John RYAN. With a memoir by Michael TIERNEY, and a Bibliography of Patrician literature, by F. X. MARTIN.
Dublin: Clonmore & Reynolds; London: Burns & Oates, 1964. 240 pp.
> Republication (with a common index) of: St. Patrick, apostle of Ireland, London 1934; and of items Best² 2002, 2003, 2004, 1996.

Review by
7872 BYRNE (Francis John), *in* IHS 16, 1968/69 (1969), pp. 207-9.
7873 BIELER (Ludwig): The chronology of St. Patrick.
In 514 [Old Ireland], pp. 1-28.
7874 MORRIS (John): The dates of the Celtic saints.
In JTS 17, 1966, pp. 342-91.
7875 BIELER (Ludwig): The Book of Armagh.
In 520 [Great books], (no. 5), pp. 51-63.
7876 ———— : St. Patrick and the coming of Christianity.
Dublin, Melbourne: Gill, 1967. 100 pp. (= A history of Irish Catholicism, vol. 1, no. 1)
Review by
7877 DOLLEY (Michael), *in* NMAJ 10, 1966/67, pp. 230-1.
7878 HANSON (R. P. C.): Saint Patrick. His origins and career.
Oxford: Clarendon, 1968. 248 pp.
Reviews by
7879 Ó FIAICH (Tomás), *in* IER 110, 1968, pp. 116-7.
7880 SHAW (Francis), *in* Studies 57, 1968, pp. 186-91.
7881 KNOX (P. Buick), *in* Journal of the Historical Society of the Church in Wales 18, 1968, pp. 13-22.
7882 LYDON (J. F.), *in* Hermathena 108, 1969, pp. 62-3.
7883 D[ILLON] (M.), *in* Celtica 9, 1971, pp. 336-8.
7884 Ó RAIFEARTAIGH (T.): The life of St. Patrick: a new approach.
In IHS 16, 1968/69 (1969), pp. 119-37.
> Review article on R. P. C. HANSON, Saint Patrick: his origins and career, 1968.

Special
7885 O'RAHILLY (Thomas F.): The two Patricks. A lecture on the history of Christianity in fifth-century Ireland.
Dublin: D.I.A.S., 1942 (repr. 1971). 83 pp.

Reviews by
7886 MARSH (Arnold), *in* Dublin magazine 17, 1942, no. 4, pp. 39-42.
7887 O'DOHERTY (John F.), *in* IHS 3, 1942/43 (1943), pp. 323-9.
7888 RYAN (John): The two Patricks.
In IER 60, 1942, pp. 241-52.
> Review article on T. F. O'RAHILLY. The two Patricks, 1942.

7889 UA RIAIN (Eóin): Palladius agus Patricius.
In An Iodh Morainn 3, 1942, pp. 5-8.

7890 DE BLACAM (Aodh): Hail glorious St. Patrick.
In Irish monthly 70, 1942, pp. 342-8.
> Remarks on T. F. O'RAHILLY. The two Patricks, 1942.

7891 MULCHRONE (Kathleen) *ed.*: The Tripartite life of Patrick: lost fragment discovered.
In JGAHS 20, 1942/43, pp. 39-53. pl. (MS p.)
> 2 vellum leaves, now N.L. [G 531], of MS Rawl. B 512; with Engl. transl. (cf. Bodleian Library record 2, (no. 16, Oct. 1941), pp. 2-3).

7892 ——— *ed.*: The Tripartite life of Patrick: fragments of Stowe copy found.
In id., pp. 129-44.
> Six vellum folios of a third copy of Trip., MS R.I.A. B iv lb, no. 2 (cf. Cat. RIA, p. 3487). With Engl. transl.

7893 MURPHY (Gerard): The two Patricks.
In Studies 32, 1943, pp. 297-307.

7894 MAC NEILL (Eoin): 'The other Patrick.'
In id., pp. 308-14.

7895 SHAW (Francis): The linguistic argument for two Patricks.
In id., pp. 315-22.

7896 BIELER (Ludwig): Was Palladius surnamed Patricius?
In id., pp. 323-6.

7897 ——— *ed.*: Anecdotum Patricianum. Fragments of a Life of St. Patrick from MSS. Cotton Vitellius E. vii and Rawlinson B 479.
In 431 [Measgra Uí Chléirigh], pp. 220-37.

7898 GROSJEAN (Paul): Notes sur les documents anciens concernant S. Patrice.
In AB 62, 1944, pp. 42-73.

7899 BAIREAD (Fearghus): St. Patrick's itinerary through county Limerick.
In NMAJ 4, 1944/45, pp. 68-73.

7900 GROSJEAN (Paul): La patrie de S. Patrice.
In AB 63, 1945, pp. 65-72. (Notes d'hagiographie celtique, no. 6)

7901 ———: Notes chronologiques sur le séjour de S. Patrice en Gaule.
In id., pp. 73-93. (id., no. 7)

7902 ———: Les périodes de 30 ans dans la chronologie de S. Patrice.
In id., pp. 93-4. (id., no. 8)

7903 ———: S. Patrice et S. Victrice.
In id., pp. 94-9. (id., no. 9)

7904 ———— : La 'source britannique' des Vies de S. Patrice.
In id., pp. 112-9. (id., no. 11)

7905 MULCAHY (*Dean* C.) *ed.*: The Hymn of St. SECUNDINUS in praise of St. Patrick.
In IER 65, 1945, pp. 145-9.
Audite omnes amantes, with Engl. transl.

7906 BIELER (Ludwig): O'SULLEVAN BEARE's *Patriciana decas*. A modern Irish adaptation.
In JGAHS 22, 1946/47, pp. 19-33.

7907 MULCHRONE (Kathleen): The Old-Irish form of *Palladius*.
In id., pp. 34-42.

7908 BIELER (Ludwig): The mission of Palladius. A comparative study of sources.
In Traditio 6, 1948, pp. 1-32.

7909 ———— : St. Patrick and the Irish people.
In Review of politics (Notre Dame, Ind.) 10, 1948, pp. 290-309.

7910 ———— : The ordination of St. Patrick.
In Scriptorium 2, 1948, pp. 286-7.

7911 ———— : Sidelights on the chronology of St. Patrick.
In IHS 6, 1948/49 (1949), pp. 247-60.

7912 MONTAGUE (Gerard): History of the feast of St. Patrick.
In IER 71, 1949, pp. 278-82.

7913 BIELER (Ludwig) *ed.*: Studies on the text of MUIRCHÚ. 1. The text of manuscript Novara 77.
In PRIA 52 C, 1948/50, (no. 5, 1950), pp. 179-220.
With notes and commentary.

7914 GROSJEAN (Paul): S. Patrice d'Irlande et quelques homonymes dans les anciens martyrologes.
In JEH 1, 1950, pp. 151-71.
App.: *Palladius ... qui et patricius fuit* [BEDE].

7915 CONNELLAN (M. J.): Three Patritian bishops and their seats in *Airteach*.
In JGAHS 24, 1950/51, pp. 125-9.
The episcopal sees of *Telach/Tulach na gCloch, Telach/Tulach Liag,* and *Cúil Conalto,* of Trip.

7916 HENNIG (John): The literary tradition of Moses in Ireland.
In Traditio 7, 1949/51 (1951), pp. 233-61.
Also on parallels between Patrick and Moses, etc.

7917 CONNELLAN (M. J.): St. Patrick's two crossings of the Shannon.
In JACAS 2, no. 12, 1951, pp. 78-84.

7918 GOGAN (Liam S.): The home of St. Patrick.
In IER 75, 1951, pp. 193-204.

7919 THOMPSON (E. A.): A note on St. Patrick in Gaul.
In Hermathena 79, 1952, pp. 22-9.
Review by

7920 GROSJEAN (P.), *in* AB 71, 1953, pp. 236-7.

7921 ESPOSITO (Mario): Notes on a Latin Life of Saint Patrick.
In CM 13, 1952, pp. 59-72.

Review by

7922 GROSJEAN (P.), *in* AB 71, 1953, pp. 237-9.

7923 GROSJEAN (Paul): Les Vies latines de S. Cáemgen et de S. Patrice du manuscrit 121 des Bollandistes.
In AB 70, 1952, pp. 313-5. (Notes d'hagiographie celtique, no. 20)

7924 ———: Les leçons du bréviaire des Chanoines Réguliers de Sion sur S. Patrice.
in id., pp. 315-6. (id., no. 21)

7925 ———: *Paladius episcopus ... qui Patricius*.
In id., pp. 317-26. (id., no. 22)
Comparison of BArm., fol. 16, col. 1, with AI §§ 387ff.

7926 MULCHRONE (Kathleen): What are the Armagh *Notulae*?
In Ériu 16, 1952, pp. 140-4.
They represent FERDOMNACH's table of contents.

7927 BIELER (Ludwig) *ed.*: The Hymn of St. SECUNDINUS.
In PRIA 55 C, 1952/53, (no. 6), pp. 117-27, [iv] (corr.).
Audite omnes amantes Deum sancta mereta; variorum ed., with commentary.

7928 ——— *tr.*: The works of St. PATRICK. St. SECUNDINUS, Hymn on St. Patrick.
Westminster (Md.): Newman Press; London: Longmans, Green & Co., 1953. v + 121 pp. (= Ancient Christian writers, no. 17)
App.: The *Lorica*. — With introds., notes & index.

7929 ———: St. Patrick a native of Anglesey?
In Éigse 7, 1953/55, (pt. 2, 1953), pp. 129-31.
vs L.S. GOGAN, The home of St. Patrick, 1951.

7930 MULCHRONE (Kathleen): TÍRECHÁN and the Tripartite life.
In IER 79, 1953, pp. 186-93.

7931 BIELER (Ludwig): The *Notulae* in the Book of Armagh.
In Scriptorium 8, 1954, pp. 89-97.

7932 GROSJEAN (Paul) *ed.*: An early fragment on Saint Patrick in Uí Briúin Bréifne contained in the Life of Saint Benén (Benignus) of Armagh.
In SAM 1, no. 1, 1954, pp. 31-44.
Chaps. 10-13, from MS Brussels 4190-200; with Engl. transl. of the Irish parts. Other texts relating the same incidents.

7933 CARNEY (James): Patrick and the kings.
In 495 [SILH], (chap. 9), pp. 324-73, (App. C), 394-412.

7934 BIELER (Ludwig): St. Severin and St. Patrick: a parallel.
In IER 83, 1955, pp. 161-6.

7935 Ó DOIBHLIN (Éamonn): 'Bhí Naomh Pádraig anseo.' Cuntas ar a sheacht dteampaill in Uí Tuirtre.
in SAM 1, no. 2, 1955, pp. 11-6.
The pl.ns. in Trip.[2] 1954-75.

7936 VENDRYES (J.): Saint David l'Aquatique.
In ÉtC 7, 1955/56, pp. 340-7.

7937 ST. PATRICK AND ARMAGH. A symposium.
   In SAM 2, (no. 1, 1956), pp. 1-31.
   Comments on J. CARNEY's theories (*in* SILH): 1. Éamon Ó DOIBHLINN, Forgers all?; 2. Seán MAC AIRT, The chronology of St. Patrick; 3. Tarlach Ó RAIFEARTAIGH, Na teoiricí nua; 4. Ludwig BIELER, St. Secundinus and Armagh; 5. Michael MAC DERMOTT, Professor Carney's arguments.

7938 MULCHRONE (Kathleen): The mission of Patricius secundus episcopus Scottorum.
   In IER 85, 1956, pp. 155-70.

7939 BIELER (Ludwig): 'Patrick and the kings.' A propos a new chronology of St. Patrick.
   In id., pp. 171-89.
   Review article on J. CARNEY, Patrick and the kings (*in* SILH).

7940 RUSSELL (Josiah Cox): The problem of St. Patrick the missionary.
   In Traditio 12, 1956, pp. 393-8.

7941 GROSJEAN (Paul): S. Patrice à Auxerre sous S. Germain. Le témoignage des noms gaulois.
   In AB 75, 1957, pp. 158-74. (Notes d'hagiographie celtique, no. 27)

7942 ESPOSITO (Mario): The problem of the two Patricks.
   In 506 [Saint Patrick], (no. 3), pp. 38-52.

7943 BIELER (Ludwig): The Lives of St. Patrick and the Book of Armagh.
   In id., (no. 4), pp. 53-66.

7944 MAC AIRT (Seán): The churches founded by Saint Patrick.
   In id., (no. 5), pp. 67-80.

7945 MULCHRONE (Kathleen): FERDOMNACH and the Armagh *Notulae*.
   In Ériu 18, 1958, pp. 160-3.
   Reply to L. BIELER, The *Notulae* in the Book of Armagh, 1954.

7946 ETTLINGER (Ellen): Saint Patrice, l'homme au langage perpétuel.
   In Ogam 10, 1958, pp. 265-72. pls.

7947 GLEESON (Dermot F.): Saint Patrick in Ormond.
   In NMAJ 8, 1958/61, (no. 1), pp. 42-4.

7948 Ó FIAICH (Tomás): St. Patrick and Armagh.
   In IER 89, 1958, pp. 153-70.

7949 GROSJEAN (Paul): Déchiffrement d'un groupe de *Notulae* du Livre d'Armagh sur S. Patrice (numéros 28-41).
   in AB 76, 1958, pp. 387-411. (Notes d'hagiographie celtique, no. 42)

7950 BIELER (Ludwig): Studies on the text of MUIRCHÚ. 2. The Vienna fragments and the tradition of Muirchú's text.
   In PRIA 59 C, 1957/59, (no. 4, 1959), pp. 181-95. pl.
   Ed. from MS Vienna, Ser. nov. 3642; with variants and commentary.

7951 MULCHRONE (Kathleen): *Saigir uar* ...
   In Celtica 5, 1960, p. 144. (Notulae quaedam, no. 3)
   sic leg. in Trip.² 823.

7952 Ó GALLACHAIR (P.): Patrician Donegal.
   In Donegal annual 5, (no. 1, 1961), pp. 70-9.

7953 BIELER (Ludwig) *ed.*: An Austrian fragment of a Life of St. Patrick.
In IER 95, 1961, pp. 176-81.
Single leaf in Latin, in the Benedictine monastery of Göttweig; with Engl. transl.

7954 GOGAN (L. S.): The Martin–Patrick relationship.
In IER 96, 1961, pp. 283-9.

7955 SHAW (Francis): The myth of the second Patrick. A.D. 461-1961.
In Studies 50, 1961, pp. 5-27.

7956 LOUIS (René): St. Patrick's sojourn in Auxerre and the problem of the *insula Aralanensis*.
In SAM [spec. issue] 'The Patrician year, 1961-62', pp. 37-44.

7957 DE PAOR (Máire): The relics of Saint Patrick. A photographic feature with notes on the relics.
In id., pp. 87-91. pls.

7958 CARNEY (James): St. Patrick and the historians.
In The homiletic and pastoral review 62, (no. 6, March 1962), pp. 510-4.

7959 SHAW (Francis): Post-mortem on the second Patrick.
In Studies 51, 1962, pp. 237-67.
Reply to D. A. BINCHY. Patrick and his biographers, 1962.

7960 BIELER (Ludwig): Patrick's synod: a revision.
In Mélanges offerts à Mademoiselle Christine Mohrmann. Utrecht, Anvers: Spectrum, 1963. pp. 96-102.

7961 GREENE (D. W.): An emendation by J. B. BURY to TÍRECHÁN.
In Hermathena 97, 1963, ppo. 94-5.
From a 1903 letter to K. Meyer.

7962 DE BÚRCA (Seán): The Patricks: a linguistic interpretation.
In Lochlann 3, 1965, pp. 278-85.

7963 HANSON (R. P. C.): St. Patrick, a British missionary bishop. Inaugural lecture, 1965.
University of Nottingham, [1966]. 20 pp.
Review by

7964 [SIMMS] (George [O.]), *in* Hermathena 103, 1966, pp. 84-5.

7965 BIELER (Ludwig): Interpretationes Patricianae.
In IER 107, 1967, pp. 1-13.

7966 FINBERG (H. P. R.): St. Patrick at Glastonbury.
In id., pp. 345-61.
O'Donnell lecture, Oxford, 1966.

7967 BIELER (L.): St. Patrick and the British Church.
In 478 [Christianity in Britain], pp. 123-30.

7968 MAC EOIN (Gearóid S.): The mysterious death of Loegaire mac Néill.
In StH 8, 1968, pp. 21-48.
Incl. discussion of the *Bórama*.

7969 BINCHY (D. A.): St. Patrick's 'first synod'.
In id., pp. 49-59.

7970 DE PAOR (Liam): The aggrandisement of Armagh.
In HSt 8, 1971, pp. 95-110.

7971   BIELER (Ludwig) *ed.*: Eine Patricksvita in Gloucester.
       In Festschrift Bernhard Bischoff zu seinem 65. Geburtstag ... Hg. v. J. Autenrieth & F. Brunhölzl. Stuttgart: Hiersemann, 1971. pp. 346-63.

7972   BIELER (Ludwig) *ed.*: Four Latin Lives of St. Patrick. COLGAN's *Vita secunda, quarta, tertia,* and *quinta.*
       Dublin: D.I.A.S., 1971. xi + 266 pp. (= SLH, vol. 8)

K 2.2.2   Patrick: Writings

7973   BIELER (Ludwig): The problem of *Silva Focluti.*
       In IHS 3, 1942/43 (1943), pp. 351-64.
       Confessio 23 (textual criticism). — Cf. the correspondence by R. A. S. MACALISTER, *in* IHS 4, 1944/45 (1945), pp. 103-4; and the reply by L. B., *in* id., pp. 104-5.

7974   GROSJEAN (Paul): Quand fut composée la Confession de S. PATRICE?
       In AB 63, 1945, pp. 100-11. (Notes d'hagiographie celtique, no. 10)

7975   MACNEILL (Patrick): The identification of *Foclut.*
       In JGAHS 22, 1946/47, pp. 164-73.

7976   BIELER (Ludwig): Der Bibeltext des Heiligen PATRICK.
       In Biblica 28, 1947, pp. 31-58, 236-63.
       Review by

7977   G[WYNN] (A.), *in* Studies 36, 1947, pp. 370-3.

7978   BIELER (Ludwig): The 'creeds' of St. Victorinus and St. PATRICK.
       In Theological studies 9, 1948, pp. 121-4.

7979   NERNEY (D. S.): A study of Saint PATRICK's sources.
       In IER 71, 1949, pp. 497-507; 72, 1949, pp. 14-26, 97-110, 265-80.

7980   BIELER (Ludwig) *ed.*: Libri epistolarum sancti PATRICII episcopi.
       In CM 11, 1950, pp. 1-150; 12, 1951, pp. 79-214.
       Reprinted Dublin: (for I.M.C.) Stationery Office, 1952. 2 voll. [same pagin. + [1] p.]
       Confessio; *Epistola ad milites Corotici.* With introd. and (pt. 2) commentary.
       Addenda in AnH 23, 1966, pp. 313-5.
       Review of pt. 2 *by*

7981   MOHRMANN (Christine), *in* VChr 7, 1953, pp. 57-61.

7982   BOLTON (C. A.): St. Patrick's pastoral testament.
       In IER 74, 1950, pp. 234-41.
       On the *Dicta Patricii.*

7983   BIELER (Ludwig): The place of Saint PATRICK in Latin language and literature.
       in VChr 6, 1952, pp. 65-98.

7984   ——— *tr.*: The works of St. PATRICK. St. SECUNDINUS, Hymn on St. Patrick.
       Westminster (Md.): Newman Press; London: Longmans,

Green & Co., 1953. v + 121 pp. (= Ancient Christian writers, no. 17)
> App.: The *Lorica*. — With introds., notes & index.

7985 MRAS (Karl): St. PATRICIUS als Lateiner.
In AÖAW 1953, (Nr. 6), pp. 99-113.

7986 ESPOSITO (Mario): St. PATRICK's *Confessio* and the Book of Armagh.
In IHS 9, 1954/55 (1955), pp. 1-12.

7987 GROSJEAN (Paul): *Dominicati rethorici*.
In ALMA 25, 1955, pp. 41-6.
> *Confessio* 13 (textual criticism).

7988 O'MEARA (John J.): The Confession of St. PATRICK and the Confessions of St. Augustine.
In IER 85, 1956, pp. 190-7.

7989 GROSJEAN (Paul): The Confession of Saint PATRICK.
In 506 [Saint Patrick], (no. 6), pp. 81-94.

7990 ———— : Les Pictes apostats dans l'Épître de S. PATRICE.
In AB 76, 1958, pp. 354-78.
> *Epistola ad milites Corotici*, chap. 2, and St. Ninian's apostolate of the southern Picts.

7991 MARSH (Thomas): St. PATRICK's terminology for confirmation.
In IER 93, 1960, pp. 145-54.

7992 GROSJEAN (Paul): Quelques remarques sur VIRGILE LE GRAMMAIRIEN.
In 450 [Fs. Gwynn], pp. 393-408.
> as mentioned in the pref. to O'Mulc.; also on links with S. PATRICK.

7993 MAC PHILIBÍN (Liam) *tr.*: Mise Pádraig. Nua-aistriú Gaeilge ar scríbhinní Naomh PÁDRAIG. — New enl. ed.
B.Á.C.: F.Á.S., 1961. 95 pp.
> Latin text and Irish transl. of the writings of PATRICK.

Review [in Irish] *by*
7994 Ó FIAICH (Tomás), *in* StH 2, 1962, pp. 236-7.

7995 MOHRMANN (Christine): The Latin of St. PATRICK. Four lectures.
Dublin: D.I.A.S., 1961. 54 pp.

Review *by*
7996 Ó RAIFEARTAIGH (T.), *in* IHS 13, 1962/63 (1963), pp. 51-3.

7997 MARSH (Arnold) *tr.*: Saint PATRICK's writings. A modern translation.
Dundalk: Dundalgan Press (W. Tempest), 1961. 28 pp.
Republ., rev. & enl., as
Saint PATRICK and his writings. A modern translation with introduction. 1966. 46 pp.

Review *by*
7998 Ó RAIFEARTAIGH (T.), *in* IHS 15, 1966/67 (1967), pp. 309-11.

7999 Ó RAIFEARTAIGH (Tarlach): PÁDRAIG agus na *seniores*.
In SAM [spec. issue] 'The Patrician year, 1961-62', pp. 45-67

8000 BIELER (Ludwig): A linguist's view of Saint PATRICK. Remarks on a recent study of St. Patrick's Latinity.
In Éigse 10, 1961/63, (pt. 2, 1962), pp. 149-54.
On C. MOHRMANN, The Latin of St. Patrick, 1961.

8001 TOLSTOY (Count N.): Who was Coroticus?
In IER 97, 1962, pp. 137-47.

8002 CARNEY (James): St. PATRICK's Confessio.
In id., pp. 148-54.

8003 Ó RAIFEARTAIGH (T.): Leasú eagarthóra sa Litir faoi Choroticus.
In StH 2, 1962, pp. 174-81.
Criticism of an emendation by L. BIELER in St. PATRICK's Epistola ad milites Corotici.

8004 ———— : The reading Nec a me orietur in paragraph 32 of Saint PATRICK's Confession.
In JRSAI 95, 1965, pp. 189-92.

8005 BIELER (Ludwig): Interpretationes Patricianae.
In IER 107, 1967, pp. 1-13.

8006 WEIJENBORG (R.): Deux sources grecques de la 'Confession de Patrice'.
In RHÉ 62, 1967, pp. 361-78.

8007 Ó RAIFEARTAIGH (T.): Some observations on tense-usage in Saint PATRICK's writings.
In IER 108, 1967, pp. 209-13.

8008 ———— : Saint PATRICK's twenty-eight days' journey.
In IHS 16, 1968/69 (1969), pp. 395-416.
Confessio, chaps. 18-23.

8009 HANSON (R. P. C.): PATRICK and the mensura fidei.
In StPat 10, 1970, pp. 109-11. (in Texte u. Unters., Bd. 107)

8010 ———— tr.: English translation of the 'Confession' and the 'Letter to Coroticus' of Saint PATRICK.
In NMS 15, 1971, pp. 3-26.

K 2.3   Hagiology: Others

8011 GROSJEAN (Paulus): Vita sancti Ciarani episcopi de Saigir e codice hagiographico Gothano.
In AB 59, 1941, pp. 217-71.

8012 ———— : Une Vie de saint Secundinus, disciple de S. Patrice.
In AB 60, 1942, pp. 26-34.

8013 HENNIG (John): Irish influences in the folkloristic tradition of St. Gertrude.
In Béaloideas 12, 1942, pp. 180-4.

8014 CONNELLAN (M.): St. Raoilinn of Teampall Raoileann.
In JGAHS 20, 1942/43, pp. 145-50.

8015 HAMEL (A. G. van): De legende van Sint Brandaen en Maeldúin's Zeereis.
In Album René Verdeyen. Bruxelles: Éditions A. Manteau; Den Haag: Nijhoff's U. Mij., 1943. pp. 351-7.

8016 GROSJEAN (Paul): Les douze évêques de Cell Achaid et les listes anciennes d'évêques irlandais.
In AB 61, 1943, pp. 95-9. (Notes d'hagiographie celtique, no. 2)

8017 ――――― : S. Domangort de Slíab Slainge.
In id., pp. 106-7. (id., no. 5)

8018 HENNIG (John): St. Columbanus in the liturgy.
In IER 62, 1943, pp. 306-12.

8019 ――――― : St. Leonard in Ireland.
In JCLAS 10, 1941/44, (no. 4, 1944 (1945)), pp. 297-301.

8020 CONNELLAN (M.): St. Muadhnat of *Kill Muadhnat*.
In JGAHS 21, 1944/45, pp. 56-62.

8021 GROSJEAN (Paul): Relations mutuelles des Vies latines de S. Cáemgen de Glenn Dá Locha.
In AB 63, 1945, pp. 122-9. (Notes d'hagiographie celtique, no. 13)

8022 HENNIG (John): St. Albert, patron of Cashel. A study in the history of diocesan episcopacy in Ireland.
In MSt 7, 1945, pp. 21-39.

8023 GROSJEAN (Paul): Trois pièces sur S. Senán.
In AB 66, 1948, pp. 199-230.
1. L'épilogue de la Vie irlandaise; from MS Brussels 4190-200, with Fr. transl. 2. *Amra Senáin*, with introd. poem *Narach gabha gart go ngail*; from -id.-. 3. La Vie latine du Bréviaire de Saint-Pol-de-Léon.

8024 GWYNN (Aubrey): St. Malachy of Armagh.
In IER 70, 1948, pp. 961-78; 71, 1949, pp. 134-48, 317-31.

8025 CONNELLAN (M. J.): St. Brocaidh of *Imliuch Brocadha*.
In JGAHS 23, 1948/49, pp. 138-46.

8026 O'DALY (B.): St. Damhnat.
In JCLAS 11, 1945/48, (no. 4, 1948 (1949)), pp. 243-51.
Republ. with adds. in Clogher record 2, (no. 3, 1959), pp. 415-31.

8027 GROSJEAN (Paul): The pedigree of Saint Caelainn.
In JCS 1, 1950, pp. 193-8.

8027a LAPORTE (R. P. D.): Les sources de la biographie de Saint Colomban.
In 470a [Mél. Colombaniens], pp. 75-80.

8027b BIELER (Ludwig): The humanism of St. Columbanus.
In id., pp. 95-102.

8028 GROSJEAN (Paul): S. Fintán Máeldub.
In AB 69, 1951, pp. 77-88; 70, 1952, pp. 312-3. (Notes d'hagiographie celtique, nos. 15, 19)

8029 ――――― : Un feuillet de Michel O'Clery.
In id., pp. 88-96. (id., no. 16)
Various legends, from MS Brussels 5057-9, fol. 4, of (1) St. Máel Anfaid, cf. Fél., p. 56; (2) Máel Póil, abbot of Cell Bécáin; cf. Best[2] 2013 (III); (3) Domnall Breifnech mac Oengussa Maith; (4) St. Comgall, abbot of Bennchor; cf. Best[2] 1969 (II); (5) on penitential practices, cf. MS B.M. Eg. 1781, fol. 151 [no. 29d].

8030 ——— : Les Vies latines de S. Cáemgen et de S. Patrice du manuscrit 121 des Bollandistes.
In AB 70, 1952, pp. 313-5. (id., no. 20)

8031 Ó HÉALUIGHTHE (D.): St. Gobnet of Ballyvourney.
In JCHAS 57, 1952, pp. 43-61 [cf. p. 125].

8032 SCHREIBER (Georg): Der irische Seeroman des Brandan. Ein Ausblick auf die Kolumbus-Reise.
In Festschrift Franz Dornseiff zum 65. Geburtstag. Hg. v. H. Kusch. Leipzig: VEB Bibliogr. Institut, 1953. pp. 274-90.

8033 RAMNOUX (Clémence): Structures païennes et structures chrétiennes.
In Ogam 5, 1953, pp. 1-6, 43-50, 76-80.
   Functional relationship of druid and saint (*Forbuis Droma Damhghaire, Aed Baclám, Aided Diarmada, Betha Máedóc Ferna (2)*).

8034 Ó MOGHRÁIN (Pádraig): Naomh Bréanainn Chluain Fearta agus ceap-sinsear na Máilleach.
In Béaloideas 22, 1953 (1954), pp. 154-90.

8035 GROSJEAN (Paul) *ed.*: An early fragment on Saint Patrick in Uí Briúin Bréifne contained in the Life of Saint Benén (Benignus) of Armagh.
In SAM 1, no. 1, 1954, pp. 31-44.
   Chaps. 10-13, from MS Brussels 4190-200; with Engl. transl. of the Irish parts. Other texts relating the same incident.

8036 ——— : Les Vies de S. Columba de Tír Dá Glas.
In AB 72, 1954, pp. 343-7. (Notes d'hagiographie celtique, no. 23)

8037 ——— : La prétendue origine irlandaise du culte de S. Joseph en Occident.
In id., pp. 357-62. (id., no. 26)

8038 MAC NIOCAILL (Gearóid) *ed.*: Beatha Eoin Bruinne.
In Éigse 7, 1953/55, (pt. 4), pp. 248-53.
   From LF (fo. 32), imperf.; transl. from Latin by Uighisdín MAG RAIDHIN (†1405).

8039 ——— : Beatha Eoin Bruinne, 2.
In Éigse 8, 1956/57, pp. 222-30.
   Another part, from LF (fos. 32f); with a Pseudo-Mellitus Latin text of parts of both texts.

8040 RYAN (John): The ancestry of St. Laurence O Toole.
In RepN 1, (no. 1, 1955), pp. 64-75.
   geneal.tab.: Kings of Leinster.

8041 SCHREIBER (Georg): Irland im deutschen und abendländischen Sakralraum. Zugleich ein Ausblick auf St. Brandan und die zweite Kolumbusreise.
Köln, Opladen: Westdeutscher Verlag, 1956. 120 pp. illus. (= Arbeitsgemeinschaft für Forschung des Landes Nordrhein-Westfalen, Geisteswissenschaften, Heft 9)
   Incl.: 22. Zur Quellenkunde der irischen Sakralgeschichte.

8042 MAC NIOCAILL (Gearóid) *ed.*: Betha ocus bás Chaitreach Fína.
In Éigse 8, 1956/57, pp. 232-6.
> Ir. transl., from an unidentified Latin source, by Enóg Ó GIOLLÁIN and Ciothruadh MÁG FHIONNGHAILL, the scribe of the MS R.I.A. 24 P 25 (1513/14).

8043 WALKER (G. S. M.) *ed.*: Sancti COLUMBANI opera.
Dublin: D.I.A.S., 1957. xciv + 247 pp. (= SLH, vol. 2)

8044 Ó SÚILLEABHÁIN (Pádraig) *ed.*: Beatha San Froinsias.
B.Á.C.: I.Á.B., 1957. xlvi + 142 pp. (= SGBM, iml. 4)
> A 17th c. Life of St. Francis, from MS R.I.A. 23 O 41. Extensive analysis of the lg. (incl. collection of features of Ulster Irish); notes, vocabulary.

Review by

8045 Ó CUÍV (Brian), *in* Éigse 9, 1958/61, (pt. 2, 1958), pp. 136-9.

8046 Ó SÚILLEABHÁIN (Pádraig) *ed.*:
Beatha Naoimh Antoine ó Phadua. [Tr. by] Tadhg Ó NEACHTAIN a d'aistrigh.
Cill Iníon Léinín [Killiney, Co. Dublin]: Fáisceán na gCeithre Máistrí, 1957. vi + 42 pp.
> From autogr. MS B.M. Eg. 198 (1718); some remarks on the lg., vocabulary.

8047 GRICOURT (Jean): L'oreille droite de saint Fraech.
In Ogam 9, 1957, pp. 187-94.

8048 GWYNN (A.): New light on St. Kilian.
In IER 88, 1957, pp. 1-16.

8049 GROSJEAN (Paul): Chronologie de S. Feuillen.
In AB 75, 1957, pp. 379-93. (Notes d'hagiographie celtique, no. 38)

8050 ——: Les saints irlandais dans les litanies du pontifical carolingien de Fribourg-en-Brisgau.
In id., pp. 419-20. (id., no. 41)

8051 ——: Notes sur quelques sources des *Antiquitates* de Jacques USSHER. Édition de la *Vita Commani*.
In AB 77, 1959, pp. 154-87.

8052 —— *ed.*: Deux textes inédits sur S. Ibar.
In id., pp. 426-50.
> (1) *Vita S. Ybari sive Yvori*, from MS Brussels 7773; (2) from LL, French transl. of the Irish passages.

8053 LECLERQ (Jean): Documents on the cult of St. Malachy.
In SAM 3, (no. 2, 1959), pp. 318-32.

8054 GROSJEAN (Paul): *Atrium Cemani* dans la Vie de S. Ibar.
In AB 78, 1960, pp. 370-5. (Notes d'hagiographie celtique, no. 47)
> leg. *A. Comari* (= Ir. *Dún Comair*), or *A. Cennani* (for *Tech Colláin*).

8055 ——: Sainte Dáire, du 2 novembre.
In AB 81, 1963, pp. 260-9. (id., no. 53)
> known for her *bó-cháin*.

8056 TOWILL (Edwin S.): Saint Mochaoi and Nendrum.
In UJA 27, 1964, pp. 103-20.

8057 GWYNN (Aubrey): The cult of St. Martin in Ireland.
In IER 105, 1966, pp. 353-64.

8058 Ó DUBHTHAIGH (Bearnárd): A contribution to the history of Drumsnat.
In ClRec 6, (no. 1, 1966 (1967)), pp. 71-103.
>3. Location and history of the monastery; 4. Book of Drumsnat; 5. St. Mo Lua.

8068* MAC NIOCAILL (Gearóid): Sur l'identité de S. Mainchín.
In AB 85, 1967, pp. 59-63.

8069 MARTIN (Bernard): The character of St. Mo Ling and three rhetorical topics.
In StC 2, 1967, pp. 108-18.
>On the quatrain *Tan bím eter mo śruithe* (v. EILyr., no. 13), and eulogy.

8070 WENDEHORST (Alfred): Über das Nachleben St. Kilians in Irland.
In Volkskultur und Geschichte. Festgabe für Josef Dünninger zum 65. Geburtstag. Hg. v. D. Harmening [etc.]. Berlin: E. Schmidt, 1970. pp. 440-51.

8071 Ó RIAIN (Pádraig) *ed.*: Two legends of the Uí Máille.
In Éigse 14, 1971/72, pp. 1-12.
>From BUíM; Engl. transl., notes.

Brigit

8072 G[ROSJEAN] (P.): [*rev.* M. A. O'BRIEN, The Old Irish Life of St. Brigit, 1939 (Best² 1942)].
In AB 59, 1941, pp. 319-22.

8073 KNOTT (Eleanor): *in duus.*
In Ériu 14, 1946, (pt. 1, 1943), p. 146. (= Varia 2, no. 2)
>Adverbial accus., 'at first, to begin with'; *in dús* leg. for *indius* in Vita Br. §33.

8074 GROSJEAN (Paul): Une invocation des saintes Brigides.
In AB 61, 1943, pp.103-5. (Notes d'hagiographie celtique, no. 4)
>Mixed Latin and Irish, from MS B.M. Harley 585.

8075 LEHMACHER (Gustav): Die Göttin Brigit.
In Anthropos 46, 1951, pp. 268-74.

8076 QUIN (E. G.): *rondgab.*
In Hermathena 99, 1964, pp. 53-4. (Notes on Irish words, [no. 6])
>Vita Br. §4.4f, to be emended to *cindas rondgab ar ningen.*

Colum Cille

8077 GROSJEAN (Paul): La mort de S. Columba, celle de S. Donnán et le cycle pascal celtique.
In AB 63, 1945, pp. 119-22. (Notes d'hagiographie celtique, no. 12)

---

*sic, mea culpa.

8078 SZÖVÉRFFY (Joseph): The Well of the Holy Women: some St. Columba traditions in the west of Ireland.
In JAF 68, 1955, pp. 111-22.

8079 ——— : Manus O'DONNELL and Irish folk tradition.
In Éigse 8, 1956/57, pp. 108-32.

8080 Ó BEIRN (Pádraig): [rev. A. O'KELLEHER & G. SCHOEPPERLE, Betha Colaim Chille, 1918 (Best² 1956)].
In Donegal annual 4, (no. 1, 1958), pp. 45-54.

8081 COLMCILLE (An tAth. [Ó CONMHAIGH]): Deoraíocht Cholmcille.
In IMN 1958, pp. 25-32.

8082 GROSJEAN (Paul): Pour la date de fondation d'Iona et celle de la mort de S. Colum Cille.
In AB 78, 1960, pp. 381-90. (Notes d'hagiographie celtique, no. 49)

8083 HULL (Vernam): Amra Choluim Chille.
In ZCP 28, 1960/61, pp. 242-51.

8084 ANDERSON (Alan Orr) & ANDERSON (Marjorie Ogilvie) *eds.*: ADOMNAN's Life of Columba.
London [etc.]: Nelson, 1961. xxiv + 590 pp.
Reviews by

8085 BYRNE (F. J.), *in* Scriptorium 16, 1962, pp. 397-400.

8086 BINCHY (D. A.), *in* StH 3, 1963, pp. 193-5.

8087 Ó FIAICH (Tomás): Saint Colmcille in Ireland and Scotland.
In 512 [Irish monks], (no. 2), pp. 16-30.

8088 RYAN (John): St. Columba of Derry and Iona.
In Studies 52, 1963, pp. 37-51.

8089 MOULD (Daphne D. C. Pochin): Naomh Colmcille.
In IER 99, 1963, pp. 381-91.

8090 SZÖVERFFY (J.): The *Altus prosator* and the discovery of America.
In IER 100, 1963, pp. 115-8.

8091 ANDERSON (Marjorie O.): Columba and other Irish saints in Scotland.
In HSt 5, 1965, pp. 26-36.

8092 BYRNE (Francis J.): The Ireland of St. Columba.
In id., pp. 37-58.

8093 Ó CUÍV (Brian) *ed.*: A Colam Cille dialogue.
In Éigse 12, 1967/68, pp. 165-72.
M.I. poem, *Mo-chean duit, a Colaim caidh*. Diplom. ed. from BUíM; variants and 3 add. qq. from B.M. Add. 19995; Engl. transl., notes. Relationship to BCC.

Finnian of Clonard

8094 GROSJEAN (Paul): Mention de S. Finnián de Clúain Iraird dans un martyrologe visigotique du début du IXe siècle.
In AB 72, 1954, pp. 347-52. (Notes d'hagiographie celtique, no. 24)

8095 HUGHES (Kathleen): The historical value of the Lives of St. Finnian of Clonard.
In EHR 69, 1954, pp. 353-72.

8096 ——— : The cult of St Finnian of Clonard from the eighth to the eleventh century.
In IHS 9, 1954/55 (1955), pp. 13-27.

8097 ——— : The offices of S. Finnian of Clonard and S. Cianan of Duleek.
In AB 73, 1955, pp. 342-72; 75, 1957, pp. 337-9.

Ciarán of Clonmacnoise

8098 GROSJEAN (Paul) *ed.*: Un miracle posthume de S. Cíarán de Clúain en faveur du roi Diarmait mac Cerrbéoil.
In AB 69, 1951, pp. 96-102. (Notes d'hagiographie celtique, no. 17)
From MS Brussels 5057-9; with Fr. transl. & notes.
Foundation of the service of Clann Colmáin and Síl Aeda Sláine to Clonmacnoise.

8099 ——— *ed.*: Élégie de S. Cíarán de Clúain Moccu Nois.
In id., pp. 102-6. (id., no. 18)
First line: *An frim, a Ri richidh ráin* (8 qq.), with prose preface. From MS Brussels 5057-9, with Fr. transl. & notes.

8100 MAC DONNACHA (Frederic): Beathaí Chiarán Chluain Mhac Nóis, a gcoibhneas dá chéile agus a mbunús.
In CS 1, 1951, (no. 2, 1952), pp. 219-27, (no. 3, 1953), pp. 367-77; 2, 1955, pp. 80-90.

Finnbarr

8101 MACCARTHY (Charles J. F.): Saint Finnbarr of Cork.
In JCHAS 48, 1943, pp. 1-4.

8102 Ó FOGHLUDHA (Risteárd): Footprints of Finbar.
In IER 74, 1950, pp. 242-50.

8103 GROSJEAN (Paul) *ed.*: Les Vies de S. Finnbarr de Cork, de S. Finnbarr d'Écosse, et de S. Mac Cuilinn de Lusk.
In AB 69, 1951, pp. 324-47.
Three offices relating to St. Finnbarr: 1. *Vita S. Fynbarri alias Barri* (Cork); 2. *Sancti Fymbarri pontificis qui in Cathania magno cum honore habetur* (Aberdeen); 3. *Vita S. Maculini* (Lusk).
Engl. summary of conclusions in JCHAS 58, 1953, pp. 47-54.

8104 Ó BUACHALLA (Liam): The homeplace of St. Finbarr.
In JCHAS 68, 1963, pp. 104-6.

K 2.4 Mariology

8105 DONAHUE (Charles) *ed.*: The Testament of Mary. The Gaelic version of the *Dormitio Mariae*, together with an Irish Latin version.
N.Y.: Fordham U.P., 1942. viii + 70 pp. (= Fordham University studies: Language series, no. 1)
Timna Muire, based on MS Laud Misc. 610, with Engl. transl. and notes.

Review by
8106 MOONEY (Canice), *in* IER 61, 1943, p. 143.
8107 GROSJEAN (Paul): La prétendue fête de la Conception de la Sainte Vierge dans les Églises celtiques.
In AB 61, 1943, pp. 91-5. (Notes d'hagiographie celtique, no. 1)
8108 HENNIG (John): The feast of the Assumption in the early Irish Church.
In IER 76, 1951, pp. 97-104.
8109 ——— : The feasts of the Blessed Virgin in the ancient Irish Church.
In IER 81, 1954, pp. 161-71.
8110 MAC NIOCAILL (Gearóid) *ed.*: De disposicione corporis Mariae.
In Éigse 8, 1956/57, (pt. 1, 1955), pp. 70-3, 137 [add.].
Ir. transl. of some Lat. text by EPIPHANIUS EASPAG (unident.), from MS R.I.A. 24 P 25 (1513/14); (Add.:) being a section of *Betha Muire*, in MSS R.I.A. 23 B 3, etc.
8111 GWYNN (A.): Notre Dame, reine d'Irlande.
In Maria: études sur la sainte Vierge. Ed. H. du Manoir. Paris, 1956. vol. 4, pp. 579-90.
8112 SZÖVÉRFFY (József): 'Luan an tSléibhe' agus traidisiún na meán-aoiseanna.
In 443 [Coláiste Uladh, 1906-56], pp. 76-80.
8113 REDEMPTA LE MUIRE (*An tSr.*): 'Grian na maighdean Máthair Dé.' Stuidéar diaga ar Mhuire i saothar na mbard (1200-1650 A.D.).
In IMN 1958, pp. 63-8.
8114 CARNEY (James) *ed.*: Two Old Irish poems.
In Ériu 18, 1958, pp. 1-43.
2. On the Virgin Mary: *Maire máthair in maic bic.*
Ca. 700. From MS N.L. G 50; diplom. & reconstr. texts, Engl. transl., notes.
Republ. in 5539 [Blathmac], pp. 89-111.
8115 GREENE (David) *ed.*: Ná léig mo mhealladh, a Mhuire.
In SGS 9, 1962, pp. 105-15.
By MAOL DOMHNAIGH mac Mhaghnuis Mhuiligh. Reconstr. from BDL (v. Quiggin, p. 20); with Engl. transl.
Also ed. of late M.I. exemplum, related to qq. 11-21, from MS Brussels 20978-9: *Araile óglách ro baí i cathraigh sainredhaigh* ...; with Engl. transl.
8116 GOOD (James): The mariology of the early Irish Church.
In IER 100, 1963, pp. 73-9.
8117 ——— : The mariology of the BLATHMAC poems.
In IER 104, 1965, pp. 1-7.
8118 Ó CUÍV (Brian) *ed.*: Saltair Mhuire.
In Éigse 11, 1964/66, (pt. 2, 1965), p. 116.
A revelation by the Virgin Mary of the method of saying the *S.M.*; from MS B.M. Eg. 93.

K 3 OTHER RELIGIOUS LITERATURE

K 3.1 Liturgical, Devotional
cf. K 2.1.1 Calendars, Martyrologies

8119 MOONEY (Canice): Devotional writings of the Irish Franciscans, 1224-1950.
Killiney: Four Masters' Press, 1952. 69 pp.

8120 MCROBERTS (David) comp.: Catalogue of Scottish medieval liturgical books and fragments.
Glasgow: J. S. Burns, 1953. 28 pp.

8121 GAMBER (Klaus) comp.: Codices liturgici latini antiquiores.
Freiburg (Schweiz): Universitätsverlag, 1963. xvi + 334 pp. (= Spicilegii Friburgensis subsidia, vol. 1)
pp. 12-24: Libri liturgici celtici.

8122 MHAC AN TSAOI (Máire *Mhic an tSaoi*) ed.: Briartha is ionrāidhte ar ndul asteach don tsēipēal.
In Éigse 3, 1941/42 (1943), (pt. 3, 1942), pp. 203-4.
Go mbeanuighthear dhuit a mhic an athar neamhdha, based on MS R.I.A. 23 K 9 (in 23 O 51 ascr. to Pádruig Ó CONCHUBHAIR).

8123 POWER (P. *Canon*): The Mass in the early Irish Church.
In IER 60, 1942, pp. 197-206.

8124 Ó FLOINN (Donnchadh) ed.: Oideas do lucht comaoineach i ndóiseas Chaisil, 1813.
In IMN 1946, pp. 47-54.
Modernized from Statuta synodalia pro unitis dioecesibus Cassel. et Imelac. ..., vol. 2, 1813, pp. 247-83 [Bradshaw 2537].

8125 HENNIG (John): The liturgical and financial year.
In IER 70, 1948, pp. 332-46.

8126 ———— : Studies in the liturgy of the early Irish Church.
In IER 75, 1951, pp. 318-33.

8127 Ó CUÍV (Brian) ed.: An Irish tract on the stations of the cross.
In Celtica 2, 1954, (pt. 1, 1952), pp. 1-29.
From MS R.I.A. 23 O 35 (1772); with notes and ling. analysis (Athlone).

8128 HAWKES (William) ed.: Irish form of preparation for Sunday mass in the eighteenth century.
In RepN 1, (no. 1, 1955), pp. 183-92. pl.
Ir. transl., by Charles O'CONOR, of an Engl. text by John CARPENTER; v. Ordo administrandi sacramenta ..., Dublin: Wogan, 1785.

8129 HENNIG (John): The place of the Fathers in early Irish devotional literature.
In IER 84, 1955, pp. 226-34.
Vernacular ecclesiastical terminology.

8130 MAC NIOCAILL (Gearóid) ed.: Disiecta membra.
In Éigse 8, 1956/57, (pt. 1, 1955), pp. 74-7, 282 [corr.].
Three 15th c. renderings from Latin: 1. from LF, cf. RAYMUNDUS DE PENNAFORTI, Summa (Paris 1720) III iv 3; 2. Ceithre buadha déag an

Aifrinn, 2 versions from LF and R.I.A. 24 P 25 respect.; 3. Adhmaid na croisse, 2 versions from LF and B.M. Add. 30512 respect.

8131 Ó Raghallaigh (Pádraig): Aifreannóir Stowe.
In IMN 1957, pp. 59-62.
On the 'Stowe missal' (R.I.A. D ii 3).

8132 Ó Súilleabháin (Pádraig): Aistriúchán ar an Leabhar Aifrinn.
In id., pp. 75-8.
Ed. of the preface (on the situation of the Irish lg.) by Tomás Ó Hiceadha (Co. Tipperary) to his 1824 transl. of the Roman missal, [from autogr. MS Franc A 38].

8133 Mac Niocaill (Gearóid) *ed.*: Na hAointe Órga.
In Éigse 9, 1958/61, (pt. 1), pp. 32-3.
On the Golden Fridays, in prose and verse; 1st line: *Céd Aíne an Marta male*; from MS 24 P 25 (f. 38v).

8134 Hennig (John): Sacramentaries of the old Irish Church.
In IER 96, 1961, pp. 23-8.

8135 Ryan (John): The Mass in the early Irish Church.
In Studies 50, 1961, pp. 371-84.

8136 Ó C[uív] (B.) *ed.*: Gnéithe na haithrighe.
In Éigse 9, 1958/61, (pt. 4), p. 222.
From MS Brussels 20978-9, normalized towards Cl.Ir.

8137 Ryan (John): The sacraments in the early Irish Church.
In Studies 51, 1962, pp. 508-20.

8138 Ó Cuív (Brian) *ed.*: Some early devotional verse in Irish.
In Ériu 19, 1962, pp. 1-24.
6 poems from MS Brussels 20978-9; Engl. transls., notes (incl. linguistic dating considerations).
1. *A Coimde na n-uile*; 2. *Dera damh, a Coimde, / do dicur me cionadh*; 3. *An aeine i tamait aniú*; 4. *Rob toisecha ar mbás*; 5. *It ucht, a Ísa inmain*; 6. *A Muire mo bennacht ort*.

8139 Ó Conghaile (Seán S.) *ed.*: Rí na n-uile. Lirící diaga a cumadh idir an 9ú agus an 12ú céad.
Maille le leagan Nua-Ghaeilge a chum [With Mod.I. trsls. by] Seán Ó Ríordáin.
B.Á.C.: Sáirséal & Dill, 1964. 89 pp.
15 E.Ir. poems. critically edited.

8140 Carney (James) *ed.*: The poems of Blathmac son of Cú Brettan, together with The Irish gospel of Thomas, and A poem on the Virgin Mary.
Dublin: E.C.I., 1964. xxxix + 170 pp. (= I.T.S., vol. 47)
Tair cucum, a Maire boíd, by Blathmac mac Con Bretan. From MS N.L. G 50; diplom. & reconstr. texts, Engl. transl., notes; linguistic analysis. Abbr.: Blathmac

8141 Ó Cuív (Brian) *ed.*: Three Irish poems.
In Studies 53, 1964, pp. 159-63.
Early devotional poems from MS Brussels 20978-9: (1) *A Choimde na n-uile*, (2) *It ucht, a Ísa inmain*, (3) *Rop taísecha ar mbás*. Text normalized (cf. Ériu 19, 1962), Engl. transl.

8142 Breathnach (Críostóir): Liotúirge na hÉireann.
In IMN 1964, pp. 31-9.

8143 HENNIG (John): Old Ireland and her liturgy.
In 514 [Old Ireland], pp. 60-89.

8144 ———: Ireland's contribution to the devotion to Old Testament saints.
In IER 104, 1965, pp. 333-48.

8145 ———: The place of St. John the evangelist in the liturgy.
In IER 105, 1966, pp. 110-23.

8146 ———: *Berakah* and *beannacht*.
In IER 106, 1966, pp. 1-11.

8147 BYRNE (Francis John): The Stowe missal.
In 520 [Great books], (no. 4), pp. 38-50.

8148 McLOUGHLIN (Eleanor): O.E. *Exodus* and the Antiphonary of Bangor.
In NphM 70, 1969, pp. 658-67.

8149 Ó SÚILLEABHÁIN (Pádraig): Lámhscríbhinn Uí Mhurchú 59.
In Éigse 14, 1971/72, pp. 124-5. (Varia, no. 6)
Part 1 of MS Mayn. M 59 (v. Cat. Mayn. iii 28) is a transl. of Robert BOWES (*al*. LANE), Practical reflections for every day in the year, ... (London, c. 1720).

Scáthán shacramuinte na haithridhe

8150 Ó MAONAIGH (Cainneach) *ed*.:
Scáthán shacramuinte na haithridhe. [By] Aodh MAC AINGIL a chum.
B.Á.C.: I.ÁB., 1952. xlvii + 257 pp. pls. (= SGBM, iml. 1)
From the printed text (Louvain 1618); based on the copy in the Franciscan House of Studies, Killiney. Linguistic analysis, dialectal features (Co. Down); typographical analysis; vocabulary.
Reviews [in Irish] *by*

8151 Ó G[IBEALLÁIN] (C.), *in* CS 1, 1951, (no. 3, 1953), pp. 447-51.

8152 Ó FLOINN (D.), *in* SAM 1, no. 1, 1954, pp. 196-8.
Review by

8153 B[REATNACH] (R. B.), *in* Éigse 7, 1953/55, (pt. 3, 1954), pp. 212-5.

8154 Ó SÚILLEABHÁIN (Pádraig): *leithdhearbh*.
In Éigse 12, 1967/68, p. 266. (Varia, no. 8)
'uncertainty, semiplena probatio', in Aodh MAC AINGIL, *Scáthán shacramuinte na haithridhe* (8150) 3257.

Eochairsgiath an aifrinn (Keating)

8155 Ó FIANNACHTA (Pádraig) *ed*.: Áiteanna sa Bhíobla aistrithe ag Seán Ó MAOLCHONAIRE.
In IER 97, 1962, pp. 382-8.
Biblical passages, as transl. and added by S. Ó M., in his MS N.L. G 49, to *Eochairsgiath an aifrinn*.

8156 ———: Seán mhac Torna Í MHAOILCHONAIRE agus *Eochairsgiath an aifrinn*.
In Éigse 10, 1961/63, (pt. 3, 1962/63), pp. 198-207.

K CHRISTIANITY

Editorial interference by S. Ó M. in (the oldest) MS N.L. G 49 (1657) of KEATING's work.

8157 ———— : Scéalta ón *Magnum speculum exemplorum.*
In IER 99, 1963, pp. 177-84.
3 exempla, as transl. by Seán Ó MAOLCHONAIRE; from his MS of *Eochairsgiath an aifrinn,* N.L. G 49.

John Carswell

8158 MATHESON (Angus): Bishop CARSWELL.
In TGSI 42, 1953/59 (1965), pp. 182-205.
Paper read 24 Feb. 1956; publ. posthum.

8159 THOMSON (R. L.) *ed.*: Foirm na n-urrnuidheadh. John CARSWELL's Gaelic translation of the Book of common order.
In part from materials collected by the late Angus MATHESON.
Edinburgh: (for S.G.T.S.) Oliver & Boyd, 1970. xc + 243 pp. (= Scottish Gaelic texts, vol. 11)
From the original printed edition, Edinburgh 1567 (Best[1] 244); with linguistic analysis, notes, glossary, and (App. 1) Engl. transl. of non-translated parts.

K 3.1.1   **Hymns, Prayers**
cf. I 3.2   Invocations

8160 FLEISCHMANN (Aloys): References to chant in early Irish MSS.
In 437 [Fs. Torna], pp. 43-9.

8161 BRADY (John): The prayers before mass on sundays and holidays in Ireland.
In IER 69, 1947, pp. 657-67.

8162 BIELER (Ludwig): The Irish Book of hymns: a palaeographical study.
In Scriptorium 2, 1948, pp. 177-94. pls.
MSS T.C.D. E 4 2 and Franc. A 2.

8163 MACNEILL (Máire): The legends of the false god's daughter.
In JRSAI 79, 1949, pp. 100-9.
Marbhna Phádraig (Marbhna Áine, M. Anna) and *Altram tige dá medar.*

8164 Ó TUATHAIL (Éamonn) *ed.*:
Druididh anuas leis na véarsaí subháilceach. By Éamonn MHAC CUBHAIDH.
In An tUltach 27, uimh. 1, Eanar 1951, p. 2; uimh. 3, Márta, p. 8; uimh. 4, Aibreán/Bealtaine, p. 4. (Dánta de chuid Uladh, 11, 13, 14. An Rosary ina véarsaí)
From MS Armagh, Ó Domhnalláin 13.

8165 BOLTON (Charles A.): St. Patrick's 'Breastplate'. A new interpretation.
In IER 75, 1951, pp. 226-31.

8166 BIELER (Ludwig) *tr.*: The works of St. PATRICK. St. SECUNDINUS, Hymn on St. Patrick.
Westminster (Md.): Newman Press; London: Longmans,

Green & Co., 1953. v + 121 pp. (= Ancient Christian writers, no. 17)
: App.: The *Lorica*. — With introds., notes & index.

8167 FLOWER (Robin): Irish high crosses.
: *In* JWCI 17, 1954, pp. 87-97.
: Lecture at the Warburg Institute, 1935, entitled 'The *commendatio animae* prayer on Irish crosses'.

8168 MURPHY (Gerard) *ed.*:
: *Cros Chríst tarsin ngnúisse.* Ascr. to MUGRÓN.
: *In* 5520 [EILyr.], (14. Christ's cross), pp. 32-5.
: From MSS Laud 615 and R.I.A. 23 G 4. A *lorica* type of prayer.

8169 ——— *ed.*:
: *A Choimdiu, nom-choimét.* By Máel Ísu [ÚA BROLCHÁN].
: *In* id., (24. Lord, guard me), pp. 54-9.
: From MS B.M. Add. 30512. A *lorica* type of prayer.

8170 DE HINDEBERG (Piaras): Paidreacha na ndaoine.
: *In* IMN 1956, pp. 35-41.

8171 MAC NIOCAILL (Gearóid) *ed.*: Tionntó ar an *Adoro devoto*.
: *In* Éigse 8, 1956/57, pp. 135-7.
: From LF; with a Latin text.

8172 Ó MÓRDHA (Séamus P.): Mathew KENNEDY of The Spiritual rose.
: *In* ClRec 2, (no. 2, 1958), pp. 263-4. (Miscellanea, no. 1)
: Printed in Monaghan in 1800 ([2]1819, [3]1825 [v. Best[1] 245], [4]1835); the Ir. translator, M.K., was a native of Co. Louth.

8173 Ó CONLUAIN (Proinsias): Lúireach Phádraig.
: *In* Feasta 10, uimh. 12, Márta 1958, pp. 3-5.
: Incl. a Mod.I. transl.

8174 HUGHES (Kathleen): On an Irish litany of pilgrim saints compiled c. 800.
: *In* AB 77, 1959, pp. 305-31.
: Beg.: *Trí choicait curach di ailithrib Roman* ...; v. Ch. Plummer, Irish litanies, 1925 (Best[2] 1875): (no. 8), pp. 60-7.

8175 MAC NIOCAILL (Gearóid) *ed.*: Gluais na Paidre.
: *In* Éigse 9, 1958/61, (pt. 3, 1959/69), pp. 153-8.
: Commentary on the 'Pater noster' (poss. a transl. from Latin), from LF. Also a shorter commentary from MS B.M. Eg. 136.

Review [in Irish] *by*

8176 MAC EOIN (Gearóid S.), *in* StH 1, 1961, p. 262.

8176a O LOCHLAINN (Colm) *tr.*: Lúireach Phádraic. St. Patrick's breastplate.
: *In* Studies 50, 1961, pp. 1-4.

8177 Ó CEANNABHÁIN (Colm) *ed.*: Hymnus de tribus regibus.
: *In* IMN 1961, pp. 45-6.
: *Triúr rí tháinig go teach nDé*; based on MS T.C.D. H 3 19.

8178 O LOCHLAINN (Colm) *ed.*: An Irish version of the prayers of Saint NIERSES of Clai.
: *In* IER 95, 1961, pp. 361-71.
: 24 prayers, from the twenty-four-language edition of Preces S. Niersis Claiensis (Venice 1823), with the Engl. version. N.W. Connacht dialectal features.

8179 THOMSON (R. L.) ed.: *Ar n-Athair-ne atá ar neamh*.
In 8321 [Adtimchiol an chreidimh], (App. 1: C. An Phaidear), pp. 220-1 (cf. xlvi).
Derives from CARSWELL's *Foirm na n-urrnuidheadh* (ed. R. L. Thomson, 1970, pp. 111-2). A reconstructed text.

8180 MAC EOIN (Gearóid S.): Invocation of the forces of nature in the loricae.
In StH 2, 1962, pp. 212-7.

8181 ——— : Some Icelandic *loricae*.
In StH 3, 1963, pp. 143-54.

8182 GODEL (Willibrord): Irisches Beten im frühen Mittelalter. Eine liturgie- und frömmigkeitsgeschichtliche Untersuchung.
In Zeitschrift für katholische Theologie 85, 1963, pp. 261-321, 389-439.

8183 Ó CUÍV (Brian) *ed.*: Saltair Mhuire.
In Éigse 11, 1964/66, (pt. 2, 1965), p. 116.
A revelation by the Virgin Mary of the method of saying the *S.M.*; from MS B.M. Eg. 93.

8184 Ó SÚILLEABHÁIN (Pádraig): Leabhair urnaithe an ochtú haois déag.
In IER 103, 1965, pp. 299-302.
Prayer-books (mainly English) used in the 18th c.

8185 BINCHY (D. A.): *atomriug*.
In Ériu 20, 1966, pp. 232-4. (= Varia 3, no. 3)
'I bind (gird) myself', from *ad-rig*, in the Lorica of Patrick.

8186 ——— : The date of the so-called 'Hymn of Patrick'.
In id., pp. 234-7. (= id., no. 4)
1st h. 8th c.

8187 GUYONVARC'H (Christian-J.) *tr.*: Meulgan Padraig.
In Ogam 18, 1966, pp. 165-7.
Breton transl. of 'Patrick's hymn', with text from Thes. ii 354ff.

8188 ——— *tr.*: Meulgan Fiacc.
In id., pp. 409-12.
Breton transl. of 'Fiacc's hymn', with text from Thes. ii 307ff.

8189 HUGHES (Kathleen): Some aspects of Irish influence on early English private prayer.
In StC 5, 1970, pp. 48-61.

8190 CAMPANILE (Enrico): Note al *Liber hymnorum*.
In SSL 10, 1970, pp. 14-21.
1. Sui vv. 6 e 7 dell' Inno a Patrizio ['NINÍNE's prayer', Thes. ii 322]; 2. Sul v. 55 del' Inno di Patrizio [ibid. 357]; 3. Sul v. 49 ...[*Tocuiriur* ...].

K 3.2 **Biblical, Intellectual**

8191 CORDOLIANI (A.): Le texte de la Bible en Irlande du Ve au IXe siècle. Étude sur les manuscrits.
In La Revue biblique 57, 1950, pp. 5-39.

8192 BISCHOFF (Bernhard): Wendepunkte in der Geschichte der lateinischen Exegese im Frühmittelalter.
In Sacris eruditi 6, 1954, pp. 189-281.
Republ. in 454 [M.a. Studien], vol. 1, pp. 205-73.

K CHRISTIANITY

8193   GROSJEAN (Paul): Sur quelques exégètes irlandais du VIIe siècle.
        In Sacris erudiri 7, 1955, pp. 67-98.
        As mentioned in MS Carlsruhe Augiensis 233 (v. ACL iii 266f) which is to
        be linked to *De mirabilibus sacrae Scripturae.*

8194   Ó CUÍV (Brian) *ed.*: The penitential psalms in Irish verse.
        In Éigse 8, 1956/57, (pt. 1, 1955), pp. 43-69.
        Prob. 17th c.; based on MS R.I.A. 23 I 40 (? c.1700, Midland origin);
        linguistic analysis (dialectal spelling features). 7 psalms (Vulgata, nos. 6, 31,
        37, 50, 101, 129, 142): 1. *A Rífhlaith nā hagair mé*; 2. *Beannaighthe an lucht ōa
        lochta*; 3. *Ad chuthach nā smachtaidh mē*; 4. *Dēn trōcaire orm, a Dhia*; 5. *Éist
        mh'oráit, a Thriath na Ríogh*; 6. *Ō āitibh doimhni bhéic mé*; 7. *A Thighearna,
        ēist rém ghuidhe.* With a Latin text (from the Roman breviary).

8195   BIELER (L.): Hibernian Latin and patristics.
        In StPat 1, 1957, pp. 182-7. (*in* Texte u. Unters., Bd. 63)

8196   MADDISON (R. E. W.): Robert BOYLE and the Irish Bible.
        In Bulletin of the John Rylands Library 41, 1958, pp. 81-101.
        pls.

8197   MCNALLY (Robert E.): The *tres linguae sacrae* in early Irish Bible
        exegesis.
        In Theological studies 19, 1958, pp. 395-403.

8198   ───── : The Bible in the early Middle Ages.
        Westminster (Md.): Newman Press, 1959. v + 121 pp. (=
        Woodstock papers: occasional essays for theology, no. 4)
        With a complete bibliogr. of The Bible commentaries of the early Middle
        Ages.

8199   MURPHY (Gerard): Eleventh or twelfth-century Irish doctrine
        concerning the Real Presence.
        In 450 [Fs. Gwynn], pp. 19-28.
        Engl. transl. and dating consideration of *A duine nach creit iar cóir*, by
        Echtgus ÚA CÚANÁIN (v. Best² 1357).

8200   MAC NIOCAILL (Gearóid) *ed.*: Sdair na Lumbardach.
        In StH 1, 1961, pp. 89-118.
        Prob. 15th c. transl. of a chapter ('De S. Pelagio papa') of JACOBUS A
        VORAGINE. Legenda aurea. From BLism.

8201   Ó FIANNACHTA (Pádraig) *ed.*: Áiteanna sa Bhíobla aistrithe ag Seán
        Ó MAOLCHONAIRE.
        In IER 97, 1962, pp. 382-8.
        Biblical passages, as transl. and added by S. Ó M., in his MS N.L. G 49, to
        Eochairsgiath an aifrinn.

8202   O'SULLIVAN (Anne) *ed.*: Leabhair an Bhíobla. Mnemonic verses
        on the canonical order of the books of the Bible.
        In An Sagart 7, 1964, uimh. 3/4, pp. 34-5. pl. (MS facs.)
        M.I. *Canon da wiarfigta air*, from MS Sion College, Arc.L. 40 2/L. 4
        (13th c.), in semi-phonetic spelling. Also a single quatrain, *Sé lá trí fichid tri
        ched.* With Engl. transls.

8203   QUIN (Cosslett) *ed.*: A specimen of Kilkenny Irish.
        In Éigse 11, 1964/66, (pt. 2, 1965), pp. 107-11.
        Three specimens of transls. by Lucas SMYTH. made between 1707 and 1721,
        at Damnagh (Co. Kilkenny): ... 3. Epist. Pauli ad Corinthios I Cap. 13.
        From MS B.M. Eg. 167.

8204 MACKENZIE DONN (Thomas): The Scots Gaelic Bible and its historical background.
In TGSI 43, 1960/63 (1966), pp. 335-56.
Read 1 Nov. 1963.

8205 CARNEY (James) ed.: *Xp̄s dub dhonn a fholt ...*
In 4790 [Ó Cianáin misc.], (1. Prose texts, no. 4), pp. 134-6.
On the personal appearance of Christ and his apostles. With parallel text from BB.

8206 MCNALLY (Robert E.): The imagination and early Irish biblical exegesis.
In Annuale medievale 10, 1969, pp. 5-27.

Saltair na rann

8207 KNOTT (Eleanor) comp.: An index to the proper names in *Saltair na rann*.
In Ériu 16, 1952, pp. 99-122.

8208 HEIST (William W.): The Fifteen signs before Doomsday.
East Lansing: Michigan State College Press, 1952. vii + 231 pp.
Incl. text & transl. of *Saltair na rann*, cantos 153-62.

8209 MURPHY (Gerard) ed.:
Isam aithrech (febda fecht). By ÓENGUS CÉILE DÉ.
In 5520 [EILyr.], (16. Prayer for forgiveness), pp. 36-9.
Ca. 987. From MS Rawl. B 502 (cf. SR, duan 151).

8210 DILLON (Myles) ed.: Scél *Saltrach na rann*.
In Celtica 4, 1958, pp. 1-43.
Text from BUíM; with Engl. transl. Affiliation of the 6 prose versions.

8211 MAC EOIN (Gearóid S.): The date and authorship of *Saltair na rann*.
In ZCP 28, 1960/61, pp. 51-67.
SR was written by AIRBERTACH MAC COSSE in the year 988.

8212 GREENE (David): The religious epic.
In 515 [Early Ir. poetry], pp. 73-84.
Espec. on *Féilire Oengusso* and *Saltair na rann*.

8213 MAC EOIN (Gearóid S.) ed.: A poem by AIRBERTACH MAC COSSE.
In Ériu 20, 1966, pp. 112-39.
Fichi ríg–cia rím as ferr?, from MS Rawl. B 502; Engl. transl. and notes. Its relationship to *Saltair na rann*.

8214 GREENE (David) & O'CONNOR (Frank) eds. & trs.: [Saltair na rann].
In 5542 [Golden treasury], (27. Paradise revised), pp. 115-22.
cf. SR 1717-60, 1777-1804, 1813-24, 1829-52.

Stair an Bhíobla

8215 Ó MUIRGHEASA (Máire Ní Mhuirgheasa) ed.: Stair an Bhíobla. Ó láimhsgríbhinn do sgríobh Uáitéar Ua Ceallaigh, tuairim na bliadhna MDCCXXVI.
B.Á.C.: O.S., 1941-45. 4 voll. (= LóL, imll. 4, 5, 8, 14)
Commentary of the Bible, imperfect, from MS R.I.A. E iii 3. Prob. by the scribe, Uáitéar UA CEALLAIGH (Co. Roscommon); some discussion of dialectal spellings.

Review [in Irish] *by*

8216   Ó F[IANNACHTA] (P.), *in* IER 70, 1948, pp. 573-4.
8217   Ó SÚILLEABHÁIN (Pádraig): Nóta ar *Stair an Bhíobla*.
       In Éigse 9, 1958/61, (pt. 4, 1960/61), pp. 236-42. (Varia, no. 2)
       Latin printed (1700) source material.
8218   ———— : Tuilleadh faoi *Stair an Bhíobla*.
       In Éigse 11, 1964/66, (pt. 1), pp. 51-6.
       French printed (1670) source material.

Bedell

8219   B[RADY] (J.): BEDELL's Old Testament.
       In IBL 28, 1941/42, p. 67.
8220   Ó CUINN (Cosslett) *ed.*:
       Scéalta as an *Apocrypha*. Muircheartach Ó CIONGA a d'aistrigh [transl.] don [for] Easpag BEDELL.
       Réamhrá [introd.] by Roibeard d'Uidheas MAC SIACAIS.
       B.Á.C.: O.S., 1971. 88 pp.
       3 stories, standardized, from MS Dublin, Marsh's Library Z 4.2.4; no. 1 with parallel diplomatic text.
       Réamhrá: (1) Beatha BHEDELL; (2) Aistriú an Bhíobla; (3) Foilsiú an Bhíobla.
       A note on Gaeilge an aistritheora.
8221   BREATNACH (Deasún): The best of the English. A short account of the life and work of William BEDELL, and the Irish version of the Old Testament for which he was responsible.
       B.Á.C.: Clódhanna Teo., 1971. iii + 24 pp.

K 3.3   Instructional, Apocryphal, Imaginative

8222   MACKECHNIE (John) *ed.*: Instructio pie vivendi et superna meditandi.
       London: Simpkin, Marshall, 1933 [spine: 1934]; [vol. 2:] Dublin: E.C.I., 1946 [spine: 1950]. 2 voll. (= ITS, vol. 29 [for 1927])
       From MS B.M. Add. 11809; with the 14th c. original Latin, and Engl. transl. and glossary.
8223   JACKSON (Kenneth): A note on the miracle of the instantaneous harvest.
       In BBCS 10, 1941, (pt. 3, 1940), pp. 203-7.
8224   UTLEY (Francis Lee): The one hundred and three names of Noah's wife.
       In Speculum 16, 1941, pp. 426-52.
8225   GROSJEAN (Paul): Le *Liber de gradibus caeli* attribué à S. GRÉGOIRE LE GRAND.
       In AB 61, 1943, pp. 99-103. (Notes d'hagiographie celtique, no. 3)
8226   BREATNACH (R. A.): [*rev.* T. F. O'RAHILLY, Desiderius, 1941 (Best[2] 2044)].
       In Éigse 4, 1943/44 (1945), (pt. 1), pp. 72-6.

8227 FAULKNER (Anselm): Desiderius.
In id., (pt. 3, 1944), pp. 228-9.
Collation of T. F. O'RAHILLY's 1941 edition (Best² 2044) with the original edition of 1616.

8228 Ó SÚILLEABHÁIN (Pádraig): Poinntí éagsamhla as *Spiritus Guidonis*.
In Éigse 5, 1945/47 (1948), (pt. 1), p. 63. (Miscellanea, no. 5)
[1] An fhuirm in *-ann* den aimsir láithreach ar lorg *má*; [2] *-aighthe, -aighe* san rannghabháil chaithte; [3] *Do* ar lár roimh an ainm briathardha.

8229 Ó CUÍV (Brian) *ed.*: A Modern Irish devotional tract.
In Celtica 1, 1950, pp. 207-37 [cf. p. 405]
Based on MS R.I.A. 23 L 19. Poss. by Flaithrí Ó MAOLCHONAIRE. Incl. a compendium of Christian Doctrine.

Review by
8230 FAULKNER (Anselm), *in* CS 1, 1951, (no. 2, 1952), pp. 292-3.

8231 Ó RAHILLY (T. F.): A tract ascribed to KEATING.
In Celtica 1, 1950, p. 332, 407. (Varia 2, no. 3)
The ascription of *Iomagallmha an anma agus an chuirp* to KEATING in MS R.I.A. 3 C 18 is to be dismissed.

8232 Ó CUÍV (Brian) *ed.*: The Seventeen wonders of the night of Christ's birth.
In Éigse 6, 1948/52, (pt. 2, 1950), pp. 116-26.
5 texts: (1) from LB (with variants); (2) from LF; (3) from R.I.A. 24 P 25; (4) late M.I. poem, from YBL (with variants), 1st line: *An n-aidchi geni Críst chain*; (5) another 'wonder', preserved independently in B.M. Eg. 92.

8233 WILLIAMS (J. E. Caerwyn) *ed.*: Irish translations of *Visio sancti Pauli*.
In id., pp. 127-34.
(1) from MS R.I.A. 24 P 25 (1513/14); (2) incomplete, from LF.

8234 HEIST (William W.): The Fifteen signs before Doomsday.
East Lansing: Michigan State College Press, 1952. vii + 231 pp.
Incl. text & transl. of *Saltair na rann*, cantos 153-62.

Review by
8235 D[ILLON] (M.), *in* Celtica 4, 1958, p. 297.

8236 Ó CUÍV (Brian): Irish translations of THOMAS À KEMPIS's *De imitatione Christi*.
In Celtica 2, 1954, pp. 252-74.
Incl. ed. of (1) the Ir. transl. of book i, chap. 23, in MS R.I.A. 23 A 8 (1745), closely related to the 1762 *Tóraidheacht na bhfíreun ar lorg Chríosta* (ed. D. Ua Tuathail, 1915; v. de Hae i 203); (2) tr. of book i, chaps. 1-6, in MS Mayn. M 39; (3) *Éirim beatha Thomáis à Ceimpis*, a short life of Thomas, preceding text (2) in the MS.

8237 O'RAHILLY (Cecile) *ed.*: Trompa na bhflaitheas.
Dublin: D.I.A.S., 1955. xxxi + 428 pp.
1755 transl., by Tadhg Ó CONAILL, of *La Trompette du ciel* (¹1661) by Antoine YVAN. Based on MS U.C.C. 131; stylistic (in introd.) and linguistic analyses (W. Cork dialectal features), notes, vocabulary.

Reviews by
8238 Ó S[EARCAIGH] (S.), *in* IER 84, 1955, pp. 211-4.
8239 MAC LOCHLAINN (A.), *in* Éigse 8, 1956/57, pp. 171-4.

8240 O'SULLIVAN (Patrick) [Ó SÚILLEABHÁIN (Pádraig)]: A note on the 'Dialogus animae et corporis'.
In CS 2, 1955, p. 79.
> A Latin version of *Agallamh idir an anam agus an corp* (Best² 1910) has been in print since at least the 3rd ed. (1607) of Thomas Sailly's Thesaurus litaniarum sacer, Brussels 1598.

8241 MAC NIOCAILL (Gearóid) *ed.*: Disiecta membra.
In Éigse 8, 1956/57, (pt. 1, 1955), pp. 74-7, 282 [corr.].
> Three 15th c. renderings from Latin: 1. from LF, cf. RAYMUNDUS DE PENNAFORTI. Summa (Paris 1720) III iv 3; 2. Ceithre buadha déag an Aifrinn, 2 versions from LF and R.I.A. 24 P 25 respect.; 3. Adhmaid na croisse, 2 versions from LF and B.M. Add. 30512 respect.

8242 GROSJEAN (Paul): Sur quelques exégètes irlandais du VIIe siècle.
In Sacris erudiri 7, 1955, pp. 67-98.
> As mentioned in MS Carlsruhe Augiensis 233 (v. ACL iii 266f) which is to be linked to *De mirabilibus sacrae Scripturae*.

8243 MAC NIOCAILL (Gearóid) *ed.*: Carta humani generis.
In Éigse 8, 1956/57, pp. 204-21.
> Ir. transl., between 1443 and 63, of M.Engl. poem, *Testamentum Christi* (also here printed); based on MS King's Inns 10.

8244 ——— *ed.*: Na Seacht neamha.
In id., pp. 239-41.
> From LF.

8245 ——— *ed.*: Blúire de *Breviloquium* N. BONAVENTÚRA.
In id., pp. 322-9.
> Ir. transl. of part iv 9; based on MS Rawl. B 513; with a Latin text.

8246 CARNEY (James) *ed.*: Two Old Irish poems.
In Ériu 18, 1958, pp. 1-43.
> 1. The Irish gospel of Thomas: *Imbu macán cóic bliadnae*.
> Ca. 700. From MS N.L. G 50; diplom. & reconstr. texts, Engl. transl., notes.

Republ. in 5539 [Blathmac], pp. 89-111.

8247 MCNALLY (Robert E.): The Bible in the early Middle Ages.
Westminster (Md.): Newman Press, 1959. v + 121 pp. (= Woodstock papers: occasional essays for theology, no. 4)
> With a complete bibliogr. of The Bible commentaries of the early Middle Ages.

8248 Ó CUÍV (Brian) *ed.*: Tréidhe sa Nua-Ghaeilge.
In Éigse 9, 1958/61, (pt. 3, 1959/60), p. 180.
> 7 triads, from MSS R.I.A. 24 P 25 and LF.

8249 MAC NIOCAILL (Gearóid) *ed.*: De cura rei familiaris.
In id., (pt. 4), pp. 255-61.
> Ir. transl. of the *Epistola de cura* ... (pseudo-Bernard, ¹1470), from MS T.C.D. H 4 22 (16th c.); with a Latin text.

8250 Ó C[UÍV] (B.) *ed.*: Cleamhna an diabhail.
In id., p. 261.
> On the marriages of the devil's daughters, from LF (prob. a.1437); close to a Latin text attr. to JACQUES DE VITRY.

8251 WILLIAMS (J. E. Caerwyn) *ed.*: An Irish Harrowing of hell.
In ÉtC 9, 1960/61, pp. 44-78.

Prob. from the 15th c. Engl. poem *The Deuelis perlament*. 3 texts: (1) from MS B.M. Add. 30512; (2) incomplete, from R.I.A. 24 P 25; (3) same excerpt as (2), incorpor. in *Meditationes vitae Christi* (in B.M. Eg. 137).

Review by

8252 Ó C[UÍV] (B.), *in* Éigse 10, 1961/63, (pt. 1), pp. 85-6.

8253 SKERRETT (R. A. Q.) *ed.*: Two Irish translations of the *Liber de passione Christi*.
In Celtica 6, 1963, pp. 82-117.
(1) from LF; (2) based on Laud 610. Printed en face with a Latin text. Discussion of Connacht spellings in LF.

8254 Ó MÓRDHA (Séamus P.). Údar *Tóruidheachi na bhfíreun air lorg Chríosda*.
In StH 3, 1963, pp. 155-72.
James PULLEIN(E) *al.* Séamas MAC PÓILIN.

8255 GROSJEAN (Paul): Un fragment des Coutumes de Tallaght et la Vision de Laisrén.
In AB 81, 1963, pp. 251-9. (Notes d'hagiographie celtique, no. 51)

8256 SKERRETT (R. A. Q.) *ed.*: Fiarfaidhi San Anselmuis.
In Celtica 7, 1966, pp. 163-87.
Prob. end 14th c. transl., ascr. to Seán UA CONCHOBAIR (✝1391), of *Dialogus beatae Mariae et S. Anselmi de passione*; based on LF. Discussion of spellings (Connacht features).

8257 ———— : Two Irish verbal systems of the fifteenth century.
In id., pp. 189-204.
Of 2 indep. transls. of the *Liber de passione Christi* (v. Celtica 6, 1963): (1) as in LF, (2) as in Laud 610. Further Connacht features in LF; discussion of the vn. ending *-achan*.

8258 MAC NIOCAILL (Gearóid) *ed.*: Dhá leagan de scéal Phíoláit.
In id., pp. 205-13.
Two Irish versions (1) 15th c., from MS R.I.A. 24 P 25, (2) 14th or 15th c., from Rawl. B 513 and based on *De passione Domini* in the *Legenda aurea* by JACOBUS A VORAGINE, also here printed.

8259 Ó SÚILLEABHÁIN (Pádraig): *intsechinnad*.
In Éigse 12, 1967/68, p. 266. (Varia, no. 7)
Vox nihili in DRIA. Leg. *in tsechráin náid*, in Instructio pie vivendi [Best[2] 2043] 114.6.

8260 MCNALLY (Robert E.): The imagination and early Irish biblical exegesis.
In Annuale medievale 10, 1969, pp. 5-27.

8261 CARNEY (Maura) *ed.*: The works of the sixth day.
In Ériu 21, 1969, pp. 148-66.
ca. 1000. *Gnímhradha in seseadh lai lain*. From MS N.L. G 3; with Engl. transl. and notes.

8262 FAULKNER (Anselm): Thomas MAGAURAN O.F.M. (C.1640-1715).
In Breifne 4, (no. 13, 1970), pp. 87-91.
Irish translator of *Sgáthán spioradálta*.

8263 Ó CUINN (Cosslett) *ed.*:
Scéalta as an *Apocrypha*. Muircheartach Ó CIONGA a d'aistrigh [transl.] don [for] Easpag BEDELL.

Réamhrá [introd.] by Roibeard d'Uidheas MAC SIACAIS.
B.Á.C.: O.S., 1971. 88 pp.
> 3 stories, standardized, from MS Dublin, Marsh's Library Z 4.2.4; no. 1 with parallel diplomatic text.
> Réamhrá: (1) Beatha BHEDELL; (2) Aistriú an Bhíobla; (3) Foilsiú an Bhíobla.
> A note on Gaeilge an aistritheora.

8264 MCNAMARA (Martin): Notes on the Irish Gospel of Thomas.
In ITQ 38, 1971, pp. 42-66.

Abgitir chrábaid

8265 HULL (Vernam): The date of *Aipgitir crábaid*.
In ZCP 25, 1956, (H. 1/2, 1955), pp. 88-90.
> Two ling. archaisms which make the authorship of COLMÁN MAC(CU) BÉOGNAE (†611) credible.

8266 ——— *ed.*: *Abgitir chrábaidh* : The Alphabet of piety.
In Celtica 8, 1968, pp. 44-89.
> Composite text compiled in 1st h. 8th c., incl. a nucleus by COLMÁN MACC(U) BÉOGNAE (§611). Based mainly on MS R.I.A. 3 B 23, normalized; Engl. transl., notes.

Review by

8267 Ó CONCHEANAINN (Tomás), *in* Éigse 13, 1969/70, p. 246.

An Tenga bithnua

8268 HULL (Vernam): *ro-tocad, -rodcad*.
In Lg 23, 1947, pp. 425-6. (Notes on some Early Irish verbal forms, no. 6)
> From *tocaid* 'destinies'; incl. emendation and transl. of The Evernew tongue, §39 (ed. Stokes, 1905).

8269 MAC ÉNRÍ (Úna *Nic Énrí*) & MAC NIOCAILL (Gearóid) *eds.*: The second recension of the Evernew tongue.
In Celtica 9, 1971, pp. 1-60.
> *An Tenga bithnua*, 12th c. apocalyptic text; based on YBL, Engl. transl. App.: ed. and Engl. transl. of a shorter derivative text, based on MS N.L. G 9.

Review by

8270 Ó CONCHEANAINN (Tomás), *in* Éigse 14, 1971/72, pp. 160-1.

Smaointe beatha Chríost

8271 Ó MAONAIGH (Cainneach) *ed.*: *Smaointe beatha Chríost* .i. innsint Ghaelge a chuir Tomás Gruamdha Ó BRUACHÁIN (fl.c. 1450) ar an *Meditationes vitae Christi*.
B.Á.C.: I.Á.B., 1944. xlvii + 400 pp. pl. (MS p.)
> Based on MS R.I.A. 23 B 3; with notes and vocabulary. App., in Engl., mainly on the Latin original.

Review by

8272 SHAW (Francis), *in* Éigse 5, 1945/47 (1948), (pt. 1), pp. 71-8.

Review [in Irish] by

8273 Ó F[LOINN] (D.), *in* IER 65, 1945, pp. 207-9.

8274 Ó Maonaigh (Cainneach): Smaointe beatha Chríost. Puintí gramadaighe is litrithe.
In Éigse 5, 1945/47 (1948), (pt. 3, 1946), pp. 208-20.

8275 Ó Cróinín (Áine *Ní Chróinín*) *ed.*: Beatha Chríost.
B.Á.C.: O.S., 1952. xxx + 195 pp. (= LóL, iml. 17)
> Poem, c. 1700 A.D., on the life and death of Christ, based mainly on *Smaointe beatha Chríost* and the Bible. First line: *Sé lá bhí Dia 'na bhriathraibh caoine*. Prob. by a Co. Clare poet. Based on MS Mayn. M 110. Introd. by Á. Ní Ch. & G. Ó M[urchadha]; some dialectal analysis.

8276 Ó Súilleabháin (Pádraig): Smaointe beatha Chríost.
In Celtica 9, 1971, pp. 210-1.
> Collation of certain passages with a printed Latin text closer to the Irish version (ed. C. Ó Maonaigh. 1944).

Letter of Prester John

8277 Greene (David) *ed.*: The Irish versions of the Letter of Prester John.
In Celtica 2, 1954, (pt. 1, 1952), pp. 117-45.
> (1) Transl., prob. 15th c., dep. on an uninterpolated Latin text (also printed here), from MS B.M. Eg. 1781; (2) Transl., prob. of 16th c., from an Engl. printed book, from MS Edinb. 41.

8278 Mac Niocaill (Gearóid) *ed.*: Fragment d'une version irlandaise de la Lettre du Prêtre Jean.
In ÉtC 8, 1958/59, pp. 417-9.
> Text of the lacuna in version 2 (as ed. by D. Greene, 1952); the missing folio of MS Edinb. 41 is now part of MS R.I.A. C iv 2. With the corresp. Engl. original.

Trí biorghaoithe an bháis (Keating)

8279 Matheson (Angus): A proposed emendation in *Táin bó Fraích*.
In Éigse 5, 1945/47 (1948), (pt. 3, 1946), p. 157.
> On TBFr 403f. Further on *(ó) néimh* [sic leg.] *an tsneachta*, TSh (Bergin) 9841.

8280 Mac Airt (Seán): *snechta na neimhe*; *snechta na mure*.
In Celtica 3, 1956, p. 262. (Lexicographical notes, no. 1)
> *sn. na mure* is a vox nihili; also vs. A. Matheson (*in* Éigse 5, 1946) reading *(ó) néimh* [leg. *néimh*] *an tsneachta*, TSh (Bergin) 9841.

8281 Matheson (Angus): The Three shafts of death, l. 9841: *neimh* or *nēimh*?
In Éigse 8, 1956/57, p. 259. (Miscellanea, [no. 1])
> vs S. Mac Airt (*in* Celtica 3, 1956).

8282 Ó Súilleabháin (Pádraig): Tacaíocht le *néimh*?
In Éigse 12, 1967/68, pp. 262-3. (Varia, no. 2)
> On *(ó) neimh* [leg. *néimh*] *an tsneachta*, TSh (Bergin) 9841.

8283 ———: Nótaí ar roinnt focal i d*Trí bior-ghaoithe an bháis*.
In Éigse 13, 1969/70, pp. 26-9.
> 1. *breis-díol*; 2. *deithbhireach*; 3. *fraochmhadra*; 4. *innliughadh*; 5. *míchinéal*; 6. *sólás*; 7. Focail eile.

Parrthas an anma

8284 WALL (Thomas) [DE BHÁL (Tomás)]: Doctrinal instruction in Irish: the work of Antony GEARNON, O.F.M.
In IER 63, 1944, pp. 319-28.
Parrthas an anma.

8285 Ó FACHTNA (Anselm) *ed.*:
Parrthas an anma. [By] Antoin GEARNON a chum.
B.Á.C.: I.Á.B., 1953. xxxviii + 251 pp. pls. (= SGBM, iml. 3)
From the 1645 Louvain ed. (Best[1] 247); analysis of the lg., notes, vocabulary.
Review [in Irish] *by*

8286 Ó M[URCHADHA] (G.), *in* Éigse 7, 1953/55, (pt. 4), pp. 292-4.

An tAithrigheach ríoghdha

8287 Ó SÚILLEABHÁIN (Pádraig): An tAithrigheach ríoghdha.
In FCA 1945/46, p. 96.
Ir. transl. prob. by I[oannes] N[aughton], i.e. Seán Ó NEACHTAIN.

8288 ———— *ed.*:
An tAithríoch ríoga. [By] Don ANTONIO, Prióir Chrato, a chum. Cill Iníon Léinín [Killiney, Co. Dublin]: Fáisceán na gCeithre Máistrí, 1952. ix + 67 pp.
Ir. transl. (also called *Psailm Dhon Antonio*), imperfect, of Don ANTONIO's *Psalmi confessionales* (pr. 1592), based on Francis CHAMBERLEYN's 1659 Engl. transl., The royal penitent: or, The psalmes of Don Antonio, king of Portugal (also here printed, en face).
From MS R.I.A. 23 A 33 (prob. 1706, William Linch); analysis of the lg. (incl. dialectal features), vocabulary.
Review [in Irish] *by*

8289 Ó CUÍV (Brian), *in* Feasta 5, uimh. 2, Feabhra 1953, pp. 19-20.

An Bheatha dhiadha

8290 Ó FACHTNA (Anselm) *ed.*: Toil Dé.
In Assisi 20, 1958, pp. 110, 137-8 [etc., 24 parts] – 22, 1960, p. 83.
Extracts from *An Bheatha dhiaga nó an tslí ríoga* (cf. 8292); spelling modernized.

8291 ———— : *An Bheatha chrábhaidh* agus *An Bheatha dhiaga*.
In Éigse 10, 1961/63, (pt. 2, 1962), pp. 89-95.

8292 ———— *ed.*: An Bheatha dhiadha nó an tslighe ríoghdha.
B.Á.C.: I.Á.B., 1967. xxx + 262 pp. (= SGBM, iml. 9)
Ir. transl. of prob. the 1642 (Westphaliae) Latin version, *Vita divina seu via regia ad perfectionem*, of Juan Eusebio NIEREMBERG. Vida divina ... (Madrid, 1633).
Based on MSS (lines 1-4136) Waterford 18, and (4136-8101) U.C.D. Ferriter 14. Linguistic analysis (mainly of W. 18, incl. Ulster dialectal features), notes, vocabulary.
Review by

8293 DE BÚRCA (Seán), *in* Lochlann 4, 1969, p. 335.
Review [in Irish] *by*

8294 Ó MADAGÁIN (Breandán), *in* Éigse 12, 1967/68, pp. 333-6.

Patrick Denn

8295 Ó hÉaluighthe (Diarmuid) *ed.*:
Stiúratheoir an pheacuig. By Pádraig Din.
Cló Ollscoile Chorcaighe [Cork U.P.], 1945. 104 pp.
> The three parts of Penance (*A pheacuig anacrach 'tá ad' Spaidire riamh air fán*), the ten Commandments, etc., in verse. First publ. 1824 (and Cork 1860).
> With notes on the language (Déise Irish), and glossary.

8296 MacLochlainn (A.): Patrick Denn.
In IBL 32, 1952/57, (no. 6, 1957), pp. 142-3.

K 3.3.1 Catechisms

8297 Wall (Thomas) [de Bhál (Tomás)]: The catechism in Irish: Bonaventure O'Hussey, O.F.M.
In IER 59, 1942, pp. 36-48.
> With brief excerpts, mostly from the opening sections of the principal parts of the *Teagasg críosdaidhe*, with English summaries of their contents.

8298 ———: Doctrinal instruction in Irish: the work of Theobald Stapleton.
In IER 62, 1943, pp. 101-12.

8299 Ó Fachtna (Anselm): Cúig teagaisg chríostaidhe de'n seachtmhadh aois déag: compráid.
In 431 [Measgra Uí Chléirigh], pp. 188-9.
> Giolla Brighde Ó hEoghusa. An Teagasg criosdaidhe, 1611; Theobald Stapleton. Catechismus, 1639; Antoin Gearnon. Parrthas an anma, 1645; John Dowley. Suim bhunadhasach an teagaisg chriosdaidhe, 1663; Froinsias Ó Maolmhuaidh. Lucerna fidelium, 1676. — A comparison.

8300 Wall (Thomas) [de Bhál (Tomás)]: Doctrinal instruction in Irish: the work of Antony Gearnon, O.F.M.
In IER 63, 1944, pp. 319-28.
> *Parrthas an anma.*

8301 The *Catechismus* of Theobald Stapleton.
Foreword by John F. O'Doherty.
Dublin: S.O., 1945. (= I.M.C.: Reflex facsimiles, 4)
> cf. Best[1] 246.

Reviews by

8302 M[urphy] (G.), *in* Studies 35, 1946, pp. 267-8.
8303 Wall (Thomas), *in* IHS 5, 1946/47 (1947), pp. 182-5.
Review [in Irish] *by*
8304 Ó F[loinn] (D.), *in* IER 67, 1946, p. 278.

8305 Ó Ceallaigh (Brian): An Dochtúir Ó Duinnshléibhe agus an mhídheamhain.
In IER 68, 1946, pp. 377-83.

8306 Ó Flaithbheartaigh (Proinnsias) *comp.*: Clár na gcaiticiosmaí Gaedhilge sa Leabharlann.
In IMN 1947, pp. 37-40.
> Printed and MS catechisms in St. Patrick's College, Maynooth.

8307 McPolin (Francis): An old Irish catechism from Oriel.
In IER 69, 1947, pp. 509-17.
> On James Pulleine's *An Teagasg criosdaidhe*, 1782 [Best[1] 246].

K CHRISTIANITY

8308 WALL (Thomas): Richard Archdekin's catechetical hour.
In IER 70, 1948, pp. 305-15.

8309 HENNIG (John): The first liturgical catechism in Ireland.
In IER 71, 1949, pp. 300-16.

8310 Ó CUÍV (Brian) *ed.*: Flaithrí Ó MAOLCHONAIRE'S Catechism of Christian doctrine.
In Celtica 1, 1950, pp. 161-206 [cf. p. 405].
> From MS R.I.A. 23 L 19. Transl. from Spanish by F. Ó M. in 1593. With ling. analysis and glossary.

Review by

8311 FAULKNER (Anselm), *in* CS 1, 1951, (no. 2, 1952), pp. 292-3.

8312 Ó CUÍV (Brian) *ed.*: A Modern Irish devotional tract.
In Celtica 1, 1950, pp. 207-37 [cf. p. 405].
> Based on MS R.I.A. 23 L 19. Poss. by Flaithrí Ó MAOLCHONAIRE. Incl. a compendium of Christian Doctrine.

8313 Ó SÚILLEABHÁIN (Pádraig) *ed.*: Rialachas San Froinsias.
B.Á.C.: I.Á.B., 1953. xxx + 134 pp. pls. (= SGBM, iml. 2)
> Three 17th c. Franciscan documents: (3) *Suim riaghlachas Phroinsiais*, an Irish summary of Christian doctrine and Franc. rule, from an early 17th c. pamphlet (pr. prob. in Louvain), copy in Marsh's Library Z 3.5.3.

8314 Ó FACHTNA (Anselm) *ed.*:
Parrthas an anma. [By] Antoin GEARNON a chum.
B.Á.C.: I.Á.B, 1953. xxxviii + 251 pp. pls. (= SGBM, iml. 3)
> From the 1645 Louvain ed. (Best[1] 247); analysis of the lg., notes, vocabulary.

8315 BRADY (John): The catechism in Ireland: a survey.
In IER 83, 1955, pp. 167-76.

8316 DE BHALDRAITHE (Tomás): Leabhar CHARSWELL in Éirinn.
In Éigse 9, 1958/61, (pt. 1), pp. 61-7.
> Most of the prayers in Seán Ó CEARNAIGH, Aibidil Gaoidheilge agus caiticiosma (1571), taken from CARSWELL, Foirm na n-urrnuidheadh ... (1567).

8317 Ó CEALLAIGH (Aibhistín): An teagasc críostaí in Éirinn, 1691-1800.
In Galvia 7, 1960, pp. 50-62.

8318 MAC RAGHNAILL (Fearghal): Teagasc críostaí Uí EOGHASA.
In Galvia 8, 1961, pp. 21-6.

8319 Ó SÚILLEABHÁIN (Pádraig) *ed.*: Agallamh na bhfíraon.
In Éigse 10, 1961/63, (pt. 1), pp. 26-34.
> Chaps. 17-18 of early 18th c. transls., by Conchubhar MAC CAIRTEÁIN, of a catechism in *Hortus pastorum* ... ([1]1626-27) by J. MARCHANT (? ident. with his *Catechismus novus* ..., a. 1650), from MS N.L. G 429; with the corresp. Latin from the *Hortus*.

8320 ——— *ed.*:
Lucerna fidelium. [By] Froinsias Ó MAOLMHUAIDH a chum.
B.Á.C.: I.Á.B., 1962. xxii + 197 pp. (= SGBM, iml. 5)
> From the 1676 Rome printing [v. Best[1] 246]. Notes, vocabulary; linguistic analysis (Co. Offaly dialectal features).

K CHRISTIANITY

8321 THOMSON (R. L.) *ed.*: Adtimchiol an chreidimh. The Gaelic version of John CALVIN's *Catechismus Ecclesiae Genevensis*. A facsimile reprint, including the prefixed poems and the Shorter catechism of 1659, with notes and glossary, and an introduction. Edinburgh: (for S.G.T.S.) Oliver & Boyd, 1962. xlviii + 256 pp. (= Scottish Gaelic texts, vol. 7)
> From the unique printed copy (c. 1630) in the N.L.S. Possibly by Neill MACEWEN. With linguistic analyses, and (App. 1) critical texts of the prefixed poems.

Reviews by

8322 Ó CUÍV (Brian), *in* Éigse 10, 1961/63, (no. 3, 1962/63), pp. 241-3.

8323 GREENE (David), *in* SGS 10, 1965, pp. 245-8.

8324 S[KERRETT] (R. A. Q.), *in* Celtica 7, 1966, pp. 260-1.

8325 Ó SÚILLEABHÁIN (Pádraig): Roinnt caiticeasmaí Gaeilge.
In Éigse 11, 1964/66, (pt. 2, 1965), pp. 113-5.
> On some Irish catechisms.

8326 MHÁG CRAITH (Cuthbert) *ed.*:
A fhir léghtha an leabhráin bhig. By Giolla Brighde Ó HEODHOSA.
In 5551 [Dán Br.M.], (12. An teagasg críosdaidhe i ndán), pp. 58-69.
> 67 qq.; text based on and extracted from *An Teagasg críosdaidhe* (Antwerp 1611).

8327 Ó SÚILLEABHÁIN (Pádraig): Fadhb don aistritheoir.
In Éigse 12, 1967/68, pp. 263-4. (Varia, no. 3)
> The transl. of 'To how many commandments may the ten commandments be reduced?' in Irish catechisms.

8328 ———: Silvester LÓID, O.F.M.
In id., pp. 264-5. (Varia, no. 4)
> On the Irish translator of The Doway catechism in English and Irish (1738).

8329 ———: *sogharthach.*
In id., p. 266. (Varia, no. 9)
> Omitt. from DRIA; leg. *f(h)ogharthach* in B. Ó HEODHASA, An Teagasg críosdaidhe (Rome 1707) 177.2.

8330 THOMSON (R. L.) *ed.*: Foirm na n-urrnuidheadh. John CARSWELL's Gaelic translation of the Book of common order.
In part from materials collected by the late Angus MATHESON. Edinburgh: (for S.G.T.S.) Oliver & Boyd, 1970. xc + 243 pp. (= Scottish Gaelic texts, vol. 11)
> From the original printed edition, Edinburgh 1567 (Best[1] 244); with linguistic analysis, notes, glossary, and (App. 1) Engl. transl. of non-trans. parts.

8331 QUIN (E. G.): The *f*-future in STAPLETON's *Catechismus*.
In Ériu 22, 1971, pp. 174-5. (= Varia I).

8332 THOMSON (R. L.): The language of the Shorter catechism (1659).
In SGS 12, 1976, (pt. 1, 1971), pp. 34-51.

8333 Ó SÚILLEABHÁIN (Pádraig): *maidir le.*
In Éigse 14, 1971/72, p. 123. (Varia, no. 4)
> Earliest instance in 'Doctor Kirwan's Irish catechism' (5th ed., 1842) [Best[1]

247]. Also note on the 1839 An Teagasg críosdaighe. De réir chomhairle Ard-easboig Thuama ... [Best¹ 247], as attrib. to Máirtín Ó LACHTNÁIN (*al.* LOFTUS).

K 3.3.2 Sermons

8334 Ó CASAIDE (Séamus): An unrecorded Irish book of 1716.
In IBL 28, 1941/42, pp. 131-3, [cf. 29, 1943/45, p. 36].
A dual-language book: Fiorthairbhe na nGaoidheal: ar na foillsiughadh ann a seanmoir do rinneadh a dtéampoll Bheltairbert ... Le Séon Mac Ristard .../ The true interest of the Irish nation ... By John RICHARDSON ... Dublin ...

8335 Ó FOGHLUDHA (Risteárd) *ed.*: [Sermons by Maurice POWER].
In IER 64, 1944, pp. 378-91; 65, 1945, pp. 21-7, 101-13, 161-72, 235-45; 66, 1945, pp. 19-31, 343-52, 415-26.
From an autogr. MS (1832-36), in the possession of R. Ó F. Spelling modernized without obliterating dialectal features.
(1) *Sonas na bpeacach agus mí-ádh na bhfíoraen*; (2) *Do'n aithrighe cuirthear ar cáirde*; (3) *Smaointe ar pháis ár slánathóra*; (4) *Sochar mór an chrábhaidh*; (5) *An raoilé agus an t-arbhar i ngort Dé*; (6) *Sochar na faoisdine*; (7) *Seanmóin do Lá Nodlag, 1834.*

8336 O'SULLIVAN (Donal) *ed.*: A sermon for Good Friday by Father Michael WALSH of Sneem.
In Éigse 4, 1943/44 (1945), (pt. 3, 1944), pp. 157-72 [cf. pp. 225-7].
Written in the forties, before 1848, by M.W., a native of Buttevant (Co. Cork), in an attempted phonetic writing. From a volume (watermarked 1831) used as a baptismal register in the parish of Sneem (Co. Kerry). Diplom. and translit. texts.

8337 Ó FLOINN (Donnchadh) *ed.*: Foghar-script ó Chontae Chorcaighe, c. 1806.
In IMN 1946, pp. 60-74.
Sermon, in semi-phonetic spelling, from MS Mayn. H 1; with translit.

8338 ———— *ed.*: Foghar-script ó Chontae Chorcaighe, 2.
In IMN 1947, pp. 79-90.
id., from MS Mayn. H 2.

8339 ———— *ed.*: Do yrá Dé.
In 437 [Fs. Torna], pp. 1-6.
Sermon, in semi-phonetic spelling, from MS Mayn. H 3. Wr. (as the ones publ. in IMN 1946 and 1947) in 1st dec. 19th c., poss. by Diarmaid Ó MAOLDOMHNAIGH (†1850).

8340 Ó CUÍV (Brian) *ed.*: An bheatha shíoraí do thuilleamh a bhus.
In IMN 1953, pp. 53-60.
Part of a sermon (1767) by Seán Ó CONNAIRE: *Cuirean Naomh Augustin a n-iúl dúinn* ... From MS Maynooth R 76.

8341 Ó SIOCHRÚ (Pádraig) *ed.*: An tsean fhadhb.
In IMN 1957, pp. 56-8.
1865 sermon, by Conchubhar Ó MURCHADHA: from an autograph MS in the possession of the Kerry Diocese.

8342 Ó SÚILLEABHÁIN (Pádraig): Seanmóirí ón bhFraincis.
In Éigse 9, 1958/61, (pt. 4, 1960/61), pp. 233-6. (Varia, no. 1)
Transls. from the French amongst SMN and the sermons by Muiris DE PAOR (*in* IER 64-66, 1944-45).

8343 Ó Maonaigh (Cainneach) *ed.*: Seanmónta Chúige Uladh.
B.Á.C.: I.Á.B., 1965. xxii + 132 pp. (= SGBM, iml. 6)
> 15 sermons and two other pieces (*Agalladh Íosa 7 Mhuire*, a transl. of part of *Meditationes vitae Christi*; *Comhairle do na seanmóntaithe*), from MSS St. Malachy's College, Belfast, O'Laverty 10 (lines 1-1035) and R.I.A. 24 L 18a (1037-3909), with a vocabulary; 1st h. 18th c., S.E. Ulster dialectal features.

Review by
8344 DE BÚRCA (Seán), *in* Lochlann 4, 1969, p. 333.

Reviews [in Irish] *by*
8345 Ó MÓRDHA (Séamus P.), *in* StH 7, 1967, pp. 226-30.
8346 Ó CUÍV (Brian), *in* Éigse 12, 1967/68, pp. 156-8.
8347 Ó FIANNACHTA (Pádraig) *ed.*: Do lochtuiv na tangan.
In Éigse 12, 1967/68, pp. 1-28.
> Sermon, wr. in 1st dec. 19th c., in semi-phonetic spelling, poss. by Diarmaid Ó MAOLDOMHNAIGH (†1850) — as 3 other ones, ed. by D. Ó FLOINN. *in* IMN 1946, 1947, and Féilscr. Torna. From MS Mayn. H 4; ling. analysis (dialectal features related to the Irish of West Muskerry).

8348 Ó FACHTNA (Anselm) *ed.*: Seanmóir ar pháis ár dTiarna Íosa Críost.
In id., pp. 177-98.
> Sermon, wr. 1825, in a phonetic script, by Michael MEIGHAN at Ballysloe (Co. Tipperary). From MS Franc. A 57; diplom. and translit. texts, notes.

8349 Ó SÚILLEABHÁIN (Pádraig): Tuilleadh seanmóirí ón bhFraincis.
In id., pp. 261-2. (Varia, no. 1)
> 4 more sermons of SMN identified as transl. from the French.

8350 ——— *ed.*: Seanmóir ar an mbás.
In Éigse 13, 1969/70, pp. 11-25.
> Tr. by Tomás Ó HÍCÍ (1775-1856) from W. GAHAN. Sermons and moral discourses ... (Dublin 1799). From autogr. MS R.I.A. 23 H 17. Ling. analysis (incl. dialectal features of south Co. Tipperary), glossary.

8351 ——— *ed.*: Seanmóir ar ghnáithchleachtadh an pheacaidh.
In id., pp. 279-90.
> Tr. by Tomás Ó HÍCÍ ... [as prec. entry].

8352 ——— *ed.*: Seanmóir Ar uimhir bheag na bhfíréan.
In Éigse 14, 1971/72, pp. 107-20.
> Tr. by Tomás Ó HÍCÍ ... [as prec. entry].

8353 Ó MADAGÁIN (Breandán): Nótaí ar chlaochlú tosaigh an ainmfhocail agus na haidiachta i gcanúint de chuid Cho. Chorcaí.
In id., pp. 81-6.
> Initial mutations of nominals in the sermons of Muiris PAODHAR (1791-1877) in the dialect of Ross Carbery (Co. Cork), in autogr. MS Cork T xxxiv (1864-70).

K 3.3.3 Exempla
8354 MAC NIOCAILL (Gearóid) *ed.*: Exempla.
In Éigse 8, 1956/57, pp. 237-8.
> 2 texts from MS Rawl. B 513; no. 1, imperf., related to *Gesta Romanorum*, chap. 168.

8355 GREENE (David) *ed.*: *Ná léig mo mhealladh, a Mhuire.*
In SGS 9, 1962, pp. 105-15.

By MAOL DOMHNAIGH mac Mhaghnuis Mhuiligh. Reconstr. from BDL (v. Quiggin, p. 20); with Engl. transl.

Also ed. of late M.I. exemplum, related to qq. 11-21, from MS Brussels 20978-9: *Araile óglách ro baí i cathraigh sainredhaigh ...*; with Engl. transl.

8356 Ó FIANNACHTA (Pádraig) *ed.*: Scéalta ón *Magnum speculum exemplorum*.
In IER 99, 1963, pp. 177-84.
3 exempla, as transl. by Seán Ó MAOLCHONAIRE; from his MS of *Eochairsgiath an aifrinn*, N.L. G 49.

8357 MAC NIOCAILL (Gearóid) *ed.*: Quatuor exempla.
In Celtica 7, 1966, pp. 214-7.
Irish version of four exempla (Latin source not identified), from MS Rawl. B 513.

8358 STEWART (James): The burial of the priest's concubine.
In Arv 23, 1967, pp. 137-42.
Ed. by K. Meyer, *in* Anecd. iii 9 (v. Best[1] 122).

L HISTORY, GENEALOGY

1 MODERN HISTORIOGRAPHY
Cf. K 1 Christianity: History

L 1.1 General

8359 WRITINGS ON IRISH HISTORY, [1940/41-].
In IHS 3- , 1942/43 (1943)- .

8360 [AN ROINN COSANTA]: Foclóir Béarla-Gaeilge de théarmaí míleata agus de théarmaí gaolmhara. English-Irish dictionary of military and related terms.
B.Á.C.: O.S., 1953. 151 pp.

8361 [GOVERNMENT OF IRELAND]: Téarmaí staire. — Eagrán sa litriú nua.
[B.Á.C.: Oifig an tSoláthair], 1955. 47 pp.
English-Irish dictionary of historical terms.

8362 MANIET (Albert): Myles DILLON. Notice biographique et bibliographique, et résumé de sa conférence Notes sur les sources de l'histoire ancienne de l'Irlande.
Louvain: C.I.D.G., 1958. 9 pp. portr. (= Biographies et conférences, 11)

8363 HANDBOOK OF BRITISH CHRONOLOGY. — 2nd ed.
Ed. by F. Maurice Powicke & E. B. Fryde.
London: Offices of the Royal Historical Society, 1961. xxxviii + 565 pp. (= R.H.S. Guides and handbooks, no. 2)

8364 KENNEY (James F.): The sources for the early history of Ireland: ecclesiastical. An introduction and guide.
N.Y.: Octagon, 1966; Shannon: I.U.P., 1968. xviii + 815 pp. charts (fold.) (= Records of civilization, Sources and studies, no. 11)
Repr. of 1929 ed.; corrs. & adds., and preface, by Ludwig BIELER.

8365 OTWAY-RUTHVEN (J.): Medieval Ireland (1169-1485).
In IHS 15, 1966/67 (1967), pp. 359-65. (*sub* Thirty years' work in Irish history, 1)

8366 THE COURSE OF IRISH HISTORY.
Ed. by T. W. MOODY & F. X. MARTIN.
Cork: Mercier, 1967. 404 pp. illus.
21 Radio Éireann lectures, with bibliogr., A chronology of Irish history, and index.

8367 BYRNE (Francis John): Seventh-century documents.
In IER 108, 1967, pp. 164-82.
Critical survey of Irish and Latin, datable and contemporary, texts.
Paper read at the I.C.H.C.'s Easter Conference on Irish Church history, 1964.

8368 JOHNSTON (Edith M.) *comp.*: Irish history. A select bibliography.
London: Historical Association, 1968. 76 pp.

L HISTORY, GENEALOGY

8369 BYRNE (Francis John): Ireland before the Norman invasion.
In IHS 16, 1968/69 (1969), pp. 1-14. (*sub* Thirty years' work in Irish history, 2)

8370 IRISH HISTORIOGRAPHY, 1936-70.
Ed. by T. W. MOODY.
Dublin: I.C.H.S., 1971. viii + 155 pp.
> First publ. in IHS, 1967-70, as a series 'Thirty years' work in Irish history', revised; with an add. chap., 'Thirty-five years of Irish historiography', by T.W.M.

8371 HAMEL (A. G. van): Mythe en historie in het oude Ierland.
In MKNA 5, 1942, (no. 10), pp. 505-41.
Sep. issued Amsterdam: Noord-Holl. Uitg., 1942. 37 pp.

8372 Ó BUACHALLA (Liam): The Féine or Goidels.
In JCHAS 49, 1944, pp. 25-9.

8373 ———— : The Érainn or Érna.
In id., pp. 106-15.

8374 O'RAHILLY (Thomas F.): Early Irish history and mythology.
Dublin: D.I.A.S., 1946 (repr. 1957, 64). x + 566 (568 in repr.) pp.
Adds. & corrs. in Celtica 1, 1950, pp. 391-402, 409.

8375 ———— : The five provinces.
In Celtica 1, 1950, pp. 387-91, 408. (Notes on 'EIHM', no. 1)
> ad EIHM, chap. 9. Includes discussion of the 'inclusive' method of counting.

8376 AUCHMUTY (J. J.): Ireland and the Celtic peoples in TOYNBEE's Study of history.
In Hermathena 70, 1947, pp. 39-64.

8377 Ó CILLÍN (Proinnsias): Ar tháinic na Rómhánaigh go hÉirinn?
In Galvia 2, 1955, pp. 7-19.

8378 BOYLE (Alexander): The flight of the earls.
In Studies 44, 1955, pp. 469-78.

8379 GWYNN (Aubrey): Irish society in the fifteenth century.
In Iris Hibernia 3, no. 5, 1957, pp. 33-42.

8380 MAC AIRT (Seán): *Filidecht* and *coimgne*.
In Ériu 18, 1958, pp. 139-52.

8381 RYAN (John): The historical background.
In 508 [Seven centuries], (no. 1), pp. 11-26.

8382 BINCHY (D. A.): Lawyers and chroniclers.
In id., (no. 4), pp. 58-71.

8383 Ó CUÍV (Brian): An era of upheaval.
In id., (no. 9), pp. 136-51.

8384 BINCHY (D. A.): The passing of the old order.
In 464 [1st ICCS], pp. 119-32.

8385 KELLEHER (John V.): Early Irish history and pseudo-history.
In StH 3, 1963, pp. 113-27.

8386 HAYES-MCCOY (G. A.): Gaelic society in Ireland in the late sixteenth century.
In HSt 4, 1963, pp. 45-61.
8387 BYRNE (Francis J.): The Ireland of St. Columba.
In HSt 5, 1965, pp. 37-58.
8388 DILLON (Myles) & CHADWICK (Nora K.): The Celtic realms.
London: Weidenfeld & Nicolson; N.Y.: New American Library, 1967. xii + 355 pp. illus. (History of civilization)
8389 OTWAY-RUTHVEN (A. J.): A history of medieval Ireland
With an introd. by Kathleen HUGHES.
London: E. Benn; N.Y.: Barnes & Noble, 1968. xv + 454 pp. maps
Review by
8390 Ó FIAICH (Tomás), *in* IER 110, 1968, pp. 117-20.
8391 GWYNN (Aubrey): The history of medieval Ireland.
In Studies 57, 1968, pp. 161-73.
Review article on A. J. OTWAY-RUTHVEN. A history of medieval Ireland, 1968.
8392 BYRNE (Francis John): The rise of the Uí Néill and the high-kingship of Ireland.
[Dublin]: N.U.I., [n.d.]. 27 pp. (= O'Donnell lecture, U.C.D., 1969)
8393 WARREN (W. L.): The interpretation of twelfth-century Irish history.
In HSt 7, 1969, pp. 1-19.
8394 CANNY (Nicholas P.): The flight of the earls.
In IHS 17, 1970/71 (1971), pp. 380-99. (= Historical revision, no. 16)
8395 BYRNE (Francis John): Tribes and tribalism in early Ireland.
In Ériu 22, 1971, pp. 128-66.
8396 Ó CORRÁIN (Donnchadh): Irish regnal succession: a reappraisal.
In StH 11, 1971, pp. 7-39.

L 1.1.1 **Vikings**
cf. L 3.3 (Cogadh Gaedheal re Gallaibh)
C 3.5 Languages in contact: Norse

8397 RYAN (John): The Northmen in Ireland after the battle of Clontarf.
In Annen Viking kongress, Bergen 1953. Ved Kjell Falck. Bergen: J. Griegs Boktr. (= Universitetet i Bergen: Årbok 1955 (1956), hist.-antikv. rekke, nr. 1) pp. 113-22.
8398 PROCEEDINGS OF THE [FIRST] INTERNATIONAL CONGRESS OF CELTIC STUDIES, held in Dublin, 6-10 July, 1959.
Ed., and preface, by Brian Ó CUÍV.
Dublin: D.I.A.S., 1962. xxvii + 132 pp. illus.
Communications on the theme 'The impact of the Scandinavian invasions on the Celtic-speaking peoples c. 800-1100 A.D.'

8399 CHADWICK (Nora K.): The Vikings and the western world.
In 464 [1st ICCS], pp. 13-42.
8400 SAWYER (P. H.): The age of the Vikings.
London: E. Arnold, 1962 (^{2}1971). x + 254 (275) pp. illus.
8401 LUCAS (A. T.): Irish-Norse relations: time for a reappraisal?
In JCHAS 71, 1966, pp. 62-75.
Incl. 'Norse influence on Irish boats and navigation' (with terminology), etc.
8402 DE PAOR (Liam): The age of the Viking wars (9th and 10th centuries).
In 519 [Course of Ir. hist.], (no. 6), pp. 91-106.
8403 JONES (Gwyn): A history of the Vikings.
London [etc.]: O.U.P., 1968. xvi + 504 pp. illus.
8404 LUCAS (A. T.): Irish-Norse relations.
In JOWS 1, 1968, pp. 17-9.
8405 SAWYER (P. H.): The Vikings and the Irish Sea.
In 481 [Irish Sea province], pp. 86-92.

L 1.1.2 **Normans**
cf. L 3.4 (Giraldus Cambrensis)
8406 OTWAY-RUTHVEN (Jocelyn): The character of Norman settlement in Ireland.
In HSt 5, 1965, pp. 75-84.
8407 MARTIN (F. X.): The Anglo-Norman invasion (1169-c.1300).
In 519 [Course of Ir. hist.], (no. 8), pp. 123-43.
8408 BARRY (John G.): The Norman invasion: a new approach.
In JCHAS 75, 1970, pp. 105-24.

L 1.2 **Modern historiography: Regional**
8409 Ó RÍORDÁIN (Seán P.): The excavation of a large earthen ring-fort at Garranes, Co. Cork.
With Historical addendum [on Uí Echach Muman], by J. RYAN.
In PRIA 47 C, 1941/42, (no. 2), pp. 77-150. illus.
8410 RYAN (John): The Dalcassians.
In NMAJ 3, 1942/43, pp. 189-202.
8411 DOBBS (Margaret E.): The Dál Fiatach.
In UJA 8, 1945, pp. 66-79.
8412 HENCKEN (Hugh): Lagore crannog: an Irish royal residence of the 7th to 10th centuries A.D.
With sections by Liam PRICE and Laura E. Start.
In PRIA 53 C, 1950/51, (no. 1), pp. 1-247. pls.
L.P.: The history of Lagore, from the annals and other sources (with a geneal.tab. showing the relationship of the branches of the Síl Aedha Sláne).
8413 Ó CEALLAIGH (Séamus): Gleanings from Ulster history. Punann ó Chois Bhanna.
Cork: Cork U.P., 1951. 118 pp. pls.(maps), geneal.tab.

Review by
8414 RYAN (John), *in* Studies 41, 1952, pp. 241-3.
8415 Ó BUACHALLA (Liam): Contributions towards the political history of Munster, 450-800 A.D.
In JCHAS 56, 1951, pp. 87-90; 57, 1952, pp. 67-86; 59, 1954, pp. 111-26; 61, 1956, pp. 89-102.
8416 DOBBS (M. E.): Who were the Gamanrad?
In JRSAI 83, 1953, pp. 103-5.
as in *Táin bó Flidaise*.
8417 MAC AODHAGÁIN (P. C.): Tórainn *Mhaonmhaí*.
In Galvia 1, 1954, pp. 18-25; 2, 1955, pp. 66-7 [add.].
8418 BRADY (John): The kingdom and county of Meath.
In RíM 1, no. 2, 1956, pp. 6-13.
8419 ——— : Early Christian Meath.
In id., no. 4, 1958, pp. 5-13.
8420 BYRNE (Francis John): The Eóganacht Ninussa.
In Éigse 9, 1958/61, (pt. 1), pp. 18-29, 200 [corrig.].
8421 GROSJEAN (Paul): Le roi Cormac, fils de Diarmait.
In AB 81, 1963, pp. 271-2. (Notes d'hagiographie celtique, no. 55)
6th c. Leinster.
8422 MAC ÍOMHAIR (Diarmuid): The boundaries of Fir Rois.
In JCLAS 15, 1961/64, (no. 2, 1962 (1963)), pp. 144-79.
8423 ——— : The history of Fir Rois.
In id., (no. 4, 1964 (1966)), pp. 321-48.
8424 Ó CORRÁIN (Donncha): Studies in west Munster history.
In JKAHS 1, 1968, pp. 46-55; 2, 1969, pp. 27-37; 3, 1970, pp. 19-22. gen.tabs.
1. The regnal succession in Ciarraighe Luachra, 741-1165; 2. Alltraighe.
8425 EOGAN (G.): Excavations at Knowth, Co. Meath, 1962-1965. With Historical note on Cnogba (Knowth), by F. J. BYRNE.
In PRIA 66 C, 1967/68, (no. 4, 1968), pp. 299-400. illus.
Geneal.tabs.: Síl nÁedo Sláine.
8426 Ó MURCHADHA (Diarmuid): The Ciarraighe Cuirche.
In JCHAS 73, 1968, pp. 60-70.
8427 BANNERMAN (John): The Dál Riata and northern Ireland in the sixth and seventh centuries.
In 461 [Celtic studies], pp. 1-11.
8428 MAC CARTHY (C. J. F.): Early medieval Cork: an outline guide to Cork city and county in the 9th century.
Cork: Tower Books, 1969. 31 pp. charts.
8429 CANNY (Nicholas P.): Hugh O'Neill, Earl of Tyrone, and the changing face of Gaelic Ulster.
In StH 10, 1970, pp. 7-35.
8430 Ó FIAICH (Tomás): the political and social background of the Ulster poets.
In LCC 1, 1970, (no. 3), pp. 23-33.

8431 Ó Corráin (Donncha): The career of Diarmait mac Máel na mBó, king of Leinster.
In JOWS 3, 1970/71, pp. 26-35 [to be cont.]. map

8432 Ó Fiaich (Tomás): Filíocht Uladh mar fhoinse don stair shóisialta san 18ú haois.
In StH 11, 1971, pp. 80-129.

8433 Casey (Thomas) [Ó Cathasaigh (Tomás)]: The origin and early history of the Deisi.
In OWSJ 2, 1971, pp. 74-8.

8434 Martin (F. X.): The first Normans in Munster.
In JCHAS 76, 1971, pp. 48-71.

8435 Ó Concheanainn (Tomás): Cermna in Meath.
In Ériu 22, 1971, pp. 87-96. (= Topographical notes 1)
1. *Cermna* and *Cerna*; 2. *Cera* in or near Cermna; 3. Cermna and the kingship.

8436 Ó Mórdha (Pilip): The medieval kingdom of Mugdorna.
In ClRec 7, (no. 3, 1971/72), pp. 432-46.

L 1.2.1   Early Scotland
cf. C 2.2.2   Pictish

8437 [Chadwick (H. M.)]: Early Scotland. The Picts, the Scots & the Welsh of southern Scotland.
Ed., and introd., by Nora Kershaw Chadwick.
Cambridge: U.P., 1949. xxxi + 171 pp. pls., map
Review [in Welsh] *by*

8438 Williams (J. E. Caerwyn), *in* LlC 1, 1950/51, pp. 67-9.

8439 Dobbs (Margaret E.): Aedan mac Gabrain.
In SGS 7, 1953, (pt. 1, 1951), pp. 89-93.

8440 Wainwright (F. T.): The Picts and the problem.
In 500 [Problem of the Picts], (chap. 1), pp. 1-53.

8441 Sommerfelt (Alf): On the Norse form of the name of the Picts and the date of the first Norse raids on Scotland.
In Lochlann 1, 1958, pp. 218-22.

8442 Duncan (A. A. M.) & Brown (A. L.): Argyll and the Isles in the earlier Middle Ages.
In PSAS 90, 1956/57 (1959), pp. 192-220.

8443 Radford (C. A. R.): From prehistory to history.
In 511 [Prehist. Scotland], (chap. 5), pp. 125-54.

8444 Jackson (Kenneth): The Celtic aftermath in the islands.
In 513 [The Celts], pp. 73-83.

8445 Dickinson (William Croft): Scotland from the earliest times to 1603. — rev. ed.
London: Nelson, 1965. viii + 408 pp. (= A new history of Scotland, vol. 1)

8446 Bannerman (John): Senchus Fer nAlban.
In Celtica 7, 1966, pp. 142-62; 8, 1968, pp. 90-111; 9, 1971, pp. 217-65 [to be cont.].

Part 1: ed. of the 10th c. *Senchus Fer nAlban*, based on MS T.C.D. H 2 7, Engl. transl., notes; version in MAC FIRBIS's Book of genealogies (MS U.C.D.) printed separ. App.: *Genelaig Albanensium*, from MS H 2 7.

8447 HENDERSON (Isabel): The Picts.
London: Thames & Hudson, 1967. 228 pp. illus. (= Ancient peoples and places, vol. 54)
Review by
8448 JACKSON (Kenneth), *in* Antiquity 41, 1967, pp. 234-6.
8449 BANNERMAN (John): The Dál Riata and northern Ireland in the sixth and seventh centuries.
In 461 [Celtic studies], pp. 1-11.
8450 ——— : Notes on the Scottish entries in the early Irish annals.
In SGS 11, 1968, pp. 149-70.
8451 SMALL (Alan): The historical geography of the Norse Viking colonization of the Scottish Highlands.
In Norsk geografisk tidsskrift 22, 1968, pp. 1-16.
8452 NICOLAISEN (W. F. H.): Norse settlement in the northern and western Isles.
In SHR 48, 1969, pp. 6-17.
8453 HENDERSON (Isabel): North Pictland.
In 526 [The dark ages], pp. 37-52.
App. A (pp. 43-9): Applecross and the Pictish and Dalriadic entries unique to the Annals of Ulster, circa 675 - circa 730 A.D.

L 1.2.2 **Western Britain**
8454 JACKSON (Kenneth): The early Christian inscriptions.
In 490 [LHEB], (chap. 5), pp. 149-93.
8455 CHADWICK (Nora K.): Early culture and learning in north Wales.
In 505 [SEBC], (chap. 1), pp. 29-120.
8456 RICHARDS (Melville): The Irish settlements in south-west Wales. A topographical approach.
In JRSAI 90, 1960, pp. 133-62.
Charts showing distribution of Ogam stones (etc.) and of name-forms in *cnwc, cnwch* and *loch*.
8457 JACKSON (Kenneth): The Celtic aftermath in the islands.
In 513 [The Celts], pp. 73-83.
8458 FOSTER (I. Ll.): The emergence of Wales.
In Prehistoric and early Wales. Ed. by I. Ll. Foster & G. Daniel. London: Routledge & Kegan Paul, 1965. pp. 213-35.
8459 CHADWICK (Nora K.): The colonization of Brittany from Celtic Britain.
In PBA 51, 1965, pp. 235-99. (= Rhŷs lecture, 1965)
Sep. issued London: O.U.P., [no date]. [same pagin.]
8460 DE BÚRCA (Seán): On the origin and language of the Goidels.
In StC 1, 1966, pp. 128-37.
8461 GREENE (David): Some linguistic evidence relating to the British Church.
In 478 [Christianity in Britain], pp. 75-86.

8462 ALCOCK (Leslie): Was there an Irish Sea culture-province in the Dark Ages?
In 481 [Irish Sea province], pp. 55-65.

8463 ——— : Arthur's Britain. History and archaeology, A.D. 367-634.
Harmondsworth: Penguin, 1971. xviii + 415 pp.

L 1.3 Local history

8464 PENDER (Séamus): How to study local history.
In JCHAS 46, 1941, pp. 110-22.

8465 GLEESON (Dermot F.): Sources for local history in the period 1200-1700.
In id., pp. 123-9.

8466 BRADY (John): Some of the sources of local history.
In IMN 1946, pp. 15-8.

8467 Ó F[IAICH] (T.) *comp.*: MS. material for diocesan and parochial history. Report on collections of sources.
In SAM 1, no. 1, 1954, pp. 202-5; no. 2, 1955, pp. 223-6; 2, (no. 1, 1956), pp. 227-8.
1. The library of the Representative Church Body, Dublin; 2. The collection of the Irish Folklore Commission; 3. The National Library of Ireland, Dublin.

8468 IRISH CATHOLIC HISTORICAL COMMITTEE: A handlist of Irish diocesan histories.
In PICHC 1957, pp. 31-7.

8469 O'NEILL (Thomas P.): Sources of Irish local history. — 1st series.
Dublin: Library Association of Ireland, 1958. 38 pp.
8 chaps., first publ. serially in An Leabharlann 13-15, 1955-57.

8470 Ó FIAICH (Tomás): Irisí don stair aitiúil.
In IMN 1959, pp. 25-34.

8471 GLEESON (Dermot F.): Your parish and its history.
In IER 93, 1960, pp. 1-18.

8472 Ó DUFAIGH (Seosamh) *comp.*: Irish local historical and archaeological journals.
In Éire-Ireland 5, 1970, uimh. 3, pp. 90-9.

8473 MURRAY (Laurence P.): History of the parish of Creggan in the 17th and 18th centuries. With numerous ancient maps and illustrations.
Dundalk: Dundalgan Press, 1940. 93 pp.
Review by

8474 DUIGNAN (Michael), *in* Éigse 3, 1941/42 (1943), (pt. 3, 1942), pp. 228-9.

8475 PRICE (Liam): Glencolumbkille, Co. Donegal, and its early Christian cross-slabs.
In JRSAI 71, 1941, pp. 71-88. pls.

L HISTORY, GENEALOGY

8476   MAC SPEALÁIN (Gearóid): Cathair Luimnighe.
B.Á.C.: Oifig an tSoláthair, 1948, 50. 2 voll. illus.
<small>With notes on pl.ns.</small>

8477   COLLINS (John T.): Some recent contributions to Cork diocesan history.
In IER 75, 1951, pp. 50-4.

8478   MACNAMEE (James J.): History of the diocese of Ardagh.
Dublin: Browne & Nolan, 1954. xiv + 858 pp. illus.

8479   THE PARISH OF SEAGOE.
Part 1. The place-names explained, by Bernard J. MOONEY.
Part 2. Some historical notes, by Padraic KEENAN.
Newry: (pr. by) P. Bennett, 1954. 68 pp. pls., map

8480   Ó FIAICH (Tomás): Diocese of Armagh: sources and problems.
In PICHC 1955, pp. 6-9.

8481   LAHERT (Richard): The history and antiquities of the parish of Dunnamaggan — including a full history of the great monastic foundation of Kells — in the diocese of Ossory.
Tralee: (pr. by) The Kerryman, [pref. 1956]. 187 pp. illus.
<small>Chap. 15: Place-names of the parish and areas about it.</small>

8482   [WALSH (Paul)]: The placenames of Westmeath.
Ed. by Colm O LOCHLAINN.
Dublin: D.I.A.S., 1957. xxxv + 402 pp.
<small>Introd. 'Ancient Westmeath', is a republ. of Best²˙241a (republ. in Ríocht na Midhe 1, no. 1, 1955, pp. 20-31); Part 1: The Ordnance Survey letters, is a republ. of Best² 241.</small>

8483   O'CONNELL (Philip): Kells — early and mediaeval.
In RíM 2, no. 1, 1959, pp. 18-36; no. 2, 1960, pp. 8-22.

8484   [WALSH (Paul)] *ed.*: Annála beaga Fear Manach.
In 448 [Irish chiefs], (no. 2), pp. 58-66.
<small>Republ., with an Engl. transl., of the author's Short annals of Fir Manach, 1935 [v. Best² 2111].</small>

8485   EGAN (Patrick K.): The parish of Ballinasloe. Its history from the earliest times to the present day.
Dublin: Clonmore & Reynolds; London: Burns Oates & Washbourne, 1960. xiv + 355 pp. pls.

8486   MAC SPEALÁIN (Gearóid): Uí Cairbre Aobhdha (i gContae Luimnighe). A stair agus a seanchas.
B.Á.C.: O.S., 1960. 249 pp. maps, geneal. tab.
<small>With notes on pl.ns.</small>

8487   Ó GALLACHAIR (Pádraig): Where Erne and Drowes meet the sea. Fragments from a Patrician parish.
Ballyshannon: (pr. by) Donegal Democrat, 1961. 118 pp.

8488   GLEESON (Dermot F.) & GWYNN (Aubrey): A history of the diocese of Killaloe. - Vol. 1 [on spine].
Dublin: Gill, 1962. xviii + 566 pp. illus.

8489   DE NAIS (Roisin) *comp.*: A bibliography of Limerick history and antiquities.
Limerick: L. County Library, [1962]. 61 pp.

8490 BINCHY (D. A.): The old name of *Charleville,* Co. Cork.
In Éigse 10, 1961/63, (pt. 3, 1962/63), pp. 211-35.
Rathcogan (Rathgogan), not *Ráth Luirc.*

8491 CUFFE (Philip): History of Duleek.
In Ríocht na Midhe 3, (no. 2, 1964), pp. 140-51; (no. 3, 1965), pp. 187-200 [no more publ.].

8492 KAVANAGH (Mary) *comp.*: A bibliography of the county Galway.
Galway: Galway County Libraries, 1965. 187 pp.

8493 SEOIGHE (Mainchín): Cois Máighe na gcaor.
B.Á.C.: F.N.T., 1965. 203 pp. pls.

8494 MAC SPEALÁIN (Gearóid): Stair Aos Trí Muighe (i gContae Luimnigh).
B.Á.C.: O.S., 1967. viii + 279 pp. maps, geneal.tabs.
With notes on pl.ns.

8495 Ó BUACHALLA (Breandán): I mBéal Feirste cois cuain.
B.Á.C.: Clóchomhar, 1968. xii + 319 pp. (= Leabhair thaighde, iml. 16)

8496 ARMITAGE (Thomas): County Kerry's historical societies.
In JKAHS 1, 1968, pp. 5-8.

8497 Ó DOIBHLIN (Éamon): Domhnach Mór (Donaghmore). An outline of parish history.
An Ómaigh: Clólann na Struaile, 1969. viii + 256 pp. illus.
Incorporating the author's six-part series of articles, *in* SAM 2, 1956 - 5, 1969.

8498 O'KELLY (Owen): A history of County Kilkenny.
Kilkenny: Archaeological Society, [forew. 1969]. 193 pp. map

8499 CULHANE (Thomas F.): Traditions of Glin and its neighbourhood.
In JKAHS 2, 1969, pp. 74-101.
Irish lg. and tradition in west Limerick and north Kerry in the 18th and 19th cc.

L 1.4 Modern historiography: Special

8500 WALSH (Paul): Shrovetide and *inid.*
In IBL 28, 1941/42, pp. 34-6.
Various problems of computation.

8501 Ó NÉILL (Séamus): Irish maritime history. Early period to the Norse invasions.
In Studies 34, 1945, pp. 404-11.

8502 RYAN (John): The convention of Druim Ceat (AU. 575).
In JRSAI 76, 1946, pp. 35-55.

8503 DOBBS (Margaret E.): The battle of Corann.
In JGAHS 23, 1948/49, pp. 154-8.

8504 BUTLER (Hubert): The dumb and the stammerers in early Irish history.
In Antiquity 23, 1949, pp. 20-31.

8505 PRICE (Liam): Place-name study as applied to history.
In JRSAI 79, 1949, pp. 26-38.

8506 O'Rahilly (T. F.): Cúan Ua Lothcháin and Corcrán Clérech.
In Celtica 1, 1950, pp. 313-7.
<small>The alleged joint government of Ireland by C. and C. in the light of *LL* 3154ff.</small>

8507 Marcus (G. J.): Irish pioneers in ocean navigation of the Middle Ages.
In IER 76, 1951, pp. 353-63, 469-79.

8508 ———— : The first discovery of Iceland.
In Studies 44, 1955, pp. 315-8.

8509 Carney (James): Patrick and the kings.
In 495 [SILH], (chap. 9), pp. 324-73, (App. C), 394-412.

8510 Bieler (Ludwig): 'Patrick and the kings.' Apropos a new chronology of St. Patrick.
In IER 85, 1956, pp. 171-89.
<small>Review article on J. Carney, Patrick and the kings (*in* SILH).</small>

8511 Binchy (D. A.): The Fair of Tailtiu and the Feast of Tara.
In Ériu 18, 1958, pp. 113-38.

8512 Ó Buachalla (Liam): The Leinster tribute feud.
In JCHAS 66, 1961, pp. 13-25.
<small>*Bórama* and history.</small>

8513 Bannerman (John): The convention of Druim Cett.
In SGS 11, 1968, (pt. 1, 1966), pp. 114-32.

8514 Lucas (A. T.): The plundering and burning of churches in Ireland, 7th to 16th century.
In 459 [N. Munster studies], pp. 172-229.

8515 Mac Eoin (Gearóid S.): The mysterious death of Loegaire mac Néill.
In StH 8, 1968, pp. 21-48.
<small>Incl. discussion of the *Bórama*.</small>

8516 Mac Íomhair (Diarmuid): Rígheadh Eadbhuird Brús.
In JCLAS 17, (no. 1, 1969 (1970)), pp. 1-9.

8517 Hayes-McCoy (G. A.): The making of an O'Neill: a view of the ceremony at Tullaghoge, Co. Tyrone.
In UJA 33, 1970, pp. 89-94. pl.

8518 Ó Háinle (Cathal): 'D'fhior chogaidh comhailtear síothcháin.'
In LCC 2, 1971, (no. 5), pp. 51-73.
<small>Tadhg Dall Ó hUiginn, Eochaidh Ó hEoghusa and Eoghan Rua Mac an Bhaird, on the events around 1600.</small>

L 1.4.1   **Economic & social history**
<small>cf. M 9   Material culture</small>

8519 McKerral (A.): Ancient denominations of agricultural land in Scotland: a summary of recorded opinions, with some notes, observations, and references.
In PSAS 78, 1943/44 (1944), pp. 39-80.

8520 Ó Dubhda (Seán): Foclóir agus téarmaí feirmeoireachta, 7c.
In Béaloideas 13, 1943 (1944), pp. 3-39.
<small>Rural terms and phrases, arr. acc. to subject, from Ballydavid (Corkaguiny). Preface by An Seabhac.</small>

L HISTORY, GENEALOGY

8521 Ó MOGHRÁIN (Pádraig): Some Mayo traditions of the *buaile*.
In id., pp. 161-71.
<small>With an Editorial [bibliographical] note (pp. 171-2), by Séamus Ó DUILEARGA.</small>

8522 DUIGNAN (Michael): Irish agriculture in early historic times.
In JRSAI 74, 1944, pp. 124-45.

8523 Ó BUACHALLA (Liam): Bunadhas na tráchtála. Riaradh agus eagras gnótha.
B.Á.C.: O.S., 1944. xv + 414 pp.
<small>With (pp. 396-414) an Engl.-Ir. glossary of commercial terminology.</small>

8524 Ó MUIMHNEACHÁIN (Conchubhar): Téarmaí agus seanchas feirmeoireachta.
In Béaloideas 14, 1944 (1945), pp. 3-44.
<small>Rural terms and lore, acc. to subjects, from Ballingeary (Co. Cork). Posthum. ed. by Aindrias Ó MUIMHNEACHÁIN.</small>

8525 Ó MOGHRÁIN (Pádraig): More notes on the *buaile*.
In id., pp. 45-52.

8526 MACWHITE (Eóin): Early Irish board games.
In Éigse 5, 1945/47 (1948), (pt. 1), pp. 25-35.
<small>On *fidchell, brandub, buanfach*.</small>

8527 Ó NÉILL (Séamus): Irish maritime history. Early period to the Norse invasions.
In Studies 34, 1945, pp. 404-11.

8528 LAWLOR (Anthony T.): Irish maritime survey. A guide to the Irish maritime world.
Dublin: Parkside Press, 1945. 372 pp. illus.
<small>pp. 23-58: The Irish maritime story.</small>

8529 BREATHNACH (Riobard): Na cártaí agus an fhilíocht.
In Cork University record 10, 1947, pp. 56-9.

8530 Ó SÉ (Micheál): Old Irish cheese and other milk products.
In JCHAS 53, 1948, pp. 82-7.

8531 ——— : Old Irish buttermaking.
In JCHAS 54, 1949, pp. 61-7.

8532 O'SULLIVAN (William): The earliest Irish coinage.
In JRSAI 79, 1949, pp. 190-235. pls.
Republished
Dublin: (for Ard-Mhúsaem na hÉireann) Stationery Office, 1961. 47 pp.

8533 SALAMAN (Redcliffe N.): The history and social influence of the potato.
Cambridge: U.P., 1949 (repr. 1970). xxiv + 685 pp.
Review by

8534 BOURKE (P. M. Austin), *in* IHS 17, 1970/71 (1971), pp. 410-3.

8535 DE BHALDRAITHE (Tomás) *comp.*: Foclóirín na gcearrúch.
In Béaloideas 19, 1949 (1950), pp. 125-33.
<small>Words and phrases concerning card games, from Cois Fhairrge (Co. Galway).</small>

8536 MCKERRAL (Andrew): The lesser land and administrative divisions in Celtic Scotland.
In PSAS 85, 1950/51 (1953), pp. 52-64.

8537 O'SHEA (M.): Gaelic dairy legislation.
In Irish agricultural and creamery review 18, no. 240, Dec. 1953, pp. 5-7.
Cf. also no. 239, Nov. 1953, pp. 4-6, and no. 243, March 1954, pp. 7-9.

8538 GRAHAM (J. M.): Transhumance in Ireland.
In AdvSc 10, 1953/54, pp. 74-9.

8539 Ó HEOCHAIDH (Seán): Cárdaí agus cearrbhachas.
In Béaloideas 22, 1953 (1954), pp. 83-101.
The vocabulary of the card-player, from Teelin and Cloghaneely (Co. Donegal); Irish paraphrases.

8540 O'SHEA (M. J.): The history of native Irish cattle.
Cork: U.P., 1954. 20 pp. (= Agricultural bulletin, no. 7)

8541 EVANS (E. Estyn): Dairying in Ireland through the ages.
In Journal of the Society of Dairy Technology 7, 1954, pp. 179-88.

8542 GREENE (David) *ed.*: *Un joc grossier* in Irish and Provençal.
In Ériu 17, 1955, pp. 7-15.
3 texts on *táiplis* 'backgammon' in a metaphorical erotic sense (originating in France or Provence): (1) poem, translit. from BDL, 1st line: *Mór tubaist na táiplisge*; (2) poem, *Goinim thú, a naoídh bheg shíar*, ascr. to Tadhg Ó RUAIRC. from MS B.M. Add. 40766; (3) extract from *Mac na Míochomhairle* (7433, lines 387-475). List of some technical terms.

8543 LUCAS (A. T.): Bog wood. A study in rural economy.
In Béaloideas 23, 1954 (1956), pp. 71-134.
With a vocabulary (pp. 131-4) of terms associated with bog wood.

8544 MAC AIRT (Seán): Board-games.
In Celtica 3, 1956, pp. 270-1. (Lexicographical notes, no. 8)
References to [*táiplis, sifín súileach* (?), *caisleán cam* (?)] in a 1833 Engl. letter from Enniskillen.

8545 EVANS (E. Estyn): Irish folk ways.
London: Routledge & K. Paul, 1957 (repr. 1961). xvi + 324 pp.

8546 LEWIS (Archibald R.): The northern seas. Shipping and commerce in northern Europe A.D. 300-1100.
Princeton (N.J.): Pr.U.P., 1958. xi + 498 pp. charts

8547 LUCAS (Anthony T.): Cattle in ancient and medieval Irish society.
In The O'Connell School Union record, 1937-1958. Ed. by V. Grogan. Dublin: O'C.S.U., [?1959]. pp. 75-87.

8548 ——— : Nettles and charlock as famine food.
In Breifne 1, (no. 2, 1959), pp. 137-46.
Some Ir. terminology.

8549 O'LOAN (J.): Livestock in the Brehon Laws.
In Agricultural history review 7, 1959, pp. 65-74.

8550 LUCAS (A. T.): Furze. A survey and history of its uses in Ireland.
In Béaloideas 26, 1958 (1960), 204 pp.
Incl. (pp. 190-2) a list of words associated with furze.

I. HISTORY, GENEALOGY

8551 ———— : Irish food before the potato.
In Gwerin 3, 1960/62, (no. 2, 1960), pp. 8-43.
Also of interest for terminology.

8552 PROUDFOOT (V. B.): The economy of the Irish rath.
In MAr 5, 1961, pp. 94-122.

8553 SOMMERFELT (Alf): The works of the year in Torr, Co. Donegal.
In Lochlann 2, 1962, pp. 7-17.
Terms taken down in 1915-16, 1921.

8554 HULL (Vernam): A verse in *Reicne Fothaid Canainne*.
In ZCP 29, 1962/64, (H. 1/2, 1962), pp. 183-6. (Notes on Irish texts, no. 1)
ad *A ben, nāchamaicille*, st. 33 (v. Fianaig., p. 14); also on *fidchell*.

8555 GUYONVARC'H (Christian J.): **braci-* , *embrekton, inbrataria* à propos d'un nom celtique de la bière.
In Ogam 14, 1962, pp. 476-82; 15, 1963, p. 122 [corrig.]. (Notes d'étymologie et de lexicographie gauloises et celtiques (14), no. 51)

8556 O'LOAN (J.): A history of early Irish farming.
In Department of Agriculture journal 60, [1963], pp. 178-219; 61, [1964], pp. 242-84; 62, [1965], pp. 131-97.

8557 O'SULLIVAN (William): The earliest Anglo-Irish coinage.
Dublin: (for Ard-Mhúsaem na hÉireann) Stationery Office, 1964. viii + 88 pp. pls.

8558 MAC NIOCAILL (Gearóid): Na buirgéisí, xii-xv aois.
An Charraig Dhubh [Blackrock, Co. Dublin]: Cló Morainn, 1964. 2 voll.
p. 652: Miosúir agus tomhaiseanna.

8559 Ó DÚLACHÁIN (Liam) *comp.*: Téarmaí cuntasaíochta. Béarla Gaeilge, Gaeilge-Béarla.
B.Á.C.: Cumann Éireannach na gCuntasóirí Poiblí Deimhnithe, 1964. xi + 123 pp.
A dictionary of accountancy terms.

8560 LE ROUX (Françoise): A-zivout 'c'hoari ar poull' en Iwerzhon.
In Ogam 16, 1964, pp. 481-2. (Notennoù a relijionouriezh, no. 1)
cluiche puill.

8561 BUCHANAN (Ronald H.): A decade of folklife study.
In UF 11, 1965, pp. 63-75.

8562 LUCAS (A. T.): Washing and bathing in ancient Ireland.
In JRSAI 95, 1965, pp. 65-114.
With Ir. terminology.

8563 DOLLEY (R. H. M.): The Hiberno-Norse coins in the British Museum.
London: the Trustees of the B.M., 1966. xi + 234 pp. pls. (= Sylloge of coins of the British Isles, B, vol. 1)

8564 ADAMS (G. B.): The work and words of haymaking.
In UF 12, 1966, pp. 66-91; 13, 1967, pp. 29-53.

L HISTORY, GENEALOGY

8565 GUYONVARC'H (Christian-J.): Irlandais *fidchell*, gallois *gwyddbwyll*, breton *gwezboell* 'échecs' (* *vidu-kʷeslo-s*).
In Ogam 18, 1966, pp. 325-6. (Notes d'étymologie et de lexicographie gauloises et celtiques (24), no. 106)

8566 Ó HEOCHAIDH (Seán): Seanchas iascaireachta agus farraige.
In Béaloideas 33, 1965 (1967), pp. 1-96.
_{With Editorial summary and notes, by S. Ó D[UILEARGA].}

8567 DOLLEY (Michael) & O'SULLIVAN (William): The chronology of the first Anglo-Irish coinage.
In 459 [N. Munster studies], pp. 437-78.

8568 DOLLEY (Michael) & MAC NIOCAILL (Gearóid): Some coin-names in *Ceart Uí Néill*.
In StC 2, 1967, pp. 119-24.

8568a ——— : *Trí hórmharg*.
In Éigse 12, 1967/68, pp. 173-6.
_{IGT i 18; numismatic discussion.}

8569 CULLEN (L. M.): Life in Ireland.
London: Batsford; N.Y.: G. P. Putnam's Sons, 1968. xiv + 178 pp. illus.

8570 BINCHY (D. A.) *ed.*: Mellbretha.
In Celtica 8, 1968, pp. 144-54.
_{Reconstr. from fragm. in MS T.C.D. H 4 22 (no. 4, binding scrap) and quotations in MS Eg. 88; Engl. transl., analysis.}

8571 DOLLEY (Michael): The date of some glosses on *Bretha Déin Chécht*.
In id., pp. 167-73.
_{Dated to ca. m. 14th c., from the system of calculation of compensation in *screpal, pinginn, lethpinginn, crosóc*.}

8472 CULLEN (L. M.): Irish history without the potato.
In PP 40, July 1968, pp. 72-83.

8573 LUCAS (A. T.): Paring and burning in Ireland: a preliminary survey.
In The spade in northern and atlantic Europe. Ed. by A. Gailey & A. Fenton. Belfast: Ulster Folk Museum, Institute of Irish Studies, 1969. pp. 99-147.
_{With Ir. terminology.}

8574 Ó HEOCHAIDH (Seán) & Ó CATHÁIN (Séamas) *comps.*: Foclóir agus seanchas na farraige. (Vocabulary and lore of the sea in Donegal Irish. A supplement to Linguistic atlas and survey of Irish dialects, vol. 4, Dublin 1969.)
In ZCP 31, 1970, pp. 230-74.
_{With phonetic transcrs.}

8575 STERCKX (Claude): Les jeux de damiers celtiques.
In ABr 77, 1970, pp. 597-609.

8576 LUCAS (A. T.): Notes on the history of turf as fuel in Ireland to 1700 A.D.
In UF 15/16, 1970, pp. 172-202.
_{With Ir. terminology.}

8577 MAC NIOCAILL (Gearóid): A propos du vocabulaire social irlandais du bas moyen âge.
In ÉtC 12, 1968/71, (fasc. 2, 1970/71), pp. 512-46.
App.: ed. of a series of maxims concerning economy, of not before end 14th c., from MS T.C.D. F 5 3, with French transl., *Fearus tighi andso* ...

L 2 ANNALS

L 2.1 General & various

8578 [MACALISTER (R. A. S.)]: The origin and nature of the Irish books of annals.
In BICHS 12, April 1941, pp. 4-5.

8579 QUIN (Gordon): [* in *Lántu cóir*].
In IHS 3, 1942/43 (1943), p. 107.
ad. P. WALSH, The dating of Irish annals [Best² 2055a], p. 366: leg. *ind lān-tadchoir* 'of the full cycle'.

8580 O'RAHILLY (Thomas F.): Some questions of dating in early Irish annals.
In 482 [EIHM], (chap. 13), pp. 235-59, 501-12 [adds.].

8581 MACARTHUR (William P.): The identification of some pestilences recorded in the Irish annals.
In IHS 6, 1948/49 (1949), pp. 169-88.

8582 BONSER (W.): 'The date of Camlann' — and of the pestilence of the same year.
In Antiquity 24, 1950, pp. 142-3.
cf. ibid., p. 44.

8583 HENCKEN (Hugh): Lagore crannog: an Irish royal residence of the 7th to 10th centuries A.D.
With sections by Liam PRICE and Laura E. Start.
In PRIA 53 C, 1950/51, (no. 1), pp. 1-247. pls.
L.P.: The history of Lagore, from the annals and other sources (with a geneal.tab. showing the relationship of the branches of the Síl Aedha Sláne).

8584 Ó BUACHALLA (Liam): The construction of the Irish annals, 429-466.
In JCHAS 63, 1958, pp. 103-16.

8585 ——— : Notes on the early Irish annals, 467-550.
In JCHAS 64, 1959, pp. 73-81.

8586 BINCHY (D. A.): Lawyers and chroniclers.
In 508 [Seven centuries], (no. 4), pp. 58-71.

8587 LUCAS (A. T.): The plundering and burning of churches in Ireland, 7th to 16th century.
In 459 [N. Munster studies], pp. 172-229.

8588 BANNERMAN (John): Notes on the Scottish entries in the early Irish annals.
In SGS 11, 1968, pp. 149-70.

8589 DE PAOR (Liam): The aggrandisement of Armagh.
In HSt 8, 1971, pp. 95-110.

L HISTORY, GENEALOGY

8590   KELLEHER (J. V.): Uí Maine in the annals and genealogies to 1225.
In Celtica 9, 1971, pp. 61-112. geneal.tabs.
Review by

8591   Ó CONCHEANAINN (Tomás), *in* Éigse 14, 1971/72, pp. 158-60.

8592   Ó CORRÁIN (Donnchadh): *Mag Femin, Femen,* and some early annals.
In Ériu 22, 1971, pp. 97-9. (= Topographical notes 2)

8593   KELLEHER (John V.): The *Táin* and the annals.
In id., pp. 107-27. 2 (geneal.) tabs.

8594   HUGHES (Kathleen): Early Christian Ireland: introduction to the sources.
London: The Sources of History Ltd., 1972. 320 pp.
Chap. 4: The annals.

L 2.2   Particular collections
Annals of Ulster

8595   HULL (Vernam): The Middle Irish preterit passive plural in the Annals of Ulster.
In Lg 28, 1952, pp. 107-8.

8596   GWYNN (Aubrey): Cathal MAC MAGHNUSA and the Annals of Ulster.
In Clogher record 2, (no. 2, 1958), pp. 230-43; (no. 3, 1959), pp. 370-84.

8597   MAC NIOCAILL (Gearóid) *ed.*: Annála Uladh agus Annála Locha Cé, 1014-1220.
In Galvia 6, 1959, pp. 18-25.
Parallel texts of the prima manu entries from MSS T.C.D. H 1 8 and H 1 19 respectively.

8598   GREENE (David) & O'CONNOR (Frank) *eds. & trs.*: Dramatis personae.
In 5542 [Golden treasury], (no. 25), pp. 107-10.
3. (Conaing drowned, 622) *Tonna mora mórglana* [2 qq., cf. AU 621]; 4. (The dead princes in the mill, 650) *In grán meles in muilenn* [cf. AU 650]; 5. (Feidilmid, king of Munster, 840) *Is é Feidilmid in rí* [cf. AU 839].

8599   HENDERSON (Isabel): North Pictland.
In 526 [The dark ages], pp. 37-52.
App. A (pp. 43-9): Applecross and the Pictish and Dalriadic entries unique to the Annals of Ulster, circa 675 – circa 730 A.D.

Annals of Tigernach
8600   MACALISTER (R. A. S.): The sources of the preface to the 'Tigernach' annals.
In IHS 4, 1944/45 (1945), pp. 38-57.

Annals of Roscrea
8601   GLEESON (D.) & MAC AIRT (S.) *eds.*: The Annals of Roscrea.
In PRIA 59 C, 1957/58, (no. 3, 1958), pp. 137-80.
From MS Brussels 5301-20 (5303). Cross-references to other annals, indexes.

Annals of Inisfallen

8602 MAC AIRT (Seán) *ed.*: The Annals of Inisfallen (MS Rawlinson B 503).
Dublin: D.I.A.S., 1951. lii + 596 pp.
_{With Engl. transl., indexes (incl. A selective index of Irish technical and other terms).}
Reviews by

8603 MURPHY (Gerard), *in* Éigse 6, 1948/52, (pt. 4), pp. 350-60.
8604 C[OLLINS] (J. T.), *in* JCHAS 57, 1952, pp. 63-5.
8605 QUIN (E. G.), *in* IHS 8, 1952/53 (1953), pp. 168-71.
8606 VENDRYES (J.), *in* ÉtC 6, 1953/54, pp. 389-92.
Review [in Welsh] *by*
8607 WILLIAMS (J. E. Caerwyn), *in* LlC 3, 1954/55, pp. 59-60.
8608 GROSJEAN (Paul): *Paladius episcopus ... qui Patricius.*
In AB 70, 1952, pp. 317-26. (Notes d'hagiographie celtique, no. 22)
_{Comparison of BArm., fol. 16, col. 1, with AI §§ 387ff.}
8609 HULL (Vernam): The preterite passive plural in the Annals of Inisfallen.
In ZCP 24, 1954, (H. 1/2, 1953), pp. 126-7.
8610 ——— : The infixed and the independent objective pronoun in the Annals of Inisfallen.
In id., pp. 136-8.
8611 GWYNN (Aubrey): Were the Annals of Inisfallen written at Killaloe?
In NMAJ 8, (no. 1, 1958), pp. 20-33.
8612 LEECH (Roger H.): *Cogadh Gaedhel re Gallaibh* and the Annals of Inisfallen.
In NMAJ 11, 1968, pp. 13-21.

Annals of Connacht & Annals of Loch Cé

8613 HENNESSY (W. M.) *ed.*: The Annals of Loch Cé [v. Best¹ 251].
Republ. Dublin: (for I.M.C.) Stationery Office, 1939 [1940]. 2 voll. (= Reflex facsimiles, 3) [Best² 2074]
Review by
8614 DUIGNAN (Michael), *in* Éigse 3, 1941/43, (pt. 3, 1942), pp. 227-8.
8615 FREEMAN (A. Martin) *ed.*: Annála Connacht. The Annals of Connacht, (A.D. 1224-1544).
Dublin: D.I.A.S., 1944 (repr. 1971). xxiv + 854 pp. pls. (MS pp.)
_{From MS R.I.A. C iii 1; Engl. transl. Summary comparison with the contents of the Annals of Loch Cé. — cf. Best² 2070.}
Reviews by
8616 GWYNN (Aubrey), *in* Studies 33, 1944, pp. 416-9.
8617 BRADY (John), *in* IER 65, 1945, pp. 64-5.
8618 MURPHY (Gerard), *in* Éigse 6, 1948/52, (pt. 1), pp. 80-2.

8619 VENDRYES (J.), *in* ÉtC 5, 1949/51, (fasc. 1), pp. 213-5.
8620 [WALSH (Paul)]: The books of the O DUIGENANS.
In 432 [Men of learn.], (no. 2), pp. 13-24.
Cf. the author's The Annals of Loch Cé, *in* IER 56, 1940 (wr. at the occasion of the I.M.C.'s facs. of Hennessy's ed., 1939 [1940]).
8621 GWYNN (Aubrey): The Annals of Connacht and the abbey of Cong.
In JGAHS 27, 1956/57, pp. 1-9.
8622 MAC NIOCAILL (Gearóid) *ed.*: Annála Uladh agus Annála Locha Cé, 1014-1220.
In Galvia 6, 1959, pp. 18-25.
Parallel texts of the prima manu entries from MSS T.C.D. H 1 8 and H 1 19 respectively.
8623 THOMSON (R. L.): [on *in lá ria bfhéil imberta usce*, ALCé 1137].
In StC 2, 1967, pp. 128-30. (Commentariola Mannica, [no. 2])

Mac Carthaigh's book
8624 Ó HINNSE (Séamus) *ed.*: Miscellaneous Irish annals (A.D. 1114-1437).
Dublin: D.I.A.S., 1947. xix + 222 pp. pls. (MS facss.)
Fragment 1 (1114-1437), 'Mac Carthaigh's book'; from MSS N.L. G 6 and G 5.
Frgms. 2 and 3 (1237-1314, 1392-1407), from MS Rawl. B 488.
Engl. transl., indexes. App. on the spelling of frgms. 1 and 3, throwing light on the pronunciation of the scribes.
Reviews by
8625 MURPHY (Gerard), *in* Éigse 6, 1948/52, (pt. 1), pp. 80-2.
8626 MOONEY (Canice), *in* IHS 7, 1950/51 (1951), pp. 292-5.
8627 COLLINS (John T.): A McCarthy miscellany.
In JCHAS 53, 1948, pp. 95-103.
Misc. Ir. annals (8624), frgm. 1.
8628 Ó FIAICH (Tomás): The contents of 'Mac Carthaigh's book'.
In IER 74, 1950, pp. 30-9.
Misc. Ir. annals (8624), frgm. 1.
8629 Ó CUÍV (Brian): An entry in the 'Mac Carthaigh book of annals'.
In Éigse 8, 1956/57, pp. 96-8. (Miscellanea, no. 1)
ad annum 1117.2.

Annals of the Four Masters
cf. F 2.2 Franciscans.
8630 [O LOCHLAINN] (Colm) *ed.*: John O DONOVAN and the FOUR MASTERS.
In IBL 29, 1943/45, pp. 4-8.
Prospectus of O'D's original edition (3 voll., 1848).
8631 [WALSH (Paul)]: The FOUR MASTERS and their work.
Dublin: Three Candles, 1944. 44 pp.
Arrangement of the previously published material (cf. Best² 2080, 2081, 2114a), chaps. 7-9, and index, by Colm O LOCHLAINN.
Review by
8632 DUIGNAN (Michael), *in* Éigse 4, 1943/44 (1945), p. 312.

8633 CONCANNON (Helena): John O'DONOVAN and the Annals of the Four Masters.
In Studies 37, 1948, pp. 300-7.

8634 [O LOCHLAINN] (Colm): Annals of the Four Masters.
In IBL 31, 1949/51, (no. 6, 1951), pp. 126-8.
> Bibliogr. description; cf. [P. WALSH], The Four Masters and their work, 1944, §8.

8635 BOYLE (Alexander): Fearghal Ó GADHRA and the FOUR MASTERS.
In IER 100, 1963, pp. 100-14.

8636 GIBLIN (Cathaldus): The Annals of the Four Masters.
In 520 [Great books], (no. 8), pp. 90-103.

8637 GREENE (David) & O'CONNOR (Frank) *eds. & trs.*: Dramatis personae.
In 5542 [Golden treasury], (no. 25), pp. 107-10.
> 1. (Aed mac Colggan, d. 610) *Ro boí tan* [2 qq., cf. FM 606]; 2. (Aed Bennán, d. 619) *Aed Bennán* [2 qq., cf. FM 614].

8638 ——— *eds. & trs.*: Medieval diary.
In id., (no. 52), pp. 200-1.
> 2. (Mael Sechnaill II, †1022) *A choscar derg dédenach* [cf. FM 1022]; 3. (The two queens, †1088) *Mór, ingen meic Thaidg a-tuaid* [cf. FM 1088].

8639 MHÁG CRAITH (Cuthbert) *ed.*:
Beag táirthear [do]n tagra mbaoith. By Fear Feasa Ó MAOIL CHONAIRE.
In 5551 [Dán Br.M.], (39. Apologia), pp. 194-225.
> 1646. Text (qq. 1-57, 82-101) based on MS R.I.A. 24 P 33; rest from 24 P 24. For the preceding prose of this reply to Tuileagna's objections, see P. Walsh, Gen. Regum et SS. [Best² 2226], pp. 134-8.

8640 Ó FIANNACHTA (Pádraig): Stair finnscéal agus annála.
In LCC 2, 1971, (no. 1), pp. 5-13.

Fragmentary annals

8641 WAINWRIGHT (F. T.): DUALD's 'Three fragments'.
In Scriptorium 2, 1948, pp. 56-8. pl.
> Dubháltach MAC FIR-BHISIGH's title and the headings in MS Brussels 5301-20.

8642 ——— : Ingimund's invasion.
In EHR 63, 1948, pp. 145-69.
> App.: Engl. transl. of the relev. sections from Three frag., pp. 226ff, by I. L. FOSTER.

Others

8643 Ó CUILLEANÁIN (Cormac): The Dublin Annals of Inisfallen .i. na hannála i MS H 1 7, T.C.D.
In 437 [Fs. Torna], pp. 183-202.

8644 Ó HINNSE (Séamus) *ed.*: Miscellaneous Irish annals (A.D. 1114-1437).
Dublin: D.I.A.S., 1947. xix + 222 pp. pls. (MS facss.)
> Fragment 1 (1114-1437), 'Mac Carthaigh's book'; from MSS N.L. G 6 and G 5.

Frgms. 2 and 3 (1237-1314, 1392-1407), from MS Rawl. B 488. Engl. transl., indexes. App. on the spelling of frgms. 1 and 3, throwing light on the pronunciation of the scribes.

8645 Mac Niocaill (Gearóid) *ed.*: Cáipéisí ón gceathrú céad déag.
In Galvia 5, 1958, pp. 33-42.
1. De rebus gestis in Hibernia, 1315-1318 [from MS Cambr. Add. 3392c].
2. Annála gearra, 1360-1402 [from MS Edinb. 2].
3. Dhá nóta le Murchadh Ó Cuinnlis. 1399 [from YBL].

8646 ———— : Annála gearra as proibhinse Ard Macha.
In SAM 3, (no. 2, 1959), pp. 337-40.
Comp. c. 1200 (last date: 1134); from MS B.M. Add. 30512.

8647 [Walsh (Paul)] *ed.*: Annála beaga Fear Manach.
In 448 [Irish chiefs], (no. 2), pp. 58-66.
Republ., with an Engl. transl., of the author's Short annals of Fir Manach, 1935 [v. Best² 2111].

8648 de hÓir (Éamonn) *ed.*: Annála as Bréifne.
In Breifne 4, (no. 13, 1970), pp. 59-86.
Annalistic items, 1161-1583, concerning Bréifne; from MS R.I.A. 23 F 12, with comparative references and indexes.

L 3 OTHER SOURCES

L 3.1 General & various

8649 Maniet (Albert): Myles Dillon. Notice biographique et bibliographique, et résumé de sa conférence Notes sur les sources de l'histoire ancienne de l'Irlande.
Louvain: C.I.D.G., 1958. 9 pp. portr. (= Biographies et conférences, 11)

8650 Ó Muireadhaigh (Réamonn) *ed.*: Aos dána na Mumhan, 1584.
In IMN 1960, pp. 81-4.
Munster poets, historians, etc., in 1584. From MS Lambeth, Carew 627.

8651 Kenney (James F.): The sources for the early history of Ireland: ecclesiastical. An introduction and guide.
N.Y.: Octagon, 1966; Shannon: I.U.P., 1968 [spine: Octagon]. xviii + 815 pp. charts (fold.) (= Records of civilization: Sources and studies, no. 11)
Reprint of 1929 edition; Preface, and corrections and additions, by Ludwig Bieler.

8652 Byrne (Francis John): Seventh-century documents.
In IER 108, 1967, pp. 164-82.
Critical survey of Irish and Latin, datable and contemporary, texts. Paper read at the I.C.H.C.'s Easter Conference on Irish Church history, 1964.

8653 Ó Séaghdha (Nessa *Ní Shéaghdha*) *ed.*: Stair fhír-cheart ar Éirinn. Hugh Reily do sgríobh. Mar aon le Dearbhadh Chatoilicithe na hÉireann don Dara Séarlus; Óráid Oiliféir Plaincéad;

L. HISTORY, GENEALOGY

      Coinghill Luimnigh; agus Cás na gCatoilicithe (Dr. NARY). Uilliam Ó MURCHADHA do chuir i nGaedhilg (1772).
      B.Á.C.: O.S., 1941. viii + 178 pp. (= LóL, iml. 3)
          Ir. transl., by Uilliam Ó MURCHADHA, of Hugh REILY. The impartial history of Ireland, 1744 (v. Bradshaw 6223). From autogr. MS R.I.A. I v 1.

8654 [WALSH (Paul)]: An Leabhar Muimhneach.
      In IHS 3, 1942/43 (1943), pp. 135-43.
          Review article on Tadhg Ó DONNCHADHA's ed. (Best² 2203); revised and completed for publication by Colm O LOCHLAINN.
      Republ. in 432 [Men of learn.], (21. The Book of Munster), pp. 252-62.

8655 CARNEY (James) ed.:
      Topographical poems. By Seaán Mór Ó DUBHAGÁIN & Giolla-na-naomh Ó HUIDHRÍN.
      Dublin: D.I.A.S., 1943. xv + 159 pp.
          With notes and onomastic index.

8656 CURTIS (Edmund) & MCDOWELL (R. B.) eds.: Irish historical documents, 1172-1922.
      London: Methuen, 1943. 331 pp.
          The principal constitutional, political and ecclesiastical documents of Anglo-Irish history.

8657 O'RAHILLY (Cecile) ed.: Five seventeenth-century political poems.
      Dublin: D.I.A.S., 1952. ix + 181 pp.
          Accentual verse, wr. between 1640 and 59; variorum eds., notes, glossary. Abbr.: 17th c. polit. poems.

8658 O'BRIEN (M. A.) ed.: A Middle-Irish poem on the Christian kings of Leinster.
      In Ériu 17, 1955, pp. 35-51.
          Cóic ríg tríchat triallsat róe. Composite poem (qq. 1-38 of the period 915-40; qq. 41ff of 1024-36). From MS Rawl. B 502, with Engl. transl. and notes.

8659 MAC CANA (Proinsias) ed.: A poem attributed to CORMAC MAC CUILENNÁIN (†908).
      In Celtica 5, 1960, pp. 207-17.
          Oilill Ōlom, amra in gein. 12 qq.; principal MSS: B.M. Eg. 92, BLism., BB; 2 add. qq. from MSS R.I.A. 23 B 24. With Engl. transl. Contains a list of Munster kings.

8660 Ó CUÍV (Brian) ed.: A contemporary account in Irish of a nineteenth-century tithe affray.
      In PRIA 61 C, 1960/61, (no. 1), pp. 1-21.
          By Dáibhí DO BARRA al. David BARRY (c.1758-1851). From autograph MS N.L. G 653. Chap. on the language of the text (east Cork dialectal features).

8661 DILLON (Myles) ed.: Lebor na cert. The Book of rights.
      Dublin: E.C.I., 1962. xxv + 198 pp. map (= ITS, vol. 46)
          Variorum ed. (based on Lc) with Engl. transl. and notes.
          App. A: ed., with Engl. transl., of Timna Chathaír Máir, recc. 1 and 2.
          Map, with notes, by Liam PRICE.

8662 BYRNE (Francis John) ed.: Clann Ollaman uaisle Emna.
      In StH 4, 1964, pp. 54-94. gen.tabs.
          Ca. 1165; variorum ed., Engl. transl., notes. Poem on the Christian kings of Ulster.

L HISTORY, GENEALOGY

8663 BANNERMAN (John): Senchus Fer nAlban.
In Celtica 7, 1966, pp. 142-62; 8, 1968, pp. 90-111; 9, 1971, pp. 217-65 [to be cont.].
> Part 1: ed. of the 10th c. *Senchus Fer nAlban*, based on MS T.C.D. H 2 7, Engl. transl., notes; version in MAC FIRBIS's Book of genealogies (MS U.C.D.) printed separ. App.: *Genelaig Albanensium*, from MS H 2 7.

8664 Ó RIAIN (Pádraig) *ed.*: Two legends of the Uí Máille.
In Éigse 14, 1971/72, pp. 1-12.
> From BUíM; Engl. transl., notes.

Keating

8665 CRONIN (Anne): The sources of KEATING's *Forus feasa ar Éirinn*.
In Éigse 4, 1943/44 (1945), (pt. 4), pp. 235-79; 5, 1945/47 (1948), (pt. 2, 1946), pp. 122-35 [no more publ.].
> 1. The printed sources; 2. Manuscript sources, (1) The manuscript sources of book 1, chaps. 4-23 (*Lebor gabála Érenn*, etc.).

8666 Ó SÚILLEABHÁIN (Pádraig): CÉITINN agus CAESARIUS HEISTERBACENSIS.
In Éigse 9, 1958/61, (pt. 4), p. 242. (Varia, no. 4)
> cf. Éigse 4.273f.

8667 Ó CUÍV (Brian) *ed.*: An eighteenth-century account of KEATING and his *Foras feasa ar Éirinn*.
In id., pp. 263-9.
> Engl. text, 'Dissertation' by Thomas O SULLEVANE, pref. to the Memoirs of ... The Marquis of Clanricarde ..., 1722 [v. Bradshaw 8513].

8668 Ó HEARCAIN (Marius): Seathrún CÉITINN.
In IMN 1962, pp. 19-25.

8669 Ó CUÍV (Brian) *ed.*: A seventeenth-century criticism of KEATING's *Foras feasa ar Éirinn*.
In Éigse 11, 1964/66, (pt. 2, 1965), pp. 119-40.
> From MS R.I.A. 23 M 40; with notes.

8670 ———: Some items from Irish tradition.
In id., (pt. 3, 1965/66), pp. 167-87, 290.
> 1. Labraid Loingsech [incl. ed. of relevant scholia to ACC, from MS N.L. G 50; on KEATING's use of source material for the L.L. section in FF].

8671 Ó FIANNACHTA (Pádraig): Stair finnscéal agus annála.
In LCC 2, 1971, (no. 1), pp. 5-13.

L 3.2 Aetiology, Synthetic history
cf. I 5 Onomastic lore

8672 UTLEY (Francis Lee): The one hundred and three names of Noah's wife.
In Speculum 16, 1941, pp. 426-52.

8673 O'RAHILLY (Thomas F.): Early Irish history and mythology.
Dublin: D.I.A.S., 1946 (repr. 1957, 64). x + 566 (568 in repr.) pp.
Adds. & corrs. in Celtica 1, 1950, pp. 391-402, 409.

L HISTORY, GENEALOGY

8674 CARNEY (James) *ed.*: De scriptoribus Hibernicis.
In Celtica 1, 1950, (no. 1, 1946), pp. 86-110 [cf. p. 404].
  By An Dubháltach MAC FIR BHISIGH. from autograph MS Rawl. B 480, wr. 1657.

8675 PENDER (Séamus) *ed.*: Two unpublished versions of the Expulsion of the Déssi.
In 437 [Fs. Torna], pp. 209-17.
  From BUíM and LF (frgm.) respectively.

8676 HULL (Vernam) *tr.*: Conall Corc and the Corco Luigde.
In PMLA 62, 1947, pp. 887-909.
  Engl. transl. [v. Best[2] 1227b] and notes; dated to late 7th or early 8th c. (ling. dating criteria).
  App.: ed. of *Geineamuin Chuirc meic Luigdeach*, from Lc; with Engl. transl.

8677 [CHADWICK (H. M.)]: Early Scotland. The Picts, the Scots & the Welsh of southern Scotland.
Ed., and introd., by Nora Kershaw CHADWICK.
Cambridge: U.P., 1949. xxxi + 171 pp. pls., map

8678 SJOESTEDT (Marie-Louise): Gods and heroes of the Celts.
Transl., with a preface, by Myles DILLON.
London: Methuen, 1949. xxi + 104 pp.
  Dieux et héros des Celtes, Paris 1940.

8679 DONAHUE (Charles): Grendel and the *clanna Cain*.
In JCS 1, 1950, pp. 167-75.

8680 HULL (Vernam) *ed.*: The migration of the Ciarraige.
In Speculum 25, 1950, pp. 184-9.
  Based on YBL; with Engl. transl. and notes.

8681 DILLON (Myles) *ed.*: The Story of the finding of Cashel.
In Ériu 16, 1952, pp. 61-73.
  Senchas fagbála Caisil, from (sole) MS T.C.D. H 3 17. With Engl. transl. and notes.

8682 MAC AIRT (Seán) *ed.*: Middle-Irish poem on world-kingship.
In ÉtC 6, 1953/54, pp. 255-80; 7, 1955/56, pp. 18-45; 8, 1958/59, pp. 98-119, 284-97 [no more publ.].
  Réidig dam, a Dé do nim, a series of 7 poems, by FLANN MAINISTRECH. wr. shortly before his death in 1056. Based on MS R.I.A. D iv 3; with Engl. transl. and notes.

8683 O'BRIEN (M. A.): Irish origin-legends.
In 494 [Early Ir. soc.], (no. 3), pp. 36-51.

8684 CARNEY (James): Studies in Irish literature and history.
Dublin: D.I.A.S., 1955. xi + 412 pp.
  5. The *Vita Kentegerni* and the Finding of the Táin.

8685 BORST (Arno): Der Turmbau von Babel. Geschichte der Meinungen über Ursprung und Vielfalt der Sprachen und Völker.
Stuttgart: Hiersemann, 1957-63. 4 in 6 voll. (viii + 2320 pp.).

8686 HULL (Vernam) *ed.*: The later version of the Expulsion of the Déssi.
In ZCP 27, 1958/59, (H. 1/2, 1957), pp. 14-63.
  Parallel texts from LU, T.C.D. H 3 17, and H 2 15a; with Engl. transl. and notes.

8687 CHADWICK (Nora K.): Early culture and learning in north Wales.
In 505 [SEBC], (chap. 1), pp. 29-120.

8688 HULL (Vernam): On *Scél Túain maic Cairill*.
In Celtica 5, 1960, pp. 138-40. (Varia Hibernica, no. 5)
Interpretation of two sentences of the first recension (Im.Brain ii 292 §13).

8689 MAC CANA (Proinsias): The origin of *Marbán*.
In BBCS 19, 1962, (pt. 1, 1960), pp. 1-6.

8690 MAC SUIBHNE (Seán): Tótamas in Éirinn.
B.Á.C.: Clóchomhar, 1961. x + 92 pp. (= Leabhair thaighde, iml. 5)
With a terminological glossary.

8691 KELLEHER (John V.): Early Irish history and pseudo-history.
In StH 3, 1963, pp. 113-27.

8692 MAC EOIN (Gearóid S.): On the Irish legend of the origin of the Picts.
In StH 4, 1964, pp. 138-54.
Distinguishes 5 Irish versions.

8693 OSKAMP (H. P. A.): On the author of *Sex aetates mundi*.
In StC 3, 1968, pp. 127-40.

8694 BYRNE (Francis John): The rise of the Uí Néill and the high-kingship of Ireland.
[Dublin]: N.U.I., [n.d.]. 27 pp. (= O'Donnell lecture, U.C.D., 1969)

8695 Ó SÚILLEABHÁIN (Seán): Etiological stories in Ireland.
In Medieval literature and folklore studies. Essays in honor of Francis Lee Utley. Ed. by J. Mandel & B. A. Rosenberg. New Brunswick (N.J.): Rutgers U.P., 1970. pp. 257-74.

8696 BOYLE (A.) *ed.*: The Edinburgh synchronisms of Irish kings.
In Celtica 9, 1971, pp. 169-79.
Based on MS Edinb. 28; major differences from Thurneysen's text (Best^2 2109) noted.

In Lebor gabála

8697 MACALISTER (R. A. Stewart) *ed.*: Lebor gabála Érenn.
Dublin: E.C.I., 1938-56. 5 voll. (= ITS, voll. 34 [for 1932], 35 [for 1933], 39 [for 1937], 41 [for 1939], 44 [for 1942])
Variorum eds. of 4 recensions; verse parts ed. separ. With Engl. transl. and notes.
Review of pt. 4 *by*

8698 DE B[LACAM] (A.), *in* The Irish monthly 70, 1942, pp. 83-5.

8699 BINCHY (D. A.), *in* Celtica 2, 1954, (pt. 1, 1952), pp. 195-209.

8700 Ó REACHTBHRA (Seosamh) [RAFTERY (Joseph)]: Gabhála Éireann.
In An Iodh Morainn 3, 1942, pp. 61-5.

8701 SMITH (Roland M.): SPENSER's tale of the two sons of Milesio.
In MLQ 3, 1942, pp. 547-57.

8702 ———: SPENSER, HOLINSHED, and the *Leabhar gabhála*.
In JEGP 43, 1944, pp. 390-401.

L. HISTORY, GENEALOGY

8703 CRONIN (Anne): The sources of KEATING's *Forus feasa ar Eirinn*.
In Éigse 4, 1943/44 (1945), (pt. 4), pp. 235-79; 5, 1945/47 (1948), (pt. 2, 1946), pp. 122-35 [no more publ.].
: 1. The printed sources; 2. Manuscript sources, (1) The manuscript sources of book 1, chaps. 4-23 (*Lebor gabála Érenn*, etc.).

8704 MERONEY (Howard): Fénius and Gáedel in the *Lebar Cindfáelad*.
In MPh 43, 1945, pp. 18-24.
: Auraic. 68-734 (~ 2356-3492).

8705 DILLON (Myles): Lebor gabála Érenn.
In JRSAI 86, 1956, pp. 62-72.

8706 SMITH (Roland M.): Meredith HANMER and the *Cesair* myth.
In JCS 2, 1958, pp. 207-13.

8707 Ó CUÍV (Brian): Cath Maige Tuired.
In 507 [Irish sagas], (no. 2), pp. 24-37.

8708 GUYONVARC'H (Christian-J.) *tr.*: La Conception des deux porchers.
In Ogam 12, 1960, pp. 73-90.
: Annexe: Fr. transl. of *Am gáeth i mmuir* (as in LGÉ v 110).

8709 REES (Alwyn) & REES (Brinley): Celtic heritage. Ancient tradition in Ireland and Wales.
London: Thames & Hudson, 1961. 427 pp.

8710 Ó BUACHALLA (Liam): The *Lebar gabála* or Book of invasions of Ireland. Notes on its construction.
In JCHAS 67, 1962, pp. 70-9. geneal.tab.

8711 MAC NIOCAILL (Gearóid) *ed.*: Blogh de *Tochomlad mac Míledh*.
In Celtica 6, 1963, pp. 259-61.
: From MS Cambr. R 14.48.

8712 MAC EOIN (Gearóid S.): On the Irish legend of the origin of the Picts.
In StH 4, 1964, pp. 138-54.
: Distinguishes 5 Irish versions.

8713 GUYONVARC'H (Christian-J.): Irlandais *Míl*, celtique continental *Miletu-marus*.
In Ogam 19, 1967, pp. 265-6. (Notes d'étymologie et de lexicographie gauloises et celtiques (27), no. 124)

8714 LE ROUX (Françoise): La mythologie irlandaise du Livre des conquêtes.
In Ogam 20, 1968, pp. 381-404.

8715 WATKINS (Calvert): Language of gods and language of men: remarks on some Indo-European metalinguistic traditions.
In 524 [Myth and law], pp. 1-17.
: Evidence from *Auraicept na n-éces*.

L 3.3 Historical romance
cf. G 3 Cycles of the kings; K 2 Hagiology

8716 O LOCHLAINN (Colm): Poets on the battle of Clontarf.
In Éigse 3, 1941/42 (1943), (pt. 3, 1942), pp. 208-18; 4, 1943/44 (1945), (pt. 1), pp. 33-47.

MAC COISE, MAC LIAC, FLANN MAC LONÁIN and his mother LAITHEÓC, are literary figments.

8717 [WALSH (Paul)] *ed.*: The Life of Aodh Ruadh O Domhnaill, transcribed from the Book of Lughaidh Ó CLÉRIGH.
Prepared for press by Colm O LOCHLAINN.
Dublin: E.C.I., 1948, 57. 2 voll. (= ITS, voll. 42 [for 1940], 45 [for 1943])
> Add. t.-p.: Beatha Aodha Ruaidh Uí Dhomhnaill, as Leabhar Lughaidh Uí Chlérigh ... ó láimh an tsagairt Pól Breathnach ...
> From MS R I A 23 P 24, with Engl. transl. Portion of the introd. republ. from IHS (Best² 2122). Various documents and poems connected with the O Donnell family; notes on the text. Glossary by Máirín O DALY. Abbr.: Aodh Ruadh.

Review of Part 2 *by*
8718 Ó CUÍV (Brian), *in* Éigse 9, 1958/61, (pt. 3, 1959/69), pp. 206-7.

8719 Ó CUÍV (Brian): Literary creation and Irish historical tradition.
In PBA 49, 1963, pp. 233-62. (= Rhŷs lecture, 1963)
Sep. issued London: O.U.P., [n.d.]. [same pagin.].

8720 GREENE (David) & O'CONNOR (Frank) *eds. & trs.*: *Truaghán sin, a Rí na Ríogh.*
In 5542 [Golden treasury], (45. The song of the heads), pp. 176-8.
> Prob. 12th c., from a romance about the death of Cormac mac Cuilennáin; v. Best² 1307; modernized in spelling.

8721 LEECH (Roger H.): *Cogadh Gaedhel re Gallaibh* and the Annals of Inisfallen.
In NMAJ 11, 1968, pp. 13-21.

Caithréim Thoirdhealbhaigh

8722 HULL (Vernam): The preterite passive plural in *Caithréim Thoirdhealbhaigh.*
In Éigse 8, 1956/57, (pt. 1, 1955), pp. 30-1.

8723 MCNAMARA (Leo F.): The *Caithréim Thoirdhealbhaigh* manuscripts and O'GRADY's edition.
In MPh 59, 1961, pp. 122-5.

8724 ———: An examination of the medieval Irish text *Caithréim Thoirdhealbhaigh.*
In NMAJ 8, 1958/61, (no. 4, 1961), pp. 182-92.

8725 ———: Traditional motifs in the *Caithréim Thoirdhealbhaigh.*
In Kentucky foreign language quarterly 8, 1961, pp. 85-92.

L 3.4 Other sources: Non-Irish

8726 SMITH (Roland M.): The Irish background of SPENSER's *View.*
In JEGP 42, 1943, pp. 499-515.
> 2. Irish terms in the *View.*

8727 ———: More Irish words in SPENSER.
In MLN 59, 1944, pp. 472-7.

8728 ———: SPENSER, HOLINSHED, and the *Leabhar gabhála.*
In JEGP 43, 1944, pp. 390-401.

8729 HUDSON (Wilson M.): Ossian in English before MACPHERSON: HANMER's *Chronicle of Ireland,* 1633.
In University of Texas studies in English 29, 1950, pp. 118-28.
8730 SMITH (Roland M.): Meredith HANMER and the *Cesair* myth.
In JCS 2, 1958, pp. 207-13.
8731 O'DONNELL (Thomas J.) *ed.*: Selections from the *Zoilomastix* of Philip O'SULLIVAN BEARE.
Dublin: (for I.M.C.) Stationery Office, 1960. lxviii + 111 pp.
_{Wr. 1625/26; from autogr. MS Uppsala H 248.}
_{Refutation of GIRALDUS CAMBRENSIS and R. STANIHURST.}

Giraldus Cambrensis
cf. L 1.1.2 Normans
8732 O'MEARA (John J.) *ed.*: GIRALDUS CAMBRENSIS in *Topographia Hibernie.* Text of the first recension.
In PRIA 52 C, 1948/50, (no. 4, 1949), pp. 113-78.
8733 ——— *tr.*: The first version of the Topography of Ireland by GIRALDUS CAMBRENSIS.
Dundalk: Dundalgan Press (W. Tempest), 1951. 121 pp. illus.
_{With foreword, notes and index by J. J. O'M.}
8734 STEWART (James): The death of Turgesius.
In Saga-book 18, 1970/73, (pts. 1/2, 1970/71), pp. 47-58.
_{The account in GIRALDUS CAMBRENSIS' *Topographia Hiberniae.*}
8735 MARTIN (F. X.): GERALD OF WALES, Norman reporter on Ireland.
In Studies 58, 1969, pp. 279-92.

L 3.4.1 Foreign views of the Irish
8736 BARTLEY (J. O.): The development of a stock character. 1. The stage Irishman to 1800.
In MLR 37, 1942, pp. 438-47.
8737 HENNIG (John): Some early German accounts of Schomberg's Irish campaign.
In UJA 11, 1948, pp. 65-80.
8738 BARTLEY (J. O.) & SIMS (D. L.): Pre-nineteenth century stage Irish and Welsh pronunciation.
In PAPS 93, 1949, pp. 439-47.
8739 HENNIG (John): Notes on early representations of Irishmen in German books.
In JRSAI 80, 1950, pp. 158-63. pls.
8740 ———: Irish-German literary relations. A survey.
In German life and letters 3, 1950, pp. 102-10.
8741 ———: *Fortunatus* in Ireland.
In UJA 13, 1950, pp. 93-104.
8742 ———: Ireland's place in the chivalresque literature of mediaeval Germany.
In PRIA 53 C, 1950/51, (no. 3), pp. 279-98.

8743 KENNEDY (Sheila): COQUEBERT DE MONTBRET in search of the hidden Ireland.
In JRSAI 82, 1952, pp. 62-7.

8744 MAXWELL (Constantia): The stranger in Ireland. From the reign of Elizabeth to the great famine.
London: J. Cape, 1954. 340 pp.

8745 BARTLEY (J. O.): Teague, Shenkin and Sawney. Being an historical study of the earliest Irish, Welsh and Scottish characters in English plays.
Cork U.P., 1954. 339 pp. pls.

8746 BISCHOFF (Bernhard): Theodulf und der Ire CADAC-ANDREAS.
In Historisches Jahrbuch 74, 1955, pp. 92-8.
Republ. in 454 [M.a. Studien], vol. 2, pp. 19-25.

8747 TANIGUCHI (Jiro): A grammatical analysis of artistic representation of Irish English, with a brief discussion of sounds and spelling.
Tokyo: Shinozaki Shorin, [1956]. xii + 292 pp.

8748 WALL (Thomas): Bards and Bruodins.
In 445 [Wadding essays], pp. 438-62.
The 1669-72 literary controversy of Antony BRUODIN (MACBRODY) and Thomas CAREW.

8749 HENNIG (John): Goethes Irlandkunde.
In DVjS 31, 1957, pp. 70-83.

8750 ———: Studien zur Geschichte der deutschsprachigen Irlandkunde bis zum Ende des achtzehnten Jahrhunderts.
In DVjS 35, 1961, pp. 617-29.

8751 QUINN (David Beers): The Elizabethans and the Irish.
Ithaca (N.Y.): (for Folger Shakespeare Library) Cornell U.P., 1966. ix + 204 pp.

8752 JONES (W. R.): England against the Celtic fringe: a study in cultural stereotypes.
In Journal of world history 13, 1971, pp. 155-71.

L 4 GENEALOGY

L 4.1 General, Regional

8753 PENDER (Séamus) *ed.*: The O Clery book of genealogies.
In AnH 18, 1951, xxxv + 198 pp. 2 pls. (MS facss.)
MS R.I.A. 23 D 17.

8754 GREENE (David): The Irish genealogies.
In Burke's genealogical and heraldic history of the landed gentry of Ireland. Ed. by L. G. Pine. 4th ed. London: Burke's Peerage Ltd., 1958. pp. xiii-xv, xxi.

8755 O'BRIEN (M. A.) *ed.*: Corpus genealogiarum Hiberniae. – Vol. 1.
Dublin: D.I.A.S., 1962. vii + 764 pp.
(1) from MS Rawl. B 502 (with variants from LL, Lc, BB); (2) from LL (parts not in R). Elaborate indexes of tribes and families, personal names, place names.

Reviews by
8756 Ó Cuív (Brian), *in* Éigse 10, 1961/63, (pt. 4), pp. 328-32.
8757 Byrne (Francis John), *in* ZCP 29, 1962/64, (H. 3/4, 1964), pp. 381-5.
8758 Kelleher (John V.): The pre-Norman Irish genealogies.
In IHS 16, 1968/69 (1969), pp. 138-53.
> Review article on M. A. O'Brien. Corpus genealogiarum Hiberniae, 1962.

8759 M[ulchrone] (K.): [*rev.* Tadhg Ó Donnchadha, An Leabhar Muimhneach (Best² 2203)].
In JGAHS 20, 1942/43, pp. 94-5.
8760 [Walsh (Paul)]: An Leabhar Muimhneach.
In IHS 3, 1942/43 (1943), pp. 135-43.
> Review article on Tadhg Ó Donnchadha's ed. (Best² 2203); revised and completed for publication by Colm O Lochlainn.

Republ. in 432 [Men of learn.], (21. The Book of Munster), pp. 252-62.
8761 Ó Buachalla (Liam): The Féine or Goidels.
In JCHAS 49, 1944, pp. 25-9.
8762 ———— : The Érainn or Érna.
In id., pp. 106-15.
8763 Ó Maolagáin (P.): Uí Chremthainn and Fir Fernmaighe.
In JCLAS 11, 1945/48, (no. 3, 1947 (1948)), pp. 157-63. geneal.tabs.
8764 Jackson (Kenneth) *ed.*: The poem *A ēolcha Alban uile.*
In Celtica 3, 1956, pp. 149-67.
> The Duan Albanach, of c. 1093. From Dubhaltach Mac Fir Bhisigh's Book of genealogies, MS in U.C.D., with full variants, notes.

8765 O'Brien (M. A.): *Cobor Mongfind.*
In id., pp. 181-2. (Etymologies and notes, no. 21)
> Read *Cobor Mongfind banchōem de Alba*, in the genealogies (Rawl. B 502, 151a46, etc.); cf. Wortk. 57.

8766 Jackson (Kenneth) *ed.*: The Duan Albanach.
In SHR 36, 1957, pp. 125-37.
> *A éolcha Alban uile*, from Dubhaltach Mac Fir Bhisigh's Book of genealogies, MS in U.C.D.; with Engl. transl., notes.

8767 Ó Dufaigh (Seosamh) *ed.*: Families of medieval Clones.
In ClRec 2, (no. 3, 1959), pp. 385-414.
> Genealogical text, from BB and Lc; with Engl. transl., notes, indexes and geneal.tabs.

8768 Bannerman (John): Senchus Fer nAlban.
In Celtica 7, 1966, pp. 142-62; 8, 1968, pp. 90-111; 9, 1971, pp. 217-65 [to be cont.].
> Part 1: ed. of the 10th c. *Senchus Fer nAlban*, based on MS T.C.D. H 2 7, Engl. transl., notes; version in Mac Firbis's Book of genealogies (MS U.C.D.) printed separ. App.: *Genelaig Albanensium*, from MS H 2 7.

8769 Ó CORRÁIN (Donncha): Studies in west Munster history.
In JKAHS 1, 1968, pp. 46-55; 2, 1969, pp. 27-37; 3, 1970, pp. 19-22. gen.tabs.
> 1. The regnal succession in Ciarraighe Luachra, 741-1165; 2. Alltraighe.

8770 ———— *ed.*: Later Eóganacht pedigrees.
In JCHAS 74, 1969, pp. 141-6.
> From BUíM.

8771 ———— : Lugaid Cal and the Callraige.
In Éigse 13, 1969/70, pp. 225-6.
> Genealogical connection of the Callraige with the Corcu Loígde rejected as fabrication.

8772 KELLEHER (J. V.): Uí Maine in the annals and genealogies to 1225.
In Celtica 9, 1971, pp. 61-112. geneal.tabs.

8773 Ó DOIBHLIN (Éamon): O Neill's 'own country' and its families.
In SAM 6, (no. 1, 1971), pp. 3-23.

L 4.2 Genealogy: Families, Individuals
cf. F 2.2 Scholars, Learned families

8774 MACLYSAGHT (Edward): Irish families: their names, arms and origins.
Illus. by Myra Maguire.
Dublin: Hodges Figgis, 1957. 366 pp. pls., chart (fold.)

8775 ———— : More Irish families.
Galway, Dublin: O'Gorman, 1960. 320 pp. pl., charts

8776 ———— : Supplement to 'Irish families'.
Dublin: Helicon, 1964. 163 pp.

8777 ———— : A guide to Irish surnames.
Dublin: Helicon, 1964. 248 pp.

8778 BARRY (John G.): The study of family history in Ireland.
[Dublin]: N.U.I., [n.d.]. 36 pp. (= O'Donnell lecture, U.C.C., 1967)

8779 ———— : Guide to records of the Genealogical Office, Dublin, with a commentary on heraldry in Ireland and on the history of the Office.
In AnH 26, 1970, pp. 1-43.

8780 CURTIS (Edmund) *ed.*: The O'MAOLCONAIRE family. Unpublished letters from Sir Edward CONRY, Bart., to H.F. Hore, Esq., 1864.
In JGAHS 19, 1940/41, pp. 118-46. geneal.tab. (fold.)

8781 O'RAHILLY (Thomas F.): A Hiberno-Scottish family (Ó MUIR-GHEASÁIN, MORRISON).
In SGS 5, 1942, pp. 101-5.

8782 COLLINS (John T.): The Healys of Donoughmore.
In JCHAS 48, 1943, pp. 124-32.

8783 MCGRATH (Cuthbert): Materials for a history of CLANN BHRUAID-EADHA.
In Éigse 4, 1943/44 (1945), (pt. 1), pp. 48-66.

8784 BÁIRÉAD (Fearghus): Muinter Ghadhra.
In 431 [Measgra Uí Chléirigh], pp. 45-64.

8785 Ó MAOL-CHRÓIN (Caitilín *Ní Maol-Chróin*) *ed.*: Geinealaigh CLAINNE AODHAGÁIN. A.D. 1400-1500, ollamhain i bhféineachus is i bhfilidheacht.
In id., pp. 132-9. gen.tab.
From MSS (1) R.I.A. 23 Q 10, (2) BUíM.

8786 MAC AIRT (Seán) *ed.*: Leabhar Branach. The Book of the O'Byrnes.
Dublin: D.I.A.S., 1944. xviii + 454 pp.
73 poems, addressed to chieftains of the O'Byrne family of Co. Wicklow, 1550-1630. Based on the Harvard MS (c. 1726), variants noted mainly from MS T.C.D. H 1 14 (70 poems); notes. Abbr.: LBran.
App. A: contents of the Harvard MS; B: prose excerpts concerning O'Byrnes of the 17th c.; C: notes on the Irish of Co. Wicklow (mainly as shown by the Harvard MS).

8787 CARNEY (James) *ed.*: Poems on the Butlers of Ormond, Cahir, and Dunboyne (A.D. 1400-1650).
Dublin: D.I.A.S., 1945. xviii + 180 pp.
19 poems, notes, glossarial index. Abbr.: Butler
App.: The arguments to each of the five books of the Latin poem on Thomas, 10th Earl of Ormond, by Dermitius MEARA (publ. Oxford, 1615).

8788 CLERY (Anthony B.): Sean O Clery of Dublin (1778-1846).
In IBL 29, 1943/45, (no. 6, 1945), pp. 124-8.
Also on Cuchoigcriche Ó CLÉRIGH, etc. (16/17th c.); cf. Colm [O LOCHLAINN], in IBL 30, 1946/48, pp. 42-3.

8789 Ó HÉALUIGHTHE (D.): Coitirigh Cho. Chorcaighe.
In Cork University record 7, 1946, pp. 52-8; 8, 1946, pp. 35-40.
Incl. Liam Ruadh MAC COITIR.

8790 [WALSH (Paul)]: The learned family of O DUIGENAN.
In 432 [Men of learning], (no. 1), pp. 1-12.
A new version of the author's 1921 paper (v. Best² 2386), completed posthum., with a geneal. tab., by Colm O LOCHLAINN.

8791 ———: The learned family of Ó CUIRNÍN.
In id., (no. 9), pp. 119-32.
Completed by Colm O LOCHLAINN.

8792 ———: The learned family of MAC AN BHAIRD.
In id., (no. 11), pp. 151-9.
Completed posthum., with geneal. tab. 'Some MAC AN BHAIRD relationships', by Colm O LOCHLAINN; incl. chap. on Father Hugh WARD, based on a letter from the author.

8793 MCKENNA (Lambert) *ed.*: The Book of Magauran. Leabhar Méig Shamhradháin.
Dublin: D.I.A.S., 1947. xxvi + 470 pp. pls. (MS pp.), geneal. tabs.
The Magauran *duanaire*, the property of O'Conor Don, preserved at Clonalis (Co. Roscommon) [now N.L. G 1200]. 33 poems: diplomatic and

standardised texts, Engl. transl., notes, vocabulary. 24 of these were previously publ. by McK., *in* Studies 28-34, 1939-45. Also ed. of prose matter and marginalia in the MS. Abbr.: Magauran

8794 BRADY (John): The Kindellans of Ballinakill, Co. Meath.
In IBL 30, 1946/48, (no. 2, 1947), pp. 38-9.
Ó Caoindealbháin.

8795 ———: The Irish medical family of O Sheil.
In id., (no. 3, 1947), pp., 50-1.
Ó Siadhail.

8796 DOBBS (M.): The site Carrickabraghy.
In UJA 10, 1947, pp. 63-5.
Lit. evidence for 9th-12th c. occupation (Uí Maíl Fhábaill).

8797 MATHESON (Angus): Some notes on the MORRISONS.
In Éigse 6, 1948/52, (pt. 1), pp. 56-8.
MAC GILLE MHOIRE (< 17th c. ff. documents).

8798 CARNEY (James) *ed.*: Poems on the O'Reillys.
Dublin: D.I.A.S., 1950. xv + 315 pp.
39 poems; notes, glossarial index. Abbr.: O'Reilly.

8799 ———: A tract on the O'Rourkes.
In Celtica 1, 1950, pp. 238-79 [cf. pp. 405-6].
1714; from MS R.I.A. C iv 1. Engl. transl., notes, some ling. analysis.

8800 DOBBS (Margaret E.) *tr.*: A poem on the Uí Dega.
In JCS 1, 1950, pp. 227-31.
Hui Degadh Osraighe áin, ascr. to Moling (v. Best[1] 152).

8801 MCKENNA (Lambert) *ed.*: The Book of O'Hara. Leabhar Í Eadhra.
Dublin: D.I.A.S., 1951. xxxii + 458 pp. pls.
The O'Hara *duanaire,* preserved at Annaghmore (Co. Sligo).
38 poems: ed., in parts with the help of the 1826 copy R.I.A. 3 B 14, Engl. transl., notes, vocabulary; some prose matter. Portr. of Cormac O'Hara (†1612); facs. of p. 20 of the MS. Abbr.: O'Hara

8802 COLLINS (John T.): The O'Crowleys of Coill tSealbhaigh.
In JCHAS 56, 1951, pp. 91-4; 57, 1952, pp. 1-6, 105-9; 58, 1953, pp. 7-11.

8803 Ó MOGHRÁIN (Pádraig): Naomh Bréanainn Chluain Fearta agus ceap-sinsear na Máilleach.
In Béaloideas 22, 1953 (1954), pp. 154-90.

8804 MAC LOCHLAINN (A.) *ed.*: A Gaelic armoury.
In JRSAI 84, 1954, pp. 68-71. pls. (MS facs.)
Entitled *Suathantais,* by Dermod O'CONNOR. From autogr. MS Cashel 4729 (c. 1714). Of interest for the Irish terminology of blazonry.

8805 Ó MAOLAGÁIN (Pádraig) *ed.*: An early history of Fermanagh.
In ClRec 1955-62.
v. espec. vol. 1, no. 4, 1956, pp. 120-1 (geneal.tab. of the Maguire family and offshoots); 2, (no. 1, 1957), pp. 60-70 (Notes).

8806 DOBBS (Margaret E.): Lough Neagh.
In UJA 19, 1956, pp. 113-4.
Corco Ché traditions.

8807 [WALSH (Paul)] *ed.*: Poems on the Ó Domhnaill family.
In 8717 [Aodh Ruadh], pt. 2, pp. 98-148.

8808 —— *ed.*: Ó Domhnaill genealogies.
In id., pp. 157-203.
From MS R.I.A. 23 D 17, with Engl. transl.

8809 McGRATH (Cuthbert): Í EÓDHOSA.
In ClRec 2, (no. 1, 1957), pp. 1-19.

8810 Ó DUFAIGH (Seosamh): The Mac Cathmhaoils of Clogher.
In id., pp. 25-49.

8811 CAMPBELL (John Lorne): [Muinter Brolcháin].
In Éigse 9, 1958/61, (pt. 1), p. 76. (Two notes on 'Early Irish lyrics' (Murphy), [no. 2])

8812 CARNEY (James) *ed.*: A genealogical history of the O'Reillys. Written in the eighteenth century by Eóghan Ó RAGHALLAIGH and incorporating portion of the earlier work of Dr. Thomas FITZSIMONS, Vicar-General of the Diocese of Kilmore.
Cavan: Cumann Sheanchais Bhréifne, 1959. 161 pp.
From MS R.I.A. 23 F 15 (with colophon, dated 1703, copied from autograph); Engl. transl. Introd.: Gaelic sources for Cavan history.

Reviews by

8813 Ó CUÍV (Brian), *in* Éigse 9, 1958/61, (pt. 4), pp. 287-8.

8814 Ó DUFAIGH (Seosamh), *in* StH 1, 1961, pp. 244-6.

8815 McGRATH (Cuthbert) *ed.*: Notes on Í Dhuinn family.
In CoH 2, 1959, pp. 13-7.
From MS Franc. A 30 (item 8).

8816 [WALSH (Paul)]: Notes on the O'Reilly family.
In 448 [Irish chiefs], (no. 7), pp. 141-56.
cf. Best² 2235, 2232.

8817 Ó FIAICH (Tomás): Cérbh é NININE ÉIGEAS?
In SAM [spec. issue] 'The Patrician year, 1961-62', pp. 95-100.
Geneal.tab.: Uí Echdach.

8818 QUIN (Cosslett) *ed.*: A pedigree of the O Dempsey family.
In Éigse 10, 1961/63, (pt. 4), pp. 309-12.
Wr. 1750; in the poss. of G. A. F. Nixon, Mount Prospect House, Ballyjamesduff-Mountnugent (Co. Cavan).

8819 Ó CUÍV (Brian) *ed.*: Bunús mhuintir Dhíolún.
In Éigse 11, 1964/66, (pt. 1), pp. 65-6.
From Dubhaltach MAC FIR BHISIGH's Book of genealogies, MS in U.C.D.; some add. information from MS R.I.A. 23 M 46.

8820 THOMSON (Derick S.): The MACMHUIRICH bardic family.
In TGSI 43, 1960/63 (1966), pp. 276-304.

8821 MACPHERSON (Alan G.): An old Highland genealogy and the evolution of a Scottish clan.
In ScSt 10, 1966, pp. 1-43.

8821a Ó MURCHADHA (Diarmuid): The Uí Mhurchadha or Murphys of Muskerry, Co. Cork.
In JCHAS 74, 1969, pp. 1-19.

8822 COX (Liam): The Mageoghans.
In RíM 4, no. 3, 1969, pp. 63-86.

8823 ———— : The Foxes of Muintir Thaidgean.
In id., no. 4, 1970, pp. 6-23.
8824 MORAN (T. Whitley): The mediaeval Gaelic genealogies — 1. (With O Moran of south Leitrim, 800-1700, as an example.)
In IG 4, 1968/73, (no. 4, 1971), pp. 267-74.
8825 SELLAR (W. D. H.): Family origins in Cowal and Knapdale.
In ScSt 15, 1971, pp. 21-37.

M   PREHISTORY, CULTURAL HISTORY

M 1   GENERAL

cf. F 1.1   Literary palaeology

8826   HAYES (Richard J.) *ed.*: Sources for the history of Irish civilisation: articles in Irish periodicals.
Boston (Mass.): G. K. Hall, 1970. 9 voll.
: Voll. 1-5: Persons; 6-8: Subjects; 9: Places [in Ireland], Dates [of events dealt with].

8827   MORDIERN (Meven): Notennoù diwar-benn ar Gelted koz: o istor hag o sevenadur. — Trede mouladur [3rd ed.]
Lakaet e brezoneg gant [tr. into Breton by] Abherve [*pseud.*, Fransez Vallée].
Brest: Skridoù Breizh, 1944. 493 pp.
: History and civilization of the ancient Celts. With extensive bibliography.

8828   DILLON (Myles): The archaism of Irish tradition.
In PBA 33, 1947 [1951], pp. 245-64. (= Rhŷs lecture, 1947 [read Feb. 1948])
Sep. issued London: O.U.P., 1948 (repr. 1949). 20 pp. *Repr.* University of Chicago, 1969.

8829   RIVOALLAN (A.): Présence des Celtes.
Paris: Nouvelle Librairie Celtique, [1957]. 444 pp.

8830   WAGNER (Heinrich): Indogermanisch-Vorderasiatisch-Mediterranes.
In KZ 75, 1958, (H. 1/2, 1957), pp. 58-75.

8831   POWELL (T. G. E.): The Celts.
London: Thames & Hudson, 1958. 283 pp. illus. (= Ancient peoples and places, vol. 6)

8832   FILIP (Jan): Celtic civilization and its heritage.
Transl. by R. F. Samsour.
Prague: Czechoslovak Academy of Sciences, Artia, 1962. 215 pp. illus. (New horizons)
: Keltská civilisace a její dědictví, Praha 1960.

8833   GALBRAITH (J. J.): Celtic civilization: historic and prehistoric.
In TGSI 38, 1937/41 (1962), pp. 115-43.
: Read Feb. 1940.

8834   DILLON (Myles) & CHADWICK (Nora K.): The Celtic realms.
London: Weidenfeld & Nicolson; N.Y.: New American Library, 1967. xii + 355 pp. illus. (History of civilization)
: M.D.: 1. Discovering the Celts; 5. Secular institutions: early Irish society; 9. The Celtic languages and the beginnings of literature; 10. Irish literature. —N.K.C.: 2. The history and geography of the British Isles to the end of the Roman period; 3. The Celtic revival; 4. The formation of the historical Celtic kingdoms; 6. The early history of the modern Celtic kingdoms; 7. Celtic religion and mythology and the literature of the otherworld; 8. Celtic Christianity and its literature; 12. Celtic art.

German transl.
Die Kelten: von der Vorgeschichte bis zum Normanneneinfall. Zürich: Kindler, 1966. 624 pp. (Kindlers Kulturgeschichte)
Italian transl.
I regni dei Celti. Milano: Il Saggiatore, 1968. 568 pp. (Il portolano, 22)
Reviews by

8835 REES (Alwyn D.): Hen fyd.
In Taliesin 16, 1968, pp. 98-101.

8836 WILLIAMS (J. E. Caerwyn), *in* WHR 4, 1968/69, pp. 403-6.

8837 LE ROUX (Françoise): Introduction générale à l'étude de la tradition celtique, 1.
In Ogam 19, 1967, pp. 269-356.
Also in Celticum 13, 1967, 96 pp.

8838 BOWEN (E. G.): Saints, seaways and settlements in the Celtic lands.
Cardiff: U.W.P., 1969. viii + 245 pp. charts, pls.

8839 WAGNER (Heinrich): The origins of the Celts in the light of linguistic geography.
In TPS 1969 (1970), pp. 203-50.
Reprinted in 8844.

8840 BOWEN (E. G.): Britain and the British seas.
In 481 [Irish Sea province], pp. 13-28.

8841 ROSS (Anne): Everyday life of the pagan Celts.
Drawings by R. W. Feachem.
London: Batsford; N.Y.: Putnam's Sons, 1970. 224 pp. illus.

8842 CHADWICK (Nora): The Celts.
With an introd. chap. by J. X. W. P. Corcoran.
Harmondsworth: Penguin, 1970. 301 pp. illus.

8843 BIRKHAN (Helmut): Germanen und Kelten bis zum Ausgang der Römerzeit. Der Aussagewert von Wörtern und Sachen für die frühesten keltisch-germanischen Kulturbeziehungen.
Wien [etc.]: Böhlau, 1970. 637 pp. charts (= SbÖAW, Bd. 272)

8844 WAGNER (Heinrich): Studies in the origins of the Celts and of early Celtic civilisation.
Belfast, Tübingen: (for the Belfast Institute of Irish Studies) Niemeyer, 1971. [same pagination as originals]
Reprints of 8839, and 1662 [exc. p. 146], 2074.

PREHISTORY, ARCHAEOLOGY

M 2   **EUROPE, BRITISH ISLES**

8845 BOSCH-GIMPERA (P.): Les movements celtiques — essai de reconstitution.
In ÉtC 5, 1949/51, pp. 352-400; 6, 1953/54, pp. 71-126, 328-55; 7, 1955/56, pp. 147-83. maps

8846 LETHBRIDGE (T. C.): Herdsmen & hermits. Celtic seafarers in the northern seas.
Cambridge: Bowes & Bowes, 1950. xix + 146 pp. illus.

8847 POWELL (T. G. E.): Celtic origins: a stage in the enquiry.
In JRAI 78, 1948 (1951), pp. 71-9.

8848 KRAHE (Hans): Sprache und Vorzeit. Europäische Vorgeschichte nach dem Zeugnis der Sprache.
Heidelberg: Quelle & Meyer, 1954. 180 pp.

8849 HENCKEN (Hugh): Indo-European languages and archeology.
In American anthropologist 57, 1955, no. 6, pt. 3, vi + 68 pp. (= American Anthropological Association: Memoir 84)

8850 BOSCH-GIMPERA (P.): Ibères, Basques, Celtes?
In Orbis 5, 1956, pp. 329-38; 6, 1957, pp. 126-34.

8851 NICHOLL (Donald): Celts, Romans and Saxons.
In Studies 47, 1958, pp. 298-304.

8852 POKORNY (Julius): Keltische Urgeschichte und Sprachwissenschaft.
In Sprache 5, 1959, pp. 152-64.

8853 TIERNEY (J. J.): The Celtic ethnography of POSIDONIUS.
In PRIA 60 C, 1959/60, (no. 5), pp. 189-275.

8854 VRIES (Jan de): Kelten und Germanen.
Bern, München: Francke, 1960. 139 pp. (= Bibliotheca Germanica, Bd. 9)
Reviews by

8855 SCHMIDT (Karl Horst), *in* IF 66, 1961, pp. 93-6.

8856 SONDEREGGER (Stefan), *in* ZCP 29, 1962/64, (H. 3/4, 1964), pp. 385-8.

8857 POWELL (T. G. E.): The coming of the Celts.
In 511 [Prehist. Scotland], (chap. 4), pp. 105-24.

8858 ALCOCK (Leslie): Celtic archaeology and art.
In Celtic studies in Wales. A survey. Ed. by Elwyn Davies. Cardiff: U.W.P., 1963. pp. 1-46. illus.

8859 TIERNEY (James J.): The Celts and the Classical authors.
In 513 [The Celts], pp. 23-33.

8860 GRIMES (W. F.): Wales and Ireland in prehistoric times. Some meditations.
In AC 113, 1964, pp. 1-15.
Presidential address to Joint meeting of the C.A.A. and the R.S.A.I., 1963.

8861 PIGGOTT (Stuart): Ancient Europe, from the beginnings of agriculture to Classical antiquity: a survey.
Edinburgh: U.P., 1965. xxiv + 343 pp. illus.
Chap. 6: The Celtic world and its aftermath.

8862 ALCOCK (L.): Wales in the fifth to seventh centuries A.D., archaeological evidence.
In Prehistoric and early Wales. Ed. by I. Ll. Foster & G. Daniel. London: Routledge & Kegan Paul, 1965. pp. 177-212. pls.

8863 RADFORD (Ralegh): Cultural relationships in the Celtic world.
In 467 [2nd ICCS], (no. 1), pp. 3-27. illus.
Review by
8864 O[FTEDAL] (M.), in Lochlann 4, 1969, pp. 369-70.
8865 PIGGOTT (Stuart): Ireland and Britain in prehistory: changing viewpoints and perspectives.
In JCHAS 71, 1966, pp. 5-18.
8866 SAVORY (H. N.): The later prehistoric migrations across the Irish sea.
In 481 [Irish Sea province], pp. 38-49.
8867 ALCOCK (Leslie): Was there an Irish Sea culture-province in the Dark Ages?
In id., pp. 55-65.

M 3 IRELAND

8868 COUNCIL FOR BRITISH ARCHAEOLOGY: Archaeological bibliography for Great Britain & Ireland, [1967-   ].
London: C.B.A., 1969-   .

8869 Ó RÍORDÁIN (Seán P.): The excavation of a large earthen ring-fort at Garranes, Co. Cork.
With Historical addendum [on Uí Echach Muman], by J. RYAN.
In PRIA 47 C, 1941/42, (no. 2), pp. 77-150. illus.
8870 O'RAHILLY (Thomas F.): Early Irish history and mythology.
Dublin: D.I.A.S., 1946 (repr. 1957, 64). x + 566 (568 in repr.) pp.
Adds. & corrs. in Celtica 1, 1950, pp. 391-402, 409.
8871 RAFTERY (Joseph): Some archaeological aspects of the Goidelic problem.
In 437 [Fs. Torna], pp. 101-7.
8872 Ó RÍORDÁIN (Seán P.): Roman material in Ireland.
In PRIA 51 C, 1945/48, (no. 3, 1947), pp. 35-82. pls.
8873 MACALISTER (R. A. S.): The archaeology of Ireland.
Second edition, revised and rewritten.
London: Methuen, 1949. xx + 386 pp. illus.
Review by
8874 DANIEL (Glyn E.), in IHS 7, 1950/51 (1951), pp. 52-6.
8875 POWELL (T. G. E.): The Celtic settlement of Ireland.
In The early cultures of north-west Europe. (H. M. Chadwick memorial studies). Ed. by C. Fox & B. Dickins. Cambridge: U.P., 1950. pp. 171-95.
8876 HENCKEN (Hugh): Lagore crannog: an Irish royal residence of the 7th to 10th centuries A.D.
With sections by Liam PRICE and Laura E. Start.

M PREHISTORY, CULTURAL HISTORY

In PRIA 53 C, 1950/51, (no. 1), pp. 1-247. pls.
> L.P.: The history of Lagore, from the annals and other sources (with a geneal.tab. showing the relationship of the branches of the Síl Aedha Sláne).

8877 RAFTERY (Joseph): Prehistoric Ireland.
London [etc.]: Batsford, 1951. xvi + 228 pp. illus.

8878 GRAHAM (Angus): Archaeological gleanings from Dark-age records.
In PSAS 85, 1950/51 (1953), pp. 64-91.

8879 Ó RÍORDÁIN (Seán P.): Tara. The monuments on the hill.
Dundalk: Dundalgan Press (W. Tempest), 1954. 23 pp. illus.
2nd enl. ed. 1957. 25 pp.
> Add.: Máire DE PAOR. Excavation of the Mound of the Hostages 1955-56.

8880 MAC WHITE (Eóin): Problems of Irish archaeology and Celtic philology.
In ZCP 25, 1956, (H. 1/2, 1955), pp. 1-29 [no. more publ.].
> 1. Archaeology and philology. II.1. Pre-Indo-European dialects and Celtic; 2. The problem of Goidelic and other q-Celtic dialects; 3. The Brittonic dialect in Ireland; 4. Celtic invaders and Irish tradition; 5. References to Ireland in Greek and Roman texts and their chronological significance.

8881 HUGHES (Felix J.): Eamhain Macha.
In SAM 1, no. 2, 1955, pp. 1-10. pls.

8882 DAVIES (O.): The Black Pig's Dyke.
In UJA 18, 1955 (1956), pp. 29-36.

8883 RAFTERY (Joseph): A brief guide to the collection of Irish antiquities.
Dublin: (for An Roinn Oideachais: Ard-Mhúsaem na hÉireann) Stationery Office, 1960. 96 pp. illus.

8884 POKORNY (Julius): The pre-Celtic inhabitants of Ireland.
In Celtica 5, 1960, pp. 229-40.
> 1. Archaeology and anthropology; 2. Linguistics.

8885 RYNNE (E.): The introduction of La Tène into Ireland.
In Bericht über den 5. Internationalen Kongress für Vor- und Frühgeschichte, Hamburg ... 1958. Hg. v. G. Bersu. Berlin: Mann, 1961. pp. 705-9.

8886 PROUDFOOT (V. B.): The economy of the Irish rath.
In MAr 5, 1961, pp. 94-122.

8887 POKORNY (Julius): Die Sprachen der vorkeltischen Bewohner Nordwesteuropas.
In 474 [2. Fachtagung], pp. 129-38.

8888 RAFTERY (Joseph): A matter of time.
In JRSAI 93, 1963, pp. 101-14.
> Presidential address (with portr.).

8889 ———: The archaeology of the Celts in Ireland.
In 513 [The Celts], pp. 47-58.

8890 POKORNY (J.): Zum Völkernamen *Quariates*.
In ZCP 29, 1962/64, (H. 3/4, 1964), p. 378.
> Not to be connected with Ir. p.n. *Cairid* (vs T. F. O'RAHILLY. EIHM, pp. 147ff).

8891 EVANS (Estyn): Prehistoric and early Christian Ireland. A guide.
London: Batsford, 1966. xiv + 241 pp. illus.
Archaeological background; gazetteer (acc. to counties).

8892 DE BÚRCA (Seán): On the origin and language of the Goidels.
In StC 1, 1966, pp. 128-37.

8893 DILLON (Myles): The coming of the Celts.
In Celtic League annual 1968 'Maintaining a national identity',
pp. 85-8.

8894 HAMILTON (J. R. C.): Iron age forts and epic literature.
In Antiquity 42, 1968, pp. 103-8.

8895 NORMAN (E. R.) & ST JOSEPH (J. K. S.): The early development of
Irish society. The evidence of aerial photography.
Cambridge: U.P., 1969. xi + 126 pp. illus. (= Cambridge air
surveys, vol. 3)

8896 O'KELLY (Michael J.): Problems of Irish ring-forts.
In 481 [Irish Sea province], pp. 50-4.

8897 HARBISON (Peter): Guide to the national monuments in the Republic of Ireland.
Dublin: Gill & Macmillan, 1970. 284 pp. illus., maps.

8898 ADAMS (G. B.): Language and man in Ireland.
In UF 15/16, 1970, pp. 140-71.

8899 HERITY (Michael): Rathmulcah, WARE and MACFIRBISIGH. The
earliest antiquarian description and illustration of a profane
Irish field monument.
In UJA 33, 1970, pp. 49-53.

M 3.1 **Anthropology**

8900 HOWELLS (W. W.): The early Christian Irish: the skeletons at
Gallen Priory.
In PRIA 46 C, 1940/41, (no. 3, 1941), pp. 103-219. pls.

8901 MOURANT (A. E.) & WATKIN (I. Morgan): Blood groups, anthropology and language in Wales and the western countries.
In Heredity 6, 1952, pp. 13-36.

8902 HOOTON (Earnest A.) & DUPERTUIS (C. Wesley): The physical
anthropology of Ireland.
With a section on The west coast Irish females, by Helen
Dawson.
Cambridge (Mass.), 1955. 2 voll. (= Papers of the Peabody
Museum of Archaeology and Ethnology, Harvard University,
vol. 30, nos. 1-2)
No. 1: text (xix + 304 pp.); no. 2: tabs., pls.

8903 MAC CONAILL (M. A.): The physical forms of Irishmen.
In Studies 45, 1956, pp. 92-101.

8904 LUNDMAN (Bertil): Blodgrupper och fornforskning.
In Fornvännen: tidskrift för svensk antikvarisk forskning 52,
1957, pp. 308-13.
On the similar distribution of blood groups in Iceland and Ireland.

8905 ——— : Einige neue Arbeiten zur Anthropologie Irlands.
In Homo 8, 1957, pp. 168-73.

8906 POKORNY (Julius): Keltische Urgeschichte und Sprachwissenschaft.
In Sprache 5, 1959, pp. 152-64.

8907 ——— : The pre-Celtic inhabitants of Ireland.
In Celtica 5, 1960, pp. 229-40.
   1. Archaeology and anthropology; 2. Linguistics.

CULTURAL HISTORY

M 4   GENERAL, CULTURAL RELATIONS

cf. K 1.3   Christianity: External relations
     F 4   Comparative literature

8908 HAYES (Richard J.) *ed.*: Manuscript sources for the history of Irish civilisation.
Boston (Mass.): G. K. Hall, 1965. 11 voll.
   Voll. 1-4: Persons; 5-6: Subjects; 7-8: Places [in Ireland]; 9-10: Dates [covered by item]; 11: Lists of manuscripts.

8909 BIELER (Ludwig): Die lateinische Kultur Irlands im Mittelalter in der Forschung des zwanzigsten Jahrhunderts.
In Literaturberichte über Neuerscheinungen zur ausserdeutschen Geschichte. Hg. v. W. Kienast. München, 1965. (= Historische Zeitschrift, Sonderheft 2) pp. 260-76.

8910 HAYES (Richard J.) *ed.*: Sources for the history of Irish civilisation: articles in Irish periodicals.
Boston (Mass.): G. K. Hall, 1970. 9 voll.
   Voll. 1-5: Persons; 6-8: Subjects; 9: Places [in Ireland], Dates [of events dealt with].

8911 PHILIPP (Wolfgang): Weibwerdung oder Mutterrecht? Eine grundsätzliche Arbeit über Rasse und Gesittung, Bachofens Geisteserbe und die Keltenfrage.
Königsberg, Berlin: Ost-Europa-Verlag, 1942. xii + 521 pp. (= Schriften der Albertus-Universität, Geisteswiss. Reihe, Bd. 35)

8912 KNOCH (August): Eigenzüge altirischer Sprache und Kultur.
Bonn: Scheur, 1944. 24 pp. (= Antrittsvorlesungen der Rheinischen Friedrich-Wilhelms-Universität Bonn, H. 28)

8913 CHADWICK (Nora K.): The Celtic background of Anglo-Saxon England.
In YCS 3, 1940/46, pp. 13-32.
   Dated July 1946.

8914 MASAI (François): Essai sur les origines de la miniature dite irlandaise.
Bruxelles: Editions 'Erasme', 1947. 146 pp. pls. (= Publications de Scriptorium, vol. 1)

8915 HENRY (Françoise): Irish culture in the seventh century. A recent book by a Belgian scholar.
In Studies 37, 1948, pp. 267-79.
> Pt. 2 (pp. 279-82): A note on the archaeological evidence, by Seán P. Ó RIORDÁIN.
> Review article on F. MASAI. Essai sur les origines de la miniature dite irlandaise, 1947 (v. 8914).

8916 RYAN (John): Irish learning in the seventh century.
In JRSAI 80, 1950, pp. 164-71.
> Being a review of some aspects of F. MASAI. Essai sur les origines de la miniature dite irlandaise, 1947 (v. 8914).

8917 MURPHY (Gerard): The Gaelic background.
In Daniel O'Connell. Nine centenary essays. Ed. by M. Tierney. Dublin: Browne & Nolan, 1949. pp. 1-24.

8918 HAYES (Richard): Biographical dictionary of Irishmen in France.
Dublin: Gill, 1949. 332 pp.
> First publ. serially in Studies 31-37, 1942-48.

8919 BERARDIS (Vincenzo): Italy and Ireland in the Middle Ages.
Introd. by John Ryan.
Dublin: Clonmore & Reynolds, 1950. 227 pp.

8920 SCHLAUCH (Margaret): On Conall Corc and the relations of old Ireland with the Orient.
In JCS 1, 1950, pp. 152-66.

8921 MACLYSAGHT (Edward): Irish life in the seventeenth century. — 2nd ed., rev. & enl.
Cork: U.P.; Oxford: Blackwell, 1950 (repr. Shannon: I.U.P., 1969) 480 pp. illus.
Review by

8922 H[AYES] (R.), *in* Studies 39, 1950, pp. 359-60.

8923 HAYES (Richard): Irish medical links with the Continent.
In 471 [What's past is prologue], pp. 23-8.

8924 GWYNN (Aubrey): Ireland and the continent in the eleventh century.
In IHS 8, 1952/53 (1953), pp. 193-216.

8925 GREENE (David): Early Irish society.
In 494 [Early Ir. soc.], (no. 6), pp. 79-92.

8926 CHADWICK (Nora K.): Intellectual contacts between Britain and Gaul in the fifth century.
In 493 [SEBH], (no. 8), pp. 189-263.

8927 DUFT (Johannes): Iromanie — Irophobie.
In Zeitschrift für schweizerische Kirchengeschichte 50, 1956, pp. 241-62.

8928 EVEN (Arzel): Sources médiévales pour l'étude de l'antiquité celtique.
In Ogam 9, 1957, pp. 45-66.

8929 CHRISTIANSEN (R. Th.): Scotsmen and Norsemen: cultural relations in the North Sea area.
In ScSt 1, 1957, pp. 15-37.

8930 CHADWICK (Nora K.): Early culture and learning in north Wales.
In 505 [SEBC], (chap. 1), pp. 29-120.
8931 DE PAOR (Máire) & DE PAOR (Liam): Early Christian Ireland.
London: Thames & Hudson, 1958. 264 pp. illus. (= Ancient peoples and places, vol. 8)
Review by
8932 RYAN (John), *in* Studies 47, 1958, pp. 460-2.
8933 WRENN (C. L.): Saxons and Celts in south-west Britain.
In THSC 1959, pp. 38-75.
O'Donnell lectures, Oxford, 1958: 1. Some Celtic elements in Anglo-Saxon culture; 2. Saxon and Celtic factors in Cornwall.
8934 BISCHOFF (Bernhard): MURIDAC doctissimus plebis, ein irischer Grammatiker des 9. Jahrhunderts.
In Celtica 5, 1960, pp. 40-4.
Republ. in 454 [M.a. Studien], vol. 2, pp. 51-6.
8935 SHAW (Francis): Irish medical men and philosophers.
In 508 [Seven centuries], (no. 6), pp. 87-101.
8936 HILLGARTH (J. N.): The east, Visigothic Spain and the Irish.
In StPat 4, 1961, pp. 442-56. (*in* Texte u. Unters., Bd. 79)
8937 BIELER (Ludwig): Irland, Wegbereiter des Mittelalters.
Olten [etc.]: Urs Graf, 1961. 155 pp. illus. (Stätten des Geistes)
Engl. transl. Ireland, harbinger of the Middle Ages.
London [etc.]: O.U.P., 1963. viii + 148 pp.
Reviews by
8938 BYRNE (Francis John), *in* Studies 53, 1964, pp. 88-90.
8939 HENRY (Françoise), *in* StH 4, 1964, pp. 216-8.
8940 MAC EOIN (Gearóid S.), *in* Celtica 7, 1966, pp. 233-4.
8941 HILLGARTH (J. N.): Visigothic Spain and early Christian Ireland.
In PRIA 62 C, 1961/63, (no. 6, 1962), pp. 167-94.
Mainly on the transmission of ISIDORE of Seville.
8942 HESLINGA (M. W.): The Irish border as a cultural divide. A contribution to the study of regionalism in the British Isles.
With a foreword by E. Estyn EVANS.
Assen: Van Gorcum, 1962 (repr. 1971). 225 pp. (= Sociaal geografische studies, no. 6)
Review by
8943 A[NDREWS] (J. H.), *in* IGeo 4, 1959/63, (no. 6, 1963), pp. 455-7.
8944 CHADWICK (Nora K.): The Celtic background of early Anglo-Saxon England.
In Celt and Saxon. Studies in the early British border. By Kenneth Jackson [etc.]. Cambridge: U.P., 1963. (no. 10), pp. 323-52.
O'Donnell lecture, Oxford, 1961.
8945 DUNLEAVY (Gareth W.): Old Ireland, Scotland and Northumbria.
In 514 [Old Ireland], pp. 173-99.
8946 HILLGARTH (J. N.): Old Ireland and Visigothic Spain.
In id., pp. 200-27.

8947 THOMAS (Charles): The coveted isles. Great Britain and the Anglo-Saxons.
In The dark ages. The making of European civilization. Ed. by D. Talbot Rice. London: Thames & Hudson, 1965. (chap. 12), pp. 241-68. illus.

8948 LUCAS (A. T.): Irish-Norse relations: time for a reappraisal?
In JCHAS 71, 1966, pp. 62-75.

8949 HUGHES (Kathleen): The golden age of early Christian Ireland (7th and 8th centuries).
In 519 [Course of Ir. hist.], (no. 5), pp. 76-90.

8950 DE PAOR (Liam): The age of the Viking wars (9th and 10th centuries).
In id., (no. 6), pp. 91-106.

8951 Ó CUÍV (Brian): Ireland in the eleventh and twelfth centuries (*c.* 1000-1169).
In id., (no. 7), pp. 107-22.

8952 O'DWYER (B. W.): The impact of the native Irish on the Cistercians in the thirteenth century.
In Journal of religious history 4, 1967, pp. 287-301.

8953 Ó FIAICH (Tomás): Irish cultural influence in Europe, 6th to 12th century. Key to map.
Map by Thurlough Connolly.
[Dublin]: C.R.C.I., [1967]. 44 pp. chart
Repr. Cork: (for C.R.C.I.) Mercier, 1970 (repr. 1971).
map also in poster size.

8954 CULLEN (L. M.): Life in Ireland.
London: Batsford; N.Y.: G. P. Putnam's Sons, 1968. xiv + 178 pp. illus.

8955 DOWLING (P. J.): The hedge schools of Ireland. — rev. ed.
Cork: Mercier, 1968. 126 pp.

8956 RYAN (John): Early Irish-German associations.
In CapA 1969, pp. 148-59.

8957 BOWEN (E. G.): The Irish Sea in the age of the saints.
In StC 4, 1969, pp. 56-71.

8958 ATKINSON (Norman): Irish education. A history of educational institutions.
Dublin: A. Figgis, 1969. x + 246 pp.

8959 DE BHALDRAITHE (Tomás) *ed.*: Cín lae Amhlaoibh.
B.Á.C.: Clóchomhar, 1970. xlii + 178 pp. (= Leabhair thaighde, iml. 18)
Selection from Ó SÚILLEABHÁIN's work, autogr. MSS R.I.A. 23 A 48, 23 L 23, 23 H 26; spelling and language modernized and somewhat standardized; features of Kilkenny Irish. With a vocabulary, and analytical table of contents.

8960 CHADWICK (Nora K.): Early literary contacts between Wales and Ireland.
In 481 [Irish Sea province], pp. 66-77.

8961 STANFORD (W. B.): Towards a history of classical influences in Ireland.
In PRIA 70 C, 1970, (no. 3), pp. 13-91.
8962 DOWLING (P. J.): A history of Irish education. A study in conflicting loyalties.
Cork: Mercier, 1971. 192 pp.
8963 THOMAS (Charles): Britain and Ireland in early Christian times, A.D. 400-800.
London: Thames & Hudson, 1971. 144 pp. illus. (Library of medieval civilization)
8964 JONES (W. R.): England against the Celtic fringe: a study in cultural stereotypes.
In Journal of world history 13, 1971, pp. 155-71.

M 5   CULT & RELIGION

cf. G 1 Mythology; I 2 Kingship; I 3 Rites, Magic.

8965 DONAHUE (Charles): The valkyries and the Irish war-goddesses.
In PMLA 56, 1941, pp. 1-12.
8966 LEHMACHER (Gustav): Brighid bainfhile.
In An Iodh Morainn 7, 1946, pp. 52-6.
8967 VENDRYES (J.): La religion des Celtes.
In 'Mana'. Introduction à l'histoire des religions. Tome 2: Les religions de l'Europe ancienne, vol. 3. Paris: P.U.F., 1948. pp. 237-320.
8968 SJOESTEDT (Marie-Louise): Gods and heroes of the Celts.
Transl., with a preface, by Myles DILLON.
London: Methuen, 1949. xxi + 104 pp.
    Dieux et héros des Celtes, Paris 1940.
Review by
8969 J[OPE] (E. M.), *in* UJA 13, 1950, pp. 118-19.
8970 BOOSTEN (J.): De godsdienst der Kelten.
Roermond en Maaseik: Romen & Zonen, 1950. 244 pp. pls. (De godsdiensten der mensheid)
8971 LEHMACHER (Gustav): Die Göttin Brigit.
In Anthropos 46, 1951, pp. 268-74.
8972 L[E] R[OUX] (F.): Le soleil dans les langues celtiques.
In Ogam 4, 1952, pp. 209-15, 222.
8973 NATROVISSUS [*pseud.*]: L' "état-major" des Tuatha Dé Danann.
In id., pp. 241-5, 261-3.
8974 VENDRYES (J.): Manannán mac Lir.
In ÉtC 6, 1953/54, (fasc. 1, 1952), pp. 239-54.
    Incl. discussion of the phrase type *mac lir*; also on the name *Ler (Lir)*.
8975 BENOIT (Fernand): L'Ogmios de Lucien, la 'tête coupée' et le cycle mythologique irlandais et Gallois.
In Ogam 5, 1953, pp. 33-42.

8976 LEHMACHER (Gustav): Der Dagde, das Haupt der irischen Götter.
   In Anthropos 48, 1953, pp. 817-36.
8977 MAYRHOFER-PASSLER (E.): Sētanta Cūchulinn und der Genius cucullatus.
   In JCS 2, 1958, (no. 1, 1953), pp. 26-31.
8978 WEISWEILER (Josef): Vorindogermanische Schichten der irischen Heldensage.
   In ZCP 24, 1954, (Hefte 1/2, 3, 1953), pp. 10-55, 165-97.
8979 GRICOURT (Jean): Epona — Rhiannon — Macha.
   In Ogam 6, 1954, pp. 25-40, 137-8 [add.], 75-86, 138 [add.], 269-72 [add.], 165-88.
8980 LE ROUX (Françoise): Le cheval divin et le zoomorphisme chez les Celtes.
   In Ogam 7, 1955, pp. 101-22.
8981 GRICOURT (Jean): Un 'mell benniget' gaélique.
   In id., pp. 155-70.
8982 EVEN (Arzel): Le dieu celtique Lugus.
   In Ogam 8, 1956, pp. 81-110. (Notes sur le Mercure celtique, 3)
8983 CRAWFORD (O. G. S.): The eye goddess.
   London: Phoenix House, 1957. 168 pp. illus.
   Chap. 8 (pp. 88-101): Ireland.
8984 LE ROUX (Françoise): Le calendrier gaulois de Coligny (Ain) et la fête irlandaise de Samain (*Samonios*).
   In Ogam 9, 1957, pp. 337-42.
8985 ——— : La 'branche sanglante' du roi d'Ulster et les 'têtes coupées' des Salyens de Provence.
   In Ogam 10, 1958, pp. 139-54.
8986 VRIES (Jan de): L'aspect magique de la religion celtique.
   In id., pp. 273-84.
8987 ROSS (Anne): Chain symbolism in pagan Celtic religion.
   In Speculum 34, 1959, pp. 39-59.
8988 ——— : The human head in insular pagan Celtic religion.
   In PSAS 91, 1957/58 (1960), pp. 10-43. pls.
8989 GUYONVARC'H (Christian-J.): Gaulois *Ogmios*, irlandais *Ogma*, *ogam*.
   In Ogam 12, 1960, pp. 47-9. (Notes d'étymologie et de lexicographie gauloises et celtiques (5), no. 14)
8990 ——— : A propos du théonyme irlandais *Dagda*, celtique commun *dago-devos*.
   In id., p. 49. (id., no. 15)
8991 LE ROUX (Françoise): Introduction à une étude de l' "Apollon" celtique.
   In id., pp. 59-72. (Notes d'histoire des religions (5), no. 9)
8992 GUYONVARC'H (Christian-J.): **nemos, nemetos, nemeton*; les noms celtiques du 'ciel' et du 'sanctuaire'.
   In id., pp. 185-97. (Notes d'étymologie et de lexicographie celtiques et gauloises (6), no. 17)

8993 ———— : Irl. *idpart*, gall. *aberth*, celtique commun **ate-berta* 'offrande, sacrifice'.
    In id., pp. 197-200, 448 [add.]. (id., no. 19)

8994 LE ROUX (Françoise): Le dieu celtique aux liens. De l'Ogmios de Lucien à l'Ogmios de Dürer.
    In id., pp. 209-34. pls.

8995 WINDEKENS (A. J. van): Spuren einer mittelmeerischen Stierkultur im griechischen Wortschatz.
    In Sprache 6, 1960, pp. 211-9.
        Comparison with the Irish evidence (v. J. WEISWEILER. *in* ZCP 24, 1953).

8996 ROSS (Anne): Esus et les trois 'grues'.
    In ÉtC 9, 1960/61, pp. 405-38.
    Review by

8997 Ó C[UÍV] (B.), *in* Éigse 10, 1961/63, (pt. 4), pp. 337-8.

8998 BENEŠ (Brigit): Spuren von Schamanismus in der Sage *Buile Suibhne*.
    In ZCP 28, 1960/61, pp. 309-34.
        Incl. etymology of *geilt*.

8999 VRIES (Jan de): Keltische Religion.
    Stuttgart: Kohlhammer, 1961. xi + 270 pp. (= Die Religionen der Menschheit, Bd. 18)
    Reviews by

9000 MEID (Wolfgang), *in* GRM 13, 1963, pp. 213-6.
9001 DILLON (Myles), *in* Celtica 6, 1963, pp. 278-81.
9002 MAC SUIBHNE (Seán): Tótamas in Éirinn.
    B.Á.C.: Clóchomhar, 1961. x + 92 pp. (= Leabhair thaighde, iml. 5)
        With a terminological glossary.
    Review by

9003 Ó DANACHAIR (C.), *in* Éigse 10, 1961/63, (pt. 3, 1962/63), pp. 254-5.
    Review [in Irish] *by*

9004 MAC CANA (Proinsias), *in* StH 3, 1963, pp. 200-4.
9005 LE ROUX (Françoise): Le Celticum d'Ambigatus et l'omphalos gaulois. La royauté suprême des Bituriges.
    In Ogam 13, 1961, pp. 159-84.
    Also in Celticum 1, 1961, pp. 159-84.

9006 GUYONVARC'H (Christian-J.): Le théonyme gaulois *Bricta* 'la brillante'.
    In Ogam 13, 1961, pp. 325-8. (Notes d'étymologie et de lexicographie gauloises et celtiques (9), no. 32)
        Relationship to Ir. *Brigit*.

9007 LE ROUX (Françoise): Étude sur le festiaire celtique.
    In id., pp. 481-506; 14, 1962, pp. 174-84, 343-72.
        1. Samain; 2. La fête irlandaise de février, Imbolc; 3. Beltaine, la fête sacerdotale; 4. Lugnasad, ou la fête du roi.

9008   GUYONVARC'H (Christian): Le *cró Logo* ou 'enclos de Lug', enclos sacré ou parc à bétail?
        In Ogam 13, 1961, pp. 587-92. (Notes d'étymologie et de lexicographie gauloises et celtiques (12), no. 45)
        cf. Ogam 16.453ff.
9009   GRICOURT (Jean): L'"enclos" du dieu Lug.
        In Latomus 20, 1961, pp. 79-84.
9010   GUYONVARC'H (Christian-J.): Irlandais *síd,* gaulois **sedos* 'siège, demeure des dieux'.
        In Ogam 14, 1962, pp. 329-40. (Notes d'étymologie et de lexicographie celtiques et gauloises (13), no. 47)
9011   DRAAK (Maartje): Migration over sea.
        In Numen 9, 1962, pp. 81-98.
9012   ROSS (Anne): Severed heads in wells: an aspect of the well cult.
        In ScSt 6, 1962, pp. 31-48.
9013   Ó BROIN (Tomás): What is the 'debility' of the Ulstermen?
        In Éigse 10, 1961/63, (pt. 4), pp. 286-99.
        On *(cess) noí(n)den Ulad.*
9014   LE ROUX (Françoise): Le dieu-roi NODONS / Nuada.
        In Celticum 6, 1963, pp. 425-46.
9015   GUYONVARC'H (Christian-J.): Le théonyme *Nodons / Nuada.*
        In Ogam 15, 1963, pp. 229-37. (Notes d'étymologie et de lexicographie gauloises et celtiques (17), no. 60)
9016   VRIES (Jan de): Celtic and Germanic religion.
        In Saga-book 16, 1962/65, (pts. 2/3, 1963/64), pp. 109-23.
        O'Donnell lecture, Oxford, 1962.
9017   DILLON (Myles): Celtic religion and Celtic society.
        In 513 [The Celts], pp. 59-71.
9018   TURVILLE-PETRE (E. O. G.): Myth and religion of the north. The religion of ancient Scandinavia.
        London: Weidenfeld & Nicolson, 1964. ix + 340 pp. (History of religion)
9019   LE ROUX (Françoise): 'L'enclos du dieu Lug.'
        In Ogam 16, 1964, pp. 453-6. (Notes d'histoire des religions (10), no. 21)
        ad J. GRICOURT (*in* Latomus 20, 1961).
9020   LANTIER (Raymond): Keltische Mythologie.
        In Wörterbuch der Mythologie. Hg. von H. W. Haussig. Stuttgart: E. Klett. 1. Abt., (5. Lieferung, [n.d.]), pp. 99-162. pls.
        Review by
9021   SONDEREGGER (Stefan), *in* ZCP 30, 1967, pp. 364-5.
9022   LE ROUX (Françoise): Notennoù ha prederiadennoù diwar-benn an doue Manannan.
        In Ogam 17, 1965, pp. 427-8; 18, 1966, pp. 168-72, 522-4 [no more publ.]. (Notennoù a relijionouriezh (3, 4), no. 8)

9023 ———— : Keltische Religion und Religionswissenschaft.
  In Kairos 7, 1965, pp. 267-80.
9024 SPAAN (David B.): The place of Manannan Mac Lir in Irish mythology.
  In Folklore 76, 1965, pp. 176-95.
9025 GUYONVARC'H (Christian-J.): Apollon *Virotutis*; irlandais *túath* et *túas*, breton *tus*; gallois et breton *tud*.
  In Ogam 18, 1966, pp. 311-23; 19, 1967, pp. 230-1 [add.].
  (Notes d'étymologie et de lexicographie gauloises et celtiques (24), no. 102)
9026 LE ROUX (Françoise): Le taureau aux trois grues.
  In Ogam 18, 1966, pp. 340-2. (Notes d'histoire des religions (13), no. 41)
9027 ———— : Remarques sur le taureau à trois cornes.
  In id., pp. 509-10. (id. (15), no. 42)
    ad *lón láith*.
9028 ———— : Jan de VRIES et les 'déesses-mères'.
  In id., pp. 511-2; 19, 1967, pp. 141-2. (id. (15, 16), no. 44)
9029 ROSS (Anne): Pagan Celtic Britain. Studies in iconography and tradition.
  London: Routledge & K. Paul; N.Y.: Columbia U.P., 1967. xxxiii + 433 pp. illus.
  Review by
9030 THOMAS (Charles), *in* ScSt 11, 1967, pp. 248-51.
9031 CHADWICK (Nora K.): Celtic religion and mythology and the literature of the Otherworld.
  In 521 [Celtic realms], (chap. 7), pp. 128-50.
9032 Ó BROIN (Tomás): The word *cess*.
  In Éigse 12, 1967/68, pp. 109-14.
9033 LE ROUX (Françoise): La divination chez les Celtes.
  In La divination. Ed. par A. Caquot & M. Leibovici. Paris: P.U.F., 1968. vol. 1, pp. 233-56.
9034 ———— : Religion et structure.
  In Ogam 20, 1968, pp. 198-200. (Notes d'histoire des religions (19), no. 51)
9035 DRAAK (Maartje): The religion of the Celts.
  In Historia religionum. Handbook for the history of religions. Ed. by C. J. Bleeker & G. Widengren. Vol. 1: Religions of the past. Leiden: Brill, 1969. pp. 629-47.
9036 Ó BROIN (Tomás): The word *noínden*.
  In Éigse 13, 1969/70, pp. 165-76.
9037 WARD (Donald J.): The threefold death: an Indo-European trifunctional sacrifice?
  In 524 [Myth and law], pp. 123-42.
9038 MAC CANA (Proinsias): Celtic mythology.
  London [etc.]: Hamlyn, 1970. 141 pp. illus.

Review by
9039   EVANS (D. Ellis), *in* StC 6, 1971, pp. 204-6.
9040   WAGNER (Heinrich): Old Irish *fír* 'truth, oath'.
       In ZCP 31, 1970, pp. 1-45, 57-8 [additions], 146 [Nachträge]. (Studies in the origins of early Celtic civilisation, no. 1)
       Reprinted [exc. p. 146] *in* 8844.

M 5.1   **Druidism**

9041   DUMÉZIL (Georges): La tradition druidique et l'écriture: le vivant et le mort.
       In RHR 122, 1940, pp. 125-33.
9042   VENDRYES (Joseph): Druidism et christianisme dans l'Irlande du moyen âge.
       In CRAI 1946, pp. 310-29.
       Republ. in 438 [Choix d' études], pp. 317-32.
9043   SPENCE (Lewis): The history and origins of druidism.
       London: Aquarian Press, 1949. 199 pp.
9044   RAMNOUX (Clémence): Structures païennes et structures chrétiennes.
       In Ogam 5, 1953, pp. 1-6, 43-50, 76-80.
       Functional relationship of druid and saint (*Forbuis Droma Damhghaire, Aed Baclám, Aided Diarmada, Betha Máedóc Ferna (2)*).
9045   BACHELIER (Émile): Les druides en Gaule romaine.
       In Ogam 11, 1959, pp. 46-55, 173-84, 295-304; 12, 1960, pp. 91-100 [no more publ.].
9046   GUYONVARC'H (Christian-J.): Les noms celtiques du 'chêne', du 'druide' et du 'roitelet'.
       In Ogam 12, 1960, pp. 49-58. (Notes d'étymologie et de lexicographie gauloises et celtiques (5), no. 16)
9047   LE ROUX (Françoise): Le dieu druide et le druide divin. Recherches sur la fonction sacerdotale celtique.
       In id., pp. 349-82.
9048   ———— : Contributions à une définition des druides, 1.
       In id., pp. 475-86. (Notes d'histoire des religions (7), no. 11)
9049   VRIES (Jan de): Die Druiden.
       In Kairos 2, 1960, pp. 67-82.
9050   LE ROUX (Françoise): Les druides.
       Paris: P.U.F., 1961. 156 pp. (= Mythes et religions, 41)
       Reviews by
9051   MACWHITE (Eoin), *in* Journal des savants 1961, pp. 181-3.
9052   BACHELLERY (E.), *in* ÉtC 11, 1964/67, (fasc. 2, 1966/67), pp. 519-22.
9052a LE ROUX (Françoise): Les îles au nord du monde.
       In Hommages à Albert Grenier. Ed. par M. Renard. Bruxelles-Berchem: Latomus, 1962. (Collection Latomus, 58) pp. 1051-62.

9053 ——— : A propos des druides.
In Ogam 16, 1964, pp. 456-9. (Notes d'histoire des religions (10), no. 22)

9054 CHADWICK (Nora K.): The druids.
Cardiff: U.W.P., 1966. xxii + 119 pp.
Review [in Welsh] by

9055 EVANS (D. Ellis), in LlC 9, 1966/67, pp. 119-23.

9056 GUYONVARC'H (Christian-J.): Remarques sur le nom des druides, *dru-(u̯)id-es, les 'tres savants'.
In Ogam 18, 1966, pp. 111-4. (Notes d'étymologie et de lexicographie gauloises et celtiques (23), no. 100)

9057 PIGGOTT (Stuart): The druids.
London: Thames & Hudson, 1968. 236 pp.

9058 EVANS (D. Ellis): Druids as fact and symbol.
In Antiquity 43, 1969, pp. 132-6.
Review article on St. PIGGOTT, The druids, 1968.

M 6   CUSTOMS & BELIEFS
cf. I Society; C 4.3 Psycholinguistics

9059 Ó SÚILLEABHÁIN (Seán): A handbook of Irish folklore.
Introd. by Séamus Ó DUILEARGA.
Dublin: (for Folklore of Ireland Society) E.C.I., 1942. xxxi + 699 pp.
Reprinted
Harboro (Pa.): Folklore Associates; London: H. Jenkins, 1963. xxxii + 699 pp.
Forew. to repr. ed. by S. Ó S.

9060 HARTMANN (Hans): Über Krankheit, Tod und Jenseitsvorstellungen in Irland. 1. Teil: Krankheit und Fairyentrückung.
Halle (Saale): Niemeyer, 1942. 188 pp. (= Schriftenreihe der Deutschen Gesellschaft für Keltische Studien, Heft 9)
Review by

9061 THURNWALD (R.), in ZCP 23, 1943, (H. 1/2, 1942), pp. 233-7.

9062 MÜHLHAUSEN (Ludwig): Wichtelmänner in Irland.
In ZCP 23, 1943, pp. 302-8.

9063 ——— : cuaille comhraic.
In id., pp. 309-11. (Kleine Beiträge, no. 5)

9064 KNOCH (August): Die Gnomik der irischen Frühzeit im Lichte der alten indischen Spruchweisheit.
In id., pp. 314-48.

9065 ROE (Helen M.): An interpretation of certain symbolic sculptures of early Christian Ireland.
In JRSAI 75, 1945, pp. 1-23. illus.

9066 Ó SÚILLEABHÁIN (Seán): Foundation sacrifices.
In id., pp. 45-52.

9067   Ó Séaghdha (M.): Stair an Síle-na-gig.
        In 437 [Fs. Torna], pp. 50-5.
        Related to the *crossán*.

9068   Evans (E. Estyn): Bog butter: another explanation.
        In UJA 10, 1947, pp. 59-62.
        Magical purposes.

9069   Bromwich (Rachel): The Keen for Art O'Leary, its background and its place in the tradition of Gaelic keening.
        In Éigse 5, 1945/47 (1948), (pt. 4), pp. 236-52.

9070   Mac Néill (Máire Ní Néill). Wayside death cairns in Ireland.
        In Béaloideas 16, 1946 (1948), pp. 49-63.

9071   Campbell (J. L.): 'Sgoltadh a' bhradain fhìor-uisg' ort.'
        In Éigse 6, 1948/52, (pt. 1), p. 73. (= Ceist, freagra ..., no. 70)
        cf. Angus Matheson, *in* id., (pt. 2, 1950), pp. 180-1; (pt. 3, 1951), p. 270.

9072   Ó hEochaidh (Seán) *ed.*: Laethe na seachtmhaine.
        In Béaloideas 17, 1947 (1949), pp. 131-74.
        Recorded from Niall Ó Dubhthaigh, Gortahork, Co. Donegal, 1944.

9073   Mühlhausen (Ludwig): Über die Rolle von Personennamen. (Keltisches und Nordisches).
        In BNF 1, 1949/50, pp. 187-94.

9074   Lehmacher (Gustav): The ancient Celtic year.
        In JCS 1, 1950, pp. 144-7.
        Mainly on *(an) Luan* 'Monday', orig. (before the introd. of the week) the first day of the month.

9075   Samelinos [*pseud.*]: Les 'axes' du festiaire celtique.
        In Ogam 3, 1951, pp. 152-5, 160.

9076   Hartmann (Hans): Der Totenkult in Irland. Ein Beitrag zur Religion der Indogermanen.
        Heidelberg: Winter, 1952. 211 pp. (Idg. Bibliothek, 3. Reihe: Untersuchungen)
        Review by

9077   Heiermeier (A.), *in* Paideia 8, 1953, pp. 115-9.

9078   Ettlinger (Ellen): The association of burials with popular assemblies, fairs and races in ancient Ireland.
        In ÉtC 6, 1953/54, (fasc. 1, 1952), pp. 30-61.

9079   Hartmann (Hans): Heilung durch Opfer und Mana bei den Kelten.
        In Tribus 2/3, 1952/53, pp. 140-8.

9080   Ó Ruadháin (Micheál): Birds in Irish folklore.
        In Acta XI Congressus internationalis ornithologici, Basel ... 1954. Hg. v. A. Portmann & E. Sutter. Basel, Stuttgart, 1955. (= Experientia, Suppl. 3) pp. 669-76.

9081   Chadwick (Nora K.): Pictish and Celtic marriage in early literary tradition.
        In SGS 8, 1958, (pt. 1, 1955), pp. 56-115.

9082   Evans (E. Estyn): Irish folk ways.
        London: Routledge & K. Paul, 1957 (repr. 1961). xvi + 324 pp.

9083   Ó Súilleabháin (Seán): The feast of Saint Martin in Ireland.
       In Studies in folklore. In honor of ... Stith Thompson. Ed. by W. E. Richmond. Bloomington: Indiana U.P., 1957. pp. 252-61.

9084   Hartmann (Hans): Betrachtungen zur objektiven Struktur sprachlicher und soziologischer Formen in Irland: 'Stolpern' und 'Fallen'.
       In ZCP 26, 1957, pp. 8-32.

9085   Carney (Maura): *Fót báis / banapúfa.*
       In Arv 13, 1957, pp. 173-9.
       'sod of death', the spot where a man is destined to die.

9086   Matras (Chr.): *Dunnur.*
       In Fróđskaparrit 6, 1957, pp. 20-33.
       Gaelic origin in Faroese of the word (Gaelic *dronn* 'tail-piece of an animal'), and the custom of reciting impromptu verses over it.

9087   Ó Danachair (Caoimhín): The quarter days in Irish tradition.
       In Arv 15, 1959, pp. 47-55.
       Some Ir. terminology.

9088   Maclean (Calum I.): Traditional beliefs in Scotland.
       In ScSt 3, 1959, pp. 189-200.

9089   Ó Súilleabháin (Seán): Caitheamh aimsire ar thórraimh.
       B.Á.C.: Clóchomhar, 1961. xiv + 168 pp. illus. (= Leabhair thaighde, iml. 6)
       Engl. transl. Irish wake amusements. Cork: Mercier, 1967. 188 pp.

9090   Grant (I. F.): Highland folk ways.
       London: Routledge & K. Paul, 1961. xiii + 377 pp. illus.

9091   Guyonvarc'h (Christian-J.): A propos du nom de la fête irlandaise de février *imbolc*.
       In Ogam 13, 1961, pp. 471-2. (Notes d' étymologie et de lexicographie gauloises et celtiques (10 [11, table of contents]), no. 41)

9092   ——— : Irlandais *brón trogain* 'automne', français *truie*.
       In id., pp. 472-4. (id., no. 42)

9093   ——— : Remarques sur *samain*, **samon(i)os*.
       In id., pp. 474-7. (id., no. 43)

9094   ——— : *lugnasad* 'assemblée [en l'honneur] de Lug'.
       In id., pp. 477-80. (id., no. 44)
       Discussion of *násad.*

9095   Le Roux (Françoise): Étude sur le festiaire celtique.
       In id., pp. 481-506; 14, 1962, pp. 174-84, 343-72.
       1. Samain; 2. La fête irlandaise de février, Imbolc; 3. Beltaine, la fête sacerdotale; 4. Lugnasad, ou la fête du roi.

9096   MacNeill (Máire): The festival of Lughnasa. A study of the survival of the Celtic festival of the beginning of harvest.
       London [etc.]: (for the Irish Folklore Commission) O.U.P., 1962. xi + 697 pp. illus.
       Corrections in Béaloideas 30, 1962 (1964), pp. 167-8.
       App. 1: The associated legends.

Reviews by

9097 GREENE (David), *in* Hermathena 97, 1963, pp. 147-8.
9098 L[UCAS] (A. T.), *in* JRSAI 93, 1963, pp. 92-4.
9099 SHAW (Francis), *in* Studies 52, 1963, pp. 212-5.
9100 Ó CLÉIRIGH (C. R.), *in* StH 3, 1963, pp. 191-3.
9101 LUCAS (A. T.), *in* Béaloideas 30, 1962 (1964), pp. 157-60.
9102 BYRNE (Francis John), *in* Éigse 11, 1964/66, (pt. 1), pp. 67-70.
9103 CHRISTIANSEN (Reidar Th.), *in* Lochlann 3, 1965, pp. 447-50.
9104 BUCHANAN (Ronald H.): Calendar customs.
  In UF 8, 1962, pp. 15-34; 9, 1963, pp. 61-79.
9105 HOLTSMARK (Anne): Fód báis—banapúfa—heillapúfa.
  In Lochlann 2, 1962, pp. 122-7.
9106 ETTLINGER (Ellen): Oracular and speaking stones in Celtic Britain.
  In Ogam 14, 1962, pp. 485-92.
9107 GUYONVARC'H (Christian-J.): Moyen-irlandais *mí aige* 'mois des courses (de chevaux)'.
  In id., pp. 606-9. (Notes d'étymologie et de lexicographie gauloises et celtiques (15), no. 56)
9108 HULL (Vernam): The Death of Conla.
  In ZCP 29, 1962/64, (H. 1/2, 1962), pp. 190-1. (Notes on Irish texts, no. 5)
    Instances from *Aided óenfir Aífe* and *Cog.* of the motif of calves being prevented from sucking their mothers for a period of commemoration. Also criticism of an emendation by A. G. van HAMEL in his ed. of the former (*in* Comp.C.C. p. 14.9).
9109 GERSCHEL (Lucien): L'ogam et le nombre. Préhistoire des caractères ogamiques.
  In ÉtC 10, 1962/63, pp. 127-66.
9110 ———: L'ogam et le nom.
  In id., pp. 516-57.
9111 LUCAS (A. T.): The sacred trees of Ireland.
  In JCHAS 68, 1963, pp. 16-54.
9112 WAGNER (Heinrich): Zur Bezeichnung des Kranichs im Keltischen.
  In ZCP 29, 1962/64, (H. 3/4, 1964), pp. 301-4.
    Ir. *corr* (deriv. p.n. *Corc*), nordeurop. Wanderwort; also on the relevant aspects of metempsychosis. Other north Eurasian words in Irish.
9113 Ó DUBHTHAIGH (Bearnárd): 'Daichead lá is lá San Svaítín.'
  In StH 6, 1966, pp. 49-68.
    Period of bad weather associated with rain on St. Swithin's day, and similar traditions.
9114 Ó DANACHAIR (Caoimhín): Distribution patterns in Irish folk tradition.
  In Béaloideas 33, 1965 (1967), pp. 97-113. charts
9115 Ó SÚILLEABHÁIN (Seán): Irish folk custom and belief.
  Dublin: (for C.R.C.I.) Three Candles, [1967]. 93 pp. pls. (= Irish life and culture, vol. 15)
  Add. t.-p. Nósanna agus piseoga na nGael. ...

9116 BYRNE (Patrick F.): Witchcraft in Ireland.
Cork: Mercier, 1967. 76 pp.
9117 Ó COCHLÁIN (Rupert S.): The Cathach, battle book of the O'Donnells.
In The Irish sword 8, 1967/68, pp. 157-77. pls.
9118 MAC CANA (Proinsias): An archaism in Irish poetic tradition.
In Celtica 8, 1968, pp. 174-81.
> The presentation of the wedding clothes to the chief poet of the area as an I.E. tradition.

9119 KILLEEN (J. F.): *Fear an énais*.
In Celtica 9, 1971, pp. 202-3.
> Non-Irish parallels to a magical practice (cf. M. A. O'BRIEN. *in* Celtica 2, 1954).

Review by
9120 Ó CONCHEANAINN (Tomás), *in* Éigse 14, 1971/72, p. 162.
9121 HULL (Vernam): A note on *Buile Shuibhne*.
In Celtica 9, 1971, p. 214.
> A further instance of calves prevented from sucking their mothers for a period of commemoration.

M 7   ART

M 7.1   Fine arts

9122 ROE (Helen M.): An interpretation of certain symbolic sculptures of early Christian Ireland.
In JRSAI 75, 1945, pp. 1-23. illus.
9123 Ó RÍORDÁIN (Seán P.): The genesis of the Celtic cross.
In 437 [Fs. Torna], pp. 108-14. pls.
9124 AMEISENOWA (Zofia): Animal-headed gods, evangelists, saints and righteous men.
In JWCI 12, 1949, pp. 21-45.
9125 ROE (Helen M.): The 'David cycle' in early Irish art.
In JRSAI 79, 1949, pp. 39-59.
9126 PAULSEN (Peter): Koptische und irische Kunst und ihre Ausstrahlungen auf altgermanische Kulturen.
In Tribus 2/3, 1952/53, pp. 149-87.
9127 FLOWER (Robin): Irish high crosses.
In JWCI 17, 1954, pp. 87-97.
> Lecture at the Warburg Institute, 1935, entitled 'The *commendatio animae* prayer on Irish crosses'.

9128 STEVENSON (Robert B. K.): Pictish art.
In 500 [Problem of the Picts], (chap. 5), pp. 97-128. illus.
9129 LIONARD (Pádraig): Early Irish grave-slabs.
Ed. by Françoise HENRY.
In PRIA 61 C, 1960/61, (no. 5), pp. 95-169. pls.
> With a List of dated inscriptions with the corresponding entries in the annals.

9130 HILLGARTH (J. N.): The east, Visigothic Spain and the Irish.
In StPat 4, 1961, pp. 442-56. (*in* Texte u. Unters., Bd. 79)

9131 HENRY (Françoise): L'art irlandais.
Editions Zodiaque, 1963-64. 3 voll. illus. (= La nuit des temps, voll. 18-20)
English version
[Vol. 1:] Irish art in the early Christian period (to 800 A.D.).
[2:] Irish art during the Viking invasions (800-1020 A.D.).
[3:] Irish art in the Romanesque period (1020-1170 A.D.).
London: Methuen, 1965-70. illus.
Reviews by

9132 RYNNE (Etienne), *in* StH 6, 1966, pp. 162-4.
9133 O'SULLIVAN (Donal), *in* Studies 57, 1968, pp. 204-6.
9134 O'SULLIVAN (Donal), *in* Studies 59, 1970, pp. 89-92.

9135 HENRY (Françoise): Irish high crosses.
Dublin: (for C.R.C.I.) Three Candles, 1964. 70 pp. illus. (Irish life and culture, special series)
Add. t.-p. Árd-chroiseanna Éireann. ...
Review by

9136 ROE (Helen M.), *in* StH 5, 1965, pp. 180-2.

9137 BAKKA (Egil): Some decorated Anglo-Saxon and Irish metalwork found in Norwegian Viking graves.
In The Fourth Viking congress, York, August 1961. Ed. by Alan Small. Edinburgh, London: (for the University of Aberdeen) Oliver & Boyd, 1965. (no. 6), pp. 32-40. pls.

9138 RAFTERY (Joseph): Ex oriente ...
In JRSAI 95, 1965, pp. 193-204.

9139 ROE (Helen M.): The Irish high cross: morphology and iconography.
In id., pp. 213-26.

9140 CHADWICK (Nora K.): Celtic art.
In 521 [Celtic realms], (chap. 12), pp. 287-321.

9141 Ó MURCHADHA (Domhnall): Stone sculpture in pre-Norman Ireland.
In CapA 1969, pp. 172-200.

9142 Ó RÍORDÁIN (Breandán): Pre-historic art in Ireland.
In id., pp. 223-32.

9143 HENDERSON (Isabel): The meaning of the Pictish symbol stones.
In 526 [The dark ages], pp. 53-67.

M 7.1.1 **Illumination**
cf. B 2.2 Palaeography

9144 MASAI (François): Essai sur les origines de la miniature dite irlandaise.
Bruxelles: Editions 'Erasme', 1947. 146 pp. pls. (= Publications de Scriptorium, vol. 1)

Reviews by

9145 BIELER (Ludwig), *in* Speculum 23, 1948, pp. 495-502.
> Incl. some discussion of the history of the Irish script.

9146 LE ROUX (Fr.), *in* Ogam 6, 1954, pp. 42-5.

9147 HENRY (Françoise): Irish culture in the seventh century. A recent book by a Belgian scholar.
In Studies 37, 1948, pp. 267-79.
> Pt. 2 (pp. 279-82): A note on the archaeological evidence, by Seán P. Ó RIORDÁIN.
> Review article on F. MASAI, Essai sur les origines de la miniature dite irlandaise, 1947 (v. 9144).

9148 BIELER (Ludwig): Insular palaeography, present state and problems.
In Scriptorium 3, 1949, pp. 267-94.

9149 EVANGELIORUM QUATTUOR CODEX CENANNENSIS, auctoritate Collegii sacrosanctae et individuae Trinitatis juxta Dublin ..., totius codicis similitudinem accuratissime depicti exprimendam curavit typographeum Urs Graf. ... Bernae Helvetiorum, 1950-51.
Add. t.-p. THE BOOK OF KELLS, in three volumes. Bern: Urs Graf.
> Voll. 1-2: facsim. Vol. 3: Introduction, by E. H. ALTON; Notes on the art and ornament, by P. MEYER; Collation of the text with the Vulgate ..., by G. O. SIMMS.

9150 DUIGNAN (Michael): Three pages from Irish gospel-books. Codex Sangallensis LI, p. 267, Codex Cenannensis, 187v and 202v.
In JCHAS 57, 1952, pp. 11-7. pls.

9151 DUFT (Johannes) & MEYER (Peter): The Irish miniatures in the Abbey Library of St. Gall.
Olten [etc.]: Urs Graf, 1954. 150 pp. 43 pls.
> 1. J.D.: Historical introduction (The relations between Ireland and St. Gall with regard to the history of the Abbey. — The Irish manuscripts of the Abbey Library). 2. P.M.: The Irish miniatures in the A.L. — Reproductions.

9152 EVANGELIORUM QUATTUOR CODEX LINDISFARNENSIS, Musei Britannici codex Cottonianus Nero D.IV, permissione M.B. totius codicis similitudo expressa.
Prolegomenis auxerunt T. D. Kendrick [etc.].
Olten [etc.]: Urs Graf, 1956, 60. 2 voll.

9153 HENRY (Françoise): An Irish manuscript in the British Museum (Add. 40618).
In JRSAI 87, 1957, pp. 147-66. illus.

9154 EVANGELIORUM QUATTUOR CODEX DURMACHENSIS, auctoritate Collegii sacrosanctae et individuae Trinitatis juxta Dublin, totius codicis similitudinem accuratissime depicti exprimendam curavit typographeum Urs Graf. ...
Add. t.-p. THE BOOK OF DURROW, in two volumes.
Olten [etc.]: Urs Graf, 1960.

Vol. 1: facsim. Vol. 2: Editor's introduction, by A. A. LUCE; The palaeography of the B. of D., by L. BIELER; The art of the B. of D., by P. MEYER; The text of Codex Durm. collated with the text of Codex Amiatinus ..., by G. O. SIMMS.

9154a GUILMAIN (Jacques): Zoomorphic decoration and the problem of the sources of Mozarabic illumination.
In Speculum 35, 1960, pp. 17-38.

9155 HENRY (Françoise): Remarks on the decoration of three Irish psalters. (British Museum, Cotton MS Vitellius F.XI; St. John's College, Cambridge, MS C.9 (I.59); Rouen, Bibliothèque municipale, MS 24 (A.41)).
In PRIA 61 C, 1960/61, (no. 2), pp. 23-40. pls.

9156 HENRY (Françoise) & MARSH-MICHELI (G. L.): A century of Irish illumination (1070-1170).
In PRIA 62 C, 1961/63, (no. 5, 1962), pp. 101-65. pls.

9157 WERCKMEISTER (O. K.): Three problems of tradition in pre-Carolingian figure style. From Visigothic to insular illumination.
In PRIA 63 C, 1962/64, (no. 5, 1963), pp. 167-89. pls.

9158 HENRY (Françoise): L'art irlandais.
Editions Zodiaque, 1963-64. 3 voll. illus. (= La nuit des temps, voll. 18-20)
English version
[Vol. 1:] Irish art in the early Christian period (to 800 A.D.).
[2:] Irish art during the Viking invasions (800-1020 A.D.).
[3:] Irish art in the Romanesque period (1020-1170 A.D.).
London: Methuen, 1965-70. illus.

9159 RAFTERY (Joseph): Ex oriente ...
In JRSAI 95, 1965, pp. 193-204.

9160 WERCKMEISTER (Otto-Karl): Irisch-northumbrische Buchmalerei des 8. Jahrhunderts und monastische Spiritualität.
Berlin: W. de Gruyter, 1967. 186 pp. pls.

9161 RYNNE (Etienne): The art of early Irish illumination.
In CapA 1969, pp. 201-22.

M 7.2 **Music**
cf. H 2 Metrics

9162 Ó CASAIDE (Séamus): The Farmer and O'Reilly collection of Irish music.
In IBL 28, 1941/42, pp. 62-6.

9163 MAC WHITE (Eoin): Irish bronze age trumpets.
In JRSAI 75, 1945, pp. 85-106. illus.

9164 O'SULLIVAN (Donal): The PETRIE collection of Irish folk music.
In JEFDS 5, (no. 1, 1946), pp. 1-12.

9165 Ó FIAICH (Tomás): Ceóltóirí i mBéal Feirste.
In IMN 1946, pp. 19-25.

9166 FLEISCHMANN (Aloys): References to chant in early Irish MSS.
In 437 [Fs. Torna], pp. 43-9.

9167 FARMER (Henry George): A history of music in Scotland.
London: Hinrichsen, [pref. 1947]. 557 pp. pls.

9168 O'CARROLL (Francis): A gamut for Irish melody.
With an [historical] appendix by Felix E. HACKETT.
In PRIA 52, 1948/50, (no. 2, 1948), pp. 27-38.

9169 O'SULLIVAN (Donal): Some aspects of Irish music and poetry.
In JRSAI 79, 1949, pp. 91-9.

9170 CAMPBELL (J. L.) *ed.*: An account of some Irish harpers as given by Echlin O'KEAN, harper, anno 1779.
In Éigse 6, 1948/52, (pt. 2, 1950), pp. 146-8.
Account, in Engl., of the preced. two centuries.

9171 BOWLES (Michael A.): A commentary on Irish musical history.
In CapA 1950/51, pp. 329-50.

9172 O'SULLIVAN (Donal): Irish folk music and song.
With illustrations by Muriel Brandt.
Dublin: (for C.R.C.I.) Three Candles, 1952. 62 pp. (= Irish life and culture, vol. 3)
Add. t.-p.: Ceol agus amhránaíocht na hÉireann, le Domhnall Ó SÚILLEABHÁIN, ...

Revised edition 1961. 62 pp.

Reprinted Irish folk music, song and dance. Cork: Mercier, 1969.
Add. t.-p.: Ceol, amhránaíocht agus rince na hÉireann, ...

9173 MUSIC IN IRELAND. A symposium.
Ed. by Aloys Fleischmann.
Cork: U.P., 1952. vii + 371 pp.

9174 MCGRATH (Cuthbert) *ed.*: Two skilful musicians.
In Éigse 7, 1953/55, (pt. 2, 1953), pp. 84-94.
2 poems, on Eoghan Ó hAllmhuráin (17th c.) and Nioclás Dall (16th c.) respectively.

9175 HAYWARD (Richard): The story of the Irish harp.
With a foreword by L. S. GOGAN.
[Dublin]: A. Guinness, 1954. 24 pp. illus.

9176 Ó SÉ (Micheál): Notes on old Irish dances.
In JCHAS 60, 1955, pp. 57-63.

9177 BREATNACH (Risteard): The evidence for dancing in ancient Ireland.
In id., pp. 88-94.
ad M. Ó SÉ. Notes ..., *in* id., pp. 57-63.

9178 THE EVIDENCE FOR DANCING IN ANCIENT IRELAND.
In JCHAS 61, 1956, pp. 58-70.
1. Further evidence, by Aloys FLEISCHMANN; 2. Rejoinder, by R. A. BREATNACH; 3. Further remarks, by Micheál Ó SÉ; 4. Rejoinder, by R.A.B.

9179 MATHESON (Angus): *dord Fianna*.
In Éigse 8, 1956/57, pp. 257-8. (Some words from Gaelic folktales, no. 14)

9180 JONES (Percy): A survey of the music of Ireland.
In IER 87, 1957, pp. 170-8, 252-9, 355-61.
9181 O'SULLIVAN (Donal): CAROLAN: the life, times and music of an Irish harper.
London: Routledge & K. Paul, 1958. 2 voll. portrs.
> Vol. 1. The life and times, and The music. Vol. 2. The notes to the tunes, and The memoirs of Arthur O'NEILL.
> Indexes of first lines, tunes mentioned in the text and notes, etc.
9182 Ó CINNÉIDE (Veronica Ní Chinnéide): The sources of MOORE's Melodies.
In JRSAI 89, 1959, pp. 109-34. pl.
9183 O'SULLIVAN (Donal) *ed.*: Songs of the Irish. An anthology of Irish folk music and poetry with English verse translations.
Dublin: Browne & Nolan, 1960. 199 pp.
9184 JARMAN (A. O. H.): *Telyn* a *chrwth*.
In LlC 6, 1960/61, pp. 154-75.
9185 WALL (Thomas): Teige Mac Mahon and Peter O'CONNELL, seanchaí and scholar in Co. Clare.
In Béaloideas 30, 1962 (1964), pp. 89-104.
9186 FLEISCHMANN (Aloys) & GLEESON (Ryta): Music in ancient Munster and monastic Cork.
In JCHAS 70, 1965, pp. 79-98.
> Also of interest for terminology.
9187 Ó CUÍV (Brian): Orpheus.
In Éigse 11, 1964/66, (pt. 4), pp. 293-4. (Miscellanea, no. 6)
> Allusions to Orpheus and his music in 18th and 19th c. verse.
9188 GUYONVARC'H (Christian-J.): Irlandais *traige* 'mode (musical)'.
In Ogam 18, 1966, pp. 326-9. (Notes d'étymologie et de lexicographie gauloises et celtiques (24), no. 107)
9189 HARRISON (Frank Ll.): Polyphony in medieval Ireland.
In Festschrift Bruno Stäblein zum 70. Geburtstag. Hg. v. M. Ruhnke. Kassel: Bärenreiter, 1967. pp. 74-8. pl.
9190 TRAVIS (James): Miscellanea musica Celtica.
New York: Institute of Mediaeval Music, 1968. 78 pp. illus. (= Wissenschaftliche Abhandlungen, Bd. 14 / Musicological studies, vol. 14)
> (1) Mediaeval Celtic harp music; (2) A possible Celtic provenance for the reading rota; (3) Old Celtic design music.

Review by
9191 ACTON (Charles), *in* Éire-Ireland 6, 1971, uimh. 1, pp. 138-42.
9192 GLENNON (Liam): Irish music — historical background.
In Teathbha 1, (no. 1, 1969), pp. 24-8.
9193 RIMMER (Joan): The Irish harp.
Cork: (for C.R.C.[I.]) Mercier, 1969. viii + 79 pp. illus. (= Irish life and culture, vol. 16)
> Add. t.-p.: Cláirseach na hÉireann. ...
9194 ACTON (Charles): This heritage to the race of kings.
In Éire-Ireland 4, 1969, uimh. 4, pp. 112-34.
> Mainly a review article on J. RIMMER, The Irish harp, 1969.

9195 PEATE (Iorwerth C.): 'Crwth a thelyn'.
   In UF 15/16, 1970, pp. 137-9. pls.
   On Ir. *cruit* and *cláirseach*.

9196 MATHESON (William) *ed*.: The blind harper. The songs of Roderick MORISON and his music.
   Edinburgh: Scottish Gaelic Texts Society, 1970. lxxvi + 265 pp.
   (= Scottish Gaelic texts, vol. 12)
   Add. t.-p.: An clàrsair dall. Òrain Ruaidhri MHIC MHUIRICH agus a chuid ciùil. ...

9197 MAC LOCHLAINN (Alf): Thomas O'SHEA, a Kerry harper.
   In JKAHS 3, 1970, pp. 81-3.
   Transcr. of 1792 broadside (MS N.L. 4562), incl. a quatrain in Irish by the author (born in 1712).

9198 HERBERT (Beda): The Irish harp.
   In CapA 1970, pp. 53-65. illus.

9199 BREATHNACH (Breandán): Folk music and dances of Ireland.
   Dublin: E.C.I., 1971. 152 pp. illus., music

M 8   SCIENCES

9200 WALSH (Paul): Shrovetide and *inid*.
   In IBL 28, 1941/42, pp. 34-6.
   Various problems of computation.

9201 KAVANAGH (Séamus): *stang*.
   In Éigse 5, 1945/47 (1948), (pt. 3, 1946), p. 221. (= Ceist, freagra ..., no. 65)
   < Engl. dial. *stang* (< O.N. *stöng*).

9202 Ó CLÉIRIGH (Meadhbh *Ní Chléirigh*) *ed*.: Eólas ar an domhan. I bhfuirm chomhráidh idir Sheán Ó Neachtain agus a mhac Tadhg.
   Tadhg Ó NEACHTAIN do sgríobh tuairim na bliadhna MDCCXXI.
   B.Á.C.: Oifig an tSoláthair, 1944. xi + 198 pp. (=LóL, iml. 12)
   World geography, in the form of a dialogue between the author, Tadhg Ó NEACHTAIN, and his father Seán. From MS N.L. G 198.

9203 GREENE (David) *ed*.: Lapidaries in Irish.
   In Celtica 2, 1954, (pt. 1, 1952), pp. 67-95.
   (1) 15th c., derived from MARBODUS, *Liber de gemmis*; from MS R.I.A. 24 B 3. (2) c. 16th c., from BARTHOLOMEUS ANGLICUS, *Proprietates rerum*, xvi; from MS B.M. Arundel 333. With notes and glossary.

9204 Ó hUALLACHÁIN (Colmán) *comp*.: Foclóir fealsaimh.
   B.Á.C.: Clóchomhar, 1958. xviii + 169 pp. [= Leabhair thaighde, iml. 1]
   An Ir.-German-Engl.-Fr.-Latin dictionary of philosophy.

9205 O'DONNELL (Thomas J.) *ed*.: Selections from the *Zoilomastix* of Philip O'SULLIVAN BEARE.
   Dublin: (for I.M.C.) Stationery Office, 1960. lxviii + 111 pp.
   Wr. 1625/26; from autogr. MS Uppsala H 248.
   App. (to introd.) A: Irish names of birds, plants, animals, fishes and

minerals. Comp., as an Irish-Latin-Engl. vocabulary, by Tomás DE BHALDRAITHE.
Reviews by
9206 Ó CUÍV (Brian), *in* Éigse 10, 1961/63, (pt. 1), pp. 78-80.
9207 MORRISSEY (Thomas), *in* Studies 51, 1962, pp. 193-6.
9208 MAC CANA (P.), *in* Celtica 6, 1963, pp. 290-2.
9209 [O LOCHLAINN] (Colm): Words of measure.
In Éigse 9, 1958/61, (pt. 4), p. 273. (Varia, [no. 6])
punt, míle, uair, etc., require add. of a qualifying word.
9210 SZÖVERFFY (J.): The *Altus prosator* and the discovery of America.
In IER 100, 1963, pp. 115-8.
9211 MAC NIOCAILL (Gearóid): Na buirgéisí, xii-xv aois.
An Charraig Dhubh [Blackrock, Co. Dublin]: Cló Morainn, 1964. 2 voll.
p. 652: Miosúir agus tomhaiseanna.
9212 Ó CUÍV (Brian) *ed.*: *Scél : arramainte : stair.*
In Éigse 11, 1964/66, (pt. 1), p. 18.
Comment on their distinction, from MS Rawl. B 512; Engl. transl.
9213 AN ROINN OIDEACHAIS: Foclóir eolaíochta.
B.Á.C.: Oifig an tSoláthair, 1966. 46 pp.
English-Irish dictionary of scientific terms.
9214 BECKETT (Colm) *ed.:* Fealsúnacht Aodha MHIC DHOMHNAILL.
B.Á.C.: An Clóchomhar, 1967. vii + 301 pp. (= Leabhair thaighde, iml. 13)
Incl. introd. poem, (standardized) *Is é mar bhreathnaíos filí is saoithe*. From 1853 autogr. MS Belfast 19A, standardized text en face. Extensive linguistic analysis (Meath Irish), vocabulary, index. Also the partial copy by Roibeard Mac Ádhaimh, from MS Belfast 19.
Reviews [in Irish] *by*
9215 Ó DUBHTHAIGH (Bearnárd), *in* StH 9, 1969, pp. 171-8.
9216 Ó CUÍV (Brian), *in* Éigse 13, 1969/70, pp. 77-9.
9217 AN ROINN OIDEACHAIS: Foclóir bitheolaíochta.
B.Á.C.: Oifig an tSoláthair, 1968. 38 pp.
English-Irish dictionary of biological terms.
9218 MAC NIOCAILL (Gearóid) *ed.*: BARTHOLOMAEI ANGLICI *De proprietatibus rerum* liber octavus. Leagan Gaeilge ó thus na 15ú aoise.
In Celtica 8, 1968, pp. 201-42; 9, 1971, pp. 266-315 [to be cont.].
Early 15th c. Ir. transl. of the book on astronomy, based on MS T.C.D. H 2 8; with a Latin text. Of interest for terminology.
Reviews by
9219 Ó CONCHEANAINN (Tomás), *in* Éigse 13, 1969/70, pp. 247-8.
9220 ———, *in* Éigse 14, 1971/72, p. 161.
9221 GUYONVARC'H (Christian-J.): Irlandais *airmed* 'mesure' et *miach* 'boisseau'; breton *arveziñ* 'examiner'.
In Ogam 20, 1968, pp. 350-2. (Notes d'étymologie et de lexicographie gauloises et celtiques (31), no. 142)
On the theonymes *Airmed* and *Miach*.
9222 CARNEY (James): The Ó Cianáin miscellany.
In Ériu 21, 1969, pp. 122-47. pls.
Incl. ed. of 4 prose texts and 3 poems from G 3, with Engl. transls. 1. Prose

texts [with parallel texts from BB]: (1) *Tregort crand* ..., on the different lengths of life of various creatures and elements; (2) *Teora cennadacha dec 7 cccc* ..., on measurement of time; (3) *Trigraindi anorlach* ..., on measures.

M 8.1   Medicine

cf. I 3.2   Charms, Incantations

9223   RANDOLPH (Mary Claire): The medical concept in English Renaissance satiric theory; its possible relationships and implications.
In SPh 38, 1941, pp. 125-57.

9224   Ó CEITHEARNAIGH (Séamus) *ed.*: Regimen na sláinte. Regimen sanitatis MAGNINI Mediolanensis.
B.Á.C.: Oifig an tSoláthair, 1942-44. 3 voll. (= LóL, imll. 9, 11, 13)
Early 15th c. Ir. transl.; from MS R.I.A. 24 P 26. With a Latin text.

9225   [GOVERNMENT OF IRELAND]: Téarmaí dochtúireachta.
Dublin: Stationery Office, [1942]. 64 pp.
English-Irish dictionary of medical terms.

9226   Ó MOGHRÁIN (Pádraig) *ed.*: Ortha do thinneas cinn.
In Béaloideas 12, 1942, p. 188.
Compares SCC² 349f.

9227   CHADWICK (Nora K.): Geilt.
In SGS 5, 1942, pp. 106-53.
History and function of the *geilt* in Irish (*Buile Suibne, Cath Almaine*, etc.), Welsh and early Norse literature.

9228   WULFF (Winifred) *ed.*: De coloribus urinarum.
In IJMSc 1942, pp. 32-4.
From MS R.I.A. 23 K 42; with Engl. transl.

9229   GROSJEAN (Paul): Une invocation des saintes Brigides.
In AB 61, 1943, pp. 103-5. (Notes d'hagiographie celtique, no. 4)
Mixed Latin and Irish, from MS B.M. Harley 585.

9230   BONSER (Wilfrid): Epidemics during the Anglo-Saxon period. With an appendix by William MACARTHUR.
In JBAA 9, 1944, pp. 48-71.
App.: Famine fevers in England and Ireland.

9231   MERONEY (Howard): Irish in the Old English charms.
In Speculum 20, 19045, pp. 172-82.

9232   [WALSH (Paul)]: An Irish medical family — MAC AN LEAGHA.
In 432 [Men of learn.], (no. 14), pp. 206-18.
cf. An Irish medical family (Best² 2287).

9233   [O LOCHLAINN] (Colm): Medical manuscripts.
In IBL 30, 1946/48, (no. 2, 1947), p. 42.
cf. John ARDAGH, *in* id., p. 67; Desmond MURRAY, *in* IBL 31, 1949/51, p. 14.

9234   BRADY (John): The Irish medical family of O Sheil.
In id., (no. 3, 1947), pp. 50-1.
Ó Siadhail.

9235   DUNLEVY (A. J.): Notes on ancient Gaelic medicine.
In Journal of the Medical Association of Éire 22, 1948, pp. 20-2.
ad *Rosa Anglica* (v. Best² 2290).

9236 MacArthur (William P.): The identification of some pestilences recorded in the Irish annals.
In IHS 6, 1948/49 (1949), pp. 169-88.

9237 Butler (Hubert): Who were 'the stammerers'?
In JRSAI 80, 1950, pp. 228-36.

9238 Bonser (W.): 'The date of Camlann' — and of the pestilence of the same year.
In Antiquity 24, 1950, pp. 142-3.
cf. ibid., p. 44.

9239 MacArthur (William): The pestilence called *scamach*.
In IHS 7, 1950/51 (1951), pp. 199-200.

9240 Fleetwood (John): History of medicine in Ireland.
Dublin: Brown & Nolan, 1951. xvi + 420 pp. illus.

9241 Ó Cuív (Brian) *ed.*: Two poems of invocation to Saint Gobnait.
In Éigse 6, 1948/52, (pt. 4), pp. 326-32.

9242 Binchy (Daniel A.): The leech in ancient Ireland.
In 471 [What's past is prologue], pp. 5-9.

9243 Shaw (Francis): Medicine in Ireland in mediaeval times.
In id., pp. 10-4.

9244 Dunlevy (M.): The medical families of mediaeval Ireland.
In id., pp. 15-22.

9245 Hayes (Richard): Irish medical links with the Continent.
In id., pp. 23-8.

9246 Grattan (J. H. G.) & Singer (Charles): Anglo-Saxon magic and medicine. Illustrated specially from the semi-pagan text *Lacnunga*.
London [etc.]: O.U.P., 1952. xii + 234 pp. pls. (= Publications of the Wellcome Historical Medical Museum, no. 3)
Text of *L.* from MS B.M. Harley 585.

9247 Ó Cuív (Brian) *ed.*: Fragments of two mediaeval treatises on horses.
In Celtica 2, 1954, (pt. 1, 1952), pp. 30-63.
From MSS T.C.D. H 3 18 and R.I.A. 24 P 25 respectively; with Engl. transl. and special vocabularies.

9248 Best (R. I.) *ed.*: Some Irish charms.
In Ériu 16, 1952, pp. 27-32.
From MS T.C.D. H 3 17; Engl. transl. of the Irish parts.

9249 Hartmann (Hans): Heilung durch Opfer und Mana bei den Kelten.
In Tribus 2/3, 1952/53, pp. 140-8.

9250 Fleming (John B.): Folklore, fact and legend.
In IJMSc 1953, pp. 49-63.
On 'couvade', etc.

9251 Quentel (Paul): A propos de l'existence de classificateurs des parties du corps.
In ZCP 24, 1954, pp. 264-5.
W. *-gwrn* (cf. Ir. *corn*), Ir. *-lach* (e.g. *brollach*), *-genn*.

M PREHISTORY, CULTURAL HISTORY

9252 GABRIEL LE MUIRE (*An tSr.*): Corpeolaíocht agus sláinteachas.
B.Á.C.: Sáirséal & Dill, 1957. 235 pp.
<small>With (pp. 208-30) Ir.-Engl., and Engl.-Ir., medical vocabularies.</small>

9253 NICOLSON (Alexander): The MACBETHS — hereditary physicians of the Highlands.
In TGSG 5, 1958, pp. 94-112.

9254 O'RAHILLY (Cecile): *Copgha, ga cop, ga cró.*
In Éigse 9, 1958/61, (pt. 3, 1959/60), pp. 181-6 [cf. p. 251].
<small>Medical terms (cpd. *copgha* only in TSh.).</small>

9255 CARNEY (James) & CARNEY (Maura) *eds.*: A collection of Irish charms.
In SS 1960 (1961), pp. 144-52.
<small>Ten charms from medical MSS R.I.A. 24 B 3, 23 F 19, N.L.I. G 11, Edinb. 2; Engl. transls.</small>

9256 SHAW (Francis): Irish medical men and philosophers.
In 508 [Seven centuries], (no. 6), pp. 87-101.

9257 GALBRAITH (J. J.): Medicine among the Gaelic Celts.
In TGSI 39/40, 1942/50 (1963), pp. 63-78.
<small>Read Feb. 1944.</small>

9258 BONSER (Wilfrid): The medical background of Anglo-Saxon England. A study in history, psychology, and folklore.
London: Wellcome Historical Medical Library, 1963, xxxvi + 448 pp. (= Publications of the W.H.M.L., n.s., 3)

9259 Ó BROIN (Tomás): What is the 'debility' of the Ulstermen?
In Éigse 10, 1961/63, (pt. 4), pp. 286-99.
<small>On *(cess) noí(n)den Ulad*.</small>

9260 DANAHER (Kevin); Ancient healers.
In Biatas 17, (no. 6, Sept. 1963), pp. 368-72.

9261 MAC NIOCAILL (G.) *ed.*: Rudimenta physionomiae.
In Celtica 6, 1963, pp. 271-7.
<small>From MS N.L. G 1; Ir. version of *Secretum secretorum* iii 2-17 (also here printed).</small>

9262 BINCHY (D. A.) *ed.*: Bretha Déin Chécht.
In Ériu 20, 1966, pp. 1-66.
<small>From MS N.L. G 11; Engl. transl., notes.</small>

9263 LEE (Gerard A.): Leprosy and certain Irish place names.
In Dinnseanchas 2, 1966/67, pp. 71-5.

9264 Ó BROIN (Tomás): The word *cess*.
In Éigse 12, 1967/68, pp. 109-14.

9265 MAC GIOLLA PHÁDRAIG (Brian): Seanscoileanna leighis in Éirinn anallód.
In CapA 1968, pp. 260-70.

9266 Ó BROIN (Tomás): The word *noínden*.
In Éigse 13, 1969/70, pp. 165-76.

9267 PUHVEL (Jaan): Mythological reflections of Indo-European medicine.
In 480 [I.E. & I.E.s], (no. 18), pp. 369-82.

M 9 MATERIAL CULTURE

Cf. L 1.4.1 Economic & social history

9268 MÜHLHAUSEN (Ludwig): Haus und Hausbau in Teilinn. Mit Parallelen aus Cornamona (Co. Galway) und Dunquin (Co. Kerry).
In ZCP 22, 1941, pp. 239-72, 330-60. Illus.
With Ir. terminology.

9269 ——— : *caer chomraic(the)*.
In ZCP 23, 1943, pp. 311-3. (Kleine Beiträge, no. 6)

9270 DILLON (Myles): Notes from Inishmaan, Co. Galway.
In Éigse 4, 1943/44 (1945), (pt. 3, 1944), pp. 206-9.
On the house and its furniture.

9271 CURWEN (E. Cecil): The problem of early water-mills.
In Antiquity 18, 1944, pp. 130-46. pls.
With Ir. terminology.

9272 BAUERSFELD (Helmut): Streitwagen bei Kelten und Germanen. Uppsala, Stockholm: Almqvist & Wiksells boktr., 1944. 27 pp. (= Veröffentlichungen des Deutschen Wissenschaftlichen Instituts Stockholm, Reihe 1: Geisteswissenschaften und Theologie, Nr. 1)

9273 Ó CÉILEACHAIR (Donnchadh): Conus a deintí éadach sa tseana-shaoghal.
In Béaloideas 14, 1944 (1945), pp. 280-6.

9274 Ó DANACHAIR (Caoimhín): The questionnaire system.
In Béaloideas 15, 1945 (1946), pp. 203-17.
pp. 214-7: Thatching terms.

9275 Ó DUBHDA (Seán) *comp.*: Focail agus téarmaí i dtaobh olna.
In Béaloideas 16, 1946 (1948), pp. 172-88.
Terms concerning wool, acc. to subjects, from Corkaguiny (Co. Kerry).

9276 O'RAHILLY (T. F.) *ed.*: Francis KEANE's list of Irish technical terms.
In Celtica 1, 1950, pp. 303-7, 406.
From two essays, 1874 and 1876, in MS R.I.A. 12 Q 13, by F.K. (Próinsias Ó Catháin) who was a native prob. of S.W. Clare.

9277 MCCLINTOCK (H. F.): Old Irish & Highland dress, and that of the Isle of Man. — 2nd & enl. ed.
With chapters on Pre-Norman dress as described in early Irish literature, by F. SHAW, and ...
Dundalk: Dundalgan Press (W. Tempest), 1950. 141 + 87 pp. pls.
cf. JRSAI 83, 1953, pp. 150-5.
Condensed version
Handbook on the traditional old Irish dress.
-id.-, 1958. 28 pp. pls.
Review by

9278 LUCAS (A. T.), *in* IHS 7, 1950/51 (1951), pp. 299-301.

9279 HAYES-MCCOY (G. A.): Irish dress and Irish pictures.
    In Studies 40, 1951, pp. 303-10.
        Review article of H. F. MCCLINTOCK. Old Irish and Highland dress, 1950.
9280 HULL (Vernam): Irish *ruaim*.
    In MLN 66, 1951, pp. 370-5.
9281 MARCUS (G. J.): Irish pioneers in ocean navigation of the Middle Ages.
    In IER 76, 1951, pp. 353-63, 469-79.
9282 [SHAW (F.): Literary evidence for the early Irish house.]
    In Archaeological news letter 4, (no. 5, Jan. 1952), p. 73.
        Abstract in Glyn E. Daniel, The Prehistoric Society: a report of the meeting held in Dublin, 1951.
9283 SHAW (Francis): *Brat co n-auib*, etc.
    In Érin 16, 1952, pp. 200-4.
        1. *brat co n-auib* [special use of *ó* 'ear']; 2. *ēobrat*, *ōbrat*; 3. *brat i forcipul; brat luascach*.
9284 LUCAS (A. T.): The horizontal mill in Ireland.
    In JRSAI 83, 1953, pp. 1-36. illus.
9285 MARCUS (G. J.): The Scotic curach.
    In SGS 7, 1953, pp. 105-14.
9286 ——— : Factors in early Celtic navigation.
    In ÉtC 6, 1953/54, pp. 312-27.
9287 ——— : Further light on early Irish navigation.
    In IER 81, 1954, pp. 93-100.
9288 Ó DANACHAIR (Caoimhín): The flail and other threshing methods.
    In JCHAS 60, 1955, pp. 6-14.
        With Irish terminology.
9289 ——— : Cócaireacht gan cistin.
    In Galvia 3, 1956, pp. 16-8.
9290 LUCAS (A. T.): Wattle and straw mat doors in Ireland.
    In 441 [Arctica], pp. 16-35.
9291 EGGER (Rudolf): A propos de deux armes des Celtes orientaux.
    In Ogam 8, 1956, pp. 171-80.
        With an add. on the *gae bulga*, by Christian GUYONVARC'H.
9292 EVANS (E. Estyn): Irish folk ways.
    London: Routledge & K. Paul, 1957 (repr. 1961). xvi + 324 pp.
9293 WAGNER (Heinrich) & KELLER (Hans-Erich): It. *mattra, mastra*, prov. *mastra*, altfranz. *maistrel*, ir. *maistred*.
    In ZRP 73, 1957, pp. 288-301.
        Also on O.I. *lestar* 'vessel'.
9294 Ó DANACHAIR (Caoimhín): Materials and methods in Irish traditional building.
    In JRSAI 87, 1957, pp. 61-74.
9295 LUCAS (A. T.): Footwear in Ireland.
    In JCLAS 13, 1953/56, (no. 4, 1956 (1958)), pp. 309-94.
        With discussion of terminology.

9296 Ó Danachair (Caoimhín): Some distribution patterns in Irish folk life.
In Béaloideas 25, 1957 (1959), pp. 108-23. charts

9297 Powell (T. G. E.): Some implications of chariotry.
In Culture and environment. Essays in honour of Sir Cyril Fox. Ed. by I. Ll. Foster & L. Alcock. London: Routledge & K. Paul, 1963. pp. 153-69.

9298 Lucas (A. T.): The dugout canoe in Ireland. The literary evidence.
In Varbergs Museum årsbok 1963, pp. 57-68.

9299 Johnstone (Paul): The Bantry boat.
In Antiquity 38, 1964, pp. 277-84. illus.

9300 Ó Danachair (Caoimhín): The spade in Ireland.
In Béaloideas 31, 1963 (1965), pp. 98-114.
With Ir. terminology.

9301 Buchanan (Ronald H.): A decade of folklife study.
In UF 11, 1965, pp. 63-75.

9302 Le Roux (Françoise): La maison du roi.
In Ogam 18, 1966, pp. 510-1. (Notes d'histoire des religions (15), no. 43)
as described in TBFr and FB.

9303 Lucas (A. T.): Irish-Norse relations: time for a reappraisal?
In JCHAS 71, 1966, pp. 62-75.
Incl. 'Norse influence on Irish boats and navigation' (with terminology), etc.

9304 ————— : Cloth finishing.
In Folk life 6, 1968, pp. 18-67.
With Ir. terminology.

9305 Waterer (John W.): Irish book-satchels or budgets.
In MAr 12, 1968, pp. 70-82. illus.

9306 Collins (A. E. P.): Settlement in Ulster, 0-1100 A.D.
In UJA 31, 1968, pp. 53-8.

9307 Harbison (Peter): The chariot of Celtic funerary tradition.
In Marburger Beiträge zur Archäologie der Kelten. Festschrift für Wolfgang Dehn. Hg. v. O.-H. Frey. Bonn: Habelt, 1969. (= Fundberichte aus Hessen, Beiheft 1) pp. 34-58. illus.

9308 Evans (E. Estyn): Sod and turf houses in Ireland.
In 463 [Fs. Peate], (chap. 7), pp. 79-90. illus.

9309 Ó Danachair (Caoimhín): Representations of houses on some Irish maps of c. 1600.
In id., (chap. 8), pp. 91-103. pls.

9310 Gailey (Alan): Irish corn-drying kilns.
In UF 15/16, 1970, pp. 52-71. illus.
Some Ir. terminology.

9311 Lucas (A. T.): Contributions to the history of the Irish house: a possible ancestry of the bed-outshot (*cúilteach*).
In Folk life 8, 1970, pp. 81-98.
With extensive discussion of Ir. terminology (*cúil* : *cuile*, etc.).

9312 HARBISON (Peter): The old Irish 'chariot'.
       In Antiquity 45, 1971, pp. 171-7. pls.

INDEXES

PRINCIPLES OF ORDERING

In indexes 1-3 (Words and Proper Names, First Lines of Verse, Sources), the lemmata are left in their original forms, whether early or late, but they are arranged according to certain notional procedures based on the spelling of Early Modern Irish. Thus, *c, t, p*, of Early Irish, will be found alphabetized as *g, d, b*, where they represent voiced plosive consonants. Initial changes are disregarded, apart from *n* after the preposition *i* before vowels, and *h* in surnames. Within words, *h* (except in *ch, th, ph*) and the glides *a* and *o* are likewise ignored. On the other hand, the glide *i* is counted even when not written. Consonants are treated as double or single according to the conventions of Early Modern Irish. In the same way, the diphthongs written *oe, oi, ae, aí*, are alphabetized as *ao(i)*. The combinations *sg, sd, sb*, are treated as if written *sc, st, sp*. Other instances of ordering based on phonological or semantic, rather than orthographic, considerations are either covered by cross-references, or are immediately obvious, such as the treatment of variously spelt unaccented vowels, or the grouping together of elements such as *Forbuis* and *Forfes*, *Loch* and *Lough*, or similarly spelt surnames, e.g. Ó *Súilleabháin* and O'*Sullivan*.

In indexes 1 (Words and Proper Names) and 3 (Sources), the definite article at the beginning of lemmata is disregarded.

In index 2 (First Lines of Verse), while unstressed words, such as *is* (copula or conjunction), *de* (preposition), *do* (verbal particle), *mo, do, to* (pronouns), are included in the alphabetization, variant spellings or elided forms thereof are disregarded; the vocative particle *a*, even when not written, is included in the alphabetization.

In index 3 (Sources), groups of comparable entries, such a those beginning with *Life / Lives*, are sub-classified according to key-elements (in this case, personal names), even where the latter are preceded by other words. The surname prefixes *Ua* and *Ó* are both treated as *Ó*, and female surnames are entered under their masculine forms. *De* of surnames and of titles of works is treated in the same way as the unstressed words referred to above in relation to index 2.

Some names of institutions and some titles of series and miscellaneous volumes are included with authors in index 4. In contrast to the other indexes, the arrangement here is strictly according to spelling, except that *Ua* and *Ó*, female surnames, and items beginning with the article, are treated as in index 3.

1 WORDS AND PROPER NAMES

ab 1599
abacc 2052
apaid 1805
apaig 2172
aball 2049
abamın 1616
abar- 2050
Abington 2599
abú 3213
axal 2219
acht *prepos.* 3152
acht ma, acht mani 3143
ad- *nominal* 3138
ad- *cf.* at-
(ad)-ágathar 1570
ad-ais 1570, 3377
adam, adamach 1586
at-baill 1907, 1934
ad-chíu 2000
ad-claid 2082
ad-cota, -éta 3286
ad-cois 3374, 3337
*ad-córta 3361
admat 3370
adh-mhaidean 3636
*ad-moinethar 3370
Adomnán 2377
atomriug 8185
adraim 1616
ad-rart[h]atar 3364
ad-tá 3409
afamein 1616
ag (< aige) 3155
agus, ocus (*cf.* is) 3164, 3190, 3775
ocus é 3459
agus go 3455
Aharla (otharlige) 2528
aibritiud 1654
mí aige 9107
ail 1624
áiléar 2242
Ailill 662
a(i)lt 1624
aimirneach 1714, 3828
aimirtne(ach) 1714, 2073
aimhreas 3791
aimser 2022
aincheann 1586
ainder 1750, 2169, 2170
ainéightheamhanta 1810

aingeal 1794
*aingen 1599
aingim 1956
ainis 1971
ainm 596
áinne 1599, 1856
áinsid 2286
airchess 1948
Airchinneach 2532
aird *in pl.ns.* 2634
áirdeall 3702
airech 1642
aireacht, oireacht 2054
airet 3144
airg 3159
airmed 2051
Airmed 2413
airne 1552
airrand, errend, urrand 1959
airrechtach 1552
Airteach 2508, 2510
aisc(h)id 1822
aisid 1570, 3377
aisil 2252
áitt, áitte 1832
aitenn 1824
álad 1599
alaile 878
alailiu, arailiu 874, 878, 879, 885
alfraits 2265
all 1624
allas 1680
alt 2159
amm 1633
ám 2286
amaid 1684
ammaig 3199
amuigh 3880
amáille 2143
amar- 2050
amarc 1904
amas 5453, 5460
Amorgen 2381
amra 2286
an *pref.* 3132
án 1772
anae 2030
Ana, Anu 2405
ana, in an, an ann *etc.* 1989
anachain, arachain, anacair 1925

693

*anaid 1953
anair 1669, 2030
anam 1833
*ande- 3134
ANM 596
Ánroth 2356
ansa 1894
-antar 3381
aobh, aoibheall 1724, 1774, 2286
aol 1590
aonach 1644
aonar 3086
an t-aon uair amháin 3648
áesán 2041
ar *prepos.* 3148
ar *conj.* 3190
arae 1820
ara n- *conj.* 3182
Ára *pl.n.* 2563
Aran 2462
araoid 3728
ar aon-shiubhal 2097
ar-clich 1578
Ardnaree 7562
ar feirm 2290
Argita 2502
ar lear 1587
ar mhaithe le, ar olca le 1757
arrae 7777
arracht 2060
arramainte 4421
arsaidecht 5233
ársuighim 3872
art 2031
Art 2398
artram 2031
as go 3190
Ashilede Point 2575
as-ind(e) 3283
Áth an Urchair 2643
Áth ferna 2682
athláech 881
atlochur 2960
*attú 876
Augaine, Úgaine 2372
b- *cf.* p-
bachlóg 1720
*bakko- 2198
*bail 1861
baile *in pl.ns.* 2604, 2675
Baile Í Ghnímh 4274
Baile Mhic Shearraigh 2473
Baile na Lurgan 2566
Baile Thomáis 2472
báiní 2205

bainne 2198
bainne clabair 1911
balcaisí 2186
Bal- (: Bally-) 2666, 3918
Baldoyle 2666
ball 2286
Balla 2452
Ballaghnatrillick 2617
ballán 2280
Balloony 2472
Ballyboghil 2617
Ballycarty 2637
Ballycommon 2661
Ballydwyer 2637
Ballyellin 2685
Ballygar 2575
Ballyhaise 2683
Ballykinler 2643
Ballilomasine 2632
Ballymahon 2683
Ballymoe 2683
Ballynavenooragh 2637
Ballysakeery 2446
Baltovin 2637
banna 2198
Baoi (Bhéara) 2645
bárach 2066
baramhail, bharúil mé 2176, 3388
bardal 2265
barr 2269, 2672
barróg 1720
bastún 2275
bech 1599, 1890, 2077, 2081
bee 3406
béiliocht ort 2124
bein 3034
beirt 3081, 3089
beithé, béithé 2266
bethib 3415
Belach Feile 2660
Bellanamullia 2661
beannacht 8146
ben taithigi na báu 4984
Berrad airechta 7324
betagh, betagius 7282, 7284
bheith 3519
biatach 7282, 7284
bígis 3597
binid 1600
binn *in pl.ns.* 2681
biorgún 2239
bíthe 1951
blaosc, plaosc 2199
bláthach 2247
bó 1608

WORDS AND PROPER NAMES

Boand, Boyne 2420, 2680
bobhta, bobhtaidib, bobhtib 2201
bó-cháin 8064
bodhraim 2270
bocaid 5076
Boho 2683
bóiléagar 2195
bolg 1695
Boliska 2575
Bonnyclabber 1911
borb 1625
bóthar 1739, 1933
bother 2279
botún 2275
Boyne *v.* Boand
brad 1697
brandub 8526
brat co n-auib, brat i forcipul, brat luascach 2104
bráth 1626
brathad, brafad 1654
Bráth Chaí 7324
Bray 2463
*breab 1654
breab 1654
breab, breabadh 1654
breacadh 5473
breis-díol 8283
breith 1926
Bréndán 2377
breth 1626
breth fhuigill 7343
Brian 2403
Brigit 2385
bris 3379
broc 1590, 2198
bróg 1720, 2148
brogue 1150
brollach 1592
bromach 2198
brongaide 2198
brón trogain 1919
brosc(ar) 1608
brothad 1654
Brú Thuinne 2588
buadraim 1608
buaile 8521, 8525
Buáin 2506
buanfach 8526
búarach 2066
Buchet 5093
buhé, bothaé 2266
buide 1656
buide 2200
builín, builbhín 2141

Bullaun 2577
Bun an Tábhairne 2549
bundún 2275
burren 2159
Burton Park 2588
butúr 2275
cabha 2613
cabhalae 2195
Cagála 2602
caidchi 3208
caidcis 1928
Cail(i)cín 2514
cailleadh é 1042
cá'il mar 3112
cáin 1823
cainlíocht 3651
cainnt 2270
cáinte 7415
Cairid 2393
caisléan cam 8544
cam *in pl.ns.* 2658
An Cam 2473
Canningstown 2617
caer chomraic(the) 2093
Cara Dhruim an Iolair 2473
Carna 2602
Carnuff 2661
Carraic Brachaide, Carrickabraghy 2480
Casconius 2304
Castleblayney 2566
Castledermot 2683
Castlemahon 2617
Castleshane 2661
Cathba, Cathbadh 2379
cathir 1908
ca(u)r 1984
cé, cá 3112
Cé 2490
cétal 1885
cétbuid 1743
céadlongadh 1731, 1791, 1849
cét(o)mus 1594
céidéaga 1804
cetheoir 3082
ceal 1586
cenco 3190
*cenn (> cenne) 1613
Ceann a' Bhathala 2257
Ceann Léime 2496, 2567
ceapaim 1209
Cera 2690
cerd 2136
cearlamán 2179
Cermna 2690

695

Cerna 2690
céaróch 3112
cess 2039
cess noí(n)den 4536, 4565
cess- 1625
céssaid 1982
césmuite 3716
Cett 2344
-ch 1816, 3164
Charleville 2600, 2608
choíche v. caidchi
chóir a bheith 3876
chugam (> chugham) 3979
-chúis (< chubhais) 1621
chúns 3790
cía *conj.* 3188
cia 3120
cia airet 3104
cíall 2000
ciarso (carsa), ciarsat 3115
cichsi 3354
cichsite 3350
cill, cillín 7600
Cill Bhrighde 2472
Kill Muadhnat 8020
cimbid 1886
Cineál Fheichín 2468
cinnlae 7575
*kintu- 1791, 1804
cíos na hainnise 2118
clabar 1911
claideb 2083
cláirseach 9195
clanna Cain 4703
Clann Ceithearnaigh 2485
Cloínad 2450
cleimhrian 2070
cleimseál 2186
clocharán 2070
Cloch Cheann Fhaolaidh 2557
cloon 2159
Cloonoolish 2597
clú 1627
Cluain Bolcáin, Cluain Plocáin 2572
*cluichéid 1899
cluiche puill 8560
cnái(mh)cheól 3789
cnáim elifinte 1712
cnámh íomháighe 1712
Cnoc an Áir 2501
co (*cf.* go) 3150
co n-acca 3509
cobair 1550
co cloth (ní) 4424
co cuala 3509

cotat 1692
cote 3116
cófra 2167
coibhéis 1703
coiblidí 2088
coícthiges 3095
cóid-i-bhfaid 2121
coilín (cuilín), cuilíneach 2144
coimgne 4413
conchend 1552
Conchend 1552
coinneáil 3519
coinne 1768
coinneamh 1768
coireán 2192
coitcheann 1688
coloma 2150
Colomain na Temra 2150
Colpe 2627
colún 2144, 2150
com- 3020
comhad 2121
co matain 3208
comhlann 1700
comhnámhaí 3563
comra(r) 1763
comrecht 2060
comúaitecht 2006
con- 3175, 3308
cónair, cónra 1763
con-atig 3392
Conery 2685
có(n)gas 2087
contracht 880
copgha 1900
cor, -cuiriur 1785, 3519
Corc 2392
corcass 2159
corn 1592
corr 1058
corr- 3449
Corra 2602
Corrán, Curraun, Corrane, Craan 2605
corrguinech 7417
corriasc 1644
corrthón 1977
cosúil 3644
coth 1696
Courugh 2575
Craiphtine 2345
Cráeb Telcha 2684
creacaidh 1863
creach 1697
creachlais 1990, 2253
Crechmael 7554

Creegh 2643
creafadach 1721
Creaga 2602
Creggs 2473
creimirt 2186
crenaid 1863
créatúlacht 2186
Crew 2684
crí 1627
Crích gablach 7324
cró 3670
Crocknaboley 2556
cró Logo 1922
Cromad 2450
crossán 7432
crosóc 8571
Crosshaven 2549
cruach 1884, 2681
cruimther 1762
cruindiuc 1755
cruit 9184, 9195
Cruithin, Cruithni 2537
cuaille comhraic 2092
cuairtfell, cuairtbell 1771
cubus 1621
cuibhreann 3645
cúil 4150
Cúil Áine 2648
cuilche 1770
Cúil Conalto 7915
cuile 4150
cuilíneach 2144
cuilithe 3629
cuilleann *in pl.ns.* 2593
Cúil Mhaoile, Cúil Mhuine, Cúil Mhaine 2648
culmen 2274
cúilteach 4150
cuinnscle dá chois 2128
cuirc 2145
cúiteamh 2243
cuítheach 1896
cúlad 1818
Culloville 2473
Cullyhanna 2473
cumá 3112
cummat 1725
cummato 1725
cumcaisiu 2087
cuntabhairt 1682
cur *v.* cor
cút 3153
da *in pl.ns.* 2523, 3073
dáchad 3090
Dagda 2378

(fo-)dálim 2060
dainid, dainíd 3590
dair (: daur) 1940
Dalaraidia 2495
Dallán 2402
dam 1756
dámh 1769
doíni 1678, 3016
Dar-, Der(b)- 2368
daur (: dair) 1940
de (do) 3178
deäc 3080
deáthach 1782, 1866, 1896
deccair 2057
deibhil 2224
déinmech 2024
deireanach 1788
deisse 3095
deisen 2069
deithbhireach 8283
del 2060
dealamh, dealmhas 3591
delb 2060
Delbaeth 2417
delg 2147
demon, demnai 3016
dena, dina 3179
déanaim 1753
déanta na fírinne 3798
dér 2080
Der(b)-, Dar- 2368
-deraib 3409
derb-, dru- 1564
derbaid *vn.* 3409
derc 1773, 1795
dérgaid 2086
Derry- 3913
dhera 3967
dia 'god' 1829
dia 1829, 2015
dia, dá 3497, 3512
dia daim 1756
dia do bheatha 2125
dialann 7575
Diardaoin Álainn 2089
díobtha, díobaithe 1711
di chosscc alailiu 878
di-fochtrathar 3371
díogla 1964
dígu 1777
díol, díola 2011
diomuite 3835
dina, dena 3179
diriuch dianim 2132
-díuchtra 3371

diúltaim 2270
dligid 1778
dluth : dlúth 1825
do *rel.* 3133, 3169
doa (*cf.* dua) 3145
do-air, -tair 3356
do-áir, -táir 3356
to-aithib, do-aithim 3400
do-ba 2063
do-bádi 2063
doborchú 1889
dóchad 3090
do chóir 3140
do-diat 3353
*do-érgai 2086
do-érig 2086
do-érig 2086
do-ic 3383, 3467
Doire Bhraghun 2473
Doiri Meinci 2497
Doiri na Cailleach 2497
doirt 1800
dol *v.* dul
dólámhach 1867
dollaghan 3840
dom 3595
DOMNIC 547
donál 1707
do-ním 2099
donn 1453
donn 1988
dord Fianna 9179
dos-beir mod 4957
do-sceinn 3360
do-sná 4910
dósta 1852
do-tét 1077
dóthain 2245
dot-luid 3438
do-toing 1570
do-u(i)c 3359
Downpatrick 2688
dringid 1862
Drobhaois 2596
drochainte, drochuinte 1846
droichead *in pl.ns.* 2612
Dromcunnig 2637
dronn 1136
dru- 1564
druí 1997
drumlin 2159
drúth 1997
DRUUIDES 578
dua (*cf.* doa) 3153
Dubgaill 2689

duír 3602
duirc 2145
dul 3464, 3515
Dumazbakki 2570
dúnad 5469
Dun Caillenn 2537
Dún Comair 8054
Dún Eogain Bél 2486
Dún Lethglaise, Dún da Lethglas 2688
Dur 2623
Dursey 2645
Dynish 2597
epaid 1805
-ebla 3385
Echaid, Echu *v.* Eochaid, Eochu
Eadar 2489
eter 3178
eadhon 3127
etrud, eadradh 1837
éc 3057
éclann 1700
écmais 1704, 1761, 2110
écmaise 2110
éagm(h)aiseach 1761
*ecortaid 3361
éicne 1596
éighthúnta, éaghthúnta 1810
eilestar 1699
éiligh 1759
e(i)mid 7786
eneclann 2029
*érennat 3396
eirgéis 2225
eirín, eireóg 1683
Ériu 2297, 2851
eirr 1820
eirsi 3395
esséirge 1967
eser 3284
éitheamhanta 1810
Emain Ablach 4588
Empor, Emper 2646
éobrat, óbrat 2104
Eochaid, Eochu 2324, 2404
*epi- 3171
Érainn 2297, 8762
earball 1765
erc 1656
Erc 2351a
Érna 8762
Earraghaidheal 2453
eas 1680
Easbáin 2638
escaid 1822
Eas Caoille 2446

esker 2159
An Easléim 2597
eathar 1738
fá 3167
fa-deisin 3121
fadó 3195
fágáil 3519
Fahan 2661
faidhear 3744
lia fáil 1974
fáinne 1599
fáith 1905, 2023
faitse 1655
fanacht 3519
fand 1428
Fand 1428
faoidheach 1760
faoisg 1742
foesc 1742
Farragh 2447
fastós 1929
fata 2210
fá dtaobh do 3160
fáth 1586, 1698, 2074
fáthach 1586
fé 1741
fecht n-aill 2122
fed- 1625
féadachtáil 3776
Fedamore 2617
fé ndear 2133
feileann 1949
fé ille fé innund 2098
Femen 2691
féin 3118
fénechas 4237
feirm 2290
feis 1658
feiste 2090
feithim 7529
feam 1694
fengaid 3365
fennaid 1658
feóldénmaid 2286
fér 1658
feraid 1608
fear an énais 7375, 7405
Ferching, Ferchinged 2359
Ferdomun 1137
féasta 1587
fial 1767
fiar 1625
fidchell 8526, 8554, 8565
fili 1916, 2023
filidecht 4191, 4237

find(b)ruine 1944
finné 1819
Finngaill 2689
Fionnghuala 2395
fír 7298
fíor- 3184
fleasg 1735
flúirse(ach) 1990, 2254
fochair 1758
fochlae 1655
fochmaigid 1586
fochnaid 1586
foclóir 1957
Foclut 2458, 2478
fodb 1828
fót báis 2216, 2244
fo-émid, for-émid 1945
foilis 3356
fóireann 1949
foirneadh 1586
folamh 1706
fo-len 3359
folud 2286
fómánta 1898
fonn 2270
for 3146
For(r)ach 2447
fo-reith 2009
forgu 1777, 2019, 2028
forlann 1613, 1700
for-len 1578
for-lúathar, forlúamain 1570
Foroí, For(r)ach 2447
forú, fora 1717
fos *in pl.ns.* 2598
fot-lile cuma 3359
fo-uisim, -fuisim 1679
fracc 1642
franc 2220
francamais 2220
fraochmhadra 8283
frecomot 2121
frén, frém 1792, 1855
*frescissid 7251
fri 3154
frisdo-gair 3349
frith 3147
fuaimint 2230
fubún 2275
fuilliucht 2124
fuin 1748
fuiriste 3044
gábud 1826
ga cop, ga cró 1900
gad 1697

gáe 3025
gae bulga 9291
gaibid 671, 1802
Gaillimh 2535
gaimbín 1853
gaineamh 1586
gaiseiti, gaiseite 2267
gal 2055, 3024
galad 2005
gamhar 1979
gamba 2208
gamnach 1871
gaol 1767
gaoth, gaothradh 1728
*gar 3036
Garryhill 2683
gathsite 2267
geáitsí, gáitsí 2226
gead 1821
-gét 3360
geilt 4572, 4691
geste 3366
geit 2175
geldod 4914
-genn 1089, 1592
gerg *in pl.ns.* 2505
Gilbertstown 2685
glám dícinn 7417
glan 1881
glé 3025
Glenballythomas 2472
Gleann Bolcáin 4539
Gleann na nGealt 4539, 4548
gleó 1587
glond 5233
gnás 1966, 3051
gné 1569
gnó, gnóaigh, gnóughadh 1754
go *cf.* co
go *conj.* 3190
go dhéanta na fírinne 2131
go bhfios domh-sa 3877
go fuithe, go fuíthin 2126
goire 7251
Gorheenalive 2619
Gortarica 2597
Gortronnagh 2522
grád écmaise 1761, 2110, 4438
graifne 1730
greamús 1929
guairneán 1771
guardal 1771
guile 3670
gurab 3417
guth 1996

Haulbowline 2585
Hayes 2661
heaving of the maw 2284
Horseleap 2643
iar 3141
iarann 1555
iarcomarc 5469
iarmhóireacht 3736
Iasconius 2304
ibar 1879
i gcóir 3140
idbart 1903
i ndís 3079
i fochroíb, i fochair 3139
-icc, -ucci 1744
Ilancrea 2585
Ilanecahill 2585
Ilanecore 2585
imbas forosnai 7477
imbolc 1918
Immchadh 2380
imb-fia 3354
Imliuch Brocadha 8025
íomhóg 1712
Imper 2646
in- 3060, 3174
-ín 2717, 3023, 3027
in an(n), i ndan, indon 1989
Inchagoill 2522
*in-córta 3361
inda 3099
nd-ad(a)ig 3209
ind-aim 1875
indelb 2060
indeoin 5199
indgnam 1840
indile 1841
in-díu 3209
indladad 1955
in(d)laeg 2010
in n-éindí le 3721
macc ingor 7251
inid 8500
inis 2065
Inis Baoi 2645
Inishcarra 7563
Inishtravin 2521
ionmhain 1893
inneamh, in(n)mhe 1897
inneó'ra 3211
innliughadh 8283
in-nocht 3196, 3209
innsgne 1559
in tan 2046
*intsechinnad 8259

in duus 8073
Iordanén 2609
iris 1950
Irua(i)th, Irua(i)t 2595
is *conj.* 3775
is *cop.* 3529, 3775
is beag orm é 2191
is . . . dom 3503
is liom 3465
is maith liom 2111
i dtúrtaoibh le 2103
Ivernis 2464
Kil- 2555
Kilcommon 2685
Kilkerrin 2617
Killadullisk 2597
Killaltanagh 2522
Killaroo 2449
Killashee 2479
Killevy 2683
Kinure 2569
lā- 1624
lábán 2139
labhar 1877
Labrainne 2623
-lach 1592
lacht 1693
lá dá raibh sé 3497, 3512
lafan 2178
lága, láige 1685
laghach 1932
lágan, láigen 1685
laiream 3129
lámh 1876
lám déoraid 2127
lang 1960
laogh 1686
laoidh 4744
lárag 1555
láth 1915
láthraim, láthar 2078
lepaid 1805, 1812
le (ar na) craobhachaibh 2114
leadhbán, leóbán 2139
leagaim 2218
légend 4237
léicid 1616, 1859, 2035
léim 1878
Léim Lára 2496, 2567
Leinster 1139
leis 3204
leis féin 3198
leithdhearbh 8154
leithéit 1817
leitiméaracht, leiciméaracht 2259

Lemain 2552
Ler, Lir 2360
lestar 2214
Letha 2321
leth-lám 1073
Lethnad 2450
lethpinginn 8571
lethráim 2221
líach 1608
lia fáil 7389
Libnios 2552
lind 1813
lingid 1862
lir 3017
Lir, Ler 2360
Lissbruadar 2633
Liss na Calligi 2636
littiu 1807
liútar-éatar 3641
Loch Chorr Smutóige 2621
Lough Ea 2473
Loch Mu-Choba 2585
Lough Nafooey 2521
lón láith 4551
Luan 9076
luch 1625
lugnasad 1921
lústa, lústai 3367
lúth 2183
má, ma 1625, 3429
mac 5451
Mac Gille Mhoire 8797
mac gor, mac ingor 7251
mac lir 2105
mac Timnae 7784
-mat 4949
magadh 1737
Mag Femin, Femen 2691
Mag Muireda 2620, 2682
Mag Raigni 2674
Mag Tuired 4894
Mahoonagh 2617
maidir le, mar le 3176, 8333
maigen 2286
mailís 1554
máinia 2205
maistred 2214
*maithe 1757
malach 3788
Malahide 2643
Manannán mac Lir 2360
Manorhamilton 2473
mael 2286
Maonmhagh 8417
máeth n-áraig 2112

mar 3190
mar a bhfuil 1861
Marbán 2382, 5045
mar bharr draoille 2095-6
marcach 2004
Marinerstown 2665
mar le 3176
Marmullane 2569
marnid 2033, 3314
maw 2284
meacan *in pl.ns.* 2650
meach 1890, 2081
-mét 4949
an mhéid 3161
meidhir 2270
meigeall 2249
meirbligid 1625
meirg 2286
meithel 1747
mén 2032
méanair 3842
meanma, meanmna, meanmnaí 1801
Meranagh 2357
merugud 2286
Mess 2351
mí 1633
miach 2051
Miach 2413
mí aige 1943
míchinéal 8283
miodal 2186
Midba breth 7324
Midir 2366
mifir 1689
Míl 8713
milchobur 3282
míle 3462
milleán 1708
*mis- 3128
mísc 1927
mlas 1625
mnaí 3034
móaigid, mogaid 3375
mo ghraidhn 3646
móir 3017
molid 882
montar, muinter 1616
Moone 2661
mormaer 1745
Mornington 2665
Morrison 8781, 8797
Mosney 2460, 2620
Moymurthy 2620
Muiceanach *pl.n.* 2539
múineadh an leómhain 2123

muinn 3117, 3123
muinter 1616
Muirchertach 2367
mul, mullach 1906
Mullaghcleevaun 2669
Mullinoran 2448
Munster 1139
Mweenish 2597
nach 3430
nache n- 3114
noí(n)den 1963, 2071
naí trua 3641
nár 1767
nasad 1921, 1935, 1987
nathar 3109
necht 1787
Nechtan 2389, 2391, 2397
neadha 2012
neafaiseach 1806
ó neimh (: néimh) an tsneachta 8279-82
neimhinnsgne 1559
nél, néall 2269
ness 1676
Newtown-Hamilton 2473
ní 3186
nia 1787
ní has dó 2101
nícon 3187
ní bhfuil 3421
nimhe 2012
ní mór liom é 2191
ninach 1912
St. Ninian 2371
níos mó cosúil 3878
Nobber 2617
nochis 3164
Noctorum 2622
Nuada 2387
Nuala 2395
ó, ua 5451
óac 2075
oxal 2252
oc 3155
óg 2286
ogam 563, 603, 609
Ogma 603
ocus *v.* agus
oíbel(l) *v.* aoibheall
oibriughadh 1559
oidhe 3647
Oileán Baoi 2645
óinmhid 1684
oircheas 1948
oiridh 1949

ol 1909
olc 2061
*olca, ulca 1757
olcaighidh 1868
olcmhar, olcmhaireacht 1868
ómánta 1898
Ómné Rende 2576
on 1550
onfaise 1681
ónna 1684
Onomy 2576
Oorid 2521
orc 2021
orc tréith 2130
trí hórmharg 2040
*orn 1436
os 3164
ósta 1852
ósta 2168
óthad 3096
Owney 2599
p- *cf.* b-
Palladius 1104
pampúta 2186
pardóg 2278
pearsa 1559
pearsa lóir 1559
peorcaisí 2225
piarda 2227
Picti 2568
piléar 2155
Pilltown 2668
pinginn 8571
pladdy 2159
plaosc 2199
plás 2209
pléaráca 2228
poinn 3639
poll 2281
pollán 2280
Port Airchinnigh, Airchinneach, Portrunny 2532
potáta 2210
prádhainn 2140
prapp, prappad 1654
prap (na súl) 1654
práta, préata 2210
pratainn, praitinn, preatainn 1990, 2231, 2255, 2268
preab, preabadh 1654
preabadh na súl 1654
*pressus 2206
procadóir 2256
Proonts 2550
Pruntus 2550

púirín 2085
puisdian 2154
punt 3462
púr 2288
Quarantine Hill 2628
Quarantine Island 2628
.r. *MS symbol* 669
-rabais, -rabair 3410, 3413
Raigne, Roigne 2674
ráimh, *ráimis 2221
Ráith Oinn 2533
rámha 1766
rann 669
Rathcogan, Rathgogan 2600
Rathlin Island 2643
Ráth Luirc 2600, 2608
réim 1559
réim *in cpds.* 1585
remec 1550
Renowdran 2585
Renrawre 2585
resiu 3149
retoiric 669, 4424
riasc 1644
richt 2060
Rig 2553
rinde 1752
rindiuc 1755
ris 3204
ro *verbal pref.* 3253, 3254
ro-, rug- 3137, 3166
robartae 880, 1827
rodb- 3351
-rodcad 8268
ro-fitir 3297, 3335
ro-geinn, -rogainn 3356
-roglé 3368
roimh 3192
-roísur 3378
rómhar 1766
rón 2213, 2278
rondgab 8076
rondid 3357
St. Ronyan 2371
-rornaither 3359
Ros Beg, Ros Mór 2585
rosc(ad) 669
ro-sineth 3360
Rosnat, Rostat 7733
ro-tocad 8268
Roxborough 2472
ruaim 9280
ruamh 1766
rug-, ro- 3137, 3166
ruidid 3298

ruim, ruimi, ruimh, ruimhe 3131
Rusheennamanagh 2522
Sabhrann 2629
samain 1920
sáeb 1973
sara 3149
scál 1965, 1968
scalp 2159
scamach 9239
scaoinse 3686
sceitimíní, sceit, geit 2175
scél 4421
sceo 3164
sceólae 1798
scibim 2135
scibhim 2135
sclaim(h)ín 2282
scor, scaraim 1785
scoth 1675
Scotti 2509
screpal 8571
sgríob 2138
sebortir 3401
sech 1874, 3162
sechbaid 1594
sechis 3164
sechnad 1594
seachrán 1594
sét 2147
sétaid 3360
Setanta 2386, 2401
Segais 7473
secndap 7251
sétig 1642, 1888, 1937
seimtille 7437
sealbhadh 1559
sellad 1647
seamróg 1775
sean- 1746
se(a)n- *intens.* 3173
seanadh 2529
Seana(dh) *in pl.ns.* 2529
sernaid 3261
setta 3360
sethar 3109
Shanadullaun 2521
Shannon 2574
shanty 2279
she 1186
Sheep Haven 2473
shillelagh 1808
Shoodaun 2575
shurick *in pl.ns.* 2545
sí 2217
siabraid, siabhradh 1973

síans(a) 2162
sib 3108
sibín 2260
sibhsóg, siusóg, siosóg 1811
síd 1938
sidé 3107
sidéin 3106
sifín súileach 8544
síle-na-gig 7432
silva Focluti 2458, 2478
sínseanathar 3654
sissidir 3378
sithichtho 886
siu 3149
s(i)ul 3149
slad 1697
Slán Pádraig 2651
slechtaid 877
slégar 1559
sliabh 2639, 2681
Sliabh Bladhma, Slieve Bloom 2643
slinnéanacht 7466, 7467
sluggy 2159
smeach 3962
snád- 1569
Snám Dá Én 2445
sneachta na neimhe 1831
*sneachta na mure 1831
sód 1844
*sogharthach 8329
soilestar 1699
soiscéal 5425
soscélae 2286
sólás 8283
Spáin(n) 2638
spairn 2291
spaisteoireacht 2229
speidhear, speidhearadh 3744
spéliongtha 6373
speal 1705
spinc, splinc 2278
spuaic 2186
Sraiphtine 2345
srón 1934
sruth, sruthar 1838
staingc 2194
stair 4421
stánadh, staonadh 2240
stang 2157
strubaid, strabóid 2261
stuaim 1613
suaimhneas 1594
súan 2003
Succat mac Calpuirn 2321
suide 1939

suirghe 1690
sula 3149
sunnradh 1559
sutrall 1722
tá (cf. ad-tá) 3435, 3448
tábhachtach 1790
tabhairt 3519
tabhasc 1783
ta(i)n 2046
táiplis 8542, 8544
Tairrdelbach 2346
táirim 1585
tairrechtach 1552
-taithmis 3376
tama(i)n 2286
tánaise 7251
taom- 2285
tapaidh 3985
tapaigean, taibeagan 1834
thar mo bhionda 3712
tárraid 3369
táthai 3362
te 1839
tech 3025
Tech Colláin 8054
teacht 3519
Tuathal Techtmar 2399
tét 1839
tecosc 1954, 1991
téit 1077
téged 3363
téigis 3597
Teileann, Teelin 2659
tellend 2059, 9184
teinechlár 5233
teine di áitt 1832
teinm laegda 7478
teirgéis 2225
téirim 1585
téith 1839
Telach Cail 2607
Telach (Tulach) na gCloch 7915
Telach (Tulach) Liag 7915
tell- 1625
Temair 2324
Teampall Raoileann 8014
téanam, teanam 1753
teoir 3082
*terthriall 1869
thallage, thawlogue, thawluck 2272, 2277
tib- 1625
tiompán 2233
tinne in pl.ns. 2591
tin t'iara hort 3925

-tíuil 4932, 4950
to prev. 3170
to- v. do-
Tobar Finnmhuighe 2651
town in pl.ns. 2675
traige 2002
tráth conj. 3136
treachlais 2253
trefhocal 1799
trédenus 2015
treisse 3095
trelaeg 2010
treo 1715, 2265
treaspoc 2207
triath 2021, 2130
tríocha 3076
Trillick 2617
Tríonóid 3018
trí hórmharg 2040
triopall, truipeall, tripeall 2193
triúcha 3076
brón trogain 1919
*trosc, trosca 1644
túaimm 1613
tuaraim 1585
trúig 3593
túas 1999
túath 1999
Tuath-Bailenangeadh 2649
Tuath Ó bhFithcheallaigh 2616
Tuath Uí Dhuibhdáléithe 2630
túcáil 2222
thug sé fé ndeara 2133
tuis(e) 1806, 1865
-tuit 3393
tulach (cf. Telach) 2672
Tulbretha Fachtna 7324
turloch 2159
Tynagh 2643
uabhar 1870
uair 3462
Uaithne 2599
úathad 3096
ubhall in pl.ns. 2543
úcaire 2222
uchtlach 1807
Úgaine 2372
-ucci 1744
uirceann 2145
uiread 1701
uirrim 1585
uisce 2067
Ulaid 2610
*ulca 1757
Ulster 1139

undás 2142
Upperland 2643
urdail 1702
urlann 5451
urlár *in pl.ns.* 2551
úrphaisiu 1681

urrand 1959
u(r)tlach 1807
Veleda 2241, 4204
Ουιδονα 2503
Vortigern 2363
Z *MS symbol* 652

2 FIRST LINES OF VERSE

A aingil/beir a Michil mórfheartaig 5626, 5631, 5635
Annir wain manlih wlafuir ghiannuwill khine 6937
Annir wan winlih nih maclegas guyhis 6939
Annir wig wuk lannibuig 6941
A ainnir chiúin na gciabh teana liom is triall 6536, 6556
'Airnéis tSagsanach ceangailte i ndísbeagadh 5974
A Airt a chara 'sé mo bharamhuil gur sháruigh tú an chríoch 6232
A aodhaire chliste an tréada 7580
'Arsaigh chroidhe gheanamhail ruaidh 6591, 7423
A Athair Seon is tusa mo dheacair 7159
A Áth Cliath is aoibhinn dhuit 6629
A bhaintighearna Mháire a bhláth na Raghallach n-úr ar mhéin 7064
A Bhanbha is truagh do chor 6598
Ábhar deargtha leacan do mhnaoi Chuínn é [*al.* Is ábhar . . .] 6297, 6301, 6308
A Bharraigh gan cháim 's a bhráthair Ribird na ruag 6844
A Bé Find in rega lim 4885
A bhean 'gá bhfuil crodh 5954
A ben bennacht fort ná ráid 5607-5607b
A ben uil isin cuili 5658b
A bhean fuair faill ar an bhfeart 6042
A bhean lán de stuaim 5812
A ben nachamaicille 5207-10
A bhean na dtrí mbó 5954
A bennáin a búiredáin 5147
A bhile den fhuirinn nach gann 6148
A bhile gan bhéim is gléire shuidheas gach lá 6184
A bhile gan cháim is a Fháltaigh crúuasail 6244
A bhláith-litir lághach dá gcréidthear sibh 6750
A bhláith na bhFlaith nár chleacht an dlighe mar rogha 6666
A bhláith na muadh a phlúr Phluincéd 6748
A bláth na bpaitriarc is a iníon 6205
A bhuidhe re comhachtaibh Ríogh na glóire 6818

A chailce na ccliar do ghrianshleacht Éire an bhláith 6289
A chailleach na foraire 5924
A chara *cf.* A charaid
A chara gráidhac na Ngaodhal 7580
A charaid a thogha is mo rogha-sa d'fhearaibh díograis 6616
A charaid chlúmhail dhíoghrais 6159
A charaid chumainn leanas laoithe is dánta suilt 7004
A charaid dhil chlúmhail a rún 's a shearc na saoithe 6176
A charaid dil do shealbhuigh gach beartaidheacht éigs 6835
A charaid ghil ghlé tar aon do raideas duit grádh 6312
A charaid na gcarad is cara na héigse is mó 6992
A chara 's a chnú chroidhe dhlúthaigheas rann cluthar 5981
A chara mo chléibh is a Shéamais ghreannmhair ghráigh 6960
A chara na n-órd n-eólglan gan truailleacht riamh 6186
A chara shéimh shéaghain nach ráinig linn 5983
A Cheataigh mhómhar a bhfuil iomad don rósa 6199
Ach a Dhaoil 5941
Ach a luin is buide duit 5658d
A chiúinbhean [*al.* shuaircbhean] tséimh na gcuachann péarlach 6522, 6532
A chlanna Cuinn cuimhnichibh 6320
A chlann Jupiter na n-éacht 'tá 'bhur gcomhnaidhe i mbarr an tsléibhe 6611
A chléirigh na ndréacht nglan do cheapadh gan smól 6860
A chleite an ghé riabhaigh 7109
A Chlíodhna co mbeanuíghe Críosd féin duit 7094
A gclú is ionnmhus d'fhine Raghnuill 6280
A chnapóg chuiriceach thubaisteach d'árduigh brón 6967
A chnú 's a chisde do cuireadh le cách dhod shlighe 6008
A chóicid chóin Chairpri crúaid 5640
A Choimdiu baíd 5622
A Choimdiu nom-choimét 5621, 5627

A Choimde na n-uile 5534, 5535
A cholann do-chím gan cheann 6472
A chompáin shaor ar mhian liom a bheith libh i ngach áit 6552
[A] compáin seachoin sinne 5562
A Chonchubhair ghroidhe Uí Mhadagáin go mbeannuighidh pearsa Dé dhuit 5899
A chos bheag shiubhalach fuiling i gclúid faoi chléith 5972
A choscar derg dédenach 8638
Acra leabhair ná aithne ar chá seoch cú 6816
A chrích Chéir mhic Fheargusa 5946
A Chrínóc cubaid do cheól 5629, 5632, 5646, 5716
A Chríosd is buan 's is truagh mo ghéirghearán 5997
A chroinn ar ar thoirling Dia 6023
A chruit Chinn Choradh cháidh 6188
A chuaine chaomhsa i gcéin i bhfódaibh Fáil 5965, 6012
A chuisle 'gus a stór dá ngluaisfeá liom sa ród 6536, 6556
A chuisle na héigse éirigh suas 6984
A chumainn 's a ghiúistís úrchroidhigh bhéasaigh ghlic 6788
A chumainn mo chléibh 's a chléirigh cheannasaigh chaoin 6894
A chumainn mo chléibh 's a Mhaoghnuis ghrinn an tsuilth 6858
A dhalta dhil an dainid libh mo chás anois 6160
A dhalta nár dalladh is dlaoithe 6165
Atchíu *cf.* Dochím
Ad-chiú néall neamhdha ós an raon 6459
A Dé dúilig atat-teoch 5589
Adeirim gur dianchrádh is iargcás deirgchioth deor 6754
A Dhé mhodhmhail dhil 's a chrobhaire do bhanaltran féin 5823
A Gheah nuh gonunt nuh ghoir led grast muh fouir 6947
A Dhé na ndeaghníomh smachtaigheas uaill gach fir 7127
A dheartháir mhuirnigh an gcluin tú an chuach 6206
A Dhia ghléighil féach agus fortuigh oram i n-am 7112
A Dhia ghléigil go réidhe tú mo chúis dom 6419
A Dhia 's Ghobnait cosuin an ghaoth námhad so 6713
A Dhis na n-uile nach ionann is éag d'iomchur 6373

A Ghido ghonny is troueh dih choursy 6017
A dhíograis mh'anma a dhalta dhil a uain 's a stóir 6102
Ad-muiniur secht n-ingena trethain 5541, 5743
A dhochtúir na féile is fearamhla tréartha 6234
A Dhómhnaill na páirte táim cráidhte ag an gcíos 6361, 6367
A Dhomhnaill shultmhair na Buile 's a Chárthaigh chaoin 6840
Atom-riug in-diu 3394, 5724, 5752
A Dhonnchadh shugartha shultmhair Uí Luinneacháin tséimh 6830
A dhoruis crín a' dísgán 7130
Adram in Coimdid 5669
A dhreóilín bhig bharramhail is deas liom tu am choimhideacht 6868
A dhuine chuireas an crann 6656, 6659
A dhuine gan chéill do mhaslaig an chléir 6358
A dhuine léigh do théx go cneasda suairc dham 6751
A duine nach creit iar cóir 8199
A dhuine ó ndeachaidh do bhean 5902
A dhúin thíos atá it éanar 6066-7
A éigse grinn an dainid libh 6850
A éigse léigidh d' bhur ndiospóireacht 6665
A éinín bhig shuairc a tháinig ar cuairt 6529
A Éamuinn a spéice is a bhacaigh bhuidhe an uilc 5821
A Éamuinn a spéice 's a bhacaigh bhuidhe dhuibh 7096
A Éamuinn níl baoghal ort ná haithentar thu 6120
A eólcha Alban uile 8764, 8766
A fharaire chlúmhail is acmhuingeach iúl 6834
A fhéil-fhir ghasta lé gcantar go caoin labhrtha 6770
A fhile seo im aice 's scafaire ghil mhúinte 6094
A Fhinghin táim fíor-chlaoidhte doilbh le seal 6417
A fhir bhreagh dheaghchroidhigh gheal ghrinn ghléigil úir 6876
'Fhir chalma de Chlainn Chathasaigh agus 'údair léighinn 6406
A fhir charthannaigh chaoin do chinn tar Macaoimh méinn 6817
A fhir charthannaigh dhiadha ghrianda ghrádhmhair ghlic 6801

FIRST LINES OF VERSE

A fhir cheannasaigh cháiligh chráibhthigh chliste i dtréithibh 6775
A fhir cheannsa gan fallsacht ba ghasta laoithe 5824
A fhir chumusaigh ghlic is cliste cáile am fhios 6832
A fhir fhéuchus uaid an cnáimh 6027
A fhir léghtha an leabhráin bhig 6655, 8326
A fhir mh'éilighthe i ndéanamh na rann do-nim 5985
A fhir shéimhidhe gur aontuigheas tu id dhuine thar chách 6867
A fhir shealbhas duit an dán 6063
A fhir shultmhair is breagh an tslighe ráinghís measaim do thriall 7020
A fhir táinig re tásg mBriain 6702
A fhir thréithigh bhreágh léigheanta 'na bhfuil mo dhóchus 6096
A fhlaith-bhile mhodhmhail nach gann i sult ná i dtréithe 6173
A ghaisgeadhuig cé searbh do dhán 6360
A ghasradh fhial ghrianda do b'úire uair 7005
Aige Cloch Mhór thoir na nIarla chas deilbh chríon lom liath liom 6081
Ag dul thrí Ardrathain dom thar éis Aifrinn Dé Domhaigh 6397
A Gheah nuh gonunt nuh ghoir led grast muh fouir 6947
A ghearráin riabhaigh lér chaillios mo shearc 7043
Ag guidhe 's ag dáil na ngártha beannachta 6778
A Ghido ghonny is troueh dih choursy 6017
A ghilli gabhus an stiúir 5950
Ag ríoghraidh cé bhínn-se do bharr ar chéad 5964
A ghríos-ghártha le éin-lasair thugas fíor-thaithneamh is spéis dot dháil 7103
A' siúl na hoíche a Mhic Ghiolla Claonaigh 3824
Ag so cf. Seo
Ag so an chomuirce a Chormoic 6697
Ag so chugad a Chormuic 6678
Ag techt aimsir chodlata dhamh air bheagán suaimhnis 7113
A hIath Luirc ó cianchuireadh cúis mo cháis 6404
Aidche v. Oidhche
Ailill v. Oilill
Áilim an triúr 6072

Anbthine mór ar muig Lir 5764
A iníon álainn Choinn Uí Néill 6207
A ionmhain do sheachnais-se 5934
Air v. Ar
Áireamh eachtra an ghalair 'nar luigheas go tréith 6887
A Íosa a Naoimhspioraid a Athair is a Uain 7168
Aisling ad-chonnairc Cormac 6512
Aisling ad-chonnarc ó chianaibh 5951
Aislingthe do chonnacsa 5939
Aisling bheag ar Eire 6073
Aithe damsa [al. dam cen] bés mora 7198-7203
Aithne charad cláirseach Bhriain 6115
Aithris dúinn ó's tú do riacht tar lear 5952
Áit mo roinn gan rann oile 7030
A laoidh a dhaoine an síltí go méarainn buan 5959
A leabhráin ainmnighthear d'Aodh 6746
A leabhráin ríodha ón Róimh 6746
A léine mhic Dhiarmada 5945
A leannáin fíre na sua 6525
A leannáin gráidh na dtrí dtriúr 6525
All amae/na bríathraib ilib imgonam 5059
A Lóbuis dhaoitheach is mó mar aoir 6365
Altus prosator vetustus dierum et ingenitus 7211
A maccáin ná cí 5100
A mhacaoimh cé mór do mheas 6288
A mhacaoimh dhealbhas an dán 7046, 7089
A mhacaoimh do ghad gnaoi na gcliar ar uain 5989
A mhacaoimh mhaoidheas do shlad 6632-3
A mhadaidh ruaidh ná raibh tú buan 6243
A mháighistir dhil dá dtugas grádh ionmhuin 6776
Aunle wanrk hivir er manhif nih Ghealhy schaunde 6936, 6949
A Maire cf. A Mhuire
A Maire mín maithingen 5681, 5737
A Mháire Woods a bhruingeal cheannsa cháidh 6784
A Mhairgréag cuimhnigh ar ngaol 5944
A mhaith atá tarra asteach 5485
A Marbáin a díthrubaig 5672
A mharcaigh shaoir don mhaicne ríogh dar éirigh ágh 5975

Am eadartha 'nae 's mé tréith a' taruint don mhóin 6583
A mheic *v.* A mhic
Am gáeth i mmuir 5719, 8708
A mheic Éadhmoind ruaidh a shaercloin an tsluaigh 6227
A Mhic Mhuire na nGrás do cuireadh chum báis 5898
A mhic Uí Uiginn a ghrádh 5556
A mhic Uí Uiginn ó Thúaim 5556
A mo Choimmdiu cid do-génsa 5548
A mo Comdhiu néll cid do-dhén 5608
A Mór Maigne Moige Síuil 5566, 5692
A muinter Murchada móir 5547
A Mhuircheartaigh ghrádhaigh gháiritigh ghrinn gan ghruaim 6848
A Mhuire *cf.* A Maire
A Mhuire ag so mhé chugat 5937
A Muire mo bennancht ort 5534, 5663
A Mhuire na gcomhacht ngeal nglórmhar nár thréig ar dtúis 6929
A Mhuiris a charaid ni deacair dham cunntas cruinn 6847
A Mhuiris an anma a dhalta na prímhéigse 6897
An *cf.* In, Int
An n-aidchi geni Críst chain 8232
An áil libh seanchus síl gCéin 6696
An aisling ad-chonnarc-sa 5557
Anam gá chéile a Chormuic 6084
An aeine i tamait aniú 5534
An tAhir sih ry flahis dih ghyme 6945
An tAhir an Mak guih kniastih woune dounih 6946
An bláth is buacaighe ghluais ... 6996
An cairneach do bhronn ionar 6907
An céim-si ad choinne a chuirp Dé 7024
An Cian céadna a gConnachtoibh 6704
An gcluin sibh mé a dhaoine 'tá macánta 5484
An cnoc is airde is é is fuaire 6729
An coiscéim-si a gceann Laighneach 6638
An crann rer tógbhadh an t-óigfhear suairc c[h]um si[ubhail] 6000
An cuaine grinn nár fhill ón ngléire i ngleó 5990
An gcuala sibh an sgéal beag nuadh atá againn-ne 5896
An gcualaidh sibh a' tubaiste bhain do mo choileach 6717
An gcúala tú cúrsa Corinél Seónsa 6457
*An diabhal nua[i]r bhíos go claoidhte cráidhte fann 6582

An é súd an Críost cédna 6044
An féidir go bhfuighead uad aisioc a th[e]ampoill 7019
An fleah sin dih reasih gan doueis gan chame 6018
An frimm a Rí ríchid ráin 5653, 5763, 8099
An ghéag a dtug me grádh dhí is áille í ná Helen mhór 6516, 6533
An lámh 's an scríbhneoir do scríobh 6304
An moladh uait do fhuaras 6911
Annir wain manlih wlafuir ghiannuwill khine 6937
Annir wan winlih nih maclegas guyhis 6939
Annir wig wuk lannibuig 6941
Annsa *v.* Ionnsa
Anocht as uaigneach Éire 6041
Anos bhréagnoighthear Bricne 6701
Anois díolaim deachmhaidh Dhé 6658
Anois is mian liom tráchtadh air Terry Ó Raghallaigh an sár-mhac 7110
Anois tráth an charadraidh 5923
An fleah sin dih reasih gan doueis gan chame 6018
An ríoghan chóir ó fhóir an Aonaigh d'fhás 6185
An seisear 7118
An uair smaoinim ar shaoithibh na hÉireann 6451
Nuair a thaganns an mhaidin le héirí na gréine 6402
Nuair théighim-se go tigh an tábhairne níor chás liom fuireach oidhche ann 6150
Aed Bennán 8637
A óga do ghlac na hairm 6457
Aoibhinn beatha an scoláire 7161
A óigfhir chlúmhail mhúinte bhinn-bhriathraigh 6766
A óig-fhir nach fólta do chanas bhéarsa 5825
Aon is dó fá dhó im chrann-sa d'oir 6986
A pháiste na subh ná fág mise inniu 6574
A pheacuig anacrach 'ta ad' Spaidire riamh air fán 8295
A Philib a shagairt atá ceachartha sanntach riamh 5851
A phlúr na maighdean is úire gné 6522, 6532, 6575
A ráib dhil mhaisigh a chara is a rogha is a stiúir 6989
A ráib ghil mhilis mhaordha 6110

Ar an Athair is cliútaighe cáil 6624-5
Ar an Athair Philip sclag tart 6624-5
Ar aonach an Luain insan Uadhan so thuas 6208
Ár nAthair atá ar Neamh 'Athair na bhfeart 5889
Ar n-Athair-ne atá ar neamh 8179
Ar Chearbhall éigin fhuair sinn 5966
Ar chrú Cholla mo chuairt i gcéin 6624, 6626, 7084
Ard na [*al.* do] scéla a mheic na ccuach 5609, 5611
Ar do dhíon damh a Ghobnuit 7087
Ar ndul damh amach fán tsliabh gan choin gan each sa ghrian 6518, 6534, 6569
A reacair[e] Ó nEachaidhéin 5557
A réilteann tsoluis 's a choinneal ghlan aerdha an ghrinn 7080
Aréir dam go sámh in árus chumhang 6999
Aréir im leabaidh lion féin ag caoi le creathaibh fann tréith 6454
Ar ghuth éinfhir anaid Bréifnigh 6684
A Rí áluinn na nGrás is a Athair na bhfeart 5826
A Rífhlaith ná hagair mé 5519
A ríoghan uasal shuairc 's a stór 6981
A Rí ghrásaigh 's a Árdmhic Dé ghil 5827
A Rí lér fuascladh as giomhal guaise 6294
A Rí rinn 5546
A Risteárd mhuirnidh na ccreach 6727, 6729
Ar madain de luain a uain is eaidhain Mhic 6408
Ar maidin Dia Máirt is mé ag dul Droichead Áth' 6541, 6566
Ar maidin lá Bealtaine ar thulaighibh is árdáin 6239
Ar mhala Dhroma Crí theagaimh domh an naí 6526
Ar mhullach an Átha Buí i mo luí teacht ghoirm na gcuach 6228
Ar mhullach Sliabh gCuilinn bhí an choirm á réiteach 6322, 6553
Air Phurt an tSiúir do chonairc mé mo shiúr 7111
[A]rsiasar coimhdhi (Temrae scéo) Tailten 5656
A rún na gcumann diúltaigh do'n diabhal go bráth 5894
As *v.* Is
A shagairt an deaghchroidhe is glan gnaoi is méinn gan mheang 6881

A sháith d'oighre i n-ionadh Briain 6334
A shaoi ghlain tsultmhair is claoidhte mise 6155
[A sh]aothaibh alga Éireann uill 6918
A shaoithibh Éireann créad an tuirse 6983
A shaor-fhir chumainn dom thuigse is baoth an t-adhbhar 6971
A shaor-fhir oilte do choinghibh go dlúth mo pháirt 6993
A sgríbhionn luidheas tar lear 6651
A Sheáin a charaid gan ghangaid gan cháim gan chruas 5865, 6826
A Sheáin a mhic mo chomharsan 6386
A Sheáin ghil de phréimshliocht na saorfhlaith nár chúthail 6730
A Sheáin ghil ionmhain breithnigh is féach mo chall 6351
A Sheáin ghlic bráthair grádhach Uí Mhurchadha Laighean 6962
A Sheáin mo chléibh beir beannacht 's céad 5886
A Sheáin Uí Mhurchadha bí fineamhail faobhrach 6100
A Chs- [? Sheárlait] ó thréigis le claonchleas an coinne 6786
A shéimhfhir cheannais dár charas gan chluain duit cion 6831
A Shéamais a chaomhthaigh a chnú chroidhe cháidh 6006
A Shéamuis dil tréithigh na labhartha i gcomhad 6440
A Shéamuis Uí Chatháin a fhir ghrádhmhair charthannaigh chaoin 6409
A shean-chríoch Fáil nach náir an sgéal duit 6292
A Sheóin a chara a dhalta 's a ghrian mo sgart 6724
A Sheónóid méadaigh meanma 6315
A shearc is 'an[n]sacht gach saoi 6910
A Shéarlais óig a ghrádh Uí Dhonnchadha gan cháim 5897
A féin braittear compánach 7056
A shíogaidhe don ghríbh-ealtain chruaidh bhuidhe luim 6242
A shoilbhfhir is foirtile do léigheas gach duain 5866
A shoirbhfhir cháidh is bláthmhar sáimhscríbhinn 5804
A shuaircbhean [*al.* chiúinbhean] tséimh na gcuachann péarlach 6522, 6532
A shuaircfhir charthannaigh a Athair 's a ghrádh mo chléibh 6843

A shuaircfhir sháimh ní sámh do reacairecht sgeóil 5962
Atá *v*. Tá
A Thaidhg a chumainn a churadh 's a bhráthair gaoil 6893
A Thaidhg a fhir cheannasaigh chalma shuairc léigheanta 6799
A Thaidhg cuimhnigh an comann 6671
A theampaill b'fhuras duit cuidiú le Gaelaibh 6210
Athair Mac ocus Spirat Naém 5731
Athair miúlach 'tá stágach gúngach 6284
A tig *v*. A toigh
A Thighearna an Fhlaithis fuair peannaid is céasadh i gcrann 5829
A Thiarna creidim cruinn 6398
A Thighearna éist rém ghuidhe 5519
At⁴lochar duit a mo Rí 5633
A toigh bheag tiaghar a tteagh mór 6495
A thriath gan ghangaid 's a Bharraigh nách scáinte greann 6846
A Thríonóid aoird is rí 's is liaigh don domhan 6763, 6836
'Thríonóid naomhtha dhlíghis uain[n] 6104
A Thulaigh Aird ar ghnách na mílte 6291
A thulaigh an bhláth' chrín gé gur chinnte barrlaoch is éigse ar do bhruach 6527
A Thulaigh Ó Méith goidé an ghruaimse ort 6211
A uain ghil fheartaigh tug fairsinge 'shíol Ádaim 6719
A uaisle Eirionn searc mo chuim 6906
A ua so Luirc is Bhloid is Bhriain is Chais 6004
Audite omnes amantes Deum sancta mereta 7905, 7927-8
A Uilliam Uí Chathasaigh is danaid 's is brón lem chroidhe 6407
Aunle wanrk hivir er manhif nih Ghealhy schaunde 6936, 6949
A ursa nach tréith ag réidhteach gach laoi 6246
Ba *cf.* Doba, Roba
Budh beag do ghrásta mo ríogh go dtilleamaois arís slán 6105
Badh samhail le Cumhall groidhe i dtúis gnímh cródhachta 6855
B'fhearr liom gearrán Bhriain Uí Bheirn 6112
Ba gnáth me ag siubhal le ciumhais na habhann 6337-46, 6348-50

[B]aile suthach síth Emhna 7116
Ba mhinic tu ag díol na steanncán 6144
Baoghlach biodhbha fá bhreith ríogh 5565
Bé *v*. Cibé
Beach eóluis na héigsi Aodh 6756
Beagán buidhne chím san mBlárnain mbúidh 6839
Beag táirthear [do]n tagra mbaoith 8639
Beir an 'Beatha 's sláinte' -so 5943
Beir beannacht is céud uaim féin le buaidh is neart 6230
Beir beanna[cht uaim siar tar h'ais] 6950
Beiriodh easaonta d'fuil Chéin 6680
Beir [*al.* Tabhair] mo beannocht go Dún Dalck 7021
Beir mo scíath scëo fri úath 5100
Bheir mo Cháit bhéilbhinn ar mhnáibh Éireanna dubhú is gnáth 6562
Bheith a mbeartuibh loma 6729
Bean a-nois chabhras chrích Meadhbha 6327-8
Bean ar n-aithéirghe Éire 6510
Bean fa eineach [do] fhuair Niall 6425
Beannacht ag Baile na Corra 6603
Beannacht chugaibh a Chalbhaigh 6740
Bendacht dé for Muiretach comall glé 884
Beannacht go héag is buidheachas foirtil fabhrach 6797
Beannacht is céad chughat ón dtaobh so do raidim 6310
Beannacht le searc ciodh lag a scríobhann mo lámh 6888
Beannacht úaim ar anmuin Néill 5510, 7184
Bean[n]ocht uaim féin chúghad 'Éamuinn curim air cuaird 6584
Bendacht úaimm for Eithni n-ollguirm 5548
Beannacht uaim-se go hAilín 6736
Beannaigh an longsa a Chríost cháidh 6285
Beannaighthe an lucht ó a lochta 5519
Beannuighthe na boicht 6025, 6046
Bérad breath na himriosna 6078
Bearradh geoin 5929
Beart chluithe ar Éirinn ég rí[o]gh 6183, 6513
Bhí *cf.* Do bhí, Ro boí
Bíodh aire ag Ultaibh ar Aodh 4658, 6641

FIRST LINES OF VERSE

*Bí imshníomhach ad' phaidrín do ghnáith aire 6330
Bhí mé ag suirí le cailín bhí fíneálta geanúil 6540, 6560
*Bímse lá a mbíonn mo sháith agam do phíosaigh hocht 6221
Binne liom um na tonna 5152
Bíonn lucht coimhéad carcair cruaidh i gcroidhe 6237
Bhí Seán againn ba suairc i gcéill 6520, 6548, 6557
Bláitheach Sheaáin Í Charra 5564
Bliadhain don cuaille co cert 7499
Bráidhe ón éigsi a nEas Dara 6426
Branuigh ar chlú ós cloinn Néill 6953
Bráthair bocht brúite ó fhíon 6576
Brian a-nois do-ním do Mhaghnus 6691
Brian Ó Ruairc mo rogha Ghaoidheal 7126
Brigit bé bithmhaith 5740
Briseadh croidhe cumhaidh Néill 5510, 7184
Briseadh riaghla ró molta 6260
Brónach mo bheatha gan Níall 5510, 7184
Bruthgháir beannacht id bhaitheas anuas do ghnáth 5977
Buaidh nAodh ar aicme Fhearghna 6030
Buaidh cagaidh ar cath mBréifne 6117
Buaidh n-easbaig ar Ardachadh 7124
Buaidh ríodhamhna ar Raghnallchuibh 6956
Buidheachas cneasta do leabhair níor dhoich liomsa 6777
Buidheachas cneasta le feartaibh an choimdhe cháidh 6819
Buidheachas lis an mhathair 7134, 7424
Cad cf. Cid, Créad
Goidé an fáth a láí nach mbíonn tú ag obair 6391
Cad é sin d'aon duine in Éirinn thart timpeall 6537, 6564
Cá bhfúair an tEineach iosdadh 7062
Cáit ar ghabhadar Gaoidhil 7157
Gá lá fhúigfead Innse an Laoigh 5925
Canas ticc macc léginn 5661
Canon da wiarfigta air 8202
Ca[í]ni amra laisin mBran 4911, 4913-5
Cá raibh tú le blian a theachtaire a thriall as talamh na Niall i gcéin uainn 6530
Carais Pattraic phuirt Macha 5718

Carn Fraoich soitheach na saorchlann 4983
Cá sí[o]th don chéol do-chuala 6065
Cathaír cenn cóiced Banba 5096
Cathair Chiaráin Cluain Mhac Nóis 6613
Cé cf. Cidh
Gé beag leat-sa an t-én fionn 5564
Céd Aíne an Marta male 8133
Céad slán do chuirimse ó thuaidh 6097
Cé fada atá cine Scuit le han-ádh ai buaidhirt 7001
Cé fada mé folamh gan chostus gan bhuídhean air bun [al. gan chíos ar bith] 6580, 6586
Cé fada mé le haer an tsaoighil 6154
Gé go raibh sí Róis is mise ár gcónaí mar lánúin thart thall 6539, 6567
Céin-mair 'na luing indfhota 5546
Ceist ar eólchaibh iath Banbha 6594
Cétemain [al. Cétamon] cain rée [al. cucht] 5194, 5568
Cen cf. Gan
Ceana Aodha an fhabhra mhoill 6258
Cen áinius 7194, 7197
Cen cholt for crib cernini 5483, 7418
Ceangail do shíoth riom a Ruaidhrí 6478
Ceanglam re chéile a Chormuic 6676
Ceannphort Éireann Ard Macha 6132
Ceardcha na féile fuil Bhroin 6474
Ceathrachad ainnir bhláth mhilis mnámhail mhíonla i méinn 5916
Ceathrar fionn fiannadh ar dtús 5186
Cha cf. Ní
Cha chreideam go deo dá ndéarfaidís slóite 6545, 6568
*Cha dtearna mé a leithid ariamh is faoin bhórd seo 6080
Chun breitheamh na héigse ó dheas 6309
Cia cf. Cá
Cia an doctúir is mór iul 7141
Cia an ealta ógbhan-so ad-chiam 5984
Cia an neach, gá tráth, cáit ó dtug 6028
Cia anois dá gcreidid clann Eachach 6266
Cia anois fheithmhios d'iath Laighion 6254
Cia as uaisle do Laighneachuibh 6488
Cia cheannchus adhmad naoi rann 6692
Cia choimhédfas clú Laighion 6257
Cia hé seo 'na shuan go huaigneach 6080
Cía fhíorfus fuighle na bhfádh 7057

Cia lé bhfillfidhe fearg ríogh 7025, 7139
Cia ór cheannchas mo chosnamh 7047
Cia re [a] n-égónainn m'easbhaidh 6082
Cia rér fháiltigh Inis Fáil 6062
Cia rér mian míorbhuile mór 6917
Guih beah haite nih mime is quih pearbih dih nime 6938
Quah beah are ghailtir queah dikirrigh croueig are gase 6944
Bpé cneadhaire ghuid t'áis uait go madh fada a bpéin dho 6958
Cid *cf.* Cad
Cidh *cf.* Cé
Cid dech do lindaib flatha 5157
Cid ima ndelige mo mac grádach frim 5781
Cid mór d'ulc do-gné choidhche 7082
Giodh tláthshop sgaipithe i malairt na sguaibe sinn 5958
Cionnaim a-nois cia ar gcara 6679
Cionnus atá an treabh-so as-toigh 6326
Cionnas do ghébhuinn grádh Filib 6031
Cionnus do mholfuinn mac ríogh 6421
Ciondus fríth fearand Luighne 6083
Cionnas sin a Phápa 6332-3
Clann Ghille Eoin na mbratach badhbha 6321
Clann Ollaman uaisle Emna 8662
Clíath mhínighthe ar maicne ríogh 7052
Clocán binn 5546, 5668
Clú gach fheadhma ar fhuil Chéin 6068
Cluiche cách caíne cách 5775
Clú Laighion as oighriocht d'Aodh 6109
Cotail becán becán bec 5708, 7209
Cóic *v.* Cúig
Cóir aitreabhadh ar iath Gaileang 6710
Cois abhann Ghleanna an Chéama i nUíbh Laoghaire 'seadh bhím-se 6714
Coisc do dheór a mhacaoimh mná 7169
Comhla ratha rún Fearghoil 7073
Comrainter in airigid 5792, 7435
Conach úr gidh gur gábhadh 6913
Conchobhar Ó Cobhthaigh cóir glas 5556
Congair in uissi éolach 5744
Cothuigh a leac ret chneas mar chéile ar dtóis 5830
Crann toraidh an t-iubhar 5485

Craobh eóluis an oinigh Aodh 6268
Creach ag Luighne ó Leith Mhodha 6677
Creach Gaoidheal i reilig Rois 6758
Créad *cf.* Cad
Créad an bheatha ta nó créad sólásach gan Bhénus orrtha 3914
Créad dá sealbhuinn damh an dán 6901
Créd do choisc cogadh Laighean 6685
Créad é an gul so 'mBaile Áth' Cliath 6238
Créad é an gul so i Ros na Ríogh 6196
Créad fár thréigis cumadh an cheoil 6213
Créd so ag buaidhreadh ban nGaoidheal 6637
Creid díreach do Dhia na ndúl 7128
Cride é 5546
Cros an easbuig i n-ainm an Naoimh Pádraig 6849
Cros Chríst tarsin ngnúisse 5615-6
Cruit óir go ttéadaibh airgid 5557
Cruh is faur gagh draume is oigih is bouich 6932
Cuairt gun té nach slán 6026, 6047
Chuala *cf.* Do chuala, Ro cuala
Chuala mé sgéala aréir is ghoin sé mo chroidhe 7145
Cú Choluinn is Conall Cearnach 5540
Cúich do leandán a Lámh Óir 7035
Cúig a háon nó ceathar a dhó 7552
Cúig aráin agus dá iasg 5530
Cúig coitchind tiaghaid in es 2719
Cóic ríg tríchat triallsat róe 8658
Cuimhnigh don fhíorscoth nach slim ráidhte 6898
Cuin díolfas Cormac mo dhán 5920
Cuireadh Shéamais is tSeóin 5831
Cuirfead meise altram cloinni 7033
Cuirfeam plaid is clóicín 6142
Cuirimse ciorrbhadh is mothughadh is pláigh 'na dhiaidh 5832
Cuirim séad suirghe chum seise 5967, 6014
Cumhthach labhras an lonsa 5771
Currite lugubri mea carmina currite metro 6089
Currite spectatum muliebris verba senatus 6088
Dá mudh dubh an fhairrge 4486
Díambad messe in banmaccán 5546
Dá mbeadh Dia le hiathaibh Fáil dar ndóigh 5835
Dá mbeth fear d'aicme eile 5558

FIRST LINES OF VERSE

D'á mbéadh Patsai tuigseannach nó sáith críonna 6922
Dá mbeinnse saibhir i maoin is in éadáil 6550, 6561
Dá mbeinnse thiar a's aniar ní thiocfainn 7123
Dá mbeithe 'gam loscadh-sa 5935
Dá mbeanadh beirtín lúachra 5564
Dá bhrígh sin ai[t]chim air shaoithe fearuin 6755
Dá n-éisteadh cách seal éigin go ndearbhionn dóif an sgéala 7014
Dá ghabhladh dhéag insan dán 5908, 7420
Dia ngaire dam dum láim chlí 5793, 7482
D'Á ghrádh do fhágbhus Éirinn 6511
Dá ghrádh tréigfead Máol Mórdha 6640
Daingean connradh fa chairt ríogh 6481
Daith bech buide a úaim i n-úaim 5549
Dála an nóinín ó' d-chí soilse i ngréin 5961
Dá léighfinnse véarsa go cliste gan bhriag 6787
Dalta mo chléibh an ainnir ghlan tséimh 6767
Damhaidh dúind cóir a chléirche 7174
Dá maireadh mo chaptaoin m'aicíd é gan phreab 5833, 5869
Dá mairinn-se féin go ré na soithe sean 5834
Dá mairir míle luchtmhar líonta is spás fairis 6330
Damh féin choiglim an Chathuir 6493
Damh féin do choigleas Oilill 6705
Daor ceannuighthear clú gaisgeadh 6259
Dhá phola dhá threón dhá leoghan d'fhuil Éibhir Fhinn 5836
Dá rann dég mo dhúthracht d'Aodh 6757
Dá ttugthá paidrín a bhean 5557
De cf. Do
De bheartaibh an tsaoghail tslim 6456
De bhrigh gur dhearbhuigh ar thí na sagartaibh 7007
De bhrigh gur dhearbhuigh saoi de shagartaibh 7009
Deacair comhaireamh a chreach 2654, 7137
Deacair dóigh as daghurraidh 6955
Decair suan ar chneidh gcarad 6650
Deacair tocht ó ghalar gráidh 5915, 6317

De chonnradh foirceadal orainn ós cíos dlitheach 6376
Deich gcéad beannacht uaim 'bhar ndáil 7017
Deimhin do shíol Ádhaimh éag 6315
Deir illiomad do dhaoine 5563
Déanum shíodh mbunaidh a Bhriain 7039
Déantar dóightear teinte teodha dhúinn 5882
Dén trócaire orm a Dhia 5519
Dera dam a Coimde/coir do cach ind iarraidh 5800
Dera damh a Coimde/do dicur mo cionadh 5534
Dearbh do chumhacht a chroch naomh 7055
Dearmad do fhágbhus ag Aodh 6126
Deus meus adiuva me 5620, 5624
Dia v. Dá
Dia bhur mbeatha go fiath Floinn 6916
Dia do bheatha a Naoidhe naoimh 6022, 6029
Diad bheatha a Shémuis Buitléir 5815, 7579
Dia bheathasa féin a shaesair chródha chughainn 6364
Dia do chaomhna chloinne Fiachaidh 6957
Dia dho choimhdhe a cró ind díona 6663
Dia do chongnamh le Cormuc 6902
Dia do réitioch ar gcarad 6275
Dia libh a laochruidh Gaoidhiol 6471
Día lim fri cach sním 5674
Día nime ním thorbai 5548
Dias óigfhear ó theórannaibh Barrach bhfial dtréan 6822
Díoghruis chomainn ar Chormac 6708
Díolfad dar Eóchail mo líon stuic 's mo stórtha 6964
Díol tnútha teisd ríoghurraidh 6324
Diombáidh triall ó thulchaibh Fáil 6355-6
Diomdhach me don mhacdhacht ríogh 6040
Díon Gaoidheal ar Ghabhail Raghnuill 6725
Dyser dih chealih a Guido hreak hou 6933
Dís ghréasuidhthe is léir dham i bhfogus damhsa 6805
Díoth cruidh coire Tómás 6688
Dlighidh liaigh leigheas a charad 6431
Do cf. De
Do cf. Ro

715

INDEXES

*do-aisic a dath/dia aír -antar 7330
D'aithle na bhfileadh n-uasal 6381
Doba *cf.* Ba, Roba
Do bádussa úair 5198
Do b'fháraire fialmhar Brian Ó
 Cruadhlaoich mear 5837
Dob fhuiris aithint le sealad ar
 spéarthaibh 6418
Do bháidh teine Tír Conuill 6057
Do bheannuigh Día dún meic Píaruis
 6034, 6037
Dobheir *v.* Bheir
Do bhí *cf.* Bhí, Ro boí
Do bhíos-sa i ndé ar thaobh chnuic
 sínte 5838
Do chaill an Cabhán a bhláth 6423
Do chaithfinn cara chúirte 6424
Do canadh leis feidhm nách soillseach
 glanrúnach 5806
Do charas crios mo charad 7138
Do charas tar aon an Deirdre dhea-
 ghnúiseach 7171
Do cheannach éaduigh dot mhnaoi
 5540
Dochím *cf.* Atchíu
Do-chím gach fear acht Fiacha 6262
Do chomus am aisling samhail oidhche
 éigin 7552
Do chongcas ní ghéilleadh na húrchoin
 ó'r phréimhis 6781
Do chonnaic mé aislingthe 5932
Do chros féin duit a Dhúilimh 6506
Do chuala *cf.* Chuala, Ro cuala
Do chuala gol ban i gcéin 6921
Do chuala ané ag maothlach
 muinnteardha 6007, 6015
Do-chuala sgata ban gur suigheadh fá
 mheidhir 6099
Do chuala scéal do chéas gach ló mé
 7166
Do chuala scéal ó Dhior Bháil 5940
Do chuala tásc 's is adhbhar chrádh-
 deór 5840
Do chuala tásc do chráidh go haeibh
 mé 5839
Do chuala tásc do cráidh go croidhe mé
 5816
Do chuireas mo dhóigh san ainnir óig
 7120, 7167
Do dhlighfinn druim ris an dán 5930
D'éis an daingin do radas-sa
 d'Éireannchaibh 5982
Do fhágbhas aon léar dhoilghe
 dealoghadh 6001
Do-fhidir Dia Ceinéal Conuill 6127
Do fhóir Dia dobrón ó mBriuin 6601

Do fríth monuar an uain si ar Éirinn
 6069
Do ghad mo shearc is do gabhadh mé
 'na líon 5498, 7172
Do-ghén céile do Chathaoir 6476
Do-ghén dán do naomhuibh Dé 7836
Doiminic Ó Fearghail adhnadh
 fhíorthoile 6002
D'innis m'aislinn dhamh aréir 6913
Do laguigh mo sprid le sile sírdheóradh
 6783
Do loiscceadh meisi sa Mhuaidh 6622
Do mheall an sochar síol gColla 6703
Do mheall súd feadhmthrúp
 treaghbhrúdh mise monuar 5979
Do mheasas go deimhin a fhir
 ghreadhnaigh gheal-chúmtha 6879
Dom-farcai fidbaide fál 5667, 5757
Dom bráthair is olc leam 5565
Dom intinn geallaim gur taithneamh
 gan casrádh im dhréacht 6821
Dom shíor-rún réidh Réamand na rann
 ngasda 5099
Dhon dreóilín bhastalach measaimse
 féin nách bás 6792
Don-fé forn-féda-fé 5541
Donchadh Cathail Óig 6437
Don tséimh-fhlaith mhaiseach nár
 cheachartha cáil riamh puinn 6890
D'Oilbhearus is beatha a bhás 7077
Dorigne *v.* Rinne
Do shlán uaim a Áth Seanaigh 6129
Do theastas mar chluinim ó Ghiolla go
 ciallmhar cáidh 6808
D'uaislibh taoiseach Banbha Brian
 6693
Droichead na bpeacthach páis Dé 2206
Drong dámhach Droma Diolair 5561,
 7190
Druididh anuas leis na véarsaí
 subháilceach 6229, 8164
Druididh suas a chuaine an chaointe
 5986
Duairceas go héagaibh 's i nduantaibh
 níl réidhteach 6806
Duibhe id mhailghibh gríos id
 ghruadhaibh 7162
Dún Machan na gcloch ruadh 5841
Dunta for nduan decid lib 5469
Dúnta in tech i-táit na ríg 5639
Dursan do chás a chríoch Bhreagh
 6124, 7048
Dursan liom mo scaramh fris 6019
Dursan úir an [t]h'ocht a Néill 5510,
 7184
Dúthracar a Maic Dé bí 5676, 5769

Egcóir do fógradh Féilim 6263
Eineach v. Oineach
Eire trom trillse Saidhbhe 6687
Éirghe mo dhúithche le Dia 5987
Éirigh ná codail a thrua[i]gh 7125
Éist a bhrasuire ghanguidig bhréagaig búird 6010
Éistidh riomsa a Mhuire mhór 6501-2
Éisd lé lucht an mhacnasa 6354
Éist mh'oráit a Thriath na Ríogh 5519
Éisd rem égnach a fhir ghráidh 6058
Éisd rém fháilti-si a Fhéilim 6248
Énlaith betha 7825
Eólach mé ar mheirge an iarla 6182
Eól dam co soirbi sercaig 7556
Ésga an oinigh fán aird toir 6668
Ésga lán ós Laighneachuibh 6278
Fada an turus tug Eamhain 6604
Fada a-taoi im aighidh a Aodh 7041
Fada cuirthear clú deisi 6252
Fada dhamh druim re hÉirinn 6134
Fada in chabair a Cruacain 6503
Fada i n-éagmais inse Fáil 6355
Fada mé ar mearughadh sligheadh 6479-80
Fada ó'm intinn a h-amharc 6639
Fada re [a] choimhéd clú Roisdeard 6744
Fada re huaisle cland Chéin 6070-1
Fada téid teist Roghallach 7054
Fád lár a ghairbhleac marbh is díth liomsa 6803
Fadógh ar gríosaigh gnaoi Néill 6694
Failghigh chosnas clú Laighean 6429
Fáilte agus céad duit a mháistir na naoi dtreabh 6990
Fáilte is dathad i n-éinfheacht 6861
Fáilte dár n-árd-fhlaith dár ndíon 6579, 6585
Fáilte don éan is binne ar chraoibh 6214
Fáilte dhuit nóchchad is trí chéud 6728
Fáilte nách ceachartha óm aeibh 6811
Fáilte ród a Bhriain Í Bhroin 6250
Fáilte trí fháilte agus trí 6139
Fáilte Í Cheallaigh ria Sir Séamus 6372
Fá spré bheith agam 'sé shaoilim gur fanómhaid 5484
Fáth cumhadh ag crích Luighne 6054
Fáth m'atuirse m'ainneise is mo dhiachair cáis 5996
Fáth mo thuirse fár cuireadh mé i ngainn-iar[r]acht 7152
Féch a Chríosd ar crích Luighni 7071

Féach an cloigeann ar an ula 's a dhranndal bán 7091
Féach coróin na ndealg maol 6215
Féuch féin an obair-si a Aodh 6706-7
Fégaid úaib 5549
Fear ceannárd groidhe d'fhuil ríoghfhlaith árd na dtrúp 6107
Fearthain Aoine eineach Néill 6709
Fíanna bátar i nEmain 5603, 5648
Fichi ríg cia rím as ferr 5591
Fiodhbhaidh a chéile clú deise 6699
Fil duine 5546, 7207-8
Fil súil nglais 5686
Fir an toighe ag seilg san sliabh 6106
Fochtaim ort an doiligh liot a Rí na ngrás 5842
Foghlaidh a chruidh clú Filib 7051
Foghmhur tirim gáoth is grian 5557
Fógra cruinnighthe ar chrú mBroin 6325
Fógraim dhíbh a dhaoine 5843
Fóir a Chríost caoimh-inis Airt an áigh 6297, 6299
Folt Eimhire ar inghin mBriain 6116
Foraois airdríogh iath Connacht 7032
Fo réir Choluim céin ad-fías 5750
Forud na Fíann fás in-nocht 5215
Fréamha an chogaidh críoch Laighion 6492
Frémh gach uilc oidheadh flatha 6499
Frémh na fíoruaisle fuil Chéin 6669
Fuair Mac Cába duais a dhána 6414
Fuaras bréid ón ngréagach nglan 6375
Fuarus iongnadh a fhir chumainn 6059
Fuarus nóchar uaibhreach óigmhear 7034, 7036
Fuasgail do gheall a dhuine 6273
Fuath gach fir fuidheall a thuaighe 6745
Fuitt co bráth 5570
Fuit fuit 5228, 5765
Fuluing dhóibh gan dul gan teacht 5556
Gá v. Cá
Gabh a Chéin go séimh mo theagasg uaim-sa 6662
Gabhaim páirt le Seán Ó Tuama an Ghrinn 6245
Gabh aithreachas uai[m] 6643, 6653
'Geabh do mhúnudh a mheic bhaoith' 6602
Gabh mo chosaoid a Chormuic 7072
Gabh mo gherán a Seóirse 6509
Gabh mo shuirghe a ua Émuinn 6707
Gabh mo theagasg a inghean óg 5902

Gabh uaim comhartha cumainn 6251
Gabh umad a Fhéidhlimidh 7386
Gach croicionn libh dár feannadh 6514
Gach sáir-fhear saordha séimh-ghlic soilbh súgach 6969
Gáir na Gairbe glaídbinne 5698, 7205
Gan *cf.* Cen
Gan bhrígh faraor atá mo chéatfa 5810
Gar fuaras cúpla coimseach 6279
Gas Iossa 5796, 7191
Gé *v.* Cé
Geabh *v.* Gabh
Géillim glacaim is gabhaim mar thriath tu i láimh 6773
Géisid cúan 4427, 5214, 5220
Gel cech nua sásad nglé 5548
Geall cach láimhe ag láimh Ghearailt 6726
Geall Gaedheal ar ghaisgidh ghloinn 6410
Geall re heighreacht eangnamh riodhamhna 5342
Gearr bhur ccuairt a chlanna Néill 6619
Gearr mhairid na mionduasa 6475
Gibé *v.* Cibé
Gidh *v.* Cidh
Gile na gile do chonarc air slígh a n-uaigneas 6919
Glac a chompáin comhairle 6043, 6657
Glaine no cách thú mur thriath 6749
Gléastar sin cóisir do Sir Eduard Druim Ólainn 5885
Gluais a Mhoillí is tar dam fhéachain 7104
Ghluaiseas féin is maighre suairc 5884
Gluaise mé feasta suas insa n-astuir 6415
Gnímhradha in seseadh lai lain 8261
Go mbeanuighthear dhuit a mhic an athar neamhdha 8122
Go déidheanach is Phoebus fá neóll 6994
Goidé *v.* Cad é
Goin deisi chaillios cluiche 6255
Goinim thú a naoídh bheg shíar 6951
Go tábhairne an ghliogair nuair thigim 's mo bhuidhean im dheóidh 6150
Grádh mo chroidheisi Cormuc 6053
Grása Dé d'fhurtacht Aodha 6269
Greann dá gceapainn a seanchus dámh go gnaoi 6823
Guidhe gach cléirigh léigheas an leabhar so scríobhas 6829
Guidhim Dia mór 5808

Guih beah haite nih mime is quih pearbih dih nime 6938
Guimsih an tAhir is Piarsih nih Spridih Nenfuh 6948
Iarfaiged nech acaib dam 5098, 7551
Iarraim do bheannacht [*al.* bhur mbeannocht] gan fheirg 6202, 6216
Iarsma beag iarrfad ciodh dánacht uaim 6807
Iasacht leabhair do-gheabhair a óigfhir ghrinn 6090
I mbaile cois Mháighe tá an sáir-fhear suairc 6171
I mBaile na Neannta atá 6167
I mBéal Áth' Feirsde chois cuain ag bruach na fairrge 6240
Imbu maccán cóic blíadnae 5751, 8246
Ad chuthach ná smachtaidh mé 5519
It é saigte gona súain 5691, 5755, 5797, 7188, 7192
Id laoithe chanaisse labhartha suairce i gcló 6779
It ucht a Ísa inmain 5534-5
I ndún a chois coilleadh ar imeall na trá [*al.* Is i ndún . . .] 6538, 6572
I bhfís tarfás an tráth noch léigeas 6434
Iolar séilge mhill a' fear 5820
Iomad fáilte ó chrích na Spáinne 6290
Imchian fáilte dhuit im dháil 6293
Iomdha éacht do-ní an t-éag mur shaoilim 5559
Iomdha uirrim ag cloinn Chathaoir 6253
Im aice cois Mháighe tá an mhánla bhéasach mhín 6965
Im aonar seal ag ródaidheacht 6985
Im aonar seal ag siúl bhíos 5907
Im' shuan aréir im' aonar bhíos 5890
Im udhacht níl pinginn is tuigidh nách maoidhfinn bréag 6812
Imthigh uaim a theachtaire 5947
In *cf.* An
In acabair 5545
*A naimsir Coirrinel Hodson a bheith dTigh Eoin 6600
In ainm an Athar go mbuaidh 6753
I nEachdhruim an áir atáid 'na gcomhnuidhe [*al.* Is in . . .] 6203, 6219
Ind fhilid ra fetatar 5722, 7560
Ingen gobann 5546
Inghean tSearluis nach claon cuing 6683
Iongnadh déintear de scéalaibh ná maoidhim 6884

Iongnadh mh'aisling i nEamhain 6125, 7042
In grán meles in muilenn 8598
Ionmhain agus aithionmhain 5948
Ionmhain an triúr théid san luing 6959
Ionmhain áras ainglidhe 5561, 7190
Ionmhain liom aibhne Éireann 5926
Ionmhuin teach ré ttugus cúl 6634
Ionmhain th'aiseag a Eóghain 5914
Ineosad daoibh a lucht an tsuarcais 6217, 6411
Innid scél scaíltar n-airich 5613
Innis ar dtós mar sgeól dom thiagharna 6005
Innis do Sheán gheal Chlárach úr-ghruagach 5844
Innisim fís is ní fís bhréige í 7488
Ionnmhas ollaimh onóir ríogh 6055
Ionnsa d'fhéinn Éirionn nách coill gan bhláith 6374
In regsa a Rí inna rún 5770
Insan v. Isan
In Spirut Nóeb immun [al. innunn] 5619, 5625
Int én bec 5549, 5670
Int én gaires asin tsail 5549, 5671
Is see also under second element
Is adhbhal an amhnáire 5928
Is ábhar deargtha leacan do mhnaoi Chuinn é [al. Ábhar . . .] 6297, 6301, 6308
Is aerach 's is aoibhinn gach maidion 6093
Is agamsa a bhí an searbhónta 6399
Is aicher in gaeth in-nocht 5546
Is aindeis atáim 's is cásmhar cathach claoidhte 6157
Is aire charaim Doire 5689
Is aiteas i mbriathraíbh dhianscríobhaid ughdair 6853
Isam aithrech febda fecht 5638, 8209
Isan bhFraingc im dhúsgadh damh 5969, 6009, 6011
Insa Márta fá fhéil Pádraig air an haonadh lá déag 6198
San Sbáinn do toirneadh Teamhair 6489
Is aobhach linn-ne a shéimh-fhir oilte 6614
Is árd do léim a ghrinn cois trágha ann 'do shuidhe 5888
Is áthasach chímse na tíortha gan chiach 6883
Is atuirse cléibh liom préimh-shliocht gheal-Chuinn 6366

Is bachallach glas an chleach so os comhair do thighe 6150
Is baoth don fhear do sgar re bé bhig óig 5980
Is pind limp/in tan gabther mo dúan dam 5725
Is bréagach don mhéirleach do chaith an laoidh sin 5870
Is breitheamh ceart grádhmhar an Cárthach d'fhuil righthe 6814
As bronshiaslum Donnill O Manhounih 6942
Is brón liom an sceón-so do ghlacais a Éamuinn 6287
Is brón línn ar deóruidheacht an séimhfhear subhach 6852
Is brón linn na seórthaí seo chluinim gach lá 6987
Is brúite atá Múrtún an uair se 6197
Is buartha an cás so 'dtárlaig Éire 5818
Is buartha chuaidh mo shuan aréir domh 6189
Is cásmhar docharach doiligh mé déarach dian 6972, 7012
Is cásmhar mise agus m'fhuireann go gáróideach 7000
Is céim áthais go bráth liom 's is adhbhar sóghchuis 6795
Is ceasnaidheach cásmhar atáim 's is léanmhar 6158
Is ciach 's is doilbh liom pola de chléir ghil Phóil 5845
Is claoite a chuir Ádhamh rena chlannaibh 6218
Is claoidhte atáim dom shnoighe 's dom chrádh 6712
Is claoidhte tharla an tráth so déarach 7108
Is cnaoidhte an t-othar me i ndochar gan faghail ar liaigh 5846
Is crádh cléibh liom gan bhréagnach 's is goradh cumhadh thríom 6733
Is cráidhte an scéal sa taobh so chluinim 6168
Is créacht-ghonta d'éigsibh i gcrích ghluis Airt 5871
Is cuimhin liom an imirt 5228, 7136
Is cúis diombádh agus uchlán d'éigsibh 6838
Is danaid 's is ciach do iaith ghluis Chuinn is Airt 5847
Is danaid le luadhchan ag druadhaibh na ríoghacht so 6824
Is derb lem-sae 5187
Is di bésaib clúanaige 5548

719

Is díoghbháil ghéar chréacht-shnoidhte i mbailtibh muara 5848
Is diombádhach an gearán do labhradh liom 6863
Is diombádhach dona an scéal doilbh géar díoghaltach duairc 5849
Is díombádhach me ag glinniughadh sa ghuirtdhrúcht go doilbh uaigneach 6789
Is díth-chreach bhróin ar feódhchan sínte 6802
Is dleaghthach dar liom an connradh grádh agus searc 6793
Is dóigh le daoinibh go deó nách fillfidh 6885
Is doilbhir táim le tráth go duairc gan greann 5802, 6416
Is doilbh liom fá ghormlic do chéile a Eóghain 6796
Is doiligh [al. doilbh] liom flatha gan flaitheas i gcrích Fódla 6141, 6180
Is dubhach brónach é stáid an fhir fholaimh 6401
Is dubhach lem aigne fear labhartha grinn ded shórt 5803
Is dubhach sínn le tréimhse 6813
Is duine me dhíolas leann lá 6991
Is duine thu dhíolas steanncán 6143, 7079
Is dursan an duan monuar le hinnsint 5892
'Sé an chéad mhac do gabhadh ón mhaorga ghil mhodhmhail 7002
'Sé an sgél-sa do threaghdghuin mo chraoidhe 'na lár 5498
'Sé bun mo chomhairle dhuit a Airt 6231
Is é do bhás a Hóraigh ghreannmhair 6135
'Sé do bheatha 'un na tíre a leinbh bhig aoibhinn 7101
Is é Feidlmid in rí 8598
Is eaglach liom, a ughdair na laoithe séimh 6827
'Sé leanadh go léir gach réim don fhile badh chuibhdhe 6862
Is é mar bhreathnaíos filí is saoithe 6241, 9214
Is é mo chreach is mo chrá a chail mise an láir 7150
'Sé sac Uilliam Eaclis do thug buaidhirt don tír 6087
'Sé Séamus Dubhlaing an barraidhe álainn 7100
Is fada ag éisteacht mé leis na scéalasa 6528, 6558

Is fada fá smúit gan múscailt Phoebus 6147
Is fada i bpáis me am shnoighe 6825
Is fada me i gcumha gan tnúth le téarnamh 6174
Is fada me in éagcruth is 'om radadh le gaethe 6152
Is fada mo thart go dtaga an Bhuitléarach 5867
As fiacha ar neach an ní gheallas 6052
Is follas a mheic Dáire 6079
Is fúar v. Is úar
Is géag de'n bhile ghlórmhar 5874
Is geárr bhíd fearta Mhic Máire ag taisteal 6864
Is greannmhúir scéal Éireann len' aithris timcheall 6833
Is iad na mná do chiap me 'e ghnáith 6162
'Sí an bhean a raibh 'ndán di gráin ó bheag is ó mhór 7146
'Sí an bhláth-bhroinneal bhláth-mhilis bhéasach 6151
Is iar ndol dhúinn tar sáile soir 6323, 6930
'Sí Caitrín Ní Chálán an bharr lagthach dearbhtha 6193
Is i ndún a chois coilleadh ag imeall na trá [al. I ndún . . .] 6538, 6572
'Sa leacain na mná nach gnáth i bhfeirg-chionta 6464
'Sí Máire chaomh an tsáor Ní Geochagán tséimh 6151
Is in ár n-aice bhíodh an greann 6387
Is in Eachroim an áir atáid ina gcónaí [al. I nEachdhruim . . .] 6203, 6219
Isí thug chúm-sa rúisc do chaile chásmhar 7099
Is léir-sgriosta daor-ghonta duairc 5893
Is mairg ar cuaird tug cuallacht thábhachtach shéimh 6815
Is mairg do-ní uaille as óige 6282
His mairg fhágas aithre mná 5201, 6737
Is mairg nár chrean re maitheas saoghalta 6378
Is mebul dom imrádud 5678, 5737, 5768
Is mebul/élúd Ríg na fírinne 5784
Is mé Díarmaid Ó Duibhne 5192, 7207
Is mé Suibhne Ghlinne Fearna 6123
Is mian liom trácht air ádhbhar tuirsi agus bróin 7147
As mithid damhsa leas mh' anma 6405
Is mochen a noeb-chlerig 5501

FIRST LINES OF VERSE

Is mo chen in maiten bán 5168
Is mór an mhairg 's is danaid go bráth mar scéal 6870
Is mór an spóirt an ghnaíúlacht 6389
*As mór an tubaisde nar fhiosraigh me Cháto riamh 6221
Is oirdheirc an coiste suilt do shuidhfeas lá 6780
Is ór nglan is ném im gréin 5742
As romhaith mo leagh(e)a-sa 5808
Is scíth mo chrob ón scríbainn 5690, 5773
Is tartmhar 's is tirm tá an fhuireann tug iomchur mór 6809
Is tréith me is feas 's is fann 6153
Is truagh 's is géar an sgéal so malartaigheadh linn 5960
Is truagh liom a bhráthair fé dhó 6286
Is truagh mo chás gach lá mo léirchreach 6363
Is tubaisteach a chuaidh dhamh mo chuairt 'un a' mhuilinn Dia Máirt 6517, 6544
Is tuirseach claoidhte taoim-se ó bhád na seol 5881
Is tuirseach fá dhaor-smacht péine i bhfad sínn 6975
As tuirseach gan dáil chabhra 6422
Is túirseach mé don mhéid si sgríobhuim si 6915
Is tuirseach mo chás gach lá air deirgmhire 6077
Is úar gaeth 5115
Is úar geimred at-racht gáeth 5216, 5219
Is uasal 's is fearamhail is buadhach 's is barramhail 6194
Ísucán 5675, 5720, 5735, 5762
Is uireasa machnaimh ar mhaitheas na Tríonóide 6452
Hitte/ní hinand is venitte 7088
Ittear iasg i mBaile Shac 7085
Jesus Maria cumhachta Dia umainn 6087
Labhair anois a Ghadhra 5510, 7184
Lá breá aerach Sathairn 6441, 6447
Lá dá raibh Murchadh mac Bhriain 7164
Lá dá raibh Ruaidhrí ag tóruigheacht 7066
Lá dár éirigheas ag déanamh aeir dam 6434
Lá de na laethe dhamh i gcathair Dhroichead Áth' na seod 6570
Lá dhúinne ar Sliabh Fuaid 5200
Láir do ghabhas do ghroigh Néill 6427
Lá na feirge lá na sgeimhle 7115
Laogh bliadhna is oirdhearc éagmais 5988
Lah Farsalih gag mih er miarou rief 6935
Le cáirdeas cumainn don árdfhlaith shultmhar 6091
Le carbhall riartha thriallas féin indiu 6791
Leacht carad ó chath Bhriain 6049
Lecht Cormaic meic Culennain 5602
Le héigean mioscaise is buile nár dhual dom cháil 5851
Leaghadh don Ghalltacht gnaoi Néill 6588
Leagadh leoin óir deacair éirghe 6074
Le greann do Chéitinn is aerach linn 'nár measc 6998
Léig dhíot th'airm a mhacaoimh mná 5913
Léig dod chomhmórtas dúinn 6597
Leigeadh an t-aos ealadhna 5556
Léan is leónadh is brón is trascairt 5850
Leanfad ar n-agra ar Fheilim 6635
Leannán gráidh chliar an chruine 7050
Leógan oilte gan leimheas an fhlaith ghrádhach mhaoidhim 6828
Leasg an aghuidhsi ar Eas Ruaidh 6038
Liaigh gach gona grás Muiri 6032
Líonmhar labhraid mo lochta 5530
Lóchrann chúig solas Sainct Phroinsias 7140
Luaidhfead véarsa suairc gan bhréag 6785
Lubhghart gan fhál in eagna 7129
Lughaidh Tadhg agus Torn[a] 6739
Luid Iasón [i]na luing lóir 5241
Má bheir Dia do thiarnas domhsa 6010
Ma be rí rofesser 7346
Má chreideann gach aon 'á gcluinfidh mo bhéursaí 6235
Madh fiafraidheach budh feasach 6494
Maidin lae ghil fá dhuille géig ghluis 6434
Maidean mhín do bhíos gan bhuairt 6340
Maile baire gaire Caieur 5483, 7418
Maille 's is maille mo chéim 5565
Maire máthair in maic bic 5527
Miarg atá sa mbeathaidh-si 7153
Mairg atá tar éis Fhiacha 6267
Mairg chaomhnas a cholann 6315
Mairg creidios lucht aimhleasa 6256
Mairg dhamh dan seisi an saoghal 6303

Mairg dar compánach an cholann 6283
Mairg do-chonnairc ceann Fiachaidh 6247
Mairg do ghríos Giolla Pádruig 6130
Mairg do-ní deimhin dá dhóigh 6264
Mairg don staga do thagair mo chóimhmeas riamh 6820
Mairg nach fuil 'na dhubhthuata 6377
Mairg nách tuigionn bheith go maith 6271
Mairg tréces cléircecht ar cheird 5165
Mairg thréigios inn a Amhlaoíbh 6505
Maith an ceanduighe Cormac 6698
Maith in conach clu gaiscid 7154
Maith Dia fá aisiog iomlán 6274
Maith do chodhnach a Chill Eala 6436, 6439
Maith fear mar chách a Chormaic 6491
Malairt chrotha ar chrích Luighne 6682
Manonnán Fódla Fearghal 7061
Maoidhean gach n-aon a shlíghe sa tsaoghal 6016, 6369
Más ar chloidhiomh aithnighthear creideamh 6075
Más binn orlaidhi na ceardcha 5557
Más bráthair bocht an bráthair méith 6577
Mas khonrih er asbug weh ghiannunih kynsiesih 6943
Má's cosnamh le cathaíbh mearghníomh teann na nGeadheal 6837
Más leigheas ar phéin bheith saor i gcneasdacht an ghráidh 5976
Más libh amháin is le mic Dághda 6525
Más mian daoibh aisling d'fhaicsint ar shaidhbhreas 7086
Más peaca a bhean na malach gceart gcomhdhlúithe 6319
Más pearsa thu 'tá ainmnithe a gcléir na gceacht 6329
Má tá an gearrán-sa bán ní náir dó gan a bheith donn 6547
Má théid tú chois fairge teacht samhraidh nó dubhlacht' 6201
Máthair chogaidh críoch Bhanbha 5342
Me a faoside mo lochd 7016
Mé d'fhanmhain ar eachtra sa taobh-so ós tuinn 5968, 6013
Mé Éba ben Ádaim uill 5682, 5743, 5772
Messe ocus Pangur bán 2112, 5666, 5756

Meanmach m'aislinn a cCraig Léith 5562
Míle seacht gcéad agus trí fichid 7102
Millte Éire d'iomthnúdh Ghaoidheal 6631
Mise Cailleach Bhéurtha bhocht 7107
Mise Raibhtrighe an file lán dóchuis 's grádh 6924-8
Mise Seán de Hóra 5878
Mise stócach Sheáin de Hóra 5875
Mithigh cuairt a gceann Fhiacha 6954
Mithidh déanamh cuairte ag Cormac 6903
M'aindeis gan sosadh ler goineadh mo chroidhe im lár 6615, 6617
M'airiuclán hi Túaim Inbir 7204, 7206
M'anam duid a Dhé Athar 5565
M'anam-sa an bhuidhean nár fríoth i gcruatan fann 5963
M'aenarán dam isa slíab 5774
M'óenurán im aireclán 5673
*Mo bhean gan fiú 'na léine 6909
Mo bheannacht leat a scríbhinn 5813
Mo bhrón mo chumha mo phudhar go n-éagfad 6765
Mo chara apsduil Filib 6673
Mo charaid do charaid a chara mo chléibh gan ghó 6605
Mo chás mo bhroid mo scrios mo bhrón mo scíos 5852
Mo chealg mo chréim mo chréacht mo chaoidh chráidhte 7013
Mo-chean do-chonnarc a-réir 6315
Mo-chean d'Eógan Ó Eachach 5973
Mo-chean do-chonnarc a-réir 6315
Mo-chean d'Eógan Ó Eachach 5973
Mochean don loing si tar lear 7117
Mochion do theacht Fhéidhlime 6592, 7425
Mo-chean duit a Colaim caidh 5789, 8093
Mochen mochen a Brénaind 5634
Mo chiansa fir na hAustria Fléimeannaigh do b'áille 6220, 7068
Mo chinaid i comláine 5630
Mo chogar mo charaid mo thaitneamh mo ghrádh im chliabh tú 6865
Mo cholg ghoinn mo lomadh sgrios mo chumha mo chnead 6486
Mo chrádh gur charas an tráth ba leanbh me 5819
Mo chráidhteacht mo lán-chreach mo chás brón-ghuirt 5853
Mo chreach is mo léirghoin 7158

Mo chreach is mo léun thú [a] Bhéul
    Átha na Cairrge 7063
Mo chreach mo chás mo sheachrán
    anois lem ré 6856
Mo chumha mo chreach mo chneadh
    mo bheo-lot 6453
Mo chumha mo dhanaid ag gallaibh an
    Bhéarla 6859
Mo dheacair fá líg an tsaoi ghlan áluinn
    ait 6711
Mo dheacair mo [al do] chás a sháir
    fhir cheannasaigh shuairc 5817,
    6435
Mo dhiombádh mo ghearán mo
    ghéarghoin 6761
Mo dhíth mo chreach mo cheas mo
    chúis chumhadh anois 6145
Mo dhíth si go n-éugad mo léun is mo
    chrádh 6914
Mo dhochar-sa an crith anois i gcrích
    ársaidh 5854
Mo dhóchas gur fhóiris ba
    phiantamhail saoth 6311
Mo dhóchas tug óbairt go deimhin ar
    scur 6731
Mo fháth-tuirse déarach mo léir-ghoin
    mo dhíth 6630
Mo gháir-se mo gháire is mo ghníomh
    6970
Mo ghénair ghabhus cairde 6036
Mo ghrá go daingean tu 6442-50
Mo ghrádh-sa an té thaidhbhridh ar
    Mháire Mhic Dhomhnaill 5883
Mo ghrádh thu is mo stór 6721
Móirsheisior laoch lingios troid 6261
Mo labrad 5685
Mo lá bróin lem ló go n-éagad 5909
Moladh le feartaibh an Athar 's an Árd-
    Mhic úir 6842
Moladh leat 'Íosa Críosd do sgaoil an
    chnead 6752
Molaim do theagasc a leabhair seo atá
    im fhiadhnais 6762, 6794
Moluim mo shiúr an bhrollaigh ghil
    bhúidh 7015
Mo lá leóin go deó go n-éagad 5909
Mo lá léin-se 'Éire na n-ardchnoc sean
    5994
Mo laogh 's mo charasa an faraire
    clúmhail Tomás 6869
Mo léan mo chás mo chrádh mo
    dheacair 5855
Mo leóghan cóir cabharthach codhnach
    cáidh glan fial 6875
Mo mhallacht go dian diachrach do
    ghasra an chnuic 6581, 6587

Mo mhallacht-sa fá thrí do phearsa ar
    bith mar sinn 6161
Mo mhíle slán do na fataí bána 6400
Mo mhíle truagh mo bhuaidhirt mo
    bhrón 6980
Mo mhuirinn-se Muirinn tar
    Muirinnibh áilne críoch 6966
Mó ná iarla ainm Séamuis 6432-3
Mo náire ghéar mo léan mo ghuais mo
    chnead 5995
Mo pheannaid mo phudhair mo
    chumha mo chiach mo chnead 6169
Mór an feidhm deilbh an dána 6900
Mór ar bfearg riot a rí Saxan 6496-7
Mór cóir cháich ar chrích Laighion
    6048
Mór dho gheallsam uain 6024, 6045
Mór idir a-nocht 's a-réir 5938
Mór ingen meic Thaidg a-tuaid 8638
Mo rí-se rí nime náir 8207-14
Mór mo thnúth-sa lem Thoil féin 5970
Mór múich i túsa in-nocht 5148
Mo rogha dhon tsráid an sáirfhear
    caoin cúmtha 6769
Mór sochair na haimsire 5900
Mór tubaist na táiplisge 7106
Mó sa chách clú Buitlérach 7029
Mo scéal guirtse an éigse go
    ceasnaídhtheach 7037, 7097
Mo scéalta ar maidin is atal do chóigibh
    Luirc 6845
Mo shlán go héag dom ghlé-ghas
    tsuairc 7003
Mo shlánsa feasta le hádhbhacht is
    aiteas 6877
Mo theasdas ar an leabhar so na laoithe
    lán 6359
Mo theastas-sa díbh innsim do chléir
    na gceacht 6997
Mo théora ucsi forsin Ríg 5736
Mo thrúaighe cor na héigsi 7122
Mo thruaighe mar tá Éire 5811
Mo thrúaighe mur taoí a Thulach 6507
Mo thubaist ghéar mo léan mo scíos
    monuar 5856
Mo thubaist mo dhanaid mo dheacair
    mo léan mo chreach 5857
Muca dubha chloinne Seóinín 5564
Muca mná Í Eachaidhéin 5564
Muichneach dhamh dhol um dhúithche
    5510, 7184
Mur' ngéillinn-si dh'Émond 's don óig-
    ghasraidh 6465
Murchadh Ó Briain ó Chinn Choradh
    7090
Músgail do mhisneach a Bhanbha 5991

Ná bíodh athtuirsi ar fhuil Chéin 6681
Na bráithre sin Dhún na nGall 6578
Nach bearránach dar ndóigh buairthe faoi ghleó 6200
Nach danaid libh a ghasradh na mbriathar ngreinn 6896
Nach í so an chuairt easbhach a laguidh mé réis mo shiubhail 6086
Nach léur dheitsi Ghaoidhil bhochta na glanáille 7156, 7173
Nach suarach [al. Nár shuarach] an t-ábhar do Mharcas mé a cháineadh 6922
Nach tursach mo thuras an tráth-so ag pilleadh ó chlár na Midhe 6233
Ná diúlt mh'ionmhuine a Fhéilim 6470
Na dúile ag fearadh dílionn 6908
Ná léig mo mhealladh a Mhuire 6335
Ná luig ná luig 5786
Nih Phoenisens tapuh mase diaruf nagh breag an stair 6934
Narach gabha gart go ngail 8023
Nár shuarach [al. Nach suarach] an t-ádhbhar do Mharcus me cháineadh 6922
Nech at-cobra dul for nemh 3362
Ní cf. Cha
Nia ar bárcaibh cais gach taidhg 7060
Ní háil leam acht séad go rinn 5933
Ní ar aois iarrthur inmhe 6482
Ní ar aois meadhaighthear mac ríogh 7059
Ní baodhal feasda fian Luighne 6670
Ní beag an léansa ar Leath Cuinn 6114
Ní beag easbhaidh Inse Fáil 6660
Ní buidheach mé do Mhág Craith 5942
Ní buidheach mé do m'Íde 5921
Ní cás liom [a] aithint ar fhearannaibh cláir Mhidhe is Eoghain 6873
Nioclás Claudi fial an fear 7018
Ní chodlaím néal i dtuirse ag smaoineamh ar bhláth na gcraobh 6543
Ní chodlann an dobhrán donn 7170
Ní chluinim guth Filib fós 6672
Ní comhartha sultmhar ar fhile do dhéanfadh rann 6866
Niconruba arduene 5483, 7418
Ní doirbh go deaghuil na ccarad 6760
Ní duine thu acht straoille fann-bháird 7079
Ny hea is couch lem khumus fose dih hyr 6940
Ní heasbhoidh acht crádh croidhe 6181

Ní fhacasa gadhar gan treadhmad neamh-dhúileach 5805
Ní fhaicim oighir Aodha 6430
Ní féasta mar fhéasta bhan Bhaile Mhic Cuirc 6880
Ní fetar 5546
Ní fuighthear commaith Aodha 6270
Ní ghabhann aineolach dall 6729
Ní glic nach gabhuim fam glór 7045
Ní hiongna lióm an bráithir meith 7151
Níl cailleach i gclúid is a leaca ar a glúin 6551, 6559
Níl drannaire dúr ná scrúille ar feadh na ríoghachta 6175
Ní le gann-chuid san tsamhradh ná iomad daoirse 6461
Níl fáth dá shéanadh an sgéal 'tá i gcló go nuadh 6623
Níl i n-ár mbeatha acht aisling bheag bhaoth gan bhrígh 6720
Níl insa Múmhain file ná fionn-scoth 7011
Níl taitneamh 'san ngréin tá éiclips fola in a diaidh 5858
Ní machtnamh liom teastas árd seascair sámh suídhte séimh 6891
Ní mhair glún don ghenelach 5658a
Ní maith eadrum is mo mhac 6112
Ní maith uaigneas don annsa 5912
Ní mar chách as caointe Brian 6484
Ní mé bhur n-aithne a aos gráidh 7046, 7089
Ní mé féin do chuir an chéad chloch i gcaiseal Dhroichead Áth' 6221
Ní mhilleann cluiche crábhadh 5922
Ní mise an Cearbhall rod chlos 6485
Ní mó grád gallbraite 5547
Ním-thé mairn 5541
Nír bháidh teine Teallaigh Eachach 6686
Níor bh'aithne 'na bheatha dom Aedh-sa acht clú 6463
Níor chúis caoi níos bhéim bróin 6188
Ni ro aisce aisc it bíu 5501
Níor thagair liom neach acht beart gach breith ar aoirde 6979
Ní slighe chun oinigh do dhuine ler mhéinn bheith fial 6895
Ní Sorcha ná Donnchadh cér thréan an fear 5859
Ní tarcuisne dár n-eaglais ná céim do chách 7078
Ní thuigim dáil Diarmada 5936
Ní truagh galar acht grádh falaigh 7165

FIRST LINES OF VERSE

Nuair *v.* An uair
Ó áitibh doimhni bhéic mé 5519
Ó ceapadh mé a scéaltaibh éithigh anchumtha 6768
Och *cf.* Uch
Och a luin is buidhe dhuit 5549
Och a Mhuire nach truagh mo chás 7163
Och an féidir? Och ní féidir 5998
Ochán t'othrus a Éamoinn 6470
Och mo chreach-sa faision Chláir Éibhir 6297, 6300, 6307, 6313-4
Ocht gcéad déag de réir mar léitear 6392
Ó chím gur aistrigh seabhac na soi-ghníomh sámh 6841
Ó d'imthigh Mac Conshnámha [? Mac an Átha] d'úr-scoth na cléire 7119, 7149
Ó fógradh gach eólaicme as Éirinn áin 6331
Ó ghabhais mo pháirt san dán a shuairc-fhir ghroidhe 6968
Oidhche bhíos im' luighe im' shuan 5890
Oide a ndréachtaibh an dreasfháil 5910
Oiléan Carrún laglúb líomhtha léir 5978
Oilill Ólom amra in gein 5605, 8659
Oinioch Banbha a mBranachuibh 6281
Ós deimhin liom gur chinnti air an Pápa athair 7144
Ó's duine dhen dáimh sínn tá síos d'easbaidh na dtriath 7020
Ó's follus an tslighe gur scaoileas féin 6092
Olc an sgéal do sgaoil indé 6904
Olc an scéal mo léan do scaoileadh 5559
Olc bhar tturus ó bhar ttoigh 5556
Olc beatha na gcoisidheadh 6111
Olc mo thuras sonn ó Lundain 7142, 7160
Ólfaidh mé sláinte an pháiste is daoire folt 6515, 6535, 6565
Óm sceól ar ardmhagh Fáil ní chodlaim oíche 5814
Ó radais id dhán a fhir ghrádhmhair dhíograisigh 6774
Ór na mban baincheann nimhe 6434
Orphe-us óg ainm Eoghain 6741
Ort do chonghall a Chormaic 5927
Ó thriall an file le hiomarca géille is grinn 6857
Ó thugais ó ughdaraibh Insi Fáil 6191, 6222

Ó thúis mo bheatha go maidin an lae seo 6455
Petur Pol Patric Pilip 7453
Píp ma ghlacas do láimh 6790
Plurima mira malum signantia signa futurum 7219, 7495
Príomh-shruth Éireann is iomlán innsidhe 6357
Quah beah are ghailtir queah dikirrigh croueig are gase 6944
Quicquid Ibernicis mulierum vivit in oris 6108, 7216
Rachaidh mise go Droimbile is beidh bonn beag chun óil liom 6223
Rachaidh mise rachaidh tusa síos go Fine Gall 7092
Ráisit d'inis nárbo dermar 4917, 5588
Ráithe fó foiss fogamar 4952
Ramhuch táinig tásg Fearghail 6113
Ránacsa rem rebrad rán 5022
Rath fá chroidhe chumus Día 6035
Ráth Teamhra ag togha Domhaill 6467
Réidig dam a Dé do nim 5612, 8682
Ré lán ós ceann Chonnachtach 7049
Réulta Connacht clú Pilib 7053
Rígh gan tús gan deireadh Dia 6729
Rinneas mo thiomna a Shéamuis 5901
Rinis agus ní dheárrnuis 6462, 6466
Ro *cf.* Do
Roba *cf.* Ba, Doba
Ro bátar láeich do Laigneib 5125, 5655
Ropadh maith lem 5657, 5660, 5713
Robad mellach a meic mo Dé 5687
Robad mellach a Meic Muire 5779
Ropo [*al.* Ro bad] mían dom menmainse [*al.* anmainsi] 5683, 5734
Ro boí *cf.* Do bhí, Bhí
Ro boí tan 8637
rop sen sutin sunn in suí 884
Rop soraid an sétsa 5738
Rob soraidh an séad-sa soir 6121
Rob toisecha ar mbás 5534-5
Rop tú mo baile 5679, 5733
Ro cuala *cf.* Do chuala, Chuala
Ro-cúala 5693
Rogha na dtuath Teallach n-Eachach 6674
Ro loiscit na lámasa 5710
Ron-bris ron-brui ron-baid 5658e
Rugas ainbhreith ar Fhéilim 6473
Sa(n) *v.* Isa(n)
Sagairt óir is cailís chroinn 7544
Sagart óg ó chois na Bóinne 6195
★[Sa]gart paraiste Erigail a Trúitha [*cf.* Míle seacht gcéad . . .] 7102

Salc[h]aid aenchaep anart lín 5501
Sancti venite Christi corpus sumite 7211
Saothrach bocht in domhan-so 5801
Scaoilim sa timcheall le hiomad dúthracht 6163
Scéal dainid dubh i bhfearann Luirc is éacht go bráth 6715
Sgéal leam dhaoibh/éisdigh fris 5082
Scél lemm dúib 5706, 5760, 5785
Sgéal nua do chualas ní mór dúinn a sgríobhadh 5883
Scél tásgmhar do-ráinig fá chríochaibh Fáil 6477
Sgítheach sin a chlanna Cuinn 7075
Scuir feasta dhet phlás ná trácht go héag arís 6138
Sguir feasda do shíol gCeallaigh 's do shárfhuil Néill 6734
Seachnuíghair misse Chloe as cosmhuil le hógfhiadh 3914
Seacht ndealbha ar an Spiorad Naomh 7132
Secht o.f.n. 4888
Seirbhíseach seirgthe íogair srónach seasc 6380
Se lá bhí Día 'na bhriathraibh caoine 8275
Sé lá tri fichid tri ched 5747
Sén a Chríst mo labrae 5637, 7842
Seo cf. Ag so
Seo an t-abhar le ngoilim is d'osguil mo chneádha go léir 6661
Seo an bás le ruaig nimhe do bhuaidhir sinn easnamh is mó méala 6996
Seo an t-éacht do rinn creach tréada agus treabh 6146
Seo an Graiméar Gaedhilge i n-éifeacht cheart riaghlach 6771
Searc mná Ír dhuit Aoidh ná léig a bhfaill 6695
Searc mo chroidhe-se tsaoibhean 7133
Seascad de bhroinnealaibh innealta cuanda cáidh 5860
Seascad spéir-bhan bhéasach uaim 6976
Sét no tíag téiti Críst 5568
Sg- v. Sc-
Siobhlach ar chéilibh críoch Branach 6277
Síol Muiredaigh mór a rath 6436
Sin agaibh an Franncach stollta an aindeis choidhche air 6982
Sin béithe an ochta sona séimh gan chlúid 6170
Sin créacht-ghoin tárla is dámhna cathuighthe cliar 6973
Sin folamhughadh daor cléire fó iaith Chláir Chuinn 5861
Sin orchra leóin do ghlóis ar Éire 5862
Sin sgaoi mbeag mbarrfhionn do raduim go saordha sódhuil 6723
Sin taom thuit 'nár measc is sgéal do chuir ceas 6995
Sin traochta in éinfheacht fá rí-lic 6716
Siúd mé aniar ó'n dtráigh seo i n-iarthar chrích an Chláir 5887
Slán agaibh a fhiora Mumhan 6061
Slán agaibh a fhir chumtha 6648
Slán is céad ón dtaobh so uaim 6156
Slán is fiche léigim-se caogad is míle 6978
Slán don druing dá n[d]iongnuinn dán 6742
Slán fád chréidhim a chos deas 5971
Slán fad lot a chlóca chróin 6664
Slán leat a litir bhig bhláith 6370
Slán ma do phósadh a Dhomhnuill Mhég 'Nosa 6457
Slán seiss a Brigit co mbúaid 5641
Slíabh Cúa cúanach corrach dubh 5658f
Sloinnem cró clainne Domnaill 5558
Slúaigead so re síl Adaim 5782
Smaoinigh éirigh féach gur fada do shuan 5863
Soirbh bhur ttoisg a thriath Siúire 6458
Sona do cheird a Chalbhaigh 6316
Sona sin a chlanda Cuind 6051
Spás le haer do thrachtas féin 6878
Súanach sin a Éorann án 5146
Tá an bhliadhain seo ag teacht go díreach 6889
Tá an éigse do shaothruigh an ceol 6988
Tá an ghealach gheal faoi smúid ann 's a' ghrian i gculaidh chumhaidhe 7114
Tá an tírsi go dubhach is ní hiongnadh dhi é 6122
Tabhair aire chruinn dod' phaidrín 's dod' ghnáth-phaidir 6330
Tabhair a laoigh luinn leachta 6295-6
Tabhair do Sheán mo ghrádh mo chara 's mo rún 5868
Tabhair mo bheannacht a pháipéir 6905, 6912
Tabhair [al. Beir] mo beanocht go Dún Dalck 7021

FIRST LINES OF VERSE

Tabhair mo bheannacht tré dhúthracht 6192
Tá bean in Éirinn a phronnfadh séad damh is mo sháith le n-ól 6571
A-tá ben as-tír 5546
Tá bearád i Londain 's is iomaí fear láidir 6531
Tá cailín spéiriúil a dtug mé spéis di 6390
Tá céadar tá Caesar tá treón 6166
Tá comhairle Íosa ó bheól na díodhachta 6886
Tá Corca Uí Dhuibhne faoi sgamal 5953
Tá cúis ghrinn ag éigsibh 6874
Tá cuthaigh is racht im scairt go do-iomchair 6732
Tá dearbhadh linn i gCorcaigh cois Laoi 6961
Tá fáilte romhat a Sheóin mhic Diarmada 6101
Tá faraire cliste gan uireasbaidh deaghmhúinidh 6882
Tá faraire tréitheach léigheanta suairc-ghlórach 6810
Atá fít bhrollach-sa a ghorm-leac laidianta 5828
Tagaidh *cf.* Tigidh
Tagaim le fonn go tigh togha na bhfear bhfionn 5895
Taghaim Tómás ragha is róghrádh 7034, 7036
Tá gearán le teacht síos ag fear grinn den éigs 6871
Atá geasa troma draoidheacht orm choidhche an fhaid mhairfead beo 5879
Atáid cách arna mheas tar a mhóirfhine 5992
Táid dís de mhnáibh san áit seo cheileann a ngnúis 7098
Táid éigse ceart na dúthaighe 5907
Taidhreamh taithneamhach d'eirigh i leaba liom 5891
Taili in mbairgin 5658c
Táim *cf.* Tá mé
Atáim ag dul ris an tuaith 5931
Táim anois go tuirseach tráighte 6798
Atáim arsaidh 's is fada liom atámaid beó 5993
Atáim faoi scamall i gcreathaibh i gcumhaidh 's i gciach 6804
Atáim ionchóra re hAodh 6645, 6647
Tháinig bé chaomh chneasta im leaba luighe araoir 5864

Tánic sam slán sóer 5568, 5570, 5766
Táinig san chluiche ag Cormac 6050
Táinig tairrngire na n-éarlamh 6128
Tair cucum a Maire boíd 5592-5601
Tairngire *v.* Targaire
Tairnig éigse fhuinn Ghaoidheal 6620
Taistil a chaoin-scríbhinn it rás tar lear 6977
Taitneamh na n-éigs an laoch nách ceachartha gnaoi 6872
Atá lile gan smúid ar m'airese á lua 6209
Tá mé *cf.* Táim
Tá mé ag tóraíocht cíosa ort 6388
Atá mé i bpéin le bliadhain nó dhó 5880
Tá muintir an oileáin go buartha 6393, 6403
Tá na Franncaigh san am so 'cur céim ar gcúl 7105
Tánag d'Fhánaid an einigh 6675, 7027
Tan bím eter mo sruithe 5424, 5677, 8069
Ta pianta agus fiabhras im chroidhe is im scairt 6606
Tá Pruise agus Póland fós ar mearathall 6164
Tá réiltean chuain agus stuaire gealchneis 6782
Targaire dhearscnaí do rinneadh le Criofann Mhac Fhéilime an Fhíona 6519, 6549, 6563
Tarraing do chúntas a dtráth 7095
Tá saoghad-ghalar nimhe dom ghéar-ghoin go huile 6974
Tá saoi geal cáig do bhláith na ccliar is fear 6289
Tásc an tsáirfhir ghrádhaigh do chéas me 5807
Tásc dearbhtha gur chailleamar an Hórach grinn 6136
Tásc fíor a d'fhág saoithe Éireann uais 6508
Atá sonn sochar na ríogh 7353
Tá stéad mear acmhainneach taitneamhach tréitheach 6546
Tá súil agam réd shúilibh más ail leat féin 6438
Atá triúr dochtúir naomhtha léar sgríobhadh na grása 7143
Teagh ceólmhar 'na bhfaghthar fíon 6272
Techt do Róim 5546
Téid Aodh d'oirbhiort is d'áirimh 6265
Teallach einigh iath Laighean 6636

Teasda eochair ghlais Ghaoidheal 6131
There are some who sing of Moreen
 and others of Graine too 7148
Tiodhlaic mo chroidhe-se do Shéamas
 Ruadh 6003
Ticfa Tálcenn 5483, 5783
Tigidh *cf.* Tagaidh
Tiomairg go léir na liobhra 5561, 7131,
 7190
Timcheallmait relic meic Dé 5501
Tionnscnaim athchuinghe d'aitheasc i
 ngrádh do Chríost 6772
Tír boíe Chuind chétchoraig 4934
Th'aire a chumthaigh réd chomhrádh
 6060
T'aire riot a mheic Mhurchaidh 6428
Toghaim *cf.* Taghaim
Toghaim liaigh do leighios Fheilim
 6249
Togha teghlaigh tar gach tír 6436
Tógfa sí athtuirse is brón díbh 6368
Tonna mora mórglana 8598
Torach aitreabh neimhneach naomh
 5652
Tórramat do nóebaingil 5650, 5680
Trácht i ndiaidh ar Shiobhán Ní
 Bhriain 5876
Tráth faoi Lúghnas ba dhamh-sa thárla
 6923
Treabhfaidh me romharfaidh mé is
 cuirfidh mé an eorna 5877
Tréide as dile lem fo-rácbus 5688
Trédhe nach fuilngeand rígh réil 7468
Tréig do mheirtne a Bhaile an Dúin
 6436
Tréigfidh mé ceol cuideachta agus spórt
 6542, 6573
Treisi an eagla ioná an andsacht 6621
Treall don chruinne má thug
 h'annsacht 6076
Treóin an cheannais Clann Dálaigh
 6064
Triallom timcheall na Fódla 2468,
 6596
Triallfad le dánacht go háitreabh an
 ghrinn 6851
Triall gach éinfhir gu cúirt tTeabóid
 7031
Trian Connacht a gcoimhéd aoinfhir
 6420
Trí bhile den Mhumhain trí túir trí
 heaspoig trí threóin 6098
Tríom néallta is minic me ag déanamh
 chumhadh 6140
Trí phoenix trí phoebus trí seabhaic
 gan cháim 6854

Triúr rí tháinig go teach nDé 8177
Triúr tiomanta do thoirmiosc mo shuan
 araoir 6582
Truag a dála domnán dil 5794
Truagh an t-amharc-sa a Éire 6649
Truagh an cor-sa ar ráth na ríogh 6033
Truagh an sgéalso linn dá luadh 6469
Truaghán sin a Rí na Ríogh 5776, 8720
Trúagán trúag 5693
Trúagh ar n-eachtra go hÁth Truim
 6500
Truagh cor chloinne hÁdhaimh 6643,
 6654
Truagh daoine ar dhíth litri 6747
Truagh liom gol deise go dian 6379
Truagh liom Máire agus Mairghréag
 6056
Truagh liomsa a chompáin do chor
 6643-4, 6652
*Truagh mo dháil re deich laithibh
 6700
Trufagh mo thuras ó mo thír 6599
Trúag sin a Chaílte a chara 5197, 5709
Truagh t'fhágbháil a Inis Chuind 6305
Truagh truagh an mhuc 7135
Tuar ferge foighide Dhé 897, 6689
Túar ríghe rath tighearna 6612
[T]ugadh easgar d'Inis Fháil 7040
Tugadh mo choimhéad do chóigear
 7155
Tugadh oirne easbhuidh mhór 6735
Tugam aghaidh ar Mhaól mhorrdha
 7022
Tugas duit mo uile annsacht 6909
Tugas toil do Mháol Mhórdha 6318
Tuc dam a Dé móir 5566, 5684
Tuile ar ttrághadh trén Gaoidheal 7069
Tuile rabharta rath deise 7074
Tuilleadh feasa ar Éirinn óigh 6667
Tuirseach dhamh ag éirghe lae 6590,
 6593
Tuirsioch misi d'éis Fhiacha 6276
Turus acam Día hAíne 4427, 5213,
 5220
Uaigneach a-taoi a theagh na mbráthar
 6498
Uaigneach sin tithe Chorr an Chait
 6224
Uaimse gabhaidh a shagairt le géar-
 shearc rúin 6172
Uaisle [a-]chách ceinéal mBréanainn
 6690
Úar ind adaig i Móin Móir 5549
Úar in lathe do Lum Laine 5791, 7210
Úasalepscop Éirenn Aéd 5645
Uch *cf.* Och

Uch a Dhé dhil na mbreath gceart 5903
Uch a Éirinn a rúin a thír dhúthchais mo cháirde 6236
Uchán malart na n-aimsior 6302
Hui Degadh Osraighe áin 7070, 8800
Uirrim Fhódla ag énduine 6952
Uisge slébi ním-sása 580, 5610
Um thabhairt an tseabhaic chun tailimh do sáruigheadh mé 6892
Urasa a aithne ar do dhán 5564
Ursa an choguidh críoch Laighean 6487
Whereas áiteamh faobhrach fátha is a thabhairt le díogras 7006
Whereas cúigear táinig chughainn-ne le hinformation 7008
Whereas cunntas táinig chughamsa gan aon mhearaidhe 7010
Whereas d'áitimh aréir dom láthair 6177
Whereas dom láthair táinig gníomh uilc 6800
Whereas tháinig indé dom láthair is tug na móide 6178
Whereas tháinig indiu dom láthair agus sin le díograis 6179

Acephalous
Beag nach lór a luaidhim dhe 6118, 7026
Gé tá sibh-si leath ar leath 7067
Dámadh lór leis a bhfuigheadh 5919
Mur do thogh Seanchán mar so 7058
Teach n-óil gach bruighean n-a bhaile [*first word probably* Rachdaid] 7038
atuirse d'éigsibh Éireann 6700
[ ]ch thighearna/creite ar teach na togharma 6483
[ ] na stéad 's na nallann óir 6627

3 SOURCES

Acta sanctorum 7816
Acta sanctorum Hiberniae (Colgan) 7803
Adhmaid na croisse 8241
Adomnán 1115, 8084
Adventure v. Echtra
Agallamh idir an anam agus an corp 8240
Agalladh Íosa 7 Mhuire 8343
Agallamh na bhfíraon 8319
Acallam na senórach 3343, 5211-23
Agallamh Oisín agus Pádraig 5200, 5204
Aipgitir crábaid 8265-7
Aided cf. Oidhe
Aided oenfir Aífe 4928, 5029-34
Aided Celtchair meic Uthechair 4939
Aided Conchobuir 4966-7
Aided Con Culainn 5004
Aided Diarmada 4481a
Aided Fergusa maic Roich 4944
Aided Loegairi Buadaig 4942
Deaths of Lugaid and Derbforgaill 3358, 3389, 3390
Death of Mac Con 5089
Aided Maelodráin 5122
Aided meic Díchoíme 7 cuisle Brigde 4470
Aided Muirchertaig meic Erca 5117-8
Airbertach mac Cosse (Dobráin) (cf. Mac Coise) 5589-91, 8211
Airne Fíngein 5084-7
Aislinge Meic Conglinne 7436-40
Aislinge Oenguso 4881
An tAithrigheach ríoghdha 8287-9
Alexander 5238-9
Alphabet of the world 7499
Altrom tige dá medar 4877, 4882
Altus prosator 8090
Alvíssmál 2269
Amra Choluim Chille 2219, 5073, 5448, 8083
Amra Senáin 5448, 8023
Andrew of Crete 7839
Annals of Connacht 8615-9, 8621
Annals of the Four Masters 1869, 8630-40
Annals of Inisfallen 2764, 2767-8, 8602-12

Annals of Loch Cé 8613-5, 8620, 8622-3
Annals of Roscrea 8601
Annals of Tigernach 8600
Annals of Ulster 2766, 8595-9
Antiphonary of Bangor 8148
Antiquitates (Ussher) 8051
Antonio, Don 8288
Aodhagán 5801
Aed Baclám 4481a
Aed Finn 4917
Aígidecht Aithirni 4952
Oengus 5638
Oengus mac Oengobann v. Félire Oengusso
Apocrypha 8263
Araile óglách ro baí i cathraigh sainredhaigh . . . 8355
Ars Malsachani 859
Adtimchiol an chreidimh 7016, 7128, 8179, 8321
Aucassin et Nicolette 4672
Audacht Morainn 7500
Auraicept na n-éces 580, 934-40, 5469, 5546, 8704
Baile Binnbérlach mac Buain 5092
Baile cf. Buile
Baile Chuind 5083, 7464
Bardic syntactical tracts 2714, 3280, 5449
An Bard Ruadh v. Ó Dálaigh, Aonghas na nAor
Barrach, An Tiarna 5802-3
Barry, David v. do Barra, Dáibhí
Bartholomaeus Anglicus 9203, 9218
Battle v. Cath
Beaton, John 2918
Bécán Bec mac Dé 5715
Bechbretha 7315
Bede 866, 880, 7611, 7714, 7914
Bedell, William 8219-21, 8263
Bennett, Arthur v. Mac Bionaid, Art
Beowulf 4703-15
Berrad airechta 7324
Betha cf. Life, Vita
Beatha Naoimh Antoine ó Phadua 8046
Beatha Aodha Ruaidh Uí Dhomhnaill 8717

SOURCES

Betha ocus bás Chaitreach Fína 8042
Beatha Cheallaigh *v.* Caithréim Cellaig
Beathaí Chiarán Chluain Mhac Nóis 8100
Betha Colaim Chille (Ó Domhnaill) 5789, 8080
An Bheatha chrábhaidh 8291
Beatha Chríost 846, 8275
An Bheatha dhiadha nó an tslighe ríoghdha 8290-4
Beatha Eoin Bruinne 8038-9
Beatha San Froinsias 8044-5
Betha Máedóc Ferna 4481a
Betha Muire 8110
Bharain, Pádraig *v.* Warren
Birth *cf.* Geinemain
Birth of Aedán mac Gabráin and Brandub mac Echach 5125
Blathmac 5592-5601
Boethius 860
Bogh(ai)léir, Tomás 5804-6, 5861
Bonaventura, S. 8245
Book *cf.* Lebar, Liber
Book of common order 8159
Book of Enoch and Elias 4684
Book of Leinster (Lebar na Núachongbála) 697-700 (*cf.* Manuscripts: T.C.D.)
Book of Magauran 778, 5499-5500
Book of O'Hara 796, 5507-8
Bórama 3153, 5129, 5173-5
Bowes *al.* Lane, Robert 8149
Boyle, Robert 8196
Branwen 4693-4701
Bráth Caí 7324
Brennan, Michael *v.* Ó Braonáin, Micheál
Bretha Déin Chécht 7335, 7340
Bretha im gatta 7322
Bretha nemed 1422, 3356, 7311, 7320, 7330
Breatnach, Ribeárd 4318, 5807
Breviarium Romano-Seraphicum 7836
Breviarium Romanum 7836
Breviloquium (Bonaventura) 8245
Brighid inghean Iarla Chille Dara [FitzGerald] 7046, 7089
Brislech mór Maige Murthemni 5006
Broccán Cráibdech 5602
Brooke, Charlotte 4335
Bruodin, Antony *v.* MacBrody
Bryson, Samuel 4348
Bürgschaft 7310
Buile *cf.* Baile
Buile Suibhne 5139-53, 9121

Buitléir, Risteard 5808
Burke, Edward 676
Cadac-Andreas 8746
Caesarius of Heisterbach 8666
Cahalan, Laurence *v.* Ó Cathaláin, Labhrás
Caillech Bérri *v.* Lament of the old woman of Beare
Cáin Adamnáin 3395
Cáin airlictheo 7333
Cáin domnaig 7788, 7791
Cáin Eimíne Báin 7786
Caithréim Cellaig 5164-9, 7562
Caithréim Thoirdhealbhaigh 2774, 8722-5
Caldron of poesy 7473
Calendar *cf.* Félire, Martyrology
Calendar of Cashel 7826
Calvin, John 8321
Caoineadh Airt Uí Laoghaire 6441-50
Caoineadh Liam Í Raghallaigh 3951
Caomhánach, Eoghan 5809
Carew, Thomas 4293
Carolan, Turlough *v.* Ó Cearbhalláin, Toirdhealbhach
Carlsruhe Beda 880
Carpenter, John 4287, 8128
Carswell, John 3455, 8158-9, 8179, 8316
Carta humani generis 8243
Carthún, Séamas 5810
Catalogus sanctorum Hiberniae secundum diversa tempora 7809
Catechism(us) *cf.* Teagasc Críostaidhe
Catechismus (Stapleton) 3333, 8298-9, 8301-4
Catechismus Ecclesiae Genevensis 8321
Catechismus novus (Marchant) 8319
Cath Almaine 5170
Cath Belaig Dúin Bolc 5128-30
Cath Cairnn Chonaill 3367
In Cath catharda 824, 5244-5
Cath Chéim an Fhiaidh 6714
Battle of Cenn Abrat 5088
Cath Finntrágha 5201-3
Cath Maighe Léna 5081-2
Cath Maige Muccrama 3367, 5098-5100, 6960
Cath Maige Rath 5131-2
catha Maige Tuired 4889-4903
Cath Ruis na Ríg 2006
Cavellus, Hugo 7141
Céilidhe Iosgaide Léithe 5261-2, 5266
Ceithearnach Uí Dhomhnaill 5285

.IIII. bai fichit ar tir cumaille . . . 7345
Ceithre buadha déag an Aifrinn 8130
Céitinn, Séathrún *v.* Keating
Cenn Faelad 934, 4155, 4237
Ceart claidib Cormaic 7501
Ceart Cruachan for cách ann so . . . 7354
Cert ríg Caisil 7347, 7354
Ceart Uí Néill 7355-6, 7358
Ces Ulad (*cf.* Noínden Ulad) 4948
Chamberleyn, Francis 8288
Chamberlain, Robert *v.* Mac Artúir, Roibeard
Chaucer 4591
Chrétien de Troyes 4729
Xp̄s dub dhonn a fholt . . . 8205
Chronicle of Ireland (Hanmer) 8729-30
Chwedyl Iarlles y Ffynnawn 4761
Cinaed ua Artacáin 4888, 5603
Cín lae Amhlaoibh 7582
Cinnéide, *Dr.*, *v.* Kenedy
Cis lir fodla aíre 7411
Cis lir fodla tire 7345
Clann Aodhagáin 4255
Clann Bhruaideadha 4252
Clann Cobhthaigh 4345
Codan, George (? *al.* Mhac Cadáin, Seoirse) 7579
Cogadh Gaedhel re Gallaibh 8721, 9108
Cogitosus 2147
Coibnes uisci thairidne 7321, 7323
Coimheasgar na gcuradh 751, 5269
Coimín *cf.* Ó Coimín
Coimín *or* Cuimín, Mícheál 5816-7
Colgan, John (*cf.* Mhág Colgan, Seaán) 446, 4378, 4388, 4390, 7803-4, 7806, 7811-2, 7972
Collectio canonum Hibernensis 7344, 7792
Colloquia familiaria (Erasmus) 7516
Colmán mac Léneni 5604
Colmán mac(cu) Béognae 8265-6
Columba, S. 5568, 7211, 8090
Columbanus 7214, 7220, 7773-4
Colum Cille *v.* Columba
Comhairle Comissarius na cléire 7431
Comhairle do na seanmóntaithe 8343
Comhairle Mhic Clamha 7423-6
Compert Conchubuir 4928, 4969-70
Compert Con Culainn 4928, 5008-11
Conall Corc and the Corco Luigde 5105, 5107
Conception of Mongan 5127
Conchubranus 7677

Confessio (Patrick) 7973-4, 7980, 7984, 7986-9, 7993-4, 7997-8, 8002, 8004, 8006, 8008, 8010
Connellan, Thaddaeus 1316, 4249, 4354, 5486
Conny, Bernhard *v.* Mac Giolla Coinnigh, Brian
Conry, Edward 8780
Conry, Florence *v.* Ó Maolchonaire, Flaithrí
Contention of the bards *v.* Iomarbhágh
Coquebert de Montbret 4279, 8743
Cormac mac Cuilennáin 5098, 5605
Cormac's glossary 1441, 2288, 3359
Corus bretha nemed 1422
Coyle, Patrick *v.* Mac Comhghaill, Pádraig
Críth gablach 7308-9, 7324
Croker, Thomas Crofton 4250
An Cuimíneach *v.* Ó Coimín, Séamas *and* Coimín, Mícheál
Cuimmín(e) Condeire 5718, 7221
Cuirean Naomh Augustin a n-úil dúinn . . . 8340
Cúirt an mheadhon oidche 6337-50
Cúndún, Dáibhí 5818
Cundún, Seán 5819, 7078
Curt(a)in, Cornelius *v.* Mac Cairteáin, Conchubhar
Dál Caladbuig 7357
Dallán Forgaill 5606
Daly, Peter *v.* Ó Dálaigh, Peadar Dubh
Daniél ua Liathaiti 5607-5607b
Darditz, Patrick 5820
Death *v.* Aided
Death of the three sons of Diarmait *v.* Orgain trí mac Diarmata
do Barra, Dáibhí *al.* Barry, David 5408, 8660
de Barra, Séamus 5821
de Barra, Tomás 6850
de Bh(f)ál, Éamonn *al.* Wall, Edmond 5822-72, 6150
De coloribus urinarum 9228
De chophur in da muccida 4928, 4943
De cura rei familiaris 8249
De disposicione corporis Mariae 8110
De divisione naturae (Eriugena) 867
Do fallsigud Tána bó Cuailnge 4924, 4928, 5041
Do yrá Dé 3571
de Hóra *or* de Hóir, Seán 5873-99
Na deich n-aitheanta 7128
De imitatione Christi (Thomas à Kempis) 8236

SOURCES

D'imtheachta Generodeis 5237, 5281
Déis, Tomás 5900-2
Do lochtuiv na tangan 8347
De locis sanctis (Adomnán) 1115
do Lóndras, Tomás 5903
De mirabilibus sacrae Scripturae 8193, 8242
Denn, Patrick *al.* Din, Pádraig 5904-6, 8295-6
do Nógla, Éadbhard 5907
de Paor, Muiris *v.* Power
De praesulibus Hiberniae (Lynch) 7595-6
De proprietatibus rerum (Bartholomaeus Anglicus) 9203, 9218
de Róiste, Séamus *v.* Roche, James
De scriptoribus Hibernicis (Mac Fir Bhisigh) 4261, 8674
Desiderius (Flaithrí Ó Maolchonaire) 8226-7
De síl Chonairi Móir 5076
Do shochar rí Ó mBriúin annso... 7354
De tribus ordinibus sanctorum Hiberniae 7809
The Deuelis perlament 8251
Dialogus beatae Mariae et S. Anselmi de passione 8256
Dicta Patricii 7982
Din, Pádraig *v.* Denn, Patrick
Dindshenchas 7554-6, 7561, 7564
Do, do *v.* De, de
Donlevy, Andrew 8305
Donnchadh an Dúna (*or* Dúin) 7127
Donnchadh Óg Albanach 5908
Dormitio Mariae 8105
Dowley, John 8299
Duanaire Finn 5180, 5196-8, 5779
Duan Albanach 8764, 8766
Dublin Annals of Inisfallen 8643
Dungin, Patrick *v.* Ó Duincín, Pádraig
Eachtra an Cheithearnaigh Chaoilriabhaigh 5285
Eachtra an Ghliomaigh Chabodhair 5279
Eachtra Aodha Duibh 5279
Eachtra Aodh Mhic Goireachtaidh 5284
Eachtra Chonaill Cheithearnaigh 5272
Eachtra Chonaill Gulban 5278
Echtra Cormaic maic Airt 4905, 5091
Echtra Fergusa maic Léti 4934, 4940
Eachtra Foirbe mac Chonchubhair 5272

Adventure of Laeghaire mac Crimthainn 4904
Eachtra Mhacaoimh an Iolair 5273
Eachtra Mhelóra agus Orlando 5261-3
Eachtra Mhic na Míochomhairle *v.* Siabhradh
Eachtra na gcuradh 751, 5269
Eachtra Ridire na Leomhan 5273
Eachtra Thailc mhic Thréun 5272
Eachtra Uilliam 5257-60
Éirim beatha Thomáis á Ceimpis 8236
Éamonn an Dúna 5909, 7127
Eochairsgiath an aifrinn (Keating) 8155-7
Eólas ar an domhan 9202
Epiphanius episcopus 8110
Epistola ad milites Corotici (Patrick) 7980, 7984, 7990, 7993-4, 7997-8, 8003, 8010
Erasmus 7516
Eriugena 806
Esnada tige Buchet 5093, 5096
Evernew tongue *v.* An Tenga bithnua
Exodus (O.E.) 8148
Experimenta 7449
Expulsion of the Déssi 5101-4
The Faerie queene (Spenser) 2305
Faoisid Eóin Stiúbhairt 7016
Félire *cf.* Martyrology, Calendar
Félire Adamnáin 7825
Félire Oengusso 7831, 7835, 7839-40, 7842, 7845, 8029
Félire Huí Gormáin 7837, 7845
Feiritéar, Piaras 5910-5, 7165-6
Feis tige Becfholtaig 5011
Feis tighe Chonáin 1554, 5185, 5188
Fealsúnacht Aodha Mhic Dhomhnaill 9214
Ferdomnach (*cf.* Notulae) 7926, 7945
Fearus tighi andso... 8577
Fiacc's hymn 8188
Fiarfaidhi San Anselmuis 8256
Fifteen signs before Doomsday 8234
Finding of the Táin *v.* Do fallsigud
Fingal Rónáin 3365, 5113-5
Fíngen mac Flainn 5608
Finn and the man in the tree 5205
Finnegans wake (Joyce) 1204
Fíréast, Mícheál 5916
FitzGerald *v.* Brighid
Fitzsimons, Thomas 8812
Flannacán mac Cellaich 5613
Flann mac Lonáin 5343, 5609-11
Flann Mainistrech 5241, 5612
Flann na Marb *v.* Ó Rónáin, Flann

Fled Bricrenn 3360, 9302
Fled Dúin na nGéd 5133-8
Foirm na n-urrnuidheadh (Carswell) 3455, 8159, 8179, 8316
Forus feasa ar Éirinn (Keating) 793, 2507, 7559, 7601, 8665-71
Forbuis Droma Damhghaire 4481a
Forfes Fer Fálchae 3378
Fortunatus 8741
Four Masters 8630-40
French, Edmond 7577
Gahan, W. 8350-2
Gallegan, Peter *v.* Ó Gealacáin, Peadar
Garden, James 4184
Genelaig Albanensium 8768
Geinemain *cf.* Birth
Geneamuin Chormaic 5094
Geineamuin Chuirc meic Luigdeach 5105
Geineamhain Ghrigóir 5236
Gearnon, Antoin 8284-5, 8299
Gearóit Iarla *al.* Mac Gearailt, Gearóit 5917-48, 5954
Gesta Romanorum 8354
Giolla Brighde Albanach 5949-51
Giraldus Cambrensis 8731-5
Glám dícind 7411
Gluais na Paidre 8175
Glosses 859-88
Goff, Donnchadh *al.* Gaugh, Denis 5952
Goodman, Séamus (*cf.* Authors' index) 5953
Gospel of Thomas 8246, 8264
Grammatica Latino-Hibernica (O'Molloy) 2720, 6747-50
Grant, Fearchar mac Phádraig 5954
Gregory the Great 8225
Gúbretha Caratniad 7336
Haicéad, Pádraigín 5955-6015
Hanmer, Meredith 4765, 7092, 8706
Harrowing of hell 8251
Hisperica famina 1128-30
Historia ecclesiastica (Bede) 7611
Holinshed 8728
Homer 4663-4
Horace 4625
Hortus pastorum (Marchant) 8319
Hymn of St. Secundinus 7905, 7927-8
Iomagallmha an anma agus an chuirp 8231
Iomarbhágh na bhfileadh 5392, 6079
Imram Brain 4910-5
Imram (curaig) Maíle Dúin 3368, 4916-20

Imtheacht an dá nónbhar 5193
Imtheachta Aeniasa 5248-9
Imthiacht Dheirdre la Naoise agus oidhe chloinne Uisneach 5276
Inglis, Uilliam 6016
Instructio pie vivendi et superna meditandi 8222, 8259
Irish grammatical tracts 2710, 2721, 3075, 5444, 8568a
Isidore of Seville 8941
Jacobus de Voragine 8200, 8258
Jacques de Vitry 8250
Jocelin 7612
Joyce, James 1204
Keane, Francis 1425
Keating, Geoffrey *al.* Céitinn, Séathrún 793, 2507, 4320, 5811-4, 5991, 7171, 7559, 7601, 8155-7, 8231, 8279-83, 8665-71, 9254
Kennedy, Mathew 8172
Kenedy, *Dr.* [Matthew] 6017-8, 6949
King *cf.* Ó Cionga
King, Robert *al.* Ua Cionga, Riobard 3823, 7581
King, T. ? for King, Robert *q.v.* 7581
King Eochaid has horse's ears 4470
King Lear 4687
Kirk, Robert 1444, 2918
Doctor Kirwan's Irish catechism 8333
Konungsskuggsjá 7491
Labraid Lorc and his ears 4470
Lacnunga 7448
Laitheóc 5343
Lamentation of Oilill Ólom 5090
Lament for Reilly 7175-81
Lament of the old woman of Beare 7198-7203
Lane *al.* Bowes, Robert 8149
Lánellach tigi rích 7 ruirech 7275
Laud genealogies 3364, 3415
Laws 666, 3354, 3356, 3377, 3396, 3409, 7333, 7345
Lebar *cf.* Book, Liber
Leabhar Branach 5489-93
Lebar Cindfáelad 934, 8704
In Lebor gabála 8697-8715
Leabhar Muimhneach 8759-60
Lebor na cert 7348-51
Lebor na Núachongbála (Book of Leinster) 697-700 (*cf.* MSS: T.C.D)
Lebor na hUidre *v.* Manuscripts: R.I.A.
Legenda aurea (Jacobus de Voragine) 8200, 8258

Letter of Prester John 8277-8
Liadan and Cuirithir 7193-7
Liber cf. Lebar, Book
Liber angeli 7787
Liber de gemmis (Marbodus) 9203
Liber de gradibus caeli 8225
Liber de numeris 7498
Liber de passione Christi 8253, 8257
Liber hymnorum v. Manuscripts: T.C.D. E 4 2, and Franc. A 2
Liber secretorum 7449
Life cf. Betha, Vita
Life of Saint Benén 7932
Life of Brigit (Cogitosus) 2147
Vies latines de S. Cáemgen de Glenn Dá Locha 8021, 8030
Life of Columba (Adomnán) 8084-6
Vies de S. Columba de Tír Dá Glas 8036
Lives of St. Finnian of Clonard 8095
Vie de S. Ibar 8054
Life of saint Monenna 7677
Lives of St. Patrick 7612, 7846, 7897, 7904, 7921, 7923, 7943, 7953, 7971-2
Tripartite life of Patrick 2508, 2542, 2576, 5783, 7891-2, 7915, 7930, 7935, 7951
Vie de S. Secundinus 8012
Life of St. Senán 7563, 8023
Lindisfarne gospels v. Manuscripts: B.L.
Lhuyd, Edward 918, 1444, 1811, 4394-4401
Lloyd, Seón 6019
Loftus, Máirtín v. Ó Lachtnáin
Lóid, Silvester 8328
Longes mac nUislenn 2564, 4928, 4972-80a
Lorgaireacht an tSoidhigh Naomhtha 5264-5
Lucan 5244-5
Lucerna fidelium (O'Molloy) 6746, 8299, 8320
Luccreth moccu Chíara 5614
Lynch, John 7595-6
Lynegar, Charles al. Ó Luinín, Cormac al. Cathal 4253, 4284, 6727-9, 6906
Lythe, Robert 2703
Mabinogi 4692-4702
Mac Adam, Robert S. 1438, 4294, 4302, 4348
Mac Aingil al. Mac Cathmhaoil, Aodh 2123, 6020-9, 8150-4
Mac Aliondain v. Mac Giolla Fhiondain
Mac an Bhaird learn. fam. 4266, 8792
Mac an Bhaird cf. Ward
Mac an Bhaird, Aodh mac Diarmada 6030-2
Mac an Bhaird, Diarmaid 6033
Mac an Bhaird, Domhnall 6034-7
Mac an Bhaird, Eoghan 6038
Mac an Bhaird, Eoghan Ruadh 5441, 6039-47, 6746
Mac an Bhaird, Fearghal Óg 6048-61
[Mac an Bhaird], Fearghal Óg mac Fearghail 6062
Mac an Bhaird, Gofraidh 6063
Mac an Bhaird, Gofraidh Óg 6064
Mac an Bhaird, Maolmhuire mac Con Uladh 6065-7
Mac an Bhaird, Pádruig Óg 6068
Mac an Chaoilfhiaclaigh, Donnchadh 6069
Mac an Fhir Léighinn, Diarmuid Dall 6070-1
Mac an Leagha med. fam. 9232
Mac an Leagha, Uilliam 6072
Mac Aodhagáin cf. Clann Aodhagáin
Mhac Aodhagáin, Pól 6073-7
Mac Aodhagáin, Tadhg an Ghadraigh 6078
Mac Artáin v. Mac Cairteáin
Mac Artúir, Roibeard al. Chamberlain, Robert 6079
MacBeth med. fam. 9253
Macbeth (Shakespeare) 4570
Mac Bionaid, Art al. Bennett, Arthur 4294, 4348, 6080-1
Mac Bruaideadha cf. Clann Bhruaideadha
MacBrody al. Bruodin, Antony 4293
Mac Bruaideadha, Giolla Brighde 6082
Mac Bruaideadha, Tadhg mhac Giolla Brighde 6083-4
Mac Cába, Cathaoir al. MacCabe, Charles 6085-7, 7574
Mac Cairteáin or Mac Artáin, Conchubhar al. Curt(a)in, Cornelius 4314, 6088-9, 8319
Mac Cairteáin, C[ormac ?] 6090
Mac Cairteáin an Dúna, Domhnall mac Uilliam 6091-2
Mac Cairteáin, Ióseph 6093-5
Mac Cairteáin, Tadhg 6096-7
Mac Cairteáin an Dúna, Uilliam 6098-6103
Mac Cana, Brian Óg 6104
Mhac Canna, Eóghan 6105

Mac Carthaigh Mór, [? Domhnall, *an chéad Iarla*] 6106
Mac Carthaigh, Domhnall na Buile 6107
Mac Carthaigh, Donnchadh mac Seáin Bhuidhe 6108
Mac Carthaigh, Eoghan an Mhéirín 6434
Mac Carthaigh's book 8624-9
Mac Casarlaigh, [ ] 6109
Mac Cathmhaoil, Aodh *v.* Mac Aingil
Mac Cinnéide *al.* Ó Cinnéide, Séamus 6110
Mac Cléirigh, Tomás *v.* Ó Cléirigh
Mac Cnáimhín, Giolla Pádraig 6111-2
Mac Cnáimhín, Lúcas 6113
Mac Cnáimhín, Maol Pádraig 6114-8
Mac Cobhthaigh *autsim.*, Art *v.* Mac Cumhaigh
Mac Coise (*cf.* Airbertach mac Cosse Dobráin) 5343
Mac Coitir, Liam Ruadh 4325, 6119
Mac Coitir, Séamus 6120
Mac Coitir, Séamus (? *ident. with the preceding*) 7078
Mhág Colgan, Seaán (? *ident. with* Colgan, John) 6121
Mac Comhghaill, Pádraig *al.* Coyle, Patrick 6122
Mac Conallaigh, *An Tighearna-Ab* 6123
Mac Con Midhe, Brian Óg 6124, 7048
Mac Con Midhe, Giolla Brighde 6125-33, 7042, 7174
Mac Con Midhe, Giolla Brighde Beag 6134
Mac Consaidín, Séamus 6135-6
Mac Craith *cf.* Mac Raith
Mac Craith, Aindrias *pseud.* An Mangaire Súgach 1810, 6137-80, 7079
Mac Craith, Eoghan mac Donnchaidh 6181
Mac Craith, Flann mac Eoghain 6182
Mac Craith, Maol Muire 6183
Mac Craith, [ ] mac Taidhg *v.* Mac Raith
Mac Cruitín, Aindrias 6184-5
Mac Cruitín, Aodh Buidhe 4353, 6186-7
Mac Cruitín, Séamus 6188
Mac Cuarta, Séamus Dall 6189-6224, 6525, 7086
Mac Cumhaigh *or* Mac Cobhthaigh *etc.*, Art 6225-8, 6291

Mhac Cubhaidh, Éamonn 6229
Mac Curtain *v.* Mac Cairteáin
Mac Domhnaill, Aodh 3806, 4346, 4348, 6230-41, 9214
Mhac Domhnaill, Raghnall Dall 6242
Mac Domhnaill, Séamus 6243
Mac Domhnaill, Seán Clárach 5890, 6244-6
Macdonald, Alexander 1442
Mac Eochadha, Domhall mhac Fir gan Ainm 6247-52
Mac Eochadha, Domhnall Carrach 6253
Mac Eochadha, Donnchadh mac Domhnaill 6254-6
Mac Eochadha, Fear gan Ainm 6257-8
Mac Eochadha, Fearghal mac Lughaidh 6259-63
Mac Eochadha, Fearghal mac Tomáis 6264-5
Mac Eochadha, Fearghal Óg 6266-7
Mac Eochadha, Giolla na Naomh Ruadh 6268-75
Mac Eochadha, Raghnall 6276
Mac Eochadha, Ruaidhrí mac Tomáis 6277
Mac Eochadha, Seaán mac Fearghail 6278
Mac Eochadha, Seaán mac Philip 6279
Mac Eochadha, Tomás 6280
Mac Eochadha, Uilliam mac Taidhg 6281
Mac Eochagáin, Tomás *v.* Mágh Geathagáin
Mac Eochaidh *v.* Mac Eochadha
Mac Éoghain *or* MacEwen *learn. fam.* 4359
Mac Éoghain, Athairne 6282-3
MacEwen, Neill 8321
Mag Findgaill, Cithruad 8042
Mac Fir Bhisigh, An Dubhaltach 4261, 7762, 8641-2, 8674, 8899 (*cf.* MSS: U.C.D.: Mac Fir Bhisigh MS)
Mac Gerailt, Gearóit *v.* Gearóit Iarla
Mac Gearailt, Gearalt 4322
Mac Gearailt, Gearóid 6284
Mac Gearailt, Muiris mac Dáibhí Dhuibh 6285
Mhac Gearailt, Oilibhéar 6286
Mac Gearailt, Piaras 6287
Mhac Gearailt, Risteard 6288
[Mac Gearailt], Tomás 7171
Mágh Geathagáin *or* Mac Eochagáin *al.* Ó Géagáin, Tomás 6289
Mac Giolla Choille, Séamus *al.* Woods, James 6290-1

Mac Giolla Coinnigh, Brian *al.* Conny, Bernhard 7768
Mac Giolla Fhiondain, Máire *Nic Giolla Fhiondain* 6292
Mac Giolla Fhiondain, Pádraig 6293-6, 6525
Mac Giolla Phádraig, Brian 6297-6308, 7836
Macgnímartha Finn 5194
Mac Gormáin, Muiris *v.* Ó Gormáin
Macken, Simon 4303
McLagan, James 5182
MacLeod, Mary 5419
Mac Liag 5343
Mac Maghnusa, Cathal 8596
Mac Mathghamhna, Aindrias 6309-12
Mac Mathghamhna, Tadhg mac Muircheartaigh 6313-4
MacMhuirich *learn. fam.* 5412
Mac Muireadhaigh, Cathal 6315-7
Mac Muireadhaigh, Diarmuid 6318
Mac Muireadhaigh, Diarmaid Ruadh 6319
Mac Mhuirich, Lachlann Mór 6320
Mac Mhuirich, Ruaidhri *v.* Morison, Roderick
Mac Vurich, [ ] 6321
Mac Murchaidh, Séamas 6322
Mac Naimhin *v.* Mac Cnáimhín
Mac na Míochomhairle *v.* Siabhradh Mhic na Míochomhairle
Mhac Parthaláin, Cormac 6323
Macpherson, James 823, 4763-74
Mac Póilín, Séamas *v.* Pullein(e), James
Mag Raidhin, Uighisdín 8038-9
Mac Raith *cf.* Mac Craith
Mac Raith, Ruaidhrí mac Aodha 6324-6
Mac Raith, [ ] mac Taidhg 6327-8
Mac Robartaig, Muiredach *v.* Marianus Scotus
Mac Solaidh, Seón 7578
Mac Suibhne, Uilliam na Buile 6329-30
Mhag Uidhir, Séamus 6331
Magauran, Thomas 8262
Magennis, Edmund Oge 5284
Magninus Mediolanensis 9224
Magnum speculum exemplorum 8157
Mainnín, *An tAthair, v.* Ó Mainnín
Mairtín, Seón 6332-3
Malsachanus 859, 1120
Mandeville's travels 2201, 5255-6
An Mangaire Súgach *v.* Mac Craith, Aindrias

Manuscripts *see end of this index*
Maoilín Óg 6334
Maol Domhnaigh mac Mhaghnuis Mhuiligh 6335-6
Mael Ísu *v.* Ua Brolcháin
Marbhna Phádraig 7445
Marbodus 9203
Marchant, J. 8319
Marianus Scotus *al.* Mac Robartaig, Muiredach 872, 7722
Marie de France 4752
Martyrologium, Martyrology *cf.* Félire, Calendar
Martyrologium breviatum 7828
Martyrology of Donegal 2475, 7800
Martyrologium Hieronymianum 7833
Martyrologium poeticum 7827
Martyrologium Romanum 7843
Martyrology of Tallaght 7825, 7837, 7845
Martyrologium Wandalberti 7831
Meara, Dermitius 5494
Meditationes vitae Christi 8251, 8271, 8343
Megas kanon (Andrew of Crete) 7839
Meighan, Michael 8348
Mellbretha 7339
Merriman, Brian 6337-50
Merugud Uilix maic Leirtis 5250-4
Mesca Ulad 4945
Metrical dindsenchas *v.* Dindsenchas
Midba breth 7324
Midheach, Tomás 6351
Mionannala 3367
Miscellaneous Irish annals 2497, 8644
Mittelirische Verslehren 5541, 5545-9, 5658f, 5661, 5668-71, 5693
Moll Dubh an Ghleanna 5414
Monastery of Tallaght 3366, 7775, 7783-4
Moore, Thomas 9182
Morrison *learn. fam., v.* Ó Muirgheasáin
Morison, Roderick *al.* Mac Mhuirich, Ruaidhri 6352-3
Mugrón 5615-6
Muirchú moccu Machthéni 5783, 7846, 7913, 7950
Muridac 4307
Murchadh mac Briain agus an díthreabhach 5280, 5283
Noínden Ulad (*cf.* Ces Ulad) 4928, 4954
Nary, *Dr.* 8653
Navigatio sancti Brendani 2304, 4673-85, 4918

Neilson, Seón v. Weston, Richard
Nieremberg, Juan Eusebio 8292
Nierses of Clai, *St.* 8178
Nińne Éces 4270, 4313
Nińne's prayer 8190
Notulae (BArm) 7926, 7931, 7945, 7949
Na Nuinnsionnaigh (Nugent) *fam.* 4334
Nuinnseann, Séamus 6354
Nuinseann, Uilliam 6355-6
Ó Braonáin, Micheál *al.* Brennan, Michael 6357, 7577
Ó Braonáin, Seán 6358
Ó Briain, Conchubhar *al.* O'Brien, Cornelius 4325, 6359-60
Ó Briain, Domhnall 6361
Ó Briain, Pól 7580
Ó Briain, Seán *al.* O'Brien, *Dr.* John 1426, 4315, 6365
Ó Briain, Seán 6363-4
Ó Briain, Seán Riabhach 6366
Ó Broin, Pádraig 6367-70
Ó Broin, Seán 6809
Ua Brolcháin, Mael Ísu 5619-35
Ó Bruacháin, Tomás Gruamdha 8271
Ó Bruadair, Dáibhídh 3090, 6089, 6371-81
Ó Buachalla, Conchubhar 6382
Ó Callanáin, Marcas 6383-93
Ó Callanáin, Peatsaí 6394-6403
Ó Caoimh, Eoghan 6404-5
Ó Carrthaigh, Aodh Ollbharr 7353
Ó Catháin, Séamas Neamhurchóideach 6406-8
Ó Cathaláin, Labhrás *al.* Cahalan, Laurence 5559
Ó Cathasaigh, Uilliam 6409
Ó Céirín, Donnchadh 6416-8
Ó Céirín, Muiris 6419
Ó Ceallaigh, Brian 6410-1
Ó Ceallaigh, Seán 6927
Ua Ceallaigh, Uáitéar 8215
Ó Cearbhalláin, Toirdhealbhach *al.* Carolan, Turlough 6412-5, 7574, 9181
Ó Cearnaigh, Nioclás v. O'Kearney, Nicholas
Ó Cearnaigh, Seán 8316
Ó Cianán, Tadhg Óg 6420
Ó Cionga, Muircheartach 8263
Ua Cionga, Riobard v. King, Robert
Ó Cinnéide *cf.* Mac Cinnéide *and* Kennedy
Ó Clérigh, Cúchoigcríche 8788

Ó Clérigh, Lughaidh 8717
Ó Clérigh, Mac Con 6421
Ó Clérigh, Michél 431, 682, 4378, 4389
Ó Clérigh *al.* Mac Cléirigh, Tomás 6422-3
Ó Clérigh, [ ] 6424
O'Clery's glossary (*cf.* Ó Clérigh, Michél) 1423
Ó Clúmhán, Caoch Ceise 6425
Ó Clúmháin, Diarmuid mhac an Bhacaigh 6426
Ó Clúmhán, Giolla Aonghuis 6427
Ó Cobhthaigh *cf.* Clann Cobhthaigh
Ó Cobhthaigh, Domhnall mhac an Chlasaigh 6428
Ó Cobhthaigh, Eoghan mhac Aodha 6429
Ó Cobhthaigh, Maoileachluinn 6430
Ua Cobhthaigh, Muircheartach 6431
Ó Cobhthaigh, Uaithne mac Uilliam 6432-3
Ó Coileáin *cf* Ó Cuileáin
Ó Coileáin, Seán 928, 6434
(Ó) Coimín, Séamas (? An Cuimíneach) 6435
Ó Coirnín *cf.* Ó Cuirnín
Ó Coirnín *learn. fam.* 4265
Ó Coirnín, Cornán *al.* An tAthair Pádraig 6436-8
Ó Coirnín, Cornán Óg 6439
Ó Coirnín, *An tAthair* Pádraig 6439
Ó Colmáin, Domhnall (*cf.* Párliament na mban) 7510
Ó Comáin, Seán 6440
Ó Conaill, Eibhlín Dhubh *Ní Chonaill* 6441-50
O'Connell, Peter 4256, 4327
Ó Conaill, Seán 6451
Ó Conaill, Seán *Máistir* 6452
Ó Conaill, Tadhg 8237
Ó Connaire, Seán 8340
Ó Conchobhair, Bonaventura 7566
O'Conor, Brendan 4292
O'Conor, Charles 706
O'Conor, Charles (of Belanagare) 4301, 4771, 7571-2, 7574, 8128
O'Connor, Dermod 8804
O'Connor, Jeremiah 3577
Ó Conchubhair, Pádraig Liath 6453-5, 8122
Ua Conchobair, Seán 8256
Ó Conchubhair Chiarraí, Seán an Fhíona 7166
Ó Conchubhair, Tadhg Ruadh 6456

Ó Conchubhair, Toirdhealbhach 6457, 7048
Ó Conmhuighe, Eoin 6458-60
Ó Criomhthain, Tomás 3027, 3641
Ó Cruadhlaoich, Brian 6461
Ua Cuanáin, Échtgus 8199
Ó Cuileáin cf. Ó Coileáin
Ó Cuil(l)eáin, Antoine al. Gearailt 6462-6
Ó Cuinnlis, Murchadh 8645
Ó Cuirnín cf. Ó Coirnín
Ó Cuirnín, [ ] 6467
Ó Dálaigh Fionn 4262, 5352
Ó Dálaigh, Aodh 4340, 6906
Ó Dálaigh Fionn, Aonghas 6469
Ó Dálaigh, Aonghus mac Doighre 6470-7
Ó Dálaigh, Aonghus Dubh 6477
Ó Dálaigh, Aonghas Ruadh 6478
Ó Dálaigh, Aonghas (? Ruadh) al. Aonghas na nAor al. An Bard Ruadh 6479-80
Ó Dálaigh, Brian Caoch 6481
Ó Dálaigh, Cearbhall 6482-4
Ó Dálaigh, Cearbhall 7165
Ó Dálaigh, Cearbhall Óg 6485
Ó Dálaigh, Cormac 6486
Ó Dálaigh, Cúchonnacht 6487
Ó Dálaigh, Doighre 6488
Ó Dálaigh, Domhnall mac Eoghain 6489
Ó Dálaigh, Donnchadh Mór 6434
Ó Dálaigh, Fear gan Ainm 6490
Ó Dálaigh, Fearghal 6491
Ó Dálaigh, Giolla Íosa 6492-3
Ó Dálaigh, Gofraidh Fionn 6494-7
Ó Dálaigh, Lochlainn 6498
Ó Dálaigh, Lochluinn mhac Taidhg Óig 6499
Ó Dálaigh, Lughaidh 6500
Ó Dálaigh, Muireadhach Albanach 6501-6
Ó Dálaigh, Muirgheas 6507
Ó Dálaigh, Peadar Dubh al. Daly, Peter 4308
Ó Dálaigh, Séamus 6508
Ó Dálaigh, Tadhg 6509
Ó Dálaigh, Tadhg Camchosach 6510-1
Ó Dálaigh, [ ] mac Cearbhaill Bhuidhe 6512
Ó Dálaigh, Bráthair Bocht 6513
O'Davoren's glossary 1422, 1431, 3350, 7311
Ó Doimhléin, Proinnsias 6514
Ó Doirnín, Peadar 6515-75

Ó Domhnaill, Maghnus 4616, 5789, 6576-8, 8079-80
Ó Domhnaill, Nioclás 6579-87
Ó Domhnuill, Uilliam 2290
Ó Domhnalláin, Tadhg 6588
O'Donohue, Dermot 845
Ó Donnchadha an Ghleanna, Séafraidh 6589, 7166
Ó Donnghaile, Eoghan 6590-4, 7423, 7425
Ó Dreada, Seán 6595
Ó Dubhagáin, Seaán Mór 2298, 2468, 5487, 6596
Ó Dubhthaigh, Eoghan 6597-8
Ó Duibhgeannáin (O'Duigenan) learn. fam. 4263, 8620, 8790
Ó Dúiche, Séamus 1439
Ó Duincín, Pádraig al. Dungin, Patrick 6599
Ó Duinnshléibhe, Andréas v. Donlevy, Andrew
Odyssey v. Merugud Uilix
Ó Fearghail, Brian 6590, 6600
Ó Fearghaoile, Muiris 1434
Ó Fialán, Ádhamh 6601-2
Ó Fí[a]láin, Donnchadh 6603-4
Ó Flaithbheartaigh, Brian 6605-6
O'Flaherty, Roderick al. Ó Flaithbheartaigh, Ruaidhrí 4328
Ó Flannagáin, Theophilus 4290
Ó Floinn, Donnchadh 4319, 7580
Ó Floinn, Theophilus al. Tadhg 6608-9
Ó Gadhra, Fearghal 8635
Ó Gadhra, Seán 6610
Ó Géagáin, Tomás v. Mágh Geathagáin
Ó Gealacáin, Peadar al. Gallegan, Peter 4348, 6611
Ó Géaráin, Maol Muire Bacach 6612
Ó Gilláin, Enóg 6613, 8042
Ó Glasáin or Ó Gliosáin, Tomás 6614-7
Ó Gnímh 4285
Ó Gnímh, Fear Flatha 6618-20
Ó Gnímh, [ ] 6621-2
Ó Gormáin earlier Mac Gormáin, Muiris al. (O')Gorman, Maurice 1437, 5200, 6623-9
O'Gorman, Thomas 4243
O'Halloran, Sylvester 4312
Ó hAodha, Nioclás 6630
ua Artacáin v. Cinaed
Ó hEodhusa learn. fam. 4296
Ó hEodhusa, Aonghus 6631

Ó hEodhusa, Eochaidh 4343, 5441, 6632-42
Ó hEodhusa, Giolla Brighde *al.* Bonaventura 2713, 2721, 2728, 6643-59, 8297, 8299, 8318, 8326, 8329
Ó hEodhusa, Maol Sheachluinn 6660
Ó hIarlaithe, Dáibhidh 6661
Ó hÍceadha, Tomás 1255, 8350-2
Ó hÍceadha, Uilliam 6662, 7078
Ó hIfearnáin, Muircheartach 6663-4
Ó hUaithnín, Seán 6665-6
Ó hUidhrín, Giolla na Naomh 2420a, 5487, 6667
Ó hUiginn, Domhnall 6668
Ó hUiginn, Domhnall Óg mhac Aodha 6669-71
Ó hUiginn, Donnchadh Caoch 6672-3
Ó hUiginn, Giolla na Naomh 6674-5
Ó hUiginn, Irial mhac Aonghusa 6676-9
Ó hUiginn, Maghnus Óg 6680-1
Ó hUiginn, Maol Muire 6682-3
Ó hUiginn, Mathghamhain 6684
Ó hUiginn, Mathghamhain 6685
Ó hUiginn, Niall 6686-8
Ó hUiginn, Philip Bocht 6689
Ó hUiginn, Pól 4259
Ó hUiginn, Raghnall 6690-1
Ó hUiginn, Seaán mac Ruaidhrí 6692
Ó hUiginn, Tadhg 6693
[Ó hUiginn ?], Tadhg 6694
Ó hUiginn, Tadhg Dall 5441, 6695-6701
Ó hUiginn, Tadhg Mór 6702
Ó hUiginn, Tadhg Óg 6703, 7042
Ó hUiginn, Tadhg Óg mhac Maol Muire 6704
Ó hUiginn, Tomás 6705
Ó hUiginn, Tomás mac Briain Dorcha 6706-7
Ó hUiginn, Tuathal 6708
Ó hUiginn, Uilliam 6709
Ó hUiginn, [? Uilliam] mhac Ruaidhrí 6710
Oidhe(adh) *cf.* Aided
Oidhe chlainne Lir 5270-1
Oidhe chloinne Tuireann 5277
Oidhe chloinne Uisneach 5276
O'Kean, Echlin 9170
O'Kearney, Nicholas *or* Ó Cearnaigh, Nioclás 4350
Ó Lachtnáin *al.* Loftus, Máirtín 8333
Ó Laochdha, Giolla 6711-2
Ó Laoghaire, Donnchadh Dall 6713

Ó Laoghaire, Máire Bhuidhe *Ní Laoghaire* 6714
Ó Lionáin, Uilliam 6715-6
Ua Loinnsigh, Tomás 6717
Ó Longáin, Mícheál 4316
Ó Longáin, Mícheál Óg 6718-24
Ó Lorcáin, Áithios 6725
Ó Lorcáin, Domhnall 6726
Ó Luinín, Cormac *al.* Cathal *v.* Lynegar, Charles
Ua Luinín, Giolla Pádraig 6596
Ó Luinneacháin, Donnchadh 6730
Ó Macháin, Seán 6731-3
(Ó) Mainnín, *An tAthair* [? Séamas] 6734
Ó Maoil Chiaráin, [ ] 6735
Ó Maolchonaire *learn. fam.* 4242, 4298, 4339, 5415, 8780
Ó Maolchonaire, Conaire Óg 6736
Ó Maolchonaire, Cú Choicríche 6737
Ó Maolchonaire, Fear Feasa 8639
Ó Maolchonaire, Flaithrí *al.* Conry, Florence 4387, 6739, 8226-7, 8229, 8310, 8312
Ó Maolchonaire, Muiris mac Briain Óig 6740
Ó Maolchonaire, Muiris mac Torna 6741
Ó Maolchonaire, Seaán mhac Torna 6742, 8155-7
Ó Maolchonaire, Torna 7386
[Ó Maolchonaire ?], Torna mac Maoilín 6744
Ó Maolchonaire, Tuileagna Ruadh 6745
Ó Maoldomhnaigh, Diarmaid 8339, 8347
Ó Maolmhuaidh, Cathaoir Buidhe 7488
Ó Maolmhuaidh, Froinsias *al.* (O')Molloy, Francis 2720, 4305, 4372, 6746-50, 8299, 8320
Ó Mathghamhna, Cian 6751-2
Ó Mealláin, Fear Dorcha 6753
Ó Míodhcháin, Tomás 5410, 6754-5
(O')Molloy, Francis *v.* Ó Maolmhuaidh, Froinsias
Ó Muirghiosa, Donnchadh 6756-7
Ó Muirgheasáin *al.* Morrison *learn. fam.* 4247
Ó Muirgheasáin, Eóin Óg 6758
Ó Muirgheasáin, Maoldomhnaigh 6759-60
Ó Muláin, Diarmaid 6761
O'Mulconry's glossary 1429, 5658e

Ó Murchadha, Conchubhar 8341
Ó Murchadha, Seámas 7159
Ó Murchadha na Ráithíneach, Seán 632, 6762-6899, 6996, 7020
Ó Murchadha, Uilliam 8653
Ó'n Cháinte, Fear Feasa 6900-1
Ó'n Cháinte, Maol Muire 6902-3
Ó Neachtain, Seán 1964, 6904-14, 8287
Ó Neachtain, Tadhg 1612, 3567, 4276, 6915-8, 8046, 9202
Ó Neachtain, [ ] 7836
O'Neill, Arthur 9181
O'Neill, Shane 7568
Ó Raghallaigh cf. Reilly
Ó Raghailligh, Aodh 7762
Ó Raghallaigh, Brian Dubh 5274
O'Reilly, Edward 637, 1439
[Ó Raghallaigh ?], Éamonn mhac Néill Ruaidh 6465
Ó Raghallaigh, Eoghan 8812
Ó Rathaile, Aodhagán 1755, 6919-21
Ó Reachtuire, Antoine al. Raftery, Anthony 6922-8
Orgain Denna Ríg 5074-5
Orgguin trí mac Diarmata mic Cerbaill 5122-3
Ó Ríoghbhardáin, Conchubhar 6929
Ó Rodaighe, Tadhg 4367
Ó Rónáin, Flann al. Flann na Marb 5639
Orthanach ua Caelláma Cuirrich 5640-1
Ua Ruairc, Féidhlime 6930
O'Ruorke, Manus 6931-49
Ó Ruairc, Tadhg 6950
Ó Ruairc, Tadhg 6951
Ó Ruanadha, Niall 6048, 6952-6
Ó Ruanadha, Seaán 6957
Ó Séagha, Labhrás 6958
O'Shea, Thomas 9197
Ó Siaghail, Séamus 7762
Ossian (Macpherson) 4763-74
Ó Súilleabháin, Amhlaoibh 649, 1612, 7582
Ó Súilleabháin, Domhnall mac Taidhg an Gharráin 6959
O'Sullivan Beare, Donal 7567
Ó Súilleabháin, Eoghan Ruadh 1810, 5907, 6960
Ó Súilleabháin, Pádraig 6961-2
O'Sullivan Beare, Philip 7221, 7816, 7906, 8731, 9205
Ó Súilleabháin, Séamus 4355
O'Sullevane, Thomas 8667

Ó Tuama, Seán an Ghrinn 6150, 6963-7012
Ó Tuama, Tomás 7013
Owein 4761
Páirlement Chloinne Tomáis 7419, 7424
Párliament na mban (Ó Colmáin) 6088, 6099, 6108, 6359, 6762, 7510-6
Paodhar al. de Paor, Muiris v. Power, Maurice
Parrthas an anma (Gearnon) 8284-6, 8299
Pastorini 7462
Patriciana decas (O'Sullevan Beare) 7906
Patrick, St. 506, 533, 534, 541, 544, 7846, 7973-8010
Patrick, Bishop 1111, 7495, 7504
Patrick's hymn 8165-6, 8173, 8176a, 8185-7, 8190
Peredur 4554
Pharsalia (Lucan) 5244-5
Plunkett, Oliver 5351, 8653
Plunket, Richard 1612, 1899
Pontificia Hibernica 2667
Power, Maurice al. Paodhar al. de Paor, Muiris 8335, 8342, 8353
Posidonius 8853
Priscian 2719
Privileges of poets v. Bretha nemed
Psailm Dhon Antonio 8288
Psalmi confessionales (Don Antonio) 8288
Psaltair na rann 7824
Ptolemy 2474, 2502-3, 2527, 2552, 2623, 2707-9
Pullein(e), James al. Mac Póilín, Séamas 8254, 8307
Quest of the Holy Grail 5264-5
Raftery, Anthony v. Ó Reachtuire, Antoine
Rask, Rasmus 917
Ray, John 1444-6
Raymundus de Pennaforti 8241
Red book of the earls of Kildare 2662
Regimen na sláinte 9224
Reicne Fothaid Canainne 5207-10
Reily, Hugh 8653
Reilly, Patrick 7014
Rhiannon 4692
Riaghuil agus tiomna S. Froinsias 7768
Riaghuil Threas Uird S. Froinsias 7768
Richardson, John 8334

Rís, Stiabhna 7015
Roche, James *al.* de Róiste, Séamus 705
Roillis, Pól 6106
Rosa Anglica 9235
Rudimenta grammaticae Hibernicae (Ó hEodhusa) 2713, 2721, 2728
Rule of St. Clare 7762
Saltair Mhuire 8183
Saltair na rann 5638, 8207-14
Scáthán shacramuinte na haithridhe (Mac Aingil) 2123, 6028, 8150-4
Sgáthán spioradálta (Magauran) 8262
Scéla Cano meic Gartnáin 5156-63
Scéla Conchobair maic Nessa 4965, 4968
Scéla mucce Meic Dathó 3369, 3438, 4957-64
Sgél Isgaide Léithe 5266
Scél Túain maic Cairill 3374, 4828
Scurry, James 1433
Seán na Ráithíneach *v.* Ó Murchadha na Ráithíneach, Seán
Na Seacht neamha 8244
Secretum secretorum 9261
Secundinus, S. 7211, 7905, 7927-8
Sedulius Scottus 5756, 7719
Senchas fagbála Caisil 5108-11
Senchus Fer nAlban 8663
Serglige Con Culainn 5012-28, 7441
Seventeen wonders of the night of Christ's birth 8232
Seven wise masters 5234
Sex aetates mundi 8693
Shakespeare 4570, 4687
Shipman's tale (Chaucer) 4591
Shorter catechism (Calvin) 8321, 8332
Siaburcharpat Con Culainn 5001
Siabhradh Mhic na Míochomhairle 5274-5
Smaointe beatha Chríost 8271-6
Smyth, Lucas 3914
Sochar Mic Diarmada agus a chloinne ... 7353
Spenser 2149, 2177, 2305, 8701-2, 8726-8
The Spiritual rose (Kennedy) 8172
Spiritus Guidonis 8228
Stair an Bhíobla 8215-8
Stair Ercuil ocus a bás 5233, 6203
Stair fhír-cheart ar Éirinn (Reily) 8653
Sdair na Lumbardach 8200
Stanihurst, Richard 8731
Stapleton, Theobald 3333, 8298-9, 8301

Statius 5246-7
Stephens, James 4651
Stiúbhart, Eóin 7016
Stiúratheoir an pheacuig (Denn) 8295
Stowe missal *v.* Manuscripts: Royal Irish Academy
Suathantais (O'Connor) 8804
Suim bhunadhasach an teagaisg chriosdaidhe (Dowley) 8299
Suim riaghlacha S. Phroinsiais 7768, 7789
Swift 4644, 7421
Taaffe, Denis 2718
Táin bó Cuailnge 2112, 3175, 5035-60
Táin bó Flidais 4946, 8416
Táin bó Fraích 4981-96, 9302
Talland Étair 4933, 4938
Tecosca Cormaic 3395
Teagasc críostaidhe *cf.* Catechism(us)
An Teagasg criosdaidhe (Ó hEodhusa) 6652-5, 8297, 8299, 8318, 8326, 8329
Teagasg Maoil Ruain 7770
Tecosca Moraind *v.* Audacht Morainn
Teisd agas aithrighe Bhrian Ui Fhearragail 6600
An Tenga bithnua 8268-70
Teora cennadacha dec 7 cccc ... 9222
Testamentum Christi 8243
Testamentum S. Francisci 7768
Thebaid (Statius) 5246-7
Thomas à Kempis 8236
Three fragments (Mac Fir Bhisigh) 8641-2
Timna Chathaír Máir 7505-6
Timna Muire 8105-6
Tiomna Nuadh (Ó Domhnuill) 2290
Tírechán 7930, 7961
Tochmarc Ailbe 5199
Tochmarc Becfhola 5154
Tochmarc Étaíne 3126, 4883-8
Tochmarc Emire 4928, 5003
Tochomlad mac Míledh 8711
Togail bruidne Da Choca 4931, 4951
Togail bruidne Da Derga 5077-80a
Togail na Tebe 5246-7
Togail Troí 5240-3
Topographia Hiberniae (Giraldus) 8732-4
Tóruigheacht Dhiarmada agus Ghráinne 5224-30
Tóruigheacht Eileann Sgiamhach 5272
Tóruigheacht na callaigh as Innse Toirc 5272
Tóruigheacht na heilite 5272

Tóruidheacht na bhfíreun air lorg
    Chríosda 8236, 8254
Tóraigheacht Taise Taoibhghile 5193
Tre chual gort . . . 7499
Tregort crand . . . 7502
Triads 7507-9
Trias thaumaturga (Colgan) 7812
Trí biorghaoithe an bháis (Keating)
    8279-83, 9254
Trí choicait curach di ailithrib Roman
    . . . 8174
Trigraindi anorlach . . . 9222
Tripartite life of Patrick v. Life
Trompa na bhflaitheas 8237
Tucait indarba na nDéssi v. Expulsion
Tuibéar, Riosdaird 7017
Tulbretha Fachtna 7324
Tulchuba briathar 1427
Uath Beinne Etair 5228
Úirchill an Chreagáin 6226
Úna Bhán 7023, 7028
Uraicecht becc 5658b-c, 7325
Ussher, James 633, 4292, 8051
Vallancey, Charles 676
Vie v. Life
Viewe of Ireland (Spenser) 2149, 2177,
    8726
Virgil of Salzburg 7713
Virgil the Grammarian 1429
Vision of Laisrén 8255
Visio sancti Pauli 8233
Vita cf. Betha, Life
Vita Brendani 2304
Vita Brigitae 3196, 8072-6
Vita S. Ciarani 8011
Vita Commani 8051
Vita divina seu via regia ad
    perfectionem (Nieremberg) 8292
Vita S. Fynbarri alias Barri 8103
Vita S. Ybari sive Yvori 8052
Vita Kentegerni 4605, 4624
Vita S. Maculini 8103
Vitae sanctorum Hiberniae 1103, 7817
Vita tripartita v. Life of Patrick
Voyage v. Imram
Wadding, Luke 445, 4384, 4386-7,
    7018
Walker, J.C. 4335
Wall, Edmond v. de Bh(f)ál, Éamonn
Walsh, Michael 8336
The Wanderings of Oisin (Yeats) 4579
Ward, Hugh 4254, 4266, 4378
Ward, Pádraig 7019
Ware, James 8899
Warren or Bharain, Pádraig 7020

Weston, Richard (? pseud. Neilson,
    Seón al. Richard) 7021
William of Palerne v. Eachtra Uilliam
Woods, James v. Mac Giolla Choille,
    Séamus
Wooing v. Tochmarc
Yeats, W.B. 4579, 4649
Yonec (Marie de France) 4752
Yvan, Antoine 8237
Zoilomastix (O'Sullivan Beare) 8731,
    9205

[   ], Aodhagán 5801
[   ], Donnchadh an Dúna 7127
[   ], Donnchadh Óg Albanach 5908
[   ], Éamonn (mac Donnchadha) an
    Dúna 5909, 7127
[Ó Raghallaigh ?], Éamonn mhac Néill
    Ruaidh 6465
[Mac an Bhaird], Fearghal Óg mac
    Fearghail 6062
[   ], Giolla Brighde Albanach 5949-51
[   ], Maoilín Óg 6334
[   ], Maol Domhnaigh mac Mhaghnuis
    Mhuiligh 6335-6
[Haicéad ?], Pádraigín 6008
[Ó hUiginn ?], Tadhg 6694
[Ó Maolchonaire ?], Torna mac
    Maoilín 6744

Manuscripts (cf. 627-858)

Trinity College Dublin
Book of Armagh 684-90, 7847, 7875,
    7925-6, 7931, 7943, 7945, 7949,
    7986
Book of Durrow 680-3, 695
Book of Kells 691-6, 820, 7362, 9150
Book of Leinster (Lebar na
    Núachongbála) v. H 2 18
Yellow book of Lecan v. H 2 16
D 4 35 : 2728
E 4 1 : 675, 808, 810
E 4 2 (Liber hymnorum) 656, 5619
F 5 3 : 8577
H 1 7 : 8643
H 1 8 : 8597, 8622
H 1 14 : 5489
H 1 17 : 6049
H 1 19 : 8597, 8622
H 2 5 : 7166
H 2 6 : 5273, 6319
H 2 7 : 5247, 8446, 8663, 8768
H 2 8 : 9218

H 2 12 : 5668, 5671, 5693, 7315
H 2 14 : 2559
H 2 15a : 5102, 5104, 7321-2
H 2 15b : 7311, 7330
H 2 16 (Yellow book of Lecan) 674, 712, 4917, 4920, 5031, 5072, 5082, 5089, 5094, 5117, 5128, 5132-3, 5157, 5166, 5169, 5613, 5626, 5651, 5730, 8232, 8269, 8645, 8680
H 2 17 : 2710, 5240
H 2 18 (Book of Leinster, cf. Franc. A 3) 668, 697-703, 1441, 2319, 3175, 3308, 3418, 3496, 4904, 4933, 4939, 4952, 4967-8, 4973, 4991, 5036, 5043, 5053-4, 5074, 5096, 5098, 5100, 5113, 5206, 5242-3, 5548, 5558, 5570, 5602, 5607, 5634, 5662, 5742, 5775, 5791, 7506, 8052, 8506, 8755
H 3 17 : 4934, 5104, 5108, 5608, 5654, 7318, 7347, 7413, 7447, 7559, 9248
H 3 18 : 1422, 1482, 4934, 5608, 5654, 7194, 7198, 7308, 7311, 7318, 7345-6, 7411, 9247
H 3 19 : 6305, 8177
H 3 20 : 7449
H 4 4 : 6355, 7063
H 4 14 : 7046
H 4 15 : 6514, 7015
H 4 20 : 6303-4, 6913
H 4 22 : 5014, 5015, 7338-9, 7411, 8249
H 4 25 : 4898
H 5 2 : 6332-3
H 5 3 : 6464, 6950
H 5 9 : 6318, 6457, 6597, 7062, 7064-5
H 5 10 : 5955, 6485
H 5 13 : 6022, 6302
H 5 18 : 6333
H 5 27 : 679, 752
H 5 28 : 5261, 5263, 5498, 6124, 6590, 6593, 6619, 7048, 7172
H 6 11 : 6751
H 6 15 : 6576
H 6 24 : 5889
O'Reilly 6 : 7130
Others (Lhuyd) 1445, 4398

Royal Irish Academy
Catalogue 704
Book of Ballymote *v*. 23 P 12
Book of Fermoy *v*. 23 E 29
Book of Lecan *v*. 23 P 2
Book of Uí Maine *v*. D ii 1
Cathach 715

Leabhar breac *v*. 23 P 16
Lebor na hUidre *v*. 23 E 25
Liber flavus Fergusiorum *v*. 23 O 48
Stowe missal (D ii 3) 716-7
3 B 9 : 6317, 7165
3 B 14 : 796, 5507
3 B 23 : 7777, 8265-6
3 B 25 : 5953
3 B 28 : 6527
3 B 38 : 6516, 7043, 7111, 7169
3 C 4 : 3824
3 C 8 : 7581
3 C 18 : 8231
4 B 43 : 325
12 E 18 : 6368
12 Q 13 : 1425
20 B 5 : 6599
23 A 8 : 8236
23 A 12 : 5812
23 A 33 : 8288
23 A 45 : 6221, 6294, 6465, 6577-8, 7085
23 A 48 : 7582
23 B 2 : 6929
23 B 3 : 8110, 8271
23 B 18 : 6242
23 B 19 : 6291
23 B 24 : 5605
23 B 27 : 6357, 7577
23 B 35 : 6742
23 B 36 : 6016, 6369, 7095, 7151
23 B 38 : 6180, 6586, 6599, 7012
23 C 12 : 7104
23 C 19 : 6329, 6594
23 C 20 : 6929
23 C 21 : 5910, 6759
23 D 4 : 7024
23 D 7 : 7086
23 D 11 : 1437
23 D 13 : 6204
23 D 14 : 6038, 6183, 6428-9, 6431, 6433, 6478, 6481, 6494, 6506, 6513, 7047
23 D 16 : 6626, 7108
23 D 17 : 8753, 8808
23 D 23 : 7019
23 D 30 : 6598
23 D 39 : 7099
23 E 1 : 3951, 7179
23 E 7 : 6600
23 E 12 : 6227
23 E 14 : 7034, 7036
23 E 15 : 5914, 6901
23 E 16 : 7165
23 E 25 (Lebor na hUidre) 718-20,

4885, 5011, 5014, 5017, 5022, 5040,
5049, 5059, 5104, 5546, 5686, 5706
23 E 29 (Book of Fermoy) 2653, 4905,
5084, 5091, 5917, 7116, 7499
23 F 12 : 8648
23 F 15 : 6423, 7066, 8812
23 F 16 : 5510, 6121, 6126-7, 6489,
6612, 6632, 6639, 6735, 7042
23 F 19 : 7450, 9255
23 F 21 : 6034-5, 6082, 6181, 6493,
6744, 7029-33, 7359
23 F 22 : 7150
23 G 3 : 6662, 6921
23 G 4 : 5615
23 G 8 : 6915
23 G 20 : 6370
23 G 23 : 7042
23 G 24 : 6661
23 H 1 : 637
23 H 17 : 8350-2
23 H 26 : 7582
23 H 28 : 5408
23 H 34 : 1282, 7576
23 H 39 : 4217, 4338, 5410
23 I 1 : 7423
23 I 8 : 6415, 6608
23 I 9 : 7768
23 I 20 : 5902
23 I 40 : 2801, 3907, 5519, 5901, 6354,
6424, 6498, 6510-1, 6649, 8194
23 K 9 : 8122
23 K 10 : 5887
23 K 11 : 6135-6
23 K 14 : 6929
23 K 27 : 5803
23 K 32 : 5561, 7131
23 K 42 : 9228
23 L 13 : 5903, 6435, 6585, 6617
23 L 17 : 5951, 6063, 6489, 6491, 6639,
6901
23 L 19 : 8229, 8310, 8312
23 L 23 : 7582
23 L 24 : 5201, 5274
23 L 27 : 5225, 5228
23 L 31 : 6210
23 L 32 : 5563, 6906, 7424
23 L 34 : 6300, 6313
23 L 35 : 6582, 7152
23 L 37 : 6375, 6378-80, 6583-4
23 L 39 : 5225
23 M 4 : 6624-5, 7578
23 M 7 : 5530
23 M 8 : 6350
23 M 23 : 6087, 6414, 6462-3, 7431
23 M 28 : 6470

23 M 30 : 5814
23 M 31 : 6381
23 M 39 : 7102-3
23 M 40 : 8669
23 M 46 : 8819
23 M 47 : 6361, 6367
23 N 5 : 7125
23 N 10 : 713, 4911, 4952, 5083, 5092,
5228, 5673-4, 5676, 5681, 5687,
5733, 5739, 5770, 5778, 7464
23 N 11 · 6379
23 N 12 : 5912, 5914, 6758, 6959
23 N 13 : 6458-60
23 N 14 : 6661
23 N 15 : 6106, 6297, 6299, 6301,
6377, 6661, 7044, 7552
23 N 28 : 6596
23 N 32 : 6329, 6723-4
23 N 33 : 6323, 6930
23 O 4 : 7035
23 O 25 : 6330
23 O 35 : 2796, 3902, 6590, 6734, 8127
23 O 39 : 6329-30, 6713
23 O 41 : 8044
23 O 42 : 6608, 7119, 7149
23 O 48 (Liber flavus Fergusiorum)
5084, 5101, 5651, 7508, 8038-9,
8130, 8171, 8175, 8232-3, 8241,
8244, 8250, 8253, 8256-7
23 O 51 : 8122
23 O 78 : 6060, 7139
23 P 2 (Book of Lecan) 2319, 5088,
5105, 7347, 7349, 7354, 7506, 8755,
8767
23 P 12 (Book of Ballymote) 2319,
4965, 5094, 5239, 5251, 5605, 5610,
5658b-c, 5658f, 5669-71, 5693,
7317, 7347, 7354, 7411, 7502, 7554,
8205, 8755, 8767, 9222
23 P 16 (Leabhar breac) 5164-7, 5169,
5239, 5549, 5620, 5624, 5651, 5658a,
5658d, 5675, 5678, 5689, 5720,
5735, 5737, 5744, 7082, 7088, 8232
23 P 24 : 8717
23 Q 1 : 6048
23 Q 2 : 6905
23 Q 10 : 4255, 6512
24 A 15 : 7510
24 B 3 : 7450, 9203, 9255
24 B 8 : 7036
24 B 11 : 6665-6
24 B 26 : 6286, 6288, 6360
24 B 27 : 2654, 7137
24 C 39 : 5510
24 C 49 : 5279

INDEXES

24 I 23 : 5200, 6628
24 L 7 : 7267, 7365
24 L 13 : 7025, 7138
24 L 14 : 5186, 6454
24 L 18 : 8343
24 L 22 : 6452, 6755
24 L 23 : 6455
24 L 31 : 6242, 6292, 6515, 6518
24 L 32 : 6587
24 M 11 : 5816
24 M 18 : 6064
24 P 4 : 6033, 7352
24 P 5 : 5211
24 P 7 : 5269, 5284
24 P 8 : 2714
24 P 9 : 2446, 4890, 5225, 5228, 6124, 6479-80, 7022, 7048, 7135, 7171
24 P 12 : 6639, 6658
24 P 20 : 7163
24 P 24 : 8639
24 P 25 : 1482, 5651, 7121, 7508, 8042, 8110, 8130, 8133, 8232-3, 8251, 8258, 9247
24 P 26 : 9224
24 P 29 : 7148, 7169
24 P 31 : 5225
24 P 33 : 7355, 8639
A iv 3 : 6078, 6125, 6131, 6505, 7042
A iv 4 : 7354
A v 2 : 5193, 5257, 6316
B i 1 : 7574
B iv 1 : 5146-8, 5193, 5485, 7122, 7386, 7892
B iv 2 : 5611, 5645, 5681-2, 5692, 5730, 5736, 5743, 5778, 6128
C i 3 : 2714, 5796
C ii 1 : 6596, 6667
C ii 3 : 2714, 5801
C iii 1 : 8615
C iii 2 : 5192, 5570, 5658
C iv 1 : 2791, 6707, 6736, 8799
C iv 2 : 8278
C iv 3 : 6597, 7131
C vi 1 : 6596
C vi 3 : 5046
D i 1 : 714, 824, 2714
D i 2 : 7762
D i 3 : 674, 712
D ii 1 (Book of Uí Maine) 721-5, 1441, 4252, 4983, 5101, 5103, 5122-3, 5602, 5634, 5670-1, 5693, 5715, 5789, 7083, 8071, 8210
D iv 1 : 674, 712
D iv 2 : 4970, 5011, 5072, 5128, 5130, 5264, 5710

D iv 3 : 5612
D v 1 : 674, 712
E i 3 : 6315
E ii 1 : 5188, 6436-9, 7354
E iii 3 : 8215
E iv 1 : 2714
E iv 3 : 6741
F v 3 : 6739, 7085, 7126
F v 5 : 6182
F vi 2 : 7042
G vi 1 : 6073-4, 6076, 6220, 6910, 7068
I v 1 : 8653

National Library of Ireland
Catalogue 728-33
G 1 : 5786, 9261
G 2 : 739, 2719
G 3 : 611, 739, 2710, 5444, 5679, 5792, 5795, 7435, 7502, 8261, 9222
G 5 : 8624
G 6 : 8624
G 7 : 1427, 4971, 5010, 5078, 5640, 5656, 5722, 5725, 7198, 7275, 7560
G 9 : 8269
G 11 : 2041, 7335, 7450, 7456, 9255
G 18 : 7353
G 19 : 6516
G 30 : 1434
G 31 : 6486
G 38 : 5902
G 45 : 2653
G 49 : 8155-7
G 50 : 5073, 5527, 5593, 5750, 8114, 8246
G 95 : 6721
G 114 : 6376
G 117 : 6597
G 127 : 5506, 6075, 6192, 6204, 6411, 6904, 7068, 7133, 7143
G 132 : 6105, 6916
G 135 : 6905, 6907, 6911-2, 6914
G 137 : 6590, 7171
G 141 : 1437
G 153 : 7569
G 167 : 5525, 6740
G 168 : 6079
G 180 : 5807
G 192 : 6077
G 198 : 9202
G 200 : 5510, 7105, 7163
G 222 : 6958
G 236 : 737
G 237 : 737
G 321 : 6762-4
G 349 : 6284, 7094

SOURCES

G 411 : 6210-1, 6213, 6223
G 429 : 736, 6088, 6108, 6359, 6456, 7510, 8319
G 430 : 6089
G 433 : 6010, 6317
G 447 : 6627
G 531 : 7891
G 653 : 8660
G 702 : 3577, 4294, 4302
G 863 : 7366
G 869 : 6221
G 982 : 6204, 6411
G 983-90 : 735
G 992 : 740, 749, 6432, 7174
G 1200 (Book of Magauran) 778, 5499

St. Patrick's College Maynooth
Catalogue 741-9
B 1 : 751
C 1 : 5050
C 7 : 5873, 5895
C 11 : 6340
C 18 : 6754
C 39 : 6289
C 41 : 6184
C 47 : 7011
C 59 : 5237, 5281, 5562, 6185, 7046, 7089-90
C 63 : 753, 5431, 6037
C 72 : 7091
C 81 : 749, 6132
C 88 : 5813, 6404
C 97 : 5562
C 110 : 679, 752
H 1 : 3569, 8337
H 2 : 3570, 8338
H 3 : 8339
H 4 : 8347
M 7 : 6949
M 11 : 6719
M 14 : 6594, 7109
M 39 : 8236
M 58 : 5172, 7021
M 59 : 2090, 8149
M 84 : 5630
M 86 : 750, 5818, 6729, 7043
M 95 : 6378, 6380
M 110 : 8275
R 69 : 5873, 5888, 5891
R 76 : 8340

University College Dublin
Ferriter 1 : 6447
Ferriter 14 : 8292
Ferriter 20 : 788, 4331, 5484, 6198-6201, 6243, 7110-4

G 8 : 6623
G 13 : 5873, 5876, 5879-81, 5886
G 14 : 6186
Morris 11 : 6206, 6215
Morris 17 : 6523
Morris 18 : 6290-1
Mac Fir Bhisigh MS 8446, 8663, 8764, 8766, 8819
T. Alaman MS (Dept. of Irish Folklore) 5502

University College Cork
Catalogue (Torna MSS) 767-71
T i : 7158
T iii : 6664
T v : 6405
T viii : 6358
T xxxiv : 8353
Gaelic 63 : 5892, 6188, 6630
Gaelic 131 : 8237
Ó Dreada MS 7580

Franciscan library, Killiney
Catalogue 760-1
A 2 (Liber hymnorum) 656, 5740
A 3 (cf. Book of Leinster) 764
A 4 : 5213-6, 5565
A 5 : 5565
A 10 : 5264
A 18 : 5559
A 20 (cf. Duanaire Finn, above) 765-6, 5196-8, 7142
A 24 : 6931
A 25 : 6621-2, 7120, 7167
A 30 : 7566, 8815
A 31 : 2475, 7800
A 32 : 6027
A 33 : 4895, 6024-6, 6045-7
A 38 : 1255
A 40 : 763, 3812
A 57 : 8348
D 1 : 2475, 7800
D 2 : 7570
D 3 : 7570

Belfast
Central Public Library 754-6
16 : 6239
18 : 3806
19 : 9214
19A : 9214
24 : 6193-4, 6196
29 : 6123, 7164
31 : 3805
33 : 3805
37 : 5276

Queen's University
G 16 : 6189
Bunting 10 : 6556
Gallegan MS 758, 6230-8, 6240
McAdam's Ir. dict. 1438
St. Malachy's College
Ó Tuathail 1 : 5272
O'Laverty 10 : 8343

King's Inns, Dublin
5 : 5261
10 : 8243
19 : 1810
30 : 7159

Marsh's Library, Dublin
Z 3.1.13 : 6918
Z 3.4.19 : 2713, 2728
Z 3.5.3 : 2713, 2721, 2728, 7768
Z 4.2.4 : 8263
Z 4.2.5 : 5820

St. Patrick's College, Armagh
O'Laverty I : 6517-20, 6523, 6554
Ó Domhnalláin 1 : 6515
Ó Domhnalláin 13 : 6229

University College Galway 7335
St. Patrick's College, Drumcondra 785
Clongowes library, Co. Kildare 772-3
Sion College 8202
Royal Dublin Society 6377
Sweeney Memorial Library, Kilkee 791
St. Colman's College, Fermoy 7099
St. John's College, Waterford 8292
Limerick 776, 789
St. Macarten's Seminary, Monaghan 783
Cashel 8804
Killarney 792, 8341

Private 774-5, 777, 779-82, 786, 790, 795-6 (cf. Book of O'Hara, above), 5899, 6019, 6122, 6408, 6441, 6898, 6922, 7542, 7579, 8335
O'Conor Don library 778, 5499 (cf. Book of Magauran, above) [now N.L.I. G 1200] 6727, 7574
BOCD 766, 784, 5540, 5556-7, 5564, 5951, 6023, 6043, 6057-9, 6065, 6130, 6183, 6282, 6470, 6495, 6513, 6632, 6647-8, 6650-1, 6656-7, 6900, 7132, 7155, 7157

Lost or missing 846-58
CDS 851, 856, 5009, 5078

Ó Domhnalláin 7 : 6080-1, 6292, 6515, 6717
Ó Domhnalláin 8 : 5900, 6194, 6293

Bodleian Library, Oxford
Rawlinson B 477 : 807, 5236, 5266
B 479 : 7897
B 480 : 4261, 8674
B 484 : 7805
B 485 : 2304
B 486 : 6613
B 487 : 5201, 5213-6, 6737
B 488 : 674, 712, 804, 8644
B 502 : 2319, 5096, 5122, 5125, 5195, 5568, 5589, 5591, 5638, 5655, 5662, 5664, 5686, 5706-7, 5766, 8755, 8765
B 503 : 8602
B 506 : 7321-2
B 512 : 1634, 4421, 4964, 5003, 5264, 7891, 9212
B 513 : 8245, 8258, 8354, 8357
B 514 : 6129
Laud 610 : 675, 808-10, 1441, 5194, 5215-6, 5568, 5669, 5671, 5677, 8105, 8253, 8257
Laud 615 : 5615, 5652, 5681, 5688, 5690, 5738
Add. A 91 : 884, 5749
Auct. F 3 15 : 806, 867

British Library (British Museum)
Catalogue 659, 811-4
Egerton 83 : 1424, 4256
88 : 7339
92 : 5605, 5651, 8232
93 : 8183
110 : 6629
112 : 6064
116 : 2718
117 : 3951, 7179
118 : 7172, 7499
119 : 1433
127 : 781, 928, 6221
128 : 5200, 6628, 7153
131 : 7086
135 : 6194, 6202, 6204
136 : 8175
137 : 8251
139 : 6626, 6908-9, 7084
145 : 928
146 : 7133
149 : 6197
161 : 7144
167 : 3914

SOURCES

170 : 7017
172 : 6242, 6294
176 : 6048
185 : 7824, 7836
187 : 6753
189 : 7630
198 : 6917, 8046
211 : 6897
663 : 1437
1781 : 5247, 5266, 7124, 7354, 7765, 8277
1782 : 4888, 4943, 5008, 5011, 7371, 7494
3323 : 816, 4291
Harley 432 : 4934, 5654
487 : 666
585 : 1102, 7442, 7448, 8074, 9229
5280 : 4917, 4948, 4952, 5672, 5691, 7194, 7788
Add. 4788 : 815, 7807
4791 : 7362
11809 : 8222
18749 : 6104, 6194, 6295-6, 6515, 6517-20, 6523, 6554, 6592, 7425
19995 : 5789, 5950, 6503
30512 : 5568, 5621, 5625, 5683-5, 5731, 5734, 5808, 6072, 8241, 8251, 8646
31877 : 7087
33993 : 5256, 7129, 7154
34938 : 7366
40618 : 635, 9153
40766 : 818, 6008, 6457, 6640, 6951, 7163, 7170
43376 : 813
43788 : 813
43789 : 813
45525 : 814
Arundel 333 : 9203
Cotton Galba A xviii : 7828
Cotton Nero D iv (Lindisfarne gospels) 820-2, 2158
Cotton Vitellius E vii : 7897
Cotton Vitellius F xi : 9155

Cambridge
University Library
Add. 3082 : 6030-2, 6036, 6062, 6421-2, 6499, 6672-3, 7049-61
Add. 3392c : 8645
Add. 4182 : 7165
Add. 4436 : 6207
Ii 6.32 (Book of Deer) 2765
Trinity College 8711
Corpus Christi 5732, 6689
St. John's College 9155

Wales
Catalogue 828-30
A 6 : 6469, 6760

Scotland 826
National Library of Scotland, Edinburgh
2 : 7450, 8645, 9255
19 : 5241
28 : 5090, 8696
30 : 6420, 6467, 6482-4, 6500, 6703, 7067
36 : 5280, 5283
37 (Book of the Dean of Lismore) 823, 5908, 5954, 6335, 6501, 7106
39 : 5234
41 : 8277-8
46 : 714, 824
64 : 7155
80 : 7145-7
Red book of Clanranald 6317
Edinburgh University Db 7 1 : 5484, 6193, 6195-7, 6223, 6293, 6611, 6623, 7014, 7100-1, 7171
School of Scottish Studies Dornie MSS 5560
Glasgow 5182, 6320
Fort Augustus 872

London
Lambeth 4309, 5387, 6509
P.R.O. 7092
Private O'Neill 802, 6029, 6134

Stonyhurst 7127
Chatsworth Book of Lismore 797-800, 4904, 5084, 5213-6, 5605, 8200

Belgium
Brussels 3410 : 5133
4190-200 : 7932, 8023
5057-9 : 5653, 8029, 8098-9
5095-6 : 682
5100-4 : 5622, 5650, 5657, 5680, 5698, 5778
5301-20 : 8601, 8641
6131-3 (Book of O'Donnell's daughter) 842, 6040-2, 6055-6, 6645, 7048, 7069, 7117
7672-4 (Codex Salmanticensis) 845, 7817
7773 : 8052
9565-6 : 4281
20978-9 : 844, 5534-5, 5635, 5663, 5800, 7155, 8136, 8138, 8141, 8355
Bollandists 7923

Scandinavia 840
Uppsala 8731, 9205

Holland: Leyden 860

Germany
Göttingen 5810, 6044, 7140
Karlsruhe 8193, 8242

Switzerland
St. Gall 692, 834, 2726, 5667, 9150
Berne 926

Austria
Vienna 866, 7950
St. Paul 5697
Göttweig 7953

France
Paris 871, 887, 6663, 7045

Rouen 7168, 7173, 9155
Private Vendryes 5913, 6106, 6644, 7044

Spain: Salamanca 7567

Italy
Rome 7770
Irish College, Rome 841
Vatican 835-6, 5193, 7018
Naples 859
Novara 7846, 7913

U.S.A.
Chicago 838
Harvard (cf. Leabhar Branach, above) 831
N.Y.: Pierpont Morgan Library 832, 5501

4 AUTHORS

A., J. 5504
Aalen, F.H.A. 2272
Aarne, Antti 4417, 4433, 5295
a Búrca, Tomás 1504
The *Acta sanctorum Hiberniae* of John Colgan 7803
Acton, Charles 9191, 9194
Adams, G. Brendan 42, 475, 932, 1023, 1034, 1060, 1075, 1087, 1098, 1160, 1164, 1169, 1173-5, 1185, 1193, 1196, 1203, 1205, 1280, 1665, 2197, 2271-2, 2411, 2415, 2540, 2554, 2730, 3088, 3550, 3800-2, 7524, 8564, 8898
Adrados, Francisco Rodriguez 3293, 3336
Alcock, Leslie 8462-3, 8858, 8867
Alden, John 27, 905
Aldridge, R.B. 2590, 4946
Aldus, Judith Butler 60, 1148
Alexander, William M. 564, 1006
Allison, A.F. 28, 906
Almqvist, Bo 5297, 5324, 5332
Alspach, Russell K. 4575, 4579, 7212
Alton, E.H. 691, 9149
Ambrosini, Riccardo 3277
Ameisenowa, Zofia 9124
Anderson, Alan Orr 1117, 2317, 8084
Anderson, Marjorie Ogilvie 1117, 2317, 7721, 8084, 8091
Andrews, John (H.) 34, 2698-9, 2703, 2706, 8943
Annuntiata le Muire, *An tSiúr* 1404, 2930, 3747
Arctica 441
Ardagh, John 627, 850, 9233
Armitage, Thomas 8496
Arnold, Matthew 113, 4094
Arthurian literature in the middle ages 4717
Arthurs, John B. *v.* Mac Airt, Seán
Ashton, Glyn M. 4100
Asplin, P.W.A. 66
At Drowes — a symposium 4389, 7758
Atkinson, Norman 8958
Atkinson, Robert 170
Auchmuty, J.J. 8376
Bachelier, Émile 9045
Bachellery, Édouard 269, 285, 391, 406, 457, 871, 1179, 2891, 2998,
3042, 3477, 3779, 4070, 4698, 5135, 5161, 7400, 9052
Bairéad, Ciarán 240, 6339
Báiréad, Fearghus 2465, 7899, 8784
Bakka, Egil 9137
Banateanu, Vlad 3312
Bannerman, John 7277, 7629, 7778, 8427, 8446, 8449-50, 8513, 8588, 8663, 8768
Barry, John (G.) 121, 160, 7255-7, 7261-6, 7609, 7613-4, 7616-21, 7737, 8408, 8778-9
Bartley, J.O. 1162-3, 8736, 8738, 8745
Bataillon, Marcel 389
Battisti, Carlo 1113, 2212
Baudiš, Josef 171
Bauersfeld, Helmut 4122, 9272
Baumgarten, Rolf 539-40
Béaslaí, Piaras 313
Beckett, Colm 3817, 6241, 9214
Bednarczuk, Leszek 3526, 3489a
Beiträge zur Indogermanistik und Keltologie 455
Bejarano, V. 1019, 2742, 4782
Bell, H.I. 200
Beneš, Brigit 1913, 4691, 5149, 8998
Benoît, Fernand 4811, 8975
Benveniste, Émile 385, 1652, 1836, 7294
Berardis, Vincenzo 8919
Berg, Nils 3040, 3458
Bergin, Osborn (Joseph) 172-7, 404, 487, 697, 861-2, 874-6, 878-9, 923, 1447, 1725, 1778, 2148, 2303, 2710, 2732, 2737, 2739, 2851, 3017, 3098, 3100, 3193, 3230, 4457, 4883, 5037, 5435, 5444, 5567, 6061, 6501
Best, Richard Irvine 1, 163, 178-86, 249, 375, 408, 664, 674-5, 687, 697, 712-3, 804, 808, 4883, 5242, 7447, 9248
Besta, Enrico 529
Bethell, Denis 7741
Bevan, Hugh P. *al.* Aodh 150, 2564, 4978
Bibliographia onomastica 23, 2292
Bibliographical bulletin of the International Arthurian Society 19, 4716
Bieler, Ludwig 16, 18, 43, 92, 106,

114, 436, 534, 541-2, 617, 623, 625, 634, 639, 654, 656-7, 673, 681, 685, 688, 690, 762, 816, 840, 863, 869, 1110-2, 1115, 1119, 1121, 2304, 2458, 4101, 4169, 4291, 4373, 7214, 7217-9, 7589-90, 7608, 7626, 7636, 7645-6, 7725, 7779-80, 7794-5, 7804, 7812, 7846, 7848-9, 7855, 7869-70, 7873, 7875-6, 7896-7, 7906, 7908-11, 7913, 7927-9, 7931, 7934, 7937, 7939, 7943, 7945, 7950, 7953, 7960, 7965, 7967, 7971-3, 7976, 7978, 7980, 7983-4, 8000, 8003, 8005, 8027b, 8162, 8166, 8195, 8364, 8510, 8651, 8909, 8937, 9145, 9148, 9154
Binchy, Daniel A. 169, 177-9, 263, 278, 404, 487, 544, 570, 572, 666, 861, 883, 1109, 1119, 1479, 1777, 1947, 2010, 2219, 2600, 2608, 2732, 2737, 2761, 2776, 2780, 3164, 3179, 3394, 4198, 4934, 4940, 4975, 5157, 5435, 5521, 5567, 5654, 5730, 7242, 7251, 7258, 7269, 7273, 7296, 7308, 7312, 7316, 7319-21, 7325-7, 7329, 7331-2, 7334-5, 7337, 7339, 7342, 7346, 7381-2, 7399, 7640, 7743, 7777, 7780, 7790, 7867, 7959, 7969, 8086, 8185-6, 8382, 8384, 8490, 8511, 8570, 8586, 8699, 9242, 9262
Birkhan, Helmut 969, 2283, 2323, 8843
Bischoff, Bernhard 454, 631, 816, 864, 4166, 4185, 4291, 4307, 7700, 8192, 8746, 8934
Blake, James J. *al.* de Blaca, Seamas 56, 1388, 4110, 5544
Blenner-Hassett, Roland 79
Bliss, A.J. 1202, 2277, 2279, 2284
Blythe, Ernest *al.* de Blaghd, Earnan 1235, 1256, 1258
The Board of Celtic Studies of the University of Wales 82
Boer-den Hoed, P.M. 224
Bolelli, Tristano 489, 2320, 2916, 4406, 4470, 4958, 5072, 5360
Boling, Bruce 3401, 5059, 5798
Bolton, Charles A. 7982, 8165
Bonfante, Giuliano 919-21
Bonfield, C. 162, 165, 707, 709
Bonser, Wilfrid 7, 8582, 9230, 9238, 9258
The Book of Durrow 681, 9154
The Book of Kells 691, 9149
The Book of Leinster, formerly Lebar na Núachongbála 697

The Book of Mac Carthaigh Riabhach, otherwise The Book of Lismore 798
The Book of Uí Maine, otherwise called The Book of the O'Kellys 721
Boosten, J. 8970
Borgeaud, W.A. 2324
Borgstrøm, Carl Hj. 268, 411, 1678, 2827, 2964, 2987, 3532, 4003, 4028
Borst, Arno 929, 8685
Bosch-Gimpera, P. 8845, 8850
Bouda, Charles 1068, 2170
Bourke, P.M. Austin 8534
Bourke, Ulick J. 187, 1237
Bowen, E.G. 7680-1, 7694, 7727, 7729, 8838, 8840, 8957
Bowles, Michael A. 9171
Boyle, Alexander 4323, 7677, 8378, 8635, 8696
Brady, John 2, 394, 1234, 1263, 2460, 4246, 7701, 8161, 8219, 8315, 8418-9, 8466, 8617, 8794-5, 9234
Braidwood, J. 1201, 1208, 1522, 2263
Na Bráithre Críostaí 1395, 1402-3, 2746
Brandenstein, Wilhelm 1908
Bráthair Críostmhail *pseud.* 294, 305
Breathnach, Breandán 9199
Breathnach, Críostóir 8142
Breathnach, Deasún 4365, 8221
Breathnach, Mícheál 2432
Breat(h)nach, Nioclás 1498, 2156, 3618, 3662
Breathnach, Pól *v.* Walsh, Paul
Breat(h)nach, Riobárd 192, 4461, 8529
Breatnach, R.A. 509, 517, 595, 599, 725, 1252-3, 1284, 1372, 1585, 1594, 1621, 1782-3, 1788-9, 1806, 1812, 1864-5, 1892-7, 1932, 1990, 2102-3, 2109, 2121, 2125, 2175-6, 2193, 2195, 2230-1, 2268, 2872, 3043-4, 3052, 3086, 3107, 3149, 3157, 3160, 3177, 3183, 3195, 3197, 3200-2, 3235, 3407, 3497, 3512, 3547, 3633-4, 3636, 3639-42, 3645-7, 3651-5, 3670, 3716, 3721, 3794, 3832, 3835, 3842, 3847, 3948-40, 3942, 3947, 3980-1, 4017, 4080, 4203, 4335, 4482, 4843, 4961, 5226-7, 5407, 5492, 5508, 5523, 5905, 6066-7, 6345, 6497, 6632, 6735, 7025, 7118, 7373, 8226, 9177-8
Breatnach, Risteard B. 109, 1018, 1198, 1489, 1519, 2854, 3002, 3601, 3611, 3620, 3645, 3656, 3659, 3672,

3675, 3780, 3838, 4779, 6489, 7567, 8153
Brennan, Martin 1286, 1288, 1421
The British Museum 659, 811
The British Museum catalogue of additions to the manuscripts, 1931-35 : 813
The British Museum catalogue of additions to the manuscripts, 1936-45 : 814
Brockhaus Enzyklopädie 540
Bromwich, Rachel (S.) 113, 2215, 4094, 4119, 4162, 4177, 4405, 4524, 4603, 4655, 4738, 4744, 4751, 4755, 4833, 5160, 5265, 5354, 6443-4, 7385, 7487, 9069
Brophy, P.J. 5496
Brown, Arthur C.L. 377, 4455, 4718, 4727
Brown, A.L. 8442
Bruce-Mitford, R.L.S. 822
Bruck, Eberhard F. 7321a, 7772a
Bruford, Alan 36, 855, 3821, 4115, 4213, 4223, 4428, 4435, 5268, 5278, 5280, 5283, 5285, 5299
Buchanan, Ronald H. 116, 243, 8561, 9104, 9301
Buck, Carl Darling 1575
Bulletin bibliographique de la Société Internationale Arthurienne 19, 4716
Bulloch, James 7656
Bu'lock, J.D. 555
Bury, J.B. 7961
Bushe, Charles Percy 737, 848, 3765, 3782
Butler, Hubert 2355, 4467, 4471, 8504, 9237
Byrne, Francis John 120, 123, 501, 717, 1399, 2781, 4090, 4111, 4837, 5745, 7222, 7286, 7304, 7350, 7394, 7641, 7747, 7863, 7872, 8085, 8092, 8147, 8367, 8369, 8387, 8392, 8395, 8420, 8425, 8652, 8662, 8694, 8757, 8938, 9102
Byrne, Mary E. 1448
Byrne, Patrick F. 9116
Çabej, Eqrem 1653
Cahiers de civilisation médiévale, Xe-XIIe siècles 31
Calder, Grace J. 344
Campanile, Enrico 963, 981, 1125, 1470, 1642, 1668, 2286, 2320, 2910-1, 2920, 3048, 3166, 3300, 3324, 4650, 5399-5400, 5471, 5475, 5541, 5586, 7454, 7475, 8190

Campbell, John Lorne 644, 678, 1348, 1442-5, 1531, 1871, 2918, 4396, 4398, 5373, 5383, 5457, 5461, 5623, 6321, 7532, 8811, 9071, 9170
Campion, L.S. 7769
Canny, Nicholas P. 8394, 8429
Cantwell, David 2519, 2526, 2541
(Ó) Caomhánaigh, Breandán 4633, 7011
Carmichael, Alexander 1478, 5293
Carney, James *al.* Ó Ceithearnaigh, Séamus 461, 495, 515, 533, 739, 757, 1450, 1752, 2298, 2778, 2791, 4060, 4102, 4175, 4230, 4261, 4343, 4427, 4476, 4508, 4605, 4612, 4624, 4665, 4682, 4688-90, 4705, 4790, 4879, 4919, 4924, 4982-3, 4985, 4987, 5039, 5099, 5142-3, 5145, 5163, 5168, 5220, 5271-2, 5274, 5404, 5420, 5442, 5478, 5487, 5494, 5503, 5527, 5539, 5550, 5566, 5568, 5593, 5598-9, 5601, 5604, 5607b, 5614, 5628-30, 5639, 5646, 5751, 5783-7, 5790, 5793-4, 5796-7, 6030-2, 6034-6, 6062, 6082, 6181-2, 6318, 6420-3, 6432, 6458-60, 6467, 6482-4, 6493, 6499-6500, 6507, 6596, 6640, 6642, 6667, 6672-3, 6703, 6706-7, 6744, 7029-36, 7049-67, 7083, 7182, 7186, 7189, 7191-2, 7200, 7203, 7223, 7285, 7433, 7450, 7482, 7502, 7719, 7860-2, 7933, 7937, 7939, 7958, 8002, 8114, 8140, 8205, 8246, 8509-10, 8655, 8674, 8684, 8787, 8798-9, 8812, 9222, 9224, 9255
Carney, Maura *al.* Ó Muirgheasa, Máire *Ní Mhuirgheasa* 757, 2117, 2216, 3692, 4506, 5018, 5191, 5193, 5258, 5272, 5795, 7359, 7450, 8215, 8261, 9085, 9255
Carroll, F. 293, 4284
Casey, Thomas *v.* Ó Cathasaigh, Tomás
Cassell's encyclopaedia of literature 531
Catalogue of Irish manuscripts in Maynooth College Library 741
Catalogue of Irish manuscripts in the National Library of Ireland 728
The *Catechismus* of Theobald Stapleton 8301
Catford, J.C. 1352
Celtica 408
Celtic studies [in memory of A. Matheson] 461
The Celts 513

Central Statistics Office 1239, 1246, 1292
Cerbelaud-Salagnac, Georges 7668
Ceyssens, Lucian 4387
Chadwick, H.M. 973, 8437, 8677
Chadwick, Nora Kershaw 188, 493, 505, 521, 973, 2363, 2568, 4107, 4135, 4155, 4178, 4188, 4199, 4409, 4445, 4493, 4558, 4572, 4590, 4602, 4608, 4611, 4660-1, 4667, 4686, 4737, 4819, 4864, 4869, 4962-3, 5126, 5139, 5170, 5345, 7250, 7436, 7479, 7624, 7703-4, 7714, 8388, 8399, 8437, 8455, 8459, 8677, 8687, 8834, 8842, 8913, 8926, 8930, 8944, 8960, 9031, 9054, 9081, 9140, 9227
Chambers, R.W. 4707
Chambers's encyclopaedia 534
Charles-Edwards, T.M. 888, 1674, 2063, 2084, 3070, 7305-6, 7404
Chatterji, Suniti Kimar 2420
Chauviré, Roger 4777, 5176
Chesnutt, Michael 65, 1131
Chotzen, Th.M.Th. 2483, 4588, 4800
Christianity in Britain, 300-700 : 478
Christiansen, Reidar Th. 411, 4434, 4514, 4532, 4620, 4629, 5296, 5307, 5311, 5323, 8929, 9103
Cinsealach, S.B. 5052, 5057
Clancy, Peadar S. 6608
Clark, Dennis 1345
Clarke, Austin 6338
Clarke, Desmond (J.) 144, 661, 904
Clarke, R. Rainbird 589
Cleeve, Brian 87, 4364
Clery, Anthony B. 8788
Coens, Maurice 214
Cohen, Marcel 946
An Coimisiún um Athbheochan na Gaeilge 1275-6
Coláiste Uladh [leabhar cuimhne] 443
Collier's encyclopedia 536
Collins, A.E.P. 9306
Collins, John v. Ó Coileáin, Seán
Collins, John T. 7511, 8477, 8604, 8627, 8782, 8802
Colum, Padraic 537, 4784, 5292, 6342
Columcille, An tAthair [Ó Conmhaigh] 8081
Comhairle na Gaeilge 1343
Comité International Permanent des Linguistes 4
Commission on the Restoration of the Irish Language 1275-6

Committee for the Study of Anglo-Irish Language and Literature, Royal Irish Academy 63, 415, 1149
Communications et rapports du Premier Congrès international de dialectologie générale 477
Comyn, David 189
Concannon, Helena 94, 187, 307, 1237, 8633
Condon, Teresa 190, 1448
Connellan, M.J. al. Ó Conalláin, M. 2457, 2467-8, 2472, 2479, 2485, 2488, 2507-8, 2510-1, 2532, 2572, 2602-3, 4276, 4298, 6357, 7028, 7601, 7915, 7917, 8014, 8020, 8025
Connellan, Owen 191
Connolly, Seán 1448
Connradh na Gaedhilge 1217
Conry, Edward 8780
Conway, Margaret al. Ó Conmhidhe, Mai(gh)réad Uí C(h)onmhidhe 319, 1192, 1518, 2234, 3909-10
Coogan, Timothy Patrick 1294
Coomaraswamy, Ananda K. 4582, 4797, 7370
Coombes, J. 1335, 2628
Corcoran, John X.W.P. 535
Cordoliani, A. 629, 8191
Corish, Patrick J. 7591, 7659
Corkery, Daniel 192, 797, 1021, 1216-7, 4179, 5362, 5406, 5428, 5509, 6445
Corkery, John 127
Cormier, Raymond (J.) 194, 4546, 4564, 4658, 4666, 5007, 5028, 6641
Corominas, John 996
Council for British Archaeology 59, 8868
The course of Irish history 519, 8366
Cowgill, Warren 968, 2943, 2953, 3068, 3082, 3092
Coyle, H.H. v. Mac Giolla Chomhaill, Anraí and Ó Comhghaill
Cox, Liam 8822-3
An Craoibhín Aoibhinn pseud., v. Hyde, Douglas
Crawford, O.G.S. 567, 8983
Crone, G.R. 2700
Crone, John S. 290
Cronin, Anne v. O'Sullivan, Anne
Cross, J.E. 7226, 7504
Cross, Tom Peete 193-4, 4431, 4474, 4594, 4728
Cuallacht Cholmcille 1548, 4112

Cuffe, Philip 8491
Culhane, Thomas F. 1336, 5432, 8499
Cullen, L.M. 4231, 5433, 7583, 8569, 8572, 8954
Cumann Comharsheilbhe na hÉireann 1313
Cunnane, Joseph 1283
Curtin, Jeremiah 4776, 5286
Curtis, Edmund 4242, 8656, 8780
Curwen, E. Cecil 1562, 9271
Daiches, David 4774
Dalton, G.F. 7398
Daltún, Séamus 1373, 4038
Damon, Phillip W. 1128
Danaher, Kevin v. Ó Danachair, Caoimhín
Daniel, Glyn E. 8874
The dark ages in the Highlands 526
Davies, A.S.B. 1361
Davies, O. 8882
Davies, Richard Edwyn 1248
de Bhál, Tomás v. Wall, Thomas
de Bhaldraithe, Tomás 112, 235, 542, 649, 1199, 1215, 1375-6, 1392, 1459, 1485, 1488, 1495, 1503, 1507, 1510, 1520, 1544, 1612, 1779, 1801, 1845-8, 1865, 1898-9, 2055, 2115, 2118, 2131, 2185, 2207, 2275, 2461, 2560, 2849, 2866, 2882, 2977, 2992, 3066, 3110, 3158, 3226, 3232, 3322, 3432, 3435, 3448-9, 3508, 3542, 3551, 3644, 3706, 3755, 3764, 3766, 3772-8, 3781, 3783-94, 3797-9, 3841, 3898, 3919, 3928, 3953, 4040, 4358, 5348, 5390, 6925, 7485, 7517, 7575, 7582, 8316, 8535, 8959, 9205
de Bh[áll], T. 5809
de Blaca, Seamas v. Blake, James J.
de Blacam, Aodh 5177, 5344, 5493, 7890, 8698
de Blaghd, Earnan v. Blythe, Ernest
de Breffny, Brian 2341
de Brún, Pádraig 621, 648, 746, 760, 768-9, 787, 789, 857-8, 4322, 4357, 5559, 5565, 5569, 5812-4, 5912-5, 6010-5, 6089, 6285, 6307-8, 6314, 6317, 6362, 6376-81, 6408, 6456, 6486, 6589, 6607, 6921, 6926, 7158-9, 7165-6, 7224, 7580
de Buitléir, Maitiú 290
de Búrca, Seán 545, 1028, 1096, 1122, 2898, 2906, 2935-6, 3211, 3720, 3722, 3724, 3730, 3732, 3735, 3738, 3746, 3749, 3752, 3844, 3992, 4104, 5056, 5468, 5479, 5553, 7180, 7962, 8293, 8344, 8460, 8892
de Fréine, Seán 1264, 1287
de Hae, Risteárd v. Hayes, Richard (J.)
de hÍde, Dubhglas v. Hyde, Douglas
de Hindeberg, Piaras 8170
de hÓir, Éamonn 107, 296, 309, 337, 354, 413, 1670, 1980, 2430, 2615, 2621, 2634, 2644, 2648, 2653-4, 2664, 2681, 2924, 2951, 3917, 7137, 8648
Delargy, James H. v. Ó Duilearga, Séamus
Delius, Walter 7604
de Nais, Roisin 35, 8489
de Paor, Liam 683, 7657, 7970, 8402, 8589, 8931, 8950
de Paor, Máire 7957, 8879, 8931
de Rís, Seán 5372, 6228, 6322, 6519-20, 6523, 6525-53
Derolez, R. 586-7, 592, 926, 4281
de Valéra, Ruaidhrí 308, 2421
Devlin, Brendan v. Ó Doibhlin, Breandán
Devoto, Giacomo 510, 529, 1629
Diack, Francis C. 564, 1006, 1008, 1017, 2741
Dickins, Bruce 897, 6689
Dickinson, William Croft 8445
Dictionnaire d'histoire et de géographie ecclésiastiques 527, 7584
Dienemann, J. 7698
Dillon, Eilís 6450
D[illon], J. 4140
Dillon, Myles 70, 78, 168, 184, 195, 286, 343, 408, 458, 484, 494, 507, 521, 531, 534, 536, 659, 760, 809, 811, 837, 866, 941, 943-4, 961, 1020, 1022, 1039, 1258, 1397, 1448, 1552, 1561, 1588, 1733, 1930, 2016, 2055, 2085-6, 2133, 2153, 2288, 2408, 2750, 2756, 2775, 2914, 2949, 2957, 3020, 3062, 3066, 3132, 3134, 3170, 3183, 3215, 3217-8, 3250, 3279, 3311, 3322, 3402, 3424, 3426, 3442, 3470, 3507, 3512, 3547, 3669, 3674, 3704, 3758, 3762, 3799, 3826, 3927, 3945, 3983, 3998, 4008, 4049, 4053, 4056, 4072, 4078, 4098, 4107, 4404, 4419, 4460, 4585, 4587, 4617, 4721, 4739, 4780, 4801, 4886, 5012, 5014-5, 5017, 5061, 5088-90, 5098, 5108, 5132, 5154, 5156, 5221, 5304, 5401, 5428, 5647, 6743, 7235, 7237, 7279, 7287, 7348-9, 7354-5, 7371, 7386, 7492, 7494, 7505-6, 7551, 7883,

8210, 8235, 8362, 8388, 8649, 8661, 8678, 8681, 8705, 8828, 8834, 8893, 8968, 9001, 9017, 9270
Dilworth, Mark 872, 4333, 7722
Dinneen, Patrick S. *al.* Ó Duinnín, Pádraig 196, 1811
Dinnseanchas 413
Diringer, David 581
Dobbs, Margaret (E.) 197, 2351, 2353, 2359, 2480, 2486, 2490, 2495, 4132-3, 4270, 4408, 4487, 4878, 4884, 4933, 4935, 5063, 5116, 5124, 5190, 5270, 5602, 5609, 5611, 5617, 5648, 7070, 8411, 8416, 8439, 8503, 8796, 8800, 8806
Dodgson, John McNeal 2622
Dolley, (R.H.) Michael 1646, 2040, 2727, 7340, 7877, 8563, 8567-8a, 8571
Donahue, Charles 83, 4105, 4473, 4703-4, 4709, 7599, 7637, 8105, 8679, 8965
Donn, Thomas M. 1420
Donnellan, Luke 6225
Dorian, Nancy C. 2418-9, 7299
Dorson, Richard M. 4788, 5298
Dougan, R.O. 672, 708
Dowling, P.J. 4238, 4347, 8955, 8962
Doyle, Gerard 819, 4214
Doyle, Mary 5256
Draak, (A.) Maartje (E.) 69, 220, 226, 530, 663, 670, 833, 860, 868, 873, 2722, 2726, 3236, 3437, 4051, 4495, 4513, 4680, 4754, 4802, 4821, 4825, 4842, 5263, 5266, 7383, 7702, 9011, 9035
Dressler, Wolfgang 3328, 3516
Dublin Institute for Advanced Studies 169, 423
Duckett, Eleanor 7706, 7813
Duffy, Joseph *v.* Ó Dufaigh, Seosamh
Duft, Johannes 834, 7693, 7697, 8927, 9151
Duignan, Michael 575, 692, 2436, 5482, 8474, 8522, 8614, 8632, 9150
Dumézil, Georges 2389, 2391, 4152, 4648, 4792, 4799, 4814, 4818, 4846, 4859, 4870, 4872, 4889, 4936, 4997, 7376, 7410, 7507, 7553, 7561, 9041
Duncan, A.A.M. 8442
Dunleavy, Gareth W. 638, 4192, 4635, 4653, 7708, 7718, 8945
Dunlevy, A.J. 9235
Dunlevy, M. 4278, 9244
Dunn, Charles W. 84, 537, 714, 824, 1354, 4061, 4589, 4634, 4697, 5259-60, 5358
Dunn, John J. 68, 4763
Dunn, Joseph 198
Dunning, P.J. 7735
Dunning, T.P. 7782
Dupertuis, C. Wesley 8902
Durdilly, P. 387
Durrell, Martin 126, 3543
Duval, Paul-Marie 406, 538, 980
Eager, Alan R. 40
Early Irish poetry 515
Early Irish society 494
Early maps of the British Isles, A.D. 1000-A.D. 1579 : 2700
Edwards, R. Dudley 710, 2431
Egan, Bartholomew *v.* Mac Ao(dha)gáin, Parthalán
Egan, Patrick K. *al.* Mac Aodhagáin, P.C. 2534, 8417, 8485
Egger, Rudolf 9291
Éigse 407
Elliott, Robert C. 7414
Ellis, Jeffrey (O.) 1038, 1056, 3004, 3008
Emery, Frank 4400
The encyclopedia Americana 533
Encyclopaedia Britannica 544
Enciclopedia Italiana di scienze, lettere ed arti 529
Encyclopaedia of Ireland 542
Encyclopedia of poetry and poetics 537
Encyclopaedia universalis 543
Encyclopédie de la Pléiade 532
Eogan, G. 8425
Eoghanach *pseud.* 292
Ériu 404
Erlingsson, David 65, 1131
Esposito, Mario 686, 4684, 7856, 7921, 7942, 7986
Ettlinger, Ellen 4138, 4450, 4454, 4464, 7245, 7444, 7459, 7461, 7472, 7946, 9078, 9106
Études celtiques 406
Evangeliorum quattuor codex Cenannensis 691, 9149
Evangeliorum quattuor codex Durmachensis 681, 9154
Evangeliorum quattuor codex Lindisfarnensis 821, 9152
Evans, D. Ellis 2406, 9039, 9055, 9058
Evans, D. Simon 1267, 4695
Evans, Emrys 2821, 3113, 3457, 3488, 3554, 3869-70
Evans, E. Estyn 1271, 8541, 8545,

8891, 8942, 9068, 9082, 9292, 9308
Even, Arzel 977, 1393, 4136, 4822, 4896-7, 4960, 5008-9, 7463, 8928, 8982
The evidence for dancing in ancient Ireland 9178
Fabre, Paul 2680
Fackler, Herbert V. 4980a
F[ahy], T. 7851
Faiche na bhFilí, Carraig na bhFear 453
Falconer, Sheila 807, 2772, 2797, 2804, 3408, 3810, 4735, 5040, 5236, 5264
Farmer, Henry George 9167
Farran, G.P. 1567, 3930
Farrington, A. 162, 165, 709
Father John Colgan, O.F.M., 1592-1658 : 446
Father Luke Wadding 445
Faulkner, Anselm v. Ó Fachtna, Anselm
Fearsaid 440
Féilscríbhinn Torna 437
Ferritéar, Pádraig 4331, 4363
Fenn, R.W.D. 7731
Fennell, Desmond 1322
Fenton, Seamus 4271a, 5359a
Fiachra Éilgeach pseud., v. Ó Foghludha, Risteárd
Filip, Jan 8832
Finberg, H.P.R. 4344, 7966
Fitzpatrick, Elizabeth 704
Fitzsimons, J. 1232
Flanagan, Deirdre al. Morton, Deirdre E. 197, 2578, 2671, 2684, 2688, 4289, 7650
Flatrès, P. 1611
Fleetwood, John 9240
Fleischmann, Aloys 1639, 8160, 9166, 9178, 9186
Fleming, John al. Pléimeann, Seán 158
Fleming, John B. 4485, 9250
Fleuriot, Léon 887, 2019, 2077-8, 3318, 3522, 3549
Flobert, P. 3317
Flower, Robin (Ernest William) 199-203, 659, 722, 811, 4054, 4161, 4719, 5353, 5363, 7043, 8167, 9127
Foilseacháin [Dinnseanchas] 44, 2295, 2429
Förster, Max 970
Foster, Idris Ll. 88, 113, 3425, 4094, 4483, 4813, 4835, 5180, 5310, 8458, 8642
Fowkes, Robert A. 1569, 1608, 1656, 1785, 2196, 2966, 3038
Fox, Cyril 547
Fox, J.R. 2388, 2396, 7281
Franciscan Donegal 439
The Franciscan Fathers [Killiney] 445
The Franciscan House of Studies, Dún Mhuire [Killiney] 67, 161
Fraser, Ian 2679
Fraser, John 204-6, 1449, 2453, 3127, 6321
Freeman, A. Martin 207, 8615
Freeman, T.W. 1157, 1567, 2159, 2481
Friedrich, Paul 1661
The Funk & Wagnalls standard dictionary of folklore, mythology and legend 528, 4057
Gabriel le Muire, An tSr. 1541, 9252
Gaechter, Paul 4233
Gagnepain, Jean 371, 406, 3268, 3287, 3315, 3473, 3475, 3501, 3661, 3727
Gailey, Alan 1663, 2271, 9310
Galbraith, J.J. 8833, 9257
Galtier, Paul 7771
Gamber, Klaus 38, 643, 8121
Gannon, P.J. 4245
Gardette, P. 386
Garrity, Devin A. 5581
Geipel, John 1147
Gelling, Margaret 2678
General Register Office, Edinburgh 1358
Gercenberg, L.G. 2988
Gerschel, Lucien 597, 607-8, 7276, 9109-10
Ghurye, G.S. 7249
Giblin, Cathaldus v. Ó Gibealláin, Cathal
Gilchrist, Anne G. 4574, 5301
Gillies, William 7157
Gleasure, James (W.) 2948, 3118, 3321, 3756, 3856, 3890, 3996, 4024, 4030
Gleeson, Dermot F. 1424, 2571, 4207, 4256, 4272, 7947, 8465, 8471, 8488, 8601
Gleeson, Ryta 1639, 9186
Glennon, Liam 9192
Godel, Willibrord 8182
Goetinck, Glenys Witchard 4429, 4554, 4672, 4759-60, 7390
Gogan, Liam S. 2464, 7918, 7929, 7954, 9175
Golab, Zbigniew 1053
Gonda, J. 1815, 7380
Good, James 5600, 8116-7

Goodman, James 208-9
Gordon, Cosmo A. 4184, 5371
Gougaud, Louis 210-3
Goulden, J.R.W. 1793, 2528, 3714
Government of Ireland 1290-1, 1334, 1407, 1535, 1540, 1543, 7260, 8361, 9225
Graham, Angus 4129, 8878
Graham, J.M. 8538
Graiméar Gaeilge na mBráithre Críostaí 1395, 2746, 4041
Grannell, Fergal *v.* Mac Raghnaill, Fearghal
Grant, I.F. 9090
Grattan, J.H.G. 1168, 7448, 9246
Gray, Louis H. 2850
Great books of Ireland 520, 646
Green, E.R.R. 4360
Greenacre, Phyllis 4770
Greene, David H. 4783
Greene, David (W.) *al.* Ó hUaithne, Dáithí 149, 170, 267, 287, 368, 404, 461, 542-4, 660, 719, 775, 795, 983, 986, 1026, 1032, 1084, 1097, 1124, 1323, 1338, 1448, 1463, 1483-4, 1613, 1654-5, 1673, 1791, 1804-5, 1812, 1859-60, 1948-51, 1966, 2037, 2068-9, 2079, 2178, 2218, 2249, 2276, 2289, 2719, 2753, 2784, 2871, 2880, 2890, 2901, 2915, 2919, 2934, 2945, 2997, 3009, 3031, 3051, 3060, 3089, 7840, 7842, 7961, 8115, 8212, 8214, 8277, 8323, 8355, 8461, 8542, 8598, 8637-8, 8720, 8754, 8925, 9097, 9203
Gregg, Robert J. 1181
Gricourt, Jean 4491, 4502-3, 4815, 4902-3, 7253, 8047, 8979, 8981, 9009, 9019
Grimes, W.F. 8860
Grosjean, Paul 214-5, 222, 602, 652, 684, 689, 936, 1102, 1129, 1429, 2147, 2307, 2377, 2509, 2584, 4683, 4794, 5653, 5732, 7442, 7453, 7597, 7669, 7699, 7713, 7744, 7765-6, 7775, 7783-5, 7809, 7816, 7822, 7835, 7837, 7847, 7850, 7898, 7900-4, 7914, 7920, 7922-5, 7932, 7941, 7949, 7974, 7987, 7989-90, 7992, 8011-2, 8016-7, 8021, 8023, 8027-30, 8035-7, 8049-52, 8054-5, 8072, 8074, 8077, 8082, 8094, 8098-9, 8103, 8107, 8193, 8225, 8242, 8255, 8421, 8608, 9229
Gruffydd, W.J. 4692-3, 4810

Guilmain, Jacques 9154a
Gunther, R.T. 4394
Guyonvarc'h, Christian(-J.) 603, 613, 1419, 1428, 1432, 1462, 1876-87, 1901-6, 1915-22, 1936, 1938-43, 1958-60, 1973-5, 1983-7, 1996-2002, 2020-31, 2046, 2049-54, 2060-2, 2130, 2273-4, 2321, 2376, 2378-81, 2385-7, 2397-2405, 2413, 2417, 2610, 2751, 3064, 3083, 3420, 4204, 4555, 4829, 4843-4, 8187-8, 8555, 8565, 8708, 8713, 8989-90, 8992-3, 9006, 9008, 9010, 9015, 9025, 9046, 9056, 9091-4, 9107, 9188, 9221, 9291
Gwynn, Aubrey 216, 450, 694, 701, 772, 1111, 4207, 4292, 7219, 7233, 7495, 7594, 7596, 7652, 7661, 7663, 7667, 7689-91, 7698, 7734, 7736, 7739, 7977, 8024, 8048, 8057, 8111, 8379, 8391, 8488, 8596, 8611, 8616, 8621, 8924
Gwynn, Denis 176
Gwynn, Edward John 217-9, 1922, 4248, 7311
Hackett, Felix E. 9168
Hadcock, R. Neville 7662-3
Hahn, E. Adelaide 2322, 3517
Hamel, Anton Gerard van 220-6, 579, 935, 4535, 4673, 4793, 4916, 5034, 8015, 8371, 9108
Hamilton, J.R.C. 4146, 8894
Hamilton, Michael 1206, 1526, 3689
Hamilton, (John) Noel *al.* Ó hUrmoltaigh, Nollaig 1303, 2652, 2816, 2961-3, 3072, 3214, 3338, 3527, 3750, 3859-60, 3876-82
Hammerstein, Helga 4240, 7732
Hammond, Joseph W. 898
Hamp, Eric (P.) 76, 80, 357, 591, 987, 989, 1241, 1455, 1627, 1658, 1796-7, 1802, 1816, 1840-1, 1874, 1937, 1967-8, 2034, 2065, 2067, 2075-6, 2080-1, 2122, 2371, 2879, 2892, 2899, 2926, 2954, 2995, 3146-7, 3150-1, 3162, 3171, 3400, 3617, 3623, 3770, 3950
Hand, G.J. 7283
Handbook of British chronology 8363
Handley, James E. 1349
Handlist of manuscripts in the National Library of Wales 827
Hannon, John 3829
Hanson, R.P.C. 7878, 7884, 7963, 8009-10

Harbison, Peter 4147, 8897, 9307, 9312
Hardiman, James 227
Harper, Jared 1063
Harrison, Frank Ll. 9189
Hartmann, Hans 403, 1209, 1411-3, 1415, 1417, 2116, 3244, 3278, 3447, 3459, 3472, 3515, 9060, 9076, 9079, 9084, 9249
Harvard University Library 11
Harward, Vernon J., Jr. 4507, 4745
Haug, Walter 4668, 4909
Haugen, Einar 369
Havers, Wilhelm 865, 881, 1591, 1829-30, 3445, 7607
Hawkes, William 8128
Hayes, Richard (J.) *al.* de Hae, Risteárd 12, 21-2, 45, 138-9, 618-20, 1456, 4243, 8826, 8908, 8910, 8918, 8922-3, 9245
Hayes-McCoy, G.A. 2701, 2704, 7278, 7397, 8386, 8517, 9279
Hayward, Richard 9175
Heiermeier, Anne (M.) 75, 99, 379, 948, 952, 1093, 1580, 1599-1600, 2174, 2189, 2198-2200, 2299, 2451, 2492, 2515, 2548, 4438, 4452, 4569, 7491, 9077
Heist, William W. 845, 7814, 7817, 8208, 8234
Hemon, Roparz 1371, 4037
Henchion, Richard 4325, 5872, 6595
Hencken, Hugh 975, 5120, 8583, 8849, 8876
Henderson, Isabel 188, 8447, 8453, 8599, 9143
Henley, Pauline 1167, 2177
Hennessy, W.M. 8613
Hennig, John 105, 212, 228, 1126, 1597, 1606, 1994, 2064, 3184, 4052, 4586, 4595-7, 7605, 7679, 7682, 7688, 7748, 7802, 7805, 7808, 7815, 7819-21, 7823-34, 7838-9, 7843-5, 7916, 8013, 8018-9, 8022, 8108-9, 8125-6, 8129, 8134, 8143-6, 8309, 8737, 8739-42, 8749-50
Henry, Françoise 556, 635, 641, 2384, 4209, 8915, 8939, 9129, 9131, 9135, 9147, 9153, 9155-6, 9158
Henry, Patrick (Leo) 518, 939, 1137, 1141, 1178, 1187-8, 1191, 1194-5, 1617, 2120, 2223, 2238, 2375, 2981, 3045, 3163, 3460, 4550a, 4627, 4645, 4658a, 4691a, 4708, 5162, 5413, 5469, 5727, 7196, 7455, 7500, 7500a
Herbert, Beda 9198
Herbert, Robert 891
Herity, Michael 298, 8899
Hermann, E. 3225
Hertz, Rudolf 229-31, 403, 1596, 3080
Heslinga, M.W. 1271, 8942
Heussaff, Alan 1321
Hewson, Michael 1200, 1521, 3682
Hill, Archibald A. 1194
Hillgarth, J.N. 642, 4210, 4654, 8936, 8941, 8946, 9130
A history of Irish Catholicism 7591
Hoagland, Kathleen 5575
Hodges Figgis 53
Hofmann, Josef 631
Hogan, Edmund 232
Hogan, James 141, 186
Hogan, J.J. 1153-4, 1161, 1166, 1493, 1502, 1505, 3897, 3901
Hogan, William 232
Holmer, Nils M. 1069, 1076-7, 1744, 2166, 2785-6, 2830, 2832, 2856, 2884, 2900, 2969-70, 3025, 3034, 3108-9, 3185, 3224, 3264, 3664, 3825, 3827, 4004, 4012, 4014
Holtsmark, Anne 411, 2244, 9105
Hooton, Earnest A. 8902
Householder, F.W. 452
Howard-Hill, T.H. 58
Howells, Donald (G.) 3071, 3091, 3125, 3305, 3316, 3490, 3492, 3502, 4031-2, 5137
Howells, W.W. 8900
Hubschmid, Johannes 346
Hudson, Charles 1063
Hudson, Wilson M. 4765, 8729
Hughes, Felix J. 4937, 8881
Hughes, John P. 1213
Hughes, Kathleen 636, 815, 4208, 4218, 4220, 4297, 4671, 4907-8, 7277, 7280, 7401, 7496, 7610, 7629, 7638, 7672, 7712, 7746, 7778, 7787, 7807, 8095-7, 8174, 8189, 8389, 8594, 8949
Hughes, T. Jones 1210, 1289, 1302
Hull, Vernam 410, 839, 1427, 1431, 1570, 1578, 1679, 1723, 1749, 1798, 1873, 1910, 1912, 1944-6, 1971-2, 2107, 2611, 2740, 2762-3, 2766-8, 2773-4, 2783, 2860, 2994, 3050, 3079, 3099, 3104-6, 3135-6, 3144-5, 3152-3, 3196, 3228-9, 3238, 3241, 3249, 3258, 3283-4, 3286, 3347, 3352-62, 3364-8, 3374-8, 3382-7, 3389-90, 3395-6, 3406, 3409-10, 3413, 3415, 3439, 3467, 4481, 4498,

4535, 4540, 4568, 4828, 4905, 4910, 4913-4, 4932, 4948-50, 4954, 4965, 4973, 4984, 5000, 5010, 5026, 5034, 5076, 5078, 5091-2, 5094, 5097, 5102-5, 5107, 5109-11, 5123, 5129, 5187, 5205, 5207-9, 5570, 5616, 5627, 5643-4, 5649, 5728-9, 7322-3, 7333, 7347, 7357, 7437, 7440, 7473, 7501, 7521, 7786, 7788, 8083, 8265-6, 8268, 8554, 8595, 8609-10, 8676, 8680, 8686, 8688, 8722, 9108, 9121, 9280
Humbach, Helmut 3030, 3441
Hutson, Arthur E. 1158
Hyde, Douglas *al.* de hÍde, Dubhglas *pseud.* An Craoibhín Aoibhinn 233-8, 650, 4106, 7535
Illingworth, R.N. 4525, 4752
Indo-European and Indo-Europeans 480
Indogermanische Chronik 10
Indogermanische Grammatik 964, 2757
Indogermanisches Jahrbuch 3
International medieval bibliography 54
Ireland in maps 2698
Irish Catholic Historical Committee 30, 7588, 8468
Irish historiography, 1936-70 : 131, 8370
Irish life and culture 424
Irish monks in the golden age 512, 7671
Irish publications received by the National Library of Ireland 47
Irish sagas 507, 4072
The Irish Sea province in archaeology and history 481
Irish Texts Society 418
Jackson, Anthony 7307
Jackson, Kenneth (H.) 74, 157, 410, 490, 549, 553, 559, 573, 584, 590, 610, 974, 982, 984, 1008-9, 1016-7, 1031, 1051, 1105-7, 1116, 1353, 2180, 2310, 2313, 2361, 2537, 2733, 2741, 2765, 2861, 2874-5, 2908, 2937, 2944, 2965, 2990, 3130, 3538, 3559, 3595-6, 3993, 4027, 4029, 4050, 4139, 4142-3, 4200, 4407, 4436, 4508, 4541, 4624, 4641, 4652, 4689-90, 4702, 4741, 4778, 4787, 4849, 4904, 4927, 4988, 5013, 5081, 5143, 5145, 5294, 5327, 5341, 5660, 5712, 5714, 7176, 7361, 8223, 8444, 8448, 8454, 8457, 8764, 8766

Jackson, Robert Wyse 8220, 8263
Jarceva, V.N. 2743
Jarman, A.O.H. 1242, 2235, 4053, 4693, 9184
Jennings, Brendan 2347, 4389, 4393, 7570, 7684-5, 7726, 7758, 7761, 7803
Johnson, A.F. 899
Johnston, Edith M. 55, 8368
Johnstone, Paul 9299
Jones, D.M. 1743, 1747
Jones, Emrys 1309
Jones, Frederick M. 901, 1426, 4282
Jones, Gwyn 8403
Jones, Percy 9180
Jones, Thomas 1731
Jones, W.R. 8752, 8964
J[ope], E.M. 8969
The Journal of Celtic studies 410
Joyce, Mannix *v.* Seoighe, Mainchín
Joyce, Patrick Weston 239
Joynt, Maud 1447-8, 5185, 5188
Jacquois, Guy 2032
Katarnos *pseud.* 4805
De Katholieke encyclopaedie 530
Kavanagh, Mary 46, 8492
Kavanagh, Peter 533, 4071, 4824
Kavanagh, Séamus 593-4, 599, 886, 2157, 2201, 3397, 3643, 7556, 9201
Keanay, Marian 124, 4356
Keane, Francis 9276
Kearns, Conleth 1249, 1268, 4306
Keenan, Padraic 8479
Kelleher, John V. 5060, 8385, 8590, 8593, 8691, 8758, 8772
Keller, Hans-Erich 2214, 9293
Kelly, Fergus 2082-3, 5435, 5567, 6061
Kelly, Hugh 853
Kennedy, David 4153
Kennedy, Sheila 1244, 4279, 8743
Kennelly, Brendan (T.) 542, 5587
Kenney, James F. 52a, 4101, 7590, 8364, 8651
Ker, N.R. 665
Kerlouegan, François 7291
Killeen, J.F. 2134, 9119
Killeen, J.J. 609, 2264
Killip, I.M. 2657
Kindlers Literatur Lexikon 539
Kinsella, Thomas 4789, 4928, 5058
Kiparsky, Paul 3325, 3514
Knoch, August 378, 1013, 2296, 2445, 3073-4, 3422-3, 4403, 4437, 4439, 4446, 4570, 4578, 5339-41, 7490, 7550, 8912, 9064

Knott, Eleanor 175, 185, 333, 339, 404, 1423, 1447-8, 1957, 2150, 2311, 2459, 2489, 2789, 3194, 4102, 4158, 5377, 5459, 5526, 5715, 6042, 7313, 7468, 7762, 8073, 8207
Knox, P. Buick 7881
Krahe, Hans 950, 2241, 8848
Krappe, Alexander H. 4443, 4451, 4795, 7367
Krause, David 5204
Krause, Wolfgang 3227, 5035
Kurylowicz, Jerzy 605, 953, 957, 964, 2757, 2885, 2895, 2912, 2939, 2958, 2980, 2983, 2989, 3003, 3165, 3266, 3270-1, 3273, 3326, 3466a
Kylstra, A.D. 1086
Lahert, Richard 2558, 8481
Laistner, M.L.W. 4065
Lámhscríbhinní Gaeilge Choláiste Phádraig Má Nuad 741
Lamont, W.D. 7254
Lankford, Séamus 323, 2194
Lantier, Raymond 529, 4856, 9020
Laoide, Seosamh *al.* Lloyd, Joseph Henry 240, 3829
Laporte, Jean 7774
Laporte, R.P.D. 8027a
Larousse encyclopedia of mythology 535
Larousse world mythology 538
Latham, R.E. 1123
Lavin, T.J. 2893, 3719, 3723
Lawlor, Anthony T. 8528
Lazzeroni, Romano 1635
Leabhair ó láimhsgríbhnibh 421
Leabhair thaighde 428
Lebar na Núachongbála 697
Léachtaí Cholm Cille 430
Le Bras, Gabriel 7772
Leclerq, Jean 8053
Lee, A. van der 4643, 5033
Lee, Gerard A. 2647, 4552, 9263
Leech, Roger H. 8612, 8721
Lehmacher, Gustav 1776, 4812, 8075, 8966, 8971, 8976, 9074
Lehmann, Paul 447, 4066
Lehmann, Ruth Preston M. 1651, 2769, 3341, 5133, 5136, 5144
Lejeune, Michel 264, 406, 990, 995
Lennon, Michael J. 7565
Le Roux, Françoise 115, 502, 978, 1786, 2048, 4113, 4137, 4142-4, 4426, 4490, 4509, 4529, 4551, 4561, 4817, 4823, 4830, 4839-40a, 4853-5, 4860-3, 4868, 4871, 4881, 4888, 4903, 4926, 5006, 5011, 7270, 7272, 7372, 7388, 7471, 7480-1, 8560, 8714, 8837, 8972, 8980, 8984-5, 8991, 8994, 9005, 9007, 9014, 9019, 9022-3, 9026-8, 9033-4, 9047-8, 9050, 9052a, 9053, 9095, 9146, 9302
Leroux, Pierre 409, 4826, 5002
Lethbridge, T.C. 8846
Lewis, Archibald R. 8546
Lewis, Ceri W. 468, 4097
Lewis, Henry 82, 467, 2743, 2748
Lewy, Ernst 241-2, 449, 1012, 1029, 1036, 1040, 1054, 1064, 1409, 1418, 1604, 1618, 1623, 1956, 2112, 2163-5, 2172-3, 2181, 2191, 2203-4, 2232, 2270, 2309, 2731, 2754, 3111, 3451
Lexique étymologique de l'irlandais ancien 1467
Lionard Pádraig 554, 556, 2384, 9129
A list of books, articles, etc. ... received at the National Library of Wales 9
Littleton, C. Scott 4859
Livingstone, Peadar 2334, 2339
Lloyd, David Myrddin 895, 5356
Lloyd, Joseph Henry *v.* Laoide, Seosamh
Lloyd-Jones, J. 1584, 1602, 2188, 2350, 2370, 3024, 3036, 3222
Llyfrgell Genedlaethol Cymru, The National Library of Wales 5
Lochlann 411
Locker, Ernst 1080
Lockwood, W.B. 1643, 1657, 1988, 2258, 2280, 2758
Löfstedt, Bengt 1120
Logan, John 4367
Lohmann, J. 3253, 3446
Loicq, J. 393
Longford, The [6th] Earl of [Pakenham, Edward Arthur Henry] 5572-4, 6342
Loomis, Roger Sherman 4607, 4717, 4729, 4743, 4747, 4749, 4753, 4755, 4762
Lorcin, Aimée 4160, 7666
Lorimer, W.L. 1351
Louis, René 7956
Love, Walter D. 676, 4311, 4321
Lowe, E.A. 622, 651
Loyer, Olivier 7635
Lucas, Antony T. 352, 1512, 1517, 1610, 1619, 1622, 1638, 1641, 1648, 1650, 1666-7, 4150, 4538, 4543, 7644, 8401, 8404, 8514, 8543, 8547-8, 8550-1, 8562, 8573, 8576, 8587,

8948, 9098, 9101, 9111, 9278, 9284, 9290, 9295, 9298, 9303-4, 9311
Luce, A.A. 681-2, 693, 820, 9154
Lucy, Seán 5582
Lugh *pseud.* 485, 2096, 4892
Lukman, N. 4510
Lundman, Bertil 8904-5
Lydon, J.F. 7882
Lynam, Edward (W.) 915, 2694-5
Lyons, J.B. 4312, 4772
Mac Airt, Seán *al.* Arthurs, John B. 140, 145-6, 243-6, 630, 805, 831, 1481, 1603, 1831-5, 1851, 1858, 2423-5, 2471, 2518, 2538, 2544, 2553, 2557, 2764, 3369, 3840, 3896, 3948, 4182, 4191, 4196, 4339, 4389, 4413, 4416, 5212, 5313, 5415, 5489, 5493, 5612, 6048, 6109, 6132, 6230-40, 6247-81, 6324-6, 6430, 6471-7, 6487-8, 6492, 6603-4, 6634-8, 6668, 6685, 6692, 6695, 6725-6, 6745, 6756-7, 6952-7, 7259, 7522, 7555, 7758, 7937, 7944, 8280-1, 8380, 8544, 8601-2, 8682, 8786
Macalister, Robert Alexander Stewart 96, 219, 247-9, 546-8, 551, 562, 565, 571, 721, 798, 2300, 2458, 7973, 8578, 8600, 8697, 8873
Mac an Bháird, Mícheál 2620, 2627, 2665
Mhac an Fhailigh, Éamonn *al.* Nally, E.V. 1159, 1212, 1499, 1501, 1525, 2160, 2646, 2820, 2836, 2858, 2946, 2959, 3231, 3434, 3700, 3707-9, 3742, 3745, 3753, 3763, 3767, 3899, 3920, 7177
Mac an tSagairt, Liam 1317
Mhac an tSaoi, Máire *al.* Mac Entee, Máire 1333, 5261, 5266, 5498, 6106, 6124, 6663, 7044-5, 7552, 8122
MacAodha, Breandan 2556, 7523
Mac Ao(dha)gáin, Parthalán *al.* Egan, Bartholomew 250, 835, 910, 933, 1487, 2713, 2720, 2728, 4305, 4372, 5338, 5476
Mac Aodhagáin, P.C. *v.* Egan, Patrick K.
MacArthur, William (P.) 1573, 1784, 8581, 9230, 9236, 9239
MacAskill, Alex. J. 4020
MacAulay, Donald 2972-3, 2975, 3012-4, 4018-9, 4021
Mac Cana, Proinsias (*al.* McCann, F.) 245-6, 460, 669, 2009, 2016, 2057-8, 2129, 2236, 2382, 2523, 2595, 3078, 3102, 3178, 3411, 3456, 3495, 3498, 4069, 4073, 4085, 4089, 4109, 4206, 4225, 4237, 4362, 4424, 4430, 4494, 4531, 4636, 4642, 4694, 4700, 4786, 4820, 4876, 5045, 5068, 5080, 5155, 5418, 5427, 5543, 5605, 7290, 7343, 7378, 7393, 7474, 8659, 8689, 9004, 9038, 9118, 9208
Mac Cárthaigh, Mícheál 1979, 2257, 2598, 2625, 2631, 2645, 2687
MacCarthy, B.G. 4250
MacCarthy, Charles J.F. 7665, 8101, 8428
MacCarvill, Eileen 4353, 4662
Mac Carvill, Michael 1523, 2262, 3854
McCaughey, Terence (P.) 1437, 2819, 3421, 3818, 4023, 7559
Mac Cionnaith, Roibeárd 6297
Mac Cionnaith, Seosamh *v.* McKenna, Joseph
McClintock, H.F. 1581, 4125, 4998, 9277, 9279
Mac Cnáimhsí, Brendán 4350, 5430
Mac Conaill, M.A. 8903
Mac Conmara, Dáibhí 6920
Mac Con Midhe, Pádraig 1304, 1320, 2815, 3858, 3861, 3868
Mhág Craith *al.* McGrath, Cuthbert 251, 2723, 2808, 3280, 4252, 4254, 4262, 4277, 4285, 4296, 5352, 5378, 5393, 5421, 5473, 5477, 5515, 5551, 5596, 5810, 5815, 5820, 5903, 6016, 6020, 6022-8, 6039, 6043-7, 6057-60, 6065, 6073-7, 6079, 6104, 6121, 6180, 6183, 6202, 6227, 6286, 6288, 6296, 6298-6306, 6313, 6323, 6332, 6360-1, 6367-70, 6374-5, 6415, 6424, 6435, 6439, 6457, 6462-5, 6468, 6498, 6510-1, 6513-4, 6576-8, 6582-7, 6597-8, 6617, 6633, 6643, 6647-58, 6662, 6723-4, 6734, 6738-9, 6741, 6746-52, 6755, 6907-12, 6916-8, 6930, 6950, 7012, 7017-9, 7077, 7120, 7138-52, 7579, 7760, 7836, 8326, 8639, 8783, 8809, 8815, 9174
Mac Cruiftire, Gearóid 7674
Mac Cumhghaill, Brian 5873-99, 6135-6, 6754
Mac Dermott, Michael 7937
Mac Diarmada, Máirín *Nic Dhiarmada*, *v.* O Daly, Máirín
Mac Doinnshléibhe, P. 2566, 2576
Mac Domhnaill, *An tAthair* [S.] 6610

MacDonagh, Donagh 5577
McDonald, Allan 1531
MacDonald, Donald A. 5285
Macdonald, John 205, 405, 4184, 5371, 6758
MacDonald, Kenneth D. 1360, 1476
Mac Donnacha, Frederic 4036, 7531, 8100
Mac Donnchadha, Lil *Nic Dhonnchadha* 5117
McDowell, R.B. 8656
Mac E..ery, Marcus 435, 628, 4273, 5488, 6600, 7023
Mac Énrí, Mícheál 1504
Mac Énrí, Pádraic L. 3676
Mac É(i)nrí, Úna *Nic É(i)nrí* 1035, 4118, 8269
Mac Entee, Máire *v.* Mhac an tSaoi
Mac Eóghain, Éamonn 655, 4268, 6719
Mac Eoin, Gearóid S. 231, 412, 465, 541, 1024, 1396, 1398, 1466, 2447, 2606, 2940, 3344-5, 3478, 3504, 3506, 4079, 4103, 4212, 4533, 4537, 4539, 4559, 5048, 5112, 5150, 5158, 5175, 5203, 5240-1, 5243, 5394-5, 5537, 5590-1, 5595, 6927, 7438, 7451-2, 7457, 7968, 8176, 8180-1, 8211, 8213, 8515, 8692, 8712, 8940
Mac Gabhann, Micí 1514, 3848
McGeown, Hugh 5951
Mac Gill-Fhinnein *al.* MacLennan, Gordon 1924, 2813, 2974, 2976, 3167, 3204, 3970, 3990, 4013, 4022
Mac Giolla Choille, Breandán 2444, 4047
Mac Giolla Chomhaill, Anraí *al.* Coyle, H.H. (? *ident. with* Ó Comhghaill, Annraoí *q.v.*) 1318, 1527, 3547, 3866, 4791
Mac Giolla Iasachta, Éamonn *v.* MacLysaght, Edward
Mac Giolla Phádraig, Brian 148, 311, 645, 786, 1218, 1389, 4352, 9265
Mac Giolla Riabhaigh, Seán 4567, 5184
McGrath, Cuthbert *v.* Mhág Craith
Mac Grath, Kevin 896, 902, 6445
McGurk, J.J.N. 4219
Machek, Vaclav 171, 1625
McHugh, Sheila Joyce 4725
MacInnes, John 537, 4222, 5419, 5429
McIntosh, Angus 122, 1207
Mac Íomhair, Diarmuid *al.* MacIvor, Dermot 2601, 5594, 7395, 7469, 8422-3, 8516
Mac Íomhair, Seán 6226

McKay, John G. 4787, 5294
Mackechnie, John 826, 7360, 8222
McKenna, Joseph *al.* Mac Cionnaith, Seosamh 1156, 1494, 2152, 3705
McKenna, Lambert 252, 778, 796, 925, 1480, 1559, 2714, 2716, 5365, 5449, 5480, 5499, 5507, 6038, 6049-55, 6063, 6068, 6070-1, 6083-4, 6111-8, 6126-31, 6327-8, 6334, 6425-9, 6431, 6433, 6478, 6480-1, 6491, 6494-5, 6588, 6601-2, 6631, 6660, 6669-71, 6674-84, 6686-8, 6690-1, 6693-4, 6696-702, 6704-5, 6708-10, 6900-3, 7026-7, 7038-42, 7047-8, 7069, 7071-5, 8793, 8801
Mackenzie Donn, Thomas 1357, 8204
McKernan, Owen 253, 3804, 6064, 6189
McKerral, Andrew 7234, 7247, 8519, 8536
Mackey, William F. 1296
Mackintosh, Donald T. 823, 4764
Maclean, Calum I. 4631, 5044, 5325, 9088
Maclean, John 397
Maclean, S. 4550, 5411
MacLennan, Gordon *v.* Mac Gill-Fhinnein
Macleod, Murdo 1356
Mac Lochlainn, Ailfrid *al.* Alf 47, 51, 801, 907, 914-5, 1593, 1808, 4082, 4771, 5555, 8239, 8296, 8804, 9197
McLoughlin, Eleanor 8148
MacLysaght, Edward (A.) 726, 735, 767, 775-6, 2328, 2330, 2332-3, 2338, 2342, 2349, 2416, 8774-7, 8921
McMahon, John F. 6453-5
MacManus, Francis 7419
MacManus, M.J. 290
Mac Maoláin, Seán 4016
Mac Mhathain, Aonghus *v.* Matheson, Angus
Mac Mathúna, Ciarán 3951, 4486, 7093, 7179
McNally, Robert (E.) 32, 514, 930, 4332, 4615, 7498, 8197-8, 8206, 8247, 8260
Macnamara, John 1285, 1295, 1344
McNamara, Leo F. 870, 1025, 1628, 4530, 8723-5
McNamara, Martin 8264
MacNamee, James J. 8478
Mac Neill, John *al.* Eoin 254-61, 848, 3765, 7337, 7871, 7894
MacNeill, Máire 4466, 4544, 4841,

4850, 4877, 5330, 6496, 7274, 8163, 9070, 9096
MacNeill, Patrick 2478, 7975
Mac Niocaill, Gearóid 1030, 1486, 1646, 1649, 1671, 1993, 2040, 2315, 2727, 4114, 5252, 5801, 5808, 5917, 5919-48, 6072, 7121, 7124, 7130, 7284, 7288-9, 7301-3, 7341, 7345, 7356, 7362, 7366, 7392, 7503, 7749, 7776, 7781, 8038-9, 8042, 8068, 8110, 8130, 8133, 8171, 8175, 8200, 8241, 8243-5, 8249, 8258, 8269, 8278, 8354, 8357, 8558, 8568, 8568a, 8577, 8597, 8622, 8645-6, 8711, 9211, 9218, 9261
Mac Oireachtaigh, Mícheál 2489
Macpherson, Alan G. 8821
Mac Philibín, Liam 7993
McPolin, Francis 8307
MacQueen, John 955, 1177, 2555, 2897, 3450, 4145, 7818
Mac Raghnaill, Fearghal *al.* Grannell, Fergal 128, 262, 527, 7584, 7592, 8318
McRoberts, David 25, 8120
Mac Siacais *v.* Jackson, R.W.
Mac Spealáin, Gearóid *al.* Spencer, F.G. 2454, 2456, 2466, 2482, 2484, 2579, 2655, 8476, 8486, 8494
Mac Suibhne, Seán 1546, 2318, 8690, 9002
Mag Uidhir, Seosamh 756, 6294
Mac Uilis, Oscar 1229
Mac White, Eóin 61, 604, 976, 1043, 1094, 1565, 8526, 8880, 9051, 9163
Madden, P.J. 661, 903-4
Maddison, R.E.W. 909, 8196
Mahr, A. 7232
Malone, Joseph L. 2931, 3306
Malone, Kemp 1911
Maniet, Albert 100, 104, 195, 979, 2745, 2771, 3260, 3342, 3454, 3539, 3649-50, 5128-30, 5173, 8362, 8649
Ms. 23 N 10 (formerly Betham 145) in the Library of the Royal Irish Academy 713
Map of monastic Ireland 7662
Maps and plans in the Public Record Office 2705
Marcus, David 6344
Marcus, G.J. 4906, 8507-8, 9281, 9285-7
Marcus, Phillip L. 4670
Marie-Louise Sjoestedt (1900-1940) in memoriam 362

Markale, Jean 4120
Marsh, Arnold 7886, 7997
Marsh, Thomas 7991
Marsh-Micheli, G.L. 641, 4209, 9156
Marstrander, Carl (J.S.) 263-70, 411, 578, 1447, 1471, 1564, 3021, 5445
Martin, Bernard (K.) 4148, 4563, 4929, 5424, 5788, 7202, 8069
Martin, F.X. 39, 50, 216, 258, 426, 519, 7871, 8366, 8407, 8735
Martinet, André 2869, 2876
Marx, Jean 406, 496, 4074, 4522, 4553, 4731, 4740, 4750, 4756, 4758
Masai, François 653, 4165, 8914-5, 8916, 9144, 9147
Mather, J.Y. 476
Matheson, Angus *al.* Mac Mhathain, Aonghus 271-2, 461, 1478, 1736, 1745, 1801, 1831, 1849-51, 2352, 3787, 4501, 4981, 5293, 5713, 5954, 6315, 7252, 7532, 8158-9, 8279-81, 8330, 8797, 9071, 9179
Matheson, William 1532, 5560, 6352, 7483, 9196
Matras, Chr. 1136, 1138, 2247, 9086
Maxwell, Constantia 8744
Mayer, Rolf Alexander 241
Mayrhofer-Passler, E. 4999, 8977
Measgra i gcuimhne Mhichíl Uí Chléirigh 431
Mediaeval and Modern Irish series 420
Medieval studies presented to Aubrey Gwynn, S.J. 450
Meehan, Denis 1115
Meid, Wolfgang 10, 349, 403, 455, 888, 959-60, 1184, 1468, 1474, 1637, 1907, 1934, 1965, 1995, 2066, 2390, 2759, 2903-5, 2984, 3058-9, 3061, 3065, 3070, 3269, 3276, 3285, 3288, 3319, 3469, 3476, 3513, 4239, 4991, 4994-5, 5440, 9000
Meillet, A. 945-6
Mélanges Colombaniens 470a
Mercier, Vivian 4064, 4081, 4411, 4644, 7416, 7421, 7434
Merlin, Alfred 390
Meroney, Howard 410, 498, 580, 582, 934, 937-8, 1155, 1579, 1614, 1799, 2306, 4172, 4465, 4581, 4977, 5019, 5066, 5086, 5253, 5608, 5610, 5717, 7317-8, 7324, 7411, 7413, 7443, 7499, 8704, 9231
Meyer, Peter 681, 691, 834, 7693, 9149, 9151, 9154
Meyer, Robert T. 198, 4598, 4964,

5238, 5244-8, 5250-1, 5254, 5326, 5658b-f, 7537, 7554
M[ezger], F. 3247
Milewski, Tadeusz 2374
Millett, Benignus *v*. Ó Miolóid
Le miracle irlandais 503, 7606
Mitchell, G. 7764
M.L.A. international bibliography 8
Mohrmann, Christine 367, 1118, 7981, 7995, 8000
Moloney, M. 558, 4330
Montague, Gerard 7912
Moody, T.W. 131, 519, 8366, 8370
Mooney, Bernard (J.) 2524, 2531, 2873, 8479
Mooney, Canice *v*. Ó Maonaigh, Cainneach
Moore, Séamus P. *v*. Ó Mórdha
Moran, T. Whitley 8824
Mordiern, Meven 8827
Moreau, Jacques 4478, 7446
Morgenstierne, Georg 366
Morris, John 7642, 7841, 7874
Morrissey, Thomas 9207
Morton, Deirdre (E.) *v*. Flanagan
Most, William G. 1103, 7798
Mould, Daphne D.C. Pochin 111, 7603, 7796, 8089
Mourant, A.E. 1072, 8901
Mras, Karl 7985
Mühlhausen, Ludwig 13, 326, 403, 1410, 1451, 1551, 2092-3, 2354, 3533, 4447-8, 4469, 5081, 5185, 5303, 9062-3, 9073, 9268-9
Müller-Lisowski, Käte 1133, 2308, 4803, 4806, 5306, 5309
Mulcahy, C. 7211, 7213, 7905
Mulchrone, Kathleen *al*. Ó Maol-Chróin, Caitilín *Ní Maol-Chróin* 688, 704, 711, 723, 734, 803, 869, 1104, 2854, 4255, 5169, 5607a, 5613, 5661, 5720-1, 6613, 7364, 7891-2, 7907, 7926, 7930, 7938, 7945, 7951, 8759, 8785
Mulligan, P. *v*. Ó Maolagáin
Mulvany, Peter 4366
Munby, A.N.L. 727
Murphy, Gerard *al*. Ó Murchadha, Gearóid 172-3, 190, 211, 218, 233, 273-8, 281, 330, 332, 363, 398, 407, 421, 433, 483, 497, 532, 534, 765, 777, 799, 851, 1037, 1100, 1108, 1150, 1230-1, 1574, 1720, 1722, 1728, 1730, 1734-5, 1742, 1839, 2094, 2162, 2712, 2717, 2764, 2770,
2792, 2992, 3018, 3023, 3028, 3075, 3131, 3216, 3431, 3573, 3597, 3604, 3679-80, 3683-4, 3688, 3905, 3924-5, 3928-9, 4062-3, 4102, 4130, 4163-4, 4167-8, 4170, 4173, 4195, 4410, 4415, 4444, 4462, 4483, 4571, 4577, 4606, 4618, 4720, 4726, 4732, 4736, 4813, 4816, 4885, 4899, 4911, 4917, 4923, 4976, 4986, 5016, 5022, 5064, 5083, 5128, 5146-8, 5173, 5180-1, 5186, 5192-8, 5213-6, 5218, 5221, 5231, 5267, 5269, 5274, 5310, 5315, 5355, 5465, 5490, 5500, 5514, 5516, 5520, 5523, 5566, 5588-9, 5603, 5607, 5607b, 5615, 5619-22, 5636, 5638, 5645, 5658, 5665-5711, 5949-51, 6125, 6355, 6371, 6502-3, 7081, 7092, 7175, 7194, 7198-9, 7201, 7204-5, 7107-8, 7433, 7464, 7526, 7529, 7558, 7857, 7893, 8168-9, 8199, 8209, 8275, 8286, 8302, 8603, 8618, 8625, 8917
Murray, Desmond 627, 850, 9233
Murray, Laurence P. *al*. Ó Muireadhaigh, Lorcán 279-82, 5481, 8473
Music in Ireland 9173
Myth and law among the Indo-Europeans 524
Nally, E.V. *v*. Mhac an Fhailigh, Éamonn
Nash-Williams, V.E. 547, 552, 569, 583, 585
National Library of Ireland 21-2, 138-9, 618-9
National Library of Scotland 157
National Library of Wales 5, 9
Natrovissus *pseud*. 4808, 7243, 8973
Neeson, Eoin 5583
Nerney, D.S. 7979
Neu, Erich 962, 3323
New Catholic encyclopedia 541
New Larousse encyclopedia of mythology 535
Newstead, Helaine 4748
Ní *v*. Ó
Nic *v*. Mac
Nicholl, Donald 8851
Nicholls, K.W. 2649, 2651, 2662, 2667, 2685
Nicolaisen, W.F.H. 36, 156, 470, 1011, 1607, 2294, 2427, 2562, 2574, 2580-1, 2586, 2592, 2639, 2656, 2670, 2672, 2677, 8452
Nicolson, Alexander 4299, 9253

INDEXES

Nitze, William A. 4742
Norman, E.R. 8895
Norse-Celtic bibliographical survey 65, 1131
North Munster studies 459
Nuachúrsa Gaeilge na mBráithre Críostaí 1402
Nua-dhuanaire 5569
Nuner, Robert D. 3343, 5217
Ó Baoill, Colm 2070, 3547, 4001
Ó Beirn, Pádraig 8080
O'Boyle, Sean 5385
Ua Brádaigh, Tomás 396, 2607, 4091, 4308, 4326, 4334, 4345-6, 5405, 5423, 5902
Ó Briain, Ceallach 1539
Ó Briain, Felim 89, 91, 527, 4378, 4453, 4459, 7584-5, 7793, 7797, 7801
Ó Briain, Mícheál 1496, 3619
O'Brien, Máire Cruise *v*. Mhac an tSaoi, Máire
O'Brien, Michael A. 283-7, 408, 662, 697, 880, 1672, 1807, 1817-28, 1861-3, 2108, 2110-1, 2134, 2319, 2325, 2366-9, 2426, 2552, 2881, 2886-8, 3032, 3039, 3155-6, 3159, 3199, 3239, 3243, 3363, 3371, 3438, 3440, 3443, 3453, 3511, 4496, 4938, 4441, 5021, 5125, 5199, 5242, 5454, 5655, 5664, 7195, 7375, 7405, 8072, 8658, 8683, 8755, 8758, 8765, 9119
Ó B[roin], B. 1461
Ó Broin, Leon 1278
Ua Broin, Liam 1153, 1493, 3897
Ó Broin, Pádraig 288, 317-8, 1460, 5392a, 5658a
Ó Broin, Tomás 1963, 2039, 2071, 2992, 3928, 4536, 4557, 4565, 4625, 4947, 4953, 4956, 5127, 5716, 9013, 9032, 9036, 9259, 9264, 9266
Ó Buachalla, Breandán 153, 516, 647, 754, 758, 788, 1279, 1312, 2809, 2824, 3046, 3123, 3169, 3468, 3657, 3663, 3814, 3820-1, 3823, 3871, 4221, 4331, 4348, 4980, 5276, 5283, 5426, 5569, 6029, 6319, 6356, 6385, 6396, 6466, 6521-2, 6554, 6556-75, 6593-4, 6599, 6620, 6659, 6753, 7160-4, 7167-73, 7439, 7581, 8495
Ó Buachalla, Liam 557, 1536, 2327, 2635, 2640, 2653, 3578, 4325, 5174, 5872, 7236, 7314, 8104, 8372-3, 8415, 8512, 8523, 8584-5, 8710, 8761-2

Ó Cadhain, Máirtín 1342, 1378, 1394, 3795
Ó Cadhlaigh, Cormac 289, 4785, 4925
Ó Cadhla, Pádraig 360
O'Carroll, Francis 9168
Ó Casaide, Séamus 290, 846, 890, 8334, 9162
Ó Catháin, Gearóid 5229
Ó Catháin, (M.) Próinséas *Ní Chatháin* 359, 732, 1448, 4993, 5222, 5230
Ó Catháin, Séamas 1319, 1528-9, 2676, 3867, 3874-5, 8574
Ó Catháin, Seán 2715, 4891, 7486, 7514
Ó Cathasaigh, Tomás 8433
Ó Ceallacháin, Máire *Ní Cheallacháin* 3579, 5955, 5958-6008, 6010, 6485, 6664, 7127
Ó Ceallacháin, Nóirín *Ní Cheallacháin* 300
Ó Ceallaigh, Aibhistín 8317
Ó Ceallaigh, Brian 1366, 1497, 7586, 8305
Ó Ceallaigh, Eoghan *v*. O'Kelly, Owen
Ó Ceallaigh, Proinnsias 335
Ó Ceallaigh, Séamus 280, 291-2, 2475-6, 2499, 2512, 2696-7, 4275, 7800, 8413
Ua Ceallaigh, Seán *pseud*. Sceilg 93, 158, 320, 1364, 4034, 6383, 6386-94, 6397-6403, 6922, 7686
Ó Ceallaigh, Tomás 4341
Ó Ceannabháin, Colm 8177
Ó Cearbhaill, Pádraig 4361, 5439
Ó Céileachair, Donncha(dh) 196, 1556, 3603, 9273
Ó Céilleachair, Aindrias *v*. O'Kelleher, Andrew
Ó Ceilleachair, Stiofán 3748, 6609
Ó Ceithearnaigh, Séamus *v*. Carney, James
Ó Cillín, Proinnsias 8377
Ó Cinnéide, Síle *Ní Chinnéide* 4286, 4295, 7571-2
Ó Cinnéide, Veronica *Ní Chinnéide* 9182
Ó Cíobháin, Breandán 2624, 2632, 2663, 3667, 3681, 3690
Ó Cléirigh, Conn R. 347, 499, 1050, 1469, 1672, 2325, 2967, 3552, 4832, 9100
Ó Cléirigh, Meadhbh *Ní Chléirigh* 5269, 9202
Ó Cochláin, Rupert S. 715, 9117
Ó Coileáin, Seán 4116

Ó Coindealbháin, Íde *Ní Choindealbháin* 90
Ó Coindealbháin, Seán 1219, 1225
Ó Comhghaill, Annraoi (? *ident. with* Mac Giolla Chomhaill, Anraí *q.v.*) 4324, 5398, 7745
Ó Conalláin, M. *v.* Connellan, M.J.
Ó Concheanainn, Tomás 700, 704, 731, 761, 1644, 2038, 2056, 2132, 2642, 2686, 2690, 2729, 2779, 3346, 3398, 3557-8, 4955, 5164, 5166-7, 5202, 5414, 5425, 5434, 5569, 59Ó 6203, 6384, 6395, 6434, 6923, 6960, 7156, 8267, 8270, 8435, 8591, 9120, 9219-20
Ó Conchubhair, Donnchadh 1500, 2161, 3631, 3900
Ó Conchubhair, Pádraig 1166, 1505, 4253
Ó Conchubhair, Seósamh 1227, 4260
Ó Conghaile, Seán S. 5165, 5536, 5538, 5624-6, 5733-44, 8139
Ó Conluain, Proinsias 196, 1514, 3848, 8173
Ó Conmhidhe, Mai(gh)réad *Uí C(h)onmhidhe, v.* Conway
O'Connell, J. 2623, 2637
O'Connell, Philip 4244, 7615, 8483
O'Connor, Frank *pseud.* [O'Donovan, Michael] 4108, 4915, 4952, 5027, 5115, 5152, 5210, 5219, 5542, 5545-9, 5578-9, 5601, 5631-3, 5637, 5641, 5750-82, 6337, 6446, 7188, 7197, 7201, 7206, 7209, 7509, 7842, 8214, 8598, 8637-8, 8720
O'Connor, Joe 1367
O Connor, Patrick 293
O'Conor, Charles 164
Ó Corcora, Dónall *v.* Corkery, Daniel
Ó Corráin, Donncha(dh) 2340, 2674, 2691, 4887, 7406, 8396, 8424, 8431, 8592, 8769-71
Ó Croiligh, Oilibhéar 5956
Ó Cróinín, Áine *Ní Chróinín, v.* O'Sullivan, Anne
Ó Cróinín, Donncha(dh) (A.) 1397, 1530, 2608, 2825, 3176, 3555, 3687, 3691, 3991, 5346, 6009, 6330, 6448-9, 6452, 6661, 6713, 6929
Ua Cróinín, Seán 1530, 2825, 3687, 3691, 5347
Ó Crualaoich, Donncha 5153
Ó Cuileanáin, Mícheál 7178
Ó Cuill, Domhnall 236
Ó Cuilleanáin, Cormac 299, 1250, 3625, 4315, 6714, 7462, 8643

Ó Cuinn, Cosslett *v.* Quin
Ó Cuív, Brian 95, 180, 207, 244, 274-5, 277, 283-4, 324-5, 331, 384, 407, 464, 508, 522, 611, 699, 701, 729, 736-7, 740, 744, 747, 749-51, 755, 770, 802, 829, 844, 882, 927, 931, 1033, 1240, 1265, 1269, 1282, 1293, 1328, 1332, 1385, 1391, 1472, 1482, 1496, 1516, 1533, 1634, 1640, 1746, 1790, 1803, 1843-4, 1866-70, 2113-4, 2205-6, 2221-2, 2246, 2282, 2435, 2442, 2559, 2721, 2724-5, 2787, 2790, 2793, 2796, 2801, 2806, 2818, 2845-8, 2932, 2952, 2960, 3035, 3056, 3063, 3081, 3090, 3161, 3198, 3237, 3263, 3372, 3404, 3455, 3533a, 3535, 3541, 3574, 3576, 3581, 3600, 3607-8, 3613, 3619, 3626, 3632, 3660, 3666, 3679-80, 3683-4, 3688, 3693, 3696, 3725, 3782, 3845, 3852, 3857, 3902, 3907, 3943, 3952, 3959, 4045, 4063, 4076, 4083, 4087, 4106, 4197, 4211, 4216-7, 4336-9, 4410, 4421-2, 4518, 4547-9, 4556, 4696, 4890, 4895, 4898, 4900, 4951, 5047, 5069-70, 5073, 5118, 5134, 5138, 5151, 5172, 5181, 5231, 5267, 5279, 5396, 5408, 5410, 5415-7, 5466, 5472, 5474, 5511, 5519, 5530, 5534-5, 5540, 5556-7, 5564, 5584, 5597, 5635, 5651, 5663, 5731, 5746, 5789, 5800, 5811, 5918, 5953, 6078, 6088, 6099, 6108, 6134, 6284, 6329, 6333, 6336, 6349, 6353, 6359, 6372, 6404, 6442, 6479, 6504-6, 6524, 6555, 6619, 6721, 6729, 6734, 6742, 6762-3, 6958-9, 7015, 7043, 7082, 7887-8, 7094-5, 7099, 7116, 7122, 7125-6, 7132-3, 7155, 7174, 7185, 7193, 7215-6, 7267, 7351, 7363, 7365, 7422, 7427-9, 7449, 7466-7, 7508, 7510, 7541, 7569, 7576-8, 7709, 7868, 8045, 8093, 8118, 8127, 8136, 8138, 8141, 8183, 8194, 8229, 8232, 8236, 8248, 8250, 8252, 8289, 8310, 8312, 8322, 8340, 8346, 8383, 8398, 8629, 8660, 8667, 8669-70, 8707, 8718-9, 8756, 8813, 8819, 8951, 8997, 9187, 9206, 9212, 9216, 9241, 9247
Ó Cuív, Shán 322, 2119, 2991, 3219, 3598, 3606, 3648
O'Curry, Eugene 107, 110, 293-8
Ó Dálaigh, Cearbhall 1258
Ó Dálaigh, Dominic 237-8, 650
Ó Dálaigh, Seán 7578

O'Daly, B. 2565, 8026
O Daly, Máirín *al.* Mac Diarmada, M. Nic Dhiarmada 1448, 1954-5, 2470, 2734, 2738, 2760, 3340, 4055, 4893, 4971, 4974, 5036, 5062, 5079, 5085, 5100, 5206, 5262, 5402, 5495, 5561, 5640, 5656, 5722, 5725, 5748, 5791, 7131, 7187, 7190, 7210, 7275, 7560, 7564, 8717
Ó Danachair, Caoimhín *al.* Danaher, Kevin 1327, 1340, 1566, 1598, 1620, 1636, 9003, 9087, 9114, 9260, 9274, 9288-9, 9294, 9296, 9300, 9309
Ó Danachair, Liam 3628
O'Doherty, John Francis 7595-6, 7887, 8301
Ó Doibhlin, Breandán *al.* Devlin, Brendan 1298, 4528
Ó Doibhlinn, Diarmaid 1273, 5580
Ó Doibhlinn, Éamon 2542, 7358, 7658, 7935, 7937, 8497, 8773
Ó Domhnaill, Cáit *Ní Dhomhnaill* 2955, 3010, 3757, 3759
Ó Domhnaill, Niall 1368, 4389, 6190, 7758
Ó Domhnaill, Seán 2693
Ó Domhnalláin, Tomás 1405
Ó Donnchadha, Diarmuid 1379
Ó Donnchadha, Éamon 299-300
Ó Donnchadha *al.* O'Donoghue, Tadhg *pseud.* Torna 255, 301-2, 315, 437, 632, 738, 768-9, 3594, 4241, 5517, 5804-7, 5819, 5865-71, 5916, 6019, 6090-4, 6096-7, 6100-2, 6107, 6188, 6363-5, 6440, 6610, 6630, 6711-2, 6730-3, 6761, 6764-6898, 6961-2, 7020, 7096-8, 8654, 8759-60
The O'Donnell lectures 427
O'Donnell, Terence 2718, 4283
O'Donnell, Thomas J. 1485, 5718, 7221, 8731, 9205
O'Donoghue, C.B. 2633
O'Donovan, John 94, 303-9, 927, 2721, 3035, 8630, 8633
Ó Drisceoil, Caitríona *Ní Dhrisceoil* 7515
Ó Droighneáin, Muiris 1378, 1382, 2336, 2440, 2669, 3006, 4042, 4044
Ó Dubhda, Seán 1557, 1571, 3605, 3624, 8520, 9275
Ó Dubhghaill, Máire *Ní Dhubhghaill* 189
Ó Dubhthaigh, Bearnárd 856, 928, 1961-2, 2316, 2432, 2438, 2596, 3001, 3053, 3388, 3736, 3809, 3853, 3985, 5200, 6628, 7546, 8058, 9113, 9215
Ó Dufaigh, Seosamh *al.* Duffy, Joseph 64, 159, 416, 745, 1439, 2335, 3819, 6591-2, 7134, 7352, 7423-5, 7431, 8472, 8767, 8810, 8814
Ó Duibhginn, Seosamh 428, 6290-1, 7123
Ó Duilearga, Séamas *al.* Delargy, James H. 133, 203, 336, 1553, 1729, 3627, 3637, 3658, 3668, 4053, 4154, 4159, 4215, 4226, 4776, 5286-7, 5289-91, 5302, 5305, 5316, 5331, 5333-5, 7525, 7539, 8521, 8566, 9059
Ó Duinn, Tomás 2619
Ó Duinnín Pádraig *v.* Dinneen, Patrick S.
Ó Dúlacháin, Liam 1545, 8559
O'Dwyer, Barry W. 7750-2, 8952
O'Dwyer, Brendan 7024
O'Dwyer, Peter 5650, 6512
Ó Fachtna *al.* Faulkner, Anselm 310, 2799, 2814, 3582, 3816, 8227, 8230, 8262, 8285, 8290-2, 8299, 8311, 8314, 8348
Ó Faircheallaigh, Úna *Ní Fhaircheallaigh* 311
Ó Fiaich, Tomás 117, 142, 152, 154, 282, 291, 748, 780, 838, 852, 854, 1326, 4229, 4235, 4313, 4383, 5351, 5438, 5443, 5592, 5618, 6132, 6295, 6629, 6904-5, 7021, 7293, 7426, 7625, 7643, 7654, 7676, 7711, 7715, 7720, 7724, 7879, 7948, 7994, 8087, 8390, 8430, 8432, 8467, 8470, 8480, 8628, 8817, 8953, 9165
Ó Fiannachta, Pádraig 430, 679, 741, 752, 792, 841, 1270, 1448, 2817, 3580, 4068, 5050, 5159, 5237, 5281, 5437, 5562, 7430, 7639, 8155-7, 8201, 8216, 8347, 8356, 8640, 8671
Ó Flaithbheartaigh, Proinnsias 17, 8306
Ó Floinn, Donnchadh 136, 312, 434, 800, 1226, 1266, 1727, 2817, 3569-71, 3580, 3602, 4193, 6184, 7089-90, 8124, 8152, 8273, 8304, 8337-9, 8347
Ó Floinn, Tomás 4786, 5068, 5392, 5576, 5586
Ó Foghludha, Risteárd *pseud.* Fiachra Éilgeach 313, 3565, 4257, 5350,

5362, 5509, 5817, 5821-64, 5904,
5952, 6098, 6110, 6120, 6137-79,
6244-6, 6287, 6309-12, 6340, 6351,
6366, 6461, 6508, 6579-81, 6605-6,
6614-6, 6715-6, 6963-7010, 7013,
7037, 7078-80, 8102, 8335
Oftedal, Magne 85-6, 125, 265-6, 270,
374, 411, 456, 469, 733, 1059, 1085,
1144, 1400, 1464, 1534, 2248, 2285,
2594, 2755, 2829, 2938, 2947, 2968,
2973, 2975, 3005, 3013-4, 3560,
3994, 4010, 4019, 4021, 4099, 8864
Ó Gadhra, Nollaig 1301
Ó Gallchobhair or Ó Gallachair,
Pádraig 2589, 4288, 4304, 4382,
4391, 7952, 8487
Ó Gallchóir, Seán 6204-24
Ogam 409
Ó Gibealláin, Cathal al. Giblin,
Cathaldus 314, 836, 4393, 7726,
7761, 8151, 8636
Ó Glaisne, Risteárd 209, 1310, 1381,
1401, 1465, 4043, 6928
Ó Góilidhe, Caoimhghín 774, 847
O'Grady, Standish H. 315-6, 811,
8723
O'Growney, Eugene al. Ó
Gramhnaigh, Eoghan 158, 317-20
Ó hAilín, Tomás 1316, 1325, 1346,
4354
Ó hÁinle, Cathal 4236, 5436, 5441,
5552, 7791, 8518
O'Hanlon, John 710, 2431
Ó hAnnracháin, Peadar 1220
Ó hAnnracháin, Stiofán (B.) 412, 1197,
2337, 3673
Ó hAodha, Donnchadh 295, 356, 401
Ó hÉaluighthe, Diarmuid 301, 779,
1223, 1492, 2151, 3536, 3566, 3609,
5906, 6119, 8031, 8295, 8789
Ó hÉaluithe or Ó hÉalaí, Pádraig 5911,
6187, 7660
Ó hEarcain, Marius 4320, 8668
O'Hegarty, P.S. 1224
O Hehir, Brendan 1204
Ó hEochaidh, Seán 1504, 1509, 1514,
1529, 3831, 3834, 3836, 3839, 3848-
9, 3875, 5314, 5334, 7520, 7527,
7536, 7543, 8539, 8566, 8574, 9072
O'Higgins, Paul 33, 49, 7227-8
Ó hInnse, Séamus 2855, 3932, 7229,
8624, 8644
Ó hÓgáin, Seán 5816, 6186, 6665-6
Ó hUaithne, Dáithí v. Greene, David
Ó hUallacháin, Colmán (L.) 1274,

1339, 1377, 1383, 1404, 1542, 2930,
3747, 9204
O'Kane, James v. Ó Catháin, Séamas
O'Kelleher, Andrew 321, 8080
O'Kelly, Michael J. 566, 577, 588,
593-4, 599, 614, 8896
O'Kelly, Owen al. Ó Ceallaigh, Eoghan
606, 1172, 1245, 1314, 1511, 2190,
2525, 2614, 2673, 3904, 3906, 3912,
8498
Ó Laoghaire, Diarmuid 4562, 5528,
7633, 7653
Ó Laoghaire, Donnchadh al. O'Leary,
Denis 191, 849, 3405, 3635
Ó Laoghaire, Peadar al. O'Leary, Peter
322-5, 1269, 1516
Old Ireland 514
Ó Liatháin, Pádraig 4329
O'Loan, J. 7328, 8549, 8556
O Lochlainn, Colm 273, 293, 304, 395,
432, 448, 627, 812, 850, 894, 1350,
1925-6, 2489, 2561, 3047, 3112,
3205-6, 3379, 3462-4, 3694, 3731,
3971-7, 4156, 4251, 4263, 4265-6,
4371, 5343, 5485, 5533, 5724, 6413,
6436, 6442, 6621-2, 6720, 6915,
6924, 7043, 7181, 8176a, 8178, 8482,
8630-1, 8634, 8654, 8716-7, 8760,
8788, 8790-2, 9209, 9233
Ó Madagáin, Breandán 3011, 3586,
7379, 8294, 8353
Ó Máille, Tomás 326
Ó Máille, Tomás S. 1513, 1589, 1800,
1809, 1842, 1852-4, 1891, 1914,
1927-9, 1931, 1981, 1989-90, 2011-
4, 2018, 2047, 2059, 2106, 2124,
2126, 2186-7, 2202, 2208-10, 2224-9
2239-40, 2242-3, 2253-6, 2259-61,
2265-8, 2278, 2348, 2394-5, 2477,
2487, 2521, 2529, 2535, 2539, 2543,
2545, 2550-1, 2563, 2575, 2577,
2591, 2593, 2597, 2605, 2612, 2638,
2650, 2658-9, 2852, 2877-8, 2894,
2925, 2933, 3168, 3207, 3677-8,
3685-6, 3711-2, 3717, 3728-9, 3733-
4, 3737, 3739-41, 3743-4, 3796,
3946, 3954-6, 3963-5, 3967-9, 3978-
9, 3987-9, 3995, 5368, 5450-3, 5456,
5460, 5462, 6373, 7519, 7530, 7534-
5, 7540, 7547
Ó Mainín, Mícheál 4505, 5381, 7557
Ó Maoileachlainn, P. 741
Ó Maolagáin, Pádraig al. Mulligan, P.
2536, 6639, 7046, 7102-4, 7630,
8763, 8805

Ó Maolaithe, Proinsias 2979, 3715
Ó Maolchathaigh, Seámas 2810, 3671
Ó Maol-Chróin, Caitilín *Ní Maol-Chróin v.* Mulchrone, Kathleen
Ó Maoleachlainn, Iognáid 1189, 1515, 3908
Ó Maonaigh, Cainneach *al.* Mooney, Canice 98, 134, 143, 167, 327-8, 527, 624, 760, 763, 900, 1222, 2475, 2500, 2788, 2795, 3568, 3807, 3812, 3815, 4086, 4227, 4368-70, 4374-7, 4379-81, 4384-5, 4388, 4390, 5513, 6017-8, 6021, 6931-49, 7292, 7584, 7587, 7632, 7651, 7742, 7753-6, 7763, 7770, 7800, 7806, 7811, 8106, 8119, 8150, 8271, 8274, 8276, 8343, 8626
Ó Mathghamhna, Donnchadh 6441
O'Meara, John J. 7988, 8732-3
Ó Míodhacháin, Liam 1247
Ó Miolóid *al.* Millett, Benignus 41, 329, 4386, 4392, 7759
Ó Moghráin, Pádraig 1719, 1729, 1732, 2452, 2462, 4123, 4259, 4456, 7441, 8034, 8521, 8525, 9226
Ó Moráin, Dónall 1257
Ó Mórdha, Philip 8436
Ó Mórdha *al.* Moore, Séamus P. 108, 637, 730, 781-3, 785, 817-8, 1259-60, 1272, 2805, 3577, 3811, 3851, 4294, 4300, 4302-3, 5518, 6122, 6624-7, 6646, 7105, 7107-8, 7119, 8172, 8254, 8345
Ó Muimhneacháin, Aindrias 1563, 8524
Ó Muimhneacháin, Conchubhar 1563, 8524
Ó Muireadhaigh, Lorcán *v.* Murray, L.P.
Ó Muireadhaigh *or* Ó Muirí, Réamonn 790, 793, 4202, 4309, 5387, 6490, 6736, 8650
Ó Muirgheasa, Máire *Ní Mhuirgheasa v.* Carney, Maura
Ó Muirgheasa *or* Ó Muiríosa, Máirín *Ní Mhuirgheasa* or *Ní Mhuiríosa* 1311, 4463, 5357
Ó Muirgheasáin, Seán 1308, 3864
Ó Murchadha, Diarmuid 1435, 1978, 2443, 2549, 2569, 2585, 2613, 2626, 2629, 2641, 2702, 8426, 8821a
Ó Murchadha, Domhnall 9141
Ó Murchú, Eibhlín *Ní Mhurchú* 1337
Ó Murchadha, Gearóid *v.* Murphy, Gerard

Ó Murchú, Máirtín 1027, 1341, 1384, 1386, 3544, 3556, 3665, 4015, 4025-6, 4048, 6405
Ó Murchadha, Micheál S. 1243
Ó Murchú, Séamas 3754
Ó Murchadha, Tadhg 289, 705, 1221, 1254, 4314, 4316-7, 6103, 6718, 6722, 6899
Ó Murthuile, S. 773, 4775
Ó Néill, Eoghan 1315, 1329
Ó N[éill], P. 6289
O'Neill, Patrick C. 1161, 1502, 3901
Ó Néill, Séamus 118, 1297, 4342, 8501, 8527
O'Neill, Thomas P. 102, 144, 8469
Ó Niatháin, Pádraig 23, 2292, 2588, 2616, 2630, 2646
O'Nolan, Gerald James *al.* Ó Nualláin, Gearóid 330
O'Nolan, Kevin 4663-4
Ó Raghallaigh, Pádraig 716, 8131
O'Rahilly, Alfred 351, 2517
O'Rahilly, Cecile 1660, 1900, 1991, 2004-6, 2073, 2087, 2128, 2290-1, 2777, 2800, 3115, 3175, 3181-2, 3190, 3308, 3392, 3399, 3403, 3417-8, 3493-4, 3496, 3509-11, 3524-5, 3775, 5046, 5053-4, 5201, 5257, 5512, 5818, 5909, 6069, 6451, 6737, 7076, 7153, 7488, 8237, 8657, 9254
O'Rahilly, Thomas Francis *al.* Ó Rathile, Tomás 331-4, 404, 408, 482, 1007, 1039, 1089-91, 1093, 1099, 1425, 1555, 1680-1718, 1724, 1737-9, 1753-71, 1774, 2095, 2097, 2099-2101, 2136-46, 2150, 2153-5, 2167-8, 2297, 2301-3, 2343-5, 2358, 2393, 2450, 2455, 2459, 2474, 2501, 2707, 2837-40, 2842-3, 2851, 2862-4, 3015-6, 3070, 3077, 3128-9, 3134, 3138-42, 3221, 3436, 3561-3, 3572, 3589-93, 3629-30, 3701-2, 3828, 3922-3, 3931, 3934-7, 4247, 4475, 4728, 4796, 4798, 4894, 4931, 5071, 5077, 5093, 5171, 5189, 5261, 5910, 6358, 6618, 6759, 6919, 7183, 7238-9, 7369, 7460, 7593, 7854, 7885, 7888, 7890, 8226-7, 8231, 8374-5, 8506, 8580, 8673, 8781, 8870, 8890, 9276
Ó Raifeartaigh, Tarlach 743, 1233, 1236, 3771, 7884, 7937, 7996, 7998-9, 8003-4, 8007-8
Ó Ráighne, Tomás 4328
Ó Réagáin, Liam 5329

Ua Riain, Eóin *v.* Ryan, John
Ó Riain, Pádraig 129, 402, 791, 828, 4355, 4992, 4996, 5051, 5055, 5223, 5538, 6469, 6760, 8071, 8664
Ó Riain, P.T. 7525
Ó Riordáin, Breandán 9142
Ó Ríordáin, Seán 5536, 8139
Ó Ríordáin, Seán P. 8409, 8869, 8872, 8879, 8915, 9123, 9147
Ó Ruadháin, Micheál 4489, 9080
Ó Ruairc, Maolmhaodhóg 1380
Ó Saothraí, Séamas 916, 1330
The Osborn Bergin memorial lectures 429
Ó Scannláin, Riobárd A. 1495, 3898
Ó Sé(aghdha), Micheál *al.* O'Shea, M.J. 1572, 1577, 1740, 7432, 8530-1, 8537, 8540, 9067, 9176-8
Ó Séagdha, Nessa *Ní Shéaghdha* 671, 728, 771, 1434, 1647, 2041, 4062, 4816, 4923, 5064, 5211, 5225, 5228, 6612, 7136, 7353, 7456, 7549, 8653
Ó Sé, Seán 3668, 5331
Ó Sé, Seán 794, 4363
Ó Seanacháin, Máire *Bean Í Sheanacháin* 4290
Ó Searcaigh, Séamus 335, 340, 550, 1251, 3101, 3433, 4723, 8238
O'Sharkey, Eithne M. 4746
O'Shea, Michael C. 6339
O'Shea, M.J. *v.* Ó Sé(aghdha), Micheál
Ó Siochfhradha, Mícheál 1406, 1408
Ó Siochfhradha, Pádraig *pseud.* An Seabhac 208, 336-7, 892, 1390, 2516, 2530, 2547, 5502, 5802-3, 6406-7, 6409, 6416-9, 7518, 8341
Ó Síothcháin, Mícheál *v.* Sheehan, Michael
Oskamp, Hans Pieter Atze 718, 4685, 4757, 4920, 5634, 8693
Ó Súilleabháin, Domhnall *v.* O'Sullivan, Donal
Ó Súilleabháin, Pádraig 48, 316, 338, 912-3, 1255, 1299, 1347, 1433, 1508, 1586-7, 1659, 1810-1, 2042-5, 2088-90, 2123, 2362, 2794, 2798, 2802-3, 2807, 2822-3, 2826, 3022, 3133, 3191-2, 3220-1, 3337, 3428-30, 3480, 3567, 3583-5, 3699, 3713, 3808, 3911, 3941, 3944, 4258, 7115, 7513, 7544, 7566, 7757, 7768, 7789, 8044, 8046, 8132, 8149, 8154, 8217-8, 8228, 8240, 8259, 8276, 8282-3, 8287-8, 8313, 8319-20, 8325, 8327-9, 8333, 8342, 8349-52, 8666

Ó Súilleabháin, Seán 1489, 1553, 1558, 3601, 3926, 4434, 4526, 4556, 4788, 5279, 5287, 5296, 5298, 5300, 5308, 5328, 5337, 8184, 8695, 9059, 9066, 9083, 9089, 9115
O'Sullivan, Anne *al.* Cronin, Anne *al.* Ó Cróinín, Áine *Ní Chróinín* 640, 677, 810, 884, 922, 1440-1, 1448, 2770, 2792, 3573, 3614, 4397, 4401, 4483, 4724, 4813, 5180, 5235, 5273, 5288, 5310, 5510, 5516, 5558, 5747, 5749, 5792, 6133, 6509, 7081, 7129, 7154, 7184, 7338, 7435, 8202, 8275, 8665, 8703
O'Sullivan, Donal 3564, 4249, 5359, 5361, 5486, 5497, 5532-3, 6085-7, 6412, 6414, 6727, 7573-4, 8336, 9133-4, 9164, 9169, 9172, 9181, 9183
O'Sullivan, Jeremiah F. 7675, 7717
O'Sullivan, William 633, 640, 668, 677, 696, 703, 764, 810, 922, 1440-1, 4397, 4401, 7338
O'Sullivan, William 8532, 8557, 8567
Ó Táilliúir, Pádraig 53
Ó Tuama, Seán 302, 1281, 4500, 4517, 4528, 4545, 4614, 4638, 4656, 5374, 5386, 5389-90, 5406, 5409, 5464, 6343, 6346, 6348, 6447, 7489
Ó Tuathail, Éamonn 339-40, 2357, 2473, 2496-8, 2511, 2865, 2993, 3097, 3427, 3710, 3803, 3805-6, 3829, 3873, 4274, 5484, 5491, 5505-6, 5662, 5900-1, 6033, 6080-1, 6105, 6123, 6191-6201, 6229, 6242-3, 6292-3, 6331, 6354, 6357, 6410, 6470, 6515-8, 6590, 6611, 6623, 6717, 7014, 7068, 7084-6, 7100-1, 7110-4, 8164
Otway-Ruthven, (A.) Jocelyn 119, 2682, 7240, 8365, 8389, 8391, 8406
Oulten, J.E.L. 7852
Paghan, G.T. 1365, 1537
Pakenham, Edward Arthur Henry *al.* Longford *The [6th] Earl of* 5572-4, 6342
The parish of Seagoe 8479
Patch, Howard Rollin 4804
Paton, Lucy Allen 4762
Paulsen, Peter 9126
Peadar, *An Bráthair* 321
Pearson, A.I. 704
Peate, Iorwerth C. 370, 463, 1664, 9195
Pedersen, Holger 341-2, 878-9, 1750,

1792, 2743, 2748, 3100
Pender, Séamus 350, 437, 5101, 5103, 8464, 8675, 8753
The Penguin companion to literature 545
Pepperdene, Margaret W. 4706, 7497, 7611
Peters, Eric 2782, 5239
Petrie, George 343-4, 894, 9164
Philipp, Wolfgang 7231, 8911
Piatt, Donn S. 71, 1305-6, 1721, 2666, 2669, 3703, 3862, 3895, 3903, 3916, 3918
Piggott, Stuart 8861, 8865, 9057-8
Pilch, Herbert 403, 2744, 4093
Pinault, Jord 1633, 1923, 1935, 2391
Pisani, Vittore 1473, 1888, 1937, 2735, 3233, 3245, 3292, 4619
Pléimeann, Pádraig 6095
Pléimeann, Seán *v.* Fleming, John
Pokorny, Julius 3, 72-3, 182, 230, 345-9, 388, 403, 409, 455, 486, 492, 533, 972, 1010, 1019, 1049, 1067-8, 1071, 1074, 1078-9, 1081-2, 1165, 1452, 1455, 1601, 1624, 1772-5, 1780-1, 1795, 1838, 1855-6, 1934, 2169-70, 2233, 2314, 2356, 2364, 2372, 2393, 2493, 2502-6, 2513-5, 2527, 2708, 2736, 2742, 2859, 2864, 2904-5, 3041, 3234, 3301, 3313, 3482, 3489, 3499, 4075, 4092, 4270, 4734, 4782, 5020, 5023, 5067, 5087, 5522, 5571, 7412, 8852, 8884, 8887, 8890, 8906-7
Polák, Václav 1065, 3588
Pollak, Johanna 1414, 1615, 4512
Polomé, Edgar 952, 967, 2189
Pop, Sever 97, 365, 3534
Porzig, Walter 951-2, 2189
Powell, Roger 680, 695, 720
Powell, T.G.E 4126, 8831, 8847, 8857, 8875, 9297
Power, Patrick 303, 350-1, 724, 1751, 2494, 2517, 4269, 7600, 8123
Power, Patrick C. 6350
The prehistoric peoples of Scotland 511
Prendergast, Richard 753, 5431, 6037
Price, Glanville 62, 1331, 1359
Price, Liam 23, 352-4, 1969, 2292, 2422, 2463, 2469, 2491, 2533, 2604, 2618, 2636, 2660, 2664, 2951, 3913, 3917, 5120, 7282, 7349, 8412, 8475, 8505, 8583, 8661, 8876
The problem of the Picts 500

Proceedings of the International congress of Celtic studies 464, 467, 470, 8398
Proceedings of the Fourth International congress of phonetic sciences 473
Proudfoot, V.B. 8552, 8886
Puhvel, Jaan 4874-5, 7403, 9267
Puhvel, Martin 4542, 4560, 4710-4, 4852
Pyle, Hilary 4651
Quattordio, Adriana Moreschini 3487
Quentel, Paul 1592, 9251
Quiggin, A.H. 355
Quiggin, Edmund Crosby 355
Quin *al.* Ó Cuinn, (C.W.) Cosslett 1582, 2812, 3830, 3914, 4649, 8203, 8220, 8263, 8818
Quin, E. Gordon 574, 885, 1157, 1188, 1448, 1554, 1568, 1576, 1909, 1976-7, 2008, 2159, 2252, 2346, 2481, 2609, 2922, 3057, 3116, 3203, 3208, 3210, 3330, 3333, 3373, 3391, 3587, 3813, 4000, 4084, 4088, 4395, 4979, 5188, 5233, 6341, 7135, 7542, 7545, 8076, 8331, 8579, 8605
Quinn, David Beers 889, 8751
Radford, (C.A.) Ralegh 7670, 8443, 8863
Raftery, Barry 616
Raftery, Joseph 155, 353, 513, 612, 1015, 1092, 8700, 8871, 8877, 8883, 8888-9, 9138, 9159
Ramnoux, Clémence 4134, 4479, 4488, 4809, 5095, 5121, 7244, 7248, 7374, 7377, 8033, 9044
Rand, E.K. 377
Randolph, Mary Claire 4121, 7407-9, 9223
Rannóg an Aistriúcháin 1363, 1370-1, 1374, 2978, 4033, 4035, 4037, 4039
Redempta le Muire, *An tSr.* 4504, 4511, 5382, 8113
Reed, Talbot Baines 899
Rees, Alwyn (D.) 4077, 4096, 4418, 4527, 4639, 4657, 4831, 4858, 4861, 8709, 8835
Rees, Brinley 2220, 4077, 4141, 4418, 4527, 4639, 4831, 8709
Reiffenstein, Ingo 1045, 7705
Reynolds, Roger E. 7649
Rhŷs, John 356, 419
Richards, Melville 601, 1933, 2583, 8456
Richardson, L.J.D. 563, 1726
Rimmer, Joan 9193-4

Risk, Henry 1061, 1211, 2287, 2956
Risk, May H. 1964, 4340, 5563, 6906, 6913-4
Ritchie, R.L.G. 4675
Rivoallan, A. 8829
Rix, Helmut 3291, 3310
Robinson, Fred Norris 137, 357, 377, 410, 832, 4124, 5501, 7528
Robinson, Lennox 5577
Rockel, Martin 3299, 3303
Roe, Helen M. 9065, 9122, 9125, 9136, 9139
Rössler, Otto 1049
Rogers, D.M. 28, 906
Rohlfs, Gerard 3094
An Roinn Cosanta 1538, 8360
An Roinn Oideachais 1369, 1383, 1547, 1549, 9213, 9217
Rolland-Gwalc'h, P. 1238
Ronan, Myles V. 533
Rooth, Anna Birgitta 4640, 4836
Ross, Anne 4515-6, 4523, 4827, 4865, 7297, 8841, 8887-8, 8996, 9012, 9029
Ross, James 1355, 4181, 4201, 4412, 4414, 4519, 5367, 5375, 5379, 5384, 5455, 5458
Roth, G. 538
Rouse, Richard H. 57
Rowland, Robert J., Jr. 5249
Royal Irish Academy 704, 1447-8
Russell, Josiah Cox 7940
Ryan, John 254, 506, 512, 2329, 2331, 4165, 4194, 7602, 7622-3, 7664, 7671, 7696, 7716, 7728, 7858-9, 7865, 7871, 7888-9, 8040, 8088, 8135, 8137, 8381, 8397, 8409-10, 8414, 8502, 8869, 8916, 8932, 8956
Rynne, Etienne 8885, 9132, 9161
St. Joseph, J.K.S. 8895
Saint Patrick 506, 7858
St. Patrick and Armagh 7937
Salaman, Redcliffe N. 8533
Samelinos *pseud.* 7241, 9075
Samuels, M.L. 122, 1207
Sancho Panza *pseud.* 1253
Sanderson, Stewart F. 147
Saul, George Brandon 6, 536-7, 4058, 4117, 4171, 4232
Savory, H.N. 8866
Sawyer, P.H. 8400, 8405
Sceilg *pseud.*, *v.* Ua Ceallaigh, Seán
Schindler, Jochem 2003
Schlauch, Margaret 4472, 4593, 4722, 5106, 8920

Schlerath, B. 3248
Schmeja, H. 345
Schmid, Wolfgang P. 1048, 3274
Schmidt, Gernot 3335
Schmidt, Karl Horst 229, 403, 965, 1001-2, 1416, 1609, 1632, 1872, 1992, 2035, 2373, 2383, 2407, 2909, 3037, 3049, 3054-5, 3085, 3189, 3275, 3289, 3295-7, 3301-2, 3304, 3309, 3313, 3320, 3331, 3334, 3461, 3466, 3474, 3489, 3499, 3548, 7402, 8855
Schmitt-Brandt, Robert 2941
Schmoll, Ulrich 998
Schoepperle, G. 8080
Scholz, Friedrich 1605, 3718
School of Librarianship, U.C.D. 52, 181
Schreiber, Georg 4677, 7695, 8032, 8041
Schwarz, Ernst 947
Schwentner, Ernst 1889
Scott, James E. 2414
Scottish folklore bibliography 36
Scottish Gaelic studies 405
Scottish studies in [year] 36
An Seabhac *pseud.*, *v.* Ó Siochfhradha, Pádraig
6. Internationaler Kongress für Namenforschung 472
Sellar, W.D.H. 8825
Selmer, Carl 29, 4674, 4676, 4678-9, 4681, 4918
Seoighe, Mainchín *al.* Joyce, Mannix 239, 4205, 5391, 8493
Seven centuries of Irish learning 508
Severus, Emmanuel v. 228
Seymour, M.C. 4647, 5255-6
Shafer, Robert 2907
Shaw, Francis 101, 135, 358-9, 399-400, 422, 682, 698, 742, 806, 867, 1101, 1581, 1583, 1741, 2098, 2104, 2844, 4128, 4310, 7631, 7880, 7895, 7955, 7959, 8272, 8935, 9099, 9243, 9256, 9277, 9282-3
Shaw, John 2950, 3999
Shee, Elizabeth 614
Sheehan, Catherine A. 706, 4280, 4301, 4766
Sheehan, Michael *al.* Ó Síothcháin, Mícheál 360-1, 1491, 1519, 3610, 3659
Sheehy, Maurice 7344, 7628, 7738, 7792
Sheldon-Williams, I.P. 806, 867

Shepherd, Massey H., Jr. 7853
Shiel, James 7864
Simms, G.O. 382, 681, 691, 7964, 9149, 9154
Simpson, W. Douglas 7678
Sims, D.L. 1162, 8738
Sinclair, Elizabeth 36
Singer, Charles 1168, 7448, 9246
The Sir John Rhŷs memorial lectures 419
Sjoestedt(-Jonval), Marie-Louise 362-4, 1065, 3588, 4801, 8678, 8968
Skerrett, R.A.Q. 523, 2942, 3067, 3212, 3348, 3519, 3695, 3697-8, 3751, 3761, 3997, 8253, 8256-7, 8324
Sleeth, Charles R. 992
Small, Alan 8451
Smirnov, A.A. 2743
Smith, Eileen 63, 415, 1149
Smith, Elsdon C. 24, 2293, 2326
Smith, Roland M. 410, 1151-2, 2149, 2305, 4468, 4573, 4576, 4583-4, 4591, 4687, 5131, 5140, 7315, 7493, 7568, 8701-2, 8706, 8726-8, 8730
Snyder, William H. 3093
Sociéte de Linguistique de Paris 946
Solta, Georg Renatus 2929
Sommerfelt, Alf 77, 81, 103, 341, 365-74, 392, 406, 411, 442, 451, 466, 918, 1052, 1114, 1132, 1134, 1139, 1142-3, 1171, 1182, 1190, 1630, 2171, 2179, 2192, 2211, 2520, 2573, 2587, 2868, 2883, 2889, 2896, 2899, 2902, 2913, 2917, 2921, 2927, 2985, 2996, 2999-3000, 3007, 3223, 3483, 3486, 3540, 3553, 3616, 3622, 3638, 3726, 3769, 3833, 3846, 3850, 3883-9, 3891-4, 3949, 3957, 4011, 4699, 8441, 8553
Sonderegger, Stefan 4857, 8856, 9021
Spaan, David B. 4851, 9024
Specht, Franz 942, 1560, 3019
Spence, Lewis 9043
Spencer, F.G. v. Mac Spealáin, Gearóid
Stanford, W.B. 1127, 4234, 4669, 5232, 8961
Steffensen, Jón 2689
Steinhauser, Walter 949
Stephens, James 4651
Sterckx, Claude 8575
Stevenson, Robert B.K. 9128
Stewart, James 4630, 4659, 7516, 7545, 7548, 8358, 8734

Stewart, Noel 3491
Stewart, Zeph 658
Stockman, Gerard 1307, 1524, 2811, 3855, 3863
Stokes, Whitley 375
Strachan, John 862, 2739, 5037
Strevens, P. 1180
Studia Celtica 414
Studia Hibernica 412
Studies in early British history 493
Studies in folk life 463
Studies in the early British Church 505
Studies presented to Joshua Whatmough 444
Sturtevant, Edgar H. 2841
An tSuirbhéireacht Ordanáis 1387, 2281, 2433-4, 2437, 2439, 2441, 2444, 2617, 2643, 2661, 2666, 2668, 2683, 3915, 3918, 4046-7, 7562-3
Sveinsson, Einar Ól. 1140, 4628
Szemerényi, Oswald 3084
Szövérffy, Joseph 4186-7, 4190, 4497, 4499, 4613, 4616, 4623, 4626, 4966, 5001, 5041, 5312, 5317-22, 7225, 7538, 7612, 7810, 8078-9, 8090, 8112, 9210
Taispeántas Brian Merriman 6347
Taniguchi, Jiro 1176, 8747
Taylor, Archer 7521
Taylor, A.B. 1135, 2546, 2567, 2570
Teidhirs, Pádraig 151
Teijeiro, Manuel Garcia 3332
Tevenar, G. von 132, 166, 210, 1214
Thomas, Charles 560, 2692, 4151, 7655, 7733, 8947, 8963, 9030
Thomas, Werner 3518
The Thomas Davis lectures 425-6
Thompson, E.A. 7919
Thompson, Stith 4417, 4433, 5295
Thomson, Derick S. 271, 405, 644, 678, 825, 1300, 1445, 1477, 2918, 4180, 4183, 4351, 4398, 4701, 4767, 4769, 5182, 5366, 5370, 5412, 5529, 6320, 8820
Thomson, George 1228
Thomson, Robert Leith 130, 1145, 1362, 1446, 1475, 1645, 2213, 2237, 2250, 2831, 2833-4, 2971, 2976, 3257, 3339, 3531, 4007, 4359, 4399, 4761, 6282-3, 7016, 7128, 7647, 8159, 8179, 8321, 8330, 8332, 8623
Thurneysen, Rudolf 376-81, 859, 861, 1550, 1677, 2091, 2732, 2737, 3226, 3349-51, 4883, 4957, 5097, 7310
Thurnwald, R. 9061

Tierney, James J. 2709, 8853, 8859
Tierney, Michael 110, 261, 297, 1277, 4845, 7871
Todd, James Henthorn 382
Todd lecture series 417
Tohall, Patrick 2582
Tóibín, Seán 1430, 2428
Tollenaere, F. de 917
Tolstoy, Nicolai 7627, 8001
Torna *pseud.*, *v.* Ó Donnchadha, Tadhg
Tovar, Antonio 991, 993-4, 997, 999, 1004, 1019, 1062, 1066, 1073, 1088, 2184, 2742, 3029, 4782
Towill, Edwin S. 7673, 8056
Toynbee, Arnold 8376
Travis, James 4228, 4715, 5446-8, 5483, 5606, 7418, 7458, 7730, 9190
Traynor, Michael 1170, 1506
Treimer, Karl 956
Tremaine, Hadley P. 5080a
Troddyn, P.M. 759, 1438
Túinléigh, Críostóir 227
Turner, Brian S. 2412
Turville-Petre, E.O.G. 4604, 4847, 5364, 9018
Ua *v.* Ó
Uí = Bean Uí, *v.* Ó
Ulster Folk Museum 475
University College Dublin 260
Untermann, Jürgen 1000, 1003, 1005, 2410
Ussher, Arland 3594
Utley, Francis Lee 8224, 8672
Valkenburg, Aibhistín 5957
Varebeke, Hubert J. de 2599
Vendryes, Joseph 174, 183, 193, 202, 206, 213, 225, 234, 248, 259, 276, 334, 342, 362, 364, 380, 383-93, 406, 411, 438, 561, 576, 596, 877, 1454, 1457, 1467, 1595, 1616, 1675-6, 1748, 1787, 1813-4, 2105, 2135, 2158, 2360, 2365, 2711, 2835, 3026, 3033, 3137, 3143, 3251-2, 3444, 3537, 3612, 3837, 4432, 4440, 4458, 4480, 4599, 4730, 4733, 4768, 4807, 5029, 5038, 5075, 5082, 5084, 5141, 5642, 6644, 7246, 7309, 7465, 7598, 7683, 7799, 7936, 8606, 8619, 8967, 8974, 9042
A view of Ireland 504
A view of the Irish language 522
Vinay, J.P. 2857, 3615, 3621, 3768, 3933
Vocabulaire vieux-celtique 1458

Vogt, Hans 372-3
Vries, Jan de 1055, 4484, 4521, 4534, 4600-1, 4621-2, 4646, 4838, 5030, 5032, 5380, 7384, 8854, 8986, 8999, 9016, 9028, 9049
Wagner, Heinrich 242, 403, 525, 966, 1042, 1044, 1046-7, 1057-9, 1083, 1186, 1261-2, 1524, 1590, 1626, 1662, 1794, 1837, 1890, 1970, 2007, 2033, 2074, 2182-3, 2214, 2217, 2245, 2251, 2269, 2392, 2754, 2811, 2923, 2986, 3103, 3180, 3240, 3246, 3250, 3259, 3265, 3267-8, 3281, 3298, 3314, 3393, 3447, 3500, 3505, 3545-6, 3836, 3843, 3849, 3855, 3879, 3961-2, 3982, 3986, 3994, 4002, 4149, 4425, 4492, 4608, 5336, 5422, 7298, 7336, 7396, 7536, 7543, 8830, 8839, 8844, 9040, 9112, 9293
Wainwright, Frederick T. 500, 600, 843, 8440, 8641-2
Walker, G.S.M. 7220, 8043
Wall, Maureen 1324
Wall, Thomas 908, 4287, 4293, 4327, 5376, 8284, 8297-8, 8300, 8303, 8308, 8748, 9185
Walsh, M. ON. 37, 911
Walsh, Paul *al.* Breathnach, Pól 306, 394-6, 432, 448, 626, 741, 766, 784, 842, 924, 2346, 2446-9, 2561, 4263-7, 4371, 5119, 5342, 5485, 5524-5, 6040-1, 6056, 6436-8, 6645, 6740, 7022, 7117, 8482, 8484, 8500, 8579, 8620, 8631, 8634, 8647, 8654, 8717, 8760, 8790-2, 8807-8, 8816, 9200, 9232
Ward, Donald J. 4566, 9037
Warren, W.L. 8393
Waterer, John W. 9305
Waters, Ormonde D.P. 615
Watkin, I. Morgan 1072, 8901
Watkins, Calvert 491, 940, 954, 958, 964, 1436, 1631, 1857, 1875, 1952-3, 1982, 2015, 2036, 2752, 2757, 2982, 3087, 3114, 3119, 3172, 3209, 3256, 3261, 3272, 3281-2, 3294, 3305, 3307, 3314, 3327, 3329, 3381, 3471, 3479, 3481, 3484-5, 3490, 4420, 4873, 5397, 5467, 5470, 5726, 7295, 7330, 8715
Watkins, (T.) Arwyn 348, 1095, 2928, 3411, 3456
Watson, James Carmichael 397-8
Watson, Seosamh 4349
Watson, William J. 1014, 5463, 5531

Watt, J.A. 7740
Webley, D. 598
Weijenborg, R. 8006
Weisgerber, Leo 376, 381, 462, 1041, 7687, 7710
Weisweiler, Josef 3, 971, 2312, 4127, 4131, 4157, 4402, 4441-2, 4449, 4477, 4773, 4921-2, 4930, 4972, 5178-9, 5183, 5224, 7230, 7368, 7484, 8978, 8995
Wendehorst, Alfred 8070
Weckmeister, Otto-Karl 7723, 9157, 9160
Werner, Otmar 1146
Whatmough, Joshua 444, 985, 987-8, 1453, 2749
What's past is prologue 47
Whiting, B.J. 4592, 7533
Wigger, Arndt 3069, 3760
Williams, Ifor 547, 568, 598, 4580, 5349
Williams, J.E. Caerwyn 414, 488, 830, 1669, 1747, 2017 2127, 2409, 3122, 3126a, 3148, 3154, 3173, 3528, 4067, 4189, 4959, 5365, 5554, 8233, 8251, 8438, 8607, 8836
Williams, Moelwyn I. 20

Williams, N.J.A. 2072, 3117, 3123, 3820, 3822, 3824, 3865, 3871-3, 5284
Windekens, A.J. van 8995
Wing, Donald 15, 27, 893, 905
Winmill, Joyce M. 7692
Winterbottom, Michael 1130
Woolley, John S. 26
Wrenn, C.L. 4632, 4707, 7707, 8933
Wright, David H. 667
Wright, R.P. 559
Writings on Irish history 14, 8359
Wulff, Winifred 9228
Young, Douglas 5369
Zabrocki, Ludwik 1070, 2867
10. Internationaler Kongress für Namenforschung 479
Zeitschrift für celtische Philologie 403
Zeuss, Johann Kaspar 101, 129, 399-402, 408
2. Fachtagung für indogermanische und allgemeine Sprachwissenschaft 474

Anonymous 1490, 2810, 3599, 3671, 4318-9, 6185, 6382, 7091, 7109